Christian BIET — Jean-Paul BRIGHELLI — Jean-Luc RISPAIL

Agrégés de Lettres Modernes

XIXe SIÈCLE

Collection Textes et Contextes

Editions MAGNARD

PRÉFACE
POUR RÉPONDRE
AUX QUESTIONS LÉGITIMES
DES LECTEURS ÉVENTUELS

Pourquoi un nouveau manuel d'études littéraires ?

Nous sommes dans un temps où l'on veut tout connaître et où l'on cherche la source de tous les fleuves[1]. Ainsi, l'œuvre à faire devait avoir une triple forme : les hommes, les femmes et les choses, c'est-à-dire les personnes et la représentation matérielle qu'ils donnent de leur pensée[2] ; car seuls, disons-le bien haut, les documents humains font les bons livres : les livres où il y a de la vraie humanité sur ses jambes[3], la vie vivante du siècle[4].

Pourquoi avoir combiné ordre chronologique et ordre alphabétique ? Cela aurait-il un rapport avec les index situés en fin d'ouvrage ?

Ah ! la forme, là est le grand crime[5] ! C'est une des premières difficultés[6]. Ce serait donner trop d'importance à un ouvrage destiné sans doute à faire peu de bruit que de vouloir écarter de lui toute accusation[7].

Ce n'était pas une petite tâche que de peindre les deux ou trois mille figures saillantes d'une époque[8]. Mais pour entrer dans l'esprit de l'ouvrage[9], pour qui se méprendrait[10] — les professeurs de *l'éternel beau* ? [11] — sur l'esprit de ce livre[12], ce qu'il faut accepter seulement c'est[13] la liberté que doit avoir l'imagination d'enlacer dans ses nœuds formateurs toutes les figures principales d'un siècle[14], afin d'inspirer avant tout aux jeunes gens l'esprit scientifique et les initier aux notions et aux tendances des sciences modernes[15]. L'écrivain, loin d'être diminué, grandit ici singulièrement[16].

Quels sont les contenus de ce manuel ?

Le genre en lui-même présente des difficultés effrayantes[17]. On y trouvera[18] des œuvres immortelles, des pages historiques d'une valeur incontestable[19]. Mais allait-on s'arrêter là ? Evidemment non[20], malgré les scrupules de quelques consciences littérairement timorées saisies d'un trouble tout particulier en considérant la hardiesse avec laquelle l'imagination se jouait des personnages les plus graves qui aient jamais eu vie[21].

A quoi bon la musique ? A quoi bon la peinture ? Qui aurait la folie de préférer [Berlioz] à M. Carrel, et [Delacroix] à l'inventeur de la moutarde blanche[22] ? Nous n'osons pas nous prononcer là-dessus[23]. Les lecteurs attentifs jugeront[24] : l'Art s'est, dans ce siècle, empreint d'histoire plus fortement que jamais[25]. On y trouvera des longueurs, on y trouvera des contradictions.

On y trouvera de la passion [26] : puisqu'on est forcé de faire un aveu si sérieux[27], le superflu est le nécessaire[28], tout se tient[29], et tout se prouve, même ce qui est vrai[30].

Nous souhaitions que notre lecteur se tienne éveillé jusqu'à la fin de cette bienheureuse préface[31]. Certaines personnes pourront trouver quelque chose d'avantageux et de superbe dans cette déclaration[32]. Pourtant, beaucoup de travail donne infiniment de modestie[33]. L'éditeur ne s'est proposé et ne se proposera qu'un seul objet[34] : tant qu'il y aura[35], dans un lycée[36], ignorance et misère [intellectuelle], des livres de la nature de celui-ci pourront ne pas être inutiles[37].

Ont bien voulu répondre à notre questionnaire, par ordre alphabétique :
BALZAC, CHATEAUBRIAND, GAUTIER, GONCOURT, HUGO, HUYSMANS, SAINTE-BEUVE, SAND, SENANCOUR, STAËL, STENDHAL, VIGNY, WILDE, ZOLA.

(1) A. de Vigny, Préface à Cinq-Mars, 1827.
(2) H. de Balzac, Avant-propos à la Comédie Humaine, 1842.
(3) Ed. de Goncourt, Préface aux Frères Zemganno, 1879.
(4) Ed. de Goncourt, Préface à Chérie, 1884.
(5) E. Zola, Préface à l'Assommoir, 1877.
(6) Mme de Staël, Préface à Delphine, 1802.
(7) G. Sand, Préface à Indiana, 1832.
(8) H. de Balzac, Avant-propos à la Comédie Humaine, 1842.
(9) Chateaubriand, Préface à Atala et René, 1805.
(10) G. Sand, Préface à Indiana, 1832.
(11) Ed. de Goncourt, Préface à Chérie, 1884.
(12) G. Sand, Préface à Indiana, 1832.
(13) E. Zola, le Roman expérimental, 1880.
(14) A. de Vigny, Préface à Cinq-Mars, 1827.
(15) E. Zola, le Roman expérimental, 1880.
(16) E. Zola, le Roman expérimental, 1880.
(17) Mme de Staël, Préface à Delphine, 1802.
(18) Sénancour, Préface à Obermane, 1804.
(19) G. Sand, Préface à la Mare au diable, 1846.
(20) E. Zola, le Roman expérimental, 1880.
(21) A. de Vigny, Préface à Cinq-Mars, 1827.
(22) T. Gautier, Préface à Mlle de Maupin, 1835.
(23) G. Sand, Préface à la Mare au diable, 1846.
(24) Sainte-Beuve, réponse à la lettre de Flaubert à propos de Salammbô, 1862.
(25) A. de Vigny, Préface à Cinq-Mars, 1827.
(26) Sénancour, Préface à Obermane, 1804.
(27) Stendhal, Préface à Lucien Leuwen, 1836.
(28) T. Gautier, Préface à Mlle de Maupin, 1835.
(29) E. Zola, le Roman expérimental, 1880.
(30) O. Wilde, Préface au Portrait de Dorian Gray, 1891.
(31) T. Gautier, Préface à Mlle de Maupin, 1835.
(32) H. de Balzac, Avant-propos à la Comédie Humaine, 1842.
(33) H. de Balzac, Avant-propos à la Comédie Humaine, 1842.
(34) Sénancour, Préface à Obermane, 1804.
(35) V. Hugo, Préface aux Misérables, 1862.
(36) J.-K. Huysmans, Préface à A rebours, 1903.
(37) V. Hugo, Préface aux Misérables, 1862.

AVANT-PROPOS

« *Textes et contextes* » : encore une nouvelle collection, diront certains, en pensant tout bas qu'elle n'aura de nouveau que le nom. Il faut donc souligner les options originales qui ont présidé à son élaboration.

1. RICHESSE ET SOUPLESSE D'UTILISATION DU CORPUS

Le volume qui inaugure cette collection est issu d'une réflexion sur les problèmes actuels de la pédagogie du français. Notre conviction est simple : si, dans l'enseignement de la langue et de la littérature, la plus grande liberté (dans les limites du programme) doit être laissée au professeur, celui-ci manque souvent de la diversité de matériaux qui lui permettrait d'enrichir son cours, de l'adapter aux désirs de ses élèves, en fonction de l'originalité de chaque classe.

Quel enseignant n'a jamais ressenti, à un moment donné, comme un dirigisme avec lequel il était difficile de composer les regroupements, soit par genres, soit par thèmes, soit par écoles littéraires, des manuels disponibles à l'heure actuelle ?

Qui n'a jamais trouvé étriquées les définitions par tel ou tel du Romantisme, contradictoires et floues celles du Réalisme et du Symbolisme, réductrices en fait, toutes ces classifications qui enferment dans des rubriques commodes et simplistes la richesse et la complexité du XIXe siècle français ?

Qui, enfin, n'a pas souhaité voir intégrés dans un manuel (c'est-à-dire **immédiatement** disponibles) à la fois des éléments du contexte culturel de l'époque qui permettent d'approfondir la saisie d'un texte, de mesurer les enjeux exacts de sa production en son temps, mais aussi des éclairages divers sur la façon dont **notre siècle** lit le XIXe siècle ?

Faciliter le travail de l'enseignant de français en mettant à sa disposition un « corpus » suffisamment riche et souple pour qu'il puisse l'adapter à chaque classe en particulier, réinscrire avec précision textes et auteurs dans l'histoire des hommes (dont l'histoire littéraire constitue certes une partie importante, mais qu'il convient de toujours **mesurer** à la première), tels sont nos souhaits, et telles les options qui déterminent pour une large part la structure de cet ouvrage.

2. DIVERSIFICATION ET « FINALISATION » DE L'APPAREIL PÉDAGOGIQUE

Dans notre souci d'élaborer pour l'enseignant et pour l'élève un ouvrage complet, nous avons introduit, à côté d'une série de questionnaires assez traditionnels (à ceci près qu'ils intègrent parfois, sans jargon universitaire rebutant, quelques outils méthodologiques issus des approches modernes du texte : linguistique, phonétique, sémiotique), des **initiations ponctuelles** aux exercices écrits pratiqués au baccalauréat : le **commentaire composé** et le **résumé de texte**. Ainsi disposera-t-on dans l'ouvrage même, de matériaux et de suggestions propres à faciliter l'acquisition de ces techniques particulières, sans recours à un ouvrage spécialisé.
Certains questionnaires proposent en outre des **sujets de dissertation,** mais nous n'avons pas cru devoir assurer ici une **initiation** à la dissertation, dans la mesure où cet exercice, à la différence des deux premiers, ne repose pas sur **une** approche déterminée d'**un** texte.
Il va enfin de soi que les questionnaires pédagogiques, largement diversifiés, sont « ouverts », et débouchent chaque fois qu'il a été souhaitable sur des propositions d'enquêtes, de dossiers ou de débats, pour lesquels notre corpus fournit un matériau sinon exhaustif, du moins considérable.

Le dosage, toujours difficile pour un enseignant de français, entre le travail individuel et le travail collectif qu'il doit demander à ses élèves, s'en trouve grandement facilité : tel est le deuxième souci qui, nous l'espérons, se reflète dans la structure même de l'ouvrage.

3. UNE STRUCTURE « A GEOMETRIE VARIABLE »

a) *Notre corpus est scandé par trois dates historiques : 1830, 1848, 1871. Nous pensons en effet que cette périodisation, sans être inefficace du point de vue de l'histoire littéraire, permettra à l'élève de mieux enregistrer les repères chronologiques réels sans lesquels une œuvre, un auteur (surtout d'une époque antérieure), restent des abstractions dépourvues de vie.*

b) *A l'intérieur de chacune des quatre parties délimitées par ces dates-clés, nous avons regroupé **alphabétiquement**, comme dans une anthologie, un certain nombre d'entrées numérotées très lisiblement (bandeau coloré en haut de page). 1800-1830 : entrées 1 à 15 ; 1830-1848 : entrées 16 à 60 ; 1848-1871 : entrées 61 à 109 ; 1871-1900 : entrées 110 à 170. Pour chaque auteur, classé alphabétiquement, l'ordre de présentation des textes est celui de leur publication.*

*Au début de chaque grande partie, un **tableau synoptique** de la période met en relation les événements historiques et sociaux, la production écrite française, la production écrite étrangère, et la production artistique non-littéraire (musique, arts plastiques, architecture). Les œuvres citées dans le corpus sont typographiquement mises en relief.*

c) *Chaque entrée numérotée est constituée par une ou plusieurs **doubles-pages** :*

*– en page de gauche, un texte du XIXᵉ siècle, choisi pour sa valeur historique, idéologique, esthétique, est à considérer comme le « **noyau** » structurant l'entrée.*

*– en page de droite, des **textes d'éclairage**, du XIXᵉ ou du XXᵉ siècle, permettent la mise en perspective diversifiée du texte-noyau, certains d'entre eux pouvant aussi bien fournir matière à une véritable explication de texte, donc venir s'intégrer au corpus des textes « page de gauche ».*

*Certaines entrées ont un statut particulier : ce sont des **dossiers de synthèse** sur un phénomène culturel de l'époque qui, pour déborder le cadre strict de la « littérature », n'en constitue pas moins un élément indispensable à la compréhension en profondeur du phénomène littéraire et du XIXᵉ siècle en général : citons par exemple les dossiers CHANSONS, EDUCATION, BANDE DESSINEE, POSITIVISME ET SCIENTISME, MINORITES LINGUISTIQUES, COLONIALISME... Leur rôle est de permettre aussi une réflexion sur ces préoccupations que notre siècle croit trop souvent avoir inventées, alors que la plupart sont en germe dès le XIXᵉ siècle.*

d) *A la fin de l'ouvrage, figure une **batterie d'index** qui permet tous les regroupements, toutes les confrontations possibles, selon les nécessités propres à chaque démarche pédagogique, à chaque situation de classe.*

- *Un **index pédagogique** rassemblant :*
  - *tout ce qui concerne l'acquisition des méthodes d'analyse et de la terminologie spécifique que l'élève doit savoir utiliser, tant à l'écrit qu'à l'oral.*
  - *les références précises des **initiations ponctuelles** au commentaire composé et au résumé de texte.*
  - *un répertoire de tous les dossiers, enquêtes, débats, classés alphabétiquement.*
- *Un index de tous les **auteurs**, dont figure au moins un texte, ceux du XIXᵉ siècle étant différenciés typographiquement de ceux du XXᵉ.*
- *Un index de toutes les **œuvres** citées, avec la même différenciation que ci-dessus.*
- *Un index très complet des **thèmes, genres, mouvements littéraires**, dont la richesse permet des approches multiples (historique, thématique, stylistique, comparative, psychanalytique, etc...) du corpus de textes fourni.*
- *Enfin un **lexique** de tous les termes apparaissant, dans les encarts et les questionnaires pédagogiques, avec un astérisque.*

RICHESSE DU MATERIAU, SOUPLESSE DE SON UTILISATION, LIBERTE D'EXPLOITATION : *voilà pourquoi nous espérons n'avoir pas fait seulement un nouveau manuel, mais un manuel **autre**, susceptible de répondre d'une façon actuelle, aux besoins, aux désirs, des enseignants et des élèves.*

Les Auteurs

« La mise au point de l'appareil pédagogique et le contrôle critique de l'ouvrage ont été confiés par l'éditeur à une équipe de pédagogues et d'universitaires animée par Robert SCTRICK, agrégé de Lettres.

Toutefois, pour la cohérence de l'ensemble, le règlement des points litigieux a été laissé à la responsabilité des auteurs. »

*A celles
et à ceux
qui ont contribué
à cet ouvrage
par leurs encouragements,
leurs efforts et...
leur patience.*

STRUCTURE D'UNE ENTRÉE

BANDEAU VERT : **POÉSIE**
BANDEAU BLEU : **ESSAIS, MÉMOIRES, DOCUMENTS**
BANDEAU MAUVE : **ROMAN**
BANDEAU VIOLET : **ARTS PLASTIQUES, MUSIQUE**
BANDEAU ORANGE : **THÉÂTRE**

ŒUVRE ET DATE DE PUBLICATION

INTERVENTIONS PONCTUELLES DES AUTEURS (toujours en italique)

ÉLÉMENTS-NOYAUX (textes ou œuvres d'art)

7   Théodore GÉRICAULT (1791-1824)   Le Radeau de la Méduse (1819)   7

CHARLES CLÉMENT, 1867
Un ami de Géricault écrit l'une des rares monographies d'histoire de l'art du XIXe siècle.

Tout l'intéressait ; il voulait tout savoir. Il avait retrouvé le charpentier de *la Méduse*, qui était l'une des quinze personnes échappées au désastre, et il lui avait fait faire un petit modèle du radeau qui reproduisait tous les détails de la charpente avec la plus scrupuleuse exactitude, et sur lequel il avait disposé des maquettes de cire. (...).

Il allait suivre avec une ardente curiosité toutes les phases de la souffrance, depuis les premières atteintes jusqu'à l'agonie et les traces qu'elle imprime sur le corps humain. Il y trouvait des modèles qui n'avaient pas besoin de se grimer pour lui montrer toutes les nuances de la douleur physique, de l'angoisse morale : les ravages de la maladie et les terreurs de la mort. Il s'était arrangé avec les internes et les infirmiers, qui lui fournissaient des cadavres et des membres coupés. (...).

Pendant quelques mois son atelier fut une manière de morgue. Il y garda, assure-t-on, des cadavres jusqu'à ce qu'ils fussent à moitié décomposés ; et s'obstinait à travailler dans ce charnier, dont ses amis les plus dévoués et les plus intrépides modèles ne bravaient qu'à grand'peine et pour un moment l'infection. Il fit aussi à part, et avant de commencer sa grande toile, quelques études d'après les personnages vivants de son tableau, entre autres celle du nègre vu

LE JOURNAL DE PARIS, 1819
On se demande pourquoi, dans ce tableau, les vivants et les morts, les mourants, les cordages, les draperies, le linge et une foule d'objets sont tous de la même couleur. On se demande pourquoi les naufragés sont tout nus, pourquoi ils n'ont pas jeté à la mer les cadavres qui, déjà tombés en putréfaction, ne peuvent plus servir à leur faim dévorante, pourquoi ils se nourrir indiquer la ration ni la condition de ses personnages. Sont-ils grecs ou romains ? Sont-ils turcs ou français ? Sous quel ciel naviguent-ils ? A quelle époque de l'histoire ancienne ou moderne se rapporte cette horrible catastrophe ? Bien de tout cela ne peut être deviné. On voudrait aussi pour accroître l'intérêt et faire supporter l'épreuve que M. Géricault eût présenté d'une manière plus sensible l'isolement de son radeau qui, remplissant un grand espace et paraissant prêt à trouver un point d'appui sur les bords du cadre, ne fait pas tout à fait l'illusion désespérante que devrait produire ce spectacle...

le Journal de Paris, 28 août 1819.

de dos que possède M. Lehoux. Il était en quête de modèles, en cherchant partout et était tout à fait content lorsqu'il en trouvait d'affreux ; son ami M. Lebrun raconte, à cette occasion, une anecdote qui mérite d'être rapportée. Elle montre Géricault à l'œuvre ; c'est l'ardent artiste pris sur le fait et peint lui-même d'après nature.

« À l'époque, dit M. Lebrun, où il peignait son tableau, j'eus une jaunisse qui dura longtemps et qui fut très intense. Après quarante jours de souffrances et d'ennuis, je me décidai à quitter Paris et à aller à Sèvres pour y être seul et attendre ma guérison, qui n'était plus qu'une affaire de temps. J'eus bien de la peine à trouver un gîte ; ma figure cadavéreuse effrayait tous les aubergistes, aucun ne voulait me voir mourir chez lui. Je fus obligé de m'adresser à un logeur de roulage qui eut pitié de moi... J'étais chez lui depuis huit jours, lorsqu'une après-midi, m'amusant sur le port à examiner les passants, je vois venir Géricault avec un de ses amis. Il me regarde, ne me reconnaît pas d'abord, entre dans l'auberge sous prétexte de prendre un petit verre, me reconnaissant, court à moi et me saisit le bras : « Ah ! mon ami ! que vous êtes beau ! » s'écrie-t-il. Je faisais peur, les enfants fuyaient, me prenant pour un mort ; mais j'étais beau pour le peintre qui cherchait partout de la couleur de mourant ; il me pressa d'aller chez lui poser pour la Méduse. »

Géricault, Étude Biographique et Critique
réédition par L. Eitner, Lager 1973.

RENÉ HUYGHE, 1976
L'avis d'un autre critique d'art, un de nos contemporains cette fois-ci.

Géricault alla plus loin lui aussi, il puisa dans l'actualité, mais elle n'était plus officielle. Son imagination s'emparait des drames qui secouaient la sensibilité de son temps, mais par un mobile nouveau : c'était les débats, les angoisses de sa nature profonde, qu'il matérialisait en eux. Il ne mettait plus son art au service de l'imagination collective : mais son imagination personnelle se mettait en quête des épisodes, des spectacles, qui donneraient corps visible aux impulsions de sa sensibilité, aux problèmes et aux angoisses de son âme. Il leur demandait de fournir à ses propres yeux, avant même de s'adresser à ceux des spectateurs, une équivalence l'aidant à déchiffrer tout ce qui s'agitait au tréfonds de lui-même, à voir vivre devant lui ce qu'il vivait, encore ténébreux, en lui-même. (...)

la Relève de l'imaginaire, 1976.

le Radeau de la Méduse, 1819.

L'épisode du 17 juillet 1816 : les naufragés aperçoivent une voile à l'horizon à laquelle ils tentent vainement de signaler leur présence « La frégate la Méduse, accompagnée de trois autres bâtiments, la corvette « l'Écho », la flûte « la Loire » et le brick « l'Argus », quitte la France le 18 juin 1816, portant à Saint-Louis (Sénégal) le gouverneur et les principaux employés de cette colonie. Il y avait à bord environ quatre cents hommes, marins ou passagers. Le 2 juillet, la frégate tombait sur le banc d'Arguin et le après cinq jours d'inutiles efforts pour remettre le navire à flot, le radeau fut construit, et font quarante-neuf victimes y furent entassées, tandis que tout le reste se précipitait dans les canots. Bientôt les canots coupèrent les amarres, le radeau qu'ils devaient traîner à la remorque resta seul au milieu de l'immensité des mers. Alors la faim, la soif, le désespoir amènent ces hommes les uns contre les autres. Enfin, le douzième jour de supplice quinze mourants « l'Argus recueillit quinze mourants » (Corréard, cité par C. Clément (Géricault, 1867) le texte reporté ici fut interdit le 28 octobre 1817)

le Four à Plâtre, 1824.

32   33

TEXTE(S) D'ÉCLAIRAGE, titré(s) par auteur et date de publication

FOND JAUNE : QUESTIONNAIRE

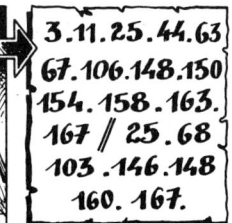

CHRONOLOGIE

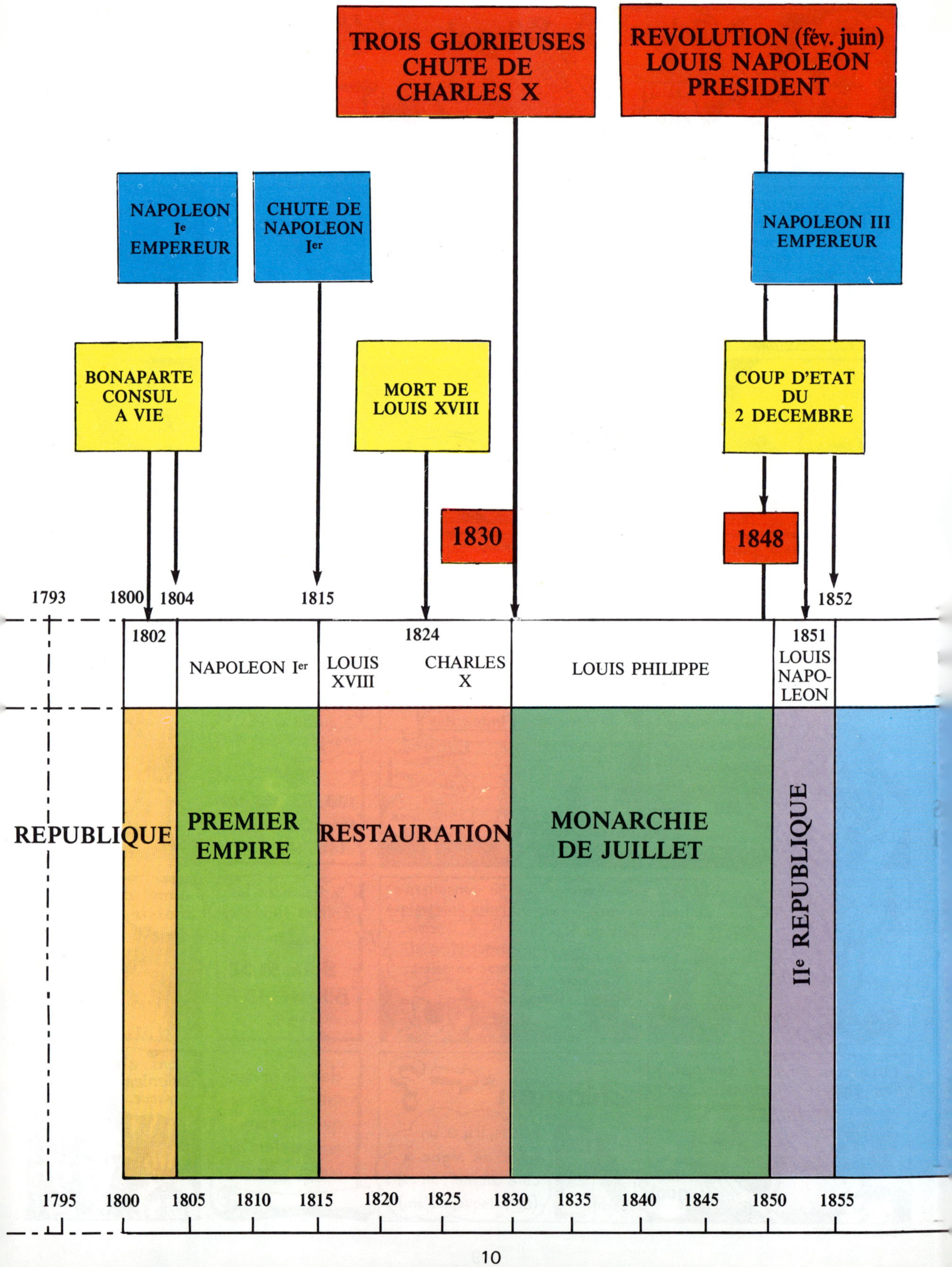

TROIS GLORIEUSES CHUTE DE CHARLES X

REVOLUTION (fév. juin) LOUIS NAPOLEON PRESIDENT

NAPOLEON Ie EMPEREUR

CHUTE DE NAPOLEON Ier

NAPOLEON III EMPEREUR

BONAPARTE CONSUL A VIE

MORT DE LOUIS XVIII

COUP D'ETAT DU 2 DECEMBRE

1830

1848

1793   1800   1804   1815

1852

1802		LOUIS XVIII	1824 CHARLES X	LOUIS PHILIPPE	1851 LOUIS NAPO-LEON
	NAPOLEON Ier				

| REPUBLIQUE | PREMIER EMPIRE | RESTAURATION | MONARCHIE DE JUILLET | IIe REPUBLIQUE | |

1795   1800   1805   1810   1815   1820   1825   1830   1835   1840   1845   1850   1855

GÉNÉRALE

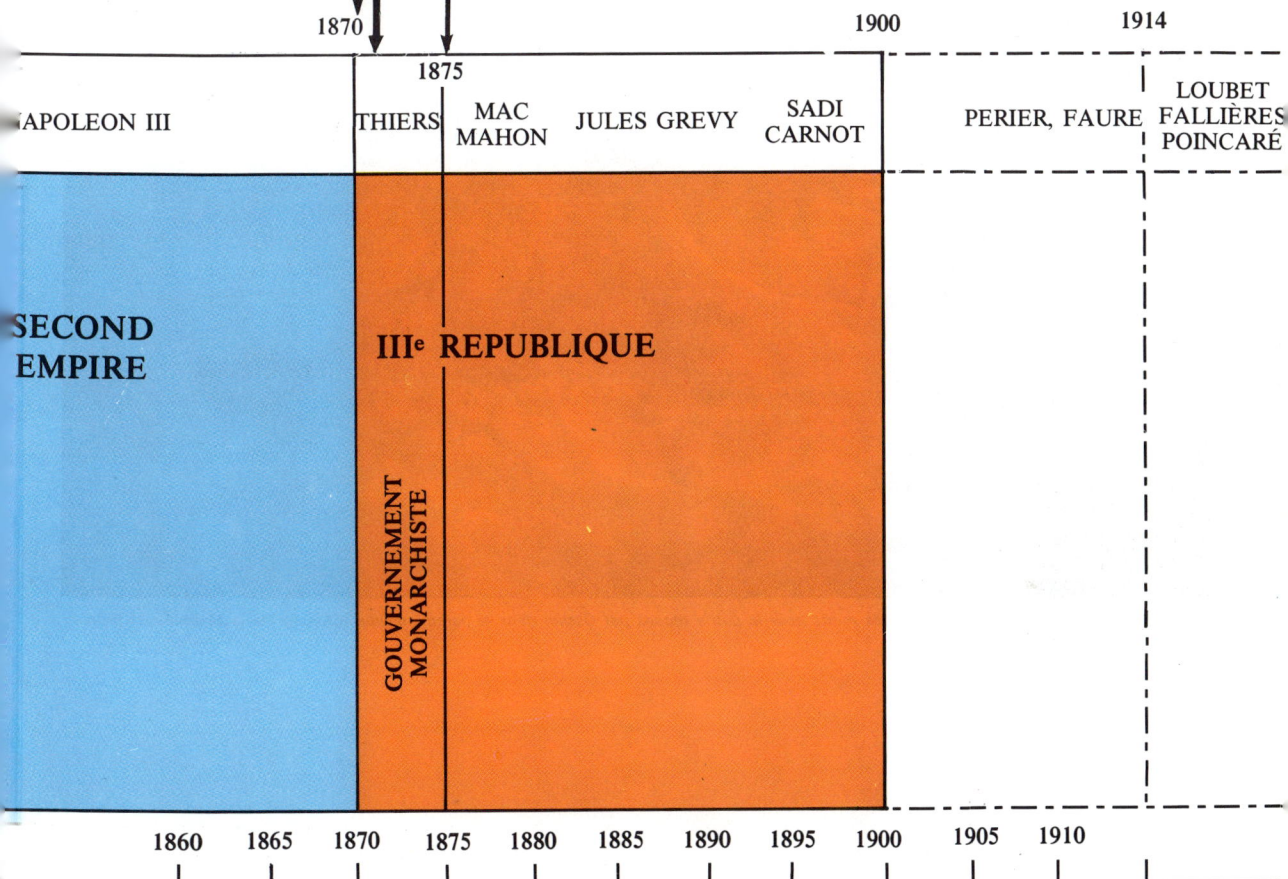

COMMUNE DE PARIS

CHUTE DE NAPOLEON III PROCLAMATION DE LA IIIe REPUBLIQUE

LA REPUBLIQUE EST INSCRITE DANS LE TEXTE DES LOIS CONSTITUTIONNELLES

1871

1870

1900

1914

1875

NAPOLEON III

THIERS

MAC MAHON

JULES GREVY

SADI CARNOT

PERIER, FAURE

LOUBET FALLIÈRES POINCARÉ

SECOND EMPIRE

IIIe REPUBLIQUE

GOUVERNEMENT MONARCHISTE

1860 1865 1870 1875 1880 1885 1890 1895 1900 1905 1910

Girodet (1767-1824). *Les ombres des héros morts pour la patrie reçues par Ossian dans le paradis d'Odin* (Château de la Malmaison) (Bulloz).

Ire PARTIE

1800-1830

Rien n'est beau que le laid, le laid seul est aimable

PEGASE ROMANTIQUE

RÉPUBLIQUE

	Evénements politiques et sociaux	Production écrite française	Production écrite étrangère	Musique, Architecture Arts plastiques
1797		Chateaubriand : *Essai sur les révolutions* **De Maistre : *Considérations sur la France***	Kant : *Métaphysique des mœurs*	
1799	Coup d'Etat du 18 Brumaire (Napoléon)		Hölderlin : *Hyperion*	David : l'Enlèvement des Sabines
1800	Fondation de la Banque de France Marengo	Mme de Staël : *De la littérature*	Schelling : *Système de l'idéalisme transcendantal* **Novalis : *Hymnes à la nuit*** **Schiller :** Wallenstein. ***De la Poésie naïve et sentimentale***	Beethoven : *1er concerto en ut mineur*
1801	Traité de Lunéville avec l'Autriche Concordat avec le Pape	**Chateaubriand : *Atala***	Schiller : *Marie Stuart*	Beethoven : *Sonate au clair de lune*
1802	Bonaparte Consul à vie Réorganisation de l'enseignement secondaire	**Chateaubriand : *Le Génie du Christianisme. René.*** Mme de Staël : *Delphine* **Saint-Simon : *Lettres d'un habitant de Genève***	Novalis : *Henri d'Ofterdingen*	

14

EMPIRE

	Événements politiques et sociaux	Production écrite française	Production écrite étrangère	Musique, Architecture Arts plastiques
1804	Code civil - Sacre de Napoléon 1er	Fourier : *Plan de l'Harmonie universelle* Senancour : *Oberman*	Schelling : *Philosophie et religion* **J.P. Richter : Introduction à l'Esthétique** Jean-Paul : *L'Age ingrat* Schiller : *Guillaume Tell*	Beethoven : *Symphonie ''Eroïca''* David nommé peintre de l'empereur
1805	Victoire d'Austerlitz Métier à tisser de Jacquard		Schlegel : *Considérations sur la civilisation*	Beethoven : *Fidelio* (*1ere version*)
1806	Création de l'Université impériale	**Deuxième rapport de J.-M. G. Itard**	Hegel : *Phénoménologie de l'esprit* **Lavater : L'art de connaître les hommes par la physiognomonie**	Beethoven : *Sonate ''Appassionata''* David : *Le sacre*
1807	Victoire de Friedland Traité de Tilsit	Mme de Staël : *Corinne*	Fichte : *Discours à la nation allemande*	Beethoven : *Coriolan* **Canova : Pauline Borghèse**
1808	Création de la noblesse impériale	Fourier : *Théorie des quatre mouvements*	Goethe : *Premier Faust* Kleist : *Penthésilée*	Beethoven : *La ''Pastorale''* Gros : *La bataille d'Eylau*
1809	Wagram	**Chateaubriand : Les Martyrs** Lamarck : *Philosophie zoologique*	Schlegel : *Cours de littérature dramatique* Goethe : *Les affinités électives*	Beethoven : *Concerto ''L'Empereur''*
1810	Mariage de Napoléon et de Marie-Louise	De Maistre : *Essai sur le principe des constitutions* **Mme de Staël : De l'Allemagne**	W. Scott : *La Dame du lac* Kleist : *Le Prince de Homburg*	Beethoven : *Egmont*
1811			Schlegel : *Sur l'Histoire moderne* Goethe : *Poésie et vérité*	Paganini : *Concerto en ré pour violon*
1812	Campagne de Russie		**Byron : Childe Harold (I, II)**	Géricault : *L'Officier de chasseurs de la garde*
1813				
1814	Abdication de Napoléon. Charte de 1814	**Mme de Staël : De l'Allemagne** (*publié à Paris*)	Chamisso : *Histoire merveilleuse de Peter Schlemihl*	Ingres : *La Grande Odalisque*

RESTAURATION : LOUIS XVIII

	Evénements politiques et sociaux	Production écrite française	Production écrite étrangère	Musique, Architecture Arts plastiques
1815	Les Cent-jours Waterloo	Béranger : *Chansons*		
1816	Exécution de Ney - Début du gouvernement modéré (1820)	Courier : *Pétition aux deux chambres* **B. Constant : *Adolphe*** Cuvier : *Le règne animal*	**Byron : *Childe Harold (fin)***	**Niepce : *première photographie***
1818	Libération du territoire	Destutt de Tracy : *Eléments d'idéologie*	**M. Shelley : *Frankenstein ou le Prométhée moderne***	
1819	Mesures libérales pour la presse - Ministère Decazes (libéral)	Desbordes - Valmore : *Elégies et romances* Hugo : *Bug Jargal* **Royou : *Histoire de France***	W. Scoot : *Ivanhoé* Byron : *Mazeppa*	**Géricault : *Le radeau de la Méduse***
1820	Début du gouvernement ultra (jusqu'à 1828) Assassinat du Duc de Berry	**Lamartine : *Méditations poétiques*** **Scribe : *L'Ours et le pacha*** **Courier : *Lettres Particulières*** **Thierry : *Lettres sur l'Histoire de France***	Shelley : *Prométhée déchaîné* **Mathurin : *Melmoth***	Géricault : *Le Derby d'Epsom*
1821	Ministère de Villèle - Mort de Napoléon	**Béranger : *Chansons (2ᵉ recueil)*** **Ferrières (Marquis de) : *Mémoires*** Cuvier : *Discours sur les révolutions du globe* **Fourier : *Traité de l'harmonie universelle*** De Maistre : *Les Soirées de Saint-Pétersbourg*	Hegel : *Fondements de la philosophie du droit*	
1822	Lois contre la presse	Hugo : *Odes* **Las Cases : *Le Mémorial de Sainte-Hélène (1822-1829)*** **Stendhal : *De l'Amour***	**De Quincey : *Confessions d'un mangeur d'opium*** Byron : *Caïn*	
1823	Guerre en Espagne (Trocadéro)	**Thiers : *Histoire de la révolution (I, II)*** **Stendhal : *Racine et Shakespeare*** **Hugo : *Han d'Islande***		Beethoven : IXᵉ Symphonie

RESTAURATION : CHARLES X

	Événements politiques et sociaux	Production écrite française	Production écrite étrangère	Musique, Architecture Arts plastiques
1824	Mort de Louis XVIII Carnot : Equivalence chaleur-énergie	Hugo : *Odes et ballades* Comte : *Système de philosophie positive*	Byron : *Don Juan*	Delacroix : *Le Massacre de Scio* **Géricault : *Le Four à Plâtre***
1825	Sacre de Charles X	**Lamartine : *Dernier chant du pélerinage d'Harold***** **Stendhal : *D'un nouveau complot contre les industriels*** Lamennais : *De la religion considérée dans ses rapports avec l'ordre politique et social* Saint-Simon : *Le nouveau christianisme* Mérimée : *Théâtre de Clara Gazul*		
1826	Procès Lamennais	Chateaubriand : *Les Natchez* Vigny : *Poèmes antiques et modernes, Cinq-Mars*	F. Cooper : *Le dernier des Mohicans*	Mendelssohn : *Le Songe d'une nuit d'été*
1827	Dissolution de la Chambre ultra	**Hugo : *Cromwell (et préface)***** **Fourier : *Lettre à sa cousine Laure*** Stendhal : *Armance* Nerval : *Traduction de Faust (Goethe)*	De Quincey : *De l'assassinat considéré comme un des Beaux-Arts* Mickiewicz : *Konrad Wallenrod*	
1828	Ministère Martignac (libéral) - Ordonnance contre les Jésuites Abolition de la censure	Béranger : *Nouvelles chansons* (saisie, prison) **Bertrand : *Manifeste Romantique***		**Delacroix : *La mort de Sardanapale*** Berlioz : *1er Concert*
1829	Ministère Polignac (ultra)	**Balzac : *Les Chouans*** Hugo : *Les Orientales - Le dernier jour d'un condamné* Interdiction de Marion Delorme Dumas : *Henri III et sa cour* **Vigny : *Othello, Le More de Venise*** Fourier : *Le Nouveau Monde industriel*	Goethe : *Les années de voyage de Wilhelm Meister* Schlegel : *Philosophie de l'Histoire*	Delacroix : *Lithographies pour Faust (1825-1828)* Rossini : *Guillaume Tell*

Béranger.

Pierre-Jean de Béranger (1780-1857), aujourd'hui presque oublié, connut par ses chansons (qu'il appelait « les petits Poucets de la littérature ») une gloire que n'égala aucun écrivain du XIXᵉ siècle. Chateaubriand, Gœthe, Hugo, Sainte-Beuve, avaient pour son talent les mots les plus élogieux.

Sa liberté d'esprit lui vaudra quelques amendes et emprisonnements, et ses chansons restent un écho fidèle du Paris de la Restauration. Par sa foi en l'avenir, il séduit la jeunesse libérale, mais aussi, par une chanson comme Le Vieux Sergent, qui contribuera à créer le mythe napoléonien, les soldats de l'Empire (voir nᵒ 50 à 52).

N'oublions pas qu'à cette époque (1815), les Bourbons sont pour beaucoup de gens le pouvoir revenu « dans les fourgons de l'étranger », alors que Napoléon représente l'armée de la Révolution, ennemie de toutes les féodalités d'Europe.

LE VIEUX SERGENT (1815)

Air : Dis-moi soldat ; dis-moi, t'en souviens-tu ?

1 Près du rouet de sa fille chérie
Le vieux sergent se distrait de ses maux,
Et, d'une main que la balle a meurtrie,
Berce en riant deux petits-fils jumeaux ;
5 Assis tranquille au seuil du toit champêtre,
Son seul refuge après tant de combats,
Il dit parfois : « Ce n'est pas tout de naître ;
Dieu, mes enfants, vous donne un beau trépas ! »

Mais qu'entend-il ? le tambour qui résonne ?
10 Il voit au loin passer un bataillon.
Le sang remonte à son front qui grisonne !
Le vieux coursier a senti l'aiguillon.
Hélas ! soudain, tristement il s'écrie :
« C'est un drapeau que je ne connais pas.
15 Ah ! si jamais vous vengez la patrie,
Dieu, mes enfants, vous donne un beau trépas ! »

« Qui nous rendra, dit cet homme héroïque,
Aux bords du Rhin, à Jemmape, à Fleurus (1),
Ces paysans, fils de la république,
20 Sur la frontière, à sa voix accourus !
Pieds nus, sans pain, sourds aux lâches alarmes,
Tous à la gloire allaient du même pas.
Le Rhin lui seul peut retremper nos armes.
Dieu, mes enfants, vous donne un beau trépas ! »

25 « De quel éclat brillaient dans la bataille
Ces habits bleus par la victoire usés !
La liberté mêlait à la mitraille
Des fers rompus et des sceptres brisés.
Les nations, reines par nos conquêtes,
30 Ceignaient de fleurs le front de nos soldats.
Heureux celui qui mourut dans ces fêtes !
Dieu, mes enfants, vous donne un beau trépas ! »

« Tant de vertu trop tôt fut obscurcie.
Pour s'anoblir nos chefs sortent des rangs ;
35 Par la cartouche encor toute noircie,
Leur bouche est prête à flatter les tyrans.
La liberté déserte avec ses armes ;
D'un trône à l'autre ils vont offrir leurs bras ;
A notre gloire on mesure nos larmes.
40 Dieu, mes enfants, vous donne un beau trépas ! »

Sa fille alors, interrompant sa plainte,
Tout en filant, lui chante à demi-voix
Ces airs proscrits qui, les frappant de crainte
Ont en sursaut réveillé tous les rois.
45 « Peuple, à ton tour que ces chants te réveillent. »
« Il en est temps. » ... dit-il aussi tout bas (2).
Puis il répète à ses fils qui sommeillent :
« Dieu, mes enfants, vous donne un beau trépas ! »

Chansons, 1826.

(1) Victoires de l'armée révolutionnaire.

(2) Ces 2 vers furent supprimés par la censure.

LA CHANSON DANS L'HISTOIRE ET L'HISTOIRE DANS LA CHANSON

LE REFLET DE LA SENSIBILITÉ POPULAIRE

La chanson n'a pas attendu l'enregistrement et le disque pour constituer un moyen privilégié de communication. Au XIXᵉ siècle déjà elle atteint toutes les classes sociales. De la fin de l'Empire à la Commune cependant, une évolution est sensible : avec la montée populaire, la diffusion des thèses socialistes, la chanson devient de plus en plus « engagée ». 1830, 1848, 1871 : trois dates-clés permettent de cerner cette évolution, où le trait le plus remarquable est peut-être l'apparition du personnage de l'« ouvrier » au sens moderne, qui jusque-là se confondait dans la masse des pauvres. Ainsi la chanson est, pour Francis Marmande (1) l'écho d'une voix que la « grande » littérature ne nous permet pas souvent d'entendre :

« La chanson (...), c'est la voix de la rue (...) ;

Souvent affichées, les chansons servent d'appel. Journal, tract, mot d'ordre, éditorial, traité didactique, telles sont quelques-unes de ses fonctions, souvent simultanées. Bien plus, la relation particulière qui unit le chanteur à l'auditeur (souvent en groupe) — fort différente de la relation individuelle du journal au lecteur —, relation d'invite, relation directe, nous conduit à interroger sur un mode tout spécial l'histoire de la chanson. Enfin, jouant d'une ambiguïté qui la conduit à tantôt précéder le mouvement (appel, théorie), tantôt le suivre (récit, compte-rendu, minute de procès), la chanson politique est reflet d'un événement, mais elle est aussi au cœur de cet événement. »

1800-1830 : LA GOGUETTE

Sous l'Empire, une nouvelle sorte de société chantante est née : la goguette. En 1818, on en compte à Paris plusieurs centaines. Elle devient un lieu de rendez-vous, surtout de bourgeois républicains au début, où l'on chante des couplets satiriques contre le régime en place. Les chansonniers sont souvent des petits bourgeois. Après 1830, les goguettes se peuplent d'« ouvriers » (à l'époque ce mot englobe les artisans), et l'origine sociale des chansonniers, parallèlement, devient plus populaire. La chanson va alors se faire l'interprète du courant socialiste naissant (Saint-Simon, Fourier, Proudhon), et diffuser, au moins autant que les écrits politiques, les thèses qui prépareront la Révolution de 1848.

*Un typographe chansonnier, **Vinçard**, nous a laissé un témoignage de l'état d'esprit qui régnait dans ces sociétés chantantes :*

« A cette époque, tout concourait à exciter et entretenir notre ardeur patriotique. C'était en 1818, alors que s'établissaient dans plusieurs quartiers de Paris des sociétés chantantes dites goguettes. Elles fonctionnaient librement sans autre autorisation que celle, tacite, du commissaire de police... Ce qu'il y a de positif, c'est que la plus grande indépendance était laissée à ces réunions, toutes composées d'ouvriers (2). On chantait et l'on déclamait là toutes sortes de poésies, sérieuses ou critiques, et parmi ces dernières, les attaques contre

le gouvernement et contre l'Eglise ne manquaient pas. Les couplets patriotiques de Béranger y étaient accueillis avec enthousiasme ; il y eut des imitateurs, non pas de son admirable talent, mais des pensées généreuses que ce grand poète savait si bien exprimer. [...] Quant à ces réunions chantantes, ou goguettes, si critiquées, si ridiculisées depuis, il faut pourtant reconnaître qu'elles étaient, à cette époque, des écoles puissantes d'enseignement patriotique. C'est dans ces réunions que les ouvriers de Paris allaient puiser l'amour de nos gloires nationales et des libertés publiques. C'est dans les belles épopées de Béranger que le peuple retrempa ce courage héroïque qui fit accomplir en trois jours cette révolution providentielle de 1830 portant le dernier coup à ce vieil attirail de monarchie par droit de naissance. Si l'on réfléchit aux conséquences qui devaient en résulter, on constatera que c'était bien la première étape de la marche de l'intelligence populaire. » (3)

L'ÉMOTION DU POUVOIR

Le comte Anglès, préfet de police, ému des propos subversifs qui s'y tenaient, envoya aux commissaires la circulaire suivante :

« Ces réunions, qui toutes prennent des titres insignifiants en apparence, sont composées d'individus animés en général d'un très mauvais esprit ; dans la plupart on chante des chansons, on lit des poésies où, à la faveur et sous le voile de l'allégorie, le gouvernement, la religion, les mœurs sont également attaqués, menacés.

» Des lieux consacrés au public uniquement pour la consommation qu'il vient y faire sont transformés en véritables clubs où se manifeste hautement l'esprit le plus contraire à l'ordre et à la tranquillité, la licence y est souvent portée à son comble : je n'ai que trop de renseignements qui m'en donnent la certitude. Je vous charge en conséquence, Monsieur, de vous procurer avec autant d'exactitude que possible des informations sur ces réunions de chanteurs ou auteurs de chansons, communément appelées Goguettes, et d'en dresser un état dans lequel vous inscrirez tous les renseignements que vous pourrez obtenir : 1° sur le genre d'individus qui composent la réunion ; 2° sur l'état et la profession et sur l'esprit de ceux qui la dirigent, en me faisant connaître nommément les personnes que vous sauriez avoir le plus d'influence sur la réunion ; 3° sur l'état ou genre de commerce et sur l'opinion connue du maître de l'établissement...

» Il est nécessaire que vous préveniez le chef de l'établissement qu'il doit cesser, dès cet instant, de tolérer toute espèce de réunion jusqu'à ce qu'il en ait obtenu la permission à ma préfecture conformément à ce que prescrit l'art. 294 du Code pénal.

» Il est bon d'employer la modération puisqu'il n'est nullement question de restreindre une faculté que la loi reconnaît, mais de la soumettre aux règles qu'elle impose. »

(1) Histoire littéraire de la France, t. 8.
(2) Il va de soi que lorsque Vinçard parle ici d'ouvriers, il faut entendre tout ce qui œuvre de ses mains, compagnons comme artisans.

(3) Cité par P. Brochon, La chanson sociale de Béranger à Brassens, 1961.

René, demeuré seul avec Chactas, lui demande le récit de ses aventures. Le vieillard consent à le satisfaire, et assis avec lui sur la poupe de la pirogue, il commence en ces mots :

*
* *

« C'est une singulière destinée, mon cher fils, que celle qui nous réunit. Je vois
5 en toi l'homme civilisé qui s'est fait sauvage ; tu vois en moi l'homme sauvage, que le grand Esprit (j'ignore pour quel dessein) a voulu civiliser. Entrés l'un et l'autre dans la carrière de la vie, par les deux bouts opposés, tu es venu te reposer à ma place, et j'ai été m'asseoir à la tienne : ainsi nous avons dû avoir des objets une vue totalement différente. Qui, de toi ou de moi, a le plus gagné ou le plus perdu à ce changement de
10 position ? C'est ce que savent les Génies, dont le moins savant a plus de sagesse que tous les hommes ensemble.

« A la prochaine lune des fleurs **(1)**, il y aura sept fois dix neiges, et trois neiges de plus **(2)**, que ma mère me mit au monde, sur les bords du Meschacebé. Les Espagnols s'étaient depuis peu établis dans la base de Pensacola, mais aucun blanc n'habitait
15 encore la Louisiane. Je comptais à peine dix-sept chutes de feuilles, lorsque je marchai avec mon père, le guerrier Outalissi, contre les Muscogulges, nation puissante des Florides. Nous nous joignîmes aux Espagnols nos alliés et le combat se donna sur une des branches de la Maubile. Areskoui **(3)** et les Manitous ne nous furent pas favorables. Les ennemis triomphèrent ; mon père perdit la vie ; je fus blessé deux fois en le
20 défendant. Oh ! que ne descendis-je alors dans le pays des âmes **(4)**, j'aurais évité les malheurs qui m'attendaient sur la terre ! Les Esprits en ordonnèrent autrement : je fus entraîné par les fuyards à Saint-Augustin.

« Dans cette ville, nouvellement bâtie par les Espagnols, je courais le risque d'être enlevé pour les mines de Mexico, lorsqu'un vieux Castillan, nommé Lopez,
25 touché de ma jeunesse et de ma simplicité, m'offrit un asile, et me présenta à une sœur avec laquelle il vivait sans épouse.

« Tous les deux prirent pour moi les sentiments les plus tendres. On m'éleva avec beaucoup de soin, on me donna toutes sortes de maîtres. Mais après avoir passé trente lunes à Saint-Augustin, je fus saisi du dégoût de la vie des cités. Je dépérissais à
30 vue d'œil : tantôt je demeurais immobile pendant des heures, à contempler la cime des lointaines forêts ; tantôt on me trouvait assis au bord d'un fleuve, que je regardais tristement couler. Je me peignais les bois à travers lesquels cette onde avait passé, et mon âme était tout entière à la solitude.

« Ne pouvant plus résister à l'envie de retourner au désert, un matin, je me
35 présentai à Lopez, vêtu de mes habits de Sauvage, tenant d'une main mon arc et mes flèches, et de l'autre mes vêtements européens. Je les remis à mon généreux protecteur, aux pieds duquel je tombai, en versant des torrents de larmes. Je me donnai des noms odieux, je m'accusai d'ingratitude : « Mais enfin, lui dis-je, ô mon père, tu le « vois toi-même : je meurs, si je ne reprends la vie de l'Indien. »

40 « Lopez, frappé d'étonnement, voulut me détourner de mon dessein. Il me représenta les dangers que j'allais courir, en m'exposant à tomber de nouveau entre les mains des Muscogulges. Mais voyant que j'étais résolu à tout entreprendre, fondant en pleurs, et me serrant dans ses bras : « Va, s'écria-t-il, enfant de la nature ! « reprends cette indépendance de l'homme, que Lopez ne te veut point ravir. Si
45 « j'étais plus jeune moi-même, je t'accompagnerais au désert (où j'ai aussi de doux « souvenirs !) et je te remettrais dans les bras de ta mère. Quand tu seras dans tes « forêts, songe quelquefois à ce vieil Espagnol qui te donna l'hospitalité, et rappelle- « toi, pour te porter à l'amour de tes semblables, que la première expérience que tu as « faite du cœur humain, a été toute en sa faveur ». Lopez finit par une prière au Dieu
50 des Chrétiens, dont j'avais refusé d'embrasser le culte, et nous nous quittâmes avec des sanglots. »

(Fin du prologue - Début du récit :) « Le Récit. Les Chasseurs », *Atala*, 1801.

Atala ou les Amours de deux sauvages dans le désert (1801), est un épisode détaché de l'épopée en prose des Natchez (publiée en 1826), comme René (voir n° 3). René, le personnage principal du récit, s'est exilé dans les forêts des colonies d'Amérique du Nord où il rencontre Chactas, un vieil Indien.

(1) Mois de mai. (Note de Chateaubriand.) *(3) Dieu de la guerre.* (Note de Chateaubriand.)
(2) Neige pour année, 73 ans. (Note de Chateaubriand.) *(4) Les enfers.* (Note de Chateaubriand.)

CHATEAUBRIAND : LA PRÉFACE ET L'ÉPILOGUE D'ATALA, 1801

Je ne suis point comme M. Rousseau, un enthousiaste des Sauvages ; et quoique j'aie peut-être autant à me plaindre de la société que ce philosophe avait à s'en louer, je ne crois point que la *pure nature* soit la plus belle chose du monde. Je l'ai toujours trouvée fort laide, partout où j'ai eu l'occasion de la voir. Bien loin d'être d'opinion que l'homme qui pense soit un *animal dépravé*, je crois que c'est la pensée qui fait l'homme. Avec ce mot de *nature*, on a tout perdu. De là ces drames infâmes, qui ont succédé aux chefs-d'œuvre des Racine. Peignons la nature, mais la belle nature : l'art ne doit pas s'occuper de l'imitation des monstres. (…).

Atala n'a que trois personnages. On trouvera peut-être dans la femme que j'ai cherché à peindre, un caractère assez nouveau. C'est une chose qu'on n'a pas assez développée, que les contrariétés du cœur humain : elles mériteraient d'autant plus de l'être, qu'elles tiennent à l'antique tradition d'une dégradation originelle, et que conséquemment elles ouvrent des vues profondes sur tout ce qu'il y a de grand et de mystérieux dans l'homme et son histoire.

Chactas, l'amant d'*Atala*, est un Sauvage, qu'on suppose né avec du génie, et qui est plus qu'à moitié civilisé, puisque non seulement il sait les langues vivantes, mais encore les langues mortes de l'Europe. Il doit donc s'exprimer dans un style mêlé, convenable à la ligne sur laquelle il marche, entre la société et la nature. Cela m'a donné de grands avantages, en le faisant parler en Sauvage dans la peinture des mœurs, et en Européen dans le drame et la narration. Sans cela il eût fallu renoncer à l'ouvrage : si je m'étais toujours servi du style indien, *Atala* eût été de l'hébreu pour le lecteur.

Quant au missionnaire, j'ai cru remarquer que ceux qui jusqu'à présent ont mis le prêtre en action, en ont fait ou un scélérat fanatique, ou une espèce de philosophe. Le *P. Aubry* n'est rien de tout cela. C'est un simple chrétien qui parle sans rougir *de la croix, du sang de son divin maître, de la chair corrompue,* etc., en un mot, c'est le prêtre tel qu'il est. Je sais qu'il est difficile de peindre un pareil caractère aux yeux de certaines gens, sans toucher au ridicule. Si je n'attendris pas, je ferai rire : on en jugera.

Atala, préface de la première édition, 1801.

L'ÉPILOGUE D'ATALA

Chactas, fils d'Outalissi, le Natché, a fait cette histoire à René l'Européen. Les pères l'ont redite aux enfants, et moi, voyageur aux terres lointaines, j'ai fidèlement rapporté ce que des Indiens m'en ont appris. Je vis dans ce récit le tableau du peuple chasseur et du peuple laboureur, la religion, première législatrice des hommes, les dangers de l'ignorance et de l'enthousiasme religieux, opposés aux lumières, à la charité et au véritable esprit de l'Évangile, les combats des passions et des vertus dans un cœur simple, enfin le triomphe du Christianisme sur le sentiment le plus fougueux et la crainte la plus terrible, l'amour et la mort.

Quand un Siminole me raconta cette histoire, je la trouvai fort instructive et parfaitement belle, parce qu'il y mit la fleur du désert, la grâce de la cabane, et une simplicité à conter la douleur, que je ne me flatte pas d'avoir conservées.

Atala, 1801.

De tous mes manuscrits sur l'Amérique, je n'ai sauvé que quelques fragments, en particulier *Atala*, qui n'était qu'un épisode des *Natchez*. *Atala* a été écrite dans le désert et sous les huttes des Sauvages. Je ne sais si le public goûtera cette histoire qui sort de toutes les routes connues, et qui présente une nature et des mœurs tout à fait étrangères à l'Europe. Il n'y a point d'aventures dans *Atala*. C'est une sorte de poème, moitié descriptif, moitié dramatique : tout consiste dans la peinture de deux amants qui marchent et causent dans la solitude ; tout gît dans le tableau des troubles de l'amour, au milieu du calme des déserts et du calme de la religion. J'ai donné à ce petit ouvrage les formes les plus antiques ; il est divisé en *prologue, récit* et *épilogue*. Les principales parties du récit prennent une dénomination, comme les *chasseurs*, les *laboureurs,* etc. Je ne dissimule point que j'ai cherché l'extrême simplicité de fond et de style, la partie descriptive exceptée ; encore est-il vrai que, dans la description même, il est une manière d'être à la fois pompeux et simple. Dire ce que j'ai tenté, n'est pas dire ce que j'ai fait. Depuis longtemps je ne lis plus qu'Homère et la Bible ; heureux si l'on s'en aperçoit, et si j'ai fondu dans les teintes du désert et dans les sentiments particuliers à mon cœur, les couleurs de ces deux grands et éternels modèles du beau et du vrai.

Atala, préface de la première édition, 1801.

1 — *En quoi ce récit, et plus particulièrement, ce passage, conçus en Amérique, repris et « documentés » en Angleterre, modifiés à Londres et de nouveau en France, peuvent-ils être considérés comme « exotiques », « étrangers » voire « étranges », ou comme de purs produits de la culture européenne ?*

2 — *La forme du poème dramatique et descriptif dans le texte cité et dans l'épilogue. Relevez les pronoms, les signes de ponctuation (deux points, guillemets, etc.), en cherchant à répondre aux questions : qui parle ? à qui ? comment ? et à quel moment du récit ?*

3 — *Analysez et discutez la définition de la notion de « nature » à partir du texte et de la préface. (Nature et « couleur locale » : utilisation des noms propres, mise en place des adjectifs qualificatifs, constitution d'un parler indien demi-civilisé).*

4 — *DOSSIER : le « bon sauvage » de Rousseau, le huron de Voltaire, le sauvage demi-civilisé de Chateaubriand, et celui de Lopez (dans le texte) : en quoi se rapprochent-ils ou s'éloignent-ils de l'homme civilisé ? Servent-ils de prétexte à des démonstrations théoriques ? lesquelles ?*

Girodet (1767-1824)
Chateaubriand (Bulloz)

« Cette vie, qui m'avait d'abord enchanté, ne tarda pas à me devenir insupportable. Je me fatiguai de la répétition des mêmes scènes et des mêmes idées. Je me mis à sonder mon cœur, à me demander ce que je désirais. Je ne le savais pas ; mais je crus tout à coup que les bois me seraient délicieux. Me voilà soudain résolu d'achever,
5 dans un exil champêtre, une carrière à peine commencée, et dans laquelle j'avais déjà dévoré des siècles. (...)

« On m'accuse d'avoir des goûts inconstants, de ne pouvoir jouir longtemps de la même chimère, d'être la proie d'une imagination qui se hâte d'arriver au fond de mes plaisirs, comme si elle était accablée de leur durée ; on m'accuse de passer toujours le
10 but que je puis atteindre : hélas ! je cherche seulement un bien inconnu, dont l'instinct me poursuit. Est-ce ma faute, si je trouve partout des bornes, si ce qui est fini n'a pour moi aucune valeur ? Cependant je sens que j'aime la monotonie des sentiments de la vie, et si j'avais encore la folie de croire au bonheur, je le chercherais dans l'habitude.

« La solitude absolue, le spectacle de la nature, me plongèrent bientôt dans un
15 état presque impossible à décrire. Sans parents, sans amis, pour ainsi dire seul sur la terre, n'ayant point encore aimé, j'étais accablé d'une surabondance de vie. Quelquefois je rougissais subitement, et je sentais couler dans mon cœur comme des ruisseaux d'une lave ardente ; quelquefois je poussais des cris involontaires, et la nuit était également troublée de mes songes et de mes veilles. Il me manquait quelque
20 chose pour remplir l'abîme de mon existence : je descendais dans la vallée, je m'élevais sur la montagne, appelant de toute la force de mes désirs l'idéal objet d'une flamme future ; je l'embrassais dans les vents ; je croyais l'entendre dans les gémissements du fleuve ; tout était ce fantôme imaginaire, et les astres dans les cieux, et le principe même de vie dans l'univers.

25 « Toutefois cet état de calme et de trouble, d'indigence et de richesse, n'était pas sans quelques charmes. Un jour je m'étais amusé à effeuiller une branche de saule sur un ruisseau, et à attacher une idée à chaque feuille que le courant entraînait. Un roi qui craint de perdre sa couronne par une révolution subite, ne ressent pas des angoisses plus vives que les miennes, à chaque accident qui menaçait les débris de mon rameau.
30 O faiblesse des mortels ! O enfance du cœur humain qui ne vieillit jamais ! Voilà donc à quel degré de puérilité notre superbe raison peut descendre ! Et encore est-il vrai que bien des hommes attachent leur destinée à des choses d'aussi peu de valeur que mes feuilles de saule.

« Mais comment exprimer cette foule de sensations fugitives, que j'éprouvais
35 dans mes promenades ? Les sons que rendent les passions dans le vide d'un cœur solitaire, ressemblent au murmure que les vents et les eaux font entendre dans le silence d'un désert : on en jouit, mais on ne peut les peindre. (...)

« Un secret instinct me tourmentait ; je sentais que je n'étais moi-même qu'un voyageur ; mais une voix du ciel semblait me dire : « Homme, la saison de ta migration
40 « n'est pas encore venue ; attends que le vent de la mort se lève, alors tu déploieras ton « vol vers ces régions inconnues que ton cœur demande. »

« Levez-vous vite, orages désirés, qui devez emporter René dans les espaces d'une autre vie ! Ainsi disant, je marchais à grands pas, le visage enflammé, le vent sifflant dans ma chevelure, ne sentant ni pluie ni frimas, enchanté, tourmenté, et
45 comme possédé par le démon de mon cœur.

« La nuit, lorsque l'aquilon ébranlait ma chaumière, que les pluies tombaient en torrent sur mon toit, qu'à travers ma fenêtre je voyais la lune sillonner les nuages amoncelés, comme un pâle vaisseau qui laboure les vagues, il me semblait que la vie redoublait au fond de mon cœur, que j'aurais eu la puissance de créer des mondes. Ah !
50 si j'avais pu faire partager à une autre les transports que j'éprouvais ! O Dieu ! si tu m'avais donné une femme selon mes désirs ; si, comme à notre premier père, tu m'eusses amené par la main une Ève tirée de moi-même... Beauté céleste, je me serais prosterné devant toi ; puis, te prenant dans mes bras, j'aurais prié l'Éternel de te donner le reste de ma vie.

55 « Hélas ! j'étais seul, seul sur la terre ! Une langueur secrète s'emparait de mon corps. Ce dégoût de la vie que j'avais ressenti dès mon enfance, revenait avec une force nouvelle. Bientôt mon cœur ne fournit plus d'aliment à ma pensée, et je ne m'apercevais de mon existence que par un profond sentiment d'ennui. »

René, 1802, publié à part en 1805.

Le pendant d'Atala (voir n° 2) (le récit de Chactas) est René (le récit du héros éponyme*).

GOETHE : *LES SOUFFRANCES DU JEUNE WERTHER* (Livre II)

Gœthe (1749-1832) publie en octobre 1774 les Souffrances du jeune Werther : ce texte était appelé à avoir un énorme retentissement en Europe et plus particulièrement en France. Traduit dès 1775 par le baron Sigmund de Seckendorf, puis l'année suivante par G. Deyverdun, les Souffrances du jeune Werther devinrent rapidement une référence majeure pour les futurs écrivains du XIXe siècle. La traduction citée ici est celle de H. Burior Darsiles (Aubier - Flammarion, 1976).

« Cher Wilhelm, je suis dans l'état où devaient être ces malheureux que l'on croyait poussés de ci, de là, par un esprit malin. Parfois, cela me saisit : ce n'est ni angoisse, ni désir... c'est je ne sais quoi qui en moi se déchaîne, menaçant de me déchirer la poitrine, et me prenant à la gorge. Malheur ! malheur ! et alors je m'en vais à l'aventure parmi les terribles scènes nocturnes de cette saison hostile à l'homme.

« Hier soir, il m'a fallu ainsi sortir. Le dégel était survenu tout à coup, et j'avais entendu dire que la rivière avait débordé, que tous les ruisseaux étaient en crue et qu'à partir de Wahlheim ma chère vallée était inondée ! De nuit, après onze heures, j'y courus. Terrible spectacle que de voir, du haut d'un rocher, les flots tourbillonner au clair de lune et ravager champs, prairies, haies et tout le reste, et la large vallée, du haut en bas, ne faire plus qu'une mer orageuse sous les sifflements du vent ! Et puis, lorsque la lune, réapparaissant, se reposa au-dessus du noir nuage qui l'avait masquée, lorsque devant moi le flot, avec des reflets d'une terrible beauté, s'en alla roulant, grondant, alors je fus pris d'un frisson, et aussi d'un désir ! Ah ! les bras ouverts, j'étais là, tourné vers l'abîme, la poitrine haletante, brûlant de m'y plonger ! et je me perdais dans la volupté de précipiter là, dans ce gouffre, mes tourments, mes souffrances ! dans la volupté de bondir, de rouler comme ces vagues mugissantes !

Oh !... et tu n'eus pas la force de détacher ton pied du sol et de mettre fin à toute douleur !... L'heure, pour moi, n'a pas encore sonné, je le sens ! O Wilhelm, tout ce qui fait de moi un homme, comme je l'aurais volontiers donné pour, avec ce vent de tempête, déchirer les nuages, chasser devant moi les flots ! Ah ! l'incarcéré que je suis n'aura-t-il donc pas en partage, quelque jour, cette volupté ?...

« Et comme, mélancoliquement, j'abaissais mes regards vers une petite place où, avec Lotte, je m'étais reposé sous un saule au cours d'une promenade par une chaude journée, — cet endroit aussi était inondé, et c'est à peine si je reconnus le saule, Wilhelm ! Et ses prairies, pensais-je, la campagne autour de sa maison de chasse ! Comme ce torrent impétueux a dû dévaster notre tonnelle ! pensais-je. Et le rayon de soleil des jours passés se glissa en ma nuit, comme à un prisonnier sourit un rêve de troupeaux, de prairies ou d'honneurs ! J'étais debout là !... Non, je ne m'invectiverai pas, car j'ai le courage de mourir... J'aurais... Et me voici maintenant ici, semblable à une vieille femme qui glane, morceau par morceau, son bois le long des haies, son pain de porte en porte, pour alléger, pour prolonger un moment encore son existence sans joies, sa triste vie qui se meurt. »

Lettre du 12 décembre 1772.

Le 12 octobre.

« Ossian (1) a, dans mon cœur, pris la place d'Homère. Quel monde, que celui dans lequel m'introduit ce sublime génie ! Errer par la lande, parmi les sifflements de la bourrasque qui dans de nébuleuses vapeurs entraîne les esprits des ancêtres sous la crépusculaire clarté de la lune ! Entendre venir des montagnes, dans le mugissement du torrent qui court à travers la forêt, les gémissements, à demi emportés par le vent, des esprits qui hantent les cavernes, et les lamentations de la vierge exhalant sa mortelle douleur autour des quatre pierres recouvertes de mousse, ensevelies dans l'herbe, qui cachent le noble guerrier tombé là, son bien-aimé. »

Lettre du 12 octobre 1772.

(1) *Les Chants d'Ossian (ou Saga des hautes terres) ont été publiés par James Mac Pherson (1760), qui disait avoir recueilli ces poèmes dans les Highlands. Ce texte faisant état d'une mythologie peu explorée jusqu'alors est tout à fait important pour la connaissance des « sources » du romantisme.*

« N'avez-vous rien à lire ? » dit-elle. Il n'avait rien. « Là, dans mon tiroir, reprit-elle, est votre traduction de quelques chants d'Ossian ; je ne l'ai pas encore lue, car j'espérais toujours les entendre de votre bouche, mais cela ne s'est jamais trouvé, cela n'a jamais pu se faire ». Il sourit, alla chercher le manuscrit, un frisson le parcourut lorsqu'il le prit en main, et ses yeux se remplirent de larmes lorsqu'il les y porta. Il s'assit, et lut.

« Étoile de la nuit naissante, c'est avec beauté que tu étincelles à l'ouest, que tu lèves ta tête rayonnante hors de ta nuée et que tu t'en vas majestueusement le long de ta colline. Que regardes-tu dans la lande ? Les vents orageux se sont calmés ; de loin vient le murmure du torrent ; des vagues bruissantes jouent là-bas, au pied de la falaise, de leur bourdonnement les essaims de moucherons emplissent la campagne. Que regardes-tu, belle lumière ? Mais tu souris et passes, joyeusement les vagues t'entourent et baignent ton aimable chevelure. Adieu, paisible clarté ! Et toi, parais, magnifique lumière qui viens de l'âme d'Ossian ! »

Livre II.

---

1 — Répondez aux questions posées — 1, 2, 3, 4 — en n° 13.

2 — Définissez ce que René entend par « sensations fugitives » en utilisant les exemples fournis par le narrateur lui-même.

3 — Gœthe se réfère à Ossian : comment utilise-t-il ce texte ? Pourquoi le place-t-il dans son roman ? Quel autre type de mythologie ou quelle autre référence cet appel à Ossian remplace-t-il ? Quelles sont, selon vous, les principales conséquences (littéraires, artistiques) de cette nouvelle référence (voir n°s 14-15) ?

« Arrêtée comme un nuage menaçant sur le penchant d'une colline, une légion chrétienne, surnommée la Pudique, formait derrière l'armée le corps de réserve et la garde de César. Elle remplaçait auprès
5 de Constance la légion thébaine égorgée par Maximien. Victor, illustre guerrier de Marseille, conduisait au combat les milices de cette religion qui porte aussi noblement la casaque du vétéran que le cilice de l'anachorète.

10   « Cependant l'œil était frappé d'un mouvement universel : on voyait les signaux du porte-étendard qui plantait le jalon des lignes, la course impétueuse du cavalier, les ondulations des soldats qui se nivelaient sous le cep du centurion. On entendait de toutes parts
15 les grêles hennissements des coursiers, le cliquetis des chaînes, les sourds roulements des balistes et des catapultes, les pas réguliers de l'infanterie, la voix des chefs qui répétaient l'ordre, le bruit des piques qui s'élevaient et s'abaissaient au commandement des tri-
20 buns. Les Romains se formaient en bataille aux éclats de la trompette, de la corne et du lituus ; et nous Crétois, fidèles à la Grèce au milieu de ces peuples barbares, nous prenions nos rangs au son de la lyre.

« Mais tout l'appareil de l'armée romaine ne servait
25 qu'à rendre l'armée des ennemis plus formidable, par le contraste d'une sauvage simplicité.

« Parés de la dépouille des ours, des veaux marins, des aurochs et des sangliers, les Francs se montraient de loin comme un troupeau de bêtes féroces. Une tunique
30 courte et serrée laissait voir toute la hauteur de leur taille, et ne leur cachait pas le genou. Les yeux de ces barbares ont la couleur d'une mer orageuse ; leur chevelure blonde, ramenée en avant sur leur poitrine et teinte d'une liqueur rouge, est semblable à du sang et à
35 du feu. La plupart ne laissent croître leur barbe qu'au-dessus de la bouche, afin de donner à leurs lèvres plus de ressemblance avec le mufle des dogues et des loups. Les uns chargent leur main droite d'une longue framée, et leur main gauche d'un bouclier qu'ils tournent
40 comme une roue rapide ; d'autres, au lieu de ce bouclier, tiennent une espèce de javelot, nommé angon, où s'enfoncent deux fers recourbés, mais tous ont à la ceinture la redoutable francisque, espèce de hache à deux tranchants, dont le manche est recouvert
45 d'un dur acier ; arme funeste que le Franc jette en poussant un cri de mort, et qui manque rarement de frapper le but qu'un œil intrépide a marqué.

« Ces barbares, fidèles aux usages des anciens Germains, s'étaient formés en coin, leur ordre accou-
50 tumé de bataille. Le formidable triangle, où l'on ne distinguait qu'une forêt de framées, des peaux de bêtes et des corps demi-nus, s'avançait avec impétuosité, mais d'un mouvement égal, pour percer la ligne romaine. A la pointe de ce triangle étaient placés des
55 braves qui conservaient une barbe longue et hérissée, et qui portaient au bras un anneau de fer. Ils avaient juré de ne quitter ces marques de servitude qu'après avoir sacrifié un Romain. Chaque chef, dans ce vaste corps, était environné des guerriers de sa famille, afin
60 que, plus ferme dans le choc, il remportât la victoire ou mourût avec ses amis. Chaque tribu se ralliait sous un symbole : la plus noble d'entre elles se distinguait par des abeilles ou trois fers de lance. Le vieux roi des Sicambres, Pharamond, conduisait l'armée entière, et
65 laissait une partie du commandement à son petit-fils Mérovée. Les cavaliers francs, en face de la cavalerie romaine, couvraient les deux côtés de leur infanterie : à leurs casques en forme de gueules ouvertes ombragées de deux ailes de vautour, à leurs corselets de fer, à leurs
70 boucliers blancs, on les eût pris pour des fantômes ou pour ces figures bizarres que l'on aperçoit au milieu des nuages pendant une tempête. Clodion, fils de Phara-mond et père de Mérovée, brillait à la tête de ces cavaliers menaçants.

75   « Sur une grève, derrière cet essaim d'ennemis, on apercevait leur camp, semblable à un marché de laboureurs et de pêcheurs ; il était rempli de femmes et d'enfants, et retranché avec des bateaux de cuir et des chariots attelés de grands bœufs. Non loin de ce camp
80 champêtre, trois sorcières en lambeaux faisaient sortir de jeunes poulains d'un bois sacré, afin de découvrir par leur course à quel parti Tuiston promettait la victoire. La mer d'un côté, des forêts de l'autre, formaient le cadre de ce grand tableau.

85   (...) Victor commande : la légion s'ébranle et descend en silence de la colline. Chaque soldat porte sur son bouclier une croix entourée de ces mots : « Tu vaincras par ce signe. » Tous les centurions étaient des martyrs couverts de cicatrices du fer et du feu. Que
90 pouvait contre de tels hommes la crainte des blessures et de la mort ? O touchante fidélité ! Ces guerriers allaient répandre pour leurs princes les restes d'un sang dont ces princes avaient presque tari la source ! Aucune frayeur, mais aussi aucune joie ne paraissait
95 sur le visage des héros chrétiens. Leur valeur tranquille était pareille à un lys sans tache. Lorsque la légion s'avança dans la plaine, les Francs se sentirent arrêtés au milieu de leur victoire. Ils ont conté qu'ils voyaient à la tête de cette légion une colonne de feu et de nuées et
100 un cavalier vêtu de blanc, armé d'une lance et d'un bouclier d'or. Les Romains qui fuyaient tournent le visage ; l'espérance revient au cœur du plus faible et du moins courageux : ainsi, après un orage de nuit, quand le soleil du matin paraît dans l'orient, le laboureur
105 rassuré admire l'astre qui répand un doux éclat sur la nature ; sous les lierres de la cabane antique le jeune passereau pousse des cris de joie ; le vieillard vient s'asseoir sur le seuil de la porte : il entend des bruits charmants au-dessus de sa tête, et il bénit l'Éternel.

110   « A l'approche des soldats du Christ, les barbares serrent leurs rangs, les Romains se rallient. Parvenue sur le champ de bataille, la légion s'arrête, met un genou en terre, et reçoit de la main d'un ministre de paix la bénédiction du Dieu des armées. »

les Martyrs, 1809, livre VI.

AUGUSTIN THIERRY, 1820

L'un des plus grands historiens *de l'époque décrit, lui aussi, les barbares :*

La peinture que les écrivains du temps **(1)** tracent des guerriers franks à cette époque, et jusque dans le VIᵉ siècle, a quelque chose de singulièrement sauvage. Ils relevaient et rattachaient sur le sommet du front 5 leurs cheveux d'un blond roux, qui formaient une espèce d'aigrette et retombaient par derrière en queue de cheval. Leur visage était entièrement rasé, à l'exception de deux longues moustaches qui leur tombaient de chaque côté de la bouche. Ils portaient 15 des habits de toile serrés au corps et sur les membres avec un large ceinturon auquel pendait l'épée. Leur arme favorite était une hache à un ou deux tranchants, dont le fer était épais et acéré, et le manche très court. Ils commençaient le combat en lançant de loin cette 20 hache, soit au visage, soit contre le bouclier de l'ennemi, et rarement ils manquaient d'atteindre l'endroit précis où ils voulaient frapper.

Outre la hache qui, de leur nom, s'appelait *francisque*, ils avaient une arme de trait qui leur était 25 particulière, et que, dans leur langue, ils nommaient *hang*, c'est-à-dire hameçon. C'était une pique de médiocre longueur et capable de servir également de près et de loin. La pointe, longue et forte, était armée de plusieurs barbes ou crochets tranchants et recourbés. 30 Le bois était couvert de lames de fer dans presque toute sa longueur, de manière à ne pouvoir être brisé ni entamé à coups d'épée. Lorsque ce hang s'était fiché au travers d'un bouclier, les crocs dont il était garni en rendaient l'extraction impossible, il restait suspendu, 35 balayant la terre par son extrémité : alors le Franc qui l'avait jeté s'élançait, et, posant un pied sur le javelot, appuyait de tout le poids de son corps et forçait

l'adversaire à baisser le bras et à se dégarnir ainsi la tête et la poitrine. Quelquefois, le hang attaché au bout 40 d'une corde servait en guise de harpon à amener tout ce qu'il atteignait. Pendant qu'un des Franks lançait le trait, son compagnon tenait la corde, puis tous deux joignaient leurs efforts, soit pour désarmer leur ennemi, soit pour l'attirer lui-même par son vêtement ou son 45 armure.

Les soldats franks conservaient encore cette physionomie et cette manière de combattre un demi-siècle après la conquête, lorsque le roi Théodebert **(2)** passa les Alpes et alla faire la guerre en Italie. La garde du roi 50 avait seule des chevaux et portait des lances du modèle romain : le reste des troupes était à pied et leur armure paraissait misérable. Ils n'avaient ni cuirasses, ni bottines garnies de fer ; un petit nombre portait des casques, les autres combattaient nu-tête. Pour être 55 moins incommodés par la chaleur, ils avaient quitté leur justaucorps de toile et gardaient seulement des culottes d'étoffe ou de cuir qui leur descendaient jusqu'au bas des jambes. Ils n'avaient ni arc, ni fronde, ni autres armes de traits, si ce n'est le hang et la 60 francisque. C'est dans cet état qu'ils se mesurèrent avec plus de courage que de succès contre les troupes de l'empereur Justinien **(3)**.

Sixième Lettre sur l'Histoire de France,
publiée dans *le Courrier Français*, 1820.

(2) *Petit-fils de Clovis, roi de Francie orientale, de 534 à 547 ou 548.*
(3) *En 535, Justinien (qui régna à Byzance de 527 à 565) envoya ses troupes contre les Ostrogoths pour reconquérir l'Italie. Les bandes franques et burgondes du roi Théodebert passèrent les Alpes à partir de 539, plus pour piller le pays que pour intervenir aux côtés de l'un des deux adversaires, auxquels Théodebert avait d'ailleurs, semble-t-il, promis indistinctement son concours.*

(1) *Thierry s'inspire surtout ici du Gallo-Romain Sidoine Apollinaire (430-489) et du grand historien de Justinien, Procope.*

De Roches. *Portrait de Benjamin Constant* (Bulloz).

(a) Elle s'assoupit d'un sommeil assez paisible ; elle se réveilla moins souffrante ; j'étais seul dans sa chambre ; nous nous parlions de temps en temps à de longs intervalles. Le médecin qui s'était montré le plus habile dans ses conjonctures m'avait prédit qu'elle ne vivrait pas vingt-quatre heures ; **(b)** je regardais tour à tour une
5 pendule qui marquait les heures, et le visage d'Ellénore, sur lequel je n'apercevais nul changement nouveau. **(c)** Chaque minute qui s'écoulait ranimait mon espérance, et je révoquais en doute les présages d'un art mensonger. **(d)** Tout à coup Ellénore s'élança par un mouvement subit ; je la retins dans mes bras : un tremblement convulsif agitait tout son corps ; ses yeux me cherchaient, mais dans ses yeux se
10 peignait un effroi vague, comme si elle eût demandé grâce à quelque objet menaçant qui se dérobait à mes regards : elle se relevait, elle retombait, on voyait qu'elle s'efforçait de fuir ; on eût dit qu'elle luttait contre une puissance physique invisible qui, lassée d'attendre le moment funeste, l'avait saisie et la retenait pour l'achever sur ce lit de mort. **(e)** Elle céda enfin à l'acharnement de la nature ennemie ; ses membres
15 s'affaissèrent, elle sembla reprendre quelque connaissance : elle me serra la main ; elle voulut pleurer, il n'y avait plus de larmes ; elle voulut parler, il n'y avait plus de voix : elle laissa tomber, comme résignée, sa tête sur le bras qui l'appuyait ; sa respiration devint plus lente ; quelques instants après elle n'était plus.

(f) Je demeurai longtemps immobile près d'Ellénore sans vie. **(g)** La conviction
20 de sa mort n'avait pas encore pénétré dans mon âme ; mes yeux contemplaient avec un étonnement stupide ce corps inanimé. **(h)** Une de ses femmes étant entrée répandit dans la maison la sinistre nouvelle. Le bruit qui se fit autour de moi me tira de la léthargie où j'étais plongé ; je me levai : ce fut alors que j'éprouvai la douleur déchirante et toute l'horreur de l'adieu sans retour. **(i)** Tant de mouvement, cette
25 activité de la vie vulgaire, tant de soins et d'agitations qui ne la regardaient plus, dissipèrent cette illusion que je prolongeais, cette illusion par laquelle je croyais encore exister avec Ellénore. **(j)** Je sentis le dernier lien se rompre, et l'affreuse réalité se placer à jamais entre elle et moi. **(k)** Combien elle me pesait, cette liberté que j'avais tant regrettée ! Combien elle manquait à mon cœur, cette dépendance qui m'avait
30 révolté souvent ! Naguère toutes mes actions avaient un but ; j'étais sûr, par chacune d'elles, d'épargner une peine ou de causer un plaisir : je m'en plaignais alors ; j'étais impatienté qu'un œil ami observât mes démarches, que le bonheur d'un autre y fût attaché. **(l)** Personne maintenant ne les observait ; elles n'intéressaient personne ; nul ne me disputait mon temps ni mes heures ; aucune voix ne me rappelait quand je
35 sortais. **(m)** J'étais libre, en effet, je n'étais plus aimé : j'étais étranger pour tout le monde.

Adolphe, aimé passionnément par Ellénore, ne répond pas vraiment à cet amour. Il faut enfin que l'héroïne meure pour qu'il comprenne à quel point c'est lui-même qu'il perd en la perdant.

Adolphe, 1816, chap. X.

LE COMMENTAIRE COMPOSÉ

I — QUELQUES CONSEILS PRÉALABLES

1) Au premier abord, procéder comme pour un résumé de texte :
— noter les éléments et événements essentiels, puis secondaires ;
— repérer les articulations principales (s'appuyer sur un repérage précis, au fil du texte, des outils de coordination, des adverbes de lieu et de temps, des pronoms, etc.) ; voir dans quelle mesure ces articulations, extraites du texte, en donnent la trame de construction.

Exemple, ici :
a, b, c : *absence remarquable de coordination ; juxtaposition de phrases courtes (combinaison de l'asyndète* et de la parataxe*) ;*
d : *tout à coup ;*
e : *enfin ;*
f : *longtemps ;*
g : *pas encore ;*
h : *alors ;*
i : *tant (de mouvement), tant (de soins)/ne... plus ;*
j : *à jamais ;*
k : *souvent, naguère, alors ;*
l : *personne, nul, aucune (voix) ;*
m : *ne... plus.*

— Segmenter alors le texte en plusieurs moments ou séquences de base.

Exemple :
a ⟶ e : *agonie d'Ellénore*
f, g : *la mort*
h ⟶ m : *la vie, le vide.*

— Noter les procédés littéraires majeurs : alternance des différents temps grammaticaux : imparfait/passé simple ; éventuellement, les modes verbaux ; les figures de rhétorique prépondérantes (images récurrentes*, métaphores* filées, etc.).

2) Déterminer à partir de ce relevé, dans le texte, entre deux et quatre axes de lecture qui correspondront aux différentes parties du commentaire.

N.B. : Chacun de ces axes devra fonctionner sur l'ensemble du texte : chaque partie indique en effet un point de vue *différent* applicable à la totalité du texte, mais *relié* aux autres points de vue.

Exemples :
— *les personnages et l'évolution de leurs rapports : opposition, rapprochement, complicité, fusion, séparation (et éventuellement la combinaison simultanée de plusieurs de ces rapports) ;*
— *actions et événements : ce qui frappe les personnages de l'extérieur, la résultante de leurs propres actions, ou leur incapacité à agir ;*
— *la temporalité : à partir des articulations essentielles (voir ci-dessus), un axe de lecture pourra être constitué par les procédés de retardement, suspens, coups de théâtre, étalement de la durée, etc.*

3) Ces différentes parties doivent être *reliées* et *ordonnées* comme les différentes étapes d'une démonstration. Essayez, au brouillon, de résumer la logique de votre analyse en quelques phrases qui vous serviront de fil conducteur.

Exemples :
— Étant donné que *les personnages sont à jamais séparés par la mort ;*
— Puisque *la suite logique des événements est : agonie d'Ellénore, désespoir et solitude d'Adolphe ;*
— Donc *l'auteur joue sur l'opposition imparfait (marquant un étalement de la durée)/passé simple (relatant les événements en eux-mêmes, coups de théâtre, etc.).*

N.B. : valeur tout à fait particulière, dans cette opposition, de l'imparfait : « elle n'était plus ».

Tout le texte s'inscrit donc dans un cheminement précis, celui de la perte : perte de la personne aimée, perte de la possibilité d'agir (la mort est, au sens théâtral du terme, le dernier acte), et perte du sentiment du temps pour le héros : il n'y a plus de futur possible.

D'après Gérard (1770-1837). *Portrait de Mme Récamier, amie de Benjamin Constant* (BN).

II — PASSAGE A LA RÉDACTION

1) Une fois le plan ci-dessus structuré et mis en place, traiter les axes de lecture choisis l'un après l'autre. La séparation entre chaque partie doit être matérialisée (sauter une ligne).

Mais il convient de ne pas oublier le sens général de la démonstration. Afin d'éviter les répétitions, il faut marquer fortement les éléments communs à plusieurs axes de lecture simultanément.

Exemple 1 : en **d)** *et* **e)** *la mort d'Ellénore a une triple incidence :*
— sur le personnage ;
— sur les événements (la mort est rupture de l'agonie d'Ellénore et rupture de l'attente d'Adolphe) ;
— sur la temporalité : le texte oscille entre « tout à coup » et « enfin », « ne... plus » : il n'y a plus de durée.

Exemple 2 : en **k)** *et* **l)** *: l'évocation du passé (retour en arrière) est marquée à tous les niveaux du texte :*
— elle redonne vie à Ellénore, et réinstaure ainsi imaginairement la relation entre les personnages ;
— elle oppose, au vide du présent, la densité événementielle du passé ;
— elle marque de façon irréductible l'opposition entre le passé (« naguère ») et le présent (« maintenant »).

2) A l'intérieur de chaque partie, si cela est nécessaire, fragmenter l'analyse en fonction du mouvement du texte et de la démonstration. Cette fragmentation, ici, est établie par les lettres (**a, b, c,** etc.) introduites par nous dans le texte. Chaque morcellement correspondra à un paragraphe dans la rédaction du commentaire.

N.B. : Observer que la fragmentation établie ne correspond pas à chaque phrase du texte, mais à des *unités de sens* de longueur variable. Ce modèle est utilisable, mais non automatiquement transposable à tout texte.

3) Lors de la rédaction finale, garder toujours en tête (ou mieux : sous les yeux) le plan et l'objectif de la démonstration. La rédaction en sera largement facilitée.

Madame de Staël, amie de Benjamin Constant (BN).

4) Rédiger si possible l'introduction et la conclusion au préalable.

Exemple 1 : Introduction :
— Présenter le texte (Constant, Adolphe, mort d'Ellénore en présence du héros).
— Dégager une problématique générale sous-tendant la démonstration :
   Ex. : un texte « final » à tout point de vue (fin de l'héroïne, fin parallèle d'un héros qui n'a plus de goût à la vie, fin du récit).
— Annoncer, le moins lourdement possible, les différentes parties de l'analyse :
   ici :
   • les relations entre les personnages
   • les événements
   • la temporalité.

Exemple 2 : Conclusion :
— Rappeler brièvement les divers axes du récit examinés précédemment ;
— Donner une solution unificatrice à la problématique annoncée en introduction ; l'observation du détail du texte montre en effet que tout est orchestré autour de la notion de fin : le héros ne se sent plus exister, il n'y a plus d'événements possibles, sinon des rappels du passé, le temps est définitivement imparfait.

N.B. : Ne pas oublier que l'*écrit*, en particulier dans l'autobiographie (récit à la première personne), est toujours postérieur au *vécu* : cette *fin* de l'histoire s'ouvre sur le passage possible à l'écriture. Il ne reste plus rien au héros, sinon écrire.

Cette remarque peut ici clore votre conclusion.

III — RELEVÉ DÉTAILLÉ DES ÉLÉMENTS ESSENTIELS DU TEXTE :

Axe I les personnages et leurs relations	Axe II Actions et événements	Axe III Temporalité.
Premier mouvement : l'agonie.		
a) elle + moi → nous (médecin)	sommeil/réveil → parler	de temps en temps } Imparfait (pas vingt-quatre heures) (durée)
b) je → *son* visage	regard → nul changement	pendule (heures) } Imparfait (durée)
c) je	je → espérance	chaque minute } Imparfait (présages) (durée)
d) Elle + je/objet menaçant puissance physique invisible mort	mouvement → tremblement → effroi → menace → effort → lit (de mort)	tout à coup } Passé simple (action) Imparfait (répétition)
e) elle + moi → elle (ne plus)	acharnement de la nature ennemie membres → main → larmes → voix → tête → bras → respiration → ne... plus.	enfin } Passé simple ne... plus (actions quelques instants dernières) après
Second mouvement (transition) : la mort		
f) je/Ellénore (sans vie)	immobile → sans vie	longtemps } Passé simple (durée dans un même état)
g) je/corps (inanimé)	âme/yeux → étonnement stupide	pas encore } Imparfait (durée)
Troisième mouvement : le retour à la réalité.		
h) une femme (bruit)/moi	maison (bruit)/léthargie → douleur	alors (sans retour) } Passé simple (action)
i) mouvement → vie elle (ne... plus)/je	mouvement → vie vulgaire soins → agitations/illusion	mouvement } combinaison passé simple /ne plus (réalité) et imparfait (durée artificielle)
j) je/affreuse réalité entre elle et moi	dernier lien/réalité	le dernier } Passé simple à jamais (action - réalité)
k) je - elle (autrefois)	actions : but → peine/plaisir-bonheur	souvent } Imparfait et naguère plus-que-parfait alors (souvenir)
l) je - personne (maintenant)	(ne pas) observer intéresser	maintenant } Imparfait (durée)
m) je, étranger pour tout le monde	(ne plus) aimé/étranger	ne plus } Plus-que-parfait → imparfait (durée indéterminée ouvrant sur le futur)

Nota :

le signe / implique une opposition   le signe → implique une coordination ou une corrélation.

Scheffer, *portrait de Paul-Louis Courier* (Giraudon).

Mais notez en passant que les bas officiers n'aiment point la noblesse. C'est une étrange chose : car enfin la noblesse ne leur dispute rien, pas un gentilhomme ne prétend être caporal ou sergent. La noblesse, au contraire, veut assurer ces places à ceux qui les occupent, fait tout ce qu'elle peut pour que les bas officiers ne cessent
5 jamais de l'être, et meurent bas officiers, comme jadis au bon temps. (...).

De fait, il m'en souvient, ce furent les bas officiers qui firent la révolution autrefois. Voilà pourquoi peut-être ils n'aiment point du tout ceux qui la veulent défaire, et ceci rend vraisemblable le dialogue suivant, qu'on donne pour authentique, entre un noble lieutenant de la garnison de Saumur et son sergent-major.

10 Prends ton briquet Francisque, et allons assommer ce Benjamin Constant. — Allons, mon lieutenant. Mais qui est ce Benjamin ? — C'est un coquin, un homme de la révolution. — Allons, mon lieutenant, courons vite l'assommer. C'est donc un de ces gens qui disent que tout allait mal du temps de mon grand-père ? — Oui. — Oh ! le mauvais homme ! et je gage qu'il dit que tout va mieux maintenant ? — Oui. — Oh ! le
15 scélérat. Dites-moi, mon lieutenant : on va donc rétablir tout ce qui était jadis ? — Assurément, mon cher. — Et ce Benjamin ne veut pas ? — Non, le coquin ne veut pas. — Et il veut qu'on maintienne ce qui est à présent ? — Justement. — Quel maraud ! Dites-moi, mon lieutenant : ce bon temps-là, c'était le temps des coups de bâton, de la *schlague* pour les soldats ? — Que sais-je, moi ? — C'était le temps
20 des coups de plat de sabre ? — Que veux-tu que je te dise ? ma foi, je n'y étais pas. — Je n'y étais pas non plus ; mais j'en ai ouï parler ; et, s'il vous plaît, il dit, ce monsieur Benjamin, que tout cela n'était pas bien ? — Oui. C'est un drôle qui n'aime que sa révolution ; il blâme généralement tout ce qui se faisait alors. — Alors, mon lieutenant, nous autres sergents, pouvions-nous devenir officiers ? — Non certes,
25 dans ce temps-là. — Mais la révolution changea cela, je crois, nous fit des officiers, ôta les coups de bâton ? — Peut-être ; mais qu'importe ? — Et ce Benjamin-là, dites-vous, mon lieutenant, approuve la révolution, ne veut pas qu'on remette les choses comme elles étaient ? — Que de discours ; marchons. — Allez, mon lieutenant ; allez en m'attendant. — Ah ! coquin, je te devine. Tu pense comme Benjamin ; tu aimes la
30 révolution. — Je hais les coups de bâton. — Tu as tort, mon ami ; tu ne sais pas ce que c'est. Ils ne déshonorent point quand on les reçoit d'un chef ou bien d'un camarade. Que moi, ton lieutenant, je te donne la bastonnade, tu la donnes aux soldats en qualité de sergent ; aucun de nous, je t'assure, ne serait déshonoré. — Fort bien. Mais, mon lieutenant, qui vous la donnerait ? — A moi ? personne, j'espère. Je suis
35 gentilhomme. — Je suis homme. — Tu es un sot, mon cher. C'était comme cela jadis. Tout allait bien. L'ancien régime vaut mieux que la révolution. — Pour vous, mon lieutenant. — Puis, c'est la discipline des puissances étrangères. (...).

— Propos séditieux. Tu te gâtes, Francisque. Qui diable te met donc ces idées dans la tête ? tu ne sais ce que tu dis. Tu rêves, mon ami ; ou bien tu n'entends pas la
40 distinction des classes. Moi, noble, ton lieutenant, je suis de la haute classe. Toi, fils de mon fermier, tu es de la basse classe. Comprends-tu maintenant ? Or, il faut que chacun demeure dans sa classe ; autrement ce serait un désordre, une cohue ; ce serait la révolution. — Pardon, mon lieutenant ; répondez-moi, je vous prie. Vous voulez, j'imagine, devenir capitaine. — Oui. — Colonel ensuite ? — Assurément.
45 — Et puis général ? — A mon tour. — Puis maréchal de France ? — Pourquoi non ? Je peux bien l'espérer comme un autre. — Et moi, je reste sergent ? — Quoi ? ce n'est pas assez pour un homme de ta sorte, né rustre, fils d'un rustre ? Souviens-toi donc, mon cher, que ton père est paysan. (...).

— Allez, mon lieutenant, mon camarade ; allez devant et m'attendez. —
50 Francisque, écoute-moi. Si tu te conduis bien, que tu sabres ces vilains quand je te le commanderai, si je suis content de toi, j'écrirai à mon père qu'il te fasse laquais, garde-chasse ou portier. — Allez, mon lieutenant. — Oh ! le mauvais sujet. Va, tu en mangeras, de la prison, je te le promets.

Lettres particulières, 1820.

P. L. Courier, journaliste libéral de gauche, attaque violemment, dans ses pamphlets, les prétentions de l'ancienne aristocratie, revenue en France avec Louis XVIII, qui voudrait restaurer l'Ancien Régime sans tenir aucun compte ni des acquis de la Révolution, ni de certaines réformes dues à l'Empire ; en particulier, les aristocrates voudraient à nouveau substituer, dans l'armée, la hiérarchie de la naissance à celle de la valeur, qui permettait à de simples soldats de passer officiers.

PIERRE-JEAN de BÉRANGER, 1816

LE MARQUIS DE CARABAS (*)

Voyez ce vieux marquis
Nous traiter en peuple conquis ;
Son coursier décharné
De loin chez nous l'a ramené.
Vers son vieux castel
Ce noble mortel
Marche en brandissant,
Un sabre innocent.
Chapeau bas ! chapeau bas !
Gloire au marquis de Carabas !

Aumôniers, châtelains,
Vassaux, vavassaux et vilains,
C'est moi, dit-il, c'est moi,
Qui seul ai rétabli mon roi.
Mais s'il ne me rend
Les droits de mon rang,
Avec moi, corbleu !
Il verra beau jeu.
Chapeau bas ! chapeau bas !
Gloire au marquis de Carabas !

Vivons donc en repos.
Mais l'on m'ose parler d'impôts !
A l'État, pour son bien,
Un gentilhomme ne doit rien.
Grâce à mes créneaux,
A mes arsenaux,
Je puis au préfet **(1)**
Dire un peu son fait.
Chapeau bas ! chapeau bas !
Gloire au marquis de Carabas !

Prêtres que nous vengeons,
Levez la dîme et partageons,
Et toi, peuple animal,
Porte encor le bât féodal.
Seul nous chasserons,
Et tous vos tendrons
Subiront l'honneur
Du droit du Seigneur.
Chapeau bas ! chapeau bas !
Gloire au marquis de Carabas !

Curé, fais ton devoir ;
Remplis pour moi ton encensoir.
Vous, pages et varlets,
Guerre aux vilains, et rossez-les !
Que de mes aïeux
Ces droits glorieux
Passent tout entiers
A mes héritiers.
Chapeau bas ! chapeau bas !
Gloire au marquis de Carabas !

* personnage du « Chat botté », conte de Perrault, qui a plus de prétentions que de titres de noblesse.

(1) Les nobles rentrés d'émigration sont hostiles aux préfets, créés par Napoléon 1er.

JEAN-LOUIS BORY, 1972 :

L'ultracisme a ses penseurs, ses théoriciens, ses poètes. Lesquels ne réclament pas le retour pur et simple à l'Ancien Régime dont ils reconnaissent l'anachronisme. La Révolution et Voltaire sont choses avenues : choses non seulement odieuses mais erronées. Il faut abattre les principes qui ont conduit aux méfaits révolutionnaires ; il faut remonter à leurs racines : au siècle des Lumières ; plus haut encore, plus profond : à ce classicisme qui a prôné dans le même mouvement idolâtre cette antiquité classique dont la Révolution et l'Empire n'ont pas cessé de se gargariser, et ce rationalisme d'où nous vient tout le mal — Voltaire et les jacobins. Hors de France pendant vingt ans, les penseurs émigrés ont perdu contact avec l'évolution en France où l'on *digérait* les principes du XVIIIe siècle, (...). Le conservatisme est la colonne vertébrale de l'équilibre européen ; défense des institutions et autorités (monarchie, Église, corporations, famille, propriété) qui garantissent l'ordre dont on a hérité et qui a été voulu par Dieu ; union du trône et de l'autel. Ils ont lu Adam Müller *(Éléments de l'art de gouverner)* : « L'État chrétien est un ensemble qui se développe suivant les plans de Dieu comme un organisme naturel » et dont l'évolution ne saurait être modifiée artificiellement par des « idées », des « réformes », des « constitutions ». Ils ont lu le Suisse Louis de Haller *(La Restauration de la Science des droits ou Théorie de l'État social naturel opposé à la chimère de l'État politique artificiel)* : « L'État ne se conçoit que du point de vue du patrimoine privé des princes, seuls responsables devant Dieu du maintien de l'ordre établi. » Ils ont étudié le Français de Bonald (Louis Gabriel Ambroise, vicomte de — il a soixante-six ans en 1820) et ce que Jean-François Revel **(1)** appelle ses « lugubres théorèmes » : l'homme n'existe que pour la Société, la Société ne le forme que pour elle-même, la Société seule a des droits (contre les Droits de l'Homme) ; rejet de l'individualisme ; rejet de la souveraineté de la nation (« le droit divin des dynasties est indépendant de la volonté des peuples »), restauration de l'autorité suprême du roi-par-la-grâce-de-Dieu ; refus d'accepter une constitution écrite ; réhabilitation de la tradition au détriment de la raison. Ils ont lu le « Savoisien » de Maistre (Joseph Marie, comte de — soixante-sept ans en 1820, il va mourir en 1821) qui soutient que « la foi catholique et la primauté du Pape sont les fondements de l'État » — germes de l'ultramontanisme d'un Lamennais. Ils ont aimé Friedrich von Hardenberg, dit Novalis, et son tableau flatteur *(La Chrétienté ou l'Europe)* de l'organisation médiévale du monde.

Conséquence : ils ne rêvent pas, eux, d'un retour à la France du 13 juillet 1789, ou de 1788. Mais d'un néo-Moyen Age ressuscitant, dans le même frisson gothique, une époque de grande foi et de grand *sentiment* religieux, l'épanouissement des principes chrétiens opposés aux principes révolutionnaires, le respect inconditionnel des « hiérarchies naturelles ».

la Révolution de Juillet, 1972.

(1) Critique contemporain.

1 — Le texte de P.-L. Courier
   a) La technique de l'antiphrase* : sur quoi repose-t-elle (relevez les exemples les plus significatifs) ? Noter les moments où ce qui est volontairement trop sérieux devient volontairement comique et démystificateur chez Courier.
   b) La technique du dialogue : qui sont les interlocuteurs ? leur dialogue est-il vraisemblable ? Relever et classer les effets littéraires du 1°) à la mauvaise foi de l'un - 2°) à la naïveté de l'autre. Quelles sont les fonctions d'un tel dialogue ?
   c) Enquête : un tel pamphlet est-il concevable dans la société actuelle ? Entre quels interlocuteurs ? Essayez de le rédiger ou de le mettre en scène.
2 — Humour et provocation : P.-L. Courier et P.-J. de Béranger.
   Littérature et engagement : quelle est la valeur de provocation de ces textes, dans l'atmosphère de la Restauration telle que la décrit J.-L. Bory ?

le Radeau de la Méduse, 1819.

L'épisode du 17 juillet 1816 : les naufragés aperçurent une voile à l'horizon à laquelle ils tentèrent vainement de signaler leur présence. « La frégate la Méduse, accompagnée de trois autres bâtiments, la corvette « l'Écho », la flûte « la Loire » et le brick « l'Argus », quitta la France le 18 juin 1816, portant à Saint-Louis (Sénégal) le gouverneur et les principaux employés de cette colonie. Il y avait à bord environ quatre cents hommes, marins ou passagers. Le 2 juillet, la frégate tombait sur le banc d'Arguin, et après cinq jours d'inutiles efforts pour remettre le navire à flot, un radeau fut construit, et cent quarante-neuf victimes y furent entassées, tandis que tout le reste se précipitait dans les canots. Bientôt les canots coupèrent les amarres, le radeau qu'ils devaient traîner à la remorque resta seul au milieu de l'immensité des mers. Alors la faim, la soif, le désespoir, armèrent ces hommes les uns contre les autres. Enfin, le douzième jour de ce supplice surhumain, « l'Argus » recueillit quinze mourants ». (Corréard, cité par C. Clément (Géricault, 1867) ; le texte reporté ici fut interdit le 28 octobre 1817).

le Four à Plâtre, 1824.

CHARLES CLÉMENT, 1867

Un ami de Géricault écrit l'une des rares monographies d'histoire de l'art du XIXᵉ siècle.

Tout l'intéressait ; il voulait tout savoir. Il avait retrouvé le charpentier de *la Méduse,* qui était l'une des quinze personnes échappées au désastre, et il lui avait fait faire un petit modèle du radeau qui reproduisait tous les détails de la charpente avec la plus scrupuleuse exactitude, et sur lequel il avait disposé des maquettes de cire. (...).

Il allait suivre avec une ardente curiosité toutes les phases de la souffrance, depuis les premières atteintes jusqu'à l'agonie et les traces qu'elle imprime sur le corps humain. Il y trouvait des modèles qui n'avaient pas besoin de se grimer pour lui montrer toutes les nuances de la douleur physique, de l'angoisse morale : les ravages de la maladie et les terreurs de la mort. Il s'était arrangé avec les internes et les infirmiers, qui lui fournissaient des cadavres et des membres coupés. (...).

Pendant quelques mois son atelier fut une manière de morgue ; il y garda, assure-t-on, des cadavres jusqu'à ce qu'ils fussent à moitié décomposés ; il s'obstinait à travailler dans ce charnier, dont ses amis les plus dévoués et les plus intrépides modèles ne bravaient qu'à grand'peine et pour un moment l'infection. Il fit aussi à part, et avant de commencer sa grande toile, quelques études pour les personnages vivants de son tableau, entre autres celle du nègre vu de dos que possède M. Lehoux. Il était en quête de modèles, en cherchait partout et était tout à fait content lorsqu'il en trouvait d'affreux ; son ami M. Lebrun raconte, à cette occasion, une anecdote qui mérite d'être rapportée. Elle montre Géricault à l'œuvre ; c'est l'ardent artiste pris sur le fait et peint lui-même d'après nature.

« A l'époque, dit M. Lebrun, où il peignait son tableau, j'eus une jaunisse qui dura longtemps et qui fut très intense. Après quarante jours de souffrances et d'ennuis, je me décidai à quitter Paris et à aller à Sèvres pour y être seul et attendre ma guérison, qui n'était plus qu'une affaire de temps. J'eus bien de la peine à trouver un gîte ; ma figure cadavéreuse effrayait tous les aubergistes, aucun ne voulait me voir mourir chez lui. Je fus obligé de m'adresser à un logeur de roulage qui eut pitié de moi... J'étais chez lui depuis huit jours, lorsqu'une après-midi, m'amusant sur le port à examiner les passants, je vois venir Géricault avec un de ses amis. Il me regarde, ne me reconnaît pas d'abord, entre dans l'auberge sous prétexte de prendre un petit verre, me reconnaissant, court à moi et me saisit le bras : « Ah ! mon ami ! que vous êtes beau ! » s'écrie-t-il. Je faisais peur, les enfants fuyaient, me prenant pour un mort ; mais j'étais beau pour le peintre qui cherchait partout de la couleur de mourant ; il me pressa d'aller chez lui poser pour la Méduse. »

Géricault, Étude Biographique et Critique
réédition par L. Eitner, Lager 1973.

LE JOURNAL DE PARIS, 1819

On se demande pourquoi, dans ce tableau, les vivants et les morts, les mourants, les cordages, les draperies, le linge et une foule d'objets sont tous de la même couleur. On se demande pourquoi les naufragés sont tout nus, pourquoi ils n'ont pas jeté à la mer les cadavres qui, déjà tombés en putréfaction, ne peuvent plus servir à leur faim dévorante. L'auteur n'a pas cru devoir indiquer la nation ni la condition de ses personnages. Sont-ils grecs ou romains ? Sont-ils turcs ou français ? Sous quel ciel naviguent-ils ? A quelle époque de l'histoire ancienne ou moderne se rapporte cette horrible catastrophe ? Rien de tout cela ne peut être deviné. On voudrait aussi pour accroître l'intérêt et faire supporter l'épreuve que M. Géricault eût présenté d'une manière plus sensible l'isolement de son radeau qui, remplissant un grand espace et paraissant prêt à trouver un point d'appui sur les bords du cadre, ne fait pas tout à fait l'illusion désespérante que devrait produire ce spectacle...

le Journal de Paris, 28 août 1819.

RENÉ HUYGHE, 1976

L'avis d'un autre critique d'art, un de nos contemporains cette fois-ci.

Géricault alla plus loin lui aussi, il puisa dans l'actualité, mais elle n'était plus officielle. Son imagination s'emparait des drames qui secouaient la sensibilité de son temps, mais par un mobile nouveau : c'était les débats, les angoisses de sa nature profonde, qu'il matérialisait en eux. Il ne mettait plus son art au service de l'imagination collective : mais son imagination personnelle se mettait en quête des épisodes, des spectacles, qui donneraient corps visible aux impulsions de sa sensibilité, aux problèmes et aux angoisses de son âme. Il leur demandait de fournir à ses propres yeux, avant même de s'adresser à ceux des spectateurs, une équivalence l'aidant à déchiffrer tout ce qui s'agitait au tréfonds de lui-même, à voir vivre devant lui ce qu'il vivait, encore ténébreux, en lui-même.

la Relève de l'Imaginaire, 1976.

---

1 — *Analysez les arguments du critique anonyme du 28 août 1819, trouvez les contre-arguments ; pourquoi ce critique semble-t-il s'obstiner à ne pas reconnaître l'événement précis auquel se réfère l'œuvre de Géricault ?*

2 — *Comme le fera Courbet (voir nº 73) Géricault ne se contentait pas des grandes scènes mais peignait aussi ce qu'on ne devait pas représenter. Est-ce une provocation ? Si oui, quels aspects revêt-elle ? Quelle peut être sa portée ?*

3 — *Un critique s'indigna de ce que le tableau n'eût pas de centre... pourquoi le Radeau de la Méduse n'en a-t-il pas en effet ? Vers quoi les personnages se tournent-ils ?*

4 — *La couleur jaunâtre du Radeau de la Méduse choque : expliquez ce choix ; utilisez le texte de Clément.*

5 — *Reprendre un épisode de Juin-Juillet 1816 qu'on avait voulu cacher au grand public ; peindre un four à plâtre en 1824, ce sont deux attitudes similaires devant le pouvoir politique, les interdits moraux, les tyrannies esthétiques : lesquelles ? pourquoi ?*

Hugo, *Burg* (Bulloz).

Dans le royaume imaginaire d'Islande, au XVIIᵉ siècle, Han, être bestial, sanguinaire et mystérieux, est recherché par un jeune chevalier au grand cœur qui veut obtenir de lui certains documents propres à innocenter le père de sa bien-aimée, indûment emprisonné. Simultanément, le diabolique chancelier Schumacker cherche Han pour le mettre à la tête d'une insurrection et prendre ainsi tout le pouvoir sur le royaume.

Évidemment, à la fin du roman, l'âme damnée du chancelier, Musdœmon, est exécuté. Son maître est jeté en prison (voir ci-contre). Le père de la belle jeune fille est innocenté et Han, arrêté également, périt en mettant le feu dans une caserne d'arquebusiers.

Han d'Islande parle à ses juges...

Je suis le démon de Klipstadur. Ma mère est cette vieille Islande, l'île des volcans. Elle ne formait autrefois qu'une montagne, mais elle a été écrasée par la main d'un géant qui s'appuya sur sa cime en tombant du ciel. Je n'ai pas besoin de vous parler de
5 moi ; je suis le descendant d'Ingolphe l'Exterminateur, et je porte en moi son esprit. J'ai commis plus de meurtres et allumé plus d'incendies que vous n'avez à vous tous prononcé d'arrêts iniques dans votre vie. J'ai des secrets communs avec le chancelier d'Ahlefeld. — Je boirais tout le sang qui coule dans vos veines avec délices. Ma nature est de haïr les hommes, ma mission de leur nuire. Colonel des arquebusiers de Munckholm,
10 c'est moi qui t'ai donné avis du passage des mineurs au Pilier-Noir, certain que tu tuerais un grand nombre d'hommes dans ces gorges ; c'est moi qui ai écrasé un bataillon de ton régiment avec des quartiers de rochers : je vengeais mon fils. — Maintenant, juges, mon fils est mort, je viens ici chercher la mort. L'âme d'Ingolphe me pèse, parce que je la porte seul et que je ne pourrai la transmettre à aucun héritier. Je suis las de la vie, puisqu'elle ne
15 peut plus être l'exemple et la leçon d'un successeur. J'ai assez bu de sang ; je n'ai plus soif. A présent, me voici ; vous pouvez boire le mien.

Chap. XLV.

...puis, confronté à Schumacker, dont il partage la cellule :

20 Han d'Islande et Schumacker sont dans la même salle du donjon de Slesvig. L'ex-chancelier absous se promène à pas lents, les yeux chargés de pleurs amers ; le brigand condamné rit de ses chaînes, environné de gardes.

Les deux prisonniers s'observent longtemps en silence ; on dirait qu'ils se sentent tous deux et se reconnaissent mutuellement ennemis des hommes.
25 — Qui es-tu ? demande enfin l'ex-chancelier au brigand.
— Je te dirai mon nom, reprit l'autre, pour te faire fuir. Je suis Han d'Islande.

Schumacker s'avança vers lui :
— Prends ma main ! dit-il.
— Est-ce que tu veux que je la dévore ?
30 — Han d'Islande, reprend Schumacker, je t'aime parce que tu hais les hommes.
— Voilà pourquoi je te hais.
— Écoute ; je hais les hommes, comme toi, parce que je leur ai fait du bien, et qu'ils m'ont fait du mal.
— Tu ne les hais pas comme moi ; je les hais, moi, parce qu'ils m'ont fait du
35 bien et que je leur ai rendu du mal.

Schumacker frémit du regard du monstre. Il a beau vaincre sa nature, son âme ne peut sympathiser avec celle-là.
— Oui, s'écrie-t-il, j'exècre les hommes, parce qu'ils sont fourbes, ingrats, cruels. Je leur ai dû tout le malheur de ma vie.
40 — Tant mieux ! — je leur ai dû, moi, tout le bonheur de la mienne.
— Quel bonheur ?
— Le bonheur de sentir des chairs palpitantes frémir sous ma dent, un sang fumant réchauffer mon gosier altéré : la volupté de briser des êtres vivants contre des pointes de rochers, et d'entendre le cri de la victime se mêler au bruit des membres
45 fracassés. Voilà les plaisirs que m'ont procurés les hommes.

Schumacker recula avec épouvante devant le monstre dont il s'était approché presque avec l'orgueil de lui ressembler. Pénétré de honte, il voila son visage vénérable de ses mains ; car ses yeux étaient pleins de larmes d'indignation, non contre la race humaine, mais contre lui-même. Son cœur noble et grand commençait
50 à s'effrayer de la haine qu'il portait aux hommes depuis si longtemps en la voyant reproduite dans le cœur de Han d'Islande comme par un miroir effrayant.
— Eh bien ! dit le monstre en riant, ennemi des hommes, oses-tu te vanter d'être semblable à moi ?

Le vieillard frissonna.
55 — O Dieu ! plutôt que de les haïr comme toi, j'aimerais mieux les aimer.

Les gardes vinrent chercher le monstre, pour l'emmener dans un cachot plus sûr. Schumacker rêveur resta seul dans le donjon ; mais il n'y restait plus d'ennemi des hommes.

Han d'Islande, 1823, chap. XLVII.

34

PETRUS BOREL (1809-1859), **1833**

*Le « lycanthrope » (homme-loup) pour reprendre l'expression par laquelle il se rendit célèbre, publie en **1833** Champavert, un recueil de nouvelles où la tradition du roman noir, avec ses monstres humains hors du commun, sert de prétexte à une mise en accusation violente de la société tout entière.*

Ici Champavert et Flava ont eu un enfant illégitime qu'ils ont dû faire disparaître. Sur sa tombe, ils s'apprêtent eux aussi à en finir avec la vie...

Ote-toi de dessus cette fosse, que je creuse la terre de mes ongles ; je veux revoir mon fils, je veux le revoir à mon heure dernière !

— Ne troublez pas sa tombe sacrée...

— Sacrée !... Je te dis que je veux revoir mon fils à mon heure dernière ! laisse-moi fouiller cette fosse !

La pluie tombait à flots, le tonnerre mugissait, et quand les éclairs jetaient leurs nappes de flammes sur la plaine, on distinguait Flava, échevelée ; sa robe blanche semblait un linceul, elle était couchée sous les touffes du houx. Champavert, à deux genoux sur terre, de ses ongles et de son poignard fouillait le sable. Tout à coup, il se redressa tenant au poing un squelette chargé de lambeaux :

— Flava ! Flava ! criait-il, tiens, tiens, regarde donc ton fils ; tiens, voilà ce qu'est l'éternité !... Regarde !

— Vous me faites bien souffrir, Champavert, tuez-moi !... Tout cela pour un crime, un seul, ah ! c'en est trop...

— Loi ! vertu ! honneur ! vous êtes satisfaits ; tenez, reprenez votre proie !... Monde barbare, tu l'as voulu, tiens, regarde, c'est ton œuvre, à toi.

Es-tu content de ta victime ? es-tu content de tes victimes ?... — Bâtard ! c'est bien effronté à vous, d'avoir voulu naître sans autorisation royale, sans bans ! Eh ! la loi ? eh ! l'honneur ?...

Ne pleure pas, Flava, qu'est-ce donc ? rien : un infanticide. Tant de vierges timides en sont à leur troisième, tant de filles vertueuses comptent leurs printemps par des meurtres... Loi barbare ! préjugé féroce ! honneur infâme ! hommes ! société ! tenez ! tenez votre proie !... Je vous la rends !!!...

En hurlant ces derniers mots, Champavert lança au loin le cadavre qui, roulant par la pente escarpée, vint tomber et se briser sur les pierres du chemin.

— Champavert ! Champavert ! achève-moi ! râlait Flava, froide et mourante ; es-tu prêt maintenant ?...

— Oui !...

— Frappe-moi, que je meure la première !... Tiens, frappe-là, c'est mon cœur !... Adieu !!!

— Au néant !!!

A ce dernier mot, Champavert s'agenouilla, mit la pointe du poignard sur le sein de Flava, et,

appuyant la garde contre sa poitrine, il se laissa tomber lourdement sur elle, l'étreignit dans ses bras : le fer entra froidement, et Flava jeta un cri de mort qui fit mugir les carrières.

Champavert retira le fer de la plaie, se releva et, tête baissée, descendit la colline et disparut dans la brume et la pluie.

Le lendemain, à l'aube, un roulier entendit un craquement sous la roue de son chariot : c'était le squelette charnu d'un enfant.

Une paysanne trouva près de la source un cadavre de femme avec un trou au cœur.

Et, aux buttes de Montfaucon, un équarrisseur, en sifflant sa chanson et retroussant ses manches, aperçut, parmi un monceau de chevaux, un homme couvert de sang ; sa tête, renversée et noyée dans la bourbe, laissait voir seulement une longue barbe noire, et dans sa poitrine un gros couteau était enfoncé comme un pieu.

Champavert, Contes immoraux, 1833.

---

*1 — **LES RESSORTS DE L'HORREUR.** Faites dans les deux textes la part de l'« atmosphère » en la rapportant de façon précise à : - un décor, avec ses lieux et ses éclairages - des situations, avec ce qu'elles ont de schématique et d'artificiel - des personnages et leurs propos, avec ce que les discours ont de symbolique.*

2 — Pourquoi le cinéma conviendrait-il mieux aujourd'hui que le théâtre à une interprétation de ce type de scène ? Quels effets obtiendriez-vous en montant ces textes pour le théâtre (essayez-vous à une animation de ce genre) ? Et au cinéma, utiliseriez-vous de préférence la couleur ou le noir et blanc ? Pourquoi ?

3 — Le genre fut très en vogue, et beaucoup d'auteurs populaires en utiliseront encore longtemps les ressorts, de Dumas et E. Sue à P. Féval et M. Zévaco. Quel pouvait être l'état d'esprit du public qui plébiscitait littéralement cette littérature ? A quoi attribuer notre évolution, depuis cette période ?

4 — DOSSIER : roman noir, série « noire ». Appliqués à des films ou à des romans, le mot et l'idée ont été réactualisés. Quel est le contenu de noir dans ce contexte ? Menez votre enquête dans le domaine du cinéma et de la littérature (voir aussi n° 2).

5 — ÉTUDE DE VOCABULAIRE.
  a) Cherchez l'origine et la signification exactes des expressions suivantes :
    — voir les choses en noir ; broyer du noir ; humour noir ;
    — Mélancolie, atrabilaire, spleen ;
    — noirs desseins, caisse noire, liste noire, marché noir, messe noire, etc.
  b) Comment expliquez-vous le passage du sens littéral (couleur) au sens figuré ?

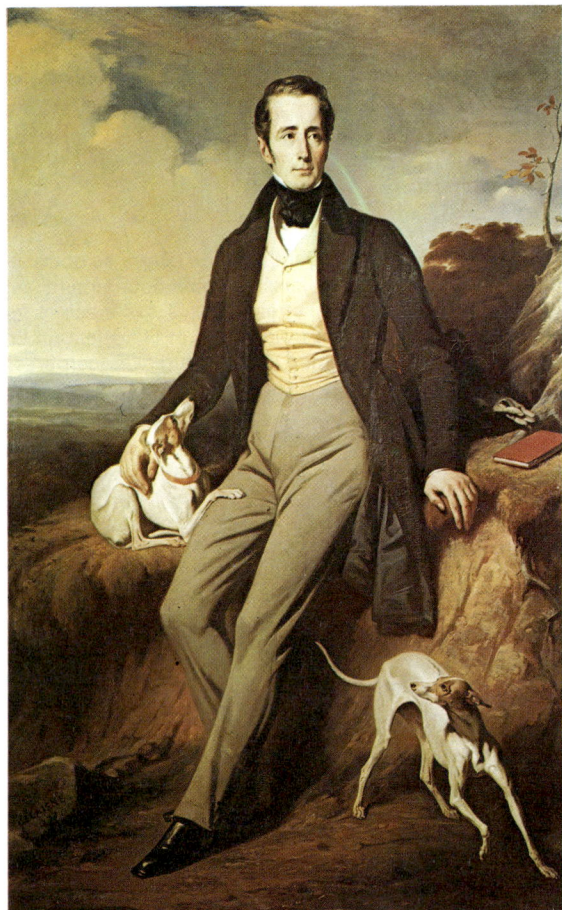

Decaisne, *Lamartine* (Giraudon).

La fraîcheur de leurs lits, l'ombre qui les couronne,
M'enchaînent tout le jour sur les bords des ruisseaux :
Comme un enfant bercé par un chant monotone,
20 Mon âme s'assoupit au murmure des eaux.

Ah ! c'est là qu'entouré d'un rempart de verdure,
D'un horizon borné qui suffit à mes yeux,
J'aime à fixer mes pas, et, seul dans la nature,
A n'entendre que l'onde, à ne voir que les cieux.

25 J'ai trop vu, trop senti, trop aimé dans ma vie,
Je viens chercher vivant le calme du Léthé,
Beaux lieux, soyez pour moi ces bords où l'on oublie :
L'oubli seul désormais est ma félicité.

Mon cœur est en repos, mon âme est en silence !
30 Le bruit lointain du monde expire en arrivant,
Comme un son éloigné qu'affaiblit la distance,
A l'oreille incertaine apporté par le vent.

D'ici je vois la vie, à travers un nuage,
S'évanouir pour moi dans l'ombre du passé ;
35 L'amour seul est resté : comme une grande image
Survit seule au réveil dans un songe effacé.

Repose-toi, mon âme, en ce dernier asile,
Ainsi qu'un voyageur, qui, le cœur plein d'espoir,
S'assied avant d'entrer aux portes de la ville,
40 Et respire un moment l'air embaumé du soir.

Comme lui, de nos pieds secouons la poussière ;
L'homme par ce chemin ne repasse jamais :
Comme lui, respirons au bout de la carrière
Ce calme avant-coureur de l'éternelle paix.

45 Tes jours, sombres et courts comme des jours
                         [d'automne,
Déclinent comme l'ombre au penchant des coteaux :
L'amitié te trahit, la pitié t'abandonne,
Et, seule, tu descends le sentier des tombeaux.

Mais la nature est là qui t'invite et qui t'aime ;
50 Plonge-toi dans son sein qu'elle t'ouvre toujours ;
Quand tout change pour toi, la nature est la même,
Et le même soleil se lève sur tes jours.

De lumière et d'ombrage elle t'entoure encore ;
Détache ton amour des faux biens que tu perds ;
55 Adore ici l'écho qu'adorait Pythagore,
Prête avec lui l'oreille aux célestes concerts.

Suis le jour dans le ciel, suis l'ombre sur la terre,
Dans les plaines de l'air vole avec l'aquilon,
Avec les doux rayons de l'astre du mystère
60 Glisse à travers les bois dans l'ombre du vallon.

Dieu, pour le concevoir, a fait l'intelligence ;
Sous la nature enfin découvre son auteur !
Une voix à l'esprit parle dans son silence,
Qui n'a pas entendu cette voix dans son cœur ?

LE VALLON

1 Mon cœur, lassé de tout, même de l'espérance,
N'ira plus de ses vœux importuner le sort ;
Prêtez-moi seulement, vallons de mon enfance,
Un asile d'un jour pour attendre la mort.

5 Voici l'étroit sentier de l'obscure vallée ;
Du flanc de ces coteaux pendent des bois épais
Qui, courbant sur mon front leur ombre entremêlée,
Me couvrent tout entier de silence et de paix.

Là, deux ruisseaux cachés sous des ponts de verdure
10 Tracent en serpentant les contours du vallon ;
Ils mêlent un moment leur onde et leur murmure,
Et non loin de leur source ils se perdent sans nom.

La source de mes jours comme eux s'est écoulée,
Elle a passé sans bruit, sans nom, et sans retour :
15 Mais leur onde est limpide, et mon âme troublée
N'aura pas réfléchi les clartés d'un beau jour.

Méditations Poétiques, 1820.

JEAN-PIERRE RICHARD, 1970 :

Un texte sur le texte : un critique contemporain *lit à sa façon la symbolique de Lamartine.*

L'archétype de l'objet intime, ce sera, motif omniprésent, le *vallon.* On rêve par opposition au passage comme le site d'une halte, l'espace, hélas tout provisoire, d'un asile (« Ainsi le voyageur qui, dans son court passage Se repose un moment à l'abri du vallon »). Ce repos, comprenons-le comme une rémission, une suspension de l'angoisse éparpillante. Mais à quoi le vallon doit-il sa qualité sécurisante ? D'abord sans doute à sa clôture : l'extérieur n'y pénètre pas, le monde s'y efface derrière un écran de rochers ou de feuillages ; — mais plus encore peut-être à sa courbure : la terre s'y incurve de manière complice, presque amoureuse, tout autour du moi abandonné ; au lieu de l'aspirer vers le lointain anonyme et plat d'un horizon, elle l'y enveloppe de sa modulation vivante, l'y caresse en un creux qui semble fait à sa mesure (« Mais la nature est là qui t'invite et qui t'aime... De lumière et d'ombrage elle t'entoure encore »...). De fuyante l'étendue y est donc devenue englobante : et même intimisante, approfondissante. Car le vallon est un pli dans l'être, pli de valeur évidemment très initiale (« vallon de mon enfance »), et même maternelle. Descendre au creux des vallons, c'est pour Lamartine satisfaire le vœu d'une sorte de régression heureuse, c'est apaiser le besoin d'un retour au puéril, peut-être au prénatal, c'est se remettre aux mains de quelque vaste instance matricielle, c'est succomber à l'utopie d'une réinstallation dans la grande paix perdue des origines. D'où la pénombre, la vertu sédative du vallon, et le sommeil auquel fatalement il vous convie. Il est le *lit,* mais aussi le *berceau,* le *nid* — ces termes interviennent maintes fois dans son évocation — où le moi aime à s'enfoncer, non seulement pour s'y atteindre dans la tiédeur, à demi consciente et narcissique, de ses deux versants rapprochés, mais pour y toucher en deçà à une sorte d'antériorité pré-personnelle, à une dimension archaïque de son être.

Cette thématique commande une géographie toute particulière : il faut que le vallon soit sombre — pour qu'aucun regard ne puisse vous y surprendre —, étroit — sans cela on risquerait d'y être à nouveau perdu, et Lamartine n'aime évidemment pas les vallées larges —; mais il importe qu'il soit pénétrable : d'où le thème, à consonance érotique, de l'insinuation heureuse, de l'humble chemin qui se glisse au cœur du lieu intime (« voici l'étroit sentier de l'obscure vallée »). Il faut en outre, on l'a vu, que ce lieu soit gardé contre le dehors, et cela de toutes parts, aussi bien verticalement que latéralement, car l'insistance d'un ciel trop profond risquerait d'y recréer l'appel et le vertige. D'où la présence d'une véritable cape végétale, faisant à la fois office de calfeutrage pariétal et de couvercle. Végétal d'intention presque humaine en outre, qui s'incline maternellement, s'arrondit, caresse (« Du flanc de ces coteaux pendent des bois épais Qui, courbant sur mon front leur ombre entremêlée, Me couvrent tout entier de silence et de paix »). Mais cet espace, ainsi « entouré d'un rempart de verdure », limité par un « horizon borné », coiffé d'« une ombre qui couronne », risquerait de s'engourdir ou de s'étouffer sur soi si ne s'y manifestait quelque élément actif de vie. Lamartine y installe donc imaginairement une eau courante : deux ruisseaux, eux-mêmes dissimulés dans le fond du vallon, image d'une sorte d'occultation « en abyme », (ils sont « cachés sous des ponts de verdure ») y ont pour fonction à la fois d'en marquer un peu plus souplement les limites (ils « tracent en serpentant les contours du vallon ») et d'en animer, sur un mode liquide, le climat : « Ils mêlent un moment leur onde et leur murmure Et non loin de leur source ils se perdent sans nom. » On notera ici deux caractéristiques importantes : avant de « mêler » « leur onde », ces ruisseaux sont *deux,* ce qui permet à l'intimité, provisoirement scindée, de mieux se ressaisir ensuite comme unité vibrante et fluide (dans l'allitération prolongée des *l* et des *m*). Ces deux ruisseaux ont en outre leur source *dans* le vallon lui-même ; ils n'ont rien à faire avec le dehors ; ils ne proviennent pas de lui, et ils ne s'y déversent pas non plus, puisque c'est encore *dans* le vallon qu'ils s'achèvent et se perdent.

« Petite suite poétique, Lamartine », *Études sur le Romantisme,*
Seuil, 1970.

---

1 — Analysez les orientations métaphoriques du texte (haut-bas ; profondeur, élan vers le ciel, etc.) et tracez son parcours (espace-temps — sentiments).

2 — A travers une étude du vocabulaire aux connotations* scientifiques de J.P. Richard (utilisez au besoin un dictionnaire moderne), définissez la méthode avec laquelle le critique contemporain s'empare du texte pour en disséquer l'image essentielle : à quelle époque de la vie humaine ce phantasme* renvoie-t-il ?

3 — Dans le texte de Lamartine, le vallon n'a peut-être pas toutes les propriétés que lui prête J.-P. Richard ; relevez néanmoins les éléments du poème qui, par leur résonance, autorisent une telle lecture.

LE LAC

Illustration pour le Lac de Lamartine (BN)

Ainsi, toujours poussés vers de nouveaux rivages,
Dans la nuit éternelle emportés sans retour,
Ne pourrons-nous jamais sur l'océan des âges
    Jeter l'ancre un seul jour ?

5 Ô lac ! l'année à peine a fini sa carrière,
Et près des flots chéris qu'elle devait revoir,
Regarde ! je viens seul m'asseoir sur cette pierre
    Où tu la vis s'asseoir !

Tu mugissais ainsi sous ces roches profondes,
10 Ainsi tu te brisais sur leurs flancs déchirés,
Ainsi le vent jetait l'écume de tes ondes
    Sur ses pieds adorés.

Un soir, t'en souvient-il ? nous voguions en silence ;
On n'entendait au loin, sur l'onde et sous les cieux,
15 Que le bruit des rameurs qui frappaient en cadence
    Tes flots harmonieux.

Tout à coup des accents inconnus à la terre
Du rivage charmé frappèrent les échos :
Le flot fut attentif, et la voix qui m'est chère
20   Laissa tomber ces mots :

« Ô temps ! suspends ton vol, et vous, heures propices !
    Suspendez votre cours :
Laissez-nous savourer les rapides délices
    Des plus beaux de nos jours !

25 « Assez de malheureux ici-bas vous implorent,
    Coulez, coulez pour eux ;
Prenez avec leurs jours les soins qui les dévorent,
    Oubliez les heureux.

« Mais je demande en vain quelques moments encore,
30   Le temps m'échappe et fuit ;
Je dis à cette nuit : Sois plus lente ; et l'aurore
    Va dissiper la nuit.

« Aimons donc, aimons donc ! de l'heure fugitive,
    Hâtons-nous, jouissons !
35 L'homme n'a point de port, le temps n'a point de rive ;
    Il coule, et nous passons ! »

Temps jaloux, se peut-il que ces moments d'ivresse,
Où l'amour à longs flots nous verse le bonheur,
S'envolent loin de nous de la même vitesse
40   Que les jours de malheur ?

Eh quoi ! n'en pourrons-nous fixer au moins la trace ?
Quoi ! passés pour jamais ! quoi ! tout entiers perdus !
Ce temps qui les donna, ce temps qui les efface,
    Ne nous les rendra plus !

45 Éternité, néant, passé, sombres abîmes,
Que faites-vous des jours que vous engloutissez ?
Parlez : nous rendrez-vous ces extases sublimes
    Que vous nous ravissez ?

Ô lac ! rochers muets ! grottes ! forêt obscure !
50 Vous, que le temps épargne ou qu'il peut rajeunir,
Gardez de cette nuit, gardez, belle nature,
    Au moins le souvenir !

Qu'il soit dans ton repos, qu'il soit dans tes orages,
Beau lac, et dans l'aspect de tes riants coteaux,
55 Et dans ces noirs sapins, et dans ces rocs sauvages
    Qui pendent sur tes eaux.

Qu'il soit dans le zéphyr qui frémit et qui passe,
Dans les bruits de tes bords par tes bords répétés,
Dans l'astre au front d'argent qui blanchit ta surface
60   De ses molles clartés.

Que le vent qui gémit, le roseau qui soupire,
Que les parfums légers de ton air embaumé,
Que tout ce qu'on entend, l'on voit ou l'on respire,
    Tout dise : Ils ont aimé !

Méditations Poétiques, 1820.

« Le Lac » de Lamartine deviendra bien vite un symbole, une référence-clé dans le patrimoine culturel français. En voici deux avatars...

G. FLAUBERT, 1857

Emma Bovary (voir n° 76) se promène avec Léon, son amant, et se joue à elle-même une « grande scène romantique »

A la nuit, ils repartaient. La barque suivait le bord des îles. Ils restaient au fond, tous les deux cachés par l'ombre, sans parler. Les avirons carrés sonnaient entre les tolets de fer ; et cela marquait dans le silence comme un battement de métronome, tandis qu'à l'arrière la bauce qui traînait ne discontinuait pas son petit clapotement doux dans l'eau.

Une fois, la lune parut ; alors ils ne manquèrent pas à faire des phrases, trouvant l'astre mélancolique et plein de poésie ; même elle se mit à chanter :

Un soir, t'en souvient-il ?
nous voguions, etc.

Sa voix harmonieuse et faible se perdait sur les flots ; et le vent emportait les roulades que Léon écoutait passer, comme des battements d'ailes, autour de lui.

Madame Bovary, IIIe partie, chap. 3.

Questionnaire
page suivante

HERGÉ, 1947 :

LORD BYRON (1788-1824), 1817

Clair et placide Léman ! Ton lac, en contraste
avec le monde turbulent que j'habitai, est un objet
qui m'avertit, par sa tranquillité, d'abandonner
les eaux inquiètes de la terre pour une source plus pure.
Cette voile immobile est comme une aile silencieuse
dont le battement m'arrache au tumulte ; jadis j'aimais
le rugissement de l'océan déchaîné, mais ton doux murmure
fait un bruit suave, comme si la voix d'une sœur me reprochait
d'avoir par de sombres plaisirs jamais été transporté de la sorte.

C'est le silence de la nuit, et toute chose, depuis
ta rive jusqu'aux montagnes, est obscure mais nette,
adoucie et mêlée, distinctement vue cependant
sauf le Jura assombri, dont les cimes coiffées semblent
dressées à pic ; et, arrivant tout près,
s'exhale du rivage un vivant parfum
de fleurs encore fraîches de jeunesse ; pour l'oreille
s'égoutte la goutte légère de la rame suspendue,
où fait retentir le grillon un dernier chant de bonsoir.

(...)

O étoiles, qui êtes la poésie du ciel,
si dans vos brillantes pages nous cherchons à déchiffrer le destin
des hommes et des empires, il faut nous pardonner
de ce que dans nos aspirations vers la grandeur,
nos destinées dépassent leur qualité mortelle
et revendiquent une parenté avec vous ; car vous êtes
une beauté et un mystère, et vous créez
en nous tant d'amour et de vénération, du haut du ciel,
que fortune, renommée, puissance, vie, ont pris le nom d'étoile !

Tout le ciel et la terre sont calmes ; non certes en sommeil,
mais sans souffle, comme on l'est quand on sent le plus,
et silencieux, comme on le reste dans de trop profondes pensées.
Tout le ciel et la terre sont calmes : de la haute légion
des étoiles au lac assoupi et à la rive montagneuse,
tout se concentre en une vie intense
où ni rayon, ni souffle, ni feuille ne se perd,
mais enferme une parcelle de l'être et le sentiment
de celui qui de toute chose est Créateur et protecteur.

Alors s'éveille le sens de l'infini, qu'on éprouve
dans cette solitude où nous sommes le moins seuls ;
vérité qui dans tout notre être se répand,
et se purifie du moi : c'est une tonalité,
âme et source de la musique, qui révèle
l'éternelle harmonie, et déverse un charme,
tout comme la ceinture de la Cythérée de la fable,
qui unit les choses par la beauté, et désarmerait
la spectrale Mort, si elle avait le pouvoir réel de frapper.

« *La Communion avec la nature* » 1817,
str. 85, 86, 88, 89, 90.

Un soir, t'en souvient-il ? Nous voguions en silence. On n'entendait au loin, sur l'onde et dans les cieux, Que le bruit des rameurs qui frappaient en cadence les flots harmonieux...

Attention !... Un requin !...

Tonnerre de Brest !... Il a failli emporter ma main !...

le Trésor de Rackham le Rouge. Casterman, 1947.

Illustration pour les Méditations poétiques (BN).

PENSÉE DES MORTS

Voilà les feuilles sans sève
Qui tombent sur le gazon,
Voilà le vent qui s'élève
Et gémit dans le vallon,
5 Voilà l'errante hirondelle
Qui rase du bout de l'aile
L'eau dormante des marais,
Voilà l'enfant des chaumières
Qui glane sur les bruyères
10 Le bois tombé des forêts. (...)

C'est la saison où tout tombe
Aux coups redoublés des vents ;
Un vent qui vient de la tombe
Moissonne aussi les vivants :
15 Ils tombent alors par mille,
Comme la plume inutile
Que l'aigle abandonne aux airs,
Lorsque des plumes nouvelles
Viennent réchauffer ses ailes
20 A l'approche des hivers.

C'est alors que ma paupière
Vous vit pâlir et mourir,
Tendres fruits qu'à la lumière
Dieu n'a pas laissé mûrir !
25 Quoique jeune sur la terre,
Je suis déjà solitaire
Parmi ceux de ma saison,
Et quand je dis en moi-même :
Où sont ceux que ton cœur aime ?
Je regarde le gazon. (...)

C'est une jeune fiancée
Qui, le front ceint du bandeau,
N'emporta qu'une pensée
De sa jeunesse au tombeau ;
35 Triste, hélas ! dans le ciel même,
Pour revoir celui qu'elle aime
Elle revient sur ses pas,
Et lui dit : Ma tombe est verte !
Sur cette terre déserte
40 Qu'attends-tu ? Je n'y suis pas !

C'est un ami de l'enfance,
Qu'aux jours sombres du malheur
Nous prêta la Providence
Pour appuyer notre cœur ;
45 Il n'est plus ; notre âme est veuve,
Il nous suit dans notre épreuve
Et nous dit avec pitié :
Ami, si ton âme est pleine,
De ta joie ou de ta peine
50 Qui portera la moitié ?

C'est l'ombre pâle d'un père
Qui mourut en nous nommant ;
C'est une sœur, c'est un frère,
Qui nous devance un moment ;
55 Sous notre heureuse demeure,
Avec celui qui les pleure,
Hélas ! ils dormaient hier !
Et notre cœur doute encore,
Que le ver déjà dévore
60 Cette chair de notre chair !

L'enfant dont la mort cruelle
Vient de vider le berceau,
Qui tomba de la mamelle
Au lit glacé du tombeau ;
65 Tous ceux enfin dont la vie
Un jour ou l'autre ravie,
Emporte une part de nous,
Murmurent sous la poussière :
Vous qui voyez la lumière,
70 Vous souvenez-vous de nous ? (...)

Harmonies poétiques et religieuses,
1830 « *Pensée des morts* », str. 1, 5, 6,
11, 12, 13, 14.

G. BACHELARD (1884-1962), **1942**
*Ce critique utilise certaines méthodes de la psychanalyse**
pour élaborer une poétique des éléments. Par des moyens
qui ne sont pas, pour l'époque, ceux de l'analyse littéraire
classique, il met à jour, même si la démarche est discutée,
les déterminations inconscientes pouvant intervenir dans la
genèse des symboles de l'imaginaire poétique.

Des quatre éléments, il n'y a que l'eau qui puisse bercer. C'est elle *l'élément berçant.* C'est un trait de plus de son caractère féminin : elle berce comme une mère. L'inconscient ne formule pas son principe d'Archimède, mais il le vit. Dans ses songes, le baigneur qui ne cherche rien, qui ne se réveille pas en criant Eurêka comme un psychanalyste étonné des moindres trouvailles, le baigneur, qui retrouve la nuit « son milieu », aime et connaît la légèreté conquise dans les eaux ; il en jouit directement comme d'une connaissance songeuse, une connaissance, nous le verrons dans un instant, qui ouvre un infini.

La barque oisive donne les mêmes délices, suscite les mêmes rêveries. Elle donne, dit Lamartine sans hésitation, « une des plus mystérieuses voluptés de la nature ». D'innombrables références littéraires nous prouveraient facilement que la barque enchanteresse, que la barque romantique est, à certains égards, un berceau reconquis. Longues heures insouciantes et tranquilles, longues heures où couchés au fond de la barque solitaire nous contemplons le ciel, à quel souvenir nous rendez-vous ? Toutes les images sont absentes, le ciel est vide, mais le mouvement est là, vivant, sans heurt, rythmé — c'est le mouvement presque immobile, bien silencieux. L'eau nous porte. L'eau nous berce. L'eau nous endort. L'eau nous rend notre mère.

l'Eau et les Rêves, 1942.

Caricature de Lamartine (Musée Lamartine, Mâcon).

A. LE LAC

1 — *Faites la liste des pronoms personnels du poème, strophe par strophe, et déterminez pour chaque strophe comment est remplie la structure « x parle à y de z ». Etudiez notamment comment le temps est tantôt interpellé, tantôt sujet de la phrase.*

2 — *Les formes verbales dans le poème. Relevez-les et mettez en regard de chacune sa valeur (évocation, ordre, optatif*). Etudiez leur ordre d'apparition, leur agencement jusqu'aux formes finales du texte.*

3 — *Le champ lexical* des impressions acoustiques, bruits, sons, paroles : relevez les termes qui sont affectés tantôt à la voix humaine tantôt à la Nature.*

4 — *Le thème de l'eau. Relevez tous les termes qui, par leur dénotation* ou leur connotation*, évoquent l'élément liquide. Quelle est la catégorie la plus représentée (noms, verbes, adjectifs) ? Donnez les vers qui vous paraissent, tant par leur construction que par leur sonorité, être les plus évocateurs du thème. Dans la traduction du poème de Byron, donnée page précédente, relevez ce qui, au plan de l'idée au moins, a pu constituer une source d'inspiration pour le poète français. Mettez en regard des métaphores qui peuvent être comparées et étudiez les différences d'un texte à l'autre.*

5 — *Flaubert et Hergé font tous deux référence au même passage du poème de Lamartine. Essayez d'expliquer dans chaque cas le ou les sens de cette référence (critique, parodique, ironique, humoristique...?). (Reportez-vous au texte n° 30, où Gotlib se livre à une lecture « décalée » d'un poème de M. Desbordes-Valmore.)*

B. PENSÉE DES MORTS

1 — *Essayez, en vous appuyant sur une analyse détaillée des images récurrentes*, des métaphores filées*, du traitement du thème chtonien* dans ce poème, et en faisant appel à votre propre imaginaire, de composer un texte critique sur ce thème, « à la manière de » Gaston Bachelard.*

2 — *Le poème Pensée des morts a été partiellement mis en musique par G. Brassens (vol. IX). A quel travail de recomposition s'est-il livré ? Pouvez-vous le justifier ? Qu'ajoute la mélodie à ce poème, ou que lui enlève-t-elle ?*

LAMARTINE, 1825

Ce genre de poème n'a pas encore de nom générique dans la littérature moderne. Ce n'est pas le poème didactique, car il n'enseigne rien ; ce n'est pas le poème descriptif, car il raconte aussi ; ce n'est pas le poème épique, car il n'en a ni les héros, ni le caractère, ni l'importance, ni la majesté : il tient de ces trois genres à la fois ; il raconte, il décrit, il médite, il enseigne ; le héros est le poète lui-même ou le cœur de l'homme en général, avec ses impressions les plus variées et les plus profondes ; c'est le poème d'une civilisation avancée, où l'homme sent encore la nature avec cette force d'enthousiasme qu'il ne perdra jamais, mais où il se plaît à analyser ses propres sentiments, à se rendre compte de ce qu'il éprouve, à savourer des impressions fugitives, et où son propre cœur est devenu pour lui un thème plus intéressant que les aventures un peu usées des héros imaginaires, fabuleux ou historiques. L'intérêt est tout dans le style, et la forme, à peine esquissée, n'est qu'un fil imperceptible pour lier d'un lien commun les idées et les sentiments qui se succèdent.

Article paru dans le *Constitutionnel, 1825*.

Les premières pages de Byron qui tombèrent du ciel dans ma mansarde, le premier poème que je connus de lui, ce fut *Childe Harold*. Le poème m'était parvenu le soir : je n'attendis pas le jour suivant pour le lire. C'était une sombre nuit des derniers jours d'octobre. Les nuages, lourds et noirs comme des ailes de corneilles mouillées par les rafales d'hiver, couraient pesamment sur la lune ; le vent chargé de neige donnait des secousses au toit, des gémissements aux arbres dont les dernières feuilles mortes venaient frapper mes vitres comme des volées de chauves-souris aveugles ; un petit feu de ceps rouges couvait sous la cendre de mon foyer ; la lampe de ma table oscillait au vent ; elle jetait des lueurs et des ombres fantastiques sur la page. Tout reposait dans la maison ; je n'entendais que la respiration de mon chien couché à mes pieds sur la natte, ou plutôt je n'entendais plus rien que le poète dont cette nuit et ce silence recueillaient ainsi la voix entre lui et moi.

Avertissement du *Dernier chant du Pélérinage d'Harold*, 1825.

Il est nuit ; mais la nuit sous ce ciel n'a point d'ombre :
Son astre, suspendu dans un dôme moins sombre,
Blanchit de ses lueurs des bords **(1)** silencieux
Où la vague se teint du bleu pâle des cieux ;
5 Où la côte des mers, de cent golfes coupée,
Tantôt humble et rampante et tantôt escarpée,
Sur un sable argenté vient mourir mollement,
Ou gronde sous le choc de son flot écumant.
De leurs vastes remparts les Alpes l'environnent ;
10 Leurs sommets colorés que les neiges couronnent,
De colline en colline abaissés par degrés,
Montrent, près de l'hiver, des climats tempérés
Où l'aquilon **(2)**, fuyant de son âpre royaume,
De leurs tièdes parfums s'attiédit et s'embaume.
15 A travers des cyprès, dont l'immobilité,
Symbole de tristesse et d'immortalité,
Projette sur les murs ses ombres sépulcrales
Que les reflets du ciel percent par intervalles,
S'étend sur la colline un champêtre séjour :
20 Un long buisson de myrte en trace le contour ;
Sur des gazons naissants, de flexibles allées,
D'un rideau de verdure à peine encor voilées,
Égarant au hasard leur cours capricieux **(3)**,
Conduisent en tournant, ou les pas, ou les yeux,
30 Jusqu'au seuil où, formant de vertes colonnades,
La clématite en fleur se suspend aux arcades :
Sur les toits aplatis, des jardins d'oranger
Ornent de leurs fruits d'or leur feuillage étranger ;
L'eau fuit dans les bassins, et, quand le jour expire,
30 Imite en murmurant les frissons du zéphire **(4)**.
De là, l'œil enchanté voit, au pied des coteaux,
Gênes, fille des mers, sortir du sein des eaux ;
Les dômes élancés de ses saintes demeures
D'où l'airain frémissant fait résonner les heures ;
35 Et les mâts des vaisseaux qui, dormant dans ses ports,
S'élèvent au niveau des palais de ses bords ;
Et quand le flot captif les presse et les soulève,
D'un lourd gémissement font retenir la grève.
Quel silence !... Avançons... Tout dort-il en ces lieux ?
40 L'éclat d'aucun flambeau n'y vient frapper mes yeux ;
Nul pas n'y retentit, nulle voix n'y murmure ;
Seulement, au détour de cette route obscure,
Un page et deux coursiers attendent ; et plus bas,
Dans cette anse où les flots expirent sans fracas,
45 Un brick aux flancs étroits, que l'on charge en silence,
Tend sa voile, et déjà sous son poids se balance.
Ces armes, ces coursiers, ce vaisseau loin du port,
Tout relève un départ, et cependant tout dort !

le Dernier chant du pélérinage d'Harold, 1825.

(1) Bords : *archaïsme pour « région », « contrée »*.
(2) Aquilon : *vent du Nord - ici, vent froid et violent*.
(3) Capricieux : *4 syllabes (par le phénomène de diérèse*)*.
(4) Zéphire : *Zéphyr ; licence voulue pour la rime*.

LORD BYRON (1788-1824), **1816**

Le ciel est changé, et quel changement ! O nuit,
orages, ténèbres, vous êtes prodigieusement forts,
et pourtant beaux dans votre force, comme la lumière
des yeux noirs d'une femme ! Bien loin,
de pic en pic, parmi les rochers où il éclate,
bondit le tonnerre vivant ! Il ne vient pas d'un seul nuage,
mais chaque montagne a trouvé maintenant une voix ;
et le Jura répond, à travers son voile brumeux,
aux Alpes joyeuses qui lui lancent un appel retentissant !

Et tout cela est dans la nuit : nuit des plus splendides,
tu ne nous fus pas envoyée pour le sommeil ! Je veux être
associé à ton farouche et lointain enchantement,
une partie de la tempête et de toi-même !
Comme le lac illuminé brille, mer phosphorescente,
et comme la grosse pluie tombe en bondissant sur la terre !
Et maintenant revient l'obscurité, et maintenant la joie
des collines sonores frémit avec une montagneuse allégresse,
comme si elles se réjouissaient de la naissance d'un cataclysme nouveau.

Maintenant, là où le Rhône rapide s'ouvre un chemin entre
des hauteurs qui ressemblent à des amoureux qui se sont séparés
dans une haine dont l'abîme destructeur se creuse de la sorte
qu'ils ne peuvent plus jamais s'unir, malgré leurs cœurs brisés ;
alors que dans leurs âmes, ainsi contrariées,
l'amour fut la racine même de l'emportement insensé
qui a flétri la fleur de leur vie, et puis s'en est allé,
en s'éteignant lui-même, mais en laissant un siècle
d'années qui ne sont qu'hivers, où ils se livrent combat en eux-mêmes ;

maintenant là, où le Rhône prompt s'est ouvert un chemin,
la plus formidable des tempêtes a établi son siège ; —
car ici ce n'en est pas une, mais plusieurs qui se déchaînent,
et lancent leurs traits de foudre de main en main,
luisants et répandus alentour : de toute la troupe,
la plus éclatante, dans l'intervalle de ces collines, a ramifié
ses éclairs, comme si elle comprenait vraiment
que dans telles brèches, ouvertes par la destruction,
le trait brûlant devrait anéantir tout ce qui s'y cachait.

Ciel, montagne, rivière, vents, lac, éclairs, vous tous,
et aussi la nuit, et les nuages, et le tonnerre, et l'âme
qui fait que ces choses sentent et qu'on les sent, pouvez bien être
des objets qui m'ont tenu éveillé : le roulement lointain
de vos voix expirantes est le glas
de ce qui en moi ne dort pas, si jamais je repose.
Mais où donc, ô tempêtes, où donc est votre terme ?
Etes-vous pareilles à celles qui agitent le cœur de l'homme,
ou trouvez-vous enfin, comme les aigles, quelque nid sur les hauteurs ?

Meyer, *Lord Byron* (BN).

Pélerinage de Childe Harold, 1816, chant III, strophes 92 à 96,
traduction française Paul Bensimon et Roger Martin. Aubier-Flammarion, 1971.

---

1 — *Pourquoi Lamartine évoque-t-il sa « rencontre » avec le texte du poète anglais ? En quoi cette évocation est-elle aussi une explication de sa propre attitude et une ébauche de son propre texte ? (Relevez les termes qui dépeignent sa lecture, étudiez ses sentiments, le décor accompagnant la rencontre et la continuité entre cette inspiration et celle du poème de 1825).*

2 — *Les deux nuits : Byron s'adresse à la nuit, Lamartine la décrit. En n'oubliant pas que vous comparez un texte traduit à un texte original, relevez les éléments qui constituent le décor de la nuit pour chacun des deux textes (termes indiquant les couleurs, les formes, les sentiments et les sensations). Repérez les constantes et les différences de ces descriptions et cherchez à les commenter.*

3 — *Le rapport de l'homme à la nature passe surtout par le chemin des sens : étudiez le recours plus ou moins insistant des auteurs à la première personne, relevez les métaphores* particulièrement éclairantes et sélectionnez quelques éléments significatifs de la nature (arbres, fruits, eau, lacs, mer, etc.) dont vous analyserez le traitement au long du texte.*

Vogel von Vogelstein,
Joseph de Maistre
(Roger Viollet)

La Révolution française a parcouru, sans doute, une période dont tous les moments ne se ressemblent pas ; cependant, son caractère général n'a jamais varié, et dans son berceau même elle éprouva tout ce qu'elle devait être. C'était un certain délire inexplicable, une impétuosité aveugle, un mépris scandaleux de tout ce qu'il y
5 a de respectable parmi les hommes ; une atrocité d'un nouveau genre, qui plaisantait de ses forfaits ; surtout une prostitution impudente du raisonnement et de tous les mots faits pour exprimer des idées de justice et de vertu.

(...) Et maintenant encore, voyez comment le crime sert de base à tout cet échafaudage républicain ; ce mot de *citoyen* qu'ils ont substitué aux formes antiques
10 de la politesse, ils le tiennent des plus vils des humains ; ce fut dans une de leurs orgies législatrices que des brigands inventèrent ce nouveau titre. Le calendrier de la république, qui ne doit point seulement être envisagé par son côté ridicule, fut une conjuration contre le culte ; leur ère date des plus grands forfaits qui aient déshonoré l'humanité ; ils ne peuvent dater un acte sans se couvrir de honte, en rappelant la
15 flétrissante origine d'un gouvernement dont les fêtes mêmes font pâlir.

Est-ce donc de cette fange sanglante que doit sortir un gouvernement durable ? Qu'on ne nous objecte point les mœurs féroces et licencieuses des peuples barbares, qui sont cependant devenus ce que nous voyons. L'ignorance barbare a présidé, sans doute, à nombre d'établissements politiques ; mais la barbarie savante,
20 l'atrocité systématique, la corruption calculée, et surtout l'irréligion, n'ont jamais rien produit. La verdeur mène à la maturité ; la pourriture ne mène à rien.

Considérations sur la France, 1797, chap. IV.

Dieu, s'étant réservé la formation des souverainetés, nous en avertit en ne confiant jamais à la multitude le choix de ses maîtres. Il ne l'emploie, dans ces grands mouvements qui décident le sort des empires, que comme un instrument passif.
25 Jamais elle n'obtient ce qu'elle veut : toujours elle accepte, jamais elle ne choisit. On peut même remarquer une *affectation* de la Providence (qu'on me permette cette expression), c'est que les efforts du peuple, pour atteindre un objet, sont précisément le moyen qu'elle emploie pour l'en éloigner. Ainsi, le peuple romain se donna des maîtres en croyant combattre l'aristocratie à la suite de César. C'est l'image de toutes
30 les insurrections populaires. Dans la Révolution française, le peuple a constamment été enchaîné, outragé, ruiné, mutilé par toutes les factions ; et les factions, à leur tour, jouet les unes des autres, ont constamment dérivé, malgré tous leurs efforts, pour se briser enfin sur l'écueil qui les attendait.

Que si l'on veut savoir le résultat probable de la Révolution française, il suffit
35 d'examiner en quoi toutes les factions se sont réunies ; toutes ont voulu l'avilissement, la destruction même du Christianisme universel et de la Monarchie ; d'où il suit que tous leurs efforts n'aboutiront qu'à l'exaltation du Christianisme et de la Monarchie.

Tous les hommes, qui ont écrit ou médité l'histoire, ont admiré cette force
40 secrète qui se joue des conseils humains (...).

Mais c'est surtout dans l'établissement et le renversement des souverainetés que l'action de la Providence brille de la manière la plus frappante. Non seulement les peuples en masse n'entrent dans ces grands mouvements que comme le bois et les cordages employés par un machiniste ; mais leurs chefs même ne sont tels que
45 pour les yeux étrangers : dans le fait, ils sont dominés comme ils dominent le peuple. Ces hommes, qui, pris ensemble, semblent les tyrans de la multitude, sont eux-mêmes tyrannisés par deux ou trois hommes, qui le sont par un seul. Et si cet individu unique pouvait et voulait dire son secret, on verrait qu'il ne sait pas lui-même comment il a saisi le pouvoir ; que son influence est un plus grand mystère pour lui
50 que pour les autres, et que des circonstances, qu'il n'a pu ni prévoir ni amener, ont tout fait pour lui et sans lui.

Considérations sur la France, 1797, chap. IX.

L'HISTOIRE A-T-ELLE UN SENS ?

Selon **F.-A. ISAMBERT** (Religion et développement de la France du XIXe siècle, *1963),* « le XIXe siècle français s'ouvre sur deux prophéties, celle de Joseph de Maistre, appelant une rénovation du Christianisme (Considérations sur la France, *1797)* et celle de Saint-Simon auquel apparaît un monde réorganisé et une nouvelle religion du travail (Lettres d'un habitant de Genève, *1802) ». Les deux œuvres inaugurent en effet, malgré leurs différences, l'effort du XIXe siècle pour penser à la fois l'histoire comme continuité nécessaire, et la société comme un tout ne pouvant subsister que sur la base d'un dogme social. Dans un monde secoué par les révolutions politiques et économiques, Joseph de Maistre apparaît alors bien sûr comme un traditionaliste, pour qui les principes de la société humaine sont éternels, puisque divins, mais aussi comme un précurseur des grandes synthèses philosophiques qui, au XIXe siècle, délaissant l'individu, essaieront de cerner la notion de « collectif » : n'oublions pas que le siècle de la révolution industrielle est aussi celui qui verra la naissance de la sociologie* (voir n° 6, le texte de J.-L. Bory et le dossier* POSITIVISME/SCIENTISME, n° 107).*

JULES BARBEY D'AUREVILLY, 1870
voir n° 112-113.

Joseph de Maistre est un génie historique par excellence. Dans un temps qui, comme le nôtre, affecte de ne plus croire à rien qu'à l'Histoire, on devrait, si l'on était conséquent, honorer profondément ce Joseph de Maistre, dont on a fait un utopiste de surnaturalité religieuse, comme l'esprit qui a le plus développé et approfondi dans ses œuvres le sens de l'Histoire. Il ne croit qu'en elle. On pourrait l'appeler le mystique de la Tradition ! L'Histoire, pour lui, qu'elle parle ou se taise, est une révélation de toutes les vérités nécessaires à l'homme et à la société, ces deux êtres qu'il ne sépara jamais ! Il en élève les coutumes et jusqu'aux *préjugés* à la hauteur de lois immuables, et si le XVIIIe siècle lui apparaît le plus profondément perdu de raison de tous les siècles, et, dans ce siècle, Jean-Jacques Rousseau le plus perdu des philosophes, c'est que le XVIIIe siècle et Rousseau, l'auteur du *Contrat social* et de l'*Inégalité des conditions,* sont, de tous les temps et de tous les hommes ceux qui ont le plus méconnu la voix infaillible et l'autorité souveraine de l'Histoire.

Le Constitutionnel, 4. VII. 1870.

E.M. CIORAN, 1977
Ce philosophe contemporain, se demande, dans un essai consacré à Joseph de Maistre, si, au-delà de leurs différences formelles, les grandes synthèses historiques que tentent les hommes ne trouveraient pas, en fait une origine commune dans un désir de cohérence inhérent à l'esprit humain :

Aux époques où nous prenons conscience de la nullité de nos initiatives, nous assimilons le destin, soit à la Providence, déguisement rassurant de la fatalité, camouflage de l'échec, aveu d'impuissance à organiser le devenir, mais volonté d'en dégager les lignes essentielles et d'y déceler un sens, soit à un jeu de forces mécaniques, impersonnel, dont l'automatisme règle nos actions et jusqu'à nos croyances. Cependant ce jeu, si impersonnel, si mécanique soit-il, nous l'investissons malgré nous de prestiges que sa définition même exclut, et le ramenons — conversion des concepts en agents universels — à une puissance morale, responsable des événements et de la tournure qu'il doivent prendre. En plein positivisme, n'évoquait-on pas, en termes mystiques, l'*avenir* auquel on prêtait une énergie d'une efficacité guère moindre que celle de la Providence ? Tant il est vrai que se glisse dans nos explications un brin de théologie, inhérent, voire indispensable à notre pensée, pour peu qu'elle s'astreigne à donner une image cohérente du monde.

Essai sur la pensée réactionnaire, 1977.

1 — *Vous relèverez :*
  a) *les mots (noms, verbes, adjectifs) qui caractérisent, d'un côté, l'homme et ses actions, de l'autre, la Providence ;*
  b) *les structures syntaxiques et les métaphores qui caractérisent chaque série. Quels sont les rapports qui apparaissent : entre les hommes ? entre les hommes et Dieu ?*

2 — *Relevez, dans ces deux textes, les affirmations catégoriques, les généralisations péremptoires. Apportent-elles réellement des preuves ? Que manque-t-il à l'argumentation pour qu'elle soit convaincante ?*

3 — *En face des « fausses » valeurs républicaines, quelles sont celles que De Maistre donne comme positives ? Par quel artifice typographique les souligne-t-il ? Comment expliquez-vous que ce même artifice typographique affecte également un autre terme, qui n'est pourtant pas sur le même registre ?*

4 — *Résumez en cinq lignes le texte de E. M. Cioran (voir technique du résumé, n° 70).*

5 — *Etes-vous d'accord avec cet auteur quand il affirme qu'une idéologie* tournée vers le passé (comme celle de De Maistre) et une idéologie tournée vers l'avenir (comme le positivisme, voir n° 107) reposent finalement sur le même besoin éternel de l'homme de donner un sens (à la fois « signification » et « direction ») à l'histoire ? Etayez votre réponse par des exemples.*

Etienne Pivert de Senancour
(BN).

J'ai voulu savoir ce que je pouvais faire : je ne décide point ce que je ferai. Je n'ai ni désespoir, ni passion : il suffit à ma sécurité d'être certain que le poids inutile pourra être secoué quand il me pressera trop. Dès longtemps la vie me fatigue, et elle me fatigue tous les jours davantage : mais je ne suis point passionné. Je trouve aussi 5 quelque répugnance à perdre irrévocablement mon être. S'il fallait choisir à l'instant, ou de briser tous les liens, ou d'y rester nécessairement attaché pendant vingt ans encore, je crois que j'hésiterais peu : mais je me hâte moins, parce que dans quelques mois je le pourrai comme aujourd'hui, et que les Alpes sont le seul lieu qui convienne à la manière dont je voudrais m'éteindre.

10   Je me demande quelquefois où me conduira cette contrainte qui m'enchaîne à l'ennui, cette apathie d'où je ne puis jamais sortir ; cet ordre de choses nul et insipide dont je ne saurais me débarrasser, où tout manque, diffère, s'éloigne ; où toute probabilité s'évanouit ; où l'effort est détourné ; où tout changement avorte ; où l'attente est toujours trompée, même celle d'un malheur du moins énergique ; où l'on 15 dirait qu'une volonté ennemie s'attache à me retenir dans un état de suspension et d'entraves, à me leurrer par des choses vagues et des espérances évasives, afin de consumer ma durée entière sans qu'elle ait rien atteint, rien produit, rien possédé. Je revois le triste souvenir des longues années perdues. J'observe comment cet avenir qui séduit toujours, change et s'amoindrit en s'approchant. Frappé d'un souffle de 20 mort à la lueur funèbre du présent, il se décolore dès l'instant où l'on veut jouir ; et laissant derrière lui les séductions qui le masquaient et le prestige déjà vieilli, il passe seul, abandonné, traînant avec pesanteur son spectre épuisé et hideux, comme s'il insultait à la fatigue que donne le glissement sinistre de sa chaîne éternelle : lorsque je pressens cet espace désenchanté où vont se traîner les restes de ma jeunesse et de ma 25 vie ; et que ma pensée cherche à suivre d'avance la pente uniforme où tout coule et se perd ; que trouvez vous que je puisse attendre à son terme, et qui pourrait me cacher l'abîme où tout cela va finir ? Ne faudra-t-il pas bien que, las et rebuté, quand je suis assuré de ne pouvoir rien, je cherche au moins du repos ? Et quand une force inévitable pèse sur moi sans relâche, comment reposerai-je, si ce n'est en me 30 précipitant moi-même ?

Il faut que toute chose ait une fin selon sa nature. Puisque ma vie relative est retranchée du cours du monde, pourquoi végéter longtemps encore inutile au monde et fatigant à moi-même ? Pour le vain instinct d'exister ! Pour respirer et avancer en âge ! Pour m'éveiller amèrement quand tout repose, et chercher les ténèbres quand 35 la terre fleurit : pour n'avoir que le besoin des désirs, et ne connaître que le songe de l'existence : pour rester déplacé, isolé sur la scène des afflictions humaines, quand nul n'est heureux par moi, quand je n'ai que l'idée du rôle d'un homme : pour tenir à une vie perdue, lâche esclave que la vie repousse et qui s'attache à son ombre, avide de l'existence, comme si l'existence réelle lui était laissée, et voulant être misérablement faute d'oser n'être plus !

Oberman, Sixième Année, Lettre XLI. Lyon le 18 mai, VI, 1804.

Comme René (Nº 3), Oberman, atteint lui aussi du « mal du siècle », fait le récit de sa vie, ici sous la forme épistolaire.

SAINTE-BEUVE, 1833

*Sainte-Beuve analyse a posteriori l'ennui d'Oberman et le mal de vivre de René.
Plutôt que de noter les « ressemblances » il préfère opposer les deux notions.*

« Elève de Jean-Jacques pour l'impulsion première et le style, comme Madame de Staël et Monsieur de Chateaubriand, mais comme eux, élève original et transformé, quoique demeuré plus fidèle, l'auteur des *Rêveries* (1), alors qu'il composait *Oberman* , ignorait que des collatéraux si brillants, et si marqués par la gloire, lui fussent déjà suscités ; il n'avait lu ni l'*influence des passions sur le bonheur* (2), ni *René ;* Il suivait sa ligne intérieure ; il s'absorbait dans ses pensées d'amertume, de désappointement aride, de destinée manquée et brisée, de petitesse et de stupeur en présence de la nature infinie. *Oberman* creusait et exprimait tout cela ; l'auteur n'y retra-çait aucunement sa biographie exacte, comme quelques-uns l'on cru ; au contraire, il altérait à dessein les conditions extérieures, il transposait les scènes, il dépaysait autant que possible. Mais si *Oberman* ne répondait que vaguement à la biographie de l'auteur, il répondait en plein à sa psychologie, à sa disposition mélancolique et souffrante, à l'effort fatigué de ses facultés sans but, à son étreinte de l'impossible, à son *ennui*. Ce mot d'*ennui,* pris dans l'acception la plus générale et la plus philosophique, est le trait distinctif et le mal d'*Oberman* ; ç'a été en partie le mal du siècle, et *Oberman* se trouve ainsi l'un des livres les plus vrais de ce siècle, l'un des plus sincères témoi-gnages, dans lequel bien des âmes pensent se reconnaître ». (IV. V.)

« Oh ! qu'on ne me dise pas qu'*Oberman* et *René* ne sont que deux formes inégalement belles d'une identité fondamentale, que l'un n'est qu'un développement en deux volumes, tandis que l'autre est une expression plus illustre et plus concise ; qu'on ne dise pas cela ! René est grand, et je l'admire ; mais René est autre qu'Oberman. René est beau, il est brillant jusque dans la brume sous l'aquilon ; l'éclair d'un orage se joue à son front pâle et noblement foudroyé. C'est une individualité moderne, chevaleresque, taillée presque à l'antique ; il y a du Sophocle dans cette statue de jeune homme. Laissez-le grandir et sortir de là, le Périclès rêveur ; il est volage, il est bruyant et glorieux, il est capable de mille entreprises enviables, il emplira le monde de son nom.

Oberman est sourd, immobile, étouffé, replié sur lui, foudroyé sans éclair, profond plutôt que beau ; il ne se guérit pas ; il ne finit pas ; il se prolonge et se traîne vers ses dernières années, plus calme, plus résigné, mais sans péripétie ni revanche éclatante ; cherchant quelque repos dans l'abstinence du sage, dans le silence, l'oubli et la haute sérénité des cieux. *Oberman* est bien le livre de la majorité souffrante des âmes ; c'en est l'histoire désolante, le poème mystérieux et inachevé. » (VI.-VII.)

Préface à Oberman , 1833.

(1) *Rêveries sur la nature primitive de l'homme, 1799.*
(2) Madame de Staël ; *De l'influence des passions sur le bonheur des individus, 1796*

ALPHONSE RABBE, 1835 :
Un romantique moins connu de la première génération analyse le dé-sespoir.

DÉSESPOIR

Qui peut être insensible aux premiers reflets d'une riante au-rore ? Qui peut voir sans plaisir le soir d'un beau jour, et, dans ces nuits du printemps remplies d'un charme et d'une douceur inef-fable, entendre et sentir sans émotion le frémissement mysté-rieux de la brise qui agite les ombres ? Jadis ce souffle noc-turne me semblait chargé de toutes les forces et de toutes les délices de la nature. Je tressail-lais de désir, de doux pressenti-ments, quand il échauffait mon visage et se jouait dans ma che-velure.

Hélas ! j'espérais quelque chose alors, j'avais encore d'heu-reuses découvertes à faire dans le monde des sensations créa-trices... Aujourd'hui, tout est froid, morne et taciturne : plus rien n'existe devant moi. Plus d'illu-sions ravissantes. Plus d'avenir d'amour. Pauvre nautonier, en lançant mon esquif sur l'océan immense, je rêvais une longue et heureuse traversée ; des aspects enchantés appelaient, encoura-geaient ma voile ; mais ces ri-vages aériens se sont dissipés comme les nuages d'or sur les-quels le caprice des vents avait dessiné leur forme fantastique et mensongère. Une plage aride, inféconde m'a reçu. L'orage et les bêtes sauvages m'ont assailli. Je me suis réfugié sur l'escarpe-ment d'une roche, et je m'y suis desséché de langueur et de dé-sespoir.

Alphonse Rabbe (1786-1830)
Album d'un pessimiste, variétés litté-raires, politiques, morales et philo-sophiques, 1835.

---

1 — *Relevez chaque forme interrogative ou exclamative dans les textes cités ici et en n° 3 (Werther, René) classez ces formes suivant leur rôle (dramatisation, lyrisme, « personnalisation », etc.), et comparez les quatre tableaux ainsi obtenus.*

2 — *Quelle est la place du « je » et quelle est sa fonction dans les mêmes textes ? Où se trouve-t-il ? qui représente-t-il ? Quelle est sa fréquence ?*

3 — *Vérifiez ou infirmez les comparaisons de Sainte-Beuve à partir des mêmes textes.*

4 — *Relevez les images morbides du froid, du sombre, et leurs associations dans les textes de Senancour et de Rabbe. La logique et la représentation du désespoir sont-elles toujours semblables ? (Utilisez les textes cités en n° 3, vos lectures personnelles ou vos propres expériences).*

Madame de Staël (BN).

Le nom de *romantique* a été introduit nouvellement en Allemagne, pour désigner la poésie dont les chants des troubadours ont été l'origine, celle qui est née de la chevalerie et du christianisme. Si l'on n'admet pas que le paganisme et le christianisme, le Nord et le Midi, l'antiquité et le moyen âge, la chevalerie et les institutions grecques et romaines, se sont partagé l'empire de la littérature, l'on ne parviendra jamais à juger sous un point de vue philosophique le goût antique et le goût moderne.

On prend parfois le mot classique comme synonyme de perfection. Je m'en sers ici dans une autre acception, en considérant la poésie classique comme celle des anciens, et la poésie romantique comme celle qui tient de quelque manière aux traditions chevaleresques. Cette division se rapporte également aux deux ères du monde : celle qui a précédé l'établissement du christianisme, et celle qui l'a suivi. (...).

Il y a dans les poèmes épiques et dans les tragédies des anciens un genre de simplicité qui tient à ce que les hommes étaient identifiés à cette époque avec la nature, et croyaient dépendre du destin comme elle dépend de la nécessité. L'homme, réfléchissant peu portait toujours l'action de son âme au dehors ; la conscience elle-même était figurée par des objets extérieurs, et les flambeaux des Furies **(1)** secouaient des remords sur la tête des coupables. L'événement était tout dans l'antiquité ; le caractère tient plus de place dans les temps modernes ; et cette réflexion inquiète, qui nous dévore souvent comme le vautour de Prométhée, n'eût semblé que de la folie, au milieu des rapports clairs et prononcés qui existaient dans l'état civil et social des anciens (...).

L'homme personnifiait la nature ; des nymphes habitaient les eaux, des hamadryades **(2)** les forêts : mais la nature, à son tour, s'emparait de l'homme, et l'on eût dit qu'il ressemblait au torrent, à la foudre, au volcan, tant il agissait par une impulsion involontaire, et sans que la réflexion pût en rien altérer les motifs ni les suites de ses actions. Les anciens avaient, pour ainsi dire, une âme corporelle, dont tous les mouvements étaient forts, directs et conséquents ; il n'en est pas de même du cœur humain développé par le christianisme : les modernes ont puisé dans le repentir chrétien l'habitude de se replier continuellement sur eux-mêmes... (...).

La littérature des anciens est chez les modernes une littérature transplantée : la littérature romantique ou chevaleresque est chez nous indigène, et c'est notre religion et nos institutions qui l'ont fait éclore. Les écrivains imitateurs des anciens se sont soumis aux règles du goût les plus sévères ; car, ne pouvant consulter ni leur propre nature, ni leurs propres souvenirs, il a fallu qu'ils se conformassent aux lois d'après lesquelles les chefs-d'œuvre des anciens peuvent être adaptés à notre goût, bien que toutes les circonstances politiques et religieuses qui ont donné le jour à ces chefs-d'œuvre soient changées. Mais ces poésies d'après l'antique, quelque parfaites qu'elles soient, sont rarement populaires, parce qu'elles ne tiennent, dans le temps actuel, à rien de national. (...).

Nos poètes français sont admirés par tout ce qu'il y a d'esprits cultivés chez nous et dans le reste de l'Europe ; mais ils sont tout à fait inconnus aux gens du peuple et aux bourgeois même des villes, parce que les arts en France ne sont pas, comme ailleurs, natifs, du pays même où leurs beautés se développent. (...).

La littérature romantique est la seule qui soit susceptible encore d'être perfectionnée, parce qu'ayant ses racines dans notre propre sol, elle est la seule qui puisse croître et se vivifier de nouveau : elle exprime notre religion ; elle rappelle notre histoire ; son origine est ancienne, mais non antique.

La poésie classique doit passer par les souvenirs du paganisme pour arriver jusqu'à nous : la poésie des Germains est l'ère chrétienne des beaux-arts : elle se sert de nos impressions personnelles pour nous émouvoir : le génie qui l'inspire s'adresse immédiatement à notre cœur, et semble évoquer notre vie elle-même comme un fantôme, le plus puissant et le plus terrible de tous.

De l'Allemagne, 1814, II, 2.

« L'origine et l'originalité de toute la poésie moderne se déduisent si facilement du christianisme que l'on pourrait appeler cette poésie «chrétienne» aussi bien que « romantique ». Le christianisme a anéanti, comme le jugement dernier, le monde des sens avec tous ses charmes. Il les a réduits à un tertre funèbre, à un degré ou un seuil conduisant au ciel et les a remplacés par un monde nouveau, celui des esprits ».

Jean-Paul Richter, *Introduction à l'Esthétique*, 1804.

(1) *Déesses infernales qui, chez les Romains, personnifiaient la vengeance divine.*

(2) *Nymphes dont la vie, chez les Grecs et les Romains, était liée à celle d'un arbre.*

Jean-Christophe BAILLY, 1976

SCHILLER (1759-1805), 1800.

Au poète naïf la nature a dispensé la faveur d'agir toujours comme une unité indivise, d'être à chaque instant une totalité autonome et parfaite, et d'incarner dans la réalité l'humanité selon son plein contenu. Au poète sentimental elle a conféré le pouvoir ou plutôt elle a inculqué le vivant désir de rétablir par ses propres ressources l'unité que la vie abstraite a supprimée en lui, de rendre en lui l'humanité complète et de passer d'un état limité à un état infini. Mais la tâche commune à l'un et à l'autre est de donner à l'humanité sa pleine expression, faute de quoi ils ne pourraient en aucune façon être appelés poètes ; toutefois le poète naïf a toujours sur le poète sentimental l'avantage de la réalité sensible en ce sens qu'il décrit comme un fait réel ce que l'autre aspire seulement à atteindre. Et cet avantage est bien celui que tout homme éprouve lorsqu'il s'observe dans sa jouissance de poésies naïves. En cet instant il sent toutes les forces de son humanité actives, il n'a besoin de rien, il est en lui-même une totalité ; il ne différencie rien dans son sentiment, il se réjouit à la fois de son activité spirituelle et de sa vie sensible. Tout autre est l'état d'âme dans lequel le poète sentimental le met. Il ne ressent ici qu'un vivant désir d'engendrer en lui l'harmonie que là il éprouvait véritablement, un vivant désir de faire lui-même une totalité, de donner en lui-même à l'humanité une expression achevée. C'est pourquoi l'âme est ici en mouvement, elle est tendue, elle hésite entre les sentiments en conflit, tandis que là elle est calme, détendue, d'accord avec elle-même et pleinement satisfaite.

Mais si le poète naïf l'emporte d'un côté sur le poète sentimental par la réalité et s'il appelle à l'existence réelle quelque chose dont celui-ci ne peut qu'éveiller un vivant désir, le poète sentimental inversement a par rapport au poète naïf le grand avantage d'être en état de fournir au désir un objet plus considérable que le premier ne l'a fait et ne pouvait le faire. Toute réalité, nous le savons, est inférieure à l'idéal ; tout ce qui existe a ses limites, tandis que la pensée est illimitée. Le poète naïf souffre donc lui aussi de cette limitation à laquelle toute réalité sensible est soumise, tandis qu'au contraire la liberté inconditionnée de la faculté inventrice d'Idées sert le poète sentimental. En conséquence le premier satisfait certes à sa tâche, mais la tâche elle-même est quelque chose de limité ; le second ne satisfait pas tout à fait à la sienne, mais sa tâche est un infini.

De la poésie naïve et sentimentale, 1800.

La poésie existe depuis toujours, du moins le souffle qu'elle détourne, et elle se perd au loin dans l'indéchiffrable des premiers signes et des premières perceptions, mais la réflexion de la poésie sur elle-même, la *conscience de soi de la poésie*, en Occident, peut être historiquement datée. Le romantisme allemand en marque l'avènement dans ce monde pourtant déjà saturé d'impressions qui était sous le coup de la première grande émotion historique de l'époque moderne : Révolution française et romantisme allemand sont en effet indissolublement liés, et le second ne peut être compris sans la première, bien qu'il ait cherché à s'en distinguer, puis à s'en évader. Tous deux marquent, à quelques années d'intervalle à peine, les deux temps forts de la découverte du sujet par lui-même : le citoyen et l'homme entier, entièrement agissant et sensible. Le premier, libre dans la sphère politique, le second, excédant cette sphère et cherchant à retrouver au-delà d'elle ce qu'elle a effacé en surgissant. Le premier, fruit du cheminement de la raison et le second, fruit de l'imagination et de son débordement. Limites, lois — absence de limites, parcours, effusions. Tout ceci n'ayant valeur que d'indication et de schéma, la réalité étant mouvante et complexe. (...).

Mais cette coïncidence dans le temps demeure : le romantisme allemand est contemporain de la première révolution, plus secrète, dont le centre de gravité est différent et qui porte sur d'autres *accents* de l'activité humaine.

la Légende dispersée, 1976, introduction.

---

1 — *Le texte de Mme de Staël et celui de Schiller. Définissez ce que représentent pour les auteurs, les notions de « classique », « romantique », « antique », « moderne », « naïf », « sentimental » ; certaines se recouvrent-elles ? Quel est le caractère de la littérature romantique, sur lequel Mme de Staël insiste, et qui est absent chez Schiller ?*

2 — *Vous relèverez dans ces deux textes les noms, verbes et adjectifs qui semblent préfigurer ce que l'on appellera plus tard le « mal du siècle » (voir no 45). Quelles sont les formules de Schiller qui annoncent même le « spleen » baudelairien (voir no 61 à 69) ?*

3 — *Le texte de J.-C. Bailly, écrivain contemporain, met l'accent sur une simultanéité historique indéniable, que ne relèvent ni Schiller, ni Mme de Staël. Connaissez-vous des écrivains romantiques qui se réclameront de la Révolution Française ?*

4 — *ENQUÊTES :*
  a) Quelles causes historiques, économiques, sociales, peut-on attribuer au surgissement en France à l'orée du XIXe siècle, de la sensibilité romantique ?
  b) A partir de l'entrée « mal du siècle » dans l'index thématique, établir un dossier comparatif des diverses formulations qu'en ont donné les auteurs cités. Vous essaierez de donner à votre travail une dimension diachronique*.

De l'Allemagne *fut interdit par Napoléon en 1810, pour diverses raisons (voir ci-contre la lettre officielle), mais aussi à cause d'un portrait d'Attila, où Napoléon était clairement reconnaissable. En 1814, ce portrait figure bien à sa place, mais, singulièrement édulcoré par rapport à une version primitive, (publiée en 1814 par Aimé Martin, sans doute à partir d'un manuscrit que Mme de Staël avait remis à Benjamin Constant), qui figure ici, en dessous.*

Enfin il paraît, ce terrible Attila, au milieu des flammes qui ont consumé la ville d'Aquilée ; il s'assied sur les ruines du palais qu'il vient de renverser, et semble à lui seul chargé d'accomplir en un jour l'œuvre des siècles. Il a comme une sorte de superstition envers lui-même, il est l'objet de son culte, il croit en lui, il se regarde ⁵comme l'instrument des décrets du ciel, et cette conviction mêle un certain système d'équité à ses crimes. Il reproche à ses ennemis leurs fautes, comme s'il n'en avait pas commis plus qu'eux tous ; [il est féroce, et néanmoins c'est un barbare généreux ; il est despote, et se montre pourtant fidèle à sa promesse ;]ᵃ enfin au milieu des richesses du monde il vit comme un soldat et ne demande à la terre que la jouissance de la ¹⁰conquérir.

[ ]ᵇ.

[Attila remplit les fonctions de juge sur la place publique, et là il prononce sur les délits portés devant son tribunal d'après un instinct naturel, qui va plus au fond des actions que les lois abstraites dont les décisions sont les mêmes dans tous les cas.]ᶜ ¹⁵Il condamne son ami coupable de parjure, [l'embrasse en pleurant,]ᵈ mais ordonne qu'à l'instant il soit déchiré par des chevaux ; l'idée d'une nécessité inflexible le dirige, et sa propre volonté lui paraît à lui-même cette nécessité. Les mouvements de son âme ont une sorte de rapidité et de décision qui exclut toute nuance ; il semble que cette âme se porte comme une force physique irrésistiblement et tout entière dans la ²⁰direction qu'elle suit. Enfin on amène devant son tribunal un fratricide ; et comme il a tué son frère **(1)**, il se trouble, et refuse de juger le criminel. Attila, malgré ses forfaits, se croyait chargé d'accomplir la justice divine sur la terre, et, prêt à condamner un homme pour un attentat pareil à celui dont sa propre vie a été souillée, quelque chose qui tient du remords le saisit au fond de l'âme.

Texte de la 1ʳᵉ édition de *De l'Allemagne,* 1814, chap. XXIV.

(1) Allusion au Duc d'Enghien, passé par les armes sur l'ordre de Napoléon en 1804.

VERSION PRIMITIVE :

[a] il est féroce, mais c'est un barbare qui veut paraître généreux ; il est despote, mais sa fermeté n'est que dans le crime.

[b] L'histoire du fléau de Dieu ne présente qu'un trait : la destruction. Un seul homme multiplié par ceux qui lui obéissent, remplit d'épouvante l'Asie et l'Europe.

Quelle image gigantesque de la volonté absolue ce spectacle n'offre-t-il pas.

[c] Souvent il remplit les fonctions de juge ; il veut faire croire à son génie plus qu'à sa justice, et cependant il est juste toutes les fois qu'il s'agit de verser du sang.

[d] Il condamne son ami coupable de parjure, l'embrasse et ordonne (...).

1 — *LE PORTRAIT D'ATTILA.*
  a) *Relevez l'ambiguïté de ce portrait. Ne comporte-t-il pas certains traits du « héros romantique » (cf. monologue d'*Hernani *par exemple, III, 4 ?)*
    — *Sur quels traits de caractère la version primitive insistait-elle (remarquez : « il veut paraître... », « il veut faire croire... ») ?*
    Quelle impression produit à la lecture le fait que presque toutes les phrases du texte ont pour sujet Attila et l'anaphorique* « il » ?
  b) *Quelles raisons ont pu pousser Mme de Staël à prendre Attila comme personnage à clé ? Corneille, en 1667, avait déjà pris cette figure historique comme symbole. Renseignez-vous sur la tragédie qui porte le nom de ce héros et sur le sens de sa provocation. Le texte de Mme de Staël a-t-il une fonction équivalente ?*

2 — *ENQUÊTES.*
  a) *En vous reportant à l'index thématique, à des manuels d'histoire ou à des ouvrages plus spécialisés (par exemple une histoire de la presse, ou L. Gabriel-Robinet,* la Censure, *1965), vous tenterez de mettre en rapport les fluctuations de la censure et de ses critères, au XIXᵉ siècle, avec les événements et les régimes politiques.*
  b) *La censure à l'heure actuelle existe, au nom de la «protection de la jeunesse». Établissez un dossier:*
    — *quelles sont les lois, depuis quand existent-elles ?*
    — *quels sont ses critères ?*
    — *sont-ils, selon vous, légitimes, dépassés ?*
    Vous pourrez lire l'article de Roger Errera, « les Infortunes de la Censure », dans la revue Esprit, *numéro de mars 1973, ou celui de Charles Grivel, « Mécanismes de la censure dans le système libéral bourgeois », la Pensée, août 1974, n° 176).*

LA CENSURE AU XIXᵉ SIÈCLE

18 mai 1804 : un senatus-consulte institue une commission de sept membres désignés par le Sénat et chargés du contrôle des publications périodiques.
5 février 1810 : Napoléon rétablit par décret la censure pour toutes les productions de presse.
1814 : Charte de Louis XVIII. Art. 8 : « Les Français ont le droit de publier et de faire imprimer leurs opinions en se conformant aux lois qui doivent réprimer les abus de cette liberté ».
1815 : Napoléon supprime la censure.
1830 : Une ordonnance de Charles X relative à la presse est une des causes de la Révolution de juillet. Charte de 1830, art. 8 : « Les Français ont le droit de publier ou faire imprimer leurs opinions en se conformant aux lois. La censure ne pourra jamais être rétablie. »
  Désormais, la censure préalable étant supprimée, les auteurs susceptibles d'avoir offensé les mœurs ou enfreint la loi seront déférés aux tribunaux, et leurs ouvrages ne pourront être saisis qu'après une décision de justice.
1870 : Suppression puis rétablissement immédiat de la censure *théâtrale*.
1881 : Une loi définit très clairement les délits de presse (énumération limitative) et la procédure pénale à appliquer en cas d'infraction.
1906 : Abolition de la censure *théâtrale*.

Extrait de la lettre adressée à Madame de Staël par la Police Générale, Cabinet du Ministre, en date du 3 octobre 1810, et reproduite par l'auteur dans sa préface à De l'Allemagne, *de 1814.*

  Il ne faut point chercher la cause de l'ordre que je vous ai signifié dans le silence que vous avez gardé à l'égard de l'empereur dans votre dernier ouvrage ; ce serait une erreur ; il ne pouvait pas y trouver de place qui fût digne de lui ; mais votre exil est une conséquence naturelle de la marche que vous suivez constamment depuis plusieurs années. Il m'a paru que l'air de ce pays-ci ne vous convenait point, et nous n'en sommes pas encore réduits à chercher des modèles dans les peuples que vous admirez.

  Votre dernier ouvrage n'est point français ; c'est moi qui en ai arrêté l'impression. Je regrette la perte qu'il va faire éprouver au libraire ; mais il ne m'est pas possible de le laisser paraître.

DE L'ALLEMAGNE...

« Votre ouvrage n'est point français », écrit Savary à Madame de Staël, et Musset (voir nº 45) essayant d'analyser les causes du « mal du siècle », marquera le poids de l'influence allemande, essentiellement de Gœthe. Le Nord fut en effet un modèle pour la première génération romantique, comme en témoigne la rapidité avec laquelle, à cette époque, furent traduits les auteurs allemands les plus importants :

Genres	Auteurs	Œuvres	Publication en allemand	Traduction en français	Traducteurs les plus connus
THÉÂTRE	Schiller (1759-1805)	Wallenstein Marie Stuart Guillaume Tell Ensemble des drames	1794-99 1800 1804	1809 1816 1828 1821	Benjamin Constant G. Hess Merle d'Aubigné Barante
	Gœthe (1749-1832)	Egmont Gœtz de Berlichingen Faust (illustré par Delacroix) Faust I Faust II	1787 1773 1808 1832	1821-25 1828 1840	Charles Nodier/ A. Béraud Gérard de Nerval
	Lessing (1729-1781)	Nathan le Sage	1779	1822-23	Barante
POÉSIE	Schiller (1759-1805)	Poésies choisies		1821-22	
	Gœthe (1749-1832)	Poésies (incomplètes) Poésies (complètes)		1825 1843	
	Bürger (1747-1794)	Ballades	1770	1827	
ROMAN	Gœthe (1749-1832)	Werther Wilhelm Meister Poésie et vérité	1774 1794-96 1811-14	1776 1829 1823	(très nombreuses traductions) Th. Toussenel
CONTES ET NOUVELLES	Tieck (1777-1853) Kleist (1777-1811) E.TA. Hoffmann (1776-1822)	Sternbald Michael Kohlhaas Contes fantastiques Œuvres complètes	1798 1810 1819-22	1823 1830 1830-33 1830 et sv.	Th. Toussenel
CRITIQUE	Lessing (1729-1781) A. Schlegel (1767-1845) F. Schlegel (1772-1829)	Dramaturgie de Hambourg Cours de littérature dramatique Histoire de la littérature ancienne et moderne	1767-69 1808 1815	1785 1813 1829	

Honoré Daumier (1808-1879), *1830 et 1833* (BN).

IIᵉ PARTIE

1830-1848

LA MONARCHIE DE JUILLET : LOUIS-PHILIPPE

	Evénements politiques et sociaux	Production écrite française	Production écrite étrangère	Musique, Architecture Arts plastiques
1830	Les 4 ordonnances - Révolution de 1830 (Trois Glorieuses)	Balzac : *Scènes de la vie privée* **Hugo : *Hernani*** **Carmouche et Dupety : *N. I. Ni*** Lamartine : *Harmonies poétiques et religieuses* Musset : *Contes d'Espagne et d'Italie* **Stendhal : *Le Rouge et le Noir***	Hegel ; *Leçons sur la Philosophie de l'Histoire*	Berlioz : *Symphonie fantastique* Corot : *La Cathédrale de Chartres*
1831	Révolte des Canuts de Lyon	**Balzac :*La peau de chagrin*** **Hugo : *Notre Dame de Paris* -** *Les Feuilles d'automne* Michelet : *Introduction à l'histoire universelle*	Goethe : *Faust II* Pouchkine : *Boris Godounov*	**Delacroix : *La Liberté guidant le peuple***
1832	Broglie, Guizot, Thiers au ministère **Condamnation de Lamennais -** Encyclique *Mirari Vos*	Balzac : *Nouveaux contes philosophiques* **Lamartine : *Ode sur les révolutions*** Hugo : *Le roi s'amuse* Stendhal : *Souvenirs d'égotisme* **Nodier : *La Fée aux miettes*** **Sand : *Indiana*** **Vigny : *Stello***		Chopin : *Neuf mazurkas* Daumier condamné pour ses dessins contre Louis-Philippe

	Evénements politiques et sociaux	Production écrite française	Production écrite étrangère	Musique, Architecture Arts plastiques
1833	Loi Guizot sur l'enseignement primaire	Balzac : *Eugénie Grandet, Le Médecin de campagne, L'illustre Gaudissart,* **Le Père Goriot** **Borel : *Champavert*** **Hugo : *Marie Tudor*** **Tristan, Flora : *Pérégrinations d'une paria***	Goethe : *Le Second Faust* (posth.) Pouchkine : *Eugène Onéguine*	Chopin : *Trois Nocturnes*
1834	Insurrections à Lyon et Paris - Massacre de la rue Transnonain (14 avril)	Ampère : *Essai sur la philosophie des sciences* **Lamennais : *Paroles d'un croyant* (condamné par Rome)** Balzac : *Histoire des Treize,* **La recherche de l'Absolu** **Musset : *Lorenzaccio, Les Caprices de Marianne, On ne badine pas avec l'amour*** Sainte-Beuve : *Volupté*	Pouchkine : *La dame de pique*	Delacroix : *Femmes d'Alger* Daumier : *La rue Transnonain*
1835	Répression de l'opposition républicaine Fondation de l'Agence Havas	**Balzac :** *Le Père Goriot, Le Lys dans la vallée,* **César Birotteau,** Séraphita **Gautier : *Mademoiselle de Maupin (et préface)*** Hugo : *Les Chants du Crépuscule* **Musset : *Les Nuits, La Confession d'un Enfant du siècle*** **Rabbe : *Album d'un pessimiste*** **Vigny : *Chatterton, Servitude et grandeur militaires***	Andersen : *Contes* Gogol : *Journal d'un fou*	Bellini : *La Norma* Halévy : *La Juive*
1836	Tentative de Louis Bonaparte à Strasbourg	Lamartine : *Jocelyn*	Eckermann : *Entretiens avec Goethe* Gogol : *Le Nez* Dickens : *Les Aventures de Mr Pickwick*	Chopin : *La Grande Polonaise* Charlet : *La Retraite de Russie* **Rude : *Le Départ des Volontaires en 1792***
1837	Poursuite de la conquête de l'Algérie, prise de Constantine	Balzac : *Les Illusions perdues (1ere partie)* Hugo : *Les Voix intérieures* **Lamennais : *Le livre du peuple*** **Mérimée : *La Vénus d'Ille***	**Dickens : *Oliver Twist***	Berlioz : 1ere exécution du *Requiem* Raffet/Grandville : *Illustrations des Chansons de Béranger* **Vernet : *Le Combat de Somah***

	Evénements politiques et sociaux	Production écrite française	Production écrite étrangère	Musique, Architecture Arts plastiques
1838		**Balzac : *La Maison Nucingen*** **Hugo : *Ruy Blas*** Geoffroy St-Hilaire : *Notions synthétiques de philosophie naturelle* Dumas : *Le Capitaine Paul*	E. Poe : *Les Aventures d'Arthur Gordon Pym*	Berlioz : *Benvenuto Cellini* Grandville : *Illustration des Fables de La Fontaine*
1839	Insurrection à Paris de la "Société des Saisons" Arrestation de Barbès et Blanqui	P. Borel : *Madame Putiphar* **Vigny : *Lettre à Lord****** Lamartine : *Recueillements poétiques* **Stendhal : *La Chartreuse de Parme***	Lermontov : *Le Démon*	Berlioz : 1ère exécution de *Roméo et Juliette* Chopin : *Vingt quatre Préludes*
1840	Ministère Thiers - Tentative de Louis Napoléon à Boulogne - Fondation de **l'Atelier** (journal ouvrier)	Proudhon : *Qu'est-ce que la propriété ?* **Mérimée : *Colomba*** Hugo : *Les Rayons et les Ombres* **V. Gelu : *Chansons (prov.)*** **Villermé : *Tableau physique et moral des ouvriers…***	**Poe : *Histoires extraordinaires (1er recueil)*** Schopenhauer : *Du Fondement de la morale* **Becker : *L'Hymne au Rhin***	Schubert : *Lieder* Chopin : *La Marche Funèbre* Début des travaux de Viollet le Duc **Töpffer : *Voyages et aventures du docteur Festus***
1841	Loi limitant le travail des enfants dans les manufactures (8 h de 8 à 12 ans) Fondation de **La Revue Indépendante** (P. Leroux, G Sand)	Chateaubriand : Achèvement des *Mémoires d'Outre-Tombe* Balzac : *Ursule Mirouet*, **Une Ténébreuse affaire**, Le Curé du village **Lamartine : *La Marseillaise de la Paix*** Lamennais : *De la religion* Michelet : *Jeanne d'Arc*	Feuerbach : *De l'essence du christianisme* . Topffer : *Nouvelles genévoises*	Tombeau de Napoléon aux Invalides
1842	Organisation des chemins de fer Veuillot : rédacteur en chef de **l'Univers**	Balzac : *Avant-propos de la Comédie Humaine* **A. Bertrand : *Gaspard de la nuit*** (posth.) **Comte : *Cours de Philosophie positive (1830-1842)*** **E. Sue : *Les Mystères de Paris*** G. Sand : *Consuelo*, **2e préface d'Indiana**	Gogol : *Les Ames Mortes*	Gounod : *Requiem* Rossini : *Stabat Mater* Courbet : *Autoportrait au chien noir* **Cham : *Paris dévoilé ou les mystères sus***

	Evénements politiques et sociaux	Production écrite française	Production écrite étrangère	Musique, Architecture Arts plastiques
1843	Poursuite de la conquête de l'Algérie Flora Tristan lance l'idée d'une Union ouvrière **Joule : Loi sur l'équivalence des formes d'énergie**	**Balzac : *Les Illusions perdues* (Fin)** **Reybaud : *Jérôme Paturot*** Hugo : *Les Burgraves* (échec) **Dumas (Père) : *Georges*** M. Desbordes-Valmore : *Bouquets et Prières* F. Tristan : *Des moyens de constituer la classe ouvrière*	E. Poe : *Le Scarabée d'Or* Kierkegaard : *Ou bien... ou bien*	Wagner : *Le Vaisseau Fantôme* Création de **l'Illustration**
1844	Le Maroc reconnaît les frontières de l'Algérie Française	Dumas : *Les Trois Mousquetaires, Le Comte de Monte Cristo* Chateaubriand : *La Vie de Rancé* Louis Bonaparte : *L'extinction du paupérisme*	Heine : *L'Allemagne* Max Stirner : *L'Unique et sa propriété* S. Kierkegaard : *Le Concept de l'angoisse*	Grandville : *Un autre monde* Mendelssohn : *Concerto en mi mineur pour violon*
1845	Dispersion des Jésuites en France avec l'accord du Pape Les disciples de Fourier commencent à publier ses écrits	Dumas : *Vingt ans après* **Mérimée : *Carmen*** Baudelaire : Début des *Curiosités esthétiques* (1845-1859)	K. Marx : *La Sainte Famille* Engels : *Situation de la classe laborieuse en Angleterre* Poe : *Le Corbeau*	Wagner : *Tannhäuser* Daumier : *Les Gens de justice* **Corot : *Le Baptême du Christ***
1846	Crise en Europe ; Troubles à Paris	Balzac : *La Cousine Bette* P. Dupont : *Le Chant des ouvriers* **Michelet : *Le Peuple*** **Proudhon : *Philosophie de la misère*** **G. Sand : *La Mare au diable*** **F. Tristan : *Le testament de la paria*** Sainte-Beuve : *Portraits contemporains*	Dostoïevski : Les Pauvres Gens	Berlioz : *La Damnation de Faust* Verdi : *Attila* Courbet : *L'Homme à la Pipe* (autoportrait)
1847	Reddition d'Abd el Kader **Campagne des banquets. Emeutes**	Balzac : *La dernière incarnation de Vautrin* **Delacroix : *Journal*** Sand : *François le Champi* **Michelet : *Début de l'histoire de la Révolution Française* (1847-1853)**	Thackeray : *La Foire aux vanités* Emily Brontë : *Les Hauts de Hurlevent* **Marx : *Misère de la philosophie* (en fr.)**	Chopin : *Trois Valses* Verdi : *Macbeth*

Le héros du conte philosophique de Balzac, Raphaël de Valentin, a conclu un pacte avec une puissance mystérieuse : un vieil antiquaire lui a cédé une « peau de chagrin » qui réalise tous les désirs de son propriétaire. Mais le talisman rétrécit à chaque fois qu'un souhait s'accomplit, et quand il sera réduit à rien, Raphaël mourra. Le seul moyen de ne pas écourter sa vie, est donc de ne plus rien désirer. Mais Raphaël est provoqué en duel : il se trouve alors dans la singulière obligation d'écourter sa vie... pour la sauver.

Le lendemain, sur les huit heures du matin, l'adversaire de Raphaël, suivi de deux témoins et d'un chirurgien, arriva le premier sur le terrain.

— Nous serons très bien ici, il fait un temps superbe
5 pour se battre, s'écria-t-il gaiement en regardant la voûte bleue du ciel, les eaux du lac et les rochers sans la moindre arrière-pensée, de doute ni de deuil. Si je le touche à l'épaule, dit-il en continuant, le mettrai-je bien au lit pour un mois, hein ! docteur ?

10 — Au moins, répondit le chirurgien. Mais laissez ce petit saule tranquille ; autrement vous vous fatigueriez la main, et ne seriez plus maître de votre coup. Vous pourriez tuer votre homme au lieu de le blesser.

Le bruit d'une voiture se fit entendre.

15 — Le voici, dirent les témoins qui bientôt aperçurent dans la route une calèche de voyage attelée de quatre chevaux et menée par deux postillons.

— Quel singulier genre ! s'écria l'adversaire de Valentin, il vient se faire tuer en poste.

20 A un duel comme au jeu, les plus légers incidents influent sur l'imagination des acteurs fortement intéressés au succès d'un coup ; aussi le jeune homme attendit-il avec une sorte d'inquiétude l'arrivée de cette voiture qui resta sur la route. Le vieux Jonathas
25 descendit lourdement le premier pour aider Raphaël à sortir ; il le soutint de ses bras débiles, en déployant pour lui les soins minutieux qu'un amant prodigue à sa maîtresse. Tous deux se perdirent dans les sentiers qui séparaient la grande route de l'endroit désigné pour le
30 combat, et ne reparurent que longtemps après : ils allaient lentement. Les quatre spectateurs de cette scène singulière éprouvèrent une émotion profonde à l'aspect de Valentin appuyé sur le bras de son serviteur : pâle et défait, il marchait en goutteux,
35 baissait la tête et ne disait mot. Vous eussiez dit de deux vieillards également détruits, l'un par le temps, l'autre par la pensée ; le premier avait son âge écrit sur ses cheveux blancs, le jeune n'avait plus d'âge.

— Monsieur, je n'ai pas dormi, dit Raphaël à son
40 adversaire.

Cette parole glaciale et le regard terrible qui l'accompagna firent tressaillir le véritable provocateur, il eut la conscience de son tort et une honte secrète de sa conduite. Il y avait dans l'attitude, dans le son de voix
40 et le geste de Raphaël quelque chose d'étrange. Le marquis fit une pause, et chacun imita son silence. L'inquiétude et l'attention étaient au comble.

— Il est encore temps, reprit-il, de me donner une légère satisfaction ; mais donnez-la moi, monsieur,
45 sinon vous allez mourir. Vous comptez encore en ce moment sur votre habileté, sans reculer à l'idée d'un combat où vous croyez avoir tout l'avantage. Eh ! bien, monsieur, je suis généreux, je vous préviens de ma

supériorité. Je possède une terrible puissance. Pour
50 anéantir votre adresse, pour voiler vos regards, faire trembler vos mains et palpiter votre cœur, pour vous tuer même, il me suffit de le désirer. Je ne veux pas être obligé d'exercer mon pouvoir, il me coûte trop cher d'en user. Vous ne serez pas le seul à mourir. Si donc
55 vous vous refusez à me présenter des excuses, votre balle ira dans l'eau de cette cascade malgré votre habitude de l'assassinat, et la mienne droit à votre cœur sans que je le vise.

En ce moment des voix confuses interrompirent
60 Raphaël. En prononçant ces paroles, le marquis avait constamment dirigé sur son adversaire l'insupportable clarté de son regard fixe, il s'était redressé en montrant un visage impassible, semblable à celui d'un fou méchant.

65 — Fais-le taire, avait dit le jeune homme à son témoin, sa voix me tord les entrailles !

— Monsieur, cessez. Vos discours sont inutiles, crièrent à Raphaël le chirurgien et les témoins.

— Messieurs, je remplis un devoir. Ce jeune
70 homme a-t-il des dispositions à prendre ?

— Assez ! assez !

Le marquis resta debout, immobile, sans perdre un instant de vue son adversaire qui, dominé par une puissance presque magique, était comme un oiseau
75 devant un serpent : contraint de subir ce regard homicide, il le fuyait, il revenait sans cesse.

— Donne-moi de l'eau, j'ai soif, dit-il à son témoin.

— As-tu peur ?

— Oui, répondit-il. L'œil de cet homme est brûlant
80 et me fascine.

— Veux-tu lui faire des excuses ?

— Il n'est plus temps.

Les deux adversaires furent placés à quinze pas l'un de l'autre. Ils avaient chacun près d'eux une paire de
85 pistolets, et, suivant le programme de cette cérémonie, ils devaient tirer deux coups à volonté, mais après le signal donné par les témoins.

— Que fais-tu, Charles ? cria le jeune homme qui servait de second à l'adversaire de Raphaël, tu prends
90 la balle avant la poudre.

— Je suis mort, répondit-il en murmurant, vous m'avez mis en face du soleil.

— Il est derrière vous, lui dit Valentin d'une voix grave et solennelle, en chargeant son pistolet lentement
95 sans s'inquiéter ni du signal déjà donné, ni du soin avec lequel l'ajustait son adversaire.

Cette sécurité surnaturelle avait quelque chose de terrible qui saisit même les deux postillons amenés là par une curiosité cruelle. Jouant avec son pouvoir, ou
100 voulant l'éprouver, Raphaël parlait à Jonathas et le regardait au moment où il essuya le feu de son ennemi. La balle de Charles alla briser une branche de saule, et ricocha sur l'eau. En tirant au hasard, Raphaël atteignit son adversaire au cœur et, sans faire attention à la
105 chute de ce jeune homme, il chercha promptement la Peau de chagrin pour voir ce que lui coûtait une vie humaine. Le talisman n'était plus grand que comme une petite feuille de chêne.

la Peau de Chagrin, 1831.

● *Le jeune Balzac, en 1831, publie* la Peau de chagrin, *profitant de l'occasion pour ajouter une particule à son nom. La 1re édition est immédiatement épuisée. C'est lors de la 4e édition, en 1835, qu'apparaît le titre générique d'« Études philosophiques », sous lequel un certain nombre de romans et nouvelles viendront s'intégrer dans la future* Comédie Humaine *(en 1845) (voir tableau de la Comédie Humaine, n° 18).*

● **Le thème de ce roman,** *celui du pacte avec une puissance infernale, est un thème classique depuis le* Faust *de Gœthe. Mais c'est surtout un roman anglais de Mathurin,* Melmoth ou l'Homme errant *(paru en 1820 et traduit en 1821), que Balzac déclarait supérieur à l'ouvrage de Gœthe, qui semble ici l'avoir inspiré : quatre ans plus tard, l'auteur de la* Comédie Humaine *écrira, d'ailleurs, une autre « étude philosophique »,* Melmoth réconcilié, *dans laquelle il reprend ouvertement le héros de Mathurin et lui donne des successeurs.*

● *Si Balzac exploite un thème connu, c'est cependant pour lui imprimer* **sa marque propre** : *au centre de la pensée balzacienne prend place, dès cette date, la croyance à une sorte d'« énergie vitale » (symbolisée par le Talisman) dont il s'acharnera à découvrir les lois et les effets, sur les individus et la société. A propos de son roman, Balzac a laissé cette note :*

« *La Peau de chagrin.* L'expression pure et simple de la Comédie humaine en tant que vie et que mécanisme. Formule exacte de la vie humaine. Enfin, l'individu décrit et jugé, mais pratiquement. »

Raphaël est celui que l'énergie détruit ; mais Vautrin (dans le Père Goriot, Splendeurs et misères des Courtisanes, les Illusions perdues), *lui, représentera l'individu qui maîtrise l'énergie, c'est-à-dire, entre autres, les rouages de la société.*

ÉTUDES PHILOSOPHIQUES, LA PEAU DE CHAGRIN. 369

—Il est derrière vous, lui dit Valentin d'une voix grave et solennelle, en chargeant son pistolet lentement, sans s'inquiéter ni du signal déjà donné, ni du soin avec lequel l'ajustait son adversaire. Cette sécurité surnaturelle avait quelque chose de terrible qui saisit même les deux postillons amenés là par une curiosité cruelle. Jouant avec son pouvoir, ou voulant l'éprouver, Raphaël parlait à Jonathas et le regardait au moment où il essuya le feu de son ennemi.

La balle de Charles alla briser une branche de saule, et ricocha sur l'eau. En tirant au hasard, Raphaël atteignit son adversaire au cœur, et sans faire attention à la chute

47

Gravure de Pigeot pour la Peau de Chagrin.

---

1 — *UNE SCÈNE DRAMATIQUE. Relevez et classez les éléments qui produisent la dramatisation, et notamment, en ce qui concerne Raphaël (les moments de son intervention, son attitude, sa voix, son regard), les autres personnages (la montée progressive de l'angoisse), et la force magique qui intervient, (adjectifs visant à créer une atmosphère, signes du « surnaturel »).*

2 — *Imaginez que vous avez à porter ce duel à l'écran. Faites le découpage, choisissez les plans, les prises de vue et les mouvements de caméra susceptibles de rendre cet effet de dramatisation.*

3 — *Le thème du « pacte avec une puissance surnaturelle » est un thème assez fréquent dans la littérature fantastique. Recensez un certain nombre d'œuvres qui exploitent cette veine ; essayez de dégager et d'évaluer l'originalité de la variante balzacienne.*

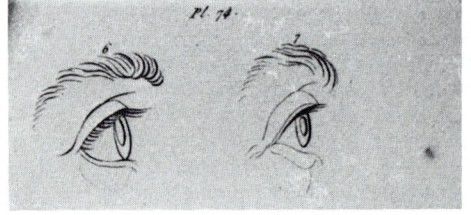

Rodin, *Balzac* (Musée Rodin, Paris).

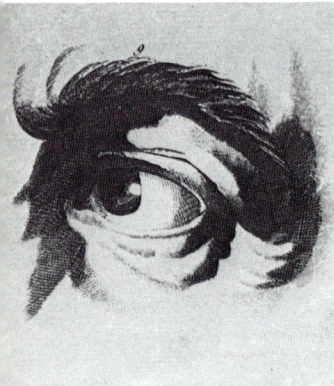

1   Il était impossible de ne pas être pas profondément impressionné par ce chef de la famille Claës (....). Il paraissait âgé de plus de soixante ans, quoiqu'il en eût environ cinquante (...). Sa haute taille, se voûtait légèrement, soit que ses travaux l'obligeassent à se courber, soit que l'épine dorsale se fût bombée sous le poids de sa tête. Il avait 5 une large poitrine, un buste carré ; mais les parties inférieures de son corps étaient grêles, quoique nerveuses ; et ce désaccord dans une organisation évidemment parfaite autrefois, intriguait l'esprit qui cherchait à expliquer par quelque singularité d'existence les raisons de cette forme fantastique. Son abondante chevelure blonde, peu soignée, retombait sur ses épaules à la manière allemande, mais dans un 10 désordre qui s'harmonisait à la bizarrerie générale de sa personne. Son large front offrait d'ailleurs les protubérances dans lesquelles Gall **(1)** a placé les mondes poétiques. Ses yeux d'un bleu clair et riche avaient la vivacité brusque que l'on a remarquée chez les grands chercheurs de causes occultes. Son nez, sans doute parfait autrefois, s'était allongé, et les narines semblaient s'ouvrir graduellement de 15 plus en plus, par une involontaire tension des muscles olfactifs. Ses paumettes velues saillaient beaucoup, ses joues déjà flétries en paraissaient d'autant plus creuses ; sa bouche pleine de grâce était resserrée entre le nez et un menton court, brusquement relevé. La forme de sa figure était cependant plus longue qu'ovale ; aussi le système scientifique qui attribue à chaque visage une ressemblance avec la 20 face d'un animal eût-il trouvé une preuve de plus dans celui de Balthazar Claës, que l'on aurait pu comparer à une tête de cheval. Sa peau se collait sur ses os, comme si quelque feu secret l'eût incessamment desséchée ; puis, par moments, quand il regardait dans l'espace comme pour y trouver la réalisation de ses espérances, on eût dit qu'il jetait par ses narines la flamme qui dévorait son âme. Les sentiments 25 profonds qui animent les grands hommes respiraient dans ce pâle visage fortement sillonné de rides, sur ce front plissé comme celui d'un vieux roi plein de soucis, mais surtout dans ces yeux étincelants dont le feu semblait également accru par la chasteté que donne la tyrannie des idées, et par le foyer intérieur d'une vaste intelligence. Les yeux profondément enfoncés dans leurs orbites paraissaient avoir été cernés 30 uniquement par les veilles, et par les terribles réactions d'un espoir toujours déçu, toujours renaissant. Le jaloux fanatisme qu'inspirent l'art ou la science se trahisssait encore chez cet homme par une singulière et constante distraction dont témoignaient sa mise et son maintien, en accord avec la magnifique monstruosité de sa physionomie. Ses larges mains poilues étaient sales, ses longs ongles avaient à leurs 35 extrémités des lignes noires très foncées. Ses souliers ou n'étaient pas ńettoyés ou manquaient de cordons. De toute sa maison, le maître seul pouvait se donner l'étrange licence d'être aussi malpropre. Son pantalon de drap noir plein de taches, son gilet déboutonné, sa cravate mise de travers, et son habit verdâtre toujours décousu complétaient un fantasque ensemble de petites et de grandes choses qui, 40 chez tout autre, eût décelé la misère qu'engendrent les vices, mais qui, chez Balthazar Claës, était le négligé du génie. Trop souvent le vice et le génie produisent des effets semblables, auxquels se trompe le vulgaire (...) Lavater **(2)** aurait voulu certainement étudier cette tête pleine de patience, de loyauté flamande, de moralité candide, où tout était large et grand, où la passion semblait calme parce qu'elle était 45 forte.

la Recherche de l'Absolu, 1834.

(1) Gall (1758-1828) : Médecin allemand inventeur de la phrénologie (étude du caractère et des fonctions intellectuelles de l'homme d'après la conformation du crâne).

(2) Lavater (1741-1801) : Philosophe, médecin, poète et théologien protestant suisse, inventeur de la physiognomonie (voir ci-contre).

GASPARD LAVATER, 1820

Inventeur de la physiognomonie, l'auteur pensait que l'on pouvait connaître le caractère des hommes par l'interprétation de leurs traits. Voici quelques extraits de son ouvrage :

Un nez physionomiquement bon est d'un poids inappréciable dans la balance du physionomiste ; rien, absolument rien, ne peut l'emporter sur l'influence de ses traits distinctifs. Le nez est comme le dernier résultat du front, la racine principale de toute la partie inférieure du visage ; sans inflexions douces, sans entailles légères, sans ondulations plus ou moins marquées, il n'est point de nez physionomiquement bon, grand ou spirituel. Où vous ne trouverez pas une petite inclinaison, une espèce d'enfoncement dans le passage du front au nez, à moins que le nez ne soit fortement recourbé, n'espérez pas découvrir le moindre caractère de noblesse et de grandeur.

(...) Moins on aperçoit sur un front de sinuosités, de voûtes, d'enfoncements, plus on y trouve des surfaces planes, ou des contours qui paraissent rectilignes, plus on peut s'assurer que c'est le front d'un homme ordinaire, d'un homme médiocre, pauvre d'idées, incapable d'invention.

Des yeux dont les angles sont longs, aigus, surtout si la direction est horizontale, pour ainsi dire, s'ils ne penchent pas en bas, avec des paupières épaisses, et qui semblent couvrir la moitié de la prunelle, sont des marques de génie et d'un tempérament sanguin.

Grandville, *les Disciples de Gall (Illustration pour Jérôme Paturot).*

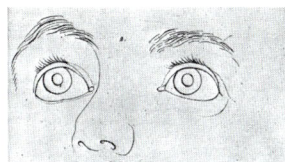

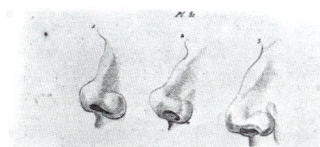

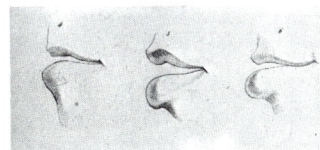

Des yeux grands, ouverts, d'une clarté transparente, et dont le feu brille avec une mobilité rapide dans des paupières parallèles, peu larges et fortement dessinées, réunissent très-certainement ces cinq caractères : une pénétration prompte, de l'élégance et du goût, un tempérament colérique, de l'orgueil, un penchant extrême pour les femmes.

Si la lèvre inférieure, avec les dents, dépasse horizontalement la moitié de la largeur de la bouche, vue de profil, comptez, suivant l'indication des autres nuances de la physionomie, sur un de ces quatre caractères isolés, ou sur tous les quatre réunis : bêtise, rudesse, avarice, malignité.(...)

Suivant ce système, il faudrait dire mes cerveaux, et non pas mon cerveau, et regarder les reliefs placés à la surface de cet organe, auxquels on donne le nom de circonvolutions, comme autant d'organes séparés, dont l'étendue est constamment en rapport avec celle des parties correspondantes du crâne.

M. *Gall* assigne en conséquence, dans les différents points de la surface cérébrale, un siège distinct et un organe particulier à chaque penchant, à chaque faculté, et sur la surface du crâne un siège également distinct pour l'expression du développement de chaque faculté et de chaque passion.

Convaincu de cette relation intime de l'extérieur et de l'intérieur de la tête, il marque sur la surface du crâne, et avec l'assurance d'un géographe, les diverses régions des différentes fonctions de l'âme, leur étendue respective, leurs rapports que l'on peut comparer, et qu'il prétend reconnaître.

Etudes d'yeux, de nez, de bouches par Lavater.

l'Art de connaître les hommes par la physionomie, 1820, nouvelle édition augmentée.

Eh bien, monsieur de Rastignac, traitez ce monde comme il mérite de l'être. Vous voulez parvenir, je vous aiderai. Vous sonderez combien est profonde la corruption féminine, vous toiserez la largeur de la misérable vanité des hommes. Quoique j'aie bien lu dans ce livre du monde, il y avait des pages qui cependant
5 m'étaient inconnues. Maintenant je sais tout. Plus froidement vous calculerez, plus avant vous irez. Frappez sans pitié, vous serez craint. N'acceptez les hommes et les femmes que comme des chevaux de poste que vous laisserez crever à chaque relais, vous arriverez ainsi au faîte de vos désirs. Voyez-vous, vous ne serez rien ici si vous n'avez pas une femme qui s'intéresse à vous. Il vous la faut jeune, riche, élégante.
10 Mais si vous avez un sentiment vrai, cachez-le comme un trésor ; ne le laissez jamais soupçonner, vous seriez perdu. Vous ne seriez plus le bourreau, vous deviendriez la victime. Si jamais vous aimiez, gardez bien votre secret ! ne le livrez pas avant d'avoir bien su à qui vous ouvrirez votre cœur. Pour préserver par avance cet amour qui n'existe pas encore, apprenez à vous méfier de ce monde-ci. (...)

Avoir de l'ambition, mon petit cœur, ce n'est pas donné à tout le monde. Demandez aux femmes quels hommes elles recherchent, les ambitieux. Les ambitieux ont les reins plus forts, le sang plus riche en fer, le cœur plus chaud que ceux des autres hommes. Et la femme se trouve si heureuse et si belle aux heures où elle est forte, qu'elle préfère à tous les hommes celui dont la force est énorme, fût-elle
5 en danger d'être brisée par lui.

Nous avons une faim de loup, nos quenottes sont incisives, comment nous y prendrons-nous pour approvisionner la marmite ? Nous avons d'abord le Code à manger, ce n'est pas amusant, et ça n'apprend rien ; mais il le faut. Soit. Nous nous faisons avocat pour devenir président d'une cour d'assises, envoyer les pauvres
10 diables qui valent mieux que nous avec T.F. sur l'épaule, afin de prouver aux riches qu'ils peuvent dormir tranquillement. Ce n'est pas drôle, et puis c'est long. D'abord, deux années à droguer dans Paris, à regarder, sans y toucher, les *nanans* dont nous sommes friands. C'est fatigant de désirer toujours sans jamais se satisfaire. Si vous étiez pâle et de la nature des mollusques, vous n'auriez rien à craindre ; mais nous
15 avons le sang fiévreux des lions et un appétit à faire vingt sottises par jour. Vous succomberez donc à ce supplice, le plus horrible que nous ayons aperçu dans l'enfer du bon Dieu. Admettons que vous soyez sage, que vous buviez du lait et que vous fassiez des élégies ; il faudra, généreux comme vous l'êtes, commencer, après bien des ennuis et des privations à rendre un chien enragé, par devenir le substitut de
20 quelque drôle, dans un trou de ville où le gouvernement vous jettera mille francs d'appointements, comme on jette une soupe à un dogue de boucher. Aboie après les voleurs, plaide pour le riche, fais guillotiner des gens de cœur. Bien obligé ! Si vous n'avez pas de protections, vous pourrirez dans votre tribunal de province. Vers trente ans, vous serez juge à douze cents francs par an, si vous n'avez pas encore jeté la robe
25 aux orties. Quand vous aurez atteint la quarantaine, vous épouserez quelque fille de meunier, riche d'environ six mille livres de rente. Merci.

Si donc vous voulez promptement la fortune, il faut être déjà riche ou le paraître. Pour s'enrichir, il s'agit de jouer de grands coups ; autrement on carotte, et votre serviteur ! Si, dans les cent professions que vous pouvez embrasser, il se
30 rencontre dix hommes qui réussissent vite, le public les appelle des voleurs. Tirez vos conclusions.

Voilà la vie telle qu'elle est. Ça n'est pas plus beau que la cuisine, ça pue tout autant, et il faut se salir les mains si l'on veut fricoter ; sachez seulement vous bien débarbouiller : là est toute la morale de notre époque. Si je vous parle ainsi du monde,
35 il m'en a donné le droit, je le connais. Croyez-vous que je blâme ? du tout. Il a toujours été ainsi. Les moralistes ne le changeront jamais. L'homme est imparfait. Il est parfois plus ou moins hypocrite, et les niais disent alors qu'il a ou n'a pas de mœurs. Je n'accuse pas les riches en faveur du peuple : l'homme est le même en haut, en bas, au milieu. Il se rencontre par chaque million de ce haut bétail dix lurons qui se mettent
40 au-dessus de tout, même des lois ; j'en suis. Vous, si vous êtes un homme supérieur, allez en droite ligne et la tête haute. Mais il faudra lutter contre l'envie, la calomnie, la médiocrité, contre tout le monde. Napoléon a rencontré un ministre de la guerre qui s'appelait Aubry, et qui a failli l'envoyer aux colonies. Tâtez-vous ! Voyez si vous pourrez vous lever tous les matins avec plus de volonté que vous n'en aviez la veille.

le Père Goriot, 1835, chap. I et II.

F. ENGELS, 1888

L'ami et collaborateur de Marx se réclame, lui aussi, de la Comédie Humaine.

Balzac que j'estime être un artiste réaliste définitivement plus grand que tous les Zola du passé, du présent et de l'avenir, nous donne dans sa *Comédie Humaine*, l'histoire réaliste la plus remarquable de la « société » française, en décrivant, sous forme de chroniques, d'année en année, à partir de 1816 jusqu'à 1848, les mœurs, la pression de plus en plus grande que la bourgeoisie ascendante a exercée sur la noblesse, restaurée après 1815, et qui, dans la mesure du possible (tant bien que mal) redressait le drapeau de la vieille politique française. Il décrit comment les derniers restes de cette société, exemplaire pour lui, ont peu à peu péri sous la pression du parvenu vulgaire ou ont été corrompus par lui ; (comment la grande dame dont les infidélités n'avaient été qu'une manière de s'affirmer, parfaitement conforme à la position qui lui était réservée dans le mariage, a cédé la place à la femme bourgeoise, qui se procure un mari pour avoir de l'argent ou des toilettes). Autour de ce tableau central il groupe toute l'histoire de la société française, où j'ai plus appris, même en ce qui concerne les détails économiques (par exemple la redistribution de la propriété réelle et personnelle après la Révolution) que dans tous les livres des historiens, statisticiens professionnels de l'époque, pris ensemble (...).

Lettre à Margaret Harkness, 1888.

GEORG LUKACS, 1935

Ce critique se réclamant de la philosophie marxiste attribue au roman balzacien une place toute particulière.

Balzac ne fait jamais de morale à propos de ses héros, il montre la dialectique objective de leur ascension ou de leur déchéance et motive toujours les deux par la totalité des caractères, en interaction avec la totalité des conditions objectives, et non par l'estimation isolée de « bonnes » ou de « mauvaises » qualités. Rastignac, personnage qui parvient à s'imposer, n'est pas plus immoral que Lucien, mais un autre mélange d'aptitudes et de démoralisation lui permet de profiter habilement de la même réalité qui entraîne l'échec extérieur et intérieur de Lucien, malgré son machiavélisme naïvement immoral. L'aphorisme incisif de Balzac, dans *Melmoth réconcilié,* selon lequel les hommes sont ou bien des caissiers ou bien des fraudeurs, c'est-à-dire ou bien des crétins ou bien des canailles, se vérifie avec une gamme infinie de variantes dans cette épopée tragi-comique de la capitalisation de l'esprit. Ainsi, le principe qui assure finalement la cohérence de ce roman est le processus social lui-même. La marche en avant et la victoire du capitalisme forment l'action véritable. Le naufrage individuel de Lucien devient d'autant plus vrai que ce naufrage est le destin typique du poète pur, du talent poétique authentique dans le capitalisme florissant. Toutefois la composition de Balzac n'est pas ici non plus abstraitement objective ; il ne s'agit pas d'un roman de « l'objet », d'une « tranche » de la société, comme chez des écrivains ultérieurs, bien que Balzac, en conduisant son intrigue de manière très raffinée, fasse défiler sur la scène tous les aspects de la capitalisation de la littérature, et seulement ces aspects du capitalisme. Cet aspect de « généralité sociale » n'apparaît jamais directement au premier plan chez Balzac. Ses personnages ne sont jamais de simples « figures » exprimant certains côtés de la réalité sociale qu'il veut dépeindre. L'ensemble des déterminations sociales s'exprime de façon inégale, compliquée, confuse, contradictoire, dans le dédale des passions personnelles et des événements fortuits. La détermination des personnes et situations particulières résulte chaque fois de l'ensemble des forces socialement déterminantes, ne se fait jamais de manière simple et directe. Ainsi, ce roman si profondément général est en même temps et de façon indissoluble le roman d'un seul homme particulier.

« Illusions Perdues », *Balzac et le réalisme français, 1933,*
trad. française P. Laveau, 1967.

ÉMILE ZOLA, 1881

Dans un recueil critique, l'auteur de Germinal considère que le roman naturaliste n'est que l'aboutissement d'une lente évolution où Balzac joue un rôle essentiel.

Il est venu à son heure, voilà encore une des raisons de son génie. On ne se l'imagine pas naissant au XVIIe siècle, dans lequel il aurait fait un auteur tragique bien médiocre. Il devait se produire juste au moment où la littérature classique se mourait d'anémie, où la forme du roman allait s'élargir et englober tous les genres de l'ancienne rhétorique, pour servir d'instrument à l'enquête universelle que l'esprit moderne ouvrait sur les choses et sur les êtres. Les méthodes scientifiques s'imposaient, les héros pâlis s'effaçaient devant les créations réelles, l'analyse remplaçait partout l'imagination. Dès lors, le premier, il était appelé à employer puissamment ces outils nouveaux. Il créa le roman naturaliste, l'étude exacte de la société, et du coup, par une audace du génie, il osa faire vivre dans sa vaste fresque tout une société copiée sur celle qui posait devant lui.

Il a fondé notre roman actuel (...). Nous ne devons lui demander ni sens critique, ni vues générales complètes et précises. Il a flotté à tous les extrêmes, de la foi à la science, du romantisme au naturalisme. Peut-être, s'il pouvait nous lire, nous renierait-il, nous ses enfants ; car on trouverait dans ses œuvres des armes pour nous combattre, au milieu du tohu-bohu incroyable, au milieu de ses opinions. Mais il suffit qu'il soit notre véritable père, qu'il ait le premier affirmé l'action décisive du milieu sur le personnage, qu'il ait porté dans le roman les méthodes d'observation et d'expérimentation. C'est là ce qui fait de lui le génie du siècle. S'il n'a pas été, comme il le dit, « dans le secret du monument », il n'en reste pas moins l'ouvrier prodigieux qui a jeté les bases de ce monument des lettres modernes.

Article paru dans *les Romanciers naturalistes,* 1881.

Balzac.

HONORÉ DE BALZAC, 1842

En donnant à une œuvre entreprise depuis bientôt treize ans, le titre de *la Comédie humaine,* il est nécessaire d'en dire la pensée, d'en raconter l'origine, d'en expliquer brièvement le plan, en essayant de parler de ces choses comme si je n'y étais pas intéressé. Ceci n'est pas aussi difficile que le public pourrait le penser. Peu d'œuvres donne beaucoup d'amour-propre, beaucoup de travail donne infiniment de modestie. Cette observation rend compte des examens que Corneille, Molière et autres grands auteurs faisaient de leurs ouvrages : s'il est impossible de les égaler dans leurs belles conceptions, on peut vouloir leur ressembler en ce sentiment.

L'idée première de *La Comédie humaine* fut d'abord chez moi comme un rêve, comme un de ces projets impossibles que l'on caresse et qu'on laisse s'envoler ; une chimère qui sourit, qui montre son visage de femme et qui déploie aussitôt ses ailes en remontant dans un ciel fantastique. Mais la chimère, comme beaucoup de chimères, se change en réalité, elle a ses commandements et sa tyrannie auxquels il faut céder.

Cette idée vint d'une comparaison entre l'Humanité et l'Animalité.

Le hasard est le plus grand romancier du monde : pour être fécond, il n'y a qu'à l'étudier. La Société française allait être l'historien, je ne devais être que le secrétaire. En dressant l'inventaire des vices et des vertus, en rassemblant les principaux faits des passions, en peignant les caractères, en choisissant les événements principaux de la Société, en composant des types par la réunion des traits de plusieurs caractères homogènes, peut-être pouvais-je arriver à écrire l'histoire oubliée par tant d'historiens, celle des mœurs. Avec beaucoup de patience et de courage, je réalisais, sur la France, au XIXᵉ siècle, ce livre que nous regrettons tous, que Rome, Athènes, Tyr, Memphis, la Perse, l'Inde, ne nous ont malheureusement pas laissé sur leurs civilisations. (...).

Ce n'était pas une petite tâche que de peindre les deux ou trois mille figures saillantes d'une époque, car telle est, en définitive, la somme des types que présente chaque génération et que LA COMÉDIE HUMAINE comportera. Ce nombre de figures, de caractères, cette multitude d'existences exigeaient des cadres, et, qu'on me pardonne cette expression, des galeries. De là, les divisions si naturelles, déjà connues, de mon ouvrage en *Scènes de la vie privée, de province, parisienne, politique, militaire* et *de campagne.* Dans ces six livres sont classées toutes les *Études de mœurs* qui forment l'histoire générale de la Société, la collection de tous ses faits et gestes, eussent dit nos ancêtres. Ces six livres répondent d'ailleurs à des idées générales. Chacun d'eux a son sens, sa signification, et formule une époque de la vie humaine. Je répéterai là, mais succinctement, ce qu'écrivit, après s'être enquis de mon plan, Félix Davin, jeune talent ravi aux lettres par une mort prématurée. Les *Scènes de la vie privée* représentent l'enfance, l'adolescence et leurs fautes, comme les *Scènes de la vie de province* représentent l'âge des passions, des calculs, des intérêts et de l'ambition. Puis les *Scènes de la vie parisienne* offrent le tableau des goûts, des vices et de toutes les choses effrénées qu'excitent les mœurs particulières aux capitales où se rencontrent à la fois l'extrême bien et l'extrême mal. Chacune de ces trois parties a sa couleur locale : Paris et la province, cette antithèse sociale a fourni ses immenses ressources. Non seulement les hommes, mais encore les événements principaux de la vie, se formulent par des types. Il y a des situations qui se présentent dans toutes les existences, des phases typiques, et c'est là l'une des exactitudes que j'ai le plus recherchées. J'ai tâché de donner une idée des différentes contrées de notre beau pays. Mon ouvrage a sa géographie comme il a sa généalogie et ses familles, ses lieux et ses choses, ses personnes et ses faits ; comme il a son armorial, ses nobles et ses bourgeois, ses artisans et ses paysans, ses politiques et ses dandies, son armée, tout son monde enfin !

« Avant-Propos
à la *Comédie humaine* » 1842.

Blason de Rubempré composé par Balzac et Ferdinand de Gramont.

SAINTE-BEUVE, 1834

M. de Balzac a un sentiment de la vie privée très profond, très fin, et qui va souvent jusqu'à la minutie du détail et à la superstition ; il sait vous émouvoir et vous faire palpiter dès l'abord, rien qu'à vous décrire une allée, une salle-à-manger, un ameublement. Il devine les mystères de la vie de province, il les invente parfois ; il méconnaît le plus souvent et viole ce que ce genre de vie, avec la poésie qu'elle recèle, a de discret avant tout, de pudique et de voilé. Les parties les moins délicates au moral lui reviennent mieux. Il a une multitude de remarques rapides sur les vieilles filles, les vieilles femmes, les filles disgraciées et contrefaites, les jeunes femmes étiolées et malades, les amantes sacrifiées et dévouées, les célibataires, les avares : on se demande où il a pu, avec son train d'imagination pétulante, discerner, amasser tout cela.

cité par P. Barberis dans *Balzac, Une mythologie réaliste,* Larousse, 1971.

MARCEL PROUST, 1923

Unité ultérieure et non factice, sinon elle, *La Comédie humaine,* fût tombée en poussière comme tant de systématisations d'écrivains médiocres qui, à grand renfort de titres et de sous-titres, se donnent l'apparence d'avoir poursuivi un seul et transcendant dessein. Non factice, peut-être même plus réelle d'être ultérieure, d'être née au moment d'enthousiasme où elle est découverte entre des morceaux qui n'ont plus qu'à se rejoindre ; unité qui s'ignorait, donc vitale et non logique, qui n'a pas proscrit la variété, refroidi l'exécution. Elle est (mais s'appliquant cette fois à l'ensemble) comme tel morceau composé à part, né d'une inspiration, non exigé par le développement artificiel d'une thèse, et qui vient s'intégrer au reste.

la Prisonnière, 1923.

BIBLIOGRAPHIE SOMMAIRE :

— Barberis (Pierre) : *Balzac et le mal du siècle.* Paris, Gallimard, 1970.

— Barberis (Pierre) : *Balzac, une mythologie réaliste.* Larousse université, thèmes et textes, 1971.

— Bardèche (Maurice) : *Balzac romancier.* Plon, 1940.

— Guyon (Bernard) : *la Pensée poétique et sociale de Balzac.* Colin, 1947.

— Lotte (Ferdinand) : *Dictionnaire biographique des personnages fictifs de la Comédie humaine.* Paris, Corti, 1952.

— Lukacs (Georg) : *Balzac et le réalisme français.* Paris, Maspéro, 1967.

— Wurmser (André) : *la Comédie inhumaine.* Paris, Gallimard, 1970.

Blason de Rastignac composé par Balzac et Ferdinand de Gramont.

Où trouve-t-on **Rastignac** dans la *Comédie humaine ?*
Environ 23 apparitions :

le Père Goriot - Melmoth réconcilié - le Bal de Sceaux - Ursule Mirouët - les Illusions perdues - Étude de femme - les Secrets de la princesse de Cadignan - la Peau de Chagrin - l'Interdiction - le Cabinet des Antiques - le Contrat de mariage - la Maison Nucingen - Splendeurs et misères des courtisanes - la Rabouilleuse - Autre étude de femme - Une ténébreuse affaire - Une fille d'Eve - la Cousine Berthe - le Député d'Arcis - la Fausse maîtresse - Un prince de la Bohême - Béatrix - les Comédiens sans le savoir.

1 — Dans les textes cités (Madame de Beauséant et Vautrin), les « pédagogues » emploient différentes métaphores pour illustrer leur propos et frapper leur élève (que Balzac emploie accessoirement pour frapper le lecteur). Classez ces métaphores (guerrières, animales, culinaires, etc.) selon leur type de référence. Commentez celles qui vous paraîtront particulièrement significatives.

2 — A la suite de Lukacs, mettez en rapport Lucien de Rubempré (les Illusions perdues) et Rastignac : analysez leur ascension sociale et sa signification.

3 — A partir des extraits de la préface de 1842, déterminez ce que représentent pour Balzac, au moment où la Comédie humaine s'élabore, l'histoire, l'historien et leurs rapports avec la littérature.

4 — Madame de Beauséant et Vautrin proposent chacun une méthode pour « arriver ». Comparez ces méthodes sous l'angle de leurs résultats supposés... sont-elles très différentes ?

5 — Cherchez, dans la Comédie humaine, ce que Rastignac fait de ces conseils et commentez son attitude (voir tableau sur Rastignac).

6 — En utilisant les textes de commentaire (Préface ; Sainte-Beuve ; Lukacs ; Zola), imaginez en isolant certaines formules, quelques sujets de dissertations et esquissez un plan pour chaque sujet.

LA COMÉDIE HUMAIN

	ÉTUDES ANALYTIQUES	ÉTUDES PHILOSOPHIQUES	SCÈNES DE LA VIE PRIVÉE	SCÈNES DE LA VIE DE PROVINCE
1829	la Physiologie du mariage.			
1830		Adieu. l'Élixir de longue vie.	Gobseck. la Maison du chat-qui-pelote. le Bal de Sceaux.	
1831		la Peau de chagrin. Jésus-Christ en Flandre. le Chef-d'œuvre inconnu. l'Auberge rouge. les Proscrits.	la Femme de trente ans, I.	
1832		les Marana, I.	le Colonel Chabert.	le Curé de Tours.
1833		Louis Lambert. les Marana II.		Eugénie Grandet. l'Illustre Gaudissart.
1834		la Recherche de l'absolu.	le Père Goriot, I. la Femme de trente ans, II.	
1835		un Drame au bord de la mer. Melmoth réconcilié.	le Père Goriot, II. le Contrat de mariage.	le Lys dans la vallée.
1836		l'Enfant maudit.	la Messe de l'athée.	le Cabinet des Antiques, I.
1837				les Illusions perdues, I. la Vieille Fille.
1838				le Cabinet des Antiques, II.
1839		Massimilia Doni.	Béatrix.	le Cabinet des Antiques III. les Illusions perdues, II.
1840				Pierrette.
1841		Sur Catherine de Médicis.	la Fausse Maîtresse.	Ursule Mirouët.
1842			Mémoires de deux jeunes mariées. Albert Savarus.	la Rabouilleuse.
1843			Honorine.	les Illusions perdues, III.
1844			Modeste Mignon.	
1845	Petites Misères de la vie conjugale.			
1846				
1847				
Posthumes				

— 91 ouvrages sur 137 prévus.

— 2 000 personnages sur 3 000 à 4 000 prévus.

— Procédé du retour des personnages imaginé en 1833.

EUVRES PRINCIPALES)

ÉTUDES DE MŒURS

SCÈNES DE LA VIE PARISIENNE	SCÈNES DE LA VIE POLITIQUE	SCÈNES DE LA VIE MILITAIRE	SCÈNE DE LA VIE DE CAMPAGNE	
		les Chouans.		1829
	Un Épisode sous la Terreur.	Une Passion dans le désert.		1830
arrasine.				1831
			le Médecin de campagne.	1833
erragus. Duchesse de Langeais.				1834
Fille aux yeux d'or.				1835
acino Cane.				1836
César Birotteau. es Employés.				1837
Maison Nucingen.			le Curé de village, I.	1838
plendeurs et Misères es courtisanes, I.			le Curé de village, II.	1839
	Z. Marcas.			1840
	Une Ténébreuse affaire.			1841
Envers de l'histoire ontemporaine, I.				1842
				1843
Gaudissart II.			les Paysans, I.	1844
Un Homme d'affaires.				1845
a Cousine Bette.				1846
e Cousin Pons. Splendeurs et Misères des courtisanes, II.	le Député d'Arcis.			1847
Splendeurs et Misères des courtisanes, III. 'Envers de l'histoire contemporaine, II. es Petits Bourgeois.			les Paysans, II.	Posthumes

— **Préface en 1842.**

— **Plan général conçu en 1845.**

— **Procédé de retour des personnages utilisé pour la 1re fois en 1834 avec le Père Goriot.**

L'impatient Gaudissart prit le manuscrit et lut à haute voix et avec emphase :
HUILE CÉPHALIQUE !

— J'aimerais mieux *Huile Césarienne,* dit Popinot.

— Mon ami, dit Gaudissart, tu ne connais pas les gens de province : il y a une
5 opération chirurgicale qui porte ce nom-là, et ils sont si bêtes qu'ils croiraient ton
huile propre à faciliter les accouchements : de là pour les ramener aux cheveux, il y
aurait trop de tirage.

— Sans vouloir défendre mon mot, dit l'auteur, je vous ferai observer que
Huile Céphalique veut dire huile pour la tête et résume vos idées.

10   — Voyons ? dit Popinot impatient.

Voici le prospectus tel que le commerce le reçoit par milliers encore
aujourd'hui *(Autre pièce justificative.)*

Grandville (1803-1847),
*Les Noces du Puff et de la
Réclame* (BN).

MÉDAILLE D'OR A L'EXPOSITION
DE 1824

HUILE
CÉPHALIQUE

BREVETS D'INVENTION ET DE PERFECTIONNEMENT

*Nul cosmétique ne peut faire croître les cheveux, de même que nulle
préparation chimique ne les teint sans danger pour le siège de l'intelligence. La
15 science a déclaré récemment que les cheveux étaient une substance morte, et que
nul agent ne peut les empêcher de tomber ni de blanchir. Pour prévenir la Xérasie
et la Calvitie, il suffit de préserver le bulbe d'où ils sortent de toute influence
extérieure atmosphérique, et de maintenir à la tête la chaleur qui lui est propre.
L'HUILE CÉPHALIQUE, basée sur ces principes établis par l'Académie des
20 sciences, produit cet important résultat, auquel se tenaient les anciens, les Romains,
les Grecs et les nations du Nord auxquelles la chevelure était précieuse. Des
recherches savantes ont démontré que les nobles, qui se distinguaient autrefois à
la longueur de leurs cheveux, n'employaient pas d'autre moyen ; seulement leur
procédé, habilement retrouvé par A. POPINOT, inventeur de l'HUILE CÉPHALI-
25 QUE, avait été perdu.*

*Conserver au lieu de chercher à provoquer une stimulation impossible ou
nuisible sur le derme qui contient les bulbes, telle est donc la destination de l'HUILE
CÉPHALIQUE. En effet, cette huile, qui s'oppose à l'exfoliation des pellicules, qui
exhale une odeur suave, et qui, par les substances dont elle est composée, dans
30 lesquelles entre comme principal élément l'essence de noisette, empêche toute
action de l'air extérieur sur les têtes, prévient ainsi les rhumes, le coryza, et toutes les
affections douloureuses de l'encéphale en lui laissant sa température intérieure. De
cette manière les bulbes qui contiennent les liqueurs génératrices des cheveux ne
sont jamais saisis ni par le froid, ni par le chaud. La chevelure, ce produit
35 magnifique, à laquelle hommes et femmes attachent tant de prix, conserve alors,
jusque dans l'âge avancé de la personne qui se sert de l'HUILE CÉPHALIQUE, ce
brillant, cette finesse, ce lustre qui rendent si charmantes les têtes des enfants.*

LA MANIÈRE DE S'EN SERVIR *est jointe à chaque flacon et lui sert
d'enveloppe.* (...).

40   — Mon cher ami, dit l'illustre Gaudissart à Finot, c'est parfaitement écrit.
Saquerlotte, comme nous abordons la haute science ! nous ne tortillons pas, nous
allons droit au fait. Ah ! je vous fais mes sincères compliments, voilà de la littérature
utile.

César Birotteau, 1835, chap. II.

*César Birotteau,
« parfumeur »,* va faire une
carrière commerciale
fulgurante, mais sera
finalement acculé à la
faillite par les financiers.
Son ex-associé Popinot,
systématisant les mêmes
pratiques, va connaître, lui,
un succès total.

DOUBLE PATE DES SULTANES ET EAU CARMINATIVE DE CÉSAR BIROTTEAU
Découverte merveilleuse approuvée par l'Institut de France

Depuis longtemps une pâte pour les mains et une eau pour le visage, donnant un résultat supérieur à celui obtenu par l'Eau de Cologne dans l'œuvre de la toilette étaient généralement désirées par les deux sexes en Europe. Après avoir consacré de longues veilles à l'étude du derme et de l'épiderme chez les deux sexes, qui, l'un comme l'autre, attachent avec raison le plus grand prix à la douceur, à la souplesse, au brillant, au velouté de la peau, le sieur Birotteau, parfumeur avantageusement connu dans la capitale et à l'étranger, a découvert une Pâte et une Eau à juste titre nommées, dès leur apparition, merveilleuses par les élégants et par les élégantes de Paris. En effet, cette Pâte et cette Eau possèdent d'étonnantes propriétés pour agir sur la peau, sans la rider prématurément, effet immanquable des drogues employées inconsidérément jusqu'à ce jour et inventées par d'ignorantes cupidités. Cette découverte repose sur la division des tempéraments qui se rangent en deux grandes classes indiquées par la couleur de la Pâte et de l'Eau, lesquelles sont roses pour le derme et l'épiderme des personnes de constitution lymphatique, et blanches pour ceux des personnes qui jouissent d'un tempérament sanguin.

Cette Pâte est nommée Pâte des Sultanes, *parce que cette découverte avait déjà été faite pour le sérail par un médecin arabe. Elle a été approuvée par l'Institut sur le rapport de notre illustre chimiste Vauquelin, ainsi que l'Eau établie sur les principes qui ont dicté la composition de la Pâte.*

Cette précieuse Pâte, qui exhale les plus doux parfums, fait donc disparaître les taches de rousseur les plus rebelles, blanchit les épidermes les plus récalcitrants, et dissipe les sueurs de la main dont se plaignent les femmes non moins que les hommes.

L'Eau Carminative enlève ces légers boutons qui, dans certains moments surviennent inopinément aux femmes, et contrarient leurs projets pour le bal ; elle rafraîchit et ravive les couleurs en ouvrant ou fermant les pores selon les exigences du tempérament ; elle est si connue déjà pour arrêter les outrages du temps que beaucoup de dames l'ont, par reconnaissance, nommée l'Amie de la Beauté.

L'eau de Cologne est purement et simplement un parfum banal sans efficacité spéciale, tandis que, la Double Pâte des Sultanes et l'Eau Carminative sont deux compositions opérantes, d'une puissance motrice agissant sans danger sur les qualités internes et les secondant ; leurs odeurs essentiellement balsamiques et d'un esprit divertissant réjouissent le cœur et le cerveau admirablement, charment les idées et les réveillent ; elles sont aussi étonnantes par leur mérite que par leur simplicité ; enfin, c'est un attrait de plus offert aux femmes, et un moyen de séduction que les hommes peuvent acquérir.

L'usage journalier de l'Eau dissipe les cuissons occasionnées par le feu du rasoir ; elle préserve également les lèvres de la gerçure et les maintient rouges ; elle efface naturellement à la longue les taches de rousseur et finit par redonner du ton aux chairs. Ces effets annoncent toujours en l'homme un équilibre parfait entre les humeurs, ce qui tend à délivrer les personnes sujettes à la migraine de cette horrible maladie. Enfin, l'Eau Carminative, qui peut être employée par les femmes dans toutes leurs toilettes, prévient les affections cutanées en ne gênant pas la transpiration des tissus, tout en leur communiquant un velouté persistant.

César Birotteau, Chap. II.

Il aperçut seulement alors dans les rues d'énormes affiches rouges, et ses regards furent frappés par ces mots :

HUILE CÉPHALIQUE.

Pendant les catastrophes occidentales de *la Reine des Roses,* la maison A. Popinot se levait radieuse dans les flammes orientales du succès. Conseillé par Gaudissart et par Finot, Anselme avait lancé son huile avec audace. Deux mille affiches avaient été mises depuis trois jours aux endroits les plus apparents de Paris. Personne ne pouvait éviter de se trouver face à face avec l'*Huile Céphalique* et de lire une phrase concise, inventée par Finot, sur l'impossibilité de faire pousser les cheveux et sur le danger de les teindre, accompagnée de la citation du Mémoire lu à l'Académie des sciences par Vauquelin ; un vrai certificat de vie pour les cheveux morts promis à ceux qui useraient de l'*Huile Céphalique.* Tous les coiffeurs de Paris, les perruquiers, les parfumeurs avaient décoré leurs portes de cadres dorés, contenant un bel imprimé sur papier velin, en tête duquel brillait la gravure d'Héro et de Léandre réduite, avec cette assertion en épigraphe :

*Les anciens peuples de l'antiquité conservaient leurs chevelures par l'emploi de l'*Huile Céphalique.

— Il a inventé les cadres permanents, l'annonce éternelle ! se dit Birotteau qui demeura stupéfait en regardant la devanture de *la Cloche d'Argent.*

César Birotteau, Chap. X.

---

1 — *ANALYSE DES TEXTES :*

a) *Les différences entre les méthodes publicitaires de Birotteau et de Popinot expliquent-elles, à elles seules, la faillite du premier et le succès du second ? Lequel des deux informe le mieux l'acheteur éventuel ? Pourquoi l'extrême concision de Popinot se révèle-t-elle plus efficace que les informations détaillées de Birotteau ?*

b) *Que peut-on entendre, à la fin du texte, par « littérature utile » ? (se référer à la préface de* Mademoiselle de Maupin, *n° 83).*

c) *Répertoriez les termes appartenant au vocabulaire scientifique. Comment sont-ils utilisés pour produire des arguments de vente ? La publicité contemporaine joue-t-elle sur les mêmes effets ? Donnez des exemples.*

2 — *Enquête sur les techniques de la publicité. (Se référer aux détails techniques donnés dans le dossier* Affiches, *n° 110). Quels sont, dans les textes publicitaires proposés, les éléments destinés à frapper l'œil, et ceux qui nécessitent un effort réel d'attention et de raisonnement ? Comment peut-on relier ces textes à l'essor de la publicité au XIXe siècle (typographie, tirages en série, etc.) ?*

Blason de Nucingen composé par Balzac et Ferdinand de Gramont.

Honoré Daumier (1808-1879)
Le Banquier (BN).

« *Les lois sont des toiles
d'araignées à travers
lesquelles passent les
grosses mouches et où
restent les petites* »
Balzac, La Maison
Nucingen

J'ai un ami de province, une bête qui me demandait en passant à la Bourse, entre quatre et cinq heures, pourquoi ce rassemblement de causeurs qui vont et viennent, ce qu'ils peuvent se dire, et pourquoi se promener après l'irrévocable fixation du cours des effets publics. « Mon ami, lui dis-je, ils ont mangé, ils digèrent ;
5 pendant la digestion, ils font des cancans sur le voisin, sans cela pas de sécurité commerciale à Paris. Là se lancent les affaires, et il y a tel homme, Palma, par exemple, dont l'autorité est semblable à celle de Sinard à l'Académie royale des Sciences. Il dit que la spéculation se fasse, et la spéculation est faite ! » (...)

Au bout d'un mois, la liquidation du passif de la maison Nucingen était
10 opérée, sans autres procédés que les lettres par lesquelles chacun demandait l'emploi de son argent en valeurs désignées et sans autres formalités de la part des maisons de banque que la remise des valeurs Nucingen contre les actions qui prenaient faveur. Pendant que du Tillet, Werbrust, Claparon, Gigonnet et quelques gens, qui se croyaient fins, faisaient revenir de l'étranger avec un pour cent de prime le papier **(1)** de
15 la maison Nucingen, car ils gagnaient encore à l'échanger contre les actions en hausse, la rumeur était d'autant plus grande sur la place de Paris, que personne n'avait plus rien à craindre. On babillait sur Nucingen, on l'examinait, on le jugeait, on trouvait moyen de le calomnier ! Son luxe, ses entreprises ! Quand un homme en fait autant, il se coule, etc. Au plus fort de ce *tutti*, quelques personnes furent très
20 étonnées de recevoir des lettres de Genève, de Bâle, de Milan, de Naples, de Gênes, de Marseille, de Londres, dans lesquelles leurs correspondants annonçaient, non sans étonnement, qu'on leur offrait un pour cent de prime du papier de Nucingen de qui elles leur mandaient la faillite. « Il se passe quelque chose », dirent les Loups-Cerviers. Le Tribunal avait prononcé la séparation de biens entre Nucingen et sa
25 femme. La question se compliqua bien plus encore : les journaux annoncèrent le retour de Monsieur le baron de Nucingen, lequel était allé s'entendre avec un célèbre industriel de la Belgique, pour l'exploitation d'anciennes mines de charbon de terre, alors en souffrance, les fosses des bois de Bossut. Le baron reparut à la Bourse, sans seulement prendre la peine de démentir les rumeurs calomnieuses qui avaient
30 circulé sur sa maison, il dédaigna de réclamer par la voie des journaux, il acheta pour deux millions un magnifique domaine aux portes de Paris. Six semaines après, le journal de Bordeaux annonça l'entrée en rivière de deux vaisseaux chargés, pour le compte de la maison Nucingen, de métaux dont la valeur était de sept millions. (...)

« *Art. 404. Les agents
de change ou courtiers
qui auront fait faillite
seront punis de la peine
des travaux forcés.*
« *Art. 421. Les paris
qui auront été faits sur
la hausse ou sur la
baisse des effets pu-
blics seront punis des
peines portées en l'ar-
ticle 409 (de 500 à
10 000 F d'amende,
d'un mois à un an de
prison).*
« *Art. 422. Sera réputé
pari de ce genre toute
convention de livrer ou
de vendre des effets
publics qui ne seront
pas prouvés par le ven-
deur avoir existé à sa
disposition au temps
de la convention, ou
avoir dû s'y trouver au
temps de la livraison.* »

Palma, Werbrust et du Tillet comprirent que le tour était fait, mais ils furent les
35 seuls à le comprendre. Ces écoliers étudièrent la mise en scène de ce *puff* financier, reconnurent qu'il était préparé depuis onze mois, et proclamèrent Nucingen le plus grand financier européen. Rastignac n'y comprit rien, mais il y avait gagné quatre cent mille francs que Nucingen lui avait laissé tondre sur les brebis parisiennes, et avec lesquels il a doté ses deux sœurs. D'Aiglemont, averti par son cousin
40 Beaudenord, était venu supplier Rastignac d'accepter dix pour cent de son million, s'il lui faisait obtenir l'emploi du million en actions sur un canal qui est encore à faire, car Nucingen a si bien roulé le gouvernement dans cette affaire-là que les concessionnaires du canal ont intérêt à ne pas le finir.

Code Pénal du XIXᵉ s.   (1) *Synonyme d'action, au sens boursier.*   la Maison Nucingen, 1838.

LE MÉCANISME DU « PUFF NUCINGEN »

— 1re escroquerie : les actionnaires croient bénéficier d'une répartition des bénéfices, alors qu'en fait ce n'est qu'une partie de leur propre argent qui leur revient sous le nom de « dividendes ». La distribution de bénéfices entraîne la hausse des cours en Bourse : le banquier émetteur peut donc vendre les actions nouvelles plus cher, et augmenter son bénéfice.

— Bientôt cependant l'enthousiasme suscité par la distribution des bénéfices fictifs tombe, et le contre-choc psychologique entraîne un effondrement des cours : il s'agit alors de racheter les actions, à un prix désormais inférieur à leur valeur réelle, et de veiller à bien gérer une affaire réduite à ses vraies proportions.

— Il faut maintenant décider les créanciers de la Maison Nucingen à exiger de celle-ci qu'elle utilise les capitaux qu'elle détient (et qui normalement devraient servir à rembourser les créances) à acheter des actions Claparon : or Nucingen détient une masse considérable d'actions Claparon achetées à très bas prix, parfois pour rien.

— Nucingen les vendra bien entendu au cours atteint en Bourse, faisant un premier bénéfice. Mais ce n'est pas tout : certains actionnaires, voulant réaliser eux-mêmes la mutation, achèteront personnellement à la Bourse les titres Claparon (appartenant en fait à Nucingen) à un prix ridiculement haut.

— Une fois la débâcle venue, Nucingen gagnera encore de l'argent en rachetant au-dessous de leur valeur les actions qu'il a cédées à très haut prix.

MAUPASSANT, 1885

Dans Bel-Ami *(voir n° 137), l'auteur fait un tableau de la haute société de la fin du siècle. Un de ses personnages réalise un coup de bourse tout aussi frauduleux et chanceux :*

Elle souriait maintenant, heureuse de son adresse ; elle s'exaltait, parlant en femme de financier, habituée à voir machiner les coups de bourse, les évolutions des valeurs, les accès de hausse et de baisse ruinant en deux heures de spéculation des milliers de petits bourgeois, de petits rentiers, qui ont placé leurs économies sur des fonds garantis par des noms d'hommes honorés, respectés, hommes politiques ou hommes de banque.

Elle répétait : — Oh ! c'est très fort ce qu'ils ont fait. Très fort. C'est Walter qui a tout mené d'ailleurs, et il s'y entend. Vraiment, c'est de premier ordre.

Il s'impatientait de ces préparations.

— Voyons, dis vite.

— Eh bien ! voilà. L'expédition de Tanger était décidée entre eux dès le jour où Laroche a pris les affaires étrangères ; et, peu à peu, ils ont racheté tout l'emprunt du Maroc qui était tombé à soixante-quatre ou cinq francs. Ils l'ont racheté très habilement, par le moyen d'agents suspects, véreux, qui n'éveillaient aucune méfiance. Ils ont roulé même les Rothschild, qui s'étonnaient de voir toujours demander du marocain. On leur a répondu en nommant les intermédiaires, tous tarés, tous à la côte. Ça a tranquillisé la grande banque. Et puis maintenant on va faire l'expédition, et dès que nous serons là-bas, l'État français garantira la dette. Nos amis auront gagné cinquante ou soixante millions.

Bel Ami, 1885.

1 — Recherchez (dictionnaires encyclopédiques, « Que sais-je » n° 825) la définition des termes suivants : cours de bourse ; ouverture et fixation des cours ; valeurs ; actif et passif (d'une société) ; faillite (simple et frauduleuse) ; séparation de biens ; actions et actionnaires ; dividendes ; bénéfice ; ordre ; souscription ; créancier ; escroquerie ; puff.

2 — Dans ces textes, analysez la position des individus devant l'argent, l'utilisation (rusée) de la loi, l'attitude devant les risques encourus : quelles sont, à cet égard, toutes les implications de l'expression usuelle « jouer en Bourse » ?

3 — Relevez dans le texte de Verhaeren ce qui accentue le caractère descriptif et « épique » du texte (adjectifs, verbes, tournures syntaxiques, utilisation de la ponctuation, choix des images). L'effet recherché ainsi par le poète est-il fondamentalement différent de celui obtenu par le caractère froid et technique des textes romanesques de Balzac et de Maupassant ? Pourquoi ?

EMILE VERHAEREN (1855-1916), 1895 :

La Bourse :

« Comme un torse de pierre et de
[métal debout
Le monument de l'or dans les ténèbres
[bout.
Dès que morte est la nuit et que revit
[le jour,
L'immense et rouge carrefour
D'où s'exalte la quotidienne bataille
Tressaille.
Des banques s'ouvrent tôt et leurs
[guichets,
Où l'or se pèse au trébuchet,
Voient affluer — voiles légères — par
[flottes,
Les traites et les banque-notes.
Une fureur monte et s'en dégage,
Gagne la rue et s'y propage,
Venant chauffer, de seuil en seuil,
Dans la ville, la peur, la folie ou l'orgueil.
Le monument de l'or attend que midi
[tinte
Pour réveiller l'ardeur dont sa vie est
[étreinte.
Tant de rêves, tels des feux roux,
Entremêlent leur flamme et leurs
[remous
De haut en bas du palais fou !
Le gain coupable et monstrueux
S'y resserre comme des nœuds.
On croit y voir une âpre fièvre
Voler de front en front, de lèvre en
[lèvre,
Et s'ameuter et éclater
Et crépiter sur les paliers
Et les marches des escaliers.
Une fureur réenflammée
Au mirage du moindre espoir
Monte soudain de l'entonnoir
De bruit et de fumée,
Où l'on se bat, à coups de vols, en bas,
Langues sèches, regards aigus, gestes
[inverses,
Et cervelles, qu'en tourbillons les
[millions traversent.

les Villes tentaculaires, 1895.

Rodin, *Balzac* (Musée Rodin, Paris).

Corentin, policier émérite, qui apparaît également dans les Chouans (1829) tente de dénouer les fils d'une conjuration (historique) animée par Fouché. Il soupçonne fortement Mademoiselle de Cinq-Cygne, l'héroïne, et Michu, qui lui est tout dévoué.

Dans les heures qui précèdent, un brigadier placé sous les ordres de Corentin a été mystérieusement assommé.

L'inspecteur enquête...

Corentin mit pied à terre et resta pendant quelques instants à observer le terrain. Il examina les deux ormes qui se trouvaient en face, l'un adossé au mur du parc, l'autre sur le talus du rond-point que coupait le chemin vicinal ; puis il vit, ce que personne n'avait su voir, un bouton d'uniforme dans la poussière du chemin, et il le
5 ramassa. En entrant dans le pavillon, il aperçut Violette et Michu attablés dans la cuisine et disputant toujours. Violette se leva, salua Corentin, et lui offrit à boire.

— Merci, je voudrais voir le brigadier, dit le jeune homme qui d'un regard devina que Violette était gris depuis plus de douze heures.

— Ma femme le garde en haut, dit Michu.

10 — Eh ! bien, brigadier, comment allez-vous ? dit Corentin qui s'élança dans l'escalier et qui trouva le gendarme, la tête enveloppée d'une compresse, et couché sur le lit de madame Michu.

Le chapeau, le sabre et le fourniment étaient sur une chaise. Marthe, fidèle aux sentiments de la femme et ne sachant pas d'ailleurs la prouesse de son fils, gardait
15 le brigadier en compagnie de sa mère.

— On attend monsieur Varlet, le médecin d'Arcis, dit madame Michu, Gaucher est allé le chercher.

— Laissez-nous pendant un moment, dit Corentin assez surpris de ce spectacle où éclatait l'innocence des deux femmes. — Comment avez-vous été
20 atteint ? demanda-t-il en regardant l'uniforme.

— A la poitrine, répondit le brigadier.

— Voyons votre buffleterie, demanda Corentin.

Sur la bande jaune bordée de lisérés blancs, qu'une loi récente avait donnée à la gendarmerie dite *nationale,* en stipulant les moindres détails de son uniforme, se
25 trouvait une plaque assez semblable à la plaque actuelle des gardes champêtres, et où la loi avait enjoint de graver ces singuliers mots : *Respect aux personnes et aux propriétés !* La corde avait porté nécessairement sur la buffleterie et l'avait vigoureusement mâchurée. Corentin prit l'habit et regarda l'endroit où manquait le bouton trouvé sur le chemin.

30 — A quelle heure vous a-t-on ramassé ? demanda Corentin.

— Mais au petit jour.

— Vous a-t-on monté sur-le-champ ici ? dit Corentin en remarquant l'état du lit qui n'était pas défait.

— Oui.

35 — Qui vous y a monté ?

— Les femmes et le petit Michu qui m'a trouvé sans connaissance.

— Bon ! ils ne se sont pas couchés, se dit Corentin. Le brigadier n'a été atteint ni par un coup de feu, ni par un coup de bâton, car son adversaire, pour le frapper, aurait dû se mettre à sa hauteur, et se fût trouvé à cheval ; il n'a donc pu être désarmé
40 que par un obstacle opposé à son passage. Une pièce de bois ? pas possible. Une chaîne de fer ? elle aurait laissé des marques. — Qu'avez-vous senti ? dit-il tout haut au brigadier en venant l'examiner.

— J'ai été renversé si brusquement...

— Vous avez la peau écorchée sous le menton.

45 — Il me semble, répondit le brigadier, que j'ai eu la figure labourée par une corde...

— J'y suis, dit Corentin. On a tendu d'un arbre à l'autre une corde pour vous barrer le passage...

Une Ténébreuse Affaire, 1841, chap. XI.

ÉMILE GABORIAU (1832-1873), 1866

Un crime a été commis dans une maison isolée, le responsable est arrêté. L'inspecteur Lecoq va essayer d'aller au-delà des apparences...

— Ah !... cria-t-il, le misérable nous échappe.

Déjà le sort du misérable était fixé.

Tandis que Gévrol parlementait, un des agents — celui de la fenêtre — avait tourné la maison et y avait pénétré par la porte de derrière.

Quand le meurtrier prit son élan, il se précipita sur lui, il l'empoigna à la ceinture, et avec une vigueur et une adresse surprenantes, le repoussa.

L'homme voulut se débattre, résister ; en vain. Il avait perdu l'équilibre, il chancela et bascula par-dessus la table qui l'avait protégé, en murmurant assez haut pour que tout le monde pût l'entendre :

— Perdu !... C'est les Prussiens qui arrivent.

Cette simple et décisive manœuvre, qui assurait la victoire, devait enchanter l'inspecteur de la sûreté.

— Bien, mon garçon, dit-il à son agent, très bien !... Ah ! tu as la vocation, toi, et tu iras loin, si jamais une occasion...

Il s'interrompit. Tous les siens partageaient si manifestement son enthousiasme que la jalousie le saisit. Il vit son prestige diminué et se hâta d'ajouter :

— Ton idée m'était venue, mais je ne pouvais la communiquer sans donner l'éveil au gredin. (...).

Lecoq resta debout devant lui bien en face.

— Pour commencer, interrogea-t-il, qu'est-ce, à votre avis, que cet individu que nous avons arrêté ?

— Un déchargeur de bateaux, probablement, ou un ravageur.

— C'est-à-dire un homme appartenant aux plus humbles conditions de la société, n'ayant en conséquence reçu aucune éducation ?

— Justement. (...).

— Eh bien ! continua-t-il, que me répondrez-vous si je vous prouve que cet individu a reçu une éducation distinguée, raffinée même ?...

— Je répondrai que c'est bien extraordinaire ; je répondrai... Mais, bête que je suis, tu ne me prouveras jamais cela.

— Si, et très facilement. Vous souvenez-vous des paroles qu'il a prononcées en tombant, quand je l'ai poussé ?

— Je les ai encore dans l'oreille. Il a dit : « C'est les Prussiens qui arrivent ! »

— Vous doutez-vous de ce qu'il voulait dire ?

— Quelle question !... J'ai bien compris qu'il n'aime pas les Prussiens et qu'il a cru nous adresser une grosse injure.

Lecoq attendait cette réponse.

— Eh bien !... père Absinthe, déclara-t-il gravement, vous n'y êtes pas, oh ! mais là, pas du tout. Et la preuve que cet homme a une éducation bien supérieure à sa condition apparente, c'est que vous, un vieux roué, vous n'avez saisi ni son intention, ni sa pensée. C'est cette phrase qui a été pour moi le trait de lumière.

La physionomie du père Absinthe exprimait cette étrange et comique perplexité de l'homme qui, flairant une mystification, se demande s'il doit rire ou se fâcher. Réflexions faites, il se fâcha.

— Tu es un peu jeune, commença-t-il, pour faire poser un vieux comme moi. Je n'aime pas beaucoup les blagueurs...

— Un instant !... interrompit Lecoq, je m'explique. Vous n'êtes pas sans avoir entendu parler d'une terrible bataille qui a été un des plus affreux désastres de la France, la bataille de Waterloo ?...

— Je ne vois pas quel rapport...

— Répondez toujours.

— Alors... oui !

— Bien ! Vous devez, en ce cas, papa, savoir que la victoire pencha d'abord du côté de la France. Les Anglais commençaient à faiblir et déjà l'Empereur s'écriait : « Nous les tenons ! » quand, tout à coup, sur la droite, un peu en arrière, on découvrit des troupes qui s'avançaient. C'était l'armée prussienne. La bataille de Waterloo était perdue !

De sa vie, le digne Absinthe n'avait fait aussi grands efforts de compréhension. Ils ne furent pas inutiles, car il se dressa à demi, et du ton dont Archimède dut crier : « J'ai trouvé ! » il s'écria :

— J'y suis !... Les paroles de l'homme étaient une allusion.

— C'est vous qui l'avez dit, approuva Lecoq. Mais je n'ai pas fini. Si l'Empereur fut consterné de l'apparition des Prussiens, c'est que, de ce côté, précisément, il attendait un de ses généraux, Grouchy, avec

35 000 soldats. Donc, si l'allusion de l'homme est exacte et complète, il comptait non sur un ennemi, qui venait de tourner sa position, mais sur des amis... Concluez.

Fortement empoigné, sinon convaincu, le bonhomme écarquillait extraordinairement ses yeux, l'instant d'avant appesantis par le sommeil.

— Cristi !... murmura-t-il, tu nous contes cela d'un ton !... Mais, au fait, je me souviens, tu auras vu quelque chose par le trou du volet.

Le jeune policier remua négativement la tête.

— Sur mon honneur, déclara-t-il, je n'ai rien vu que la lutte entre le meurtrier et ce pauvre diable vêtu en soldat. La phrase seule a éveillé mon attention.

— Prodigieux !... répétait le vieil agent, incroyable, épatant !...

— J'ajouterai que la réflexion a confirmé mes soupçons. Je me suis demandé, par exemple, pourquoi cet homme au lieu de fuir, nous avait attendus et restait là, sur cette porte, à parlementer...

D'un bond, le père Absinthe fut debout.

— Pourquoi ? interrompit-il. Parce qu'il a des complices et qu'il voulait leur laisser le temps de se sauver. Ah !... je comprends tout.

Un sourire de triomphe errait sur les lèvres de Lecoq.

— Voilà ce que je me suis dit, reprit-il. Et maintenant, il est aisé de vérifier nos soupçons. Il y a de la neige dehors, n'est-ce pas ?...

Il n'en fallut pas davantage. Le vieil agent saisit une lumière et, suivi de son compagnon, il courut à la porte de derrière de la maison qui ouvrait sur un petit jardin.

En cet endroit abrité, le dégel était en retard et, sur le blanc tapis de neige, apparaissaient comme autant de taches noires, de nombreuses traces de pas.

Sans hésiter, Lecoq s'était jeté à genoux pour examiner de près ; il se releva presque aussitôt.

— Ce ne sont pas des pieds d'homme, dit-il, qui ont laissé ces empreintes !... Il y avait des femmes !...

Monsieur Lecoq, 1866.

Les véritables débuts du roman policier : SHERLOCK HOLMES

CONAN DOYLE (1859-1930) Une Étude en rouge, **1887**
Dans ce premier roman, l'auteur prit la peine d'exposer les axes essentiels des théories et des méthodes de son héros.

1) THÉORIE GÉNÉRALE

Sherlock Holmes.

D'une goutte d'eau, (...) un logicien pourrait inférer la possibilité d'un Océan Atlantique ou d'un Niagara, sans avoir vu ni l'un ni l'autre, ni même en avoir entendu parler. Ainsi, toute la vie est une longue chaîne dont chaque anneau donne le sens. Comme toutes les autres sciences, la science de la déduction et de l'analyse ne peut
5 s'acquérir qu'au prix de longues et patientes études ; du reste, notre vie est trop brève pour nous permettre d'atteindre à la perfection. Avant de se tourner vers les aspects moraux et intellectuels du sujet, où résident les plus grandes difficultés, le chercheur commencera par triompher des problèmes les plus simples. Qu'il apprenne à deviner au premier coup d'œil l'histoire d'un homme, et la profession ou le métier qu'il exerce !
10 Si puéril que puisse paraître cet exercice, il aiguise nos facultés d'observation ; il nous apprend à regarder et à voir. Les ongles, la manche du vêtement, les chaussures, les genoux du pantalon, les durillons du pouce et de l'index, les manchettes de la chemise, l'expression du visage, voilà autant d'indications certaines sur le métier qu'exerce un homme. Il serait inconcevable qu'assemblés, il ne parvinssent pas à renseigner un
15 chercheur compétent.

2) SOURCES ET RÉFÉRENCES : LUI ET LES AUTRES

- Vous me rappelez le Dupin d'Edgar Allan Poe. Je ne me doutais pas qu'il existe ailleurs que dans les livres des phénomènes de ce genre.
Sherlock Holmes se leva et alluma sa pipe.
- Vous pensez sans doute me faire un compliment en me comparant à Dupin ?
5 dit-il. Eh bien ! à mon avis, Dupin était un type tout à fait inférieur ! Sa façon d'interrompre les réflexions de ses amis par une remarque au bout d'un quart d'heure de silence relève du théâtre, de l'artifice. Il avait incontestablement du génie pour l'analyse ; mais il n'était certes pas le phénomène auquel Poe semblait croire !
- Avez-vous lu les romans de Gaboriau ? demandai-je. Lecoq répond-il mieux à
10 votre idéal de détective ?
Sherlock Holmes renifla en ricanant.
- Une misérable savate ! s'exclama-t-il. Lecoq n'a pour lui que son génie. Un Gaboriau, entre autres, m'a positivement rendu malade. Il s'agissait d'identifier un
15 prisonnier inconnu. J'aurais pu le faire en vingt-quatre heures. Lecoq y met au moins six mois ! Cela pourrait servir de manuel aux détectives : ils y verraient toutes les fautes à éviter !

3) PASSÉISME ET ART POUR L'ART

Sherlock Holmes, qui fait la lumière sur toutes choses, regrette l'heureux temps du roman noir.

— De nos jours, dit-il avec dépit, il n'y a plus de crimes, plus de criminels ! A quoi sert encore l'intelligence dans notre profession ? Je sais que j'aurais de quoi rendre un nom célèbre. Jamais personne n'a, pour l'enquête criminelle, disposé d'une telle gamme de connaissances et de talents naturels. Mais que me vaut cet avantage ? Il n'y a plus de crimes à découvrir ! Tout au plus commet-on encore des crimes crapuleux et maladroits ; le mobile en est si éclatant que même un fonctionnaire de Scotland Yard est capable de le percer à jour !

4) PASSAGE A LA PRATIQUE

— Je me demande ce que veut cet homme, dis-je en montrant du doigt un individu costaud, à la mise modeste.

Il marchait lentement sur le trottoir d'en face, en regardant attentivement les numéros. A la main, une grande enveloppe bleue, sans doute un message.

— Vous voulez parler de ce sergent d'infanterie de marine en retraite ? interrogea Sherlock Holmes.

« Hâblerie, esbroufe ! pensai-je. Il sait bien que je ne peux pas contrôler ses dires... »

A peine avais-je eu le temps de porter ce jugement que l'individu en question avisa le numéro de notre maison et traversa la chaussée en courant. Nous entendîmes un coup violent à la porte, une voix grave qui résonna à l'étage inférieur, puis un pas pesant qui ébranla les marches de l'escalier.

— Pour M. Sherlock Holmes, dit-il en tendant une lettre à mon ami.

C'était l'occasion rêvée pour rabattre le caquet de mon camarade.

— Puis-je vous demander, mon brave, lui dis-je du ton le plus narquois, quel est votre métier ?

— Commissionnaire, monsieur, répondit-il d'un ton bourru. Mon uniforme est en réparation.

— Que faisiez-vous auparavant ? demandai-je avec un sourire malicieux à l'adresse de Sherlock Homes.

— J'étais sergent, monsieur, dans les fusiliers marins de Sa Majesté... Pas de réponse ? Bien monsieur.

Il joignit les talons, leva la main pour saluer et disparut.

Une Étude en rouge, 1887.

Genèse du roman noir aux XVIIIᵉ et XIXᵉ siècles

1764 : Horace Walpole, *Le château d'Otrante.*
1777 : Clara Reeve, *Le vieux baron.*
1788 : Restif de la Bretonne, *Les nuits de Paris.*
1791 : Sade, *Justine ou les malheurs de la vertu.*
1791 : Ann Radcliffe, *Le roman de la forêt.*
1794 : Ann Radcliffe, *Les mystères d'Udolphe.*
1795 : M. G. Lewis, *Le moine.*
1796 : Ducray Duminil, *Victor ou l'enfant de la forêt.*
1797 : Sade, *Juliette ou les prospérités du vice.*
1797 : Sade, *La nouvelle Justine, suivie de l'histoire de Juliette sa sœur.*
1797 : Ann Radcliffe, *L'Italien.*
1798 : Restif de la Bretonne, *L'Anti-Justine.*
1798 : Ducray Duminil, *Cœlina ou l'enfant du mystère.*
1799 : Reveroni Saint Cyr, *Pauliska ou la perversité moderne.*
1818 : Mary Shelley, *Frankenstein.*
1820 : Charles Maturin, *Melmoth ou l'homme errant.*
1823 : Hugo, *Han d'Islande.*
1833 : Pétrus Borel, *Champavert, contes immoraux.*

ROMAN POLICIER : LES GRANDS MOMENTS JUSQU'EN 1914.

DATES	AUTEURS	TITRES	HÉROS
1839	E.-A. Poe	*Double assassinat dans la rue Morgue*	Dupin
1841	Balzac	*une Ténébreuse affaire*	Corentin
1866	P. Féval	*Jean Diable*	Gregory Temple
1866	E. Gaboriau	*l'Affaire Lerouge, Monsieur Lecoq*	Lecoq
1867	E. Gaboriau	*le Crime d'Orcival*	Lecoq
1867	E. Gaboriau	*Dossier 113*	Lecoq
1880	John R. Coryell	*Nick Carter*	N. Carter
1884	Ponson du Terrail	*les Drames de Paris*	Rocambole
1887	A. Conan Doyle	*Étude en rouge*	Sherlock Holmes
1891-1927	A. Conan Doyle	*Aventures de Sherlock Holmes*	Sherlock Holmes
1904	M. Leblanc	*Arsène Lupin, gentleman-cambrioleur*	Arsène Lupin
1908	M. Leblanc	*Arsène Lupin contre Herlock Sholmes*	Arsène Lupin
1909	M. Leblanc	*l'Aiguille creuse*	Arsène Lupin
1907	G. Leroux	*le Mystère de la chambre jaune*	Rouletabille
1911	P. Souvestre et M. Allain	*Fantômas*	Fantômas

Lucien de Rubempré.
Œuvres illustrées de Balzac,
1952 (BN).

Lucien de Rubempré, jeune poète provincial, est venu à Paris pour connaître la gloire. Un journaliste, Etienne Lousteau, se charge de faire son éducation, c'est-à-dire de l'initier aux marchandages qui permettent de faire fortune. Lucien s'indigne au nom de la « conscience », Etienne répond :

« Comment ! vous qui me paraissez avoir de l'esprit, qui arriverez à l'indépendance d'idées que doivent avoir les aventuriers intellectuels dans le monde où nous sommes, vous barbotez dans des scrupules de religieuse qui s'accuse d'avoir mangé son œuf avec concupiscence ?... Si Florine **(1)** réussit, je deviens rédacteur en chef, je
5 gagne deux cent cinquante francs de fixe, je prends les grands théâtres, je laisse à Vernou **(2)** les théâtres de vaudeville, vous mettez le pied à l'étrier en me succédant dans tous les théâtres des boulevards. Vous aurez alors trois francs par colonne et vous en écrirez une par jour, trente par mois qui vous produiront quatre-vingt-dix francs ; vous aurez pour soixante francs de livres à vendre à Barbet **(3)**, puis vous
10 pouvez demander mensuellement à vos théâtres dix billets, en tout quarante billets, que vous vendrez quarante francs au Barbet des théâtres, un homme avec qui je vous mettrai en relation. Ainsi je vous vois deux cents francs par mois. Vous pourriez, en vous rendant utile à Finot **(4)**, placer un article de cent francs dans son nouveau journal hebdomadaire, au cas où vous déploieriez un talent transcendant ; car là on signe, et
15 il ne faut plus rien *lâcher* **(5)** comme dans le petit journal. Vous auriez alors cent écus par mois. Mon cher, il y a des gens de talent, comme ce pauvre d'Arthez **(6)** qui dîne tous les jours chez Flicoteaux **(7)**, ils sont dix ans avant de gagner cent écus. Vous vous ferez avec votre plume quatre mille francs par an, sans compter les revenus de la Librairie **(8)**, si vous écrivez pour elle. Or, un sous-préfet n'a que mille écus
20 d'appointements et s'amuse comme un bâton de chaise dans son arrondissement. Je ne vous parle pas d'aller au spectacle sans payer, car ce plaisir deviendra bientôt une fatigue ; mais vous aurez vos entrées dans les coulisses de quatre théâtres. Soyez dur et spirituel pendant un ou deux mois, vous serez accablé d'invitations, de parties avec les actrices ; vous serez courtisé par leurs amants ; vous ne dînerez chez Flicoteaux
25 qu'aux jours où vous n'aurez pas trente sous dans votre poche, ni pas un dîner en ville. Vous ne saviez où donner de la tête à cinq heures dans le Luxembourg **(9)**, vous êtes à la veille de devenir une des cent personnes privilégiées qui imposent des opinions à la France. Dans trois jours, si nous réussissons, vous pouvez, avec trente bons mots imprimés à raison de trois par jour, faire maudire la vie à un homme ; vous
30 pouvez vous créer des rentes de plaisir chez toutes les actrices de vos théâtres, vous pouvez faire tomber une bonne pièce et faire courir tout Paris à une mauvaise. Si Dauriat **(10)** refuse d'imprimer *les Marguerites* **(11)** sans vous en rien donner, vous pouvez le faire venir, humble et soumis, chez vous, vous les acheter deux mille francs. Ayez du talent, et flanquez dans trois journaux différents trois articles qui menacent
30 de tuer quelques-unes des spéculations de Dauriat ou un livre sur lequel il compte, vous le verrez grimpant à votre mansarde et y séjournant comme une clématite. Enfin votre roman, les libraires qui dans ce moment vous mettraient tous à la porte plus ou moins poliment, feront queue chez vous, et le manuscrit, que le père Doguereau **(12)** vous estimerait quatre cents francs, sera surenchéri jusqu'à quatre
35 mille francs ! Voilà les bénéfices du métier de journaliste. Aussi défendons-nous l'approche des journaux à tous les nouveaux venus ; non seulement il faut un immense talent, mais encore bien du bonheur !... Voyez ? si nous ne nous étions pas rencontrés aujourd'hui chez Flicoteaux, vous pouviez faire le pied de grue encore pendant trois ans ou mourir de faim comme d'Arthez, dans un grenier. Quand
40 d'Arthez sera devenu aussi instruit que Bayle **(13)** et aussi grand écrivain que Rousseau, nous aurons fait notre fortune, nous serons maîtres de la sienne et de sa gloire. Finot sera député, propriétaire d'un grand journal ; et nous serons, nous, ce que nous aurons voulu être : pairs de France ou détenus à Sainte-Pélagie pour dettes. »

(1) Florine, maîtresse de Lousteau, doit lui procurer de l'argent par un moyen douteux.
(2) « Critique acerbe, dédaigneux et gourmé » (Balzac).
(3) Libraire qui rachète aux journalistes les livres offerts par les éditeurs.
(4) Directeur de Lousteau.
(5) Ecrire sans soin.
(6) Ecrivain honnête... et famélique.
(7) Tenancier d'une gargote.
(8) Argent gagné en écrivant des réclames et des prospectus.
(9) Allusion à une rencontre précédente.
(10) Editeur puissant qui exploite les écrivains.
(11) Recueil de poèmes composé par Lucien.
(12) Vieil éditeur avare.
(13) Savant du XVIIe s., auteur d'un dictionnaire.

les Illusions perdues, 1839, 2e partie, « Un grand homme de province à Paris ».

LA PRESSE, POUVOIR ÉCONOMIQUE ET POLITIQUE

> « La presse ne tend pas moins qu'à subjuguer la souveraineté et à envahir les pouvoirs de l'État (...). Sa destinée est de recommencer la Révolution dont elle proclame hautement les principes. »
>
> *Polignac,* 25 juillet 1830.

L'action des Illusions perdues *est censée se dérouler en 1821-1822, dans les dernières années du règne de Louis XVIII, mais le roman est écrit sous la Monarchie de Juillet, entre 1837 et 1843.*

De fait, si la toile de fond historique est bien celle de la Restauration, la description des mœurs journalistiques correspond sans doute mieux aux années où Balzac compose son roman : c'est en effet après la Révolution de 1830 (déclenchée, entre autres, par la révolte de la presse parisienne, refusant, autour du National, *de se soumettre aux Ordonnances), sous le règne de Louis-Philippe, que la presse devient une entreprise commerciale et une véritable force politique.*

GEORG LUKACS, 1935

Ce philosophe contemporain se réclamant du marxisme, considère les Illusions perdues *comme un document de premier ordre sur le développement du capitalisme au XIXᵉ siècle.*

Dans presque tous ses romans, Balzac décrit l'essor capitaliste, la transformation de l'artisanat primitif en capitalisme moderne, la conquête de la ville et de la campagne par le capital dans sa croissance impétueuse, le recul de toutes les formes de société et des idéologies traditionnelles devant la marche en avant triomphante du capitalisme. Dans ce processus les *Illusions perdues* sont l'épopée tragi-comique de la *capitalisation de l'esprit.* La transformation en marchandise de la littérature (...) est le thème de ce roman (...). Balzac représente ce processus de la transformation en marchandise dans toute son ampleur, dans sa totalité : depuis la production du papier jusqu'aux convictions, pensées et sentiments des écrivains, tout devient marchandise.

Balzac et le réalisme français, 1935, trad. française 1967.

Évolution du marché des quotidiens français du XIXᵉ siècle à nos jours :
(Extraits de **P. ALBERT**, *Notes et Études documentaires,* La Presse française, 1970).

Années	PARIS		PROVINCE		Tirage Total	Nombre d'exemplaires pour 1 000 habitants
	Nombre de titres (1)	Tirage global	Nombre de titres	Tirage global		
1803	11	36 000				
1815	8	34 000				
1825	12	59 000				
1831-32	17	83 000	32	20 000	105 000	3
1846	25	145 000				
1852	12	160 000				
1863	16	200 000				
1867	21	763 000 (2)	57	200 000	963 000	28
1870	36	1 070 000	100	350 000	1 420 000	36
1880	60	2 000 000	190	750 000	2 750 000	73
1885			250	1 000 000		
1908	70	4 777 000				
1910	73	4 920 000				
1914	80	5 500 000	242	4 000 000	9 500 000	244
1917	48	8 250 000 (3)				
1924	30	4 400 000				
1939	31	5 500 000	175	5 500 000	11 000 000	261
1946	28	5 950 000	175	9 165 000	15 123 000	370
1952	14	3 412 000	117	6 188 000	959 900	218
1972	11	3 877 000	78	7 498 000	11 375 000	221
1974	13	3 831 000	73	7 509 000	11 340 000	216
1975	12	3 195 000	71	7 411 000	10 606 000	200

(1) Non compris les quotidiens spécialisés.
(2) Dont 560 000 exemplaires de petits journaux non politiques à 5 centimes.
(3) Chiffre du 1ᵉʳ juillet ; après le passage des journaux de 5 à 10 centimes, le tirage tomba à 6 100 000 en octobre.

1 — *La tirade de Lousteau. Relevez :*
   – *les variations de ton ;*
   – *la progression dans les arguments ;*
   – *les critères de réussite qu'il met en avant. Que recouvre pour lui le mot « talent » ?*

2 — *Quels sont selon Lousteau, les pouvoirs du journaliste ? Quelle est la conception des rapports humains qui sous-tend son discours ?*

3 — *A partir du tableau, donné ci-dessus, dressez, en fonction de la chronologie, les courbes :*
   – *du nombre de journaux parisiens ;*
   – *du nombre de journaux régionaux ;*
   – *de leur tirage.*
   En vous aidant du tableau sur la censure (nº 15), pouvez-vous mettre en rapport les fluctuations de ces courbes, avec les grands événements historiques ou les régimes politiques ?

4 — *Enquêtes sur le journalisme actuel (vous vous reporterez utilement à Y. Agnès et Jean-Michel Croissandeau,* Lire le Journal*, éd. Lobies, 1979) :*
   a) *Les grands titres nationaux, ceux de votre région, leurs tirages.*
   b) *L'objectivité de la presse. Vous comparerez la relation d'un même événement politique par plusieurs quotidiens de tendances différentes, datés du même jour : importance accordée à l'événement en question par rapport au reste de l'actualité, places respectives de l'information brute et du commentaire, degré d'engagement de l'auteur de l'article, etc.*

Personne n'interrompit le père Fourchon qui paraissait devoir son éloquence au vin bouché ; d'abord Sibilet voulut lui couper la parole, mais un geste de Blondet rendit le régisseur muet. Le curé, le général et la comtesse comprirent, aux regards jetés par l'écrivain, qu'il voulait étudier la question du paupérisme sur le vif, et peut-
5 être prendre sa revanche avec le père Fourchon.

— Et comment entendez-vous l'éducation de Mouche ? Comment vous y prenez-vous pour le rendre meilleur que vos filles ?... demanda Blondet.

— Il ne lui parle pas de Dieu, dit le curé.

10 — Oh ! non, non, m'sieur le curé, je ne lui disons pas de craindre Dieu, mais l'z' houmes ! Dieu est bon et nous a promis, selon *vous aut*, le royaume du ciel, puisque les riches gardent celui de la terre. Je lui dis : Mouche ! crains la prison, c'est par là qu'on sort pour aller à l'échafaud. Ne vole rien, fais-toi donner ! Le vol mène à l'assassinat, et l'assassinat appelle la justice e'd'z hommes. E'l' rasoir de la justice, v'là ce qu'il faut
15 craindre, il garantit le sommeil des riches contre les insomnies des pauvres. Apprends à lire. Avec de l'instruction, tu trouveras des moyens d'amasser de l'argent à couvert de la loi, comme ce brave monsieur Gaubertin, tu seras régisseur, quoi, comme monsieur Sibilet à qui monsieur le comte laisse prendre ses rations... Le fin est d'être à côté des riches, il y a des miettes sous la table !... ». V'là ce que j'appelle *eune* fière éducation et
20 solide. Aussi le petit matin est-il toujours du coûté de la loi... Ce sera *ein* bon sujet, il aura soin de moi...

— Et qu'en ferez-vous ?

— Un domestique pour commencer, reprit Fourchon, parce qu'en voyant les
25 maîtres *ed* près, il s'achèvera *ben,* allez ! Le bon exemple lui fera faire fortune, la loi en main, comme vous *aut !*... Si m'sieur le comte le mettait dans ses écuries, pour apprendre à panser les chevaux, il en serait ben content... vu que s'il craint l'z' hommes, il ne craint pas les bêtes.

— Vous avez de l'esprit, père Fourchon, reprit Blondet, vous savez bien ce que
30 vous dites, et vous ne parlez pas sans raison.

— Oh ! ma fine, si, car elle est au Grand-I-Vert ma raison avec mes deux pièces *ed'* cent sous...

— Comment un homme comme vous s'est-il laissé tomber dans la misère ? Car,
35 dans l'état actuel des choses, un paysan n'a qu'à s'en prendre à lui-même de son malheur, il est libre, il peut devenir riche. Ce n'est plus comme autrefois. Si le paysan sait amasser un pécule, il trouve de la terre à vendre, il peut l'acheter, il est son maître !

— J'ai vu l'ancien temps et je vois le nouveau, mon cher savant monsieur, répondit Fourchon, l'enseigne est changée, c'est vrai, mais le vin est toujours le même !
40 AUJOURD'HUI n'est que le cadet d'HIER. Allez ! mettez ça dans *vout'journiau !* Est-ce que nous sommes affranchis ? Nous appartenons toujours au même village, et le seigneur est toujours là, je l'appelle Travail. La houe qu'est toute votre chevance, n'a pas quitté nos mains. Que ce soit pour un seigneur ou pour l'impôt qui prend le plus clair de nos labeurs, faut toujours dépenser not'vie en sueurs...

45 — Mais vous pouvez choisir un état, tenter ailleurs la fortune, dit Blondet.

— Vous me parlez d'aller quérir la fortune ?.... Où donc irais-je ? Pour franchir mon département, il me faut un passeport qui coûte quarante sous ! V'là quarante ans que je n'ai pas pu me voir une gueuse *ed* pièce de quarante sous sonnant dans mes poches avec une voisine. Pour aller devant soi, faut autant d'écus que l'on trouve de
50 villages, et il n'y a pas beaucoup de Fourchon qui aient de quoi visiter six villages ! Il n'y a que la conscription qui nous tire *ed'* nos communes. Et à quoi nous sert l'armée ? à faire vivre les colonels par le soldat, comme le bourgeois vit par le paysan. Compte-t-on sur cent un colonel sorti de nos flancs ? C'est là, comme dans le monde, un enrichi pour cent *aut'*qui tombent. Faute de quoi tombent-ils ?... Dieu le sait et l'z' usuriers aussi ! Ce
55 que nous avons de mieux à faire est donc de rester dans nos communes, où nous sommes parqués comme des moutons par la force des choses, comme nous l'étions par les seigneurs. Et je me moque bien de ce qui m'y cloue. Cloué par la loi de la Nécessité, cloué par celle de la Seigneurie, on est toujours condamné à perpétuité à la tarre. (...) Vous voulez rester les maîtres, nous serons toujours ennemis, aujourd'hui comme
60 il y a trente ans. Vous avez tout, nous n'avons rien, vous ne pouvez pas encore prétendre à notre amitié !

les Paysans, 1885, 1re partie : Qui terre a, guerre a ; chap. V ; les ennemis en présence.

« La lutte entre les paysans de la circonscription et un grand propriétaire dont ils dévastent les bois. — Le garde est tué, point de coupables — Un mendiant comme Loupeaux, des vieilles femmes, la racaille jalouse ; le bagne, le caractère du garde, de sa femme, le seigneur, etc. » (Balzac, Album. Pensées, sujets, fragments, *avec une préface et des notes de J. CRÉPET).*

Dans ce passage, apparaissent le Père Fourchon, paysan « gouailleur », utilisé par les bourgeois, pilier du Grand I Vert, cabaret de François Tonsard ; Blondet, le journaliste qui observe ; l'abbé Brossette, « l'homme pur » ; le Général comte de Montcornet et la comtesse, propriétaires du domaine des Aigues ; Sibilet, l'intendant du domaine, à la solde de son cousin Gaubertin, un bourgeois « usurier des campagnes », qui cherche à s'emparer du domaine ; enfin Mouche, le fils adoptif du père Fourchon.

EUGÈNE LE ROY, 1899

Voici la description de la conduite d'un hobereau de village, le comte de Nansac, propriétaire du domaine où vit Jacquou, en campagne périgourdine, dans les années 1815-1830.

Les jours de pluie, il y avait bien quelque répit pour les villages un peu éloignés, la jeunesse restant au château à danser, chanter et jouer à cache-cache dans les chambres et les galetas où il y avait de petits réduits propres à se musser à deux. Mais, des fois, las de s'amuser ainsi ils allaient chez quelqu'un de leurs métayers ou chez un voisin du village, qui n'osait pas refuser, et ils se faisaient faire des crêpes. Les demoiselles de Nansac riaient aux éclats si quelqu'un des jeunes messieurs qui les escortaient tracassait les filles. Et, comme ça allait loin quelquefois, si une drôle se défendait, si les parents se fâchaient, ces fous malfaisants disaient que c'était beaucoup d'honneur pour elles. En tout, au reste, ils ne se faisaient pas faute d'imiter le comte et d'être comme lui insolents et brutaux avec la « paysantaille », comme il le disait. Ce petit-fils d'un porteur d'eau (1) méprisait tellement les pauvres gens de par-là que, s'il se trouvait surpris par quelque orage, étant à la chasse, il entrait avec son monde dans les maisons, tous menant leurs chevaux qu'ils attachaient au pied des lits. S'il lui déplaisait de voir passer dans un chemin public où l'on avait passé de tout temps, il le faisait sien sans gêne au moyen d'un fossé à chaque bout. Il s'était emparé ainsi des anciens pâtis communaux (2) du village de l'Herm, et personne n'osait rien dire, parce qu'il n'y avait pas de justice à son égard. Ainsi, dans ce pays perdu, grâce à la faiblesse et à la complicité des gens en place, qui redoutaient son crédit et sa méchanceté, le comte renouvelait, autant que faire se pouvait, la tyrannie cruelle des seigneurs d'autrefois. Aussi, dans tout le pays, c'était, contre lui surtout, et puis contre les siens, une haine sourde qui allait toujours croissant et s'envenimant ; haine contenue par la crainte de ces méchantes gens et l'impossibilité d'obtenir justice par la voie légale. Ceux des villages de l'Herm et de Prisse étaient les plus montés contre le comte et les siens, comme étant les plus exposés à leurs vexations et à leurs insolences.

On dira peut-être : « Comment se fait-il que le comte et sa famille, qui étaient si dévots, fussent si méchants ? »

Ah ! voilà... C'est que ces gens-là étaient, comme tant d'autres, des catholiques à gros grains, pour qui la religion est une affaire de mode, ou d'habitude, ou d'intérêt, et qui, ayant satisfait aux pratiques extérieures de dévotion, ne se gênent pas pour lâcher la bride à leurs passions et s'abandonner à tous leurs vices.

Le comte était orgueilleux, injuste, méchant, capable de tout, et ses filles étaient folles, insolentes et libertines. Ni les uns ni les autres n'avaient jamais fait de bien à personne autour d'eux, mais, au contraire, beaucoup de mal. Avec ça, ayant un chapelain à leur service, ne manquant jamais la messe, et communiant tous aux bonnes fêtes.

Cela ne leur était pas particulier, d'ailleurs. Depuis la chute de l'Empire, et la rentrée en France de celui qu'on appelait « notre père de Gand », la religion était devenue pour la noblesse une affaire de parti. Les gentilshommes, philosophes avant la Révolution, affectaient maintenant des sentiments religieux pour mieux se séparer du peuple devenu jacobin et indévot, tout comme autrefois ils étaient incrédules pour se distinguer du populaire encore englué dans la superstition. Il y en avait pourtant qui avaient persisté dans leur irréligion, comme le vieux marquis, lequel, au lit de mort, avait nettement refusé les bons offices de dom Enjalbert (3) mais ils étaient rares. Par contre, il y avait parmi les nobles des catholiques sincères, comme la défunte comtesse de Nansac ; mais ceux-là aussi étaient rares.

Aujourd'hui on voit les gros bourgeois, *emparticulés* et autres, marcher avec les nobles et les singer. Mais les uns et les autres sont moins zélés que jadis, et font moins bien les choses. Il en est beaucoup, de tous ceux-là, qui se jactent d'être bons catholiques, dont toute la religion consiste à demander avec affection de la merluche le vendredi dans les hôtelleries, lorsqu'ils sont hors de chez eux, et qui seraient diablement embarrassés de montrer le curé qui leur fourbit la conscience.

Jacquou le Croquant, 1899.

(1) *Les Nansac sont de noblesse récente et suspecte.*
(2) *Prés communaux.*
(3) *Le chapelain.*

Millet, *l'Angélus* 1857-1859.

*Berlioz à Humbert Ferrard,
le 19 novembre 1830 :*

*Je vous écris quelques lignes
à la hâte (...) Je donne
le 5 décembre, à deux
heures, au Conservatoire, un
immense concert dans lequel
on exécutera l'ouverture des
Francs-Juges, le Chant sacré
et le Chant Guerrier, des
Mélodies, la Scène de
Sardanapale avec cent
musiciens pour l'Incendie, et
enfin la Symphonie
fantastique.*

*Venez, venez, ce sera terrible !
Habeneck conduira le géant
orchestre. Je compte sur vous.*

L'ouverture de la Tempête
*sera donnée, une seconde
fois, la semaine prochaine
à l'Opéra. (...) Fétis dans
la* Revue musicale, *m'a fait
deux articles superbes.*

*Il disait dernièrement à
quelqu'un qui observait que
j'ai le diable au corps :
— Ma foi, s'il a le diable au
corps, il a un dieu dans la tête.*

Venez, venez !

*Le 5 décembre... Un
dimanche... Orchestre de cent
dix musiciens... Francs-
Juges... Incendie...
Symphonie fantastique..
Venez, venez !*

*Berlioz, à Humbert Ferrard,
le 7 décembre 1830 :*

*Cette fois, il faut absolument
que vous veniez ; j'ai eu un
succès furieux. La* Symphonie
fantastique *a été accueillie
avec cris et trépignements ,
on a redemandé la* Marche
au supplice ; *le* Sabbat *a tout
abîmé d'effet satanique.
On m'a tant engagé à le faire,
que je redonne le concert le
25 de ce mois, le lendemain
de Noël. Ainsi, vous y serez,
n'est-ce pas, je vous attends.*

Adieu ; je suis tout bouleversé.

*A son père, le docteur Louis
Berlioz,* le 6 novembre 1830 :

*Pixis, Spontini, Meyer-Beer,
Fétis ont applaudi comme des
furieux, et Spontini s'est écrié
en entendant ma* Marche au
supplice : « Il n'y a jamais eu
qu'un homme capable de faire
un pareil morceau, c'est
Beethoven ; c'est prodigieux ! »*

*Pixis m'a embrassé, et plus de
cinquante autres. C'était une
fureur. Liszt, le célèbre
pianiste, m'a pour ainsi dire
emmené de force dîner chez
lui en m'accablant de tout ce
que l'enthousiasme a de plus
énergique. Ce pauvre
M. Lesueur était alors
malade, il n'a pu y venir, mais
ces dames y étaient, elles
sont ravies.*

En 1830, *Berlioz donne la « première » de sa* Symphonie fantastique, *au grand
scandale des partisans du « classicisme » en musique. Outre ses activités de musicien,
Berlioz fut, toute sa vie, un écrivain journaliste, pour des raisons alimentaires ; à partir
de 1830, il rédigea sans interruption ces* Mémoires, *publiés après sa mort.*

Je ne voulus pourtant pas quitter Paris sans reproduire en public ma cantate de
Sardanapale, dont le final avait été abîmé à la distribution des prix de l'Institut.
J'organisai, en conséquence, un concert au Conservatoire, où cette œuvre académique figura à côté de la *Symphonie fantastique* qu'on n'avait pas encore en-
5 tendue (...).

L'exécution ne fut pas irréprochable sans doute, ce n'était pas avec deux
répétitions seulement qu'on pouvait en obtenir une parfaite pour des œuvres aussi
compliquées. L'ensemble toutefois fut suffisant pour en laisser apercevoir les traits
principaux. Trois morceaux de la symphonie, *Le Bal, La Marche au supplice* et *Le*
10 *Sabbat,* firent une grande sensation. La *Marche au supplice* surtout bouleversa la
salle. La *Scène aux champs* ne produisit aucun effet. Elle ressemblait peu, il est vrai, à
ce qu'elle est aujourd'hui. Je pris aussitôt la résolution de la récrire, et F. Hiller, qui
était alors à Paris, me donna à cet égard d'excellents conseils dont j'ai tâché de
profiter.

15 La cantate fut bien rendue ; l'incendie s'alluma, l'écroulement eut lieu ; le
succès fut très grand. Quelques jours après, les aristarques **(1)** de la presse se
prononcèrent, les uns pour, les autres contre moi, avec passion. Mais les reproches
que me faisait la critique hostile, au lieu de porter sur les défauts évidents des deux
ouvrages entendus dans ce concert, défauts très graves et que j'ai corrigés dans la
20 symphonie, avec tout le soin dont je suis capable en retravaillant ma partition
pendant plusieurs années, ces reproches, dis-je, tombaient presque tous à faux. Ils
s'adressaient tantôt à des idées absurdes qu'on me supposait et que *je n'eus jamais,*
tantôt à la rudesse de certaines modulations qui *n'existaient pas,* à l'inobservance
systématique de certaines règles fondamentales de l'art que j'avais *religieusement*
25 *observées* et à l'absence de certaines formes musicales qui étaient *seules employées*
dans les passages où on en niait la présence. Au reste, je dois l'avouer, mes partisans
m'ont aussi bien souvent attribué des intentions que je n'ai jamais eues, et
parfaitement ridicules. Ce que la critique française a dépensé, depuis cette époque,
à exalter ou à déchirer mes œuvres, de non-sens, de folies, de systèmes extravagants,
30 de sottise et d'aveuglement, passe toute croyance. Deux ou trois hommes seulement
ont tout d'abord parlé de moi avec une sage et intelligente réserve. Mais les critiques
clairvoyants, doués de savoir, de sensibilité, d'imagination et d'impartialité, capables
de me juger sainement, de bien apprécier la portée de mes tentatives et la direction
de mon esprit, ne sont pas aujourd'hui faciles à trouver. En tout cas ils n'existaient pas
35 dans les premières années de ma carrière ; les exécutions rares et fort imparfaites de
mes essais leur eussent d'ailleurs laissé beaucoup à deviner.

Tout ce qu'il y avait alors à Paris de jeunes gens doués d'un peu de culture
musicale et de ce sixième sens qu'on nomme le sens artiste, musiciens ou non, me
comprenait mieux et plus vite que ces froids prosateurs pleins de vanité et d'une
40 ignorance prétentieuse. Les professeurs de musique dont les œuvres bornes étaient
rudement heurtées et écornées par quelques-unes des formes de mon style,
commencèrent à me prendre en horreur. Mon impiété à l'égard de certaines
croyances scolastiques surtout les exaspérait. Et Dieu sait s'il y a quelque chose de
plus violent et de plus acharné qu'un pareil fanatisme. On juge de la colère que
45 devaient causer à Cherubini **(2)** ces questions hétérodoxes, soulevées à mon sujet, et
tout ce bruit dont j'étais la cause. Ses affidés **(3)** lui avaient rendu compte de la dernière
répétition de l'*abominable* symphonie ; le lendemain, il passait devant la porte de la
salle des concerts au moment où le public y entrait, quand quelqu'un l'arrêtant, lui
dit : « Eh bien, monsieur Cherubini, vous ne venez pas entendre la nouvelle
50 composition de Berlioz ? — Zé n'ai pas besoin d'aller savoir comment *il n'é faut pas
faire !* » répondit-il, avec l'air d'un chat auquel on veut faire avaler de la moutarde. Ce
fut bien pis, après le succès du concert ; il semblait qu'il *eût avalé* la moutarde.

Hector Berlioz, *Mémoires,* 1830-1870, chap. XXXI.

(1) *Ici, les critiques qui prétendent régir l'opinion.*   (3) *Littéralement, ses complices.*
(2) *Directeur du Conservatoire.*

CONCERT A MITRAILLE.

Heureusement la salle est solide, elle résiste.

Granville (1803-1847), *Illustration pour Jérôme Paturot.*

LOUIS REYBAUD (1799-1879), **1843**

L'auteur fait dans, Jérôme Paturot à la recherche d'une position sociale la chronique de cet événement que fut la première de la Symphonie fantastique.

Tous les cuivres disponibles furent arrêtés à l'avance, ce qui ne devait nuire ni aux instruments à vent, ni aux instruments à cordes.

« Princesse, disait l'artiste, en agitant sa chevelure, je retrouverai pour vous l'hymne de la création perdu depuis le déluge. »

Le jour du festival arriva : les patronesses avaient admirablement opéré, tous les billets étaient placés, la grande société de Paris était accourue. L'artiste n'avait voulu laisser à personne le soin de conduire son œuvre. Il siégeait au pupitre, à cinq mètres au-dessus du niveau des flots de l'orchestre. Dans le périmètre étaient disposés les croque-notes chevelus jugés dignes d'applaudir avec discernement. Lui, cependant, l'artiste, le révélateur musical, l'aigle de la clef de *fa*, promenait son regard sur l'assemblée, cherchant à rappeler à l'ordre une incommode mèche de cheveux, et s'inspirant d'avance du succès qu'il allait obtenir. (...).

Mais silence, le festival a commencé. La première note est de celles qui firent tomber les remparts d'une ville de Judée. Heureusement, la salle est solide ; elle résiste ; la vie est sauve si les oreilles ne le sont pas.

Jérôme Paturot à la recherche d'une position sociale, 1843.

---

1 — MÉMOIRES ET CORRESPONDANCE. Comment Berlioz ressent-il le même événement, sur le moment et a posteriori ? Quels sont les deux styles de reportage qui s'opposent ici ?

2 — Une bonne part de l'activité de Berlioz a été d'ordre journalistique.
   a) Certains éléments techniques du style des Mémoires rappellent-ils la « manière » du journaliste (longueur des phrases, utilisation de la ponctuation, etc.) ?
   b) D'autre part, lorsque le texte paraît plus « écrit » qu'un article de journal, certaines données expressives (polémique, représentation de l'événement, des adversaires, etc.) ne renvoient-elles pas au style de la presse ?
   c) Rédigez le compte-rendu purement journalistique de l'événement.

3 — Dans le texte de Louis Reybaud, quels sont les éléments d'ordre ironique ? Les classer par genres : vocabulaire, stylistique, références, etc.

4 — Réception* d'une œuvre : comment sont exprimés dans ces textes :
   a) L'accueil des spécialistes ;
   b) L'accueil du public non averti ?
   Pour chaque série, tenir compte des opinions des partisans et des adversaires. Comparer avec l'accueil réservé, la même année, à Hernani (se reporter au n° 34).

Félicien Rops,
*Frontispice pour Gaspard de la
nuit* (BN).

LE CLAIR DE LUNE

*Réveillez-vous, gens qui dormez,
Et priez pour les trépassés.*

Le cri du crieur de nuit.

Oh ! qu'il est doux, quand l'heure tremble au clocher, la nuit, de regarder la lune qui a le nez fait comme un carolus d'or !

*

Deux ladres se lamentaient sous ma fenêtre, un chien hurlait dans le carrefour, et le grillon de mon foyer vaticinait tout bas.

5   Mais bientôt mon oreille n'interrogea plus qu'un silence profond. Les lépreux étaient rentrés dans leurs chenils, aux coups de Jacquemart qui battait sa femme.

Le chien avait enfilé une venelle, devant les pertuisanes du guet enrouillé par la pluie et morfondu par la bise.

Et le grillon s'était endormi, dès que la dernière bluette avait éteint sa dernière
10 lueur dans la cendre de la cheminée.

Et moi, il me semblait, — tant la fièvre est incohérente ! — que la lune, grimant sa face, me tirait la langue comme un pendu !

Gaspard de la nuit, 1842, III, V.

UN RÊVE

« J'ai rêvé tant et plus, mais je n'y entends note ».

Pantagruel, Livre III.

Il était nuit. Ce furent d'abord, — ainsi j'ai vu, ainsi je raconte, — une abbaye aux murailles lézardées par la lune, — une forêt percée de sentiers tortueux, — et le Morimont* grouillant de capes et de chapeaux.

Ce furent ensuite, — ainsi j'ai entendu, ainsi je raconte, — le glas funèbre d'une
5 cloche auquel répondaient les sanglots funèbres d'une cellule, — des cris plaintifs et des rires féroces dont frissonnait chaque feuille le long d'une ramée, — et les prières bourdonnantes des pénitents noirs qui accompagnaient un criminel au supplice.

Ce furent enfin, — ainsi s'acheva le rêve, ainsi je raconte, — un moine qui expirait couché dans la cendre des agonisants, — une jeune fille qui se débattait
10 pendue aux branches d'un chêne. — Et moi que le bourreau liait échevelé sur les rayons de la roue.

Dom Augustin, le prieur défunt, aura, en habit de cordelier, les honneurs de la chapelle ardente, et Marguerite, que son amant a tuée, sera ensevelie dans sa blanche robe blanche d'innocence, entre quatre cierges de cire.

15   Mais moi, la barre du bourreau s'était, au premier coup, brisée comme un verre, les torches des pénitents noirs s'étaient éteintes sous des torrents de pluie, la foule s'était écoulée avec les ruisseaux débordés et rapides, — et je poursuivais d'autres songes vers le réveil.

Gaspard de la nuit, 1842, III, VII.

* *C'est à Dijon, de temps immémorial, la place aux exécutions (Note du poète).*

A. BERTRAND, 1828

Le « Manifeste romantique » dans une revue de l'époque :

Il n'est plus permis à ceux-là mêmes qui sont demeurés en arrière de leurs contemporains, de nier les conquêtes du *Romantique,* adopté par notre littérature, non seulement comme une nécessité, mais encore comme un besoin. Quelques hommes, qui ont dans le cœur plus de génie que le XVIIIᵉ siècle n'en avait dans la tête, ont rouvert par d'admirables inspirations les chemins de l'âme que le scepticisme et l'impiété avaient fermés depuis si longtemps. Le Sanctuaire est rendu aux fidèles. Le Dieu a été dévoilé. Là se sont retrouvés la harpe des prophètes et le luth des troubadours ; là se sont retrouvés, couverts d'une antique et vénérable poussière, les étendards de nos preux, suspendus aux voûtes immenses ; là enfin, l'épée et le bouclier des croisés. Ce temple qu'on a sondé, contenait de si magnifiques trésors, que le vulgaire en a été étonné. C'est ainsi que l'homme, dans l'oubli de soi-même, s'est souvenu, au pied des autels, de la religion et de la liberté.

« La littérature classique est malade depuis longtemps : elle l'est parce que tout finit dans ce monde ; elle l'est parce qu'ayant atteint l'apogée de la vie intellectuelle, il ne lui restait plus qu'à descendre. » Qui a dit cela ? Un romantique ? Non, un classique, M. Hoffman **(1)**. Le classique est à sa fin, il est vrai ; mais je ne puis croire que ce soit pour avoir atteint l'apogée de la vie intellectuelle. Il n'a jamais été chez nous en meilleure santé, il me semble, que dans les premières années de son existence ; loin de grandir et de se fortifier, il n'a fait depuis qu'aller en déclinant et en s'affaiblissant, jusqu'à ce qu'enfin il soit tombé en défaillance complète. Il n'a donc point été étouffé sous les couronnes de lauriers ; il est mort de décrépitude et en état d'*imbécillité* **(2)** (...) L'usurpation du classique n'avait trompé les yeux que le premier jour par son éclat ; mais bientôt on reconnut la fraude : on n'osait pourtant se plaindre tout haut du joug, parce que c'était une puissance ; maintenant cette étrangère cède le trône à l'enfant nourri par Dieu lui-même dans le Sanctuaire ; et cet enfant, de naissance royale, dont nos aïeux ont connu les aïeux, croît chaque jour en sagesse et en prodiges.

Littérature, « Manifeste Romantique », 1828, 17. IX.

(1) *1760-1828, critique au* Journal des débats.
(2) *Faiblesse.*

CHARLES BAUDELAIRE, 1869,
Un poème en prose...

La Lune, qui est le caprice même, regarda par la fenêtre, pendant que tu dormais dans ton berceau, et se dit : « Cette enfant me plaît. »

Et elle descendit moelleusement son escalier de nuages, et passa sans bruit à travers les vitres. Puis elle s'étendit sur toi avec la tendresse souple d'une mère, et elle déposa ses couleurs sur ta face. Tes prunelles en sont restées vertes, et tes joues extraordinairement pâles. C'est en contemplant cette visiteuse que tes yeux se sont si bizarrement agrandis ; et elle t'a si tendrement serrée à la gorge que tu en as gardé pour toujours l'envie de pleurer.

Cependant, dans l'expansion de sa joie, la Lune remplissait toute la chambre, comme une atmosphère phosphorique, comme un poison lumineux ; et toute cette lumière vivante pensait et disait : « Tu subiras éternellement l'influence de mon baiser. Tu seras belle à ma manière. Tu aimeras ce que j'aime et ce qui m'aime : l'eau, les nuages, le silence et la nuit ; la mer immense et verte ; l'eau informe et multiforme ; le lieu où tu ne seras pas ; l'amant que tu ne connaîtras pas ; les fleurs monstrueuses ; les parfums qui font délirer ; les chats qui se pâment sur les pianos, et qui gémissent comme les femmes, d'une voix rauque et douce ! »

« Et comme tu seras aimée de mes amants, courtisée par mes courtisans. Tu seras la reine des hommes aux yeux verts, dont j'ai serré aussi la gorge dans mes caresses nocturnes ; de ceux-là qui aiment la mer, la mer immense, tumultueuse et verte, l'eau informe et multiforme, le lieu où ils ne sont pas, la femme qu'ils ne connaissent pas, les fleurs sinistres qui ressemblent aux encensoirs d'une religion inconnue, les parfums qui troublent la volonté, et les animaux sauvages et voluptueux qui sont les emblèmes de leur folie. »

Et c'est pour cela, maudite enfant gâtée, que je suis maintenant couché à tes pieds, cherchant dans toute ta personne le reflet de la redoutable Divinité, de la fatidique marraine, de la nourrice empoisonneuse de tous les *lunatiques.*

le Spleen de Paris,
XXXVII, « Les Bienfaits de la Lune », 1869.

1 — ANALYSE THÉMATIQUE

Notez et classez les apparences et les fonctions de la Lune dans les textes de Baudelaire et de Bertrand (Le Clair de Lune). Relevez les images où cet astre froid peut être effrayant et bienfaiteur, stérile et productif. A travers ces relevés, décrivez ces aspects majeurs.

2 — ANALYSE FORMELLE

a) Les sonorités jouent un rôle important dans le Clair de Lune, surtout au début. Relevez les éléments phonétiques (groupes de consonnes essentiellement) particulièrement évocateurs. A quels bruits sont-ils associés ?

b) La forme musicale du poème : étudiez le passage des bruits au silence, en précisant ce qui revient à la valeur sonore des mots, à leur sens, à leurs associations sur un rythme donné.

c) Dans Un Rêve, le poète suit un plan très rigoureux, où sont introduits successivement les différents éléments d'un tableau. Essayez de retrouver la logique propre de ce rêve : qui est le criminel ? et qu'avait-il fait, selon vous ?

d) Quel effet obtient la construction grammaticale de la dernière phrase ? Quelle impression finit par dominer après les visions d'angoisse des premières strophes, et les lancinantes répétitions ?

e) On a pu parler d'écriture « gothique » à propos de Bertrand. Pourquoi ? Cela s'oppose-t-il à la conception du romantisme qu'il affiche dans l'article de 1828 ?

Déjà âgé, Chateaubriand, lors d'une promenade dans le parc du château de Montboissier, retrouve fugitivement son enfance.

Etex, *Chateaubriand*
(Roger Viollet).

Hier au soir je me promenais seul ; le ciel ressemblait à un ciel d'automne ; un vent froid soufflait par intervalles. A la percée d'un fourré, je m'arrêtai pour regarder le soleil : il s'enfonçait dans des nuages au-dessus de la tour d'Alluye, d'où Gabrielle **(1)** habitante de cette tour, avait vu comme moi le soleil se coucher il y a deux cents ans.
5 Que sont devenus Henri et Gabrielle ? Ce que je serai devenu quand ces *Mémoires* seront publiés.

Je fus tiré de mes réflexions par le gazouillement d'une grive perchée sur la plus haute branche d'un bouleau. A l'instant, ce son magique fit reparaître à mes yeux le domaine paternel ; j'oubliai les catastrophes dont je venais d'être le témoin,
10 et, transporté subitement dans le passé, je revis ces campagnes où j'entendis si souvent siffler la grive. Quand je l'écoutais alors, j'étais triste de même qu'aujourd'hui ; mais cette première tristesse était celle qui naît d'un désir vague de bonheur, lorsqu'on est sans expérience ; la tristesse que j'éprouve actuellement vient de la connaissance des choses appréciées et jugées. Le chant de l'oiseau dans les bois de
15 Combourg m'entretenait d'une félicité que je croyais atteindre ; le même chant dans le parc de Montboissier me rappelait des jours perdus à la poursuite de cette félicité insaisissable. Je n'ai plus rien à apprendre, j'ai marché plus vite qu'un autre, et j'ai fait le tour de la vie. Les heures fuient et m'entraînent ; je n'ai pas même la certitude de pouvoir achever ces *Mémoires*. Dans combien de lieux ai-je déjà commencé à les
20 écrire, et dans quel lieu les finirai-je ? Combien de temps me promènerai-je au bord des bois ? Mettons à profit le peu d'instants qui me restent ; hâtons-nous de peindre ma jeunesse, tandis que j'y touche encore : le navigateur, abandonnant pour jamais un rivage enchanté, écrit son journal à la vue de la terre qui s'éloigne et qui va bientôt disparaître.

Mémoires d'Outre-Tombe, 1841 (publiées en 1850). Livre troisième, chap. I.

(1) Il s'agit de Gabrielle d'Estrées, maîtresse du Roi Henri IV.

---

1 — *Dégagez phrase par phrase le processus exact par lequel le souvenir remonte à la surface : importance du décor ; simultanéité de sensations d'origines différentes ; confusion des temps et des époques, etc.*

2 — *Répertoriez les éléments du texte exprimant :*
a) les personnes, et particulièrement la première personne du singulier ;
b) les décors ;
c) les temps.

Ensuite, classez ces éléments selon les trois axes suivants :
a) Présent de l'auteur ;
b) Passé de l'auteur ;
c) Présent de la narration.
Comment le texte combine-t-il ces trois axes ? Successivement ou simultanément ? Quel est l'effet recherché ?

3 — *Étude du texte de Marcel Proust :*
a) Relevez et classez dans ce texte les termes évoquant la surface et la profondeur. Quels sont les termes de mouvement qui permettent à l'auteur de créer un lien entre ces deux niveaux ?
b) A partir de l'articulation centrale du texte marquée par l'expression « et tout d'un coup », relevez et commentez les termes exprimant un effort volontaire de la conscience, et ceux exprimant l'aspect involontaire du souvenir. Montrez comment ces deux registres se combinent avec ceux de la surface et de la profondeur précédemment dégagés.
c) On a pu parler, à propos de ce type de sensation, de « mémoire involontaire ». L'association de ces deux termes ne renferme-t-elle pas un paradoxe ?

Dans Le Temps Retrouvé, *en 1927, Marcel Proust évoque le texte de Chateaubriand. Mais c'est dans un célèbre texte de 1913 que le rapport entre certains aspects des* Mémoires d'Outre-Tombe *et de* A la recherche du temps perdu *est le plus clair.*

Marcel Proust (BN).

... Machinalement, accablé par la morne journée et la perspective d'un triste lendemain, je portai à mes lèvres une cuillerée de thé où j'avais laissé s'amollir un morceau de madeleine. Mais à l'instant même où la gorgée mêlée des miettes du gâteau toucha mon palais, je tressaillis, attentif à ce qui se passait d'extraordinaire en
5 moi. Un plaisir délicieux m'avait envahi, isolé, sans la notion de sa cause. (...)

Je bois une seconde gorgée où je ne trouve rien de plus que dans la première, une troisième qui m'apporte un peu moins que la seconde. Il est temps que je m'arrête, la vertu du breuvage semble diminuer. Il est clair que la vérité que je cherche n'est pas en lui, mais en moi. (...)

10 Je demande à mon esprit un effort de plus, de ramener encore une fois la sensation qui s'enfuit. Et pour que rien ne brise l'élan dont il va tâcher de la ressaisir, j'écarte tout obstacle, toute idée étrangère, j'abrite mes oreilles et mon attention contre les bruits de la chambre voisine. Mais sentant mon esprit qui se fatigue sans réussir, je le force au contraire à prendre cette distraction que je lui refusais, à penser
15 à autre chose, à se refaire avant une tentative suprême. Puis une deuxième fois, je fais le vide devant lui, je remets en face de lui la saveur encore récente de cette première gorgée et je sens tressaillir en moi quelque chose qui se déplace, voudrait s'élever, quelque chose qu'on aurait désancré, à une grande profondeur ; je ne sais ce que c'est, mais cela monte lentement ; j'éprouve la résistance et j'entends la rumeur des
20 distances traversées.

Certes, ce qui palpite ainsi au fond de moi, ce doit être l'image, le souvenir visuel, qui, lié à cette saveur, tente de la suivre jusqu'à moi. Mais il se débat trop loin, trop confusément. (...)

Arrivera-t-il jusqu'à la surface de ma claire conscience ? (...)

25 Et tout d'un coup le souvenir m'est apparu. Ce goût c'était celui du petit morceau de madeleine que le dimanche matin à Combray (parce que ce jour-là je ne sortais pas avant l'heure de la messe), quand j'allais lui dire bonjour dans sa chambre, ma tante Léonie m'offrait après l'avoir trempé dans son infusion de thé ou de tilleul. La vue de la petite madeleine ne m'avait rien rappelé avant que je n'y eusse goûté ;
30 peut-être parce que, en ayant souvent aperçu depuis, sans en manger, sur les tablettes des pâtissiers, leur image avait quitté ces jours de Combray pour se lier à d'autres plus récents. (...)

Dès que j'eus reconnu le goût du morceau de madeleine trempé dans le tilleul que me donnait ma tante (quoique je ne susse pas encore et dusse remettre à bien
35 plus tard de découvrir pourquoi ce souvenir me rendait si heureux), aussitôt la vieille maison grise sur la rue, où était sa chambre, vint comme un décor de théâtre, s'appliquer au petit pavillon, donnant sur le jardin, qu'on avait construit pour mes parents sur ses derrières (ce pan tronqué que seul j'avais revu jusque-là) : et avec la maison, la ville, la Place où on m'envoyait avant déjeuner, les rues où j'allais faire des
40 courses depuis le matin jusqu'au soir et par tous les temps, les chemins qu'on prenait si le temps était beau. Et comme dans ce jeu où les Japonais s'amusent à tremper dans un bol de porcelaine rempli d'eau, de petits morceaux de papier jusque-là indistincts qui, à peine y sont-ils plongés s'étirent, se contournent, se colorent, se différencient, deviennent des fleurs, des maisons, des personnages consistants et
45 raisonnables, de même maintenant toutes les fleurs de notre jardin et celles du parc de M. Swann, et les nymphéas de la Vivonne, et les bonnes gens du village et leurs petits logis et l'église et tout Combray et ses environs, tout cela qui prend forme et solidité, est sorti, ville et jardins, de ma tasse de thé.

Marcel Proust, *Du côté de chez Swann*, 1913.

Grâce à l'exorbitance de mes années, mon monument est achevé. Ce m'est un grand soulagement ; je sentais quelqu'un qui me poussait ; le patron de la barque sur laquelle ma place est retenue **(1)** m'avertissait qu'il ne me restait qu'un moment pour monter à bord. Si j'avais été le maître de Rome, je dirais comme Sylla **(2)** que je finis mes
5 *Mémoires* à la veille même de ma mort ; mais je ne conclurais pas mon récit par ces mots comme il conclut le sien : « J'ai vu en songe un de mes enfants qui me montrait Métella sa mère, et m'exhortait à venir jouir du repos dans le sein de la félicité éternelle ». Si j'eusse été Sylla, la gloire ne m'aurait jamais pu donner le repos et la félicité.

10 Des orages nouveaux se formeront ; on croit pressentir des calamités qui l'emporteront sur les afflictions dont nous avons été comblés ; déjà, pour retourner au champ de bataille, on songe à rebander ses vieilles blessures. Cependant je ne pense pas que des malheurs prochains éclatent : peuples et rois sont également recrus ; des catastrophes imprévues ne fondront pas sur la France : ce qui me suivra ne sera que
15 l'effet de la transformation générale. On touchera sans doute à des stations pénibles ; le monde ne saurait changer de face (et il faut qu'il change) sans qu'il y ait douleur. Mais encore un coup, ce ne seront point des révolutions à part ; ce sera la grande révolution allant à son terme. Les scènes de demain ne me regardent plus ; elles appellent d'autres peintres : à vous, messieurs.

20 En traçant ces derniers mots, ce 16 novembre 1841, ma fenêtre, qui donne à l'ouest sur les jardins des Missions étrangères, est ouverte : il est six heures du matin ; j'aperçois la lune pâle et élargie ; elle s'abaisse sur la flèche des Invalides à peine révélée par le premier rayon doré de l'Orient : on dirait que l'ancien monde finit et que le nouveau commence. Je vois les reflets d'une aurore dont je ne verrai pas se lever le
25 soleil. Il ne me reste qu'à m'asseoir au bord de ma fosse, après quoi je descendrai hardiment, le Crucifix à la main, dans l'Éternité.

Mémoires d'Outre-Tombe, 1841 (Publiées en 1850). Livre XLIV, chap. 9.

(1) Allusion à la barque sur laquelle Charon faisait passer aux morts le fleuve de l'enfer, le Styx.
(2) Dictateur romain (138-78 av. J.-C.).

Mérimée, *Caricature de Chateaubriand* (BN)

1 — Vous examinerez comment Chateaubriand, en bon acteur (il ne mourra en fait que 7 ans après avoir écrit ces lignes), met en scène sa propre mort. Vous analyserez notamment :

a) Les références à l'Antiquité. Pourquoi le personnage de Sylla est-il convoqué ici ? Chateaubriand pense probablement à un personnage plus contemporain, qui a connu la gloire, et l'exil ; pourquoi ne pas le nommer ?

b) Le ton du « revenant » et celui du « prophète ». Vous relèverez et classerez séparément ce qui revient, dans le texte, à l'expérience personnelle (passé) et à la prévision historique (futur).

c) La distribution des personnes grammaticales dans le texte. Comment le « je », en feignant de s'effacer, reste-t-il en fait omniprésent ? Une personne n'apparaît qu'une seule fois ; laquelle ? Qui désigne-t-elle ?

d) La portée symbolique du cadre. En vous fondant sur une analyse du vocabulaire, des comparaisons et des métaphores, vous étudierez comment Chateaubriand arrive à faire coïncider l'image de son destin personnel, avec celui du monde. Précisez le symbolisme de l'aube, de la fenêtre ouverte, de la flèche des Invalides, du jardin des Missions, et en général, de la dimension haut/bas dans le texte.

2 — A l'aide des principes donnés ci-contre, analysez avec le maximum de précision le rythme, les sonorités et le vocabulaire de la dernière phrase.

VOCABULAIRE, SYNTAXE, RYTHME ET SONORITÉS

*Une langue permet de décrire les choses, d'exprimer les idées, les sentiments, etc., en utilisant des mots (**vocabulaire**), et en les ordonnant selon des règles plus ou moins précises (**syntaxe**), qui rendent les phrases compréhensibles.*

*Un écrivain imprime à ce qu'il dit son propre style, et sait également utiliser les ressources **sonores** et **rythmiques** des mots et de leur agencement, pour donner à son propos plus ou moins de valeur démonstrative, émotive, esthétique, etc. L'explication de texte consiste, bien sûr, à analyser les idées exprimées par l'auteur, mais aussi à apprécier l'usage qu'il fait des possibilités **formelles** que lui offre la langue, de la même manière qu'on peut étudier le parti qu'un artiste sait tirer de son matériau de départ (surfaces, volumes, couleurs, sons, etc.).*

Voici, à titre d'exemple, une analyse détaillée de la première phrase :

	ANALYSE	COMMENTAIRES
INTONATION	Mouvement global d'intonation : Grâce à l'exorbitance de mes années, mon monument est achevé.	• Après une phase montante (appelée **protase**) l'intonation retombe (**apodose**). • La 1re partie de la phrase se termine par un [e] long, suspensif, la 2e par un [e] bref, conclusif, ce qui crée une symétrie proche de la rime.
RYTHME	Décomposition en groupes rythmiques (les accents d'intonation sont marqués par / et \ ) : Grâce à l'exorbitán(ce) de mes années‖mon mónument‖est achevé Groupe ① ② ③ ④ 6 syllabes 4 syllabes 4 syllabes 4 syllabes	• La 1re syllabe est légèrement accentuée, ce qui met le mot « grâce » en valeur. • Le rythme général est 6/4/4/4 : après le 1er groupe rythmique, le plus long, étalement régulier 4/4/4 (ce qui rappelle l'alexandrin romantique, le **trimètre***).
SONORITÉS	Transcription en écriture phonétique (voir n° 115) avec numérotation des syllabes : g R α | s a | l ε g | z ɔ R | b i | t $\tilde{α}$ s | | d ə | m e | z a | n e 1 2 3 4 5 6 7 8 9 10 ① ② m $\tilde{ɔ}$ m o n y m $\tilde{α}$ ε t a ʃ ə v e 11 12 13 14 15 16 17 18 ③ ④	• Les groupes ① et ③ ont la même finale [$\tilde{α}$] les groupes ② et ④ la même finale [e], ce qui rappelle des **rimes embrassées**. • En ce qui concerne les **consonnes**, on remarque que le groupe ① contient les deux seuls [R] de la phrase ; quelle peut être leur valeur expressive ? Si l'on prend les groupes ③ et ④, on remarque une suite « en miroir » mnm/mnm, qui accentue le rapport logique « mes années »/« mon monument ». • En ce qui concerne les **voyelles** : deux modulations (l'une en a/$α$/$\tilde{α}$, l'autre en e/$ε$) créent une continuité mélodique qui accentue le sentiment d'apaisement que vise à traduire cette phrase. Notons en particulier que les groupes ② et ④ utilisent pratiquement les mêmes voyelles (avec la variation e/$ε$), dans un ordre différent, et que la modulation $α$/$\tilde{α}$ se retrouve dans le mot-clé de la phrase suivante : « soulagement » [sulaʒəm$\tilde{α}$].
VOCABULAIRE	• grâce à ... • exorbitance • monument	exprime le soulagement ce mot rare (étymologie à rechercher) souligne la longévité de Chateaubriand, et le présente déjà comme *en dehors* du cycle de la vie (cf. le titre : *Mémoires d'Outre-Tombe*). emploi métaphorique : l'œuvre de Chateaubriand bien sûr, mais aussi la stèle funéraire et le tombeau qui célèbrera sa mémoire.
SYNTAXE	• groupe prépositionnel antéposé • verbe au passif, avec ellipse de l'agent	La 1re partie de la phrase suggère une intervention providentielle, et la seconde efface l'homme derrière l'œuvre : Chateaubriand lègue son monument à la postérité, sur l'ordre de Dieu...

FÉLICITÉ DE LAMENNAIS, 1834

Après la condamnation de son journal l'Avenir *par le pape, l'auteur (voir n° 38) exprime en versets bibliques son sentiment de déréliction. Son ton prophétique n'est pas sans analogie avec celui des Mémoires d'Outre-Tombe :*

Il s'en allait errant sur la terre. Que Dieu guide le pauvre exilé !

J'ai passé à travers les peuples et ils m'ont regardé, et je les ai regardés, et nous ne nous sommes point reconnus. L'exilé partout est seul. (...)

Où vont ces nuages que chasse la tempête ? Elle me chasse comme eux, et qu'importe où ? L'exilé partout est seul. (...)

J'ai vu des vieillards entourés d'enfants, comme l'olivier de ses rejetons ; mais aucun de ces vieillards ne m'appelait son fils, aucun de ces enfants ne m'appelait son frère. L'exilé partout est seul.

Il n'y a d'amis, de pères, et de frères que dans la patrie. L'exilé partout est seul.

Pauvre exilé ! cesse de gémir : tous sont bannis comme toi, tous voient passer et s'évanouir pères, frères, amis.

La patrie n'est point ici-bas : l'homme vainement l'y cherche, ce qu'il prend pour elle n'est qu'un gîte d'une nuit.

Il s'en va errant, sur la terre. Que Dieu guide le pauvre exilé !

Paroles d'un croyant, 1834, XLI.

La Mort de Sardanapale, 1828.

Avec *Sardanapale* s'affirme un type de composition absolument sans rapport avec les précédents (...). A l'aménagement de l'espace pictural par l'élévation, comme en architecture, d'éléments juxtaposés et entassés, Delacroix substitue une liaison par l'emportement des parties confondues dans un seul trajet qui balaie l'ensemble de la
5 toile : ainsi renaît la grande diagonale dont Rubens, maître du baroquisme, avait donné les plus retentissants exemples. (...).

La composition, en effet, ne dessine plus une ligne ; elle obéit à un entraînement global : toute cette cohue d'êtres vivants et agonisants, d'humains et de chevaux est prise comme pourrait l'être un grouillement de poissons dans les mailles d'un filet qui
10 les tire et se resserre vers la poigne du pêcheur. Mais, de même que les poissons se débattent, chaque partie de l'ensemble reste libre d'obéir à sa vie propre et désordonnée : pourtant une irrésistible attraction commande à ce pêle-mêle et, tout en respectant son tumulte, l'unifie par la convergence d'une attraction finale.

Il n'y a plus de base suggérant l'appui d'une stabilité ; le cadre inférieur semble
15 coupé à vif dans cet agglomérat. Il n'y a pas davantage de dispositif sur un plan unique qui serait celui du tableau : le drainage de la multitude s'effectue non seulement vers le haut, mais dans une profondeur fictive. Au lieu d'une perspective géométrique, convergeant vers son centre de fuite, il y a un déplacement irrésistible vers un pôle d'attraction, dont l'inébranlable fixité prend quelque chose de fatal et de fascinant. Là,
20 en effet, se trouve, telle l'araignée au cœur des fils qu'elle a tendus et où se débattent convulsivement ses victimes, le regard glacé de Sardanapale.

René Huyghe, « Étude sur Sardanapale », *Europe*, av. 1963, p. V-VI.

LA MORT DE SARDANAPALE, UN ADIEU AU ROMANTISME ?

DELACROIX, 1828

« Je suis ennuyé de tout ce Salon. Ils finiront par me persuader que j'ai fait un véritable fiasco... Les uns disent que c'est une chute complète ; que *La mort de Sardanapale* est celle des romantiques, puisque romantiques il y a... »

Lettre à Soulier, 11 mars 1828.

LAMARTINE, 1832

Nous donc, si le sol tremble au vieux toit de nos pères
Ensevelissons–nous sous des cendres si chères,
Tombons enveloppés de ces sacrés linceuls !
Mais ne ressemblons pas à ces rois d'Assyrie
Qui traînent au tombeau femmes, enfants, patrie,
Et ne savaient pas mourir seuls ;
Qui jetaient au bûcher, avant que d'y descendre,
Famille, amis, coursiers, trésors réduits en cendre,
Espoir ou souvenir de leurs jours plus heureux,
Et, livrant leur empire et leurs dieux à la flamme,
Auraient voulu qu'aussi l'univers n'eût qu'une âme,
Pour que tout mourût avec eux !

Ode sur les Révolutions, 1832.

MAURICE BARRÈS, 1926

« Le monde des rêves fastueux et romanesques, ce n'est là qu'une première étape. Il faut sortir du grand bazar romantique. C'est ce que signifie déjà le grand regard de Sardanapale, quand par dessus des amoncellements de splendeur, il cherche plus loin, plus avant ».

le Mystère en Pleine Lumière, 1926 (posthume).

1 — *Vous tenterez, sans recours aux textes critiques présentés ici, de dire ce que vous suggère ce tableau, l'impression que produisent sur vous les couleurs, les attitudes, la composition.*

2 — a) *Baudelaire, grand admirateur de Delacroix et poète, René Huyghe, critique artistique contemporain, font tous deux une analyse de l'art du peintre. Essayez de caractériser l'une et l'autre critique, de relever les formules qui montrent que les deux auteurs sont sensibles à des choses différentes dans ce tableau.*
 b) *A l'aide des textes nos **63** à **69** et **109**, vous préciserez notamment ce qui, dans la critique de Baudelaire, est révélateur de sa conception de l'art en général.*

3 — *En vous appuyant sur les extraits cités de Delacroix, Lamartine, M. Barrès, vous comparerez les sujets des deux tableaux de Delacroix reproduits ici (la Mort de Sardanapale et la Liberté guidant le peuple), puis vous expliquerez pourquoi on peut parler d'un premier et d'un second Romantisme, d'inspirations bien différentes.*

4 — *ENQUÊTE : Étudiez, dans la même optique, l'évolution de l'inspiration de Victor Hugo, des Orientales de 1829 aux Feuilles d'Automne de 1831.*

BAUDELAIRE, 1855 et 1863

Mais enfin, monsieur, direz-vous sans doute, quel est donc ce je ne sais quoi de mystérieux que Delacroix, pour la gloire de notre siècle, a mieux traduit qu'aucun autre ? C'est l'invisible, c'est l'impalpable, c'est le rêve, c'est les nerfs, c'est *l'âme ;* et il a fait cela, — observez-le bien, monsieur, — sans autres moyens que le contour et la couleur ; il l'a fait mieux que pas un ; il l'a fait avec la perfection d'un peintre consommé, avec la rigueur d'un littérateur subtil, avec l'éloquence d'un musicien passionné. C'est, du reste, un des diagnostics de l'état spirituel de notre siècle que les arts aspirent, sinon à se suppléer l'un l'autre, du moins à se prêter réciproquement des forces nouvelles.

Exposition Universelle de 1855.

Du dessin de Delacroix, si absurdement, si niaisement critiqué, que faut-il dire, si ce n'est qu'il est des vérités élémentaires complètement méconnues ; qu'un bon dessin n'est pas une ligne dure, cruelle, despotique, immobile, enfermant une figure comme une camisole de force ; que le dessin doit être comme la nature, vivant et agité ; que la simplification dans le dessin est une monstruosité, comme la tragédie dans le monde dramatique ; que la nature nous présente une série infinie de lignes courbes, fuyantes, brisées, suivant une loi de génération impeccable, où le parallélisme est toujours indécis et sinueux, où les concavités et les convexités se correspondent et se poursuivent ; que M. Delacroix satisfait admirablement à toutes ces conditions et que, quand même son dessin laisserait percer quelquefois des défaillances ou des outrances, il a au moins cet immense mérite d'être une protestation perpétuelle et efficace contre la barbare invasion de la ligne droite, cette ligne tragique et systématique, dont actuellement les ravages sont déjà immenses dans la peinture et dans la sculpture ?

l'Œuvre et la Vie d'Eugène Delacroix, 1863.

La Liberté guidant le Peuple, 1831.

CHATEAUBRIAND, 1850
(Sur la journée du 28/07/1830).

Une barricade s'élevait à l'entrée de la rue du Mouton ; une brigade de Suisses emporta cette barricade ; le peuple, se ruant des rues adjacentes, reprit son retranchement avec de grands cris. La barricade resta finalement à la garde.

Dans tous ces quartiers pauvres et populaires on combattit instantanément,
5 sans arrière-pensée : l'étourderie française, moqueuse, insouciante, intrépide, était montée au cerveau de tous ; la gloire a, pour notre nation, la légèreté du vin de Champagne. Les femmes, aux croisées, encourageaient les hommes dans la rue ; des billets promettaient le bâton du maréchal au premier colonel qui passerait au peuple ; des groupes marchaient au son d'un violon. C'étaient des scènes tragiques et
10 bouffonnes, des spectacles de tréteaux et de triomphe : on entendait des éclats de rire et des jurements au milieu des coups de fusil, du sourd mugissement de la foule, à travers des masses de fumée. Pieds nus, bonnet de police en tête, des charretiers improvisés conduisaient avec un laisser-passer de chefs inconnus des convois de blessés parmi les combattants qui se séparaient.

Nadar, *Delacroix.*   les *Mémoires d'Outre-Tombe,* livre XXXIII, chap. III.

ALEXANDRE DUMAS (père), **1863**
Dans une conférence, prononcée lors de la mort de Delacroix :

... On a dit que l'homme qui tient une espingole à la droite de la Liberté était le portrait du peintre. De là à dire que Delacroix s'était battu comme un enragé, il n'y avait qu'un pas. Aussi se répandait-il que Delacroix était un républicain furieux. Pauvre cher Delacroix, nous avons passé notre vie à être de la même opinion en art, mais ennemis jurés en politique. Rétablissons donc les faits et ne laissons point passer les crieurs de fausses légendes.

Lorsque, le 27 juillet, je rencontrai Delacroix du côté du pont d'Arcole et qu'il me montra quelques-uns de ces hommes que l'on ne voit que les jours de révolution, et qui aiguisaient sur le pavé l'un un sabre, l'autre un fleuret, Delacroix, je vous en réponds, avait grand'peur et me témoigna sa peur de la façon la plus énergique. Mais, quand Delacroix eut vu flotter sur Notre-Dame le drapeau aux trois couleurs, quand il reconnut, lui fanatique de l'Empire, lui dont le père, sous l'Empire, avait été préfet des deux villes les plus importantes de France, dont le frère, parvenu au grade de général, avait été blessé sur cinq ou six champs de bataille, dont le second frère avait été tué à Friedland ; quand il reconnut, avons-nous dit, lui fanatique de l'Empire, l'étendard de l'Empire, ah ! ma foi, il n'y tint plus : l'enthousiasme prit la place de la peur, et il glorifia ce peuple qui, d'abord, l'avait effrayé.

cité par E. Moreau-Nelaton, *Delacroix raconté par lui-même,* 1916.

ALEXANDRE DUMAS
L'auteur tire dans ses Mémoires *la conclusion des journées de Juillet :*

Ceux qui ont fait la révolution de 1830, c'est cette jeunesse ardente du prolétariat héroïque qui allume l'incendie, il est vrai, mais qui l'éteint avec son sang ; ce sont ces hommes du peuple qu'on écarte quand l'œuvre est achevée, et qui, mourant de faim, après avoir monté la garde à la porte du Trésor, se haussent sur leurs pieds nus pour voir, de la rue, les convives parasites du pouvoir, admis, à leur détriment, à la curée des charges, au festin des places, au partage des honneurs.

A. Dumas, *mes Mémoires,* 1852-1855.

Horace Vernet, *le Duc d'Orléans quitte le palais-royal...,* le 31 juillet 1830 (Bulloz).

1 — *ANALYSE FORMELLE*
   a) *Composition du tableau. Le premier plan est occupé par une femme, un homme et un enfant. Que représente chacun de ces personnages ? Comment le peintre souligne-t-il plastiquement leur communauté (observer en particulier le réseau des lignes de fuite déterminées par les gestes et les armes) ?*
   b) *Technique de Delacroix (voir la* Mort de Sardanapale, *n° 28). Précisez, dans la structuration de ces deux tableaux, l'importance de la direction donnée par le regard des personnages principaux. Quel est le mouvement général de chaque tableau ? A votre avis, quelle est sa signification ?*
   c) *Cette* Mort de Sardanapale *symbolisait aussi la mort du romantisme orientaliste. Dans l'évolution du romantisme, où se situe la* Liberté guidant le Peuple *?*

2 — *ANALYSE DU TITRE*
   a) *Le premier titre du tableau, en 1831, était : LE 28 JUILLET 1830. Pourquoi avoir abandonné ce titre historique pour un titre à caractère allégorique* ?*
   b) *GUIDER évoque plusieurs termes appliqués à des hommes politiques, dans les langues européennes, jusqu'à nos jours. Lesquels ?*
   c) *Pourquoi le peuple a-t-il besoin d'être guidé ? (s'appuyer sur les textes de Dumas : le peuple n'a-t-il pas été, au début, son propre guide dans une insurrection dont les bénéfices lui ont été finalement confisqués ?).*
   d) *Que reste-t-il, dès lors, de liberté ?*

LES ROSES DE SAADI

J'ai voulu, ce matin, te rapporter des roses ;
Mais j'en avais tant pris dans mes ceintures closes
Que les nœuds trop serrés n'ont pu les contenir.

Les nœuds ont éclaté. Les roses envolées
5 Dans le vent, à la mer s'en sont toutes allées.
Elles ont suivi l'eau pour ne plus revenir.

La vague en a paru rouge et comme enflammée :
Ce soir ma robe encore en est tout embaumée...
Respires-en sur moi l'odorant souvenir...

Poésies inédites, 1860.

Gotlib. « Un peu de poésie que diable ! », *Rubrique à brac n° 5,* Dargaud, 1974.

1 — *La bande dessinée de Gotlib est faite pour choquer, bien sûr. Mais n'exprime-t-elle pas aussi autre chose ? Une certaine attitude face à la poésie en général ? laquelle ? Face au lyrisme en particulier ? laquelle ?*

2 — *A qui s'adresse Gotlib ? Comment ? Quels sont les angles d'attaque (grossièreté, jeux de mots, etc.) ?*

3 — *Qui est son personnage (milieu, état d'esprit, sexe) ? que peut-on en déduire ?*

4 — *Déterminez, à travers le cadrage, le jeu sur la typographie, la présentation du texte dans les phylactères (bulles), les effets majeurs, case par case (voir n° 111).*

5 — *A partir de ces quatre réponses, essayez d'analyser la position de Gotlib face à ce poème, son dialogue avec lui, le dialogue qu'il entretient avec son personnage, et enfin avec son lecteur.*

Un compte-rendu d'époque...
« Georges, *roman de*
M. Alexandre Dumas.
— Pierre Munier, mulâtre et
riche colon de l'Île de France,
a deux fils sur l'avenir
desquels reposent ses plus
chères espérances, Jacques,
nature puissante mais
vulgaire, et Georges, qui
cache sous une enveloppe
chétive l'imagination la plus
ardente et la volonté la plus
tenace. L'état d'infériorité de
la race mulâtre, par rapport à
la race blanche, que l'auteur
appelle assez mal à propos,
selon nous, le préjugé de la
couleur, oblige le planteur à
envoyer ses deux enfants à
Paris pour y faire leur
éducation.
(...)
(Georges) se présente chez
M. de Malmédie pour
demander la main de Sara.
Cette prétention inouïe de la
part d'un homme de couleur,
excite, et tout naturellement à
ce qu'il nous semble, la
stupéfaction du colon et la
colère de son fils.
Georges, pour se venger,
fomentera une révolte, en
s'appuyant sur les esclaves
noirs de la colonie. Cette
révolte échouera. Le héros
condamné à mort, est sauvé
in extremis et s'enfuit avec
Sara.
(...)
« *Dans son duel avec la*
société coloniale, Georges, on
le voit, a été battu sur tous
les points, un seul excepté ;
il a conquis, lui mulâtre, sur un
blanc, le cœur de Sara. N'y a-
t-il pas là de quoi dédommager
de bien des défaites ?
Disons toutefois, en
terminant, qu'il se trouve
parmi la classe estimable des
colons bien peu de Malmédie,
et parmi celle des mulâtres
encore moins de Georges.
Tous les hommes qui ont
étudié l'état social des
colonies, non dans les
homélies de nos philanthropes
et les fantaisies de nos
romanciers, mais en faisant
sur les lieux mêmes de
consciencieuses observations,
sont demeurés convaincus de
cette vérité, que la race
mulâtre est inférieure à la race
blanche, comme la race nègre
l'est aux mulâtres. Sans doute
il peut y avoir des exceptions,
l'auteur de Georges en est
lui-même la preuve éclatante ;
mais ces exceptions,
extrêmement rares du reste, ne
peuvent renverser un fait
qu'une triste expérience vient
chaque jour confirmer ».
(article signé Achille Gillet,
dans Le Cabinet de lecture
et le Voleur *du 20 août 1843.)*

Antonio **(1)** parla le premier.

— Il y avait une fois, dit-il, une île gouvenée par des singes, et habitée par des éléphants, par des lions, par des tigres, par des panthères et par des serpents. Le nombre des gouvernés était dix fois plus considérable que celui des gouvernants ;
5 mais les gouvernants avaient eu le talent, les rusés babouins qu'ils étaient, de désunir les gouvernés, de façon que les éléphants vivaient en haine avec les lions, les tigres avec les panthères, et les serpents avec tous. Il en résultait que, lorsque les éléphants levaient la trompe, les singes faisaient marcher contre eux les serpents, les panthères, les tigres et les lions ; et, si forts que fussent les éléphants, ils finissaient toujours par
10 être vaincus. Si c'étaient les lions qui rugissaient, les singes faisaient marcher contre eux les éléphants, les serpents, les panthères et les tigres ; de sorte que, si courageux que fussent les lions, ils finissaient toujours par être enchaînés. Si c'étaient les tigres qui montraient les dents, les singes faisaient marcher contre eux les éléphants, les lions, les serpents et les panthères ; de sorte que, si forts que fussent les tigres, ils
15 finissaient toujours par être mis en cage. Si c'étaient les panthères qui bondissaient, les singes faisaient marcher contre elles les éléphants, les lions, les tigres et les serpents ; de sorte que, si agiles que fussent les panthères, elles finissaient toujours par être domptées. Enfin, si c'étaient les serpents qui sifflaient, les singes faisaient marcher contre eux les éléphants, les lions, les tigres et les panthères, et les serpents,
20 si rusés qu'ils fussent, finissaient toujours par être soumis. Il en résultait que les gouvernants, à qui cette ruse avait réussi cent fois, riaient sous cape toutes les fois qu'ils entendaient parler de quelque révolte, et, employant aussitôt leur tactique habituelle, étouffaient les révoltés. Cela dura ainsi longtemps, très longtemps. Mais, un jour, il arriva qu'un serpent, plus fin que les autres, réfléchit : c'était un serpent qui
25 savait ses quatre règles d'arithmétique, ni plus ni moins que le caissier de M. de M*** ; il calcula que les singes étaient, relativement aux autres animaux, comme 1 est à 8. Il réunit donc les éléphants, les lions, les tigres, les panthères et les serpents sous prétexte d'une fête, et leur dit :

« — Combien êtes-vous ?

30 « Les animaux se comptèrent et répondirent :

« — Nous sommes quatre-vingt mille.

« — C'est bien, dit le serpent ; maintenant comptez vos maîtres, et dites-moi combien ils sont.

« Les animaux comptèrent les singes et répondirent :

35 « — Ils sont huit mille.

« — Alors, vous êtes bien bêtes, dit le serpent, de ne pas exterminer les singes, puisque vous êtes huit contre un **(2)**.

« Les animaux se réunirent et exterminèrent les singes, et ils furent maîtres de l'île, et les plus beaux fruits furent pour eux, les plus beaux champs furent pour eux,
40 les plus belles maisons furent pour eux ; sans compter les singes dont ils firent leurs esclaves, et les guenons, dont ils firent leurs maîtresses...

« — Avez-vous compris ? » dit Antonio.

De grands cris retentirent, des hourras et des bravos se firent entendre ; Antonio avait produit avec sa fable non moins d'effet que le consul Ménénius **(3)**, deux
45 mille deux cents ans auparavant, n'en avait produit avec la sienne.

Laïza attendit tranquillement que ce moment d'enthousiasme fût passé ; puis, étendant le bras pour commander le silence, il dit ces simples paroles :

— Il y avait une fois, dit-il, une île gouvenée par des singes, et habitée par des levèrent tous ensemble et ils le furent. Cette île s'appelait autrefois Saint-Dominique ;
50 elle s'appelle à cette heure Haïti **(4)**... Faisons comme eux, et nous serons libres comme eux.

Georges, 1843.

---

(1) *Comme plus bas Laïza, l'un des chefs de la révolte.*
Ici Antonio s'adresse aux esclaves noirs, quelques
heures avant le début de l'insurrection.
(2) *Sic.*
(3) *Allusion au discours de Menenius en 493 av. J.-C.*
dans lequel celui-ci compara l'Etat à un corps humain,
qui ne peut fonctionner sans la participation complé-
mentaire de l'estomac et des membres, c'est-à-dire
des différentes classes sociales.
(4) *Allusions aux insurrections du début du XIXe siècle à*
Haïti (1803-1807).

ALEXANDRE DUMAS *participa à l'insurrection de 1830. Il raconte dans* Mes Mémoires (1852-1854) *un épisode qui éclaire sa sensibilité aux questions de la négritude et du colonialisme :*

Situation : Dumas se présente, seul, pour s'emparer de la poudrière de Soissons, afin de donner de la poudre aux insurgés.

— Messieurs, leur dis-je, je vous donne ma parole d'honneur que si, dans cinq secondes, l'ordre n'est pas signé, je vous brûle la cervelle à tous les quatre ; et je commence par vous, monsieur le lieutenant du roi... A tout seigneur, tout honneur !

J'étais devenu très-pâle ; mais probablement que, malgré sa pâleur, mon visage exprimait une immuable résolution.

Le double canon du pistolet que je tenais de la main droite n'était qu'à un pied et demi de la figure de M. de Liniers.

— Prenez garde, monsieur, lui dis-je, je vais compter les secondes.

Et, après une pause :

— Une, deux, trois...

En ce moment, une porte latérale s'ouvrit, et une femme au paroxysme de la terreur se précipita dans l'appartement.

— O mon ami, cède ! cède ! s'écria-t-elle ; c'est une seconde révolte des nègres !...

Et, en disant cela, elle me regardait d'un œil effaré.

— Monsieur, fit le commandant de place, par respect pour ma femme...

— Monsieur, lui répondis-je, j'ai le plus grand respect pour madame ; mais, moi aussi, j'ai une mère et une sœur... J'espère donc que vous allez avoir la bonté de renvoyer madame, et que nous viderons la chose entre hommes.

— Mon ami, continuait de crier madame de Liniers, cède ! cède, je t'en supplie ! fais ce qu'on te demande, au nom du ciel !... Souviens-toi de mon père et de ma mère, massacrés à Saint-Domingue !

Je compris seulement alors ce que madame de Liniers avait entendu par ces mots : « C'est une seconde révolte des nègres ! ».

A mes cheveux crépus, à mon teint bruni par trois jours de soleil, à mon accent légèrement créole, — si toutefois, au milieu de l'enrouement dont j'étais atteint, il me restait un accent quelconque, elle m'avait pris pour un nègre, et s'était laissée aller à une indicible terreur.

Cette terreur me fut, du reste, aisée à comprendre, lorsque je sus, depuis, que madame de Liniers était une demoiselle de Saint-Janvier.

M. et madame de Saint-Janvier, son père et sa mère, avaient été impitoyablement égorgés sous ses yeux dans la révolte du Cap.

Mes Mémoires, 1852-1854, chap. CLVI.

Nadar, *Alexandre Dumas père* (BN).

Bibliographie succincte sur les révoltes noires en littérature dans la première moitié du XIXe :

Hugo : *Bug Jargal,* 1820, puis 1826 (roman)
Édouard Corbière, *Petite histoire d'un jeune mulâtre en France* et *le Capitaine de négrier,* in *Nouvelles Maritimes,* 1829 (Nouvelles)
P. Mérimée, *Tamango,* 1829 (nouvelle)
E. Sue, *Atar-Gull,* 1831 (roman)
A. Jal, *Le Négrier,* in *Scènes de la vie maritime,* 1832 (nouvelles)
Lamartine, *Toussaint Louverture,* 1839-40 (Théâtre : représentée en 1850, la pièce évoque la révolte de 1802 en Guadeloupe).
Dumas, *Georges,* 1843 (roman).

1 — GEORGES
  a) *Quels sont les deux régimes politiques décrits dans le texte ? Par quels procédés Dumas les oppose-t-il, au niveau de l'expression (choix des temps grammaticaux, etc.) ?*
  b) *Le résumé d'Achille Gillet est de 1843. Classez ce qui vous semble un résumé « objectif » de l'œuvre. Comment l'opinion personnelle du critique s'insère-t-elle dans ce résumé ? Comment qualifierait-on aujourd'hui ce style de critique ?*
  c) *Relevez ce qui, dans le texte de Dumas, pouvait en 1843 être perçu comme des audaces de l'auteur. Ces audaces sont-elles aujourd'hui réellement dépassées ? Justifiez votre réponse.*

2 — MES MÉMOIRES
  a) *Quels sont les effets recherchés par l'auteur dans les interventions à la première personne, les dialogues, le commentaire des événements, éventuellement la prise de distance de l'écrivain ? Quels procédés s'apparentent au style romanesque ?*
  b) *Les Mémoires, bien loin d'être posthumes comme ceux de Chateaubriand, paraissent du vivant de leur auteur. Ce fait éclaire-t-il leur titre (MES mémoires) ? En quoi ?*

Grandville (1803 - 1847)
Le système de Fourier (BN).

Il faut, pour une association de 1 500 à 1 600 personnes, un terrain contenant une forte lieue carrée, soit une surface de six millions de toises carrées (n'oublions pas qu'il suffira du tiers pour le mode simple).

Que le pays soit pourvu d'un beau courant d'eau, qu'il soit coupé de collines
5 et propre à des cultures variées, qu'il soit adossé à une forêt et peu éloigné d'une grande ville, mais assez pour éviter les importuns.

La phalange d'essai étant seule et sans appui de phalanges vicinales aura, par suite de cet isolement, tant de lacunes d'attraction, tant de calmes passionnels à redouter dans ses manœuvres, qu'il faudra lui ménager soigneusement le secours
10 d'un bon local approprié aux variétés de fonctions. Un pays plat, comme Anvers, Leipsick, Orléans, serait tout à fait inconvenant, et ferait avorter beaucoup de Séries, à égale surface de terrain. Il faudra donc rechercher un pays coupé, comme les environs de Lausanne, ou tout au moins une belle vallée pourvue d'un courant d'eau et d'une forêt, comme la vallée de Bruxelles à Halle. Un beau local près Paris serait
15 le terrain situé entre Poissy et Conflans, Poissy et Meulan. On rassemblera 1 500 à 1 600 personnes d'inégalité graduée en fortunes, âges et caractères, en connaissances théoriques et pratiques ; on ménagera dans cette réunion la plus grande variété possible ; car plus il existera de variétés dans les passions et facultés quelconques des sociétaires, plus il sera facile de les harmoniser en peu de temps.

20 On devra donc réunir dans ce canton d'essai tous les travaux de culture praticable, y compris ceux de serres chaudes et fraîches ; y ajouter, pour l'exercice d'hiver et des jours de pluie, au moins trois manufactures accessoires : plus, diverses branches de pratique en sciences et arts indépendamment des écoles.

On devra, avant tout, statuer sur l'évaluation des capitaux versés action-
25 nairement ; terres, matériaux, troupeaux, instruments, etc. Ce détail paraît être un des premiers dont il faudrait s'occuper ; je crois à propos de le renvoyer. Bornons-nous à dire qu'on représentera tous ces versements en actions transmissibles et coupons d'actions.

Une grande difficulté à surmonter dans la phalange d'essai sera de parvenir à
30 former les nœuds de haute mécanique ou liens collectifs des séries, avant la fin de la belle saison. Il faudra, avant le retour de l'hiver, parvenir à liguer passionnément la masse des sociétaires ; les amener au dévouement collectif et individuel pour le soutien de la phalange, et surtout à l'accord parfait dans les répartitions de bénéfice, en raison des trois facultés : capital, travail et talent.

Traité de l'Unité Universelle, 1821, III.

JEAN-BAPTISTE ANDRÉ GODIN (1817-1888), **1848**

Godin, en adepte de Fourier, a su construire le phalanstère. On peut voir ici sa profession de foi publiée par le Courrier de Saint-Quentin le 16 juillet 1848 à la suite d'une perquisition. En effet, à cette époque, Godin était fiché comme un dangereux socialiste et fut, cette même année, menacé d'exil... En 1882, la réussite de l'entreprise ayant été constatée, au moins pour ses mérites industriels, l'architecte du familistère fut consacré par la Patrie. Les fours Godin avaient encore de belles années devant eux...

Je suis phalanstérien parce qu'après une longue étude j'ai acquis la conviction que la théorie phalanstérienne est la science morale constituée et que seule elle pourra conduire l'humanité à l'organisation de sociétés parfaites où seront réalisés l'ordre dans la liberté, l'égalité des droits pour tous les citoyens, la fraternité dans toutes les relations humaines.

Je suis phalanstérien parce que la théorie phalanstérienne donne le moyen d'extirper la misère et la souffrance sans rien ôter à ceux qui jouissent, parce qu'elle ajoute au bonheur du riche et qu'elle éteindra les souffrances du pauvre, parce qu'elle reconnaît et sauvegarde tous les intérêts et tous les droits existants. Je suis phalanstérien parce que la théorie phalanstérienne appelle au dévouement, à l'étude, à la conviction, parce qu'elle réprouve la violence, la guerre civile, l'anarchie, parce qu'elle ne veut pas s'imposer par la force, mais par la preuve du bien qu'elle doit produire.

Voilà pourquoi je suis phalanstérien.

A la suite des idées et descriptions de Fourier, Godin entreprit de construire un phalanstère dans l'Aisne, à Guise, qu'on a baptisé « familistère ». La conception des bâtiments suit directement les écrits de Fourier tant pour l'ensemble que pour la passion du détail et du classement (voir plan ci-contre). L'unité d'habitation est conçue selon un plan très simple : on répartit les logements autour d'une cour centrale vitrée. Cette cour intérieure est le lieu et le lien des partenaires familistériens : elle abrite les conférences hebdomadaires sur la morale et le système de participation, la communication des avis, les jeux, les fêtes, les bals qu'ils soient journaliers, dominicaux ou annuels. On célébrera donc le travail, la morale et l'enfance au centre idéologique et géographique du familistère. Parfait exemple des théories « hygiénistes », elle en résume tous les impératifs : la verrière dispense la lumière, l'aération est assurée par un circuit de ventilation utilisant le principe du courant d'air, la salubrité est garantie par les vide-ordures, fontaines et blocs sanitaires placés aux angles de chaque étage.

Dans cette architecture, les habitants peuvent se déplacer verticalement et circulairement : verticalement par deux ou quatre escaliers placés aux angles de la cour ; circulairement et horizontalement par un balcon courant le long de chaque étage. Entre les unités de logement, il est prévu des passages couverts ; entre ces unités et la « nourricerie », un passage intérieur est possible.

(Pour ce dossier, nous avons utilisé plus particulièrement le livre de Robert L. Delevoy : Le Familistère de Guise ou les équivalents de la richesse, Editions des Archives d'Architecture Moderne, 1976).

Cour du Familistère.

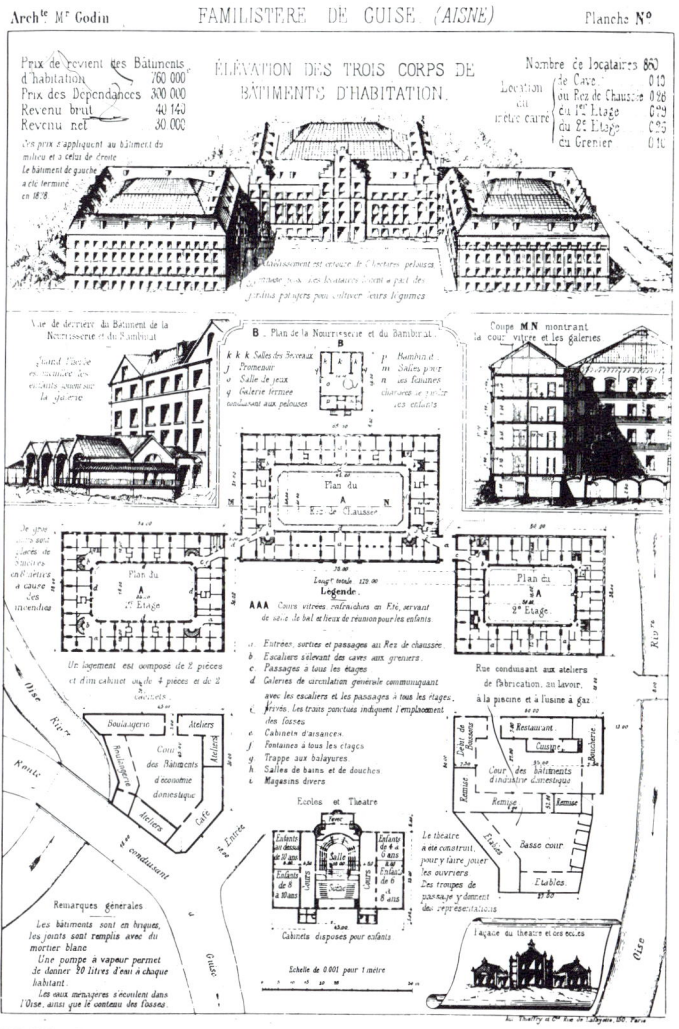

GODIN, *Plan du Familistère.*

1 — Dans le dernier paragraphe du texte de Fourier, essayez de définir ce que l'auteur entend par « nœuds de haute mécanique ou liens collectifs des séries ». En quoi le Traité s'applique-t-il aussi aux liens entre les hommes ? Quelles notions morales Fourier insère-t-il dans son projet ? Que pensez-vous de leur présence ?

2 — Godin, dans sa profession de foi, reprend certains termes de Fourier ; lesquels ? Qu'ajoute-t-il quant à la mise en œuvre morale du phalanstère ?

3 — Le plan du Familistère est aussi bien un texte fouriériste qu'un ouvrage d'architecte. Mettez bout à bout, en les liant, les éléments cités, commencez par le haut de la page et descendez. Quelle composition trouvez-vous ? Comparez avec le texte du Traité.

4 — Grâce à la verrière, chacun a le loisir de voir tout le monde entrer, sortir, jouer, participer aux cérémonies, etc. Quelles incidences sur la vie collective cela a-t-il ? Quels symboles la verrière peut-elle véhiculer ? L'idée de transparence peut-elle être évoquée et si oui, de quelles transparences est-il question ?

5 — DOSSIER : faites une étude sur les utopies littéraires et sociales précédant l'utopie fouriériste : consultez Platon : La République, *Thomas More* : Utopia (1516), Rabelais : Gargantua (1534) (L'Abbaye de Thélème). (Voir n°s 39 a. et 39 b, **XVIe-XVIIe Siècles**)

Fourier n'est pas seulement « l'inventeur » du phalanstère... c'est aussi celui qui classe, critique, réinvente, délire à propos des notions fondamentales qui régissent une société. Ici, nous reproduisons quelques-uns des développements de Fourier sur l'amour dans le monde réel, d'une part et dans son utopie*, qu'il nomme « harmonie ».

Charles Fourier (BN).

Les trônes d'harmonie leviers du sentiment transcendant.

Le couple d'amour égoïste ou illibéral a pour règle : tout pour moi seul et rien pour les autres. Le couple d'amour puissanciel ou libéral doit avoir pour règle : tout pour les autres et rien autre pour moi, que ce qu'ils voudraient m'assigner. J'ai dit que
5 ce couple ne jouit pas de lui-même et se livre à un grand nombre d'autres qui n'autorisent dans ledit couple que l'amour sentimental, genre de jouissance bien inconcevable pour nous. (...)

(Fourier envisage alors un certain nombre de trônes, sortes de récompenses honorifiques ou matérielles pour amener les habitants d'harmonie à aimer
10 *autrement).*

Les relais d'amour égoïste.

Ils peuvent quand il leur plaît faire pause de philanthropie, entrer en amour jaloux, égoïste, mais pendant ce temps, ils n'acquièrent pas de titres aux suffrages et risqueraient de se faire oublier par une longue station en amour égoïste. Aussi les
15 hommes et les femmes qui ont commencé de courir en amour, la carrière des vertus philanthropiques, ne restent éloignés que peu dans le genre égoïste qui ne conduit à rien. (...).

L'enthousiasme des jeunes gens en civilisation et en harmonie.

Autant la philanthropie serait répugnante dans l'ordre actuel où il existe tant
20 de motifs de défiance et de haine entre les humains, autant elle sera attrayante et glorieuse lorsque l'espèce humaine sera élevée à la perfection matérielle et spirituelle. (...) Combien il sera plus séduisant de suivre la facile carrière de philanthropie amoureuse où l'on peut parvenir de trônes en trônes jusqu'au sceptre du monde et obtenir en suivant une route de volupté, ce rang suprême auquel un César, un
25 Bonaparte sacrifie le sang de tant de plusieurs millions d'hommes. Qu'on juge de l'enthousiasme d'un couple angélique persuadé que le monde a les yeux sur lui, que l'éclat de son lien sentimental peut devenir un titre à des sceptres magnifiques, une immensité de fortune et de célébrité ; à ce véhicule si inconnu parmi nous s'en joindront une foule d'autres dont nous n'avons non plus aucune idée. Eh peut-on
30 douter que ce nœud de pur sentiment, cette abnégation d'esprit sensuel ne s'établisse chez les harmoniens au plus haut degré puisqu'ils jouiront dans ce lien d'une entière liberté et pourront quand il leur plaira terminer par un dénouement à la mode civilisée sans perdre pour cela le fruit de leurs travaux philanthropiques. Il suffira que le lien ait duré le temps convenable à satisfaire les poursuivants et
35 poursuivantes notables ; un terme de 2 ou 3 mois suffira pour donner tout le lustre nécessaire à cette union et assurer les titres du couple au favoritisme public et aux votes d'élection.

Pendant cette épreuve, manquera-t-il quelque chose à leur bonheur ? Ils auront une foule de jouissances matérielles et spirituelles. Chacun d'eux en se livrant
40 successivement aux favoris et favorites qu'il aura choisis ne sera point borné aux plaisirs sensuels et jouira avec eux d'un enthousiasme réel fondé sur la vénération religieuse qu'ils apporteront à s'unir aux anges qui eux-mêmes se respecteront dans ces fonctions comme des images de la divinité et en auront le relief dans les cours d'amour.

45 Chacun d'eux sera ministre des plaisirs sensuels de l'autre, introducteur bénévole des élus ou élues et négociateur pour leur admission consécutive. Chacun considérera comme service de haute amitié les plaisirs qu'on aura procurés à son angélique moitié.

L'exercice de pur sentiment, tel que je le dépeins, rend le couple sublime aux
50 yeux d'autrui comme aux siens ; il est adoré de ce qui l'entoure autant qu'il s'adore lui-même. Quel parallèle à faire avec deux amants civilisés qui ne sont sublimes que pour eux-mêmes, risibles et insipides pour autrui, francs égoïstes aux yeux de tout le monde qui voit à bon droit dans leur liaison une caricature, travestissement de l'esprit libéral dont ils font la parade, une ligne de pur intérêt dont eux seuls recueillent le
55 fruit sans faire aucune participation officieuse des plaisirs dont ils vantent l'excès à tout venant, comparables en cela aux gourmands ignobles qui vantent leur bonne chère à des misérables privés du nécessaire.

le Nouveau Monde amoureux, 1829-37.
D'après le manuscrit inédit de Fourier. Paris, Anthropos, 1967.

a lettre de Fourier à sa cousine Laure, récemment publiée par Simone Debout (« Écriture inconnnue de Fourier », Actualité
e Fourier, Anthropos, 1975) est particulièrement intéressante. Elle montre en effet les secrets d'une vraie communication,
elon l'auteur : sans construction, pas de sens apparent, mais en fait, derrière ce chaos ce sont de nouvelles lignes, de nouveaux
ens qui s'élaborent et créent un autre discours où les images du monde, les mots et les phantasmes se rejoignent. La parole
oute transparente, tournée vers l'utilité la plus plate devient source d'interrogation et d'étonnement. A travers ce texte, c'est
oute la société utopique de Fourier qui apparaît.

Ca me dit, 24 ah ! ou
dix huit s'en vint te cette

Geai ressue mât chair l'or, lin vite à sion queue tu mats à dresser pourras l'air dix nez rats sein ment dés, dix manches d'œufs sept ambre.

Croix jettant sue plie allant presse m'en deux tond couse ain as eux rang drap déz somme ah scions scie en gage hante.

Dix manchons nos rats don l'age oie deux-tems bras serre, toit était-ce heure étai pas rends ; ai-je eaux ré, jean suisse hure, dupe les ire have ou art lac homme édit, eh ah ah si ce thé aux fesses teint.

Ile nia riz inde nous veau an sept lieues longe houe en corps l'aime atteint elle haie sou art os bis liard queue jet-mouton gros pet raie sans est-ce vin cœur, émoi comte i nue aile ment vingt culs.

Mat hante alors dine haire à tout j'ourlais six os — elle haleine ode ou oie ; toussait faute œil sont à pisser par raie le m'aime : ile haie thé tonnant j'eusse caque est le poing aile chez riz louve rage jeune suie paque homme aile.

Camp tas moine soie pointé tonné si long ment tentait voiture les rave éclair du nain sensé dentelle houe tell hart pendu jarre daim houx six dents lame hate y né au cu pédant mache ambre , ah fort j'ai dey meche, en verre, onde m'en dans mon vin au sale on maquereau m'atique qu'on versa sion né mamelle odieuse sauce *i* et *t* ; geai griffe au nez, dais vert dey mage œufs naisse, elle habit tue dès trot paon rat scie nez pou ras voir laid ce pet rance demandé fait ramonage.

Malle et traits longanimité rend nos culs ne manne hier, gela terre mine quart tue pou rase ane au nez hune pas raye corps est-ce pont danse. Geai laisse poire toux te foie d'art haché tonna demie rat si on part mont nez loque anse.

Ah d'yeux mais complies ments ah tout laid par hantons pet rétamer était-ce heure hé ton frais rarement. J'ai ce père alleluia plis quai, dix manchots sou arle nombril andes poète hier houx heaume oingt de verre net.

Jettant bras ce sang serre aime au nid.

Tonne a mie saint serré ah fais que si haut nez.

Jeu d'oie pars tire dent troie joue redit si (l'un dit) pourceau mai lié rend fraim dent mont.

Lis tape as ris.

Lettre de Fourier à sa cousine Laure, 1827.

Traduction :
Samedi 24 août 1827,

« J'ai reçu ma chère Laure, l'invitation que tu m'as adressée pour aller dîner à Saint-Mandé, dimanche deux septembre.

Crois je t'en supplie à l'empressement de ton cousin à se rendre à des sommations aussi engageantes.

Dimanche on aura donc la joie de t'embrasser toi et tes sœurs et tes parents : et j'aurai, j'en suis sûr du plaisir à voir la comédie et à assister au festin. Il n'y a rien de nouveau en ces lieux, l'on joue encore, les matins, et les soirs, au billard que j'aime, où ton gros père est sans cesse vainqueur et moi continuellement vaincu.

Ma tante à l'ordinaire a toujours les ciseaux et la laine aux doigts ; tous ces fauteuils sont tapissés par elle-même : il est étonnant jusqu'à quel point elle chérit l'ouvrage. Je ne suis pas comme elle.

Quant à moi ne sois point étonné si l'on m'entend et voit hurler avec l'air d'un insensé dans tel ou tel arpent du jardin : ou si, dans la matinée, occupé dans ma chambre à forger des méchants vers, on demande en vain au salon ma chromatique conversation et mélodieuse société ; j'ai griffonné des vers dès ma jeunesse et l'habitude est trop enracinée pour avoir l'espérance de m'en défaire à mon âge.

Ma lettre est longue, à n'imiter en aucune manière ; je la termine car tu pourras ânonner une pareille correspondance. J'ai l'espoir, toutefois d'arracher ton admiration par son éloquence.

Adieu mes compliments à tous les parents ton père et ta mère et tes sœurs et ton frère Armand. J'espère aller lui appliquer dimanche au soir le nom brillant de Potier ou au moins de Vernet (*).

Je t'embrasse sans cérémonie.

Ton ami sincère et affectionné.

Je dois partir dans trois jours d'ici (lundi) pour sommeiller enfin dans mon lit à Paris ».

(*) *Potier et Vernet, comédiens célèbres à l'époque.*

AMOUR ET HARMONIE
1 — Le couple angélique doit, pour arriver à la récompense suprême, franchir différents obstacles ; lesquels ? en quoi le couple angélique est-il différent du couple égoïste ?

LA LETTRE DE FOURIER A SA COUSINE LAURE
2 — La technique du calembour repose ici sur l'utilisation dans l'écrit d'associations d'idées et de sons caractéristiques de l'oral. Ce texte apparaît à première vue comme un jeu gratuit. Pouvez-vous cependant donner la construction de ce texte ?

Ensuite, vous isolerez et vous classerez les mots pouvant être rapprochés par leur sens. En établissant ces niveaux seconds, trouvez-vous des significations propres à dépasser le niveau du simple sourire ? lesquelles ?

3 — La combinaison des langages oral et écrit dans ce texte est-elle différente du jeu de Brisset (voir n° 115) ?

4 — En quoi la pratique systématique du calembour nous renseigne-t-elle sur ce que pense des mots celui qui l'utilise ? Cherchez dans la littérature moderne (ou le cinéma) des exemples précis de communication brouillée ou d'incommunicabilité.

HERNANI
DRAME REPRÉSENTÉ POUR LA PREMIÈRE FOIS A PARIS
SUR LE THÉÂTRE DE LA COMÉDIE FRANÇAISE LE 25 FÉVRIER 1830

*On consultera avec profit les
dossiers n° 24 sur Berlioz et
n° 57 sur Othello.*

ACTE PREMIER : LE ROI

SARAGOSSE : *Une chambre à coucher. La nuit. Une lampe sur une table.*

SCÈNE PREMIÈRE. — DOÑA JOSEFA DUARTE, *vieille, en noir, avec le corps de sa jupe cousu de jais, à la mode
d'Isabelle la Catholique ; DON CARLOS.*

DOÑA JOSEFA, *seule. Elle ferme les rideaux cramoisis de la fenêtre et met en ordre quelques fauteuils. On frappe à
une petite porte dérobée à droite. Elle écoute. On frappe un second coup.*

— Serait-ce déjà lui ?

Un nouveau coup.

C'est bien à l'escalier

Dérobé.

Un quatrième coup.

Vite, ouvrons.

*Elle ouvre la petite porte masquée. Entre don Carlos, le manteau sur le nez et le chapeau sur les
yeux.*

Bonjour, beau cavalier.

*Elle l'introduit. Il écarte son manteau et laisse voir un riche costume de velours et de soie, à la
mode castillane de 1519. Elle le regarde sous le nez et recule étonnée.*

Quoi, seigneur Hernani, ce n'est pas vous ! — Main-forte !
Au feu !

DON CARLOS, *lui saisissant le bras.*

— Deux mots de plus, duègne, vous êtes morte !

Il la regarde fixement. Elle se tait, effrayée.

5 Suis-je chez doña Sol, fiancée au vieux duc
De Pastrana, son oncle, un bon seigneur, caduc,
Vénérable et jaloux ? dites ? La belle adore
Un cavalier sans barbe et sans moustache encore,
Et reçoit tous les soirs, malgré les envieux,
10 Le jeune amant sans barbe à la barbe du vieux.
Suis-je bien informé ?

Elle se tait. Il la secoue par le bras.

Vous répondrez peut-être ?

D. JOSEFA. — Vous m'avez défendu de dire deux mots, maître.

D. CARLOS. — Aussi n'en veux-je qu'un. — Oui, — non. — Ta dame est bien
Doña Sol de Silva ? Parle.

D. JOSEFA. — Oui. — Pourquoi ?

D. CARLOS. — Pour rien.

15 Le duc, son vieux futur, est absent à cette heure ?

D. JOSEFA. — Oui.

D. CARLOS. — Sans doute elle attend son jeune ?

D. JOSEFA. — Oui.

D. CARLOS. — Que je meure !

D. JOSEFA. — Oui.

D. CARLOS. — Duègne, c'est ici qu'aura lieu l'entretien ?

D. JOSEFA. — Oui.

D. CARLOS. — Cache-moi céans.

D. JOSEFA. — Vous !

D. CARLOS. — Moi.

D. JOSEFA. — Pourquoi ?

D. CARLOS. — Pour rien.

D. JOSEFA. — Moi, vous cacher !

D. CARLOS. — Ici.

D. JOSEFA. — Jamais !

DON CARLOS, *tirant de sa ceinture un poignard et une bourse.*

— Daignez, madame,

20 Choisir de cette bourse ou bien de cette lame.

DOÑA JOSEFA, *prenant la bourse.*

— Vous êtes donc le diable ?

D. CARLOS. — Oui, duègne.

DOÑA JOSEFA, *ouvrant une armoire étroite dans le mur.*

— Entrez ici.

Grandville, *la Première
d'Hernani* (détail).

Langlumé, *Gravure romantique "Sublime
d'Hernani plat romantique"* (Roger Viollet).

DON CARLOS, *examinant l'armoire.*
— Cette boîte ?

DOÑA JOSEFA, *la refermant.*
—
Va-t'en, si tu n'en veux pas.

DON CARLOS, *rouvrant l'armoire.*
—
Si !

L'examinant encore.
Serait-ce l'écurie où tu mets d'aventure
Le manche du balai qui te sert de monture ?

Il s'y blottit avec peine.

25   Ouf !

DOÑA JOSEFA, *joignant les mains et scandalisée.*
— Un homme ici !

DON CARLOS, *dans l'armoire restée ouverte.*
—
C'est une femme, est-ce pas,
Qu'attendait ta maîtresse ?

D. JOSEFA. —
Ô ciel ! j'entends le pas
De doña Sol. — Seigneur, fermez vite la porte.

Elle pousse la porte de l'armoire qui se referme.

DON CARLOS, *de l'intérieur de l'armoire.*
— Si vous dites un mot, duègne, vous êtes morte.

DOÑA JOSEFA, *seule.*
— Qu'est cet homme ? Jésus mon Dieu ! si j'appelais ?
30   Qui ? Hors madame et moi, tout dort dans le palais.
Bah ! l'autre va venir. La chose le regarde.
Il a sa bonne épée, et que le ciel nous garde
De l'enfer !

Pesant la bourse.
Après tout, ce n'est pas un voleur.

Entre doña Sol, en blanc. Doña Josefa cache la bourse.

EXERCICE PRATIQUE

1 — *Soient* T *le texte prononcé par les acteurs et* T' *le texte écrit mais non prononcé (notations de jeu et de mise en scène).*
  a) Mettez bout à bout sans les distinctions typographiques propres au langage théâtral les ensembles T et T' dans la première partie de la scène ;
  b) En quoi ce nouvel ensemble se rapproche-t-il du roman ?
  c) A l'inverse, en quoi le texte de Victor Hugo s'éloigne-t-il de l'écriture théâtrale traditionnelle ?

2 — *Compte tenu des recherches effectuées par vos soins, imaginez :*
  a) Un second texte T' complémentaire, de mise en scène, capable de guider les deux acteurs ;
  b) Un rapport de la représentation proprement dite (bruits, interpellations, interventions de la claque des romantiques, etc.).

3 — *Quelles sont les fonctions des objets dans cette scène (vêtements, décor, etc.) ?*

4 — *En tenant compte des significations que les indications données par l'auteur revêtent pour vous (symboles, meilleure compréhension, etc.), cherchez d'autres objets ou d'autres artifices scéniques capables de traduire ces significations (intégrées dans une mise en scène moderne...).*

LUTTE ET PARODIE

1 — *La lutte lors du 25 février 1830 :*
  a) Dans le texte de Gautier, relevez les qualificatifs, les métaphores*, les comparaisons, appliqués aux opposants et dressez un portrait du classique-type ;
  b) A travers les textes de Gautier et les premières scènes citées ici, cherchez à reconstituer en une page le lieu, l'ambiance, la bataille, phase par phase et parfois vers par vers ;
  c) Pourquoi, à votre avis, y a-t-il eu un tel choc esthétique ?
  d) De telles batailles ont-elles été possibles au XXe siècle ? Sous quelles formes ? Seront-elles encore possibles ? Comment ?

2 — *En quoi le lieu, les gestes, la formulation des vers et même le choix classique des personnages peuvent-ils être une provocation en 1830 ?*

3 — *La parodie :*
  a) Sur quels éléments la parodie joue-t-elle ? de quelle façon ? (Analysez en particulier le jeu sur le titre, le style, le ton, l'emploi de l'alexandrin, puis le lieu, les gestes, l'entrée (ou la sortie) des personnages.) ;
  b) Que devient la référence positive des auteurs de N.i Ni ?

Pendant la querelle d'Hernani, on peut noter l'apparition d'un certain nombre de pièces parodiques destinées à discréditer la pièce et l'auteur. Parmi celles-ci :

N.i ni ou le danger des Castilles, *de Carmouche, Courcy et Dupety ;*
Harnali ou la contrainte par cor, *d'Auguste de Lauzanne ;*
Oh ! Qu'nenni ou le mirliton fatal, *de Brazier et Carmouche*

sont les plus connues. Nous citerons la première scène de **N.i. ni.** *particulièrement représentative du genre,*

N,I NI,

Amphigouri-Romantique en cinq actes et ne vers sublimes mêlés de prose ridicule, par MM. Carmouche, de Courcy et Dupety (musique de Piccini), le 12 mars 1830.

Acte premier.

Une cuisine d'auberge ; porte d'entrée. — Portes latérales. — Dans le fond, une huche au pain. — Tables, chaises.

SCÈNE PREMIÈRE.

PIMBÊCHE, *seule ; elle tricote des bas gris auprès d'une table, sur laquelle est une chandelle allumée.*

A-t-on jamais connu rien de plus assommant
Que de remplir toujours l'emploi de confident ?
Servir les amoureux, guetter ces bons apôtres,
Les recevoir la nuit... et tout ça pour les autres !...
N.i. Ni doit rôder en bas avant minuit.

Tapage violent en dehors.

Mais je crois à la porte ouïr un léger bruit...
Si c'était un voleur ? N'importe, je m'expose...
Il sera bien hardi, s'il me prend quelque chose.

Elle ouvre. — Musique.

SCÈNE II.

DON PATHOS, PIMBÊCHE

PIMBÊCHE.
Ciel ! c'est un inconnu que je ne connais pas !

DON PATHOS.

Criant à tue-tête.
Parlons peu, parlons bien, et surtout parlons bas !...
PIMBÊCHE.
Monsieur, déclinez-moi vos qualités ?
DON PATHOS.

Aucunes.
PIMBÊCHE.
Mais vous ne venez pas au logis pour des prunes ?
DON PATHOS.
Non, pour une prunelle, ou bien plutôt pour deux :
J'y viens pour une blonde aux cheveux noirs...
PIMBÊCHE.

Grands dieux !

DON PATHOS.
J'y viens pour Parasol.
PIMBÊCHE.
Ma maîtresse ?
DON PATHOS.

Elle-même.
PIMBÊCHE.
Mais son tuteur, Monsieur ?
DON PATHOS.
Je veux le faire au même.
Pendant qu'aux Barreaux-Verts, chez la mère Michel,
Le père Dégommé boit son polichinel,

Grandville (1803-1847), *Illustration pour Jérôme Paturot : "les romains échevelés à la première d'Hernani"* (Bulloz).

Sachant que tu lui dois de la reconnaissance,
Je viens te proposer un abus de confiance...
Je veux parer son front d'un singulier bonnet.
PIMBÊCHE.
Mais ça n'est pas moral.
DON PATHOS.

Qu'est-ce que ça te fait ?
PIMBÊCHE.
De lui redoutez tout... peut-être davantage !...
Si jamais Parasol lui donne de l'ombrage.
DON PATHOS.
Cache-moi.

PIMBÊCHE.

Mais où ça ?

DON PATHOS.

Là, dans la huche au pain.
PIMBÊCHE.
Si par hasard, Seigneur, vous étiez un coquin ?
DON PATHOS, *lui montrant sa canne et un rouleau de pièces de six liards.*
Choisis de cette trique, ou de cette monnoie...
PIMBÊCHE.
Mon choix est bientôt fait. Il faudrait être une oie...
Elle prend le rouleau de pièces de six liards.
Je risque le paquet.   *Musique.*
DON PATHOS.

C'est bien heureux enfin.
PIMBÊCHE, *lui ouvrant la huche.*
Ne faites pas de bruit.
DON PATHOS, *en y entrant.*

Je suis dans le pétrin.
Musique. — Le couvercle retombe.

LA RÉCEPTION D'HERNANI

THÉOPHILE GAUTIER, 1902 (Posth.)

Un des défenseurs de Victor Hugo, le jour de la première, décrit l'histoire de cette représentation historique :

[Gérard de Nerval avait dans ses poches une] liasse de petits carrés de papier rouge timbrés d'une griffe mystérieuse inscrivant au coin du billet le mot espagnol « Hierro », voulant dire fer. Cette devise, d'une hauteur bien appropriée au caractère d'Hernani et qui eût pu figurer sur son blason signifiait aussi qu'il fallait être, dans la lutte, franc, brave et fidèle comme l'épée. (...)

Oui, nous les regardâmes avec un sang-froid parfait toutes ces larves du passé et de la routine, tous ces ennemis de l'art, de l'idéal, de la liberté et de la poésie, qui cherchaient de leurs débiles mains tremblotantes à tenir fermée la porte de l'avenir ; et nous sentions dans notre cœur un sauvage désir d'enlever leur scalp avec notre tomahawk pour en orner notre ceinture ; mais à cette lutte, nous eussions couru le risque de cueillir moins de chevelures que de perruques ; car si elle raillait l'école moderne sur ses cheveux, l'école classique, en revanche, étalait au balcon et à la galerie du Théâtre Français une collection de têtes chauves pareille au chapelet de crânes de la comtesse Dourga. Cela sautait si fort aux yeux, qu'à l'aspect de ces moignons glabres sortant de leurs cols triangulaires avec des tons couleur de chair et de beurre rance, malveillants malgré leur apparence paterne, un jeune sculpteur de beaucoup d'esprit et de talent, célèbre depuis, dont les mots valent les statues, s'écria au milieu d'un tumulte : « A la guillotine, les genoux ! ». (...)

La faim commençait à se faire sentir. Les plus prudents avaient emporté du chocolat et des petits pains, — quelques-uns — *proh ! pudor* — des cervelas ; des classiques malveillants disent de l'ail. Nous ne le pensons pas ; d'ailleurs, l'ail est classique ; Thestylis en broyait pour les moissonneurs de Virgile. La dînette achevée, on chanta quelques ballades d'Hugo. (...)

Ensuite, on se livra à des imitations du cri des animaux dans l'arche, que les critiques du Jardin des Plantes auraient trouvées irréprochables. On se livra à d'innocentes gamineries de rapins. (...)

Cependant, le lustre descendait lentement du plafond avec sa triple couronne de gaz et son scintillement prismatique ; la rampe montait, traçant entre le monde idéal et le monde réel sa démarcation lumineuse. Les candélabres s'allumaient aux avant-scènes, et la salle s'emplissait peu à peu. Les portes des loges s'ouvraient et se fermaient avec fracas. Sur le rebord de velours, posant leurs bouquets et leurs lorgnettes, les femmes s'installaient comme pour une longue séance, donnant du jeu aux épaulettes de leur corsage décolleté, s'asseyant bien au milieu de leurs jupes. Quoiqu'on ait reproché à notre école l'amour du laid, nous devons avouer que les belles, jeunes et jolies femmes furent chaudement applaudies de cette jeunesse ardente, ce qui fut trouvé de la dernière inconvenance et du dernier mauvais goût par les vieilles et les laides. Les applaudies se cachèrent derrière leurs bouquets avec un sourire qui pardonnait.

L'orchestre et le balcon étaient pavés de crânes académiques et classiques. Une rumeur d'orage grondait sourdement dans la salle ; il était temps que la toile se levât ; on en serait peut-être venu aux mains avant la pièce, tant l'animosité était grande de part et d'autre. Enfin les trois coups retentirent. Le rideau se replia lentement sur lui-même, et l'on vit, dans une chambre à coucher du seizième siècle, éclairée par une petite lampe, doña Josepha Duarte, vieille en noir, avec le corps de sa jupe cousu de jais, à la mode d'Isabelle la Catholique, écoutant les coups que doit frapper à la porte secrète un galant attendu par sa maîtresse :

Serait-ce déjà lui ? C'est bien à
†l'escalier
Dérobé.

La querelle était déjà engagée. Ce mot rejeté sans façon à l'autre vers, cet enjambement audacieux, impertinent même, semblait un spadassin de profession, allant donner une pichenette sur le nez du classicisme pour le provoquer en duel.

— Eh quoi ! dès le premier mot l'orgie en est déjà là ? On casse les vers et on les jette par les fenêtres ! dit un classique admirateur de Voltaire avec le sourire indulgent de la sagesse pour la folie.

Il était tolérant d'ailleurs, et ne se fût pas opposé à de prudentes innovations, pourvu que la langue fût respectée ; mais de telles négligences au début d'un ouvrage devaient être condamnées chez un poète, quels que fussent ses principes, libéral ou royaliste.

— Mais ce n'est pas une négligence, c'est une beauté, répliquait un romantique de l'atelier de Devéria, fauve comme un cuir de Cordoue et coiffé d'épais cheveux rouges comme ceux d'un Giorgone.

...C'est bien à l'escalier Dérobé.

Ne voyez-vous pas que ce mot *dérobé* rejeté, et comme suspendu en dehors du vers, peint admirablement l'escalier d'amour et de mystère qui enfonce sa spirale dans la muraille du manoir ! Quelle merveilleuse science architectonique ! quel sentiment de l'art du XIVe siècle ! quelle intelligence profonde de toute civilisation !

L'ingénieux élève de Devéria voyait sans doute trop de choses dans ce rejet, car ses commentaires, développés outre mesure, lui attirèrent des *chut* et des *à la porte*, dont l'énergie croissante l'obligea bientôt au silence.

Il serait difficile de décrire, maintenant que les esprits sont habitués à regarder comme des morceaux pour ainsi dire classiques les nouveautés qui semblaient alors de pures barbaries, l'effet que produisaient sur l'auditoire ces vers si singuliers, si mâles, si forts, d'un tour si étrange, d'une allure si cornélienne et si shakespearienne à la fois. Nous allons cependant l'essayer. Il faut d'abord bien se figurer qu'à cette époque, en France, dans la poésie et même aussi dans la prose, l'horreur du mot propre était poussée à un degré inimaginable. Quoi qu'on fasse, on ne peut concevoir cette horreur qu'au point de vue historique, comme certains préjugés dont les motifs ou les prétextes ont disparu.

Victor Hugo, 1902 (posth.).

Don Salluste, premier ministre du roi d'Espagne, a été disgracié par la Reine. Pour se venger, il fait endosser à son valet Ruy Blas l'identité de son cousin, Don César de Bazan, aristocrate fantasque, après avoir fait vendre ce dernier aux barbaresques marchands d'esclaves (Acte I).

Sous cette fausse identité, Ruy Blas, obéissant à son maître, s'élève jusqu'au poste de premier ministre. Parallèlement, il gagne le cœur de la Reine, ce qui correspond à ses vœux secrets **et** au plan de don Salluste. (Actes II et III).

Don César reparaît à l'acte IV, acte de « suspens » où il manque de brouiller les cartes de Don Salluste, qui cependant remporte encore cette manche.

Don Salluste se venge enfin en révélant à la reine, compromise dans un rendez-vous secret avec Ruy Blas, qu'il lui a donné son valet pour amant. Ruy Blas, indigné de cet outrage envers la femme qu'il aime, tue Don Salluste, puis, désespéré, se donne la mort (Acte V).

DON CÉSAR

— Ouf ! que d'événements ! — j'en suis émerveillé.
Comme l'eau qu'il secoue aveugle un chien mouillé.
Primo, ces alguazils **(1)** qui m'ont pris dans leurs serres ;
Puis cet embarquement absurde ; ces corsaires ;
5 Et cette grosse ville où l'on m'a tant battu ;
Et les tentations faites sur ma vertu
Par cette femme jaune ; et mon départ du bagne ;
Mes voyages ; enfin, mon retour en Espagne !
Puis, quel roman ! le jour où j'arrive, c'est fort,
10 Ces mêmes alguazils rencontrés tout d'abord !
Leur poursuite enragée et ma fuite éperdue ;
Je saute un mur ; j'avise une maison perdue
Dans les arbres, j'y cours ; personne ne me voit ;
Je grimpe allégrement du hangar sur le toit ;
15 Enfin, je m'introduis dans le sein des familles
Par une cheminée où je mets en guenilles
Mon manteau le plus neuf qui sur mes chausses pend.
— Pardieu ! monsieur Salluste est un grand sacripant !

(Se regardant dans une petite glace de Venise posée sur le
20 grand coffre à tiroirs sculptés).

— Mon pourpoint m'a suivi dans mes malheurs. Il
[lutte.

(Il ôte son manteau et mire dans la glace son pourpoint de satin rose usé, déchiré et rapiécé ; puis il porte vivement la main à sa jambe avec un coup d'œil vers la cheminée.)

25 Mais ma jambe a souffert diablement dans ma chute !

(Il ouvre les tiroirs du coffre. Dans l'un d'entre eux, il trouve un manteau de velours vert clair, brodé d'or, le manteau donné par don Salluste à Ruy Blas. Il examine le manteau et le compare au sien.)

30 — Ce manteau me paraît plus décent que le mien.

(Il jette le manteau vert sur ses épaules et met le sien à la place dans le coffre, après l'avoir soigneusement plié ; il y ajoute son chapeau, qu'il enfonce sous le manteau d'un coup de poing ; puis il referme le tiroir. Il se
35 promène fièrement, drapé dans le beau manteau brodé d'or.)

C'est égal, me voilà revenu. Tout va bien.
Ah ! mon très cher cousin, vous voulez que j'émigre
Dans cette Afrique où l'homme est la souris du tigre !
40 Mais je vais me venger de vous, cousin damné,
Epouvantablement, quand j'aurai déjeuné.
J'irai, sous mon vrai nom, chez vous, traînant ma queue
D'affreux vauriens sentant le gibet d'une lieue,
Et je vous livrerai vivant aux appétits
45 De tous mes créanciers — suivis de leurs petits.

(Il aperçoit dans un coin une magnifique paire de bottines à canons de dentelles. Il jette lestement ses vieux souliers, et chausse sans façon les bottines neuves.)

Voyons d'abord où m'ont jeté ses perfidies.

50 (Après avoir examiné la chambre de tous côtés.)

Maison mystérieuse et propre aux tragédies.
Portes closes, volets barrés, un vrai cachot.
Dans ce charmant logis on entre par en haut,
Juste comme le vin entre dans les bouteilles.

55 (Avec un soupir.)

— C'est bien bon, du bon vin ! —

Acte IV, scène 2.

(1) Alguazils : agents à la solde de don Salluste.

1 — ANALYSE DU PERSONNAGE
a) Par quels procédés techniques Hugo permet-il le long monologue de Don César ? Comment se combinent l'aspect verbal (déclamation) et l'aspect gestuel (jeux de scène, etc.) ?
b) Cherchez les définitions des termes de gueux et de grotesque. Quels sont, ici, les éléments se référant explicitement à cette esthétique du grotesque ?
c) Comment Don César, dans ses propos, manifeste-t-il à la fois ses qualités antagonistes de gueux et d'aristocrate ?

2 — ANALYSE DE LA SCÈNE.
Quelles sont les fonctions d'une telle scène, et d'un tel personnage, dans un drame ? Quelle en est la valeur de provocation (se référer à Hernani, nº 34).

3 — PRÉFACES
a) Quelles sont les références explicites ou implicites de Hugo ? Certaines d'entre elles peuvent surprendre. Comment l'auteur les justifie-t-il ?
b) Contre quel type de théâtre Hugo écrit-il ? Quelles fonctions essentielles du drame romantique peut-on dégager de ces préfaces ?

Hugo dégage de sa pratique une théorie du théâtre en général et du drame en particulier qui va marquer son époque.

I — Préface de CROMWELL, 1827

Dans la pensée des modernes, au contraire, le grotesque a un rôle immense. Il y est partout ; d'une part, il crée le difforme et l'horrible ; de l'autre, le comique et le bouffon. Il attache autour de la religion mille superstitions originales, autour de la poésie mille imaginations pittoresques. C'est lui qui sème à pleines mains dans l'air, dans l'eau, dans la terre, dans le feu, ces myriades d'êtres intermédiaires que nous retrouvons tout vivants dans les traditions populaires du moyen-âge ; c'est lui qui fait tourner dans l'ombre la ronde effrayante du sabbat, lui encore qui donne à Satan les cornes, les pieds de bouc, les ailes de chauve-souris. C'est lui, toujours lui, qui tantôt jette dans l'enfer chrétien ces hideuses figures qu'évoquera l'âpre génie de Dante et de Milton, tantôt le peuple de ces formes ridicules au milieu desquelles se jouera Callot, le Michel-Ange burlesque. Si du monde idéal il passe au monde réel, il y déroule d'intarissables parodies de l'humanité. Ce sont des créations de sa fantaisie que ces Scaramouches, ces Crispins, ces Arlequins, grimaçantes silhouettes de l'homme, types tout à fait inconnus à la grave antiquité, et sortis pourtant de la classique Italie. C'est lui enfin qui, colorant tour à tour le même drame de l'imagination du Midi et de l'imagination du Nord, fait gambader Sganarelle autour de don Juan et ramper Méphistophélès autour de Faust. (...).

Préface de *Cromwell*, 1827.

II — Préface de MARIE TUDOR, 1833

Il l'a déjà dit ailleurs, le drame comme il le sent, le drame comme il voudrait le voir créer par un homme de génie, le drame selon le dix-neuvième siècle, ce n'est pas la tragi-comédie hautaine, démesurée, espagnole et sublime de Corneille ; ce n'est pas la tragédie abstraite, amoureuse, idéale et divinement élégiaque de Racine ; ce n'est pas la comédie profonde, sagace, pénétrante, mais trop impitoyablement ironique de Molière ; ce n'est pas la tragédie à intention philosophique de Voltaire ; ce n'est pas la comédie à action révolutionnaire de Beaumarchais ; ce n'est pas plus que tout cela, mais c'est tout cela à la fois ; ou, pour mieux dire, ce n'est rien de tout cela. Ce n'est pas, comme chez ces grands hommes, un seul côté des choses systématiquement et perpétuellement mis en lumière, c'est tout regardé à la fois sous toutes les faces. S'il y avait un homme aujourd'hui qui pût réaliser le drame comme nous le comprenons, ce drame, ce serait le cœur humain, la tête humaine, la passion humaine, la volonté humaine ; ce serait le passé ressuscité au profit du présent ; ce serait l'histoire que nos pères ont faite, confrontée avec l'histoire que nous faisons ; ce serait le mélange sur la scène de tout ce qui est mêlé dans la vie ; ce serait une émeute là et une causerie d'amour ici, et dans la causerie d'amour une leçon pour le peuple, et dans l'émeute un cri pour le cœur ; ce serait le rire ; ce seraient les larmes ; ce serait le bien, le mal, le haut, le bas, la fatalité, la providence, le génie, le hasard, la société, le monde, la nature, la vie ; et au-dessus de tout cela on sentirait planer quelque chose de grand !

Préface de *Marie Tudor*, 1833

VICTOR HUGO *garda toute sa vie une fascination pour les gueux et les truands. Des fragments épars, bouts de papier, feuilles de carnets, marges des manuscrits, témoignent de cet attachement ; ils seront rassemblés, après sa mort, sous le titre* Paroles de Maglia **(1885)** :

MAGLIA

... Je passais. En passant
Je regarde une vitre où flambe un grand feu rouge.
Que vois-je ? Mes coquins attablés dans un bouge,
D'une mèche de cire éclairés chichement,
Embrassant Jeanneton, riant, criant, fumant,
Vidant les pots, roulant les dés, mêlant les piastres,
Et faisant un vacarme à décrocher les astres !
(...)
Je vis. — Je suis un rien, reste de quelque chose ;
Espèce de Falstaff mélangé de Pibrac
Que Saturne, ce noir marchand de bric-à-brac, .
Offre aux passants ; caboche indolente et mouillée
Par la grêle et la pluie ; âme dépareillée
Que le flâneur rencontre et regarde en rêvant ;
Vieux bouquin feuilleté sur le quai par le vent.
(...)
Je suis un épouseur de songes et d'idées.
. . . .
Mon costume de cour et de cérémonie
Est, comme vous voyez, des rats déchiqueté.
J'ai le pourpoint lugubre, et l'auguste fierté
D'un poëte qui sort dès l'aube de son bouge.
J'ai des loques pour veste et pour cape, un bas rouge
Et l'autre noir, piquante irrégularité.

Je vois la vie humaine et je vis à côté,
Nul juge emperruqué ne m'a fait pendre encore.
Bref, je suis un gredin amoureux de l'aurore,
Chantant, riant, sifflant, habillé d'amadou,
Faisant je ne sais quoi, venant je ne sais d'où.

Paroles de Maglia, 1885.

Hugo, *Goulatromba* (Bulloz).

Pour introduire le texte de V. Hugo, nous avons choisi de présenter deux pages consacrées à Notre-Dame de Paris et aux travaux de restauration menés au XIXᵉ siècle par Viollet-le-Duc (1814-1879). Nous ne pouvions en effet passer sous silence l'existence d'un architecte si important...

Dès le milieu du XIXᵉ siècle, l'entreprise de Viollet-le-Duc et de Lassus (mort avant la fin des travaux, et en particulier avant l'édification de la flèche), essuya de féroces critiques.

Encore maintenant, les historiens du Moyen Age reprochent aux architectes du XIXᵉ siècle leur manque de sérieux historique. Le monument est-il encore gothique, ou illustre-t-il une idée romantique du gothique ? Quoi qu'il en soit, la cathédrale de Maurice de Sully subit les modifications successives du XIIIᵉ, XIVᵉ siècles et du XVIIᵉ siècle pour son architecture intérieure ; au XIXᵉ siècle, l'épreuve du temps lui avait laissé des marques telles qu'une restauration devenait très urgente.

Mais qu'est-ce que « restaurer » un édifice ? Les remarques notées dans ce petit dossier sont celles d'un homme à la recherche d'une image (celle du Moyen Age) et d'idées capables de fonder une nouvelle technique ou de nouvelles notions architecturales. Etudier le Moyen Age, c'est réformer l'architecture essoufflée, et c'est utiliser ce qui fut méprisé...

VIOLLET-LE-DUC, 1854

Restauration : le mot et la chose sont modernes. Restaurer un édifice, ce n'est pas l'entretenir, le réparer ou le refaire, c'est le rétablir dans un état complet qui peut n'avoir jamais existé à un moment donné. Ce n'est qu'à dater du second quart de notre siècle qu'on a prétendu restaurer les édifices d'un autre âge, et nous ne sachions pas qu'on ait défini nettement la restauration architectonique ». que ».

Dictionnaire raisonné de l'Architecture française du XIᵉ au XVIᵉ siècle, 1854, article « Restauration ».

Pierrefonds : vue cavalière du château de Pierrefonds, 1858.

« Souvent les monuments ont été réparés à diverses reprises (...) s'il s'agit de restaurer et les parties primitives et les parties modifiées (...) faut-il rétablir l'unité de style dérangée, ou reproduire exactement le tout avec les modifications postérieures. C'est alors qu'il est nécessaire au contraire d'agir en raison des circonstances particulières ».

Dictionnaire raisonné de l'architecture française du XIᵉ au XVIᵉ siècle, 1854, article « Restauration ».

« Bien souvent les archéologues spéculatifs (...) blâment vertement l'architecte d'avoir cédé aux nécessités présentes, comme si le monument qui lui était confié était sa chose et comme s'il n'avait pas à remplir les programmes qui lui sont donnés ».

Dictionnaire raisonné de l'architecture française du XIᵉ au XVIᵉ siècle, 1854, article « Restauration ».

Vue générale du château avant restauration.

Vue générale du château après restauration.

Notre-Dame de Paris : façade avant 1844.

Projet de Viollet-le-Duc : les trois flèches de Notre-Dame.

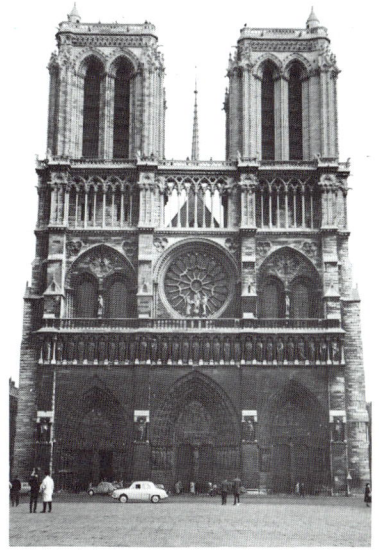

Notre-Dame de Paris : façade actuelle.

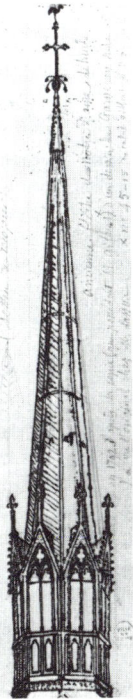

Flèche de Notre-Dame avant 1792 (dessin de Garneray).

La flèche.

Détruite en 1792, la flèche de la croisée du transept marquait de sa souche encore existante le toit de Notre-Dame. Viollet-le-Duc et Lassus entreprirent dans leur projet de restaurer la croisée. Bellu, qui avait déjà travaillé à la Sainte-Chapelle exécutera la charpente, après la mort de Lassus, réticent, lors de ses dernières années. Haute de 96 mètres, elle joint, de son élancement, l'ensemble des toitures.

La Flèche de Viollet-le-Duc.

1 — La reconstitution de Pierrefonds *(aquarelle ci-contre)*. Dites quelle est, à votre avis, la part de l'imaginaire. Cette part s'oppose-t-elle à une certaine précision ? A partir de ce tableau et des fragments cités de l'article « Restauration », entreprenez une réflexion sur l'idée qu'on peut se faire d'un monument à restaurer :
- doit-on réparer ? doit-on refaire ? doit-on inventer ? à partir de quoi ?

2 — *DOSSIER :* la restauration des monuments historiques :
Pour restaurer un monument, quelle époque doit-on considérer ? Par quelles idées est-on influencé ? Faut-il atténuer le choc historique ou culturel entre le moment où il a été construit et l'époque de la restauration ?

Victor Hugo prend le temps, au livre III, de s'arrêter sur le personnage central du livre : Notre-Dame de Paris. Il présente la cathédrale puis essaie de reconstituer l'église telle qu'elle était au Moyen Age.

Sans doute c'est encore aujourd'hui un majestueux et sublime édifice que l'église de Notre-Dame de Paris. Mais, si belle qu'elle se soit conservée en vieillissant, il est difficile de ne pas soupirer, de ne pas
5 s'indigner devant les dégradations, les mutilations sans nombre que simultanément le temps et les hommes ont fait subir au vénérable monument, sans respect pour Charlemagne qui en avait posé la première pierre, pour Philippe Auguste qui en avait posé la dernière.
10   Sur la face de cette vieille reine de nos cathédrales, à côté d'une ride on trouve toujours une cicatrice. *Tempus edax, homo edacior* **(1).** Ce que je traduirais volontiers ainsi : le temps est aveugle, l'homme est stupide.
15   Si nous avions le loisir d'examiner une à une avec le lecteur les diverses traces de destruction imprimées à l'antique église, la part du temps serait la moindre, la pire celle des hommes, surtout des hommes de l'art. Il faut bien que je dise *des hommes*
20 *de l'art*, puisqu'il y a eu des individus qui ont pris la qualité d'architectes dans les deux siècles derniers.

Et d'abord, pour ne citer que quelques exemples capitaux, il est, à coup sûr, peu de plus belles pages architecturales que cette façade où, successivement et à la fois, les trois portails creusés en ogive,
25 le cordon brodé et dentelé des vingt-huit niches royales, l'immense rosace centrale flanquée de ses deux fenêtres latérales comme le prêtre du diacre et du sous-diacre, la haute et frêle galerie d'arcades à trèfle qui porte une lourde plate-forme sur ses fines
30 colonnettes, enfin les deux noires et massives tours avec leurs auvents d'ardoise, parties harmonieuses d'un tout magnifique, superposées en cinq étages gigantesques, se développent à l'œil, en foule et sans trouble, avec leurs innombrables détails de statuaire,
35 de sculpture et de ciselure, ralliés puissamment à la tranquille grandeur de l'ensemble ; vaste symphonie en pierre, pour ainsi dire ; œuvre colossale d'un homme et d'un peuple, tout ensemble une et complexe comme les Iliades et les Romanceros dont elle
40 est sœur ; produit prodigieux de la cotisation de toutes les forces d'une époque, où sur chaque pierre on voit saillir en cent façons la fantaisie de l'ouvrier disciplinée par le génie de l'artiste ; sorte de création humaine, en un mot, puissante et féconde comme la création
45 divine dont elle semble avoir dérobé le double caractère : variété, éternité.

Et ce que nous disons ici de la façade, il faut le dire de l'église entière ; et ce que nous disons de l'église cathédrale de Paris, il faut le dire de toutes les
50 églises de la chrétienté au moyen âge. Tout se tient dans cet art venu de lui-même, logique et bien proportionné. Mesurer l'orteil du pied, c'est mesurer le géant.

Revenons à la façade de Notre-Dame, telle
55 qu'elle nous apparaît encore à présent, quand nous allons pieusement admirer la grave et puissante cathédrale, qui terrifie, au dire de ses chroniqueurs : *quœ mole sua terrorem incutit spectantibus* **(2).** (...)

Rides et verrues à l'épiderme, c'est l'œuvre
60 du temps ; voies de fait, brutalités, contusions, fractures, c'est l'œuvre des révolutions depuis Luther jusqu'à Mirabeau. Mutilations, amputations, dislocation de la membrure, *restaurations,* c'est le travail grec, romain et barbare des professeurs selon Vitruve et
65 Vignole. Cet art magnifique que les Vandales avaient produit, les académies l'ont tué. Aux siècles, aux révolutions qui dévastent du moins avec impartialité et grandeur, est venue s'adjoindre la nuée des architectes d'écoles, patentés, jurés et assermentés, dégradant
70 avec le discernement et le choix du mauvais goût, substituant les chicorées de Louis XV aux dentelles gothiques pour la plus grande gloire du Parthénon. C'est le coup de pied de l'âne au lion mourant. C'est le vieux chêne qui se couronne, et qui, pour comble, est
75 piqué, mordu, déchiqueté par les chenilles. (...)

Les grands édifices, comme les grandes montagnes, sont l'ouvrage des siècles. Souvent l'art se transforme qu'ils pendent encore : *pendent opera interrupta* **(3)** ; ils se continuent paisiblement selon l'art
80 transformé. L'art nouveau prend le monument où il le trouve, s'y incruste, se l'assimile, le développe à sa fantaisie et l'achève s'il peut. La chose s'accomplit sans trouble, sans effort, sans réaction, suivant une loi naturelle et tranquille. C'est une greffe qui survient,
85 une sève qui circule, une végétation qui reprend. Certes, il y a matière à bien gros livres et souvent histoire universelle de l'humanité, dans ces soudures successives de plusieurs arts à plusieurs hauteurs sur le même monument. L'homme, l'artiste, l'individu s'effa-
90 cent sur ces grandes masses sans nom d'auteur ; l'intelligence humaine s'y résume et s'y totalise. Le temps est l'architecte, le peuple est le maçon.

Notre-Dame de Paris, 1831, Livre III.

---

(1) « Le Temps est rongeur et plus rongeur encore l'homme ».
(2) « dont la masse inspire la terreur à qui la regarde ».
(3) Virgile Enéide IV, *88,* « les travaux interrompus restent en suspens ».

J.K. HUYSMANS, 1898

Dans le roman de Huysmans, Durtal, chrétien parvenu à la ferveur mystique, se trouve transporté par la cathédrale Notre-Dame de Chartres.

Mais Durtal n'(...)écoutait plus ; loin de toute cette exégèse monumentale, il admirait, sans même chercher à l'analyser, l'étonnante église.

Dans le mystère de son ombre brouillée par la fumée des pluies, elle montait de plus en plus claire, à mesure qu'elle s'élevait dans le ciel blanc de ses nefs, s'exhaussant comme l'âme qui s'épure dans une ascension de clarté, lorsqu'elle gravit les voies de la vie mystique.

Les colonnes accotées filaient en de minces faisceaux, en de fines gerbes, si frêles qu'on s'attendait à les voir plier au moindre souffle ; et ce n'était qu'à des hauteurs vertigineuses que ces tiges se courbaient, se rejoignaient lancées d'un bout de la cathédrale à l'autre, au-dessus du vide, se greffaient, confondant leur sève, finissant par s'épanouir ainsi qu'en une corbeille dans les fleurs dédorées des clefs de voûte.

Cette basilique, elle était le suprême effort de la matière cherchant à s'alléger, rejetant, tel qu'un lest, le poids aminci de ses murs, les remplaçant par une substance moins pesante et plus lucide, substituant à l'opacité de ses pierres l'épiderme diaphane des vitres.

Elle se spiritualisait, se faisait tout âme, toute prière, lorsqu'elle s'élançait vers le Seigneur pour le rejoindre ; légère et gracile, presque impondérable, elle était l'expression la plus magnifique de la beauté qui s'évade de sa gangue terrestre, de la beauté qui se séraphise. Elle était grêle et pâle comme ces Vierges de Roger van der Weyden qui sont si filiformes, si fluettes, qu'elles s'envoleraient si elles n'étaient en quelque sorte retenues ici-bas par le poids de leurs brocarts et de leurs traînes. C'était la même conception mystique d'un corps fuselé, tout en longueur, et d'une âme ardente qui, ne pouvant se débarrasser complètement de ce corps, tentait de l'épurer, en le réduisant, en l'amenuisant, en le rendant presque fluide.

Elle stupéfiait avec l'essor éperdu de ses voûtes et la folle splendeur de ses vitres. Le temps était couvert et cependant toute une fournaise de pierreries brûlait dans les lames des ogives, dans les sphères embrasées des roses.

Là-haut, dans l'espace, tels que des salamandres, des êtres humains, avec des visages en ignition et des robes en braises, vivaient dans un firmament de feu ; mais ces incendies étaient circonscrits, limités par un cadre incombustible de verres plus foncés qui refoulait la joie jeune et claire des flammes, par cette espèce de mélancolie, par cette apparence de côté plus sérieux et plus âgé que dégagent les couleurs sombres. L'hallali des rouges, la sécurité limpide des blancs, l'alléluia répété des jaunes, la gloire virginale des bleus, **tout le foyer trépidant des verrières** s'éteignait quand il s'approchait de cette bordure teinte avec des rouilles de fer, des roux de sauces, des violets rudes de grès, des verts de bouteille, des bruns d'amadou, des noirs de fuligine, des gris de cendre.

la Cathédrale, 1898.

Victor HUGO, 1831.

Il y a quelques années qu'en visitant, ou pour mieux dire, en furetant Notre-Dame, l'auteur de ce livre trouva, dans un recoin obscur de l'une des tours, ce mot gravé à la main sur le mur :

$$\supset AN'A\Gamma KH \textbf{ (1)}$$

ces majuscules grecques, noires de vétusté et assez profondément entaillées dans la pierre. Je ne sais quels signes propres à la calligraphie gothique empreints dans leurs formes et dans leurs attitudes, comme pour révéler que c'était une main du moyen âge qui les avait écrites là, surtout le sens lugubre et fatal qu'elles renferment, frappèrent vivement l'auteur.

Il se demanda, il chercha à deviner quelle pouvait être l'âme en peine qui n'avait pas voulu quitter ce monde sans laisser ce stigmate de crime ou de malheur au front de la vieille église.

Depuis, on a badigeonné ou gratté (je ne sais plus lequel) le mur, et l'inscription a disparu. Car c'est ainsi qu'on agit depuis tantôt deux cents ans avec les merveilleuses églises du moyen âge. Les mutilations leur viennent de toutes parts, du dedans comme du dehors. Le prêtre les badigeonne, l'architecte les gratte ; puis le peuple survient, qui les démolit.

Ainsi, hormis le fragile souvenir que lui consacre ici l'auteur de ce livre, il ne reste plus aujourd'hui du mot mystérieux gravé dans la sombre tour de Notre-Dame, rien de la destinée inconnue qu'il résumait si mélancoliquement. L'homme qui a écrit ce mot sur ce mur s'est effacé, il y a plusieurs siècles, du milieu des générations, le mot s'est à son tour effacé du mur de l'église, l'église elle-même s'effacera bientôt peut-être de la terre.

C'est sur ce mot qu'on a fait ce livre.

Préface à *Notre-Dame de Paris,* 1831.

(1) « Nécessité », en grec ancien.

---

1 — *Quel est le rôle du temps dans le texte de Hugo ?*

2 — *Qu'est-ce qu'un « peuple maçon » ? Si le temps est « architecte », quels sont les rapports du temps et du peuple ?*

3 — *De Huysmans à Hugo, le point de vue change. De quelle façon ? Qui parle dans chaque texte ? Quel effet cela a-t-il ?*

4 — *La transcendance dans le texte de Huysmans : vers où le regard est-il tiré ? De quelle façon ? Grâce à quels termes ? Le pronom personnel « elle » a un rôle tout particulier, lequel ?*

5 — *Dans la préface à* Notre-Dame de Paris, *Victor Hugo se livre à une sorte d'enquête, à partir de quelle trace ? Sous quels termes la présente-t-il ? Pourquoi ne traduit-il pas l'inscription grecque ?*

LA MARSEILLAISE DE LA PAIX

Réponse à M. Becker, auteur du « Rhin Allemand »

Roule libre et superbe entre tes larges rives,
Rhin, Nil de l'Occident, coupe des nations !
Et des peuples assis qui boivent tes eaux vives
Emporte les défis et les ambitions !
5 Il ne tachera plus le cristal de ton onde,
Le sang rouge du Franc, le sang bleu du Germain ;
Ils ne crouleront plus sous le caisson qui gronde,
Les ponts qu'un peuple à l'autre étend comme une main !
Les bombes et l'obus, arc-en-ciel des batailles,
10 Ne viendront plus s'éteindre en sifflant sur tes bords ;
L'enfant ne verra plus, du haut de tes murailles
Flotter ces poitrails blonds qui perdent leurs entrailles,
       Ni sortir des flots ces bras morts !

                    (...)

Pourquoi nous disputer la montagne ou la plaine ?
15 Notre tente est légère, un vent va l'enlever ;
La table où nous rompons le pain est encor pleine,
Que la mort, par nos noms, nous dit de nous lever !
Quand le sillon finit, le soc le multiplie ;
Aucun œil du soleil ne tarit les rayons ;
20 Sous le flot des épis la terre inculte plie :
Le linceul, pour couvrir la race ensevelie,
       Manque-t-il donc aux nations ?

                    (...)

Et pourquoi nous haïr, et mettre entre les races
Ces bornes ou ces eaux qu'abhorre l'œil de Dieu ?
25 De frontières au ciel voyons-nous quelques traces ?
Sa voûte a-t-elle un mur, une borne, un milieu ?
Nations, mot pompeux pour dire barbarie,
L'amour s'arrête-t-il où s'arrêtent vos pas ?
Déchirez ces drapeaux ; une autre voix vous crie :
30 « L'égoïsme et la haine ont seuls une patrie ;
       La fraternité n'en a pas ! »

                    (...)

Roule libre et paisible entre ces fortes races
Dont ton flot frémissant trempa l'âme et l'acier,
Et que leur vieux courroux, dans le lit que tu traces,
35 Fonde au soleil du siècle avec l'eau du glacier !

Vivent les nobles fils de la grave Allemagne !
Le sang-froid de leurs fronts couvre un foyer ardent ;
Chevaliers tombés rois des mains de Charlemagne,
Leurs chefs sont les Nestors des conseils d'Occident.
40 Leur langue a les grands plis du manteau d'une reine,
La pensée y descend dans un vague profond ;
Leur cœur sûr est semblable au puits de la sirène,
Où tout ce que l'on jette, amour, bienfait ou haine,
       Ne remonte jamais du fond.

45 Roule libre et fidèle entre tes nobles arches,
Ô fleuve féodal, calme mais indompté !
Verdis le sceptre aimé de tes rois patriarches :
Le joug que l'on choisit est encor liberté !

1841.

Historique :
1839 : La France soutient Méhemet Ali, Pacha d'Egypte, en guerre contre la Turquie. L'Angleterre s'entend avec la Prusse, l'Autriche et la Russie pour soutenir les Turcs ;
1840 : Le ministère Thiers envisage d'entrer en guerre contre les quatre puissances européennes. Il est soutenu par l'opinion publique française, encore hantée par le souvenir de la Sainte-Alliance de 1815, et qui demande la reconquête de la rive gauche du Rhin ;
1840 (septembre) : Becker écrit l'Hymne au Rhin qui connaît un immense succès en Allemagne ;
1840 (octobre) : Louis-Philippe remplace Thiers par Guizot. On trouve un compromis sur le Moyen-Orient. La guerre est évitée.
1840 (décembre) : Rédaction de la Marseillaise de la Paix de Lamartine ;
1841 (juin) : Rédaction du Rhin Allemand de Musset.

Le Rhin allemand, par Becker

TRADUCTION FRANÇAISE

Ils ne l'auront pas, le libre Rhin allemand, quoiqu'ils le demandent dans leurs cris comme des corbeaux avides ;

Aussi longtemps qu'il roulera paisible, portant sa robe verte ; aussi longtemps qu'une rame frappera ses flots.

Ils ne l'auront pas, le libre Rhin allemand, aussi longtemps que les cœurs s'abreuveront de son vin de feu ;

Aussi longtemps que les rocs s'élèveront au milieu de son courant ; aussi longtemps que les hautes cathédrales se refléteront dans son miroir.

Ils ne l'auront pas, le libre Rhin allemand, aussi longtemps que de hardis jeunes gens feront la cour aux jeunes filles élancées.

Ils ne l'auront pas, le libre Rhin allemand, jusqu'à ce que les ossements du dernier homme soient ensevelis dans ses vagues.

Septembre 1840.

Le Rhin allemand, par Musset

RÉPONSE A LA CHANSON DE BECKER

Nous l'avons eu, votre Rhin allemand :
  Il a tenu dans notre verre.
  Un couplet qu'on s'en va chantant
  Efface-t-il la trace altière
Du pied de nos chevaux marqués dans votre sang ?

Nous l'avons eu, votre Rhin allemand.
  Son sein porte une plaie ouverte,
  Du jour où Condé triomphant
  A déchiré sa robe verte.
Où le père a passé, passera bien l'enfant.

Nous l'avons eu, votre Rhin allemand.
  Que faisaient vos vertus germaines,
  Quand notre César tout-puissant
  De son ombre couvrait vos plaines ?
Où donc est-il tombé, ce dernier ossement ?

Nous l'avons eu, votre Rhin allemand.
  Si vous oubliez votre histoire,
  Vos jeunes filles, sûrement,
  Ont mieux gardé notre mémoire ;
Elles nous ont versé votre petit vin blanc.

S'il est à vous, votre Rhin allemand,
  Lavez-y donc votre livrée,
  Mais parlez-en moins fièrement.
  Combien, au jour de la curée,
Étiez-vous de corbeaux contre l'aigle expirant ?

Qu'il coule en paix, votre Rhin allemand ;
  Que vos cathédrales gothiques
  S'y reflètent modestement !
  Mais craignez que vos airs bachiques
Ne réveillent les morts de leur repos sanglant.

1er juin 1841.

Nadar (1820-1910), *Portrait-charge de Lamartine* (BN).

1 — En fonction de la chronologie des textes et des événements, dégagez les valeurs respectives de provocation et d'apaisement de ces trois textes. Par quels procédés Becker et Musset cherchent-ils à provoquer leurs adversaires et à galvaniser leurs partisans ? Par quels procédés Lamartine essaie-t-il de rapprocher et apaiser les uns et les autres ?

2 — Quels sont les interlocuteurs de l'écrivain dans ces trois poèmes ? En quoi Lamartine se démarque-t-il de Becker et de Musset ?

3 — Le Rhin, fleuve et symbole :
  a) Quel est, dans chacun de ces textes, le rôle exact du Rhin (objet ou sujet du discours, argument-prétexte, etc.) ?
  b) La crise de 1840 portait sur un problème territorial. Dans ce contexte, le Rhin est-il : – un fleuve ? – une frontière ? – le symbole des territoires mitoyens ?
  c) Les images d'eau peuvent-elles, en fait, renvoyer à des images de terre(s) ?

4 — Comment Lamartine, malgré le titre du poème, s'éloigne-t-il de Rouget de Lisle ? Vous rechercherez, dans l'hymne national français, tout ce qui est un appel à la guerre.

5 — Relevez et classez, dans ces trois textes, les références aux sentiments nationaux et européens. Un discours « européen » était-il possible au XIXe siècle ? Et aujourd'hui ? Pourquoi ?

Si l'œuvre de Lamennais peut, de nos jours, paraître lointaine et idéaliste, elle a su rallier, en son temps, les suffrages de Balzac, Hugo, Michelet, Lamartine, Sainte-Beuve et George Sand. Ce prédicateur en rupture de ban a marqué le XIXᵉ siècle de ses idées généreuses.

Après 1830, il fonde le journal l'Avenir (qui sera condamné par le pape) pour défendre son idéal humanitaire : l'Église doit, selon lui, retrouver les principes de l'Évangile et se ranger du côté des opprimés. Définitivement condamné par Rome en 1832, il se retrouve en prison en 1840 pour avoir, dans un opuscule intitulé : Le Pays et le Gouvernement, attaqué la monarchie.

Vous êtes peuple : sachez d'abord ce que c'est que le peuple.

Il y a des hommes qui sous le poids du jour, sans cesse exposés au soleil, à la pluie, au vent, à toutes les
5 intempéries des saisons, labourent la terre, déposent dans son sein, avec la semence qui fructifiera, une portion de leur force et de leur vie, et en obtiennent ainsi, à la sueur de leur front, la nourriture nécessaire à tous.

10 Ces hommes-là sont des hommes du peuple.

D'autres exploitent les forêts, les carrières, les mines, descendent à d'immenses profondeurs, dans les entrailles du sol, afin d'en extraire le sel, la houille, le minerai, tous les matériaux indispensables aux
15 métiers, aux arts. Ceux-ci, comme les premiers, vieillissent dans un dur labeur, pour procurer à tous les choses dont tous ont besoin.

Ce sont encore des hommes du peuple.

D'autres fondent les métaux, les façonnent, leur
20 donnent les formes qui les rendent propres à mille usages variés ; d'autres travaillent le bois ; d'autres tissent la laine, le lin, la soie, fabriquent les étoffes diverses ; d'autres pourvoient de la même manière aux différentes nécessités qui dérivent ou de la nature
25 directement, ou de l'état social.

Ce sont encore des hommes du peuple.

Plusieurs, au milieu de périls continuels, par-courent les mers, pour transporter d'une contrée à l'autre ce qui est propre à chacune d'elles, ou luttent
30 contre les flots et les tempêtes sous les feux des tropiques comme au milieu des glaces polaires, soit pour augmenter par la pêche la masse commune des subsistances, soit pour arracher à l'océan une multi-tude de productions utiles à la vie humaine.

35 Ce sont encore des hommes du peuple.

Et qui prend les armes pour la patrie, qui la défend, qui donne pour elle ses plus belles années, et ses veilles et son sang ? qui se dévoue et meurt pour la sécurité des autres, pour leur assurer les tranquilles
40 jouissances du foyer domestique, si ce n'est les enfants du peuple ?

Quelques-uns d'eux aussi, à travers mille obs-tacles, poussés, soutenus par leur génie, développent et perfectionnent les arts, les lettres, les sciences,
45 qui adoucissent les mœurs, civilisent les nations, les environnent de cette splendeur éclatante qu'on ap-pelle la gloire, forment enfin une des sources, et la plus féconde, de la prospérité publique.

Ainsi, en chaque pays, tous ceux qui fatiguent
50 et qui peinent pour produire et répandre les produc-tions, tous ceux dont l'action tourne au profit de la communauté entière, les classes les plus utiles à son bien-être, les plus indispensables à sa conservation, voilà le peuple. Otez un petit nombre de privilégiés
55 ensevelis dans la pure jouissance, le peuple c'est le genre humain.

Sans le peuple nulle prospérité, nul développe-ment, nulle vie ; car point de vie sans travail, et le travail est partout la destinée du peuple.

60 Qu'il disparût soudain, que deviendrait la société ? Elle disparaîtrait avec lui. Il ne resterait que quelques rares individus dispersés sur le sol, qu'alors il leur faudrait bien cultiver de leurs mains. Pour vivre, ils seraient immédiatement obligés de se faire peuple.

65 Or, dans cette société presque uniquement composée du peuple, et qui ne subsiste que par le peuple, quelle est la condition du peuple ? que fait-elle pour lui ?

Elle le condamne à lutter sans cesse contre des
70 multitudes d'obstacles de tout genre qu'elle oppose à l'amélioration de son sort, au soulagement de ses maux ; elle lui laisse à peine une petite portion du fruit de ses travaux ; elle le traite comme le laboureur traite son cheval et son bœuf, et souvent moins bien ; elle lui
75 crée, sous des noms divers, une servitude sans terme et une misère sans espérance.

Toutefois, ne vous abusez ni sur le temps ni sur les choses. Gardez-vous de rêver l'impossible, ce qui ne peut être, ce qui ne sera jamais. Loin de remédier
80 aux maux qui surabondent en ce monde, vous ne feriez que les rendre plus nombreux et plus pesants.

L'égalité parfaite, absolue, non des droits (celle-ci constitue l'ordre même), mais des positions et des avantages annexés à chaque position, n'est point dans
85 les lois de la nature, qui a distribué inégalement ses dons entre les hommes, les forces du corps et celle de l'esprit. Sans cela, que seroit la société ? Comment subsisteroit-elle, comment se développeroit-elle, si la diversité des génies et des aptitudes ne produisoit
90 comme une série de destinations correspondantes aux fonctions qu'elle implique, depuis les plus hum-bles jusqu'aux plus élevés ? Ceux-ci labourent les champs, ceux-là cultivent la science, et tous contri-buent, à leur manière, au bien commun.

95 Le mouvement même de la vie sociale oppose un obstacle invincible à l'égalité des fortunes : établie le matin, le soir elle n'existeroit plus ; l'industrie plus ou moins intelligente, plus ou moins active, la bonne ou mauvaise économie l'auroient déjà détruite. Et l'on ne
100 doit pas s'en plaindre ; car ce continuel effort de chacun, cet instinctif emploi de ses facultés pour augmenter son propre bien-être est une des condi-tions du bien-être général.

Ne pensez pas non plus que votre état si
105 misérable puisse complètement changer tout d'un coup. Ce changement total et subit est, quoi que vous fassiez, impossible. Il impliquerait une violence telle

qu'au lieu de réformer la société, il briseroit les ressorts de la société.

Lorsque vous aurez réussi à donner pour fondement à l'organisation politique l'égalité chrétienne des droits, la régénération voulue de vous, et que Dieu vous commande de vouloir, s'accomplira de soi-même dans ses trois branches inséparables, l'ordre matériel, l'ordre intellectuel et l'ordre moral.

D'où vient le mal dans l'ordre matériel ? Est-ce de l'aisance des uns ? Non, mais du dénuement des autres ; de ce que, en vertu des lois faites par le riche pour l'exclusivité du riche, il profite presque seul du travail du pauvre, de plus en plus stérile pour lui. De quoi donc s'agit-il ? D'assurer au travail ce qui lui appartient équitablement dans les produits du travail même ; il s'agit, non de dépouiller celui qui possède déjà, mais de créer une propriété à celui qui maintenant est privé de toute propriété.

le Livre du Peuple, Londres, 1838, chap. I.

GRÉGOIRE XVI, 1832

(...) Mais puisqu'il est sûr que, pour nous servir des paroles des Pères de Trente, « l'Église a été instruite par Jésus-Christ et par ses Apôtres et (que) l'Esprit Saint, par une assistance de chaque jour, ne manque jamais de lui enseigner toute vérité », c'est le comble de l'absurdité et de l'outrage envers elle de prétendre qu'une *restauration,* une *régénération* lui sont nécessaires pour assurer sa conservation et son accroissement, comme si l'on pouvait la croire sujette, soit à la défaillance, soit à l'obscurcissement, soit à des altérations de même nature. Et que veulent ces novateurs téméraires, sinon « jeter les fondements d'une nouvelle institution humaine », et faire ce que saint Cyprien avait en horreur, que l'Église, qui est divine, « devienne humaine » ? (...).

Nous avons appris que des écrits répandus dans le peuple enseignent des doctrines qui ébranlent la fidélité et la soumission aux princes et qui allument partout les torches de la sédition ; il faudra donc bien prendre garde que, trompés par ces doctrines, les peuples ne s'écartent des sentiers du devoir. Que tous considèrent attentivement que selon l'avertissement de l'Apôtre, « il n'est point de puissance qui ne vienne de Dieu ; et celles qui existent ont été établies par Dieu ; ainsi résister au pouvoir, c'est résister à l'ordre de Dieu, et ceux qui résistent s'attirent sur eux-mêmes la condamnation ». Les droits divins et humains s'élèvent donc contre les hommes qui, par les manœuvres les plus noires de la révolte et de la sédition, s'efforcent de détruire la fidélité due aux princes et de les renverser de leurs trônes. (...).

Nous ne pourrions pas augurer pour la religion et pour le pouvoir civil des résultats plus heureux à partir des desseins de ceux qui veulent que l'Église soit séparée de l'État, et que la concorde mutuelle entre le sacerdoce et l'empire soit brisée. Car il est certain que cette concorde qui fut toujours si favorable et si salutaire à la fois pour la Religion et pour l'État, est redoutée par les partisans de la plus effrontée des libertés. (...).

Au reste, que Nos très chers fils en Jésus-Christ, les princes, favorisent, par leur puissance et leur autorité, les vœux que Nous formons avec eux pour la prospérité de la Religion et de l'État. Qu'ils considèrent que leur autorité leur a été donnée, non seulement pour gouverner le monde, mais surtout pour défendre l'Église, et que tout ce qui se fait pour l'avantage de l'Église se fait aussi pour leur pouvoir et leur repos. (...).

Encyclique Mirari vos, 1832.

LOUIS VEUILLOT (1813-1883), 1866.

Défenseur dans l'Univers religieux *des thèses chrétiennes les plus conservatrices, l'auteur s'attaque ici ouvertement à Lamennais et au* libéralisme catholique *en général :*

Tout ce qui émancipe l'homme du pouvoir de Dieu le précipite sous les pouvoirs de ce monde ; la barrière qu'il franchit en bravant les défenses divines est toujours la barrière de l'Eden. (...).

Étant donc dans cette situation en face de Dieu et de l'Église, je nie au chrétien, lui qui doit obéir, le droit de déléguer la désobéissance. Je lui nie le droit, non seulement de créer, mais même d'accepter sans protestation un pouvoir qui se constituerait indépendant de Dieu.

Le libéralisme catholique nie que le pouvoir puisse être chrétien ; je nie qu'il puisse impunément ne l'être pas et que nous puissions impunément nous dispenser de faire tout ce que la religion commande et approuve pour le maintenir chrétien ou l'obliger à le devenir.

Le pouvoir non chrétien, n'eût-il aucune autre religion, c'est le mal, c'est le diable, c'est la théocratie à l'envers. Si nous sommes forcés de subir ce malheur et cette honte, le malheur et la honte seront plus grands encore pour le monde que pour nous. (...).

l'Illusion libérale, chap. XIV., 1866.

1 — *Le style oratoire du sermon. Repérez-en les caractéristiques formelles : adresse au lecteur/auditeur, simplicité et rigueur de la composition, symétrie et progression des cinq premiers paragraphes, interrogations rhétoriques*, etc...*

2 — *Un double vocabulaire : d'origine religieuse, d'origine économique. Regroupez les termes relevant des différents champs lexicaux*, étudiez leur interpénétration. Quel est à votre avis celui qui prédomine ? Pourquoi ?*

3 — *Les solutions proposées par Lamennais. Sont-elles révolutionnaires ? Réformistes ? Réalistes ? Utopiques ? Déterminez la signification de ces termes et justifiez votre réponse.*

4 — *ENQUÊTE : les relations entre l'Église et le pouvoir au XIXe siècle. Reportez-vous également au dossier* Education, *no 75.*

Un antiquaire catalan, M. de Peyrehorade, a trouvé une statue romaine en bronze représentant Vénus, la déesse de l'Amour.

Mérimée, *autoportrait* (Bulloz).

Il est impossible de voir quelque chose de plus parfait que le corps de cette Vénus ; rien de plus suave, de plus voluptueux que ses contours ; rien de plus élégant et de plus noble que sa draperie. Je m'attendais à quelque ouvrage du Bas-Empire ; je voyais un chef-d'œuvre du meilleur temps de la statuaire. Ce qui me frappait
5 surtout, c'était l'exquise vérité des formes, en sorte qu'on aurait pu les croire moulées sur nature, si la nature produisait d'aussi parfaits modèles.

La chevelure, relevée sur le front, paraissait avoir été dorée autrefois. La tête, petite comme celle de presque toutes les statues grecques, était légèrement inclinée en avant. Quant à la figure, jamais je ne parviendrai à exprimer son caractère
10 étrange, et dont le type ne se rapprochait de celui d'aucune statue antique dont il me souvienne. Ce n'était point cette beauté calme et sévère des sculpteurs grecs, qui, par système, donnaient à tous les traits une majestueuse immobilité. Ici, au contraire, j'observais avec surprise l'intention marquée de l'artiste de rendre la malice arrivant jusqu'à la méchanceté. Tous les traits étaient contractés légèrement : les yeux un peu
15 obliques, la bouche relevée des coins, les narines quelque peu gonflées. Dédain, ironie, cruauté, se lisaient sur ce visage d'une incroyable beauté cependant. En vérité, plus on regardait cette admirable statue, et plus on éprouvait le sentiment pénible qu'une si merveilleuse beauté pût s'allier à l'absence de toute sensibilité.

« Si le modèle a jamais existé, dis-je à M. de Peyrehorade, et je doute que le
20 Ciel ait jamais produit une telle femme, que je plains ses amants ! Elle a dû se complaire à les faire mourir de désespoir. Il y a dans son expression quelque chose de féroce, et pourtant je n'ai jamais vu rien de si beau.

— *C'est Vénus tout entière à sa proie attachée !*
s'écria M. de Peyrehorade, satisfait de mon enthousiasme.

25 Cette expression d'ironie infernale était augmentée peut-être par le contraste de ses yeux incrustés d'argent et très brillants avec la patine d'un vert noirâtre que le temps avait donnée à toute la statue. Ces yeux brillants produisaient une certaine illusion qui rappelait la réalité, la vie. Je me souvins de ce que m'avait dit mon guide, qu'elle faisait baisser les yeux à ceux qui la regardaient. Cela était presque vrai, et je
30 ne pus me défendre d'un mouvement de colère contre moi-même en me sentant un peu mal à mon aise devant cette figure de bronze.

la Vénus d'Ille, 1837.

---

1 —   *Analyse du texte et technique de la description. Relevez et classez, dans la description de la statue, ce qui appartient :*
   a) au langage de l'amateur d'art ;
   b) au vocabulaire de la sensualité et de l'émotion ;
   c) Comment Mérimée combine-t-il ces deux registres ?
   d) Quelles sont les parts respectives de l'objectif et du subjectif dans cette description ?
   e) Comment se combinent l'aspect statique (description pure) et l'aspect dynamique, laissant présager de la suite ?

2 — *Pourquoi ce récit est-il écrit à la première personne ?*

3 — *LE FANTASTIQUE :*
   a) Quelle est la part d'une chronologie précise dans l'exposé des événements ? Pourquoi ce souci de précision ?
   b) Comment Mérimée utilise-t-il l'aspect objectif et lucide de la technique du reportage pour créer un climat de terreur ?
   c) Qu'est-ce que l'auteur laisse à deviner au lecteur ? Quel est son objectif ?

M. Alphonse, fils de M. de Peyrehorade, quelques heures avant de se marier, fait une partie de pelote basque qui commence mal pour lui.

M. Alphonse jeta sa raquette à terre avec fureur.

« C'est cette maudite bague, s'écria-t-il, qui me serre le doigt et me fait manquer une balle sûre ! »

Il ôta, non sans peine, sa bague de diamants : je m'approchais pour la recevoir ; mais il me prévint, courut à la Vénus, lui passa la bague au doigt annulaire, et reprit son poste à la tête des Illois. (...)

Il oublie la bague de mariage, qu'il comptait offrir à sa promise, au doigt de la statue.

Le mariage de M. Alphonse :

(...) M. de Peyrehorade, ayant réclamé le silence, lui chanta quelques vers catalans, impromptu, disait-il. En voici le sens, si je l'ai bien compris :

« Qu'est-ce donc, mes amis ? le vin que j'ai bu me » fait-il voir double ? Il y a deux Vénus ici... »

Le marié tourna brusquement la tête d'un air effaré, qui fit rire tout le monde.

« Oui, poursuivit M. de Peyrehorade, il y a deux » Vénus sous mon toit. L'une, que j'ai trouvée dans la » terre comme une truffe ; l'autre, descendue des cieux, » vient de nous partager sa ceinture. »

Il voulait dire sa jarretière.

« Mon fils, choisis de la Vénus romaine ou de la » catalane celle que tu préfères. Le maraud prend la » catalane, et sa part est la meilleure. La romaine est » noire, la catalane est blanche. La romaine est froide, » la catalane enflamme tout ce qui l'approche. » (...).

M. Alphonse, après son mariage, s'est absenté un instant pour aller récupérer sa bague de mariage. Il revient au repas de noces.

« Vous savez bien, mon anneau ? poursuivit-il après un silence.

— Eh bien, on l'a pris ?

— Non.

— En ce cas, vous l'avez ?

— Non... je... je ne puis l'ôter du doigt de cette diable de Vénus.

— Bon ! vous n'avez pas tiré assez fort.

— Si fait... Mais la Vénus... elle a serré le doigt. » (...).

Un bruit sourd de pas au milieu de la nuit. Un grand cri. Tout le monde se précipite dans la chambre des mariés. A terre le corps de M. Alphonse.

Je m'approchai du lit et soulevai le corps du malheureux jeune homme ; il était déjà raide et froid. Ses dents serrées et sa figure noircie exprimaient les plus affreuses angoisses. Il paraissait assez que sa mort avait été violente et son agonie terrible. Nulle trace de sang cependant sur ses habits. J'écartai sa chemise et vis sur sa poitrine une empreinte livide qui se prolongeait sur les côtes et le dos. On eût dit qu'il avait été étreint dans un cercle de fer. Mon pied posa sur quelque chose de dur qui se trouvait sur le tapis ; je me baissai et vis la bague de diamants.

la *Vénus d'Ille*, 1837

Le récit de la mariée :

— Elle était couchée, dit-elle, depuis quelques minutes, les rideaux tirés, lorsque la porte de sa chambre s'ouvrit, et quelqu'un entra. Alors Mme Alphonse était dans la ruelle du lit, la figure tournée vers la muraille. Elle ne fit pas un mouvement, persuadée que c'était son mari. Au bout d'un instant, le lit cria comme s'il était chargé d'un poids énorme. Elle eut grand-peur, mais n'osa pas tourner la tête. Cinq minutes, dix minutes peut-être... elle ne peut se rendre compte du temps, se passèrent de la sorte. Puis elle fit un mouvement involontaire, ou bien la personne qui était dans le lit en fit un, et elle sentit le contact de quelque chose de froid comme la glace, ce sont ses expressions. Elle s'enfonça dans la ruelle, tremblant de tous ses membres. Peu après, la porte s'ouvrit une seconde fois, et quelqu'un entra, qui dit : « Bonsoir, ma petite femme. » Bientôt après, on tira les rideaux. Elle entendit un cri étouffé. La personne qui était dans le lit, à côté d'elle, se leva sur son séant et parut étendre les bras en avant. Elle tourna la tête alors... et vit, dit-elle, son mari à genoux auprès du lit, la tête à la hauteur de l'oreiller, entre les bras d'une espèce de géant verdâtre qui l'étreignait avec force. Elle dit, et m'a répété vingt fois, pauvre femme !... elle dit qu'elle a reconnu... devinez-vous ? La Vénus de bronze, la statue de M. de Peyrehorade... Depuis qu'elle est dans le pays, tout le monde en rêve. Mais je reprends le récit de la malheureuse folle. A ce spectacle, elle perdit connaissance, et probablement depuis quelques instants elle avait perdu la raison. Elle ne peut en aucune façon dire combien de temps elle demeura évanouie. Revenue à elle, elle revit le fantôme, ou la statue, comme elle dit toujours, immobile, les jambes et le bas du corps dans le lit, le buste et les bras étendus en avant, et entre ses bras son mari, sans mouvement. Un coq chanta. Alors la statue sortit du lit, laissa tomber le cadavre et sortit. Mme Alphonse se pendit à la sonnette, et vous savez le reste. » (...).

M. de Peyrehorade mourut quelques mois après son fils (...).

P. S. Mon ami M. de P. vient de m'écrire de Perpignan que la statue n'existe plus. Après la mort de son mari, le premier soin de Mme de Peyrehorade fut de la faire fondre en cloche, et sous cette nouvelle forme elle sert à l'église d'Ille. Mais, ajoute M. de P., il semble qu'un mauvais sort poursuive ceux qui possèdent ce bronze. Depuis que cette cloche sonne à Ille, les vignes ont gelé deux fois.

la *Vénus d'Ille*, 1837.

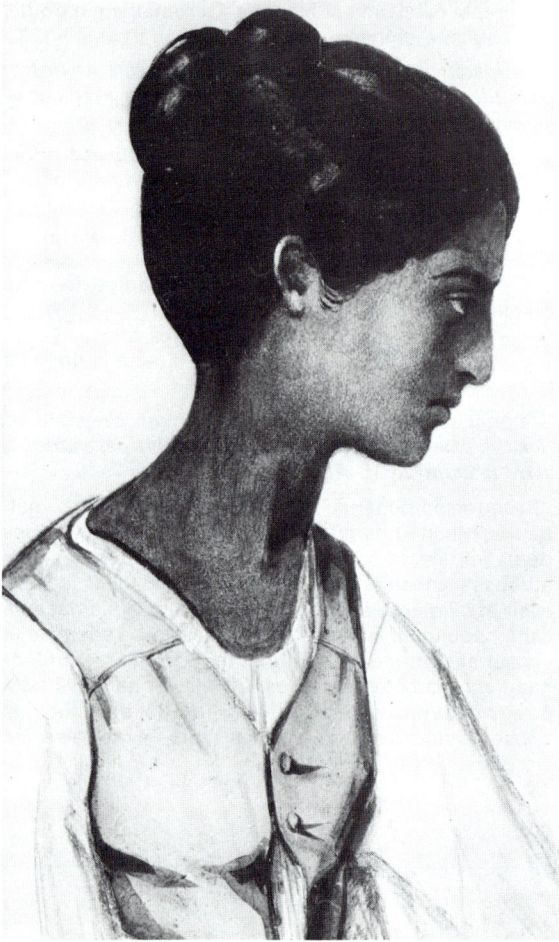

Mérimée, *Bohémienne des Vosges* (Bibliothèque nationale et universitaire de Strasbourg).

José Navarro, peu avant son exécution, raconte à Mérimée son histoire. Jeune homme doux et sérieux, il a été ensorcelé par la belle gitane Carmen. « *Tu es le diable, lui disais-je — Oui, me répondait-elle* ». Pour elle il devient brigand, voleur et assassin. Il la tuera finalement.

Je doute fort que mademoiselle Carmen fût de race pure, du moins elle était infiniment plus jolie que toutes les femmes de sa nation que j'aie jamais rencontrées. Pour qu'une femme soit belle, disent les Espagnols, il
5 faut qu'elle réunisse trente *si*, ou, si l'on veut, qu'on puisse la définir au moyen de dix adjectifs applicables chacun à trois parties de sa personne. Par exemple, elle doit avoir trois choses noires : les yeux, les paupières et les sourcils ; trois fines : les doigts, les lèvres, les
10 cheveux, etc. Voyez Brantôme **(1)** pour le reste. Ma bohémienne ne pouvait prétendre à tant de perfection. Sa peau, d'ailleurs parfaitement unie, approchait fort de la teinte du cuivre. Ses yeux étaient obliques, mais admirablement fendus ; ses lèvres un peu fortes, mais
15 bien dessinées et laissant voir des dents plus blanches que des amandes sans leur peau. Ses cheveux, peut-être un peu gros, étaient noirs, à reflets bleus comme l'aile d'un corbeau, longs et luisants. Pour ne pas vous fatiguer d'une description trop prolixe, je vous dirai en somme
20 qu'à chaque défaut elle réunissait une qualité qui ressortait peut-être plus fortement par le contraste. C'était une beauté étrange et sauvage, une figure qui étonnait d'abord, mais qu'on ne pouvait oublier. Ses yeux surtout avaient une expression à la fois volup-
25 tueuse et farouche que je n'ai trouvée depuis à aucun regard humain. Œil de bohémien, œil de loup, c'est un dicton espagnol qui dénote une bonne observation. Si vous n'avez pas le temps d'aller au jardin des Plantes pour étudier le regard d'un loup, considérez votre chat
30 quand il guette un moineau.

Carmen, 1845.

(1) *(1537-1614). Auteur des* Dames Galantes, *où sont décrites à fil de page les belles dames de la cour.*

Ci-contre : Gustave Doré (1832-1883), *contrebandier de Ronda avec sa maja* (Giraudon).

---

1 — *L'ART DU PORTRAIT. Relevez et comptez, dans chaque portrait présenté ici, les notations concrètes et les notations abstraites. Chaque texte se caractérise-t-il par la même formule ? Comparez aussi l'ordre dans lequel apparaissent les séries. Quel est le texte le plus descriptif, le plus suggestif, celui qui présente le plus d'équilibre entre ces deux tendances ?*

2 — *FONCTIONS DU PORTRAIT.*
   a) Reportez-vous dans l'index thématique au mot « portraits ». Choisissez-en quelques-uns. Essayez de repérer les « intrusions d'auteur » dans des portraits qui pourraient, à première vue, apparaître comme objectifs. Quel est l'effet recherché ? Et l'effet obtenu ?
   b) D'une manière générale, aimez-vous que le récit s'interrompe pour laisser place à de semblables descriptions ? Qu'apportent-elles, ou qu'enlèvent-elles ?

3 — *ENQUÊTE : Vous pouvez élargir votre recherche à un ensemble de textes plus grand, allant par exemple de* La Princesse de Clèves *(XVIIᵉ) à* San-Antonio *(XXᵉ), et vous poser, individuellement ou en groupe, plusieurs types de questions : portrait objectif/portrait subjectif ? écriture d'homme/écriture de femme ? place et fonction du portrait dans la narration ? etc.*

PORTRAITS DE FEMMES

Colomba, dans la nouvelle de **MÉRIMÉE** *qui porte ce titre,*   **1840**

Le lendemain, un peu avant le retour des chasseurs, miss Nevil, revenant d'une promenade au bord de la mer, regagnait l'auberge avec sa femme de chambre, lorsqu'elle remarqua une jeune femme vêtue de noir, montée sur un cheval de petite taille, mais vigoureux, qui entrait dans la ville. Elle était suivie d'une espèce de paysan, à cheval aussi, en veste de drap brun trouée aux coudes, une gourde en bandoulière, un pistolet pendant à la ceinture ; à la main, un fusil, dont la crosse reposait dans une poche de cuir attachée à l'arçon de la selle ; bref, en costume complet de brigand de mélodrame ou de bourgeois corse en voyage. La beauté remarquable de la femme attira d'abord l'attention de miss Nevil. Elle paraissait avoir une vingtaine d'années. Elle était grande, blanche, les yeux bleu foncé, la bouche rose, les dents comme de l'émail. Dans son expression on lisait à la fois l'orgueil, l'inquiétude et la tristesse. Sur sa tête, elle portait ce voile de soie noire nommé *mezzaro,* que les Génois ont introduit en Corse, et qui sied si bien aux femmes. De longues nattes de cheveux châtains lui formaient comme un turban autour de la tête. Son costume était propre, mais de la plus grande simplicité.

Et en réalité (lettre à son ami Requien, datée de Bastia, 30/9/1839):

J'ai vu encore une héroïne, Mme Colomba, qui excelle dans la fabrication des cartouches et qui s'entend même fort bien à les envoyer aux personnes qui ont le malheur de lui déplaire. J'ai fait la conquête de cette illustre dame qui n'a que soixante-cinq ans, et en nous quittant nous nous sommes embrassés à la Corse, id est sur la bouche. Pareille bonne fortune m'est arrivée avec sa fille, héroïne aussi, mais de vingt ans, belle comme les amours, avec des cheveux qui tombent à terre, trente-deux perles dans la bouche, des lèvres de tonnerre de Dieu, cinq pieds trois pouces et qui à l'âge de seize ans a donné une raclée des plus soignées à un ouvrier de la faction opposée. On la nomme la Morgana et elle est vraiment fée, car j'en suis ensorcelé ; pourtant il y a quinze jours que cela m'est arrivé. Sans les punaises, la Corse serait un pays charmant, mais on en trouve partout. Il faudrait encore qu'il y eût des dryades ou des nymphes pour répondre aux soupirs des voyageurs, mais on y est horriblement moral.

Une femme vue par une autre femme : **FLORA TRISTAN** *décrit, dans son autobiographie, parue en* **1833-1834***, la señora Gamarra :***

Elle m'examinait avec une grande attention, et je la regardais avec non moins d'intérêt : tout en elle annonçait une femme hors ligne, et aussi extraordinaire par la puissance de sa volonté que par la haute portée de son intelligence. Elle pouvait avoir trente-quatre ou trente-six ans, était de taille moyenne et fortement constituée, quoiqu'elle fût très maigre. Sa figure, d'après les règles avec lesquelles on prétend mesurer la beauté, certes n'était pas belle ; mais à en juger par l'effet qu'elle produisait sur tout le monde, elle surpassait la plus belle.

Comme Napoléon, tout l'empire de sa beauté était dans son regard : que de fierté, de hardiesse et de pénétration ! avec quel ascendant irrésistible il imposait le respect, entraînait les volontés, captivait l'admiration ! L'être à qui Dieu a donné de tels regards n'a pas besoin de la parole pour commander à ses semblables ; il possède une puissance de persuasion qu'on subit et qu'on ne discute pas. Son nez était long, le bout légèrement retroussé ; sa bouche grande, mais bien d'expression ; sa figure longue ; les parties osseuses et les muscles étaient fortement prononcés ; sa peau très brune, mais pleine de vie. Elle avait une énorme tête parée de longs et épais cheveux descendant très bas sur le front ; ils étaient d'un châtain foncé luisant et soyeux. Sa voix avait un son sourd, dur, impératif ; elle parlait d'une manière brusque et saccadée. Ses mouvements étaient assez gracieux, mais trahissaient constamment la préoccupation de sa pensée. (...). Elle avait des bagues à tous les doigts, des boucles d'oreilles en diamants, un collier de perles fines de la plus grande beauté, et au-dessous pendait un petit scapulaire sale et tout usé.

Pérégrinations d'une paria, 1833-1834.

Hadd, *Caricature de Michelet* (BN).

Barbares, sauvages, enfants, peuple même (pour la plus grande part) ils on cette misère commune, que leur instinct est méconnu, qu'eux-mêmes ne savent poin nous le faire comprendre. Ils sont comme des muets, souffrent, s'éteignent en silence Et nous n'entendons rien, nous le savons à peine. L'homme d'Afrique meurt sur son
5 silo dévasté, il meurt et ne se plaint pas. L'homme d'Europe travaille à mort, finit dans un hôpital, sans que personne l'ait su. L'enfant, même l'enfant riche, languit et ne se peut plaindre ; personne ne veut l'écouter ; le moyen âge, fini pour nous, continue pour lui dans sa barbarie.

Spectacle étrange ! D'une part, des existences pleines de jeune et puissante
10 vie... Mais ces êtres sont comme enchantés (1) encore, ils ne peuvent faire entendre leurs pensées et leurs douleurs. D'autre part, en voilà d'autres qui ont recueilli tout ce que l'humanité a jamais forgé d'instruments pour analyser, pour exprimer la pensée, langues, classifications, et logique, et rhétorique, mais la vie est faible en eux... Ils auraient besoin que ces muets, en qui Dieu verse sa sève à pleins bords, leur en
15 donnassent une goutte.

Qui ne ferait des vœux pour ce grand peuple, qui, des basses et obscures régions, aspire et monte à tâtons, sans lumière pour monter, n'ayant pas même une voix pour gémir... Mais leur silence parle... (...)

Moi, pauvre rêveur solitaire, que pouvais-je donner à ce grand peuple muet
20 ce que j'avais, une voix... Que ce soit leur première entrée dans la Cité du droit, dont ils sont exclus jusqu'ici.

J'ai fait parler dans ce livre ceux qui n'en seront pas même à savoir s'ils ont un droit au monde. Tous ceux-là qui gémissent ou souffrent en silence, tout ce qui aspire et monte à la vie, c'est mon peuple... C'est le Peuple. — Qu'ils viennent tous avec moi

25 Que ne puis-je agrandir la Cité, afin qu'elle soit solide ! Elle branle, elle croule, tant qu'elle est incomplète, exclusive, injuste. Sa justice, c'est sa solidité. Si elle ne veut être que juste, elle ne sera pas même juste. Il faut qu'elle soit sainte et divine, fondée sur celui qui seul fonde.

Elle sera divine, si au lieu de fermer jalousement ses portes, elle rallie tout ce qu'il y a d'enfants de Dieu, les derniers, les plus humbles (malheur à qui rougira de son frère !). Tous, sans distinction de classe ni classification, faibles ou forts, simples ou sages, qu'ils apportent ici leur sagesse et leur instinct. Ces impuissants, ces incapables, ces *miserabiles personae,* qui ne peuvent rien pour eux-mêmes, ils peuvent beaucoup pour nous. Ils ont en eux un mystère de puissance inconnue, une
35 fécondité cachée, des sources vives au fond de leur nature. La Cité, en les appelant, appelle la vie, qui seule peut la renouveler.

Donc, qu'ici l'homme avec l'homme, que l'homme avec la nature, aient, après ce long divorce, l'heureuse réconciliation ; que tous les orgueils finissent, que la Cité protectrice aille du ciel à l'abîme, vaste comme le sein de Dieu !

40 Je proteste, pour ma part, que s'il reste quelqu'un derrière qu'elle repousse et n'abrite point de son droit, moi, je n'y entrerai point, et je resterai au seuil.

le Peuple, 1846, 2ᵉ partie, chap. IX.

(1) Sous l'effet d'un enchantement.

1 — *Vous relèverez les éléments qui font de ce texte un véritable « morceau de bravoure », d'une rhétorique concertée : symétries, antithèses, répétitions, alternance des constructions binaires et ternaires, exhortations et exclamations, appels à la connivence du lecteur, etc.*

2 — *Relevez les expressions qui concernent le peuple, celles qui concernent « les autres », « nous » et enfin « je ». Quelles sont leurs oppositions, notamment dans les métaphores parole/silence et mort/vie ?*

3 — *Essayez de résumer par un schéma utilisant des signes logiques les rapports entre les différents termes : Peuple, Nous, Je, Cité, Dieu.*

4 — *Analyse des résultats du tableau ci-contre. Commentez l'emploi des mots « peuple » et « ouvriers » par les différents acteurs sociaux. Peut-on effectuer des regroupements ? Si oui, ces regroupements infirment-ils ou confirment-ils ce que vous pouvez savoir du rôle politique des différents locuteurs ?*

LE PEUPLE CHEZ MICHELET :

Selon un critique contemporain, les œuvres de Michelet constituent une « encyclopédie romantique » (1).

Dans Le Peuple, *publié en 1846, Michelet pose le problème de la* responsabilité de l'historien, *et dirait-on en termes modernes, du rôle de l'intellectuel dans la société. Cet ouvrage connaît un succès considérable, dès sa publication : il sera réédité deux fois en 1846.*

Le but de Michelet est de donner la parole au grand acteur muet de l'Histoire, le peuple, dont selon lui, ni romanciers ni historiens n'ont su peindre la grandeur cachée.

Dans cette page, l'auteur nous montre un peuple à la fois puissant (parce qu'il contient la vie) et impuissant (parce qu'il n'a pas la parole), pour lequel il revendique le « droit des simples ». Il appelle les travailleurs et les hommes d'étude (appartenant à la bourgeoisie) à unir leurs qualités respectives dans l'harmonie d'une Cité future : « Un peuple ! une patrie ! une France !... Ne devenons jamais deux nations, je vous prie. » *(dédicace à M. Edgar Quinet).*

Lamartine retrouvera les mêmes accents, le 24 février 1848, quand il définira le gouvernement provisoire constitué par les insurgés parisiens comme « le gouvernement qui suspend le malentendu terrible qui existe entre les différentes classes. »

Cette tentative préfigure, au XIXᵉ siècle, le socialisme d'un Péguy. Les marxistes, eux, y voient un effort paternaliste de « récupération » de l'élan populaire par la bourgeoisie libérale, dont Michelet serait en fait le porte-parole.

Sur la fin de sa vie, Michelet, dans Nos fils *(1869), revient en des termes émouvants sur cette coupure entre les différentes classes sociales qu'il a, tout au long de son œuvre, essayé de conjurer :*

« Si l'on ouvre mon cœur à ma mort, on lira l'idée qui m'a suivi : « Comment viendront les livres populaires ? » Ô problème ! être vieux et jeune, tout à la fois, être un sage, un enfant ! J'ai roulé ces pensées toute ma vie. Elles se représentaient toujours et m'accablaient. Là, j'ai senti notre misère, l'impuissance des hommes de lettres, des subtils. Je me méprisais. Je suis né peuple, j'avais le peuple dans le cœur... J'ai pu, en 46, poser le droit du peuple plus qu'on ne fit jamais... Mais sa langue, sa langue, elle m'était inaccessible. Je n'ai pas pu le faire parler. »

(1) Paul Viallaneix, La Voie royale, *Flammarion, 1971.*

LE MOT « PEUPLE » EN 1848 :

La fréquence d'une dizaine de mots (peuple, ouvriers, France, citoyens, hommes, société, travailleurs, assemblée, ouvriers, association) a été étudiée à l'aide d'un ordinateur, dans différents textes contemporains de la révolution de 1848, notamment :
- *des articles de l'*Atelier, *un journal ouvrier célèbre ;*
- *des chansons populaires ;*
- *des discours, récits et notes de Hugo ;*
- *des discours de Lamartine ;*
- *des pétitions ouvrières adressées au Gouvernement Central ;*
- *des articles, fragments et notes de Proudhon.*

Voici les résultats (mots classés du plus fréquent au moins fréquent) :

	L'Atelier	Chansons	Hugo	Lamartine	Pétitions	Proudhon
1	ouvriers	peuple	peuple	peuple	ouvriers	peuple
2	assemblée	France	France	France	travailleurs	hommes
3	peuple	hommes	hommes	citoyens	société	citoyens
4	hommes	citoyens	assemblée	hommes	ouvriers	France
5	travailleurs	ouvriers	ouvriers	assemblée	association	société
6	France	travailleurs	ouvriers	association	citoyens	assemblée
7	citoyens	ouvriers	citoyens	ouvriers	assemblée	ouvriers
8	ouvriers	assemblée	travailleurs	société	France	travailleurs
9	société	société	société	travailleurs	hommes	ouvriers
10	association				peuple	

Ces résultats sont tirés d'un article de M. Tournier, « Le mot peuple en 1848 », Romantisme, 1975, nº 9.

La scène se passe à Florence en 1535 : les Strozzi, dont le chef est Philippe, luttent contre le tyran Alexandre, bâtard des Médicis. Lorenzo, cousin d'Alexandre, considéré comme un jeune débauché et un couard, est ici l'objet des railleries du duc.

Par la suite, Lorenzo, essayant d'échapper au sentiment de son impuissance, va, en franc-tireur, conspirer contre son cousin. Il finit par l'assassiner, et offre aux républicains ennemis des Médicis d'utiliser à leur profit la vacance du pouvoir. Ceux-ci, se méfiant d'un complice qu'ils jugent trop veule et trop compromis, ne savent pas profiter de cette occasion. Lorenzaccio est assassiné à son tour par ses propres ennemis, et le pouvoir récupéré par un nouveau tyran.

Mucha, *affiche*

LE DUC. — (...) Tenez ! *(Lorenzo paraît au fond d'une galerie basse.)* Regardez-moi ce petit corps maigre, ce lendemain d'orgie ambulant. Regardez-moi ces yeux plombés, ces mains fluettes et maladives à peine assez fermes pour soutenir un éventail ; ce visage morne, qui sourit quelquefois, mais qui n'a pas la force de rire. C'est là un homme à craindre ? Allons, allons ! vous vous moquez de lui. Hé ! Renzo, viens donc ici ; voilà sire Maurice qui te cherche dispute.

LORENZO, *montant l'escalier de la terrasse.* — Bonjour, messieurs les amis de mon cousin !

LE DUC. — Lorenzo, écoute ici. Voilà une heure que nous parlons de toi. Sais-tu la nouvelle ? Mon ami, on t'excommunie en latin, et sire Maurice t'appelle un homme dangereux, le cardinal aussi ; quant au bon Valori, il est trop honnête pour prononcer ton nom.

LORENZO. — Pour qui dangereux, Éminence ?

LE CARDINAL. — Les chiens de cour peuvent être pris de la rage comme les autres chiens.

LORENZO. — Une insulte de prêtre doit se faire en latin.

SIRE MAURICE. — Il s'en fait en toscan, auxquelles on peut répondre.

LORENZO. — Sire Maurice, je ne vous voyais pas : excusez-moi, j'avais le soleil dans les yeux ; mais vous avez bon visage et votre habit me paraît tout neuf.

SIRE MAURICE. — Comme votre esprit ; je l'ai fait faire d'un vieux pourpoint de mon grand-père.

LORENZO. — Cousin, quand vous aurez assez de quelque conquête des faubourgs, envoyez-la donc chez sire Maurice. Il est malsain de vivre sans femme, pour un homme qui a, comme lui, le cou court et les mains velues.

SIRE MAURICE. — Celui qui se croit le droit de plaisanter doit savoir se défendre. A votre place, je prendrais une épée.

LORENZO. — Si l'on vous a dit que j'étais un soldat, c'est une erreur ; je suis un pauvre amant de la science.

SIRE MAURICE. — Votre esprit est une épée acérée, mais flexible. C'est une arme trop vile ; chacun fait usage des siennes. *(Il tire son épée).*

VALORI. — Devant le duc, l'épée nue !

LE DUC, *riant.* — Laissez faire, laissez faire. Allons, Renzo, je veux te servir de témoin ; qu'on lui donne une épée !

LORENZO. — Monseigneur, que dites-vous là ?

LE DUC. — Eh bien ! ta gaieté s'évanouit si vite ? Tu trembles, cousin ? Fi donc ! tu fais honte au nom de Médicis. Je ne suis qu'un bâtard, et je le porterais mieux que toi, qui es légitime ! Une épée, une épée ! un Médicis ne se laisse point provoquer ainsi. Pages, montez ici ; toute la cour le verra, et je voudrais que Florence entière y fût.

LORENZO. — Son Altesse se rit de moi.

LE DUC. — J'ai ri tout à l'heure, mais maintenant je rougis de honte. Une épée ! *(Il prend l'épée d'un page et la présente à Lorenzo).*

VALORI. — Monseigneur, c'est pousser trop loin les choses. Une épée tirée en présence de Votre Altesse est un crime punissable dans l'intérieur du palais.

LE DUC. — Qui parle ici quand je parle ?

VALORI. — Votre Altesse ne peut avoir eu d'autre dessein que celui de s'égayer un instant, et sire Maurice lui-même n'a point agi dans une autre pensée.

LE DUC. — Et vous ne voyez pas que je plaisante encore ! Qui diable pense ici à une affaire sérieuse ? Regardez Renzo, je vous en prie : ses genoux tremblent ; il serait devenu pâle, s'il pouvait le devenir. Quelle contenance, juste Dieu ! Je crois qu'il va tomber. *(Lorenzo chancelle ; il s'appuie sur la balustrade et glisse à terre tout d'un coup.)*

LE DUC, *riant aux éclats.* — Quand je vous le disais ! personne ne le sait mieux que moi ; la seule vue d'une épée le fait trouver mal. Allons ! chère Lorenzetta, fais-toi emporter chez ta mère. *(Les pages relèvent Lorenzo.)*

SIRE MAURICE. — Double poltron ! fils de catin !

LE DUC. — Silence ! sire Maurice ; pesez vos paroles, c'est moi qui vous le dis maintenant : pas de ces mots-là devant moi.

VALORI. — Pauvre jeune homme ! *(Sire Maurice et Valori sortent.)*

LE CARDINAL, *resté seul avec le duc.* — Vous croyez à cela, monseigneur ?

LE DUC. — Je voudrais bien savoir comment je n'y croirais pas.

LE CARDINAL. — Hum ! c'est bien fort.

LE DUC. — C'est justement pour cela que j'y crois. Vous figurez-vous qu'un Médicis se déshonore publiquement, par partie de plaisir ? D'ailleurs ce n'est pas la première fois que cela lui arrive ; jamais il n'a pu voir une épée.

LE CARDINAL. — C'est bien fort ! c'est bien fort ! *(Ils sortent.)*

Lorenzaccio. 1834, Acte I, scène 4.

ACTUALISATION ET PARODIE :

VIARD ET ZACHARIAS, 1967 *dans* le Mytheux, *écrivent un pastiche de la pièce de Musset. Florence devient la banlieue parisienne, le duc tyran un député véreux, les républicains la gauche française, Lorenzaccio Laurent Sachot, et la scène se passe vers 1960 :*

Valore se jeta à l'eau :

— Pour tout dire, il s'agit du jeune Laurent Sachot. L'étonnement de Leduc fut vif. (...)

(Valore reprend)

Il est vulnérable et nous craignons qu'au cours d'une vadrouille comme vous savez qu'il en fait chaque soir, il ne se laisse aller à des gestes inconsidérés.

— Dites ce que vous pensez ?

— Mais je vous le dis ! Qu'il provoque une bagarre, au cours de laquelle il pourrait y avoir des blessés. Et pas seulement à coups de poings.

Leduc ne peut s'empêcher de rire.

— A coup de quoi ? De bouteilles de champagne ? Mais le malheureux se ferait envoyer au royaume des tapes avant d'avoir pu saisir la moindre roteuse entre ses mains de minet. (...).

— Comment ? dit en même temps le sénateur Valore, imperméable à cet argot distingué.

— Pardonnez-moi, reprit Leduc, je voulais dire que c'est impossible. Laurent est un pauvre petit type, intelligent, mais rêveur, mythomane même. Il passe toutes ses nuits dehors, mais il a du sang de navet (...) *(Leduc soumet Laurent à une épreuve) :*

Leduc expliqua au sénateur :

— Vous voyez ces silhouettes en acier de cent quatre-vingts centimètres de haut et d'un centimètre d'épaisseur qui ont la forme d'un homme en train de tirer ? Ce sont les boucliers. Les silhouettes se font face à face. Elles sont à dix mètres, pas plus, l'une de l'autre. On met un joueur armé derrière chacune d'elles. Il s'y trouve à l'abri. Mais s'il veut tirer sur l'autre silhouette, il doit sortir — très vite — un œil, pour viser et le bras pour tirer. C'est celui qui place le plus de coups au but dans le moindre temps possible qui a gagné.

Des gouttes de sueur perlaient sur le front de Sachot. Il supplia :

— Non, pas ça, Alex, pas ça, je t'en prie !

Leduc lui jeta un regard de mépris :

— Regardez-le, monsieur le sénateur ! Un dur, ça ? Une femmelette, voulez-vous dire. On n'a pas sorti les soufflants, il tremble déjà comme une tante.

— Alex, non !

— Ta gueule ! Quand je pense que tu es de la même famille que moi, j'ai envie de cracher par terre.

Il fit un signe à Hire :

— Les flingues.

— Les voilà, patron.

C'étaient deux énormes P. 45.

Leduc en prit un et le tendit à Sachot, qui l'accepta d'une main moite et molle. (...)

La tête dans les épaules, le visage blafard, les mains tremblantes, Laurent était lamentable à voir. Il avait l'attitude d'un moribond, à bout de course, qui va se laisser tomber dans le fossé, dans l'étang, dans la neige, dans n'importe quoi. Du traître qui n'a pas le sursaut de se laisser fusiller dignement. Ce n'était plus rien, même pas une loque. Rien.

— Feu ! cria Leduc.

Sachot resta derrière son abri. (...).

— Quand je pense que j'ai accepté « ça » à mes côtés pendant trois ans, fit Leduc.

Sachot, les bras passés autour de la dure plaque d'acier, essayait de se raccrocher. Mais sans y parvenir. Ses genoux fléchirent et les bras, comme tout le corps, glissèrent sans fin. Il n'y eut plus bientôt qu'une petite masse roulée sur elle-même.

— On arrête le carnage ! gueula Leduc, sans aucune envie de rigoler.

— C'est Hercule aux pieds d'Omphale, murmura le sénateur Valore, qui sans y penser mit ainsi un peu de culture dans toute cette barbarie.

Les deux hommes regagnèrent le stand. Ils s'arrêtèrent devant la pauvre chose pis que morte.

Leduc n'eut aucune pitié.

Il donna un coup de pied dedans.

— Une flaque répandue sur le trottoir, Laurent Sachot !

le Mytheux, Gallimard, « Série Noire », 1967.

---

1 — *DÉNOMINATIONS*
   a) *Relevez les différents noms ou sobriquets appliqués au héros de ces deux textes, et classez-les en fonction de leur plus ou moins grande valeur péjorative.*
   b) *Quels renseignements ces appellations fournissent-elles sur le héros — et sur ses interlocuteurs ?*
   c) *Sont-ce seulement des injures ? Quels renseignements nous sont ainsi fournis sur les relations entre les personnages ?*

2 — *PARODIE*
   a) *Expliquez le titre* le Mytheux *choisi par Viard et Zacharias.*
   b) *Sous l'apparence du relâchement le texte du* Mytheux *s'appuie étroitement sur celui de Musset. Relevez et commentez les ressemblances et les différences (dans les niveaux de langue utilisés, les genres littéraires employés, le déroulement des faits).*

3 — *ROMANTISME ET RENAISSANCE : Exposé.*
   A la lumière des événements de 1830 (se référer à Delacroix, n° 29), expliquez en quoi la pièce de Musset, qui traite d'une conspiration de 1535, est tout à fait d'actualité en 1834. Vous analyserez plus particulièrement ce qui est dit dans la pièce des républicains (florentins ?), de leurs divisions et de leurs faiblesses (Lorenzaccio acte II, scènes 1, 5 ; III, 3, 7 ; IV, 7, 8 ; V, 2, 3, 5).

Musset en costume de page.

OCTAVE. — O Cœlio ! fou que tu es ! tu as un pied de blanc sur les joues !
— D'où te vient ce large habit noir ? N'as-tu pas de honte en plein carnaval ?

CŒLIO. — Quelle vie que la tienne ! Ou tu es gris, ou je le suis moi-même.

OCTAVE. — Ou tu es amoureux, ou je le suis moi-même.

5 CŒLIO. — Plus que jamais de la belle Marianne.

OCTAVE. — Plus que jamais de vin de Chypre.

CŒLIO. — J'allais chez toi quand je t'ai rencontré.

OCTAVE. — Et moi aussi j'allais chez moi. Comment se porte ma maison ?
Il y a huit jours que je ne l'ai vue.

10 CŒLIO. — J'ai un service à te demander.

OCTAVE. — Parle, Cœlio, mon cher enfant. Veux-tu de l'argent ? Je n'en
ai plus. Veux-tu des conseils ? Je suis ivre. Veux-tu mon épée, voilà une batte
d'arlequin. Parle, parle, dispose de moi.

CŒLIO. — Combien de temps cela durera-t-il ? Huit jours hors de chez toi !
15 Tu te tueras, Octave.

OCTAVE. — Jamais de ma propre main, mon ami, jamais ; j'aimerais mieux
mourir que d'attenter à mes jours.

CŒLIO. — Et n'est-ce pas un suicide comme un autre, que la vie que tu
mènes !

20 OCTAVE. — Figure-toi un danseur de corde, en brodequins d'argent, le
balancier au poing, suspendu entre le ciel et la terre ; à droite et à gauche, de vieilles
petites figures racornies, de maigres et pâles fantômes, des créanciers agiles, des
parents et des courtisanes, toute une légion de monstres, se suspendent à son
manteau et le tiraillent de tous côtés pour lui faire perdre l'équilibre ; des phrases
25 redondantes, de grands mots enchâssés cavalcadent autour de lui ; une nuée de
prédictions sinistres l'aveugle de ses ailes noires. Il continue sa course légère de
l'orient à l'occident. S'il regarde en bas, la tête lui tourne ; s'il regarde en haut, le pied
lui manque. Il va plus vite que le vent, et toutes les mains tendues autour de lui ne lui
feront pas renverser une goutte de la coupe joyeuse qu'il porte à la sienne. Voilà ma
30 vie, mon cher ami ; c'est ma fidèle image que tu vois.

CŒLIO. — Que tu es heureux d'être fou !

OCTAVE. — Que tu es fou de ne pas être heureux ! Dis-moi un peu, toi,
qu'est-ce qui te manque ?

les Caprices de Marianne, 1834, I, 1.

Cœlio, sentimental timide, est amoureux de Marianne. Il charge de ses intérêts son ami Octave, esprit volage et cynique, d'un caractère rigoureusement antithétique. Octave obtient un rendez-vous de Marianne, envoie Cœlio tenter sa chance à sa place, mais celui-ci est tué par le vieux Claudio, mari de Marianne. Octave pleure cette mort tragique, et repousse définitivement Marianne qui s'offrait à le consoler.

1 — *Relevez les termes et les expressions qui opposent Octave à Coelio au premier acte. A partir de ces éléments, tracez un portrait psychologique des deux personnages.*

2 — *NOTEZ les occurrences* de l'opposition vie/mort dans le texte. Les deux personnages emploient-ils les termes relevant de ce champ lexical dans le même sens ? Quels sont les signes prémonitoires dans cette scène ? Qui concernent-ils ?*

3 — *L'allégorie* du danseur de corde. Quelle est la part de la critique sociale ? Quelle philosophie de la vie exprime-t-elle ? (Se référer à la Confession d'un enfant du siècle, texte n° 45.)*

4 — *Dans la dernière scène (ci-contre), les deux personnages d'Octave et Coelio sont-ils encore antithétiques ? Relevez les éléments qui les opposent et ceux qui les unissent. A l'aide du texte de R. Laing, pouvez-vous expliquer pourquoi la mort de Coelio permet à Octave de s'identifier à lui ? Musset ne s'identifie-t-il pas lui-même à ses personnages ? Que peut-on en conclure ? (Se référer au texte des Nuits, page suivante).*

Dans la dernière scène des Caprices de Marianne, *Cœlio mort, Octave et Marianne se retrouvent sur sa tombe :*

Un cimetière.
OCTAVE et MARIANNE,
auprès d'un tombeau.

OCTAVE. — Moi seul au monde je l'ai connu. Cette urne d'albâtre, couverte de ce long voile de deuil, est sa parfaite image. C'est ainsi qu'une douce mélancolie voilait les perfections de cette âme tendre et délicate. Pour moi seul, cette vie silencieuse n'a point été un mystère. Les longues soirées que nous avons passées ensemble sont comme de fraîches oasis dans un désert aride ; elles ont versé sur mon cœur les seules gouttes de rosée qui y soient jamais tombées. Cœlio était la bonne partie de moi-même ; elle est remontée au ciel avec lui. C'était un homme d'un autre temps ; il connaissait les plaisirs, et leur préférait la solitude ; il savait combien les illusions sont trompeuses, et il préférait ses illusions à la réalité. Elle eût été heureuse, la femme qui l'eût aimé.

MARIANNE. — Ne serait-elle point heureuse, Octave, la femme qui t'aimerait ?

OCTAVE. — Je ne sais point aimer ; Cœlio seul le savait. La cendre que renferme cette tombe est tout ce que j'ai aimé sur la terre, tout ce que j'aimerai. Lui seul savait verser dans une autre âme toutes les sources de bonheur qui reposaient dans la sienne. Lui seul était capable d'un dévouement sans bornes ; lui seul eût consacré sa vie entière à la femme qu'il aimait, aussi facilement qu'il aurait bravé la mort pour elle. Je ne suis qu'un débauché sans cœur ; je n'estime point les femmes ; l'amour que j'inspire est comme celui que je ressens, l'ivresse passagère d'un songe. Je ne sais pas les secrets qu'il savait. Ma gaieté est comme le masque d'un histrion ; mon cœur est plus vieux qu'elle, mes sens blasés n'en veulent plus. Je ne suis qu'un lâche ; sa mort n'est point vengée.

MARIANNE. — Comment aurait-elle pu l'être, à moins de risquer votre vie ? Claudio est trop vieux pour accepter un duel, et trop puissant dans cette ville pour rien craindre de vous.

OCTAVE. — Cœlio m'aurait vengé si j'étais mort pour lui, comme il est mort pour moi. Ce tombeau m'appartient : c'est moi qu'ils ont étendu sous cette froide pierre ; c'est pour moi qu'ils avaient aiguisé leurs épées ; c'est moi qu'ils ont tué. Adieu la gaieté de ma jeunesse, l'insouciante folie, la vie libre et joyeuse au pied du Vésuve ! Adieu les bruyants repas, les causeries du soir, les sérénades sous les balcons dorés ! Adieu Naples et ses femmes, les mascarades à la lueur des torches, les longs soupers à l'ombre des forêts ! Adieu l'amour et l'amitié ! ma place est vide sur la terre.

MARIANNE. — Mais non pas dans mon cœur, Octave. Pourquoi dis-tu : Adieu l'amour ?

OCTAVE. — Je ne vous aime pas, Marianne ; c'était Cœlio qui vous aimait.

les Caprices de Marianne, II, 6., 1834.

Dans les Caprices de Marianne *comme dans* la Nuit de Mai *et* la Nuit de Décembre *(n° 44) apparaît une hantise de Musset, celle du* double. *Un psychiatre contemporain,* **R. LAING,** *propose ici son interprétation de la « division de la personnalité », et analyse les effets de cet éclatement du moi sur la perception de la réalité* (1970).

Dès lors que le moi, en renforçant son isolement et son détachement, ne s'engage pas dans une relation créatrice avec autrui et se nourrit de phantasmes*, de pensées, de souvenirs qui ne peuvent être observables par d'autres ou transmis à d'autres, tout (dans un sens) est possible. Quels que soient les échecs ou les succès que rencontre le système du faux moi, le moi est capable de rester non engagé et indéfini. Dans l'imaginaire, le moi peut être n'importe qui, n'importe où, faire et avoir n'importe quoi. Il est donc omnipotent et entièrement libre — mais seulement dans l'imaginaire. Une fois aux prises avec la réalité, il souffre mille humiliations, non pas nécessairement celles de l'échec, mais simplement parce qu'il doit se soumettre à la nécessité et aux contingences. Il n'est omnipotent et libre que sur le plan de l'imaginaire. Plus cette omnipotence et cette liberté imaginaires sont flattées, plus en réalité le moi devient faible, impuissant, enchaîné. L'illusion d'omnipotence et de liberté ne peut être entretenue que dans le cercle magique de sa réclusion dans l'imaginaire. Et pour que cette situation ne soit pas affectée par la moindre intrusion de la réalité, il faut que le réel et l'imaginaire demeurent séparés.

Mais l'individu qui agit seulement dans l'imaginaire et non dans la réalité *devient lui-même irréel.* Pour cet individu, le monde réel se rétrécit et s'appauvrit. La réalité du monde physique et des autres cesse d'être utilisée comme aliment de l'imagination créatrice ; elle en arrive à avoir de moins en moins de signification en soi. Le moi, dont la relation avec la réalité est déjà ténue, devient lui-même de moins en moins une réalité et de plus en plus un phantasme, à mesure qu'il s'engage davantage dans une relation imaginaire avec ses propres phantasmes.

En l'absence d'un va-et-vient entre l'imagination et la réalité, tout devient possible sur le plan imaginaire. La destruction s'y poursuit sans désir compensatoire de réparation, car le sentiment de culpabilité perd de son intensité. Incontrôlée, cette destruction fait rage jusqu'à ce que le monde et le moi soient (en imagination) réduits en poussière et en cendres. Dans l'état schizophrénique, le monde est en ruines et le moi apparemment mort.

le Moi divisé, 1970.

Bida, gravure de Gontière,
les Nuits de Musset
(Roger Viollet).

LA NUIT DE DÉCEMBRE

Le poète

Du temps que j'étais écolier,
Je restais un soir à veiller
Dans notre salle solitaire.
Devant ma table vint s'asseoir
5 Un pauvre enfant vêtu de noir,
Qui me ressemblait comme un frère.

Son visage était triste et beau.
A la lueur de mon flambeau,
Dans mon livre ouvert il vint lire.
10 Il pencha son front sur ma main,
Et resta jusqu'au lendemain,
Pensif, avec un doux sourire.

Comme j'allais avoir quinze ans,
Je marchais un jour à pas lents,
15 Dans un bois, sur une bruyère.
Au pied d'un arbre vint s'asseoir
Un jeune homme vêtu de noir,
Qui me ressemblait comme un frère.

Je lui demandai mon chemin.
20 Il tenait un luth d'une main,
De l'autre un bouquet d'églantine.
Il me fit un salut d'ami,
Et, se détournant à demi,
Me montra du doigt la colline.

25 A l'âge où l'on croit à l'amour,
J'étais seul dans ma chambre un jour,
Pleurant ma première misère.
Au coin de mon feu vint s'asseoir
Un étranger vêtu de noir,
30 Qui me ressemblait comme un frère.

Il était morne et soucieux ;
D'une main il montrait les cieux,
Et de l'autre il tenait un glaive.
De ma peine il semblait souffrir,
35 Mais il ne poussa qu'un soupir,
Et s'évanouit comme un rêve.

A l'âge où l'on est libertin,
Pour boire un toast en un festin,
Un jour je soulevai mon verre.
40 En face de moi vint s'asseoir
Un convive vêtu de noir,
Qui me ressemblait comme un frère.

Il secouait sous son manteau
Un haillon de pourpre en lambeau,
45 Sur sa tête un myrte stérile.
Son bras maigre cherchait le mien,
Et mon verre, en touchant le sien,
Se brisa dans ma main débile.

Un an après, il était nuit,
50 J'étais à genoux près du lit
Où venait de mourir mon père.
Au chevet du lit vint s'asseoir
Un orphelin vêtu de noir,
Qui me ressemblait comme un frère.

55 Ses yeux étaient noyés de pleurs ;
Comme les anges de douleurs,
Il était couronné d'épine ;
Son luth à terre était gisant,
Sa pourpre de couleur sang,
60 Et son glaive dans sa poitrine.

Je m'en suis si bien souvenu,
Que je l'ai toujours reconnu
A tous les instants de ma vie.
C'est une étrange vision,
65 Et cependant, ange ou démon,
J'ai vu partout cette ombre amie. (...)

Dix-sept strophes suivent, où le poète s'interroge sur l'identité de cette « vision », qui enfin prend la parole pour lui répondre :

La vision

(...) Je ne suis ni dieu ni démon,
Et tu m'as nommé par mon nom
Quand tu m'as appelé ton frère ;
70 Où tu vas, j'y serai toujours,
Jusques au dernier de tes jours,
Où j'irai m'asseoir sur ta pierre.

Le ciel m'a confié ton cœur.
Quand tu seras dans la douleur,
75 Viens à moi sans inquiétude,
Je te suivrai sur le chemin ;
Mais je ne puis toucher ta main,
Ami, je suis la solitude.

Novembre 1835.

LA NUIT DE MAI.

La muse.

Poète, prends ton luth, et me donne un baiser ;
La fleur de l'églantier sent ses bourgeons éclore.
Le printemps naît ce soir ; les vents vont s'embraser ;
Et la bergeronnette, en attendant l'aurore,
5 Aux premiers buissons verts commence à se poser.
Poète, prends ton luth, et me donne un baiser.

Le poète.

Comme il fait noir dans la vallée !
J'ai cru qu'une forme voilée
Flottait là-bas sur la forêt.
10 Elle sortait de la prairie ;
Son pied rasait l'herbe fleurie ;
C'est une étrange rêverie ;
Elle s'efface et disparaît.

La muse.

Poète, prends ton luth ; la nuit, sur la pelouse,
15 Balance le zéphyr dans son voile odorant.
La rose, vierge encor, se referme jalouse
Sur le frelon nacré qu'elle enivre en mourant.
Écoute ! tout se tait ; songe à ta bien-aimée.
Ce soir, sous les tilleuls, à la sombre ramée
20 Le rayon du couchant laisse un adieu plus doux.
Ce soir, tout va fleurir : l'immortelle nature
Se remplit de parfums, d'amour et de murmure,
Comme le lit joyeux de deux jeunes époux.

Le poète.

Pourquoi mon cœur bat-il si vite ?
25 Qu'ai-je donc en moi qui s'agite,
Dont je me sens épouvanté ?
Ne frappe-t-on pas à ma porte ?
Pourquoi ma lampe à demi-morte
M'éblouit-elle de clarté ?
30 Dieu puissant ! tout mon corps frissonne.
Qui vient ? Qui m'appelle ? — Personne.
Je suis seul ; c'est l'heure qui sonne ;
O solitude ! ô pauvreté !

Luc-Olivier Merson, *illustration des Nuits de Musset* (Roger Viollet).

La muse.

Poète, prends ton luth ; le vin de la jeunesse
35 Fermente cette nuit dans les veines de Dieu.
Mon sein est inquiet ; la volupté l'oppresse,
Et les vents altérés m'ont mis la lèvre en feu.
O paresseux enfant ! regarde, je suis belle.
Notre premier baiser, ne t'en souviens-tu pas,
40 Quand je te vis si pâle au toucher de mon aile,
Et que, les yeux en pleurs, tu tombas dans mes bras ?
Ah ! je t'ai consolé d'une amère souffrance !
Hélas ! bien jeune encor, tu te mourais d'amour.
Console-moi ce soir, je me meurs d'espérance ;
45 J'ai besoin de prier pour vivre jusqu'au jour.

Le poète.

Est-ce toi dont la voix m'appelle,
O ma pauvre Muse, est-ce toi ?
O ma fleur, ô mon immortelle !
Seul être pudique et fidèle
50 Où vive encor l'amour de moi !
Oui, te voilà, c'est toi, ma blonde,
C'est toi, ma maîtresse et ma sœur !
Et je sens, dans la nuit profonde,
De ta robe d'or qui m'inonde,
55 Les rayons glisser dans mon cœur.

La muse.

Poète, prends ton luth ; c'est moi, ton immortelle,
Qui t'ai vu cette nuit triste et silencieux,
Et qui, comme un oiseau que sa couvée appelle,
Pour pleurer avec toi descends du haut des cieux. (...).

Mai 1835.

Musset (R. Viollet).

Pour écrire l'histoire de sa vie, il faut d'abord avoir vécu ; aussi n'est-ce pas la mienne que j'écris.

Ayant été atteint, jeune encore, d'une maladie morale abominable, je raconte ce qui m'est arrivé pendant trois ans. Si j'étais seul malade, je n'en dirais rien ; mais,
5 comme il y en a beaucoup d'autres que moi qui souffrent du même mal, j'écris pour ceux-là, sans trop savoir s'ils y feront attention ; car, dans le cas où personne n'y prendrait garde, j'aurai encore retiré ce fruit de mes paroles, de m'être mieux guéri moi-même, et, comme le renard pris au piège, j'aurai rongé mon pied captif. (...)

...Trois éléments partageaient donc la vie qui s'offrait alors aux jeunes gens :
10 derrière eux un passé à jamais détruit, s'agitant encore sur ses ruines, avec tous les fossiles des siècles de l'absolutisme ; devant eux l'aurore d'un immense horizon, les premières clartés de l'avenir ; et entre ces deux mondes... quelque chose de semblable à l'Océan qui sépare le vieux continent de la jeune Amérique, je ne sais quoi de vague et de flottant, une mer houleuse et pleine de naufrages, traversée de
15 temps en temps par quelque blanche voile lointaine ou par quelque navire soufflant une lourde vapeur ; le siècle présent, en un mot, qui sépare le passé de l'avenir, qui n'est ni l'un ni l'autre et qui ressemble à tous deux à la fois, et où l'on ne sait, à chaque pas qu'on fait, si l'on marche sur une semence ou sur un débris.

Voilà dans quel chaos il fallut choisir alors ; voilà ce qui se présentait à des
20 enfants pleins de force et d'audace, fils de l'Empire et petit fils de la Révolution.

Or, du passé ils n'en voulaient plus, car la foi en rien ne se donne ; l'avenir, ils l'aimaient, mais quoi ! comme Pygmalion Galatée : c'était pour eux comme une amante de marbre, et ils attendaient qu'elle s'animât, que le sang colorât ses veines.

Il leur restait donc le présent, l'esprit du siècle, ange du crépuscule qui n'est ni
25 la nuit, ni le jour ; ils le trouvèrent assis sur un sac de chaux plein d'ossements, serré dans le manteau des égoïstes, et grelottant d'un froid terrible. L'angoisse de la mort leur entra dans l'âme à la vue de ce spectre, moitié momie et moitié fœtus. (...)

Un sentiment de malaise inexprimable commença donc à fermenter dans tous les jeunes cœurs. Condamnés au repos par les souverains du monde, livrés aux
30 cuistres de toute espèce, à l'oisiveté et à l'ennui, les jeunes gens voyaient se retirer d'eux les vagues écumantes contre lesquelles ils avaient préparé leurs bras. Tous ces gladiateurs frottés d'huile se sentaient au fond de l'âme une misère insupportable. Les plus riches se firent libertins ; ceux d'une fortune médiocre prirent un état, et se résignèrent soit à la robe, soit à l'épée ; les plus pauvres se jetèrent dans
35 l'enthousiasme à froid, dans les grands mots, dans l'affreuse mer de l'action sans but. Comme la faiblesse humaine cherche l'association et que les hommes sont troupeaux de nature, la politique s'en mêla. (...)

En même temps que la vie au dehors était si pâle et si mesquine, la vie intérieure de la société prenait un aspect sombre et silencieux ; l'hypocrisie la plus
40 sévère régnait dans les mœurs ; les idées anglaises se joignant à la dévotion, la gaieté même avait disparu. (...)

Voilà un homme dont la maison tombe en ruine ; il l'a démolie pour en bâtir une autre. Les décombres gisent sur son champ, et il attend des pierres nouvelles pour son édifice nouveau. Au moment où le voilà prêt à tailler ses moellons et à faire
45 son ciment, la pioche en main, les bras retroussés, on vient lui dire que les pierres manquent, et lui conseiller de reblanchir les vieilles pour en tirer parti. Que voulez-vous qu'il fasse, lui qui ne veut point de ruines pour faire un nid à sa couvée ? La carrière est pourtant profonde, les instruments trop faibles pour en tirer les pierres. « Attendez, lui dit-on, on les tirera peu à peu ; espérez, travaillez, avancez, reculez. »
50 Que ne lui dit-on pas ? Et pendant ce temps-là cet homme, n'ayant plus sa vieille maison et pas encore sa maison nouvelle, ne sait comment se défendre de la pluie, ni comment préparer son repas du soir, ni où travailler, ni où reposer, ni où vivre, ni où mourir, et ses enfants sont nouveau-nés.

Ou je me trompe étrangement, ou nous ressemblons à cet homme.

la Confession d'un enfant du siècle, 1836, chap. I et II.

ALFRED DE MUSSET, 1836
Les ravages de l'influence anglaise et allemande sur la génération romantique :

Or, vers ces temps-là, deux poëtes, les deux plus beaux génies du siècle après Napoléon, venaient de consacrer leur vie à rassembler tous les éléments d'angoisse et de douleur épars dans l'univers. Gœthe, le patriarche d'une littérature nouvelle, après avoir peint dans Werther la passion qui mène au suicide, avait tracé dans son Faust la plus sombre figure humaine qui eût jamais représenté le mal et le malheur. Ses écrits commencèrent alors à passer d'Allemagne en France. Du fond de son cabinet d'étude, entouré de tableaux et de statues, riche, heureux et tranquille, il regardait venir à nous son œuvre de ténèbres avec un sourire paternel. Byron lui répondit par un cri de douleur qui fit tressaillir la Grèce, et suspendit Manfred sur les abîmes, comme si le néant eût été le mot de l'énigme hideuse dont il s'enveloppait. (...)

Quand les idées anglaises et allemandes passèrent ainsi sur nos têtes, ce fut comme un dégoût morne et silencieux, suivi d'une convulsion terrible. Car formuler des idées générales, c'est changer le salpêtre en poudre et la cervelle homérique du grand Gœthe avait sucé, comme un alambic, toute la liqueur du fruit défendu. Ceux qui ne le lurent pas alors crurent n'en rien savoir. Pauvres créatures ! l'explosion les emporta comme des grains de poussière dans l'abîme du doute universel.

Ce fut comme une dénégation de toutes choses du ciel et de la terre, qu'on peut nommer désenchantement, ou, si l'on veut, *désespérance ;* comme si l'humanité en léthargie avait été crue morte par ceux qui lui tâtaient le pouls. De même que ce soldat à qui l'on demanda jadis : « A quoi crois-tu ? » et qui le premier répondit : « A moi » ; ainsi la jeunesse en France, entendant cette question, répondit la première : « A rien ».

Dès lors il se forma comme deux camps : d'une part, les esprits exaltés, souffrants, toutes les âmes expansives qui ont besoin de l'infini, plièrent la tête en pleurant ; ils s'enveloppèrent de rêves maladifs, et l'on ne vit plus que de frêles roseaux sur un océan d'amertume. D'une autre part, les hommes de chair restèrent debout, inflexibles, au milieu des jouissances positives, et il ne leur prit d'autre souci que de compter l'argent qu'ils avaient. Ce ne fut qu'un sanglot et un éclat de rire, l'un venant de l'âme, l'autre du corps.

la Confession d'un enfant du siècle, 1836, chap. II.

LAUTRÉAMONT, 1870
Voir nº 94, 95, 96 : un jugement sans appel de la génération romantique :

Je constate, avec amertume, qu'il ne reste plus que quelques gouttes de sang dans les artères de nos époques phtisiques. Depuis les pleurnicheries odieuses et spéciales, brevetées sans garantie d'un point de repère, des Jean-Jacques Rousseau, des Chateaubriand et des nourrices en pantalon aux poupons Obermann, à travers les autres poètes qui se sont vautrés dans le limon impur, jusqu'au songe de Jean-Paul, le suicide de Dolorès de Veintemilla, le Corbeau d'Allan, la Comédie Infernale du Polonais, les yeux sanguinaires de Zorrilla, et l'immortel cancer, une Charogne, que peignit autrefois, avec amour, l'amant morbide de la Vénus hottentote, les douleurs invraisemblables que ce siècle s'est créées à lui-même, dans leur voulu monotone et dégoûtant, l'ont rendu poitrinaire. Larves absorbantes dans leurs engourdissements insupportables ! (...) La mélancolie et la tristesse sont déjà le commencement du désespoir ; le désespoir est le commencement cruel des différents degrés de la méchanceté. Pour vous en convaincre, lisez *La Confession d'un enfant du siècle :* La pente est fatale, une fois qu'on s'y engage.

Poésies I, 1870.

---

1 — *Relevez dans ce texte toutes les expressions désignant le « mal du siècle ». Essayez de les classer, et donnez leurs caractéristiques communes.*

2 — *Un texte « démonstratif » :*
a) Relevez les articulations logiques qui soulignent les différents moments de l'analyse.
b) Recherchez la cohérence de toutes les comparaisons et métaphores du texte. Comment, en s'appuyant rigoureusement, renforcent-elles l'argumentation de Musset ?

3 — *Les causes du mal du siècle selon Musset : sont-elles historiques, sociales, économiques, intellectuelles, morales ? (Utilisez pour répondre les deux textes de* la Confession d'un enfant du siècle *donnés ici.)*

4 — *La mise en perspective du « mal du siècle » par Lautréamont (voir nº 96), en 1870. Quel est le lien original que fait l'auteur, entre cet état d'esprit et l'attitude qui peut en résulter ? Vous paraît-il, d'après les écrivains ou héros romantiques que vous connaissez, exact ? (Pensez par exemple à* Adolphe, *de Benjamin Constant, (voir nº 5), ou à certains passages de* Lucien Leuwen, *de Stendhal (voir nº 55).*

Benjamin, *Nodier bibliomane* (BN).

Je continuai à me défendre avec autant de sang-froid que m'en permettaient les trémoussements tumultueux, les passes étourdissantes, les écarts et les estrapades gymnastiques de mon avocat, et surtout les points d'orgue perçants, les sibilations déchirantes, et les cadences à perte d'ouïe qu'il brodait avec une richesse 5 impitoyable sur la basse solennelle du tribunal profondément ronflant. J'alléguai mes derniers, mes seuls témoins, les années peu nombreuses mais irrécusables d'une vie laborieuse et sans reproche, et je croyais toucher à une péroraison assez entraînante, car si l'éloquence n'avait plus d'interprète sur la terre, elle se réfugierait, peut-être, dans la parole de l'innocent opprimé, quand je fus interrompu par un 10 râlement effrayant, comme ceux qui viennent quelquefois, après trois nuits muettes, éveiller le silence de la mort dans les ruines d'une ville saccagée, et je vis au même instant se fendre et béer, sous le bec de vautour de l'accusateur, je ne sais quel affreux *rictus* qui avait la profondeur d'un abîme et la couleur d'une fournaise !

Celui-là ne bondissait pas. Il vibrait seulement tout d'une pièce avec une 15 majestueuse lenteur, sur ses jambes immobiles, en articulant, de la voix factice et pénible à entendre des automates parlants, quelques groupes de mots entremêlés d'interjections froides, mais qui avaient l'air de former un sens, et parmi lesquels un mot seul revenait dans un ordre de périodicité fort industrieux, avec une netteté sonore et emphatique. C'était LA MORT. Je conjecturai que le facteur de cette 20 machine à réquisitoires tragiques devait en avoir ajusté les ressorts dans l'accès de quelque fantaisie atrabilaire ou de quelque fureur désespérée. (...)

Tout ce que je pus saisir de sa diatribe mécanique, à part le refrain trop intelligible dont elle était coupée en paragraphes assez réguliers, c'est qu'il opposait aux garanties que j'avais cru tirer de ma vie passée une objection foudroyante, 25 fondée sur des crimes antérieurs que je ne connaissais pas. Mais je ne puis la faire passer dans mes paroles avec l'harmonie sauvage que prêtait aux siennes une sorte de clapement rauque et convulsif, tout à fait étranger au système de notre organisme vocal, qui les rompait par saccades, comme le criaillement d'un écrou mal graissé.

— Ah ! vraiment, une jeunesse innocente et pure !

30 — LA MORT ! LA MORT ! LA MORT ! je ne sortirai pas de là !

— Si l'on s'en rapportait à eux, on n'en pendrait jamais un ; et à quoi servirait alors le code des peines ? A quoi la justice ? à quoi les tribunaux ? à quoi LA MORT ?

— Je prie messieurs de noter pour mémoire, avant de se rendormir, que j'ai conclu à LA MORT. — Quoique la rapidité de l'instruction ne nous ait pas permis 35 d'enfler à notre contentement le dossier du condamné, je voulais dire du prévenu, mais c'est tout un, nous tenons assez de pièces probantes, — ou probables, — ou au moins suffisamment idoines à former la conviction de ce gracieux tribunal, pour démontrer qu'avant l'attentat énorme dont il est chargé, il était déjà coutumier d'actions détestables, damnables, et par conséquent pendables, dont la plus 40 excusable est punissable de MORT. — LA MORT ! LA MORT ! LA MORT ! s'il vous plaît, et qu'il n'en soit plus question. — Ce drôle est en effet véhémentement soupçonné, comme il appert — évidemment convaincu, je le répète, de séduction sous promesse de mariage, et de soustraction frauduleuse de portrait et joyaux précieux à une femme infortunée dont il a trompé la candeur, et qui lui a sacrifié son 45 innocence ! — Pour ne pas abuser des utiles moments de la cour, je me résume dans l'intérêt de l'humanité. — LA MORT !

Et les lèvres sanglantes du *rictus* homicide se resserrèrent lentement, comme les dents acérées d'une tenaille que la clef à vis rappelle de cran en cran à l'endroit où elles se mordent.

Le héros de la Fée aux Miettes, *Michel, accusé du meurtre d'un bailli avec lequel il a partagé sa chambre dans une auberge, passe devant un tribunal.*

la Fée aux miettes, 1832, chap. XVII.

LE FANTASTIQUE : UNE INTERROGATION SUR LES LIMITES DE LA RAISON ?

NODIER, 1832 :

(...) Pour intéresser dans le conte fantastique, il faut d'abord se faire croire, et une condition indispensable pour se faire croire, c'est de croire. Cette condition une fois donnée, on peut aller hardiment et dire tout ce que l'on veut.

J'en avais conclu — et cette idée bonne ou mauvaise qui m'appartient vaut bien la peine que je lui imprime le sceau de ma propriété dans une préface, à défaut de brevet d'invention — j'en avais conclu, dis-je, que la bonne et véritable histoire fantastique d'une époque sans croyances ne pouvait être placée convenablement que dans la bouche d'un fou, sauf à le choisir parmi ces fous ingénieux qui sont organisés pour tout ce qu'il y a de bien, mais préoccupés de quelque étrange roman dont les combinaisons ont absorbé toutes leurs facultés imaginatives et rationnelles. Je voulais qu'il eût pour intermédiaire avec le public un autre fou moins heureux, un homme sensible et triste qui n'est dénué ni d'esprit ni de génie, mais qu'une expérience amère des sottes vanités du monde a lentement dégoûté de tout le positif de la vie réelle, et qui se console volontiers de ses illusions perdues dans les illusions de la vie imaginaire ; espèce équivoque entre le sage et l'insensé, supérieure au second par la raison, au premier par le sentiment ; être inerte et inutile, mais poétique, puissant et passionné dans toutes les applications de sa pensée qui ne se rapportent plus au monde social ; créature de rebut ou d'élection, comme vous ou comme moi, qui vit d'invention, de caprice, de fantaisie et d'amour, dans les plus pures régions de l'intelligence, heureux de rapporter de ces champs inconnus quelques fleurs bizarres qui n'ont jamais parfumé la terre. Il me semblait qu'à travers ces deux degrés de narration l'histoire fantastique pouvait acquérir presque toute la vraisemblance requise... pour une histoire fantastique.

Préface de *la Fée aux Miettes,* 1832.

P.G. CASTEX, 1961 :

En vérité, si Nodier revenait parmi nous, il pourrait se considérer comme le précurseur de ceux qui conçurent d'après leurs délires Aurélia et Maldoror.

Pour Nodier, en effet, il n'existe pas de différence essentielle entre les divers états seconds de la conscience qui échappent au contrôle de la raison. Le rêve est une folie passagère, favorisée par l'assoupissement des sens. La folie est un rêve qui se prolonge dans l'état de rêve. Du vagabondage volontaire de l'imagination fabulatrice au désarroi de la conscience abîmée dans la monomanie, il est possible à l'esprit de parcourir la distance sans éprouver de discontinuité.

Introduction aux *Contes,* de Nodier, Garnier, 1961.

T. TODOROV, 1970 :

Nous disons facilement qu'un homme fait le singe, ou qu'il se bat comme un lion, comme un aigle, etc. ; le surnaturel commence à partir du moment où l'on glisse des mots aux choses que ces mots sont censés désigner. Les métamorphoses forment donc (...) une transgression entre matière et esprit, telle que généralement elle est conçue. (...)

Il est curieux d'observer que pareille rupture des limites entre matière et esprit était considérée, au XIXe siècle en particulier, comme la première caractéristique de la folie. Les psychiatres posaient généralement que l'homme « normal » dispose de plusieurs cadres de référence et attache chaque fait à l'un d'entre eux seulement. Le psychotique, au contraire, ne serait pas capable de distinguer ces différents cadres entre eux et confondrait le perçu et l'imaginaire.

Introduction à la littérature fantastique, Seuil, 1970.

---

1 — *De quels éléments surgit le sentiment d'étrangeté dans ce texte ? Analyser le statut du locuteur*, son appréciation de la situation et de sa propre attitude.*

2 — *Un monde d'automates. En analysant les comparaisons* et les métaphores* du texte, étudiez la façon dont sont présentés les hommes et les rapports qu'ils entretiennent entre eux.*

3 — *Dans ses* Souvenirs de la Révolution, *Nodier note à propos de Saint-Just, qu'il a vu officier :* « Rien ne m'a paru plus affreux que la concision insultante de ces proscriptions d'une ligne (...). Je ne me rappelle pas sans tressaillir la redondance assidue de ce mot cruel, la Mort, qui les armait toutes à la fin comme le dard d'un scorpion. » *Certains éléments du texte ne laissent-ils pas entendre cependant une critique sociale plus générale, qui dépasse ce souvenir d'un tribunal révolutionnaire ?*

4 — *Enquête :* **Fantastique, étrange, merveilleux, surnaturel.** *Cherchez dans plusieurs dictionnaires les définitions de ces termes. Sont-elles clairement tranchées ? Quelles seraient vos propres définitions ? Pour une étude plus complète, reportez-vous à l'index thématique.*

la thèse de **PROUDHON (1846)...**

Caricature de Proudhon
(Bulloz)

O peuple de travailleurs — peuple déshérité, vexé, proscrit ! peuple qu'on emprisonne, qu'on juge et qu'on tue ! peuple bafoué, peuple flétri ! Ne sais-tu pas qu'il est un terme, même à la patience, même au dévouement ? Ne cesseras-tu de prêter l'oreille à ces orateurs du mysticisme qui te disent de prier et d'attendre,
5 prêchant le salut tantôt par la religion, tantôt par le pouvoir, et dont la parole véhémente et sonore te captive ? Ta destinée est une énigme que ni la force physique, ni le courage de l'âme, ni les illuminations de l'enthousiasme, ni l'exaltation d'aucun sentiment, ne peuvent résoudre. Ceux qui te disent le contraire te trompent, et tous leurs discours ne servent qu'à reculer l'heure de ta délivrance, prête à sonner.
10 Qu'est-ce que l'enthousiasme et le sentiment, qu'est-ce qu'une vaine poésie, aux prises avec la nécessité ? Pour vaincre la nécessité, il n'y a que la nécessité même, raison dernière de la nature, pure essence de la matière et de l'esprit.

Ainsi la contradiction de la valeur, née de la nécessité du libre arbitre, devait être vaincue par la proportionnalité de la valeur (1), autre nécessité que produisent par
15 leur union la liberté et l'intelligence. Mais, pour que cette victoire du travail intelligent et libre produisît toutes ses conséquences, il était nécessaire que la société traversât une longue péripétie de tourments.

Il y avait donc nécessité que le travail, afin d'augmenter sa puissance, se divisât ; et, par le fait de cette division, nécessité de dégradation et d'appauvrisse-
20 ment pour le travailleur.

Il y avait nécessité que cette division primordiale se reconstituât en instruments et combinaisons savantes ; et nécessité, par cette reconstruction, que le travailleur subalternisé perdît, avec le salaire légitime, jusqu'à l'exercice de l'industrie qui le nourrissait.

25 Il y avait nécessité que le producteur, ennobli par son art, comme autrefois le guerrier l'était par les armes, portât haut sa bannière, afin que la vaillance de l'homme fût honorée dans le travail comme à la guerre ; et nécessité que du privilège naquît aussitôt le prolétariat.

Il y avait nécessité que la société prît alors sous sa protection le plébéien
30 vaincu, mendiant et sans asile ; et nécessité que cette protection se convertît en une nouvelle série de supplices.

Nous rencontrerons sur notre route encore d'autres nécessités, qui toutes disparaîtront, comme les premières, sous des nécessités plus grandes, jusqu'à ce que vienne enfin l'équation générale, la nécessité suprême, le fait triomphateur, qui doit
35 établir le règne du travail à jamais.

Mais cette solution ne peut sortir ni d'un coup de main, ni d'une vaine transaction. Il est aussi impossible d'associer le travail et le capital, que de produire sans travail et sans capital ; — aussi impossible de créer l'égalité par le pouvoir, que de supprimer le pouvoir et l'égalité, et de faire une société sans peuple et sans police.

40 Il faut, je le répète, qu'une FORCE MAJEURE intervertisse les formules actuelles de la société ; que ce soit le TRAVAIL du peuple, non sa bravoure ni ses suffrages, qui, par une combinaison savante, légale, immortelle, inéluctable, soumette au peuple le capital et lui livre le pouvoir.

Philosophie de la misère, 1846, chap. VI.

Le XIXᵉ siècle est l'ère des grandes synthèses intellectuelles (voir n° 12) qui tentent d'embrasser dans une même continuité toute l'histoire de l'humanité, pour en dégager des principes d'action sociale. Mais quand Proudhon, théoricien « socialiste » de l'époque, essaie de trouver le principe de cette continuité et de cette action dans la « nécessité », le jeune Marx réagit avec vigueur contre cette dangereuse erreur, qui, selon lui, dépossède en fait l'homme de son destin.

(1) Proudhon résume ici une argumentation développée dans les chapitres précédents.

... et la réponse de **MARX (1847)**

On ne fait des hypothèses qu'en vue d'un but quelconque. Le but que se proposait en premier lieu le génie social qui parle par la bouche de M. Proudhon, c'était d'éliminer ce qu'il y a de mauvais dans chaque catégorie économique, pour n'avoir que du bon. Pour lui le bon, le bien suprême, le véritable but pratique, c'est *l'égalité.* Et pourquoi le génie social se proposait-il l'égalité plutôt que l'inégalité, la fraternité, le catholicisme, ou tout autre principe ? Parce que « l'humanité n'a réalisé successivement tant d'hypothèses particulières qu'en vue d'une hypothèse supérieure », qui est précisément l'égalité. En d'autres mots : parce que l'égalité est l'idéal de M. Proudhon. Il s'imagine que la division du travail, le crédit, l'atelier, que tous les rapports économiques n'ont été inventés qu'au profit de l'égalité, et cependant ils ont toujours fini par tourner contre elle. De ce que l'histoire et la fiction de M. Proudhon se contredisent à chaque pas, ce dernier conclut qu'il y a contradiction. S'il y a contradiction, elle n'existe qu'entre son idée fixe et le mouvement réel.

Désormais, le bon côté d'un rapport économique, c'est celui qui affirme l'égalité ; le mauvais côté, c'est celui qui la nie et affirme l'inégalité. Toute nouvelle catégorie est une hypothèse du génie social, pour éliminer l'inégalité engendrée par l'hypothèse précédente. En résumé, l'égalité est l'*intention primitive,* la *tendance mystique,* le *but providentiel* que le génie social a constamment devant les yeux, en tournoyant dans le cercle des contradictions économiques. Aussi la *Providence* est-elle la locomotive qui fait mieux marcher tout le bagage économique de M. Proudhon que sa raison pure et évaporée. Il a consacré à la Providence tout un chapitre, qui suit celui des impôts.

Providence, but providentiel, voilà le grand mot dont on se sert aujourd'hui, pour expliquer la marche de l'histoire. Dans le fait ce mot n'explique rien. C'est tout au plus une forme déclamatoire, une manière comme une autre de paraphraser les faits.

Il est de fait qu'en Écosse les propriétés foncières obtinrent une valeur nouvelle par le développement de l'industrie anglaise. Cette industrie ouvrit de nouveaux débouchés à la laine. Pour produire la laine en grand, il fallait transformer les champs labourables en pâturages. Pour effectuer cette transformation, il fallait concentrer les propriétés. Pour concentrer les propriétés, il fallait abolir les petites tenures, chasser des milliers de tenanciers de leur pays natal, et mettre à leur place quelques pasteurs surveillant des millions de moutons. Ainsi, par des transformations successives, la propriété foncière a eu pour résultat en Écosse de faire chasser les hommes par les moutons. Dites maintenant que le but providentiel de l'institution de la propriété foncière en Écosse avait été de faire chasser les hommes par les moutons, et vous aurez fait de l'histoire providentielle.

Certes, la tendance à l'égalité appartient à notre siècle. Dire maintenant que tous les siècles antérieurs, avec des besoins, des moyens de production, etc., tout à fait différents, travaillaient providentiellement à la réalisation de l'égalité, c'est d'abord substituer les moyens et les hommes de notre siècle aux hommes et aux moyens des siècles antérieurs, et méconnaître le mouvement historique par lequel les générations successives transformaient les résultats acquis des générations qui les précédaient. Les économistes savent très bien que la même chose qui était pour l'un la matière ouvragée n'est pour l'autre que la matière première de nouvelle production.

Supposez, comme le fait M. Proudhon, que le génie social ait produit, ou plutôt improvisé, les seigneurs féodaux dans le but providentiel de transformer les *colons en travailleurs responsables et égalitaires ;* et vous aurez fait une substitution de buts et de personnes toute digne de cette Providence qui, en Écosse, instituait la propriété foncière, pour se donner le malin plaisir de faire chasser les hommes par les moutons.

Mais puisque M. Proudhon prend un intérêt si tendre à la Providence, nous le renvoyons à l'*Histoire de l'économie politique,* de M. de Villeneuve-Bargemont, qui, lui aussi, court après un but providentiel. Ce but, ce n'est plus l'égalité, c'est le catholicisme.

Misère de la philosophie, 1847,
2ᵉ partie, « La métaphysique de
l'économie politique ».

---

1 — LE TEXTE DE PROUDHON
   a) Vous repèrerez les éléments rhétoriques* de ce texte : invocations, répétitions, interrogations, etc...
   b) Relevez et classez les termes appartenant au vocabulaire économique d'un côté, au vocabulaire abstrait de la philosophie de l'autre. Quel est celui qui prédomine ?
2 — LE TEXTE DE MARX
   a) Étudiez l'ironie et la verve polémique de ce texte ; sur quels points de l'argumentation de Proudhon porte-t-elle essentiellement ?
   b) Quelle sorte d'explication de l'histoire Marx substitue-t-il ici à celle de Proudhon ? Quelle est la nature du vocabulaire qui prédomine ici ?

MIROIR DROLATIQUE.

*Caricature d'Alcide Lorentz,
parue dans le* Charivari, 1842.

GEORGE SAND, *de son vrai
nom Aurore Dupin, apparut
dès son deuxième roman,*
Indiana (1832), *comme un
grand écrivain, mais surtout
comme une femme qui
défend la cause des
femmes : elle prône le droit
à la passion, attaque le
mariage, dénonce
l'oppression de la société.
Très influencée par la suite
par des penseurs comme*
P. Leroux *et* **Lamennais** *(voir
n° 38), elle analyse ici,
dix ans après, les raisons
profondes, dont elle n'avait
peut-être pas à l'époque une
pleine conscience, qui l'ont
poussée à écrire* Indiana.

(...) Lorsque j'écrivis le roman d'*Indiana*, j'étais jeune, j'obéissais à des sentiments pleins de force et de sincérité, qui débordèrent de là dans une série de romans basés à peu près tous sur la même donnée : le
5 rapport mal établi entre les sexes, par le fait de la société. Ces romans furent tous plus ou moins incriminés par la critique, comme portant d'imprudentes atteintes à l'institution du mariage. (...)

Ainsi, je le répète, j'ai écrit *Indiana*, et j'ai dû l'écrire ;
10 j'ai cédé à un instinct puissant de plainte et de reproche que Dieu avait mis en moi, Dieu qui ne fait rien d'inutile, pas même les plus chétifs êtres, et qui intervient dans les plus petites causes aussi bien que dans les grandes. Mais quoi ! celle que je défendais est-
15 elle donc si petite ? C'est celle de la moitié du genre humain, c'est celle du genre humain tout entier ; car le malheur de la femme entraîne celui de l'homme, comme celui de l'esclave entraîne celui du maître, et j'ai cherché à le montrer dans *Indiana*. On a dit que c'était
20 une cause individuelle que je plaidais ; comme si, à supposer qu'un sentiment personnel m'eût animé, j'eusse été le seul être infortuné dans cette humanité paisible et radieuse ! Assez de cris de douleur et de sympathie ont répondu au mien pour que je sache
25 maintenant à quoi m'en tenir sur la suprême félicité d'autrui.

Je ne crois pas avoir jamais rien écrit sous l'influence d'une passion égoiste ; je n'ai même jamais songé à m'en défendre. Ceux qui m'ont lu sans
30 prévention comprennent que j'ai écrit *Indiana* avec le sentiment non raisonné, il est vrai, mais profond et légitime, de l'injustice et de la barbarie des lois qui régissent encore l'existence de la femme dans le mariage, dans la famille et la société. Je n'avais point à
35 faire un traité de jurisprudence, mais à guerroyer contre l'opinion ; car c'est elle qui retarde ou prépare les améliorations sociales. La guerre sera longue et rude ; mais je ne suis ni le premier, ni le seul, ni le dernier champion d'une si belle cause, et je la défendrai
40 tant qu'il me restera un souffle de vie.

Ce sentiment qui m'animait au commencement, je l'ai donc raisonné et développé à mesure qu'on l'a combattu et blâmé en moi. Des critiques injustes ou malveillantes m'en ont appris plus long que ne m'en eût
45 fait découvrir le calme de l'impunité. Sous ce rapport, je rends donc grâce aux juges maladroits qui m'ont éclairé. Les motifs de leurs arrêts ont jeté dans ma pensée une vive lumière, et fait passer dans ma conscience une profonde sécurité. Un esprit sincère fait
50 son profit de tout, et ce qui décourageait la vanité redouble l'ardeur du dévouement.

Préface d'*Indiana*, 1842.

Dès la préface de **1832,** **GEORGE SAND** *s'explique sur le rôle qu'elle entend faire jouer à son personnage :*

(...) Indiana, si vous voulez absolument expliquer tout dans ce livre, c'est un type ; c'est la femme, l'être faible chargé de représenter les *passions* comprimées, ou, si vous l'aimez mieux, supprimées par les *lois ;* c'est la volonté aux prises avec la nécessité ; c'est l'amour heurtant son front aveugle à tous les obstacles de la civilisation. (...)

En **1842,** *dans la* Revue indépendante, *elle élargit sa défense à* Valentine, Lélia *et* Jacques, *trois autres romans qui ont subi les foudres de la critique :*

Depuis dix ans, dans une série de romans que je n'ai pas pour cela la prétention de croire très importants ni très profonds, j'ai adressé aux hommes de mon temps une suite d'interrogations très sincères, auxquelles la critique n'a encore rien trouvé à répondre, sinon que j'étais bien indiscret de vouloir m'enquérir auprès d'elle de la vérité. J'ai demandé, avec beaucoup de réserve et de soumission au début, dans deux romans intitulés *Indiana* et *Valentine*, quelle était la moralité du mariage, tel qu'on le contracte et tel qu'on le considère aujourd'hui. Il me fut par deux fois répondu que j'étais un questionneur dangereux, partant un romancier immoral.

Cette insistance à éluder la question, à la manière des catholiques, en condamnant l'esprit d'examen, m'étonna un peu de la part .de journalistes chez lesquels je cherchais vainement la trace d'une religion et d'une croyance quelconques. Cela me fit penser que l'ignorance de la critique n'était pas seulement relative aux questions sociales, mais encore aux questions humaines ; et je me permis de lui demander, dans un roman intitulé *Lélia*, comment elle entendait et comment elle expliquait l'amour.

Cette nouvelle demande mit la critique dans une véritable fureur. Jamais roman n'avait déchaîné de tels anathèmes ni soulevé d'aussi farouches indignations. J'étais un esprit pervers, un caractère odieux, une plume obscène, pour avoir esquissé le fantôme d'une femme qui cherche en vain l'amour dans le cœur des hommes de notre temps, et qui se retire au désert pour y rêver l'amour dont brûla sainte Thérèse. Cependant, je ne demeurai pas convaincu que les Pères de l'Eglise, dont j'avais à cette époque la tête remplie, m'eussent inspiré la pensée d'un livre abominable.

Je fis un nouveau roman que l'intitulai *Jacques* et dans lequel, prenant un homme pour type principal, je demandai encore et cette fois au nom de l'homme, comme je l'avais fait jusqu'alors au nom de la femme, quel était l'idéal de l'amour dans le mariage. Cette fois, ce fut pis encore. J'étais l'ennemi du mariage, l'apologiste de la licence, le contempteur de la fidélité, le corrupteur de toutes les femmes, le fléau de tous les maris.

Nadar, *George Sand* (Roger Viollet).

BAUDELAIRE, 1859-1866
Dans ses journaux intimes, le poète a laissé une série de notes où il prend le contre-pied des accusations d'immoralité auxquelles G. Sand dut faire face :

La femme Sand est le Prudhomme de l'immoralité.
Elle a toujours été moraliste.
Seulement elle faisait autrefois de la contre-morale.
Aussi elle n'a jamais été artiste.
Elle a le fameux *style coulant* cher aux bourgeois.
Elle est bête, elle est lourde, elle est bavarde ; elle a dans les idées morales la même profondeur de jugement et la même délicatesse que les concierges et les femmes entretenues. (...)

Que quelques hommes aient pu s'amouracher de cette latrine, c'est bien la preuve de l'abaissement des hommes de ce siècle (...)

Je ne puis penser à cette stupide créature sans un certain frémissement d'horreur. Si je la rencontrais, je ne pourrais m'empêcher de lui jeter un bénitier à la tête (...)

Fusées, 1859-1866.

---

1 — *Quelles sont les critiques auxquelles George Sand fait face et comment y répond-elle ?*

2 — *Relevez et classez les mots qui relèvent du champ lexical* de l'*instinct*, ceux qui relèvent du champ lexical de la raison. Quels rapports s'établissent entre les deux séries de termes ? En quoi cette combinaison peut-elle être qualifiée de romantique ? (Aidez-vous de l'article de la* Revue indépendante *reproduit ci-dessus.)*

3 — *Sur quoi porte la charge contre Sand dans la caricature du* Charivari ? *Le quatrain est-il superflu ? Impose-t-il une lecture parmi d'autres ?*

4 — *Comment expliquez-vous la réaction de Baudelaire ? D'après ce que vous savez de son personnage (voir n° 63 à 69), critique-t-il ici la femme, l'auteur, l'œuvre, et dans celle-ci, le fond ou la forme ?*

(...) Ce qui attira ensuite mon attention était véritablement un beau spectacle, un noble sujet pour un peintre. A l'autre extrémité de la plaine labourable, un jeune homme de bonne mine conduisait un attelage magnifique : quatre paires de jeunes animaux à robe sombre mêlée de noir fauve à reflets de feu, avec cès têtes courtes et
5 frisées qui sentent encore le taureau sauvage, ces gros yeux farouches, ces mouvements brusques, ce travail nerveux et saccadé qui s'irrite encore du joug et de l'aiguillon et n'obéit qu'en frémissant de colère à la domination nouvellement imposée. C'est ce qu'on appelle des bœufs fraîchement liés. L'homme qui les gouvernait avait à défricher un coin naguère abandonné au pâturage et rempli de souches séculaires,
10 travail d'athlète auquel suffisaient à peine son énergie, sa jeunesse et ses huit animaux quasi indomptés.

Un enfant de six à sept ans, beau comme un ange, et les épaules couvertes, sur sa blouse, d'une peau d'agneau qui le faisait ressembler au petit saint Jean-Baptiste des peintres de la Renaissance, marchait dans le sillon parallèle à la charrue et piquait le
15 flanc des bœufs avec une gaule longue et légère, armée d'un aiguillon peu acéré. Les fiers animaux frémissaient sous la petite main de l'enfant, et faisaient grincer les jougs et les courroies liés à leur front, en imprimant au timon de violentes secousses. Lorsqu'une racine arrêtait le soc, le laboureur criait d'une voix puissante, appelant chaque bête par son nom, mais plutôt pour calmer que pour exciter ; car les bœufs,
20 irrités par cette brusque résistance, bondissaient, creusaient la terre de leurs larges pieds fourchus, et se seraient jetés de côté emportant l'areau à travers champs, si, de la voix et de l'aiguillon, le jeune homme n'eût maintenu les quatre premiers, tandis que l'enfant gouvernait les quatre autres. Il criait aussi, le pauvret, d'une voix qu'il voulait rendre terrible et qui restait douce comme sa figure angélique. Tout cela était beau de
25 force ou de grâce : le paysage, l'homme, l'enfant, les taureaux sous le joug ; et, malgré cette lutte puissante où la terre était vaincue, il y avait un sentiment de douceur et de calme profond qui planait sur toutes choses. Quand l'obstacle était surmonté et que l'attelage reprenait sa marche égale et solennelle, le laboureur, dont la feinte violence n'était qu'un exercice de vigueur et une dépense d'activité, reprenait tout à coup la
30 sérénité des âmes simples et jetait un regard de contentement paternel sur son enfant, qui se retournait pour lui sourire. Puis la voix mâle de ce jeune père de famille entonnait le chant solennel et mélancolique que l'antique tradition du pays transmet, non à tous les laboureurs indistinctement, mais aux plus consommés dans l'art d'exciter et de soutenir l'ardeur des bœufs de travail. Ce chant, dont l'origine fut peut- être considérée
35 comme sacrée, et auquel de mystérieuses influences ont dû être attribuées jadis, est réputé encore aujourd'hui posséder la vertu d'entretenir le courage de ces animaux, d'apaiser leurs mécontentements et de charmer l'ennui de leur longue besogne. Il ne suffit pas de savoir bien les conduire en traçant un sillon parfaitement rectiligne, de leur alléger la peine en soulevant ou enfonçant à point le fer dans la terre : on n'est point un
40 parfait laboureur si on ne sait chanter aux bœufs, et c'est là une science à part qui exige un goût et des moyens particuliers.

Ce chant n'est, à vrai dire, qu'une sorte de récitatif interrompu et repris à volonté. Sa forme irrégulière et ses intonations fausses selon les règles de l'art musical le rendent intraduisible. Mais ce n'en est pas moins un beau chant, et tellement approprié à la
45 nature du travail qu'il accompagne, à l'allure du bœuf, au calme des lieux agrestes, à la simplicité des hommes qui le disent, qu'aucun génie étranger au travail de la terre ne l'eût inventé, et qu'aucun chanteur autre qu'un *fin laboureur* de cette contrée ne saurait le redire. Aux époques de l'année où il n'y a pas d'autre travail et d'autre mouvement dans la campagne que celui du labourage, ce chant si doux et si puissant monte comme
50 une voix de la brise, à laquelle sa tonalité particulière donne une certaine ressemblance. La note finale de chaque phrase, tenue et tremblée avec une longueur et une puissance d'haleine incroyable, monte d'un quart de ton en faussant systématiquement. Cela est sauvage, mais le charme en est indicible et quand on s'est habitué à l'entendre, on ne conçoit pas qu'un autre chant pût s'élever à ces heures et dans ces lieux-là, sans en
55 déranger l'harmonie.

la Mare au Diable, 1846, Introduction.

GEN.   III.

1) LE ROMAN CHAMPÊTRE.

La Mare au diable (1846) *fait partie, avec* Jeanne, Le meunier d'Angibault, Le péché de Monsieur Antoine, François le Champi, *des « romans champêtres » que G. Sand écrit entre 1844 et 1847. Très influencée par le mysticisme humanitaire de Lamennais (voir n° 38), et le socialisme de Pierre Leroux, elle plaide pour l'égalité des êtres humains et la vivifiante influence de la simplicité naturelle.* naturelle.

2) LE PUBLIC VISÉ

Balzac, avec les Paysans *(voir n° 23), dénonçait en* **1844** *« la conspiration permanente de ceux que nous appelons encore les faibles contre ceux qui se croient les forts, du paysan contre le riche (...) ». Au contraire, George Sand, en publiant d'abord son roman sous forme de feuilleton dans* Le Courrier français *(journal que lit la bourgeoisie), essaie de convertir le public bourgeois par l'identification au prolétariat rural, dont elle fait un tableau assez idyllique...*

Comme beaucoup d'écrivains socialisants de cette époque, elle recherchera après 1848 un public plus populaire : dans la préface à la réédition Hetzel (1851-1856) de son œuvre, G. Sand écrit que son souci est de « populariser des ouvrages faits en grande partie pour le peuple, mais que, grâce aux spéculations stupides et aristocratiques des éditeurs, les bourgeois seuls ont lus ».

Holbein l'ancien, *Le Laboureur et la mort.*

GEORGE SAND, 1846

L'auteur fait, au début de la Mare au Diable, *la description suivante du tableau d'Holbein :*

> A la sueur de ton visaige,
> Tu gagnerois ta pauvre vie,
> Après long travail et usaige,
> Voicy la *mort* qui te convie.

Le quatrain en vieux français, placé au-dessous d'une composition d'Holbein, est d'une tristesse profonde dans sa naïveté. La gravure représente un laboureur conduisant sa charrue au milieu d'un champ. Une vaste campagne s'étend au loin, on y voit de pauvres cabanes ; le soleil se couche derrière la colline. C'est la fin d'une rude journée de travail. Le paysan est vieux, trapu, couvert de haillons. L'attelage de quatre chevaux qu'il pousse en avant est maigre, exténué ; le soc s'enfonce dans un fonds raboteux et rebelle. Un seul être est allègre et ingambe dans cette scène de *sueur et usaige.* C'est un personnage fantastique, un squelette armé d'un fouet, qui court dans le sillon à côté des chevaux effrayés et les frappe, servant de valet de charrue au vieux laboureur. C'est la mort, ce spectre qu'Holbein a introduit allégoriquement dans la succession de sujets philosophiques et religieux, à la fois lugubres et bouffons, intitulée les *Simulachres de la mort.*

la Mare au Diable, *chap. I, « L'auteur au lecteur ».*

1 — Relevez les adjectifs, les tournures de phrases, par lesquels dans ce texte G. Sand cherche à nous imposer son enthousiasme devant ce spectacle agreste.

2 — En quoi cette description et le tableau d'Holbein forment-ils une antithèse ? Vous ferez un schéma de toutes les oppositions que vous remarquerez.

3 — Le roman tout entier, et cette page en particulier, peuvent être lus comme une parabole*. Vous essaierez de cerner ce que peuvent symboliser les différents personnages, mais aussi les différents éléments (le sillon, le chant, etc.) de cette scène.

4 — Étude comparative : en vous reportant à l'index thématique, constituez un dossier sur la paysannerie et la manière dont elle est perçue au XIXe siècle.

En approchant de son usine, le père Sorel appela Julien de sa voix de stentor ; personne ne répondit. Il ne vit que ses fils aînés, espèces de géants qui, armés de lourdes haches, équarrissaient les troncs de sapin, qu'ils allaient porter à la scie. Tout occupés à suivre exactement la marque noire tracée sur la pièce de bois, chaque coup
5 de leur hache en séparait des copeaux énormes. Ils n'entendirent pas la voix de leur père. Celui-ci se dirigea vers le hangar ; en y entrant, il chercha vainement Julien à la place qu'il aurait dû occuper, à côté de la scie. Il l'aperçut à cinq ou six pieds plus haut, à cheval sur l'une des pièces de la toiture. Au lieu de surveiller attentivement l'action de tout le mécanisme, Julien lisait. Rien n'était plus antipathique au vieux Sorel ; il eût
10 peut-être pardonné à Julien sa taille mince, peu propre aux travaux de force, et si différente de celle de ses aînés ; mais cette manie de lecture lui était odieuse, il ne savait pas lire lui-même.

Ce fut en vain qu'il appela Julien deux ou trois fois. L'attention que le jeune homme donnait à son livre, bien plus que le bruit de la scie, l'empêcha d'entendre la
15 terrible voix de son père. Enfin, malgré son âge, celui-ci sauta lestement sur l'arbre soumis à l'action de la scie, et de là sur la poutre transversale qui soutenait le toit. Un coup violent fit voler dans le ruisseau le livre que tenait Julien ; un second coup aussi violent, donné sur la tête, en forme de calotte, lui fit perdre l'équilibre. Il allait tomber à douze ou quinze pieds plus bas, au milieu des leviers de la machine en action, qui
20 l'eussent brisé, mais son père le retint de la main gauche, comme il tombait :

— Eh bien, paresseux ! tu liras donc toujours tes maudits livres, pendant que tu es de garde à la scie ? Lis-les le soir, quand tu vas perdre ton temps chez le curé, à la bonne heure.

Julien, quoique étourdi par la force du coup, et tout sanglant, se rapprocha de
25 son poste officiel, à côté de la scie. Il avait les larmes aux yeux, moins à cause de la douleur physique que pour la perte de son livre qu'il adorait.

— Descends, animal, que je te parle.

Le bruit de la machine empêcha encore Julien d'entendre cet ordre. Son père, qui était descendu, ne voulant pas se donner la peine de remonter sur le mécanisme,
30 alla chercher une longue perche pour abattre des noix et l'en frappa sur l'épaule. A peine Julien fut-il à terre, que le vieux Sorel, le chassant rudement devant lui, le poussa vers la maison. Dieu sait ce qu'il va me faire ! se disait le jeune homme. En passant, il regarda tristement le ruisseau où était tombé son livre ; c'était celui de tous qu'il affectionnait le plus, le *Mémorial de Saint-Hélène*[1].

le Rouge et le Noir, chap. IV.

M. de Rênal, maire légitimiste et conformiste de Verrières, dans le Doubs, décide qu'il sied à sa position sociale d'offrir un précepteur à ses jeunes enfants. Il pense à Julien Sorel, jeune homme effacé dont on dit qu'il « sait du latin ». Le père Sorel, après des pourparlers difficiles et retors avec M. de Rênal portant sur des questions de salaire, va chercher son fils ; Julien devrait être en train de surveiller le fonctionnement de la scierie de son père...

(1) Ouvrage de Las Cases (1766-1842), Chambellan de Napoléon à Sainte-Hélène. Ce livre, paru en 1823, était le compte-rendu fidèle des propos et souvenirs de l'empereur déchu et du « martyre » qu'il subissait de la part de ses geôliers anglais. Son succès fut immense auprès des bonapartistes et des libéraux.

Imagerie d'Epinal, *La bataille d'Iéna* (BN).

LE MYTHE NAPOLÉONIEN (I) :

La genèse du mythe napoléonien : VIGNY, *en* **1835**, *retrace dans* Servitude et grandeur militaires *les rêves de gloire que suscitaient chez les adolescents du début du XIXe siècle le personnage (alors au faîte de sa gloire) de l'Empereur et les victoires de la « Grande Armée ». Les échos lointains que Julien recherche dans le* Mémorial *étaient alors bien présents :*

Nulle méditation ne pouvait enchaîner longtemps des têtes étourdies sans cesse par les canons et les cloches des *Te Deum !* Lorsqu'un de nos frères, sorti depuis quelques mois du collège, reparaissait en uniforme de housard et le bras en écharpe, nous rougissions de nos livres et nous les jetions à la tête des maîtres. Les maîtres mêmes ne cessaient de nous lire les bulletins de la Grande Armée, et nos cris de Vive l'Empereur ! interrompaient Tacite et Platon. Nos précepteurs ressemblaient à des hérauts d'armes, nos salles d'études à des casernes, nos récréations à des manœuvres, et nos examens à des revues.

Il me prit alors plus que jamais un amour vraiment désordonné de la gloire des armes ; passion d'autant plus malheureuse que c'était le temps précisément où, comme je l'ai dit, la France commençait à s'en guérir.

Mais l'orage grondait encore, et ni mes études sévères, rudes, forcées, et trop précoces, ni le bruit du grand monde, où, pour me distraire de ce penchant, on m'avait jeté tout adolescent, ne me purent ôter cette idée fixe.

Bien souvent j'ai souri de pitié sur moi-même en voyant avec quelle force une idée s'empare de nous, comme elle nous fait sa dupe, et combien il faut de temps pour l'user. La satiété même ne parvint qu'à me faire désobéir à celle-ci, non à la détruire en moi, et ce livre aussi me prouve que je prends plaisir encore à la caresser et que je ne serais pas éloigné d'une rechute. Tant les impressions d'enfance sont profondes, et tant s'était bien gravée sur nos cœurs la marque brûlante de l'Aigle Romaine !

Servitude et Grandeur militaires, Livre premier, chap. I.

Julien, le héros du Rouge et le Noir, *qui veut « réussir », hésite un instant entre la carrière militaire et l'état ecclésiastique. Mais l'état de la France sous la Restauration (se référer au texte de Paul Louis Courier, n° 6) lui donne la réponse : le pouvoir, aujourd'hui, n'est plus au bout des armes :*

« Quand Bonaparte fit parler de lui, la France avait peur d'être envahie ; le mérite militaire était nécessaire et à la mode. Aujourd'hui, on voit des prêtres de quarante ans avoir cent mille francs d'appointements, c'est-à-dire trois fois autant que les fameux généraux de division de Napoléon. Il leur faut des gens qui les secondent. Voilà ce juge de paix, si bonne tête, si honnête homme, jusqu'ici, si vieux, qui se déshonore par crainte de déplaire à un jeune vicaire de trente ans. Il faut être prêtre. »

le Rouge et le Noir, chap. V.

LE MYTHE NAPOLÉONIEN
On consultera sur ce sujet les Nos 184 a, 184 b, 184 c, 184 d du *XVIIe-XVIIIe Siècles.*

Houdon (1741-1828) *Bonaparte* (Bulloz).

1 — *ANALYSE DU VOCABULAIRE.*
  a) *Quels sont les sens dérivés (sur le plan moral ou spirituel) des termes d'élevé et de bas ? Comment le sens spatial de ces termes se combine-t-il avec leur sens symbolique ?*
  b) *Sur cet axe haut/bas, où se situent les différents personnages de ce texte, physiquement et spirituellement ?*
  c) *Quelles sont les significations (physiques, morales ou même religieuses) du mot* chute *en français ? Quelle signification symbolique peut-on dès lors donner au double geste du père Sorel faisant (presque) tomber Julien comme il a fait tomber son livre ?*

2 — *Que représente ce livre ? Quels renseignements donne-t-il sur Julien Sorel ?*

3 — *État d'esprit d'une époque : en vous appuyant sur les documents ci-dessus et pages suivantes, dégagez la signification de ce vers célèbre de Musset : «Je suis venu trop tard dans un monde trop vieux » ?*

4 — *Construction du roman : se référer à la fin du* Rouge et le Noir *(voir n° 52). Comment la scène ci-contre, située au début du roman, laisse-t-elle présager la fin ? Comment se combinent l'ascension sociale de Julien et sa chute finale ?*

Julien Sorel au bal,
*illustration Le Rouge et
le Noir,* éd. 1854.

Julien changea de couleur ; il regarda Mme de Rênal d'un air singulier, et bientôt la prit à part en quelque sorte en doublant le pas. Mme Derville (1) les laissa s'éloigner.

— Sauvez-moi la vie, dit Julien à Mme de Rênal, vous seule le pouvez ; car 5 vous savez que le valet de chambre me hait à la mort. Je dois vous avouer, madame, que j'ai un portrait ; je l'ai caché dans la paillasse de mon lit.

A ce mot, Mme de Rênal devint pâle à son tour.

— Vous seule, madame, pouvez dans ce moment entrer dans ma chambre ; fouillez, sans qu'il y paraisse, dans l'angle de la paillasse qui est le plus rapproché 10 de la fenêtre, vous y trouverez une petite boîte de carton noir et lisse.

— Elle renferme un portrait ! dit Mme de Rênal pouvant à peine se tenir debout.

Son air de découragement fut aperçu de Julien, qui aussitôt en profita.

— J'ai une seconde grâce à vous demander, madame, je vous supplie de ne 15 pas regarder ce portrait, c'est mon secret.

— C'est un secret, répéta Mme de Rênal d'une voix éteinte.

Mais, quoique élevée parmi des gens fiers de leur fortune, et sensibles au seul intérêt d'argent, l'amour avait déjà mis de la générosité dans cette âme. Cruellement blessée, ce fut avec l'air du dévouement le plus simple que Mme de Rênal fit à Julien 20 les questions nécessaires pour pouvoir bien s'acquitter de sa commission.

— Ainsi, lui dit-elle en s'éloignant, une petite boîte ronde, de carton noir, bien lisse.

— Oui, madame, répondit Julien de cet air dur que le danger donne aux hommes.

25 Elle monta au second étage du château, pâle comme si elle fût allée à la mort. Pour comble de misère elle sentit qu'elle était sur le point de se trouver mal ; mais la nécessité de rendre service à Julien lui rendit des forces.

— Il faut que j'aie cette boîte, se dit-elle en doublant le pas.

Elle entendit son mari parler au valet de chambre, dans la chambre même de 30 Julien. Heureusement ils passèrent dans celle des enfants. Elle souleva le matelas et plongea la main dans la paillasse avec une telle violence qu'elle s'écorcha les doigts. Mais quoique fort sensible aux petites douleurs de ce genre, elle n'eut pas la conscience de celle-ci, car presque en même temps elle sentit le poli de la boîte de carton. Elle la saisit et disparut.

35 A peine fut-elle délivrée de la crainte d'être surprise par son mari, que l'horreur que lui causait cette boîte fut sur le point de la faire décidément se trouver mal.

Julien est donc amoureux, et je tiens là le portrait de la femme qu'il aime !

Assise sur une chaise dans l'antichambre de cet appartement, Mme de Rênal 40 était en proie à toutes les horreurs de la jalousie. Son extrême ignorance lui fut encore utile en ce moment, l'étonnement tempérait la douleur. Julien parut, saisit la boîte, sans remercier, sans rien dire, et courut dans sa chambre, où il fit du feu, et la brûla à l'instant. Il était pâle, anéanti, il s'exagérait l'étendue du danger qu'il venait de courir.

45 Le portrait de Napoléon, se disait-il en hochant la tête, trouvé caché chez un homme qui fait profession d'une telle haine pour l'usurpateur ! trouvé par monsieur de Rênal, tellement ultra, et tellement irrité ! et pour comble d'imprudence, sur le carton blanc derrière le portrait, des lignes écrites de ma main ! et qui ne peuvent laisser aucun doute sur l'excès de mon admiration ! et chacun de ces transports 50 d'amour est daté ! il y en a d'avant-hier.

Julien a séduit Mme de Rênal (voir nº 51).

Or « il arriva à Mme de Rênal de dire que son mari était venu de Verrières, parce qu'il avait fait marché, pour de la paille de maïs, avec un de ses fermiers. (Dans ce pays, c'est avec de la paille de maïs que l'on remplit les paillasses des lits.)

— Mon mari ne nous rejoindra pas, ajouta Mme de Rênal ; avec le jardinier et son valet de chambre, il va s'occuper d'achever le renouvellement des paillasses de la maison. Ce matin il a mis de la paille de maïs dans tous les lits du premier étage, maintenant il est au second. »

(1) *Amie de Mme de Rênal.*

le Rouge et le Noir, chap. IX.

Géricault, *Officier des chasseurs de la garde, 1812.*

LE MYTHE NAPOLÉONIEN (II) :

Lucien Leuwen, le héros éponyme* du roman de **STENDHAL** *(voir n° 55), mesure sans illusions, quand il est affecté dans une garnison de province, la réalité de 1835 aux rêves qui ont habité son enfance :*

Il se figurait la guerre d'après les exercices du canon au bois de Vincennes.

Peut-être une blessure ! mais alors il se voyait transporté dans une chaumière de Souabe ou d'Italie ; une jeune fille charmante, dont il n'entendait pas le langage, lui donnait des soins, d'abord par humanité, et ensuite... Quand l'imagination de vingt ans avait épuisé le bonheur d'aimer une naïve et fraîche paysanne, c'était une jeune femme de la cour, exilée sur les bords de la Spezia par un mari bourru. D'abord, elle envoyait son valet de chambre chargé d'offrir de la charpie pour le jeune blessé, et, quelques jours après, elle paraissait elle-même, donnant le bras au curé du village.

« Mais non, reprit Lucien fronçant le sourcil et songeant tout à coup aux plaisanteries dont M. Leuwen l'accablait depuis la veille, je ne ferai la guerre qu'aux cigares ; je deviendrai un pilier du café militaire dans la triste garnison d'une petite ville mal pavée ; j'aurai, pour mes plaisirs du soir, des parties de billard et des bouteilles de bière, et quelquefois, le matin, la guerre aux tronçons de choux, contre de sales ouvriers mourant de faim... Tout au plus je serai tué comme Pyrrhus, par un pot de chambre (une tuile), lancé de la fenêtre d'un cinquième étage, par une vieille femme édentée ! Quelle gloire ! Mon âme sera bien attrapée lorsque je serai présenté à Napoléon, dans l'autre monde. »

Lucien Leuwen, chap. II.

1 — LE MYTHE NAPOLÉONIEN :
  a) *Sur quels faits s'appuie ce mythe ?*
  b) *Connaissez-vous d'autres personnages ou périodes, dans l'histoire de France, qui aient suscité, a posteriori, un enthousiasme semblable ?*

2 — *Étudiez dans le texte de Lucien Leuwen (se référer également au n° 55) la façon dont Lucien fabrique une situation imaginaire ; comment revient-il « sur terre » ? Comment s'exprime son désenchantement ?*

3 — *Établissez un dossier sur le mythe napoléonien, tel que l'ont véhiculé les différents « media » de l'époque :*
  — *image : lithographies et tableaux, imagerie d'Epinal ;*
  — *chanson : Béranger notamment (voir n° 1), avec entre autres « Les souvenirs du peuple » ;*
  — *littérature : HUGO, dans ses Odes (Les Deux Iles, 1825, A la colonne de la place Vendôme, 1827, Mon enfance, 1823), dans les Orientales (Lui, 1827, Souvenir d'enfance, 1831), dans les Chants du Crépuscule (A la colonne, 1830, Napoléon II, 1832) dans les Rayons et les Ombres (Regard jeté dans une mansarde, 1839), etc. BALZAC (le Médecin de Campagne, 1833), MUSSET, VIGNY...*

Les grandes chaleurs arrivèrent. On prit l'habitude de passer les soirées sous un immense tilleul à quelques pas de la maison. L'obscurité y était profonde. Un soir, Julien parlait avec action, il jouissait avec délices du plaisir de bien parler et à des femmes jeunes ; en gesticulant, il toucha la main de Mme de Rênal qui était appuyée
5 sur le dos d'une de ces chaises de bois peint que l'on place dans les jardins.

Cette main se retira bien vite ; mais Julien pensa qu'il était de son *devoir* d'obtenir que l'on ne retirât pas cette main quand il la touchait. L'idée d'un devoir à accomplir, et d'un ridicule ou plutôt d'un sentiment d'infériorité à encourir si l'on n'y parvenait pas, éloigna sur-le-champ tout plaisir de son cœur.

le Rouge et le Noir, chap. VIII.

Julien décide de séduire Mme de Rênal : c'est un devoir qu'il s'impose ; mais c'est le sentiment qui, finalement, s'imposera à lui.

10 (...) La violence que Julien était obligé de se faire était trop forte pour que sa voix ne fût pas profondément altérée ; bientôt la voix de Mme de Rênal devint tremblante aussi, mais Julien ne s'en aperçut point. L'affreux combat que le devoir livrait à la timidité était trop pénible pour qu'il fût en état de rien observer hors lui-même. Neuf heures trois quarts venaient de sonner à l'horloge du château, sans qu'il
15 eût encore rien osé. Julien, indigné de sa lâcheté, se dit : Au moment précis où dix heures sonneront, j'exécuterai ce que, pendant toute la journée, je me suis promis de faire ce soir, ou je monterai chez moi me brûler la cervelle.

Après un dernier moment d'attente et d'anxiété, pendant lequel l'excès de l'émotion mettait Julien comme hors de lui, dix heures sonnèrent à l'horloge qui était
20 au-dessus de sa tête. Chaque coup de cette cloche fatale retentissait dans sa poitrine, et y causait comme un mouvement physique.

Enfin, comme le dernier coup de dix heures retentissait encore, il étendit la main et prit celle de Mme de Rênal, qui la retira aussitôt. Julien, sans trop savoir ce qu'il faisait, la saisit de nouveau. Quoique bien ému lui-même, il fut frappé de la
25 froideur glaciale de la main qu'il prenait ; il la serrait avec une force convulsive ; on fit un dernier effort pour la lui ôter, mais enfin cette main lui resta.

Son âme fut inondée de bonheur, non qu'il aimât Mme de Rênal, mais un affreux supplice venait de cesser. Pour que Mme Derville ne s'aperçût de rien, il se crut obligé de parler ; sa voix alors était éclatante et forte. Celle de Mme de Rênal, au
30 contraire, trahissait tant d'émotion, que son amie la crut malade et lui proposa de rentrer. Julien sentit le danger : si Mme de Rênal rentre au salon, je vais retomber dans la position affreuse où j'ai passé la journée. J'ai tenu cette main trop peu de temps pour que cela compte comme un avantage qui m'est acquis.

Au moment où Mme Derville renouvelait la proposition de rentrer au salon,
35 Julien serra fortement la main qu'on lui abandonnait.

Mme de Rênal, qui se levait déjà, se rassit en disant, d'une voix mourante :
— Je me sens, à la vérité, un peu malade, mais le grand air me fait du bien.

Ces mots confirmèrent le bonheur de Julien, qui, dans ce moment, était
40 extrême.

le Rouge et le Noir, chap. IX.

1 — Répertoriez les éléments du texte relevant a) du vocabulaire du sentiment b) du vocabulaire de la morale et du devoir. Comment se combinent ces deux registres ?

2 — Dans la perspective d'une mise en scène, séparez ce qui est d'ordre visuel, et ce qui est d'ordre auditif. Comment pourrait-on représenter le débat intérieur de Julien ? Sur quels points pourrait-on introduire des gros plans ? Quels éléments du texte ne vous semblent pas représentables ? Pourquoi ?

3 — Théorie et pratique.
   a) Retrouve-t-on dans les textes de De l'Amour la même intrusion, à propos de sentiment, de termes n'appartenant pas habituellement à ce registre (devoir, guerre, etc.) ? Les relever et les classer. Que signifie cette intrusion ?
   b) Quel temps grammatical Stendhal utilise-t-il dans De l'Amour ? A quel genre littéraire précis appartient ce style (comparer avec l'expression de l'amour dans les maximes de La Rochefoucauld au XVIIe siècle, de Chamfort au XVIIIe) ? Quelles sont les différences entre ce style et l'écriture romanesque ?
   c) Stendhal affirmait que son modèle d'écriture était le Code Civil. Pourquoi cherche-t-il à être sec ? A quelle littérature s'oppose cette volonté de « sécheresse » ?

STENDHAL, 1822 : De l'Amour.
Dans cet ouvrage essentiellement théorique, Stendhal analyse les figures essentielles du discours et du comportement amoureux : « Je fais tous les efforts possibles pour être sec. Je veux imposer silence à mon cœur qui croit avoir beaucoup à dire. Je tremble toujours de n'avoir écrit qu'un soupir, quand je crois avoir noté une vérité ».

De l'Amour, chap. IX.

Lorsqu'on doit voir le soir la femme qu'on aime, l'attente d'un si grand bonheur rend insupportable tous les moments qui en séparent.

Une fièvre dévorante fait prendre et quitter vingt occupations. L'on regarde sa montre à chaque instant, et l'on est ravi quand on voit qu'on a pu faire passer dix minutes sans la regarder ; l'heure tant désirée sonne enfin, et quand on est à sa porte, prêt à frapper, l'on serait aise de ne pas la trouver ; ce n'est que par réflexion qu'on s'en affligerait : en un mot, l'attente de la voir produit un effet désagréable.

Voilà de ces choses qui font dire aux bonnes gens que l'amour déraisonne.

C'est que l'imagination, retirée violemment de rêveries délicieuses où chaque pas produit le bonheur, est ramenée à la sévère réalité.

L'âme tendre sait bien que dans le combat qui va commencer aussitôt que vous la verrez, la moindre négligence, le moindre manque d'attention ou de courage sera puni par une défaite empoisonnant pour longtemps les rêveries de l'imagination, et hors de l'intérêt de la passion si l'on cherchait à s'y réfugier, humiliante pour l'amour-propre. On se dit : j'ai manqué d'esprit, j'ai manqué de courage ; mais l'on n'a du courage envers ce qu'on aime, qu'en l'aimant moins.

Ce reste d'attention que l'on arrache avec tant de peine aux rêveries de la cristallisation, fait que, dans les premiers discours à la femme qu'on aime, il échappe une foule de choses qui n'ont pas de sens ou qui ont un sens contraire à ce qu'on sent ; ou, ce qui est plus poignant encore, on exagère ses propres sentiments, et ils deviennent ridicules à ses yeux.

De l'Amour, chap. XXIV.

DE LA NAISSANCE DE L'AMOUR

Voici ce qui se passe dans l'âme :
1° L'admiration.
2° On se dit : Quel plaisir de lui donner des baisers, d'en recevoir, etc. !
3° L'espérance.

5   On étudie les perfections ; c'est à ce moment qu'une femme devrait se rendre, pour le plus grand plaisir physique possible. Même chez les femmes les plus réservées, les yeux rougissent au moment de l'espérance ; la passion est si forte, le plaisir si vif qu'il se trahit par des signes frappants.

4° L'amour est né.

10   Aimer, c'est avoir du plaisir à voir, toucher, sentir par tous les sens, et d'aussi près que possible un objet aimable et qui nous aime.

5° La première cristallisation commence.

On se plaît à orner de mille perfections une femme de l'amour de laquelle on est sûr ; on se détaille tout son bonheur avec une complaisance infinie. Cela se réduit à 15 s'exagérer une propriété superbe, qui vient de nous tomber du ciel, que l'on ne connaît pas, et de la possession de laquelle on est assuré.

Laissez travailler la tête d'un amant pendant vingt-quatre heures, et voici ce que vous trouverez :

Aux mines de sel de Salzbourg, on jette, dans les profondeurs abandonnées de 20 la mine, un rameau d'arbre effeuillé par l'hiver ; deux ou trois mois après on le retire couvert de cristallisations brillantes : les plus petites branches, celles qui ne sont pas plus grosses que la patte d'une mésange, sont garnies d'une infinité de diamants, mobiles et éblouissants ; on ne peut plus reconnaître le rameau primitif.

Ce que j'appelle cristallisation, c'est l'opération de l'esprit qui tire de tout ce qui 25 se présente la découverte que l'objet aimé a de nouvelles perfections.

De l'Amour, chap. II.

Gérard Philipe dans le Rouge et le Noir de Claude Autant-Lara.

« Messieurs les jurés,

« L'horreur du mépris, que je croyais pouvoir braver au moment de la mort, me fait prendre la parole. Messieurs, je n'ai point l'honneur d'appartenir à votre classe, vous voyez en moi un paysan qui s'est révolté contre la bassesse de sa fortune.

5 « Je ne vous demande aucune grâce, continua Julien en affermissant sa voix. Je ne me fais point illusion, la mort m'attend : elle sera juste. J'ai pu attenter aux jours de la femme la plus digne de tous les respects, de tous les hommages. Mme de Rênal avait été pour moi comme une mère. Mon crime est atroce, et il fut *prémédité*. J'ai donc mérité la mort, messieurs les jurés. Mais quand je serais moins coupable, je vois 10 des hommes qui, sans s'arrêter à ce que ma jeunesse peut mériter de pitié, voudront punir en moi et décourager à jamais cette classe de jeunes gens qui, nés dans une classe inférieure et en quelque sorte opprimés par la pauvreté, ont le bonheur de se procurer une bonne éducation et l'audace de se mêler à ce que l'orgueil des gens riches appelle la société.

15 « Voilà mon crime, messieurs, et il sera puni avec d'autant plus de sévérité, que, dans le fait, je ne suis point jugé par mes pairs. Je ne vois point sur les bancs des jurés quelque paysan enrichi, mais uniquement des bourgeois indignés... »

Pendant vingt minutes, Julien parla sur ce ton ; il dit tout ce qu'il avait sur le cœur ; l'avocat général, qui aspirait aux faveurs de l'aristocratie, bondissait sur son 20 siège ; mais malgré le tour un peu abstrait que Julien avait donné à la discussion, toutes les femmes fondaient en larmes.

le Rouge et le Noir, 1830, Livre second, chap. XLII.

Bien des années auparavant, Stendhal avait exprimé, dans un ouvrage théorique intitulé D'un nouveau complot contre les industriels *(1825), ses idées sur les conflits de classes et d'intérêts de son siècle :*

L'industrialisme, un peu cousin du charlatanisme, paye des journaux et prend en main, sans qu'on l'en prie, la cause de l'industrie ; il se permet de plus une petite faute de logique : il crie que l'industrie est la cause de tout le bonheur dont jouit la jeune et belle Amérique. Avec sa permission, l'industrie n'a fait que profiter des 5 bonnes lois et de l'avantage d'être sans frontières attaquables que possède l'Amérique. Les industriels, par l'argent qu'ils prêtent à un gouvernement après avoir pris leurs sûretés, augmentent pour le moment la force de ce gouvernement ; mais ils s'inquiètent fort peu du sens dans lequel cette force est dirigée. Supposons qu'un mauvais génie envoie aux États-Unis d'Amérique un président ambitieux comme 10 Napoléon ou Cromwell ; cet homme profitera du crédit qu'il trouvera établi en arrivant à la présidence pour emprunter quatre cents millions, et avec ces millions, il corrompra l'opinion et se fera nommer président à vie. Eh bien, si les intérêts de la rente sont bien servis, l'histoire contemporaine est là pour nous apprendre que les industriels continueront à lui prêter des millions, c'est-à-dire à augmenter sa force, 15 sans s'embarrasser du sens dans lequel il l'exerce.

d'Un Nouveau Complot contre les Industriels, 1825.

Julien, après une dure expérience au séminaire de Besançon, refuge de la bêtise et de l'hypocrisie, obtient le poste de secrétaire du marquis de la Môle, à Paris. Il séduit Mathilde, sa fille. Il va l'épouser pour « régulariser » une situation difficile ; fiancée à un autre, elle attend un enfant de Julien, quand une lettre, qui a été extorquée à Mme de Rênal par son confesseur, donne au marquis des renseignements peu flatteurs sur Julien. Celui-ci retourne dans sa province d'origine, tire au pistolet sur Mme de Rênal pendant un office religieux, et la blesse superficiellement. Arrêté, il sera condamné à mort et exécuté, après s'être réconcilié avec Mme de Rênal, qui meurt trois jours après lui « en embrassant ses enfants ». Julien, au cours de son procès, a eu le tort de dévoiler à ses juges le vrai motif de la condamnation qu'ils vont prononcer.

La société, étant divisée par bandes comme un bambou, la grande affaire d'un homme est de monter dans la classe supérieure à la sienne, et tout l'effort de cette classe est de l'empêcher de monter.

Je n'ai trouvé ces mœurs en France qu'une fois : c'est quand les généraux de 5 l'ancienne armée de Napoléon, qui s'étaient vendus à Louis XVIII, essayaient à force de bassesses de se faire admettre dans le salon de Mme de Talaru et autres du faubourg Saint-Germain. Les humiliations que ces êtres vils empochaient chaque jour rempliraient cinquante pages. (...)

Un jour, on annonça qu'on pendait huit pauvres diables. A mes yeux, 10 quand on pend un voleur ou un assassin en Angleterre, c'est l'aristocratie qui immole une victime à sa sûreté, car c'est elle qui l'a forcé à être scélérat, etc. Cette vérité, si paradoxale aujourd'hui, sera peut-être un lieu commun quand on lira mes bavardages.

les Souvenirs d'égotisme (écrits en 1832), publiés en 1892.

CLAUDE AUTANT-LARA, 1960 *qui porta à l'écran* le Rouge et le Noir, *s'explique sur les conditions de réalisation de ce film, et donne son avis sur l'œuvre qui lui a servi de point de départ :*

Ce *Rouge et le Noir* je ne l'ai jamais trouvé, et je ne l'aurai probablement jamais fait, ce *Rouge et le Noir,* car, en premier, les producteurs ont peur de ce genre de film, et du sujet à costumes. Le dernier producteur, c'est par le plus grands des hasards qu'il m'a contacté ! Celui-là était embarrassé d'un contrat avec Gérard Philipe, et Gérard Philipe avait, par contrat, la possibilité de choisir et d'accepter son sujet, et c'est à la toute dernière seconde que ce producteur s'est tourné, affolé, vers moi, en me disant : « Je cours tout Paris, je démarche tout Paris auprès de vos confrères ; avez-vous un sujet susceptible d'être accepté par Gérard Philipe, qui me refuse tout ? ». Ce malheureux producteur avait un contrat pour une somme très importante, avec Gérard, qui était déjà un acteur très connu à ce moment-là, et je lui ai dit par téléphone : « Proposez-lui *le Rouge et le Noir ?* ». Il m'a dit : « Qu'est-ce que c'est que *le Rouge et le Noir ?* ». Je lui ait dit : « Dites-lui ce titre, il comprendra ». Deux heures après, je recevais un coup de téléphone du même producteur, me disant : « Venez vite, il accepte ! ». (...).

Le film terminé, il y a alors le stade du distributeur, lequel a, lui aussi, son idéologie personnelle (!) ; il a amputé *le Rouge et le Noir,* à l'époque, de 25 minutes, parce que certaines scènes ne lui plaisaient pas ! D'ailleurs, je dois vous dire que la même chose s'est produite pour *Lucien Leuwen* parce qu'on m'a fait venir en disant qu'il contenait des scènes qui étaient extrêmement « déplaisantes », et que la Télévision Française refusait déjà de le passer. La Télévision Italienne, même, m'a fait venir *spécialement* à Rome, rien que pour me dire que dans *Lucien Leuwen,* on amputerait un certain nombre de scènes qui étaient « incompatibles, avec les négociations que l'État italien menait alors avec le Vatican, pour un nouveau Concordat »). (...).

J'aime bien *le Rouge et le Noir* comme il a été fait, mais je déplore de ne pas avoir pu faire sept heures, parce que nous aurions fait alors des choses plus intéressantes et plus stendhaliennes encore. Car ce qui est pour moi intéressant dans Stendhal c'est que par delà la fiction romanesque, il y a le pamphlet, le côté politique qui marche concurremment, qui aide même l'évolution des sentiments, et c'est cela qui est merveilleux, dans la mesure où cela exorcise la littérature. (...).

Il est évident que dans la transposition d'une œuvre *écrite* à une œuvre *visuelle,* il y a un changement complet d'expression : du littéraire au dramatique ; ce n'est pas rien. Il y a des obligations, formelles, de modifier ce qui ne s'adressait qu'à l'esprit, à l'évocation mentale, pour obtenir un même impact, en s'adressant à l'esprit en même temps qu'aux sens de perception oculaire. C'est ce qu'on appelle l'adaptation. Cette adaptation à une perception nouvelle nous oblige à des changements, à des transferts : pour les descriptions littéraires, si longues et complaisantes en littérature, dont vous êtes privés à l'écran, il faut trouver, parfois, un geste, un détail, qui vous en restitue quand même le sens ; le temps aussi, qui n'est pas le même pour le lecteur et pour le spectateur, vous oblige à des élisions nécessaires — qui, parfois aussi, par leur brièveté peuvent devenir plus saisissantes. Tous ces changements, s'ils demeurent fidèles à l'esprit de l'auteur de base, peuvent être bénéfiques, donner à une œuvre une dimension nouvelle, élargie. Une adaptation, me direz-vous, peut devenir une trahison ? Bien sûr. Une adaptation est de toute manière, et pour employer une métaphore, une trahison. Il s'agit simplement que ce soit une *bonne* trahison.

in Stendhal/Balzac, *Réalisme et Cinéma,* publication du Centre d'Études Stendhaliennes, 1978.

---

1 — COMPOSITION DU TEXTE
   a) *Retrouvez le plan de l'argumentation de Julien. Comment l'introduit-il, et comment le légitime-t-il ? Quels sont les différents points de sa démonstration ? Comment sont-ils liés ?*
   b) *« Il dit tout ce qu'il avait sur le cœur » : à partir des lignes principales dégagées ci-dessus, recomposez les arguments essentiels de ce discours.*
   c) *Pourquoi Stendhal s'abstient-il de donner l'intégralité du discours de Julien ? Sa démonstration en acquiert-elle plus ou moins de force ? Justifiez votre réponse.*

2 — ROMAN ET POLITIQUE
   a) *Dans le texte du* Nouveau complot contre les industriels, *qu'est-ce que Stendhal entend par « bourgeoisie », « aristocratie » et « industrie » ?*
   b) *A quelle classe non nommée appartient Julien ?*
   c) *Pourquoi est-il condamné ? Quelles réflexions sur la sérénité de la justice vous inspire ce procès ? (se reporter à Zola et l'affaire Dreyfus, n° 170).*

3 — ROMAN ET CINÉMA
   a) *Quels sont les principaux problèmes qui se posent pour transposer en film une œuvre littéraire ?*
   b) *Quelles sont les parts respectives du scénariste, du metteur en scène, du producteur et du distributeur ?*
   c) *Connaissez-vous d'autres exemples de transposition cinématographique d'une œuvre littéraire ? Était-elle réussie ou manquée ? Pourquoi ?*

Fabrice, en prison, ne vit que dans l'espoir de l'apparition de Clélia.

Mais enfin, à son inexprimable joie, après une si longue attente et tant de regards, vers midi Clélia vint soigner ses oiseaux. Fabrice resta immobile et sans respiration, il était debout contre les énormes barreaux de sa fenêtre et fort près. Il remarqua qu'elle ne levait pas les yeux sur lui, mais ses mouvements avaient l'air gêné,
5 comme ceux de quelqu'un qui se sent regardé. Quand elle l'aurait voulu, la pauvre fille n'aurait pas pu oublier le sourire si fin qu'elle avait vu errer sur les lèvres du prisonnier, la veille, au moment où les gendarmes l'emmenaient du corps de garde.

Quoique, suivant toute apparence, elle veillât sur ses actions avec le plus grand soin, au moment où elle s'approcha de la fenêtre de la volière, elle rougit fort
10 sensiblement. La première pensée de Fabrice, collé contre les barreaux de fer de sa fenêtre, fut de se livrer à l'enfantillage de frapper un peu avec la main sur ces barreaux, ce qui produirait un petit bruit ; puis la seule idée de ce manque de délicatesse lui fit horreur. Je mériterais que pendant huit jours elle envoyât soigner ses oiseaux par sa femme de chambre. Cette idée délicate ne lui fût point venue à Naples ou à Novare.

15 Il la suivait ardemment des yeux : Certainement, se disait-il, elle va s'en aller sans daigner jeter un regard sur cette pauvre fenêtre, et, pourtant elle est bien en face. Mais, en revenant du fond de la chambre que Fabrice, grâce à sa position plus élevée, apercevait fort bien, Clélia ne put s'empêcher de le regarder du haut de l'œil, tout en marchant, et c'en fut assez pour que Fabrice se crût autorisé à la saluer. Ne sommes-
20 nous pas seuls au monde ici ? se dit-il pour s'en donner le courage. Sur ce salut, la jeune fille resta immobile et baissa les yeux ; puis Fabrice les lui vit relever fort lentement ; et évidemment, en faisant effort sur elle-même, elle salua le prisonnier avec le mouvement le plus grave et le plus *distant*, mais elle ne put imposer silence à ses yeux ; sans qu'elle le sût probablement, ils exprimèrent un instant la pitié la plus vive. Fabrice
25 remarqua qu'elle rougissait tellement que la teinte rose s'étendait rapidement jusque sur le haut des épaules, dont la chaleur venait d'éloigner, en arrivant à la volière, un châle de dentelle noire. Le regard involontaire par lequel Fabrice répondit à son salut redoubla le trouble de la jeune fille. (...)

Fabrice avait eu quelque léger espoir de la saluer de nouveau à son départ ;
30 mais, pour éviter cette nouvelle politesse, Clélia fit une savante retraite par échelons, de cage en cage, comme si, en finissant, elle eût dû soigner les oiseaux placés le plus près de la porte. Elle sortit enfin ; Fabrice restait immobile à regarder la porte par laquelle elle venait de disparaître ; il était un autre homme.

la Chartreuse de Parme, chap. XVIII.

Fabrice Del Dongo, jeune aristocrate milanais, après s'être engagé, par pur enthousiasme, dans les armées de l'Empire lors de la campagne de Waterloo, est revenu en Italie. Pour des raisons politiques (conflits entre les partisans et adversaires du premier ministre, le comte Mosca), il est jeté en prison, sous un mauvais prétexte. Il y fait la connaissance de Clélia, fille du gouverneur de la forteresse. Elle l'aidera à s'évader, deviendra secrètement sa femme, mourra après avoir accouché d'un enfant, et Fabrice entrera en religion, malgré l'amour que lui porte sa tante, la belle duchesse Sanseverina.

J.-P. RICHARD, 1954

Ce critique contemporain s'est attaché à interpréter symboliquement les images d'élévation et d'éloignement chez Stendhal :

C'est en termes d'espace, vertical ou horizontal, que se traduisent les valeurs stendhaliennes les plus pures. Cet univers où les âmes se distinguent les unes les autres par leur plus ou moins grande puissance d'*exaltation,* qui ne connaît de plus ignoble défaut que la *bassesse,* ni de plus belle vertu que la *hauteur* du caractère, où l'on a, dit Stendhal, « des devoirs selon la *portée* de son esprit », ce monde s'oriente selon des lignes de force très nettement ascensionnelles. Loin du « réel plat et fangeux », on s'y élance vers la griserie des « espaces imaginaires ». Toute psychanalyse stendhalienne devrait étudier les thèmes d'évasion dans l'espace, de jouissance aérienne des horizons où l'œil s'enchante à cette « magie des lointains » que Stendhal aimera tant chez le Corrège. Lointains magiques parce que la transparence de l'atmosphère parvient, en enveloppant les objets d'un voile d'air, à les alléger de leur réalité pour faire courir sur eux les reflets changeants de la rêverie. Cette magie est bien la même que l'on retrouve dans l'amour : lui aussi opère le relais de la perception par l'imagination, de la réalité proche par l'image lointaine. « Toute passion, dit Maine de Biran en un texte que Stendhal médita, est une sorte de culte superstitieux rendu à un objet fantastique ou qui, dans sa réalité même, sort du domaine de la faculté perceptive, pour passer tout entier sous celui de l'imagination. Cet objet est toujours plus ou moins *enveloppé, indéfini ;* il s'offre dans un *certain éloignement* et sous plusieurs aspects divers »... La passion projette son objet dans un espace qui l'affranchit de ses limites et le libère de la vision exacte, immobile. Elle l'évapore dans un lointain à demi fantastique mais qu'un dernier scrupule de netteté vient curieusement limiter par une ligne ultime, la ligne d'horizon. « Un amant voit la femme qu'il aime dans la ligne d'horizon de tous les paysages qu'il rencontre... » C'est au bout d'une perspective que la vraie passion profile le plus aisément ses mirages.

Et cette perspective est aussi bien temporelle que spatiale : du haut du clocher de Grianta, Fabrice domine non seulement l'étendue de pays, lacs et montagnes, qui se déploie devant ses yeux, mais aussi bien l'étendue temporelle, passé, présent et avenir, de sa vie tout entière. Le château paternel et les eaux du lac de Côme qui le ramènent aux jours de son enfance, les prophéties de Blanès qui le jettent tout d'un coup vers les événements de son futur : devant lui c'est toute son existence qui s'étale.

Connaissance et Tendresse chez Stendhal, Seuil, 1954.

Sodermark, *Stendhal* (Giraudon).

---

1 — RECHERCHES SUR UN ESPACE SYMBOLIQUE

a) *La prison de Fabrice est située sur un sommet dominant la plaine alentour. Retrouvez dans le texte de la* Chartreuse de Parme, *les expressions ou notions, éventuellement implicites, qui appartiennent au registre de l'élévation.*

b) *Portez en deux colonnes les termes du texte qui expriment l'antithèse entre le* haut *et le* bas. *Élargissez cet échantillon aux dérivés possibles de ces termes.*

c) *Affectez à chacun de ces termes ses sens concret, figuré, moral ou esthétique.*

d) *Comparez avec le premier texte du n° 50. Quelle définition proposeriez-vous de l'élévation, du* sublime *et de la* bassesse, *comme ressorts psychologiques des héros stendhaliens ?*

2 — SILENCE ET COMMUNICATION

Quels sont les traits qui, dans le texte, marquent l'établissement d'une communication entre Clélia et Fabrice, sans qu'une parole soit échangée ?

a) *Quels détails marquent l'assimilation que fait Fabrice de son sort à celui des oiseaux de Clélia ?*

b) *Quels substituts de la parole les héros utilisent-ils pour communiquer ?*

c) *Comment se transforme la situation initiale qui supposait, de fait, une distance ? Que signifient dès lors les derniers mots du texte (« il était un autre homme ») ?*

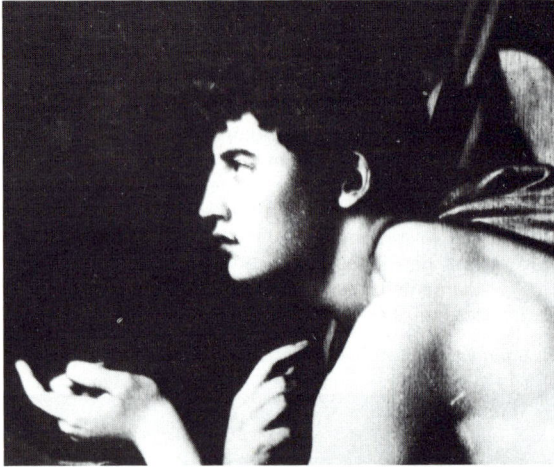

INSCRIPTION

ERRICO BEYLE	HENRI BEYLE
MILANESE	MILANAIS
Visse, scrisse, amò	*Il vécut, il écrivit,*
Quest' anima	*il aima*
Adorava	*Cette âme*
Cimarosa, Mozart e Shakespeare	*adorait*
Mori de anni....	*Cimarosa, Mozart et*
il..... 18.	*Shakespeare*
	Il mourut...
	le ..... 18......

Lambert, domestique de la famille, auquel s'est attaché le petit Beyle, a un accident mortel.

En ramassant (cueillant) lui-même la feuille de ce mûrier, il tomba, on nous le rapporta sur une échelle. Mon grand-père le soigna comme un fils. Mais il y avait commotion au cerveau, la lumière ne faisait plus d'impression sur ses pupilles, il mourut au bout de trois jours. Il poussait dans le délire qui ne le quitta jamais des cris
5 lamentables qui me perçaient le cœur.

Je connus la douleur pour la première fois de ma vie. Je pensai à la mort

L'arrachement produit par la perte de ma mère avait été de la folie où il entrait à ce qu'il me semble beaucoup d'amour. La douleur de la mort de Lambert fut de la douleur comme je l'ai éprouvée tout le reste de ma vie, une douleur réfléchie, sèche
10 sans larmes, sans consolation. J'étais navré et sur le point de tomber (ce qui fut vertement blâmé par Séraphie) en entrant dix fois le jour dans la chambre de mon am dont je regardais la belle figure, il était mourant et expirant. Je n'oublierai jamais se beaux sourcils noirs et cet air de force et de santé que son délire ne faisai qu'augmenter. Je le voyais saigner, après chaque saignée je voyais tenter l'expérience
15 de la lumière devant les yeux (sensation qui me fut rappelée le soir de la bataille de Landshut, je crois, 1809).

J'ai vu une fois, en Italie, une figure de Saint Jean regardant crucifier son ami et son Dieu qui tout à coup me saisit par le souvenir de ce que j'avais éprouvé vingt-cinq ans auparavant à la mort du *pauvre Lambert*, c'est le nom qu'il prit dans la famille après
20 sa mort. Je pourrais remplir encore cinq ou six pages de souvenirs *clairs* qui me restent de cette grande douleur. On le cloua dans sa bière, on l'emporta...

Sunt Lacrimœ rerum. **(1)**

Le même côté de mon cœur est ému par certains accompagnements de Mozart dans *Don Juan*.

(1) Litt. : ce sont les larmes des choses.   *Vie de Henry Brulard*, 1821-1830.

A la fois vraie et fausse autobiographie, la vie de Henry Brulard permet à Stendhal de faire sur sa vie certaines révélations — qui transforment parfois la réalité pure, comme il se doit : malgré sa ressemblance, Henry Brulard n'est pas tout à fait Henri Beyle.

1 — **PARLER DE SOI/SE DÉROBER**
   a) *Quelles informations réelles Stendhal nous donne-t-il sur lui-même ? Classez-les selon leur point d'impact (enfance, famille, société...).*
   b) *Techniques et effets du camouflage : l'écriture du texte est-elle purement descriptive et rationnelle ? Relevez et commentez les expressions qui appartiennent au seul registre de l'humeur ou de la passion. Pourquoi Stendhal ne parle-t-il pas de son père ?*

2 — **ÉTUDE DE VOCABULAIRE**
   a) *Quelles sont les nuances de sens existant entre : égotisme ; égoïsme ; égocentrisme ?*
   b) *Ego signifie, en latin, moi. Quelle science a particulièrement utilisé, et analysé, ce terme ? Quelles sont les composantes du moi proposées par cette science ? Quels sont leurs rapports et leurs significations ?*

3 — **DOSSIER :**
   G. Genette se réfère à l'Œdipe-Roi de Sophocle. Quelle est la trame de cette pièce ? Cherchez, dans un dictionnaire des noms propres, des renseignements précis sur le personnage d'Œdipe et son mythe. Dans quel contexte sont-ils utilisés de nos jours ?

STENDHAL, 1892 (Posth.)

Dans les Souvenirs d'Égotisme *(écrits en 1832) Stendhal, dans une forme plus relâchée, se livre à nouveau :*

Je n'ai aimé avec passion en ma vie que Cimarosa, Mozart et Shakespeare. A Milan, en 1820, j'avais envie de mettre cela sur ma tombe. Je pensais chaque jour à cette inscription, croyant bien que je n'aurais de tranquillité que dans la tombe. Je voulais une tablette de marbre de la forme d'une carte à jouer.

N'ajouter aucun signe sale, aucun ornement plat, faire graver cette inscription en caractères majuscules. Je hais Grenoble, je suis arrivé à Milan en mai 1800, j'aime cette ville. Là j'ai trouvé les plus grands plaisirs et les plus grandes peines, là surtout ce qui fait la patrie, j'ai trouvé les premiers plaisirs. Là je désire passer ma vieillesse et mourir.

Que de fois, balancé sur une barque solitaire par les ondes du lac de Côme, je me disais avec délice :

Hic captabis frigus opacum ! (1)

Si je laisse de quoi faire cette tablette, je prie qu'on la place dans le cimetière d'Andilly, près Montmorency, exposée au levant. Mais surtout je désire n'avoir pas d'autre monument, rien de parisien, rien de *vaudevillique,* j'abhorre ce genre. Je l'abhorrais bien plus en 1821. L'esprit français que je trouvais dans les théâtres de Paris allait presque jusqu'à me faire m'écrier tout haut : Canaille !... Canaille !... Canaille !

(1) Ici tu jouiras d'une fraîcheur ombreuse (Virgile, Bucoliques).

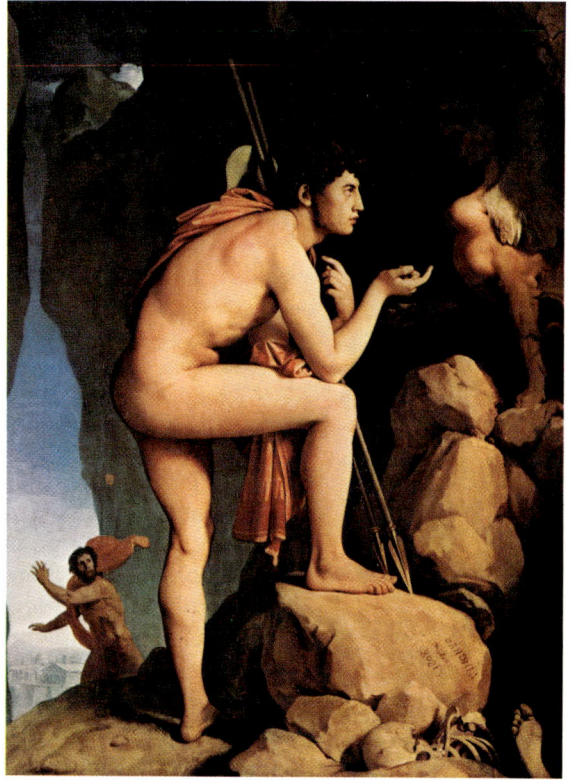

Ingres, *Œdipe et le sphinx* (Roger Viollet).

GÉRARD GENETTE, 1969

Ce critique contemporain note que feindre de parler de soi à découvert, comme le fait Stendhal souvent, n'est peut-être qu'un moyen de plus de se cacher :

Une psychanalyse de Stendhal est-elle possible ?

Le paradoxe de l'égotisme est à peu près celui-ci : parler de soi, de la manière la plus indiscrète et la plus impudique, peut être le meilleur moyen de se dérober. L'égotisme est, dans tous les sens du terme, une parade.

La démonstration la plus efficace en est sans doute le si déconcertant aveu œdipien de *Brulard :* « Ma mère, madame Henriette Gagnon, était une femme charmante et j'étais amoureux de ma mère...

« Je voulais couvrir ma mère de baisers et qu'il n'y eût pas de vêtements. Elle m'aimait à la passion et m'embrassait souvent, je lui rendais ses baisers avec un tel feu qu'elle était souvent obligée de s'en aller. J'abhorrais mon père quand il venait interrompre nos baisers...

« Un soir, comme par quelque hasard on m'avait mis coucher dans sa chambre par terre, sur un matelas, cette femme vive et légère comme une biche sauta par-dessus mon matelas pour atteindre plus vite à son lit. »

Pour les spécialistes, pareil texte devrait être une manière de scandale : que laisse-t-il à interpréter ? On imagine Œdipe, au lever du rideau, déclarant sans préambule au peuple thébain : « Bonnes gens, j'ai tué mon père Laïus et fait quatre enfants à ma mère Jocaste : deux garçons et deux filles. N'allez pas cherchez plus loin, tout le mal vient de là ». Tête de Tirésias. (Tête de Sophocle). (...).

En marge du manuscrit de *Leuwen,* à propos d'un trait de caractère du héros, Stendhal inscrit : « Modèle : Dominique himself. — Ah ! Dominique himself ! »

Cette étrange désignation de soi est typiquement stendhalienne, en son tout comme en ses parties. *Dominique,* on le sait, est depuis longtemps son surnom le plus intime, celui qu'il réserve, presque exclusivement, à son usage personnel : c'est ainsi qu'il *se* nomme. Le sabir international est aussi l'un de ses procédés cryptographiques favoris, dans les notes qu'il ne destine qu'à soi-même. Mais la convergence des deux codes sur le même objet, qui se trouve être ici, précisément, le *sujet,* est d'un effet saisissant. Le « moi » stendhalien n'est pas exactement haïssable : il est proprement (et profondément) *innommable.* Le langage ne peut s'en approcher sans se désintégrer en une multitude de substitutions, déplacements et détours à la fois redondants et élusifs. *Dominique,* prénom italianisant, peut-être emprunté, en manière d'hommage, à l'auteur du *Matrimonio segreto ; himself,* le « réfléchi » anglais dont l'idiomatisme biscornu excuse, l'insupportable rapport à soi. *Ah ! Dominique himself !* Peut-on déclarer de façon plus nette le décentrement du sujet, l'altérité, l'extranéité de l'*ego ?*

Gérard Genette, « Stendhal », *in Figures II,* 1969.

Stendhal.

Lucien Leuwen, jeune et riche bourgeois parisien, chassé de Polytechnique, soupçonné de républicanisme, s'est engagé dans l'armée par désœuvrement. En garnison à Nancy, il ne trouve qu'ennuis dans cette province où rien ne lui rappelle le brillant de Paris. Blessé superficiellement dans un duel, il fait appeler le docteur Du Poirier, légitimiste, « ultra », parce que ce qu'on lui a dit du personnage l'intrigue. Serait-il moins ennuyeux que les autres ?

Notre héros s'était figuré assez légèrement qu'il s'amuserait sans peine aux dépens d'une sorte de bel esprit de province, hâbleur de son métier ; il trouva que la logique de la province vaut mieux que ses petits vers. Loin de mystifier Du Poirier, il eut toutes les peines du monde à ne 5 pas tomber lui-même dans quelque position ridicule. Ce qu'il y a de sûr, c'est qu'il fut complètement guéri de l'ennui par la vue d'un animal aussi étrange. Du Poirier pouvait avoir cinquante ans ; ses traits étaient grands et fort prononcés. Deux petits yeux gris-vert, fort enfoncés dans la tête, 10 s'agitaient, se remuaient avec une activité étonnante et semblaient lancer des flammes : ils faisaient pardonner une longueur étonnante au nez qui les séparait. Dans beaucoup de positions, ce nez malheureux donnait au docteur la physionomie d'un renard alerte : c'est un désavantage pour un 15 apôtre. Ce qui achevait la ressemblance, dès qu'on avait le malheur de l'apercevoir, c'était une épaisse forêt de cheveux d'un blond fort hasardé, qui hérissaient le front et les tempes du docteur. Au total, on ne pouvait oublier cette tête une fois qu'on l'avait vue ; à Paris, elle eût peut-être fait 20 horreur aux sots ; en province, où l'on s'ennuie, tout ce qui promet une sensation est reçu avec empressement, et le docteur était à la mode.

Il avait une contenance vulgaire, et pourtant une physionomie 25 extraordinaire et frappante. Quand le docteur croyait avoir convaincu son adversaire, et dès qu'il parlait à quelqu'un, il avait un adversaire à convaincre et un partisan à gagner, ses sourcils se relevaient d'une façon démesurée et ses petits yeux gris ouverts comme ceux d'une hyène 30 semblaient prêts à lui sortir de la tête. « Même à Paris, se dit Lucien, cette physionomie de sanglier, ce fanatisme furieux, ces façons impertinentes, mais pleines d'éloquence et d'énergie le sauveraient du ridicule. C'est là un apôtre, c'est un jésuite. » Et il le regardait avec une extrême curiosité.

Lucien Leuwen, publié en 1894, chap. VIII.

1 — Vous analyserez l'organisation de ce portrait. Quels sont les éléments mis en valeur ? Quelle est la part respective des notations concrètes et des notations abstraites ? Comment passe-t-on d'une série à l'autre ?

2 — Qui dit portrait dit en général statique. Comment Stendhal arrive-t-il à dynamiser celui-ci ?

3 — Stendhal tisse un réseau étroit entre les termes de sa description, et ceux du commentaire de Lucien. Relevez les mots, les expressions, les comparaisons qui reviennent dans les deux séries. Quel est l'effet de ce parallélisme ?

4 — Lisez le portrait de Balthazar Claës par Balzac (voir n° 17). Quel est celui qui vous paraît le plus détaillé ? le plus évocateur ? le plus réussi, et pourquoi ?

POUR UN COMMENTAIRE COMPOSÉ *(voir n° 5).*

Après avoir situé le passage, identifié les personnages en présence, vous pourrez vous attacher à développer par exemple les trois thèmes suivants :

1. L'art du portrait

• le « *réalisme subjectif* » : nous découvrons en fait Du Poirier à travers les yeux de Lucien, par les traits qui le frappent (*yeux, nez, cheveux, etc.*) ;

• *l'anti-Lucien : province, vulgarité, mais...*

• *... un idéal stendhalien :* l'énergie. Remarquez : 1) que tout chez Du Poirier est en perpétuel mouvement ; 2) les comparaisons (*animal, renard alerte, hyène, sanglier, etc.*) ; 3) les références à la physiognomonie (*voir Balzac, n° 17*) ;

2. L'attitude de Lucien

• *l'œil de l'entomologiste ;*

• *l'œil du parisien (opposition perpétuelle Paris/province) ;*

• *la disparition de l'ennui* (« *Et il le regardait avec une* extrême *curiosité.* »).

3. Un portrait prémonitoire. *Cf. texte de référence (monologue de Du Poirier). En fait Du Poirier deviendra par la suite un personnage essentiel : Lucien étant tombé amoureux et étant aimé de Mme de Chasteller, Du Poirier ourdira de sombres machinations pour les séparer... et y réussira. L'énergie de Du Poirier triomphera du velléitaire Lucien.*

STENDHAL, 1894
Le docteur Du Poirier s'est donné pour but de « faire déguerpir » Lucien, dont le républicanisme l'exaspère. Mais les raisons politiques ne sont peut-être pas les seules... :

Il continua tout bas :

« Nous allons voir, jeune insensé, ce qu'il va advenir de ton plus cher intérêt. Raisonne sur l'avenir, répète des idées que tu trouves toutes faites dans ton Carrel, moi je suis maître de ton présent et vais te le faire sentir. Moi, vieux, ridé, mal mis, homme de mauvaises manières à tes yeux, je vais t'infliger la douleur la plus cruelle, à toi beau, jeune, riche, doué par la nature de manières si nobles, et en tout si différent de moi, Du Poirier. J'ai usé les trente premières années de ma vie mourant de froid dans un cinquième étage, en tête en tête avec un squelette ; toi, tu t'es donné la peine de naître, et tu prétends en secret que quand ton *gouvernement raisonnable* sera établi on ne punira que par le mépris les hommes forts tels que moi ! Cela serait bête à ton parti ; en attendant, c'est bête à toi de ne pas deviner que je vais te faire du mal, et beaucoup. Souffre, jeune bambin ! ».

Lucien Leuwen, 1re partie, chap. XXXVI.

una copia dam in draw ja li
de Efra

MUSÉE PHILIPON.

Cham *(voir page 314), Paris dévoilé ou les mystères sus* (Coll. Gérard Blanchard).

L'intrigue des Mystères de Paris *est fort mince : Fleur-de-Marie, malheureuse enfant élevée par une mégère, et contrainte de se prostituer, est protégée par Rodolphe, grand-duc allemand déguisé en ouvrier. Définitivement sauvée après de multiples aventures, elle est trop marquée par son passé pour l'oublier tout à fait, bien que Rodolphe se révèle à la fin être son père. Elle se fera religieuse et mourra peu après.*

Le roman d'Eugène Sue est en fait un prétexte pour promener le lecteur dans les décors douteux des bas-fonds de la capitale. Ainsi, au premier chapitre, une rue louche de la Cité, en pleine nuit, en plein hiver. Un homme d'allure louche se promène parmi des femmes d'allure non moins louche...

(1) Chourineur, donneur de coups de couteau. (Nous n'abuserons pas longtemps de cet affreux langage d'argot, nous en donnerons seulement quelques spécimens caractéristiques.)
(2) La Chanteuse.
(3) L'eau-de-vie.
(4) Si ta bourse est vide.
(5) Je te crève les yeux avec mes ciseaux.
(6) Du sang répandu.
(7) Je suis un bandit qui n'est pas poltron.
(8) Que je te tue.
(9) Sous le réverbère.
(10) Je m'avoue vaincu, j'en ai assez.

(Notes d'Eugène Sue).

— Bonsoir, Chourineur (**1**).

Cet homme, repris de justice, avait été ainsi surnommé au bagne.

— C'est toi, la Goualeuse (**2**), dit l'homme en blouse ; tu vas me payer l'*eau d'aff* (**3**), ou je te fais danser sans violons !

5 — Je n'ai pas d'argent, répondit la femme en tremblant ; car cet homme inspirait une grande terreur dans le quartier.

— Si ta *filoche* est à *jeun* (**4**), l'*ogresse* du tapis-franc te fera crédit sur ta bonne mine.

— Mon Dieu ! je lui dois déjà le loyer des vêtements que je porte...

— Ah ! tu raisonnes ? s'écria le Chourineur. Et il donna dans l'ombre et au hasard un
10 si violent coup de poing à cette malheureuse, qu'elle poussa un cri de douleur aigu.

— Ça n'est rien que ça, ma fille ; c'est pour t'avertir...

A peine le brigand avait-il dit ces mots, qu'il s'écria avec un effroyable jurement :

— Je suis piqué à l'*aileron* ; tu m'as *égratigné* avec tes ciseaux.

Et, furieux, il se précipita à la poursuite de la Goualeuse dans l'allée noire.

15 — N'approche pas, ou je te crève les *ardents* avec mes *fauchants* (**5**), dit-elle d'un ton décidé. Je ne t'avais rien fait, pourquoi m'as-tu battue ?

— Je vais te dire ça, s'écria le bandit en s'avançant toujours dans l'obscurité.

— Ah ! je te tiens ! et tu vas la danser ! ajouta-t-il en saisissant dans ses larges et fortes mains un poignet mince et frêle.

20 — C'est toi qui vas danser ! dit une voix mâle.

— Un homme ! Est-ce toi, Bras-Rouge ? réponds donc et ne serre pas si fort... j'entre dans l'allée de ta maison... ça peut bien être toi...

— Ça n'est pas Bras-Rouge, dit la voix.

— Bon, puisque ça n'est pas un ami, il va y avoir du *raisiné par terre* (**6**), s'écria le
25 Chourineur. Mais à qui donc la petite patte que je tiens là ?

— C'est la pareille de celle-ci.

Sous la peau délicate et douce de cette main qui vint le saisir brusquement à la gorge, le Chourineur sentit se tendre des nerfs et des muscles d'acier.

La Goualeuse, réfugiée au fond de l'allée, avait lestement grimpé plusieurs marches :
30 elle s'arrêta un moment, et s'écria en s'adressant à son défenseur inconnu :

— Oh ! merci, monsieur, d'avoir pris mon parti. Le Chourineur m'a battue parce que je ne voulais pas lui payer d'eau-de-vie. Je me suis revengée, mais je n'ai pu lui faire grand mal avec mes petits ciseaux. Maintenant je suis en sûreté, laissez-le ; prenez bien garde à vous, c'est le Chourineur.

35 L'effroi qu'inspirait cet homme était bien grand.

— Mais vous ne m'entendez donc pas ? Je vous dis que c'est le Chourineur ! répéta la Goualeuse.

— Et moi je suis un *ferlampier* qui n'est pas *frileux* (**7**), dit l'inconnu.

Puis tout se tut.

40 On entendit pendant quelques secondes le bruit d'une lutte acharnée.

— Mais tu veux donc que je t'*escarpe* (**8**) ? s'écria le bandit en faisant un violent effort pour se débarrasser de son adversaire, qu'il trouvait d'une vigueur extraordinaire. Bon, bon, tu vas payer pour la Goualeuse et pour toi, ajouta-t-il en grinçant des dents.

— Payer en monnaie de coups de poing, oui, répondit l'inconnu.

45 — Si tu ne lâches pas ma cravate, je te mange le nez, murmura le Chourineur d'une voix étouffée.

— J'ai le nez trop petit, mon homme, et tu n'y vois pas clair !

— Alors viens sous le *pendu glacé* (**9**).

— Viens, reprit l'inconnu, nous nous y regarderons le blanc des yeux.

50 Et, se précipitant sur le Chourineur, qu'il tenait toujours au collet, il le fit reculer jusqu'à la porte de l'allée et le poussa violemment dans la rue, à peine éclairée par la lueur du réverbère.

Le bandit trébucha ; mais, se raffermissant aussitôt, il s'élança avec furie contre l'inconnu, dont la taille très svelte et très mince ne semblait pas annoncer la force incroyable
55 qu'il déployait. (...)

Alors le défenseur de la Goualeuse, changeant brusquement de méthode, fit pleuvoir sur la tête du bandit une grêle de coups de poing aussi rudement assénés qu'avec un gantelet de fer.

Ces coups de poing, dignes de l'envie et de l'admiration de Jack Turner, l'un des plus
60 fameux boxeurs de Londres, étaient d'ailleurs si en dehors des règles de la savate, que le Chourineur en fut doublement étourdi ; pour la troisième fois le brigand tomba comme un bœuf sur le pavé en murmurant :

— *Mon linge est lavé* (**10**).

les Mystères de Paris, 1842-1843, chap.

CODE ORAL/CODE ÉCRIT

CHARLES DICKENS (1812-1870), **1839**

*Francis Ledoux, pour commenter sa traduction moderne d'*Oliver Twist*, note : « le traducteur recourt à l'argot des* Mystères de Paris *qui est exactement de la même époque qu'«* Oliver Twist *». Dans ce passage, Oliver Twist, après avoir connu les mésaventures les plus diverses (se référer au n° 121) se retrouve démuni de tout dans les bas-fonds londoniens :*

« Alors, l'aminche, qu'est-ce qui colle pas ? »

Celui qui adressait cette demande au jeune voyageur avait à peu près le même âge que lui, mais Olivier n'avait jamais vu personnage aussi étrange. C'était un garçon au nez camard, au front bas et à la figure commune, aussi sale certes qu'on pouvait s'y attendre de la part d'un adolescent de ce genre ; et pourtant on voyait chez lui tous les airs et toutes les manières d'un homme fait. Assez petit pour son âge, il avait les jambes quelque peu arquées et de vilains petits yeux perçants. Son chapeau était posé si légèrement sur le sommet du crâne, qu'il menaçait à tout moment de s'envoler — ce qui se serait bien souvent passé si son propriétaire n'avait eu le talent d'imprimer à chaque instant à sa tête une brusque secousse qui le ramenait à sa position antérieure. Il portait un habit d'homme, qui lui tombait presque jusqu'aux talons. Il en avait retroussé les manches à mi-coude pour dégager ses mains, sans doute afin de pouvoir les fourrer dans les poches de son pantalon de velours côtelé, car il les y tenait en permanence. On n'aurait su trouver jeune homme de quatre pieds six — et encore ! — plus cascadeur ni plus fanfaron dans ses demi-bottes.

« Et alors, l'aminche ! Qu'est-ce qui ne colle pas ? dit cet étrange jeune homme en s'adressant à Olivier.

— J'ai très faim et je suis très fatigué, répondit l'enfant, dans les yeux duquel perlaient les larmes. J'ai beaucoup marché. Je n'ai pas arrêté de marcher toute cette semaine.

— Sept jours que tu marches ! s'écria le jeune homme. Ah ! je vois ! C'est par ordre du curieux, hein ?

Mais, ajouta-t-il en remarquant l'air surpris d'Olivier, je suppose que tu n'sais pas c'que c'est qu'un curieux, jeune fringant. »

Olivier répondit timidement qu'il ne le savait pas, en effet.

« Mince alors, c'que t'es sinve **(1)** s'écria le jeune homme. Un curieux, c't'un magistrat, voyons ! Et quand on marche par ordre du curieux, c'est pas droit devant soi, mais toujours pour monter sans jamais r'descendre. T'as jamais été au moulin ?

— Quel moulin ? demanda Olivier.

— Quel moulin ! Mais le moulin, quoi ! — çui qui prend si peu d'place qu'y marche même en taule ; et y marche toujours mieux quand les types ont pas le vent dans les voiles, pas'que quand y z'y ont, on trouve plus personne pour le faire marcher. Mais suffit ; t'as besoin de morfiller **(2)**, et j't'en vas donner. J'suis fauché itou — j'ai plus qu'une balle et un rond, mais tant qu'y en aura, j'm'y colle et j'casque. File-toi sur tes flûtes. Là, ça y est ! On les met ! »

Après avoir aidé Olivier à se lever, le jeune homme l'amena jusqu'à une épicerie proche, où il fit acquisition d'une portion de jambon tout prêt et d'un pain de deux livres, ou plus exactement, comme il le dit lui-même, d'une « boule de son à quatre ronds ! »

Oliver Twist, 1837-39, chap. VIII.

(1) *Naïf.*
(2) *Manger.*

---

1 — En quoi cette première page des Mystères de Paris *est-elle un bon ou un mauvais début de roman ? Quels sont les éléments destinés à accrocher le lecteur ?*

2 — Parmi ces éléments, quels sont ceux qui sont, aujourd'hui, devenus des poncifs ?

3 — Lequel des trois personnages représentés sera, à votre avis, le véritable héros du roman ? Quels éléments du texte le laissent deviner ?

4 — Code oral, code écrit. Quelles sont les tournures appartenant au langage oral, et celles caractéristiques d'un style écrit plus soutenu ?

5 — L'emploi littéraire de l'argot n'est-il pas ambigu ? Commentez à ce propos la note d'E. Sue. Quelle sont les ressemblances et différences avec le texte de Hugo extrait des Misérables *(texte n° 91) ?*

6 — DOSSIER. L'argot, qui appartenait strictement au code oral, n'est-il pas devenu, progressivement, une forme d'expression littéraire à part entière ? Comparez les différents essais de transcription des parlers populaires (XIXᵉ siècle : Balzac*, les Paysans ;* Hugo*, les Misérables ;* Zola*, la Terre ; XXᵉ siècle : R. Queneau*, Zazie dans le métro *; Albert Simonin*, Touchez pas au grisbi *; San Antonio, etc.).*

OTHELLO

Eh bien ! je ne sais plus juger de toi ni d'elle :
Je la crois vertueuse et la crois infidèle.
Je veux, ou l'adorer, ou lui donner la mort ;
Cent fois en un instant elle a raison ou tort ;
5 Qu'elle soit criminelle ou que tu sois coupable,
De choisir entre vous je me sens incapable.
Ses traits si beaux, si purs, depuis nos entretiens
M'apparaissent déjà plus hideux que les miens !
— Ah ! s'il est des poisons destinés aux infâmes,
10 Des couteaux, des lacets, des poignards ou des
                                              [flammes,
Je veux me satisfaire.

YAGO

                    Hélas ! faut-il seigneur,
Poursuivre un entretien fâcheux pour votre bonheur.
15 Le faut-il ?

OTHELLO

                    Oui. Je veux des preuves de ta bouche.

YAGO

Eh bien ! puisqu'engagé dans tout ce qui vous touche,
Entraîné par mon cœur et mon zèle insensé,
Jusqu'au point que voilà je me suis avancé,
20 Je vais poursuivre encor : ce rôle m'humilie ;
Mais il faut vous servir, vous sauver, je l'oublie.
— Vous le savez, il est des hommes si pervers,
Si délaissés de Dieu, que leurs projets divers
(Sitôt que le sommeil a chassé le mensonge)
25 S'échappent de leur bouche ouverte par un songe ;
Tel est Cassio. Dans l'ombre, hier, je l'entendis
S'écrier en dormant : « O que je la maudis,
Tendre Desdemona, la triste destinée
Qui, malgré nos amours, au More t'a donnée ;
30 Au moins, pour le garder, cachons notre bonheur... »

OTHELLO

Délire monstrueux !

YAGO

                    Ce n'était que l'erreur
D'un songe.

OTHELLO

                    Mais ce songe, impur comme leur âme
35 Etait le souvenir d'une journée infâme.

YAGO

Peut-être.

OTHELLO

                    Elle mourra de ma main.

YAGO

                                        Un moment !
Rien n'est bien sûr encor. — Dites-moi seulement :
40 Ne vîtes-vous jamais entre ses mains pudiques
Un mouchoir jaune, orné de fleurs asiatiques ?

OTHELLO

Oui, mon premier présent fut un mouchoir pareil.

YAGO

Moi, je n'en sais rien ; mais... je sais qu'à son réveil
Cassio s'en est hier essuyé le visage.

OTHELLO

45 Si c'était celui-là !

YAGO

                    Pour ma part, je le gage
Et contre elle, ma foi, cela dépose fort.

OTHELLO

Que ne peut-on donner cent mille fois la mort !
Une seule est bien peu, trop peu pour qu'elle lave
50 Le crime infâme et bas de ce traître. — Oh ! l'esclave
N'a-t-il donc qu'une vie à perdre sous mes coups ? —
Tout est vrai, je le vois, tout s'explique pour nous. —
Yago, regarde-moi ! — c'est ainsi que s'exhale
De cet amour d'enfant la démence fatale ;
55 Il est bien loin de moi. — Levez-vous à présent,
Haine, vengeance, horreur d'un amour malfaisant ;
Dédain juste et profond, légitimes colères,
Venez gonfler mon cœur du poison des vipères !

YAGO

Seigneur ! contenez-vous !

OTHELLO

                    Du sang ! du sang ! du sang !
60

YAGO

Parlez plus bas ; j'entends vos cris en frémissant ;
Calmez-vous, écoutez, patience, vous dis-je,
Votre cœur peut changer...

OTHELLO

                    Non... à moins d'un prodige !...
65 A moins que de l'Euxin les courants remontés
N'arrêtent tout à coup leurs flots précipités ;
Car c'est ainsi, vois-tu, qu'à la fois élancées,
Roulent en se heurtant mes sanglantes pensées.
Dans ce débordement, pour eux, point de recours :
70 Rien ne peut ralentir l'inexorable cours
De la vengeance, Yago, vaste et profond abîme
Où s'iront engloutir ma colère et leur crime.

Se jetant à genoux et levant la main au ciel.
Oui, je l'atteste encore, oui, j'en fais le serment
Par l'immuable éclat des feux du firmament !

YAGO,
se précipitant à genoux à côté d'Othello.

75 Ne vous relevez pas. — Flambeaux inextinguibles,
De nos jours tourmentés guides purs et paisibles,
Astres, Feux, Eléments, je vous atteste aussi,
Soyez tous les témoins que je lui voue ici
Mon cœur, mon bras, mon âme, et qu'à ses pieds je jure
80 De sacrifier tout pour venger son injure.

OTHELLO

Eh bien ! qu'avant trois jours Cassio meure par toi.

YAGO

C'est mon ami. — N'importe, il n'est plus rien pour moi ;
Ce sera fait demain ; mais sauvons votre femme.

OTHELLO

L'exterminer, Yago, l'exterminer, l'infâme,
85 L'exterminer. — Suis-moi. Je veux sortir et voir
De quelle arme pour eux il faudra me pourvoir.
De ce vil séducteur choisissons le supplice !
Quel instrument de mort convient à sa complice ?
Qu'en penses-tu ? — Suis-moi, sois à moi, désormais
90 Je te fais lieutenant.

YAGO

                    Tout à vous pour jamais.

Soirée du 24 octobre 1829.
le More de Venise, scène 9, acte III, Othello, Yago.

Le 16 mai 1828, Vigny assiste à une représentation du More de Venise, *donnée par la troupe du Théâtre Anglais, avec le grand Kean dans le rôle d'Othello. Devant l'attitude hostile d'une partie du public, il écrit le lendemain à Pauthier de Censay, traducteur de Byron :*

« *Devant Shakespeare,* Othello *et Kean, j'ai entendu bourdonner à mes oreilles le vulgaire, le plus profane que jamais l'ignorance parisienne ait déchaîné dans une salle de spectacle. C'en est assez pour me faire rougir d'écrire pour de tels Gaulois. J'ai été tenté, toute la journée, de reprendre mon sabre rouillé et de retomber capitaine.* »

Un chroniqueur du Drapeau blanc *relate la soirée du 24 octobre :* « *C'était une grande soirée pour la nouvelle école. Elle a obtenu un triomphe digne d'elle. Si j'étais compétent, je le ferais expier à la Comédie-Française en lui interdisant désormais les tragédies de Corneille, de Racine et de Voltaire.* »

VIGNY, 1829

Croiriez-vous, par exemple, vous Anglais ! vous qui savez quels mots se disent dans les tragédies de Shakespeare, que la Muse tragique française ou Melpomène a été quatre-vingt-dix huit ans avant de se décider à dire tout haut : *un mouchoir,* elle qui disait *chien* et *éponge,* très franchement ?

(...) En 1829, grâce à Shakespeare, elle a dit le grand mot, à l'épouvante et évanouissement des faibles qui jetèrent ce jour-là des cris longs et douloureux, mais à la satisfaction du public qui, en grande majorité, a coutume de nommer un mouchoir *mouchoir.* Le mot a fait son entrée ; ridicule triomphe ! Nous faudra-t-il toujours un siècle par mot vrai introduit sur la scène ?

Lettre à Lord*** sur la soirée du 24 octobre 1829 et sur un système dramatique.

VIGNY, 1829.

YAGO
Il dit avoir été reçu...
OTHELLO
Que dit-il ? quoi ?
YAGO
Dans son lit : - tout ce que... vous voudrez.
OTHELLO, *hors de lui.*
Avec elle !
Dans son lit ! - Scélérat ! le mouchoir ! - Pêle-mêle
Les étrangler !... L'aveu ! non... d'abord le mouchoir !
J'en frissonne du haut en bas ! Le désespoir,
Si tout n'était réel, pour des paroles vaines,
Ferait-il bouillonner tant de feu dans mes veines ?
Quoi ! sa joue et ses yeux !... Confesse-toi... Je veux
Le mouchoir ! - Ses beaux yeux ! - Ses lèvres ! - Des
O démon !   [aveux !
Il tombe à la renverse sans connaissance.
YAGO, *étendant la main*
sur sa victime.
Opérez, mes poisons, sur mon âme !
Voilà comment on voit plus d'une honnête femme
Perdre pour un soupçon le cœur de son époux.
Il soulève Othello évanoui.
Allons, seigneur, allons.

le More de Venise, Acte IV, scène I.

« *J'attends une nouvelle liste de conjurés. Qu'elle soit bien nombreuse, je vous en prie ; c'est la cause de la jeunesse et c'est une liberté de plus qu'elle m'aidera à conquérir. Cette vieille citadelle de la rue Richelieu va nous appartenir si nous ouvrons la brèche. Cette guerre, au bout du compte, est une plaisanterie assez amusante. C'est du mouvement, c'est de la vie ; depuis que j'ai quitté le service, il ne m'arrive rien, cela m'ennuie. Je me suis fait là un petit événement.* »

Le 9 octobre 1829.

VIGNY, 1829

Voici le fond de ce que j'avais à dire aux intelligences, le 24 octobre 1829.

« Une simple question est à résoudre. La voici :

« *La scène française s'ouvrira-t-elle, ou non, à une tragédie moderne produisant : - dans sa conception, un tableau large de la vie, au lieu du tableau resserré de la catastrophe d'une intrigue ; - dans sa composition, des caractères, non des rôles, des scènes paisibles sans drame, mêlées à des scènes comiques et tragiques ; - dans son exécution, un style familier, comique, tragique, et parfois épique ?*

« Pour résoudre cette triple question, une tragédie inventée serait insuffisante, parce que, dans une première représentation, le public cherchant toujours à porter son examen sur l'action, marche à la découverte, et, ignorant l'ensemble de l'œuvre, ne comprend pas ce qui motive les variations du style.

« Une fable neuve ne serait pas une autorité capable de consacrer une exécution neuve comme elle, et succomberait nécessairement sous une double critique ; des essais honorables l'ont prouvé.

Une œuvre nouvelle prouverait seulement que j'ai inventé une tragédie bonne ou mauvaise ; mais les contestations s'élèveraient infailliblement pour savoir si elle est un exemple satisfaisant du système à établir, et ces contestations seraient interminables pour nous, le seul arbitre étant la postérité.

« Or, la postérité a prononcé sur la tombe de Shakespeare les paroles qui font le grand homme ; donc une de ses œuvres faite dans le système auquel j'ai foi est le seul exemple suffisant.

« Ne m'attachant, pour cette première fois, qu'à la question du style, j'ai voulu choisir une composition consacrée par plusieurs siècles et chez tous les peuples.

« Je la donne, non comme un modèle pour notre temps, mais comme la représentation d'un monument étranger, élevé autrefois par la main la plus puissante qui ait jamais créé pour la scène, et selon le système que je crois convenable à notre époque, à cela près des différences que les progrès de l'esprit général ont apportées dans la philosophie et les sciences de notre âge, dans quelques usages de la scène et dans la chasteté du discours.

« Écoutez ce soir le langage que je pense devoir être celui de la tragédie moderne ; dans lequel chaque personnage parlera selon son caractère, et, dans l'art comme dans la vie, passera de la simplicité habituelle à l'exaltation passionnée ; du *récitatif* au *chant.* »

Lettre à Lord*** sur la soirée du 24 octobre 1829 et sur un système dramatique.

STENDHAL, 1823 :

Ce que c'est que le romanticisme

Le *romanticisme* est l'art de présenter aux peuples les œuvres littéraires qui, dans l'état actuel de leurs habitudes et de leurs croyances, sont susceptibles de leur donner le plus de plaisir possible.

Le *classicisme,* au contraire, leur présente la littérature qui donnait le plus grand plaisir possible à leurs arrière-grands-pères.

Sophocle et Euripide furent éminemment romantiques ; ils donnèrent aux Grecs rassemblés au théâtre d'Athènes, les tragédies qui, d'après les habitudes morales de ce peuple, sa religion, ses préjugés sur ce qui fait la dignité de l'homme, devaient lui procurer le plus grand plaisir possible.

Imiter aujourd'hui Sophocle et Euripide, et prétendre que ces imitations ne feront pas bâiller le Français du dix-neuvième siècle, c'est du classicisme.

Je n'hésite pas à avancer que Racine a été romantique ; il a donné aux marquis de la cour de Louis XIV une peinture des passions, tempérée par l'*extrême dignité* qui alors était de mode, et qui faisait qu'un duc de 1670, même dans les épanchements les plus tendres de l'amour paternel, ne manquait jamais d'appeler son fils *Monsieur.*

C'est pour cela que le Pylade d'*Andromaque* dit toujours à Oreste : *Seigneur ;* et cependant quelle amitié que celle d'Oreste et de Pylade !

Cette dignité-là n'est nullement dans les Grecs, et c'est à cause de cette *dignité,* qui nous glace aujourd'hui, que Racine a été romantique.

Shakespeare fut romantique parce qu'il présenta aux Anglais de l'an 1590, d'abord les catastrophes sanglantes amenées par les guerres civiles, et pour reposer de ces tristes spectacles, une foule de peintures fines des mouvements du cœur, et des nuances de passions les plus délicates. Cent ans de guerres civiles et de troubles presque continuels, une foule de trahisons, de supplices, de dévouements généreux, avaient préparé les sujets d'Élisabeth à ce genre de tragédie, qui ne reproduit presque rien de tout le *factice* de la vie des cours et de la civilisation des peuples tranquilles. Les Anglais de 1590, heureusement fort ignorants, aimèrent à contempler au théâtre l'image des malheurs que le caractère ferme de leur reine venait d'éloigner de la vie réelle. Ces mêmes détails naïfs, que nos vers alexandrins repousseraient avec dédain, et que l'on prise tant aujourd'hui dans *Ivanhoé* et dans *Rob-Roy,* eussent paru manquer de dignité aux yeux des fiers marquis de Louis XIV.

Ces détails eussent mortellement effrayé les poupées sentimentales et musquées qui, sous Louis XV, ne pouvaient voir une araignée sans s'évanouir. Voilà, je le sens bien, une phrase peu digne.

Il faut du courage pour être romantique, car il faut *hasarder.*

Le *classique* prudent, au contraire, ne s'avance jamais sans être soutenu, en cachette, par quelque vers d'Homère, ou par une remarque philosophique de Cicéron, dans son traité *De Senectute.*

Il me semble qu'il faut du courage à l'écrivain presque autant qu'au guerrier ; l'un ne doit pas plus songer aux journalistes que l'autre à l'hôpital.

Racine et Shakespeare I, 1823.

STENDHAL, 1824.

Il y a des classiques qui, ne sachant pas le grec, s'enferment au verrou pour lire Homère en français, et même en français ils trouvent sublime ce grand peintre des temps sauvages. En quête des dialogues si vrais et si passionnés qui forment la partie la plus entraînante des poésies d'Homère, imprimez le mot TRAGÉDIE, et à l'instant ces dialogues, qu'ils admiraient comme de la poésie épique, les choqueront, et leur déplairont mortellement comme tragédie. Cette répugnance est absurde, mais ils n'en sont pas les maîtres ; mais ils la sentent, mais elle est évidente pour eux, aussi évidente que les larmes que nous font verser *Roméo et Juliette* le sont pour nous. Je conçois que, pour ces littérateurs estimables, le romantisme soit une insolence. Ils ont eu l'unanimité pendant quarante ans de leur vie, et vous les avertissez que bientôt ils vont se trouver seuls de leur avis.

Si la tragédie en prose était nécessaire aux besoins physiques des hommes, on pourrait entreprendre de leur démontrer son utilité ; mais comment prouver à quelqu'un qu'une chose qui lui donne un sentiment de répugnance invincible peut et doit lui faire plaisir ?

Je respecte infiniment ces sortes de *Classiques,* et je les plains d'être nés dans un siècle où les fils ressemblent si peu à leur père. (...).

Molière était romantique en 1670, car, la cour était peuplée d'Orontes, et les châteaux de province d'Alcestes fort mécontents. A le bien prendre, TOUS LES GRANDS ÉCRIVAINS ONT ÉTÉ ROMANTIQUES DE LEUR TEMPS. C'est, un siècle après leur mort, les gens qui les copient au lieu d'ouvrir les yeux et d'imiter la nature, qui sont classiques...

Racine et Shakespeare, II, 1824.

---

1 — Un mot scandaleux : « mouchoir » (voir Lettre à Lord L***), pourquoi ce scandale ? en fonction de quels critères ?

2 — Pourquoi Shakespeare a-t-il choqué — choque-t-il encore (?) — « les bienséances » (cherchez ce terme) du théâtre français ?

3 — A partir des textes de Vigny, de Stendhal et de Hugo, définissez avec vos propres mots l'opposition entre le classicisme et le « romantisme » à propos du théâtre.

4 — Faites le portrait-charge du classique en utilisant les textes polémiques cités.

5 — Dans cette scène 9 de l'acte III d'Othello, Yago éveille et surveille la jalousie de son maître pour en profiter. Comparez l'attitude de Yago chez Vigny et chez un autre traducteur (François-Marie Hugo par exemple) : En quoi la traduction en vers change-t-elle l'interprétation du texte shakespearien ? Permet-elle d'autres effets ? lesquels ? le rapproche-t-elle plus de la tradition française ? en quoi ? (nous sommes en 1829).

6 — Résumez le texte de Stendhal de 1823 (au quart de sa valeur).

« Consulter sur Shakespeare les N°s 102. 103. 104. des XVIe-XVIIe Siècles et 133 du XVIIe-XVIIIe Siècles. »

VIGNY, 1839

- Come high or low ! (Shakespeare).

Je voudrais bien savoir si la grande règle n'est pas de plaire ! Laissons-nous aller de bonne foi aux choses qui nous prennent par les entrailles, et ne cherchons point de raisonnements pour nous empêcher d'avoir du plaisir. (Molière.)

AVANT-PROPOS

Il y a précisément dix ans que je fis monter *le More de Venise* sur la scène française. Dix ans ! les faits de ce temps sont presque de l'histoire. Dix ans ! ce fut la durée d'un empire et de quelques constitutions ; ce qu'il y a de plus ou moins dans le chiffre ne vaut pas la peine qu'on le discute. C'est donc déjà un événement d'une assez haute antiquité que la représentation de cette tragédie, et l'on en peut parler en historien impartial, désintéressé s'il en fut jamais ; car, lorsque je fis escalader par cet Arabe la citadelle du Théâtre-Français, il n'y arbora que le drapeau de l'art aux armoiries de Shakespeare, et non le mien. Et pourtant, j'en appelle aux témoins qui ont survécu à ce jour de bataille, ce fut un scandale qui eût été moins grand si le More eût profané une église.

C'était un temps où la politique semblait assoupie, la trêve d'un ministère modéré ne laissait plus à la dispute guerroyante que le champ des lettres. On s'y porta avec fureur. - Combat intellectuel, émeutes littéraires, journées de théâtre où le public parisien parut s'exercer aux autres journées qui suivirent de près celles-ci.

Avant-propos au More de Venise, 1839.

XIXe THÉÂTRE DRAME/TRAGÉDIE : LES GRANDES DATES (JUSQU'EN 1890)

Dates	Œuvres théoriques	Représentations ou publications en France	Représentations ou publications à l'étranger
1785	LESSING : *la Dramaturgie de Hambourg*		
1800		PIXÉRÉCOURT : *Coelina ou l'enfant du mystère*	
1808			GOETHE : *Faust* / KLEIST : *Penthésilée*
1809	B. CONSTANT : *Réflexions sur la tragédie de Wallenstein et sur le théâtre allemand*		
1810			KLEIST : *Le prince de Hombourg*
1813	STAËL : *De la littérature*		
1817			BYRON : *Manfred*
1823	STENDHAL : *Racine et Shakespeare I*		
1824	STENDHAL : *Racine et Shakespeare II*		
1825		MÉRIMÉE : *Théâtre de Clara Gazul*	
1827	HUGO : *Préface de Cromwell*	HUGO : *Cromwell*	
1828		NERVAL : *Traduction de Faust* (Goethe)	
1829	VIGNY : *Lettre à Lord*** ...*	VIGNY : *Traduction et représentation d'Othello : Le More de Venise* (Shakespeare)	
1830		HUGO : *Hernani*	
1831		HUGO : *Marion Delorme* (écrit en 1829)	
1832			GOETHE : *Faust* (2e partie)
1833		HUGO : *Lucrèce Borgia* / HUGO : *Marie Tudor*	
1834		MUSSET : *Lorenzaccio* / VIGNY : *Chatterton*	
1836			BUCHNER : *Woyzeck*
1838		HUGO : *Ruy Blas* (représentation)	
1839	VIGNY : Avant-propos au *More de Venise*		
1840		HUGO : *Les Burgraves*	
1845			WAGNER : *Tannhäuser*
1847		DUMAS, père : *La Reine Margot*	
1850		LAMARTINE : *Toussaint Louverture*	
1851			WAGNER : *Lohengrin*
1852		DUMAS, fils : *La Dame aux camélias*	
1859		DUMAS, fils : *Le fils naturel*	WAGNER : *Tristan et Iseult*
1861	BAUDELAIRE : *Richard Wagner et Tannhäuser à Paris*		
1862			HEBBEL : *Les Niebelungen*
1864	HUGO : *William Shakespeare*		
1865		VILLIERS DE L'ISLE-ADAM : *Elen.* / LES GONCOURT : *Henriette Maréchal*	
1868			WAGNER : *L'Or du Rhin*
1870			WAGNER : *La Walkyrie*
1873		ZOLA : *Thérèse Raquin*	
1876			WAGNER : *Siegfried ; Le Crépuscule des Dieux*
1879		ZOLA : *L'Assommoir*	IBSEN : *Maison de Poupée*
1881	ZOLA : *Le naturalisme au théâtre ; Nos auteurs dramatiques*		
1882		BECQUE : *Les corbeaux*	WAGNER : *Parsifal*
1885	MALLARMÉ : *Richard Wagner, rêverie d'un poète français*	VILLIERS DE L'ISLE-ADAM : *Axël*	
1890		CLAUDEL : *Tête d'or*	

SCÈNE VIII

Chatterton, poète pur qui ne veut pas des compromissions que lui propose la société mercantile du XIXᵉ siècle, est acculé au désespoir, malgré son amour pour Kitty Bell qui l'aime également.

Alfred de Vigny.

KITTY BELL : Avez-vous de mauvais desseins, grand Dieu ?

CHATTERTON : Ne vous en ai-je pas dit assez ? Comment êtes-vous là ?

KITTY BELL : Eh ! comment n'y serais-je plus ?

10 CHATTERTON : Parce que je vous aime, Kitty.

KITTY BELL : Ah ! monsieur, si vous me le dites, c'est que vous voulez mourir.

CHATTERTON : J'en ai le droit, de mourir. — Je le jure devant vous, et je le soutiendrai devant Dieu !

KITTY BELL : Et moi, je vous jure que c'est un crime ; ne le commettez pas.

CHATTERTON : Il le faut, Kitty, je suis condamné.

15 KITTY BELL : Attendez seulement un jour pour penser à votre âme.

CHATTERTON : Il n'y a rien que je n'aie pensé, Kitty.

KITTY BELL : Une heure seulement pour prier.

CHATTERTON : Je ne peux plus prier.

KITTY BELL : Et moi, je vous prie pour moi-même. Cela me tuera.

20 CHATTERTON : Je vous ai avertie ! il n'est plus temps.

KITTY BELL : Et si je vous aime, moi !

CHATTERTON : Je l'ai vu, et c'est pour cela que j'ai bien fait de mourir ; c'est pour cela que Dieu peut me pardonner.

KITTY BELL : Qu'avez-vous donc fait !

25 CHATTERTON : Il n'est plus temps, Kitty ; c'est un mort qui vous parle.

KITTY BELL, à genoux, les mains au ciel : Puissances du ciel ! grâce pour lui.

CHATTERTON : Allez-vous-en... Adieu !

KITTY BELL, tombant : Je ne le puis plus...

CHATTERTON : Eh bien donc ! prie pour moi sur la terre et dans le ciel.

30 Il la baise au front et remonte l'escalier en chancelant ; il ouvre sa porte et tombe dans sa chambre.

KITTY BELL : Ah ! — Grand Dieu ! (Elle trouve la fiole) Qu'est-ce que cela ? — Mon Dieu ! pardonnez-lui.

SCÈNE IX : KITTY BELL, LE QUAKER.

(1) Membres d'une secte anglaise créée au XVIIIᵉ siècle (se référer à Voltaire, Lettres sur les quakers), les quakers étaient partisans d'une morale stricte quelque peu puritaine, se voulant dégagée des contingences sociales. Le personnage représenté ici est un ami de Chatterton. Il est, dans la pièce, la voix de la morale.

LE QUAKER (1), accourant : Vous êtes perdue... Que faites-vous ici ?

KITTY BELL, renversée sur les marches de l'escalier : Montez vite ! montez, monsieur, il va mourir ; sauvez le... s'il est temps.

Tandis que le Quaker s'achemine vers l'escalier, Kitty Bell cherche à voir, à travers les portes vitrées, s'il n'y a personne qui puisse donner du secours ; puis, ne voyant rien, elle suit le Quaker avec terreur, en écoutant le bruit de la chambre de Chatterton.

35 LE QUAKER, en montant à grands pas, à Kitty Bell : Reste, reste, mon enfant, ne me suis pas.

Il entre chez Chatterton et s'enferme avec lui. On devine des soupirs de Chatterton et des paroles d'encouragement du Quaker. Kitty Bell monte, à demi-évanouie, en s'accrochant à la rampe de chaque marche : elle fait effort pour tirer à elle la porte, qui résiste et s'ouvre enfin. On voit Chatterton mourant et tombé sur le bras du Quaker. Elle crie, glisse à demi morte sur la rampe de l'escalier et tombe sur la dernière marche.

Chatterton, 1835, scènes VIII et IX.

1 — *Étude de la mise en scène. Pourquoi les indications scéniques occupent-elles tant de place (comparer avec n'importe quelle pièce de Molière, Racine ou Corneille) ? L'auteur semble avoir une idée très précise de la mise en scène. A partir des indications fournies (décors, costumes, jeux de scène), essayez de reconstituer cette mise en scène. Quels sont ses ressorts et artifices principaux ?*

2 — *Étudiez les ressorts dramatiques de la version théâtrale (Chatterton) et de la version romancée (Stello) : mise en place des personnages et des situations, coups de théâtre, mise en scène du suicide de Chatterton, réactions de Kitty Bell, etc. Laquelle de ces deux versions vous paraît la plus « dramatique » ? Pourquoi ?*

3 — *Le roman est raconté (par le personnage du Quaker). Il est donc naturellement écrit au passé. Cette distance introduite par la narration existe-t-elle encore au théâtre ? Par quoi est-elle remplacée ? Quel est l'effet de la « mise au présent » de l'action ?*

4 — *Vigny à travers* Chatterton : *« J'ai voulu montrer l'homme spiritualiste étouffé par une société matérialiste ». Quel est le sens de ces termes ? Quelles sont les positions de Vigny dans ce conflit entre l'esprit et la matière (utiliser les indications fournies par les textes et les dossiers des* Destinées, *nᵒ 59-60) ?*

La première version de l'histoire de Chatterton, en 1832, était un roman, Stello.

Comme je le soutenais toujours très ferme par les épaules, il poussa du pied une petite fiole qui roula jusqu'au bas de l'escalier, sans doute jusqu'aux dernières marches où Kitty s'était assise, car j'entendis jeter un cri et monter en tremblant. — Il la devina. — Il me fit signe de l'éloigner, et s'endormit debout sur mon épaule, comme un homme pris de vin.

Je me penchai, sans le quitter, au bord de l'escalier. J'étais saisi d'un effroi qui me faisait dresser les cheveux sur la tête. J'avais l'air d'un assassin.

J'aperçus la jeune femme qui se traînait pour monter les degrés en s'accrochant à la rampe, comme n'ayant gardé de force que dans les mains pour se hisser jusqu'à nous. Heureusement elle avait encore deux étages à gravir avant de le rencontrer.

Je fis un mouvement pour porter dans la chambre mon terrible fardeau. Chatterton s'éveilla encore à demi — il fallait que ce jeune homme eût une force prodigieuse, car il avait bu soixante grains d'opium. — Il s'éveilla encore à demi, et employa, le croiriez-vous ? — employa le dernier souffle de sa voix à me dire ceci :

« Monsieur... *you...* médecin... achetez-moi mon corps et payez ma dette. »

Je lui serrai les deux mains pour consentir. — Alors il n'eut plus qu'un mouvement. Ce fut le dernier. Malgré moi, il s'élança vers l'escalier, s'y jeta sur les deux genoux, tendit les bras vers Kitty, poussa un long cri et tomba mort, le front en avant.

Je lui soulevai la tête. « Il n'y a rien à faire, me dis-je. — A l'autre. »

J'eus le temps d'arrêter la pauvre Kitty : mais elle avait vu. Je lui pris le bras, et la forçai de s'asseoir sur les marches de l'escalier. Elle obéit, et resta accroupie comme une folle, avec les yeux ouverts. Elle tremblait de tout le corps.

Je ne sais, monsieur, si vous avez le secret de faire des phrases dans ces cas-là ; pour moi, qui passe ma vie à contempler ces scènes de deuil, j'y suis muet.

Pendant qu'elle voyait devant elle fixement et sans pleurer, je retournais dans mes mains la fiole qu'elle avait apportée dans la sienne ; elle alors, la regardant de travers, semblait dire, comme Juliette : « L'ingrat ! avoir tout bu ! ne pas me laisser une goutte amie ! »

Nous restions ainsi l'un à côté de l'autre, assis et pétrifiés : l'un consterné, l'autre frappée à mort ; aucun n'osant souffler le mot, et ne le pouvant.

Tout d'un coup une voix sonore, rude et pleine, cria d'en bas :

« *Come, mistress Bell !* »

A cet appel, Kitty se leva comme mue par un ressort ; c'était la voix de son mari. Le tonnerre eût été moins fort d'éclat et ne lui eût pas causé, même en tombant, une plus violente et plus électrique commotion. Tout le sang se porta aux joues ; elle baissa les yeux et resta un instant debout pour se remettre.

« *Come, mistress Bell !* » répéta la terrible voix.

Ce second coup la mit en marche, comme l'autre l'avait mise sur ses pieds. Elle descendit avec lenteur, droite, docile, avec l'air insensible, sourd et aveugle d'une ombre qui revient. Je la soutins jusqu'en bas ; elle rentra dans sa boutique, se plaça les yeux baissés à son comptoir, tira une petite Bible de sa poche, l'ouvrit, commença une page, et resta sans connaissance, évanouie dans son fauteuil.

Stello, 1832, chap. XVIII.

Chatterton (joué par Geffroy)

« Cheveux noirs, plats sur le front, longs par derrière ; visage pâle, col blanc ; jabot simple ; gilet noir ; pantalon gris collant ; bottes montant jusqu'aux genoux ; habit noir à collet droit, boutonné sur la poitrine, ouvrant peu par devant ; poches de côté ; manchettes simples. »

Lors des premières représentations, les costumes de Chatterton et de Kitty Bell étaient les suivants :

ALFRED DE VIGNY, 1834

Une idée qui est l'examen d'une blessure de l'âme devait avoir dans sa forme l'unité la plus complète, la simplicité la plus sévère. S'il existait une intrigue moins compliquée que celle-ci, je la choisirais. L'action matérielle est assez peu de chose pourtant. Je ne crois pas que personne la réduise à une plus simple expression que moi-même je ne le vais faire : — C'est l'histoire d'un homme qui a écrit une lettre le matin, et qui attend la réponse jusqu'au soir ; elle arrive, et le tue. — Mais ici l'action morale est tout. L'action est dans cette âme livrée à de noires tempêtes ; elle est dans les cœurs de cette jeune femme et de ce vieillard qui assistent à la tourmente, cherchant en vain à retarder le naufrage, et luttent contre un ciel et une mer si terribles que le bien est impuissant, et entraîné lui-même dans le désastre inévitable.

J'ai voulu montrer l'homme spiritualiste étouffé par une société matérialiste, où le calculateur avare exploite sans pitié l'intelligence et le travail. Je n'ai point prétendu justifier les actes désespérés des malheureux, mais protester contre l'indifférence qui les y contraint. Peut-on frapper trop tôt sur l'indifférence si difficile à éveiller, sur la distraction si facile à fixer ? Y a-t-il un autre moyen de toucher la société que de lui montrer la torture de ses victimes ?

Le Poète était tout pour moi ; Chatterton n'était qu'un nom d'homme, et je viens d'écarter, à dessein, des faits exacts de sa vie pour ne prendre de sa destinée que ce qui la rend un exemple à jamais déplorable d'une noble misère.

Écrit du 29 au 30 juin 1834,
préface de Chatterton.

Kitty Bell (jouée par Marie Dorval)

« Petit bonnet de dentelle ; chapeau plat en velours, avec de longs rubans tombants ; elle le retire après les premières scènes. Robe de soie grise traînante, à corsage montant, à manches courtes ornées de dentelle ; collet de dentelle ; tablier de même ; mitaines de tulle noir. »

Maurice Descotes, *le Drame romantique et ses Grands Créateurs.*

Les poèmes regroupés par Vigny dans le recueil des Destinées ont un objectif tant poétique que philosophique.

Vigny y exprime parallèlement un art poétique et une conception globale de l'homme et de la société.

Honoré Daumier (1808-1879), *Les chemins de fer* (BN).

MIROIR DROLATIQUE

Caricature de Vigny.

Il est sur la montagne une épaisse bruyère
Où les pas du chasseur ont peine à se plonger,
Qui plus haut que nos fronts lève sa tête altière,
Et garde dans la nuit le pâtre et l'étranger.
5 Viens y cacher l'amour et ta divine faute ;
Si l'herbe est agitée ou n'est pas assez haute,
J'y roulerai pour toi la Maison du Berger.

Elle va doucement avec ses quatre roues,
Son toit n'est pas plus haut que ton front et tes yeux ;
10 La couleur du corail et celle de tes joues
Teignent le char nocturne et ses muets essieux.
Le seuil est parfumé, l'alcôve est large et sombre,
Et, là, parmi les fleurs, nous trouverons dans l'ombre,
Pour nos cheveux unis, un lit silencieux.

15 Je verrai, si tu veux, les pays de la neige,
Ceux où l'astre amoureux dévore et resplendit,
Ceux que heurtent les vents, ceux que la mer assiège,
Ceux où le pôle obscur sous sa glace est maudit.
Nous suivrons du hasard la course vagabonde.
20 Que m'importe le jour, que m'importe le monde ?
Je dirai qu'ils sont beaux quand tes yeux l'auront dit.

Que Dieu guide à son but la vapeur foudroyante
Sur le fer des chemins qui traversent les monts,
Qu'un Ange soit debout sur sa forge bruyante,
25 Quand elle va sous terre ou fait trembler les ponts
Et, de ses dents de feu dévorant ses chaudières,
Transperce les cités et saute les rivières,
Plus vite que le cerf dans l'ardeur de ses bonds !

(...)

Evitons ces chemins. — Leur voyage est sans grâces,
30 Puisqu'il est aussi prompt, sur ses lignes de fer,
Que la flèche élancée à travers les espaces
Qui va de l'arc au but en faisant siffler l'air.
Ainsi jetée au loin, l'humaine créature
Ne respire et ne voit, dans toute la nature,
35 Qu'un brouillard étouffant que traverse un éclair.

On n'entendra jamais piaffer sur une route
Le pied vif du cheval sur les pavés en feu :
Adieu, voyages lents, bruits lointains qu'on écoute,
Le rire du passant, les retards de l'essieu,
40 Les détours imprévus des pentes variées,
Un ami rencontré, les heures oubliées,
L'espoir d'arriver tard dans un sauvage lieu.

La distance et le temps sont vaincus. La science
Trace autour de la terre un chemin triste et droit.
45 Le Monde est rétréci par notre expérience
Et l'équateur n'est plus qu'un anneau trop étroit.
Plus de hasard. Chacun glissera sur sa ligne
Immobile au seul rang que le départ assigne,
Plongé dans un calcul silencieux et froid.

50 Jamais la Rêverie amoureuse et paisible
N'y verra sans horreur son pied blanc attaché ;
Car il faut que ses yeux sur chaque objet visible
Versent un long regard, comme un fleuve épanché ;
Qu'elle interroge tout avec inquiétude,
55 Et, des secrets divins se faisant une étude,
Marche, s'arrête et marche avec le col penché.

la Maison du Berger (extraits), 1844.

ANALYSE STYLISTIQUE DES STROPHES : 5 - 6 - 7

I — STRUCTURE DE LA STROPHE

1) Les vers sont des alexandrins (12 syllabes).

2) Les rimes sont ordonnées en a b a b c c b, où seule la rime b est masculine (absence de e muet).
Décomposition : Vu l'ordonnance des rimes, ces sept vers forment en fait deux quatrains emboîtés :
— un quatrain à rimes alternées (a b a b)
— un quatrain à rimes embrassées (b c c b).

II — STRUCTURE DU VERS :

1) La césure, à la sixième syllabe, est toujours respectée, Vigny obéissant en cela aux règles classiques.

Nota : *au cours du XIX⁰ siècle, cette règle est de moins en moins suivie. Hugo, par l'utilisation du trimètre*, ne permet plus de pause réelle : « Doux au faible/ loyal au bon/terrible au traître ». Avec Verlaine, la césure disparaît en pratique : « De la douceur, de la douceur, de la douceur ». Et à la fin du siècle, par exemple avec Edmond Rostand, elle disparaît dans les faits :*
« Pédant : l'animal seul, Monsieur, qu'Aristophane Appelle hippocampéléphantocamélos... »

2) Structures régulières de l'alexandrin
a) Tétramètre :
Ex : Que la flèche/élancée/à travers/les espaces
          3   3   3   3
C'est ici la forme la plus fréquente (la plus classique).
b) Constructions en alternance régulière :
Le Monde/est rétréci/par notre/expérience.
        2   4   2   4

Nota : *sur « expérience », on notera la diérèse* (dissociation d'une diphtongue, s'oppose à synérèse, où les éléments constitutifs de la diphtongue ne comptent que pour 1 syllabe).*

3) Enjambements :
La distance et le temps sont vaincus. La science
Trace autour de la terre un chemin triste et droit.

III — STRUCTURES DE DÉTAIL

1) Inversions : *l'humaine créature, un sauvage lieu.*

2) Allitérations *(répétitions de sonorités identiques ou semblables) :*
Le pied vif du cheval sur les pavés en feu..

3) Symétries *de construction : voir les vers, 4, 5, 6 de la strophe 6.*

IV — STRUCTURE GRAMMATICALE :
Analyse de la phrase.

1) Strophe 5 : « Evitons ces chemins » est la fin d'une phrase commencée au début d'une strophe précédente : c'est tout à la fois la conclusion de la description, et l'amorce du raisonnement, exprimé, dans un premier temps, dans les deux phrases suivantes, qui s'équilibrent.

2) Strophe 6 : Une seule phrase, en deux mouvements (ce rythme binaire se retrouve tout au long du poème : c'est le rythme même de la pensée dialectique* opposant des éléments antagonistes) ;
a) les deux premiers vers ;
b) de « Adieu » à « lieu », une seule phrase nominale, où « adieu » contient la fonction verbale principale, et le sujet du discours (cette forme, qui est celle de l'invocation, permet le passage au discours direct).

3) Strophe 7 : le rythme se précipite. Outre l'enjambement signalé plus haut (le rythme classique est ainsi rompu par l'irruption de la « science », c'est-à-dire de la modernité), cette strophe s'articule sur cinq phrases :
a) un constat : « vaincus » ;
b) l'explication (« la science ») et le résultat (« un chemin triste et droit ») ;
c) l'image se répète en se démultipliant :
— Décor   :   « terre »/« Monde »
— Modernité   :   « science »/« expérience »
— Métaphore   :   « chemin »/« anneau »
— Résultat   : « triste et droit »/« trop étroit »

Ce parallélisme de l'expression est encore renforcé par les sous-entendus des termes (« Monde » et « anneau » contiennent la même image de circularité), par la contradiction, apparente et volontaire, entre cette circularité et la linéarité du « chemin triste et droit », et par le fait que ces mots en écho se retrouvent à la rime (« science »/« expérience » ; « droit »/« étroit »).
d) La phrase nominale casse non seulement le vers, mais l'hémistiche (la première moitié du vers est brutalement coupée), cassure accentuée par l'enjambement immédiat à la césure (« chacun »/« glissera... »)
e) « ligne » reprend « chemin » et « anneau » ; ils sont tous les échos de cette « trace » de la science : l'image géométrique froide se renforce. D'où le terme de « calcul » : cet aspect mathématisé explique la combinaison paradoxale du mouvement (« glissera »/« départ ») et de l'immobilité (« immobile »/« froid »).

---

1 — Quel est l'effet recherché par chacun des artifices techniques de versification relevés ci-dessus ?

2 — Recherchez dans les strophes 1 à 4 des effets semblables, et classez-les.

3 — Relevez et commentez dans le texte des Destinées, *les éléments correspondant aux couples antithétiques suivants :*
Temps/éternité - Progrès/immobilisme - Présent-futur/passé
Mercantilisme/poésie - Bruit/silence - Mouvement/arrêt - Les autres/je-tu
Quelle image de la philosophie de Vigny pouvez-vous déduire de ces oppositions ?

Caricature d'Alfred de Vigny (Bulloz).

(1) Thiers, Guizot, Villemain, chefs du parti libéral, étaient des professeurs célèbres.

(2) Réminiscence de la Bible (Isaïe, XXIX, 5-6).

(3) Pompéi, ensevelie en 79 sous les cendres du Vésuve. Cette cendre a conservé les corps des habitants, figés dans les postures de leur agonie.

(4) Allusion à la Campagne des banquets qui préluda à la révolution de 1848.

(5) « Et maintenant, Rois du monde, comprenez ». Cette devise avait été gravée, par Cromwell sur une médaille commémorative de la mort du roi d'Angleterre, Charles 1ᵉʳ, décapité en 1648. (Elle est reprise par Bossuet en 1669 au début de l'Oraison Funèbre d'Henriette de France). D'où un probable jeu de mots sur rouge, au vers 27 ; a) rouge du sang royal ; b) rouge, symbole moderne d'égalitarisme social.

« Maîtres en longs discours à flots intarissables !
Vous qui tout enseigniez (1), n'aviez-vous rien appris ?
Toute Démocratie est un désert de sables ;
Il y fallait bâtir, si vous l'eussiez compris.
5 Ce n'était pas assez d'y dresser quelques tentes
Pour un tournoi d'intrigue et de manœuvres lentes
Que le souffle de flamme (2) un matin a surpris.

« Vous avez conservé vos vanités, vos haines,
Au fond du grand abîme où vous êtes couchés,
10 Comme les corps trouvés sous les cendres romaines
Debout, sous les caveaux de Pompéia cachés (3),
L'œil fixe, lèvre ouverte et la main étendue,
Cherchant encor dans l'air leur parole perdue,
Et s'évanouissant sitôt qu'ils sont touchés.

15 « Partout où vous irez, froids, importants et fourbes,
Vous porterez le trouble. En des sentiers étroits
Des coalitions suivant les lignes courbes,
Traçant de faux Devoirs et frappant de vrais Droits,
Gonflés d'orgueil mondain et d'ambitions folles,
20 Imposant par le poids de vos âpres paroles
A l'humble courageux la plus lourde des croix.

« Peuple et Rois ont connu quels conseillers vous êtes,
Quand sous votre ombre en vain votre Prince abrité
Aux murs du grand banquet (4) et des funestes fêtes,
25 Cherchant quelque lumière en votre obscurité,
Lut ces mots que nos mains gravèrent sur la pierre,
Comme autrefois Cromwell sur sa rouge bannière :
Et nunc, Reges mundi, nunc intelligite (5) ! »

les Oracles (fin), 24 février 1862.

1 — POESIE ET POLITIQUE :
    a) A qui s'adresse Vigny ? Relevez les expressions permettant d'identifier ses interlocuteurs, bien que ceux-ci ne soient jamais nommés. Cette forme de polémique* est-elle plus efficace que l'attaque directe et nominale ?
    b) Quel est l'effet recherché par l'interpellation directe à la deuxième personne du pluriel ? En quoi ce mode d'expression très direct est-il plus efficace qu'un discours à la troisième personne ?
    c) Ce « vous » s'oppose à un « je » qui reste implicite. En quoi Vigny exprime-t-il mieux ses convictions personnelles en n'intervenant pas directement face à ceux qu'il dénonce ?
    d) Quelles sont ces convictions ? Quelle position politique précise expriment-elles en 1862 (Second Empire) ?

2 — Relevez et classez ce qui, dans ces textes, se réfère à l'actualité immédiate (allusions politiques précises), et ce qui se réfère à d'autres textes (par exemple à la Bible). Comment ces deux registres de références se combinent-il ? Quel est l'effet recherché ? Comment éclairent-ils le titre du poème ?

3 — N'y a-t-il pas une contradiction entre les aspirations de Vigny à « l'esprit pur » (se référer à « l'homme spiritualiste » évoqué dans la préface de Chatterton, texte nº 58) et sa pratique politique et économique ? Comment qualifierait-on aujourd'hui la pratique politique et intellectuelle de Vigny ?

Portrait d'Alfred de Vigny (Bibl. municipale de Tours).

« *Ton règne est arrivé,*

PUR ESPRIT,

roi du monde »

(les Destinées, L'esprit pur, 1863)

Lettres de Vigny au régisseur de son domaine du Maine-Giraud, en Charente (région de Cognac)

Il est probable que l'on sait à présent dans le pays, que mes eaux-de-vie sont les plus pures qui puissent se faire et que j'ai mieux aimé acheter du bois, quoique le Maine-Giraud n'en manque pas, que de faire brûler avec la tourbe qui, aux dires des distillateurs, altère le goût de l'eau-de-vie.

Puisque je peux compter sur *trois cents* francs l'hectolitre, il faut commencer la *conduite* sur-le-champ, le prix étant arrêté.

Livrez d'abord quelques barriques. Ensuite vous vous informerez des *probabilités* de l'augmentation dans les marchés prochains et si l'on regarde comme certain que l'eau-de-vie augmente de prix encore vous vous arrêterez dans les envois et vous attendrez jusqu'à ce que les prix se soient accrus s'il y a lieu.

21 février 1857.

Je vous ai écrit le 21 Février et le 22, Philippe, de commencer la *conduite* de l'eau-de-vie à Châteauneuf, d'y aller vous-même pour vous informer de l'augmentation des prix et surtout, de faire inscrire régulièrement chez Mr. Michaud, sur les livres de la maison Hennecy, le traité convenu avec moi, à *trois-cents* francs l'hectolitre au moins et *plus* s'il y a eu depuis augmentation.

Il faut vous rendre tout de suite à *Châteauneuf,* quand même ce ne serait pas jour de marché, pour voir Mr. Michaud et Mr. Hennecy s'il y est.

Si vous avez besoin d'argent, prenez-en chez M. Gros comme cela est convenu, en attendant le règlement de l'*eau-de-vie.*

S'il est nécessaire de parler à Mr. Hennecy pour fixer l'augmentation du prix, allez le voir à Cognac de ma part avec le chemin de fer.

Le *Charentais* du 4 Mars 1857, mercredi, porte que le marché de Cognac, le 28 Février, était de 375 francs l'hectolitre pour les eaux-de-vie de 1852, etc., etc., comme vous le lirez.

Informez-vous de la vérité et écrivez-moi tout de suite, si vous avez commencé la conduite de l'eau-de-vie ou quelle est la raison du retard, si vous ne l'avez pas fait.

6 mars 1857.

Minutes, conservées par Vigny dans ses carnets, des dénonciations envoyées par l'auteur à la police impériale.

10 décembre 1856.

— Un juge de paix nommé Richard, révolutionnaire, socialiste et communiste, est conservé à Château-neuf, envers et contre tous. On se demandait pourquoi, lorsqu'il a dit publiquement que Mme Plessis, des Français, était son soutien, étant la maîtresse de l'Empereur. Il se trouve que c'est du prince Napoléon, fils de Jérôme, qu'elle est la maîtresse, et l'est bien. Sa mère, ancienne femme de chambre de Mme de X., a épousé un capitaine en retraite qui est parent du juge de paix et le défend lorsqu'il est question de le renvoyer.

Les préfets, les procureurs impériaux, y ont perdu leur latin.

16 juin 1858.

Sur Châteauneuf.

M. Richard, juge de paix, vient d'être élu membre du conseil général du canton de Châteauneuf, à la majorité de 1.849 voix, contre M. Dupuy, candidat du gouvernement, qui a eu 837 voix. Le préfet l'avait menacé de destitution s'il acceptait une candidature. Tout a été inutile. Dès le jour de sa nomination, il a écrit à Mme Plessis pour se mettre en sûreté.

M. Richard, en 1848, chantait habituellement le refrain que voici :

La République universelle
Sur la terre un jour doit fleurir.
Jurons tous de mourir pour elle.
Pour elle un Français doit mourir.

Mauvaises manières, mauvais éducateur, joueur effréné : a séduit une jeune fille de quatorze ans vendue par son père.

Keppler, *Offenbach et son univers.*

IIIᵉ PARTIE

1848-1870

Honoré Daumier, *l'Aigle impérial terrassé par les Châtiments de Hugo.*

DEUXIEME REPUBLIQUE ET SECOND EMPIRE

	Evénements politiques et sociaux	Production écrite française	Production écrite étrangère	Musique, Architecture Arts plastiques
1848	Révolution de février Seconde République (25 février)	Renan écrit *l'Avenir de la science* (publié en 1890)	Marx-Engels : *Manifeste du parti communiste*	Daumier : *La République*
	Suffrage universel, abolition de la peine de mort, droit au travail, liberté de presse et de réunion	**Dumas (fils) : *La Dame aux Camélias (roman)***	Dostoïevski : *Les Nuits blanches de Saint-Pétersbourg*	
	Révolution ouvrière de juin - Louis Napoléon président de la République			
1849	Condamnation de Blanqui	Lamartine : *Histoire de la Révolution de 1848*	Kierkegaard : *Traité du désespoir*	Berlioz : *Te Deum*
	Assemblée élue à majorité conservatrice	G. Sand : *La Petite Fadette*	Dickens : *David Copperfield* (début)	
	9 juillet : Discours de Hugo sur la misère	**Flaubert : *La tentation de Saint-Antoine (première version)***		
1850	**Loi Falloux.** Restriction du suffrage universel et des libertés	A. Dumas : *Joseph Balsamo, La Tulipe Noire, Le Vicomte de Bragelonne*	K. Marx : *Les luttes de classes en France*	Wagner : *Lohengrin*
		Hugo : *Les Caves de Lille (discours)*	Engels : *La guerre des paysans en Allemagne*	Courbet : *L'Enterrement à Ornans*
				Daumier : *Ratapoil*
1851	Mars : Fermeture du cours de Michelet au Collège de France	Cl. Bernard : *Fonction glycogénique du foie*	Wagner : *Opéra et drame*	Verdi : *Rigoletto*
	2 décembre : Coup d'Etat de Louis Napoléon - Fusillades à Paris	A. Comte : Début du *Système de politique positive (1851-1854)*	H. Melville : *Moby Dick*	Schumann : *Quatrième Symphonie*
		Proudhon : *Idée générale de la Révolution au XIXᵉ siècle*	Beecher-Stowe : *La Case de l'Oncle Tom*	Courbet : *Les Demoiselles de village*
		Labiche : *Le Chapeau de paille d'Italie*		Début des Halles de Baltard (1851-1858)
		Baudelaire : *Du Vin et du Haschisch*		

	Evénements politiques et sociaux	Production écrite française	Production écrite étrangère	Musique, Architecture Arts plastiques
1852	Censure de la presse 2 décembre : Second Empire Fondation du Crédit Foncier Création du Bon Marché	A. Comte : *Catéchisme positiviste* **L. Blanc : *Histoire de la Révolution Française*** Littré : *Conservation, révolution et positivisme* **A. Dumas fils : *La Dame aux camélias (théâtre)*** **A. Dumas père : *Mes Mémoires*** **Gautier : *Emaux et Camées*** **Hugo : *Napoléon le Petit*** Leconte de Lisle : *Poèmes antiques* Nerval : *Les Illuminés*	Marx : *Le Dix huit Brumaire de Louis Bonaparte* Tolstoï : *Enfance*	Schumann : *IIIe Symphonie, Requiem* Wagner : *L'Or du Rhin, La Walkyrie, Siegfried* (livrets) Daumier : *Les Parisiens à la campagne*
1853	Campagne de Veuillot (**L'Univers**) contre **Le Siècle** et Lacordaire Parution du **Journal pour tous,** premier des "journaux-romans" illustrés Haussmann, Préfet de la Seine	V. Cousin : *Du vrai, du Beau et du Bien* **Baudelaire : *Traduction du Corbeau (E. Poe)*** **Gobineau : *Essai sur l'inégalité des races humaines (1853-1855)*** **Hugo : *Les châtiments*** Nerval : *Sylvie* **Michelet :** *fin de l'***Histoire de la Révolution Française***		Verdi : *Le Trouvère, La Traviata* Courbet : *Les Lutteurs, Les Baigneuses, La Fileuse endormie*
1854	Loi sur l'obligation des livrets ouvriers Guerre contre la Russie	Musset : *Contes* **Nerval : *Les Filles du Feu, les Chimères*** Barbey d'Aurevilly : *L'Ensorcelée* **Viollet-le-Duc : *Dictionnaire raisonné de l'architecture française (1854-1869)***		Brahms : *Premier concerto pour piano* Wagner : *L'Or du Rhin* (partition) Liszt : *Les Préludes* **Courbet : *L'Atelier*** Aménagement de l'avenue de l'Etoile
1855	Exposition Universelle de Paris Création de grands magasins	**Balzac : *Les Paysans*** (posth.) Hugo : *La fin de Satan* Nerval : *Aurélia* **Baudelaire : *l'Exposition Universelle de 1855***		Verdi : *Les Vêpres siciliennes* Wagner : *La Walkyrie* (partition) Courbet refusé au Salon

	Evénements politiques et sociaux	Production écrite française	Production écrite étrangère	Musique, Architecture Arts plastiques
1856	Fin de la guerre de Crimée Traité de Paris	**Hugo : *Les Contemplations*** Taine : *Philosophes français du XIXᵉ siècle* Tocqueville : *l'Ancien Régime et la Révolution*		Chassériau : *Intérieur de harem* Ingres : *La Source* Boulevard Saint-Michel et du Temple (ouverture) Pont de l'Alma (inauguration)
1857	Chemins de fer (le P.L.M.) Eclairage au gaz des grands boulevards	**About : *Le roi des montagnes*** **Baudelaire : *Les Fleurs du Mal*** (procès) **Trad. des *Histoires extraordinaires* d'E. Poe (1857-1858). Préface de Baudelaire** Banville : *Odes funambulesques* Champfleury : *Le Réalisme* (manifeste) **Flaubert : *Madame Bovary*** (procès) J. Vallès : *L'Argent*		Courbet : *Les Demoiselles du bord de la Seine* Millet : *Les Glaneuses* Verdi : *Simon Boccanégra*
1858	Attentat d'Orsini ; Loi de sûreté générale	**P. Féval : *Le Bossu*** **Sainte-Beuve : *Les causeries du lundi*** G. Feydau : *Fanny* **Fromentin : *Une année dans le Sahel*** Leconte de Lisle : *Poésies complètes*		Offenbach : *Orphée aux enfers* Bd de Sébastopol, Bibliothèque Nationale
1859	Division de Paris en vingt arrondissements Campagne de Napoléon III en Italie : Magenta, Solférino	**Mistral : *Miréio*** **Hugo : *La Légende des siècles* (1ᵉʳᵉ série)** **Baudelaire : *Salon de 1859***	**Darwin : *L'origine des espèces*** K. Marx : *Contribution à la critique de l'économie politique*	Gounod : *Faust* Wagner : *Tristan et Isolde* Corot : *Macbeth et les sorcières* Delacroix : *La Lutte de Jacob et de l'Ange* Ingres : *Le Bain turc* **Millet : *L'Angelus*** Salon de 1859
1860	Cession de Nice et de la Savoie à la France Suspension de **L'Univers**	Berthelot : *Chimie organique fondée sur la synthèse* **Baudelaire : *Les Paradis artificiels*** **Desbordes-Valmore : *Poésies inédites*** Labiche : *Le Voyage de Monsieur Perrichon*		

	Evénements politiques et sociaux	Production écrite française	Production écrite étrangère	Musique, Architecture Arts plastiques
1861		Sainte-Beuve : *Chateaubriand et son groupe littéraire sous l'Empire* **Baudelaire : *Richard Wagner et Tannhäuser à Paris*** Comtesse de Ségur : *Mémoires d'un âne* **Barbey d'Aurevilly : *Du dandysme et de Georges Brummel (1844-1861)***	Dostoïevski : *Souvenirs de la maison des morts*	Wagner : *Tannhäuser* à l'Opéra (échec) Construction de l'Opéra par Garnier (1861-1875) **Courbet : *Le Cerf forcé***
1862	Exposition Universelle de Londres	Trad. de *L'Origine des espèces* (Darwin 1859) E. About : *L'Homme à l'oreille cassée* **Baudelaire : *Mon cœur mis à nu*** **Flaubert : *Salammbô*** **Fromentin : *Dominique*** **Michelet : *La Sorcière*** **Hugo : *Les Misérables*** **Leconte de Lisle : *Poèmes barbares***		Gounod : *La Reine de Saba* Ingres : *Jésus au milieu des docteurs* **Le bain turc** Manet : *Lola de Valence*
1863	Loi autorisant les S.A.R.L., fondation du Crédit Lyonnais ; création du **Petit Journal,** quotidien à un sou	**Baudelaire : *Le peintre de la vie moderne*** Gautier : *Le Capitaine Fracasse* **Sainte-Beuve : *Nouveaux lundis (1863-1870)*** Jules Verne : *Cinq semaines en ballon* Renan : *Vie de Jésus* **Comtesse de Ségur : *L'Auberge de l'ange gardien*** **Taine : *Histoire de la Littérature anglaise (introd.)***	Ibsen : *Les Prétendants à la couronne*	Puvis de Chavannes : *Le Travail et le Repos* Salon des refusés : **Manet : *le Déjeuner sur l'herbe*** **Manet : *Olympia***
1864	Fondation de la Société Générale Loi sur le droit de grève (loi Ollivier) Fondation de la 1ere Internationale (Londres) 1ere voiture à moteur à essence 1er numéro du **Magazine d'Education** (Hetzel)	**Barbey d'Aurevilly : *Le Chevalier Des Touches*** Hugo : *William Shakespeare* Comtesse de Ségur : *Les Malheurs de Sophie* *Le Général Dourakine* **Vigny : *Les Destinées (posth.)*** Verne : *Voyage au centre de la terre*	Maxwell : *Théorie dynamique du champ électromagnétique*	Gounod : *Mireille* **Offenbach : *La Belle Hélène (livret* Meilhac et Halévy)** Courbet : *Le Réveil* Degas : *Portrait d'Edouard Manet*

	Événements politiques et sociaux	Production écrite française	Production écrite étrangère	Musique, Architecture Arts plastiques
1865	Entrevue de Biarritz (Napoléon III - Bismarck) Création du magasin Le Printemps	**Cl. Bernard : *Introduction à l'étude de la médecine expérimentale*** **E. et J. de Goncourt : *Germinie Lacerteux*** Barbey d'Aurevilly : *Un prêtre marié* Comtesse de Ségur : *Un bon petit diable* J. Verne : *De la Terre à la Lune*	L. Carroll : *Alice au pays des merveilles* Dostoïevski : *Mémoires écrits dans un souterrain* Tolstoï : *Guerre et Paix (1865-1869)*	Brahms : *Danses Hongroises (I et II)* Liszt : *Sept Rhapsodies hongroises (1865-1869)* Courbet : *Proudhon et sa famille* Manet : *Olympia*
1866	Bataille de Sadowa - Expansion coloniale Parution de **La Libre Pensée** Premières photographies en couleurs (Cros et Ducos de Hauron)	**Le Parnasse contemporain (1ère livraison)** **Banville : *Gringoire*** Daudet : *Lettres de mon Moulin (1866-1869)* **Larousse : *Dictionnaire encyclopédique du XIXe siècle*** H. Malot : *Les Enfants* **Verlaine : *Poèmes saturniens*** Verne : *Les Enfants du Capitaine Grant (1866-1869)* L. Veuillot : *Les Odeurs de Paris* **E. Zola : *Mes Haines***	Dostoïevski : *Crime et châtiment*	Offenbach : *La Vie parisienne* Tchaïkovski : *Première Symphonie* **Brückner : *Première Symphonie*** Grandville : *Les animaux peints par eux-mêmes* Manet : *Le Fifre* **Corot : *L'Eglise de Marissel***
1867	Exposition Universelle (Paris) Lois sur l'enseignement primaire (certificat d'études), enseignement secondaire pour jeunes filles	G. Nadaud : *Chansons populaires* **Mallarmé : *La Nouvelle Hérodiade*** P. Féval : *Les Mystères de Londres* Zola : *Les Mystères de Marseille; Thérèse Raquin* **Banville : *Les Exilés***	Marx : *Le Capital, livre I* Ibsen : *Peer Gynt*	Moussorgski : *Une Nuit sur le Mont Chauve* Wagner : *Les Maîtres chanteurs de Nüremberg* Gounod : *Roméo et Juliette* Cézanne : *L'Orgie* Renoir : *Diane chasseresse*
1868	Libéralisation de la presse - Dissolution de la section française de la 1ere Internationale **La Lanterne** de Rochefort Fondation de l'Ecole Pratique des Hautes Etudes	**Gaboriau : *Monsieur Lecoq*** **Daudet : *Le Petit Chose*** **Sarcey : *Quarante ans de théâtre*** Zola : Préface pour *Thérèse Raquin*	Dostoïevski : *L'Idiot* Tolstoï : *Récits de Sébastopol*	Saint-Saëns : *IIe concerto en sol mineur* Liszt : *Requiem* Manet : *Le Balcon, Portrait de Zola*

	Evénements politiques et sociaux	Production écrite française	Production écrite étrangère	Musique, Architecture Arts plastiques
1869	Création de la Samaritaine Senatus-consulte sur les réformes libérales Inauguration du canal de Suez	Flaubert : *l'Education sentimentale* Baudelaire : *Le Spleen de Paris* Hugo : *L'Homme qui rit* Michelet : *Nos fils* Lautréamont : *Les Chants de Maldoror* A. Léo : *La Femme et les mœurs* Verlaine : *Les Fêtes galantes* J. Verne : *Vingt mille lieues sous les mers (1869-1870)* Taine : *Philosophie de l'art*		Wagner : Création de *l'Or du Rhin* à Munich Monet : *La Grenouillère* Renoir : *La Grenouillère* Carpeaux : *La danse*
1870	Guerre contre la Prusse - Défaite de Sedan - Proclamation de la République (4 septembre) - Hugo rentre d'exil (5 septembre) Siège de Paris (début 15 septembre)	Berlioz : *Mémoires* I. Ducasse (Lautréamont) : *Poésies I et II* Verlaine : *La Bonne Chanson* Rimbaud : *Un cœur sous une soutane* Verne : *Autour de la Lune* Taine : *De l'Intelligence* Ferry : *Discours sur l'égalité de l'éducation* Zola : *Sur Labiche*	Dostoïevski : *L'Eternel Mari*	Delibes : *Coppelia* Daumier : *L'Empire c'est la paix (1870-1871)* Monet : Sur la Plage Pissarro : *Le Printemps aux toits rouges* Cézanne : *Le déjeuner sur l'herbe*

Théodore de Banville par Gavarni (R. Viollet).

Cette ballade est insérée dans une comédie en prose, « Gringoire » ; elle est récitée par le poète vagabond qui porte ce nom devant Louis XI et son conseiller occulte, de sinistre réputation, Olivier le Dain. Le poète ne se doute pas de l'identité de ses auditeurs...

Théodore de Banville, Portrait-charge par Carjat (BN).

BALLADE DES PENDUS

Sur ses larges bras étendus,
La forêt où s'éveille Flore **(1)**,
A des chapelets de pendus
Que le matin caresse et dore.
5 Ce bois sombre, où le chêne arbore
Des grappes de fruits inouïs
Même chez le Turc et le More
C'est le verger du roi Louis.

Tous ces pauvres gens morfondus,
10 Roulant des pensers qu'on ignore,
Dans les tourbillons éperdus
Voltigent, palpitant encore.
Le soleil levant les dévore.
Regardez-les, cieux éblouis,
15 Danser dans les feux de l'aurore.
C'est le verger du roi Louis.

Ces pendus, du diable entendus,
Appellent des pendus encore,
Tandis qu'aux cieux, d'azur tendus,
20 Où semble luire un météore,
La rosée en l'air s'évapore,
Un essaim d'oiseaux réjouis
Par-dessus leur tête picore.
C'est le verger du roi Louis.

Envoi.
25 Prince, il est un bois que décore
Un tas de pendus, enfouis
Dans le doux feuillage sonore.
C'est le verger du roi Louis.

Gringoire, 1866.

(1) *Déesse du Printemps.*

THÉODORE DE BANVILLE, 1871

La Ballade en vers de dix syllabes n'est autre chose qu'un poëme formé de trois Dizains écrits sur des rimes pareilles. Après les trois Dizains vient — non une quatrième strophe, mais une *demi-strophe* de cinq vers, appelée *Envoi* et qui est comme la seconde moitié d'un quatrième Dizain qui serait écrit sur des rimes pareilles à celles des 5 trois premiers Dizains.

La Ballade en vers de huit syllabes n'est autre chose qu'un poëme formé de trois Huitains écrits sur des rimes pareilles. Après les trois Huitains vient — non une quatrième strophe, mais une *demi-strophe*, de quatre vers appelée *Envoi* et qui est comme la seconde moitié d'un quatrième Huitain qui serait écrit sur des rimes pareilles 10 à celles des trois premiers Huitains.

L'*Envoi*, classiquement, doit commencer par le mot : *Prince,* et il peut aussi commencer par les mots : *Princesse, Roi, Reine, Sire :* car, au commencement, les Ballades, comme tout le reste, ont été faites pour les rois **(1)** et les seigneurs. Il va sans dire que cette règle, même chez Gringoire, Villon, Charles d'Orléans et Marot, subit de 15 nombreuses exceptions, car on n'a pas toujours sous la main un prince à qui dédier sa Ballade. Mais, enfin, telle est la tradition. Dans l'*Envoi* qui termine les Ballades, ces mots : *Prince, Princesse, Roi, Reine, Sire,* sont souvent aussi employés symboliquement, pour exprimer une royauté tout idéale ou spirituelle. C'est ainsi qu'on dira : *Prince des cœurs* ou *Reine de beauté,* en s'adressant au dieu Amour ou à quelque 20 dame illustre.

Petit Traité de Poésie française, 1871.

(1) *En réalité, le mot* Roi *commençant l'Envoi de la Ballade désigna d'abord le roi d'un concours poétique ; mais un mot ne peut être longtemps détourné de son sens propre, et ce sont là de trop subtiles fictions, avec lesquelles rompt tout de suite le bon sens populaire.* (Note de Banville).

VILLON, 1463

Le modèle direct de Gringoire, *que l'on retrouve également dans* Notre-Dame de Paris, *de Hugo, c'est François Villon (1431-146?), voir Nos 10 et 11 du XVIe-XVIIe siècles, Banville lui emprunte également le modèle de la ballade, tombé en désuétude depuis la fin du XVIe siècle, et utilise très largement les mêmes thèmes :*

L'ÉPITAPHE DE VILLON

En forme de ballade *(orthographe modernisée)*

Frères humains qui après nous vivez,
N'ayez les cœurs contre nous endurcis,
Car, se **(1)** pitié de nous pauvres avez,   (1) *si.*
Dieu en aura plus tôt de vous mercis **(2)**.   (2) *pitié.*
5 Vous nous voyez ci attachés cinq, six :
Quant de la chair que trop avons nourrie,
Elle est pieça **(3)** devorée et pourrie,   (3) *depuis longtemps.*
Et nous, les os, devenons cendre et poudre.
De notre mal personne ne s'en rie **(4)** ;   (4) *subj : que personne n'en rie.*
10 Mais priez Dieu que tous nous veuille absoudre !

Se frères vous clamons **(5)**, pas n'en devez   (5) *si nous vous appelons frères.*
Avoir dédain, quoi que fûmes occis **(6)**   (6) *tués.*
Par justice. Toutefois, vous savez
Que tous hommes n'ont pas bon sens rassis ;
15 Excusez nous, puisque sommes transis **(7)**,   (7) *trépassés.*
Envers le fils de la Vierge Marie,
Que sa grâce ne soit pour nous tarie,
Nous préservant de l'infernale foudre.
Nous sommes morts, âme ne nous harie **(8)**,   (8) *que personne ne nous tourmente.*
20 Mais priez Dieu que tous nous veuille absoudre !

La pluie nous a débués **(9)** et lavés,   (9) *lessivés.*
Et le soleil desséchés et noircis ;
Pies, corbeaux, nous ont les yeux cavés **(10)**,   (10) *creusés.*
Et arraché la barbe et les sourcils.
25 Jamais nul temps nous ne sommes assis **(11)** ;   (11) *calmes, en repos.*
Puis çà, puis là, comme le vent varie,
A son plaisir sans cesser nous charrie,
Plus becquetés d'oiseaux que dés à coudre.
Ne soyez donc de notre confrérie ;
30 Mais priez Dieu que tous nous veuille absoudre !

Prince Jésus, qui sur tous as maîtrie **(12)**,   (12) *maîtrise, pouvoir.*
Garde qu'Enfer n'ait de nous seigneurie :
A lui n'ayons que faire ne que soudre **(13)**   (13) *(Fais que nous) n'ayons en rien affaire à lui (l'Enfer) ni rien à (lui) payer.*
Hommes, ici n'a point de moquerie ;
35 Mais priez Dieu que tous nous veuille absoudre !

1463.

ARTHUR RIMBAUD *(voir no 147)*, **1870**

L'auteur trouvera dans ce thème du gibet une même source d'inspiration, qu'il traite toutefois différemment de ses devanciers.

(...)

Holà, secouez-moi ces capitans funèbres
Qui défilent, sournois, de leurs gros doigts cassés
Un chapelet d'amour sur leurs pâles vertèbres ;
Ce n'est pas un moustier ici, les trépassés !

Oh ! voilà qu'au milieu de la danse macabre
Bondit dans le ciel rouge un grand squelette fou
Emporté par l'élan, comme un cheval se cabre :
Et, se sentant encor la corde raide au cou,

Crispe ses petits doigts sur son fémur qui craque
Avec des cris pareils à des ricanements,
Et, comme un baladin rentre dans la baraque,
Rebondit dans le bal au chant des ossements.

écrit en octobre 1870, paru en 1891.

« *Pour la composition de la ballade* »...

C'est ici l'occasion de révéler un secret de Polichinelle. Pour la composition de la Ballade, il y a un moyen mécanique d'un emploi sûr, avec lequel on peut impunément se passer de tout génie et qui supprime toutes les difficultés. Il consiste simplement à composer en une fois (sans s'inquiéter du reste) la seconde moitié des trois Dizains et l'Envoi, et en une autre fois la première moitié des trois Dizains, — puis à raccorder le tout. Seulement, en employant ce moyen, on est sûr de faire une mauvaise — irrémédiablement mauvaise Ballade !

Petit Traité de Poésie française, 1871.

---

1 — *Gringoire et Villon : tous deux utilisent la ballade. Quelles sont les ressemblances internes (vocabulaire, images, etc.) et les différences (interlocuteurs, objectifs des poètes) entre ces deux textes ?*

2 — *Étude de l'aspect dramatique :*
   – *réalisme et goût du macabre ;*
   – *Banville joue-t-il de la même unité de ton que Villon ? De quelle opposition tire-t-il ses principaux effets dramatiques ?*
   – *la mort et le mouvement : relevez dans ces textes (se référer également au texte de Rimbaud) les images de mouvement. A quel aspect habituel de la mort s'opposent-elles ? Quel est l'effet produit ?*

3 — *Le texte de Banville a été mis en musique par Georges Brassens (Brassens, VI) ;*
   a) *l'interprétation de ce chanteur (mélodie, accompagnement, accentuation du texte, respect très relatif de la ponctuation) vous semble-t-elle adéquate au texte ? Pourquoi ?*
   b) *Exposé : la référence au Moyen-Age, en plein XXe s. : Serge Reggiani a interprété* la Ballade des Pendus, *Brassens* la Ballade des Dames du temps jadis, de *Villon (Brassens I) et a composé une chanson utilisant les mêmes thèmes et s'intitulant* le Moyenâgeux *(Brassens IX). Que signifie cette présence du Moyen-Age au XXe s. ?*

Barbey d'Aurevilly, en 1844, écrivit une étude sur le dandy anglais George Brummel (1778-1840). Publiée très confidentiellement, cette étude fut reprise en 1861 : elle était, au début, une étude historique. Publiée dans les années les plus fastueuses du Second Empire, elle était devenue un document d'actualité.

L'un des derniers autographes d'Oscar Wilde.

Caricature de Barbey d'Aurevilly in La vie parisienne, 20/7/1889, et en légende : « il n'a pour page que son ombre » (R. Viollet).

Ceci est presque aussi difficile à décrire qu'à définir. Les esprits qui ne voient les choses que par leur plus petit côté, ont imaginé que le Dandysme était surtout l'art de la mise, une heureuse et audacieuse dictature en fait de toilette et d'élégance extérieure. Très certainement
5 c'est cela aussi ; mais c'est bien davantage*. Le Dandysme est toute une manière d'être, et l'on n'est pas que par le côté matériellement visible. C'est une manière d'être, entièrement composée de nuances, comme il arrive toujours dans les sociétés très vieilles et très civilisées, où la comédie devient si rare et où la convenance triomphe à peine de l'ennui. Nulle part
10 l'antagonisme des convenances et de l'ennui qu'elles engendrent ne s'est fait plus violemment sentir au fond des mœurs qu'en Angleterre, dans la société de la Bible et du Droit. (...)

Ainsi, une des conséquences du Dandysme, un de ses principaux caractères — pour mieux parler, son caractère le plus général — est-il de
15 produire toujours l'imprévu, ce à quoi l'esprit accoutumé au joug des règles ne peut pas s'attendre en bonne logique. L'Excentricité, cet autre fruit du terroir anglais, le produit aussi, mais d'une autre manière, d'une façon effrénée, sauvage, aveugle. C'est une révolution individuelle contre l'ordre établi, quelquefois contre la nature : ici on touche à la folie. Le
20 Dandysme, au contraire, se joue de la règle et pourtant la respecte encore. Il en souffre et s'en venge tout en la subissant ; il s'en réclame quand il y échappe ; il la domine et en est dominé tour à tour : double et muable caractère ! Pour jouer ce jeu, il faut avoir à son service toutes les souplesses qui font la grâce, comme les nuances du prisme forment
25 l'opale, en se réunissant.

C'était là ce qu'avait Brummel. Il avait la grâce comme le ciel la donne et comme souvent les compressions sociales la faussent. Mais enfin il l'avait, et par-là il répondait aux besoins de caprice des sociétés ennuyées et trop durement ployées sous les strictes rigueurs de la
30 convenance. Il était la preuve de cette vérité qu'il faut redire sans cesse aux hommes de la règle : c'est que si l'on coupe les ailes à la Fantaisie, elles repoussent plus longues de moitié.

*Note de Barbey :

(...) Un jour même, le croirait-on ? les Dandys ont eu la fantaisie de l'*habit râpé*. C'était précisément sous Brummell. Ils étaient à bout d'impertinence, ils n'en pouvaient plus. Ils trouvèrent celle-là, qui était si *dandie* (je ne sais pas un autre mot pour l'exprimer), de faire râper leurs habits avant de les mettre, dans toute l'étendue de l'étoffe, jusqu'à ce qu'elle ne fût plus qu'une espèce de dentelle — une nuée. Ils voulaient marcher dans leur nuée, ces dieux ! L'opération était très délicate et très longue, et on se servait, pour l'accomplir, d'un morceau de verre aiguisé. Eh bien ! voilà un véritable fait de Dandysme. L'habit n'y est pour rien. Il n'*est* presque *plus*.

Et en voici un autre encore : Brummell portait des gants qui moulaient ses mains comme une mousseline mouillée. Mais le Dandysme n'était pas la perfection de ces gants qui prenaient le contour des ongles, comme la chair le prend, c'était qu'ils eussent été faits par quatre artistes spéciaux, trois pour la main et un pour le pouce*. (...)

*J'ai si bonne envie d'être clair et d'être compris que je risquerai une chose ridicule. Je mettrai une note dans une note. Le prince de Kaunitz, qui sans être Anglais (il est vrai qu'il était Autrichien), se rapproche le plus des Dandys par le calme, la nonchalance, la frivolité majestueuse, (...) n'était pas un Dandy quand il mettait un corset de satin comme l'Andalouse d'Alfred de Musset, mais il l'était quand, pour donner à ses cheveux la nuance exacte il passait dans une enfilade de salons dont il avait calculé la grandeur et le nombre et que des valets armés de houppes le poudraient, seulement le temps qu'il passait !

du Dandysme et de George Brummel, Chap. V.

CHARLES BAUDELAIRE, 1863

Cet auteur avait, à sa manière, des prétentions au dandysme et exprima son point de vue sur le sujet dans sa Critique artistique :

Que ces hommes se fassent nommer raffinés, incroyables, beaux, lions ou dandys, tous sont issus d'une même origine ; tous participent du même caractère d'opposition et de révolte ; tous sont des représentants de ce qu'il y a de meilleur dans l'orgueil humain, de ce besoin, trop rare chez ceux d'aujourd'hui, de combattre et de détruire la trivialité. De là naît, chez les dandys, cette attitude hautaine de caste provocante, même dans sa froideur. Le dandysme apparaît surtout aux époques transitoires où la démocratie n'est pas encore toute-puissante, où l'aristocratie n'est que partiellement chancelante et avilie. Dans le trouble de ces époques quelques hommes déclassés, dégoûtés, désœuvrés, mais tous riches de force native, peuvent concevoir le projet de fonder une espèce nouvelle d'aristocratie, d'autant plus difficile à rompre qu'elle sera basée sur les facultés les plus précieuses, les plus indestructibles, et sur les dons célestes que le travail et l'argent ne peuvent conférer. Le dandysme est le dernier éclat d'héroïsme dans les décadences ; et le type du dandy retrouvé par le voyageur dans l'Amérique du Nord n'infirme en aucune façon cette idée : car rien n'empêche de supposer que les tribus que nous nommons *sauvages* soient les débris de grandes civilisations disparues. Le dandysme est un soleil couchant ; comme l'astre qui décline, il est superbe, sans chaleur et plein de mélancolie. Mais, hélas ! la marée montante de la démocratie, qui envahit tout et qui nivelle tout, noie jour à jour ces derniers représentants de l'orgueil humain et verse des flots d'oubli sur les traces de ces prodigieux myrmidons. Les dandys se font chez nous de plus en plus rares, tandis que chez vos voisins, en Angleterre, l'état social et la constitution (la vraie constitution, celle qui s'exprime par les mœurs) laisseront longtemps encore une place aux héritiers de Sheridan, de Brummel et de Byron, si toutefois il s'en présente qui en soient dignes.

le Peintre de la Vie Moderne, 1863.

JEAN-PAUL SARTRE, 1947

Dans une célèbre étude sur Baudelaire, l'auteur examine l'aspect artistique du dandysme :

(...) Il est clair que le dandysme représente un idéal plus élevé que la poésie. Il s'agit d'une société au second degré conçue sur le modèle de la société d'artistes que Flaubert, Gautier et les théoriciens de l'Art pour l'Art avaient forgée. A ce modèle, elle emprunte les idées de gratuité, de solidarité mécanique et de parasitisme. Mais elle renchérit sur les conditions d'accès à cette association. Les caractères essentiels de l'artiste sont exagérés, poussés à la limite. L'exercice encore trop utilitaire du métier artistique devient le pur cérémonial de la toilette, le culte du beau qui produit des œuvres stables et durables se change en amour de l'élégance, parce que l'élégance est éphémère, stérile et périssable ; l'acte créateur du peintre ou du poète, vidé de sa substance, prend forme d'acte strictement gratuit, au sens gidien, et même absurde, l'invention esthétique se transforme en mystification ; la passion de créer se fige en insensibilité.

Baudelaire, 1947

JULES LEMAITRE (1853-1914), 1895

Ce critique de la fin du siècle, revient encore en 1895 sur ce même sujet :

Au reste, le dandy est très réellement un artiste à sa manière. C'est toute sa vie qui est son œuvre d'art à lui. Il plaît et règne par les apparences qu'il donne à sa personne physique, comme l'écrivain par ses livres. Et il plaît tout seul, sans le secours d'autrui. Ce n'est pas, comme le comédien, la pensée d'un autre qu'il interprète avec sa personne et son corps. Aussi le vrai dandy me paraît-il venir, dans l'échelle des mérites, au-dessus du grand comédien.

Enfin, la fonction du dandy est éminemment philosophique. Comme il fait quelque chose avec le néant, comme ses inventions consistent en des riens parfaitement superflus et qui ne valent que par l'opinion qu'il en a su donner, il nous apprend que les choses n'ont de prix que celui que nous leur attachons, et que « l'idéalisme est le vrai ». Et comme, ayant pris la mieux reconnue des vanités, il a su l'égaler aux occupations qui passent pour les plus nobles, il nous fait aussi entendre par là que tout est vain.

les Contemporains (4ᵉ série), 1895.

---

1 — *Comment, d'après Barbey, les « dandies » concilient-ils l'apparence (habillement, façons d'être) et la personnalité profonde ? Dégagez les implications des termes de « dieux » et de « nuée ».*

2 — *Dégagez ce qui, dans ces textes, est une description, directe ou indirecte, de la société du XIXᵉ siècle. A quels caractères dominants de cette époque s'oppose le dandysme ? Justifiez l'expression de Sartre « société au second degré ».*

3 — *Étude du texte de Baudelaire :*
   a) Cherchez l'origine des synonymes de « dandy » que propose l'auteur. Comment ces termes établissent-ils une continuité historique ?
   b) Commentez et justifiez l'opinion de Baudelaire : « tous participent du même caractère d'opposition et de révolte ».

HUYSMANS, 1884

Il s'acquit la réputation d'un excentrique, qu'il paracheva en se vêtant de costumes de velours blanc, de gilets d'orfroi, en plantant, en guise de cravate, un bouquet de Parme dans l'échancrure décolletée d'une chemise, en donnant aux hommes de lettres des dîners ⁵retentissants, un entre autres, renouvelé du XVIII° siècle, où, pour célébrer la plus futile des mésaventures, il avait organisé un repas de deuil.

Dans la salle à manger tendue de noir, ouverte sur le jardin de sa maison subitement transformé, montrant ses allées poudrées de charbon, son petit bassin maintenant bordé d'une margelle de basalte et rempli ¹⁰d'encre et ses massifs tout disposés de cyprès et de pins, le dîner avait été apporté sur une nappe noire, garnie de corbeilles de violettes et de scabieuses, éclairée par des candélabres où brûlaient des flammes vertes et par des chandeliers où flambaient des cierges.

Tandis qu'un orchestre dissimulé jouait des marches funèbres, ¹⁵les convives avaient été servis par des négresses nues, avec des mules et des bas en toile d'argent, semée de larmes.

On avait mangé dans des assiettes bordées de noir, des soupes à la tortue, des pains de seigle russe, des olives mûres de Turquie, du caviar, des poutargues de mulets, des boudins fumés de Francfort, des gibiers ²⁰aux sauces couleur de jus de réglisse et de cirage, des coulis de truffes, des crèmes ambrées au chocolat, des poudings, des brugnons, des raisinés, des mûres et des guignes ; bu, dans des verres sombres, les vins de la Limagne et du Roussillon, des Tenedos, des Val de Penas et des Porto ; savouré, après le café et le brou de noix, des kwas, des porter et des stout.

²⁵ *Le dîner de faire-part d'une virilité momentanément morte,* était-il écrit sur les lettres d'invitation semblables à celles des enterrements.

A Rebours, 1884.

Ce personnage du dandy, venu d'Angleterre dans le premier quart de siècle, va connaître une innombrable postérité. Il réapparaît en force à la fin du XIX° s., avec Des Esseintes, le héros de A rebours, *de Huysmans (voir n° 127-128).*

LA MODE

Modes masculines vers 1830 (Bulloz).

OSCAR WILDE, 1891

A la fin du siècle, le dandysme va définitivement se confondre avec un certain décadentisme. Ainsi, dans le Portrait de Dorian Gray, *de l'écrivain anglais Oscar Wilde (1856-1900), où le héros fait de sa vie une œuvre d'art :*

Assurément, la vie était pour lui le premier et le plus grand de tous les arts ; à celui-là tous les autres n'étaient guère qu'une introduction. La mode qui, pour un temps, confère, à la fantaisie pure un caractère d'universalité, et le dandysme qui, à sa façon, vise à défendre l'absolu modernisme de la beauté, exercèrent sur lui une attirance bien naturelle. Ses façons de s'habiller, les originalités qu'il affectait à l'occasion, avaient une influence marquée sur la jeunesse dorée des bals de Mayfair et des clubs de Pall Mall. Les élégants le copiaient en tout, et c'était à qui reproduirait l'insaisissable charme de gracieux raffinements de toilette, auxquels, pour sa part, il n'attachait qu'une importance relative.

le Portrait de Dorian Gray, 1891
(trad. fr. de Jaloux et Frapereau).

Toulouse-Lautrec, *Oscar Wilde (R. Viollet).*

GABRIELE D'ANNUNZIO, 1895

Le dandysme, venu d'Angleterre où il est retourné après qu'il eut transité par la France, s'étend alors sur l'ensemble de l'Europe. A cette même esthétique appartient le roman de Gabriele d'Annunzio (1863-1938), traduit de l'italien, l'Enfant de volupté. *L'auteur explique, par certains aspects de l'éducation de son héros, André Sperelli, comment se fabrique un dandy :*

Il était pour ainsi dire tout imprégné d'art. Son adolescence, nourrie d'études variées et profondes, parut tenir du prodige. Jusqu'à vingt ans, il passa alternativement des longues lectures aux longs voyages en compagnie de son père, et il put achever son extraordinaire éducation esthétique sous la direction paternelle, sans nulle contrainte de pédagogue. Ce fut précisément son père qui lui donna le goût des choses de l'art, le culte passionné de la beauté, le mépris paradoxal des préjugés, l'appétit du plaisir. (...).

(...) L'éducation d'André était donc une éducation vivante, faite moins sur les livres que sur le spectacle des réalités humaines. Son esprit était corrompu, non seulement par la haute culture, mais aussi par l'expérience, et, chez lui, la curiosité s'aiguisait d'autant plus que la connaissance s'élargissait davantage. Dès le principe il fut prodigue de lui-même : car la grande force sensitive dont il était doué ne se lassait jamais de fournir à sa prodigalité des trésors. Mais l'expansion de cette force causait en lui la destruction d'une autre force, de la *force morale,* que son père même déprimait sans scrupule. Et il ne s'apercevait point que sa vie était un progressif rétrécissement de ses facultés, de ses espérances, de ses jouissances, une sorte de renoncement progressif, et qu'autour de lui le cercle se resserrait toujours davantage, inexorablement, quoique avec lenteur.

Son père lui avait donné, entre autres, cette maxime fondamentale : « Il faut *faire* sa propre vie comme on fait une œuvre d'art. Il faut que la vie d'un homme intellectuel soit son œuvre propre. La vraie supériorité est là tout entière. »

Son père lui répétait aussi ce conseil : « Il faut conserver à tout prix sa liberté complète, jusque dans l'ivresse. La règle de l'homme intellectuel est : *Habere, non haberi* **(1).** »

Il lui disait : « Le regret est la vaine pâture d'un esprit oisif. Pour éviter le regret, le meilleur moyen est d'occuper toujours son esprit de sensations nouvelles et d'imaginations nouvelles. »

l'Enfant de Volupté, 1895. (trad. fr. de G. Hérelle).

(1) *Posséder mais ne pas être possédé.*

---

1 — *Essai de définition du dandysme. A la lecture de ces textes, et en vous appuyant sur des arguments précis, le dandysme vous apparaît-il comme :*
   — *une mode ? La crée-t-il ? La suit-il ?*
   — *l'expression, dans la vie courante, d'une théorie de l'Art ?*
   — *le reflet d'une société ? Laquelle ?*
   — *la nostalgie d'une autre société (un « paradis perdu ») ?*
   — *la simple conséquence du désœuvrement et de l'ennui ? Quelles pouvaient être leurs causes ?*
   — *l'expression d'un désespoir ?*

2 — *Quelle est à votre avis, s'il y en a une, la descendance moderne des « dandies » ? Donnez des exemples.*

Nadar, *Baudelaire* (Roger Viollet).

L'ALBATROS

Souvent, pour s'amuser, les hommes d'équipage
Prennent des albatros, vastes oiseaux des mers,
Qui suivent, indolents compagnons de voyage,
Le navire glissant sur les gouffres amers.

5 A peine les ont-ils déposés sur les planches,
Que ces rois de l'azur, maladroits et honteux,
Laissent piteusement leurs grandes ailes blanches
Comme des avirons traîner à côté d'eux.

Ce voyageur ailé, comme il est gauche et veule !
10 Lui, naguère si beau, qu'il est comique et laid !
L'un agace son bec avec un brûle-gueule,
L'autre mime, en boitant, l'infirme qui volait !

Le Poëte est semblable au prince des nuées
Qui hante la tempête et se rit de l'archer ;
15 Exilé sur le sol au milieu des huées,
Ses ailes de géant l'empêchent de marcher.

CORRESPONDANCES

La Nature est un temple où de vivants piliers
Laissent parfois sortir de confuses paroles ;
L'homme y passe à travers des forêts de symboles
Qui l'observent avec des regards familiers.

5 Comme de longs échos qui de loin se confondent
Dans une ténébreuse et profonde unité,
Vaste comme la nuit et comme la clarté,
Les parfums, les couleurs et les sons se répondent.

Il est des parfums frais comme des chairs d'enfants,
10 Doux comme les hautbois, verts comme les prairies,
— Et d'autres, corrompus, riches et triomphants,

Ayant l'expansion des choses infinies,
Comme l'ambre, le musc, le benjoin et l'encens,
Qui chantent les transports de l'esprit et des sens.

LA VIE ANTÉRIEURE

J'ai longtemps habité sous de vastes portiques
Que les soleils marins teignaient de mille feux,
Et que leurs grands piliers, droits et majestueux,
Rendaient pareils, le soir, aux grottes basaltiques.

5 Les houles, en roulant les images des cieux,
Mêlaient d'une façon solennelle et mystique
Les tout-puissants accords de leur riche musique
Aux couleurs du couchant reflété par mes yeux.

C'est là que j'ai vécu dans les voluptés calmes,
10 Au milieu de l'azur, des vagues, des splendeurs
Et des esclaves nus, tout imprégnés d'odeurs,

Qui me rafraîchissaient le front avec des palmes,
Et dont l'unique soin était d'approfondir
Le secret douloureux qui me faisait languir.

les Fleurs du Mal, 1857, « Spleen et idéal ».

---

1 — *L'ALBATROS* :
   a) *A partir d'un relevé de toutes les qualifications de l'Albatros, vous montrerez leur enchaînement et vous vous attacherez à préciser la façon particulière dont Baudelaire dans ce poème, utilise le thème classique de la Chute (d'origine philosophique et religieuse). Que symbolisent ici les hommes d'équipage ?*
   b) *Vous étudierez la valeur des rythmes et des constructions grammaticales : longueur de la 1re phrase, mise en valeur de certains mots, phrases courtes exclamatives de la 3e strophe, rupture de construction (anacoluthe*) de la dernière.*
   c) *Transcrivez ce poème en écriture phonétique (voir n° 115). Comment peut-on interpréter : — l'allitération en [s] de la 1re strophe ? ; — la « cacophonie » des vers 9-11 ? — l'importance du phonème* [ɑ] dans le poème tout entier ?*

LA THÉORIE DES CORRESPONDANCES

De nombreux textes de Baudelaire, tel celui cité en regard, autorisent, il est vrai une lecture mystique des Fleurs du mal, *et la critique s'est attachée à montrer, dans cette œuvre, l'importance de la théorie des « correspondances ». Ainsi, rapprochant, par delà* **Swedenborg** *(mystique suédois, dont l'œuvre influença Baudelaire), de l'idéalisme platonicien, la conception de l'entreprise poétique que révèlent certains poèmes et écrits intimes de Baudelaire, un critique contemporain,* **Marc Eigeldinger, (1952)** *fournit une interprétation philosophique des* Fleurs du Mal, *dont nous donnons ci-dessous un extrait. On peut toutefois s'interroger sur l'insistance avec laquelle la critique a développé ce thème, qui permet de faire passer au second plan une dimension majeure de l'œuvre, que l'institution, elle (voir le procès des* Fleurs du Mal, *nº 68), n'a pas manquée : l'aspiration vers le ciel ne doit pas masquer, en l'intégrant dans une quête mystique générale, la sensualité et l'érotisme qui inspirent nombre de poèmes de Baudelaire (voir nº 66, 68).*

MARC EIGELDINGER, 1952

Baudelaire s'efforce de vaincre le désordre du réel en le ramenant à l'unité et en lui imposant une *idéalisation forcée.* Cette double opération — unifier les données du monde visible et révéler leurs similitudes avec l'invisible — contenues dans la théorie des correspondances caractérise les deux aspects fondamentaux de l'idéalisme de Baudelaire : d'une part un (...) « idéalisme horizontal » qui, par le moyen des synesthésies, établit l'unité du monde créé et d'autre part un « idéalisme vertical » qui, à travers les correspondances proprement dites, relie la terre au ciel, le naturel au surnaturel. (...)

Les correspondances horizontales ou synesthésies n'ont d'intérêt ici que dans leur conséquence. En synthétisant les divers ordres de la sensation, en associant les perceptions sensibles selon les lois de l'équivalence et de la réciprocité, elles recréent l'unité du monde matériel et le disposent à subir une idéalisation. (...)

Grâce aux synesthésies le poète a découvert à travers les apparences la véritable unité du monde créé et il a opéré la fusion du moi sensible avec les objets extérieurs. Il est dès lors possible de relier le visible à l'invisible, selon le principe des correspondances verticales. (...)

Cette Nature unifiée est un *aperçu* du Ciel, elle se présente comme un temple, comme une vaste architecture bien ordonnée qui contient les symboles du monde spirituel. Tout en elle demeure *hiéroglyphique* et conserve une signification ésotérique, il n'émane d'elle que « de confuses paroles ». (...)

Il existe donc une communication secrète entre le monde matériel et le monde spirituel, une *participation* du visible à l'invisible. La mission du poète consiste à mettre en lumière ces concordances et ces similitudes, à découvrir dans les apparences sensibles les traces du spirituel. Il s'agit d'établir une continuité entre la matière et l'esprit, de marquer l'analogie et la réciprocité qui unissent la nature à la surnature. (...)

le Platonisme de Baudelaire, 1952.

BAUDELAIRE, 1859 :

« C'est cet admirable, cet immortel instinct du Beau qui nous fait considérer la Terre et ses spectacles comme un aperçu, comme une *correspondance* du Ciel. La soif insatiable de tout ce qui est au-delà, et que révèle la vie, est la preuve la plus vivante de notre immortalité. C'est à la fois par la poésie et *à travers* la poésie, par et *à travers* la musique, que l'âme entrevoit les splendeurs situées derrière le tombeau ; et quand un poëme exquis amène les larmes au bord des yeux, ces larmes ne sont pas la preuve d'un excès de jouissance, elles sont bien plutôt le témoignage d'une mélancolie irritée, d'une postulation des nerfs, d'une nature exilée dans l'imparfait et qui voudrait s'emparer immédiatement, sur cette terre même, d'un paradis révélé.

« Ainsi le principe de la poésie est, strictement et simplement, l'aspiration humaine vers une Beauté supérieure, et la manifestation de ce principe est dans un enthousiasme, un enlèvement de l'âme ; enthousiasme tout à fait indépendant de la passion, qui est l'ivresse du cœur, et de la vérité, qui est la pâture de la raison.

« *Théophile Gautier* », L'Artiste, 13 mars 1859.

---

2 — CORRESPONDANCES :
   a) *A l'aide du texte cité en référence, vous distinguerez les correspondances « horizontales » (synesthésies*) et « verticales », leur enchaînement à l'intérieur du poème.*
   b) *Relevez les adjectifs, verbes, associations de mots, grâce auxquels Baudelaire assure une circulation entre les différents ordres sensoriels.*
   c) *Le parfum est ici particulièrement important. Pourquoi ? (voir nº 66).*
   d) *Faites l'analyse détaillée des sonorités et des rythmes de la strophe 2. Utilisez la méthode donnée pour le texte nº 27, et tentez de montrer comment la forme vient à l'appui du sens.*

3 — LA VIE ANTÉRIEURE :
   a) *A partir d'une analyse détaillée des structures syntaxiques, des associations de mots et des comparaisons, vous montrerez comment dans ce poème s'opère : la fusion de l'élément céleste et de l'élément marin ; celle de l'abstrait et du concret ; celle du moi et du monde.*
   b) *Que marque l'opposition des temps grammaticaux dans ce texte ? Précisez particulièrement la valeur du dernier imparfait.*
   c) *Peut-on trouver à ce thème de la « vie antérieure » des origines religieuses, philosophiques, voire psychanalytiques ? (voir texte nº 10).*

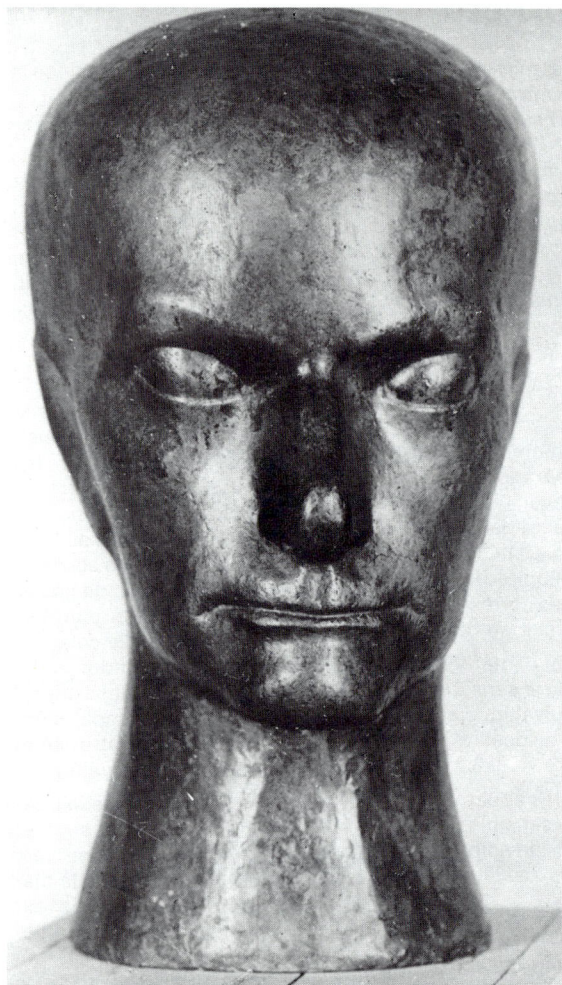

Duchamp-Villon (1876-1918), *Baudelaire* (R. Viollet).

HARMONIE DU SOIR

Voici venir les temps où vibrant sur sa tige
Chaque fleur s'évapore ainsi qu'un encensoir;
Les sons et les parfums tournent dans l'air du soir,
Valse mélancolique et langoureux vertige !

5 Chaque fleur s'évapore ainsi qu'un encensoir;
Le violon frémit comme un cœur qu'on afflige;
Valse mélancolique et langoureux vertige !
Le ciel est triste et beau comme un grand reposoir.

Le violon frémit comme un cœur qu'on afflige,
10 Un cœur tendre, qui hait le néant vaste et noir !
Le ciel est triste et beau comme un grand reposoir ;
Le soleil s'est noyé dans son sang qui se fige.

Un cœur tendre, qui hait le néant vaste et noir,
Du passé lumineux recueille tout vestige !
15 Le soleil s'est noyé dans son sang qui se fige...
Ton souvenir en moi luit comme un ostensoir !

LA BEAUTÉ

Je suis belle, ô mortels ! comme un rêve de pierre,
Et mon sein, où chacun s'est meurtri tour à tour,
Est fait pour inspirer au poète un amour
Éternel et muet ainsi que la matière.

5 Je trône dans l'azur comme un sphinx incompris ;
J'unis un cœur de neige à la blancheur des cygnes ;
Je hais le mouvement qui déplace les lignes,
Et jamais je ne pleure et jamais je ne ris.

Les poètes, devant mes grandes attitudes,
10 Que j'ai l'air d'emprunter aux plus fiers monuments,
Consumeront leurs jours en d'austères études ;

Car j'ai, pour fasciner ces dociles amants,
De purs miroirs qui font toutes choses plus belles :
Mes yeux, mes larges yeux aux clartés éternelles !

les Fleurs du Mal, Spleen et idéal.

LES CHATS

Les amoureux fervents et les savants austères
Aiment également, dans leur mûre saison,
Les chats puissants et doux, orgueil de la maison,
Qui comme eux sont frileux et comme eux sédentaires.

5 Amis de la science et de la volupté,
Ils cherchent le silence et l'horreur des ténèbres ;
L'Érèbe **(1)** les eût pris pour ses coursiers funèbres,
S'ils pouvaient au servage incliner leur fierté.

Ils prennent en songeant les nobles attitudes
10 Des grands sphinx allongés au fond des solitudes,
Qui semblent s'endormir dans un rêve sans fin ;

Leurs reins féconds sont pleins d'étincelles magiques,
Et des parcelles d'or, ainsi qu'un sable fin,
Etoilent vaguement leurs prunelles mystiques.

*(1) Région ténébreuse confi-
nant aux Enfers, dans la
mythologie antique.*

LA POÉSIE ET « L'ART POUR L'ART » :

CHARLES BAUDELAIRE, 1861

Dans un projet de préface pour l'édition des Fleurs du Mal, *l'auteur définit le but que doit, selon lui, rechercher la poésie :*

Comment, par une série d'efforts déterminée, l'artiste peut s'élever à une originalité proportionnelle ;

Comment la poésie touche à la musique par une prosodie dont les racines plongent plus avant dans l'âme humaine que ne l'indique aucune théorie classique ;

Que la poésie française possède une prosodie mystérieuse et méconnue, comme les langues latine et anglaise ;

Pourquoi tout poète, qui ne sait pas au juste combien chaque mot comporte de rimes, est incapable d'exprimer une idée quelconque ;

Que la phrase poétique peut imiter (et par là elle touche à l'art musical et à la science mathématique) la ligne horizontale, la ligne droite ascendante, la ligne droite descendante ; qu'elle peut monter à pic vers le ciel, sans essoufflement, ou descendre perpendiculairement vers l'enfer avec la vélocité de toute pesanteur ; qu'elle peut suivre la spirale, décrire la parabole, ou le zigzag figurant une série d'angles superposés ;

Que la poésie se rattache aux arts de la peinture, de la cuisine et du cosmétique par la possibilité d'exprimer toute sensation de suavité ou d'amertume, de béatitude ou d'horreur, par l'accouplement de tel substantif avec tel adjectif, analogue ou contraire ; (...).

Œuvres posthumes, 1887.

CHARLES BAUDELAIRE, 1857

... Il est une autre hérésie... une erreur qui a la vie plus dure, je veux parler de *l'hérésie de l'enseignement,* laquelle comprend comme corollaires inévitables, les hérésies de la *passion,* de la *vérité* et de la *morale.* Une foule de gens se figurent que le but de la poésie est un enseignement quelconque, qu'elle doit tantôt fortifier la conscience, tantôt perfectionner les mœurs, tantôt enfin démontrer quoi que ce soit d'utile... La Poésie, pour peu qu'on veuille descendre en soi-même, interroger son âme, rappeler ses souvenirs d'enthousiasme, n'a pas d'autre but qu'Elle-même ; elle ne peut pas en avoir d'autre, et aucun poème ne sera si grand, si noble, si véritablement digne du nom de poème, que celui qui aura été écrit uniquement pour le plaisir d'écrire un poème.

Je ne veux pas dire que la poésie n'ennoblisse pas les mœurs, — qu'on me comprenne bien, — que son résultat final ne soit pas d'élever l'homme au-dessus du niveau des intérêts vulgaires ; ce serait évidemment une absurdité. Je dis que si le poète a poursuivi un but moral, il a diminué sa force poétique ; et il n'est pas imprudent de parier que son œuvre sera mauvaise. La poésie ne peut pas, sous peine de mort ou de déchéance, s'assimiler à la science ou à la morale ; elle n'a pas la Vérité pour objet, elle n'a qu'Elle-même. Les modes de démonstration de vérités sont autres et sont ailleurs. La Vérité n'a rien à faire avec les chansons. Tout ce qui fait le charme, la grâce, l'irrésistible d'une chanson, enlèverait à la Vérité son autorité et son pouvoir. Froide, calme, impassible, l'humeur démonstrative repousse les diamants et les fleurs de la Muse ; elle est donc absolument l'inverse de l'humeur poétique.

Préface aux *Nouvelles Histoires extraordinaires,* 1857.

---

1 — *HARMONIE DU SOIR : du paysage extérieur au paysage intérieur.*
   a) *Etudiez l'interpénétration du vocabulaire « profane » et du vocabulaire religieux, et le passage du plan physique (le couchant) au plan mystique (le souvenir).*
   b) *Construction : la forme métrique de ce poème est inspirée d'un genre d'origine indienne, le « pantoum », que Hugo avait remis à la mode dans* les Orientales. *Essayez de représenter par des lettres les vers et leur disposition, ainsi que les rimes, et précisez le système de passage d'une strophe à l'autre. Quelle impression particulière donne cette structure ?*

2 — *LES CHATS : de l'animal familier au symbole.*
   A partir d'un relevé, dans chaque strophe :
   — *des mots, expressions, faisant référence, soit au lieu, soit au temps,*
   — *soit à l'obscurité, soit à la lumière ;*
   — *des notations concrètes et des notations abstraites concernant les chats ;*
   — *des éléments réels et des éléments mythologiques,*
   vous étudierez comment Baudelaire, à partir de la description d'un animal familier, produit progressivement un symbole, que vous définirez.

3 — *LA BEAUTÉ :*
   a) *En analysant les qualités que s'attribue la Beauté, précisez ce que cette conception doit aux théories de l'« art pour l'art », ou même à l'idéal classique.*
   b) *Quel est le statut du poète ? A qui est-il comparé ?*
   c) *Analysez les rythmes et sonorités du 1er quatrain, selon la méthode donnée au n° 27.*

4 — *ETUDE : comparez, dans ces trois poèmes :*
   — *l'énonciation* (présence/absence du « je »)*
   — *le mouvement d'ensemble (émergence de la* **lumière***).*
   — *les rapports horizontalité/verticalité, et mouvement/immobilité.*

Caricature de Baudelaire par Nadar.

LE PORT

Un port est un séjour charmant pour une âme fatiguée des luttes de la vie. L'ampleur du ciel, l'architecture mobile des nuages, les colorations changeantes de la mer, le scintillement des phares, sont un prisme merveilleusement propre à amuser les yeux sans jamais les lasser. Les formes élancées des navires, au gréement ⁵compliqué, auxquels la houle imprime des oscillations harmonieuses, servent à entretenir dans l'âme le goût du rythme et de la beauté. Et puis, surtout, il y a une sorte de plaisir mystérieux et aristocratique pour celui qui n'a plus ni curiosité ni ambition, à contempler, couché dans le belvédère ou accoudé sur le môle, tous ces mouvements de ceux qui partent et de ceux qui reviennent, de ceux qui ont encore la force de ¹⁰vouloir, le désir de voyager ou de s'enrichir.

le Spleen de Paris, 1869.

L'INVITATION AU VOYAGE

Mon enfant, ma sœur,
Songe à la douceur
D'aller là-bas vivre ensemble !
Aimer à loisir,
⁵ Aimer et mourir
Au pays qui te ressemble !
Les soleils mouillés
De ces ciels brouillés
Pour mon esprit ont les charmes
¹⁰ Si mystérieux
De tes traîtres yeux,
Brillant à travers leurs larmes.

Là, tout n'est qu'ordre et beauté,
Luxe, calme et volupté.

¹⁵ Des meubles luisants,
Polis par les ans,
Décoreraient notre chambre ;
Les plus rares fleurs
Mêlant leurs odeurs
²⁰Aux vagues senteurs de l'ambre,
Les riches plafonds,
Les miroirs profonds,
La splendeur orientale,
Tout y parlerait
²⁵ A l'âme en secret
Sa douce langue natale.

Là, tout n'est qu'ordre et beauté,
Luxe, calme et volupté.

Vois sur ces canaux
³⁰ Dormir ces vaisseaux
Dont l'humeur est vagabonde ;
C'est pour assouvir
Ton moindre désir
Qu'ils viennent du bout du monde.
³⁵ — Les soleils couchants
Revêtent les champs,
Les canaux, la ville entière,
D'hyacinthe et d'or ;
Le monde s'endort
⁴⁰Dans une chaude lumière.

Là, tout n'est qu'ordre et beauté.
Luxe, calme et volupté.

les Fleurs du Mal, Spleen et Idéal.

Dans le poème en prose intitulé Déjà **(1863)**, *le divorce insurmontable entre l'aspiration à « l'ailleurs » et la volupté de l'« ici » est figuré par l'opposition terre/mer :*

(...) Enfin un rivage fut signalé ; et nous vîmes, en approchant, que c'était une terre magnifique, éblouissante. Il semblait que les musiques de la vie s'en détachaient en un vague murmure, et que de ces côtes, riches en verdures de toute sorte, s'exhalait, jusqu'à plusieurs lieues, une délicieuse odeur de fleurs et de fruits.

Aussitôt chacun fut joyeux, chacun abdiqua sa mauvaise humeur. Toutes les querelles furent oubliées, tous les torts réciproques pardonnés ; les duels convenus furent rayés de la mémoire, et les rancunes s'envolèrent comme des fumées. (...).

Moi seul j'étais triste, inconcevablement triste. Semblable à un prêtre à qui on arracherait sa divinité, je ne pouvais, sans une navrante amertume, me détacher de cette mer si monstrueusement séduisante, de cette mer si infiniment variée dans son effrayante simplicité, et qui semble contenir en elle et représenter par ses jeux, ses allures, ses colères et ses sourires, les humeurs, les agonies et les extases de toutes les âmes qui ont vécu, qui vivent et qui vivront !

En disant adieu à cette incomparable beauté, je me sentais abattu jusqu'à la mort, et c'est pourquoi, quand chacun de mes compagnons dit : « Enfin ! » je ne pus crier que : « *Déjà !* ».

Cependant c'était la terre, la terre avec ses bruits, ses passions, ses commodités, ses fêtes ; c'était une terre riche et magnifique, pleine de promesses, qui nous envoyait un mystérieux parfum de rose et de musc, et d'où les musiques de la vie nous arrivaient en un amoureux murmure.

le Spleen de Paris, 1869.

STRUCTURE DES FLEURS DU MAL : L'IMPOSSIBLE VOYAGE.

Certes, Baudelaire *a voulu un recueil construit, et* Barbey d'Aurevilly *décelait dès* 1857 *dans les* Fleurs du Mal « *une architecture secrète, un plan calculé par le poète méditatif et volontaire.* » *Les poèmes sont regroupés en cycles, et l'on peut être tenté, comme* Marcel A. Ruff (Baudelaire, l'homme et l'œuvre, 1957), *de voir dans leur enchaînement, après l'exposition de la contradiction humaine* (Spleen et Idéal, I à LXXXV), *les efforts du poète pour y échapper, par la plongée dans la ville* (Tableaux parisiens, LXXXVI à CIII), *le recours aux paradis artificiels* (Le vin, CIV à CVIII), *l'abandon au mal* (Les Fleurs du mal, CIX à CXVII), *la révolte* (Révolte, CXVIII à CXXVI), *chaque tentative n'amenant jamais qu'une dégradation et un échec supplémentaires qui ne peuvent déboucher que sur la mort* (La mort, CXXI à CXXVI).

Mais l'affirmation selon laquelle « *il y a dans l'homme, à toute heure, deux postulations* **simultanées,** *l'une vers Dieu, l'autre vers Satan (...)* », *l'aspiration à la spiritualité et à l'animalité, semblent autoriser plutôt une vision* **cyclique** *de l'univers baudelairien, où toutefois la mort reste la seule possibilité d'évasion. Il vaut sans doute mieux alors, comme le fait un linguiste,* **PIERRE GUIRAUD (1969),** *essayer de définir la structure de cet univers par des pôles d'opposition qui s'appellent et se repoussent l'un l'autre :*

(...) Les quatre mille mots environ qui constituent le lexique des Fleurs du Mal, se répartissent le long de quatre grandes lignes de force qui délimitent l'univers baudelairien et en constituent le décor à la fois matériel et spirituel : le Ciel, l'Enfer, la Terre, — cette dernière étant double et opposant la vie, le destin quotidien du poète parmi la ville, ses maisons et ses rues, et le Rêve, qui est une fuite dans l'exotisme.

La Vie se déroule dans les rues boueuses d'une ville sale, bruyante, vulgaire, brumeuse, misérable ; son lot est l'impuissance, l'infirmité, la laideur, la pauvreté, la prostitution, le vice, la déchéance physique et morale. C'est le lieu de l'Ennui, du Spleen et de la Douleur ; c'est une terre d'exil. (Cf. *Le Cygne, Les Petites Vieilles,* etc.).

Le rêve permet de nous évader de ce séjour où l'amour est impossible ; fuite aux îles, parmi les parfums, les rythmes, l'harmonie, l'oisiveté, le luxe, la vigueur, la santé, la jeunesse, la volupté. (Cf. *La Chevelure, Parfum exotique,* etc.). (...).

A la rêverie exotique s'oppose une autre sorte d'évasion dans les paradis artificiels que constituent le vin et la débauche.

Ce monde horizontal a une dimension verticale : l'enfer et le ciel.

Dans l'Enfer rampent le crime, la luxure, la folie parmi une ténèbre glacée et les vertiges du cauchemar. A ce gouffre d'horreur s'oppose le Ciel, l'Azur, limpide, profond, brillant, chaud où planent la liberté, la pureté, la puissance ; c'est le siège de la Beauté et de la Sérénité. Il y a un analogue dans la mer, comme lui immense, profonde et éternelle ; la montée dans l'Azur, le bercement sur le bleu des flots, sont les deux grandes euphories baudelairiennes : vision dialectisée qui oppose le bonheur de l'ascension à la terreur de la chute.

Les deux mondes sont symétriquement antithétiques, de sorte que n'importe quel terme implique naturellement tous ses analogues et tous ses contraires. Et cette même dialectique définit aussi la vie « où l'action n'est pas la sœur du rêve » et où la douceur du songe exotique s'oppose à la stupeur d'un quotidien refusé.

Toute l'œuvre de Baudelaire s'insère dans cette cosmogonie poétique où l'*Ici* est dominé par l'horizon de ces autres points cardinaux.

Le rêve exotique, la poésie et l'amour placés sous la double attirance de l'Azur et du Gouffre, la débauche et l'alcool sont autant de modes d'évasion d'un Ici spleenétique et abhorré.

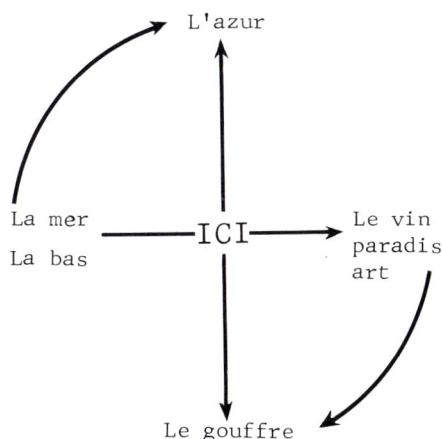

L'azur

La mer / La bas — ICI — Le vin / paradis / art

Le gouffre

Chacun de ces points constitue un espace verbal structuré et en correspondance avec les autres. L'emblématique de l'azur s'oppose à celle du gouffre et partage ses attributs avec la Mer.

La débauche est marquée de tous les signes de la chute, du vertige, du cauchemar et de la folie qui sont celle du gouffre, cependant que le paradis artificiel du vin peut nous rendre un instant les euphories de l'Azur.

Telle est la carte du *Voyage* qui débouche sur la *Mort* au terme de laquelle est enfin le repos.

« Structure lexicale des Fleurs du Mal », dans *Essais de stylistique,* 1969.

SENSUALITÉ ET MÉTAPHYSIQUE : LE PARFUM

De nombreux poèmes de Baudelaire, soit rassemblés dans la même section des Fleurs du mal, *soit disséminés dans l'ensemble de son œuvre, exploitent le thème privilégié du* **parfum** *souvent lié à celui du* **voyage** :

PARFUM EXOTIQUE

Quand, les deux yeux fermés, en un soir chaud
Je respire l'odeur de ton sein chaleureux,   [d'automne,
Je vois se dérouler des rivages heureux
Qu'éblouissent les feux d'un soleil monotone ;

Une île paresseuse où la nature donne
Des arbres singuliers et des fruits savoureux ;
Des hommes dont le corps est mince et vigoureux,
Et des femmes dont l'œil par sa franchise étonne.

Guidé par ton odeur vers de charmants climats,
Je vois un port rempli de voiles et de mâts
Encor tout fatigués par la vague marine,

Pendant que le parfum des verts tamariniers,
Qui circule dans l'air et m'enfle la narine,
Se mêle dans mon âme au chant des mariniers.

les Fleurs du Mal, XXII.

LE SERPENT QUI DANSE

(...) Sur ta chevelure profonde
      Aux âcres parfums,
Mer odorante et vagabonde
      Aux flots bleus et bruns,

Comme un navire qui s'éveille
      Au vent du matin,
Mon âme rêveuse appareille
      Pour un ciel lointain. (...)

les Fleurs du Mal, XXVIII.

UN FANTÔME
LE PARFUM

(...) De ses cheveux élastiques et lourds,
Vivant sachet, encensoir de l'alcôve,
Une senteur montait, sauvage et fauve,

Et des habits, mousseline ou velours,
Tout imprégnés de sa jeunesse pure,
Se dégageait un parfum de fourrure.

les Fleurs du Mal, XXXVIII.

JEAN-PAUL SARTRE, 1947
Dans l'essai qu'il consacre à Baudelaire, le philosophe donne son interprétation de cette prédilection pour le thème du parfum :

Quiconque a lu les admirables vers du *Guignon* :

> *Mainte fleur épanche à regret*
> *Son parfum doux comme un secret*
> *Dans les solitudes profondes*

a pressenti ce goût de Baudelaire pour ces étranges objets qui sont comme des affleurements à l'être et dont la spiritualité est faite d'absence. Le parfum existe « à regret » et ce regret même nous le respirons avec lui, il fuit en même temps qu'il se donne, il pénètre dans les narines et s'évanouit, fond aussitôt. Pas tout à fait pourtant : il est là, tenace, il nous frôle. C'est pour cela — et non, comme l'ont prétendu quelques plaisantins, parce qu'il a l'odorat particulièrement développé — que Baudelaire a tant aimé les odeurs. L'odeur d'un corps, c'est ce corps lui-même que nous aspirons par la bouche et le nez, que nous possédons d'un seul coup, comme sa substance la plus secrète et, pour tout dire, sa nature. L'odeur en moi, c'est la fusion du corps de l'autre à mon corps. Mais c'est ce corps désincarné, vaporisé, resté, certes, tout entier lui-même, mais devenu esprit volatil. Cette possession spiritualisée — Baudelaire l'affectionne particulièrement : bien souvent on a l'impression qu'il « respire » les femmes plutôt qu'il ne fait l'amour avec elles. Mais les parfums ont pour lui, en outre, ce pouvoir particulier, tout en se donnant sans réserves, d'évoquer un au-delà inaccessible. Ils sont à la fois les corps et comme une négation du corps, il y a en eux quelque chose d'insatisfait qui se fond avec le désir qu'a Baudelaire d'être perpétuellement ailleurs :

> *Comme d'autres esprits voguent sur la musique*
> *Le mien, ô mon amour ! nage sur ton parfum.*

Baudelaire, 1947.

---

1 — *Vous comparerez les deux poèmes de Baudelaire intitulés* La Chevelure *et* Un hémisphère dans une chevelure *en vous posant les questions suivantes :*
   — *quelles sont les marques formelles qui permettent de ranger le 1ᵉʳ texte dans la catégorie classique du « poème » ? Quels sont les éléments qui subsistent, à l'état de traces, dans le 2ᵉ ? (disposition graphique, rythmes, sonorités, images, etc.) ;*
   — *Quelles sont les différences dans l'énonciation* ? (vous partirez d'une analyse des indices personnels* dans les deux textes, et des rapports qui s'établissent entre le « je » et le « tu » : fusion, coupure ?) ;*
   — *Quelle est l'importance respective des comparaisons et des métaphores* dans chacun des deux textes ?*
   — *Quelle signification peut-on attribuer à la différence de titres des poèmes ?*
   — *Du poème en vers et du poème en prose, quel est celui qui vous paraît le plus suggestif ? Le plus descriptif ? Justifiez votre réponse par des exemples.*

2 — *Vous rechercherez dans ces deux textes les* correspondances *(voir n° 63) que Baudelaire a tenté d'établir entre les différents ordres sensoriels. Quel est l'effet visé ?*

3 — *Vous essaierez de préciser l'image de la femme, qui, dans cette réduction à l'un de ses attributs physiques, se dégage de l'ensemble des textes cités ici.*

Baudelaire, après Aloysius Bertrand (voir n° 25) qu'il qualifie de « mystérieux et brillant modèle » a composé des poèmes en prose *auxquels correspond parfois un poème en vers des* Fleurs du Mal. *Ces « doublets » posent bien des problèmes à la critique : le poème en prose serait-il comme le « brouillon » du poème en vers, ou au contraire son dépassement, vers un registre d'expression où la fonction poétique du langage cherche à se dégager du carcan formel de la poésie classique ? La tentative de Baudelaire nous invite à nous interroger, à travers cette remise en cause de la distinction des genres, sur la notion même de « poésie ».*

LA CHEVELURE

Ô toison, moutonnant jusque sur l'encolure !
Ô boucles ! Ô parfum chargé de nonchaloir !
Extase ! Pour peupler ce soir l'alcôve obscure
Des souvenirs dormant dans cette chevelure,
5 Je la veux agiter dans l'air comme un mouchoir !

La langoureuse Asie et la brûlante Afrique,
Tout un monde lointain, absent, presque défunt,
Vit dans tes profondeurs, forêt aromatique !
Comme d'autres esprits voguent sur la musique,
10 Le mien, ô mon amour ! nage sur ton parfum.

J'irai là-bas où l'arbre et l'homme, pleins de sève,
Se pâment longuement sous l'ardeur des climats ;
Fortes tresses, soyez la houle qui m'enlève !
Tu contiens, mer d'ébène, un éblouissant rêve
15 De voiles, de rameurs, de flammes et de mâts :

Un port retentissant où mon âme peut boire
À grands flots le parfum, le son et la couleur ;
Où les vaisseaux, glissant dans l'or et dans la moire,
Ouvrent leurs vastes bras pour embrasser la gloire
20 D'un ciel pur où frémit l'éternelle chaleur.

Je plongerai ma tête amoureuse d'ivresse
Dans ce noir océan où l'autre est enfermé :
Et mon esprit subtil que le roulis caresse
Saura vous retrouver, ô féconde paresse,
25 Infinis bercements du loisir embaumé !

Cheveux bleus, pavillon de ténèbres tendues,
Vous me rendez l'azur du ciel immense et rond ;
Sur les bords duvetés de vos mèches tordues
Je m'enivre ardemment des senteurs confondues
30 De l'huile de coco, du musc et du goudron.

Longtemps ! toujours ! ma main dans ta crinière lourde
Sèmera le rubis, la perle et le saphir,
Afin qu'à mon désir tu ne sois jamais sourde !
N'es-tu pas l'oasis où je rêve, et la gourde
35 Où je hume à longs traits le vin du souvenir ?

les Fleurs du Mal, 1857, Spleen et idéal, XXIII.

UN HÉMISPHÈRE DANS UNE CHEVELURE

Laisse-moi respirer longtemps, longtemps l'odeur de tes cheveux, y plonger tout mon visage, comme un homme altéré dans l'eau d'une source, et les agiter avec ma main comme un mouchoir odorant, pour
5 secouer des souvenirs dans l'air.

Si tu pouvais savoir tout ce que je vois ! tout ce que je sens ! tout ce que j'entends dans tes cheveux ! Mon âme voyage sur le parfum comme l'âme des autres hommes sur la musique.

10 Tes cheveux contiennent tout un rêve, plein de voilures et de mâtures ; ils contiennent de grandes mers dont les moussons me portent vers de charmants climats, où l'espace est plus bleu et plus profond, où l'atmosphère est parfumée par les fruits, par les feuilles
15 et par la peau humaine.

Dans l'océan de ta chevelure, j'entrevois un port fourmillant de chants mélancoliques, d'hommes vigoureux de toutes nations et de navires de toutes formes découpant leurs architectures fines et compli-
20 quées sur un ciel immense où se prélasse l'éternelle chaleur.

Dans les caresses de ta chevelure, je retrouve les langueurs des longues heures passées sur un divan, dans la chambre d'un beau navire, bercées par le roulis
25 imperceptible du port, entre les pots de fleurs et les gargoulettes rafraîchissantes.

Dans l'ardent foyer de ta chevelure, je respire l'odeur du tabac mêlé à l'opium et au sucre ; dans la nuit de ta chevelure, je vois resplendir l'infini de l'azur
30 tropical ; sur les rivages duvetés de ta chevelure je m'enivre des odeurs combinées du goudron, du musc et de l'huile de coco.

Laisse-moi mordre longtemps tes tresses lourdes et noires. Quand je mordille tes cheveux élastiques et
35 rebelles, il me semble que je mange des souvenirs.

le Spleen de Paris, 1869, XVIII.

Giraud, *caricature de Baudelaire* (R. Viollet).

SPLEEN

Quand le ciel bas et lourd pèse comme un couvercle
Sur l'esprit gémissant en proie aux longs ennuis,
Et que de l'horizon embrassant tout le cercle
Il nous verse un jour noir plus triste que les nuits ;

5 Quand la terre est changée en un cachot humide,
Où l'Espérance, comme une chauve-souris,
S'en va battant les murs de son aile timide
Et se cognant la tête à des plafonds pourris ;

Quand la pluie étalant ses immenses traînées
10 D'une vaste prison imite les barreaux,
Et qu'un peuple muet d'infâmes araignées
Vient tendre ses filets au fond de nos cerveaux,

Des cloches tout à coup sautent avec furie
Et lancent vers le ciel un affreux hurlement,
15 Ainsi que des esprits errants et sans patrie
Qui se mettent à geindre opiniâtrement.

— Et de longs corbillards, sans tambours ni musique,
Défilent lentement dans mon âme ; l'Espoir,
Vaincu, pleure, et l'Angoisse atroce, despotique,
20 Sur mon crâne incliné plante son drapeau noir.

Spleen et idéal, LXXVIII.

Quatre poèmes des Fleurs du Mal *sont intitulés* « Spleen ». *Le fait que Baudelaire emprunte ce terme — qui a fait fortune — à l'anglais montre à l'évidence qu'aucun mot, aucune expression française ne lui paraissent adéquats pour nommer cet état d'âme, qu'il tente pourtant de décrire en ces termes, dans une lettre à sa mère de 1857 :* « Ce que je sens, c'est un immense découragement, une sensation d'isolement insupportable, une peur perpétuelle d'un malheur vague, une défiance complète de mes forces, une absence totale de désirs, une impossibilité de trouver un amusement quelconque (...) ».

LE GOUFFRE

Pascal avait son gouffre, avec lui se mouvant.
— Hélas ! tout est abîme, — action, désir, rêve,
Parole ! et sur mon poil qui tout droit se relève
Maintes fois de la Peur je sens passer le vent.

25 En haut, en bas, partout, la profondeur, la grève,
Le silence, l'espace affreux et captivant...
Sur le fond de mes nuits, Dieu de son doigt savant
Dessine un cauchemar multiforme et sans trêve.

J'ai peur du sommeil comme on a peur d'un grand trou,
30 Tout plein de vague horreur, menant on ne sait où ;
Je ne vois qu'infini par toutes les fenêtres,

Et mon esprit, toujours du vertige hanté,
Jalouse du néant l'insensibilité.
— Ah ! ne jamais sortir des Nombres et des Etres !

les Fleurs du Mal, 1868, addition de la 3e édition, pièce XI.

LA HANTISE DU GOUFFRE :

L'image du « gouffre » et de l'« abîme » (voir le texte de **P. GUIRAUD**, *n° 65) est une de celles qui hantent l'imaginaire baudelairien. Ces deux termes reviennent 35 fois dans les* Fleurs du Mal, *et constituent un point d'ancrage privilégié pour une étude thématique* du recueil. On retrouve ce thème dans un grand nombre de poèmes, dont voici les principaux :*

- **Les Fleurs du Mal :** L'Albatros, De profundis clamavi, La musique, L'irrémédiable, Rêve parisien, Le voyage.
- **Additions de la 3e édition :** Épigraphe pour un livre condamné, Le gouffre, Les plaintes d'un Icare.
- **Pièces condamnées :** Femmes damnées.
- **Pièces diverses :** Sur Le Tasse en prison, La Voix.

Objet de répulsion mais aussi de fascination, le gouffre baudelairien n'est cependant pas simple.

Dans ses journaux intimes, le poète décrit ainsi cette sensation omniprésente :

« Au moral comme au physique, j'ai toujours eu la sensation du gouffre, non seulement du gouffre du sommeil, mais du gouffre de l'action, du rêve, du souvenir, du désir, du regret, du remords, du beau, du nombre, etc.

J'ai cultivé mon hystérie avec terreur et jouissance. J'ai toujours le vertige et aujourd'hui, 23 janvier 1862, j'ai subi un singulier avertissement ; j'ai senti passer sur moi le vent de l'aile de l'imbécillité. »

Mon Cœur mis à nu, 1862.

JEAN-PAUL SARTRE, 1947
Le gouffre **existentialiste** *de Baudelaire :*

(...) Baudelaire : l'homme qui se sent un gouffre. Orgueil, ennui, vertige : il se voit jusqu'au fond du cœur, incomparable, incommunicable, incréé, absurde, inutile, délaissé dans l'isolement le plus total, supportant seul son propre fardeau, condamné à justifier tout seul son existence, et s'échappant sans cesse, glissant hors de ses propres mains, replié dans la contemplation et, en même temps, jeté hors de lui en une infinie poursuite, un gouffre sans fond, sans parois et sans obscurité, un mystère en pleine lumière, imprévisible et parfaitement connu. Mais, pour son malheur, son image lui échappe encore. Il cherchait le reflet d'un certain Charles Baudelaire, fils de la générale Aupick, poète endetté, amant de la négresse Duval : son regard a rencontré la condition humaine. (...)   *Baudelaire*, 1947.

---

1 — SPLEEN

a) *Étudiez la construction très particulière de ce poème. Combien de phrases comprend-il en tout ? Quel est le mouvement d'ensemble du texte ? Tentez une comparaison avec celui de* Harmonie du soir *et de* Correspondances *(voir n° 63).*

b) *Repérez les termes qui traduisent un rétrécissement de l'univers, aussi bien horizontal que vertical.*

c) *Quelle est la place et la fonction des sensations auditives dans ce poème ? Que peut-on déduire de l'absence, ici, du registre sensoriel favori (voir n° 66) de Baudelaire ?*

d) *L'analyse de ce poème vous permet-elle de souscrire à cette formule d'un critique contemporain ?*
« Issu de la pensée, avide d'absolu ne trouve rien à sa mesure (le spleen) garde de cette aspiration brisée quelque chose d'âpre et de tendu. Et, d'autre part, d'avoir à son origine la sensation implacable du vide des choses et de la fugacité de l'être lui donne on ne sait quel air de condamnation perpétuelle et de paralysie sans remède. Démuni à la fois de résignation et d'espérance, le spleen est une sorte de violence immobile. »

ch. II Sources du contenu psychologique   Robert Vivier, *l'Originalité de Baudelaire*, 1961. *p. 35*

2 — LE GOUFFRE.

a) *Quelle est la phrase de Pascal à laquelle Baudelaire fait certainement référence ici ? Remarquez comment les termes pascaliens sont « disséminés » dans le poème.*

b) *Relevez les mots qui expriment l'angoisse de Baudelaire : celle-ci apparaît-elle plutôt physique, ou plutôt morale ? Comment se traduit son omniprésence ?*

c) *Le dernier vers peut être compris dans deux sens différents que vous expliciterez. Quel est, selon vous, celui qui s'impose ?*

3 — ÉTUDE : LE THÈME DU GOUFFRE.
Répartissez-vous l'analyse des poèmes mentionnés ci-dessus, et confrontez les résultats de vos investigations.

68   Charles BAUDELAIRE (1821-1867)

Depuis 1830 (voir nº 15), la censure (préalable à l'édition) n'existe plus : les auteurs susceptibles d'avoir offensé la morale publique sont désormais, après la parution de l'œuvre, déférés aux tribunaux : c'est le cas de Baudelaire et de son éditeur, en 1857. « Les Bijoux » et « Les Métamorphoses du vampire » font partie des six pièces incriminées (voir le réquisitoire de Maître Pinard.) Aujourd'hui les barrières morales franchies par Baudelaire paraîtront peut-être bien dérisoires...

LES BIJOUX

La très-chère était nue, et, connaissant mon cœur,
Elle n'avait gardé que ses bijoux sonores,
Dont le riche attirail lui donnait l'air vainqueur
Qu'ont dans leurs jours heureux les esclaves des Mores.

5 Quand il jette en dansant son bruit vif et moqueur,
Ce monde rayonnant de métal et de pierre
Me ravit en extase, et j'aime à la fureur
Les choses où le son se mêle à la lumière.

Elle était donc couchée et se laissait aimer,
10 Et du haut du divan elle souriait d'aise
A mon amour profond et doux comme la mer,
Qui vers elle montait comme vers sa falaise.

Les yeux fixés sur moi, comme un tigre dompté,
D'un air vague et rêveur elle essayait des poses,
15 Et la candeur unie à la lubricité
Donnait un charme neuf à ses métamorphoses ;

Et son bras et sa jambe, et sa cuisse et ses reins,
Polis comme de l'huile, onduleux comme un cygne,
Passaient devant mes yeux clairvoyants et sereins ;
20 Et son ventre et ses seins, ces grappes de ma vigne,

S'avançaient, plus câlins que les Anges du mal,
Pour troubler le repos où mon âme était mise,
Et pour la déranger du rocher de cristal
Où, calme et solitaire, elle s'était assise.

25 Je croyais voir unis par un nouveau dessin
Les hanches de l'Antiope (1) au buste d'un imberbe,
Tant sa taille faisait ressortir son bassin.
Sur ce teint fauve et brun le fard était superbe !

— Et la lampe s'étant résignée à mourir,
30 Comme le foyer seul illuminait la chambre,
Chaque fois qu'il poussait un flamboyant soupir,
Il inondait de sang cette peau couleur d'ambre !

Pièces condamnées, VI, 1866.

(1) *Déesse de la mythologie grecque.*

LES MÉTAMORPHOSES DU VAMPIRE

La femme cependant, de sa bouche de fraise,
En se tordant ainsi qu'un serpent sur la braise,
Et pétrissant ses seins sur le fer de son busc, (1)
Laissait couler ces mots tout imprégnés de musc :
5 — « Moi, j'ai la lèvre humide, et je sais la science
De perdre au fond d'un lit l'antique conscience.
Je sèche tous les pleurs sur mes seins triomphants,
Et fais rire les vieux du rire des enfants.
Je remplace, pour qui me voit nue et sans voiles,
10 La lune, le soleil, le ciel et les étoiles !
Je suis, mon cher savant, si docte aux voluptés,
Lorsque j'étouffe un homme en mes bras redoutés,
Ou lorsque j'abandonne aux morsures mon buste,
Timide et libertine, et fragile et robuste,
15 Que sur ces matelas qui se pâment d'émoi,
Les anges impuissants se damneraient pour moi ! »

Quand elle eut de mes os sucé toute la moelle,
Et que languissamment je me tournai vers elle
Pour lui rendre un baiser d'amour, je ne vis plus
20 Qu'une outre aux flancs gluants, toute pleine de pus !
Je fermai les deux yeux, dans ma froide épouvante,
Et quand je les rouvris à la clarté vivante,
A mes côtés, au lieu du mannequin puissant
Qui semblait avoir fait provision de sang,
25 Tremblaient confusément des débris de squelette,
Qui d'eux-mêmes rendaient le cri d'une girouette
Ou d'une enseigne, au bout d'une tringle de fer,
Que balance le vent pendant les nuits d'hiver.

Pièces condamnées, 1866, VII.

(1) *Devant d'un corset.*

1 — *L'image de la femme : le même terme (« métamorphoses ») apparaît dans les deux textes. Vous relèverez les passages où la femme est décrite comme un être contradictoire, objet à la fois de fascination et de répulsion.*

Quels sont, dans ces deux poèmes, les mots, les expressions, les sous-entendus, qui ont pu, à l'époque, justifier l'intervention des juges ? Vous essaierez de préciser le rapport qui existe ici, entre l'érotisme et le mal.

3 — *Vous expliquerez, dans les Notes laissées par Baudelaire pour son avocat : « le volume doit être jugé dans son ensemble », « l'AGITATION DE L'ESPRIT DANS LE MAL. »*

4 — *EXERCICE : A partir des textes reproduits ici, faites le plan d'une plaidoirie répondant au réquisitoire de Maître Pinard.*

LE PROCÈS DES FLEURS DU MAL : DOSSIER

Réquisitoire de Maître PINARD, procureur impérial :

Charles Baudelaire n'appartient pas à une école. Il ne relève que de lui-même. Son principe, sa théorie, c'est de tout peindre, de tout mettre à nu. Il fouillera la nature humaine dans ses replis les plus intimes ; il aura, pour la rendre, des tons vigoureux et saisissants, il l'exagérera surtout dans ses côtés hideux ; il la grossira outre mesure, afin de créer l'impression, la sensation. Il fait ainsi, peut-il dire, la contrepartie du classique, du convenu, qui est singulièrement monotone et qui n'obéit qu'à des règles artificielles. (...).

Je lis, à la page 53, la pièce 20, intitulée *les Bijoux,* et j'y signale trois strophes qui, pour le critique le plus indulgent, constituent la peinture lascive, offensant la morale publique :

(suivent les strophes 5, 6 et 7) (...)

(...) A la page 206, la pièce 87, intitulée *les Métamorphoses du vampire,* débute par ces vers :

(suivent les vers 1 à 16).

Sans doute, Baudelaire dira qu'à la strophe suivante il a fait la contrepartie en écrivant ces autres vers :

(suivent les vers 17 à 20). (...).

De bonne foi, croyez-vous qu'on puisse tout dire, tout peindre, tout mettre à nu, pourvu qu'on parle ensuite du dégoût né de la débauche et qu'on décrive les maladies qui la punissent ?

Messieurs, je crois avoir cité assez de passages pour affirmer qu'il y a eu offense à la morale publique. Ou le sens de la pudeur n'existe pas, ou la limite qu'elle impose a été audacieusement franchie.

Extraits du jugement du 27 août 1857 :

(...) Attendu que l'erreur du poète dans le but qu'il voulait atteindre et dans la route qu'il a suivie, quelque effort de style qu'il ait pu faire, quel que soit le blâme qui précède ou qui suit ses peintures, ne saurait détruire l'effet funeste des tableaux qu'il présente au lecteur, et qui, dans les pièces incriminées, conduisent nécessairement à l'excitation des sens par un réalisme grossier et offensant pour la pudeur ;

Attendu que Baudelaire, Poulet-Malassis et de Broise ont commis le délit d'outrage à la morale publique et aux bonnes mœurs ;

Savoir : Baudelaire en publiant, Poulet-Malassis et de Broise, en publiant, vendant et mettant en vente à Paris et à Alençon l'ouvrage intitulé : *Les Fleurs du Mal,* lequel contient des passages ou expressions obscènes ou immorales :

Que lesdits passages sont contenus dans les pièces portant les numéros, 20, 30, 39, 80, 81 et 87 du recueil ;

(L'auteur et les éditeurs sont condamnés à des amendes et au retrait des 6 poèmes incriminés.)

Rodin, *Les métamorphoses d'Ovide, ou les Fleurs du Mal* (Musée Rodin, Paris).

CHARLES BAUDELAIRE, 1857

Le livre doit être jugé *dans son ensemble,* et alors il en ressort une terrible moralité. (...).

Le volume est, relativement à l'abaissement général des prix en librairie, d'un prix élevé. C'est déjà une garantie importante. Je ne m'adresse donc pas à la foule. (...).

Il y a aussi plusieurs sortes de *Liberté.* Il y a la pratique à laquelle tout le monde doit obéir.

Mais il y a la morale des arts. Celle-ci est tout autre, et depuis le commencement du monde, les arts l'ont bien prouvé.

Il y a aussi plusieurs sortes de *Liberté.* Il y a la Liberté pour le Génie, et il y a une liberté très restreinte pour les polissons. (...)

Je répète qu'un livre doit être jugé dans son ensemble.

A un blasphème j'opposerai des élancements vers le Ciel, à une obscénité des fleurs platoniques.

Depuis le commencement de la poësie, tous les volumes de poësie sont ainsi faits. Mais il était impossible de faire autrement un livre destiné à représenter l'AGITATION DE L'ESPRIT DANS LE MAL.

(...) Qu'est-ce que c'est que cette morale prude, bégueule, taquine, et qui ne tend à rien moins qu'à créer des conspirateurs même dans l'ordre si tranquille des rêveurs ?

Cette morale-là irait jusqu'à dire : DÉSORMAIS ON NE FERA QUE DES LIVRES CONSOLANTS ET SERVANT À DÉMONTRER QUE L'HOMME EST NÉ BON, ET QUE TOUS LES HOMMES SONT HEUREUX.
— Abominable hypocrisie !

Notes et Documents pour mon Avocat, 1857.

Utilisant tous les moyens pour explorer toutes les sensations, Baudelaire expérimenta divers stupéfiants. Mais c'est surtout par référence qu'il se droguera : il fait la traduction, en 1860, de la Confession d'un mangeur d'Opium *(1822) de Thomas de Quincey (1785-1859) et en tire plusieurs textes plus ou moins proches du modèle anglais.*

Ce texte de De Quincey était connu en France depuis 1828, grâce à une traduction, extrêmement fantaisiste, de Musset. Une mythologie de l'opiomane se constituait dès cette époque. Baudelaire veut dépasser l'anecdote de l'opium pour en tirer une morale esthétique. Il entrecoupe donc sa traduction, elle-même lacunaire, de notes et réflexions personnelles, comme ici :

L'idée m'est venue de parler du vin et du haschisch dans le même article, parce qu'en effet il y a en eux quelque chose de commun : le développement poétique excessif de l'homme. Le goût frénétique de l'homme pour toutes les substances, saines ou dangereuses, qui exaltent sa personnalité, témoigne de sa grandeur. Il aspire
5 toujours à réchauffer ses espérances et à s'élever vers l'infini. Mais il faut voir les résultats. Voici une liqueur qui active la digestion, fortifie les muscles, et enrichit le sang. Prise en grande quantité même, elle ne cause que des désordres assez courts. Voilà une substance qui interrompt les fonctions digestives, qui affaiblit les membres et qui peut causer une ivresse de vingt-quatre heures. Le vin exalte la volonté ; le haschisch
10 l'annihile. Le vin est un support physique ; le haschisch est une arme pour le suicide. Le vin rend bon et sociable ; le haschisch est isolant. L'un est laborieux pour ainsi dire, l'autre essentiellement paresseux. A quoi bon, en effet, travailler, labourer, écrire, fabriquer quoi que ce soit, quand on peut emporter le paradis d'un seul coup ? Enfin le vin est pour le peuple qui travaille et qui mérite d'en boire. Le haschisch appartient à la
15 classe des joies solitaires ; il est fait pour les misérables oisifs. Le vin est utile, il produit des résultats fructifiants. Le haschisch est inutile et dangereux. Il ne faut mentionner que pour mémoire la tentative faite récemment pour appliquer le haschisch à la cure de la folie. Le fou qui prend du haschisch contracte une folie qui chasse l'autre, et, quand l'ivresse est passée, la vraie folie, qui est l'état normal du fou, reprend son empire,
20 comme chez nous la raison et la santé. Quelqu'un s'est donné la peine d'écrire un livre là-dessus. Le médecin **(1)** qui a inventé ce beau système n'est pas le moins du monde philosophe.

Je termine cet article par quelques belles paroles qui ne sont pas de moi, mais d'un remarquable philosophe peu connu, Barbereau, théoricien musical, et professeur
25 au Conservatoire. J'étais auprès de lui dans une société dont quelques personnes avaient pris du bienheureux poison, et il me dit avec un accent de mépris indicible : « Je ne comprends pas pourquoi l'homme rationnel et spirituel se sert de moyens artificiels pour arriver à la béatitude poétique, puisque l'enthousiasme et la volonté suffisent pour l'élever à une existence supra-naturelle. Les grands poètes, les philosophes, les
30 prophètes sont des êtres qui, par le pur et libre exercice de la volonté, parviennent à un état où ils sont à la fois cause et effet, sujet et objet, magnétiseur et somnambule. »

Je pense exactement comme lui.

Du Vin et du Haschisch comparés comme moyens de multiplication de l'individualité, 1851.
(1) Moreau de Tours, auteur de Du Haschisch et de l'aliénation mentale.

---

1 — *BAUDELAIRE*
   a) *Dans son évocation des « Paradis artificiels », Baudelaire insiste-t-il davantage sur l'aspect « paradisiaque » ou sur l'aspect « artificiel » ? En vous appuyant sur des passages précis, vous analyserez la contradiction volontaire sous-entendue dans un tel titre.*
   b) *Quelle est, dans ces textes, la technique de la comparaison utilisée par Baudelaire et De Quincey ? Quelle est la conjonction de coordination la plus utilisée ? Entre vin et haschisch, puis vin et opium, l'accent est-il mis sur les similitudes ou les oppositions ?*
   c) *Quel caractère confère à ces textes le fait qu'ils soient écrits au présent ?*

2 — *TRADUTTORE, TRADITORE (aphorisme italien : littéralement, traducteur, traître).*
   a) *Le texte de De Quincey est la matrice des deux textes de Baudelaire. Quelles sont les parts respectives :*
      — de la traduction et de l'interprétation ;
      — de l'inspiration et du plagiat ?
   b) *Quelles sont, à votre avis, les conceptions baudelairiennes de la traduction fidèle et de l'esprit des textes ?*
   c) *Recherchez, dans le texte de* Du vin et du Haschisch, *les emprunts directs (et non signalés) au texte de De Quincey.*

3 — *Le poème en prose intitulé* Enivrez-vous *peut être considéré comme la conclusion de la réflexion de Baudelaire sur l'opposition de la lucidité et de l'ivresse. En quoi ce texte, dès son titre, est-il un impératif ? Distinguez ce qui est ivresse réelle et ivresse métaphorique. Comment comprenez-vous « s'enivrer de poésie » ? et « s'enivrer de vertu » ?*

BAUDELAIRE, 1860

La traduction que proposait Baudelaire du texte de De Quincey était la suivante :

Le plaisir causé par le vin suit une marche ascendante, au terme de laquelle il va décroissant, tandis que l'effet de l'opium, une fois créé, reste égal à lui-même pendant huit ou dix heures ; l'un, plaisir aigu ; l'autre, plaisir chronique ; ici un flamboiement ; là, une ardeur égale et soutenue. Mais la grande différence gît surtout en ceci que le vin trouble les facultés mentales, tandis que l'opium y introduit l'ordre suprême et l'harmonie. Le vin prive l'homme du gouvernement de soi-même, et l'opium rend ce gouvernement plus souple et plus calme. Tout le monde sait que le vin donne une énergie extraordinaire, mais momentanée, au mépris et à l'admiration, à l'amour et à la haine. Mais l'opium communique aux facultés le sentiment profond de la discipline et une espèce de santé divine. Les hommes ivres de vin se jurent une amitié éternelle, se serrent les mains et répandent des larmes, sans que personne puisse comprendre pourquoi ; la partie sensuelle de l'homme est évidemment montée à son apogée. Mais l'expansion des sentiments bienveillants causée par l'opium n'est pas un accès de fièvre ; c'est plutôt l'homme primitivement bon et juste, restauré et réintégré dans son état naturel, dégagé de toutes les amertumes qui avaient occasionnellement corrompu son noble tempérament. Enfin, quelque grands que soient les bénéfices du vin, on peut dire qu'il frise souvent la folie ou, tout au moins, l'extravagance, et qu'au delà d'une certaine limite il volatilise, pour ainsi dire, et disperse l'énergie intellectuelle ; tandis que l'opium semble toujours apaiser ce qui a été agité, et concentrer ce qui a été disséminé. En un mot, c'est la partie purement humaine, trop souvent même la partie brutale de l'homme, qui, par l'auxiliaire du vin, usurpe la souveraineté, au lieu que le mangeur d'opium sent pleinement que la partie épurée de son être et ses affections morales jouissent de leur maximum de souplesse, et, avant tout, que son intelligence acquiert une lucidité consolante et sans nuages.

les Paradis artificiels, 1860.

Baudelaire, *autoportrait* sous l'influence du haschisch (BN).

PARADIS ARTIFICIELS :

DE QUINCEY, 1822

Mais la traduction plus littérale de l'auteur anglais, pour le même passage, est la suivante :

Le plaisir que donne le vin suit toujours une marche ascendante et tend vers une crise, après laquelle il décline ; celui que procure l'opium, une fois obtenu, demeure identique à lui-même pendant huit ou dix heures. Pour emprunter à la médecine une distinction technique, disons que, dans le premier cas, le plaisir est aigu, et dans le second, chronique ; l'un est une flamme, l'autre, un feu égal et soutenu. Mais la distinction essentielle réside dans le fait que le vin trouble les facultés de l'esprit, tandis que l'opium, pris comme il convient, y introduit au suprême degré ordre, règle et harmonie. Le vin fait perdre à l'homme la maîtrise de soi ; l'opium la renforce considérablement. Le vin perturbe le jugement et le rend nébuleux, donnant aux mépris, aux admirations, aux affections comme aux haines du buveur un éclat surnaturel et une intensité extraordinaire. L'opium, au contraire, communique à toutes les facultés, actives ou passives, sérénité et équilibre ; quant au caractère et aux sentiments moraux en général, il se contente de leur impartir cette sorte de chaleur vitale approuvée par la raison, et qui serait toujours, sans aucun doute, l'apanage de l'organisme humain, si celui-ci avait conservé la santé des temps primitifs ou antédiluviens.

(traduit par F. Moreux, 1964)   *Confessions of an english opium eater,* 1822.

BAUDELAIRE, 1869

Au-delà des problèmes posés par l'utilisation de « paradis artificiels », Baudelaire tire la morale « poétique » de ses expériences :

ENIVREZ-VOUS

Il faut être toujours ivre. Tout est là : c'est l'unique question. Pour ne pas sentir l'horrible fardeau du Temps qui brise vos épaules et vous penche vers la terre, il faut vous enivrer sans trêve.

Mais de quoi ? De vin, de poésie ou de vertu, à votre guise. Mais enivrez-vous.

Et si quelquefois, sur les marches d'un palais, sur l'herbe verte d'un fossé, dans la solitude morne de votre chambre, vous vous réveillez, l'ivresse déjà diminuée ou disparue, demandez au vent, à la vague, à l'étoile, à l'oiseau, à l'horloge, à tout ce qui fuit, à tout ce qui gémit, à tout ce qui roule, à tout ce qui chante, à tout ce qui parle, demandez quelle heure il est ; et le vent, la vague, l'étoile, l'oiseau, l'horloge, vous répondront : « Il est l'heure de s'enivrer ! Pour n'être pas les esclaves martyrisés du Temps, enivrez-vous ; enivrez-vous sans cesse ! De vin, de poésie ou de vertu, à votre guise. »

le Spleen de Paris, 1869.

Claude Bernard.

Pour une étude de ce texte, se reporter au dossier POSITIVISME/SCIENTISME, n° 107

Comme expérimentateur, j'évite donc les systèmes philosophiques, mais je ne saurais pour cela repousser cet *esprit philosophique* qui, sans être nulle part, est partout, et qui, sans appartenir à aucun système, doit régner non seulement sur toutes les sciences, mais sur toutes les connaissances humaines. C'est ce qui fait que, tout en
5 fuyant les systèmes philosophiques, j'aime beaucoup les philosophes et je me plais infiniment dans leur commerce. En effet, au point de vue scientifique, la philosophie représente l'aspiration éternelle de la raison humaine vers la connaissance de l'inconnu. Dès lors les philosophes se tiennent toujours dans les questions en controverse et dans les régions élevées, limites supérieures des sciences. Par là ils
10 communiquent à la pensée scientifique un mouvement qui la vivifie et l'ennoblit ; ils fortifient l'esprit en le développant par une gymnastique intellectuelle générale en même temps qu'ils le reportent sans cesse vers la solution inépuisable des grands problèmes ; ils entretiennent ainsi une sorte de soif de l'inconnu et le feu sacré de la recherche qui ne doivent jamais s'éteindre chez un savant.

15 En effet, le désir ardent de la connaissance est l'unique mobile qui attire et soutient l'investigateur dans ses efforts ; et c'est précisément cette connaissance qu'il saisit réellement et qui fuit cependant toujours devant lui, qui devient à la fois son seul tourment et son seul bonheur. Celui qui ne connaît pas les tourments de l'inconnu doit ignorer les joies de la découverte qui sont certainement les plus vives que l'esprit de
20 l'homme puisse jamais ressentir. Mais par un caprice de notre nature, cette joie de la découverte tant cherchée et tant espérée s'évanouit dès qu'elle est trouvée. Ce n'est qu'un éclair dont la lueur nous a découvert d'autres horizons vers lesquels notre curiosité inassouvie se porte encore avec plus d'ardeur. C'est ce qui fait que dans la science même le connu perd son attrait, tandis que l'inconnu est toujours plein de
25 charmes. C'est pour cela que les esprits qui s'élèvent et deviennent vraiment grands, sont ceux qui ne sont jamais satisfaits d'eux-mêmes dans leurs œuvres accomplies, mais qui tendent toujours à mieux dans des œuvres nouvelles. Le sentiment dont je parle en ce moment est bien connu des savants et des philosophes. C'est ce sentiment qui a fait dire à Priestley qu'une découverte que nous faisons nous en montre
30 beaucoup d'autres à faire ; c'est ce sentiment qu'exprime Pascal, sous une forme paradoxale peut-être quand il dit : « Nous ne cherchons jamais les choses, mais la recherche des choses ». Pourtant c'est bien la vérité elle-même qui nous intéresse, et si nous la cherchons toujours, c'est parce que ce que nous en avons trouvé jusqu'à présent ne peut nous satisfaire. Sans cela nous ferions dans nos recherches ce travail inutile et
35 sans fin que nous représente la fable de Sisyphe qui roule toujours son rocher qui retombe sans cesse au point de départ. Cette comparaison n'est point exacte scientifi-quement ; le savant monte toujours en cherchant la vérité, et s'il ne la trouve jamais tout entière, il en découvre néanmoins des fragments très importants, et ce sont précisément ces fragments de la vérité générale qui constituent la science.

40 Le savant ne cherche donc pas pour le plaisir de chercher, il cherche la vérité pour la posséder, et il la possède déjà dans des limites qu'expriment les sciences elles-mêmes dans leur état actuel. Mais le savant ne doit pas s'arrêter en chemin ; il doit toujours s'élever plus haut et tendre à la perfection ; il doit toujours chercher tant qu'il voit quelque chose à trouver. Sans cette excitation constante donnée par l'aiguillon de
45 l'inconnu, sans cette soif scientifique sans cesse renaissante, il serait à craindre que le savant ne se systématisât dans ce qu'il a d'acquis ou de connu. Alors la science ne ferait plus de progrès et s'arrêterait par indifférence intellectuelle, comme quand les corps minéraux saturés tombent en indifférence chimique et se cristallisent. Il faut donc empêcher que l'esprit, trop absorbé par le connu d'une science spéciale, ne tende au
50 repos ou ne se traîne terre à terre, en perdant de vue les questions qui lui restent à résoudre. La philosophie, en agitant sans cesse la masse inépuisable des questions non résolues, stimule et entretient ce mouvement salutaire dans les sciences. Car, dans le sens restreint où je considère ici la philosophie, l'indéterminé seul lui appartient, le déterminé retombant nécessairement dans le domaine scientifique. Je n'admets donc
55 pas la philosophie qui voudrait assigner des bornes à la science, pas plus que la science qui prétendrait supprimer les vérités philosophiques qui sont actuellement hors de son propre domaine. La vraie science ne supprime rien, mais elle cherche toujours et regarde en face et sans se troubler les choses qu'elle ne comprend pas encore. Nier ces choses ne serait pas les supprimer ; ce serait fermer les yeux et croire que la lumière

Claude Bernard en 1858.

60 n'existe pas. Ce serait l'illusion de l'autruche qui croit supprimer le danger en se cachant la tête dans le sable. Selon moi, le véritable esprit philosophique est celui dont les aspirations élevées fécondent les sciences en les entraînant à la recherche des vérités qui sont actuellement en dehors d'elles, mais qui ne doivent pas être supprimées par cela qu'elles s'éloignent et s'élèvent de plus en plus à mesure qu'elles sont abordées par 65 des esprits philosophiques plus puissants et plus délicats. Maintenant, cette aspiration de l'esprit humain aura-t-elle une fin, trouvera-t-elle une limite ? Je ne saurais le comprendre ; mais en attendant, ainsi que je l'ai dit plus haut, le savant n'a rien de mieux à faire que de marcher sans cesse, parce qu'il avance toujours.

Introduction à la médecine expérimentale, 3ᵉ partie, chap. IV, « la Médecine expérimentale ne répond à aucune doctrine médicale ni à aucun système philosophique »

EXERCICE : RÉSUMEZ CE TEXTE AU QUART

Principes du résumé	Processus	Exemples	Ne jamais
1 — « Réduction » du texte selon les instructions données (le plus souvent, 1/4 ou 1/5). Si aucune instruction de proportion n'est donnée, réduire en général au 1/4.	● On compte en **mots** (« j' » est un mot). ● Formule à appliquer : $$N = \frac{t_1 + t_2}{2} \times T \times f \ \pm 10\%$$ où : N = nombre de mots de votre résumé t_1 = nombre de mots d'une ligne très chargée du texte à résumer t_2 = nombre de mots d'une ligne peu chargée du texte à résumer T = nombre de lignes du texte à résumer. f = fraction de réduction.	$t_1 = 18$ (l. 50) $t_2 = 12$ (l. 38) $T = 68$ $f = 1/4$ $N = 255 \pm 10\%$ Votre résumé doit donc comporter entre 230 et 281 mots.	Sortir des bornes que l'on vous fixe : vous vous feriez pénaliser.
2. Dégagement des idées principales du texte, élimination des idées secondaires, élimination ou synthèse des exemples, énumérations, etc.	● Repérez les mots-force qui reviennent ; relevez les oppositions principales ● mettez entre parenthèses ce que vous pensez pouvoir supprimer.	● science/philosophie ● système philosophique/esprit philosophique ● connu/inconnu ● vérité, etc. Ex. : les références à Priestley, Pascal, Sisyphe, les comparaisons.	Faire une réduction « homothétique » ; tout n'a pas le même poids : 10 lignes d'exemples pourront parfois être résumées en une, alors que 3 lignes particulièrement importante nécessiteront 2 lignes dans votre résumé.
3. Respect rigoureux de l'enchaînement des idées de l'auteur.	● Encadrez les mots-outils* marquant les étapes de la réflexion : ils mettent en valeur les articulations logiques du texte (cause/conséquence, opposition, restriction, etc.).	Donc, mais, en effet, c'est ce qui fait que, c'est pour cela, pourtant, car, etc.	Perturber l'organisation du texte, même si l'ordre de l'auteur vous paraît répétitif, peu convaincant, améliorable.
4. Neutralité maximale.	Respectez la forme d'énonciation* du texte : vous êtes **à la place** de l'auteur.	Le texte début par un « je », s'élève vers des considérations générales (« ils », « il », « nous » associatif) puis revient à la première personne : respectez ce mouvement.	● Ajouter quoi que ce soit de votre cru : exemples, arguments supplémentaires, introduction, conclusion, etc. ● Commencer par des formules du type : « Ce texte parle de... », « L'auteur aborde ici le problème de... ».

Illustrations de Andrieux pour les *Chants et Chansons* de Pierre Dupont.

PIERRE DUPONT (1821-1870) *compose en* **1846** *ce* Chant des ouvriers *qui aura un immense succès en février 1848.* **BAUDELAIRE,** *dans un des essais qu'il a consacrés au poète ouvrier révolutionnaire, écrit à propos de ce chant, qu'il appelle « La Marseillaise du peuple » : « Quand j'entendis cet admirable cri de douleur et de mélancolie, je fus ébloui et attendri... ».*

LE CHANT DES OUVRIERS

Nous dont la lampe, le matin,
Au clairon du coq se rallume,
Nous tous qu'un salaire incertain
Ramène avant l'aube à l'enclume,
5 Nous qui des bras, des pieds, des mains,
De tout le corps luttons sans cesse,
Sans abriter nos lendemains
Contre le froid et la vieillesse,

Aimons-nous, et quand nous pouvons
10 Nous unir pour boire à la ronde,
Que le canon se taise ou gronde,
Buvons ! (ter)
A l'indépendance du monde !

Nos bras, sans relâche tendus,
15 Aux flots jaloux, au sol avare,
Ravissent leurs trésors perdus,
Ce qui nourrit et ce qui pare :
Perles, diamants et métaux,
Fruit du coteau, grain de la plaine ;
20 Pauvres moutons, quels bons manteaux
Il se tisse avec notre laine ! (Refrain)

Quel fruit tirons-nous des labeurs
Qui courbent nos maigres échines ?
Où vont les flots de nos sueurs ?
25 Nous ne sommes que des machines.
Nos Babels montent jusqu'au ciel,
La terre nous doit ses merveilles :
Dès qu'elles ont fini le miel,
Le maître chasse les abeilles (Refrain).

30 Au fils chétif d'un étranger
Nos femmes tendent leurs mamelles,
Et lui, plus tard, croit déroger
En daignant s'asseoir auprès d'elles.
De nos jours, le droit du seigneur
35 Pèse sur nous plus despotique ;
Nos filles vendent leur honneur
Aux derniers courtauds de boutique. (Refrain).

Mal vêtus, logés dans des trous,
Sous les combles, dans les décombres,
40 Nous vivons avec les hiboux
Et les larrons amis des ombres ;
Cependant notre sang vermeil
Coule impétueux dans nos veines.
Nous nous plairions au grand soleil,
45 Et sous les rameaux verts des chênes. (Refrain).

A chaque fois que par torrents
Notre sang coule sur le monde
C'est toujours pour quelques tyrans
Que cette rosée est féconde ;
50 Ménageons-le dorénavant,
L'amour est plus fort que la guerre :
En attendant qu'un meilleur vent
Souffle du ciel ou de la terre :

Aimons-nous, et quand nous pouvons
55 Nous unir pour boire à la ronde,
Que le canon se taise ou gronde
Buvons !
A l'indépendance du monde !

Pierre Dupont, *Chants et Poésies,* 1875, 7ᵉ éd.

LE CONTRÔLE DE L'EXPRESSION POPULAIRE :

Avant et après 1848, la chanson est au cœur de l'événement, et elle nous transmet un reflet fidèle des espoirs et des désillusions populaires. Elle célèbre les martyrs de juin, et fustigera, après le coup d'Etat du 2 décembre 1851, le régime de Napoléon. Les autorités s'émeuvent. Un décret du 29 décembre 1851 supprime un grand nombre de débits de boisson, où se manifestait ouvertement l'opposition. Désormais, jusqu'en 1870, la chanson de contestation va devoir se cacher, jouer avec la censure, procéder par allusion : l'avènement du Second Empire marque la fin de la « goguette », alors que les « cafés-chantants », mieux contrôlés par le pouvoir (1), connaissent leur heure de gloire (plus d'une centaine à Paris en 1870).

(1) *Création de la SACEM, 1851.*

La grande barricade à l'entrée de la rue du Faubourg-Saint-Antoine, vue de la place de la Bastille.

L'émotion du pouvoir...

« Les impressions résultant de la lecture des journaux sont fugitives et facilement oubliées, tandis que la chanson est répétée dans les ateliers et les cabarets à chaque moment (...). La chanson populaire est altière et menaçante, elle excite, elle entraîne, elle est souvent plus violente que le ton des écrits périodiques. Au lieu de consoler, elle aigrit (...) ».

Lettre d'un préfet de police au Ministère de l'intérieur, mars 1850.

... et les mesures prises :

Fiche signalétique de Pierre Dupont :

Nom : Dupont
Prénom : Pierre
Date de naissance : 1821
Lieu de naissance : Lyon
Adresse : 26, boulevard Beaumarchais à Paris.
Sans antécédents judiciaires.
Observations : Démagogue exalté, dangereux. A fait partie de toutes les réunions, de tous les clubs, de tous les comités de propagande. Délégué au Conclave rouge. Figurait dans tous les banquets démocratiques. En relation avec tous les meneurs dont il partageait les espérances.

Registre signalétique des justiciables de la Commission mixte du département de la Seine.

Scènes des journées de Juillet.

ADRIEN DELAIRE, *ouvrier-ébéniste républicain, était connu avant 1848 par des chansons publiées dans l'Atelier («Organe des intérêts moraux de la classe ouvrière»). Avec la Révolution de février, l'ancien Régime semblait définitivement enterré. Mais cinq mois plus tard, en juin, la droite a repris le pouvoir, et Paris se couvre de barricades. Adrien DELAIRE, qui a refusé de marcher contre les insurgés avec son bataillon de la garde nationale, est emprisonné au fort de Vanves, attendant de passer en Conseil de guerre. Il sera acquitté, malgré sa profession de foi socialiste.*

LE CHANT DES MARTYRS DE JUIN

Tremblez, tyrans qui gouvernez le monde,
Le feu sacré brûle encore dans nos cœurs.
Rien n'éteindra la lumière féconde ;
Bientôt pour nous naîtront des jours meilleurs.
5   Interrogez les échos de Lutèce,
   Ce noble cri partout est répété :
Honte à tous ceux qui volent la richesse.
Gloire aux martyrs de la fraternité ! (bis)

De nos bourreaux nous bravons les tortures,
10 L'opinion démasque les pervers ;
   Et, grâce au sang versé par nos blessures,
   Le socialisme éclaire l'univers.
C'est un levier qui soulève le monde ;
   Son code saint régit l'humanité.
15 Peuple, marchons, notre empire se fonde.
Gloire aux martyrs de la fraternité ! (bis)

Osez-vous bien accuser de pillage
Ces travailleurs qui demandaient du pain !
   Votre égoïsme alluma leur courage,
20   Vils corrompus spéculant sur la faim.
Mais ces héros qu'insulte votre haine
Bien plus que vous respectaient la cité ;
Mort aux pillards ! fut leur loi souveraine.
Gloire aux martyrs de la fraternité ! (bis)

25 Sur ces héros que peuvent vos stigmates ?
Oui, leurs vertus brilleront malgré vous.
   Le froid, la faim, l'horreur des casemates,
   Ne les feront tomber à vos genoux.

   Par les créneaux, leurs hymnes fraternels
30   Font triompher la sainte vérité.
Sur le droit que font vos sentinelles ?
Gloire aux martyrs de la fraternité ! (bis)

Vous avez dit : « Par notre polémique
De ce bon peuple escamotons les droits.
35   Ce sont vains mots : Royaume ou République,
   Toujours du sol nous devons être rois.
   Pour mieux tausser l'universel suffrage
   Parlons toujours un langage emprunté. »
Et ce bon peuple a cru à ce langage !
40 Gloire aux martyrs de la fraternité ! (bis)

Mais comme il faut construire l'arche sainte
Qui doit un jour abriter les humains,
   Ces preux ont dit : « Marchons, plus de contrainte ;
   Ce monument sortira de nos mains.
45   Le socialisme est l'unique lumière
   Qui doit un jour sauver l'humanité.
Inscrivons-le sur la sainte bannière. »
Gloire aux martyrs de la fraternité ! (bis)

Gloire à vous tous tombés dans la tempête !
50 Sur vos tombeaux si l'on ne voit des fleurs,
   En attendant notre sainte conquête,
   Pour vous un culte est resté dans nos cœurs.
   Dormez en paix, généreuses victimes,
   Sur vos bourreaux pèse l'iniquité !
55 On dit partout en maudissant leurs crimes :
Gloire aux martyrs de la fraternité ! (bis)

Fait au Fort de Vanves, le 24 septembre 1848.

Scènes des journées de Juillet.

GUSTAVE LEROY, *chansonnier ouvrier, stigmatise dans le « Le bal et la guillotine », écrit en* **1849***, par une antithèse saisissante qui s'achève en vision d'horreur, l'indifférence et la cruauté de la classe dominante.*

LE BAL ET LA GUILLOTINE

C'est aujourd'hui qu'eut lieu le sacrifice,
Fasse le ciel que ce soit le dernier,
Ils ont dressé le mortel édifice
Qu'un peuple roi brisait en février ;
5 Elle est debout, la sanglante machine,
A son travail on ne peut plus surseoir,
Républicains ! voici la guillotine...
A l'Elysée on dansera ce soir !

Femmes du bal, sonnez votre servante,
10 Qu'elle vous mette un corset... le plus beau,
Les condamnés, ô douleur émouvante,
N'ont pour valet que celui du bourreau !
Votre calèche, élégante, coquette,
15 Vous mène au bal que donne le pouvoir,
Eux, pour calèche, ont l'ignoble charrette...
A l'Elysée on dansera ce soir !

Femmes, riez, votre mise est parfaite,
Vos diamants lancent leurs mille feux ;
20 Les condamnés ont aussi leur toilette,
Mais le bourreau leur coupe les cheveux !
La fashion bourgeoise et militaire
Vous fait cortège et vous suit pour vous voir,
Prêtre et bourreau les suivent au Calvaire...
25 A l'Elysée on dansera ce soir !

Strauss conduira la troupe musicale,
Femmes,valsez, les sons harmonieux
De sa musique, heureuse, sans égale,
Provoqueront des soupirs envieux ;
30 Eux pour musique ont leurs mornes tortures,
Et pour couvrir leurs cris de désespoir,
Le couperet grince dans ses rainures...
A l'Elysée on dansera ce soir !

Dansez, valsez, faites valoir vos charmes,
35 Dansez, valsez pour six cent mille francs,
Là-bas, là-bas deux veuves sont en larmes,
Entendez-vous les cris de leurs enfants ?
Laissez tomber de vos mains si bien faites
Votre bouquet ou votre fin mouchoir,
40 L'exécuteur a fait tomber deux têtes...
A l'Elysée on dansera ce soir !

Quel bal brillant, quelle lugubre scène !
Contraste affreux... le rire et la douleur...
Le Président ouvre le bal... quelle aubaine,
45 Les patients ont vu l'exécuteur !
Le couteau tombe... il sépare, il écarte
Le chef du tronc... le sang jaillit tout noir !
Et vient tacher le front de Bonaparte...
A l'Elysée on dansera ce soir !

En juin 1848, l'armée écrase le soulèvement des ouvriers parisiens. Le 10 décembre, Louis-Napoléon est élu président de la République. L'après-48 marque l'effondrement d'un certain socialisme nourri d'illusions et chargé de religiosité, face à un pouvoir dont l'autorité s'affirme tous les jours, jusqu'au coup d'État du 2 décembre 1851 : l'heure n'est plus aux lendemains qui chantent.

Autoportrait de Corot.

l'Église de Marissel, 1866.

le Baptême du Christ, 1844-1845.

1 — *Pourquoi, dans son rapide point de vue sur le* Baptême du Christ, *Delacroix s'attache-t-il au paysage ? l'élévation des arbres, l'étroitesse du format, l'importance du ciel : quel rôle peuvent avoir tous ces éléments ?*

2 — *Valéry parle de « la merveille d'une improvisation de degré supérieur ».*
   a) *l'improvisation exclut-elle le travail ?*
   b) *en ce cas, comment définir l'improvisation de degré supérieur ?*
   c) *le travail du peintre supprime-t-il alors l'émotion et la légèreté ?*
   d) *Dressez un tableau des contradictions superficielles de ces termes : comment le mot « merveille » (vérifiez très exactement le sens) les résout-il ?*

CHARLES BAUDELAIRE, 1859

Il étonne lentement, je le veux bien, il enchante peu à peu ; mais il faut savoir pénétrer dans sa science, car, chez lui, il n'y a pas de papillotage, mais partout une infaillible rigueur d'harmonie. De plus, il est un des rares, le seul peut-être qui ait gardé un profond sentiment de la construction, qui observe la valeur proportionnelle de chaque détail dans l'ensemble, et, s'il est permis de comparer la composition d'un paysage à la structure humaine, qui sache toujours où placer les ossements et quelle dimension il leur faut donner. On sent, on devine que M. Corot dessine abréviativement et largement, ce qui est la seule méthode pour amasser avec célérité une grande quantité de matériaux précieux. Si un seul homme avait pu retenir l'école française moderne dans son amour impertinent et fastidieux du détail, certes, c'était lui. Nous avons entendu reprocher à cet éminent artiste sa couleur un peu trop douce et sa lumière presque crépusculaire. On dirait que pour lui toute la lumière qui inonde le monde est partout baissée d'un ou de plusieurs tons. Son regard, fin et judicieux, comprend plutôt tout ce qui confirme l'harmonie que ce qui accuse le contraste. Mais, en supposant qu'il n'y ait pas trop d'injustices dans ce reproche, il faut remarquer que nos expositions de peinture ne sont pas propices à l'effet des bons tableaux, surtout de ceux qui sont conçus et exécutés avec sagesse et modération. Un son de voix clair, mais modeste et harmonieux, se perd dans une réunion de cris étourdissants ou ronflants, et les Véronèse les plus lumineux paraîtraient souvent gris et pâles s'ils étaient entourés de certaines peintures modernes plus criardes que des foulards de village.

les Curiosités esthétiques,
Salon de 1859.

DELACROIX, 1847

Corot est un véritable artiste. Il faut voir un peintre chez lui pour avoir une idée de son mérite. J'ai revu là et apprécié tout autrement des tableaux que j'avais vus au musée, et qui m'avaient frappé médiocrement. Son grand *Baptême du Christ* plein de beautés naïves, ses *arbres* sont superbes. Je lui parlais de celui que j'ai à faire dans l'*Orphée*. Il m'a dit d'aller un peu devant moi, et en me livrant à ce qui viendrait ; c'est ainsi qu'il fait la plupart du temps. Il n'admet pas qu'on puisse faire beau en se donnant des peines infinies. Titien, Raphaël, Rubens, etc., ont fait facilement. Ils ne faisaient à la vérité que ce qu'ils savaient bien : seulement leur registre était plus étendu que celui de tel autre qui ne fait qu'un paysage ou des fleurs, par exemple. Nonobstant cette facilité, il y a toutefois le travail indispensable. Corot creuse beaucoup sur un objet : les idées lui viennent, et il ajoute en travaillant ; c'est la bonne manière.

Journal, 14 mars 1847.

EMILE ZOLA, 1866

Si M. Corot consentait à tuer une fois pour toutes les nymphes dont il peuple ses bois, et à les remplacer par des paysannes, je l'aimerais outre mesure.

Je sais qu'à ces feuillages légers, à cette aurore humide et souriante, il faut des créatures diaphanes, des rêves habillés de vapeurs. Aussi suis-je tenté parfois de demander au maître une nature plus humaine, plus vigoureuse. Cette année, il a exposé des études peintes sans doute dans l'atelier. Je préfère mille fois une pochade, une esquisse faite par lui en pleins champs, face à face avec la réalité puissante.

Mes Haines, Salon de 1866.

PAUL VALÉRY, 1936
A propos de Corot, Valéry essaie de cerner les rapports qu'entretient l'artiste avec le « naturel ».

Je prétends que l'artiste finisse par le naturel ; mais le naturel d'un nouvel homme. Le spontané est le fruit d'une conquête. Il n'appartient qu'à ceux qui ont acquis la certitude de pouvoir conduire un travail à l'extrême de l'exécution, d'en conserver l'unité de l'ensemble en réalisant les parties et sans perdre en chemin l'esprit ni la nature. — Il n'arrive qu'à eux, quelque jour, dans quelque occasion, le bonheur de surprendre, définir, en quelques notes, en quelques traits, *l'être d'une impression.* Ils montrent, à la fois, dans ce peu de substance sonore ou graphique, l'émotion d'un instant et la profondeur d'une science qui a coûté toute une vie. Ils jouissent enfin de s'être faits instruments de leurs suprêmes découvertes, et ils peuvent à présent improviser en pleine possession de leur puissance. Ils se sont ajouté ce qu'ils ont trouvé, et ils se découvrent de nouveaux désirs. Ils peuvent considérer orgueilleusement toute leur carrière comme accomplie entre deux états de facilité heureuse : une facilité toute première — éveil de l'instinct naïf de produire qui se dégage des rêveries d'une adolescence vive et sensible ; (mais bientôt se révèle au jeune créateur l'insuffisance de l'ingénuité et le grand devoir de n'être jamais content de soi). L'autre facilité est le sentiment d'une liberté et d'une simplicité conquises, qui permettent le plus grand jeu de l'esprit entre les sens et les idées. Il en résulte *la merveille d'une improvisation de degré supérieur.* Entre les intentions et les moyens, entre les conceptions de *fond* et les actions qui engendrent la *forme,* il n'y a plus de contraste. Entre la pensée de l'artiste et la matière de son art, s'est instituée une intime correspondance, *remarquable par une réciprocité dont ceux qui ne l'ont pas éprouvée ne peuvent imaginer l'existence.*

« *Autour de Corot* », Pièces sur l'art, 1936, Gallimard.

Atelier du peintre. Allégorie réelle déterminant une phase de sept années de ma vie artistique, 1854-55.

ANDRÉ FERMIGIER, 1971

Les tableaux de 1861 se distinguent des œuvres antérieures par leur violence, la sauvagerie avec laquelle Courbet représente la vie animale, le souci qu'il a de surprendre les bêtes qu'il avait
5 longuement observées au cours de ses chasses en Allemagne dans le secret et le paroxysme de leurs muscles, de leurs bonds, de leur souffrance et de leurs désirs. Plus encore que les deux combattants du *Rut du printemps, le Cerf forcé* est un animal de cauchemar
10 dont le cri, auquel répondent les traînées sanglantes du paysage, est celui d'une bête féroce. Comme l'écrivait Courbet lui-même : « C'est le soir, car ce n'est qu'au bout de six heures de chasse qu'on peut forcer un cerf ; le jour à son déclin, les derniers rayons du
15 soleil rasent la campagne et les moindres objets projettent une ombre très étendue. La manière dont le cerf est éclairé augmente sa vitesse et l'impression du tableau. Son corps est entièrement dans l'ombre ; il semble passer comme un trait, comme un rêve. »

Courbet, *Skira,* 1971.

le Cerf Forcé, 1861.

ANDRÉ FERMIGIER, 1971
Un critique contemporain déchiffre l'« allégorie » de Courbet :

l'Atelier du peintre. Allégorie réelle déterminant une phase de sept années de ma vie artistique. Sept années, c'est donc que cette vie artistique commence en 1848 puisque le tableau fut exposé en 1855, non au Salon, où il fut refusé, mais dans un bâtiment que Courbet fit construire à ses frais, le « Pavillon du Réalisme », tout près des lieux où se tenait l'Exposition Universelle. N'insistons pas sur le sens de cette allégorie souvent commentée, et par Courbet lui-même : si elle paraît obscure, cette obscurité était sans doute celle de la pensée du peintre, peu habile à manier les symboles anciens et essayant bravement d'en imaginer de nouveaux. Tout ce que l'on peut dire, c'est qu'il a convoqué le siècle dans son atelier, « les gouvernements » exceptés, car dans cet *Atelier* qui rappelle celui des *Ménines*, il n'y a pas d'autre roi que Courbet lui-même. Il s'est représenté au centre du tableau, en pleine activité réaliste, devant un chevalet qui supporte un paysage. Près de lui, émergeant d'un splendide bouillonnement d'étoffes, une femme qui est peut-être sa muse, la Vérité, mais qui est surtout un des plus beaux nus de l'histoire de la peinture. Un enfant lève les yeux vers le peintre, « un petit berger comtois, les pieds nus dans ses sabots, les cheveux embroussaillés, suivant des yeux la main qui reproduit le paysage où il est habitué à garder son troupeau » (G. Riat) : son regard est celui de l'innocence, le regard neuf qu'il faut jeter sur le monde. En contraste et près du chevalet, un mannequin figurant l'art académique et une tête de mort posée sur le *Journal des Débats* : « Les journaux, disait Proudhon, sont les cimetières des idées. » A droite, les écrivains et les amis (Baudelaire, Bruyas, Max Buchon, Champfleury, Promayet) *(voir question n° 1)* le monde de la pensée et de l'amour (les jeunes gens près de la fenêtre), le couple des « amateurs mondains » qui représente sans doute le public, à l'égard duquel Courbet ne paraît nourrir aucune animosité particulière si l'on en juge par la splendide tournure de la femme et le merveilleux rendu hollandais du châle qui lui tombe des épaules. Le couple bourgeois vient de l'*Incendie,* nous l'avons vu, mais il ne joue ici aucun rôle déplaisant.

A gauche, la société, ses débris et ses tares : « l'autre monde, la vie triviale, dit Courbet lui-même, le peuple, la pauvreté, la misère, la richesse, les exploités, les exploiteurs, les gens qui vivent la mort ». Malgré quelques très beaux détails (le groupe du Chinois et du marchand qui propose une étoffe, la nature morte qui réunit les oripeaux de la banalité romantique), la scène est ici plus confuse et ne tient que par l'effet des contrastes lumineux qui accentuent le mystère de l'œuvre et lui donnent sa dimension de fresque. Une fresque sombre et grave et silencieuse : personne ne sourit, les personnages sont d'autant plus étranges qu'ils ne communiquent pas entre eux, « la gravité d'un grand siècle tourmenté, d'un siècle vêtu de noir est là », disait Henri Focillon **(1)**. C'est peut-être à Baudelaire et à Champfleury, grands amateurs de types singuliers et de pittoresque urbain, que Courbet doit le goût du bizarre qu'il manifeste dans l'*Atelier,* autour duquel flotte comme une image, une rumeur de grande ville nocturne.

Courbet, Skira, 1971.

(1) Critique d'art français (1881-1943).

En 1871, Courbet prend part à la Commune et s'occupe activement de la destruction de la colonne Vendôme. Il sera jugé responsable de cet acte sur ses biens par les Versaillais. (Procès de 1873) (voir n°s 141 et 153). Courbet, à la fin de sa vie, ne peint plus que des paysages... (voir question 3).

EUGÈNE DELESSERT, 1872
Un écrivain qui avait épousé la cause versaillaise.

On avait déblayé un espace assez considérable du transept *(du Palais de l'Industrie)* et journellement on y apportait les débris de la colonne Vendôme, tristes reliques d'une gloire achetée au prix de tant de peines et de sang, avilie par des assassins et gredins comme ce Courbet ! Et dire qu'on n'a pas fusillé ce... Prussien ! Il n'y a pas d'expression assez vile pour le flétrir ; quant à moi, de tous ceux que j'ai vu fusiller, et le nombre en est grand, c'est bien celui-là que j'aurais désiré voir exécuter sans merci..., ce vandale Prussien ! Aussi les six mois de prison qui lui ont été infligés sont loin d'avoir satisfait l'opinion publique.

Episodes pendant la Commune,
1872.

Stick, *caricature versaillaise (1873), in Bonjour Monsieur Courbet.*

1 — *Le titre donné par Courbet à l'*Atelier...*fait état d'une figure rhétorique, l'allégorie*. Sachant que les personnages du tableau représentent des genres artistiques (Baudelaire : poésie; Proudhon : philosophie; Champfleury : prose; Promayet : musique ; Max Buchon : poésie réaliste ; et le mécène Alfred Bruyas : mécénat de la peinture réaliste), expliquez ce titre (utilisez le texte ci-contre).*

2 — *En quoi ce tableau pouvait-il être une provocation ?*

3 — *Le Cerf forcé, exposé en 1881, est l'un des nombreux tableaux consacrés à la chasse, à la nature, aux bêtes aux abois. Courbet, attaqué de toutes parts, semble, en peignant ces scènes, hanté par ces images. Peut-on y voir un autre type d'allégorie ?*

LA DAME AUX CAMÉLIAS, 1848 : ROMAN
LA DAME AUX CAMÉLIAS, 1852 : THÉÂTRE.

Le canevas de la pièce est identique à celui du roman. Mais le genre théâtral oblige l'auteur à certaines modifications. Ainsi l'extrême fin du cinquième et dernier acte correspond à la fin du roman quant à l'événement (mort de l'héroïne), mais non quant à la situation.

Mucha, *affiche pour la Dame aux camélias.*

Marguerite Gautier est appelée la Dame aux Camélias parce qu'elle porte comme un bijou sur sa robe un camélia blanc (sauf quelques jours par mois où le camélia choisi est rouge, ce qui n'est pas sans implications symboliques et pratiques). Elle vit, comme on disait alors, de ses charmes. Elle est cependant amoureuse d'Armand Duval, qui l'aime également.

Elle sombre petit à petit dans la maladie. « Poitrinaire » comme de nombreuses héroïnes de cette époque où la tuberculose n'était guère curable, elle est abandonnée de tous, même de son amant.

Dans le roman, à ses derniers moments, elle est seule avec sa domestique fidèle, Julie Duprat, et elle tient le journal de ses derniers instants.

« 10 janvier.

« Cette espérance de santé n'était qu'un rêve. Me voici de nouveau dans mon lit, le corps couvert d'emplâtres qui me brûlent. Va donc offrir ce corps que l'on payait si cher autrefois, et vois ce que l'on t'en donnera aujourd'hui ! (...)

« 25 janvier.

« Voilà onze nuits que je ne dors pas, que j'étouffe et que je crois à chaque instant
5 que je vais mourir. Le médecin a ordonné qu'on ne me laissât pas toucher une plume. Julie Duprat, qui me veille, me permet encore de vous écrire ces quelques lignes. Ne reviendrez-vous donc point avant que je meure ? Est-ce donc éternellement fini entre nous ? Il me semble que, si vous veniez, je guérirais. A quoi bon guérir ? » (...)

« 5 février.

(...) « Malgré l'ardente fièvre qui me brûlait, je me suis fait habiller et conduire au
10 Vaudeville. Julie m'avait mis du rouge, sans quoi j'aurais eu l'air d'un cadavre. Je suis allée dans cette loge où je vous ai donné notre premier rendez-vous ; tout le temps j'ai eu les yeux fixés sur la stalle que vous occupiez ce jour-là, et qu'occupait hier une sorte de rustre, qui riait bruyamment de toutes les sottes choses que débitaient les acteurs. On m'a rapportée à moitié morte chez moi. J'ai toussé et craché le sang toute la nuit. Aujourd'hui je
15 ne peux plus parler, à peine si je peux remuer les bras. Mon Dieu ! mon Dieu ! je vais mourir. Je m'y attendais, mais je ne puis me faire à l'idée de souffrir plus que je souffre, et si... »

A partir de ces mots les quelques caractères que Marguerite avait essayé de tracer étaient illisibles, et c'était Julie Duprat qui avait continué.

« 18 février.

« Monsieur Armand,

« Depuis le jour où Marguerite a voulu aller au spectacle, elle a été toujours plus
20 malade. Elle a perdu complètement la voix, puis l'usage de ses membres. Ce que souffre notre pauvre amie est impossible à dire. Je ne suis pas habituée à ces sortes d'émotions, et j'ai des frayeurs continuelles.

« Que je voudrais que vous fussiez auprès de nous ! Elle a presque toujours le délire, mais délirante ou lucide, c'est toujours votre nom qu'elle prononce quand elle arrive à
25 pouvoir dire un mot. (...) Vous ne pouvez vous figurer au milieu de quelle misère dorée la pauvre fille se meurt. Hier nous n'avions pas d'argent du tout. Couverts, bijoux, cachemires, tout est en gage, le reste est vendu ou saisi. Marguerite a encore la conscience de ce qui se passe autour d'elle, et elle souffre du corps, de l'esprit et du cœur. De grosses larmes coulent sur ses joues, si amaigries et si pâles que vous ne reconnaîtriez plus le visage de celle que
30 vous aimiez tant, si vous pouviez la voir. Elle m'a fait promettre de vous écrire quand elle ne pourrait plus, et j'écris devant elle. Elle porte les yeux de mon côté, mais elle ne me voit pas, son regard est déjà voilé par la mort prochaine ; cependant elle sourit et toute sa pensée, toute son âme sont à vous, j'en suis sûre.

« Chaque fois que l'on ouvre la porte, ses yeux s'éclairent, et elle croit toujours que
35 vous allez entrer ; puis, quand elle voit que ce n'est pas vous, son visage reprend son expression douloureuse, se mouille d'une sueur froide, et les pommettes deviennent pourpres. » (...)

« 20 février, cinq heures du soir.

« Tout est fini.

« Marguerite est entrée en agonie cette nuit à deux heures environ. Jamais martyr
40 n'a souffert pareilles tortures, à en juger par les cris qu'elle poussait. Deux ou trois fois elle s'est dressée tout debout sur son lit, comme si elle eût voulu ressaisir sa vie qui remontait vers Dieu.

« Deux ou trois fois aussi, elle a dit votre nom, puis tout s'est tu, elle est retombée épuisée sur son lit. Des larmes silencieuses ont coulé de ses yeux et elle est morte. »

la Dame aux Camélias, 1848.

SCÈNE VIII

ARMAND

Écoute, Marguerite, ne me parle plus ainsi, tu me rendrais fou. Ne me dis plus que tu vas mourir, dis-moi que tu ne le crois pas, que cela ne peut être, que tu ne le veux pas !

MARGUERITE.

Quand je ne le voudrais pas, mon ami, il faudrait bien que je cédasse, puisque Dieu le veut. Si j'étais une sainte fille, si tout était chaste en moi, peut-être pleurerais-je à l'idée de quitter un monde où tu restes, parce que l'avenir serait plein de promesses, et que tout mon passé m'y donnerait droit. Moi morte, tout ce que tu garderas de moi sera pur ; moi vivante, il y aura toujours des taches sur mon amour... Crois-moi, Dieu fait bien ce qu'il fait...

ARMAND, *se levant.*

Ah ! j'étouffe.

MARGUERITE, *le retenant.*

Comment ! c'est moi qui suis forcée de te donner du courage ? Voyons, obéis-moi. Ouvre ce tiroir, prends-y un médaillon... c'est mon portrait, du temps que j'étais jolie ! Je l'avais fait faire pour toi ; garde-le, il aidera ton souvenir plus tard. Mais, si, un jour, une belle jeune fille t'aime et que tu l'épouses. (...) Si elle est jalouse du passé, comme nous le sommes souvent, nous autres femmes, si elle te demande le sacrifice de ce portrait, fais-le-lui sans crainte, sans remords ; ce sera justice, et je te pardonne d'avance. — La femme qui aime souffre trop quand elle ne se sent pas aimée... Entends-tu, mon Armand, tu as bien compris ?

SCÈNE IX

LES MÊMES, NANINE, puis NICHETTE, GUSTAVE et GASTON.

Nichette entre avec effroi et devient plus hardie, à mesure qu'elle voit Marguerite lui sourire et Armand à ses pieds.

NICHETTE.

Ma bonne Marguerite, tu m'avais écrit que tu étais mourante, et je te retrouve souriante et levée.

ARMAND, *bas.*

Oh ! Gustave, je suis bien malheureux !

MARGUERITE.

Je suis mourante, mais je suis heureuse aussi, et mon bonheur cache ma mort. — Vous voilà donc mariés ! — Quelle chose étrange que cette première vie, et que va donc être la seconde ?... Vous serez encore plus heureux qu'auparavant. — Parlez de moi quelquefois, n'est-ce pas ? Armand, donne-moi ta main... Je t'assure que ce n'est pas difficile de mourir. *(Gaston entre).* Voilà Gaston qui vient me chercher... Je suis aise de vous voir encore, mon bon Gaston. Le bonheur est ingrat : je vous avais oublié... *(A Armand.)* Il a été bien bon pour moi... Ah ! c'est étrange.

Elle se lève.

ARMAND.

Quoi donc ?...

MARGUERITE.

Je ne souffre plus. On dirait que la vie rentre en moi... j'éprouve un bien-être que je n'ai jamais éprouvé... Mais je vais vivre !... Ah ! que je me sens bien !

Elle s'assied et paraît s'assoupir.

GASTON.

Elle dort !

ARMAND, *avec inquiétude, puis avec terreur.*

Marguerite ! Marguerite ! Marguerite ! *(Un grand cri. — Il est forcé de faire un effort pour arracher sa main de celle de Marguerite.)* Ah ! *(Il recule épouvanté.)* Morte ! *(Courant à Gustave.)* Mon Dieu ! mon Dieu ! que vais-je devenir ?...

GUSTAVE *à Armand.*

Elle t'aimait bien, la pauvre fille !

NICHETTE, *qui s'est agenouillée.*

Dors en paix, Marguerite ! il te sera beaucoup pardonné, parce que tu as beaucoup aimé !

la Dame aux Camélias, 1852, acte V, scènes 8 et 9.

---

1 — LE ROMAN
   a) La Dame aux Camélias *est un roman écrit à la troisième personne. Qu'apporte à cette fin la forme de* Journal intime *adoptée par Dumas fils ?*
   b) *Dans cette fiction du* Journal, *le premier lecteur supposé est Armand Duval, à qui le texte est destiné. Dans quelle situation, par rapport aux personnages et à l'intrigue, se situent les lecteurs que nous sommes ?*

2 — L'expression du temps. *Quels sont les éléments qui, bien qu'exprimés au présent, renvoient au passé ou au futur ? Comment s'expriment la durée et les modifications de cette durée (accélérations, ralentissements, etc.) ?*

3 — ROMAN ET THÉÂTRE.
   a) *Qu'est-ce que la présence effective d'Armand, dans la scène jouée, apporte au tragique de la situation ?*
   b) *Le fait de donner à voir la scène offre-t-il à l'auteur plus ou moins de possibilités :*
   — *dans l'expression du réalisme (l'aspect charnel des personnages)*
   — *dans l'expression des sentiments ?*

4 — DOSSIER :
   La mort des personnages féminins dans les romans du XIXe siècle. Étudiez particulièrement l'optique de ces morts : qui regarde ? L'auteur, le héros, ou directement le lecteur ? (Bibliographie sommaire : Benjamin Constant, Adolphe ; *Flaubert,* Madame Bovary ; *Mérimée,* Carmen ; *Zola,* l'Assommoir, Nana).

Grandville, *Un premier prix.*

Retour en arrière : au début du siècle, dans ce petit village de l'Aisne, l'instituteur faisait fonction de « clerc laïc ».

Acte de nomination de l'instituteur de Bruyères (Aisne), 6 novembre 1808 :

L'an 1808, le dimanche 6 novembre, nous soussignés, maire, adjoint, membres du conseil de la commune de Bruyères, desservant, marguilliers, et tous autres habitants réunis dans l'assemblée annoncée huit jours à l'avance à l'effet de faire choix d'un sujet pour exercer dans notre commune les fonctions réunies d'instituteur des enfants et de clerc laïc de
5 notre paroisse, avons à l'unanimité choisi comme en étant capable la personne de Joseph Mary Poreaux, fils de M. Joseph Poreaux, lui-même instituteur et clerc laïc dans la commune de Villeneuve, aux clauses et conditions suivantes :

1. — Ledit Poreaux tiendra école ouverte depuis le 3 novembre jusqu'au 1er mai. Il y recevra les enfants qui lui seront envoyés tous les jours de la semaine, excepté le jeudi après-
10 midi, s'il n'y a point de fête, depuis huit heures au moins jusqu'à onze heures du matin, et depuis une heure jusqu'à quatre heures du soir au moins.

2. — Il leur enseignera les premiers principes de la religion catholique, suivant le catéchisme et sous l'inscription de M. le curé desservant ; il leur apprendra de même les prières du chrétien et les leur fera réciter tous les jours.

15 3. — Il veillera sur lesdits enfants non seulement dans l'église pour les y tenir dans le respect, mais aussi dans les rues et places publiques pour les contenir dans les règles de la modestie et de la civilité autant qu'il dépendra de lui.

4. — Il sera chargé de sonner chaque jour les Angelus au matin, à midi et au soir.

5. — En sa qualité de clerc laïc il obtiendra l'institution canonique de Monseigneur
20 l'évêque de Soissons et la fera renouveler tous les ans à l'époque des calendes.

6. — Il aura les cheveux courts, propres et portera dans l'exercice de ses fonctions la soutane, le rochet et le bonnet carré ; il se rendra à l'église de bonne heure pour y préparer les linges et les ornements du jour ; il ne pourra se dispenser d'accompagner M. le desservant dans l'administration des sacrements.

25 7. — M. le desservant ne le pouvant tous les dimanches, il fera le catéchisme dans l'église des enfants depuis une heure jusqu'aux vêpres qui se chantent à deux.

8. — Il se conformera strictement aux rites et chants du diocèse et suivra l'ordre qui lui sera donné à cet effet par M. le curé.

9. — Il enseignera le plain-chant aux enfants de chœur et leur apprendra à servir à
30 l'église avec décence et pourvoira à ce que le prêtre ne manque pas de ministres pour la célébration de la messe tant dans la semaine que les dimanches et fêtes. Il distribuera exactement l'eau bénite chaque dimanche dans toutes les maisons de la paroisse.

10. — Il sera chargé des clefs de l'église et de la sacristie qu'il tiendra propres et qu'il balaiera toutes les veilles de dimanches et fêtes.

35 12. — Enfin, il sera tenu de tenir le cimetière clos et fermé avec les boutures des arbres provenant dudit cimetière ; en cas d'insuffisance il consultera M. le maire ou M. le marguillier.

Au moyen de ces charges et pour le payer de l'exécution d'icelles, ledit Joseph Mary Poreaux instituteur et clerc laïc jouira des émoluments suivants :

1. — Il recevra de chacun des ménages particuliers chaque année la somme de 4
40 francs payables de 3 mois en 3 mois pour tenir lieu de clergé et d'un morceau de pain qu'on donnait ci-devant par semaine pour la distribution de l'eau bénite.

2. — Il recevra de plus de chacun de MM. les cultivateurs par chaque charrue un pichet de blé pour chaque année ainsi que de MM. les meuniers de la commune.

3. — Il lui sera payé pour les écoles par chaque mois 30 centimes pour chaque enfant
45 apprenant à connaître leurs lettres, 40 centimes pour ceux appelant leurs lettres, 50 pour ceux qui liront et 75 centimes pour ceux qui écriront et en seront aux règles de l'arithmétique.

4. — M. le maire s'engage à lui allouer chaque année sur les centimes de la commune portés au budget une somme d'argent pour le dédommager de la location de sa maison.

50 Tous lesdits émoluments et honoraires commenceront à courir du jour de la Toussaint, 1er novembre de cette année, et ils cesseront d'être dus du moment seulement que le dit instituteur cessera d'être en fonctions par démission ou par destitution ou par son décès.

ÉVOLUTION DE L'INSTITUTION DES ÉCOLES PRIMAIRES AU XIXᵉ :

De 1790 à 1880, il fallut presque cent ans pour que les communes françaises obtiennent par une série de lois d'être pourvues de bâtiments scolaires, d'instituteurs et de livres :

1790 : *L'abbé Grégoire soulève à la Constituante le problème de l'éducation et de l'enseignement du français. (L'Etat napoléonien se désintéressera assez de l'instruction du peuple : ce sont les congrégations enseignantes qui, dans les villes et les campagnes, ouvriront ou rouvriront des écoles.)*

17 MARS 1808 : *décret conviant le corps enseignant au célibat, à la vie communautaire et au port de la robe...*

1809 : *ouverture de l'École normale d'instituteurs de Paris.*

29 FEVRIER 1816 : *une ordonnance de la Restauration réaffirme le principe selon lequel chaque commune est tenue de pourvoir à ce que les enfants qui l'habitent reçoivent l'instruction primaire, les indigents gratuitement. Mais aucune mesure financière n'est prise.*

JUIN 1833 : *la loi Guizot fonde un enseignement primaire public avec le concours obligatoire des conseils généraux, des conseils municipaux, et de l'administration de l'Instruction publique. Chaque commune devra dégager sur son budget les ressources nécessaires à l'entretien, ou même la création d'une école primaire.*

16 JUILLET 1833 : *une Ordonnance prescrit le partage de l'école en trois divisions, amorce de ce qui sera plus tard le cours élémentaire, le cours moyen et le cours supérieur. Dès la 1ʳᵉ division (6-8 ans), l'enseignement de l'écriture est associé à celui de la lecture.*

1834 : *le Conseil Royal adopte cinq manuels, pour remédier à la disparité des méthodes d'enseignement, et en fait distribuer plusieurs centaines de milliers d'exemplaires.*

1835 : *50 000 écoles.*

1845 : *création de l'inspection primaire et de l'inspection académique.*

1850 : *60 000 écoles. Loi Falloux (voir pages suivantes). Sous le Second Empire, l'idée de gratuité générale, soutenue par Victor Duruy, prend corps.*

10 AVRIL 1867 : *loi accordant aux communes le droit de lever 4 centimes extraordinaires pour établir dans les écoles la gratuité totale.*

1870 : *70 000 écoles. Jules Ferry (voir pages suivantes).*

1876-77 : *la gratuité concerne 57 % des élèves.*

16 JUIN 1881 : *lois d'obligation scolaire, de laïcité, de gratuité.*

1886 : *80 000 écoles.*

A. CHERVEL, 1977
Voici comment un linguiste contemporain décrit la situation de l'école primaire française dans la première moitié du XIXᵉ siècle :

Une enquête menée lors des conquêtes napoléoniennes établissait déjà l'écrasante supériorité de nos voisins, la Hollande surtout, dans ce domaine. Longtemps la France connaîtra un retard scolaire auquel certains imputeront la défaite de 1870 : et de fait une enquête organisée par le ministre Duruy en 1863 avait fait apparaître un analphabétisme complet chez un tiers des conscrits. (...).

(...) Les conditions matérielles dans lesquelles végétait l'enseignement français jusque vers 1850 étaient lamentables. La salle de classe était souvent plus que sommaire : la chambre du maître, quelquefois, ou une écurie prêtée par un paysan, en quel cas le problème du chauffage était résolu par la chaleur animale. Le matériel d'enseignement faisait souvent défaut, au moins dans les régions déshéritées. Le papier était cher, l'ardoise ne fit son apparition que sous la Restauration, et c'est dans une caisse de sable que, dans les Basses-Alpes, on apprenait, parfois, à tracer les premières lettres. La plume métallique n'apparaît que vers le milieu du siècle.

Les élèves étaient admis sans limite d'âge, en général, et l'hiver, lorsque la terre a moins besoin de bras, on voyait s'asseoir sur les bancs de l'école des jeunes gens de vingt ans, voire de vingt-cinq ans ; et ce jusqu'à la fin du siècle. Leur nombre non plus n'était pas limité, et l'on signale encore en 1850 des classes de plus de cent élèves.

Quant aux maîtres eux-mêmes, leur niveau culturel laissait souvent à désirer. Anciens soldats, anciens marins, voire anciens forçats, ayant exercé dans leur vie bien des métiers, ils étaient embauchés par contrat par la communauté villageoise et rétribués, par la taxe d'*écolage,* au prorata de leurs aptitudes : car certains, un peu déficients sur l'écriture, se contentaient d'enseigner la lecture. En général ils savaient écrire, cependant, mais, jusque vers 1830, beaucoup ignoraient à peu près tout de l'orthographe et de la grammaire. (...).

...et il fallut apprendre à écrire à tous les Petits Français, 1977.

La soustraction vers 1850 :
Soit 450 — 263 = 187. Voici le raisonnement que devait employer l'élève, sans avoir le droit de changer un mot... :

« Qui a zéro et veut payer 3 ne peut pas ; j'emprunte une dizaine ou 10 au chiffre 5 et je dis alors : qui de dix en paie 3, reste sept.

Comme j'ai emprunté une dizaine à 5, ce 5 ne vaut plus que 4 ; par conséquent : qui de 4 en paie 6 ne peut ; j'emprunte une centaine ou dix dizaines au chiffre 4, et je dis : 10 et 4 valent 14 ; qui de 14 en paie 6, reste 8. Les 4 centaines n'en valent plus que 3, à cause de l'emprunt d'une centaine. Donc : qui de 3 paie 2, reste 1. »

cité par P. Dauthuile,
l'Ecole primaire dans les Basses-Alpes depuis la Révolution jusqu'à nos jours, 1900.

École d'enseignement mutuel à Metz : des enfants apprennent à lire à nos vieux soldats...

Le 15 mars 1850, le « parti de l'ordre » fait voter la **loi FALLOUX,** *qui vise à placer l'école publique sous l'autorité morale de l'Église, et reconnaît l'existence d'écoles « libres », totalement indépendantes du contrôle de l'État.*
Cette page de Flaubert nous montre l'impuissance à laquelle est réduit Alexandre Petit, instituteur d'un village normand, face à l'abbé Jeufroy, auquel la loi Falloux a donné tout pouvoir.

Sur le seuil, la robe noire du curé parut.

Ayant salué vivement la compagnie, il aborda l'instituteur, et lui dit presque à voix basse :

— « Notre affaire de Saint-Joseph, où en est-elle ? »

5 — « Ils n'ont rien donné ! » reprit le maître d'école.

— « C'est de votre faute ! »

— « J'ai fait ce que j'ai pu ! »

— « Ah ! — vraiment ? »

Bouvard et Pécuchet se levèrent par discrétion. Petit
10 les fit se rasseoir ; et s'adressant au curé :

— « Est-ce tout ? »

L'abbé Jeufroy hésita ; — puis, avec un sourire qui tempérait sa réprimande :

— « On trouve que vous négligez un peu l'histoire
15 sainte. »

— « Oh ! l'histoire sainte ! » reprit Bouvard.

— « Que lui reprochez-vous, monsieur ? »

— « Moi ? rien ! Seulement il y a peut-être des choses plus utiles que l'anecdote de Jonas et les rois d'Israël ! »
20 — « Libre à vous ! » répliqua sèchement le prêtre
— et sans souci des étrangers, ou à cause d'eux :
« L'heure du catéchisme est trop courte ! »

Petit leva les épaules.

— « Faites attention. Vous perdrez vos pensionnai-
25 res ! »

Les dix francs par mois de ces élèves étaient le meilleur de sa place. Mais la soutane l'exaspérait.

— « Tant pis, vengez-vous ! »

— « Un homme de mon caractère ne se venge pas ! »
30 dit le prêtre, sans s'émouvoir. « Seulement, — je vous rappelle que la loi du 15 mars nous attribue la surveillance de l'instruction primaire. »

— « Eh ! je le sais bien ! » s'écria l'instituteur. Elle appartient même aux colonels de gendarmerie ! Pour-
35 quoi pas au garde-champêtre ! ce serait complet ! »

Et il s'affaissa sur l'escabeau, mordant son poing, retenant sa colère, suffoqué par le sentiment de son impuissance.

L'ecclésiastique le toucha légèrement sur l'épaule.
40 « Je n'ai pas voulu vous affliger, mon ami ! Calmez-vous ! Un peu de raison ! Voilà Pâques bientôt ; j'espère que vous donnerez l'exemple, — en communiant avec les autres. »

— « Ah c'est trop fort ! moi ! moi ! me soumettre à de
45 pareilles bêtises ! »

Devant ce blasphème le curé pâlit. Ses prunelles fulguraient. Sa mâchoire tremblait. — « Taisez-vous, malheureux ! taisez-vous !

Et c'est sa femme qui soigne les linges de l'église ! »
50 — « Eh bien ? quoi ? Qu'a-t-elle fait ? »

— « Elle manque toujours la messe ! — Comme vous, d'ailleurs ! »

— « Eh ! on ne renvoie pas un maître d'école, pour ça ! »
55 — « On peut le déplacer ! »

Le prêtre ne parla plus. Il était au fond de la pièce, dans l'ombre. Petit, la tête sur la poitrine, songeait.

Ils arrivaient à l'autre bout de la France, leur dernier sou mangé par le voyage ; — et il retrouverait là-bas sous
60 des noms différents, le même curé, le même recteur, le même préfet ! — tous, jusqu'au ministre, étaient comme les anneaux de sa chaîne accablante ! Il avait reçu déjà un avertissement, d'autres viendraient. Ensuite ? — et dans une sorte d'hallucination, il se vit marchant sur une
65 grande route, un sac au dos, ceux qu'il aimait près de lui, la main tendue vers une chaise de poste !

A ce moment-là, sa femme dans la cuisine fut prise d'une quinte de toux, le nouveau-né se mit à vagir ; et le marmot pleurait.
70 — « Pauvres enfants ! » dit le prêtre d'une voix douce.

Le père alors éclata en sanglots. — « Oui ! oui ! tout ce qu'on voudra ! »

— « J'y compte » reprit le curé ; — et ayant fait la révérence : — « Messieurs, bien le bonsoir ! »
75 Le maître d'école restait la figure dans les mains.
Il repoussa Bouvard.

— « Non ! laissez-moi ! j'ai envie de crever ! je suis un misérable ! »

Les deux amis regagnèrent leur domicile, en se
80 félicitant de leur indépendance. Le pouvoir du clergé les effrayait.

On l'appliquait maintenant à raffermir l'ordre social. La République allait bientôt disparaître.

Trois millions d'électeurs se trouvèrent exclus du
85 suffrage universel. Le cautionnement des journaux fut élevé, la censure rétablie. On en voulait aux romans-feuilletons ; la philosophie classique était réputée dangereuse ; les bourgeois prêchaient le dogme des intérêts matériels — et le Peuple semblait content.

Flaubert, *Bouvard et Pécuchet,* 1881 (posthume), chap. VI.

LA LOI FALLOUX : extraits

article 23 : « l'enseignement primaire comprend : l'instruction religieuse et morale, la lecture, l'écriture... »

article 36 : « dans les communes où les différents cultes sont professés publiquement, des écoles séparées seront établies pour les enfants appartenant à chacun de ces cultes. »

article 44 : « les autorités locales proposées à la surveillance et à la direction morale de l'enseignement primaire sont pour chaque école le maire, le curé, le pasteur ou le délégué du culte israélite. Les ministres des différents cultes sont spécialement chargés de surveiller l'enseignement religieux de l'école. L'entrée de l'école leur est toujours ouverte. »

En 1881, l'Alsace-Lorraine était toujours soumise à la loi Falloux. Voici les conseils que L'ami des écoles, *journal de l'association des instituteurs de cette région, donnait à ses membres :*

« Cher instituteur ! ne soyez ni un mercenaire, ni un homme de peine ! Considérez vos fonctions « selon l'esprit de la vérité ! » si vous les considérez « selon l'esprit », dans le véritable esprit qui en est digne, vous ne calculerez pas toujours combien votre salaire est médiocre ; vous ne vous laisserez ni effrayer par les durs labeurs de votre humble position, ni décourager par les déceptions amères que vous préparent certains petits et grands enfants ; plein de désintéressement, vous vous attacherez à votre état avec un amour toujours croissant ; chaque jour, vous puiserez, pour le fidèle accomplissement de vos devoirs, une nouvelle force dans la pensée que, dans votre carrière, vous contribuerez, pour votre part, à procurer aux hommes les plus grands biens qu'ils puissent acquérir, que vous aussi, vous êtes un serviteur du Christ et, comme tel, vous coopérez à la réalisation du mystère qu'annonça l'ange en disant : Gloire à Dieu, paix aux hommes ! ».

« L'ami des écoles », 1881.

VICTOR HUGO, 1850

Lors de la discussion de la loi, à l'Assemblée, l'auteur, avec son éloquence coutumière, s'élève avec violence contre cette main mise du « parti clérical » sur l'école :

« Je m'adresse, non certes, au vénérable évêque de Langres, non à quelque personne que ce soit dans cette enceinte, mais au parti qui a, sinon rédigé, du moins inspiré le projet de loi, à ce parti à la fois éteint et ardent, au parti clérical. Je ne sais pas s'il est dans le Gouvernement, je ne sais pas s'il est dans l'Assemblée *(Mouvement)* ; mais je le sens un peu partout. *(Nouveau mouvement)*. Il a l'oreille fine, il m'entendra. *(On rit)*. Je m'adresse donc au parti clérical et je lui dis : Cette loi est votre loi. Tenez, franchement, je me défie de vous. Instruire, c'est construire. *(Sensation)*. Je me défie de ce que vous construisez. *(Très bien, Très bien !)*.

Je ne veux pas vous confier l'enseignement de la jeunesse, l'âme des enfants, le développement des intelligences neuves qui s'ouvrent à la vie, l'esprit des générations nouvelles, c'est-à-dire l'avenir de la France. Je ne veux pas vous confier l'avenir de la France : parce que vous le confier ce serait vous le livrer. *(Mouvement)*.

Il ne suffit pas que les nations nouvelles nous succèdent, je veux qu'elles nous continuent. Voilà pourquoi je ne veux ni de votre souffle, ni de votre main sur elles. Je ne veux pas que ce qui a été fait par nos pères soit défait par vous. Après cette gloire, je ne veux pas de cette honte. »

Discours à l'Assemblée législative, 15 janvier 1850.

1. LE TEXTE DE FLAUBERT.

a) *Vous étudierez comment s'affirme pas à pas la victoire du curé, alternant menace et paternalisme, en analysant plus précisément le passage, dans son discours, du « on » au « je ».*

b) *Comment évolue l'attitude de l'instituteur ? La lecture des deux pages précédentes de ce dossier vous permet-elle d'expliquer sa capitulation ?*

c) *A votre avis, de quel côté va la sympathie de l'auteur ? Comment se manifeste-t-elle (adjectifs, adverbes, décrivant l'attitude des deux personnages, fonction de la rêverie de l'instituteur, réévaluation de la scène par le commentaire final, etc...) ?*

2 — *ENQUÊTE :* École publique, école libre. Quelle est la situation à l'heure actuelle ? Quels sont les arguments des partisans de l'une et de l'autre ?

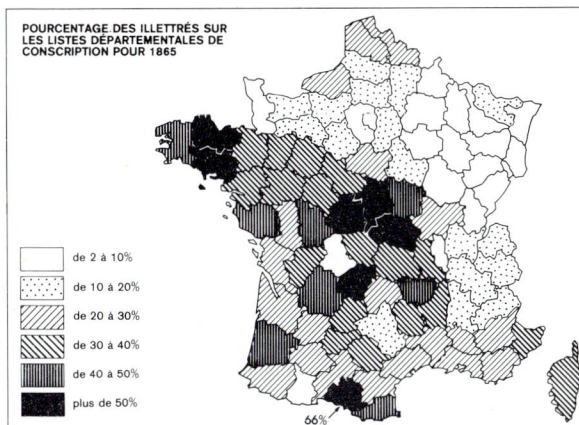

POURCENTAGE DES ILLETTRÉS SUR LES LISTES DÉPARTEMENTALES DE CONSCRIPTION POUR 1865

de 2 à 10%
de 10 à 20%
de 20 à 30%
de 30 à 40%
de 40 à 50%
plus de 50%

66%

Carte de l'analphabétisme.

Jules Ferry.

Le fondateur de l'école laïque
est **JULES FERRY**
*(1832-1893). Il conduit
d'abord le combat anti-clérical,
attaquant la loi Falloux de
1850 (voir page précédente).
Ministre de l'Instruction
publique, il réalisera ensuite
la réforme de l'école primaire :
école gratuite (juin 1881),
obligatoire et laïque (mars
1882). Puis il modernisera
l'enseignement secondaire
(suppression du discours
latin) et créera les lycées de
jeunes filles.*

*Dans ce discours de 1870,
il affirme le devoir d'éducation
d'une société qui se veut
démocratique : l'instruction
doit être dispensée à chacun,
sans distinction de classe ni
de sexe.*

Non ! Nous ne sommes pas une société en décadence, parce que nous sommes une société démocratique, nous avons fait ces deux grandes choses : nous avons affranchi le droit de vote et le droit au travail ; c'en est assez, et nous pouvons bien, une fois par hasard, (...) nous abandonner à un élan d'estime pour nous-mêmes, et dire :
5 Oui ! nous sommes un grand siècle. *(Applaudissements nombreux.)*

Mais nous sommes un grand siècle (...) à la condition de bien connaître quelle est l'œuvre, quelle est la mission, quel est le devoir de notre siècle. Le siècle dernier et le commencement de celui-ci ont anéanti les privilèges de la propriété, les privilèges de la distinction des classes ; l'œuvre de notre temps n'est pas assurément plus difficile. (...).

10 C'est une œuvre pacifique, c'est une œuvre généreuse, et je la définis ainsi : faire disparaître la dernière, la plus redoutable des inégalités qui viennent de la naissance, l'inégalité d'éducation. C'est le problème du siècle et nous devons nous y attacher. Et, quant à moi, lorsqu'il m'échut ce suprême honneur de représenter une portion de la population parisienne dans la Chambre des députés, je me suis fait un serment : entre 15 toutes les nécessités du temps présent, entre tous les problèmes, j'en choisirai un auquel je consacrerai tout ce que j'ai d'intelligence, tout ce que j'ai d'âme, de cœur, de puissance physique et morale, c'est le problème de l'éducation du peuple. *(Vifs applaudissements).*

L'inégalité d'éducation est, en effet, un des résultats les plus criants et les plus 20 fâcheux, au point de vue social, du hasard de la naissance. Avec l'inégalité d'éducation, je vous défie d'avoir jamais l'égalité des droits, non l'égalité théorique, mais l'égalité réelle, et l'égalité des droits est pourtant le fond même et l'essence de la démocratie.

(...) ... Dans une société qui s'est donné pour tâche de fonder la liberté, il y a une grande nécessité de supprimer les distinctions de classes. Je vous le demande, de 25 bonne foi, à vous tous qui êtes ici et qui avez reçu des degrés d'éducation divers, je vous demande si, en réalité, dans la société actuelle, il n'y a plus de distinction de classes ? Je dis qu'il en existe encore ; il y en a une qui est fondamentale, et d'autant plus difficile à déraciner que c'est la distinction entre ceux qui ont reçu l'éducation et ceux qui ne l'ont point reçue. Or, messieurs, je vous défie de faire jamais de ces deux classes une nation 30 égalitaire, une nation animée de cet esprit d'ensemble et de cette confraternité d'idées qui font la force des vraies démocraties, si, entre ces deux classes, il n'y a pas eu le premier rapprochement, la première fusion qui résulte du mélange des riches et des pauvres sur les bancs de quelque école. *(Applaudissements).* (...).

Réclamer l'égalité d'éducation pour toutes les classes, ce n'est faire que la moitié 35 de l'œuvre ; cette égalité, je la revendique pour les deux sexes (...). La difficulté, l'obstacle ici n'est pas dans la dépense, il est dans les mœurs ; il est avant toute chose dans un mauvais sentiment masculin. Il existe dans le monde deux sortes d'orgueil : l'orgueil de la classe et l'orgueil du sexe ; celui-ci beaucoup plus mauvais, beaucoup plus persistant, beaucoup plus farouche que l'autre ; cet orgueil masculin est enfoui 40 dans les replis les plus profonds de notre cœur. Oui, messieurs, faisons notre confession ; dans le cœur des meilleurs d'entre nous, il y a un sultan *(rires nombreux)* (...) C'est vraiment là un trait de caractère français, c'est un je-ne-sais-quoi de fatuité que les plus civilisés d'entre nous portent en eux-mêmes : tranchons le mot, c'est l'orgueil du mâle *(rires).* (...).

45 Aujourd'hui, il y a une lutte sourde, mais persistante, entre la société d'autrefois, l'Ancien Régime avec son édifice de regrets, de croyances et d'institutions qui n'accepte pas la démocratie moderne, et la société qui procède de la Révolution française ; il y a parmi nous un ancien régime toujours persistant, et quand cette lutte, qui est le fond même de l'anarchie moderne, quand cette lutte intime sera finie, la lutte politique sera 50 terminée du même coup. Or, dans ce combat, la femme ne peut pas être neutre. (...).

(...) Les évêques le savent bien : celui qui tient la femme, celui-là tient tout, d'abord parce qu'il tient l'enfant, ensuite parce qu'il tient le mari ; non point peut-être le mari jeune, emporté par l'orage des passions, mais le mari fatigué ou déçu par la vie. *(Nombreux applaudissements.).*

55 C'est pour cela que l'Église veut retenir la femme, et c'est aussi pour cela qu'il faut que la démocratie la lui enlève ; il faut que la démocratie choisisse, sous peine de mort ; il faut choisir, citoyens : il faut que la femme appartienne à la science ou qu'elle appartienne à l'Église. *(Applaudissements répétés.)*

Jules Ferry, *Discours sur l'Égalité d'Education,* 10 avril 1870.

L'ÉDUCATION DES FEMMES

L'éducation des jeunes filles, prônée par Jules Ferry, rencontrera bien des résistances dans la mentalité de l'époque. Positivisme, croyance au progrès, certes, mais tant que cela reste une affaire d'hommes... Voici un article d'époque, paru en 1880 dans un journal — Le Gaulois — qui ne péchait pas par son progressisme :

Des lycées de jeunes filles ? Pourquoi pas des casernes de jeunes filles ! (...). On croit rêver (...).

A part quelques bachelières, quelques doctoresses et quelques sages-femmes, la jeune fille française, élevée dans la protection vigilante de la famille, avait été avec soin préservée de l'éducation garçonnière et des brutalités de la science. Elle grandissait parmi les sourires et les joies, comme une fleur dans le soleil ; elle grandissait dans une poétique ignorance des mystères des choses (...). Et cette paix candide de jeune fille, cette délicieuse floraison de pudiques désirs, ces élans d'idéale bonté qui plus tard font l'amour de l'épouse, le dévouement de la femme et le sacrifice de la mère, tout ce charme exquis, toute cette poésie, tout ce respect qui fait que le vice lui-même se tait, se découvre et recule devant nos enfants comme devant l'apparition des grands paradis perdus, tout cela va disparaître ! On va supprimer la jeune fille (...). Assez de ces petites niaises qui croient à l'ange gardien, au bonhomme de Noël, aux bébés qui naissent sous les choux. La science de l'État se chargera de souffler sur ces illusions enfantines. M. Paul Bert leur prouvera, scalpel en main et tablier au ventre, qu'il n'y a ni Dieu, ni diable, ni devoirs, ni justice, ni vertu, ni choux ; qu'il n'y a que des sensations, que des jouissances, une République et de la matière. On leur apprendra tout, même la rébellion contre la famille, même l'impureté. Elles n'auront même pas été vierges avant de devenir femmes (...).

le Gaulois, 25 novembre 1880.

LOUISE MICHEL, 1886
Ce passage des Mémoires *de l'auteur (voir nº 141) est la réponse d'une femme au « sultan » sommeillant dans le cœur de tout homme, que dénonçait déjà Jules Ferry :*

Jamais, je n'ai compris qu'il y eût un sexe pour lequel on cherchât à atrophier l'intelligence comme s'il y en avait trop dans la race.

Les filles, élevées dans la niaiserie, sont désarmées tout exprès pour être mieux trompées : c'est cela qu'on veut. C'est absolument comme si on vous jetait à l'eau après vous avoir défendu d'apprendre à nager, ou même lié les membres.

Sous prétexte de conserver l'innocence d'une jeune fille, on la laisse rêver, dans une ignorance profonde, à des choses qui ne lui feraient nulle impression si elles lui étaient connues par de simples questions de botanique ou d'histoire naturelle.

Mille fois plus innocente elle serait alors, car elle passerait calme à travers mille choses qui la troublent : tout ce qui est une question de science ou de nature ne trouble pas les sens.

Est-ce qu'un cadavre émeut ceux qui ont l'habitude de l'amphithéâtre ? Que la nature apparaisse vivante ou morte, elle ne fait pas rougir. Le mystère est détruit, le cadavre est offert au scalpel.

La nature et la science sont propres, les voiles qu'on leur jette ne le sont pas. Ces feuilles de vigne tombées des pampres du vieux Silène ne font que souligner ce qui passerait inaperçu.

Les Anglais font des races d'animaux pour la boucherie ; les gens civilisés préparent les jeunes filles pour être trompées, ensuite ils leur en font un crime et un presque honneur au séducteur.

Quel scandale quand il se trouve de mauvaises têtes dans le troupeau ! Où en serait-on si les agneaux ne voulaient plus être égorgés ?

Louise Michel, *Mémoires,* 1886.

---

1 — *Le discours de Jules Ferry.*

a) *Quelles sont les « valeurs » au nom desquelles Jules Ferry entreprend son œuvre ?*

b) *Pourquoi Jules Ferry oppose-t-il science et religion ?*

c) *En quoi ce discours est-il caractéristique de l'état d'esprit propre à la deuxième moitié du XIXe siècle (voir dossier POSITIVISME, nº 107) ?*

2 — *Le texte du* Gaulois *et celui de L. Michel se répondent presque terme à terme. Vous relèverez les formules, qui dans chacun de ces textes, s'opposent, notamment en ce qui concerne le statut de la science.*

3 — *ENQUÊTE/DÉBAT : au XIXe siècle, la fonction de l'école est donnée comme purement libératrice. Aujourd'hui de nombreuses critiques insistent plutôt sur son rôle dans la reproduction de l'idéologie* dominante par exemple Ivan Illich, (Une société sans école, Seuil, 1971), Bourdieu-Passeron (La reproduction, Minuit 1970), Baudelot-Establet (L'Ecole capitaliste en France, 1972). Établissez un dossier sur ces critiques. Vous paraissent-elles fondées ?*

Giraud, *portrait-charge de Flaubert* (Giraudon).

Souriant d'un sourire étrange et la prunelle fixe, les dents serrées, il s'avança en écartant les bras. Elle se recula tremblante. Elle balbutiait :

— Oh ! vous me faites peur ! Vous me faites mal ! Partons.

— Puisqu'il le faut, reprit-il en changeant de visage.

5 Et il redevint aussitôt respectueux, caressant, timide.

Elle lui donna son bras. Ils s'en retournèrent. Il disait :

— Qu'aviez-vous donc ? Pourquoi ? Je n'ai pas compris. Vous vous méprenez, sans doute ? Vous êtes dans mon âme comme une madone sur un piédestal, à une place haute, solide et immaculée. Mais j'ai besoin de vous pour vivre ! J'ai besoin de vos yeux, de votre 10 voix, de votre pensée. Soyez mon amie, ma sœur, mon ange !

Et il allongeait son bras et lui en entourait la taille.

Elle tâchait de se dégager mollement. Il la soutenait ainsi, en marchant.

Mais ils entendirent les deux chevaux qui broutaient le feuillage.

— Oh ! encore, dit Rodolphe. Ne partons pas ! Restez !

15 Il l'entraîna plus loin, autour d'un petit étang, où des lentilles d'eau faisaient une verdure sur les ondes. Des nénufars flétris se tenaient immobiles entre les joncs. Au bruit de leurs pas dans l'herbe, des grenouilles sautaient pour se cacher.

— J'ai tort, j'ai tort, disait-elle. Je suis folle de vous entendre.

— Pourquoi ?... Emma ! Emma !

20 — Oh ! Rodolphe !... fit lentement la jeune femme en se penchant sur son épaule.

Le drap de sa robe s'accrochait au velours de l'habit, elle renversa son cou blanc, qui se gonflait d'un soupir, et, défaillante, tout en pleurs, avec un long frémissement et se cachant la figure, elle s'abandonna.

Les ombres du soir descendaient ; le soleil horizontal, passant entre les branches, lui 25 éblouissait les yeux. Çà et là, tout autour d'elle, dans les feuilles ou par terre, des taches lumineuses tremblaient, comme si des colibris, en volant, eussent éparpillé leurs plumes. Le silence était partout ; quelque chose de doux semblait sortir des arbres ; elle sentait son cœur, dont les battements recommençaient, et le sang circuler dans sa chair comme un fleuve de lait. Alors, elle entendit tout au loin, au delà du bois, sur les autres collines, un cri 30 vague et prolongé, une voix qui se traînait, et elle l'écoutait silencieusement, se mêlant comme une musique aux dernières vibrations de ses nerfs émus. Rodolphe, le cigare aux dents, raccommodait avec son canif une des deux brides cassée.

Ils s'en revinrent à Yonville, par le même chemin. Ils revirent sur la boue les traces de leurs chevaux, côte à côte, et les mêmes buissons, les mêmes cailloux dans l'herbe. Rien 35 autour d'eux n'avait changé ; et pour elle, cependant, quelque chose était survenu de plus considérable que si les montagnes se fussent déplacées. Rodolphe, de temps à autre, se penchait et lui prenait la main pour la baiser.

Elle était charmante, à cheval ! Droite, avec sa taille mince, le genou plié sur la crinière de sa bête et un peu colorée par le grand air, dans la rougeur du soir.

40 En entrant dans Yonville, elle caracola sur les pavés.

On la regardait des fenêtres.

Son mari, au dîner, lui trouva bonne mine ; mais elle eut l'air de ne pas entendre lorsqu'il s'informa de sa promenade ; et elle restait le coude au bord de son assiette, entre les deux bougies qui brûlaient. (...)

45 Elle se répétait : « J'ai un amant ! un amant ! » se délectant à cette idée comme à celle d'une autre puberté qui lui serait survenue. Elle allait donc posséder enfin ces joies de l'amour, cette fièvre du bonheur dont elle avait désespéré. Elle entrait dans quelque chose de merveilleux où tout serait passion, extase, délire ; une immensité bleuâtre l'entourait, les sommets du sentiment étincelaient sous sa pensée, l'existence ordinaire n'apparaissait 50 qu'au loin, tout en bas, dans l'ombre, entre les intervalles de ces hauteurs.

Alors elle se rappela les héroïnes des livres qu'elle avait lus, et la légion lyrique de ces femmes adultères se mit à chanter dans sa mémoire avec des voix de sœurs qui la charmaient. Elle devenait elle-même comme une partie véritable de ces imaginations et réalisait la longue rêverie de sa jeunesse, en se considérant dans ce type d'amoureuse 55 qu'elle avait tant envié. D'ailleurs, Emma éprouvait une satisfaction de vengeance. N'avait-elle pas assez souffert ! Mais elle triomphait maintenant, et l'amour, si longtemps contenu, jaillissait tout entier avec des bouillonnements joyeux. Elle le savourait sans remords, sans inquiétude, sans trouble.

Madame Bovary, 1857, deuxième partie, chap. IX.

Emma, mariée à Charles Bovary, petit médecin honnête et ennuyeux, essaie de chasser l'ennui qui la saisit en prenant un amant, Rodolphe.

En fait, elle voudrait revivre les aventures des héros et héroïnes de ses lectures (voir ci-contre). Mais elle finira par se rendre compte que la réalité est bien plus prosaïque que la prose des littérateurs. Après une seconde aventure aussi dérisoire que la première, dégoûtée de la vie, elle s'empoisonnera.

Ce livre, impitoyable pour la petite bourgeoisie ennuyeuse et stérile, valut à son auteur un procès retentissant (voir pages suivantes).

UN ROMAN FAIT DE ROMANS

Madame Bovary *pourrait s'intituler* Des dangers de la lecture sur une imagination fertile :

Elle n'aimait la mer qu'à cause de ses tempêtes, et la verdure seulement lorsqu'elle était clairsemée parmi les ruines. Il fallait qu'elle pût retirer des choses une sorte de profit personnel ; et elle rejetait comme inutile tout ce qui ne contribuait pas à la consommation immédiate de son cœur, — étant de tempérament plus sentimentale qu'artiste, cherchant des émotions et non des paysages.

Il y avait au couvent une vieille fille qui venait tous les mois, pendant huit jours, travailler à la lingerie. Protégée par l'archevêché comme appartenant à une ancienne famille de gentilshommes ruinés sous la Révolution, elle mangeait au réfectoire à la table des bonnes sœurs, et faisait avec elles, après le repas, un petit bout de causette avant de remonter à son ouvrage. Souvent les pensionnaires s'échappaient de l'étude pour l'aller voir. Elle savait par cœur des chansons galantes du siècle passé, qu'elle chantait à demi-voix, tout en poussant son aiguille. Elle contait des histoires, vous apprenait des nouvelles, faisait en ville vos commissions, et prêtait aux grandes, en cachette, quelque roman qu'elle avait toujours dans les poches de son tablier, et dont la bonne demoiselle elle-même avalait de longs chapitres, dans les intervalles de sa besogne. Ce n'étaient qu'amours, amants, amantes, dames persécutées s'évanouissant dans des pavillons solitaires, postillons qu'on tue à tous les relais, chevaux qu'on crève à toutes les pages, forêts sombres,' troubles du cœur, serments, sanglots, larmes et baisers, nacelles au clair de lune, rossignols dans les bosquets, *messieurs* braves comme les lions, doux comme des agneaux, vertueux comme on ne l'est pas, toujours bien mis, et qui pleurent comme des urnes. Pendant six mois, à quinze ans, Emma se graissa donc les mains à cette poussière des vieux cabinets de lecture.

Madame Bovary, première partie, chap. VI.

CODE CIVIL DU XIXᵉ SIÈCLE

Des Causes du Divorce.

Art. 229. *Le mari pourra demander le divorce pour cause d'adultère de sa femme.*

Art. 230. *La femme pourra demander le divorce pour cause d'adultère de son mari, lorsqu'il aura tenu sa concubine dans la maison commune.*
(décrété le 30 Ventôse an XI. Promulgué le 10 Germinal suivant*).
*20 mars 1803.

CODE PÉNAL DU XXᵉ SIÈCLE

Ces articles ont été abrogés par le décret de loi nᵒ 75.617 du 11 juillet 1975, entré en vigueur le 1ᵉʳ janvier 1976.

Art. 336. *L'adultère de la femme ne pourra être dénoncé que par le mari ; cette faculté même cessera s'il est dans le cas prévu par l'article 339.*

Art. 337. *La femme convaincue d'adultère subira la peine de l'emprisonnement pendant trois mois au moins et deux ans au plus.*

Le mari restera le maître d'arrêter l'effet de cette condamnation, en consentant à reprendre sa femme.

Art. 339. *Le mari qui aura entretenu une concubine dans la maison conjugale, et qui aura été convaincu sur la plainte de la femme, sera puni d'une amende de 360 F à 7 200 F.*

Invitée avec son mari à un bal, Emma s'identifie aux héroïnes de ses lectures. Elle ne voit plus la réalité qu'à travers le filtre déformant des romans de son adolescence :

Emma fit sa toilette avec la conscience méticuleuse d'une actrice à son début. Elle disposa ses cheveux d'après les recommandations du coiffeur, et elle entra dans sa robe de barège(1), étalée sur le lit. Le pantalon de Charles le serrait au ventre.

— Les sous-pieds vont me gêner pour danser, dit-il.

— Danser ? Reprit Emma.

— Oui !

— Mais tu as perdu la tête ! on se moquerait de toi, reste à ta place. D'ailleurs, c'est plus convenable pour un médecin, ajouta-t-elle.

Charles se tut. Il marchait de long en large, attendant qu'Emma fût habillée.

Il la voyait par derrière, dans la glace, entre deux flambeaux. Ses yeux noirs semblaient plus noirs. Ses bandeaux, doucement bombés vers les oreilles, luisaient d'un éclat bleu ; une rose à son chignon tremblait sur une tige mobile, avec des gouttes d'eau factices au bout de ses feuilles. Elle avait une robe de safran pâle, relevée par trois bouquets de roses pompon mêlées de verdure.

Charles vint l'embrasser sur l'épaule.

— Laisse-moi ! dit-elle, tu me chiffonnes. (...).

Quelques hommes (une quinzaine) de vingt-cinq à quarante ans, disséminés parmi les danseurs ou causant à l'entrée des portes, se distinguaient de la foule par un air de famille, quelles que fussent leurs différences d'âge, de toilette ou de figure.

Leurs habits, mieux faits, semblaient d'un drap plus souple, et leurs cheveux, ramenés en boucles vers les tempes, lustrés par des pommades plus fines. Ils avaient le teint de la richesse, ce teint blanc que rehaussent la pâleur des porcelaines, les moires du satin, le vernis des beaux meubles, et qu'entretient dans sa santé un régime discret de nourritures exquises. Leur cou tournait à l'aise sur des cravates basses ; leurs favoris longs tombaient sur des cols rabattus ; ils s'essuyaient les lèvres à des mouchoirs brodés d'un large chiffre, d'où sortait une odeur suave. Ceux qui commençaient à vieillir avaient l'air jeune, tandis que quelque chose de mûr s'étendait sur le visage des jeunes. Dans leurs regards indifférents flottait la quiétude de passions journellement assouvies ; et, à travers leurs manières douces, perçait cette brutalité particulière que communique la domination de choses à demi faciles, dans lesquelles la force s'exerce et où la vanité s'amuse, le maniement des chevaux de race et la société des femmes perdues.

Madame Bovary, première partie, chap. VIII.

(1) *Étoffe de laine légère.*

Dès la parution, le scandale fut immense. Flaubert fut accusé « d'outrage à la morale publique et religieuse et aux bonnes mœurs ». Mais les motivations profondes de l'accusation sont plus complexes : il s'agit de faire interdire le journal, jugé trop libéral, où paraît le roman. Flaubert écrit à son frère, le 1er janvier 1857 : « Mon affaire est une affaire politique, parce qu'on veut à toute force exterminer la Revue de Paris, *qui agace le pouvoir ». L'effet de ce procès sur le public est immédiat. Dans la même lettre, Flaubert note : « Je vais devenir le lion de la semaine, toutes les hautes garces s'arrachent la* Bovary *pour y trouver des obscénités qui n'y sont pas ».*

Si Flaubert n'est pas condamné, c'est à nouveau pour des raisons politiques, car le gouvernement a « peur qu'une condamnation n'indispose les Rouennais dans les futures élections » (lettre du 5 janvier 1857 à son frère). On sait que Flaubert appartenait à la grande bourgeoisie de Rouen.

Réquisitoire de Maître Ernest Pinard (extraits)

(Même procureur que pour le procès des Fleurs du mal, *texte n° 68.)*

On nous dira comme objection générale : mais, après tout, le roman est moral au fond, puisque l'adultère est puni ?

A cette objection, deux réponses : je suppose l'œuvre morale, par hypothèse, une conclusion morale ne pourrait pas amnistier les détails lascifs qui peuvent s'y trouver. Et puis je dis : l'œuvre au fond n'est pas morale.

Je dis, messieurs, que des détails lascifs ne peuvent pas être couverts par une conclusion morale, sinon on pourrait raconter toutes les orgies imaginables, décrire toutes les turpitudes d'une femme publique, en la faisant mourir sur un grabat à l'hôpital. Il serait permis d'étudier et de montrer toutes ses poses lascives ! Ce serait aller contre toutes les règles du bon sens. Ce serait placer le poison à la portée de tous et le remède à la portée d'un bien petit nombre, s'il y avait un remède. Qui est-ce qui lit le roman de M. Flaubert ? Sont-ce des hommes qui s'occupent d'économie politique ou sociale ? Non ! Les pages légères de *Madame Bovary* tombent en des mains plus légères, dans des mains de jeunes filles, quelquefois de femmes mariées. Eh bien ! lorsque l'imagination aura été séduite, lorsque cette séduction sera descendue jusqu'au cœur, lorsque le cœur aura parlé aux sens, est-ce que vous croyez qu'un raisonnement bien froid sera bien fort contre cette séduction des sens et du sentiment ?

(...) Si le mari béat sent croître son amour en apprenant les adultères de sa femme, si l'opinion est représentée par des êtres grotesques, si le sentiment religieux est représenté par un prêtre ridicule, une seule personne a raison, règne, domine : c'est Emma Bovary. Messaline a raison contre Juvénal.

Voilà la conclusion philosophique du livre, tirée non par l'auteur, mais par un homme qui réfléchit et approfondit les choses, par un homme qui a cherché dans le livre un personnage qui pût dominer cette femme. Il n'y en a pas. Le seul personnage qui y domine, c'est Mme Bovary.

La Gazette des tribunaux, 9 février 1857.

Ces pièces du procès seront jointes par Flaubert, non sans malice, à l'édition définitive de Madame Bovary *publiée en 1873.*

Jugements (extraits) du 7 février 1857

« Attendu qu'à ces divers titres l'ouvrage déféré au tribunal mérite un blâme sévère, car la mission de la littérature doit être d'orner et de récréer l'esprit en élevant l'intelligence et en épurant les mœurs plus encore que d'imprimer le dégoût du vice en offrant le tableau des désordres qui peuvent exister dans la société ;

« Attendu que les prévenus, et en particulier Gustave Flaubert, repoussent énergiquement l'inculpation dirigée contre eux, en articulant que le roman soumis au jugement du tribunal a un but éminemment moral ; que l'auteur a eu

principalement en vue d'exposer les dangers qui résultent d'une éducation non appropriée au milieu dans lequel on doit vivre, et que, poursuivant cette idée, il a montré la femme, personnage principal de son roman, aspirant à un monde et une société pour lesquels elle n'était pas faite, malheureuse de la condition modeste dans laquelle le sort l'aurait placée, oubliant d'abord ses devoirs de mère, manquant ensuite à ses devoirs d'épouse, introduisant successivement dans sa maison l'adultère et la ruine, et finissant misérablement par le suicide, après avoir passé par tous les degrés de la dégradation la plus complète et être descendue jusqu'au vol ; (...)

« Attendu qu'il n'est pas permis, sous prétexte de peinture de caractère ou de couleur locale, de reproduire dans leurs écarts les faits, dits et gestes des personnages qu'un écrivain s'est donné mission de peindre ; qu'un pareil système appliqué aux œuvres de l'esprit aussi bien qu'aux productions des beaux-arts, conduirait à un réalisme qui serait la négation du beau et du bon et qui, enfantant des œuvres également offensantes pour les regards et pour l'esprit, commettrait de continuels outrages à la morale publique et aux bonnes mœurs ;

« Attendu qu'il y a des limites que la littérature, même la plus légère, ne doit pas dépasser, et dont Gustave Flaubert et co-inculpés paraissent ne s'être pas suffisamment rendu compte ;

« Mais attendu que l'ouvrage dont Flaubert est l'auteur est une œuvre qui paraît avoir été longuement et sérieusement travaillée, au point de vue littéraire et de l'étude des caractères ; que les passages relevés par l'ordonnance de renvoi, quelque répréhensibles qu'ils soient, sont peu nombreux si on les compare à l'étendue de l'ouvrage ; que ces passages, soit dans les idées qu'ils exposent, soit dans les situations qu'ils représentent, rentrent dans l'ensemble des caractères que l'auteur a voulu peindre, tout en les exagérant et en les imprégnant d'un réalisme vulgaire et souvent choquant ;

« Attendu que Gustave Flaubert proteste de son respect pour les bonnes mœurs et tout ce qui se rattache à la morale religieuse ; qu'il n'apparaît pas que son livre ait été, comme certaines œuvres, écrit dans le but unique de donner une satisfaction aux passions sensuelles, à l'esprit de licence et de débauche, ou de ridiculiser des choses qui doivent êtres entourées du respect de tous ;

« Qu'il a eu le tort seulement de perdre parfois de vue les règles que tout écrivain qui se respecte ne doit jamais franchir, et d'oublier que la littérature, comme l'art, pour accomplir le bien qu'elle est appelée à produire, ne doit pas seulement être chaste et pure dans sa forme et dans son expression ;

« Dans ces circonstances, attendu qu'il n'est pas suffisamment établi que Pichat(1), Gustave Flaubert et Pillet(1) se soient rendus coupables des délits qui leur sont imputés ;

« Le tribunal les acquitte de la prévention portée contre eux et les renvoie sans dépens. »

(1) Responsables de la Revue de Paris.

J.-P. RICHARD, 1954

Flaubert affirma un jour, par une boutade pleine de sens, « La Bovary, c'est moi ». C'était montrer le lien presque charnel existant un romancier et ses créatures. Ce lien est ici analysé par un critique contemporain :

L'étoffe de tous ses personnages, c'est en lui **(1)** qu'il la taille, et il ne les épouse de l'intérieur, ne ressent avec tant d'acuité leurs sentiments et leurs sensations, ce goût d'arsenic par exemple dans la bouche d'Emma Bovary, que parce que chacun d'eux représente au début une certaine métamorphose de lui-même. Il glisse de l'un à l'autre, comme le comédien de rôle en rôle, et c'est pourquoi dans le premier jet de sa création tous ses personnages semblent un peu modelés dans la même pâte, mal différenciés, et qu'ils se déplacent dans la lumière d'une sympathie égale. Tout le travail de correction ira par la suite dans le sens de la spécification et du durcissement de chaque caractère, vers un détachement du personnage par rapport au romancier qui garantira l'objectivité de l'œuvre. Charles deviendra plus stupide, Emma plus frivole, Léon **(2)** plus veule : pour les écarter de lui, Flaubert semblera s'appliquer à les haïr et à les accabler, à leur enlever toute excuse : encore y parviendra-t-il assez mal. Mais cette séparation de la sympathie sensible et de la sympathie morale, qu'a fort justement notée Albert Thibaudet **(3)**, et qui amène Flaubert à ressentir et à revivre en profondeur les sentiments même qu'il voudrait condamner, nous savons maintenant, depuis la publication des brouillons, qu'elle est acquise, non spontanée. Tout son effort le conduit à éprouver sans approuver : mais au début il vivait tout entier dans chaque personnage, collé, livré à lui. L'objectivité flaubertienne naît d'un arrachement à soi, et c'est pourquoi elle diffère si profondément de l'objectivité de Balzac, par exemple, dans le mouvement créateur de qui chaque personnage se dresse dès le début comme être indépendant, tout en conservant dans son être la marque du romancier. Aucune mystique de la paternité, aucun sens de la transmission substantielle ne viennent éclairer chez Flaubert ce mystère de la création qui fait qu'un être puisse être autre tout en demeurant moi. De Vautrin à Lucien **(4)** au contraire, comme de Balzac à Vautrin lui-même, le rapport du créateur à la créature implique une continuation d'être, mais non une continuité de substance : un pouvoir se transmet de l'un à l'autre qui ne compromet l'intégrité d'aucun des deux. Au lieu qu'Emma ne tient sa fille que pour un prolongement, une sorte de pseudopode un peu dégoûtant d'elle-même ; cette naissance est un événement qui lui arrive, non l'arrivée d'un autre être. De la même façon Flaubert doit s'identifier substantiellement à ses personnages pour les sentir comme siens : et s'il s'en détache, c'est pour les condamner.

Loriot, *Flaubert disséquant Mme Bovary* (Giraudon).

la Création de la forme chez Flaubert, in Littérature et sensation, 1954.

(1) Il s'agit bien sûr de Flaubert.
(2) Second amant d'Emma.

(3) Critique du début du siècle (1874-1936).
(4) Lucien de Rubempré (voir n° 18) ; Vautrin (voir n° 22).

---

1 — ROMAN ET ROMANS
   a) *Relevez, dans les propos d'Emma et dans sa vision des êtres et des choses, ce qui vous semble caractéristique de la mauvaise littérature dont elle s'est abreuvée.*
   b) *Comment Flaubert fait-il la parodie de cette littérature de colportage ? Étudiez parallèlement le résumé ironique qu'il en propose et ce qui en subsiste dans son propre texte.*
   c) *Emma connaît aussi certains poètes (se référer au texte n° 10). Pourquoi essaie-t-elle de vivre ses lectures ?*
   d) *Relevez, dans les propos du procureur Pinard, ce qui est discours sur la littérature. En quels termes Flaubert est-il accusé d'influencer de futures Emma Bovary ? A quels autres auteurs est-il ainsi assimilé ?*

2 — *Pourquoi le procureur se désole-t-il qu'Emma Bovary soit, conformément au titre choisi par Flaubert, le « personnage dominant » ?*

3 — *Résumez brièvement le texte de J.P. Richard en dégageant les points essentiels. Quels rapports le romancier entretient-il avec ses créatures ? En vous appuyant sur les textes 16 à 23, justifiez l'opposition entre l'objectivité de Flaubert et celle de Balzac. Quelles définitions du terme d'objectivité êtes-vous amené à proposer ?*

4 — *Les articles 336 et 337 du Code Pénal n'ont été abolis qu'en 1975. Commentez...*

Taanach **(1)** alluma dans les angles de l'appartement quatre trépieds pleins de strobus et de cardamome **(2)**, puis elle déploya de grandes tapisseries babyloniennes et elle les tendit sur des cordes, tout autour de la chambre ; car Salammbô ne voulait pas être vue, même par les murailles. Le joueur de kinnor **(3)** se tenait accroupi derrière la porte, et le jeune garçon,
5 debout, appliquait contre ses lèvres une flûte de roseau. Au loin la clameur des rues s'affaiblissait, des ombres violettes s'allongeaient devant le péristyle des temples, et, de l'autre côté du golfe, les bases des montagnes, les champs d'oliviers et les vagues terrains jaunes, ondulant indéfiniment, se confondaient dans une vapeur bleuâtre ; on n'entendait aucun bruit, un accablement indicible pesait dans l'air.

10 Salammbô s'accroupit sur la marche d'onyx, au bord du bassin ; elle releva ses larges manches qu'elle attacha derrière ses épaules, et elle commença ses ablutions, méthodiquement, d'après les rites sacrés.

Enfin Taanach lui apporta, dans une fiole d'albâtre, quelque chose de liquide et de coagulé ; c'était le sang d'un chien noir, égorgé par des femmes stériles, une nuit d'hiver,
15 dans les décombres d'un sépulcre. Elle s'en frotta les oreilles, les talons, le pouce de la main droite, et même son ongle resta un peu rouge, comme si elle eût écrasé un fruit.

La lune se leva ; alors la cithare et la flûte, toutes les deux à la fois, se mirent à jouer.

Salammbô défit ses pendants d'oreilles, son collier, ses bracelets, sa longue simarre
20 blanche ; elle dénoua le bandeau de ses cheveux, et pendant quelques minutes elle les secoua sur ses épaules, doucement, pour se rafraîchir en les éparpillant. La musique au dehors continuait ; c'était trois notes, toujours les mêmes, précipitées, furieuses ; les cordes grinçaient, la flûte ronflait ; Taanach marquait la cadence en frappant dans ses mains ; Salammbô, avec un balancement de tout son corps psalmodiait des prières, et ses
25 vêtements, les uns après les autres, tombaient autour d'elle.

La lourde tapisserie trembla, et par dessus la corde qui la supportait, la tête du python apparut. Il descendit lentement, comme une goutte d'eau qui coule le long d'un mur, rampa entre les étoffes épandues, puis, la queue collée contre le sol, il se leva tout droit ; et ses yeux, plus brillants que des escarboucles, se dardaient sur Salammbô.

L'horreur du froid ou une pudeur, peut-être, la fit d'abord hésiter. Mais elle se rappela
30 les ordres de Schahabarim, elle s'avança ; le python se rabattit et lui posant sur la nuque le milieu de son corps, il laissait pendre sa tête et sa queue, comme un collier rompu dont les deux bouts traînent jusqu'à terre. Salammbô l'entoura autour de ses flancs, sous ses bras, entre ses genoux ; puis le prenant à la mâchoire, elle approcha cette petite gueule triangulaire jusqu'au bord de ses dents, et, en fermant à demi les yeux, elle se renversait sous
35 les rayons de la lune. La blanche lumière semblait l'envelopper d'un brouillard d'argent, la forme de ses pas humides brillait sur les dalles, des étoiles palpitaient dans la profondeur de l'eau ; il serrait contre elle ses noirs anneaux tigrés de plaques d'or. Salammbô haletait sous ce poids lourd, ses reins pliaient, elle se sentait mourir et du bout de sa queue il lui battait la cuisse tout doucement ; puis la musique se taisant, il retomba.

40 Taanach revint près d'elle ; et, quand elle eut disposé deux candélabres dont les lumières brûlaient dans des boules de cristal pleines d'eau, elle teignit de lausonia l'intérieur de ses mains, passa du vermillon sur ses joues, de l'antimoine au bord de ses paupières, et allongea ses sourcils avec un mélange de gomme de musc, d'ébène et de pattes de mouches écrasées.

Salammbô, 1862, le Serpent, chap. X.

A la fin de la 1re guerre punique entre Carthage et Rome (IIIe siècle av. J.C.) les barbares utilisés comme mercenaires par Carthage veulent être payés par la ville. Ils se constituent en armée pour conquérir Carthage, sous la direction d'un Nubien, Mathô, qui est amoureux de Salammbô, fille du général carthaginois Hamilcar. Mathô, s'étant introduit nuitamment dans la cité, y vole le voile sacré de Tanit, déesse de la fécondité. Schahabarim, prêtre de la déesse, convainc Salammbô d'aller se donner à Mathô pour récupérer ce voile. La jeune fille accomplit certains rites avant ce départ.

L'armée des Mercenaires sera finalement vaincue par Hamilcar. Mathô sera massacré par la populace, et Salammbô mourra, comme meurt une flamme, à la fin du roman.

(1) Servante de Salammbô.
(2) Strobus : arbre odoriférant. Cardamome : plante asiatique dont on extrayait une huile aromatique.
(3) Kinnor : sorte de guitare du Moyen-Orient.

1 — LE SERPENT :
Relevez dans ce texte tous les éléments qui vous paraissent symboliques. Quel est le fil conducteur qui les relie entre eux ?

2 — Comparez ce texte avec le texte n° 143 (Danse de Salomé). En quoi l'objectif de Flaubert dans ces deux textes est-il semblable ?

3 — Roman et érudition : relevez les termes qui vous paraissent de l'érudition pure (noms propres, exotisme, etc.). Comment Flaubert les intègre-t-il à la trame de son récit ? Cette érudition vous paraît-elle nécessaire ou superflue ? Justifiez vos réponses.

4 — Travail du texte : étudiez la première ébauche du passage du Festin. A travers l'énorme travail de corrections, additions, suppressions, etc., quel vous semble être l'objectif de Flaubert ? Y a-t-il plus de suppressions ou d'additions ? Que peut-on en déduire quant à la technique de l'auteur ?

Flaubert mit plusieurs années pour écrire Salammbô. *Non seulement il accumula une immense érudition sur la Carthage des guerres puniques, mais il travailla son texte sans relâche, afin d'obtenir une forme littérairement satisfaisante. Il resta ainsi plusieurs semaines sur la première phrase de son roman :* « C'était à Mégara, faubourg de Carthage, dans les jardins d'Hamilcar », *pour obtenir, avec l'accumulation de voyelles claires, une ouverture de roman intéressante. Le passage ci-dessous, qui marque une pause à la fin du premier chapitre, porte les marques de ce travail, dans les nombreux brouillons accumulés par Flaubert, et qui ont été systématiquement dépouillés et analysés :*

Ils étaient sur la terrasse. Une masse d'ombre énorme s'étalait devant eux, et qui semblait contenir de vagues amoncellements, pareils aux flots gigantesques d'un océan noir pétrifié.

Mais une barre lumineuse s'éleva du côté de l'Orient. A gauche, tout en bas, les canaux de Mégara commençaient à rayer de leurs sinuosités blanches les verdures des jardins. Les toits coniques des temples heptagones, les escaliers, les terrasses, les remparts, peu à peu, se découpaient sur la pâleur de l'aube ; et tout autour de la péninsule carthaginoise une ceinture d'écume blanche oscillait tandis que la mer couleur d'émeraude semblait comme figée dans la fraîcheur du matin. Puis à mesure que le ciel rose allait s'élargissant, les hautes maisons inclinées sur les pentes du terrain se haussaient, se tassaient telles qu'un troupeau de chèvres noires qui descend des montagnes. Les rues désertes s'allongeaient ; les palmiers, çà et là sortant des murs, ne bougeaient pas ; les citernes remplies avaient l'air de boucliers d'argent perdus dans les cours, le phare du promontoire Hermæum commençait à pâlir. Tout en haut de l'Acropole, dans le bois de cyprès, les chevaux d'Eschmoûn, sentant venir la lumière, posaient leurs sabots sur le parapet de marbre et hennissaient du côté du soleil.

Salammbô, 1862, le Festin, chap. I.

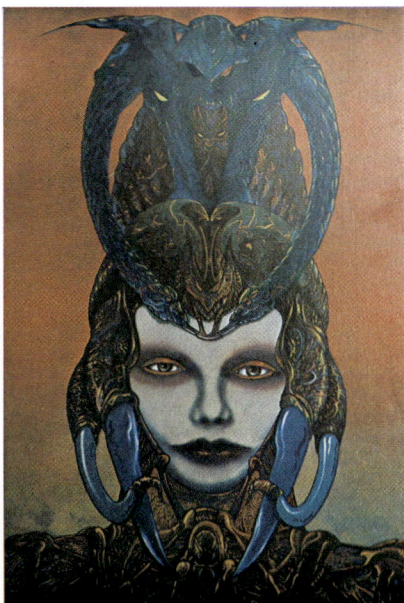

Philippe Druillet, *Salammbô* 1980
(Les humanoïdes associés).

LE TRAVAIL DE LA FORME

Première ébauche du passage (1). — Mais une grande ligne pâle se levait à l'horizon, et, [*à mesure qu'elle montait dans le ciel en s'élargissant, des blancheurs inégales apparaissaient*] s'éclaircissait à gauche. [*Tout auprès d'eux*]. Tout en bas [*les canaux de Mégara*] les rigoles rayaient de leurs sinuosités blanches les verdures des jardins ; en face, dans les cours, les citernes [*à ras du sol*] s'arrondissaient comme des boucliers [*de bronze*] d'airain remplis [*oubliés par terre*] et [*à droite*] plus loin on devinait [*la place, l'emplacement*] le contour des ports à deux surfaces oblongues *sur lesquelles se balançaient* [*les masses indéterminées*] des trirèmes attachées à des poteaux. Elles ressemblaient avec leur double éperon de fer à des [*monstres*] dogues accroupis entr'ouvrant leurs prunelles. Un arc du [*grand*] acqueduc laissait apercevoir tout au loin, [*du côté de Malqua*], les stèles des tombeaux [*alignés*] en perspective. Les toits coniques des temples heptagones, les escaliers, les tours, la triple enceinte des [*fortifications, remparts peu à peu surgissaient de la brume*]. L'Acropole découpait en noir sur la pâleur de l'aube] les [*balustrades*] grillages des terrasses se découpaient en noir sur la pâleur de l'aube. Les rues [*tortueuses*] étroites entre les hautes maisons, ressemblaient à des ravins s'entrecroisant qui montaient et descendaient « et derrière les temples apparaissaient d'autres temples, après les galères d'autres galères encore. » Puis çà et là quelque palmier sortant d'un mur penchait au bord de l'abîme un éventail de feuilles sombres. On apercevait au fond du lac la [*petite*] blanche Tunis, comme un [*tas*] paquet d'écume [*jeté sur le sable par les tempêtes*] [*jeté par les vents*] sur le rivage. « Les grands rochers qui sont dans le golfe de Carthage sortaient de la brume ». L'isthme de la Taenia s'allongeait entre les deux golfes. La péninsule apparaissait, se découvrait bordée par la mer à l'infini [*couleur d'azur sombre*] et au delà, s'étalait [*toute plate, immobile*], toute plate et comme figée dans la fraîcheur du matin. Cependant [*à mesure que*] le ciel rose [*à la base, puis*] orange, violet, pourpre montait en s'élargissant, [*multicolore*] et à mesure que le ciel entier s'en illuminait, les maisons de Carthage se détachant les unes des autres, plus nombreuses, « dévalant sur la pente du côté des navires, » comme [*un troupeau*] de chèvres noires qui descend des montagnes pour [*se laver, venir dans*] à la mer. Au milieu d'elles la statue colossale de Moloch, [*au milieu d'elles*] comme le pasteur... (*illisible*) et la couleur du ciel bleu passait entre ses jambes... (*illisible*) ; le phare du promontoire pâlissait, et au haut de l'Acropole, [*au haut du temple d'Eschmoun*], les chevaux [*sacrés*] du soleil *à demi cabrés [posaient leurs sabots]* sur le parapet de marbre [*à demi cabrés*] et la crinière au vent hennissaient comme à l'approche de leur dieu.

(1) *Les mots biffés par Flaubert sont en italique et placés entre [ ] ; les mots biffés puis rétablis sont en italique ; les phrases ajoutées en marge sont placées entre «... »...*

Illustration pour l'Éducation sentimentale (Roger Viollet).

Frédéric, pour rejoindre sa place, poussa la grille des Premières, dérangea deux chasseurs avec leurs chiens.

Ce fut comme une apparition :

Elle était assise, au milieu du banc, toute seule ; ou du moins il ne distingua 5 personne, dans l'éblouissement que lui envoyèrent ses yeux. En même temps qu'il passait, elle leva la tête ; il fléchit involontairement les épaules ; et, quand il se fut mis plus loin, du même côté, il la regarda.

Elle avait un large chapeau de paille, avec des rubans roses qui palpitaient au vent, derrière elle. Ses bandeaux noirs, contournant la pointe de ses grands sourcils, 10 descendaient très bas et semblaient presser amoureusement l'ovale de sa figure. Sa robe de mousseline claire, tachetée de petits pois, se répandait à plis nombreux. Elle était en train de broder quelque chose ; et son nez droit, son menton, toute sa personne se découpait sur le fond de l'air bleu.

Comme elle gardait la même attitude, il fit plusieurs tours de droite et de 15 gauche pour dissimuler sa manœuvre ; puis il se planta tout près de son ombrelle, posée contre le banc, et il affectait d'observer une chaloupe sur la rivière.

Jamais il n'avait vu cette splendeur de sa peau brune, la séduction de sa taille, ni cette finesse des doigts que la lumière traversait. Il considérait son panier à ouvrage avec ébahissement, comme une chose extraordinaire. Quels étaient son 20 nom, sa demeure, sa vie, son passé ? Il souhaitait connaître les meubles de sa chambre, toutes les robes qu'elle avait portées, les gens qu'elle fréquentait ; et le désir de la possession physique même disparaissait sous une envie plus profonde, dans une curiosité douloureuse qui n'avait pas de limites.

Une négresse, coiffée d'un foulard, se présenta, en tenant par la main une 25 petite fille, déjà grande. L'enfant, dont les yeux roulaient des larmes, venait de s'éveiller. Elle la prit sur ses genoux : « Mademoiselle n'était pas sage, quoiqu'elle eût sept ans bientôt ; sa mère ne l'aimerait plus ; on lui pardonnait trop ses caprices. » Et Frédéric se réjouissait d'entendre ces choses, comme s'il eût fait une découverte, une acquisition.

30 Il la supposait d'origine andalouse, créole peut-être ; elle avait ramené des îles cette négresse avec elle ?

Cependant, un long châle à bandes violettes était placé derrière son dos, sur le bordage de cuivre. Elle avait dû, bien des fois, au milieu de la mer, durant les soirs humides, en envelopper sa taille, s'en couvrir les pieds, dormir dedans ! Mais, 35 entraîné par les franges, il glissait peu à peu, il allait tomber dans l'eau ; Frédéric fit un bond et le rattrapa. Elle lui dit :

— Je vous remercie, monsieur.

Leurs yeux se rencontrèrent.

— Ma femme, es-tu prête ? cria le sieur Arnoux, apparaissant dans le capot de 40 l'escalier.

l'Éducation sentimentale, 1869, 1re partie, I.

Au tout début du roman, Frédéric Moreau, le jeune héros, rencontre pour la première fois Madame Arnoux.

« J'exècre ce qu'on est convenu d'appeler le réalisme, bien qu'on m'en fasse un des pontifes. » (Flaubert, Lettre à Sand, 1876.)

MARCEL PROUST, 1913.

La haie laissait voir à l'intérieur du parc une allée bordée de jasmin, de pensées et de verveines entre lesquelles des giroflées ouvraient leur bourse fraîche du rose odorant et passé d'un cuir ancien de Cordoue, tandis que sur le gravier un long tuyau d'arrosage peint en vert, déroulant ses circuits, dressait, aux points où il était percé, au-dessus des fleurs dont il imbibait les parfums, l'éventail vertical et prismatique de ses gouttelettes multicolores. Tout à coup, je m'arrêtai, je ne pus plus bouger, comme il arrive quand une vision ne s'adresse pas seulement à nos regards, mais requiert des perceptions plus profondes et dispose de notre être tout entier. Une fillette d'un blond roux, qui avait l'air de rentrer de promenade et tenait à la main une bêche de jardinage, nous regardait, levant son visage semé de taches roses. Ses yeux noirs brillaient et, comme je ne savais pas alors, ni ne l'ai appris depuis, réduire en ses éléments objectifs une impression forte, comme je n'avais pas, ainsi qu'on dit, assez « d'esprit d'observation » pour dégager la notion de leur couleur, pendant longtemps, chaque fois que je repensai à elle, le souvenir de leur éclat se présentait aussitôt à moi comme celui d'un vif azur, puisqu'elle était blonde : de sorte que, peut-être si elle n'avait pas eu des yeux aussi noirs — ce qui frappait tant la première fois qu'on la voyait — je n'aurais pas été, comme je le fus, plus particulièrement amoureux, en elle, de ses yeux bleus.

Je la regardais, d'abord de ce regard qui n'est pas que le porte-parole des yeux, mais à la fenêtre duquel se penchent tous les sens, anxieux et pétrifiés, le regard qui voudrait toucher, capturer, emmener le corps qu'il regarde et l'âme avec lui ; puis, tant j'avais peur que d'une seconde à l'autre mon grand-père et mon père, apercevant cette jeune fille, me fissent éloigner en me disant de courir un peu devant eux, d'un second regard, inconsciemment supplicateur, qui tâchait de la forcer à faire attention à moi, à me connaître ! Elle jeta en avant et de côté ses pupilles pour prendre connaissance de mon grand-père et de mon père, et sans doute l'idée qu'elle en rapporta fut celle que nous étions ridicules, car elle se détourna, et d'un air indifférent et dédaigneux, se plaça de côté pour épargner à son visage d'être dans leur champ visuel ; et tandis que, continuant à marcher et ne l'ayant pas aperçue, ils m'avaient dépassé, elle laissa ses regards filer de toute leur longueur dans ma direction, sans expression particulière, sans avoir l'air de me voir, mais avec une fixité et un sourire dissimulé que je ne pouvais interpréter d'après les notions que l'on m'avait données sur la bonne éducation que comme une preuve d'outrageant mépris ; et sa main esquissait en même temps un geste indécent, auquel, quand il était adressé en public à une personne qu'on ne connaissait pas, le petit dictionnaire de civilité que je portais en moi ne donnait qu'un seul sens, celui d'une intention insolente.

— Allons, Gilberte, viens ; qu'est-ce que tu fais, cria d'une voix perçante et autoritaire une dame en blanc que je n'avais pas vue, et à quelque distance de laquelle un monsieur habillé de coutil et que je ne connaissais pas, fixait sur moi des yeux qui lui sortaient de la tête ; et cessant brusquement de sourire, la jeune fille prit sa bêche et s'éloigna sans se retourner de mon côté, d'un air docile, impénétrable et sournois.

Combray II, *du Côté de chez Swann*, 1913.

ROLAND BARTHES, 1977

Ce critique contemporain essaie en quelques mots de définir la Rencontre :

Dans la rencontre, je m'émerveille de ce que j'ai trouvé quelqu'un qui, par touches successives et à chaque fois réussies, sans défaillance, achève le tableau de mon fantasme ; je suis comme un joueur dont la chance ne se dément pas et lui fait mettre la main sur le petit morceau qui vient du premier coup compléter le puzzle de son désir. C'est une découverte progressive (et comme une vérification) des affinités, complicités et intimités que je vais pouvoir entretenir éternellement (à ce que je pense) avec un autre, en passe de devenir, dès lors, « mon autre » : je suis tout entier tendu vers cette découverte (j'en tremble), au point que toute curiosité intense pour un être rencontré vaut en somme pour de l'amour.

« Rencontre », *Fragments d'un discours amoureux*,
Paris, Seuil, 1977.

1 — *Définir, après un relevé précis, la fonction du pronom « elle » dans les textes de Flaubert et de Proust. Quand apparaît-il seul ? avec quelles nuances ? Comparez avec d'autres pronoms (« il », « lui » chez Flaubert ; « je » chez Proust).*

2 — *« Leurs yeux se rencontrèrent. » Cette phrase forme, à elle seule, un paragraphe. Quels mouvements devine-t-on avant et après cette phrase ? Pourquoi est-elle inscrite au milieu de paroles ?*

3 — *La rencontre selon Proust : devant les regards de Gilberte, le narrateur est à la fois attiré et choqué : relevez les passages qui peuvent s'interpréter dans un sens ou dans l'autre : est-ce un sentiment contradictoire ?*

4 — *Dans le texte de Flaubert, quelle est la fonction de la phrase entre guillemets : « Mademoiselle... caprices » ? Qui la dit ? Qui pourrait la dire ? Pourquoi est-elle ambiguë ? Remplacez cette formulation au style direct libre par des formulations au style direct puis au style indirect : qu'en concluez-vous ?*

5 — *Dans la dernière phrase du texte de Flaubert, chaque mot est une information pour Frédéric (et pour le lecteur). Inventoriez ces informations et commentez-les.*

6 — *Trouvez dans les textes ou les films que vous connaissez des « premiers regards » analogues. Décrivez-les. Ont-ils, selon vous, un quelconque rapport avec la vie courante ?*

Honoré Daumier (1808-1879),
Le gamin de Paris aux Tuileries (BN).

Tout à coup *La Marseillaise* retentit. Hussonnet et Frédéric se penchèrent sur la rampe. C'était le peuple. Il se précipita dans l'escalier, en secouant à flots vertigineux des têtes nues, des casques, des bonnets rouges, des baïonnettes et des épaules, si impétueusement que des gens disparaissaient dans cette masse grouillante qui montait 5 toujours, comme un fleuve refoulé par une marée d'équinoxe, avec un long mugissement, sous une impulsion irrésistible. En haut, elle se répandit, et le chant tomba.

On n'entendait plus que les piétinements de tous les souliers, avec le clapotement des voix. La foule inoffensive se contentait de regarder. Mais, de temps à autre, un coude trop à l'étroit enfonçait une vitre ; ou bien un vase, une statuette déroulait d'une console, 10 par terre. Les boiseries pressées craquaient. Tous les visages étaient rouges, la sueur en coulait à larges gouttes ; Hussonnet fit cette remarque :

— Les héros ne sentent pas bon !

— Ah ! vous êtes agaçant, reprit Frédéric.

Et poussés malgré eux, ils entrèrent dans un appartement où s'étendait, au plafond, 15 un dais de velours rouge. Sur le trône, en dessous, était assis un prolétaire à barbe noire, la chemise entr'ouverte, l'air hilare et stupide comme un magot. D'autres gravissaient l'estrade pour s'asseoir à sa place.

— Quel mythe ! dit Hussonnet. Voilà le peuple souverain !

Le fauteuil fut enlevé à bout de bras, et traversa toute la salle en se balançant.
20 — Saprelotte ! comme il chaloupe ! Le vaisseau de l'État est ballotté sur une mer orageuse ! Cancane-t-il ! cancane-t-il !

On l'avait approché d'une fenêtre, et, au milieu des sifflets, on le lança.

— Pauvre vieux ! dit Hussonnet, en le voyant tomber dans le jardin, où il fut repris vivement pour être promené ensuite jusqu'à la Bastille, et brûlé.

25 Alors, une joie frénétique éclata, comme si, à la place du trône, un avenir de bonheur illimité avait paru ; et le peuple, moins par vengeance que pour affirmer sa possession, brisa, lacéra les glaces et les rideaux, les lustres, les flambeaux, les tables, les chaises, les tabourets, tous les meubles, jusqu'à des albums de dessins, jusqu'à des corbeilles de tapisserie. Puisqu'on était victorieux, ne fallait-il pas s'amuser ! La canaille 30 s'affubla ironiquement de dentelles et de cachemires. Des crépines d'or s'enroulèrent aux manches des blouses, des chapeaux à plumes d'autruche ornaient la tête des forgerons, des rubans de la Légion d'honneur firent des ceintures aux prostituées. Chacun satisfaisait son caprice ; les uns dansaient, d'autres buvaient. Dans la chambre de la reine, une femme lustrait ses bandeaux avec de la pommade ; derrière un paravent, deux amateurs jouaient 35 aux cartes ; Hussonnet montra à Frédéric un individu qui fumait son brûle-gueule accoudé sur un balcon ; et le délire redoublait son tintamarre continu des porcelaines brisées et des morceaux de cristal qui sonnaient, en rebondissant, comme des lames d'harmonica.

Puis la fureur s'assombrit. Une curiosité obscène fit fouiller tous les cabinets, tous les recoins, ouvrir tous les tiroirs. Des galériens enfoncèrent leurs bras dans la couche des prin-40 cesses, et se roulaient dessus par consolation de ne pouvoir les violer. D'autres, à figures plus sinistres, erraient silencieusement, cherchant à voler quelque chose ; mais la multitude était trop nombreuse. Par les baies des portes, on n'apercevait dans l'enfilade des appartements que la sombre masse du peuple entre les dorures, sous un nuage de poussière. Toutes les poitrines haletaient ; la chaleur de plus en plus devenait suffocante ; 45 les deux amis, craignant d'être étouffés, sortirent.

Dans l'antichambre, debout sur un tas de vêtements, se tenait une fille publique, en statue de la Liberté, — immobile, les yeux grands ouverts, effrayante.

Ils avaient fait trois pas dehors, quand un peloton de gardes municipaux en capotes s'avança vers eux, et qui, retirant leurs bonnets de police, et découvrant à la fois leurs 50 crânes un peu chauves, saluèrent le peuple très bas. A ce témoignage de respect, les vainqueurs déguenillés se rengorgèrent. Hussonnet et Frédéric ne furent pas, non plus, sans en éprouver un certain plaisir.

Une ardeur les animait. Ils s'en retournèrent au Palais-Royal. Devant la rue Fromanteau, des cadavres de soldats étaient entassés sur de la paille. Ils passèrent auprès 55 impassiblement, étant même fiers de sentir qu'ils faisaient bonne contenance. (...)

— Sortons de là, dit Hussonnet, ce peuple me dégoûte.

Tout le long de la galerie d'Orléans, des blessés gisaient par terre sur des matelas, ayant pour couvertures des rideaux de pourpre ; et de petites bourgeoises du quartier leur apportaient des bouillons, du linge.
60 — N'importe ! dit Frédéric, moi, je trouve le peuple sublime.

l'Éducation sentimentale, 1869, IIIᵉ partie, I.

« Les patriotes ne me pardonneront pas ce livre, ni les réactionnaires non plus ». (Flaubert).

JEAN-PIERRE RICHARD, 1954

Ce critique contemporain donne son avis sur la bêtise selon Flaubert :

« La bêtise est quelque chose d'inébranlable ; rien ne l'attaque sans se briser contre elle. Elle est de la nature du granit, dure et résistante. A Alexandrie, un certain Thompson, de Sunderland, a, sur la colonne de Pompée, écrit son nom en lettres de six pieds de haut... Il n'y a pas moyen de voir la colonne sans voir le nom de Thompson, et par conséquent sans penser à Thompson. Le crétin s'est incorporé au monument et se perpétue avec lui (1). »

(...) Dans ces options politiques qu'on lui a si souvent et cruellement reprochées : (...) Flaubert essayait de se conformer. Au flot montant il opposait les structures fixes d'un ordre qui ne pouvait être que l'ordre bourgeois. Il voulait endiguer le progrès, cette eau, comme dit Hugo, « qui monte dans la nuit », et c'est pourquoi il s'attachait à soutenir, tout en les méprisant, les formes les plus mortes de l'immobilisme politique et social : intérieurement trop anarchique pour ne pas se vouloir férocement conservateur. S'il n'aime pas la révolution, c'est parce qu'elle menace de tout dissoudre : en 48, « d'elle-même, sans recours, la monarchie se fondait dans une dissolution rapide » (2). Il verra dans la Commune une marée terrible qui risque de tout emporter devant elle : d'où sa peur, ses insultes, (...).

Sans doute l'a-t-il haïe par tradition, intérêt, réflexe de classe ; mais il n'est pas interdit de penser qu'il la détesta bien davantage encore pour avoir reconnu dans ses déchaînements un équivalent figuratif de ses propres monstres. A tout prix il voudra arrêter, recouvrir l'océan : (...).

Vœu d'ailleurs dérisoire, il s'en aperçoit le premier. (...)

« O France, bien que ce soit notre pays, c'est un triste pays, avouons-le. Je me sens submergé par le flot de bêtise qui le couvre, par l'inondation de crétinisme sous lequel il disparaît. Et j'éprouve la terreur qu'éprouvait les contemporains de Noé, quand ils voyaient la mer monter toujours... » (3).

Stendhal, Flaubert, Seuil, 1954.

(1) *Flaubert, Correspondance II.*
(2) *L'Education sentimentale.*
(3) *Correspondance IV.*

P.-G. CASTEX, 1970 :

Critique historique, Castex renvoie le lecteur de l'Education sentimentale aux mémoires de Maxime Du Camp, l'ami de Flaubert.

Frédéric, désormais, a un compagnon, comme Flaubert (1), car il rencontre Hussonnet. Dans la réalité comme dans le roman, un couple d'amis assiste aux mêmes scènes.

(...) « Un homme assez bien vêtu, écrit Du Camp, s'était assis sur le grand fauteuil doré recouvert de velours rouge ; on faisait toutes sortes de mômeries autour de lui, on le saluait jusqu'à terre ; il dit : « Messieurs, c'est toujours avec un nouveau plaisir que je me retrouve assis au milieu de vous ! » On éclata de rire, car cette phrase, qui avait souvent servi aux « discours du trône », était depuis longtemps l'objet de la raillerie des petits journaux ». A l'anecdote plaisante, Flaubert, (...) substitue une vision brutale : « ... ils entrèrent dans un appartement où s'étendait au plafond un dais de velours rouge. Sur le trône, en dessous, était assis un prolétaire à barbe noire, la chemise entr'ouverte, l'air hilare et stupide comme un magot ».

Flaubert et Du Camp ont décrit aussi de façon analogue l'envahissement du palais par le peuple, pareil à un flot irrésistible. Flaubert, toutefois, s'attarde à raconter le pillage du palais, dont Maxime Du Camp ne dit rien, et il est probable que les deux amis n'ont pas assisté à cette scène. Puis, de nouveau, surgit dans les deux récits un souvenir identique, mais diversement traité :

« Debout sur le stylobate d'une des colonnes du portique, raconte Du Camp, je regardais attentivement un groupe d'hommes marchant avec une régularité militaire, qui se dirigeait de notre côté. Il approche, et je reconnus des soldats de la garde municipale à cheval, sans arme aucune et en petite tenue. Arrivés à dix pas de nous, ces hommes ôtèrent leur bonnet de police et, le visage souriant avec contrainte, ils saluèrent. Un d'eux prononça une courte phrase et je distinguai les mots « Peuple et cause sacrée ». Derrière moi, j'entendis armer des fusils ; Flaubert et moi échangeâmes un coup d'œil et nous nous comprîmes. D'un élan, nous étions près des gardes, les embrassant, leur serrant la main et les appelant : « Nos frères égarés ! ».

Si nous en croyons Du Camp, les deux amis ont donc sauvé les gardes municipaux de la fureur des émeutiers : de nouveau, ils ont eu une intervention humanitaire. Frédéric et Hussonnet n'ont pas la même générosité :

« Ils avaient fait trois pas dehors, quand un peloton de gardes municipaux en capotes s'avança vers eux, et qui, retirant leurs bonnets de police et découvrant à la fois leurs crânes un peu chauves, saluèrent le peuple très bas. A ce témoignage de respect, les vainqueurs se rengorgèrent. Hussonnet et Frédéric ne furent pas non plus sans éprouver un certain plaisir ». Ce plaisir des deux personnages n'est pas semblable à celui des émeutiers : il y entre une sorte de férocité méprisante, au spectacle de l'acte de lâcheté dont ils sont les témoins. Une fois de plus, l'exactitude du trait historique donne occasion au romancier d'exercer la cruauté de son analyse, dépourvue de toute illusion sur la nature humaine.

Flaubert, l'Education Sentimentale, CDU, 1970.

(1) *Flaubert est aux Tuileries avec Maxime Du Camp, lors de la prise des Tuileries en juin 1848.*

---

1 — *Relevez les éléments de la métaphore* marine : à quoi s'applique-t-elle ? Comment se développe-t-elle ? Quelles peuvent en être ses significations ? (Utilisez le texte de J.-P. Richard).*

2 — *Une atmosphère d'étouffement baigne le récit : quels sont les moyens stylistiques (étudiez en particulier la ponctuation, et lisez le texte à haute voix) utilisés par Flaubert ? En quoi le côté oppressant de cette scène vient-il aussi des images employées et des exemples donnés ?*

3 — *ETUDE DES SYMBOLES :*
   a) *Quels sont les symboles de la royauté dans ce texte ? Qu'en fait le peuple ? Quels nouveaux symboles apparaissent avec lui ?*
   b) *Comment peut-on qualifier le regard des deux promeneurs ? Les attitudes de Frédéric et de Hussonnet sont-elles très différentes ?*

4 — *P.G. Castex utilise le texte de Du Camp pour comparer la réalité vécue et la réalité du roman. A quoi, selon vous, cette recherche mène-t-elle ? Comparez avec l'attitude de J.-P. Richard.*

Toute sa vie, Flaubert fut hanté par le mythe de Saint Antoine et de ses tentations (le saint ermite seul dans le désert, est tenté par des cohortes de monstres et de péchés qui sont bien évidemment les fruits de ses phantasmes).
De 1849 à 1874, il revint trois fois sur le même sujet. Dans ce passage, deux femmes s'offrent à Saint Antoine :
La première :
Un linceul, noué autour de sa tête, pend avec ses cheveux blancs jusqu'au bas de ses deux jambes, minces comme des béquilles. L'éclat de ses dents, couleur d'ivoire, rend plus sombre sa peau terreuse. Les orbites de ses yeux sont pleins de ténèbres, et au fond deux flammes vacillent, comme des lampes de sépulcre.
La seconde :
Jeune et belle, merveilleusement. (...) grande, blonde comme le miel, très grasse, avec du fard sur les joues et des roses sur la tête. Sa longue robe chargée de paillettes a des miroitements métalliques ; ses lèvres charnues paraissent sanguinolentes, et ses paupières un peu lourdes sont tellement noyées de langueur qu'on la dirait aveugle.

La Vieille, pendant qu'elle parlait, s'est encore décharnée ; et au-dessus de son crâne, qui n'a plus de cheveux, une chauve-souris fait des cercles dans l'air.

La Jeune est devenue plus grasse. Sa robe chatoie, ses narines battent, ses yeux roulent moelleusement.

LA PREMIÈRE *dit, en ouvrant les bras.*

Viens, je suis la consolation, le repos, l'oubli, l'éternelle sérénité !

et LA SECONDE, *en offrant ses seins.*

Je suis l'endormeuse, la joie, la vie, le bonheur inépuisable !

Antoine tourne les talons pour s'enfuir. Chacune lui met la main sur l'épaule.

Le linceul s'écarte et découvre le squelette de la Mort.

La robe se fend et laisse voir le corps entier de la Luxure, qui a la taille mince avec la croupe énorme et de grands cheveux ondés s'envolant par le bout.

Antoine reste immobile entre les deux, les considérant.

LA MORT *lui dit.*

Tout de suite ou tout à l'heure, qu'importe ! Tu m'appartiens, comme les soleils, les peuples, les villes, les rois, la neige des monts, l'herbe des champs. Je vole plus haut
5 que l'épervier, je cours plus vite que la gazelle, j'atteins même l'espérance, j'ai vaincu le fils de Dieu !

LA LUXURE

Ne résiste pas ; je suis l'omnipotente ! les forêts retentissent de mes soupirs, les flots sont remués par mes agitations. La vertu, le courage, la piété se dissolvent au parfum de ma bouche. J'accompagne l'homme pendant tous les pas qu'il fait, — et au
10 seuil du tombeau il se retourne vers moi !

LA MORT

Je te découvrirai ce que tu tâchais de saisir, à la lueur des flambeaux, sur la face des morts, — ou quand tu vagabondais au-delà des Pyramides, dans ces grands sables composés de débris humains. De temps à autre, un fragment de crâne roulait sous ta sandale. Tu prenais de la poussière, tu la faisais couler entre tes doigts ; et ta pensée,
15 confondue avec elle, s'abîmait dans le néant.

LA LUXURE

Mon gouffre est plus profond ! Des marbres ont inspiré d'obscènes amours. On se précipite à des rencontres qui effrayent. On rive des chaînes que l'on maudit. D'où vient l'ensorcellement des courtisanes, l'extravagance des rêves, l'immensité de ma tristesse ?

LA MORT

20 Mon ironie dépasse toutes les autres ! Il y a des convulsions de plaisir aux funérailles des rois, à l'extermination d'un peuple, — et on fait la guerre avec de la musique, des panaches, des drapeaux, des harnais d'or, un déploiement de cérémonie pour me rendre plus d'hommages.

LA LUXURE

25 Ma colère vaut la tienne. Je hurle, je mords. J'ai des sueurs d'agonisant et des aspects de cadavre.

LA MORT

C'est moi qui te rends sérieuse ; enlaçons-nous !

La Mort ricane, la Luxure rugit. Elles se prennent par la taille et chantent ensemble :

— Je hâte la dissolution de la matière !

— Je facilite l'éparpillement des germes !

30 — Tu détruis, pour mes renouvellements !

— Tu engendres, pour mes destructions !

— Active ma puissance !

— Féconde ma pourriture !

Et leur voix, dont les échos se déroulant emplissent l'horizon, devient tellement forte qu'Antoine tombe à la renverse.

la Tentation de Saint-Antoine, version de 1874.

1 — Une écriture théâtrale ?
   a) Quels éléments Flaubert emprunte-t-il à la forme théâtrale ?
   b) La Tentation de Saint Antoine a été mise en scène en 1965 par J.-L. Barrault et Maurice Béjart. Comment envisageriez-vous la mise en scène (théâtrale ou filmique) des textes ici proposés ?

2 — Symboles :
   a) Que représente le cochon ? N'est-il pas un aspect de Saint Antoine lui-même ? Dès lors, pourquoi le mord-il ?
   b) Y a-t-il réellement plusieurs personnages ? Dans l'hypothèse où il n'y en aurait qu'un, quelles facettes de sa personnalité ou de ses pulsions* symbolisent les autres protagonistes ?

Dans la version de 1849, une voix venue du ciel excite les passions de Saint Antoine, qui est doublé par un cochon symbolisant ses instincts animaux :

(...) Elle prend la chaînette d'or à pointes crochues, elle la fait tourner sur son pouce, le sang part, il voltige en pluie légère et des gouttes épaisses coulent sur sa poitrine, comme des perles rouges ; ses genoux s'entrechoquent, ses yeux pâlissent, sa tête s'en va, elle tombe sur ses coussins, elle se pâme, elle t'appelle...

ANTOINE. Où donc ? où donc ?

LE COCHON, *se frottant le ventre contre terre.*

Où est-elle la femelle en chaleur qui court par les bois ? je la flaire, je geins, je crie, je gueule, mes narines la sentent, mes yeux ne la voient point ; à l'ombre, au pied d'un chêne, dans la boue, je veux sur ses reins tièdes me vautrer jusqu'à l'aurore.

Le cochon court en rond comme un furieux, reniflant, grognant, hurlant et se frottant le ventre à tout ce qu'il rencontre.

la Tentation de Saint-Antoine, 1849.

GUSTAVE FLAUBERT, 1845
C'est lors d'un voyage en Italie, en avril-mai 1845, que Flaubert a la révélation du mythe de Saint Antoine) :

Palais Balbi, à Gênes. — *la Tentation de Saint Antoine*, de Breughel. — Au fond, des deux côtés, sur chacune des collines, deux têtes monstrueuses de diables, moitié vivants, moitié montagne. Au bas, à gauche, Saint Antoine entre trois femmes, et détournant la tête pour éviter leurs caresses ; elles sont nues, blanches, elles sourient et vont l'envelopper de leurs bras. En face du spectateur, tout à fait au bas du tableau, la Gourmandise, nue jusqu'à la ceinture, maigre, la tête ornée d'ornements rouges et verts, figure triste, cou démesurément long et tendu comme celui d'une grue, faisant une courbe vers la nuque, clavicules saillantes, lui présente un plat chargé de mets coloriés.

Homme à cheval, dans un tonneau ; têtes sortant du ventre des animaux ; grenouilles à bras et sautant sur les terrains ; homme à nez rouge sur un cheval difforme, entouré de diables ; dragon ailé qui plane, tout semble sur le même plan. Ensemble fourmillant, grouillant et ricanant d'une façon grotesque et emportée, sous la bonhomie de chaque détail.

Voyage en Italie, 1845.

Jacques Callot (1592-1635), *La tentation de Saint-Antoine* (Giraudon).

Il va pour caresser le cochon qui se jette sur lui et le mord jusqu'au sang. Antoine pousse un cri et secoue son doigt.

LE COCHON, *accroupi sur le train de derrière dans la pose d'un chien.*

Je chercherai un arbre au tronc dur ; à force d'y mordre, mes dents pousseront. Je veux des défenses comme le sanglier et qui soient longues, plus pointues encore. Sur les feuilles sèches, dans la forêt, je courrai, je galoperai, j'avalerai en passant les couleuvres qui dorment, les petits oiseaux tombés de leur nid, les lièvres tapis ; je bouleverserai les sillons, je pilerai dans la boue les blés verts, j'écraserai les fruits, les olives, les pastèques et les grenades ; et je traverserai les flots, j'aborderai aux rivages et je casserai dans le sable la coquille des gros œufs dont le jaune coulera ; j'épouvanterai les villes, sur les portes je dévorerai les enfants, j'entrerai dans les maisons, je trotterai sur les tables et je renverserai les coupes. A force de gratter contre les murs je démolirai les temples, je fouillerai les tombeaux pour manger dans leurs cercueils les monarques en pourriture, et leur chair liquide me coulera sur les babines. Je grandirai, j'enflerai, je sentirai dans mon ventre grouiller les choses.

ANTOINE

Pourquoi me mords-tu, méchant porc ?

LE COCHON

Est-ce avec la queue des raves que tu me laisses et le peu d'ordures que tu fais que je peux vivre, moi, moi, le cochon ? Pourquoi autrefois m'as-tu enlevé au marché ? Je m'en souviens, nous étions sur la paille, tu m'as choisi au milieu de mes frères, acheté bien vite, puis suspendu par les oreilles à ta ceinture et apporté ici ;.ma mère pleurait, je criais, et toi tu t'en allais sans y prendre garde, récitant ton chapelet.

Je veux des femelles, je veux dans une auge d'or de la farine blanche délayée avec la mousse du sang rose, je veux avoir de la pourpre pour litière, et sous mes pieds, comme des sarments secs, entendre craquer des os humains ; et pour commencer par toi, je m'en vais te faire au flanc un trou pour boire ta bile.

Il se rue sur le saint.

ANTOINE, *se jetant sur une pierre, qu'il lève de ses deux mains.*

Ignoble monstre ! moi qui t'aimais !

la Tentation de Saint-Antoine, 1849.

1. *Bouvard et Pécuchet, deux « copistes » ont décidé d'apprendre l'Esthétique, une branche de la philosophie...*

D'abord qu'est-ce que le Beau ?

Pour Schelling c'est l'infini s'exprimant par le fini, pour Reid une qualité occulte, pour Jouffroy, un trait indécomposable, pour De Maistre ce qui plaît à la
5 vertu ; pour le P. André, ce qui convient à la Raison.

Et il existe plusieurs sortes de Beau : un beau dans les sciences, la géométrie est belle, un beau dans les mœurs, on ne peut nier que la mort de Socrate ne soit belle. Un beau dans le règne animal. La Beauté du
10 chien consiste dans son odorat. Un cochon ne saurait être beau, vu ses habitudes immondes ; un serpent non plus, car il éveille en nous des idées de bassesse. Les fleurs, les papillons, les oiseaux peuvent être beaux. Enfin la condition première du Beau, c'est l'unité dans la variété, voilà le principe.

15 — « Cependant » dit Bouvard « deux yeux louches sont plus variés que deux yeux droits et produisent moins bon effet, — ordinairement. »

Ils abordèrent la question du sublime.

Certains objets, sont d'eux-mêmes sublimes, le fracas d'un torrent, des ténèbres profondes, un arbre
20 battu par la tempête. Un caractère est beau quand il triomphe, et sublime quand il lutte.

— « Je comprends » dit Bouvard « le beau est le Beau, et le Sublime le très Beau. »

Comment les distinguer ?
25 — « Au moyen du tact » répondit Pécuchet.
— « Et le tact, d'où vient-il ? »
— « Du goût ! »
— « Qu'est-ce que le goût ? »

On le définit un discernement spécial, un
30 jugement rapide, l'avantage de distinguer certains rapports.

— « Enfin le goût c'est le goût, — et tout cela ne dit pas la manière d'en avoir. »

Il faut observer les bienséances ; mais les
35 bienséances varient ; — et si parfaite que soit une œuvre, elle ne sera pas toujours irréprochable. — Il y a, pourtant, un Beau indestructible, et dont nous ignorons les lois, car sa genèse est mystérieuse.

Puisqu'une idée ne peut se traduire par toutes
40 les formes, nous devons reconnaître des limites entre les Arts, et dans chacun des Arts plusieurs genres. Mais des combinaisons surgissent où le style de l'un entrera dans l'autre sous peine de dévier du but, de ne pas être vrai.

45 L'application trop exacte du Vrai nuit à la Beauté, et la préoccupation de la Beauté empêche le Vrai. Cependant, sans idéal pas de Vrai ; — c'est pourquoi les types sont d'une réalité plus continue que les portraits. L'Art, d'ailleurs, ne traite que la vraisem-
50 blance — mais la vraisemblance dépend de qui l'observe, est une chose relative, passagère.

Ils se perdaient ainsi dans les raisonnements.

(Pécuchet en attrape une jaunisse.)

Bouvard et Pécuchet, chap. V.

2. *... et de faire fructifier une terre qu'ils ont achetée.*

Pour se connaître aux signes du temps, ils étudièrent les nuages d'après la classification de Luke-Howard. Ils contemplaient ceux qui s'allongent comme des crinières, ceux qui ressemblent à des îles, ceux
5 qu'on prendrait pour des montagnes de neige — tâchant de distinguer les nimbus des cirrus, les stratus des cumulus ; les formes changeaient avant qu'ils eussent trouvé les noms.

Le baromètre les trompa ; le thermomètre
10 n'apprenait rien ; et ils recoururent à l'expédient imaginé sous Louis XV, par un prêtre de Touraine. Une sangsue dans un bocal devait monter en cas de pluie, se tenir au fond par beau fixe, s'agiter aux menaces de la tempête. Mais l'atmosphère presque toujours contre-
15 dit la sangsue. Ils en mirent trois autres, avec celle-là. Toutes les quatre se comportèrent différemment.

Après force méditations, Bouvard reconnut qu'il s'était trompé. Son domaine exigeait la grande culture, le système intensif, et il aventura ce qui lui restait de
20 capitaux disponibles : trente mille francs.

Excité par Pécuchet, il eut le délire de l'engrais.

Dans la fosse aux composts, furent entassés des branchages, du sang, des boyaux, des plumes, tout ce qu'il pouvait découvrir. Il employa la liqueur belge, le
25 lizier suisse, la lessive *Da-Olmi*, des harengs saurs, du varech, des chiffons, fit venir du guano, tâcha d'en fabriquer — et poussant jusqu'au bout ses principes, ne tolérait pas qu'on perdît l'urine ; il supprima les lieux d'aisances. On apportait dans sa cour des cadavres
30 d'animaux, dont il fumait ses terres. Leurs charognes dépecées parsemaient la campagne. Bouvard souriait au milieu de cette infection. Une pompe installée dans un tombereau crachait du purin sur les récoltes. A ceux qui avaient l'air dégoûté, il disait : « Mais c'est de l'or !
35 c'est de l'or. » — Et il regrettait de n'avoir pas encore plus de fumiers. Heureux les pays où l'on trouve des grottes naturelles pleines d'excrément d'oiseaux !

Le colza fut chétif, l'avoine médiocre ; et le blé se vendit fort mal, à cause de son odeur. Une chose
40 étrange, c'est que la Butte enfin épierrée donnait moins qu'autrefois.

Bouvard et Pécuchet, chap. II.

L'ART DE L'ÉCRIVAIN

FLAUBERT, 1852

Pour l'auteur, l'art de l'écrivain réside dans une omniprésence invisible :

L'auteur, dans son œuvre, doit être comme Dieu dans l'univers, présent partout, et visible nulle part. L'Art étant une seconde nature, le créateur de cette nature-là doit agir par des procédés analogues. Que l'on sente dans tous les atomes, à tous les aspects, une impassibilité cachée et infinie. L'effet, pour le spectateur, doit être une espèce d'ébahissement. Comment tout cela s'est-il fait ? doit-on dire, et qu'on se sente écrasé sans savoir pourquoi.

Lettre à Louise Colet, 9 décembre 1852.

CLAUDINE GOTHOT-MERSCH, 1979 :

La volonté du narrateur, à la fois de se dissimuler, et de laisser parler toute seule la « bêtise humaine », l'amène à un emploi particulier du discours indirect libre que ce critique analyse ainsi :

À l'inverse de l'italique, qui distingue sans équivoque le discours venu d'ailleurs au sein du discours du narrateur (« le médecin fut invité, par M. Rouault lui-même, *à prendre un morceau* avant de partir »), le style indirect énigmatise le sens en nous laissant dans l'incertitude quant à l'origine du discours : la formulation confond parole du narrateur et parole du personnage ; or il est essentiel, pour que le sens soit sans équivoque, que l'on puisse les distinguer, la voix du narrateur externe étant (du moins dans le système classique) celle qui prime, qui dit le vrai, qui établit souverainement les faits et les significations. Si l'on ne sait plus qui parle, rien n'est sûr.

La confusion de la parole du narrateur et de celle du personnage est encore accentuée, dans *Bouvard,* par certaines hardiesses typographiques qui ne sont pas sans annoncer les expérimentations d'une Nathalie Sarraute : discours direct sans guillemets (« Bref, plaise à M. le juge de paix d'appliquer le maximum de la peine », phrase du réquisitoire de Foureau dans le dernier chapitre, suit, sans guillemets, un passage en indirect libre), et, à l'inverse, indirect libre entre guillemets (« La route de Chavignolles à Bretteville ! — était-ce l'ancienne, ou la nouvelle ? Ce devait être l'ancienne ? »).

Bouvard et Pécuchet, Gall. 1979, Introduction.

Flaubert, dans ce « roman de la bêtise humaine » qu'est Bouvard et Pécuchet, *comptait inclure un « catalogue des idées reçues », qu'il compose à partir de 1850. En voici quelques extraits :*

- **Abricots :** Nous n'en aurons pas encore cette année.
- **Académie Française :** La dénigrer mais tâcher d'en faire partie, si l'on peut.
- **Allemagne :** Toujours précédée de « blonde », « rêveuse », mais quelle organisation militaire !
- **Blondes :** plus chaudes que les brunes (voyez « brunes »).
- **Brunes :** Plus chaudes que les blondes (voyez « blondes »).
- **Colonies (nos) :** S'attrister quand on en parle.
- **Décoration :** de la légion d'honneur, la blaguer mais la convoiter ; et quand on l'obtient toujours dire qu'on ne l'a pas demandée.
- **Hugo :** « Grand poète, quel dommage qu'il ait fait de la politique ! ».
- **Monarchie :** La monarchie constitutionnelle est la meilleure des Républiques.
- **Négresses :** Plus chaudes que les blanches (voyez « brunes » et « blondes »).
- **Ouvrier :** Toujours honnête quand il ne fait pas d'émeutes.
- **Principes :** Toujours indiscutables.
- **Rousses :** (Voyez « blondes », « brunes », « blanches » et « négresses ».)

---

1. *EXTRAIT 1 :*

a) *Qui parle dans ce texte ? Bouvard, Pécuchet, les auteurs philosophiques, la Philosophie, Flaubert, la « sagesse des nations » ? Notez les moments où l'énonciation* a une origine définie, ceux où elle n'en a pas, leur enchaînement. Quel est l'effet visé ?*

b) *Le critique cité ici,* Claudine Gothot-Mersch, *définit* Bouvard et Pécuchet *comme « le roman de la circularité à tous les niveaux ». À partir d'un relevé des difficultés auxquelles se heurtent les deux personnages dans leur tentative de définition, vous tenterez d'expliquer cette formule.*

2. *EXTRAIT 2 :*

a) *Bouvard, dans sa naïveté, identifie le purin et l'or. En quoi cette équivalence peut-elle symboliser la démarche à la fois intellectuelle et pratique des deux amis ?*

b) *La sanction de la réalité : comment Flaubert l'amène-t-il ? Quelles conclusions cette « chute » nous laisse-t-elle tirer ?*

3. *DICTIONNAIRE DES IDÉES REÇUES*

a) *Qui Flaubert vise-t-il dans ce dictionnaire ? Le « bon sens » populaire ? Une classe sociale particulière ?*

b) *Composez vous-même un petit dictionnaire des « idées reçues » actuelles, sur un ou plusieurs thèmes que vous choisirez.*

*Portrait de Fromentin
(Roger Viollet).*

Dominique de Bray raconte à un de ses amis l'histoire de son adolescence malheureuse — histoire vécue, dans ses grandes lignes par Fromentin lui-même — Orphelin, il est élevé aux Trembles, domaine situé non loin de la mer appartenant à sa tante, Madame Ceyssac. Peu à peu, l'amitié qu'il porte à sa cousine Madeleine se transforme en amour, à la faveur de l'éloignement réciproque. Cependant, Madeleine se marie à Monsieur de Nièvres. Ne pouvant oublier sa cousine, Dominique invite aux Trembles M. et Mme de Nièvres. A la fin de ces vacances, Dominique propose une amère promenade. A Paris, il est invité par Madeleine et son mari à un bal où il est dévoré de jalousie (chapitre XII, texte ci-contre). Finalement, Madeleine, se mettant progressivement à aimer Dominique, se ressaisira et lui demandera de la quitter pour toujours. Il se retirera aux Trembles où, marié, il vivra l'existence sereine d'un gentilhomme campagnard.

C'était la première fois que je la voyais ainsi, dans la tenue splendide et indiscrète d'une femme en toilette de bal. Je sentis que je changeais de couleur, et qu'au lieu de répondre à son regard paisible, mes yeux s'arrêtaient maladroitement sur un nœud de diamants qui flamboyait à son corsage. Nous demeurâmes une seconde en présence, elle
5 interdite, moi fort troublé. Personne assurément ne se douta du rapide échange d'impressions qui nous apprit, je crois, de l'un à l'autre que de délicates pudeurs étaient blessées. Elle rougit un peu, sembla frissonner des épaules, comme si subitement elle avait froid, puis, s'interrompant au milieu d'une phrase qui ne voulait rien dire, elle se rapprocha de son fauteuil, y prit une écharpe de dentelles, et le plus naturellement du
10 monde elle s'en couvrit. Ce seul geste pouvait signifier bien des choses ; mais je voulus n'y voir qu'un acte ingénu de condescendance et de bonté qui me la rendit plus adorable que jamais et me bouleversa pour le reste de la soirée. Elle-même en garda pendant quelques minutes un peu d'embarras. Je la connaissais trop bien aujourd'hui pour m'y tromper. Deux ou trois fois je la surpris me regardant sans motif, comme si
15 elle eût été encore sous l'empire d'une sensation qui durait ; puis des obligations de politesse lui rendirent peu à peu son aplomb. Le mouvement du bal agit sur elle et sur moi en sens contraire : elle devint parfaitement libre et presque joyeuse ; quant à moi, je devins plus sombre à mesure que je la voyais plus gaie, et plus troublé à mesure que je trouvais en elle des attraits extérieurs qui d'une créature presque angélique faisaient
20 tout simplement une femme accomplie.

Elle était admirablement belle, et l'idée que tant d'autres le savaient aussi bien que moi ne fut pas longue à me saisir le cœur aigrement. Jusque-là, mes sentiments pour Madeleine avaient par miracle échappé à la morsure des sensations venimeuses. « Allons, me dis-je, un tourment de plus ! » Je croyais avoir épuisé toutes les faiblesses.
25 Mon amour apparemment n'était pas complet : il lui manquait un des attributs de l'amour, non pas le plus dangereux, mais le plus laid.

Je la vis entourée ; je me rapprochai d'elle. J'entendis autour de moi des mots qui me brûlèrent ; j'étais jaloux.

Être jaloux, on ne l'avoue guère ; ces sensations ne sont pas cependant de celles que je
30 désavoue. Il est bon que toute humiliation profite, et celle-ci m'éclaira sur bien des vérités ; elle m'aurait rappelé, si j'avais pu l'oublier, que cet amour exalté, contrarié, malheureux, légèrement gourmé et tout près de se piquer d'orgueil, ne s'élevait pas de beaucoup au-dessus du niveau des passions communes, qu'il n'était ni pire ni meilleur, et que le seul point qui lui donnait l'air d'en différer, c'était d'être un peu moins possible
35 que beaucoup d'autres. Quelques facilités de plus l'auraient infailliblement fait descendre de son piédestal ambitieux ; et comme tant de choses de ce monde dont l'unique supériorité vient d'un défaut de logique ou de plénitude, qui sait ce qu'il serait devenu, s'il avait été moins déraisonnable ou plus heureux ?

« Vous ne dansez pas; me dit Madeleine un peu plus tard en me rencontrant sur
40 son passage, et je m'y trouvais souvent sans le vouloir.

— Non, je ne danserai pas, lui dis-je.

Pas même avec moi ? reprit-elle avec un peu d'étonnement.

— Ni avec vous ni avec personne.

— Comme vous voudrez », dit-elle en répondant sèchement à mes airs bourrus.
45 Je ne lui parlai plus de la soirée, et je l'évitai, tout en la perdant de vue le moins possible.

Dominique, 1862, chap. XII.

ITALO SVEVO, 1898
*Cet auteur italien (1861-1929)
décrit la vie d'un petit
employé d'âge mûr,
Emilio Brentani, qui tombe
amoureux d'Angiolina et perd
la tête, négligeant son travail
pour sa coquette maîtresse.
Emilio conscient de sa
déchéance essaie de
s'attacher Angiolina et
sombre dans la jalousie.*

ROLAND BARTHES, 1977

Comme jaloux, je souffre quatre fois : parce que je suis jaloux, parce que je me reproche de l'être, parce que je crains que ma jalousie ne blesse l'autre, parce que je me laisse assujettir à une banalité : je souffre d'être exclu, d'être agressif, d'être fou et d'être commun.

« la Jalousie », *Fragments d'un Discours amoureux,* 1977.

« Il me semble que nous formons un beau couple », dit-elle avec un sourire, en constatant que chaque promeneur qui les croisait leur lançait une œillade.

Il était impossible de passer près d'elle sans la remarquer.

Emilio la regarda. Son costume blanc, aux lignes exagérées suivant la mode
5 d'alors — taille très fine, manches élargies vers le haut comme des ballons gonflés —, était fait pour attirer les yeux et les séduire. De toute cette blancheur émergeait un visage qui n'en était nullement obscurci mais rehaussé dans sa lumière à la fois dorée et effrontément rose. La ligne des lèvres, rouge d'un sang vif, se détachait sur des dents éclatantes à chacun de ces sourires heureux et doux qu'Angiolina jetait au vent et que
10 les passants recueillaient avec joie. Le soleil jouait dans ses cheveux blonds, les dorait et les poudrait.

Emilio rougit. Dans les regards de tous les hommes qu'il rencontrait, il croyait lire un jugement sévère porté sur lui, sinon une insulte. Il l'examina encore. Sans aucun doute il y avait dans son œil une manière de salut à l'adresse de tous les hommes
15 élégants qui passaient : cet œil ne les regardait pas, mais un éclair y brillait soudain. Un mouvement se produisait dans la pupille et à tout instant la direction et l'intensité de la lumière qui en émanait se modifiaient. Cet œil pétillait ! Emilio s'attacha à ce verbe qui lui parut caractériser à merveille le phénomène qu'il observait. Il avait l'illusion que chacun de ces feux rapides et imprévisibles s'accompagnait d'un léger bruit.

20 « Pourquoi fais-tu la coquette ? » demanda-t-il en se forçant à sourire.

Rieuse, et sans rougir, elle répondit :

« Moi ? Mais si j'ai des yeux, moi, c'est pour regarder. »

Elle avait donc conscience du mouvement de ses yeux ; elle se trompait seulement en appelant cela « regarder » !

25 Un instant après passa un certain petit employé nommé Giustini, joli jeune homme qu'Emilio connaissait de vue. L'œil d'Angiolina se raviva et Emilio se retourna pour voir à qui venait d'échoir cette faveur. Cet heureux mortel s'était arrêté et contemplait Angiolina.

« Il s'est arrêté pour me regarder, hein ? demanda-t-elle d'un ton joyeux.

30 Pourquoi y trouves-tu du plaisir ? » fit-il avec tristesse.

Elle ne le comprit pas, et toute son astuce fut alors de lui donner à entendre qu'elle faisait exprès d'exciter sa jalousie. Elle crut enfin le rassurer en exécutant de ses lèvres rouges, à la lumière du soleil, la grimace impudique d'un baiser. Oh ! comme elle savait peu feindre ! La femme qu'il appelait *Ange* était une pure invention ; il l'avait
35 créée, lui, non sans effort ni patience ; elle ne l'avait pas aidé ; elle ne l'avait même pas laissé faire : elle lui avait constamment résisté. Et la clarté du jour dissipait le songe.

« Trop de lumière ! murmura-t-il, aveuglé. Mettons-nous à l'ombre. »

Elle observa curieusement son visage défait :

40 « Le soleil te fait mal ? En effet, j'ai entendu dire qu'il y a des personnes qui ne peuvent pas le supporter. »

Comme elle avait tort d'aimer le soleil !

Senilità, 1898, chap. IV, Traduction Paul-Henri Michel, 1975.

STENDHAL, 1822 — DE LA JALOUSIE

Quand on aime, à chaque nouvel objet qui frappe les yeux ou la mémoire, serré dans une tribune et attentif à écouter une discussion des chambres ou allant au galop relever une grand-garde, sous le feu de l'ennemi, toujours l'on ajoute une nouvelle perfection à l'idée qu'on a de sa maîtresse, ou l'on découvre un nouveau moyen, qui d'abord semble excellent, de s'en faire aimer davantage.

Chaque pas de l'imagination est payé par un moment de délices. Il n'est pas étonnant qu'une telle manière d'être soit attachante.

A l'instant où naît la jalousie, la même habitude de l'âme reste, mais pour produire un effet contraire. Chaque perfection que vous ajoutez à la couronne de l'objet que vous aimez, et qui peut-être en aime un autre, loin de vous procurer une jouissance céleste, vous retourne un poignard dans le cœur. Une voix vous crie : Ce plaisir si charmant, c'est ton rival qui en jouira (1).

Et les objets qui vous frappent, sans produire ce premier effet, au lieu de vous montrer comme autrefois un nouveau moyen de vous faire aimer, vous font voir un nouvel avantage du rival.

Vous rencontrez une jolie femme galopant dans le parc, et le rival est fameux par ses beaux chevaux qui lui font faire dix milles en cinquante minutes.

Dans cet état la fureur naît facilement; l'on ne se rappelle plus qu'en amour, *posséder n'est rien, c'est jouir qui fait tout;* l'on s'exagère le bonheur du rival, l'on s'exagère l'insolence que lui donne ce bonheur, et l'on arrive au comble des tourments, c'est-à-dire à l'extrême malheur empoisonné encore d'un reste d'espérance.

Le seul remède est peut-être d'observer de très près le bonheur du rival. Souvent vous le verrez s'endormir paisiblement dans le salon où se trouve cette femme qui, à chaque chapeau qui ressemble au sien et que vous voyez de loin dans la rue, arrête le battement de votre cœur.

La jalousie étant le plus grand de tous les maux, on trouvera qu'exposer sa vie est une diversion agréable. Car alors nos rêveries ne sont pas toutes empoisonnées, et tournant au noir (par le mécanisme exposé ci-dessus); l'on peut se figurer quelquefois qu'on tue ce rival.

D'après le principe qu'on ne doit jamais envoyer des forces à l'ennemi, il faut cacher votre amour au rival, et, sous un prétexte de vanité et le plus éloigné possible de l'amour, lui dire en grand secret, avec toute la politesse possible, et de l'air le plus calme et le plus simple : « Monsieur, je ne sais pourquoi le public s'avise de me donner la petite une telle; on a même la bonté de croire que j'en suis amoureux; si vous la voulez, vous, je vous la céderais de grand cœur, si malheureusement je ne m'exposais à jouer un rôle ridicule. Dans six mois, prenez-la tant qu'il vous plaira, mais aujourd'hui l'honneur qu'on attache je ne sais pourquoi à ces choses-là m'oblige de vous dire, à mon grand regret, que si par hasard vous n'avez pas la justice d'attendre que votre tour soit venu, il faut que l'un de nous meure. »

Votre rival est très probablement un homme non passionné, et peut-être un homme très prudent, qui, une fois qu'il sera convaincu de votre résolution, s'empressera de vous céder la femme en question, pour peu qu'il puisse trouver quelque prétexte honnête. C'est pour cela qu'il faut mettre de la gaieté dans votre déclaration, et couvrir toute la démarche du plus profond secret.

Ce qui rend la douleur de la jalousie si aiguë, c'est que la vanité ne peut aider à la supporter, et par la méthode dont je parle votre vanité a une pâture. Vous pouvez vous estimer comme brave, si vous êtes réduit à vous mépriser comme aimable.

Si l'on aime mieux ne pas prendre les choses en tragique, il faut partir, et aller à quarante lieues de là, entretenir une danseuse, dont les charmes auront l'air de vous arrêter comme vous passiez.

Pour peu que le rival ait l'âme commune, il vous croira consolé.

Très souvent le meilleur parti est d'attendre sans sourciller que le rival *s'use* auprès de l'objet aimé, par ses propres sottises. Car, à moins d'une grande passion, prise peu à peu et dans la première jeunesse, une femme d'esprit n'aime pas longtemps un homme commun (2). Dans le cas de la jalousie après l'intimité, il faut encore de l'indifférence apparente et de l'inconstance réelle, car beaucoup de femmes offensées par un amant qu'elles aiment encore s'attachent à l'homme pour lequel il montre de la jalousie, et le jeu devient une réalité (3).

Je suis entré dans quelques détails, parce que dans ces moments de jalousie on perd la tête le plus souvent; des conseils écrits depuis longtemps font bien, et, l'essentiel étant de feindre du calme, il est à propos de prendre le ton dans un écrit philosophique.

De l'Amour, 1822, chap. XXXV.

---

(1) *Voilà une folie de l'amour; cette perfection que vous voyez n'en est pas une pour lui.* (note de Stendhal).
(2) *La princesse de Tarente, nouvelle de Scarron*
(3) *Comme dans* le Curieux impertinent, *nouvelle de Cervantès.*

MARCEL PROUST, 1923

D'ailleurs, la jalousie est de ces maladies intermittentes dont la cause est capricieuse, impérative, toujours identique chez le même malade, parfois entièrement différente chez un autre. Il y a des asthmatiques qui ne calment leur crise qu'en ouvrant les fenêtres, en respirant le grand vent, un air pur sur des hauteurs, d'autres en se réfugiant au centre de la ville, dans une chambre enfumée. Il n'est guère de jaloux dont la jalousie n'admette certaines dérogations. Tel consent à être trompé pourvu qu'on le lui dise, tel autre pourvu qu'on le lui cache, en quoi l'un n'est guère moins absurde que l'autre, puisque, si le second est plus véritablement trompé en ce qu'on lui dissimule la vérité, le premier réclame, en cette vérité, l'aliment, l'extension, le renouvellement de ses souffrances.

Bien plus, ces deux manies inverses de la jalousie vont souvent au-delà des paroles, qu'elles implorent ou refusent les confidences. On voit des jaloux qui ne le sont que des hommes avec qui leur maîtresse a des relations loin d'eux, mais qui permettent qu'elle se donne à un autre homme qu'eux, si c'est avec leur autorisation, près d'eux, et, sinon même à leur vue, du moins sous leur toit. Ce cas est assez fréquent chez les hommes âgés amoureux d'une jeune femme. Ils sentent la difficulté de lui plaire, parfois l'impuissance de la contenter, et, plutôt que d'être trompés, préfèrent laisser venir chez eux, dans une chambre même, quelqu'un qu'ils jugent incapable de lui donner de mauvais conseils, mais non du plaisir. Pour d'autres, c'est tout le contraire : ne laissant pas leur maîtresse sortir seule une minute dans une ville qu'ils connaissent, la tenant dans un véritable esclavage, ils lui accordent de partir un mois dans un pays qu'ils ne connaissent pas, où ils ne peuvent se représenter ce qu'elle fera. J'avais à l'égard d'Albertine ces deux sortes de manie calmante. Je n'aurais pas été jaloux si elle avait eu des plaisirs près de moi, encouragés par moi, que j'aurais tenus tout entiers sous ma surveillance, m'épargnant par là la crainte du mensonge; je ne l'aurais peut-être pas été non plus si elle était partie dans un pays assez inconnu de moi et éloigné pour que je ne puisse imaginer, ni avoir la possibilité et la tentation de connaître son genre de vie. Dans les deux cas, le doute eût été supprimé par une connaissance ou une ignorance également complètes.

la Prisonnière, 1923, première partie de
Sodome et Gomorrhe III.

LEON TOLSTOI, 1889-90

Parmi les relations les plus torturantes pour un homme jaloux (et tous sont jaloux dans notre société), il y a ces conventions mondaines qui favorisent la plus grande et la plus périlleuse intimité entre un homme et une femme. Il faut accepter d'être la risée de tous, si l'on veut s'opposer à l'intimité des bals, à celle du médecin et de sa patiente, à celle que crée l'étude de l'art, de la peinture et surtout de la musique. Deux êtres s'adonnent ensemble au plus noble des arts, à la musique : cela nécessite une certaine intimité, celle-ci ne présente rien de blâmable et seul un mari stupide et jaloux peut voir là quoi que ce soit de répréhensible. Cependant, tout le monde sait que c'est précisément à la faveur de ces occupations et surtout de la musique que se nouent dans notre monde le plus grand nombre des adultères.

Je leur communiquai visiblement le trouble qui s'exprimait en moi; pendant un bon moment je ne pus rien dire. J'étais comme une bouteille retournée dont l'eau ne s'écoule point parce qu'elle est trop pleine. J'avais envie de l'injurier, de le chasser, mais je sentais que je devais de nouveau être affable et courtois avec lui. Ainsi fis-je. Je fis semblant de tout approuver, et, sous l'action de ce sentiment bizarre qui me forçait à le traiter avec d'autant plus de douceur que sa présence me torturait davantage, je lui dis que je m'en remettais à son goût et que je conseillais à ma femme d'en faire autant. Il resta juste le temps nécessaire pour effacer l'impression pénible produite par mon entrée subite dans la pièce avec un visage effrayé et mon mutisme, puis il se retira en prétendant qu'ils avaient choisi ce qu'ils joueraient le lendemain. Mais à part moi j'étais persuadé qu'en comparaison de ce qui les occupait, la question du morceau à jouer leur était indifférente.

la Sonate à Kreutzer, 1889-90, chap. XX,
traduction Sylvie Luneau, 1958.

---

1 — Relevez, classez, comparez dans les textes cités (Fromentin, Svevo, Proust, Tolstoï, Stendhal) les attitudes du jaloux, ses griefs, les réponses de la jeune femme (s'il y a lieu). Essayez de faire un tableau de la jalousie, étape par étape.

2 — Quels sont les traits essentiels de l'analyse de la jalousie par Proust ? Retrouve-t-on ces traits dans les autres textes ?

3 — Barthes dégage quatre composantes essentielles de la jalousie. Vous illustrerez ces attitudes en utilisant les textes de fiction cités ici. Peut-on ajouter d'autres « moments » de la jalousie, tout aussi caractéristiques ?

4 — DEVOIR :
A la suite de ces analyses, faites une recherche sur les jaloux de la littérature, du cinéma ou... de la vie, et composez à votre tour un passage de roman où vous mettrez en scène un jaloux.

Théophile Gautier par Nadar.

Théophile GAUTIER, le futur théoricien de l'art pur, (voir pages suivantes), prenait position, dès 1835, contre la littérature « utilitaire » en général, et plus précisément contre le romantisme humanitaire, politique et social.

A côté des journalistes moraux, sous cette pluie d'homélies comme sous une pluie d'été dans quelque parc, il a surgi, entre les planches du tréteau saint-simonien, une théorie de petits champignons d'une
5 nouvelle espèce assez curieuse, dont nous allons faire l'histoire naturelle.

Ce sont les critiques utilitaires. Pauvres gens qui avaient le nez court à ne le pouvoir chausser de lunettes, et cependant n'y voyaient pas aussi loin que leur nez.
10 Quand un auteur jetait sur leur bureau un volume quelconque, roman ou poésie, — ces messieurs se renversaient nonchalamment sur leur fauteuil, le mettaient en équilibre sur ses pieds de derrière, et, se balançant d'un air capable, ils se rengorgeaient et
15 disaient :
— A quoi sert ce livre ? Comment peut-on l'appliquer à la moralisation et au bien-être de la classe la plus nombreuse et la plus pauvre ? Quoi ! pas un mot des besoins de la société, rien de civilisant et de progressif !
20 Comment, au lieu de faire la grande synthèse de l'humanité, et de suivre, à travers les événements de l'histoire, les phases de l'idée régénératrice et providentielle, peut-on faire des poésies et des romans qui ne mènent à rien, et qui ne font pas avancer la génération dans le chemin de
25 l'avenir ? Comment peut-on s'occuper de la forme, du style, de la rime en présence de si graves intérêts ? — Que nous font, à nous, et le style et la rime, et la forme ? c'est bien de cela qu'il s'agit (pauvres renards, ils sont trop verts) ! — La société souffre, elle est en proie à un grand
30 déchirement intérieur (traduisez : personne ne veut s'abonner aux journaux utiles). C'est au poète à chercher la cause de ce malaise et à le guérir. Le moyen, il le trouvera en sympathisant de cœur et d'âme avec l'humanité (des poètes philanthropes ! ce serait quelque
35 chose de rare et de charmant). Ce poète, nous l'attendons, nous l'appelons de tous nos vœux. Quand il paraîtra, à lui les acclamations de la foule, à lui les palmes, à lui les couronnes, à lui le Prytanée...

A la bonne heure ; mais, comme nous souhaitons
40 que notre lecteur se tienne éveillé jusqu'à la fin de cette bienheureuse préface, nous ne continuerons pas cette imitation très fidèle du style utilitaire, qui, de sa nature, est passablement soporifique, et pourrait remplacer, avec avantage, le laudanum et les discours d'académie.
45 Non, imbéciles, non, crétins et goitreux que vous êtes, un livre ne fait pas de la soupe à la gélatine ; — un roman n'est pas une paire de bottes sans couture ; un sonnet, une seringue à jet continu ; un drame n'est pas un chemin de fer, toutes choses essentiellement civilisantes, et
50 faisant marcher l'humanité dans la voie du progrès.

De par les boyaux de tous les papes passés, présents et futurs, non et deux cent mille fois non.

On ne se fait pas un bonnet de coton d'une métonymie, on ne chausse pas une comparaison en
55 guise de pantoufle ; on ne se peut servir d'une antithèse pour parapluie ; malheureusement, on ne saurait se plaquer sur le ventre quelques rimes bariolées en manière de gilet. J'ai la conviction intime qu'une ode est un vêtement trop léger pour l'hiver, et qu'on ne serait pas
60 mieux habillé avec la strophe, l'antistrophe et l'épode que cette femme du cynique qui se contentait de sa seule vertu pour chemise, et allait nue comme la main, à ce que raconte l'histoire. (...)

Un roman a deux utilités : — l'une matérielle, l'autre
65 spirituelle, si l'on peut se servir d'une pareille expression à l'endroit d'un roman. — L'utilité matérielle, ce sont d'abord les quelques mille francs qui entrent dans la poche de l'auteur, et le lestent de façon que le diable ou le vent ne l'emportent ; pour le libraire, c'est un beau cheval
70 de race qui piaffe et saute avec son cabriolet d'ébène et d'acier, comme dit Figaro ; pour le marchand de papier, une usine de plus sur un ruisseau quelconque, et souvent le moyen de gâter un beau site ; pour les imprimeurs, quelques tonnes de bois de campêche pour se mettre
75 hebdomadairement le gosier en couleur ; pour le cabinet de lecture, des tas de gros sous très prolétairement vert-de-grisés, et une quantité de graisse, qui, si elle était convenablement recueillie et utilisée, rendrait superflue la pêche de la baleine. — L'utilité spirituelle est que,
80 pendant qu'on lit des romans, on dort, et on ne lit pas de journaux utiles, et vertueux et progressifs, ou telles autres drogues indigestes et abrutissantes.

Qu'on dise après cela que les romans ne contribuent pas à la civilisation. — Je ne parlerai pas des débitants de
85 tabac, des épiciers et des marchands de pommes de terre frites, qui ont un intérêt très grand dans cette branche de littérature, le papier qu'elle emploie étant, en général, de qualité supérieure à celui des journaux.

En vérité, il y a de quoi rire d'un pied en carré, en
90 entendant disserter messieurs les utilitaires républicains ou saint-simoniens. — Je voudrais bien savoir d'abord ce que veut dire précisément ce grand flandrin de substantif dont ils truffent quotidiennement le vide de leurs colonnes, et qui leur sert de schibboleth et de terme
95 sacramentel. — Utilité : quel est ce mot, et à quoi s'applique-t-il ?

Il y a deux sortes d'utilité, et le sens de ce vocable n'est jamais que relatif. Ce qui est utile pour l'un ne l'est pas pour l'autre. Vous êtes savetier, je suis poète. — Il est utile
100 pour moi que mon premier vers rime avec mon second. — Un dictionnaire de rimes m'est d'une grande utilité ; vous n'en avez que faire pour carreler une vieille paire de

bottes, et il est juste de dire qu'un tranchet ne me servirait pas à grand-chose pour faire une ode. — Après cela, vous objecterez qu'un savetier est bien au-dessus d'un poète, et que l'on se passe mieux de l'un que de l'autre. Sans prétendre rabaisser l'illustre profession de savetier, que j'honore à l'égal de la profession de monarque constitutionnel, j'avouerai humblement que j'aimerais mieux avoir mon soulier décousu que mon vers mal rimé, et que je me passerais plus volontiers de bottes que de poèmes. Ne sortant presque jamais et marchant plus habilement par la tête que par les pieds, j'use moins de chaussures qu'un républicain vertueux qui ne fait que courir d'un ministère à l'autre pour se faire jeter quelque place.

Je sais qu'il y en a qui préfèrent les moulins aux églises, et le pain du corps à celui de l'âme. A ceux-là, je n'ai rien à leur dire. Ils méritent d'être économistes dans ce monde, et aussi dans l'autre.

Y a-t-il quelque chose d'absolument utile sur cette terre et dans cette vie où nous sommes ? D'abord, il est très peu utile que nous soyons sur terre et que nous vivions. Je défie le plus savant de la bande de dire à quoi nous servons, si ce n'est à ne pas nous abonner au *Constitutionnel* ni à aucune espèce de journal quelconque.

Ensuite, l'utilité de notre existence admise *a priori,* quelles sont les choses réellement utiles pour la soutenir ? De la soupe et un morceau de viande deux fois par jour, c'est tout ce qu'il faut pour se remplir le ventre, dans la stricte acception du mot. L'homme, à qui un cercueil de deux pieds de large sur six de long suffit et au-delà après sa mort, n'a pas besoin dans sa vie de beaucoup plus de place. Un cube creux de sept à huit pieds dans tous les sens, avec un trou pour respirer, une seule alvéole de la ruche, il n'en faut pas plus pour le loger et empêcher qu'il ne lui pleuve sur le dos. Une couverture, roulée convenablement autour du corps, le défendra aussi bien et mieux contre le froid que le frac de Staub le plus élégant et le mieux coupé.

Avec cela, il pourra subsister à la lettre. On dit bien qu'on peut vivre avec 25 sous par jour ; mais s'empêcher de mourir, ce n'est pas vivre ; et je ne vois pas en quoi une ville organisée utilitairement serait plus agréable à habiter que le Père-la-Chaise.

Rien de ce qui est beau n'est indispensable à la vie. — On supprimerait les fleurs, le monde n'en souffrirait pas matériellement ; qui voudrait cependant qu'il n'y eût plus de fleurs ? Je renoncerais plutôt aux pommes de terre qu'aux roses, et je crois qu'il n'y a qu'un utilitaire au monde capable d'arracher une plate-bande de tulipes pour y planter des choux.

A quoi sert la beauté des femmes ? Pourvu qu'une femme soit médicalement bien conformée, en état de faire des enfants, elle sera toujours assez bonne pour des économistes.

A quoi bon la musique ? à quoi bon la peinture ? Qui aurait la folie de préférer Mozart à M. Carrel, et Michel-Ange à l'inventeur de la moutarde blanche ?

Il n'y a de vraiment beau que ce qui ne peut servir à rien ; tout ce qui est utile est laid, car c'est l'expression de quelque besoin, et ceux de l'homme sont ignobles et dégoûtants, comme sa pauvre et infirme nature. — L'endroit le plus utile d'une maison, ce sont les latrines.

Préface à *Mademoiselle de Maupin,* 1836.

Nadar, *Gautier* (BN).

Théophile Gautier (1811 - 1872)

Gautier était, pour Baudelaire, un « magicien » des mots, à qui il dédie les Fleurs du Mal dans ces termes :

AU POÈTE IMPECCABLE

Au parfait magicien ès lettres françaises
à mon très-cher et très-vénéré

MAITRE ET AMI

THÉOPHILE GAUTIER

Avec les sentiments

de la plus profonde humilité

Je dédie

CES FLEURS MALADIVES

C. B.

A UNE ROBE ROSE

Que tu me plais dans cette robe
Qui te déshabille si bien,
Faisant jaillir ta gorge en globe,
Montrant tout nu ton bras païen !

5 Frêle comme une aile d'abeille,
Frais comme un cœur de rose-thé,
Son tissu, caresse vermeille,
Voltige autour de ta beauté.

De l'épiderme sur la soie
10 Glissent des frissons argentés,
Et l'étoffe à la chair renvoie
Ses éclairs roses reflétés.

D'où te vient cette robe étrange
Qui semble faite de ta chair,
15 Trame vivante qui mélange
Avec ta peau son rose clair ?

Est-ce à la rougeur de l'aurore,
A la coquille de Vénus,
Au bouton de sein près d'éclore,
20 Que sont pris ces tons inconnus ?

Ou bien l'étoffe est-elle teinte
Dans les roses de ta pudeur ?
Non ; vingt fois modelée et peinte,
Ta forme connaît sa splendeur.

25 Jetant le voile qui te pèse,
Réalité que l'art rêva,
Comme la princesse Borghèse
Tu poserais pour Canova **(1).**

Et ces plis roses sont les lèvres
30 De mes désirs inapaisés,
Mettant au corps dont tu les sèvres
Une tunique de baisers.

Paru dans *l'Artiste,* le 15 février 1850.

(1) Sculpteur italien (1757-1822). Voir ci-contre.

---

1 — *A UNE ROBE ROSE*
   a) *Quels sont les sens, explicites ou sous-entendus, du mot* rose ? *La couleur seule a-t-elle dicté le recours à ce mot ?*
   b) *Qu'est-ce qui rapproche le mot* robe *du mot* rose ? *Relevez tous les mots du texte jouant sur les mêmes effets phonétiques ou visuels.*
   c) *Notez dans cette liste, les termes évoquant une image de* courbe. *Comment dès lors se justifie, à la septième strophe, l'évocation de la statue de Canova représentée ci-contre ?*
   d) *Comment s'appelle le vers utilisé ici par Gautier ? Il évoque un nombre précis. Où ce nombre se retrouve-t-il, dans la structure du poème ?*

2 — *IMAGES.*
   Comment se combinent, dans ces trois textes, le registre du fluide et celui du minéral, du sculptural ? Quel est l'effet recherché ?

3 — *ARTS POÉTIQUES.*
   Dans les deux poèmes ci-dessus et ci-contre, peut-on vraiment dissocier les « thèmes » développés de la « forme » qui les enveloppe ? Justifiez votre réponse.

Antonio Canova : *Pauline Borghese en Venus,* 1807. Rome, Galleria Borghese.

UN DÉBAT SUR LA « FORME PURE » EN POÉSIE

THÉODORE DE BANVILLE, 1856
*Le poète s'était adressé à Gautier, dans
la revue l'Artiste, en ces termes :*

*La réponse de Gautier, insérée dans les éditions suivantes d'*Emaux et Camées,
parut le 13 septembre 1857 dans la même revue :

A. TH. GAUTIER.

Quand sa chasse est finie,
Le poète oiseleur
   Manie
L'outil du ciseleur.

Car il faut qu'il meurtrisse
Pour y graver son pur
   Caprice
Un métal au cœur dur.

Pas de travail commode !
Tu prétends, comme moi,
   Que l'Ode
Garde sa vieille loi,

Et que, brillant et ferme,
Le beau Rythme d'airain
   Enferme
L'Idée au front serein.

Les Strophes, nos esclaves,
Ont encore besoin
   D'entraves
Pour regarder plus loin.

Les pieds blancs de ces reines
Portent le poids réel
   Des chaînes,
Mais leurs yeux voient le ciel.

Et toi, qui nous enseignes
L'amour du vert laurier,
   Tu daignes
Etre un bon ouvrier.

       Mai 1856.

L'ART

Oui, l'œuvre sort plus belle
30 D'une forme au travail
   Rebelle,
Vers, marbre, onyx, émail.

Point de contraintes fausses !
Mais que pour marcher droit
35   Tu chausses,
Muse, un cothurne **(1)** étroit.

Fi du rhythme **(2)** commode,
Comme un soulier trop grand,
   Du mode
40 Que tout pied quitte et prend !

Statuaire, repousse
L'argile que pétrit
   Le pouce
Quand flotte ailleurs l'esprit ;

45 Lutte avec le carrare **(3)**,
Avec le paros **(3)** dur
   Et rare,
Gardiens du contour pur ;

Emprunte à Syracuse
50 Son bronze où fermement
   S'accuse
Le trait fier et charmant ;

D'une main délicate
Poursuis dans un filon
55   D'agate
Le profil d'Apollon **(4)**.

Peintre, fuis l'aquarelle,
Et fixe la couleur
   Trop frêle
60 Au four de l'émailleur.

Fais les sirènes bleues,
Tordant de cent façons
   Leurs queues,
Les monstres des blasons ;

65 Dans son nimbe trilobe
La Vierge et son Jésus,
   Le globe
Avec la croix dessus.

Tout passe. — L'art robuste
70 Seul a l'éternité,
   Le buste
Survit à la cité.

Et la médaille austère
Que trouve un laboureur
75   Sous terre
Révèle un empereur.

Les dieux eux-mêmes meurent,
Mais les vers souverains
   Demeurent
80 Plus forts que les airains.

Sculpte, lime, ciselle ;
Que ton rêve flottant
   Se scelle
Dans le bloc résistant !

       l'Artiste, 1857.

(1) Chaussure à très haute semelle portée par les acteurs du théâtre grec antique.
(2) Orthographe conforme à l'étymologie.
(3) Variétés de marbres italiens et grecs.
(4) Dieu du Soleil et de la poésie.

Gobineau (BN).

Le XIXᵉ siècle est le siècle des grandes synthèses inspirées par la foi dans le progrès et la perfectibilité humaine, comme en témoignent aussi bien l'histoire (Michelet, voir nᵒ 41), la philosophie (positivisme et scientisme, voir nᵒ 107), que la réflexion politique (Proudhon, Marx, nᵒ 47, De Maistre, nᵒ 12) et la littérature (Lamartine avec La Chute d'un ange en 1838, Hugo avec La Légende des Siècles en 1859, (voir nᵒ 90).

Dans ce concert d'optimisme, Gobineau vient jeter une note discordante : pour lui l'humanité,, loin d'être perfectible à l'infini, s'abrutira de plus en plus, par l'inévitable déchéance des métissages. C'est alors une sorte d'épopée romantique inversée que construit Gobineau, sans toujours, dans ce siècle de science, se préoccuper de l'exactitude de ses sources.

1   *Comment expliquer qu'une civilisation finisse, se demande Gobineau ? Par le phénomène de « dégénération »...*

Je pense donc que le mot *dégénéré*, s'appliquant à un peuple, doit signifier et signifie que ce peuple n'a plus la valeur intrinsèque qu'autrefois il possédait, parce qu'il n'a plus dans ses veines le même sang, dont des alliages successifs ont graduellement modifié la valeur ; autrement dit, qu'avec le même nom, il n'a pas conservé la même race que ses
5 fondateurs ; enfin, que l'homme de la décadence, celui qu'on appelle l'homme *dégénéré*, est un produit différent, au point de vue ethnique, du héros des grandes époques. Je veux bien qu'il possède quelque chose de son essence ; mais, plus il dégénère, plus ce quelque chose s'atténue. Les éléments hétérogènes qui prédominent désormais en lui composent une nationalité toute nouvelle et bien malencontreuse dans son originalité ; il n'appartient
10 à ceux qu'il dit encore être ses pères, qu'en ligne très collatérale. Il mourra définitivement, et sa civilisation avec lui, le jour où l'élément ethnique primordial se trouvera tellement subdivisé et noyé dans des apports de races étrangères, que la virtualité de cet élément n'exercera plus désormais d'action suffisante. Elle ne disparaîtra pas, sans doute, d'une manière absolue ; mais, dans la pratique, elle sera tellement combattue, tellement affaiblie,
15 que sa force deviendra de moins en moins sensible, et c'est à ce moment que la dégénération pourra être considérée comme complète, et que tous ses effets apparaîtront.

chap. IV.

2   *...qui suppose l'inégalité des races...*

« Tous les hommes, disent les défenseurs de l'égalité humaine, sont pourvus d'instruments intellectuels pareils, de même nature, de même valeur, de même portée. » Ce ne sont pas les paroles expresses, peut-être, mais du moins c'est le sens. Ainsi, le cervelet du Huron contient un germe d'esprit tout à fait semblable à celui de l'Anglais et du
5 Français ! Pourquoi donc, dans le cours des siècles, n'a-t-il découvert ni l'imprimerie ni la vapeur ? Je serais en droit de lui demander, à ce Huron, s'il est égal à nos compatriotes, d'où il vient que les guerriers de sa tribu n'ont pas fourni de César ni de Charlemagne, et par quelle inexplicable négligence ses chanteurs et ses sorciers ne sont jamais devenus ni des Homères ni des Hippocrates ? A cette difficulté on répond, d'ordinaire, en mettant en
10 avant l'influence souveraine des milieux. Suivant cette doctrine, une île ne verra point, en fait de prodiges sociaux, ce que connaîtra un continent ; au nord, on ne sera pas ce qu'on est au midi ; les bois ne permettront pas les développements que favorisera la plaine découverte ; que sais-je ? L'humidité d'un marais fera pousser une civilisation que la sécheresse du Sahara aurait infailliblement étouffée. Quelque ingénieuses que soient ces
15 petites hypothèses, elles ont contre elles la voix des faits. Malgré le vent, la pluie, le froid, le chaud, la stérilité, la plantureuse abondance, partout le monde a vu fleurir tour à tour, et sur les mêmes sols, la barbarie et la civilisation. Le fellah abruti se calcine au même soleil qui brûlait le puissant prêtre de Memphis ; le savant professeur de Berlin enseigne sous le même ciel inclément qui vit jadis les misères du sauvage finnois.

20 Le plus curieux, c'est que l'opinion égalitaire, admise par la masse des esprits, d'où elle a découlé dans nos institutions et dans nos mœurs, n'a pas trouvé assez de force pour détrôner l'évidence, et que les gens les plus convaincus de sa vérité font tous les jours acte d'hommage au sentiment contraire. Personne ne se refuse à constater, à chaque instant, de graves différences entre les nations, et le langage usuel même les confesse avec la plus
25 naïve inconséquence. On ne fait, en cela, qu'imiter ce qui s'est pratiqué à des époques non moins persuadées que nous, et pour les mêmes causes, de l'égalité absolue des races.

chap. V.

EXTRAIT 1 :
a) Vous relèverez les formules qui, au début de cet extrait, montrent que Gobineau prend des précautions pour avancer son explication. Qu'en est-il à la fin ?
b) La tradition philosophique oppose l'essence* à l'apparence*. Relevez et classez les termes relevant de chaque champ lexical*. Gobineau les définit-il précisément ? Que peut signifier l'emploi qu'il fait de ce vocabulaire, dans sa démonstration ?

EXTRAIT 2 :
a) Résumez les arguments de Gobineau, et tentez d'y répondre.
b) De l'existence, reconnue par chacun, de « différences », Gobineau conclut à l'inégalité. Quelle distinction faites-vous personnellement entre ces deux termes ? L'une entraîne-t-elle nécessairement l'autre ?

EXTRAIT 3 :
a) Vous résumerez en un tableau les caractéristiques des différentes races selon Gobineau.
b) Vous chercherez ensuite quelles sont les grandes oppositions idéologiques* de la civilisation occidentale qui sous-tendent cette classification.
c) Dans cette « démonstration » de la supériorité de la race blanche, apparaît, vers la fin, un retournement inattendu. Faut-il l'entendre comme un correctif ?

3   *... dont Gobineau fournit les « preuves » :*

J'ai montré la place réservée qu'occupe notre espèce dans le monde organique. On a pu voir que de profondes différences physiques, que des différences morales non moins accusées, la séparaient de toutes les autres classes d'êtres vivants. Ainsi mise à part, je l'ai étudiée en elle-même, et la physiologie, bien qu'incertaine dans ses voies, peu sûre dans ses ressources, et défectueuse dans ses méthodes, m'a néanmoins permis de distinguer trois grands types nettement distincts, le noir, le jaune et le blanc.

La variété mélanienne est la plus humble et gît au bas de l'échelle. Le caractère d'animalité empreint dans la forme de son bassin lui impose sa destinée, dès l'instant de la conception. Elle ne sortira jamais du cercle intellectuel le plus restreint. Ce n'est cependant pas une brute pure et simple, que ce nègre à front étroit et fuyant, qui porte, dans la partie moyenne de son crâne, les indices de certaines énergies grossièrement puissantes. Si ses facultés pensantes sont médiocres ou mêmes nulles, il possède dans le désir, et par suite dans la volonté, une intensité souvent terrible. Plusieurs de ses sens sont développés avec une vigueur inconnue aux deux autres races : le goût et l'odorat principalement.

Mais là, précisément, dans l'avidité même de ses sensations, se trouve le cachet frappant de son infériorité. Tous les aliments lui sont bons, aucun ne le dégoûte, aucun ne le repousse. Ce qu'il souhaite, c'est manger, manger avec excès, avec fureur; il n'y a pas de répugnante charogne indigne de s'engloutir dans son estomac. Il en est de même pour les odeurs, et sa sensualité s'accommode non seulement des plus grossières, mais des plus odieuses. A ces principaux traits de caractère il joint une instabilité d'humeur, une variabilité de sentiments que rien ne peut fixer, et qui annule, pour lui, la vertu comme le vice. On dirait que l'emportement même, avec lequel il poursuit l'objet qui a mis sa sensitivité en vibration et enflammé sa convoitise, est un gage du prompt apaisement de l'une et du rapide oubli de l'autre. Enfin il tient également peu à sa vie et à celle d'autrui; il tue volontiers pour tuer, et cette machine humaine, si facile à émouvoir, est, devant la souffrance, ou d'une lâcheté qui se réfugie volontiers dans la mort, ou d'une impassibilité monstrueuse.

La race jaune se présente comme l'antithèse de ce type. Le crâne, au lieu d'être rejeté en arrière, se porte précisément en avant. Le front, large, osseux, souvent saillant, développé en hauteur, plombe sur un faciès triangulaire, où le nez et le menton ne montrent aucune des saillies grossières et rudes qui font remarquer le nègre. Une tendance générale à l'obésité n'est pas là un trait tout à fait spécial, pourtant il se rencontre plus fréquemment chez les tribus jaunes que dans les autres variétés. Peu de vigueur physique, des dispositions à l'apathie. Au moral, aucun de ces excès étranges, si communs chez les Mélaniens. Des désirs faibles, une volonté plutôt obstinée qu'extrême, un goût perpétuel mais tranquille pour les jouissances maté-

rielles; avec une rare gloutonnerie, plus de choix que les nègres dans les mets destinés à la satisfaire. En toutes choses, tendances à la médiocrité; compréhension assez facile de ce qui n'est ni trop élevé ni trop profond; amour de l'utile, respect de la règle, conscience des avantages d'une certaine dose de liberté. Les jaunes sont des gens pratiques, dans le sens étroit du mot. Ils ne rêvent pas, ne goûtent pas les théories, inventent peu, mais sont capables d'apprécier et d'adopter ce qui sert. Leurs désirs se bornent à vivre le plus doucement et le plus commodément possible. On voit qu'ils sont supérieurs aux nègres. C'est une populace et une petite bourgeoisie que tout civilisateur désirerait choisir pour base de sa société : ce n'est cependant pas de quoi créer cette société ni lui donner du nerf, de la beauté et de l'action.

Viennent maintenant les peuples blancs. De l'énergie réfléchie, ou pour mieux dire, une intelligence énergique; le sens de l'utile, mais dans une signification de ce mot beaucoup plus large, plus élevée, plus courageuse, plus idéale que chez les nations jaunes; une persévérance qui se rend compte des obstacles et trouve, à la longue, les moyens de les écarter; avec une plus grande puissance physique, un instinct extraordinaire de l'ordre, non plus seulement comme gage de repos et de paix, mais comme moyen indispensable de conservation, et, en même temps, un goût prononcé de la liberté, même extrême; une hostilité déclarée contre cette organisation formaliste où s'endorment volontiers les Chinois, aussi bien que contre le despotisme hautain, seul frein suffisant aux peuples noirs.

Les blancs se distinguent encore par un amour singulier de la vie. Il paraît que, sachant mieux en user, ils lui attribuent plus de prix, ils la ménagent davantage, en eux-mêmes et dans les autres. Leur cruauté, quand elle s'exerce, a la conscience de ses excès, sentiment très problématique chez les noirs. En même temps, cette vie occupée, qui leur est si précieuse, ils ont découvert des raisons de la livrer sans murmure. Le premier de ces mobiles, c'est l'honneur, qui, sous des noms à peu près pareils, a occupé une énorme place dans les idées, depuis le commencement de l'espèce. Je n'ai pas besoin d'ajouter que ce mot d'honneur et la notion civilisatrice qu'il renferme sont, également, inconnus aux jaunes et aux noirs.

Pour terminer le tableau, j'ajoute que l'immense supériorité des blancs, dans le domaine entier de l'intelligence, s'associe à une infériorité non moins marquée dans l'intensité des sensations. Le blanc est beaucoup moins doué que le noir et que le jaune sous le rapport sensuel. Il est ainsi moins sollicité et moins absorbé par l'action corporelle, bien que sa structure soit remarquablement plus vigoureuse.

(la fin de ce chapitre « prouve » la supériorité dans la race blanche, de la famille ariane, c'est-à-dire aryenne.)

chap. XVI.

Edmond et Jules de Goncourt,
(Roger Viollet).

Germinie n'était point une de ces natures heureuses qui font le mal et en laissent le souvenir derrière elles, sans que le regret de leurs pensées y retourne jamais. Elle n'avait pas (...) une de ces grosses organisations matérielles qui ne se laissent traverser par rien que par des impressions animales. Elle n'avait pas une de ces consciences qui
5 se dérobent à la souffrance par l'abrutissement et par cette épaisse stupidité dans laquelle une femme végète, naïvement fautive. Chez elle, une sensitivité maladive, une sorte d'éréthisme **(1)** cérébral, une disposition de tête à toujours travailler, à s'agiter dans l'amertume, l'inquiétude, le mécontentement d'elle-même, un sens moral qui s'était comme redressé en elle après chacune de ses déchéances, tous les dons de
10 délicatesse, d'élection et de malheur s'unissaient pour la torturer, et retourner, chaque jour, plus avant et plus cruellement dans son désespoir, le tourment de ce qui n'aurait guère mis de si longues douleurs chez beaucoup de ses pareilles.

Germinie cédait à l'entraînement de la passion ; mais aussitôt qu'elle y avait cédé, elle se prenait en mépris. Dans le plaisir même, elle ne pouvait s'oublier
15 entièrement et se perdre. Il se levait toujours dans sa distraction l'image de mademoiselle **(2)** avec son austère et maternelle figure. A mesure qu'elle s'abandonnait et descendait de son honnêteté, Germinie ne sentait pas l'impudeur lui venir. Les dégradations où elle s'abîmait ne la fortifiaient point contre le dégoût et l'horreur d'elle-même. L'habitude ne lui apportait pas l'endurcissement. Sa conscience souillée rejetait
20 ses souillures, se débattait dans ses hontes, se déchirait dans ses repentirs, et ne lui laissait pas même une seconde la pleine jouissance du vice, l'entier étourdissement de la chute.

Germinie Lacerteux, 1865, XXXV.

(1) *État d'excitation morbide.*
(2) *Mademoiselle de Varaudeuil.*

L'argument du roman de Jules
(1830-1870) et Edmond de
Goncourt (1822-1896) est le
suivant :

*D'origine paysanne, Germinie
doit se placer dès quatorze
ans à Paris. Après plusieurs
places et pas mal de déboires,
elle devient la domestique
d'une vieille demoiselle de
l'aristocratie qui a vu sa vie
gâchée par le dévouement
que son père exigeait d'elle.
Le roman est l'analyse
« scientifique » du cas de
Germinie : sans cesser de se
dévouer à Mademoiselle de
Varaudeuil, elle connaît
l'ivresse, le vol, la débauche,
la maladie, la mort, enfin la
fosse commune. Après sa
mort, apprenant la double vie
de « l'hystérique »
Germinie, sa maîtresse devra
rembourser ses dettes.*

O Paris ! tu es le cœur du monde, tu es la grande ville humaine, la grande ville charitable et fraternelle ! Tu as des douceurs d'esprit, de vieilles miséricordes des mœurs, des spectacles qui font l'aumône ! Le pauvre est ton citoyen comme le riche. Tes églises parlent de Jésus-Christ ; tes lois parlent d'égalité ; tes journaux parlent de
5 progrès ; tous tes gouvernements parlent du peuple ; et voilà où tu jettes ceux qui meurent à te servir, ceux qui se tuent à créer ton luxe, ceux qui périssent du mal de tes industries, ceux qui ont sué leur vie à travailler pour toi, à te donner ton bien-être, tes plaisirs, tes splendeurs, ceux qui ont fait ton animation, ton bruit, ceux qui ont mis la chaîne de leurs existences dans ta durée de capitale, ceux qui ont été la foule de tes rues
10 et le peuple de ta grandeur ! Chacun de tes cimetières a un pareil coin honteux, caché contre un bout de mur, où tu te dépêches de les enfouir, et où tu leur jettes la terre à pelletées si avares que l'on voit passer les pieds de leurs bières ! On dirait que ta charité s'arrête à leur dernier soupir, que ton seul *gratis* est le lit où l'on souffre, et que, passé l'hôpital, toi si énorme et si superbe, tu n'as plus de place pour ces gens-là ! Tu les
15 entasses, tu les presses, tu les mêles dans la mort, comme il y a cent ans, sous les draps de tes Hôtels-Dieu, tu les mêlais dans l'agonie ! Encore hier, n'avais-tu pas seulement ce prêtre en faction pour jeter un peu d'eau bénite banale à tout venant : pas la moindre prière ! Cette décence même manquait : Dieu ne se dérangeait pas ! Mais ce que prêtre bénit, c'est toujours la même chose : un trou où le sapin se cogne, où les morts ne sont
20 pas chez eux ! La corruption y est commune ; personne n'a la sienne, chacun a celle de tous : c'est la promiscuité du ver ! Dans le sol dévorant, un Montfaucon se hâte pour les Catacombes... Car les morts n'ont pas plus ici le temps que l'espace pour pourrir : on leur reprend la terre, avant que la terre n'ait fini ! avant que leurs os n'aient une couleur et comme une ancienneté de pierre, avant que les années n'aient effacé sur eux un
25 reste d'humanité et la mémoire d'un corps ! Le déblai se fait, quand cette terre est encore eux, et qu'ils sont ce terreau humide où la bêche enfonce... La terre qu'on leur prête ? Mais elle n'enferme pas seulement l'odeur de la mort ! L'été, le vent qui passe sur cette voirie humaine à peine enterrée, en emporte, sur la ville des vivants, le miasme impie.

Germinie Lacerteux, 1865, LXX.

Avec les Misérables *de Hugo (voir n° 91), les* Mystères de Paris *de Sue (voir n° 56), les* Scènes de la vie de Bohême *de Bürger, on s'était intéressé aux grisettes, aux gamins et aux criminels parisiens, mais pour la première fois, dans* Germinie Lacerteux, *le peuple entrait dans le roman (voir index : « Peuple ») : les amants de la littérature romanesque sont aussi bien des peintres en bâtiment (Gautruche) que les fils d'une crémière (Jupillon). Les Goncourt se réclament du « vrai historique » en utilisant l'histoire de leur bonne. Ils avaient en effet découvert, à la mort de celle-ci, sa vie dissolue. La double vie de Rose et de Germinie — servante fidèle le jour, débauchée sans scrupule la nuit — sert admirablement la démonstration « scientifique » des auteurs : ces deux femmes sont des malades selon eux, et en cela, elles sont excusables.*

J. et E. de GONCOURT, 1865

Il nous faut demander pardon au public de lui donner ce livre et l'avertir de ce qu'il y trouvera. Le public aime les romans faux, ce roman est un roman vrai.

Il aime les livres qui font semblant d'aller dans le monde ; ce livre vient de la rue.

Il aime les petites œuvres polissonnes, les mémoires de filles, les confessions d'alcôves, les saletés érotiques, le scandale qui se retrousse dans une image aux devantures des libraires ; ce qu'il va lire est sévère et pur. Qu'il ne s'attende point à la photographie décolletée du plaisir, l'étude qui suit est la clinique (1) de l'amour.

Le public aime encore les lectures anodines et consolantes, les aventures qui finissent bien, les imaginations qui ne dérangent ni sa digestion, ni sa sérénité. Ce livre avec sa triste et violente distraction est fait pour contrarier ses habitudes et nuire à son hygiène.

Pourquoi donc l'avons-nous écrit ? Est-ce simplement pour choquer le public et scandaliser ses goûts ?

Non.

Vivant au dix-neuvième siècle, dans un temps de suffrage universel, de démocratie, de libéralisme, nous nous sommes demandé si ce qu'on appelle les « basses classes » n'avait pas droit au roman ; si ce monde sous un monde, le peuple, devait rester sous le coup de l'interdit littéraire et des dédains d'auteurs qui ont fait jusqu'ici le silence sur l'âme et le cœur qu'il peut avoir, nous nous sommes demandé s'il y avait encore pour l'écrivain et pour le lecteur, en ces années d'égalité où nous sommes, des classes indignes, des malheurs trop bas, des drames trop peu nobles. Il nous est venu la curiosité de savoir si cette forme conventionnelle d'une littérature oubliée et d'une société disparue, la tragédie, était définitivement morte ; si, dans un pays sans caste et sans aristocratie légale, les misères des petits et des pauvres parleraient à l'intérêt, à l'émotion, à la pitié, aussi haut que les misères des grands et des riches ; si en un mot les larmes qu'on pleure en bas pourraient faire pleurer comme celles qu'on pleure en haut. Ces pensées nous avaient fait oser l'humble roman de Sœur Philomène Lacerteux.

Maintenant, que ce livre soit calomnié, peu lui importe. Aujourd'hui que le Roman s'élargit et grandit, qu'il commence à être la grande forme sérieuse, passionnée, vivante de l'étude littéraire et de l'enquête sociale, qu'il devient par l'analyse et par la recherche psychologique, l'Histoire morale contemporaine, aujourd'hui que le Roman s'est imposé les études et les devoirs de la Science, il peut en revendiquer les libertés et les franchises. Et qu'il cherche l'Art et la Vérité, qu'il montre des misères bonnes à ne pas laisser oublier aux heureux de Paris, qu'il fasse voir aux gens du monde ce que les dames de charité ont le courage de voir, ce que les reines d'autrefois faisaient toucher de l'œil à leurs enfants dans les hospices : la souffrance humaine présente et toute vive, qui apprend la charité ; que le roman ait cette religion que le siècle passé appelait de ce large et vaste nom : Humanité ; – il lui suffit de cette conscience : son droit est là !

Préface de Germinie Lacerteux, *1865.*

(1) *au sens d'observation médicale.*

---

1 — *Relevez ce qui, dans la citation du chapitre XXXV appartient au vocabulaire « scientifique » et ce qui appartient à l'analyse psychologico-littéraire des sensations et des sentiments. Ces deux domaines sont-ils liés ? De quelle manière et pourquoi ?*

2 — *En s'appuyant sur le même passage, dites quel est le conflit essentiel du personnage de Germinie, quels sont les éléments susceptibles de l'entraîner dans sa déchéance, quels sont ceux qui peuvent la retenir ?*

3 — *Analysez la composition de l'adresse à Paris (chapitre LXX) : Quel rôle jouent les exclamations du début du texte ? Le passage à la misère du peuple est-il brutal ?*

4 — *Le symbolisme haut/bas. Quels sont les thèmes qui relèvent de chacune de ces deux notions antithétiques ? Comparer l'usage qui se fait ici de cette opposition avec celui qu'en font Michelet (voir n° 41) ou Stendhal (voir n° 53).*

5 — *Établissez une définition de la notion de « vrai » selon les Goncourt à l'aide des textes cités dans ces deux pages.*

DOSSIER : LE PEUPLE

6 — *Comparez l'image du peuple telle qu'elle apparaît dans les romans de Victor Hugo (les* Misérables, *voir n° 91), d'Eugène Sue (les* Mystères de Paris, *voir n° 56), de Zola (voir n°s 167, 168), et des Goncourt. [L'apparence, le choix des personnages, des situations, le parler populaire, etc. — consulter aussi l'index à l'entrée « Peuple »].*

Hugo, *Miseria* (Bulloz).

Représentez-vous (...) des rues, des rues entières ou l'on rencontre à chaque pas de ces spectacles-là, où palpite partout, sous toutes les formes, la détresse la plus lamentable. Nous ne sommes restés qu'un jour à Lille, mes compagnons de route et moi ; nous avons été devant nous au hasard, je le répète, dans ces quartiers 5 malheureux ; nous sommes entrés dans les premières maisons venues. Eh bien ! nous n'avons pas entr'ouvert une porte sans trouver derrière cette porte une misère — quelquefois une agonie.

Figurez-vous ces caves dont rien de ce que je vous ai dit ne peut vous donner l'idée ; figurez-vous ces cours qu'ils appellent des *courettes*, resserrées entre de 10 hautes masures, sombres, humides, glaciales, méphitiques, pleines de miasmes stagnants, encombrées d'immondices, les fosses d'aisance à côté des puits !

Hé mon Dieu ! ce n'est pas le moment de chercher des délicatesses de langage !

Figurez-vous ces maisons, ces masures habitées du haut en bas, jusque sous 15 terre, les eaux croupissantes filtrant à travers les pavés dans ces tanières où il y a des créatures humaines. Quelquefois jusqu'à dix familles dans une masure, jusqu'à dix personnes dans une chambre, jusqu'à cinq ou six dans un lit, les âges et les sexes mêlés, les greniers aussi hideux que les caves, des galetas où il entre assez de froid pour grelotter et pas assez d'air pour respirer !

20 Je demandais à une femme de la rue du Bois-Saint-Sauveur : pourquoi n'ouvrez-vous pas les fenêtres ? — elle m'a répondu : — parce que les châssis sont pourris et qu'ils nous resteraient dans les mains. J'ai insisté : — vous ne les ouvrez donc jamais ? — Jamais, monsieur !

Figurez-vous la population maladive et étiolée, des spectres au seuil des 25 portes, la virilité retardée, la décrépitude précoce, des adolescents qu'on prend pour des enfants, de jeunes mères qu'on prend pour de vieilles femmes, les scrofules, le rachis, l'ophtalmie, l'idiotisme, une indigence inouïe, des haillons partout, on m'a montré comme une curiosité une femme qui avait des boucles d'oreilles d'argent !

Et au milieu de tout cela le travail sans relâche, le travail acharné, pas assez 30 d'heures de sommeil, le travail de l'homme, le travail de la femme, le travail de l'âge mûr, le travail de la vieillesse, le travail de l'enfance, le travail de l'infirme, et souvent pas de pain, et souvent pas de feu, et cette femme aveugle, entre ses deux enfants dont l'un est mort et l'autre va mourir, et ce filetier phtisique agonisant, et cette mère épileptique qui a trois enfants et qui gagne trois sous par jour ! Figurez-vous tout cela, 35 et si vous vous récriez, et si vous doutez, et si vous niez...

Ah ! vous niez ! Eh bien, dérangez-vous quelques heures, venez avec nous, incrédules, et nous vous ferons voir de vos yeux, toucher de vos mains les plaies, les plaies saignantes de ce Christ qu'on appelle le peuple !

Ah ! messieurs ! je ne fais injure au cœur de personne, si ceux qui s'irritent à 40 mes paroles en ce moment avaient vu ce que j'ai vu, s'ils avaient vu comme moi de malheureux enfants vêtus de guenilles mouillées qui ne sèchent pas de tout l'hiver, d'autres qui ont toujours envie de dormir parce que, pour gagner leurs trois ou quatre misérables sous par jour, on les arrache de trop bonne heure à leur sommeil, d'autres qui ont toujours faim et qui, s'ils trouvent dans la rue, dans la boue, des 45 feuilles vertes, les essuient et les mangent, s'il avaient vu les pères et les mères de ces pauvres petits êtres, qui souffrent bien plus encore, car ils souffrent dans eux-mêmes et dans leurs enfants, s'ils avaient vu cela comme moi, ils auraient le cœur serré comme je l'ai en ce moment, et, j'en suis sûr, et je leur fais cet honneur d'en être sûr, loin de m'interrompre, ils me soutiendraient, et ils me crieraient : courage ! parlez 50 pour les pauvres !

Car, eh mon Dieu ! pourquoi vous méprenez-vous ? parler pour les pauvres, ce n'est pas parler contre les riches ! A quelque opinion qu'on appartienne, est-ce que ce n'est pas votre avis à tous ? on n'a plus de passions politiques en présence de ceux qui souffrent ! et on ne se sent plus au fond de soi qu'un cœur qui souffre avec 55 eux et une âme qui prie pour eux !

Discours à l'Assemblée, 30 juin 1850.

Victor Hugo, élu député, met ici son éloquence au service de la misère, en faisant à la Chambre un tableau saisissant des caves de Lille, qu'il est allé visiter.

LES CANUTS DE LYON, SYMBOLE DE LA MISÈRE OUVRIÈRE

LAMARTINE, 1856

G. BRUNO, 1877

Dans un livre destiné aux enfants qui connut un succès extraordinaire, on lit cette description de l'industrie de la soie à Lyon :

« As-tu vu, en passant dans les faubourgs de la ville, ces hautes maisons d'aspect pauvre, d'où l'on entend le soir le bruit actif des métiers ? C'est là qu'habite la nombreuse population ouvrière. Chacun a son petit logement ou son atelier, souvent perché au cinquième ou sixième étage, souvent enfoncé aussi sous le sol, et il y travaille toute la journée à lancer la navette entre les fils de soie. De ces obscurs logements sortent les étoffes brillantes, aux couleurs et aux dessins de toute sorte, qui se répandent ensuite dans le monde entier. Il s'est vendu cette année à Lyon pour plus de 500 millions de francs de soieries. »

le Tour de France par deux enfants,
1877.

ARISTIDE BRUANT, 1899

Ce chansonnier a écrit sur les « canuts » un texte célèbre :

Pour chanter *Veni Creator*
Il faut une chasuble d'or
Nous en tissons pour vous, grands
[de l'Église
Et nous, pauvres canuts, n'avons pas
[de chemise.

C'est nous les canuts
Nous sommes tout nus.

Pour gouverner, il faut avoir
Manteaux ou rubans en sautoir.
Nous en tissons pour vous, grands
[de la terre
Et nous, pauvres canuts, sans drap
[on nous enterre.

C'est nous les canuts
Nous sommes tout nus.

Mais notre règne arrivera
Quand votre règne finira :
Nous tisserons le linceul du vieux
[monde
Car on entend déjà la tempête qui
[gronde.

C'est nous les canuts
Nous n'irons plus nus.

Sur la Route, 1899.

Si vous pénétrez dans une de ces maisons ou de ces fourmilières humaines, vous trouvez d'abord une étroite, longue et sombre voûte qu'on appelle une allée ; une rigole humide et fétide la borde des deux côtés pour écouler la sueur de la maison dans le ruisseau de la rue. Vous glissez dans la fange toujours détrempée que les pieds boueux des habitants ou des visiteurs, les parapluies égouttés et les incuries banales entretiennent sans cesse dans ce supplément de l'égout, portique d'un cloaque. L'allée vous conduit à un escalier commun aux deux cents habitants qui peuplent cette demeure ; ses marches, usées par le frottement des souliers ferrés, suintent, comme le pavé de l'allée d'une humidité fétide. A chaque palier, des portes entr'ouvertes laissent s'exhaler l'émanation souterraine d'autres égouts. A côté, et à l'odeur de ces immondices huit à dix autres portes hermétiquement fermées ne laissent entendre à l'intérieur que des vagissements d'enfants, des impatiences de mères interrompues dans leur ouvrage par ces soifs de leurs mamelles. Ces bruits sont entrecoupés par le coup sourd des pédales du métier qui ne repose jamais sous le pied de la jeune fille, du frère ou du père. Montez, redescendez, suivez les paliers et les corridors de ce labyrinthe sans guide. C'est partout le même aspect, la même mélancolie, le même murmure : vaste geôle du travail, dont on n'aperçoit pas les geôliers !

Plongez-vous les yeux à travers une de ces portes entr'ouvertes par le fabricant qui vient inspecter l'étoffe, apporter le dessin, solder la semaine ; vous apercevez des chambres nues dont presque tout l'espace est occupé par le métier, pilori de la famille. Des écheveaux de soie tapissent les murs ; des piliers de bois, des cordages, des poulies, des fils, des bobines, des navettes, des cylindres, des cartons percés de trous, des contre-poids, des leviers, jouent à grand bruit sous la main de l'ouvrier accroupi devant sa trame, pendant que ses fils l'assistent devant un métier pareil, que ses filles font lever et baisser tour à tour, par un mouvement machinal, les soies tendues sur son cadre. Toute cette famille porte dans ses attitudes et dans ses traits l'empreinte de la profession sédentaire, renfermée, immobile ou torturée qui l'emprisonne dans ces cellules du travail : la taille courte, les jambes cagneuses, les genoux gros, les pieds longs, les épaules hautes, la poitrine rentrée, les bras grêles, les doigts maigres, les joues creuses, le teint hâve, les yeux ternes. La physionomie douce, mais sans virilité dans l'homme, sans attrait dans la femme, semble avoir contracté dans la monotonie et dans la réclusion de l'état une sorte de stupeur mécanique pétrifiée sur le visage. Les lèvres épaisses sont fendues par un ricanement trivial et triste ; les yeux gros, ronds, démesurément ouverts, semblent frappés d'un perpétuel étonnement. La voix est cassée. La langue même de cette race séparée du reste de la population par sa cohabitation exclusive avec elle-même ne ressemble plus à la langue qu'on parle dans la rue, elle a des idées, des mots, des jargons, des proverbes, des accents qui la rendent une langue morte, ou impénétrable pour le reste du peuple ; elle traîne comme la plainte, elle chante comme la captivité, elle se lamente comme l'éternel ennui de l'uniformité ; elle révélerait à elle seule une tribu souffrante entre toutes les tribus de la terre : tribu qui travaille à l'ombre comme le tisserand dans sa cave, dont le travail, toujours le même, n'exerce en rien l'intelligence ni le cœur, et réduit toute l'existence d'un homme à un seul geste éternellement répété depuis le berceau jusqu'à la mort.

Lamartine, « La vie de Jacquard, le mécanicien » dans
la Civilisation, Histoire de l'Humanité par les Grands Hommes, 1852-1856.

1 — *Relevez les éléments communs aux deux textes de Victor Hugo et de Lamartine, en ce qui concerne le vocabulaire, les tournures rhétoriques, et la structure d'ensemble du texte.*

2 — *Quels sont les éléments qui montrent cependant que Victor Hugo s'adresse à un* **auditeur,** *et Lamartine à un* **lecteur ?**

3 — *Vous étudierez, dans le texte tiré du Tour de France par deux enfants, l'« art » de l'ellipse*, et, par rapport aux deux textes précédents, la transformation de la misère ouvrière en pittoresque.*

ULTIMA VERBA (1)

La conscience humaine est morte ; dans l'orgie,
Sur elle il s'accroupit : ce cadavre lui plaît ;
Par moments, gai, vainqueur, la prunelle rougie,
Il se retourne et donne à la morte un soufflet.

5 La prostitution du juge est la ressource.
Les prêtres font frémir l'honnête homme éperdu ;
Dans le champ du potier (2) ils déterrent la bourse ;
Sibour (3) revend le Dieu que Judas a vendu.

Ils disent : — César règne, et le Dieu des armées
10 L'a fait son élu. Peuple, obéis ! tu le dois. —
Pendant qu'ils vont chantant, tenant leurs mains fermées,
On voit le sequin d'or qui passe entre leurs doigts.

Oh ! tant qu'on le verra trôner, ce gueux, ce prince,
Par le pape béni, monarque malandrin,
15 Dans une main le sceptre et dans l'autre la pince,
Charlemagne taillé par Satan dans Mandrin ;

Tant qu'il se vautrera, broyant dans ses mâchoires
Le serment, la vertu, l'honneur religieux ;
Ivre, affreux, vomissant sa honte sur nos gloires ;
20 Tant qu'on verra cela sous le soleil des cieux ;

Quand même grandirait l'abjection publique
A ce point d'adorer l'exécrable trompeur ;
Quand même l'Angleterre et même l'Amérique
Diraient à l'exilé : — Va-t-en ! nous avons peur !

25 Quand même nous serions comme la feuille morte,
Quand, pour plaire à César, on nous renierait tous ;
Quand le proscrit devrait s'enfuir de porte en porte,
Aux hommes déchiré comme un haillon aux clous ;

Quand le désert, où Dieu contre l'homme proteste,
30 Bannirait les bannis, chasserait les chassés ;
Quand même, infâme aussi, lâche comme le reste,
Le tombeau jetterait dehors les trépassés ;

Je ne fléchirai pas ! Sans plainte dans la bouche,
Calme, le deuil au cœur, dédaignant le troupeau,
35 Je vous embrasserai dans mon exil farouche,
Patrie, ô mon autel ! liberté, mon drapeau !

Mes nobles compagnons, je garde votre culte ;
Bannis, la République est là qui nous unit.
J'attacherai la gloire à tout ce qu'on insulte ;
40 Je jetterai l'opprobre à tout ce qu'on bénit !

Je serai, sous le sac de cendre qui me couvre (4),
La voix qui dit : malheur ! la bouche qui dit : non
Tandis que tes valets te montreront ton Louvre,
Moi, je te montrerai, César, ton cabanon.

45 Devant les trahisons et les têtes courbées,
Je croiserai les bras, indigné, mais serein.
Sombre fidélité pour les choses tombées,
Sois ma force et ma joie et mon pilier d'airain !

Oui, tant qu'il sera là, qu'on cède ou qu'on persiste,
50 O France ! France aimée et qu'on pleure toujours,
Je ne reverrai pas ta terre douce et triste,
Tombeau de mes aïeux et nid de mes amours !

Je ne reverrai pas ta rive qui nous tente,
France ! hors le devoir, hélas ! j'oublierai tout.
55 Parmi les éprouvés je planterai ma tente ;
Je resterai proscrit, voulant rester debout.

J'accepte l'âpre exil, n'eût-il ni fin ni terme ;
Sans chercher à savoir et sans considérer
Si quelqu'un a plié qu'on aurait cru plus ferme,
60 Et si plusieurs s'en vont qui devraient demeurer.

Si l'on n'est plus que mille, eh bien, j'en suis ! Si même
Ils ne sont plus que cent, je brave encor Sylla ;
S'il en demeure dix, je serai le dixième ;
Et s'il n'en reste qu'un, je serai celui-là !

(1) « Dernières paroles ». Le premier titre de ce texte était « Moi ».
Victor Hugo répond ici aux bruits suivant lesquels les proscrits
ralliés à l'Empire seraient amnistiés.
(2) Les prêtres du Temple ont utilisé les trente deniers jetés par Judas
pour acheter le champ du potier.
(3) Archevêque de Paris, rallié à Napoléon III.

Jersey, 2 décembre 1852. (14 décembre, Jersey)
Livre VI, « Les Sauveurs se sauveront »
les Châtiments, 1853.

(4) (Esther, IV, 1) comme les prophètes d'Israël et comme Mardochée,
le proscrit se couvre d'un sac de cendres.

---

1 — ULTIMA VERBA
   a) Quels sont les protagonistes en présence ?
   b) Sous l'apparence simpliste du duel entre deux personnages, le poème développe en fait un jeu pronominal complexe :
      — Relevez les occurrences* de troisième personne dans les huit premiers quatrains. Qui qualifient-elles ? Par quels procédés précis (abstractions, allégories, etc.) l'adversaire de Hugo est-il assimilé à la mort ?
      — Pourquoi la première personne n'apparaît-elle pas dans ces huit premiers quatrains ?
      — Comment se combinent, dans la deuxième partie du poème, Hugo et ses lecteurs ? Quelle est la raison politique de cet effacement du je dans le nous ?
      — Que représente la deuxième personne du singulier dans cette fin du poème ? A qui s'oppose-t-elle directement ?
      — Pourquoi, au dernier mot, le je devient-il celui-là ? Quel est l'effet obtenu par cette valorisation soudaine de la troisième personne, face à cette troisième personne, totalement dévalorisée, exprimée par Sylla ?
   c) Le dernier vers est devenu proverbial. Comment la structure de la dernière strophe le prépare-t-il ? Portez-en en colonnes les éléments identiques d'un vers sur l'autre. Quel est l'élément le plus stable ? A quelle place le retrouve-t-on ? Quels autres éléments structurent fortement ces derniers vers ?

2 — NAPOLÉON ET NAPOLÉON
   a) Dans son discours de député, Hugo utilise l'expression « Napoléon le petit ». Relevez, dans les poèmes, les noms propres qui sont attribués au « prince-président », et recherchez leurs connotations* exactes.
   b) Dans le Manteau impérial comme dans Napoléon le petit, par quels procédés Hugo rend-il Napoléon Ier toujours présent, sans jamais le nommer ? Quelle était la valeur symbolique (et politique) d'une telle comparaison à cette époque (voir texte n° 50) ?

Honoré Daumier, L'aigle impérial terrassé par les Châtiments de Hugo.

POESIE ET POLITIQUE

VICTOR HUGO, 1858
LE MANTEAU IMPERIAL

Oh ! vous dont le travail est joie,
Vous qui n'avez pas d'autre proie
Que les parfums, souffles du ciel,
Vous qui fuyez quand vient décembre,
Vous qui dérobez aux fleurs l'ambre
Pour donner aux hommes le miel,

Chastes buveuses de rosée,
Qui, pareilles à l'épousée,
Visitez le lys du coteau,
O sœurs des corolles vermeilles,
Filles de la lumière, abeilles,
Envolez-vous de ce manteau !

Ruez-vous sur l'homme, guerrières !
O généreuses ouvrières,
Vous le devoir, vous la vertu,
Ailes d'or et flèches de flamme,
Tourbillonnez sur cet infâme !
Dites-lui : – « Pour qui nous prends-
[tu ?

« Maudit ! nous sommes les abeilles !
Des chalets ombragés de treilles
Notre ruche orne le fronton;
Nous volons, dans l'azur écloses,
Sur la bouche ouverte des roses
Et sur les lèvres de Platon (1).

« Ce qui sort de la fange y rentre.
Va trouver Tibère en son antre,
Et Charles neuf sur son balcon.
Va ! sur ta pourpre il faut qu'on
[mette,
Non les abeilles de l'Hymette,
Mais l'essaim noir de
[Montfaucon ! »

Et percez-le toutes ensemble.
Faites honte au peuple qui tremble,
Aveuglez l'immonde trompeur.
Acharnez-vous sur lui, farouches,
Et qu'il soit chassé par les mouches
Puisque les hommes en ont peur !

Jersey, juin 1853.
les Châtiments, 1853. Livre V
« L'autorité est sacrée », III.

(1) *Des abeilles se seraient posées sur les lèvres du jeune Platon endormi.*

VICTOR HUGO, 1851

Député, Victor Hugo s'attaque violemment au parti de Louis Napoléon, avant le coup d'État.

M. VICTOR HUGO : Quoi ! parce que, il y a dix siècles de cela, Charlemagne, après quarante années de gloire, a laissé tomber sur la face du globe un sceptre et une épée tellement démesurés que personne ensuite n'a pu et n'a osé y toucher, — et pourtant il y a eu dans l'intervalle des hommes qui se sont appelés Philippe Auguste, François 1er, Henri IV, Louis XIV ! Quoi ! parce que, mille ans après, car il ne faut pas moins d'une gestation de mille années à l'humanité pour reproduire de pareils hommes; parce que, mille ans après, un autre génie est venu, qui a ramassé ce glaive et ce sceptre, et qui s'est dressé debout sur le continent, qui a fait l'histoire gigantesque dont l'éblouissement dure encore, qui a enchaîné la révolution en France et qui l'a déchaînée en Europe, qui a donné à son nom pour synonymes éclatants Rivoli, Iéna, Essling, Friedland, Montmirail ! Quoi ! parce que, après dix ans d'une gloire immense, d'une gloire presque fabuleuse à force de grandeur, il a, à son tour, laissé tomber d'épuisement ce sceptre et ce glaive qui avaient accompli tant de choses colossales, vous venez, vous, vous voulez, vous, les ramasser après lui, comme il les a ramassés, lui, Napoléon, après Charlemagne, et prendre dans vos petites mains ce sceptre des titans, cette épée des géants ! Pour quoi faire ? *(La gauche applaudit, la droite crie. La séance est interrompue pendant plusieurs minutes. Tumulte inexprimable.)*

Note première des *Châtiments*, écrite en descendant de la tribune le 17.7.1851.

VICTOR HUGO, 1852

Louis Bonaparte est un homme de moyenne taille, froid, pâle, lent, qui a l'air de n'être pas tout à fait réveillé. Il a publié, nous l'avons rappelé déjà, un Traité assez estimé sur l'artillerie, et connaît à fond la manœuvre du canon. Il monte bien à cheval. Sa parole traîne avec un léger accent allemand. Ce qu'il y a d'histrion en lui a paru au tournoi d'Eglington. Il a la moustache épaisse et couvrant le sourire comme le duc d'Albe, et l'œil éteint comme Charles IX.

Si on le juge en dehors de ce qu'il appelle « ses actes nécessaires » ou « ses grands actes », c'est un personnage vulgaire, puéril, théâtral et vain. Les personnes invitées chez lui, l'été, à Saint-Cloud, reçoivent, en même temps que l'invitation, l'ordre d'apporter une toilette du matin et une toilette du soir. Il aime la gloriole, le pompon, l'aigrette, la broderie, les paillettes et les passequilles, les grands mots, les grands titres, ce qui sonne, ce qui brille, toutes les verroteries du pouvoir. En sa qualité de parent de la bataille d'Austerlitz, il s'habille en général.

Peu lui importe d'être méprisé, il se contente de la figure du respect.

Cet homme ternirait le second plan de l'histoire, il souille le premier (...)

« Portrait », *Napoléon le petit*, 1852.

Benjamin, *caricature de Hugo* (Panthéon Charivarique).

Elle était déchaussée, elle était décoiffée,
Assise, les pieds nus, parmi les joncs penchants ;
Moi qui passais par là, je crus voir une fée,
Et je lui dis : Veux-tu t'en venir dans les champs ?

5 Elle me regarda de ce regard suprême
Qui reste à la beauté quand nous en triomphons,
Et je lui dis : Veux-tu, c'est le mois où l'on aime,
Veux-tu nous en aller sous les arbres profonds ?

Elle essuya ses pieds à l'herbe de la rive ;
10 Elle me regarda pour la seconde fois,
Et la belle folâtre alors devint pensive.
Oh ! comme les oiseaux chantaient au fond des bois !

Comme l'eau caressait doucement le rivage !
Je vis venir à moi, dans les grands roseaux verts,
15 La belle fille heureuse, effarée et sauvage,
Les cheveux dans les yeux, et riant au travers.

Mont.-l'Am., juin 1830 (Jersey, 16 avril 1853) **(1)**
les Contemplations, « Autrefois », XXI.

1 Demain, dès l'aube, à l'heure où blanchit la campagne,
2 Je partirai. Vois-tu, je sais que tu m'attends.
3 J'irai par la forêt, j'irai par la montagne.
4 Je ne puis demeurer loin de toi plus longtemps.

5 Je marcherai les yeux fixés sur mes pensées,
6 Sans rien voir au-dehors, sans entendre aucun bruit,
7 Seul, inconnu, le dos courbé, les mains croisées,
8 Triste, et le jour pour moi sera comme la nuit.

9 Je ne regarderai ni l'or du soir qui tombe,
10 Ni les voiles au loin descendant vers Harfleur,
11 Et quand j'arriverai, je mettrai sur ta tombe
12 Un bouquet de houx vert et de bruyère en fleur.

3 sept. 1847 (4 oct. 1847)
les Contemplations, « Aujourd'hui », XIV.

(1) Dans les Contemplations, *Hugo marque au-dessous de chaque poème non pas la date de rédaction (ici entre parenthèses), mais celle de l'événement qui l'a inspiré.*

1 — *ELLE ÉTAIT DÉCHAUSSÉE, ELLE ÉTAIT DÉCOIFFÉE...*
   a) *Analysez la composition de cette saynète, de l'apparition à la « conclusion » (...).*
   b) *Quels sont les éléments qui font de la jeune fille une divinité de la nature, en contact avec les éléments ?*
   c) *Comment Hugo suggère-t-il l'accord parfait entre cette rencontre et le cadre où elle se déroule ?*
   d) *Imaginez que vous avez à filmer cette scène. Choisissez l'éclairage, les couleurs qu'il faudrait faire ressortir, les mouvements de caméra que l'on pourrait utiliser pour filmer la rencontre... et suggérer la conclusion.*

2 — *DEMAIN, DÈS L'AUBE*
   a) *Ce poème, qu'on pourrait prendre au début pour un projet de rencontre amoureuse, se révèle à la fin tout autre chose. Quels sont cependant, avant les deux derniers vers, les éléments qui préparent cette apparition de la mort ?*
   b) *Quelle est l'attitude religieuse, mais aussi le sentiment, suggérés par la description de la strophe 2, et par le rythme qui l'organise ?*
   c) *Quel peut être le symbolisme du houx vert et de la bruyère en fleur ?*

Pour une explication de texte de DEMAIN, DÈS L'AUBE...

Un texte peut être considéré comme un ensemble clos ayant une certaine cohérence formelle, où certains éléments dessinent une structure révélatrice d'un sens qui n'est pas forcément perceptible à la première lecture. Prenons par exemple les indices personnels*, et le temps.

1. Les indices personnels* :

Q 1	1 2 JE TU JE TU M' 3 JE JE 4 JE TOI	JE + TU agent (tu m'attends)
Q 2	5 JE MES 6 7 8 MOI	JE
Q 3	9 JE 10 11 JE JE TA 12	JE + TU destinataire (je mettrai sur ta tombe)

● *JE et TU sont les pronoms du* dialogue. *Mais TU apparaît dès* **Q 1** *comme absent, ce qui motive le départ de JE (v. 4).*
● **Q 2** *est centré sur JE (« mes pensées ») : la marche de HUGO vers la rencontre apparaît ainsi comme un arrachement au monde réel (« sans rien voir », « sans entendre »).*
● **Q 3** *révèle que l'absence de TU (* **Q 1** *) est en fait celle de la mort (« ta tombe »). La réunion se réduit à un don symbolique.*

2. Le temps : temps subjectif, temps grammatical

● *Le* **temps « subjectif »** *de JE semble échapper au temps « réel » (jour = nuit) ; entre* **Q 1** *et* **Q 3** *, il y a en fait une journée (AUBE + PARTIR → SOIR + ARRIVER).*
● *Le* **temps grammatical** *dominant est le futur, ce qui situe cette rencontre dans le temps du* projet, *mais possible (Demain) : « je partirai » ; « j'irai », « je marcherai », « j'arriverai »,... Or la fin du poème désigne cette réunion de JE et TU comme impossible (« ta tombe »), sauf dans la mort, produisant une relecture de Q 1 : « je sais que tu m'attends ».*

3. Commentaire

A partir de la simple analyse des indices personnels et du temps dans ce poème, la méditation de Hugo apparaît comme une marche vers la mort, et la tombe comme le symbole de l'ouverture sur un autre monde.
cf. la Préface (ci-contre), et les poèmes « A Villequier » :

Je dis que le tombeau qui sur les morts se ferme
    Ouvre le firmament ;
Et que ce qu'ici-bas nous prenons pour le terme
    Est le commencement ; (...)

et « A celle qui est restée en France » :
« J'ai le droit aujourd'hui d'être, quand la nuit tombe,
Un de ceux qui se font écouter de la tombe,...
Un tombeau fut dès lors l'objet de tous mes pas ».

Dans la Préface des Contemplations, **Victor HUGO**, *dépassant le lyrisme personnel, donne à son recueil un sens symbolique et universel.*

Ce livre doit être lu comme on lirait le livre d'un mort.

Vingt-cinq années sont dans ces deux volumes. (...). L'auteur a laissé, pour ainsi dire, ce livre se faire en lui. La vie, en filtrant goutte à goutte à travers les événements et les souffrances, l'a déposé dans son cœur. Ceux qui s'y pencheront retrouveront leur propre image dans cette eau profonde et triste, qui s'est lentement amassée là, au fond d'une âme.

Qu'est-ce que *les Contemplations ?* C'est ce qu'on pourrait appeler, si le mot n'avait quelque prétention, *les Mémoires d'une âme.* (...).

C'est l'existence humaine sortant de l'énigme du berceau et aboutissant à l'énigme du cercueil ; c'est un esprit qui marche de lueur en lueur en laissant derrière lui la jeunesse, l'amour, l'illusion, le combat, le désespoir, et qui s'arrête éperdu « au bord de l'infini ». Cela commence par un sourire, continue par un sanglot, et finit par un bruit du clairon de l'abîme.

Une destinée est écrite là jour à jour.

Est-ce donc la vie d'un homme ? Oui, et la vie des autres hommes aussi. Nul de nous n'a l'honneur d'avoir une vie qui soit à lui. Ma vie est la vôtre, votre vie est la mienne, vous vivez ce que je vis ; la destinée est une. Prenez donc ce miroir, et regardez-vous-y. On se plaint quelquefois des écrivains qui disent moi. Parlez-nous de nous, leur crie-t-on. Hélas ! quand je vous parle de moi, je vous parle de vous. Comment ne le sentez-vous pas ? Ah ! insensé, qui crois que je ne suis pas toi ! (...).

Traverser le tumulte, la rumeur, le rêve, la lutte, le plaisir, le travail, la douleur, le silence ; se reposer dans le sacrifice, et, là, contempler Dieu ; commencer à Foule et finir à Solitude, n'est-ce pas, les proportions individuelles réservées, l'histoire de tous ?

On ne s'étonnera donc pas de voir, nuance à nuance, ces deux volumes s'assombrir pour arriver, cependant, à l'azur d'une vie meilleure. La joie, cette fleur rapide de la jeunesse, s'effeuille page à page dans le tome premier, qui est l'espérance, et disparaît dans le tome second, qui est le deuil. Quel deuil ? Le vrai, l'unique : la mort ; la perte des êtres chers **(1)**.

Nous venons de le dire, c'est une âme qui se raconte dans ces deux volumes : *Autrefois, Aujourd'hui.* Un abîme les sépare, le tombeau.

Préface des *Contemplations,* 1856.

(1) La perte de sa fille Léopoldine.

Toute sa vie, Hugo fut hanté par le désir de composer une épopée *digne des poèmes homériques ou des* chansons de geste *du Moyen-Âge. La* Légende des Siècles *est, avec les deux poèmes intitulés* Dieu *et la* Fin de Satan, *la concrétisation de ce désir.*

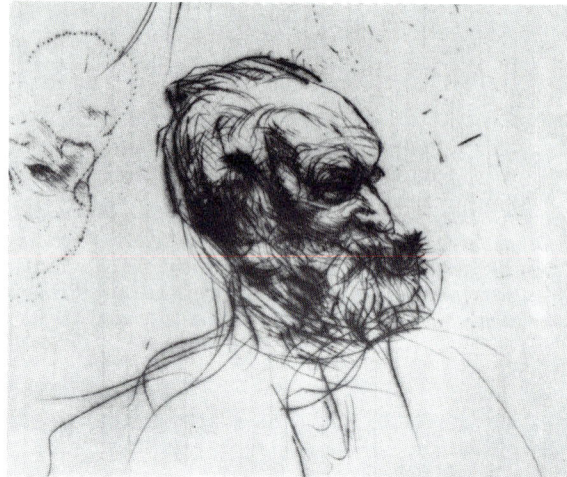

Auguste Rodin, *Etudes à la pointe sèche pour le buste de Victor Hugo* (Bulloz).

Les dix oncles de l'infant de Galice complotaient sa mort quand survient Roland, neveu de Charlemagne, seul. Il sauve le petit roi en lui donnant son cheval, et affronte les princes criminels et leur armée.

« Vengeance ! mort ! rugit Rostabat le Géant,
Nous sommes cent contre un. Tuons ce mécréant !

— Infants ! **(1)** cria Roland, la chose est difficile ;
Car Roland n'est pas un. J'arrive de Sicile,
5 D'Arabie et d'Egypte, et tout ce que je sais,
C'est que des peuples noirs devant moi sont passés ;
Je crois avoir plané dans le ciel solitaire ;
Il m'a semblé parfois que je quittais la terre
Et l'homme, et que le dos monstrueux des griffons
10 M'emportait au milieu des nuages profonds ;
Mais, n'importe, j'arrive, et votre audace est rare,
Et j'en ris. Prenez garde à vous, car je déclare,
Infants, que j'ai toujours senti Dieu près de moi.
Vous êtes cent contre un ! Pardieu ! le bel effroi !
15 Fils, cent maravédis **(2)** valent-ils une piastre ?
Cent lampions sont-ils plus farouches qu'un astre ?
Combien de poux faut-il pour manger un lion ?
Vous êtes peu nombreux pour la rébellion
Et pour l'encombrement du chemin, quand je passe.
20 Arrière ! »

Rostabat le Géant, tête basse,
Crachant les grognements rauques d'un sanglier,
Lourd colosse, fondit sur le bon chevalier,
Avec le bruit d'un mur énorme qui s'écroule ;
25 Près de lui, s'avançant comme une sombre foule,
Les sept autres infants, avec leurs intendants,
Marchent, et derrière eux viennent, grinçant des dents,
Les cent coupe-jarrets à faces renégates,
Coiffés de monteras **(3)** et chaussés d'alpargates, **(4)**
30 Demi-cercle féroce, agile, étincelant ;
Et tous font converger leurs piques sur Roland.

L'infant, monstre de cœur, est monstre de stature ;
Le rocher de Roland lui vient à la ceinture ;
Leurs fronts sont de niveau dans ces puissants combats,
Le preux étant en haut et le géant en bas.

35 Rostabat prend pour fronde, ayant Roland pour cible,
Un noir grappin qui semble une araignée horrible,
Masse affreuse oscillant au bout d'un long anneau ;
Il lance sur Roland cet arrache-créneau ;
Roland l'esquive, et dit au géant : « Bête brute ! »
40 Le grappin égratigne un rocher dans sa chute,
Et le géant bondit, deux haches aux deux poings.

Le colosse et le preux, terribles, se sont joints.

« O Durandal **(5)**, ayant coupé Dol en Bretagne,
Tu peux bien me trancher encor cette montagne »,
45 Dit Roland, assenant l'estoc **(6)** sur Rostabat.

Comme sur ses deux pieds de devant l'ours s'abat
Après s'être dressé pour étreindre le pâtre,
Ainsi Rostabat tombe ; et sur son cou d'albâtre
Laïs nue avait moins d'escarboucles luisant
50 Que ces fauves rochers n'ont de flaques de sang.
Il tombe ; la bruyère écrasée est remplie
De cette monstrueuse et vaste panoplie ;
Relevée en tombant, sa chemise d'acier
Laisse nu son poitrail de prince carnassier,
55 Cadavre au ventre horrible, aux hideuses mamelles,
Et l'on voit le dessous de ses noires semelles.

Les sept princes vivants regardent les trois morts.

Et, pendant ce temps-là, lâchant rênes et mors,
Le pauvre enfant sauvé fuyait vers Compostelle.

la Légende des Siècles, 1859, « Le Petit Roi de Galice »,
dans « Les Chevaliers errants ».

(1) *Prétendants à la couronne (extension du sens de « fils légitime d'un roi »).*
(2) *Monnaie espagnole de très faible valeur, en cuivre ; piastre, monnaie d'or.*
(3) *Bonnets de montagnards.*
(4) *Sandales des montagnards.*

(5) *Epée de Roland.*
(6) *Littéralement, la pointe de l'épée. Ici, métonymie* pour l'épée tout entière.*

Le personnage de Roland, qui symbolise le parfait chevalier, apparaît encore dans la partie de la Légende des Siècles *intitulée « Le cycle héroïque chrétien » :*

L'ombre autour d'eux s'emplit de sinistres clartés.
Ils frappent ; le brouillard du fleuve monte et fume ;
Le voyageur s'effraye et croit voir dans la brume
D'étranges bûcherons qui travaillent la nuit. (...)

Quatre jours sont passés, et l'île et le rivage
Tremblent sous ce fracas monstrueux et sauvage.
Ils vont, viennent, jamais fuyant, jamais lassés,
Froissent le glaive au glaive, et sautent les fossés,
Et passent, au milieu des ronces remuées,
Comme deux tourbillons et comme deux nuées.
O chocs affreux ! terreur ! tumulte étincelant !
Mais, enfin, Olivier saisit au corps Roland,
Qui de son propre sang en combattant s'abreuve,
Et jette d'un revers Durandal dans le fleuve.

« C'est mon tour maintenant, et je vais envoyer
Chercher un autre estoc pour vous, dit Olivier.
Le sabre du géant Sinnagog est à Vienne.
C'est, après Durandal, le seul qui vous convienne.
Mon père le lui prit alors qu'il le défit.
Acceptez-le. »

       Roland sourit. « Il me suffit
De ce bâton. » Il dit, et déracine un chêne.

Sire Olivier arrache un orme dans la plaine
Et jette son épée, et Roland, plein d'ennui,
L'attaque. Il n'aimait pas qu'on vînt faire après lui
Les générosités qu'il avait déjà faites.

Plus d'épée en leurs mains, plus de casque à leurs têtes.
Ils luttent maintenant, sourds, effarés, béants,
A grands coups de troncs d'arbre, ainsi que des géants.

               la Légende des Siècles, 1859.

L'un des modèles les plus certains de la Légende des siècles *est l'épopée en vers de la* Chanson de Roland, *écrite au XIIᵉ siècle par un auteur anonyme, redécouverte au XIXᵉ siècle, et traduite de l'ancien français en 1837 par Francisque Michel :*

Le comte Roland chevauche par le champ. Il tient Durandal, qui bien tranche et bien taille. Des Sarrasins il fait grand carnage. Si vous eussiez vu comme il jette le mort sur le mort, et le sang clair s'étaler par flaques ! Il en a son haubert ensanglanté, et ses deux bras et son bon cheval, de l'encolure jusqu'aux épaules. Et Olivier n'est pas en reste, ni les douze pairs, ni les Français, qui frappent et redoublent. Les païens meurent, d'autres défaillent. L'archevêque dit : « Béni soit notre baronnage ! Montjoie ! » crie-t-il, c'est le cri d'armes de Charles. (...).

Grandoine était preux et vaillant, puissant et hardi au combat. Au travers de sa voie, il a rencontré Roland. Jamais il ne l'a vu : il le reconnaît pourtant à son fier visage, à son beau corps, à son regard, à son allure ; il a peur, il ne peut s'en défendre. Il veut fuir, mais vainement. Le comte le frappe d'un coup si merveilleux qu'il lui fend tout le heaume jusqu'au nasal, lui tranche le nez et la bouche et les dents, et tout le tronc, et le haubert aux bonnes mailles et le pommeau et le roussequin d'argent de sa selle dorée, et profondément le dos de son cheval. Point de remède, il les a tués tous deux, et ceux d'Espagne gémissent tous. Les Français disent : « Notre garant frappe bien ! »

       la Chanson de Roland, strophes CV et CXXIV.
       Traduction Joseph Bedier, 1924.

Hugo, *La légende des siècles* (Bulloz)

1 — LE STYLE ÉPIQUE
   a) Relevez et analysez les exagérations volontaires, les grossissements et les effets d'emphase*. Que pouvez-vous en déduire quant aux règles du genre épique ?
   b) Quelle est la part des allusions, historiques et littéraires ? Quel est leur rôle ? Étudiez comment l'épopée se nourrit de textes antérieurs.
   c) Pourquoi ces textes sont-ils écrits au présent ? Est-ce le temps le plus ordinairement utilisé dans le récit d'actions passées ? Les textes épiques classiques, de l'Iliade d'Homère à la Chanson de Roland, étaient chantés ou récités en public. Quel type de communication ce présent instaure-t-il entre l'exécutant (l'aède en Grèce, le trouvère ou le troubadour en Occident) et son public ?

2 — LES THÈMES DE L'ERRANCE ET DE LA QUÊTE (dossier).
   Hugo intitule ce chapitre de la Légende des siècles *« Les Chevaliers errants ». Recherchez des textes exploitant ces mêmes thèmes de l'errance et de la quête (par exemple, le cycle épique de Chrétien de Troyes, le* Don Quichotte *de Cervantes, ou plus près de nous, l'*Œuvre au noir *de Marguerite Yourcenar,* Sur la route *de Jack Kerouac). Comment se combinent ces deux thèmes ?*

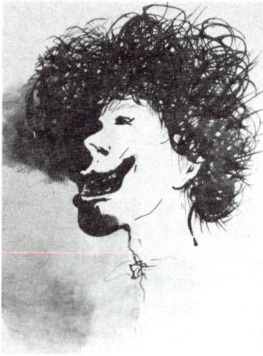

Hugo, *Gavroche à onze ans* (Bulloz).

Cependant il s'était arrêté, et depuis quelques minutes il tâtait et fouillait toutes sortes de recoins qu'il avait dans ses haillons.

Enfin il releva la tête d'un air qui ne voulait qu'être satisfait, mais qui était en réalité triomphant.

5 — Calmons-nous, les momignards. Voici de quoi souper pour trois.

Et il tira d'une de ses poches un sou.

Sans laisser aux deux petits le temps de s'ébahir, il les poussa tous deux devant lui dans la boutique du boulanger, et mit son sou sur le comptoir en criant :
— Garçon ! cinq centimes de pain.

10 Le boulanger, qui était le maître en personne, prit un pain et un couteau.
— En trois morceaux, garçon ! reprit Gavroche, et il ajouta avec dignité :
— Nous sommes trois.

Et voyant que le boulanger, après avoir examiné les trois soupeurs, avait pris un pain bis, il plongea profondément son doigt dans son nez avec une aspiration aussi 15 impérieuse que s'il eût eu au bout du pouce la prise de tabac du grand Frédéric, et jeta au boulanger en plein visage cette apostrophe indignée :

— Keksekça ?

Ceux de nos lecteurs qui seraient tentés de voir dans cette interpellation de Gavroche au boulanger un mot russe ou polonais, ou l'un de ces cris sauvages que les 20 yoways et les botocudos se lancent du bord d'un fleuve à l'autre à travers les solitudes, sont prévenus que c'est un mot qu'ils disent tous les jours (eux nos lecteurs) et qui tient lieu de cette phrase : qu'est-ce que c'est que cela ? Le boulanger comprit parfaitement et répondit :

— Eh mais ! c'est du pain, du très bon pain de deuxième qualité.
25 — Vous voulez dire du larton brutal, reprit Gavroche, calme et froidement dédaigneux. Du pain blanc, garçon ! du larton savonné ! je régale.

Le boulanger ne put s'empêcher de sourire, et tout en coupant le pain blanc, il les considérait d'une façon compatissante qui choqua Gavroche.
— Ah çà, mitron ! qu'est-ce que vous avez donc à nous toiser comme çà ?

30 Mis tous trois bout à bout, ils auraient à peine fait une toise.

Quand le pain fut coupé, le boulanger encaissa le sou, et Gavroche dit aux deux enfants :
— Morfilez.

Les petits garçons le regardèrent interdits.

35 Gavroche se mit à rire :
— Ah ! tiens, c'est vrai, ça ne sait pas encore, c'est si petit !

Et il reprit :
— Mangez.

En même temps, il leur tendait à chacun un morceau de pain.

40 Et, pensant que l'aîné, qui lui paraissait plus digne de sa conversation, méritait quelque encouragement spécial et devait être débarrassé de toute hésitation à satisfaire son appétit, il ajouta en lui donnant la plus grosse part :
— Colle-toi ça dans le fusil.

Il y avait un morceau plus petit que les deux autres ; il le prit pour lui.
45 Les pauvres enfants étaient affamés, y compris Gavroche.

Tout en arrachant leur pain à belles dents, ils encombraient la boutique du boulanger qui, maintenant qu'il était payé, les regardait avec humeur.
— Rentrons dans la rue, dit Gavroche.

les Misérables, 1862, quatrième partie, VI, II.

Il est inutile et trop ambitieux de vouloir ici résumer les cinq parties d'un roman si connu (Fantine - Cosette - Marius - L'Idylle de la rue Plumet et l'épopée de la rue Saint-Denis - Jean Valjean). Ces deux passages ont été choisis pour leur fonction symbolique : en eux, l'enfant est le peuple : d'une part le peuple de la rue, des révoltes, le peuple gouailleur et décidé : Gavroche ; d'autre part, le peuple opprimé, perdu, résigné et vulnérable : Cosette.

Gavroche rencontre deux enfants plus jeunes que lui, sanglotants, apeurés, affamés, ne sachant où dormir. Il entreprend de les rassurer et de les nourrir.

---

1 — *Relevez les termes argotiques de Gavroche en les séparant des transcriptions du parler « gouailleur ».*

2 — *L'auteur intervient au moins à deux reprises pour commenter certains mots : de quelle manière ? Pourquoi ?*

3 — *L'emploi de l'argot est-il différent des emplois notés dans le texte d'Eugène Sue (nº 56) et dans la traduction de Dickens (nº 56) ?*

4 — *Comparez avec l'argot contemporain transcrit par des auteurs comme Céline (Mort à Crédit), Queneau (Zazie dans le Métro) ou Frédéric Dard (San Antonio). Les mots ont-ils changé ? Les transcriptions jouent-elles le même rôle ?*

5 — *Pourquoi Gavroche dit-il : « Rentrons dans la rue ? » Quels sens ce verbe peut-il avoir ici ?*

6 — *Le seau d'eau de Cosette et le pain de Gavroche : ces éléments peuvent-ils être symboliques ? de quelle manière ? que fait Jean Valjean ? quelle peut être la signification d'un tel geste (analysez à cet égard la dernière phrase du texte) ?*

7 — *La femme et les trois enfants de Quatre-Vingt-Treize sont-ils des mascottes, des otages, des représentations du peuple ? pourquoi ?*

Avant de se livrer à la justice pour sauver un innocent, Monsieur Madeleine, grand philanthrope, de son vrai nom Jean Valjean, forçat recherché, avait secouru Fantine, une malheureuse à laquelle il avait promis, pour adoucir ses derniers moments, de s'occuper de sa fille Cosette. Il entreprend donc d'arracher la petite fille aux Thénardier.

En cheminant par le taillis dans la direction de Montfermeil, il avait aperçu cette petite ombre qui se mouvait avec un gémissement, qui déposait son fardeau à terre, puis le reprenait, et se remettait à marcher. Il s'était approché et avait reconnu que c'était un tout jeune enfant chargé d'un énorme seau d'eau. Alors il était allé à l'enfant, et avait pris silencieusement l'anse du seau.

Chapitre VII
COSETTE CÔTE À CÔTE DANS L'OMBRE AVEC L'INCONNU

Cosette, nous l'avons dit, n'avait pas eu peur.

L'homme lui adressa la parole. Il parlait d'une voix grave et presque basse.

— Mon enfant, c'est bien lourd pour vous ce que vous portez là.

Cosette leva la tête et répondit :

— Oui, monsieur.

— Donnez, reprit l'homme, je vais vous le porter.

Cosette lâcha le seau. L'homme se mit à cheminer près d'elle.

— C'est très lourd, en effet, dit-il entre ses dents.

Puis il ajouta :

— Petite, quel âge as-tu ?

— Huit ans, monsieur.

— Et viens-tu de loin comme cela ?

— De la source qui est dans le bois.

— Et est-ce loin où tu vas ?

— A un bon quart d'heure d'ici.

L'homme resta un moment sans parler, puis il dit brusquement :

— Tu n'as donc pas de mère ?

— Je ne sais pas, répondit l'enfant.

Avant que l'homme eût eu le temps de reprendre la parole, elle ajouta :

— Je ne crois pas. Les autres en ont. Moi, je n'en ai pas.

Et après un silence, elle reprit :

— Je crois que je n'en ai jamais eu.

L'homme s'arrêta, il posa le seau à terre, se pencha et mit ses deux mains sur les deux épaules de l'enfant, faisant effort pour la regarder et voir son visage dans l'obscurité.

La figure maigre et chétive de Cosette se dessinait vaguement à la lueur livide du ciel.

— Comment t'appelles-tu ? dit l'homme.

— Cosette.

L'homme eut comme une secousse électrique. Il la regarda encore, puis il ôta ses mains de dessus les épaules de Cosette, saisit le seau, et se remit à marcher.

Au bout d'un instant, il demanda :

— Petite, où demeures-tu ?

— A Montfermeil, si vous connaissez.

— C'est là que nous allons ?

— Oui, monsieur.

Il fit encore une pause, puis il recommença :

— Qui est-ce donc qui t'a envoyée à cette heure chercher de l'eau dans le bois ?

— C'est madame Thénardier.

L'homme repartit d'un son de voix qu'il voulait s'efforcer de rendre indifférent, mais où il y avait pourtant un tremblement singulier :

— Qu'est-ce qu'elle fait, ta madame Thénardier ?

— C'est ma bourgeoise, dit l'enfant. Elle tient l'auberge.

— L'auberge ? dit l'homme. Eh bien, je vais aller y loger cette nuit. Conduis-moi.

— Nous y allons, dit l'enfant.

L'homme marchait assez vite. Cosette le suivait sans peine. Elle ne sentait plus la fatigue. De temps en temps, elle levait les yeux vers cet homme avec une sorte de tranquillité et d'abandon inexprimable. Jamais on ne lui avait appris à se tourner vers la providence et à prier. Cependant elle sentait en elle quelque chose qui ressemblait à de l'espérance et à de la joie et qui s'en allait vers le ciel.

les Misérables, 1862, 2e partie : Cosette, Livre III, chap. VI-VII.

Quatre-vingt-treize *est le dernier roman de Victor Hugo (***1874,*** c'est une sorte d'épopée de la Révolution Française. Au tout début du livre (Livre premier, première partie : En Mer), trente grenadiers de la République ainsi que leur sergent et leur vivandière, marchent avec inquiétude dans le bois de Saudraie, en pleine Bretagne révoltée. Soudain, ils découvrent une femme et trois enfants, cachés dans un taillis.*

Une veuve, trois orphelins, la fuite, l'abandon, la solitude, la guerre grondant tout autour de l'horizon, la faim, la soif, pas d'autre nourriture que l'herbe, pas d'autre toit que le ciel.

Le sergent s'approcha de la femme et fixa ses yeux sur l'enfant qui tétait. La petite quitta le sein, tourna doucement la tête, regarda avec ses belles prunelles bleues l'effrayante face velue, hérissée et fauve qui se penchait sur elle, et se mit à sourire.

Le sergent se redressa et l'on vit une grosse larme couler sur sa joue et s'arrêter au bout de sa moustache comme une perle.

Il éleva la voix.

— Camarades, de tout ça je conclus que le bataillon va devenir père. Est-ce convenu ? nous adoptons ces trois enfants-là.

— Vive la République ! crièrent les grenadiers.

— C'est dit, fit le sergent.

Et il étendit les deux mains au-dessus de la mère et des enfants.

— Voilà, dit-il, les enfants du bataillon du Bonnet-Rouge.

La vivandière sauta de joie.

— Trois têtes dans un bonnet, cria-t-elle.

Puis elle éclata en sanglots, embrassa éperdument la pauvre veuve et lui dit :

— Comme la petite a déjà l'air gamine !

— Vive la République ! répétèrent les soldats.

Et le sergent dit à la mère :

— Venez, citoyenne.

Quatre-vingt-treize, 1874, Première partie, Livre V.

I — LES PRÉSUPPOSÉS ESTHÉTIQUES DE L'ARTISTE.

Dessiner ne veut pas dire simplement reproduire des contours ; le dessin ne consiste pas simplement dans le trait. Le dessin c'est encore l'expression, la forme intérieure, le plan, le modelé. Voyez ce qui reste
5 après cela ! Le dessin comprend les trois quarts et demi de ce qui constitue la peinture. Si j'avais une enseigne à mettre au-dessus de ma porte, j'écrirais : ECOLE DE DESSIN, et je suis sûr que je ferais des peintres.

Le dessin comprend tout, excepté la teinte.

10 Si je pouvais vous rendre tous musiciens, vous y gagneriez comme peintres. Tout est harmonie dans la nature : un peu trop, un peu moins, dérange la gamme

et fait fausse note. Il faut arriver à chanter juste avec le crayon ou avec le pinceau aussi bien qu'avec la voix.
15 La justesse des formes est comme la justesse des sons.

Voyez dans le modelé les rapports des grandeurs ; c'est là tout le caractère. Soyez-en frappés vivement et, vivement aussi, rendez ces grandeurs relatives. Si, au lieu de suivre cette méthode, vous tâtonnez, si vous
20 cherchez sur le papier, vous ne ferez rien qui vaille. Ayez tout entière dans les yeux, dans l'esprit, la figure que vous voulez représenter, et que l'exécution ne soit que l'accomplissement de cette image possédée déjà et préconçue.

Ingres, *Carnets.*

II — L'ŒUVRE.

III — GENÈSE DE L'ŒUVRE.

a) On a retrouvé, dans les « Carnets » d'Ingres, le texte suivant, recopié de la main même de l'artiste :

Bain de femmes à Andrinople.

Il y avait bien là deux cents baigneuses (j'étais en habits de voyage). Les premiers sophas furent couverts de coussins et de riches tapis. Les dames s'y placèrent, les esclaves les coiffant, toutes étaient dans l'état de nature, toutes nues, Cependant il n'y avait parmi elles ni gestes
5 indécents, ni postures lascives. Elles marchaient et se mettaient en mouvement avec cette grâce majestueuse. Il y en avait plusieurs de bien faites, la peau d'une blancheur éclatante et elles n'étaient parées que de leurs beaux cheveux séparés en tresses qui tombaient sur leurs épaules
10 et qui étaient parsemés de perles et de rubans. Belles femmes nues dans différentes postures, les unes jasant, les autres travaillant, celles-ci prenant du café ou du sorbet, quelques-unes négligemment couchées sur leurs coussins. De jolies filles de seize à dix-huit ans sont occupées à leur
15 tresser leurs cheveux de mille manières. On débite là toutes

les nouvelles de la ville, les anecdotes scandaleuses, aussi elles y restent au moins quatre ou cinq heures. La femme qui m'a paru la plus considérable parmi elles m'engagea à me placer auprès d'elle et aurait bien désiré que je me
20 déshabille pour prendre le bain. J'ai eu beaucoup de peine à m'en défendre. Toutefois elles y mirent tant d'insistance que je fus forcée à la fin d'entrouvrir ma chemise et de leur montrer mon corset détaché, cela les satisfit extrêmement. J'ai été charmée de leur politesse et de leur beauté. Il n'y va
25 pas moins de la mort pour tout homme que l'on trouverait dans un bain de femmes. Après le repas on finit par donner le café et les parfums, ce qui est une grande marque de considération. Deux esclaves à genoux encensèrent pour ainsi dire mes cheveux, mon mouchoir et mes habits.

Lettres de Lady Wortley Montagu,
écrites en 1716, publiées en 1763.

b) *La première version du « Bain Turc »*

Le prince Napoléon avait commandé à Ingres un Bain Turc. Néanmoins, ce tableau exécuté en 1859 revint chez son auteur dans les premières semaines de 1860 : l'épouse du Prince avait été choquée de cette réunion de nudités. Le photographe Marville avait pris un cliché de cette toile (ci-contre). C'est la seule trace qui subsiste de cette première version.

c) *Une même continuité d'inspiration. De nombreuses toiles très connues (la « Baigneuse de Valpinçon », la « Petite baigneuse », la « Grande Odalisque ») participent de la même source d'inspiration.*

Photographie par Marville de la 1ʳᵉ version.

II — COMPOSITION

a) *Composition dite « en tondo ». Cette composition concentrique est disciplinée par des cercles excentrés, compris les uns dans les autres sans jamais être tangents, et dont les centres s'élèvent sur la verticale constituant le pivot de l'œuvre.*

b) *A l'intérieur même du sujet, la composition s'établit sur un pentagone régulier dans lequel vient s'inscrire un pentagone étoilé. Le rapport des côtés de ces deux figures a reçu les noms de « coupe d'or », « section d'or », ou encore de « division en moyenne et extrême raison ». Depuis l'antiquité, le nombre 5 (en grec : penta) passe pour receler le secret de l'harmonie parfaite.*

IV — LA CRITIQUE

Baudelaire, qui par ses goûts se rapprochait de Delacroix, opposait volontiers le goût de la couleur de ce dernier au goût de la forme pure et chère à Ingres :

Remarquons aussi qu'emporté par cette préoccupation presque maladive du style, le peintre supprime souvent le modelé ou l'amoindrit jusqu'à l'invisible, espérant ainsi donner plus de valeur au contour, si bien que ses figures ont l'air de patrons d'une forme très correcte, gonflés d'une matière molle et non vivante, étrangère à l'organisme humain. Il arrive quelquefois que l'œil tombe sur des morceaux charmants, irréprochablement vivants ; mais cette méchante pensée traverse alors l'esprit, que ce n'est pas M. Ingres qui a cherché la nature, mais la nature qui a violé le peintre, et que cette haute et puissante dame l'a dompté par son ascendant irrésistible.

Baudelaire, *Critique artistique,*
Exposition Universelle de 1855.

1 — *Essayez de retrouver la composition géométrique de la première version du* Bain Turc. *La solution finalement adoptée vous paraît-elle plus heureuse ? Pourquoi ?*

2 — *Baudelaire reproche à Ingres de « supprimer le modelé ». Qu'entend-il par ce terme ? Comment comprenez-vous le mot « patron » dans ce texte ?*

3 — *Ingres et Delacroix : le premier privilégie le dessin et la forme, le second la couleur et le mouvement. Comparez le* Bain Turc *avec la* Mort de Sardanapale, *voir nº 28). Qu'est-ce qui oppose fondamentalement ces deux tableaux ?*

4 — *Peut-on cependant dire que Delacroix néglige le dessin, ou qu'Ingres sacrifie la couleur ? Pourquoi la critique de Baudelaire a-t-elle ce caractère « partisan » ?*

Pierre Larousse, Archives photographiques
Larousse.

Emile Littré.

*Larousse écrivit seul, de 1866
à 1876, son* Dictionnaire
Encyclopédique du XIXᵉ siècle,
*énorme somme de travail,
d'érudition et de préjugés.*

*L'article « roman » débute par
une longue analyse de l'art
roman, puis passe au nom
commun, et aborde le genre
littéraire ainsi appelé : en tout
une dizaine de pages rédigées
sur quatre colonnes serrées.*

— Littér. Le *roman,* genre littéraire tel que nous le comprenons aujourd'hui
c'est-à-dire l'étude de mœurs ou la fiction appliquée à l'histoire, est tout moderne en ce
sens qu'il n'a pas, comme l'épopée ou la tragédie, de modèles directs dans l'antiquité ;
mais, comme il répond à un besoin de la nature humaine, désireuse d'échapper à la
5 réalité des choses et de se réfugier dans un certain idéal, il est hors de doute qu'il a existé
de tout temps, sous diverses formes, depuis qu'il y a une littérature. Il a d'abord revêtu la
forme métrique, et l'épopée elle-même, considérée comme récit d'aventures
traditionnelles, il est vrai, mais la plupart du temps fictives, est un pur *roman ;*
postérieurement à l'époque homérique, il s'est introduit dans l'histoire, et, par exemple,
10 la *Cyropédie* de Xénophon, ouvrage dans lequel l'auteur, pour appuyer ses projets
d'éducation, les attribue fictivement aux Perses, ne peut être classée que parmi les
romans. La philosophie n'a pas non plus dédaigné ce genre, en admettant, au milieu de
l'exposition des doctrines et pour les corroborer, des mythes qui ne sont que des
fictions romanesques. « Tout peut être compris, dit très bien M. de Salvandy, dans un
15 genre qui, embrassant à la fois l'*Emile* et la *Cyropédie, Gulliver* et *Tom Jones, Corinne*
et le *Roman comique,* les créations de Rabelais et le chef-d'œuvre de Cervantes,
appartient en même temps à la pastorale par *Paul et Virginie,* à la politique par
Bélisaire et Lascaris, à l'histoire par *Ivanhoë* et les *Puritains d'Ecosse,* à l'épopée par le
Télémaque et les *Martyrs.* Vaste comme l'imagination, changeant comme la société, le
20 *roman* échappe à toute définition comme à toute entrave. Il pénètre avec Fontenelle
dans le sanctuaire des sciences, il interroge l'antiquité sur les pas de Barthélemy ; ses
limites ne sont autres que celles du sentiment et de la pensée ; son domaine est
l'univers. Mesurant sa marche sur les progrès de la civilisation et enrichi par tout ce qui
la développe, appauvri par tout ce qui l'altère, il réfléchit la vive image de cette reine du
25 monde ; c'est là son vrai titre de gloire. » M. de Salvandy n'a voulu parler, comme étant
trop récents, ni de *Notre-Dame de Paris* de Victor Hugo, ni de la *Comédie humaine* de
Balzac, cette série d'études si profondes et si amères, et il ne pouvait prévoir ni les
fantaisies humoristiques de Dickens et de Thackeray, ni les longues épopées
d'aventures d'Alexandre Dumas, ni les décalques surprenants de vérité et d'obser-
30 vation des auteurs de *Mᵐᵉ Bovary,* de *Fanny* et de l'*Affaire Clémenceau,* MM. Flaubert,
Feydeau et Dumas fils ; s'il eût pu en parler, de quelle phrase sonore il aurait allongé sa
période ! Etudions-le donc dans la variété de ses transformations, dans ses
manifestations si opposées et si intéressantes, ce genre qui semble réunir tous les
autres, mais étudions-le légèrement et comme à vol d'oiseau, afin de ne voir que
35 l'ensemble et de ne pas nous perdre dans la multitude infinie des détails.

Dictionnaire encyclopédique du XIXᵉ siècle

ÉMILE LITTRÉ

A la même époque, Littré rédige son Dictionnaire de la langue française, *(1863-1872), sur des bases qui se veulent exclusivement scientifiques :*

roman (ro-man), s. m. **1°** Narration vraie ou feinte, écrite en vieux langage ou langage roman, soit en vers, soit en prose. Le roman de Mahomet. Le roman de la Rose. Le roman de Perceforest. Les vieux romans de chevalerie. [*1 exemple littéraire*]. **2°** Histoire feinte, écrite en prose , où l'auteur cherche à exciter l'intérêt par la peinture des passions, des mœurs, ou par la singularité des aventures. [*23 exemples littéraires empruntés,* dans l'ordre, *à Descartes, Scarron, Huet, Sévigné, Bossuet, Boileau, La Bruyère, Fontenelle, Rollin, Massillon, Voltaire, Diderot, d'Alembert, Ségur, Villemain*]. Héros de roman, le personnage principal d'un roman. [*2 exemples*]. Princesse de roman, femme qui vit, qui voyage sans paraître s'occuper des conditions nécessaires de la vie, comme font les héroïnes de roman. [*1 exemple*]. *Fig.* Prendre le roman par la queue, se marier avant de faire l'amour. [*1 exemple*]. Prendre le roman par la queue signifie aussi : vivre maritalement avant le mariage. Faire un roman, gagner le cœur, comme on voit dans les romans, d'une personne de condition supérieure. [*1 exemple*]. En un autre sens, faire un roman, raconter les choses tout autrement qu'elles ne se sont passées. [*1 exemple*]. *Fig.* Abréger le roman, arriver promptement au dénouement d'une affaire, et surtout d'un amour, d'un mariage (...). **3°** *Fig.* de roman, se dit pour exprimer ce qui a le charme, le merveilleux des romans. [*1 exemple*]. **4°** Aventures extraordinaires, récits ou peintures sans vraisemblance. Sa vie est un roman. (...).

Littré, *Dictionnaire de la langue française,* Extraits de l'article « Roman ».

Et en 1881, Émile Zola publie un article sur Littré où il le re-situe dans l'évolution des idées de son temps :

(...) Ni Darwin, ni Auguste Comte, ni Claude Bernard **(1)**, ni Littré, pour ne nommer que ceux-là, ne sont toute la vérité. Chacun donne sa part d'intelligence, chacun laisse son œuvre, d'où les hommes du lendemain dégagent les bonnes pages, les vérités prouvées. Et c'est de cette continuelle glane que se fait le progrès. Littré a été l'homme du siècle, parce qu'il en a incarné les besoins de certitude scientifique et qu'il a travaillé de toute sa force à substituer la méthode positive aux vieilles méthodes théologiques et romantiques. Dans ce cas, comment Victor Hugo serait-il également l'homme du siècle, lui qui est retourné à toutes les fantasmagories du Moyen Age, qui a augmenté la légende et embrumé les hypothèses ? Sa part de vérité est si petite, que nos fils ne tireront pas un progrès certain de ses œuvres. Il a chanté pour la joie de l'humanité ; c'est assez évidemment, mais c'est tout.

Émile Zola, *texte cité dans l'édition du* Littré *de 1971.*

(1) Voir index des noms

Dans une Préface *écrite en 1877, Littré expose sa méthode et ses présupposés scientifiques :*

Certaines personnes seront peut-être disposées à penser qu'un dictionnaire où intervient l'histoire est principalement une œuvre destinée à l'érudition. Il n'en est rien. L'érudition est ici, non l'objet, mais l'instrument ; et ce qu'elle apporte d'historique est employé à compléter l'idée de l'usage, idée ordinairement trop restreinte. L'usage n'est vraiment pas le coin étroit soit de temps, soit de circonscriptions, où d'ordinaire on le confine ; à un tel usage, les démentis arrivent de tous côtés, car il lui manque d'avoir en soi sa raison. L'usage complet, au contraire, a justement sa raison en soi, et il la communique à tout le reste. C'est ainsi qu'un dictionnaire historique est le flambeau de l'usage, et ne passe par l'érudition que pour arriver au service de la langue.

Imposer à la langue des règles tirées de la raison générale et abstraite telle que chaque époque conçoit cette raison, conduit facilement à l'arbitraire. Un dictionnaire historique coupe court à cette disposition abusive. Comme il consigne les faits, il remplit, quant à la langue, le rôle que remplissent les observations positives et les expériences quant aux sciences naturelles. Ces faits ainsi donnés, l'analyse, j'allais dire la raison grammaticale, s'y subordonne, et, en s'y subordonnant, trouve les vraies lumières. Il faut en effet transporter le langage des sciences naturelles dans la science des mots, et dire que les matériaux qu'elle emploie sont les équivalents des faits expérimentaux, équivalents sans lesquels on ne peut procéder ni sûrement ni régulièrement. Puis intervient le rôle de la critique lexicographique et grammaticale, s'efforçant de tirer de ces faits toutes les informations qui y sont implicitement renfermées. De la sorte la raison générale se combine avec les faits particuliers, ce qui est le tout de la méthode scientifique.

Émile Littré, Préface au *Dictionnaire de la langue française*, 1877.

1 — Cherchez les dates des divers auteurs cités par Larousse et Littré. Dans quel ordre sont-ils disposés ? Comment s'intègrent, dans ces deux définitions, l'Histoire et l'histoire de la langue ?

2 — Quels sont les rapports exacts (ressemblance, opposition, complémentarité) entre ces deux définitions du roman ? Comparez avec les définitions proposées par les dictionnaires usuels aujourd'hui. S'inspirent-elles du travail de Larousse ou de Littré ?

3 — Recherchez les définitions de « dictionnaire » et d'« encyclopédie ». Les démarches sont-elles semblables ?

4 — Quelle est, dans la Préface de Littré et dans l'article de Zola, la part de la fascination scientifique ? Référez-vous au texte n° 107. Comment les chercheurs du XIXe siècle arrivent-ils à concilier un travail purement individuel, et une intention d'objectivité scientifique ?

5 — Y a-t-il trace, dans le travail de Larousse ou de Littré, de préjugés non scientifiques (moraux, sociaux, etc.) ? Les dictionnaires généraux ou les encyclopédies d'aujourd'hui sont généralement l'œuvre d'équipes de chercheurs. Cette méthode présente-t-elle de meilleures garanties d'objectivité ?

Valloton (1865-1925),
*Portrait imaginaire de
Lautréamont* (R. Viollet).

Vieil océan, aux vagues de cristal, tu ressembles proportionnellement à ces marques azurées que l'on voit sur le dos meurtri des mousses : tu es un immense bleu, appliqué sur le corps de la terre : j'aime cette comparaison. Ainsi, à ton premier aspect, un souffle prolongé de tristesse, qu'on croirait être le murmure de ta brise suave, passe,
5 en laissant des ineffaçables traces, sur l'âme profondément ébranlée, et tu rappelles au souvenir de tes amants, sans qu'on s'en rende toujours compte, les rudes commencements de l'homme, où il fait connaissance avec la douleur, qui ne le quitte plus. Je te salue , vieil océan !

Vieil océan, ta forme harmonieusement sphérique, qui réjouit la face grave de la
10 géométrie, ne me rappelle que trop les petits yeux de l'homme, pareils à ceux du sanglier pour la petitesse, et à ceux des oiseaux de nuit pour la perfection circulaire du contour. Cependant, l'homme s'est cru beau dans tous les siècles. Moi, je suppose plutôt que l'homme ne croit à sa beauté que par amour-propre ; mais, qu'il n'est pas beau réellement et qu'il s'en doute ; car, pourquoi regarde-t-il la figure de son
15 semblable avec tant de mépris ? Je te salue, vieil océan !

Vieil océan, tu es le symbole de l'identité : toujours égal à toi-même. Tu ne varies pas d'une manière essentielle, et, si tes vagues sont quelque part en furie, plus loin, dans quelque autre zone, elles sont dans le calme le plus complet. Tu n'es pas comme l'homme, qui s'arrête dans la rue, pour voir deux bouledogues s'empoigner au cou,
20 mais, qui ne s'arrête pas, quand un enterrement passe ; qui est ce matin accessible et ce soir de mauvaise humeur ; qui rit aujourd'hui et pleure demain. Je te salue, vieil océan !

Vieil océan, il n'y aurait rien d'impossible à ce que tu caches dans ton sein de futures utilités pour l'homme. Tu lui as déjà donné la baleine. Tu ne laisses pas facilement deviner aux yeux avides des sciences naturelles les mille secrets de ton
25 intime organisation : tu es modeste. L'homme se vante sans cesse, et pour des minuties. Je te salue, vieil océan ! (...)

(...) Vieil océan, aux vagues de cristal... Mes yeux se mouillent de larmes abondantes, et je n'ai pas la force de poursuivre ; car, je sens que le moment est venu de revenir parmi les hommes, à l'aspect brutal ; mais... courage ! Faisons un grand effort, et
30 accomplissons, avec le sentiment du devoir, notre destinée sur cette terre. Je te salue, vieil océan !

les Chants de Maldoror, I, 9, (quatre premières strophes et dernières lignes).

CHARLES-ROBERT MATHURIN, 1821

L'auteur d'un des grands romans noirs du XIXe siècle (voir n° 16).

Dans le vain espoir de secourir des malheureux, il s'écria : « Le cœur de l'homme est donc réellement bon quand il est excité par les souffrances de ses semblables ! » Il n'eut pas le temps de s'abandonner à cette consolante réflexion. Elle fut troublée à la vue d'un personnage, debout sur un rocher à quelques toises au-dessus de lui, et qui ne témoignait ni sympathie ni terreur. Il ne disait rien; n'offrait aucun secours. Melmoth pouvait à peine se soutenir sur le rocher glissant où il était placé; l'inconnu, quoique plus haut, paraissait être inébranlable. Il ne se laissait émouvoir ni par la tempête, ni par le spectacle qu'il avait devant les yeux.

Melmoth ou l'homme errant, 1821.

CHARLES BAUDELAIRE, 1857-1861

Homme libre, toujours tu chériras la mer !
La mer est ton miroir; tu contemples ton âme
Dans le déroulement infini de sa lame,
Et ton esprit n'est pas un gouffre moins amer.

Tu te plais à plonger au sein de ton image;
Tu l'embrasses des yeux et des bras, et ton cœur
Se distrait quelquefois de sa propre rumeur
Au bruit de cette plainte indomptable et sauvage.

Vous êtes tous les deux ténébreux et discrets.
Homme, nul n'a sondé le fond de tes abîmes.
O mer, nul ne connaît tes richesses intimes.
Tant vous êtes jaloux de garder vos secrets.

Et cependant voilà des siècles innombrables
Que vous vous combattez sans pitié ni remord,
Tellement vous aimez le carnage et la mort.
O lutteurs éternels, ô frères implacables!

« L'Homme et la Mer », *les Fleurs du Mal,* XIV.

MAURICE BLANCHOT, 1949

Ce célèbre critique contemporain analyse les réminiscences littéraires de Lautréamont.

Si l'on trouve dix réminiscences derrière la même image de Maldoror, si ces dix archétypes ou modèles sont autant de masques qui se recouvrent et se surveillent les uns les autres, sans qu'aucun apparaisse comme le vrai moule du visage qu'il nous rappelle ni comme sûrement étranger à cette figure, c'est le signe que Lautréamont a été en accord avec les quelques points rares de l'espace où la puissance imaginaire collective et la puissance singulière des œuvres voient se conjuguer leurs ressources. Qui touche à ces points ébranle, sans le savoir, une infinité d'analogies et d'images apparentées, un passé monumental de mots tutélaires avec lesquels il se conduit, à son insu, comme un homme cautionné par une éternité de fables. Et qui le sait, qui connaît la chaîne littéraire de certaines figures, est, du fait qu'il touche à ces points, entraîné au-delà de toutes les certitudes de sa mémoire personnelle et saisi par un mouvement qui fait de lui le dépositaire d'un savoir qu'il n'a jamais eu. Lautréamont est sans doute un adolescent cultivé. Il a lu avec passion toutes les œuvres que la vie du temps rend grandes et fascinantes. Son imagination est environnée de livres. Et cependant, aussi éloignée que possible d'être livresque, cette imagination ne semble passer par les livres que pour rejoindre les grandes constellations dont les œuvres gardent l'influence, faisceaux d'imagination impersonnelle que nul volume d'auteur ne peut immobiliser ni confisquer à son profit.

Lautréamont et Sade, 1949, Gallimard.

MARCELIN PLEYNET, 1967

Pour l'auteur de Lautréamont par lui-même, *le jeu des rapprochements peut être intéressant mais doit être dépassé.*

il est sous-entendu ici que la lecture de Maldoror suppose une culture générale qui doit comprendre, entre autres (nous serons amenés, plus loin, à préciser d'autres aspects essentiels de la culture lautréamontienne), une connaissance des ouvrages les plus marquants du roman noir. Le lecteur de Maldoror doit percevoir, à travers les situations qui lui sont présentées, les citations implicites; et, passant de cette citation implicite à ce qu'en fait Lautréamont, le lecteur doit lire, plus que de la littérature, un usage de la littérature dans « l'acte qui la produit ».

« Acte d'appropriation » donc, où tout est possible métamorphose, où les seules résistances sont celles du sujet à sa propre histoire et à ses métamorphoses.

Lautréamont par lui-même, 1967, Seuil.

1 — Le texte de Lautréamont présente une anaphore* : quels effets a ici cette figure rhétorique ?

2 — Qu'est-ce qui oppose l'océan et l'homme chez Lautréamont et chez Baudelaire ?

3 — Lorsque Blanchot et Pleynet affirment qu'il est inutile de chercher toutes les références du texte, que veulent-ils dire ? Comment se justifient-ils ? Que pensez-vous de la méthode qu'ils dénoncent ?

Magritte, *Les chants de Maldoror* (Snark int.).

O mathématiques sévères, je ne vous ai pas oubliées, depuis que vos savantes leçons, plus douces que le miel, filtrèrent dans mon cœur, comme une onde rafraîchissante. J'aspirais instinctivement, dès le berceau, à boire à votre source, plus ancienne que le soleil, et je continue encore de fouler le parvis sacré de votre temple
5 solennel, moi, le plus fidèle de vos initiés. Il y avait du vague dans mon esprit, un je ne sais quoi épais comme de la fumée ; mais, je sus franchir religieusement les degrés qui mènent à votre autel, et vous avez chassé ce voile obscur, comme le vent chasse le damier. Vous avez mis, à la place, une froideur excessive, une prudence consommée et une logique implacable. A l'aide de votre lait fortifiant, mon intelligence s'est
10 rapidement développée, et a pris des proportions immenses, au milieu de cette clarté ravissante dont vous faites présent, avec prodigalité, à ceux qui vous aiment d'un sincère amour. Arithmétique ! algèbre ! géométrie ! trinité grandiose ! triangle lumineux ! Celui qui ne vous a pas connues est un insensé ! Il mériterait l'épreuve des plus grands supplices ; car, il y a du mépris aveugle dans son insouciance ignorante ; mais,
15 celui qui vous connaît et vous apprécie ne veut plus rien des biens de la terre ; se contente de vos jouissances magiques ; et, porté sur vos ailes sombres, ne désire plus que de s'élever, d'un vol léger, en construisant une hélice ascendante, vers la voûte sphérique des cieux. La terre ne lui montre que des illusions et des fantasmagories morales ; mais vous, ô mathématiques concises, par l'enchaînement rigoureux de vos
20 propositions tenaces et la constance de vos lois de fer, vous faites luire, aux yeux éblouis, un reflet puissant de cette vérité suprême dont on remarque l'empreinte dans l'ordre de l'univers.

(...) Merci, pour les services innombrables que vous m'avez rendus. Merci, pour les qualités étrangères dont vous avez enrichi mon intelligence. Sans vous, dans ma
25 lutte contre l'homme, j'aurais peut-être été vaincu. Sans vous, il m'aurait fait rouler dans le sable et embrasser la poussière de ses pieds. Sans vous, avec une griffe perfide, il aurait labouré ma chair et mes os. Mais, je me suis tenu sur mes gardes, comme un athlète expérimenté. Vous me donnâtes la froideur qui surgit de vos conceptions sublimes exemptes de passion. Je m'en servis pour rejeter avec dédain les jouissances
30 éphémères de mon court voyage et pour renvoyer de ma porte les offres sympathiques, mais trompeuses, de mes semblables. Vous me donnâtes la prudence opiniâtre qu'on déchiffre à chaque pas dans vos méthodes admirables de l'analyse, de la synthèse et de la déduction. Je m'en servis pour dérouter les ruses pernicieuses de mon ennemi mortel, pour l'attaquer, à mon tour, avec adresse, et plonger, dans les viscères de
35 l'homme, un poignard aigu qui restera à jamais enfoncé dans son corps ; car, c'est une blessure dont il ne se relèvera pas. Vous me donnâtes la logique, qui est comme l'âme elle-même de vos enseignements, pleins de sagesse ; avec ses syllogismes, dont le labyrinthe compliqué n'en est que plus compréhensible, mon intelligence sentit s'accroître du double ses forces audacieuses. A l'aide de cet auxiliaire terrible, je
40 découvris, dans l'humanité, en nageant vers les bas-fonds, en face de l'écueil de la haine, la méchanceté noire et hideuse, qui croupissait au milieu de miasmes délétères, en s'admirant le nombril. Le premier, je découvris, dans les ténèbres de ses entrailles, ce vice néfaste, le mal ! supérieur en lui au bien. Avec cette arme empoisonnée que vous me prêtâtes, je fis descendre, de son piédestal, construit par la lâcheté de l'homme, le
45 Créateur lui-même ! Il grinça des dents et subit cette injure ignominieuse ; car, il avait pour adversaire quelqu'un de plus fort que lui. Mais, je le laisserai de côté, comme un paquet de ficelles, afin d'abaisser mon vol... Le penseur Descartes faisait, une fois, cette réflexion que rien de solide n'avait été bâti sur vous. C'était une manière ingénieuse de faire comprendre que le premier venu ne pouvait pas sur le coup découvrir votre valeur
50 inestimable. En effet, quoi de plus solide que les trois qualités principales déjà nommées qui s'élèvent, entrelacées comme une couronne unique, sur le sommet auguste de votre architecture colossale ? Monument qui grandit sans cesse de découvertes quotidiennes, dans vos mines de diamant, et d'explorations scientifiques, dans vos superbes domaines. O mathématiques saintes, puissiez-vous, par votre
55 commerce perpétuel, consoler le reste de mes jours de la méchanceté de l'homme et de l'injustice du Grand-Tout !

les Chants de Maldoror, 1869, II. 10.

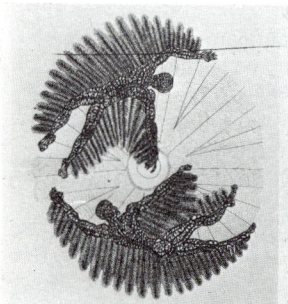

Jacques Houplain, *Illustration pour Maldoror.*

LÉON BLOY, 1890

L'un des premiers à découvrir Lautréamont, l'essayiste, le critique et le polémiste Léon Bloy a su faire preuve d'une singulière clairvoyance.

En lisant *Les Chants de Maldoror,* je n'ai pu me défendre à chaque page d'une singulière impression. L'auteur me faisait penser à un noble homme s'éveillant au milieu de la nuit dans le lit banal d'une immonde prostituée, toute ivresse finie, se sentant à sa merci, complètement nu, glacé de dégoût, agonisant de tristesse et forcé d'attendre le jour !

Il n'essaie pas de se rendormir. Il sort lentement, l'un après l'autre, ses membres hors de sa couche. Il va réchauffer sa peau glacée aux tisons rallumés de la cheminée. Sa chemise seule recouvre son corps. Il cherche des yeux la carafe de cristal afin d'humecter son palais desséché. Il ouvre les contrevents de la fenêtre. Il s'appuie sur le rebord. Il contemple la lune qui verse, sur sa poitrine, un cône de rayons extatiques, où palpitent, comme des phalènes, des atomes d'argent d'une douceur ineffable. Il attend que le crépuscule du matin vienne apporter, par le changement de décors, un dérisoire soulagement à son cœur bouleversé. (...).

L'obsession continuelle de ce malheureux Lautréamont, — évidemment un pseudonyme, — est, en effet, le blasphème. S'il est misanthrope, c'est qu'il se souvient que l'homme est à la *ressemblance* de Dieu.

Le blasphème est une denrée littéraire devenue assez peu précieuse. Notre époque l'a beaucoup aimé, depuis le blasphème aristocratique de Baudelaire jusqu'au blasphème truand de M. Richepin. Toutes les familles en demandent. Mais la qualité de celui-là est unique, parce qu'il est proféré par un pauvre fou de chagrin *qui ne regarde pas le public.*

Son auditoire, ce sont ses propres membres lamentables. C'est à son foie malade qu'il s'adresse, à ses poumons, à sa bile extravasée, à ses tristes pieds, à ses moites mains, à son phallus pollué, aux cheveux hérissés de sa tête perdue d'effroi. (...).

Le signe incontestable du grand poète, c'est *l'inconscience prophétique,* la troublante faculté de proférer par-dessus les hommes et le temps des paroles inouïes dont il ignore lui-même la portée. Cela, c'est la mystérieuse estampille de l'Esprit Saint sur des fronts sacrés ou profanes.

Quelque ridicule qu'il puisse être, aujourd'hui, de découvrir un grand poète inconnu et de le découvrir dans un hôpital de fou, je me vois forcé de déclarer, en conscience, que je suis certain d'en avoir fait la trouvaille.

Je sais bien que cette cloche sublime, qui devait sonner les tocsins et les victoires, fut presque aussitôt après son baptême fêlée par le tonnerre et ce fut un malheur immense pour tous ceux que les voix du ciel peuvent consoler.

Mais parfois, j'ignore comment, cette blessée rendait encore des sons divins, qu'ils fussent graves ou mélancoliques, et cela suffisait bien pour qu'on devinât l'enthousiasme d'amour que ces carillons glorieux auraient suscités.

« Je suis fils de l'homme et de la femme, d'après ce qu'on m'a dit. Cela m'étonne... *Je croyais être davantage !* » Pascal est brûlant de gloire pour avoir dit de moindres paroles et j'en ai recueilli plus d'une dans ce livre incohérent et merveilleux qui ressemble au palais d'un roi persan qu'une flétrissante cohue de crocodiles et d'hippopotames aurait saccagé.

Il est impossible de donner une idée précise d'une œuvre aussi anormale sans multiplier les citations au-delà de ce que semble permettre l'esthétique judicieuse de la mise en page. Mais cela, c'est du diamant, du diamant noir et toute consigne altière doit tomber, je suppose, en présence d'une telle aubaine.

la Plume, 1er sept. 1890.

ANDRÉ BRETON, 1940

Le « Pape du Surréalisme » introduit Lautréamont dans son Anthologie de l'humour noir.

Aux yeux de certains poètes d'aujourd'hui, les *Chants de Maldoror* et *Poésies* brillent d'un éclat incomparable ; ils sont l'expression d'une révélation totale qui semble excéder les possibilités humaines. C'est toute la vie moderne, en ce qu'elle a de spécifique, qui se trouve d'un coup sublimée. Son décor glisse sur les portants des anciens soleils qui font voir le parquet de saphir, la lampe au bec d'argent ailée et souriante, qui s'avance sur la Seine, les membranes vertes de l'espace et les magasins de la rue Vivienne, en proie au rayonnement cristallin du centre de la terre. Un œil absolument vierge se tient à l'affût du perfectionnement scientifique du monde, passe outre au caractère consciemment utilitaire de ce perfectionnement, le situe avec tout le reste dans la lumière même de l'apocalypse. *Apocalypse définitive* que cette œuvre dans laquelle se perdent et s'exaltent les grandes pulsions instinctives au contact d'une cage d'amiante qui enferme un cœur chauffé à blanc. Tout ce qui, durant des siècles, se pensera et s'entreprendra de plus audacieux a trouvé ici à se formuler par avance dans sa loi magique.

« Isidore Ducasse Comte de Lautréamont »
Anthologie de l'humour noir, 1940, Edition Pauvert, 1966.

---

1 — *Quelles apparences les mathématiques revêtent-elles selon Lautréamont ? Relevez et classez les images qui les représentent.*

2 — *Cet objet abstrait, les mathématiques, devient fantastique et dangereux, attirant et admirable. Quels sont les termes pouvant vous renseigner sur ces deux aspects ?*

3 — *Ce texte est-il à dire ? à lire ? à déclamer ? pourquoi ? Y a-t-il des effets rhétoriques ? lesquels ? A quoi sont-ils destinés ?*

4 — *Léon Bloy, dans son article, est-il critique littéraire ? Pourquoi ? Comment reçoit-il le texte de Lautréamont ?*

Portrait imaginaire de LAUTRÉAMONT à 19 ans,
obtenu par la méthode "PARANOÏAQUE CRITIQUE"
SALVADOR DALI - 1937

Les perturbations, les anxiétés, les dépravations, la mort, les exceptions dan[s] l'ordre physique ou moral, l'esprit de négation, les abrutissements, les hallucina[-]tions servies par la volonté, les tourments, la destruction, les renversements, le[s] larmes, les insatiabilités, les asservissements, les imaginations creusantes, le[s] ⁵romans, ce qui est inattendu, ce qu'il ne faut pas faire, les singularités chimiques d[e] vautour mystérieux qui guette la charogne de quelque illusion morte, le[s] expériences précoces et avortées, les obscurités à carapace de punaise, l[a] monomanie terrible de l'orgueil, l'inoculation des stupeurs profondes, les oraison[s] funèbres, les envies, les trahisons, les tyrannies, les impiétés, les irritations, le[s] ¹⁰acrimonies, les incartades agressives, la démence, le spleen, les épouvantement[s] raisonnés, les inquiétudes étranges, que le lecteur préférerait ne pas éprouver, le[s] grimaces, les névroses, les filières sanglantes par lesquelles on fait passer la logique aux abois, les exagérations, l'absence de sincérité, les scies, les platitudes, le sombre[,] le lugubre, les enfantements pires que les meurtres, les passions, le clan des ¹⁵romanciers de cours d'assises, les tragédies, les odes, les mélodrames, les extrême[s] présentés à perpétuité, la raison impunément sifflée, les odeurs de poule mouillée[,] les affadissements, les grenouilles, les poulpes, les requins, le simoun des déserts, c[e] qui est somnambule, louche, nocturne, somnifère, noctambule, visqueux, phoque parlant, équivoque, poitrinaire, spasmodique, aphrodisiaque, anémique, borgne[,] ²⁰hermaphrodite, bâtard, albinos, pédéraste, phénomène d'aquarium et femme à barbe, les heures saoûles du découragement taciturne, les fantaisies, les âcretés, le[s] monstres, les syllogismes démoralisateurs, les ordures, ce qui ne réfléchit pa[s] comme l'enfant, la désolation, ce mancenillier intellectuel, les chancres parfumés[,] les cuisses aux camélias, la culpabilité d'un écrivain qui roule sur la pente du néan[t] ²⁵et se méprise lui-même avec des cris joyeux, les remords, les hypocrisies, le[s] perspectives vagues qui vous broient dans leurs engrenages imperceptibles, le[s] crachats sérieux sur les axiomes sacrés, la vermine et ses chatouillements insinuants, les préfaces insensées, comme celles de Cromwell, de Mlle de Maupin et de Dumas fils, les caducités, les impuissances, les blasphèmes, les asphyxies, les ³⁰étouffements, les rages, — devant ces charniers immondes, que je rougis de nommer, il est temps de réagir enfin contre ce qui nous choque et nous courbe si souverainement. (…)

Si vous êtes malheureux, il ne faut pas le dire au lecteur. Gardez cela pour vous[.]

Si on corrigeait les sophismes dans le sens des vérités correspondantes à ce[s] sophismes, ce n'est que la correction qui serait vraie ; tandis que la pièce ainsi remaniée aurait le droit de ne plus s'intituler fausse. Le reste serait hors du vrai, avec trace de fau[x,] ⁵par conséquent nul, et considéré, forcément, comme non avenu.

La poésie personnelle a fait son temps de jongleries relatives et de contorsion[s] contingentes. Reprenons le fil indestructible de la poésie impersonnelle, brusquemen[t] interrompu depuis la naissance du philosophe manqué de Ferney, depuis l'avortemen[t] du grand Voltaire.

¹⁰   Il paraît beau, sublime, sous prétexte d'humilité ou d'orgueil, de discuter le[s] causes finales, d'en fausser les conséquences stables et connues. Détrompez-vous[,] parce qu'il n'y a rien de plus bête ! Renouons la chaîne régulière avec les temps passés[,] la poésie est la géométrie par excellence. Depuis Racine, la poésie n'a pas progress[é] d'un millimètre. Elle a reculé. Grâce à qui ? aux Grandes-Têtes-Molles de notr[e] ¹⁵époque. Grâce aux femmelettes, Chateaubriand, le Mohican-Mélancolique ; Sénan[-]cour, l'Homme-en-Jupon ; Jean-Jacques Rousseau, le Socialiste-Grincheur ; Anne Radcliffe, le Spectre-Toqué ; Edgar Poe, le Mameluck-des-Rêves-d'Alcool ; Mathurin[,] le Compère-des-Ténèbres ; George Sand, l'Hermaphrodite-Circoncis ; Théophile Gautier, l'Incomparable-Épicier ; Leconte, le Captif-du-Diable ; Goethe, le Suicidé[-] ²⁰pour-Pleurer ; Sainte-Beuve, le Suicidé-pour-Rire ; Lamartine, la Cigogne-Larmoyante[;] Lermontoff, le Tigre-qui-Rugit ; Victor Hugo, le Funèbre-Échalas-Vert ; Misckiéwicz[,] l'Imitateur-de-Satan ; Musset, le Gandin-Sans-Chemise-Intellectuelle ; et Byron[,] l'Hippopotame-des-Jungles-Infernales.

Le doute a existé de tout temps en minorité. Dans ce siècle, il est en majorité[.] ²⁵Nous respirons la violation du devoir par les pores. Cela ne s'est vu qu'une fois ; cela n[e] se reverra plus.

Poésies I.

« Ainsi, supposons qu'après je ne sais quelle lecture, il pleure dans votre cœur comme il pleut sur la ville, ou que vous vous sentiez au contraire enfiévré et abruti à la fois comme par un coup de soleil…

Ouvrez Lautréamont ! et voilà toute la litté-rature retournée comme un parapluie !

Fermez Lautréamont ! Et tout, aussitôt, se remet en place… »
Francis Ponge.

La poésie doit avoir pour but la vérité pratique. Elle énonce les rapports qui existent entre les premiers principes et les vérités secondaires de la vie. Chaque chose reste à sa place. La mission de la poésie est difficile. Elle ne se mêle pas aux événements de la politique, à la manière dont on gouverne un peuple, ne fait pas allusion aux périodes historiques, aux coups d'État, aux régicides, aux intrigues des cours. Elle ne parle pas des luttes que l'homme engage, par exception, avec lui-même, avec ses passions. Elle découvre les lois qui font vivre la politique théorique, la paix universelle, les réfutations de Machiavel, les cornets dont se composent les ouvrages de Proudhon, la psychologie de l'humanité. Un poète doit être plus utile qu'aucun citoyen de sa tribu. Son œuvre est le code des diplomates, des législateurs, des instructeurs de la jeunesse. Nous sommes loin des Homère, des Virgile, des Klopstock, des Camoëns, des imaginations émancipées, des fabricateurs d'odes, des marchands d'épigrammes contre la divinité. Revenons à Confucius, au Bouddha, à Socrate, à Jésus-Christ, moralistes qui couraient les villages en souffrant de faim ! Il faut compter désormais avec la raison, qui n'opère que sur les facultés qui président à la catégorie des phénomènes de la bonté pure. (...)

Il y a de l'étoffe du poète dans les moralistes, les philosophes. Les poètes renferment le penseur. Chaque caste soupçonne l'autre, développe ses qualités au détriment de celles qui la rapprochent de l'autre caste. La jalousie des premiers ne veut pas avouer que les poètes sont plus forts qu'elle. L'orgueil des derniers se déclare incompétent à rendre justice à des cervelles plus tendres. Quelle que soit l'intelligence d'un homme, il faut que le procédé de penser soit le même pour tous.

L'existence des tics étant constatée, que l'on ne s'étonne pas de voir les mêmes mots revenir plus souvent qu'à leur tour : dans Lamartine, les pleurs qui tombent des naseaux de son cheval, la couleur des cheveux de sa mère ; dans Hugo, l'ombre et le détraqué, font partie de la reliure.

La science que j'entreprends est une science distincte de la poésie. Je ne chante pas cette dernière. Je m'efforce de découvrir sa source.

Lautréamont, *Poésies* II, 1870.

Portrait imaginaire de Lautréamont par Hatim Elmekki.

TRISTAN TZARA, *qui est à l'origine du dadaïsme, redonnera en* **1930** *à Lautréamont la place qu'il mérite dans la poésie française :*

Lautréamont. — Dans l'évolution de la poésie, pour le rôle capital qu'il y joue, la figure que prend Lautréamont pour nous qui avons lié nos vies à son œuvre, pour toutes les révélations que, successivement, chacun de nous lui doit, il ne m'est pas aisé de passer froidement son œuvre par le crible étroit que j'emploie méthodiquement, lui qui dépasse le problème jusqu'à vivre vivant parmi nous, cet être fabuleux mais qui nous est familier, pour qui la poésie semble avoir surmonté le stade de l'activité d'esprit pour devenir véritablement une *dictature de l'esprit.* Son œuvre fait fonction de levier dans l'évolution qui se dessine déjà car, bien mieux que Hugo, il démontre que, par une sorte de magie verbale ou de verbalisme incantatoire, la raison est capable de dépaysement et la logique de dissolution.

Essai sur la situation de la poésie, 1930.

---

1 — EXTRAIT page de gauche (Poésies I) :
  a) Qui ce réquisitoire vise-t-il ? Des écoles, ou des auteurs précisément ? Classez les griefs selon qu'ils relèvent du registre moral, intellectuel, affectif, et s'en prennent à des thèmes, des traits de style, des genres ou des œuvres précises.
  b) Étudiez le « bestiaire » de ce texte. Dans quel sens prendre tous ces termes ? Font-ils référence à une thématique* privilégiée par certains auteurs ? Sont-ils métaphoriques ? Comment apparaît leur condamnation, à la lumière du texte tiré des Chants de Maldoror *(nᵒˢ 94-95) ?*

2 — Les extraits de Poésies II *(ci-dessus) constituent, semble-t-il, une tentative de redéfinition de la poésie. Relever les traits de style qui caractérisent un « manifeste poétique ». Comment cette tentative se situe-t-elle par rapport au romantisme ? Y a-t-il seulement opposition ?*

3 — A la lumière de ces textes, et des dossiers Mallarmé de ce manuel (nᵒˢ 134 à 136), comment comprenez-vous l'opposition que fait Tzara (écrivain proche des surréalistes en 1930) entre une poésie « moyen d'expression », qu'il condamne comme dépassée, et une poésie « activité de l'esprit », que les surréalistes ont cherché à cultiver ?

4 — Que semblent avoir retenu les deux artistes auteurs des portraits imaginaires, du phénomène Lautréamont/Ducasse ?

E. MANET, *le Déjeuner sur l'herbe,* 1863.

LILIANE BRION-GUERRY, 1966
Critique moderne, Liliane Brion-Guerry analyse le tableau de Cézanne peint d'après Manet.

Dans *le Déjeuner sur l'herbe,* l'illusion spatiale est suggérée par un centre lumineux : la nappe blanche sur laquelle tinte le jaune vibrant des oranges. Les personnages sont de couleurs neutres : des gris-bleus, des violacés, des gris-noirs. Et c'est vraiment le contraste entre cette tache de lumière et les tons amortis qui met en mouvement, comme de grands orbes, les masses atmosphériques, créant l'illusion de la troisième dimension. Car les personnages sont très mal proportionnés : la femme aux cheveux longs du deuxième plan est beaucoup plus grande que l'homme assis sur l'herbe tout à l'avant du tableau ; le personnage en chemise blanche, qui fume, devrait être de la même taille que les amants qui se dirigent vers la gauche puisqu'il est sur le même plan qu'eux — et il est deux fois plus petit. Détails qui n'ont aucune importance puisque l'illusion spatiale est suggérée non par une perspective géométrique qui exigerait une décroissance exacte des personnages, mais par le rythme des lignes de force et par le clair-obscur.

Cézanne et l'expression de l'espace,
Albin Michel, 1966.

P. CÉZANNE, *le Déjeuner sur l'herbe,* 1869-1870.

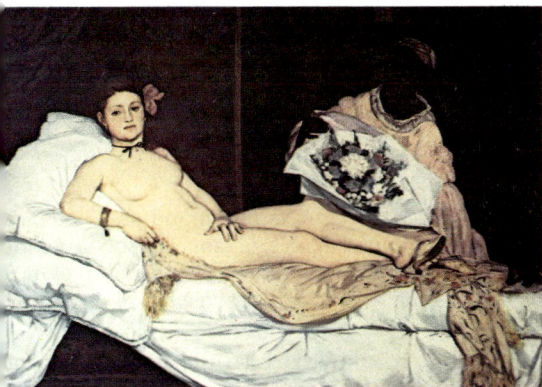

E. MANET, *Olympia*, 1863.

P. CÉZANNE, *Une moderne Olympia*, 1872-1873.

1 — *Dans les* Olympia *et les* Déjeuners sur l'herbe, *Cézanne, en utilisant le même sujet que Manet, recompose, change le ou les sens des œuvres, leur structure etc. Détaillez cette recomposition. L'évolution des lignes directrices, les grandes différences des graphiques et des points de vue amènent des changements notables dans l'interprétation : quels sont ces différences et quels pourraient être ces changements ?*

2 — *Claude Lantier donne une définition personnelle du chef-d'œuvre. Qu'en pensez-vous ?*

3 — *A partir du texte de Zola, comparez la description et les tableaux : de quel tableau est-elle la plus proche ? Peut-on parler de transcription véritable de la peinture par l'écrit ? Pourquoi ?*

4 — *Le peintre et l'écrivain entretiennent dans le texte de Zola des rapports significatifs : étudiez leur position respective (aussi bien physique que morale). Qu'indique-t-elle, selon Zola ?*

ÉMILE ZOLA, 1886

Dans l'Œuvre, le peintre Claude Lantier est possédé du désir de créer un authentique chef-d'œuvre, un désir impossible à satisfaire que seul Sandoz, l'écrivain, sait comprendre.

Dans un trou de forêt, aux murs épais de verdure, tombait une ondée de soleil ; seule, à gauche, une allée sombre s'enfonçait, avec une tache de lumière, très loin. Là, sur l'herbe, au milieu des végétations de juin, une femme nue était couchée, un bras sous la tête, enflant la gorge ; et elle souriait, sans regard, les paupières closes, dans la pluie d'or qui la baignait. Au fond, deux autres petites femmes, une brune, une blonde, également nues, luttaient en riant, détachaient, parmi les verts des feuilles, deux adorables notes de chair. Et, comme au premier plan, le peintre avait eu besoin d'une opposition noire, il s'était bonnement satisfait, en y asseyant un monsieur, vêtu d'un simple veston de velours. Ce monsieur tournait le dos, on ne voyait de lui que sa main gauche, sur laquelle il s'appuyait, dans l'herbe.

(...) Dès qu'ils étaient ensemble, le peintre et l'écrivain en arrivaient d'ordinaire à cette exaltation. Ils se fouettaient mutuellement, ils s'affolaient de gloire ; et il y avait là une telle envolée de jeunesse, une telle passion du travail, qu'eux-mêmes souriaient ensuite de ces grands rêves d'orgueil, ragaillardis, comme entretenus en souplesse et en force.

Claude, qui se reculait maintenant jusqu'au mur, y demeura adossé, s'abandonnant. Alors, Sandoz, brisé par la pose, quitta le divan et alla se mettre près de lui. Puis, tous deux regardèrent, de nouveau muets. Le monsieur en veston de velours était ébauché entièrement ; la main, plus poussée que le reste, faisait dans l'herbe une note très intéressante, d'une jolie fraîcheur de ton ; et la tache sombre du dos s'enlevait avec tant de vigueur, que les petites silhouettes du fond, les deux femmes luttant au soleil, semblaient s'être éloignées, dans le frisson lumineux de la clairière ; tandis que la grande figure, la femme nue et couchée, à peine indiquée encore, flottait toujours, ainsi qu'une chair de songe, une Eve désirée naissant de la terre, avec son visage qui souriait, sans regard, les paupières closes.

— Décidément, comment appelles-tu ça ? demanda Sandoz.

— *Plein air*, répondit Claude d'une voix brève.

Mais ce titre parut bien technique à l'écrivain, qui, malgré lui, était parfois tenté d'introduire de la littérature dans la peinture.

— *Plein air*, ça ne dit rien.

— Ça n'a pas besoin de rien dire... Des femmes et un homme se reposent dans une forêt, au soleil. Est-ce que ça ne suffit pas ? Va, il y en a assez pour faire un chef-d'œuvre.

l'Œuvre, 1866, chap. II.

Réunion d'un club féministe.

Mais la grande révolution que font les sorcières, le plus grand pas *à rebours* contre l'esprit du Moyen-Age, c'est ce qu'on pourrait appeler la réhabilitation du ventre et des fonctions digestives. Elles professèrent hardiment : "Rien d'impur et rien d'immonde." L'étude de la matière fut dès lors illimitée, affranchie. La médecine fut
5 possible.

Qu'elles aient fort abusé du principe, on ne le nie pas. Il n'est pas moins évident. Rien d'impur que le mal moral. Toute chose physique est pure ; nulle ne peut être éloignée du regard et de l'étude, interdite par un vain spiritualisme, encore moins par un sot dégoût.

10 Là surtout le Moyen-Age s'était montré dans son vrai caractère, *l'Anti-Nature,* faisant dans l'unité de l'être des distinctions, des castes hiérarchiques. Non seulement l'esprit est *noble,* selon lui, le corps *non noble* — mais il y a des parties du corps qui sont *nobles,* et d'autres non, roturières apparemment. — De même, le ciel est noble, et l'abîme ne l'est pas. Pourquoi ? « C'est que le ciel est haut ». Mais le ciel n'est ni haut ni
15 bas. Il est dessus et dessous. L'abîme, qu'est-ce ? Rien du tout. — Même sottise sur le monde, et le petit monde de l'homme.

Celui-ci est d'une pièce ; tout y est solidaire de tout. Si le ventre est le serviteur du cerveau et le nourrit, le cerveau, aidant sans cesse à lui préparer le sucre de digestion, ne travaille pas moins pour lui.

20 Les injures ne manquèrent pas. On appela les sorcières sales, indécentes, impudiques, immorales. Cependant leurs premiers pas dans cette voie furent, on peut le dire, une heureuse révolution dans ce qui est le plus moral, la bonté, la charité. Par une perversion d'idées monstrueuses, le Moyen-Age envisageait la chair, en son représentant (maudit depuis Eve), la *Femme,* comme impure. La Vierge, *exaltée*
25 *comme vierge et non comme Notre-Dame*, loin de révéler la femme réelle, l'avait abaissée en mettant l'homme sur la voie d'une scolastique de pureté où l'on allait enchérissant dans le subtil et le faux.

(...) Les romans d'alors, avec leurs subtilités, représentent le contraire du monde. Hors des cours, du noble adultère, le grand sujet de ces romans, la femme, est partout la
30 pauvre Griselidis, née pour épuiser la douleur, souvent battue, soignée jamais.

Il ne faut pas moins que le Diable, ancien allié de la femme, son confident du Paradis, il ne faut pas moins que cette sorcière, ce monstre qui fait tout à rebours, à l'envers du monde sacré, pour s'occuper de la femme, pour fouler aux pieds les usages, et la soigner malgré elle. La pauvre créature s'estimait si peu !... Elle reculait, rougissait,
35 ne voulait rien dire. La sorcière, adroite et maligne, devina et pénétra. Elle sut enfin la faire parler, tira d'elle son petit secret, vainquit ses refus, ses hésitations de pudeur et d'humilité. Plutôt que de subir telle chose, elle aimait mieux presque mourir. La *barbare sorcière* la fit vivre.

la *Sorcière,* chap. IX, « Satan médecin ».

Dans la Sorcière, *prenant prétexte d'une étude de la sorcellerie au Moyen-Age, Michelet trace un tableau général de la condition féminine. Très rapidement, pour lui, la sorcière symbolise la femme en réaction contre le pouvoir des hommes, pouvoir civil et pouvoir religieux.*

ROBERT MANDROU, 1968

Cet historien contemporain replace le livre de Michelet dans le contexte des siècles passés :

Michelet dans *La Sorcière* a évoqué, à sa façon visionnaire qui est inimitable, cet énorme phénomène de hantise collective qui encombre les deux derniers siècles du Moyen Age, se prolonge et se renouvelle aux temps modernes. Même si l'imagination créatrice de Michelet l'a parfois entraîné trop loin des textes qui lui servaient de documentation, il est assez évident que les pages vibrantes où il évoque la revanche des gueux sur les puissants, la malédiction des misérables, et tout ce qui touche la sorcellerie rurale, constituent une admirable tentative pour restituer à ce long mouvement toutes ses significations sociales et spirituelles.

Sans nul doute la répression sauvage des pratiques magiques représente un des partages, un des refus les plus tranchés qu'ait pratiqués la civilisation occidentale : dans son ambiguïté même, puisque la sorcellerie rurale, utilisant les maléfices et aussi une médecine des simples, des secrets de la nature, s'est trouvée à la fois acceptée, et rejetée ; à longueur de siècles, les deux mouvements apparaissent complémentaires. Pourtant les colères populaires et les exaspérations plus réfléchies des juges sont plus encombrantes que la pratique ordinaire des sorts, guérisseurs ou modestement malfaisants. Dans cette histoire trouble, la ligne de partage n'est pas claire, et ses déterminations ne s'appréhendent pas aisément ; la sorcière de village, acceptée, sollicitée — même avec une crainte inavouée — cesse un jour d'être reconnue comme bienfaisante, comme une aide possible. Pourquoi ? il n'est pas facile de le savoir : accumulation d'actes malfaisants, échec de médications conseillées, apparition de signes célestes, calamités atmosphériques attribuées à son influence. Toutes ces explications peuvent être invoquées, comme causes immédiates. Dans le tréfonds de la mémoire collective, quels retournements peuvent animer les esprits, rappeler soudainement d'étranges coïncidences, des morts inattendues et des maladies inguérissables aussi longtemps que la sorcière n'est pas intervenue ? Les dépositions qui répondent toujours à l'attente du juge, font état de ces malfaisances, qui accablent les suspects : la bonne sorcière est alors quasiment oubliée.

Magistrats et Sorciers en France au XVIIe siècle, Seuil, 1968.

ROBERT MUCHEMBLED, 1979

Sur le même sujet que Michelet, mais en utilisant des documents que ne connaissait pas l'historien du XIXe siècle, l'auteur situe exactement les parts respectives de l'homme et de la femme dans les procès de la sorcellerie :

Les raisons profondes qui poussèrent les démonologues, et donc les juges qui utilisaient leurs écrits, à axer la persécution contre les femmes semblent évidentes. Elles tiennent à la vieille méfiance des gens d'Église contre les filles d'Eve. Et si le XVIe siècle connut un mouvement littéraire « féministe », avec des poètes comme Héroët et Scève, avec les poétesses de l'école lyonnaise, il vit également de furieux adversaires du sexe féminin écrire de pesants traités : ils y développaient longuement les thèmes de l'infériorité naturelle de la femme, certains continuant à se demander si celle-ci avait réellement une âme ou n'était qu'une bête brute, d'autres insistant sur le péché originel causé par la première femme et sur la liaison entre le sexe féminin et la mort, puisque la mort était entrée au monde par sa faute.

la Sorcière au village, Julliard, 1979.

DISTRIBUTION PAR SEXE DES ACCUSÉS DE SORCELLERIE DANS LE NORD (1371-1783)

Années	Femmes		Hommes		Totaux
	Nombre	%	Nombre	%	
1351-1400	1	50 %	1	50 %	2
1401-1450	7	100 %			7
1451-1500	10	91 %	1	9 %	11
1501-1550	16	70 %	7	30 %	23
1551-1600	50	74 %	18	26 %	68
1601-1650	97	88 %	13	12 %	110
1651-1700	56	84 %	11	16 %	67
1701-1790	3	50 %	3	50 %	6
Totaux	240	82 %	54	18 %	294

1 — *Pourquoi Michelet a-t-il intitulé son livre, qui se veut une étude historique,* La Sorcière ? *Quelle est ici la valeur précise de l'article défini ? Quelle est, dès l'abord, sa valeur polémique ?*

2 — *Qui qualifie la femme de sorcière ? Pourquoi ?*

3 — *Faites l'analyse précise du troisième paragraphe. La morale du « haut » et du « bas » a-t-elle été aujourd'hui dépassée ? En quoi ce texte est-il « daté » ? En quoi est-il « actuel » ?*

4 — *Michelet utilise volontiers de grandes catégories (la sorcière, la femme, le peuple). Quel intérêt, et quel danger, y a-t-il à procéder ainsi ?*

5 — *En quels termes Michelet compare-t-il la femme au peuple ? Cette comparaison vous semble-t-elle fondée ? L'effet recherché, et l'effet obtenu, sont-ils semblables ? Quelles sont les parts respectives, conscientes ou inconscientes, de valorisation ou de dévalorisation implicites dans ce type d'assimilation ?*

6 — *Une revue féministe actuelle s'intitule* Sorcières. *L'emprunt à Michelet est manifeste, mais que signifie aujourd'hui ce mot ? Quelle est sa valeur actuelle de provocation ?*

Jules Michelet par Nadar (BN).

Plantation d'un arbre de la liberté.

Michelet est plongé dans son Histoire de France quand, arrivé au règne de Louis XI, il se rend compte que pour comprendre la monarchie absolue, il lui faut d'abord étudier sa mort : aussi met-il en chantier une Histoire de la Révolution, vaste fresque épique couvrant la période qui s'étend des États Généraux à la mort de Robespierre, dont le héros collectif est le peuple français se constituant en nation. Aussi pour le « voyant » Michelet, la Fête de la Fédération (14 juillet 1790) est-elle un symbole privilégié : c'est en cette occasion que « la France voit distinctement ce qu'elle aimait, poursuivait sans le bien saisir encore : l'unité de la patrie. » (chap. XI).

Ce fut un étonnant spectacle. De jour, de nuit, des hommes de toutes classes, de tout âge, jusqu'à des enfants, tous, citoyens, soldats, abbés, moines, acteurs, sœurs de Charité, belles dames, dames de la halle, tous maniaient la pioche, roulaient la brouette ou menaient le tombereau. Des enfants allaient devant, portant des lumières ; des orchestres
5 ambulants animaient les travailleurs : eux-mêmes, en nivelant la terre, chantaient ce chant niveleur : « Ah ! ça ira ! ça ira ! ça ira ! Celui qui s'élève, on l'abaissera ! »

Le chant, l'œuvre et les ouvriers, c'était une seule et même chose, l'égalité en action. Les plus riches et les plus pauvres, tous unis dans le travail. Les pauvres pourtant, il faut le dire, donnaient davantage. C'était après leur journée, une lourde journée de juillet, que le
10 porteur d'eau, le charpentier, le maçon du pont Louis XVI, que l'on construisait alors, allaient piocher au Champ-de-Mars. A ce moment de la moisson, les laboureurs ne se dispensèrent point de venir. Ces hommes lassés, épuisés, venaient, pour délassement travailler encore aux lumières.

Ce travail, véritablement immense, qui d'une plaine fit une vallée entre deux
15 collines, fut accompli, qui le croirait ? en une semaine ! Commencé précisément au 7 juillet, il finit avant le 14.

La chose fut menée d'un grand cœur, comme une bataille sacrée. L'autorité espérait, par sa lenteur calculée, entraver, empêcher la fête de l'union ; elle devenait impossible. Mais la France voulut et cela fut fait. (...)
20 Voilà enfin le 14 juillet, le beau jour tant désiré (...).

Au milieu du Champ-de-Mars, s'élevait l'autel de la patrie ; devant l'École militaire, les gradins où devaient s'asseoir le Roi, l'Assemblée.

Tout cela fut long encore. Les premiers qui arrivèrent pour faire bon cœur contre la pluie et dépit au mauvais temps, se mirent bravement à danser. Leurs joyeuses farandoles,
25 se déroulant en pleine boue, s'étendent, vont s'ajoutant sans cesse de nouveaux anneaux dont chacun est une province, un département ou plusieurs pays mêlés. La Bretagne danse avec la Bourgogne, la Flandre avec les Pyrénées... Nous les avons vus commencer, ces groupes, ces danses ondoyantes, dès l'hiver de 89. La farandole immense qui s'est formée peu à peu de la France tout entière, elle s'achève au Champ-de-Mars, elle expire...
30 Voilà l'unité !

Adieu l'époque d'attente, d'aspiration, de désir, où tous rêvaient, cherchaient ce jour !... Le voici ! Que désirons-nous ? Pourquoi ces inquiétudes ? Hélas ! l'expérience du monde nous apprend cette chose triste, étrange à dire, et pourtant vraie, que l'union trop souvent diminue dans l'unité. La volonté de s'unir, c'était déjà l'unité des cœurs, la
35 meilleure unité peut-être.

Mais silence ! le Roi arrive, il est assis, et l'Assemblée, la Reine dans une tribune qui plane sur tout le reste.

Lafayette et son cheval blanc arrivent jusqu'au pied du trône ; le commandant met pied à terre et prend les ordres du Roi. A l'autel, parmi deux cents prêtres portant ceintures
40 tricolores, monte d'une allure équivoque, d'un pied boiteux, Talleyrand, évêque d'Autun : quel autre, mieux que lui doit officier, dès qu'il s'agit de serment ?

Douze cents musiciens jouaient, à peine entendus ; mais un silence se fait : quarante pièces de canon font trembler la terre. A cet éclat de la foudre, tous se lèvent, tous portent la main vers le ciel... O roi ! ô peuple ! attendez... Le ciel écoute, le soleil tout exprès
45 perce le nuage... Prenez garde à vos serments !

Ah ! de quel cœur il jure, ce peuple ! Ah ! comme il est crédule encore !... Pourquoi donc le Roi ne lui donne-t-il pas ce bonheur de le voir jurer à l'autel ? Pourquoi jure-t-il à couvert, à l'ombre, à demi caché ? Sire, de grâce, levez haut la main, que tout le monde la voie !

50 Et vous, Madame, ce peuple enfant, si confiant, si aveugle, qui tout à l'heure dansait avec tant d'insouciance, entre son triste passé et son formidable avenir, ne vous fait-il pas pitié ?... Pourquoi dans vos beaux yeux bleus cette douteuse lueur ? Un royaliste l'a saisie : « Voyez-vous la magicienne ? » disait le comte de Virieu... Vos yeux ont-ils donc vu d'ici votre envoyé qui maintenant reçoit à Nice et félicite l'organisateur des massacres du
55 Midi ? Ou bien, dans ces masses confuses, avez-vous cru voir de loin les armées de Léopold ?

Écoutez !... Ceci, c'est la paix, mais une paix toute guerrière. Les trois millions d'hommes armés qui ont envoyé ceux-ci, ont entre eux plus de soldats que tous les rois de l'Europe. Ils offrent la paix fraternelle, mais n'en sont pas moins prêts au combat. Déjà

258

60 plusieurs départements, Seine, Charente, Gironde, bien d'autres, veulent donner, armer, défrayer chacun six mille hommes pour aller à la frontière. Tout à l'heure les Marseillais vont demander à partir, ils renouvellent le serment des Phocéens leurs ancêtres, jetant une pierre à la mer et jurant, s'ils ne sont vainqueurs, de ne revenir qu'au jour où la pierre surnagera **(1)**.

Michelet, *Histoire de la Révolution française*, 1847-1853, livre III, chap. XII, « De la religion nouvelle ».

(1) Plutarque raconte comment les Phocéens, attaqués par les Perses, cinglèrent vers la Corse en jurant de ne plus revenir dans leur patrie.

Paul Etienne Le Sueur,
Le serment des patriotes.

A FÊTE DE LA FÉDÉRATION VUE PAR LES HISTORIENS DU XIXᵉ SIÈCLE.

Animée par un désir de scientificité qui la conduit à une exploitation plus rigoureuse des documents d'archives(1), l'histoire au XIXᵉ siècle n'en demeure pas moins prise dans la volonté de synthèse totalisante, et parfois forcée, qui caractérise la production romantique.

*Pour les historiens de l'époque, la Révolution française apparaît alors comme une déchirure qui, brisant la continuité superficielle de l'Ancien Régime, concrétise brutalement ces mouvements profonds, régissant la communauté humaine, que la science historique doit désormais s'efforcer de mettre à jour. Transgression de l'ordre divin pour les uns (Royou, voir pages suivantes) symbole de l'irruption d'un nouvel acteur historique longtemps occulté, le **peuple**, pour les autres (Michelet), la Révolution va ainsi donner prise à toutes sortes d'interprétations divergentes.*

Dans ces discours multiples, la Fête de la Fédération du 14 juillet 1790 revient comme un événement-clé.

*Nous donnons dans ce dossier cinq relations de ce « fait historique » : celle de **MICHELET** (ci-contre), de **THIERS**, de **LOUIS BLANC**, de **ROYOU**, et enfin le récit du marquis de **FERRIÈRES**, qui a vécu la Révolution, et dont les Mémoires ont servi de référence à trois des auteurs précédents.*

*Sélection, ellipse, emphase... : est-ce le même événement que nous racontent ces cinq historiens ? De fait, la comparaison entre ces extraits nous invite à nous interroger sur le statut du « fait historique » : quelle est, en fin de compte, son importance réelle par rapport aux discours dont l'enveloppent les hommes, que ce soit pour en exalter ou en diminuer la portée ? **L'objectivité dans le récit historique** est-elle possible ?*

(1) Après la Révolution française, les archives, qui jusque-là étaient demeurées secrètes, sont ouvertes aux historiens. La Collection des mémoires relatifs à la Révolution française, de Berville et Barrière, en 53 volumes, parus entre 1820 et 1828, met à leur portée un grand nombre de documents indispensables.

MICHEL DE CERTEAU, 1975
(historien contemporain)

« Les faits historiques » sont déjà constitués par l'introduction d'un sens dans l'« objectivité ». Ils énoncent, dans le langage de l'analyse, des « choix » qui lui sont antérieurs, qui ne résultent donc pas de l'observation (...). La « relativité historique » compose ainsi un tableau où (...) se détache une multiplicité de philosophies individuelles, celles de penseurs qui s'habillent en historiens ».

l'Ecriture de l'Histoire 1975.

1 — a) *A partir d'un relevé des phrases, où un rapports de dépendance syntaxique, voisinent des mots concrets et des mots abstraits, vous montrerez comment, dans cette page, Michelet passe de la description pure à l'interprétation symbolique.*

b) *Relevez et classez les traits de style au moyen desquels Michelet essaie de nous rendre la scène présente, et même de nous y faire participer.*

c) *Notez les passages où Michelet, en face de ces personnages historiques, adopte l'attitude d'un romancier envers les personnages de fiction qu'il met en scène. Quelle est en général dans ce texte, la part de la vérité historique, et celle de l'invention ?*

2 — *Dans chacun des extraits reproduits dans ce dossier, vous évaluerez, individuellement ou en groupes, la part du fait et celle du commentaire. Vous pourrez également comparer avec la relation de cet événement dans votre manuel d'histoire.*

Mme de Mirbel, *Adolphe Thiers* (R. Viollet).

Œuvre de jeunesse, l'Histoire de la Révolution française *que publie* **ADOLPHE THIERS** *(1797-1877) entre 1823 et 1827, porte la marque de ses sympathies libérales de l'époque. Au terme d'une carrière politique assez cahotique, il se retrouve sur des positions conservatrices. Nommé chef de l'exécutif par l'Assemblée Nationale en 1871, devenu partisan d'une république modérée, seule susceptible selon lui, de réaliser l'union nationale, il réprimera impitoyablement la Commune (voir n° 117).*

L'objet de la fédération fut le serment civique. On demanda si les fédérés et l'assemblée le prêteraient dans les mains du roi, ou si le roi, considéré comme le premier fonctionnaire public, jurerait avec tous les autres sur l'autel de la patrie. On préféra le dernier moyen. L'assemblée acheva aussi de mettre l'étiquette en harmonie avec ses lois,
5 et le roi ne fut dans la cérémonie que ce qu'il était dans la constitution. (...)

L'arrivée des fédérés dura trois heures. Pendant ce temps le ciel était couvert de sombres nuages, et la pluie tombait par torrents. Ce ciel, dont l'éclat se marie si bien à la joie des hommes, leur refusait en ce moment la sérénité et la lumière. Un des bataillons arrivés dépose ses armes, et a l'idée de former une danse ; tous l'imitent aussitôt, et en un seul
10 instant le champ intermédiaire est encombré par soixante mille hommes, soldats et citoyens, qui opposent la gaieté à l'orage. Enfin la cérémonie commence ; le ciel, par un hasard heureux, se découvre et illumine de son éclat cette scène solennelle. L'évêque d'Autun commence la messe ; des chœurs accompagnent la voix du pontife ; le canon y mêle ses bruits solennels. Le saint sacrifice achevé, Lafayette descend de cheval, monte les
15 marches du trône, et vient recevoir les ordres du roi, qui lui confie la formule du serment. Lafayette la porte à l'autel, et dans ce moment toutes les bannières s'agitent, tous les sabres étincellent. Le général, l'armée, le président, les députés crient : *Je le jure !* Le roi debout, la main étendue vers l'autel, dit : *Moi, roi des Français, je jure d'employer le pouvoir que m'a délégué l'acte constitutionnel de l'état à maintenir la constitution décrétée par*
20 *l'assemblée nationale et acceptée par moi.* Dans ce moment la reine, entraînée par le mouvement général, saisit dans ses bras l'auguste enfant, héritier du trône, et du haut du balcon où elle est placée, le montre à la nation assemblée. A cette vue, des cris extraordinaires de joie, d'amour, d'enthousiasme, se dirigent vers la mère et l'enfant, et tous les cœurs sont à elle. C'est dans ce même instant que la France tout entière, réunie
25 dans les quatre-vingt-trois chefs-lieux des départements, faisait le même serment d'aimer le roi qui les aimerait. Hélas ! dans ces moments, la haine même s'attendrit, l'orgueil cède, tous sont heureux du bonheur commun, et fiers de la dignité de tous. Pourquoi ces plaisirs si profonds de la concorde sont-ils si tôt oubliés ?

Cette auguste cérémonie achevée, le cortège reprit sa marche, et le peuple se livra à
30 toutes les inspirations de la joie. Les réjouissances durèrent plusieurs jours. Une revue générale des fédérés eut lieu ensuite. Soixante mille hommes étaient sous les armes, et présentaient un magnifique spectacle, tout à la fois militaire et national. Le soir, Paris offrit une fête charmante. Le principal lieu de réunion était aux Champs-Elysées et à la Bastille. On lisait sur le terrain de cette ancienne prison, changé en une place : *Ici l'on danse.* Des
35 feux brillants, rangés en guirlandes, remplaçaient l'éclat du jour. Il avait été défendu à l'opulence de troubler cette paisible fête par le mouvement des voitures. Tout le monde devait se faire peuple, et se trouver heureux de l'être. Les Champs-Élysées présentaient une scène touchante. Chacun y circulait sans bruit, sans tumulte, sans rivalité, sans haine. Toutes les classes confondues s'y promenaient au doux éclat des lumières, et paraissaient
40 satisfaites d'être ensemble. Ainsi, même au sein de la vieille civilisation, on semblait avoir retrouvé les temps de la fraternité primitive.

Les fédérés, après avoir assisté aux imposantes discussions de l'assemblée nationale, aux pompes de la cour, aux magnificences de Paris, après avoir été témoins de la bonté du roi, qu'ils visitèrent tous, et dont ils reçurent de touchantes expressions de
45 bonté, retournèrent chez eux, transportés d'ivresse, pleins de bons sentiments et d'illusions. Après tant de scènes déchirantes, et prêt à en raconter de plus terribles encore, l'historien s'arrête avec plaisir sur ces heures si fugitives, où tous les cœurs n'eurent qu'un sentiment, l'amour du bien public.

Adolphe Thiers, *Histoire de la Révolution française,* 1823-1827, t. 1, chap. V.

Louis Blanc (BN).

*Pour le socialiste **LOUIS BLANC**, la cérémonie est également un événement important ; mais c'est surtout dans la préparation de cette Fête, « image anticipée d'un monde nouveau, véritable prophétie en action, la plus surprenante peut-être et la plus haute de l'avenir qu'ait jamais eue un grand peuple », qu'il se plaît à voir une préfiguration de la société humaine réorganisée par le socialisme, dont la France doit être le flambeau.*

Il fallait, conformément au plan adopté, édifier entre l'amphithéâtre et la rivière un arc de triomphe égal en dimensions à celui de la porte Saint-Denis ; il fallait enfin au milieu du Champ de mars construire l'*autel de la patrie*. Le nombre des ouvriers mis en œuvre fut de quinze mille ; mais la besogne avançait si lentement que, le 7 juillet, l'impossibilité d'être
5 prêt pour le 14 fut reconnue…, à moins pourtant de quelque miracle, et le miracle se fit. (…)

(Sur la simple demande d'un garde national, tous les ouvriers parisiens se précipitent au Champ de Mars).

Qu'on se figure trois cent mille ouvriers volontaires, de tout âge, de toute condition, revêtus des costumes les plus divers, et, du matin au soir, dans la douce ivresse d'un commun désir, avec cette harmonie qui naît d'elle-même de l'accord des âmes, sous la loi d'une cordiale égalité, au bruit des chansons, creusant, roulant, reversant la terre avec
10 autant d'ardeur que des soldats en mettent à ouvrir une tranchée. Courage ! courage ! c'est la fête de la patrie qu'il s'agit de préparer : que les vieillards se raniment ; que les jeunes garçons accourent ; que les fiancés viennent par leur présence faire de la fatigue un enchantement et sourire aux plus braves ! Ce fut un prodige. (…)

Mais ce qui fut émouvant, sur toutes choses, ce fut la sainte ardeur de l'homme de
15 peine, du manœuvre, du laboureur, venant, après une longue journée de labeur, prendre leur part de la besogne patriotique.

Est-il besoin de dire qu'au travail se mêlait le plaisir ? A chaque instant passaient des soldats affublés d'un capuchon ou des moines sous le casque ; les guimpes voltigeaient à côté des longs mirzas des chananéennes ; le tombereau qui partait plein de terre
20 revenait orné de branchages et chargé du groupe rieur des jeunes femmes qui concouraient auparavant à le traîner. Les théâtres se signalèrent, assure une actrice dans ses mémoires. Chaque cavalier choisissait une dame à laquelle il offrait une bêche bien légère, ornée de rubans ; et, musique en tête, on allait au rendez-vous universel. Il fallut, comme on pense bien, inventer un costume qui résistât à la poussière : une blouse de
25 mousseline grise, des bas de soie et des brodequins de même couleur, une écharpe tricolore, un large chapeau de paille, telle fut la tenue d'artiste. Il plut ! on ne fit qu'en rire ; les femmes les plus élégantes, pour la première fois de leur vie, je suppose, sacrifièrent de bon cœur leurs plumes et leurs linons ; on appela les ondées les *larmes des aristocrates*, et, au grand étonnement des étrangers témoins de ces scènes fabuleuses, on continua
30 vaillamment sous la pluie.

Que le lecteur philosophe ne reproche pas dédaigneusement à l'histoire de se complaire en de semblables détails. Jamais problème plus important et plus profond ne reçut une solution plus décisive. Cette THEORIE DU TRAVAIL ATTRAYANT, loi certaine de l'avenir et que l'esprit réformateur de notre XIXᵉ siècle a si puissamment mise en
35 lumière, elle fut appliquée alors d'une manière presque fortuite, d'instinct, et avec quels admirables résultats ! Non seulement des travaux qui semblaient devoir coûter des années se trouvèrent achevés en une semaine ; mais, pendant tout ce temps, le niveau de l'humanité parvint et se maintint à une élévation extraordinaire. Car, au sein d'une confusion apparente, à peine descriptible, l'ordre observé fut admirable. Nul propos
40 injurieux, nulle querelle. Dirigeait les travaux qui s'en jugeait capable : les autres obéissaient. Dans l'innombrable foule rassemblée là au hasard, il n'y avait pas une sentinelle, et l'on ne signala ni un homme en état d'ivresse ni un voleur. Des brouettes chargées de tonneaux de vin parcourant les groupes, ceux-là seuls burent dont les forces étaient épuisées. On pouvait laisser sa montre sur le sable et partir : on la retrouvait. Il a
45 donc son point d'honneur comme la guerre, le travail ! Exception, direz-vous ? Et pourquoi de l'exception ne s'étudierait-on pas à faire la règle ? En quoi consiste le progrès si ce n'est à rétrécir de plus en plus le mal et à élargir le bien ? Mais non : ce genre glorieux d'émulation qui a toujours paru si naturel sur un champ de carnage, on le déclarera, longtemps encore peut-être, impossible dans l'atelier ! Longtemps encore peut-être, la
50 GLOIRE ne sera que de s'entr'égorger au bruit des fanfares. O folie des hommes !

Louis Blanc, *Histoire de la Révolution française*, 1852,
t. IV, chap. XV, « Vision sublime de l'avenir ».

Brouillet, *Michelet et Quinet reprenant possession de leur cours au Collège de France* (Giraudon).

Le Marquis de FERRIÈRES *(1741-1804), officier de cavalerie sous l'Ancien Régime, fut élu député aux États Généraux par la noblesse. Il ne joua pas un rôle actif pendant la Révolution, mais ses* Mémoires *constituent une des sources capitales des historiens de l'époque.*

« Enfin le 14 juillet, jour de la fédération, arrive parmi les espérances des uns, les alarmes et les terreurs des autres (...)

Plus de trois cent mille hommes et femmes de Paris et des environs, rassemblés dès les six heures du matin au Champ-de-Mars, assis sur des gradins de gazon qui formaient
5 un cirque immense, mouillés, crottés, s'armant de parasols contre les torrens d'eau qui les inondaient, s'essuyant le visage, au moindre rayon du soleil, rajustant leurs coiffures, attendaient en riant et en causant les fédérés et l'assemblée nationale. On avait élevé un vaste amphithéâtre pour le roi, la famille royale, les ambassadeurs et les députés. Les fédérés les premiers arrivés commencent à danser des farandoles ; ceux qui suivent se
10 joignent à eux, en formant une ronde qui embrasse bientôt une partie du Champ-de-Mars. C'était un spectacle digne de l'observateur philosophe, que cette foule d'hommes, venus des parties les plus opposées de la France, entraînés par l'impulsion du caractère national, bannissant tout souvenir du passé, toute idée du présent, toute crainte de l'avenir, se livrant à une délicieuse insouciance, et trois cent mille spectateurs de tout âge, de tout sexe,
15 suivant leurs mouvemens, battant la mesure avec les mains, oubliant la pluie, la faim et l'ennui d'une longue attente. Enfin tout le cortège étant entré au Champ-de-Mars, la danse cesse ; chaque fédéré va rejoindre sa bannière. L'évêque d'Autun se prépare à célébrer la messe à un autel à l'antique dressé au milieu du Champ-de-Mars. Trois cents prêtres vêtus d'aubes blanches, coupées de larges ceintures tricolores, se rangent aux quatre coins de
20 l'autel. L'évêque d'Autun bénit l'oriflamme et les quatre-vingt-trois bannières : il entonne le *Te Deum.* Douze cents musiciens exécutent ce cantique. Lafayette, à la tête de l'état-major de la milice parisienne et des députés des armées de terre et de mer, monte à l'autel, et jure, au nom des troupes et des fédérés, d'être fidèle à la nation, à la loi, au roi. Une décharge de quatre pièces de canon annonce à la France ce serment solennel. Les douze cents
25 musiciens font retentir l'air de chants militaires ; les drapeaux, les bannières s'agitent ; les sabres tirés étincellent . Le président de l'assemblée nationale répète le même serment. Le peuple et les députés y répondent par des cris de *Je le jure.* Alors le roi se lève, et prononce d'une voix forte : *Moi, roi des Français, je jure d'employer le pouvoir que m'a délégué l'acte constitutionnel de l'état, à maintenir la constitution décrétée par l'assem-*
30 *blée nationale et acceptée par moi.* La reine prend le dauphin dans ses bras, le présente au peuple, et dit : *Voilà mon fils ; s'il se réunit, ainsi que moi, dans ces mêmes sentimens.* Ce mouvement inattendu fut payé par mille cris, de *Vive le roi ! Vive la reine ! Vive M. le dauphin !* Les canons continuaient de mêler leurs sons majestueux aux sons guerriers des instrumens militaires et aux acclamations du peuple ; le temps s'était éclairci : le
35 soleil se montrait dans tout son éclat ; il semblait que l'Éternel même voulût être témoin de ce mutuel engagement, et le ratifier par sa présence... Oui, il le vit, il l'entendit ; et les maux affreux qui depuis ce jour n'ont cessé de désoler la France, ô Providence toujours active et toujours fidèle ! sont le juste châtiment d'un parjure. Tu as frappé et le monarque et les sujets qui ont violé leur serment !

Couture, *portrait de J. Michelet* (Giraudon).

Mémoires du Marquis de Ferrières, 1821.

Daumier, *Le révérend père Gorenflot assurant le cours de Michelet au Collège de France* (BN).

Cornu (Jean Alexis),
Fête de la Fédération (détail)
(Besançon, Palais Granville).

Avec **J.-C. ROYOU,** *(1749-1828), qui fut pendant la Révolution le collaborateur de son frère au journal* L'Ami du Roi **(1)**, *le ton est tout autre : ne trouvant pas assez de mots pour fustiger la « populace déchaînée », la « tourbe révolutionnaire », « horreur et exécration de l'univers », les Clubs, véritables « manufactures d'anarchie et de crimes » (celui des Cordeliers regroupant « l'élixir de la scéleratesse »), cet historien nous décrit « la sanglante monotonie de tant d'atrocités » commises par la Révolution, et les séances de l'Assemblée où « le ridicule se mêle à l'horreur ». La fête de la Fédération, traitée par l'ellipse, ne vient que pour mettre le comble aux « injures » subies par le Roi. Notons que ce texte, parmi ceux rassemblés ici, est le seul antérieur à la publication des* Mémoires de Ferrières.

Le lendemain, sur la motion d'un député peu connu, nommé Lambel, on abolit la noblesse héréditaire, et tous les titres, même celui de prince. Cette extravagance fut décrétée à onze heures du soir, et le roi fut contraint à la revêtir de son acceptation ; ensuite, pour enflammer davantage les esprits, on ordonna une fête à laquelle devoit
5 prendre part un certain nombre de gardes nationaux de tous les départements, et de députés des régiments de la troupe de ligne. Elle se fit à Paris, au Champ-de-Mars, le 14 juillet, jour anniversaire du triomphe de la révolte et des crimes inutiles qui l'accompagnèrent. Le roi fut obligé d'y assister, et de jurer fidélité à une constitution qui le détrônoit. L'évêque d'Autun dit la messe, et entonna un *Te Deum.* Des torrens d'une pluie
10 qui dura tout le jour, inondèrent les fédérés, et trois cent mille spectateurs, sans les rebuter ; le délire étoit encore dans toute sa violence, et ne commença de s'affoiblir que l'année suivante. Ce n'étoit pas tout-à-fait la faute de l'assemblée si les yeux ne se déssilloient point ; car elle protégeoit ouvertement les plus grands attentats. Elle arracha un roi une amnistie pour soustraire à la justice une foule de criminels, dont on instruisoit le procès dans trois
15 départemens de la Haute-Bretagne. Cette impunité multiplia les crimes dans presque toutes les provinces. L'armée se livra de son côté à la licence et à l'insubordination ; ce fut, dit M. de Bouillé, le résultat de la fédération du 14 juillet. A leur retour, les députés des régimens semèrent les germes de la corruption qu'ils avoient pris dans la capitale, et, un mois après, tout au plus, l'armée entière étoit en insurrection. Tandis qu'on protégeoit, ou
20 qu'on fomentoit même tous ces désordres, des comités des recherches qui s'étoient révolutionnairement, et d'eux-mêmes, institués dans la plupart des villes, à l'instar de celui de l'assemblée, persécutoient et emprisonnoient les ennemis de la révolution, c'est-à-dire le petit nombre de gens sensés qui s'étoient préservés de la contagion presque universelle.

J.C. Royou, *Histoire de France depuis Pharamond jusqu'à la vingt-cinquième année du siècle de Louis XVIII,* t. 6, 1819.

(1) *Ce journal, fondé en 1790, devient rapidement l'organe le plus important du parti royaliste. Il fut supprimé le 4 mai 1792 par le décret qui proscrivait aussi* L'Ami du peuple *de Marat.*

L'Angélus, 1857-1859.

LÉON GAMBETTA, 1889

« La tâche est terminée, la brouette est là, pleine de la récolte de la journée (...). La cloche a sonné le couvre-feu du travail et tout à coup ces deux animaux noirs, comme dirait La Bruyère, se dressent sur leurs 5 pieds, et, immobiles, ils attendent, comptant les coups de la cloche, comme ils l'ont fait hier, comme ils le feront demain, dans une attitude trop naturelle pour n'être pas coutumière, que le rite soit accompli pour reprendre le sentier qui mène au village (...). La scène 10 est admirable et vise plus loin que le sujet (...). La peinture ainsi comprise cesse d'être un pur spectacle, elle s'élève et prend un rôle moralisateur, éducateur ; le citoyen passe dans l'artiste, et, avec un grand et noble talent nous avons une leçon de morale sociale et 15 politique. »

Article paru dans *l'Echo de Paris,* du 11 juin 1889.

---

1 — *Relevez dans le texte de Gambetta les atouts idéologiques majeurs de Millet pour un républicain des débuts de la IIIe République.*

2 — *Etudiez dans les textes et les tableaux de Dali la parodie et ce qu'il est convenu d'appeler la « création ».*

3 — *Pourquoi s'attaquer à l'Angélus de Millet pendant l'entre-deux-guerres ?*

DOSSIER :

4 — *En consultant plus particulièrement : Le Mythe tragique de l'Angélus de Millet (Paris, 1963), les catalogues (en particulier celui de la rétrospective Dali (Musée d'Art Moderne, 1980) et les ouvrages importants (Millet, André Frémingier, 1977 ; Dali de Draeger, 1968) faire un dossier sur la « rencontre » Dali/l'Angélus de Millet.*

Le succès de l'Angélus domina la seconde moitié du XIXᵉ siècle et même le début du XXᵉ siècle. Son image reproduite dans les assiettes, les broderies, les tapis, les premières photographies, irrigua les villes et les campagnes françaises. En fait, la troisième République reconnaissait fort bien à ce tableau ses valeurs majeures (texte de Gambetta). Moins d'un siècle plus tard, Dali, à la fois provocateur et créateur, fit de la représentation de Millet un mythe personnel et tragique...

SALVADOR DALI, 1963

Je me souviens fort bien que « L'Angélus » m'avait ému très singulièrement dans mon enfance. Par suite de ma formation intellectuelle et artistique, plus tard le tableau s'est trouvé mêlé dans les hiérarchies les plus disqualifiées et inopérantes de l'activité spirituelle et, partant dans l'oubli, ainsi qu'il en fut pour les merveilleuses architectures Modern Style que je tâche, de même, de venger d'un long et honteux refoulement. C'est à « L'Angélus » de Millet que j'associe tous les souvenirs précrépusculaires et crépusculaires de mon enfance, tenant ceux-ci pour les plus délirants, autrement dit (communément parlant) poétiques (...).

Dans une brève fantaisie à laquelle je me livrai lors d'une excursion au Cap Creus, dont le paysage minéral (au N.-O. de la Catalogne) constitue un véritable délire géologique, j'imaginai taillées dans les plus hauts rochers les sculptures des deux personnages de « L'Angélus » de Millet. Leur situation spatiale était la même que sur le tableau, mais ils étaient absolument couverts de fissures. Plusieurs détails des deux figures avaient été effacés par l'érosion, ce qui contribuait à faire remonter leur origine à une époque très reculée, contemporaine de l'origine même des rochers. C'était la figure de l'homme qui avait été la plus déformée par l'action mécanique du temps ; il ne restait de lui presque rien que le bloc vague et informe de la silhouette, laquelle devenait ainsi terriblement et particulièrement angoissante. (...)

(...) Tout à coup je tressaille : guidé par l'automatisme du jeu, je viens de poser debout deux pierres l'une en face de l'autre : celle de droite, sorte de galet allongé à l'extrémité supérieure penchée légèrement vers l'autre pierre ; celle de gauche, toute perforée, de moitié plus petite que sa compagne et rappelant vaguement une silhouette humaine. Cette disposition absolument involontaire des deux pierres vient pour moi d'évoquer instantanément, et j'en ressens la plus vive émotion, le couple de « L'Angélus » de Millet. Les personnages me paraissent interprétés d'une façon saisissante de « justesse », bien que je ne m'explique nullement l'aspect insolite du personnage entièrement percé de trous et tellement plus petit par rapport à l'autre qu'il n'est dans le tableau. (...).

Le sentiment de cette exagération contribue néanmoins à me rendre conscient du caractère nettement délirant de l'association d'idées dont il s'agit.

Le Mythe tragique de l'Angélus de Millet, Paris, 1963.

Les Atavismes du crépuscule (phénomène obsessif) 1933-1934.

Réminiscence archéologique de l'Angélus de Millet, 1933.

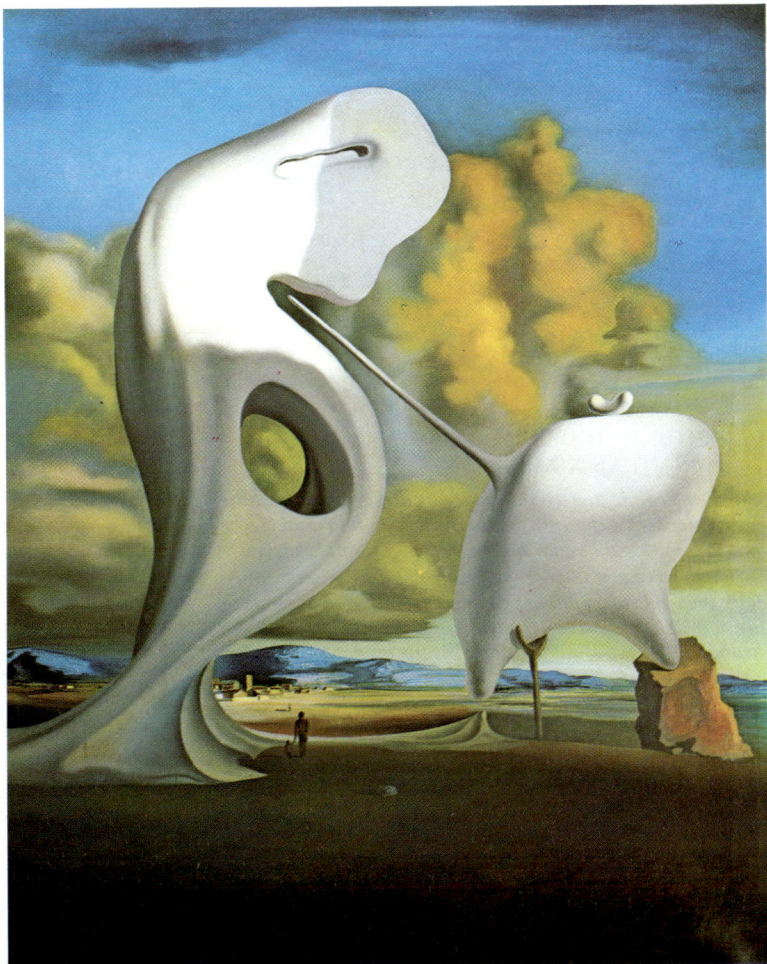
l'Angélus architectonique de Millet, 1933.

Calais

Lille

Léonard

Trégorrois

Francique

PARIS

Brest

Nancy

Strasbourg

BRETON

ALSACIEN

Colmar

Cornouaillais

Vannetais

Rennes

Alemanique

Mulhouse

FRANÇAIS

Nantes

Clermont
-Ferrand

Limoges

Lyon

Limousin

Auvergnat

Grenoble

Nord occitan

Valence

OCCITAN

Provençal   Nice

Bayonne

Occitan gascon

Occitan moyen

BASQUE

Languedocien

Marseille

CORSE

Perpignan

CATALAN

I — SITUATION DES LANGUES RÉGIONALES AVANT LE XIXᵉ SIÈCLE.

L'ancien Régime ne reconnaissait pas droit de cité aux langues régionales. La raison de cet ostracisme était double : volonté d'imposer la langue du Roi, le français, mais surtout, à l'origine, volonté d'imposer le français face au latin, utilisé pour tous les actes publics, et souvent dans la littérature, jusqu'à l'édit de Villers-Cotterêts, promulgué en 1539 par François 1ᵉʳ, imposant le français dans les actes officiels et de justice.

II — LE RÔLE DE LA RÉVOLUTION FRANÇAISE.

La révolution de 1789 imposa, parfois avec une extrême brutalité, le français comme seule langue nationale. Pour les jacobins, à la suppression des droits féodaux, des franchises locales et des douanes intérieures devait répondre la destruction des « enclaves » linguistiques : la République était « une et indivisible », d'autant plus que certaines régions (Bretagne, Provence, Alsace) étaient jugées contre-révolutionnaires.

III — AU XIXᵉ SIÈCLE.

Le principe « une nation, une langue » régit tout le XIXᵉ siècle. Cependant un grand intérêt se manifeste, surtout chez les écrivains et les artistes, pour les cultures régionales. Mais dès les débuts de la troisième République (se référer au dossier Éducation, texte nᵒ 75), l'usage des « patois » à l'école est rigoureusement interdit. Ce double mouvement (intérêt et interdiction) explique à la fois les éditions, nombreuses au XIXᵉ siècle, de recueils de textes écrits en langues régionales, et le caractère souvent polémique de ces textes.

IV — AU XXᵉ SIÈCLE.

— *La loi Deixonne (11 janvier 1951) se propose de « favoriser l'étude des langues et dialectes locaux dans les régions où ils sont en usage ». Quatre langues sont prises en compte : le breton, le basque, le catalan et l'occitan.*

— *Le corse est ajouté à cette liste par un décret du 16 janvier 1974.*

— *Divers décrets et circulaires, parus entre 1969 et 1976, prévoient l'enseignement de ces langues, sous certaines modalités, dans les divers cycles scolaires.*

L'OCCITAN, OU LES LANGUES OCCITANES (LANGUES D'OC)

Très enseigné dans les facultés étrangères, l'occitan, qui a été la langue des troubadours (par opposition aux trouvères qui parlaient la langue d'oïl) a été très longtemps négligé en France. Et cela parfois par les Occitans eux-mêmes, qui parlent en fait des dialectes différents : languedocien, provençal, auvergnat, limousin et gascon appartiennent tous au groupe des langues occitanes.

En 1854, Frédéric Mistral fonde près d'Avignon, le Felibrige, association qui se donne pour mission de rénover la graphie, altérée au cours des siècles, et de promouvoir un renouveau culturel provençal. En dépit de la résistance de Mistral lui-même, l'un des co-fondateurs du Felibrige, Roumanille, met au point la graphie dite « mistralienne », qu'il essaie d'imposer. Mais les Languedociens, dès 1896, préfèrent adopter la graphie des troubadours, modernisée par le limousin Joseph Roux, puis par l'Ecola Occitana, de Perbosc et Estieu, en 1919. Enfin en 1936 paraît la Gramatica occitana *de Louis Alibert.*

FENIAN É GROUMAN
(Graphie de Gelu)

A luego dé neisse canaïo,
L'enfan d'un paoure ouvrié massoun,
Perqué sieou pas sorti dei braïo
D'un negoucian vo d'un baroun !
5 Ieou, tan coouvasso !
Oh ! qué vidasso !
Oh ! qué challa ! s'avieou agu dé ploun !
Vouaddé-milié ! **(1)**
Particulié !
10 Ti l'oourieou fa juga, lou restelié !
Mai foou qué Guïen si mesure !...
S'oou-men m'avien fa capelan !...
Qu'es pa fenian, qu'es pa grouman.
Qu'un tron dé Dieou lou cure !
15 L'iver, lou bou dei dé vou siblo !
L'estieou, dé suzou sia nega :
Ana un paou manegea la tiblo,
Lei man gobi, lou san giela !
Mai en goguèto,
20 A la guinguèto,
Rire, canta, gusegea, fa tuba ;
Pui la broucheto,
Pui lei carteto,
Pui eme Chouazo oou lié si radassa !
25 L'a ti v'un bregan qué mi jure
Qu'aco es pa lou plesi dei san ?
Qu'es pa fenian, qu'es pa grouman,
Qu'un tron dé Dieou lou cure !
(...)
E noueste cura, qué san cesso
30 Oou prone ven degoubïa **(2)**
Contro la taoulo é la paresso !
De l'oouzi mi fa tremoura !
L'isto pa ben,
Oou citouïen,
35 Dé coumanda lou juni ei parrouassien !
Es tou redoun,
A sè mentoun,
Lou nazarè rouge coumo un pebroun !
Foou qué ma testo si madure
40 Qué li dirieou : ô charlatan !
Creido pu leou : qu'es pa grouman,
Qu'un tron dé Dieou lou cure !
Vui cadun parlo poletiquo :
M'en meli pa, l'entendi ren ;
45 Mai s'en fasen la repebliquo
Lou paoure avié toujou d'argen !
S'en pa triman,
Avié tou l'an
Bouen lié, bouen vin, bouen fricò, bouen pan blan,
50 Leou, leou, dirieou :
Vengue un fusieou !
Espoutissen lei rei, marrias de Dieou !
E qué la repebliquo dure :
Sieou lou proumié de sei rouffian !...
55 Qu'es pa fenian, qu'es pa grouman,
Qu'un tron dé Dieou lou cure !

Occitanie : *le Provençal Victor Gélu (1806-1885), boulanger marseillais, publia en 1840 un recueil de Cançons (chansons) qui le rendit célèbre dans toute la France, où il fut célébré comme l'un des plus grands et des plus énergiques poètes du siècle, l'égal de Béranger.*

Graphie moderne

A luega de nàisser canalha,
L'enfant d'un paure obrier
[maçon
Perqué siáu pas sortit dei
[braias
D'un négociant ò d'un baron !
Ieu, tan cauvassa !
O ! que vidassa !
O ! qué chalar ! s'aviáu agut
[de plomb !
Voadde-miliers ! **(1)**
Particulier !
Ti l'auriáu fach jugar. lo
[rastelier !
Mai fau que Guilhèm si
[mesure !...
S'au mens m'avián fach
[capelan !...
Cu es pas feniant, cu es pas
[gromand,
Qu'un tròn de Dieu lo cure !

(1) Voadde-miliers : exclamation (d'origine inconnue) exprimant la sensation d'un homme qui se pâme dans un océan de délices.

(2) Degobihar : litt. : vomir copieusement.

FAINÉANT ET GOURMAND
(extraits)

(...) Au lieu de naître canaille, — L'enfant d'un pauvre ouvrier maçon — Pourquoi ne suis-je pas sorti des braies — D'un négociant ou d'un baron !... — Moi, si charogne ! — Oh ! quelle large vie !

Oh ! quelles délices ! si j'avais eu du plomb !... — Oh ! mer de voluptés ! — Mon particulier ! — Je te l'aurais fait jouer, le râtelier !... — Mais il faut que Guillen se mesure !... — Si, au moins, l'on m'avait fait prêtre !... — Qui n'est pas fainéant, qui n'est pas gourmand, — Qu'un tonnerre de Dieu le creuse !

L'hiver, le bout des doigts vous siffle ; — L'été, de sueur vous êtes noyé ; — Allez un peu manier la truelle, — Les mains gourdes, le sang gelé !... — Mais en goguette, — A la guinguette, — Rire, chanter, godailler, fumailler ; — Puis la brochette, — Puis les chères petites cartes, — Puis avec Françoise au lit se traînailler !... — Y a-t-il un brigand qui me jure — Que cela n'est pas le plaisir des saints !... — Qui n'est pas fainéant, qui n'est pas gourmand, — Qu'un tonnerre de Dieu le creuse !

(...)

Et notre curé qui, sans cesse, — Au prône vient déblatérer — Contre la table et la paresse ! — De l'ouïr cela me fait trembler ! — Ne lui sied-il pas bien — Au citoyen, — De commander le jeûne aux paroissiens ! — Il est tout rotond (rond), — Il a sept mentons, — Et son gros nez rouge comme un piment ! — Il faut que ma tête se mûrisse, — Car je lui dirais : ô charlatan ! — Crie plutôt : qui n'est pas gourmand, — Qu'un tonnerre de Dieu le creuse !

Aujourd'hui chacun parle politique : — Je ne m'en mêle point, je n'y entends rien ; — Mais si, en faisant la république, — Le pauvre avait toujours de l'argent ! — Si, en ne pas trimant, — Il avait tout l'an — Bon lit, bon vin, bon fricot, bon pain blanc ! — Vite, vite, je dirais : — Vienne un fusil ! — Écrasons les rois, truand de Dieu ! — Et que la république dure : — Je suis le premier de ses rufiens !... — Qui n'est pas fainéant, qui n'est pas gourmand, — Qu'un tonnerre de Dieu le creuse !

Octobre 1838.

OCCITANIE : LE PROVENÇAL

La graphie de Gelu est dite « graphie marseillaise ». Quelques années plus tard, Frédéric Mistral (1830-1914) publiait un poème épique, Mirèio (Mireille) *où il imposait sa graphie normalisée du provençal.*

Et en 1864, Charles Gounod (1818-1893) compose un opéra-comique intitulé Mireille *et directement inspiré de l'œuvre de Mistral.*

Situation : Vincent, fils d'Ambroise, un pauvre laboureur, et Mireille, fille du riche maître Ramon, s'aiment éperdument. Après l'aveu de cet amour, Ramon et Jeanne-Marie, sa femme, entrent en fureur, vouant Vincent et Ambroise à tous les diables, accusant le vieux laboureur d'avoir tout manigancé. Celui-ci leur répond, évoquant son passé de soldat honnête de la République et de l'Empire :

— Malan de Diéu ! cridè tout-d'uno,
Se l'avèn basso, la fourtuno,
Vuei aprenès de iéu que pourtan lou cor aut !
Que sache encaro, n'es pas vice
5 La paureta, nimai brutice !
Ai quaranto an de bon service,
De service à l'armado, au son di canoun rau !
(...)
Sóudard perén di gràndi guerro,
Ai barrula touto la terro,
10 Em' aquel aut guerrié que mountè dóu Miejour,
E permenè sa man destrùci
De l'Espagno à l'ermas di Rùssi ;
E coume un aubre de perùssi
Lou mounde s'espóussavo au brut de si tambour !

15 E dins l'ourrour dis arrambage,
E dins l'angouisso di naufrage,
Li riche, pèr acò, n'an jamai fa ma part !
Eieù, enfant de la pauriho,
leu que n'avién dins ma patrìo
20 Pas un terroun à planta riho,
Pèr clo, quaranto an, ai matrassa ma car !

E couchavian à la plouvino,
E manjavian que de canino !
E jalous de mouri, courrian au chapladis,
25 Pèr apara lou noum de Franço...
Mai, d'acò, res n'a remenbranço ! —
En acabant sa remoustranço,
Pèr lou mas bandiguè sa jargo de cadis.

« Malheur de Dieu ! s'écria-t-il soudain, — si nous avons la fortune basse, — en ce jour apprenez de moi que nous portons le cœur haut ! — Que je sache encore — elle n'est point vice la pauvreté, ni souillure. — J'ai quarante ans de bon service, de service à l'armée, au son des canons rauques !

« Soldat aussi des grandes guerres, — j'ai parcouru tout l'univers, — avec ce haut guerrier qui monta du midi, — et promena sa main destructrice — de l'Espagne aux steppes russes ; et, tel qu'un arbre de poires sauvages, — au bruit de ses tambours se secouait le monde !

« Et dans l'horreur des abordages, — et dans l'angoisse des naufrages, — les riches, malgré tout, n'ont jamais fait ma part ! — Et moi, enfant du pauvre, — moi qui n'avais, dans ma patrie, pas un coin de terre où planter le soc, — pour elle quarante ans j'ai harassé ma chair !

« Et nous couchions sous le givre, — et ne mangions que du pain de chien ; — et jaloux de mourir, nous courions au carnage pour défendre le nom de France !... — Mais, de cela nul n'a souvenir ! » — En achevant sa remontrance, par la ferme il jeta son manteau de cadis.

Frédéric Mistral, *Mireille*, Chant VII, 1851-1859.

LE CORSE

Largement employé dans l'île, le corse a été longtemps considéré comme une langue allogène (variété d'une langue étrangère, par opposition aux langues régionales, qui sont des parlers propres à une région française), ce qui a considérablement freiné son entrée dans le cadre officiel de l'enseignement des langues régionales.

Mais l'écart linguistique entre le corse et l'italien (le toscan) est suffisamment important pour qu'on soit fondé à parler de langue, et non de dialecte.

La graphie est, en grande partie, empruntée à l'italien, mais recouvre des réalités phonétiques fort différentes.

Au XIXe siècle, on s'intéressera à la Corse (française depuis le traité de Versailles en 1768) d'abord parce qu'elle avait été la patrie de Bonaparte, puis parce que certains écrivains, en tête desquels il convient de placer Mérimée, y situèrent l'action de plusieurs de leurs écrits.

En 1840, Mérimée publia une relation de son Voyage en Corse, où il avait noté (et traduit) certains chants corses, d'après lui typiques du pays et de ses habitants. Il utilise certains de ces textes dans son récit Colomba (voir nᵒ 40) publié la même année :

VOCERU DI NIOLO	LAMENTATION FUNÈBRE DU NIOLO
Eju filava a mio' rocca	Je filais mon fuseau
Quandu hu intesu un gran rummore ;	Quand j'entendis un grand bruit ;
Era un colpu di fucile	C'était un coup de fusil
Chi m'intrunò 'ndru cuore ;	Qui me tonna dans le cœur ;
5 Parse ch' unu mi dicissi :	Il me sembla que quelqu'un me dit :
— Cori, u to fratellu more !	— « Cours, ou ton frère meurt ! »
Corsu 'ndra cammara suprana	Je courus dans la chambre, en haut,
E spalancai-ju la porta.	Et je poussai précipitamment la porte.
— « Ho livato 'ndru cuore ! »	— « Je suis frappé au cœur ! »
10 Disse, ed eju cascai-ju morta.	Il dit, et je tombai (comme) morte.
Se allora nun morsu anche eju	De n'être pas morte alors, moi aussi,
Una cosa mi cunforta :	C'est pour moi quelque consolation :
	(Je puis me venger.)
Bogliu vestè li calzoni,	Je veux mettre des chausses (d'homme),
Bogliu cumprà la tarzzetta,	Je veux acheter un pistolet,
15 Pè mostrà a to camiscia,	Pour montrer ta chemise (sanglante).
Tandu, nimmu nun aspetta	Aussi bien, personne n'attend
A tagliasi la so varba	Pour se faire couper la barbe
Dopu fatta la vindetta (1)	Que la vengeance soit accomplie (1).
A fane a to vindetta	Pour te venger
20 Qual' voli chi ci sia ?	Qui veux-tu que ce soit ?
Mammata vicinu à mori ?	Notre vieille mère, près de mourir ?
U a to surella Maria ?	Ou ta sœur Marie ?
Si Lariu nun era mortu	Si Lario n'était pas mort,
Senza strage nun finia.	Sans carnage l'affaire ne finissait pas.
25 D'una razza cusi grande	D'une race si grande
Nun lasci che una surella	Tu ne laisses qu'une sœur,
Senza cugini carnali	Sans cousins germains,
Povera, orfana, zitella...	Pauvre, orpheline, sans mari...
Ma per far a to vindetta,	Mais pour te venger,
30 Sta siguru, vasta anche ella.	Sois tranquille, elle suffit.

Lorsqu'un homme est mort, particulièrement lorsqu'il a été assassiné, on place son corps sur une table, et les femmes de sa famille, à leur défaut, des amies, ou même des femmes étrangères connues pour leur talent poétique, improvisent devant un auditoire nombreux des complaintes en vers dans le dialecte du pays. On nomme ces femmes voceratrici, ou, suivant la prononciation corse, buceratrici, et la complainte s'appelle vocero, buceru, buceratu, sur la côte orientale ; ballata sur la côte opposée. Le mot vocero, ainsi que ses dérivés vocerar, voceratrice, vient du latin, vociferare. Quelquefois, plusieurs femmes improvisent tour à tour, et souvent la femme ou la fille du mort chante elle-même la complainte funèbre.

Note de Mérimée, dans Colomba.

(1) La chemise sanglante d'un homme assassiné est gardée dans une famille, comme un souvenir de vengeance. On la montre aux parents pour les exciter à punir les meurtriers. Quelquefois, au lieu de chemise, on garde des morceaux de papier trempés dans le sang du mort, qu'on remet aux enfants lorsqu'ils sont d'âge à pouvoir manier un fusil.
Les Corses se laissent pousser la barbe en signe de vengeance ou de deuil. « Personne n'attend pour se faire couper la barbe », c'est-à-dire il n'y a personne qui se charge de te venger.

Note de Mérimée.

LE BASQUE

Le basque, l'« euskara », n'est pas véritablement une langue régionale de la France, mais une langue non indo-européenne, unique sur tout le continent, parlée sur notre territoire avant même la venue des Gaulois, selon toutes apparences, et parlée aujourd'hui des deux côtés d'une frontière.

La littérature (surtout la poésie) basque s'est donc constituée de façon totalement indépendante, jouant souvent sur les thèmes du regret du pays natal (les Basques s'employaient souvent comme pêcheurs et navigateurs au long cours) et, au XXe siècle, de l'exaltation de la nation basque.

En 1870, à Bayonne, un certain Sallaberry, édite, sur le modèle des chants bretons de Villemarqué, des Chants populaires du pays basque, avec leur accompagnement et leur traduction. Celui-ci serait « l'œuvre d'un certain Topet-Etchehun, mort il y a quelques années, et qui jouissait, dans toute la Soule, d'une réputation méritée de barde ou improvisateur basque ».

OI ! LABORARI GACHUA !

Oi ! laborari gachua !
Hihaurek jaten arthua :
Ogi eta ardu geñhatzen auherren asetzekua :
Halere haiñ haie maite nula artzaiñek otsua.

5 Artzaiña bada beztitzen
Josliak tü gomendatzen
Zaragollen alderdi bata oihal hobez ezar dezen :
Halere higatüren dizü aitzinia beno lehen.

Oi ! taharnari fidela !
10 Jüje ezpaliz igela !
Arraiñak jakile har eta hek litzakie kundena,
Haien etche lejitima guri saltzen deikiela.

Errejentbat bada hiltzen,
Har'k eztü prosesik üzten :
15 Huntarzünak beitütü harek hein hun batetan ezarten :
Züntzürrin kuntrolatü eta sabeliñ ipotekatzen.

Jaun aphezek etsortatzen
Karitate egin dezen.
Berek aldiz phakatü gabe hitz bat eztie erraiten,
20 Herriko praubiak gosez eta haien ürhik ardollatzen.

Ilhaginak aberasten,
Arimak haiñ untsa galtzen ;
Phezian eta khuntietan zer eztie hek ebasten !
Haiekila behar düke Jinkoak aizina ükhen.

25 Oihenzaiñak eta guardak
Kontzenziazko gizonak !
Gerak bazaitze farzitzen ihesiren tie postak ;
Lagüner harerazüren bardin gaizo sinheskorrak.

Sarjanten goldenabarrak
30 Dirade gizon okherrak ;
Haien egitekuetarik egiten tie Indiak :
Aisa pergüt izanen dira haier behatzen direnak.

Sarjant eta notariak,
Oi ! arnes nesesariak !
35 Haien elhe ülhün gezürrek nahasten gaiza tchipiak ;
Ezta lagün hobiagorik bertan hüsteko etchiak.

O pauvre laboureur !
Toi-même tu manges du maïs,
Et tu récoltes du froment et du vin de quoi rassasier les paresseux
Malgré cela on t'aime comme les bergers le loup.

Si le pasteur s'habille (de neuf)
Il recommande aux couturières
De mettre à un des côtés de sa culotte une étoffe plus forte ;
Malgré cela il usera ce côté-là plus vite que la (partie) antérieure.

O cabaretier fidèle !
S'il n'était jugé par la grenouille !
Si on prenait les poissons pour témoins, ils le condamneraient
(En disant) qu'il nous vend (comme vin, de l'eau), leur propriété légitime.

Si un instituteur meurt
Il ne laisse pas de procès (après lui) :
Parce qu'il met sa fortune dans un bon état de situation ;
Il la contrôle dans son gosier et l'hypothèque dans son ventre.

Messieurs les prêtres exhortent
A faire la charité ;
Quant à eux, ils ne disent pas une parole qu'ils ne se fassent payer ;
Les pauvres du village (meurent) de faim et leurs pièces d'or se rouillent.

Les marchands de laine s'enrichissent
Et tout aussi bien perdent leurs âmes ;
Sur le poids et sur leurs comptes combien ne volent-ils pas ?
Il faudra que Dieu ait du loisir avec eux (pour les juger).

Les gardes-forestiers et les douaniers
Sont gens de conscience :
Si on leur farcit le gésier, ils désertent leurs postes :
Mais ils feront tout de même prendre par leurs compagnons les pauvres crédules.

Les instruments de travail des huissiers
Ce sont les gens entêtés ;
Avec les affaires de ceux-ci ils font leur fortune :
Ils seront facilement réduits à la misère ceux qui écoutent leurs conseils.

Huissiers et notaires,
O outils nécessaires !
Leurs paroles obscures et leurs mensonges embrouillent les (plus) petites choses ;
Il n'est pas de meilleure aide pour vider promptement (vos) maisons.

Traduction, Sallaberry, 1870.

LE CATALAN

Du XIIe au XIVe siècle, c'est l'âge d'or catalan : la langue est constituée, le gouvernement stable. Mais dès que se constituent les grands États européens, la Catalogne est déchirée : Alsace-Lorraine avant l'heure. En 1659, le traité des Pyrénées consacre la coupure en deux des pays catalans. Le Roussillon s'insurge contre Louis XIV — en vain. Les Catalans du Sud sont vaincus par l'Espagne en 1714, mais s'intègrent peu, forts de la puissance économique de Barcelone.

Joan Maragall (1860-1911) a été l'une des figures majeures de ce renouveau des lettres catalanes, au XIXe siècle, que l'on appelle la Renaissance (Renaixença).

ODA A ESPANYA, 1898

Escolta, Espanya, — la veu d'un fill
que et parla en llengua — no castellana ;
parlo en la llengua — que m'ha donat
la terra aspra :
5 en aquesta llengua — pocs t'han parlat ;
en l'altra, massa.

T'han parlat massa — dels saguntins
i dels que per la pàtria moren :
les teves glòries — i els teus records,
10 records i glòries — només de morts :
has viscut trista.

Jo vui parlar-te — molt altrament.
Per què vessar la sang inútil ?
Dins de les venes — vida és la sang,
15 vida pels d'ara — i pels que vindran :
vessada és morta.

Massa pensaves — en ton honor
i massa poc en el teu viure :
tràgica duies — a mort els fills,
20 te satisfeies — d'honres mortals,
i eren tes festes — els funerals,
oh trista Espanya !

Jo he vist els barcos — marxar replens
dels fills que duies — a que morissin :
25 somrients marxaven — cap a l'atzar ;
i tu cantaves — vora del mar
com una folla.

On són els barcos ? — On són els fills ?
Pregunta-ho al Ponent i a l'ona brava :
30 tot ho perderes, — no tens ningú.
Espanya, Espanya, — retorna en tu,
arrenca el plor de mare !

Salva't, oh !, salva't — de tant de mal ;
que el plô i torni feconda, alegre i viva ;
35 pensa en la vida que tens entorn :
aixeca el front,
somriu als set colors que hi ha en els núvols.

On ets, Espanya ? — no et veig enlloc.
No sents la meva veu atronadora ?
40 No entens aquesta llengua — que et parla entre perills ?
Has desaprès d'entendre an els teus fills ?
Adéu Espanya ?

in Antologia de la literatura catalana (Tomàs Tebé),
Editorial Aedo, 1975.

ODE A L'ESPAGNE

Écoute, Espagne, la voix d'un fils qui te parle en une langue qui n'est pas la castillane.
Je m'adresse à toi dans la langue que m'a donnée cette âpre terre.
On t'a peu parlé dans cette langue ; on t'a beaucoup parlé dans l'autre.

On t'a trop parlé des Sagontins, de ceux qui meurent pour la patrie, de tes gloires, de tes souvenirs.
Gloires et souvenirs de mort.
Et tu vécus triste.

Pourquoi répandre ton sang comme une chose inutile ?
D'autre façon je veux te parler :
Le sang dans les veines s'appelle la vie,
Cette vie de ceux qui sont et ceux qui vont venir.
Le sang versé je l'appelle du sang mort.

Tu pensais trop à ton honneur, pas assez pour ta vie.
Tu lançais tes fils vers la mort tragique.
Tu te contentais des honneurs funéraires ;
tes fêtes, Oh ! triste Espagne, célébraient tes obsèques.
J'ai vu des bateaux qui partaient avec tes enfants, en tas, marqués pour la mort.

Ils marchaient à l'aventure, ils souriaient.
Et toi, près de la mer, tu chantais comme une folle.
Où sont tes vaisseaux, où sont tes enfants ?

Demande à l'occident, demande aux vagues de la mer.
Tu les as perdus, tu n'as plus personne.
Espagne, retourne en toi et pleure comme une mère.

Échappe à tous tes maux ;
que ces pleurs te rendent féconde, gaie, vivante.
Pense à la vie qui remue en tes flancs ;
lève le front et souris aux sept couleurs du ciel.

Espagne je t'appelle et ne te vois nulle part.
Tu n'entends donc point ma voix grandissante ?
Ne comprends-tu cette langue qui vient te parler à l'heure du danger ?
Quoi, tu ne reconnais pas tes fils ?
Adieu, Espagne !

Traduction de A. Schneeberger,
in Anthologie des poètes catalans contemporains depuis 1854.

Le breton est une langue celtique, comme le gaélique (l'une des deux langues officielles de la République d'Irlande), le gallois (Pays de Galles) et le cornique (Cornwall/Cornouailles).

On considère qu'il existe quatre dialectes bretons : le cornouaillais, le léonard, le trégorrois et le vannetais. Seul le vannetais est très différent des autres dialectes (place de l'accent tonique, formation des pluriels).

Cette distinction, qui correspond en fait aux anciennes divisions ecclésiastiques et féodales de la Basse-Bretagne, est à l'origine des difficultés d'unification du breton écrit. Cette unification sera tentée, avec un succès mitigé, au XXᵉ siècle.

En 1839, le vicomte Hersart de la Villemarqué (1815-1895) publia un recueil de textes et chansons bretonnes, recueillies par lui sur place. Ce passage dans la littérature de textes appartenant presque tous, à cette époque, à la pure tradition orale, connut un immense succès. Le livre fut maintes fois réédité jusqu'à l'époque actuelle.

L'auteur, pour chaque texte, commence par une présentation :

ARGUMENT

Un jeune paysan des montagnes d'Arrée, embarqué comme matelot à bord d'un bâtiment de guerre, fut atteint du mal du pays, et l'on fut contraint de le laisser à quelques lieues de Bordeaux, où il mourut de chagrin et de misère, sur la paille, dans une étable.

Cet amour pour le lieu natal est un des sentiments qui inspirent le plus, chaque jour, nos poëtes populaires. Il n'est pas de conscrit qui ne fasse composer sa chanson d'adieu en quittant la Bretagne : il y en a des milliers sur ce sujet ; toutes sont pleines de cœur, mais non de poésie. Le matelot des montagnes fit lui-même la sienne ; c'est un de ses camarades de bord qui l'a conservée et répandue dans le pays.

Je tiens ces détails d'un paysan de la paroisse de la Feuillée, sous la dictée duquel je l'ai écrite ; il l'avait apprise lui-même d'un vieux garçon meunier, ami d'enfance du matelot, qui, s'il vivait encore, aurait plus de cent soixante-dix ans.

ANN DROUG-HIRNEZ

— IES KERNE —

Ann eoriou zo savet, setu ar flik-ha-flok ;
Krenvat ra ann avel, mont a reomp kaer a-rog ;
Stegna reeur ar gweliou, ann douar a bella :
Va c'halon a zigor ; 'nn aner rann ar zon-ma ;

5 Kenavo neb am c'har em parrez tro war-dro ;
Kenavo, dousik paour, Linaik, kenavo,
Ar c'himiad ma rann d'id, ken evid da guitat,
Marteze, siouaz-d'in, da viken, evit mad.

'Vel eunn evnik lammet gand eur sparfel, er c'hoad,
10 Deuz a gichen he far pa oant d'en em barat,
Meuz ket kalz a amzer da zonjal d'am glac'har,
Ker buhan am lammer digand ann neb am c'hal.

Evel eunn oan a zen, pelleet deuz he vamm,
N'chanann da oela, da deurl klemmou estlamm,
15 Ma daou-lagad bepred troet trezeg ar plas
Elec'h oud-de chomet, va mignonezik vraz.

Pelloc'h va daou-lagad na weljont nemet mor,
A gren azindan on, a lamm hag a zigor ;
Ha pa'z ann da zonjal ma achuet gan-e,
20 Ha me e gweled mor, em strinka ra d'ann ne.

Pa zeuiz tre el lestr va estlamm a oa braz
Gwelet eur seurt kastel o vralla war mor glaz ;
Pevar-ugent kanol, daou-ugent a bep tu,
Ho c'horf briziet enn gwenn livet gand livach du ;

25 Ann od evel eur c'helc'h, eudro, pell diouz-en,
O ranna enn daou du ar mor braz bag ann nen.
Ha begig ar gwernou, huelloc'h deuz ann dour
Ha n'eo deuz ar vered beg ann huella tour.

Gwel't hoc'h euz war ar roz endro d'ar raden glaz,
30 Ho deuz koulmou awalc'h koulz a-hed hag e kroaz,
Endro d'eur wern ez euz liesoc'h a funen
Evid a neuden zo endro d'ar radenen.

Allaz ! ar Vretoned zo leun a velkoni !
Meveli ra va fenn, ne hallann sonjal mui.
35 Va c'halon a zigor ; 'nn aner rann zon-ma ;
Marteze, siouaz-d'in ! n'em c'hlefot he c'hana !

LE MAL DU PAYS

— DIALECTE DE CORNOUAILLE —

Les ancres sont levées ; voici le *flik-flok* ; le vent devient plus fort ; nous filons rapidement ; les voiles s'enflent ; la terre s'éloigne ; hélas ! mon cœur ne fait que soupirer.

Adieu à quiconque m'aime, dans ma paroisse et aux environs ; adieu, pauvre chérie, Linaïk, adieu ! je te fais ces adieux en te quittant ; peut-être, hélas ! est-ce pour toujours.

Comme un petit oiseau enlevé dans le bois par un épervier d'auprès de sa compagne, dans la saison des nids, je n'ai guère le temps de songer à l'étendue de mon malheur, si vite on m'enlève à qui m'aime !

Comme un petit agneau éloigné de sa mère, je ne cesse de pleurer et de pousser des gémissements, les yeux toujours tournés vers le lieu où tu es restée, ô ma très-douce amie !

Bientôt mes yeux ne verront plus que la mer, qui tremble sous moi, qui bondit, qui s'entrouvre, et qui, lorsque je pense que tout est fini pour moi, et que je suis au fond de l'abîme, me lance vers le ciel.

Quand j'entrai dans le vaisseau, mon étonnement fut grand de voir une espèce de château balancé sur la mer bleue ; quatre-vingts canons, quarante sur chaque bord, tachetés de blanc et peints en noir.

Le rivage comme un cercle, à l'entour, loin de moi, séparant en deux la grande mer et le ciel ; et l'extrémité des mâts, plus élevée au-dessus de l'eau que ne l'est le bout de la tour la plus haute du sol du cimetière.

Vous avez vu sur la colline, autour de la fougère verte, des fils sans nombre croisés en long et en travers ; il y a plus de cordages autour d'un mât qu'il n'y a de fils autour d'un pied de fougère.

Hélas ! les Bretons sont pleins de tristesse ! Ma tête tourne ; je ne puis penser plus longtemps ; mon cœur s'ouvre ; c'est en vain que je fais cette chanson ; peut-être, hélas ! ne me l'entendrez-vous jamais chanter !

DIALECTES GERMANIQUES : ALSACE, MOSELLE. LE FRANCIQUE.

*Le terme de «dialectes germaniques », recouvre deux parlers distincts : dans presque toute l'Alsace, l'*alémanique ;
dans une frange nord de l'Alsace, dans la partie dialectophone de la Moselle et dans tout le Luxembourg, le francique.
Certains font du stasbourgeois *un troisième groupe.*

*Ce ne sont pas des formes dégradées de l'allemand, mais, comme le bavarois, l'autrichien et le berlinois, des états
différents d'une souche unique.*

*Ainsi le francique a conservé certaines particularités qui rappellent le «moyen haut allemand» (XVIᵉ siècle), sans
qu'on puisse toutefois l'assimiler à un allemand archaïque.*

*Ces langues se parlent dans l'Est de la France depuis l'extinction du latin (Vᵉ, VIᵉ siècles après J.-C.). Ce n'est qu'en
1648, quand le traité de Westphalie fit passer sous la suzeraineté du Roi de France la poussière de principautés et de villes
indépendantes qui constituaient cette région, que le problème du bilinguisme se posa. Francique, alémanique et strasbourgeois
subsistent comme un refus d'intégration aux deux nationalismes étatiques de France et d'Allemagne.*

*Cette chanson satirique en francique a été composée et chantée en 1869 par un cordonnier. Collectée lors d'un mariage
où son auteur l'a chantée pour la première fois, elle est une virulente attaque contre l'«Impôt de tête» (Kapstaïer) institué
un an plus tôt au grand dam de la population.*

Sen d'Grompren all gefault,	Les pommes de terre sont complètement pourries
An dönn den Huowerbrei,	La soupe d'avoine est maigre,
Dat dèt dem Bauer gut	Ça fait du bien au paysan
E gött nach deck derbei.	Il en devient même gras.
₅Nu kent e gro'ssen Här,	C'est là qu'arrive un grand Monsieur,
Dé mecht e sche'ne Plang ;	Qui fait un joli plan ;
Dé hét op jidder Kapp	Il assène sur chaque tête
Eng Schätzeng vun zwe' Frang.	Un impôt de deux francs.
Wa Frucht an Huower félt,	Quand le blé et l'avoine manquent,
₁₀De Wuos verbrennt am Grond,	Quand le seigle brûle dans la terre,
De Bauer kromm sech schafft	Quand le paysan travaille à en devenir tordu,
A midd ewe' en Hond.	Qu'il est fatigué comme un chien...
Dann hèscht et nach : du bass	Alors on dit encore : tu es
A bleiwst è Bauerndapp ; **(1)**	Et tu resteras un pequenot **(1)** ;
Dei Bockel ass jo frei,	Tu as bon dos,
Zwe' Frang bezuolt de Kapp.	Et ta tête paie deux francs.
Do soll der Deiwel schlô'n	Que la malédiction du diable
Op eso' eng Huddlerei !	S'abatte sur une telle mascarade !
De Bauer seift sech do't	De colère le paysan boit
₂₀Vun elauter Rôserei.	Jusqu'à en être ivre mort.
De Kapp bezuolt zwe' Frang,	La tête paie deux francs,
Den Hönner ower neischt.	Mais le derrière ne paie rien.
Ma wârt — nô engem Jöhr	Mais attendez — dans un an
Bezuole Kapp an A... zugleich.	Tête et c... paieront la même chose.

(1) Litt. : lourd comme un paysan.

Traduction Jo Nousse, 1980.

Tarots italiens du XVIII° siècle (BN).

EL DESDICHADO

Je **(1)** suis le ténébreux — le veuf, — l'inconsolé
Le Prince d'Aquitaine à la tour abolie ;
Ma seule *étoile* est morte, — et mon luth constellé **(2)**
Porte le *Soleil Noir* **(3)** de la *Mélancolie* **(4)**.

5 Dans la nuit du tombeau **(5)**, toi qui m'as consolé,
Rends-moi le Pausilippe et la mer d'Italie **(6)**,
La *fleur* **(7)** qui plaisait tant à mon cœur désolé,
Et la treille où le pampre à la rose s'allie **(8)**.

Suis-je Amour ou Phébus ? Lusignan ou Biron ?
10 Mon front est rouge **(9)** encor du baiser de la reine **(10)** ;
J'ai rêvé dans la grotte où nage la sirène **(11)**...

Et j'ai deux fois vainqueur **(12)** traversé l'Achéron :
Modulant tour à tour sur la lyre d'Orphée **(13)**
Les soupirs de la sainte **(14)** et les cris de la fée **(15)**.

Version (définitive) des *Filles du Feu,* 1854.

Notes 1 à 15, voir ci-contre : « Une lecture alchimique des Chimères ».

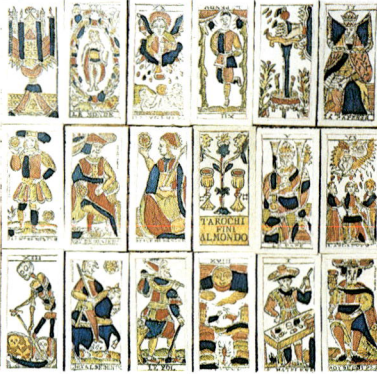

a. Le déshérité (emprunté à Ivanhoé VIII).
b. Amadis de Gaule, repoussé par Oriane, avait pris le surnom de Beau Ténébreux.
c. Nerval se disait descendant de chevaliers d'Othon dont les armes portaient trois tours d'argent.
d. Ce pourrait être le thème nervalien de l'inaccessible amour.
e. Promontoire de la baie de Naples (signifiant la fin des chagrins selon Pline l'Ancien) près du tombeau de Virgile.
f. Phœbus Apollon, le soleil.
g. Epoux de la fée Mélusine, il la perdit pour l'avoir vue se changer en serpent.
h. Biron l'ami de Henri IV ?
i. Adrienne, descendante des Valois (Sylvie).
j. Le Fleuve qu'on traverse pour aller aux enfers.
k. Adrienne (Sylvie) ? ou les femmes chrétiennes aimées par Nerval (sa mère, Sophie Darves, Jenny Colon) ?
l. Aurélie-Jenny ?

EL DESDICHADO **(a)**

Je suis le ténébreux **(b)**, le veuf, l'inconsolé,
Le prince d'Aquitaine à la tour abolie **(c)** ;
Ma seule étoile **(d)** est morte, et mon luth constellé
Porte le soleil noir de la mélancolie.

5 Dans la nuit du tombeau, toi qui m'as consolé,
Rends-moi le Pausilippe **(e)** et la mer d'Italie,
La fleur qui plaisait tant à mon cœur désolé,
Et la treille où le pampre à la vigne s'allie.

Suis-je Amour ou Phoebus **(f)**, Lusignan **(g)** ou Byron **(h)** ?
10 Mon front est rouge encor des baisers de la reine **(i)**,
J'ai dormi dans la grotte où verdit la sirène,

Et j'ai deux fois vivant traversé l'Achéron **(j)**,
Modulant et chantant sur la lyre d'Orphée
Les soupirs de la sainte **(k)** et les cris de la fée **(l)**.

les Chimères, version de 1853.

Une Lecture Alchimique des Chimères

Sans reprendre dans son ensemble le commentaire de ce sonnet donné par M. Georges Le Breton (1) signalons que, selon lui, deux clés permettent de comprendre *les Chimères* en général et *El Desdichado* en particulier. (...)

La première est la symbolique alchimique que Nerval connaissait particulièrement à travers les ouvrages de dom Pernety, *Les Fables égyptiennes et grecques,* et le *Dictionnaire mytho-hermétique ;* la seconde c'est la symbolique du Tarot vue à travers le tome VIII du *Monde primitif* de Court de Gébelin. Cela dit, signalons quelques correspondances :

1. Le personnage qui dit « je », c'est le Pluton alchimique, qui représente la terre philosophique cachée sous la couleur noire. La noirceur est au commencement de l'opération ; et les philosophes (2) parlent à son propos de mort, de ténèbres, de tombeau, de mélancolie, de soleil éclipsé, etc.

2. Les trois premiers vers correspondent dans l'ordre aux cartes XV (dite le Diable ; selon Court de Gébelin, Typhon, frère d'Osiris et d'Isis, principe mauvais), XVI (dite la Tour Foudroyée) et XVII (dite l'Etoile) du Tarot.

3. « Soleil noir » est une expression courante chez Lulle et chez les alchimistes selon Pernety.

4. « Mélancolie » signifie « la putréfaction de la matière » *(Dict. mytho-hermétique).* Ou encore : « La tristesse et la mélancolie... est un des noms que les Adeptes donnent à leur matière parvenue au noir. »

5. Le terme tombeau s'emploie par allégorie pour la putréfaction de la matière dans l'œuvre alchimique. Ainsi dit-on qu'il faut mettre le Roi au tombeau pour le réduire en cendres et le ressusciter.

6. Le Pausilippe, c'est la pierre rouge ou soufre. Et la mer, dans le langage des alchimistes, c'est le mercure.

7. La fleur blanche de Proserpine. Cf. « les roses blanches qui tombent du ciel alchimique » dans *Artémis.*

8. Le pampre est la couleur de rouille de Mars ; la rose désigne Vénus. De l'union de Mars et de Vénus va sortir le soleil philosophique, « Amour ou Phébus ».

9. Selon l'ordre des couleurs alchimiques, le premier quatrain du sonnet était noir ; le second blanc ; et le premier tercet est rouge.

10. Le roi des philosophes, c'est le soufre ; la reine, c'est l'eau mercurielle. Le passage du noir au rouge, selon l'alchimie, explique le passage du soleil noir à Phébus, du « Je suis le ténébreux... » du premier vers au « Suis-je Phébus ?... » du 9e qui pourrait sembler contradictoire.

11. Vers qui s'explique par une allusion très précise à une énigme alchimique citée par Pernety. Le nom de Lusignan au 9e vers suggère l'identification de cette sirène avec Mélusine. Quant à la grotte, elle représenterait le vase alchimique. Dans une première version, Nerval avait écrit « dans la grotte où verdit la sirène ». On sait que le serpent vert (cf. Goethe) peut être pris pour le mercure.

12. Indique que Nerval décrit la seconde opération alchimique.

13. « Comme poète Orphée est l'Artiste qui raconte allégoriquement ce qui se passe dans les opérations du Magistère » (Pernety).

14. La sainte, c'est la Vierge alchimique. Cf. d'ailleurs *Artémis.*

15. « Le sonnet El Desdichado », conclut M. Le Breton, est le sonnet du « Soleil des Sages ».

Cité dans l'*Anthologie littéraire de l'Occultisme,* édition de R. Kanters et R. Amadou, Seghers 1970.

(1) Le Breton (Georges) La Clé des Chimères : l'Alchimie, Fontaine, n° 44.
(2) C'est-à-dire les alchimistes.

VERS DORES

> *Eh quoi ! tout est sensible !*
> PYTHAGORE.

Homme, libre penseur ! te crois-tu seul pensant
Dans ce monde où la vie éclate en toute chose ?
Des forces que tu tiens ta liberté dispose,
Mais de tous tes conseils l'univers est absent.

Respecte dans la bête un esprit agissant :
Chaque fleur est une âme à la Nature éclose ;
Un mystère d'amour dans le métal repose ;
« Tout est sensible ! » Et tout sur ton être est puissant.

Crains, dans le mur aveugle, un regard qui t'épie :
A la matière même un verbe est attaché...
Ne la fais pas servir à quelque usage impie !

Souvent dans l'être obscur habite un Dieu caché ;
Et, comme un œil naissant couvert par ses paupières,
Un pur esprit s'accroît sous l'écorce des pierres !

les Chimères, 1853.

1 — *Comparez les deux versions* d'El Desdichado : *quelles sont les différences ? changent-elles l'interprétation du poème ? de quelle manière ?*

2 — *Deux systèmes de notes (1 à 15 et a à l) sont appliqués à ce poème : quelle est leur utilité ? guident-ils l'interprétation ? Lorsque les points difficiles ont été « éclairés », le lecteur maîtrise-t-il pleinement le sens du poème ? Peut-on réduire ce poème à un seul sens (dérivé de l'occultisme ou de l'érudition) ?*

3 — *Nerval semble interdire l'explication de ses poèmes. Pourquoi, à votre avis ? La guide-t-il néanmoins ? Comment ?*

4 — *Vers dorés peut-il permettre une approche* d'El desdichado ? *De quelle manière ?*

Gravure de Gervais annotée par Nerval : « Je suis l'autre ».

Dans son Introduction au cycle des Filles du feu, dont fait partie Sylvie, Léon Cellier, un spécialiste nervalien, écrivait en 1965 :
Tous les thèmes romantiques sont rassemblés ici en un délicat florilège ; et chacun est traité en des tonalités différentes, légères parfois, graves souvent, toujours musicalement pures : la Mélancolie, la Passion, le Rêve, la Fantaisie, le Voyage, le Chant, le Souvenir, la Nostalgie de l'enfance et du paradis perdu, l'Amour de la Nature, la Magie du théâtre, la Quête de joie, l'Inquiétude religieuse.
Dans l'extrait suivant, le narrateur, après avoir vu au théâtre Aurélie, une actrice dont il est amoureux, rentre chez lui, et tombe dans « une demi-somnolence ». A la faveur de cet état, « où l'esprit résiste encore aux bizarres combinaisons du songe », il se remémore un souvenir de jeunesse.

Je me représentais un château du temps de Henri IV avec ses toits pointus couverts d'ardoises et sa face rougeâtre aux encoignures dentelées de pierres jaunies, une grande place verte encadrée d'ormes et de tilleuls, dont le soleil couchant perçait le feuillage de ses traits enflammés. Des jeunes filles dansaient en
5 rond sur la pelouse en chantant de vieux airs transmis par leurs mères, et d'un français si naturellement pur, que l'on se sentait bien exister dans ce vieux pays du Valois, où, pendant plus de mille ans, a battu le cœur de la France.

J'étais le seul garçon dans cette ronde, où j'avais amené ma compagne toute jeune encore, Sylvie, une petite fille du hameau voisin, si vive et si fraîche, avec ses
10 yeux noirs, son profil régulier et sa peau légèrement halée !... Je n'aimais qu'elle, je ne voyais qu'elle, — jusque-là ! A peine avais-je remarqué, dans la ronde où nous dansions, une blonde, grande et belle, qu'on appelait Adrienne. Tout d'un coup, suivant les règles de la danse, Adrienne se trouva placée seule avec moi au milieu du cercle. Nos tailles étaient pareilles. On nous dit de nous embrasser, et la danse et le
15 chœur tournaient plus vivement que jamais. En lui donnant ce baiser, je ne pus m'empêcher de lui presser la main. Les longs anneaux roulés de ses cheveux d'or effleuraient mes joues. De ce moment, un trouble inconnu s'empara de moi. — La belle devait chanter pour avoir le droit de rentrer dans la danse. On s'assit autour d'elle, et aussitôt, d'une voix fraîche et pénétrante, légèrement voilée, comme celle
20 des filles de ce pays brumeux, elle chanta une de ces anciennes romances pleines de mélancolie et d'amour, qui racontent toujours les malheurs d'une princesse enfermée dans sa tour par la volonté d'un père qui la punit d'avoir aimé. La mélodie se terminait à chaque stance par ces trilles chevrotants que font valoir si bien les voix jeunes, quand elles imitent par un frisson modulé la voix tremblante des aïeules.

25 A mesure qu'elle chantait, l'ombre descendait des grands arbres, et le clair de lune naissant tombait sur elle seule, isolée de notre cercle attentif. — Elle se tut, et personne n'osa rompre le silence. La pelouse était couverte de faibles vapeurs condensées, qui déroulaient leurs blancs flocons sur les pointes des herbes. Nous pensions être en paradis. — Je me levai enfin, courant au parterre du château, où se
30 trouvaient des lauriers, plantés dans de grands vases de faïence peints en camaïeu. Je rapportai deux branches, qui furent tressées en couronne et nouées d'un ruban. Je posai sur la tête d'Adrienne cet ornement, dont les feuilles lustrées éclataient sur ses cheveux blonds aux rayons pâles de la lune. Elle ressemblait à la Béatrice de Dante[1] qui sourit au poète errant sur la lisière des saintes demeures.

35 Adrienne se leva. Développant sa taille élancée, elle nous fit un salut gracieux, et rentra en courant dans le château. — C'était, nous dit-on, la petite-fille de l'un des descendants d'une famille alliée aux anciens rois de France ; le sang des Valois coulait dans ses veines. Pour ce jour de fête, on lui avait permis de se mêler à nos jeux ; nous ne devions plus la revoir, car le lendemain elle repartit pour un couvent
40 où elle était pensionnaire.

Quand je revins près de Sylvie, je m'aperçus qu'elle pleurait. La couronne donnée par mes mains à la belle chanteuse était le sujet de ses larmes. Je lui offris d'en aller cueillir une autre, mais elle dit qu'elle n'y tenait nullement, ne la méritant pas. Je voulus en vain me défendre, elle ne me dit plus un seul mot pendant que je la
45 reconduisais chez ses parents.

Rappelé moi-même à Paris pour y reprendre mes études, j'emportai cette double image d'une amitié tendre tristement rompue, — puis d'un amour impossible et vague, source de pensées douloureuses que la philosophie de collège était impuissante à calmer.

50 La figure d'Adrienne resta seule triomphante, — mirage de la gloire et de la beauté, adoucissant ou partageant les heures des sévères études. Aux vacances de l'année suivante, j'appris que cette belle à peine entrevue était consacrée par sa famille à la vie religieuse.

Sylvie, 1854, chap. II, « Adrienne ».

(1) *Femme pour laquelle Dante (1265-1321) composa des poèmes mystiques et amoureux ; c'est elle qui guide le poète dans l'au-delà.*

FEMME IMPOSSIBLE, FEMME IMAGINAIRE

Au chapitre I, « Nuit perdue », Nerval raconte la scène qui a fait remonter le souvenir à sa mémoire :

Je sortais d'un théâtre où tous les soirs je paraissais aux avant-scènes en grande tenue de soupirant. Quelquefois tout était plein, quelquefois tout était vide. (...) Indifférent au spectacle de la salle, celui du théâtre ne m'arrêtait guère, — excepté lorsqu'à la seconde ou à la troisième scène d'un maussade chef-d'œuvre d'alors, une apparition bien connue illuminait l'espace vide, rendant la vie d'un souffle et d'un mot à ces vaines figures qui m'entouraient.

Je me sentais vivre en elle, et elle vivait pour moi seul. Son sourire me remplissait d'une béatitude infinie ; la vibration de sa voix douce et cependant fortement timbrée me faisait tressaillir de joie et d'amour. Elle avait pour moi toutes les perfections, elle répondait à tous mes enthousiasmes, à tous mes caprices, — belle comme le jour aux feux de la rampe qui l'éclairait d'en bas, pâle comme la nuit, quand la rampe baissée la laissait éclairée d'en haut sous les rayons du lustre et la montrait plus naturelle, brillant dans l'ombre de sa seule beauté, comme les Heures divines qui se découpent, avec une étoile au front, sur les fonds bruns des fresques d'Herculanum !

Chapitre III « Résolution » : Nerval déchiffre son rêve.

Tout m'était expliqué par ce souvenir à demi rêvé. Cet amour vague et sans espoir, conçu pour une femme de théâtre, qui tous les soirs me prenait à l'heure du spectacle, pour ne me quitter qu'à l'heure du sommeil, avait son germe dans le souvenir d'Adrienne, fleur de la nuit éclose à la pâle clarté de la lune, fantôme rose et blond glissant sur l'herbe verte à demi baignée de blanches vapeurs. — La ressemblance d'une figure oubliée depuis des années se dessinait désormais avec une netteté singulière ; c'était un crayon estompé par le temps qui se faisait peinture, comme ces vieux croquis de maîtres admirés dans un musée, dont on retrouve ailleurs l'original éblouissant.

Aimer une religieuse sous la forme d'une actrice !... et si c'était la même ! — Il y a de quoi devenir fou ! c'est un entraînement fatal où l'inconnu vous attire comme le feu follet fuyant sur les joncs d'une eau morte...

Chapitre XIV, « Dernier feuillet » :

Telles sont les chimères qui charment et égarent au matin de la vie. J'ai essayé de les fixer sans beaucoup d'ordre, mais bien des cœurs me comprendront. Les illusions tombent l'une après l'autre, comme les écorces d'un fruit, c'est l'expérience. Sa saveur est amère ; elle a pourtant quelque chose d'âcre qui fortifie, — qu'on me pardonne ce style vieilli. Rousseau dit que le spectacle de la nature console de tout. Je cherche parfois à retrouver mes bosquets de Clarens perdus au nord de Paris, dans les brumes. Tout cela est bien changé !

Ermenonville ! pays où fleurissait encore l'idylle antique, (...) tu as perdu ta seule étoile, qui chatoyait pour moi d'un double éclat. Tout à tour bleue et rose comme l'astre trompeur d'Aldebaran, c'était Adrienne ou Sylvie, — c'étaient les deux moitiés d'un seul amour. L'une était l'idéal sublime, l'autre la douce réalité. (...)

LE ROMANTISME ET LE RÊVE

MARCEL PROUST, 1910

Si un écrivain aux antipodes des claires et faciles aquarelles a cherché à se définir laborieusement à lui-même, à saisir, à éclairer des nuances troubles, des lois profondes, des impressions presque insaisissables de l'âme humaine, c'est Gérard de Nerval dans *Sylvie*. Cette histoire que vous appelez la peinture naïve, c'est le rêve d'un rêve, rappelez-vous. (...).

La couleur de *Sylvie,* c'est une couleur pourpre, d'une rose pourpre en velours pourpre ou violacé, (...). A tout moment ce rappel de rouge revient, tirs, foulards rouges, etc. Et ce nom lui-même pourpré de ses deux l — Sylvie, la vrai Fille du Feu. Pour moi qui pourrais les dénombrer, ces mystérieuses lois de la pensée que j'ai souvent souhaité d'exprimer et que je trouve exprimées dans *Sylvie* — j'en pourrais compter, je le crois, jusqu'à cinq et six — j'ai le droit de dire que quelque distance qu'une exécution parfaite — et qui est tout — met entre une simple velléité de l'esprit et un chef-d'œuvre, met entre les écrivains dits en dérision penseurs et Gérard, c'est eux qui peuvent pourtant se réclamer de lui plutôt que ceux à qui la perfection de l'exécution n'est pas difficile, puisqu'ils n'exécutent rien du tout. (...). Gérard a trouvé le moyen de ne faire que peindre et de donner à son tableau les couleurs de son rêve.

Contre Sainte-Beuve, 1910.

1 — a) *La rencontre et le chant : quels sont les éléments qui trahissent le trouble ressenti par Nerval ? Quelle peut être la signification symbolique de cette ronde ?*

b) *A partir du moment où Adrienne chante, le narrateur s'efface ; pourquoi ?*

c) *Quelle est l'importance du cadre (et de sa description) dans cette scène ?*

2 — a) *Comparez le portrait d'Adrienne et celui d'Aurélie (ch. I, ci-dessus).*

b) *L'art et l'autobiographie : deux éléments, dans les textes de Nerval, se rapportent à sa propre expérience : son amour pour une actrice du nom de Jenny Colon, et sa visite des ruines d'Herculanum (ville d'Italie recouverte par les laves lors de l'éruption du Vésuve, et récemment exhumée) en 1834. Quelle valeur symbolique peuvent avoir ici cependant ces deux références ?*

3 — *Les jugements de Proust et de Léon Cellier : dans quel(s) sens Proust emploie-t-il le mot « couleurs » ? Le recensement par Léon Cellier des thèmes romantiques vous paraît-il exhaustif ?*

Carjat, *Offenbach*.

Jacques Offenbach, le compositeur d'opérettes allemand, écrivit la musique de cet opéra bouffe en trois actes ; le livret est d'**Henri de Meilhac (1831-1897)** et de **Ludovic Halévy (1834-1908)**.

A Sparte, on célèbre les fêtes d'Adonis présidées par Hélène. Le beau Pâris arrive déguisé en berger et sort vainqueur du concours organisé par Agamemnon et « consacré au talent ». (acte I, scène 9) Il révèle son nom à la grande émotion d'Hélène qui connaît le prix que Vénus promit à Pâris. Après le départ de Ménélas, les rois argiens, Hélène, Pâris et Calchas jouent au jeu de l'oie, Calchas triche et est poursuivi par les autres. Hélène, seule, s'endort... Pâris déguisé en esclave la prend dans ses bras, endormie et Ménélas revient ! Cris des autres rois solidaires. A Nauplie (acte III) Hélène cherche à oublier alors que Vénus pour se venger de la retenue de la femme de Ménélas a déclenché une épidémie de cocuages. Le grand Prêtre de Vénus (Pâris déguisé) emmène la reine pour un sacrifice à Cythère et se dévoile après avoir ravi la belle Hélène au milieu des injures des rois grecs.

Avant le concours viennent les célèbres Couplets des Rois.

ORESTE, *entrant avec Parthénis et Léæna.*

Calchas, v'là le cortège à papa !

Tout le monde entre par la gauche. Oreste se place dans le coin à gauche avec Calchas.

MARCHE ET CHŒUR.

Voici les rois de la Grèce !
Il faut que chacun s'empresse
De les nommer par leur nom...
5 Ménélas, homme tranquille
Avec le bouillant Achille
Et le grand Agamemnon.

Pendant le chœur, on a disposé des sièges à droite. Les rois entrent successivement ; — les deux Ajax paraissent les premiers.

LES DEUX AJAX.
I
Ces rois remplis de vaillance,
C'est les deux Ajax...

AJAX DEUXIÈME.
10 Etalant avec jactance
Leur double thorax...

AJAX PREMIER.
Parmi le fracas immense
Des cuivres de Sax. **(1)**

LES DEUX AJAX.
Ces rois remplis de vaillance,
15 C'est les deux Ajax !

LE CHŒUR.
Ces rois remplis de vaillance,
C'est les deux Ajax !

ACHILLE, *entrant.*
II
Je suis le bouillant Achille,
Le grand Myrmidon,
20 Combattant un contre mille,
Grâce à mon plongeon.
J'aurais l'esprit bien tranquille,
N'était mon talon...
Je suis le bouillant Achille,
25 Le grand Myrmidon !

LE CHŒUR.
Voici le bouillant Achille,
Le grand Myrmidon !

MÉNÉLAS, *entrant.*
III
Je suis le mari de la reine **(2)**,
Le roi Ménélas !
30 Je crains bien qu'un jour Hélène
Je le dis tout bas,
Ne me fasse de la peine...
N'anticipons pas !...
Je suis le mari de la reine,
35 Le roi Ménélas !

LE CHŒUR.
C'est le mari de la reine,
Le roi Ménélas !

AGAMEMNON, *entrant.*
IV
Le roi barbu qui s'avance,
C'est Agamemnon !
40 Et ce nom seul me dispense
D'en dire plus long :
J'en ai dit assez, je pense,
En disant mon nom...
Le roi barbu qui s'avance,
45 C'est Agamemnon !

LE CHŒUR.
Le roi barbu qui s'avance,
C'est Agamemnon !

la Belle Hélène, 1864, acte I, scène 9.

(1) « Les cuivres de Sax », ici chantés par les librettistes de la Belle Hélène, étaient à l'ordre du jour. Banville célèbre volontiers « les Sax aux voix de fer », « le Clairon de Sax », à qui il compare la trompette de sa Muse. Il envoie même au fameux inventeur cette dithyrambique apostrophe : « Sax, à qui un peuple hellène eût élevé des statues s'il ne l'eût divinisé, a inventé des familles d'instruments à vent en cuivre, tout un orchestre que la voix des ouragans ne peut faire taire... » (Commentaire des Odes funambulesques.) Adolphe

Sax (1814-1894) fut l'inventeur, en 1840, du saxophone et des saxhorns.

(2) La partition et le livret portent bien le mot « mari » mais on a remplacé traditionnellement « mari » par « époux » qui produit un calembour supplémentaire en effet la musique découpe les quatre dernières syllabes de chaque début de couplet : « plis de vaillance » ; « bouillant Achille » ; « poux de la Reine » « bu qui s'avance ».

VIARD et ZACHARIAS, 1966
*Une parodie moderne de l'*Iliade, *ou l'épopée homérique devenue roman policier...*

CHANT CINQUIEME

Où il est révélé qu'une grande douleur, provoquée par la mort de Patrocle, et une grande vanité, satisfaite par le retour éperdu de Briséis au paddock d'Achille, amène celui-ci à oublier le passé avec autant de facilité que dans la chanson, et à prendre la tête d'une alliance fatalement victorieuse. Encore que ça n'aille pas sans mal, tant il est vrai que le maréchal Foch, trois mille ans après Homère, avait raison de dire qu'il avait moins de respect pour Napoléon depuis qu'il savait ce qu'était une coalition.

(...) Le train s'arrêta à Pont. Une quinzaine de personnes en descendirent. Mirmidou resta seul dans son compartiment. Il regarda sa montre. Elle marquait dix heures moins le quart. Dans quelques minutes, il sauterait à son tour sur le quai de la petite gare de Villenavotte. Il passerait chez Polluche dire un petit bonjour à Triplepatte. La vie était belle, tout allait bien.

La voiture du marchand de sandwichs et de journaux passa le long du wagon :

« Casse-croûtes, bières, limonades, journaux ! Casse-croûtes, bières, limonades, journaux ! »

Mirmidou abaissa la glace de la fenêtre :

– Hé ! File-moi un pain-saucisson, dit-il en tendant deux pièces d'un franc au marchand.

Il aperçut alors, tout frais pondu, *Le Clairon républicain de l'Yonne*, le journal local qu'il avait l'habitude de lire. Un gros titre souligné de noir barrait la « une » sur trois colonnes.

– Tu me donneras aussi ton canard.

(...) Mirmidou mordit dans son sandwich, ferma la fenêtre, s'assit et déplia le journal :

Terrible accident sur la nationale 18. A Sainte-Maure, en pleine ville, un poids-lourd tente d'éviter un scooter fou. Il défonce un magasin. Un mort. Un blessé grave. Dix millions de dégâts.

Tandis qu'il mâchait consciencieusement son saucisson, Mirmidou se fit une réflexion à mi-voix :

– Y a pas, les dingues, ce sera toujours les dingues !

(Mirmidou lit alors l'article et apprend que Polluche, son ami, conduisait le scooter.)

(...) Les yeux de Mirmidou se brouillèrent.

Il y eut dans sa tête comme une explosion suivie d'un bruit de déraillement. Puis le vacarme cessa, et il reprit la lecture des deux dernières lignes de l'article :

... Quant au jeune scootériste, il a été tué sur le coup. Il s'agit du jeune Patrick Polluche, 19 ans...

Tandis que le train ralentissait, puis s'arrêtait, Mirmidou, le regard fixé sur le journal, s'immobilisa d'un air hébété.

– Villenavotte. Une minute d'arrêt, lança une voix, sur le quai.

Mirmidou ne l'entendit pas.

Quand le train redémarra, il ne s'en rendit pas compte. Il se crut cerné par un énorme nuage gris foncé. Une petite phrase jaune et glacée dansait devant ses yeux : *...Il s'agit du jeune Patrick Polluche, 19 ans... Il s'agit du jeune Patrick Polluche, 19 ans... !*

Puis il lui sembla que le paysage défilait de plus en plus vite, qu'il basculait, s'engloutissait derrière son dos comme un jeu de construction qu'on jette dans un coffre, ou des ordures qu'on flanque à la poubelle.

L'accès d'épilepsie le saisit brusquement.

Il poussa un cri rauque. Il pâlit. Ses mains frémirent, ses bras battirent l'air, comme s'il se défendait contre l'attaque d'oiseaux noirs aux yeux cruels. Il tomba de la banquette, l'écume monta à ses lèvres tandis que ses dents crissaient, et il fut pris de convulsions qui durèrent dix minutes.

Ce fut à Sens, alors que le train était déjà rangé sur une voie de garage, qu'un contrôleur, traversant le wagon, le découvrit étendu sur le sol du compartiment, prostré, inconscient. Il émettait des gémissements plaintifs, à la façon d'une petite bête touchée à mort. Un quart d'heure plus tard, Mirmidou était transporté en ambulance à l'hôpital psychiatrique de la ville. Il y resta deux jours en observation.

le Roi des Mirmidous, Poche Noire,
Gallimard, 1966.

---

1 — Quels sont les ressorts parodiques de la pièce d'Offenbach (se reporter au résumé et au texte cité) ? Donnez des exemples précis.

*2 — Pourquoi s'attaquer à l'*Iliade ?

*3 — Comparez l'annonce de la mort de Patrocle à Achille dans l'*Iliade *(chant XVIII) et l'annonce de la mort de Polluche à Mirmidou (le Roi des Mirmidous, texte cité). Comment le texte moderne parodie-t-il le texte d'Homère ?*

*4 — Imaginez une parodie de tel ou tel épisode de l'*Odyssée *en vous inspirant d'Offenbach ou de Viard et Zacharias.*

Van Maële, *illustration pour le Portrait Ovale* (BN).

La dernière des Nouvelles histoires extraordinaires *offre, à travers un récit fantastique, une réflexion (pour une relecture de Poe) sur les rapports entre l'auteur, ses modèles, et son œuvre.*

(...) Je restai, à demi étendu, à demi assis, une heure entière peut-être, les yeux rivés à ce portrait. A la longue, ayant découvert le vrai secret de son effet, je me laissai retomber sur le lit. J'avais deviné que le *charme* de la peinture était une expression vitale absolument adéquate à la vie elle-même, qui d'abord m'avait fait tressaillir, et finalement m'avait
5 confondu, subjugué, épouvanté. Avec une terreur profonde et respectueuse, je replaçai le candélabre dans sa position première. Ayant ainsi dérobé à ma vue la cause de ma profonde agitation, je cherchai vivement le volume qui contenait l'analyse des tableaux et leur histoire. Allant droit au numéro qui désignait le portrait ovale, j'y lus le vague et singulier récit qui suit :

10 — « C'était une jeune fille d'une très rare beauté, et qui n'était pas moins aimable que pleine de gaieté. Et maudite fut l'heure où elle vit, et aima, et épousa le peintre. Lui, passionné, studieux, austère, et ayant déjà trouvé une épouse dans son Art ; elle, une jeune fille d'une très rare beauté, et non moins aimable que pleine de gaieté : rien que lumière et sourire, et la folâtrerie d'un jeune faon ; aimant et
15 chérissant toutes choses ; ne haïssant que l'Art qui était son rival ; ne redoutant que la palette et les brosses, et les autres instruments fâcheux qui la privaient de la figure de son adoré. Ce fut une terrible chose pour cette dame que d'entendre le peintre parler du désir de peindre même sa jeune épouse. Mais elle était humble et obéissante, et elle s'assit avec douceur pendant de longues semaines dans la sombre et haute
20 chambre de la tour, où la lumière filtrait sur la pâle toile seulement par le plafond. Mais lui, le peintre, mettait sa gloire dans son œuvre qui avançait d'heure en heure et de jour en jour. — Et c'était un homme passionné, et étrange, et pensif, qui se perdait en rêveries ; si bien qu'il ne *voulait* pas voir que la lumière qui tombait si lugubrement dans cette tour isolée desséchait la santé et les esprits de sa femme, qui languissait
25 visiblement pour tout le monde, excepté pour lui. Cependant elle souriait toujours, et toujours, sans se plaindre, parce qu'elle voyait que le peintre (qui avait un grand renom) prenait un plaisir vif et brûlant dans sa tâche, et travaillait nuit et jour pour peindre celle qui l'aimait si fort, mais qui devenait de jour en jour plus languissante et plus faible. Et en vérité, ceux qui contemplaient le portrait parlaient à voix basse de sa
30 ressemblance, comme d'une puissante merveille et comme d'une preuve non moins grande de la puissance du peintre que de son profond amour pour celle qu'il peignait si miraculeusement bien. — Mais à la longue, comme la besogne approchait de sa fin, personne ne fut plus admis dans la tour ; car le peintre était devenu fou par l'ardeur de son travail, et il détournait rarement ses yeux de la toile, même pour regarder la
35 figure de sa femme. Et il ne *voulait* pas voir que les couleurs qu'il étalait sur la toile étaient *tirées* des joues de celle qui était assise près de lui. Et quand bien des semaines furent passées, et qu'il ne restait plus que peu de chose à faire, rien qu'une touche sur la bouche et un glacis sur l'œil, l'esprit de la dame palpita encore comme la flamme dans le bec d'une lampe. Et alors la touche fut donnée, et alors le glacis fut
40 placé ; et pendant un moment le peintre se tint en extase devant le travail qu'il avait travaillé ; mais une minute après, comme il le contemplait encore, il trembla, et il devint très pâle, et il fut frappé d'effroi ; et criant d'une voix éclatante : — En vérité c'est la *Vie* elle-même ! — il se retourna brusquement pour regarder sa bien-aimée ; — elle était morte ! »

« le Portrait ovale », *Nouvelles histoires extraordinaires,* 1845, traduction de Baudelaire, 1857.

Oscar Wilde (1856-1900)
Portrait avec signature.

*Dorian Gray, un très beau
jeune homme, aimant
passionnément la beauté et
le plaisir a reçu de son ami
peintre, Basil Howard, un
tableau le représentant. Ce
tableau prendra en charge
toutes les rides et les
marques dues au temps et à
une vie dissolue et rappelle
constamment à Dorian, qui,
lui, reste indemne de ces
traces, sa double vie et le
passage du temps. Dorian
ira jusqu'à tuer Basil Howard
mais sans pouvoir se
débarrasser de sa propre
image.*

OSCAR WILDE (1856-1900), *le Portrait de Dorian Gray,* **1891**

Il ne restait plus contre lui qu'un élément de preuve. Oui, le portrait constituait une sorte de preuve. Il le détruirait donc. Pourquoi même l'avait-il gardé si longtemps ? Il avait pris plaisir autrefois à en observer les changements, à le regarder vieillir. Mais, depuis peu, c'en était bien fini de cette délectation. En revanche, ses
5 nuits avaient été sans sommeil. Et ses villégiatures s'étaient passées dans l'épouvante, à trembler qu'un autre œil que le sien ne vît l'affreux prodige. Ce portrait avait jeté sur ses passions un voile de mélancolie et assombri, de son seul fantôme, bien des moments de joie. Il avait été pour lui comme une conscience. Oui, une vraie conscience. Sa destruction s'imposait.

10 Regardant autour de lui, Dorian vit le couteau dont il avait frappé Basil Howard. Il l'avait nettoyé maintes fois, jusqu'à ce que la moindre tache en eût disparu. L'arme luisait, nette, étincelante. Elle avait tué le peintre, elle tuerait de même l'œuvre de son pinceau et tout ce qu'elle enfermait de mystère. Elle tuerait le passé et, quand le passé serait mort Dorian serait délivré. Elle tuerait cette toile monstrueuse où
15 vivait une âme, et les hideux avertissements cesseraient : il pourrait vivre en paix.

Il saisit la lame et transperça le portrait.

Un cri se fit entendre, puis un craquement. Telle fut l'horreur de ce cri d'agonie que les serviteurs s'éveillèrent d'effroi et sortirent de leurs chambres. Deux gentlemen qui traversaient le square s'arrêtèrent et levèrent les yeux vers cette belle
20 demeure. Ils s'en furent à la recherche d'un policeman qu'ils ramenèrent avec eux. Il sonna plusieurs fois. Personne ne répondit. Sauf une fenêtre éclairée au dernier étage, la maison était entièrement plongée dans les ténèbres. Le policeman attendit un peu, puis se retira sous un portique voisin où il se tint en observation.

« A qui est cette maison, constable ? demanda le plus vieux des gentlemen.

25 — A M. Dorian Gray, monsieur », répondit le policeman.

Les deux passants échangèrent un regard et s'éloignèrent en ricanant. L'un d'eux était l'oncle de Sir Henry Ashton.

A l'intérieur du logis, dans la partie réservée au service, les domestiques, à demi vêtus, se concertaient à voix basse. La vieille Leaf pleurait et se tordait les
30 mains. Francis était pâle comme un mort.

Au bout d'un quart d'heure environ, ayant pris avec lui le cocher et l'un des valets de pied, il se décida à monter. Ils frappèrent à la porte ; pas de réponse. Ils appelèrent ; silence absolu. Enfin après de vains efforts pour enfoncer la porte, ils montèrent sur le toit et, de là, descendirent sur le balcon. Les fenêtres, dont les
35 serrures étaient vieilles, cédèrent aisément.

En entrant, ils virent contre le mur un splendide portrait de leur maître, tel que, la veille encore, ils l'avaient vu lui-même, dans tout l'éclat de sa jeunesse exquise et de sa merveilleuse beauté. Sur le parquet, un homme en habit de soirée gisait, un couteau dans le cœur. Son visage était flétri, ridé, repoussant. Ce ne fut qu'à
40 l'examen de ses bagues qu'ils reconnurent ce mort.

le Portrait de Dorian Gray, 1891, traduction fr. E. Jaloux et F. Frapereau.

---

1 — Examinez les rapports entre le réel et la représentation de ce réel dans les deux textes :
   — Y a-t-il un simple reflet ?
   — Y a-t-il transformation de l'image ?
   — Que transmet l'image ?

2 — Qui produit l'œuvre d'art ? Qui la regarde ? Qui tue ou supprime qui ? (dans le texte de Wilde et celui de Poe). Ainsi, pour Poe : que transmet l'œuvre d'art ? Pour Gray : que permet-elle de dire ? Peut-on échapper à ce qu'elle dit ?

3 — Quels éléments descriptifs ou narratifs permettent, dans le temps et dans l'histoire, le retournement de situation chez Wilde et la progression vers la mort chez Poe ?

EDGAR ALLAN POE, 1845

Back into the chamber turning, all my soul within me burning,
Soon I heard again a tapping, somewhat louder than before.
« Surely, » said I, « surely that is something at my window lattice ;
Let me see, then, what thereat is, and this mystery explore —
5 Let my heart be still a moment, and this mystery explore ; —
　　　　　'Tis the wind and nothing more. »

Open here I flung the shutter, when, with many a flirt and flutter,
In there stepped a stately Raven of the saintly days of yore ;
Not the least obeisance made he ; not an instant stopped or stayed he ;
10 But, with mien of lord or lady, perched above my chamber door —
Perched upon a bust of Pallas just above my chamber door —
　　　　　Perched, and sat, and nothing more.

This ebony bird beguiling my sad fancy into smiling,
By the grave and stern decorum of the countenance it wore,
15 « Though thy crest be shorn and shaven, thou. » I said, « art sure no craven
Ghastly, grim and ancient Raven wandering from the Nightly shore —
Tell me what thy lordly name is on the Night's Plutonian shore ! »
　　　　　Quoth the Raven : « Nevermore. »

Much I marvelled this ungainly fowl to hear discourse so plainly,
20 Though its answer little meaning — little relevancy bore ;
For we cannot help agreeing that no living human being
Ever yet was blessed with seeing bird above his chamber door —
Bird or beast upon the sculptured bust above his chamber door,
　　　　　With such name as « Nevermore ».

25 But the Raven, sitting lonely on that placid bust, spoke only
That one word, as if his soul in that one word he did outpour.
Nothing further then he uttered — not a feather then he fluttered —
Till I scarcely more than muttered : Other friends have flown before —
On the morrow he will leave me, as my hopes have flown before. »
30 　　　　　Then the bird said : « Nevermore ».

the Raven, 1845, strophes VI à X.

1875

CHARLES BAUDELAIRE, 1853

STÉPHANE MALLARMÉ, 1889

Rentrant dans ma chambre, et sentant en moi toute mon âme incendiée, j'entendis bientôt un coup un peu plus fort que le premier. « Sûrement, — dis-je, — sûrement, il y a quelque chose aux jalousies de ma fenêtre ; voyons donc ce que c'est, et explorons ce mystère. Laissons mon cœur se calmer un instant, et explorons ce mystère ; — c'est le vent, et rien de plus. »

Je poussai alors le volet, et, avec un tumultueux battement d'ailes, entra un majestueux corbeau digne des anciens jours. Il ne fit pas la moindre révérence, il ne s'arrêta pas, il n'hésita pas une minute ; mais, avec la mine d'un lord ou d'une lady, il se percha au-dessus de la porte de ma chambre ; il se percha sur un buste de Pallas juste au-dessus de la porte de ma chambre ; — il se percha, s'installa, et rien de plus.

Alors cet oiseau d'ébène, par la gravité de son maintien et la sévérité de sa physionomie, induisant ma triste imagination à sourire : « Bien que ta tête, — lui dis-je. — soit sans huppe et sans cimier, tu n'es certes pas un poltron, lugubre et ancien corbeau, voyageur parti des rivages de la nuit. Dis-moi quel est ton nom seigneurial aux rivages de la Nuit plutonienne ! » Le corbeau dit : « Jamais plus ! »

Je fus émerveillé que ce disgracieux volatile entendît si facilement la parole, bien que sa réponse n'eût pas un bien grand sens et ne fût pas d'un grand secours ; car nous devons convenir que jamais il ne fut donné à un homme vivant de voir un oiseau au-dessus de la porte de sa chambre, un oiseau ou une bête sur un buste sculpté au-dessus de la porte de sa chambre, se nommant d'un nom tel que : « Jamais plus ! ».

Mais le corbeau, perché solitairement sur le buste placide, ne proféra que ce mot unique, comme si dans ce mot unique il répandait toute son âme. Il ne prononça rien de plus ; il ne remua pas une plume, — jusqu'à ce que je me prisse à murmurer faiblement : « D'autres amis se sont déjà envolés loin de moi ; vers le matin, lui aussi, il me quittera comme mes anciennes espérances déjà envolées. » L'oiseau dit alors : « Jamais plus ! ».

Edgar Poe, le Corbeau, 1853, strophes VI à X,
traduit par Charles Baudelaire.

Rentrant dans la chambre, toute l'âme en feu, j'entendis bientôt un heurt en quelque sorte plus fort qu'auparavant. « Sûrement, dis-je, sûrement c'est quelque chose à la persienne 5 de ma fenêtre. Voyons donc ce qu'il y a et explorons ce mystère — que mon cœur se calme un moment et explore ce mystère ; c'est le vent et rien de plus. »

Au large je poussai le volet, quand, avec 10 maints enjouement et agitation d'ailes, entra un majestueux corbeau des saints jours de jadis. Il ne fit pas la moindre révérence, il ne s'arrêta ni n'hésita un instant : mais, avec une mine de lord ou de lady, se percha au-dessus de la porte de 15 ma chambre — se percha sur un buste de Pallas, juste au-dessus de la porte de ma chambre — se percha — siégea et rien de plus.

Alors cet oiseau d'ébène induisant ma triste imagination au sourire, par le grave et sévère 20 décorum de la contenance qu'il eut : « Quoique ta crête soit chenue et rase, non ! dis-je, tu n'es pas pour sûr un poltron, spectral, lugubre et ancien Corbeau, errant loin du rivage de Nuit — dis-moi quel est ton nom seigneurial au 25 rivage plutonien de Nuit ? » Le Corbeau dit : « Jamais plus ! »

Je m'émerveillai fort d'entendre ce disgracieux volatile s'énoncer aussi clairement, quoique sa réponse n'eût que peu de sens et peu 30 d'à-propos ; car on ne peut s'empêcher de convenir que nul homme vivant n'eut encore l'heur de voir un oiseau au-dessus de la porte de sa chambre — un oiseau ou toute autre bête sur le buste sculpté au-dessus de la porte de sa 35 chambre avec un nom tel que : « Jamais plus ! »

Mais le Corbeau, perché solitairement sur ce buste placide, parla ce seul mot comme si mon âme, en ce seul mot, il la répandait. Je ne proférai donc rien de plus : il n'agita donc pas 40 de plume — jusqu'à ce que je fis à peine davantage que marmotter « D'autres amis déjà ont pris leur vol — demain il me laissera comme mes Espérances déjà ont pris leur vol. » Alors l'oiseau dit : « Jamais plus ! »

« Le Corbeau », *les Poèmes d'Edgar Poe*, 1889,
strophes VI à X,
traduction française de Stéphane Mallarmé.

BERNARD H. GAUSSERON, 1882

Comme en ma chambre retournais, toute mon âme incendiée,
Soudain j'entends encor frapper, cette fois un peu plus fort.
« Sûrement, » dis-je, « sûrement, quelque chose est aux contrevents :
Il faut que je voie promptement, que ce mystère j'explore, —
5 Il faut qu'un peu mon cœur se calme, que ce mystère j'explore, —
Le vent seul souffle dehors. »

Les volets j'ouvrais vivement, quand volant tumultueusement,
Par là vint un corbeau géant des jours augustes d'alors ;
Nulle révérence il ne fit, nul instant ne fut indécis ;
10 Mais comme un lord, une lady, il se percha sur ma porte —
Droit sur un buste de Pallas, il se percha sur ma porte, —
S'installa, rien d'autre sorte.

Comme l'oiseau d'ébène induit mon âme morose au souris
Par le très grave décorum de son maintien, de son port,
15 « Si ton chef rasé n'est pas beau, tu n'es pas, » dis-je, « un vil corbeau.
Un laid, horrible et vieux corbeau fuyant les nocturnes bords, —
Dis-moi quel est ton nom de lord, dans l'Enfer aux sombres bords ! »
Fit le corbeau : « Nevermore » **(1)**

J'admirai que l'oiseau balourd entendît si bien le discours
20 Bien qu'au sujet son mot peut-être n'eût pas un bien grand rapport ;
Car nous sommes forcés d'admettre qu'ici-bas jamais aucun être
N'eut la chance de voir paraître un tel oiseau sur sa porte. —
Un oiseau, une bête sur le buste d'art de sa porte
Et se nommant « Nevermore »

25 Mais le corbeau, sis solitaire, sur ce froid buste ne profère
Qu'un seul mot, comme s'il mettait son âme en cette parole ;
Plus un mot il n'articulait, pas une plume il ne bougeait —
Mais quand à peine murmurai : « Mes amis ont pris l'essor —
Ainsi que mes espoirs d'antan, demain il prendra l'essor »
30 Lors, l'oiseau dit « Nevermore »

le Corbeau, Poème imité d'Edgar Allan Poe, 1882, strophes VI à X.

(1) *Jamais plus (note du traducteur).*

JYM, 1917

E. GOUBERT, 1869

VI

De retour en ma chambre, un feu brûlant dans l'âme,
J'entendis de nouveau beaucoup plus fort frapper.
« A ma fenêtre, qui s'est permis de grimper ?
» Voyons, voyons enfin ce que l'on me réclame...
» Que mon cœur, que mes sens cessent d'être éperdus ;
» Le mystère est trouvé : — c'est le vent, rien de plus ! »

VII

Donc, j'ouvris la fenêtre. — A grands battements d'aile,
Entra tout brusquement un antique corbeau
Qui, sans le moindre arrêt, fier comme un hobereau,
S'envola vers ma porte où le buste si frêle
De Pallas se trouvait justement au-dessus ;
C'est là qu'il se percha. — Puis, rien, non, rien de plus !

VIII

Mais le noir volatile excita tout mon rire
Par sa grave apparence et son froid décorum,
Ainsi qu'un orateur plaidant dans le forum.
« Avec ta crête absente et ton air de vampire,
» Tu n'es qu'un triste oiseau ; quel nom, dis-je, au surplus,
» Là-bas te donne-t-on ? » Il cria : « jamais plus ! »

IX

Je m'étonnai beaucoup d'une telle parole,
Quoiqu'elle renfermât fort peu de sens commun,
Mais il faut convenir qu'aucun vivant, aucun
Ne fût assez heureux pour voir bête si folle
Assise sur un buste ainsi qu'un sot intrus
Portant le nom bouffon de jamais, jamais plus !

X

Pourtant, l'étrange mot de cette étrange bête
Dit à propos, semblait de son âme sortir :
Ce fut tout. Je ne vis pas même tressaillir
Son aile, et murmurai tout bas : — ce trouble-fête
» S'envolera demain... espoir, bonheurs parfaits
» Ainsi se sont enfuis !... L'oiseau reprit : « jamais ! »

Anonyme [E. Goubert], *le Corbeau, Conte fantastique,*
1869, strophes VI à X.

Puis je rentrai, lassé d'attendre,
Toute mon âme en moi brûlant,
Lorsque bientôt se fit entendre
Un coup plus fort qu'auparavant.
5 « Voyons ! » dis-je. « C'est ma fenêtre
Qui fait ce bruit assurément.
Que mon cœur soit calme un moment !
C'est un mystère à reconnaître.
Voyons donc ce que peut bien être
10 Ce mystère qui rend mes sens irrésolus !...
Quoi ! c'est le vent, et rien de plus. »

A ces mots j'ouvris la croisée.
Voletant, décrivant maints tours,
Entra, la plume hérissée,
15 Grave, un corbeau des anciens jours.
Sans faire la moindre courbette,
Il passa devant moi, hautain :
Dame ou seigneur pleins de dédain
N'auraient pas fait mieux. Cette bête,
20 Près de ma porte, sur la tête
D'un buste de Pallas s'assit, et là-dessus
Resta perchée, — et rien de plus.

Ce vénérable oiseau d'ébène,
Si sévère et majestueux,
25 En sourire changea ma peine ;
Et, d'un ton fort respectueux :
« Quoique chauve et plumé », lui dis-je,
« Tu ne crains rien, ô vieux corbeau
Qui sors de la nuit du tombeau
30 Et m'arrives, comme un prodige,
De ces bords que Platon dirige !
Maître, quel est ton nom chez les sombres élus ? »
Il me répondit : « Jamais plus. »

Que cette laide volatile
35 M'entendît, cela m'étonna ;
Mais sa réponse était futile ;
Aucun sens n'était caché là ;
Car on conviendra que nul être
Humain n'eut jamais la faveur
40 De voir ce spectacle flatteur
D'un animal, quel qu'il puisse être,
Entrer la nuit par la fenêtre,
Monter sur quelque buste, et, perché là-dessus,
Répondre au nom de Jamais plus.

45 Le corbeau se tut, solitaire,
Sur le buste calme perché ;
En ce seul mot son âme entière
Il avait sans doute épanché ;
Rien de plus, pas une parole ;
50 Pas un duvet ne frissonna.
« Ah ! » dis-je. « Les amis qu'on a
Fuient loin de vous à tour de rôle.
Faut-il que celui-ci s'envole
Demain, comme l'ont fait tous mes espoirs déçus ? »
55 Et l'oiseau dit : « Non, jamais plus. »

le Corbeau, Poème d'Edgar Poe.
Adaptation française en prose rythmée
avec texte anglais en regard, par Jym,
septembre 1917, strophes VI à X.

LUCIE DELARUE-MARDRUS, 1922

Retournant alors à ma place,
Ame brûlante et mains de glace,
Bientôt un nouveau heurt vint, furtif et fugace,
Mais non pas à la même place.
5 « Sûrement, dis-je, cette fois,
Cela fut frappé sur le bois
De ma persienne, je le vois !
Cherchons si c'est ce que je crois.
Que j'aille explorer ce mystère.
10 Que ce cœur soit calme un peu plus,
Et qu'il aille explorer bravement ce mystère.
Que mon cœur soit calme un peu plus.
Ce n'est que le vent, rien de plus. »

Ici, j'ouvris alors sans crainte,
15 Quand soudain, avec mainte et mainte
Fantaisie, et façons, frissonnements et feintes,
Entra, majestueux, sans crainte,
Un corbeau des époques saintes.
Sans s'arrêter, n'hésitant pas,
20 Il alla se percher là-bas
Sur un buste blanc de Pallas
Situé sur ma porte haute.
Il ne me fit pas de saluts ;
Mais avec une mine haute
25 De lord ou de lady, sans faire de saluts,
Se percha sur ma porte haute,
Se percha, resta, rien de plus.

Maintenant, ce corbeau d'ébène
M'induisant, nonobstant ma peine,
30 A sourire du décorum de cette scène :
« Quoique ta tête soit en peine
De crête, dis-je, oiseau d'ennui,
Tu n'es pas un lâche qui fuit !
Dis-moi donc, corbeau d'aujourd'hui,
Fantômal, sombre oiseau d'ennui,

Errant, jeté loin du rivage
De la nuit, parle, oiseau perclus !
Sur ce plutonien rivage
De la nuit, ton grand nom, quoique tu sois perclus,
40 Dis-moi, qu'est-il sur ce rivage ? »
Et le corbeau fit : « Jamais plus. »

Je tins pour bien grande merveille
D'entendre réponse pareille.
Car il faut convenir, pour un humain qui veille,
45 Que cette bénédiction
D'ouïr telle réflexion
D'humble signification
D'une volaille gauche et vieille,
Est un fait rare, sinon plus.
50 Car, qui vit jamais, perchant juste
Sur sa porte, au-dessus d'un buste
De Pallas, juste sur ce buste,
Volaille bégayante ou bête sur un buste,
Misérable corbeau, sans plus,
55 Portant un tel nom : « Jamais plus » ?

Mais l'oiseau perché, solitaire,
Sur ce buste calme de pierre,
Proférait seulement cette parole austère
Comme si se fût épanché,
60 Dans ce seul mot, son cœur caché.
Il ne dit rien d'autre. Perché,
Sans remuer son corps penché,
Il n'agita pas une plume,
Jusqu'à ce que ces mots déçus
65 Me vinrent, à peine perçus :
« Bien d'autres amis ne sont plus.
Demain, comme l'ont fait tous mes espoirs déçus,
Il s'envolera dans ses plumes. »
Alors l'oiseau dit : « Jamais plus. »

*Edgar Poe, Six Poèmes, traduits en vers français
par Lucie Delarue-Mardrus, 1922, strophes VI à X.*

J.-A. MOISAN, 1929

En ma chambre je retournais, mon âme tout incendiée,
Soudain j'entends encor frapper, cette fois un peu plus fort.
« Sûrement », dis-je, « sûrement, quelque chose est aux contrevents ;
Il faut que je voie promptement, que ce mystère j'explore —
5 Il faut qu'un peu mon cœur se calme, que ce mystère j'explore —
       Le vent seul souffle dehors. »

J'ouvrais les volets vivement, quand avec maint, maint battement,
Par là vint un Corbeau géant des jours augustes d'alors ;
Nulle révérence il ne fit ; nul instant ne fut indécis ;
10 Mais comme un lord, une lady, il se percha sur ma porte —
Droit sur un buste de Pallas, il se percha sur ma porte —
       S'installa, rien d'autre sorte.

Comme l'oiseau d'ébène induit mon âme morose au sourire,
Par le très grave décorum de son maintien, de son port,
15 « Si ton chef rasé n'est pas beau, tu n'es pas, dis-je, un vil corbeau,
Un laid, horrible et vieux corbeau, fuyant les nocturnes bords, —
Dis-moi quel est ton nom de lord, dans l'Enfer aux sombres bords ? »
       Fit le Corbeau : « Nevermore (1). »

J'admirai que l'oiseau balourd entendît si bien le discours,
20 Bien qu'au sujet son mot peut-être n'eût pas un bien grand rapport ;
Car nous sommes forcés d'admettre qu'ici-bas jamais aucun être
N'eut la chance de voir paraître un tel oiseau sur sa porte —
Un oiseau, une bête sur le buste d'art de sa porte
       Et ce nommant « Nevermore ».

25 Mais le Corbeau sis solitaire, sur ce froid buste ne profère
Qu'un seul mot, comme s'il mettait son âme en cette parole.
Plus un mot il n'articulait — pas une plume il ne bougeait —
Mais quand à peine murmurai : « Mes amis ont pris l'essor —
Ainsi que mes espoirs d'antan demain il prendra l'essor. »
30   Lors l'oiseau dit : « Nevermore » !

Manet (1832-1883),
illustration pour le Corbeau
(BN).

    J.-A. Moisan, traducteur d'art, le Corbeau, Poème d'Edgar Poe,
traduction française équirythmique. A. Bruel, Angers, 1929, (avec texte anglais en regard),
                        strophes VI à X.

(1) *Jamais plus (note du traducteur).*

1 — *Classez les traductions suivant le genre dont elles se réclament (traduction, adaptation, vers, prose, rythme français, anglais, etc.).*

2 — *Analysez les traductions de « Nevermore », cherchez leur répartition et la signification des choix.*

3 — *A chaque traduction correspond ou correspondent une ou plusieurs interprétations (genre du poème, signification, fantastique, dramatique, etc.). Essayez de trouver ces interprétations.*

4 — *Faites l'analyse, vers par vers, d'un ou de plusieurs paragraphes, de ses variations, des prises de parti de l'auteur-traducteur, etc.*

5 — *DOSSIER :*
   Après toutes ces interprétations... faites une synthèse :
   a) sur le texte de Poe : qu'en penser ? Peut-on n'en faire qu'une seule interprétation ? Un choix entre ces traductions est-il possible ?
   b) sur la traduction : traduire est-il possible ? Y a-t-il une vérité du texte ? Y a-t-il une vérité du texte traduit ?

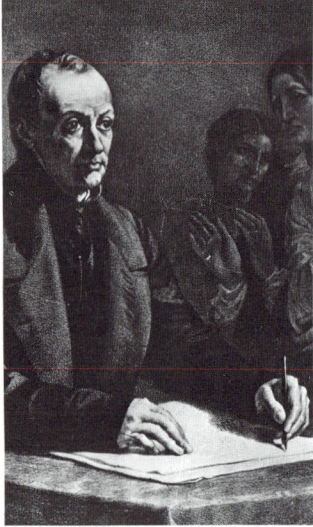

Auguste Comte (R. Viollet).

En étudiant ainsi le développement total de l'intelligence humaine dans ses diverses sphères d'activité, depuis son premier essor le plus simple jusqu'à nos jours, je crois avoir découvert une grande loi fondamentale, à laquelle il est assujetti par une nécessité invariable, et qui me semble pouvoir être solidement établie, soit sur les
5 preuves rationnelles fournies par la connaissance de notre organisation, soit sur les vérifications historiques résultant d'un examen attentif du passé. Cette loi consiste en ce que chacune de nos conceptions principales, chaque branche de nos connaissances, passe successivement par trois états théoriques différents : l'état théologique, ou fictif, l'état métaphysique ou abstrait, l'état scientifique, ou positif. En d'autres termes, l'esprit
10 humain, par sa nature, emploie successivement dans chacune de ses recherches trois méthodes de philosopher, dont le caractère est essentiellement différent et même radicalement opposé : d'abord la méthode théologique, ensuite la méthode métaphysique, et enfin la méthode positive. De là, trois sortes de philosophies, ou de systèmes généraux de conceptions sur l'ensemble des phénomènes, qui s'excluent mutuelle-
15 ment : la première est le point de départ nécessaire de l'intelligence humaine ; la troisième, son état fixe et définitif ; la seconde est uniquement destinée à servir de transition.

Dans l'état théologique, l'esprit humain dirigeant essentiellement ses recherches vers la nature intime des êtres, les causes premières et finales de tous les effets qui le
20 frappent, en un mot, vers les connaissances absolues, se représente les phénomènes comme produits par l'action directe et continue d'agents surnaturels plus ou moins nombreux, dont l'intervention arbitraire explique toutes les anomalies apparentes de l'univers.

Dans l'état métaphysique, qui n'est au fond qu'une simple modification générale
25 du premier, les agents surnaturels sont remplacés par des forces abstraites, véritables entités (abstractions personnifiées) inhérentes aux divers êtres du monde, et conçues comme capables d'engendrer par elles-mêmes tous les phénomènes observés, dont l'explication consiste alors à assigner pour chacun l'entité correspondante.

Enfin dans l'état positif, l'esprit humain reconnaissant l'impossibilité d'obtenir
30 des notions absolues, renonce à chercher l'origine et la destination de l'univers, et à connaître les causes intimes des phénomènes, pour s'attacher uniquement à découvrir, par l'usage bien combiné du raisonnement et de l'observation, leurs lois effectives, c'est-à-dire leurs relations invariables de succession et de similitude. L'explication des faits, réduite alors à ses termes réels, n'est plus désormais que la liaison établie entre les
35 divers phénomènes particuliers et quelques faits généraux, dont les progrès de la science tendent de plus en plus à diminuer le nombre.

Le système théologique est parvenu à la plus haute perfection dont il soit susceptible, quand il a substitué l'action providentielle d'un être unique au jeu varié des nombreuses divinités indépendantes qui avaient été imaginées primitivement. De
40 même, le dernier terme du système métaphysique consiste à concevoir, au lieu des différentes entités particulières, une seule grande entité générale, la nature, envisagée comme la source unique de tous les phénomènes. Pareillement, la perfection du système positif, vers laquelle il tend sans cesse, quoi qu'il soit très probable qu'il ne doive jamais l'atteindre, serait de pouvoir se représenter tous les divers phénomènes
45 observables comme des cas particuliers d'un seul fait général, tel que celui de la gravitation, par exemple.

Cours de philosophie positive, 1re leçon, (publié entre 1830 et 1842).

PHILOSOPHIE POSITIVE, POSITIVISME ET SCIENTISME :

● *A l'origine, la* **philosophie positive** *est une partie du système d'Auguste Comte, le mot* **positif** *signifiant ici, par opposition à* **théorique, rationnel, métaphysique,** *etc., « qui repose sur les seules données de l'expérience ». L'état « positif » de l'humanité est donc pour A. Comte celui où l'homme, renonçant aux explications* a priori, *cherche à établir les lois constantes des phénomènes. Ce système, exposé d'abord dans le* Cours de philosophie positive *(1830-1842, voir ci-contre) et dans le* Discours sur l'esprit positif *(1844), se développe par la suite dans le* Catéchisme positiviste *(1852) et le* Système de politique positive *(1832-1854).*

● *Mais par extension, le terme de* **positivisme** *permet ensuite de regrouper un ensemble de doctrines ayant en commun un certain nombre de traits caractéristiques : outre la renonciation à tout* a priori *et la nécessité de s'en tenir aux faits uniquement, le courant de pensée positiviste qui caractérise la deuxième moitié du XIXe siècle, est marqué par la reconnaissance d'un type de certitude dans les sciences expérimentales, par la conviction que la pensée humaine peut atteindre des relations et des lois, et par une croyance au progrès scientifique comme facteur essentiel du bonheur humain.*

● *Poussées à leur extrême, ces certitudes débouchent sur le* **scientisme,** *représenté essentiellement à l'époque par le savant* **BERTHELOT (1827-1907),** *qui rêve d'étendre l'esprit et les méthodes scientifiques à tous les domaines de la vie sociale, intellectuelle et morale sans exception, prônant une « conception nouvelle de la raison collective », et par* **HIPPOLYTE TAINE** *(voir pages suivantes) (*De l'Intelligence, *1870).*

Auguste Comte.

CLAUDE DUCHET, 1978 :

Inaugurant un numéro de la revue Romantisme *au titre révélateur :* LE(S) POSITIVISME(S), *ce critique contemporain souligne avec raison les ambiguïtés aussi bien théoriques que politiques du courant de pensée positiviste.*

De lointaine origine, mais né aux confins de l'Idéologie et du saint-simonisme, lié au développement des sciences (...) nourri par une pensée globale du social, moins étranger qu'on ne l'en a accusé ou félicité aux espérances et aux inquiétudes romantiques, le positivisme possède des vertus critiques qui servent contre les pouvoirs établis. Il sera même un temps dans l'avant-garde de l'opposition : les jeunes « matérialistes » des années 1860 se réclament de la « méthode positiviste » et associent les noms de Comte et de Diderot. Il y a de l'*Aufklärer* chez « le positiviste », une volonté encyclopédique, un rationalisme offensif, un esprit de rigueur et de liberté, une passion de l'intelligence. (...) On peut cependant dénoncer dans le même positivisme, en un tout autre sens, le dernier mot — le « misérable » achèvement — de la philosophie bourgeoise, comme le fera Paul Lafargue après sa rencontre avec Marx. (...)

(...) D'où ce pluriel problématique : le ou les positivismes ? Le singulier s'impose dans la mesure où il renvoie à la pensée entière de Comte, ou s'oppose à tel spiritualisme dominant, mais le pluriel dès lors qu'on entre dans un mouvement, dans le détail des félicitations, des médiations, des applications, des reconstructions ou des dérivés. C'est une affaire de groupes, de moments, d'individus, de circonstances, d'objets : ainsi pour Claude Bernard, pour Taine, pour Renan, trois noms bien trop hâtivement cités au banc des positivistes. Force est de le constater : le positivisme *stricto sensu* n'est pas plus la philosophie spontanée des savants (...) qu'il n'est celles des historiens qualifiés de *positivistes*. (...) Il n'est pas davantage la philosophie sous-jacente au « roman expérimental » malgré la décision zolienne « d'être savant » et quelles que soient, dans l'œuvre, les fonctions romanesques assignées à l'énoncé positiviste. Zola est un bon exemple à cet égard de la disponibilité du positivisme. Mais le recours à la psychologie expérimentale dans le roman ... antinaturaliste pourrait en être rapproché avec autant de pertinence. (...)

Romantisme, nos 21-22, 1978, Présentation.

1 — Vous relèverez les éléments caractéristiques d'un discours démonstratif visant à la clarté *: mots-outils soulignant les articulations logiques, recherche de la symétrie à tous les niveaux, structure des phrases, des paragraphes, et organisation générale de l'ensemble. Essayez de réduire cet exposé à un tableau opposant les caractéristiques de chaque état.*

2 — Quels sont les mots relevant du champ lexical de la « nécessité », ou, bien que Comte n'emploie pas ce mot, du « déterminisme » ? Quelle conception de la liberté humaine sous-tend ce discours ?

3 — Peut-on dater approximativement les grandes époques de l'humanité auxquelles Comte fait allusion ? Quelle est pour lui la caractéristique qui oppose radicalement la troisième aux deux premières ?

4 — Lisez le texte d'E.-M. Cioran, no 12. À la lumière de cette critique, mais aussi avec le recul du XXe siècle, le 3e état envisagé par Comte apparaît-il aussi différent des deux premiers ?

Ernest Renan.

(1) Physicien français qui a reconnu le premier la force élastique de la vapeur.
(2) Physicien anglais, inventeur de la machine à vapeur.

(3) Astronome italien qui a démontré que la Terre tourne autour du Soleil.
(4) Physicien et astronome anglais, qui a découvert la loi de la gravitation.

« Cette idée que l'humanité devient de jour en jour meilleure et plus heureuse est particulièrement chère à notre siècle. La foi à la loi du progrès est la vraie foi de notre âge. C'est là une croyance qui trouve peu d'incrédules. »
Grand Larousse Universel du XIXᵉ siècle, article « Progrès ».

Bien loin d'être indifférente à la démocratie, la science pure lui rend les plus grands services et contribue plus que quoi que ce soit au grand but de la démocratie, qui est l'émancipation et l'amélioration du peuple.

Une chose évidente d'abord, c'est que chaque découverte pratique de l'esprit
5 humain correspond à un progrès moral, à un progrès de dignité pour l'universalité des hommes. (...)

(Renan cite comme exemples l'invention de la traction mécanique, de la vapeur, du moulin à eau ou à vent.)

Il n'y a pas jusqu'aux inventions les plus meurtrières qui n'aient servi elles-
10 mêmes à la civilisation. Avant la poudre à canon, celui qui avait un bon cheval et une bonne armure était tellement supérieur au pauvre homme désarmé, que celui-ci n'avait qu'à plier devant lui ; depuis la poudre à canon et l'artillerie, la supériorité du chevalier, du seigneur féodal, a disparu. Tout homme, pourvu qu'il soit brave, est l'égal d'un autre ; dès lors, nos grands Etats modernes, négation de la féodalité, ont été créés.
15 Rien ne prouve mieux combien toutes les parties de l'humanité sont solidaires. Une découverte faite à un bout du monde devient émancipatrice, instrument de progrès à l'autre bout ; un savant solitaire découvre une loi de la nature, et cette loi, bien connue, fait disparaître des supplices, des douleurs et des hontes héréditaires.

La force de la vapeur a-t-elle été trouvée d'une manière fortuite et empirique ? Nullement. Papin **(1)**, Watt **(2)** étaient des savants, des savants très profonds, et sans de
20 longues expériences on n'aurait jamais pu faire cette découverte, la plus extraordinaire qu'on puisse citer... L'éclairage électrique a son origine dans la connaissance d'une force à peine visible dans la nature...

Les progrès de la navigation sont également dus à la science. Comparez la
25 navigation de nos jours à celle d'autrefois. Quelle différence ! Autrefois, on allait de cap en cap, on craignait de perdre la terre de vue. Aujourd'hui, la hardiesse des voyages n'a plus de bornes. A qui doit-on ces progrès ? A Galilée **(3)**, à Newton **(4)**. La détermination des longitudes, problème fondamental de la navigation, n'a pu être résolue que par de profondes découvertes, d'où sont sortis des procédés que le plus
30 simple marin manie de nos jours presque sans réflexion. Or, rappelez-vous ce que furent Galilée et Newton : des savants spéculatifs, absorbés par les problèmes les plus abstraits et les plus hauts calculs. Les calculs de Newton, en particulier, étaient si élevés que dix personnes au plus en Europe pouvaient les suivre et que lui-même, par moments, avait peine à en trouver le fil...

35 L'agronomie elle-même, cette industrie toute pratique, a bénéficié en bien des choses de la science abstraite. Voyez ces machines agricoles, ces batteuses, à combien d'efforts de bras elles suppléent. Souvenez-vous combien pénible était autrefois le travail de la moisson ; maintenant une machine supporte tout l'effort et le rend inutile. Souvenez-vous quelle révolution a produite, dans la richesse publique, la fabrication
40 du sucre de betteraves.

Que n'aurais-je pas à dire des bienfaits que l'humanité doit aux progrès de la physiologie, des sciences de la vie ? Autrefois, telle maladie était tenue pour incurable. Maintenant on la guérit radicalement en quelques minutes.

Ai-je réussi à vous montrer que ces études, en apparence réservées à un petit
45 nombre, sont des mères fécondes de découvertes dont tous profitent, que le peuple a le plus grand intérêt à ce qu'il y ait des savants qui travaillent à agrandir le cercle des connaissances humaines, que les plus belles inventions sortent de travaux d'abord obscurs et solitaires ?

Je suis convaincu que les progrès de la mécanique, de la chimie, seront la
50 rédemption de l'ouvrier ; que le travail matériel de l'humanité ira toujours en diminuant et en devenant moins pénible ; que de la sorte l'humanité deviendra plus libre de vaquer à une vie heureuse, morale, intellectuelle. Aimez la science. Respectez-la, croyez-le, c'est la meilleure amie du peuple, la plus sûre garantie de ses progrès.

Conférences à Notre-Dame, O.C., 1947-1961.

PROGRÈS DES SCIENCES ET PROGRÈS MORAL

CHARLES BAUDELAIRE, 1855

La croyance à un progrès inéluctable dépossède l'homme de son destin, et repose sur une confusion entre l'ordre matériel et l'ordre spirituel :

HUGO, 1862

Dans les Misérables, Enjolras, saisi par la vision d'un avenir radieux, s'adresse au peuple des barricades :

Citoyens, le XIXe siècle est grand, mais le XXe siècle sera heureux. Alors plus rien de semblable à la vieille histoire ; on n'aura plus à craindre, comme aujourd'hui, une conquête, une invasion, une usurpation, une rivalité de nations à main armée, une interruption de civilisation dépendant d'un mariage de rois, une naissance dans les tyrannies héréditaires, un partage de peuples par congrès, un démembrement par écroulement de dynastie, un combat de deux religions, se rencontrant de front, comme deux boucs de l'ombre, sur le pont de l'infini ; on n'aura plus à craindre la famine, l'exploitation, la prostitution par détresse, la misère par chômage et l'échafaud, et le glaive et les batailles et tous les brigandages du hasard dans la forêt des événements. On pourrait presque dire : il n'y aura plus d'événements. On sera heureux. Le genre humain accomplira sa Loi comme le globe terrestre accomplit la sienne ; l'harmonie se rétablira entre l'âme et l'astre. L'âme gravitera autour de la vérité, comme l'astre autour de la lumière. Amis, l'heure où nous sommes et où je vous parle est une heure sombre, mais ce sont là les achats terribles de l'avenir. Une révolution est un péage. Oh ! le genre humain sera déchiré, relevé et consolé ! Nous le lui affirmons sur cette barricade. D'où poussera-t-on le cri d'amour, si ce n'est du haut du sacrifice ?... Frères, qui meurt ici meurt dans le rayonnement de l'avenir, et nous entrons dans une tombe toute pénétrée d'aurore.

les Misérables, 1862, 5e partie, livre 1er, chap. V, « Quel horizon on voit du haut de la barricade ».

Il est encore une erreur fort à la mode, de laquelle je veux me garder comme de l'enfer. — Je veux parler de l'idée du progrès. Ce fanal obscur, invention du philosophisme actuel, breveté sans garantie de la Nature ou de la Divinité, cette lanterne moderne jette des ténèbres sur tous les objets de la connaissance ; la liberté s'évanouit, le châtiment disparaît. Qui veut y voir clair dans l'histoire doit avant tout éteindre ce fanal perfide. Cette idée grotesque, qui a fleuri sur le terrain pourri de la fatuité moderne, a déchargé chacun de son devoir, délivré toute âme de sa responsabilité, dégagé la volonté de tous les liens que lui imposait l'amour du beau : et les races amoindries, si cette navrante folie dure longtemps, s'endormiront sur l'oreiller de la fatalité dans le sommeil radoteur de la décrépitude. Cette infatuation est le diagnostic d'une décadence déjà trop visible.

Demandez à tout bon Français qui lit tous les jours son journal dans son estaminet ce qu'il entend par progrès, il répondra que c'est la vapeur, l'électricité et l'éclairage au gaz, miracles inconnus aux Romains, et que ces découvertes témoignent pleinement de notre supériorité sur les anciens ; tant il s'est fait de ténèbres dans ce malheureux cerveau et tant les choses de l'ordre matériel et de l'ordre spirituel s'y sont si bizarrement confondues ! Le pauvre homme est tellement américanisé par ses philosophes zoocrates et industriels qu'il a perdu la notion des différences qui caractérisent les phénomènes du monde physique et du monde moral, du naturel et du surnaturel.

Si une nation entend aujourd'hui la question morale dans un sens plus délicat qu'on ne l'entendait dans le siècle précédent, il y a progrès ; cela est clair. Si un artiste produit cette année une œuvre qui témoigne de plus de savoir ou de force imaginative qu'il n'en a montré l'année dernière, il est certain qu'il a progressé. Si les denrées sont aujourd'hui de meilleure qualité et à meilleur marché qu'elles n'étaient hier, c'est dans l'ordre matériel un progrès incontestable. Mais où est, je vous prie, la garantie du progrès pour le lendemain ? Car les disciples des philosophes de la vapeur et des allumettes chimiques l'entendent ainsi : le progrès ne leur apparaît que sous la forme d'une série indéfinie. Où est cette garantie ? Elle n'existe, dis-je, que dans votre crédulité et votre fatuité.

Exposition universelle de 1855.

1 — *Vous relèverez dans le texte de Renan les procédés rhétoriques* caractéristiques d'un discours démonstratif (interrogations rhétoriques, répétitions, exclamations, etc. A quel moment apparaît le « je » ?)*

2 — *Un certain nombre de mots abstraits expriment l'idéal social de Renan. Relevez-les. Sont-ils clairement définis ? Quel est le terme qui à la fin, réintroduit dans le texte une perspective chrétienne ? Quel est alors le noyau implicite de l'argumentation ?*

3 — *Dans quelle mesure la conception que se fait Renan des rapports entre le « savant spéculatif » et le « peuple », peut-elle être rattachée à un certain romantisme (pensez au « rêveur sacré » de Hugo) ?*

4 — *« Une chose évidente (...), c'est que chaque découverte pratique de l'esprit humain correspond à un progrès moral, à un progrès de dignité pour l'universalité des hommes. » Quelles réflexions vous inspire l'énoncé de cette « évidence » ?*

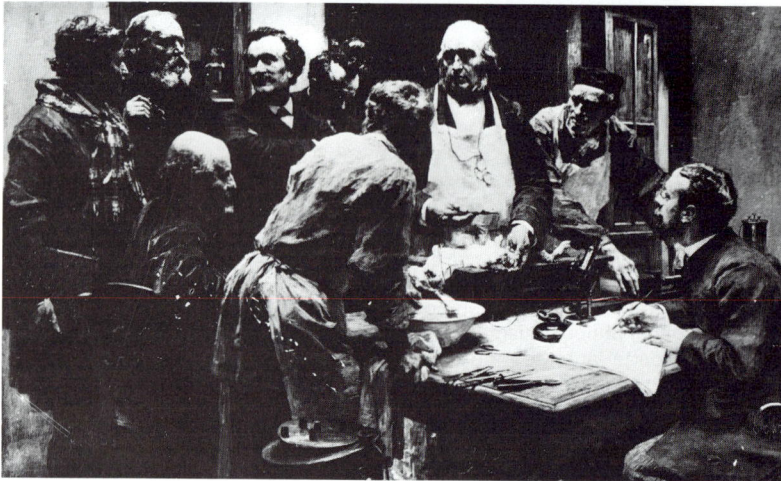

Lhermitte, *Claude Bernard, expérience de physiologie* (R. Viollet).

(...) C'est par l'étude des particularités physico-chimiques que le médecin comprendra les individualités comme des cas spéciaux contenus dans la loi générale, et retrouvera là, comme partout, une généralisation harmonique de la variété dans l'unité. Mais le médecin traitant la variété, il doit toujours chercher à la déterminer dans
5 ses études et la comprendre dans ses généralisations.

S'il fallait définir la vie d'un seul mot, qui, en exprimant bien ma pensée, mît en relief le seul caractère qui, suivant moi, distingue nettement la science biologique, je dirais : la vie, c'est la *création*. En effet, l'organisme créé est une machine qui fonctionne nécessairement en vertu des propriétés physico-chimiques de ses éléments consti-
10 tuants. Nous distinguons aujourd'hui trois ordres de propriétés manifestées dans les phénomènes des êtres vivants : propriétés physiques, propriétés chimiques et propriétés vitales. Cette dernière dénomination de propriétés vitales n'est, elle-même, que provisoire ; car nous appelons vitales les propriétés organiques que nous n'avons pas encore pu réduire à des considérations physico-chimiques ; mais il n'est pas
15 douteux qu'on y arrivera un jour. De sorte que ce qui caractérise la machine vivante, ce n'est pas la nature de ses propriétés physico-chimiques, si complexes qu'elles soient, mais bien la création, de cette machine qui se développe sous nos yeux dans les conditions qui lui sont propres et d'après une idée définie qui exprime la nature de l'être vivant et l'essence même de la vie.

20 Quand un poulet se développe dans un œuf, ce n'est point la formation du corps animal, en tant que groupement d'éléments chimiques, qui caractérise essentiellement la force vitale. Ce groupement ne se fait que par suite des lois qui régissent les propriétés chimico-physiques de la matière ; mais ce qui est essentiellement du domaine de la vie et ce qui n'appartient ni à la chimie ni à la physique,, ni à rien autre
25 chose, c'est l'*idée* directrice de cette évolution vitale. Dans tout germe vivant, il y a une idée créatrice qui se développe et se manifeste par l'organisation. Pendant toute sa durée, l'être vivant reste sous l'influence de cette force vitale créatrice, et la mort arrive lorsqu'elle ne peut plus se réaliser. Ici, comme partout, tout dérive de l'idée qu'elle seule crée et dirige ; les moyens de manifestation physico-chimiques sont communs à tous
30 les phénomènes de la nature et restent confondus pêle-mêle, comme les caractères de l'alphabet dans une boîte où une force va les chercher pour exprimer les pensées ou les mécanismes les plus divers. C'est toujours cette même idée vitale qui conserve l'être, en reconstituant les parties vivantes désorganisées par l'exercice ou détruites par les accidents et par les maladies ; de sorte que c'est aux conditions physico-chimiques de
35 ce développement primitif qu'il faudra toujours faire remonter les explications vitales, soit à l'état normal, soit à l'état pathologique. Nous verrons en effet que le physiologiste et le médecin ne peuvent réellement agir que par l'intermédiaire de la physico-chimie animale, c'est-à-dire par une physique et une chimie qui s'accomplissent sur le terrain vital spécial où se développent, se créent et s'entretiennent, d'après une idée définie et
40 suivant des déterminismes rigoureux, les conditions d'existence de tous les phénomènes de l'organisme vivant.

Introduction à la médecine expérimentale, 1865,
deuxième partie, chap. II, 2,
« De la pratique expérimentale sur les êtres vivants ».

Au moment où Marcelin Berthelot chasse la « force vitale » de la chimie (voir tableau ci-contre), Claude Bernard la chasse de la physiologie : il n'y a plus de discontinuité entre les états de la matière, dont le vivant n'est qu'une forme spécifique d'organisation. (voir aussi texte n° 70). Mais cette expulsion ne va pas sans ambiguïtés.

LA MISE EN PLACE D'UNE VISION UNIFIÉE DU MONDE

1843 : Principe de la conservation de l'énergie (Joule). 1851 : Redécouverte par Clausius du principe de Carnot (1824)	**unité du monde à travers ses transformations**
1859 : *L'Origine des espèces* de Ch. Darwin (trad. fr. Cl. Royer en 1862).	**tout ce qui vit se transforme selon le milieu, loi de la sélection naturelle.**
1860 : *Chimie organique fondée sur la synthèse* de Marcelin Berthelot.	**tous les phénomènes chimiques sont réductibles à un déterminisme commun.**
1865 : *Introduction à la médecine expérimentale* de Claude Bernard.	**tous les phénomènes de la vie obéissent à un déterminisme aussi rigoureux que les phénomènes physico-chimiques.**
1873 : théorie électromagnétique de la lumière de Maxwell, qui synthétise toutes les recherches physiques. Classification périodique des éléments. Essor de la théorie atomique.	**les constituants de la matière ont une unité.**
1895 : *Règles de la méthode sociologique* d'E. Durkheim.	**il est possible d'étendre à la sphère sociale le rationalisme scientifique.**

ANNIE PETIT, 1978
Ce critique contemporain souligne le parallélisme entre l'entreprise d'A. Comte et celle de C. Bernard :

Comme Auguste Comte en son temps, Claude Bernard semble ressentir la nécessité et l'urgence de réflexions épistémologiques sur des pratiques scientifiques. Ici et là, un besoin de théorisation, une volonté d'assurer un statut scientifique à leur entreprise, et un discours qui se veut fondateur. L'un et l'autre ont conscience d'être des novateurs, de poser les bases de sciences toutes jeunes ; et pour mieux assurer la promotion de savoirs balbutiants en véritable science, l'un et l'autre reconsidèrent l'ensemble des savoirs scientifiques et fixent les conditions générales de scientificité. A partir de là, ils espèrent dégager clairement les conditions du succès de leurs entreprises plus locales. Auguste Comte veut fonder la sociologie ; Claude Bernard la médecine expérimentale. Auguste Comte s'oblige à l'immense détour théorique qu'est le *Cours de philosophie positive* pour valider ses exigences sociologiques ; Claude Bernard élucide les chaînons de tout raisonnement expérimental et les conditions de toute expérimentation pour valider ses projets médicaux. Ainsi pour satisfaire leurs ambitions spécifiques, nos deux auteurs sont conduits à prendre position sur des problèmes touchant l'ensemble de la théorie de la connaissance : et chacun de revoir, par exemple, les règles de la méthode scientifique, l'histoire des savoirs, ou les rapports Science-Philosophie.

Romantisme, nᵒˢ 21-22, 1978,
« D'A. Comte à C. Bernard : un positivisme déplacé ».

1 — *Relevez les mots-outils soulignant les articulations logiques de ce texte, et établissez un plan détaillé de l'argumentation. A qui s'adresse Claude Bernard, à un premier niveau ?*

2 — *Regroupez et classez les termes qui désignent les opérations intellectuelles caractérisant pour l'auteur la démarche scientifique. Comment peut-on la résumer ? Comment se fait le lien entre la théorie et la pratique ?*

3 — *Deux mots abstraits apparaissent d'abord en italique, et sont ensuite fondus dans une même expression ; lesquels ? En quoi le recours à ce type de vocabulaire peut-il marquer les limites de la démarche scientifique ?*

4 — *EXPOSÉ/DÉBAT :*
[on pourra prendre comme point de départ le livre de Jacques Monod, le Hasard et la Nécessité, *1970].*
La science peut-elle tout expliquer, et doit-on rêver, avec Berthelot (voir page précédente), d'une « direction des sociétés humaines, par les sciences » ?

Sainte-Beuve.

Sainte-Beuve, influencé par l'idéologie positiviste de l'époque, tente de reconstituer une « histoire naturelle des esprits » : des conditions déterminées produiront tel ou tel type d'œuvre ; en utilisant les mêmes méthodes que l'homme de science, le critique peut alors arriver à classer les écrivains et à dégager des lois générales de la création intellectuelle, comme voudra le faire Taine (voir page suivante) avec plus de rigueur encore.

Le classique, dans son caractère le plus général et dans sa plus large définition, comprend les littératures à l'état de santé et de fleur heureuse, les littératures en plein accord et en harmonie avec leur époque, avec leur cadre social, avec les principes et les pouvoirs dirigeants de la société ; contentes d'elles-mêmes —
5 entendons-nous bien, contentes d'être de leur nation, de leur temps, du régime où elles naissent et fleurissent (la joie de l'esprit, a-t-on dit, en marque la force ; cela est vrai pour les littératures comme pour les individus) ; les littératures qui sont et qui se sentent chez elles, dans leur voie, non déclassées, non troublantes ; n'ayant pas pour principe le *malaise*, qui n'a jamais été un principe de beauté. Ce n'est pas moi, messieurs, qui
10 médirait des littératures romantiques ; je me tiens dans les termes de Gœthe et de l'explication historique. On ne naît pas quand on veut, on ne choisit pas son moment **pour éclore ; on n'évite pas, surtout dans l'enfance, les courants généraux qui passent** dans l'air, et qui soufflent le sec ou l'humide, la fièvre ou la santé ; et il est de tels courants pour les âmes. Ce sentiment de premier contentement, où il y a, avant tout,
15 de l'espérance et où le découragement n'entre pas, où l'on se dit qu'on a devant soi une époque plus longue que soi, plus forte que soi, une époque protectrice et juge, qu'on a un beau champ à une carrière, à un développement honnête et glorieux en plein soleil, voilà ce qui donne le premier fonds sur lequel s'élèvent ensuite, palais et temples réguliers, les œuvres harmonieuses. Quand on vit dans une perpétuelle instabilité
20 publique, et qu'on voit la société changer plusieurs fois à vue, on est tenté de ne pas croire à l'immortalité littéraire et de se tout accorder en conséquence. Or, ce sentiment de sécurité et d'une saison fixe et durable, il n'appartient à personne de se le donner : on le respire avec l'air aux heures de la jeunesse. Les littératures romantiques, qui sont surtout de coup de main et d'aventure, ont leurs mérites, leurs exploits, leur rôle brillant,
25 mais en dehors des cadres ; elles sont à cheval sur deux ou trois époques, jamais établies en plein dans une seule, inquiètes, chercheuses, excentriques de leur nature, ou très en avant ou très en arrière, volontiers ailleurs, — errantes.

La littérature classique ne se plaint pas, ne gémit pas, ne *s'ennuie* pas. Quelquefois on va plus loin avec la douleur et par la douleur, mais la beauté est plus
30 tranquille.

Le classique, je le répète, a cela, au nombre de ses caractères, d'aimer sa patrie, son temps, de ne voir rien de plus désirable ni de plus beau ; il en a le légitime orgueil. *L'activité dans l'apaisement* serait sa devise. Cela est vrai du siècle de Périclès, du siècle d'Auguste comme du règne de Louis XIV. Ecoutons-les parler, sous leur beau ciel et
35 comme sous leur coupole d'azur, les grands poètes et les orateurs de ce temps-là : leurs hymnes de louanges sonnent encore à nos oreilles ; ils ont été bien loin dans l'applaudissement.

Le romantique a la nostalgie, comme Hamlet ; il cherche ce qu'il n'a pas, et jusque par delà les nuages ; il rêve, il vit dans les songes. Au dix-neuvième siècle, il
40 adore le moyen âge ; au dix-huitième, il est déjà révolutionnaire avec Rousseau. Au sens de Gœthe, il y a des romantiques de divers temps : le jeune homme de Chrysostome (1) Stagyre, Augustin (2) dans sa jeunesse, étaient des romantiques, des Renés anticipés, des malades ; mais c'étaient des malades pour guérir, et le Christianisme les a guéris : il a exorcisé le démon. Hamlet, Werther, Childe-Harold, les
45 Renés purs, sont des malades pour chanter et souffrir, pour jouir de leur mal, des romantiques plus ou moins par dilettantisme : — la maladie pour la maladie.

Causeries du Lundi, tome XV, « Leçon d'ouverture à l'Ecole Normale », 12 avril 1858.

(1) Saint-Jean Chrysostome, père de l'Eglise (IVᵉ s.).   (2) Saint-Augustin (354-430).

LE PROJET DE SAINTE-BEUVE

1. LA MÉTHODE NATURELLE EN LITTÉRATURE

Comment, s'interroge Sainte-Beuve « éviter la pure rhétorique » *et* « atteindre au vrai dans une étude naturelle » ? *Dans les* Nouveaux Lundis *(1862), il précise les* « directions positives » *qui fondent sa méthode : la production littéraire d'un écrivain* « n'est point séparable du reste de l'homme et de l'organisation ; (...) et je dirais volontiers : *tel arbre, tel fruit* ».

● *Il s'agit alors d'abord de définir la* **race** (« Si l'on connaissait bien la race physiologiquement, les ascendants et ancêtres, on aurait un grand jour sur la qualité secrète et essentielle des esprits »).

● *Le second point essentiel à déterminer, après les* **études** *et l'*éducation, *est* « **le premier milieu,** le premier groupe d'amis et de contemporains dans lequel il s'est trouvé au moment où son talent a éclaté, a pris corps et est devenu adulte. Le talent, en effet, en demeure marqué, et quoi qu'il fasse ensuite, il s'en ressent toujours ».

● *Un autre point privilégié qu'il s'agit de cerner, après le moment où un talent éclate, est celui* « où il **se gâte,** où il **se corrompt,** où il déchoit, où il dévie ».

● *Il faut ensuite étudier la* « **postérité morale** » *de l'auteur,* « ses disciples et admirateurs naturels », *car* « le génie est un roi qui crée son peuple » : « Dis-moi qui t'admire et qui t'aime, et je te dirai qui tu es ».

● *Enfin rien ne sert mieux que de le juger* « par les **ennemis** qu'il soulève et qu'il s'attire sans le vouloir, par ses contraires et ses antipathiques, par ceux qui ne le peuvent instinctivement souffrir ».

● *L'étude permet alors de déboucher sur une perspective plus ample :* « L'antagonisme des **familles d'esprit** achève ainsi de se dessiner. Que voulez-vous ? C'est dans le sang, dans le tempérament, dans les premiers partis pris qui souvent ne dépendaient pas de vous. Quand ce n'est pas de la basse envie, ce sont des haines de race ».

2. LA SCIENCE CRITIQUE FUTURE

Le but que doit se fixer la critique littéraire est de « répandre enfin dans cette infinie variété de la biographie littéraire quelque chose de la vue lumineuse et de l'ordre qui préside à la distribution des familles naturelles en botanique et en zoographie. »

Nouveaux Lundis, 7 décembre 1864.

Un jour viendra, que je crois avoir entrevu dans le cours de mes observations, un jour où la science sera constituée, où les grandes familles d'esprits et leurs principales divisions seront déterminées et connues. Alors le principal caractère d'un esprit étant donné, on pourra en déduire plusieurs autres. Pour l'homme, sans doute, on ne pourra jamais faire exactement comme pour les animaux ou pour les plantes ; l'homme moral est plus complexe ; il a ce qu'on nomme *liberté* et qui, dans tous les cas, suppose une grande mobilité de combinaisons possibles. Quoi qu'il en soit, on arrivera avec le temps, j'imagine, à constituer plus largement la science du moraliste ; elle en est aujourd'hui au point où la botanique en était avant Jussieu, et l'anatomie comparée avant Cuvier, à l'état, pour ainsi dire, anecdotique. Nous faisons pour notre compte de simples monographies, nous amassons des observations de détail ; mais j'entrevois des liens, des rapports, et un esprit plus étendu, plus lumineux, et resté fin dans le détail, pourra découvrir un jour les grandes divisions naturelles qui répondent aux familles d'esprits.

Mais même, quand la science des esprits serait organisée comme on peut de loin le concevoir, elle serait toujours si délicate et si mobile qu'elle n'existerait que pour ceux qui ont une vocation naturelle et un talent d'observer : ce serait toujours un *art* qui demanderait un artiste habile, comme la médecine exige le tact médical dans celui qui l'exerce, comme la philosophie devrait exiger le tact philosophique chez ceux qui se prétendent philosophes, comme la poésie ne veut être touchée que par un poète.

Je suppose donc quelqu'un qui ait ce genre de talent et de facilité pour entendre les groupes, les familles littéraires (puisqu'il s'agit dans ce moment de littérature) ; qui les distingue presque à première vue ; qui en saisisse l'esprit et la vie ; dont ce soit véritablement la vocation ; quelqu'un de propre à être un bon naturaliste dans ce champ si vaste des esprits.

Nouveaux lundis, 21 juillet 1862.

---

1 — *Repérez les métaphores utilisées par Sainte-Beuve. Sont-elles gratuites ? En quoi peuvent-elles nous renseigner sur la conception que se fait l'auteur de la condition humaine ?*

2 — *Comparez les définitions de* « classique » *et* « romantique » *par Sainte-Beuve à celles de Mme de Staël (voir n° 14). Quel est le changement de perspective opéré ? Quelles raisons historiques peut-on en donner ?*

3 — *EXPOSÉ/DÉBAT :*
Proust, dans son Contre Sainte-Beuve *(posthume, 1954), écrit :* « un livre est le produit d'un autre **moi** que celui que nous manifestons dans nos habitudes, dans la société, dans nos vices. Ce moi-là, si nous voulons essayer de le comprendre, c'est au fond de nous-mêmes, en essayant de le recréer en nous, que nous pouvons y parvenir. » *Peut-on selon vous, opposer une lecture* « sciente » *et une lecture* « de cœur » ?

Hippolyte Taine.

*Taine, s'inspirant des sciences naturelles, va encore plus loin que Sainte-Beuve dans la recherche des lois générales. Sa théorie, exposée essentiellement dans l'Histoire de la littérature anglaise (1864-1872) et dans les Essais de critique et d'histoire (1865), prend en compte trois facteurs déterminants, la **race**, le **milieu**, le **moment**. Zola et les naturalistes (voir ci-contre) seront très marqués par son influence.*

En histoire, les civilisations, si diverses qu'elles soient, dérivent de quelques formes spirituelles simples... (...)

Trois sources différentes contribuent à produire cet état moral élémentaire, la *race*, le *milieu* et le *moment*.

5   Ce qu'on appelle la *race*, ce sont des dispositions innées et héréditaires que l'homme apporte avec lui à la lumière et qui, ordinairement, sont jointes à des différences marquées dans le tempérament et dans la structure du corps. Elles varient selon les peuples. Il y a naturellement des variétés d'hommes comme des variétés de taureaux et de chevaux, les unes braves et intelligentes, les autres timides et bornées, les
10   unes capables de conceptions et de créations supérieures, les autres réduites aux idées et aux inventions rudimentaires, quelques-unes appropriées plus particulièrement à certaines œuvres et approvisionnées plus richement de certains instincts, comme on voit des races de chiens mieux douées, les unes pour la course, les autres pour le combat, les autres pour la chasse, les autres enfin pour la garde des maisons ou des
15   troupeaux. Il y a là une force distincte, si distincte qu'à travers les énormes déviations que les deux autres moteurs lui impriment, on la reconnaît encore... Telle est la première et la plus riche source de ces facultés maîtresses d'où dérivent les événements historiques ; et l'on voit d'abord que, si elle est puissante, c'est qu'elle n'est pas une simple source, mais une sorte de lac et comme un profond réservoir où les autres
20   sources, pendant une multitude de siècles, sont venues entasser leurs propres eaux.

Lorsqu'on a ainsi constaté la structure intérieure d'une race, il faut considérer le *milieu* dans lequel elle vit. Car l'homme n'est pas seul dans le monde ; la nature l'enveloppe et les autres hommes l'entourent ; sur le pli primitif et permanent viennent s'étaler les plis accidentels et secondaires, et les circonstances physiques et sociales
25   dérangent ou complètent le naturel qui leur est livré. Tantôt le climat a fait son effet... Tantôt les circonstances politiques ont travaillé... Tantôt enfin les conditions sociales ont imprimé leur marque... Ce sont là les plus efficaces entre les causes observables qui modèlent l'homme primitif ; elles sont aux nations ce que l'éducation, la profession, la condition, le séjour sont aux individus, et elles semblent tout comprendre, puisqu'elles
30   comprennent toutes les puissances extérieures qui façonnent la matière humaine et par lesquelles le dehors agit sur le dedans.

Il y a pourtant un troisième ordre de causes : car avec les forces du dedans et du dehors, il y a l'œuvre qu'elles ont déjà faite ensemble, et cette œuvre elle-même contribue à produire celle qui suit ; outre l'impulsion permanente et le milieu donné, il y
35   a la vitesse acquise. Quand le caractère national et les circonstances environnantes opèrent, ils n'opèrent pas sur une table rase, mais une table où les empreintes sont déjà marquées. Selon qu'on prend la table à un *moment* ou à un autre, l'empreinte est différente ; et cela suffit pour que l'effet total soit différent... Entre autres différences, il y a celle-ci qu'un des artistes est le précurseur et que l'autre est le successeur, que le premier n'a pas de modèle, et que le second a un modèle, que le premier voit les choses face à face et que le second voit les choses par l'intermédiaire du premier.

Histoire de la littérature anglaise, 1864-1872, Introduction, 1863.

LE PROJET D'UNE SCIENCE TOTALE : DU DÉTERMINISME AU NATURALISME

Robida,
Le triomphe du
naturalisme (BN).

TAINE, 1857 :

(...) Au-delà de toutes ces analyses inférieures qu'on appelle sciences et qui ramènent les faits à quelques types et lois particuliers, il peut y avoir une analyse supérieure nommée métaphysique qui ramènerait ces lois et ces types à quelque formule universelle. Cette analyse ne démentirait pas les autres : elle les complé-terait. Elle ne commencerait pas un mouvement différent : elle continuerait un mouvement commencé. Elle recevrait de chaque science la définition où cette science aboutit, celle de l'étendue, du corps astronomi-que, des lois physiques, celle du corps chimique, de l'individu vivant, de la pensée. Elle décomposerait ces définitions ou idées en éléments plus simples, et travaillerait à les ordonner en série pour démêler la loi qui les unit. Elle découvrirait ainsi que la nature est un ordre de formes qui s'appellent les unes les autres et composent un tout indivisible. Enfin, analysant les éléments et les définitions, elle essayerait de démontrer qu'ils ne pouvaient se réunir qu'en un certain ordre de combinaisons, que tout autre ordre ou combinaison renferme quelque contradiction intime, que cette suite idéale, seule possible est la même que la suite observée, seule réelle, et que le monde découvert par l'expérience trouve ainsi sa raison comme son image dans le monde reproduit par l'abstraction. (...)

les Philosophes classiques du XIXe siècle en France, 1857, préface.

ZOLA, 1871 :

Dans la préface à La Fortune des Rougon, *Zola précise :* « Cette œuvre (...) est (...), dans ma pensée l'Histoire naturelle et sociale d'une famille sous le Second Empire. Et le premier épisode : La Fortune des Rougon, doit s'appeler de son titre scientifique : Les Origines ».

Je veux expliquer comment une famille, un petit groupe d'êtres, se comporte dans une société, en s'épanouissant pour donner naissance à dix, à vingt individus, qui paraissent, au premier coup d'œil, profondément dissemblables, mais que l'analyse montre intimement liés les uns aux autres. L'hérédité a ses lois, comme la pesanteur.

Je tâcherai de trouver et de suivre, en résolvant la double question des tempéraments et des milieux, le fil qui conduit mathématiquement d'un homme à un autre homme. Et quand je tiendrai tous les fils, quand j'aurai entre les mains tout un groupe social, je ferai voir ce groupe à l'œuvre, comme acteur d'une époque historique, je le créerai agissant dans la complexité de ses efforts, j'analyserai à la fois la somme de volonté de chacun de ses membres et la poussée générale de l'ensemble. Les Rougon-Macquart, le groupe, la famille que je me propose d'étudier, a pour caractéristique le débordement des appétits, le large soulèvement de notre âge, qui se rue aux jouissances. Physiologi-quement, ils sont la lente expression des accidents nerveux et sanguins qui se déclarent dans une race, à la suite d'une première lésion organique, et qui déterminent, selon les milieux, chez chacun des individus de cette race, les sentiments, les désirs, les passions, toutes les manifestations humaines, natu-relles et instinctives, dont les produits prennent les noms convenus de vertus et de vices. Historique-ment, ils partent du peuple, ils s'irradient dans toute la société contemporaine, ils montent à toutes les situations, par cette impulsion essentiellement mo-derne que reçoivent les basses classes en marche à travers le corps social, et ils racontent ainsi le Second Empire, à l'aide de leurs drames individuels, du guet-apens du coup d'État à la trahison de Sedan.

la Fortune des Rougon, 1871.

1 — *Un effort d'analyse scientifique : vous relèverez et classerez les expressions définissant le plus clairement ce que Taine entend par* **race, milieu, moment,** *et préciserez les relations qui lient ces différentes notions. Tous les termes sont-ils aussi clairement définis ?*

2 — *Un certain nombre de métaphores* et de comparaisons illustrent cet exposé abstrait : précisez leur nature (à quels domaines sont-elles empruntées ?) et leur fonction dans l'argumentation.*

3 — *Remarquez, dans le premier paragraphe, le passage de « variétés » à « races ». Quelle différence peut-on faire entre les deux, et quel est le danger de la confusion ? (relisez pour mémoire les textes de Gobineau, n° 85.)*

4 — *Comparez terme à terme le texte de Taine et celui de Zola (ci-dessus). Peut-on retrouver la triade race-milieu-moment ? 1) dans la* Préface *; 2) dans le sous-titre :* Histoire naturelle et sociale d'une famille sous le Second Empire ?

Puvis de Chavannes, d'abord écarté, — jusqu'en 1858 —, acquit sa notoriété sous Napoléon III avant d'être le peintre officiel de la IIIᵉ République. Il commente lui-même son allégorie :*

« L'idée de la Vierge laïque trouvée, sa physionomie, son attitude et la place à lui donner dans la composition dérivaient logiquement de ce qu'est, dans la réalité, l'administration qu'elle personnifie. Elle régit et surveille
5 tout : La figure doit donc dominer la composition. Mais sa mission sociale ne lui permet pas de se mêler aux discussions de doctrines et de théories : Elle sera placée en retrait de tous les groupes ; son visage calme, impassible, ses bras croisés, indiquant une sereine
10 impartialité. Appuyés familièrement contre elle, deux génies attendent ses ordres pour porter aux vivants et aux morts des palmes et des couronnes de laurier. Devant le groupe central, d'un rocher sort un ruisseau d'eau fraîche, auquel viennent boire des enfants et un
15 vieillard. L'instruction n'est-elle pas la source intellectuelle à tous les âges de la vie ? J'avais à représenter l'Éloquence. Pour moi, elle constitue la plus haute expression de la puissance de l'esprit humain : La première place était la seule qui lui convînt. Mais
20 comment peindre l'Éloquence avec assez de caractère pour que personne ne puisse se méprendre sur son identité ? Lui donner des emblèmes et des attributs, suivant la formule classique ? Il m'a semblé que rien ne pouvait mieux représenter l'Éloquence qu'une femme de-
25 bout, parlant fièrement, avec un beau geste, et qu'écoutent avec admiration toutes les figures qui personnifient

les diverses formes de la parole humaine, la Poésie lyrique, la Poésie épique, le Drame, la Satire, la Fable et la Comédie : Ce sont les groupes à gauche et à droite de la
30 Sorbonne.

Quant à la Philosophie, deux grandes idées générales s'en partagent le domaine : Le Matérialisme et le Spiritualisme, autour desquels gravitent le Pessimisme et le Doute. J'ai pensé qu'en prenant comme thème la lutte
35 de ces deux idées sur le problème de la mort, je résumerais toute la Philosophie. Une femme, à la physionomie sévère, tient dans ses mains un crâne, et le contemple, exprimant, par son regard douloureux, par son attitude de tristesse profonde, que la mort est la fin de
40 tout. Une belle jeune fille, au frais visage, au riche costume, souriante, montre une fleur, expression des joies terrestres, et des transformations successives limitées à la matière ; le Spiritualisme, une autre femme enveloppée d'un manteau monastique, répond par un geste d'arden-
45 te aspiration vers l'idéal ; le Doute, un vieillard, écoute et réfléchit. Lorsque Octave Gréard, vice-recteur de l'Académie de Paris, vit pour la première fois ma composition, il voulut bien me féliciter de la clarté de cette allégorie, en me disant : « C'est Aristote et Platon ? »

50 Qu'est l'Histoire ? Une curieuse, qui cherche et fouille dans le passé pour en reconstituer la vie au moyen de documents, dont les plus précieux lui sont fournis par les ruines des monuments : j'ai composé un groupe où l'on voit une femme devant laquelle un enfant écarte les
55 branches d'un buisson qui couvrait une inscription

Le Bois Sacré, 1888-1889, Paris, Grand amphithéâtre de la Sorbonne.

antique, qu'elle se dispose à transcrire sur les tablettes que lui présente un génie. Des ouvriers, occupés à déblayer un vieux mur, s'arrêtent dans leur pénible travail pour écouter ce que dit l'Histoire ; un gamin, que cela
60 intéresse peu, se coiffe, par amusement, d'un vieux casque d'airain : c'est l'Erudition définie et commentée. Il restait à symboliser les Sciences. Elles sont de trois ordres : les Sciences naturelles, les Sciences physiques et les Sciences mathématiques. Pouvais-je mieux faire que
65 de figurer ensemble la Géologie et la Mer, sous les espèces de deux femmes, le corps simplement voilé d'une gaze transparente qui permet d'admirer leur beauté ; l'une, au front couronné d'un diadème de corail, porte dans sa main une conque ; l'autre, parée de pierres
70 précieuses, montre un morceau de cristal naturel. La Minéralogie, une femme, vieille comme le monde, mais solide, bâtie à chaux et à sable, assise par terre, s'appuie sur un fragment de roche, qui renferme un coquillage fossile. La Botanique a sur ses genoux une gerbe de
75 fleurs. Un enfant, le scalpel à la main, va saisir un lézard pour l'étudier, pendant qu'un autre examine avec curiosité un flacon de culture microbienne. La Physique est une sorte d'Isis mystérieuse, qui ne se dévoile qu'aux initiés, ardents, enthousiastes, convaincus : Je l'ai placée
80 sur un haut piédestal, comme une déesse ; des jeunes gens, d'un commun élan, jurent de se consacrer à elle. Les Sciences mathématiques seront trois hommes absorbés dans l'étude d'un problème de géométrie ».

Cité dans *Puvis de Chavannes*, 1895, de Marius Vachon.

1 — *Après avoir cherché dans l'index et complété par plusieurs dictionnaires, la définition d'allégorie*, identifiez, personnage par personnage, les figures allégoriques de Puvis de Chavannes (référez-vous à son commentaire).*

2 — *La représentation allégorique des notions ou des matières enseignées oblige Puvis de Chavannes à choisir les traits qui sont généralement adoptés et d'autres propres à son imagination. Isolez deux ou trois figures allégoriques et déterminez la conception qu'a Puvis des matières et des notions en question (en particulier, examinez la Sorbonne elle-même « source » et « vierge laïque »). Critiquez ou expliquez ses choix.*

3 — *En 68, les étudiants en grève ont illustré à leur manière la Sorbonne. Imaginez vos propres graffitis. Connaissez-vous d'autres détournements d'œuvres d'art ou de photographies (monuments, films, affiches, inscriptions sur des livres, etc.). Citez-les, classez-les et donnez votre sentiment.*

Renoir, *Wagner* (Giraudon).

16 mars 1861 : Tannhäuser (1845) est donné à Paris. Les trois représentations sont catastrophiques. Un critique musical, Challemel-Lacour, explique ainsi l'échec de Wagner : « Le public parisien n'est ni musicien, ni religieux, ni artiste ; il veut être amusé, voilà tout. » En effet, la gloire musicale de l'époque n'est ni Berlioz, ni Wagner, mais Offenbach (voir n° 104). La carrière française de Wagner ne commencera véritablement qu'après 1879. Wagner, musicien ? Celui que Nietzsche appelait « le vieux mage du Nord » se considérait lui-même avant tout comme un poète, un penseur et un théoricien, s'exprimant par le moyen du théâtre lyrique. Dans Opéra et drame, *en 1850, il définit le sens de son art : rejet des formes traditionnelles, recherche d'une fusion intime de la poésie et de la musique pour retrouver, dans une représentation théâtrale, le sens du sacré et du mythe.*

Le seul tableau de la vie humaine qui soit appelé poétique est celui où les motifs qui n'ont de sens que pour l'intelligence abstraite font place aux mobiles purement humains qui gouvernent le cœur. Cette tendance (celle relative à l'invention du sujet poétique) est la loi souveraine qui préside à la forme et à la représentation poétique... L'arrangement
5 rythmique et l'ornement (presque musical) de la rime sont pour le poète des moyens d'assurer au vers, à la phrase, une puissance qui captive comme par un charme et gouverne à son gré le sentiment. Essentielle au poète, cette tendance le conduit jusqu'à la limite de son art, limite que touche immédiatement la musique, et, par conséquent, l'œuvre la plus complète du poëte devrait être celle qui, dans son dernier achèvement,
10 serait une parfaite musique.

De là, je me voyais nécessairement amené à désigner le *mythe* comme matière idéale du poëte. Le mythe est le poëme primitif et anonyme du peuple, et nous le retrouvons à toutes les époques repris, remanié sans cesse à nouveau par les grands poëtes des périodes cultivées. Dans le mythe, en effet, les relations humaines dépouillent
15 presque complètement leur forme conventionnelle et intelligible seulement à la raison abstraite ; elles montrent ce que la vie a de vraiment humain, d'éternellement compréhensible, et le montrent sous cette forme concrète, exclusive de toute imitation, laquelle donne à tous les vrais mythes leur caractère individuel que vous reconnaissez au premier coup d'œil. (...)

20 Je quittai une fois pour toutes le terrain de l'histoire et m'établis sur celui de la légende... Tout le détail nécessaire pour décrire et représenter le fait historique et ses accidents, tout le détail qu'exige, pour être parfaitement comprise, une époque spéciale et reculée de l'histoire, et que les auteurs contemporains de drames et de romans historiques déduisent, par cette raison, d'une manière si circonstanciée, je pouvais le laisser de côté...
25 La légende, à quelque époque et à quelque nation qu'elle appartienne, a l'avantage de comprendre exclusivement ce que cette époque et cette nation ont de purement humain, et de le présenter sous une forme originale très-saillante, et dès lors intelligible au premier coup d'œil. Une ballade, un refrain populaire, suffisent pour vous représenter en un instant ce caractère sous les traits les plus arrêtés et les plus frappants... Le caractère de la scène et
30 le ton de la légende contribuent ensemble à jeter l'esprit dans cet état de *rêve* qui le porte bientôt jusqu'à la pleine *clair-voyance*, et l'esprit découvre alors un nouvel enchaînement des phénomènes du monde, que ses yeux ne pouvaient apercevoir dans l'état de veille ordinaire... (...)

Opéra et Drame, 1850.

(...) Je me demandai quelles devaient être les conditions de l'art pour qu'il pût inspirer au public un inviolable respect, et, afin de ne point m'aventurer trop dans l'examen de cette question, je fus chercher mon point de départ dans la Grèce ancienne. J'y rencontrai tout d'abord l'œuvre artistique par excellence, le *drame*, dans lequel l'idée,
5 quelque profonde qu'elle soit, peut se manifester avec le plus de clarté et de la manière la plus universellement intelligible. Nous nous étonnons à bon droit qu'aujourd'hui trente mille Grecs aient pu suivre avec un intérêt soutenu la représentation des tragédies d'Eschyle ; mais si nous recherchons le moyen par lequel on obtenait de pareils résultats, nous trouvons que c'est par l'alliance de tous les arts concourant ensemble au même but,
10 c'est-à-dire à la production de l'œuvre artistique la plus parfaite et la seule vraie. (...)

Lettre à Berlioz, 1860.

Wagner : ricaner quand on entend son nom et faire des plaisanteries sur la musique de l'avenir.

Flaubert, *Dictionnaire des idées reçues* (voir n° 81).

1 — *Matière et forme ont pour Wagner un lien organique. Où le souligne-t-il ? En quels termes ? Cette thèse est-elle banale ou originale à son époque, en musique ? Dans la création artistique en général ?*

2 — *Le texte d'Hoffmann est-il une définition de la musique par un romantique ou une définition du romantisme à travers la musique ?*

3 — *Le texte de Baudelaire : en vous reportant au dossier Baudelaire (voir n° 63 et suivants) vous relèverez les thèmes de prédilection que l'auteur des* Fleurs du Mal *a retrouvés chez Wagner.*

LE PLUS ROMANTIQUE DE TOUS LES ARTS...

HOFFMANN, (1776-1822)

Ce musicien, écrivain et poète allemand, écrit à propos de la musique de Beethoven :

On veut que la musique soit un art indépendant, mais ce n'est vrai que de la musique instrumentale, qui, rejetant tout secours, toute intrusion d'un autre art (la poésie), exprime dans son entière pureté l'essence propre de la musique. C'est le plus romantique de tous les arts, on pourrait presque dire le seul art véritablement romantique : car l'infini seul est son objet. La lyre d'Orphée a ouvert les portes de l'Orcus. La musique ouvre à l'homme un royaume inconnu, tout à fait différent du monde sensible qui l'entoure ; en quittant celui-ci, il se défait de tout sentiment *défini*, pour s'abandonner à une aspiration ineffable. (...)

Dans le chant, où la poésie désigne par des paroles des passions déterminées, la magie de la musique agit comme le merveilleux élixir des sages, dont quelques gouttes suffisent à rendre une boisson plus précieuse et plus exquise. Chaque passion — amour, haine, colère, désespoir, etc. — telle que l'opéra nous la présente, est revêtue par la musique de la pourpre romantique, et les impressions mêmes que nous ressentons dans la vie nous emportent, loin de la vie, dans le royaume de l'infini.

Si puissante est la magie de la musique (...).

La musique de Beethoven fait jouer les ressorts de la peur, de l'effroi, de la terreur, de la souffrance, et éveille précisément cette aspiration infinie qui est l'essence du romantisme. Aussi est-il purement romantique (...).

« ... une manière d'accord entre les couleurs, les sons et les parfums... »

Ce n'est pas tant dans le rêve que dans cet état de délire qui précède le sommeil, et particulièrement quand j'ai entendu beaucoup de musique, que je perçois une manière d'accord entre les couleurs, les sons et les parfums. Il me semble alors qu'ils se manifestent tous, de la même façon mystérieuse, dans la lumière du soleil, pour se fondre ensuite en un merveilleux concert. Le parfum des œillets rouge foncé a sur moi un singulier pouvoir magique : involontairement, je tombe en état de rêve et j'entends alors, qui semblent venir de très loin, s'enflant et puis s'évanouissant, les sons du cor de basset.

Hoffmann, Kreisleriana, trad. fr. 1949.

CHARLES BAUDELAIRE, 1861

Ce qui serait vraiment surprenant, c'est que le son *ne pût pas* suggérer la couleur, que les couleurs *ne pussent pas* donner l'idée d'une mélodie, et que le son et la couleur fussent impropres à traduire des idées ; les choses s'étant toujours exprimées par une analogie réciproque, depuis le jour où Dieu a proféré le monde comme une complexe et indivisible totalité.

Baudelaire, *Richard Wagner et Tannhäuser à Paris,* 1861.

CHARLES BAUDELAIRE, 1861

Tannhäuser représente la lutte des deux principes qui ont choisi le cœur humain pour principal champ de bataille, c'est-à-dire de la chair avec l'esprit, de l'enfer avec le ciel, de Satan avec Dieu. Et cette dualité est représentée tout de suite, par l'ouverture, avec une incomparable habileté. (...)

L'ouverture, dis-je, résume donc la pensée du drame par deux chants, le chant religieux et le chant voluptueux, qui, pour me servir de l'expression de Liszt, « sont ici posés comme deux termes, et qui, dans le final, trouvent leur équation ». Le *Chant des pèlerins* apparaît le premier, avec l'autorité de la loi suprême, comme marquant tout de suite le véritable sens de la vie, le but de l'universel pèlerinage, c'est-à-dire Dieu. Mais comme le sens intime de Dieu est bientôt noyé dans toute conscience par les concupiscences de la chair, le chant représentatif de la sainteté est peu à peu submergé par les soupirs de la volupté. La vraie, la terrible, l'universelle Vénus se dresse déjà dans toutes les imaginations. (...)

Langueurs, délices mêlées de fièvre et coupées d'angoisses, retours incessants vers une volupté qui promet d'éteindre, mais n'éteint jamais la soif ; palpitations furieuses du cœur et des sens, ordres impérieux de la chair, tout le dictionnaire des onomatopées de l'amour se fait entendre ici. Enfin le thème religieux reprend peu à peu son empire, lentement, par gradations, et absorbe l'autre dans une victoire paisible, glorieuse comme celle de l'être irrésistible sur l'être maladif et désordonné, de Saint Michel sur Lucifer. (...)

Dès les premières mesures, les nerfs vibrent à l'unisson de la mélodie ; toute chair qui se souvient se met à trembler. Tout cerveau bien conformé porte en lui deux infinis, le ciel et l'enfer, et dans toute image de l'un de ces infinis, il reconnaît subitement la moitié de lui-même. Aux titillations sataniques d'un vague amour succèdent bientôt des entraînements, des éblouissements, des cris de victoire, des gémissements de gratitude, et puis des hurlements de férocité, des reproches de victimes et des hosanna impies de sacrificateurs, comme si la barbarie devait toujours prendre sa place dans le drame de l'amour, et la jouissance charnelle conduire par une logique satanique inéluctable, aux délices du crime. Quand le thème religieux, faisant invasion à travers le mal déchaîné, vient peu à peu rétablir l'ordre et reprendre l'ascendant, quand il se dresse de nouveau, avec toute sa solide beauté, au-dessus de ce chaos de voluptés agonisantes, toute l'âme éprouve comme un rafraîchissement, une béatitude de rédemption ; sentiment ineffable qui se reproduira au commencement du deuxième tableau, quand Tannhäuser, échappé de la grotte de Vénus, se retrouvera dans la vie véritable, entre le son religieux des cloches natales, la chanson naïve du pâtre, l'hymne des pèlerins et la croix plantée sur la route, emblème de toutes ces croix qu'il faut traîner sur toutes les routes. Dans ce dernier cas, il y a une puissance de contraste qui agit irrésistiblement sur l'esprit et qui fait penser à la manière large et aisée de Shakespeare. (...)

Richard Wagner et Tannhäuser à Paris, 1861.

Mucha, *Salon des Cent* (1896).

302

IVe PARTIE

1870-1900

Le boulevard des Italiens en 1872 (Giraudon).

LA TROISIÈME RÉPUBLIQUE

	Evénements politiques et sociaux	Production écrite française	Production écrite étrangère	Musique Architecture Arts plastiques
1871	Armistice, Traité de Francfort	Renan : *La Réforme intellectuelle et morale de la France*	Dostoïevski : *Les Démons (1871-1872)*	Saint-Saëns : *Le Rouet d'Omphale*
	Commune de Paris : 18-3/27-5	**Rimbaud : *Le Bateau Ivre (publ. 1883) - La Lettre du Voyant - Poésies***	L. Carroll : *A travers le miroir*	Brückner : *2e Symphonie*
	7 mai : Appel aux femmes de Paris	Le Parnasse contemporain, 2e livraison	**Marx : *La Guerre civile en France***	Verdi : *Aïda*
	21-29 mai : la Semaine sanglante	**Banville : *Petit traité de poésie française***	**Darwin : *La descendance de l'homme et la sélection sexuelle***	Wagner : *Siegfried*
	Exposition Universelle (Londres)	**Zola : *La Fortune des Rougon (Préface)***		Puvis de Chavannes : *Les Jeunes Filles et la mort*
1872	Création de la Banque de Paris et des Pays Bas	Banville : *Petit traité de poésie Française*	Andersen : *Contes de fées*	Bizet : *l'Arlésienne*
		Daudet : *Tartarin de Tarascon*	Nietzsche : *La Naissance de la tragédie*	**Brahms : *Quatuors Nos 1 et 2***
		Leconte de Lisle : *Poèmes barbares*		Daumier : *La Monarchie*
		Hugo : *L'Année Terrible*		Degas : *Le Foyer de la danse*
		Littré : *Dictionnaire de la langue française*		Monet : *La Seine à Argenteuil*
		Zola : *La Curée*		
		Labiche : *Il est de la police*		
1873	Mac-Mahon président - Coalition de "l'ordre moral" Evacuation de la France Exposition Universelle (Vienne)	**Corbière : *Les Amours jaunes***		Lalo : *Symphonie espagnole*
		Cros : *Le Coffret de Santal*		**Cézanne : *Une moderne Olympia***
		Rimbaud : *Une saison en enfer*		Lecocq : *La Fille de Madame Angot*
		Verne : *Le Tour du Monde en quatre-vingts jours*		Monet : *Le Champ de coquelicots*
		Zola : *Le Ventre de Paris*		**Renoir : *La mare aux canards***

	Evénements politiques et sociaux	Production écrite française	Production écrite étrangère	Musique Architecture Arts plastiques
1874	Gouvernement d'ordre moral - Censure Création de la Banque Parisienne 1ere Exposition des "Impressionnistes"	**Barbey d'Aurevilly : *Les Diaboliques*** **Mallarmé : *La dernière mode*** Gobineau : *Les Pléiades* **Hugo : *Quatre-vingt-treize*** Verlaine : *Romances sans paroles* Verne : *L'Ile mystérieuse* **Flaubert : *La tentation de Saint-Antoine (dernière version)***		Saint-Saëns : *Danse macabre* Smetana : *La Moldau* Verdi : *Requiem* Wagner : *Le Crépuscule des Dieux* Monet : *Les Canotiers d'Argenteuil*
1875	Liberté de l'enseignement supérieur Création d'Universités catholiques	Mistral : *Traduction de Mireille* Zola : *La Faute de l'Abbé Mouret* Dupont : *Chants et Poésies*	Marx : *Critique du programme de Gotha*	Bizet : *Carmen* Cézanne : *La Route tournante* Degas : *Petites paysannes se lavant dans la mer* Puvis de Chavannes : *Baigneuses*
1876	Création du **Petit Parisien** Fin de la 1ere Internationale	Le Parnasse contemporain (3e livraison) **Mallarmé : *L'Après-midi d'un faune*** **Daudet (Alphonse) : *Jack*** **Richepin : *La Chanson des gueux (saisi)*** Verne : *Michel Strogoff*	Dostoïevski : *L'Adolescent* Tolstoï : *Anna Karénine* Mark Twain : *Les aventures de Tom Sawyer* Nietzsche : *Wagner à Bayreuth*	Degas : *Le Café-concert* Renoir : *Le Moulin de la Galette* **Moreau : *L'Apparition - Salomé devant Hérode***
1877	Dissolution de la Chambre, les républicains gardent la majorité Cros et Edison inventent le phonographe	**Flaubert : *Trois contes*** Hugo : *La Légende des siècles (2e série)* **Zola : *L'Assommoir*** **G. Bruno : *Le Tour de France par deux enfants***		Saint-Saëns : *Samson et Dalila* Dvořák : *Stabat Mater* Tchaïkovski : *Concerto pour violon, Le Lac des Cygnes* Cézanne : *Autoportrait au chapeau de paille* Pissarro : *L'Arbre en fleurs* Rodin : *L'Homme qui marche* G. Moreau : *Salomé*

	Evénements politiques et sociaux	Production écrite française	Production écrite étrangère	Musique Architecture Arts plastiques
1878	Exposition Universelle (Paris)	Michelet : *Histoire de France* (rééd. posth. 1878-1879) **H. Malot : *Sans Famille*** Cros : *Autrefois*	Nietzsche : *Humain, trop humain*	
1879	Jules Grévy remplace Mac-Mahon - Eclairage électrique des théâtres	Huysmans : *Les Sœurs Vatard* **Vallès : *Jacques Vingtras*** (1879-1886), ***L'Enfant*** Zola : *Nana* **Dubarry : *Voyage au Dahomey***	Schopenhauer : *Les Fondements de la morale* Büchner : *Woyzeck (posth.)* Dostoïevski : *Les Frères Karamazov* (1879-1880) Ibsen : *La Maison de poupée* Strindberg : *La Chambre Rouge*	Fauré : *Quatuor avec piano en ut mineur* Lalo : *Rhapsodie norvégienne*
1880	Amnistie des Communards Loi Camille Sée sur l'enseignement secondaire des jeunes filles	Les Soirées de Médan **Zola : *Le Naturalisme au théâtre*** **Zola : *Le Roman expérimental*** **Huysmans : *L'Exposition des Indépendants*** **Laforgue : *Le Droit à la Paresse* (en articles)** **Flaubert : *Le Château des cœurs* (posth.)**	Nietzsche : *Le Voyageur et son ombre*	Borodine : *Dans les steppes de l'Asie Centrale* Rodin : *Le Penseur* Exposition des Indépendants
1881	Liberté de presse et de réunion - Gratuité de l'enseignement primaire (Jules Ferry) Protectorat sur la Tunisie	**Flaubert : *Bouvard et Pécuchet* (posth.)** A. France : *Le Crime de Sylvestre Bonnard* **Loti : *Le roman d'un spahi*** Vallès : *Le Bachelier* **Verlaine : *Sagesse*** Zola : *Le Naturalisme au Théâtre*	Ibsen : *Les Revenants*	E. Chabrier : *Pièces pittoresques* Massenet : *Hérodiade* Brahms : *2ᵉ Concerto pour piano et orchestre* Gauguin : *Nu* Puvis de Chavannes : *Le Pauvre Pêcheur*
1882	Enseignement primaire obligatoire et laïque (Jules Ferry) Protectorat sur l'Egypte	**Becque : *Les Corbeaux*** Huysmans : *A vau-l'eau* Zola : *Pot-Bouille*	Nietzsche : *Le Gai Savoir*	**Wagner : *Parsifal* à** Bayreuth Degas : *Chez la modiste*

	Evénements politiques et sociaux	Production écrite française	Production écrite étrangère	Musique Architecture Arts plastiques
1883	Protectorat sur l'Annam (Indochine) Vallès fonde **le Cri du peuple** (1883-1890) Exposition universelle (Amsterdam)	Hugo : *La Légende des siècles (3ᵉ Série)* Lafargue : **Le Droit à la Paresse *(volume)*** Maupassant : *Une vie* **Villiers de l'Isle Adam : *Contes cruels*** Renan : *Souvenirs d'enfance et de jeunesse* Zola : **Au Bonheur des Dames**	Stevenson : *L'Ile au Trésor* Nietzsche : *Ainsi parlait Zarathoustra (1883-1891)*	Brahms : *3ᵉ Symphonie* Monet : *La Mer à Etretat* **Renoir : *La Danse à la campagne***
1884	Lois sur les libertés syndicales 1ᵉʳ Salon des Indépendants	**Huysmans : *A Rebours*** **Verlaine : *Jadis et Naguère*, les Poètes maudits** Zola : *La Joie de vivre* **Maupassant : *La Chevelure***	Ibsen : *Le Canard sauvage* Engels : *L'Origine de la Famille, de la propriété privée et de l'Etat*	Franck : *Préludes, choral et fugue* Renoir : *Grandes Baigneuses (1884-1888)*
1885	Réélection de Jules Grévy Exposition Universelle (Anvers)	Becque : *La Parisienne* **Laforgue : *Les Complaintes*** **Hugo : *Paroles de Maglia*** Mallarmé : *Prose pour Des Esseintes* **Maupassant : *Bel Ami*** Zola : **Germinal**	Nietzsche : *Par-delà le bien et le mal*	Franck : *Variations symphoniques* Rodin : *Méditations* Van Gogh: *Les Mangeurs de pommes de terre*
1886	Crise boulangiste (1886-1889) Exposition Universelle (Nouvelle Orléans)	**Drumont : *La France juive*** **Moréas : *Manifeste symboliste, Cantilènes*** Bloy : *Le Désespéré* **Louise Michel : *Mémoires*** Hugo : *La fin de Satan* **Rimbaud : *Les Illuminations*** Loti : *Pêcheur d'Islande* **Mallarmé : *Avant-dire au traité du verbe de René Ghil*** **Vallès : *L'Insurgé (posth.)*** **Verne : *Robur le conquérant*** **Villiers de l'Isle Adam : *L'Eve future*** **Zola : *L'Œuvre***	Schopenhauer : *Le Monde comme volonté et comme représentation* Stevenson : *L'étrange cas du Dʳ Jekyll et Mʳ Hyde*	Saint-Saëns : *Le Carnaval des animaux* Brückner : *Te Deum* Rodin : *Le Baiser* Redon : *Tentation de Saint-Antoine*

	Evénements politiques et sociaux	Production écrite française	Production écrite étrangère	Musique Architecture Arts plastiques
1887	Sadi Carnot remplace Jules Grévy	**Zola :** *La Terre* **Goncourt :** *Journal (1851-1896)* Mallarmé : *Poésies* **Le Manifeste des Cinq** **Maupassant :** *Le Horla, Préface à Pierre et Jean* **Pottier :** *Chants révolutionnaires*	Kipling : *Simples contes des collines* **Doyle (roman) :** *Une Etude en rouge* Strindberg : *Le Père* Tchékhov : *Ivanov*	Fauré : *Clair de Lune, Requiem* Satie : *Trois Sarabandes* Brahms : *Concerto pour violon et violoncelle* **Van Gogh :** *Autoportrait* Verdi : *Othello*
1888		E. Durkheim : *La Science sociale et l'action* Maupassant : *Sur l'Eau, Pierre et Jean* Verlaine : *Parallèlement, Amour* **Zola :** *Le Rêve*		Malher : *1ere Symphonie* Lalo : *Le Roi d'Ys* Satie : *Trois Gymnopédies* **Gauguin :** *Le Christ Jaune* **Van Gogh :** *Le Café de nuit*
1889	Fondation de la 2e Internationale Exposition Universelle (Paris) La Tour Eiffel	Barrès : *Un Homme libre* Bergson : *Les Données immédiates de la conscience* Darien : *Bas les cœurs* **Lorrain :** *Le Sang des dieux* **Christophe :** *La Famille Fenouillard (1889-1890)* **Maupassant :** *La Main Gauche* Maeterlinck : *Serres chaudes* **Verne :** *Sans dessus dessous*	**D'Annunzio :** *L'Enfant de volupté* Nietzsche : *Le Crépuscule des idoles* **Tolstoï :** *La Sonate à Kreutzer*	Van Gogh : *Autoportrait à l'oreille coupée* **Puvis de Chavannes :** *La Sorbonne*
1890	Chute de Bismarck	Claudel : *Tête d'Or* Darien : *Biribi* Villiers de l'Isle Adam : *Axel* (posth.) Renan : *L'avenir de la science (1848)* **Zola :** *La Bête Humaine* **Stendhal :** *Henry Brulard (posth.)* Brunetière : *Symbolistes et décadents*		Debussy : *Cinq Poèmes de Baudelaire* Tchaïkovski : *La Dame de pique* Degas : *Danseuses bleues* Van Gogh : *Champ de blé aux corbeaux*

	Evénements politiques et sociaux	Production écrite française	Production écrite étrangère	Musique Architecture Arts plastiques
1891	Encyclique Rerum Novarum (LéonXIII)	Gide : *Traité du Narcisse, Cahiers d'André Walter* Drumont : *Le Testament d'un antisémite* Huysmans : *Là-bas* Verlaine : *Bonheur, Chansons pour elle*	Du Maurier : *Peter Ibbetson* **O. Wilde : *Le Portrait de Dorian Gray*** W. James : *Principes de psychologie*	
1892	Scandale de Panama La loi sur le travail des enfants : 10 h de 13 à 16 ans, 11 h avant 18 ans	A. France : *La Rôtisserie de la reine Pédauque* **Maeterlinck : *Pelléas et Mélisande*** **Stendhal : *Souvenirs d'égotisme*** Verne : *Le Château des Carpathes* Zola : *La Débâcle*	C. Doyle : *Les Aventures de Sherlock Holmes*	Tchaïkovski : *Le Casse-Noisette* Monet : Série des *Cathédrales*
1893	Organisation des socialistes - Grèves Procès de Panama. Lesseps condamné Exposition universelle(Chicago) Lugné-Poe fonde le Théâtre de l'Œuvre	Claudel : *L'Echange, La Ville* **Bloy : *Sueur de sang*** A. France : *Les opinions de Jérôme Coignard* **Hérédia : *Les Trophées*** Barrès : *Du sang, de la volupté et de la mort* Mallarmé : *Vers et proses* Verhaeren : *Les campagnes hallucinées* **Sardou : *Madame Sans-Gêne*** Zola : *Le Docteur Pascal*		Debussy : *Quatuor* Puccini : *Manon Lescaut* Tchaïkovski : *Symphonie pathétique* Forain : *La Comédie parisienne (dessins)*
1894	Casimir Périer remplace Sadi Carnot (assassiné) "Lois scélérates" **contre anarchistes et** socialistes Condamnation de Dreyfus (déc.)	E. Durkheim : *Les Règles de la méthode sociologique* J. Laforgue : *Poésies complètes* **Stendhal : *Lucien Leuwen*** **P. Louÿs : *Les Chansons de Bilitis*** **Gauguin : *Noa Noa*** **J. Renard : *Poil de Carotte***	D'Annunzio : *Le Triomphe de la mort* Hofmannsthal : *Le Fou et la mort* Nietzsche : *La Volonté de puissance* Kipling : *Le Livre de la Jungle*	**Debussy : *Prélude à L'Après-midi d'un Faune*** *Salomé* : (O. Wilde, J. Strauss) au Théâtre lyrique Dvorak : *Symphonie du Nouveau Monde* Renoir : *Berthe Morisot et sa fille*

	Événements politiques et sociaux	Production écrite française	Production écrite étrangère	Musique Architecture Arts plastiques
1895	Félix Faure remplace Casimir Périer Constitution de la C.G.T. (1895-1902) Cinéma des Frères Lumière Première automobile Peugeot Protectorat sur Madagascar	France : *Le Jardin d'Epicure* Huysmans : *En route* **Verhaeren : *Les Villes Tentaculaires*** Valéry : *Introduction à la méthode de Léonard de Vinci* **Lemaître : *Les Contemporains***	Freud et Breuer : *Etudes sur l'hystérie* **Marx : *Le Capital, livre III (posth.)*** **Hardy : *Jude l'Obscur*** Wells : *La Machine à explorer le temps* Yeats : *Poèmes*	Fauré : *5e et 6e Barcarolles* Cézanne : *Onze études sur la Montagne Sainte-Victoire* E. Munch : *Le Cri* (litho), *Autoportrait*
1896	Annexion de Madagascar Loi sur les universités : une par Académie	Bergson : *Matière et mémoire* **Jarry : *Ubu Roi*** (10 déc. au Théâtre de l'Œuvre) Proust : *Les Plaisirs et les jours* **Renard : *Histoires naturelles*** Valéry : *La Soirée avec Monsieur Teste* Verhaeren : *Les Heures claires*	**Tchekhov : *La Mouette*** Wells : *L'Ile du Docteur Moreau*	**Mahler : *IIIe Symphonie*** Puccini : *La Vie de Bohème* Cézanne : *Le Fumeur* Renoir : *La Famille de l'artiste*
1897	Guerre gréco-turque	Courteline : *Un Client sérieux* Durkheim : *Le Suicide, La Prohibition de l'inceste* **Barrès : *Les Déracinés*** Bloy : *La Femme pauvre* G. Darien : *Le Voleur* **Gide : *Les nourritures terrestres*** P. Loti : *Ramuntcho* **Mallarmé : *Un Coup de dés, Divagations*** J. Rictus : *Les Soliloques du pauvre* Rostand : *Cyrano de Bergerac*	Strindberg : *Inferno* Wells : *L'Homme invisible, La Guerre des Mondes* Kipling : *Capitaines courageux*	Debussy : *Chansons de Bilitis* Fauré : *VIIe Nocturne* Renoir : *La Dormeuse* Rodin : *Monument à Victor Hugo* **Rodin : *Balzac*** Matisse : *La Desserte* **Gauguin : *D'où venons-nous ? Que sommes-nous ? Où allons-nous ?*** **Rodin : *Balzac*** (version définitive)

	Evénements politiques et sociaux	Production écrite française	Production écrite étrangère	Musique Architecture Arts plastiques
1898	Zola : *J'accuse (13 janv.)* procès, condamnation Fondation de la Ligue des droits de l'homme Fondation du Sillon(Marc Sangnier) P. et M. Curie : Découverte du radium	Huysmans : *La Cathédrale* Mallarmé : *Poésies* Michel : *La Commune* R. Rolland : *Les Loups* Zola : *Paris* Gauguin : *Lettres à D. de Montfreid*	James : *Le Tour d'écrou* Svevo : *Senilità*	Fauré : *Pelléas et Mélisande* Cézanne : *La Montagne Sainte-Victoire* Gauguin : *Le Cheval blanc* Pissarro : *La Cathédrale de Rouen* Rodin : *Balzac* Munch : *La Danse de la vie*
1899	E. Loubet succède à Félix Faure 1ère Conférence de la Paix à la Haye	Bergson : *Le Rire, essai sur la signification du comique* G. Feydeau : *La Dame de chez Maxim's* G. Courteline : *Le Gendarme est sans pitié* G. Le Roy : *Jacquou le Croquant* Moréas : *Stances (1899-1901)* O. Mirbeau : *Le Jardin des Supplices* Zola : *Fécondité*	Tchekhov : *Oncle Vania*	Debussy : *Trois Nocturnes* Ravel : *Pavane pour une infante défunte* Redon : *Apocalypse* (litho) Monet : *Le Bassin aux Nymphéas, Harmonie verte*
1900	Exposition Universelle (Paris) Péguy fonde les **Cahiers de la Quinzaine**	Barrès : *L'Appel au soldat* J.P. Brisset : *La Science de Dieu* Bloy : *Belluaires et porchers* Courteline : *L'Article 330* Mirbeau : *Journal d'une femme de chambre* E. Rostand : *L'Aiglon* Valéry : *Album de vers anciens*	Freud : *L'Interprétation des rêves* Husserl : *Recherches logiques* D'Annunzio : *Le Feu* Conrad : *Lord Jim* Strindberg : *La Danse de mort*	Puccini : *La Tosca* Maillol : *Femme assise* Monet : Série des *Ponts de Londres* Pissarro : *Série des Baigneuses (1900-* Toulouse-Lautrec : *La Modiste*

FONCTIONS DE L'AFFICHE :

1) *Fonction d'information : le mot est ici l'essentiel. Il s'agit de donner, le plus vite possible, le plus grand nombre d'informations (tel produit, tel prix, vendu à tel endroit).*

2) *Fonction publicitaire, ou de propagande : l'affiche est un instrument pour convaincre, ou séduire ; en un mot, faire vendre.*

3) *Fonction éducatrice : par son caractère répétitif, sa diffusion, la passivité qu'elle implique, l'affiche peut, dans la société urbaine, être un facteur de formation culturelle de l'individu.*

4) *Fonction d'ambiance : par sa présence dans le tissu urbain, l'affiche anime les surfaces de la ville, en cela même qu'elle est fixe, mais répétée, et rarement isolée.*

5) *Fonction esthétique : l'affiche suggère plus qu'elle ne dit. Le processus est le suivant : a) Images mémorisées -*

b) connotations* - c) superposition du champ esthétique a[u] champ sémantique*. Ce n'est pas par hasard si l'on a, dès [le] début, fait appel à des artistes renommés pour composer de[s] affiches.

6) *Fonction créatrice : l'affiche crée le désir, et tran[s]forme ce désir en besoin. A ce titre, elle aliène une gran[de] partie de la population. Mais simultanément, elle offre [aux] différents créateurs un champ expérimental toujours no[u]veau dans l'élaboration d'une nouvelle culture ; et el[le] acquiert le statut de création artistique absolue, puisqu'el[le] finit (parfois) dans les musées ou sur les murs intérieurs d[es] résidences privées.*

La dénomination des fonctions de l'affiche est empruntée [à] l'ouvrage d'A. Moles. *l'Affiche dans la société urbaine.* 196[5]

Bonnard (1867-1947), *Salon des Cent,* 1896.

Aubrey, V. Beardsley (1872-1898).

E. Grasset (1841-1917), *Salon des Cent,* 1894.

1 — PUBLICITÉ

a) *Comparez ces affiches de la fin du siècle avec les placards publicitaires de César Birotteau (texte nº 19). Quel type d'information est privilégié dans chacune de ces deux séries ?*

b) *Les affiches de Birotteau étaient composées par un* auteur, *celles-ci par des* artistes. *Pourquoi, à votre avis, la fonction iconographique a-t-elle supplanté la fonction littéraire ?*

c) *Texte et illustration apportent-ils chacun une information différente ? En vous appuyant sur les fonctions de l'affiche répertoriées ci-dessus, essayez de repérer le contenu et l'impact de chacune de ces affiches.*

2 — ESTHÉTIQUE DE L'AFFICHE :

a) *Grasset et Manet dissocient, dans leurs affiches, le signe typographique de l'iconographie. Au contraire, Mucha, Bonnard et Toulouse-Lautrec introduisent ce signe dans l'affiche. Quelle est pour vous la valeur esthétique de ce changement ?*

b) *Comment se combinent le caractère d'imprimerie et le caractère dit « de fantaisie » ?*

c) *Vous rechercherez d'autres œuvres picturales où sont inclus des mots ou des lettres, en essayant de déterminer :*
   — *ce que le mot apporte à l'image ;*
   — *comment le mot se combine à l'image, et devient image : quelles graphies non occidentales ont pu influencer ces artistes ?*

Mucha (1869-1939),
Médée, 1898.

E. Manet (1832-1883), *les Chats,* 1868.

P. Berthon (1848-1909),
Folies Bergère, 1898.

Toulouse Lautrec (1864-1901),
Divan Japonais, 1892.

T. Lautrec (1864-1901),
France Champagne, 1891.

Toulouse Lautrec (1864-1901),
Reine de Joie, 1892.

Un ancêtre de la bande dessinée : l'imagerie d'Epinal.

Le dessinateur humoristique Cham (1818-1879) se livre en 1842 à une parodie des Mystères de Paris d'Eugène Sue, pour le Musée Philippon, publiée chez Aubert. Cette page illustre la convergence de la caricature et du roman feuilleton, dans l'évolution qui aboutit à la bande dessinée.

Cham, *Paris dévoilé ou les mystères sus,* 1842.

AUX ORIGINES DE LA BANDE DESSINÉE.

Les premières bandes dessinées apparaissent à la fin du XIXᵉ siècle. On peut considérer que cette nouvelle forme d'expression surgit à la confluence de la légende populaire, de la caricature et du roman-feuilleton, dont elle emprunte bien vite la thématique et la technique de diffusion par épisodes.

1. L'IMAGERIE POPULAIRE

Il existait depuis bien longtemps une tradition très vivace d'imagerie populaire, aussi bien religieuse que profane, liée au colportage. Ce moyen d'information, qui était souvent le seul luxe des chaumières, touchait essentiellement un public peu scolarisé et lisant peu.

La fabrique J. C. Pellerin, à Épinal, est au XIXᵉ la plus célèbre : c'est elle qui notamment, après la Restauration, a diffusé largement le mythe napoléonien (voir nº 50), qui servira si bien l'élection du prince Louis-Napoléon, vingt ans plus tard.

Petit à petit, la fabrique d'Épinal (que l'on voit évoluer, comme toutes les imageries, du tableau unique à une suite de cases plus ou moins régulièrement réparties, assurant un découpage plus fin de l'histoire) se tourne vers un public enfantin, déjà attiré vers l'image par les éditions illustrées de la Comtesse de Ségur, de Jules Verne, des Contes de Perrault, *etc.*

2. L'ESSOR DE LA PRESSE POUR JEUNES

La bande dessinée naissante bénéficiera à partir du Second Empire de l'essor de la presse pour jeunes, représentée essentiellement par le Magasin d'éducation et de récréation, *de Hetzel,* le Journal de la jeunesse, *de Hachette, et* le Petit Français illustré *d'Armand Colin. La première année, le P.F.I. tire à plus de 100 000 exemplaires, et* **CHRISTOPHE** *y publie les aventures comiques d'une famille petite-bourgeoise, la Famille Fenouillard (voir page suivante).*

Il faut noter cependant que pour les puristes, les histoires illustrées de Christophe, dans la mesure où elles n'utilisent ni le « ballon »* (qui sera importé des U.S.A.), ni un montage élaboré des vignettes*, ne relèvent pas à proprement parler de la bande dessinée, mais en sont l'ancêtre (1).

(1) G. Pernin (Un monde étrange : la bande dessinée) la définit ainsi : « ... une succession de dessins visant à raconter une histoire et incluant dans l'image, par des ballons et des espaces récitatifs, un texte qui se distingue par sa brièveté. »

Voir questionnaire global, page suivante.

Les albums publiés par **AUBERT** *adaptent pour les enfants, en les illustrant, des livres très populaires.*

Les Contes de Perrault illustrés, édition Aubert, 1840.

BRÈVE CHRONOLOGIE

1827 : Rodolphe Töpffer, maître de pensionnat, calligraphie pour ses élèves **L'Histoire de M. Vieux-Bois.**
C'est un feuilleton dessiné, composé de rangées d'images de formats différents, et utilisant le « ballon » pour les paroles des personnages.

1859 : Wilhelm Busch publie dans le **Fliegende Blätter** de Munich une série d'historiettes mettant en scène deux garnements, Max et Moritz.
Ce n'est pas un feuilleton, il n'y a ni ballons, ni montage des vignettes.

1873 : Hachette lance **Le Journal de la jeunesse,** où Christophe (voir page suivante) publie ses premières bandes.

1889 : Armand Colin lance **Le Petit Français illustré,** qui publie dès ses premiers numéros « La famille Fenouillard à l'Exposition », de Georges Colomb, dit Christophe.

1890-1896 : « Le Sapeur Camember », par Christophe.

1893-1899 : « Le savant Cosinus », par le même.

1893-1904 : « Les malices de Plick et Plock », idem.

1897 : Première B.D. américaine, « Yellow Kid », de Richard Outcault. Elle utilise le « ballon ».

Rodolphe Töpffer (1799-1846), publiant en 1837 un premier ouvrage, M. Jabot, explique que son livre « se compose d'une série de dessins autographiés au trait. Chacun de ces dessins est accompagné d'une ou deux lignes de texte. Les dessins, sans ce texte, n'auraient qu'une signification obscure. Le texte, sans les dessins, ne signifierait rien. Le tout ensemble forme une sorte de roman, un livre qui, parlant directement aux yeux, s'exprime par la représentation, non par le récit. Ici (...) les traits d'observation, le comique, l'esprit, résident dans le croquis lui-même plus que dans l'idée que le croquis développe. » *Ce commentaire pourrait aussi bien s'appliquer au* Docteur Festus, *qui, inventé par Töpffer en 1829, est lithographié et largement diffusé en 1840.*

Rodolphe Töpffer, *Voyages et aventures du Docteur Festus*, 1840.

Version romanesque

« Il craignit alors d'être tombé dans un idéalisme blâmable, et rebroussa avec une telle vigueur qu'il tomba dans un matérialisme complet, voyant sa propre âme comme une bouillie, ses idées sous la forme de noyaux de pêche, et la morale comme une idéalité creuse semblable à une bulle de savon. Il craignit alors d'avoir trop dépassé
5 le sensualisme, et rebroussant à nouveau vers un éclectisme raisonnable, il s'arrêta à l'idée qu'il n'était ni chez lui, ni dans le comble d'un moulin à vent, mais toujours à l'Auberge du Lion d'Or, où il rêvait sagement dans son lit, en attendant l'aurore aux doigts de rose. Puis, revenant à la morale, il comprit que même dans un rêve, elle lui ordonnait de veiller à sa propre conservation et de s'échapper au plus tôt d'un moulin
10 où il était pris pour le diable. Sur quoi il souleva quelques tuiles et mit le nez à l'imposte au moment où le soleil mettait le nez sur l'horizon. Faute d'échelle il décida de descendre dans la campagne, le long de l'aile du moulin à laquelle il vint s'accrocher. Nous avons laissé la force armée marchant sans ordre, parmi les seigles et recevant des carottes sur la tête, faute de discipline. Elle avait continué ainsi plusieurs jours. Mais
15 déjà vers minuit de celui où nous sommes, se trouvant sous le vent du moulin où était l'habit, elle avait poussé de ce côté, montrant déjà sous cette influence quelques symptômes de discipline, qui prenaient un caractère beaucoup plus tranché à mesure qu'elle avançait dans cette direction. A la fin, ayant aperçu le plumet du chapeau du Maire qui sortait par les tuiles du comble, elle avait pris le pas de course, et était arrivée
20 au moment où le Docteur venait de s'accrocher à l'aile du moulin dans l'intention de prendre terre... »

Rodolphe Töpffer, *Voyages et aventures du Docteur Festus*, 1840, (version littéraire).

La même année 1840, Töpffer donne de son Docteur Festus, *une version littéraire, cherchant dans la prose un équivalent de son humour graphique.*

En 1889, George Colomb, alias Christophe (1856-1945), publie les aventures de La Famille Fenouillard, *reprenant le thème de la parodie des voyages. Outre la* Famille Fenouillard *(1889-1893),* Christophe a créé aussi le Sapeur Camember *(1890-1896),* le Savant Cosinus *(1893-1899),* les Malices de Plick et Plock *(1893-1904), et* le Baron de Cramoisy *(1899-1902).*

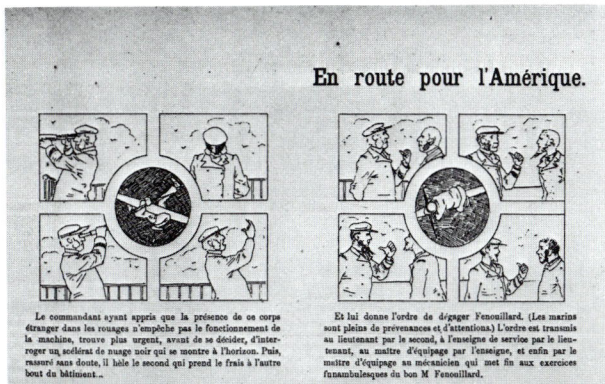

En route pour l'Amérique.

Le commandant ayant appris que la présence de ce corps étranger dans les rouages n'empêche pas le fonctionnement de la machine, trouve plus urgent, avant de se décider, d'interroger un scélérat de nuage noir qui se montre à l'horizon. Puis, rassuré sans doute, il hèle le second qui prend le frais à l'autre bout du bâtiment...

Et lui donne l'ordre de dégager Fenouillard. (Les marins sont pleins de prévenances et d'attentions.) L'ordre est transmis au lieutenant par le second, à l'enseigne de service par le lieutenant, au maître d'équipage par l'enseigne, et enfin par le maître d'équipage au mécanicien qui met fin aux exercices funambulesques du bon M. Fenouillard.

Délivré, M. Fenouillard est légèrement ahuri. Son intelligence est couverte d'un voile et ses pensées sont quelque peu confuses. Une seule chose surnage dans ce naufrage momentané de sa raison : c'est un profond mépris pour tout ce qui, de loin ou de près, touche à la mécanique moderne. Madame Fenouillard donne à ses filles un touchant exemple.

Tout à coup, madame titube, monsieur roule (il a cependant le pied marin) et ces demoiselles s'étalent. Le sol semble se dérober sous leurs pieds. Monsieur crie, madame proteste, Artémise glousse, Cunégonde piaille, et tout le monde se pose mentalement cette question : aurions-nous trop bu ? Artémise et Cunégonde ne sont pas loin, pour leur part, d'y répondre par l'affirmative.

— Ah! mais! Ah! mais! dit M. Fenouillard exaspéré, assez d'oscillations comme ça! je sors d'en prendre... Puis interpellant un matelot qui passe. — Nautonnier, s'écrie-t-il, pourquoi votre bateau danse-t-il de cette singulière façon ? — Dame ! parce qu'il arrive en pleine mer. — En pleine mer ? — Bé oui dâ! faut bien; faut vous dire qu'on n'a encore trouvé que ce moyen-là pour aller en Amérique.
— 31 —.

« En Amérique! hurlent en cœur tous les Fenouillard. En Amérique! nous allons en Amérique! Ce n'est pas Dieu possible! — Bédame ! Si! à moins qu'avant d'arriver, la coquille n'ait coulé à pic! » Alors nos voyageurs malgré eux, déjà fortement secoués par tant d'émotions diverses, accablés par ce dernier coup du sort, s'évanouissent en s'écriant: « Christophe Colomb, sois maudit! »

Christophe, *la Famille Fenouillard,* 1889.

1 — *Vous analyserez et comparerez les procédés techniques de ces différentes planches : cadre/absence de cadre, montage* et dimensions des vignettes*, nature des plans * et cadrage*, etc... Comparez avec une B.D. contemporaine. Dans quel sens la technique a-t-elle évolué ?*

2 — *La planche de Cham constitue une parodie d'Eugène Sue. En comparant avec le texte nº 56, vous préciserez les éléments du texte que la caricaturiste s'est attaché à mettre en valeur.*

3 — *R. Töpffer écrit dans la Préface aux «* Voyages et aventures du Docteur Festus *» : «* Cette histoire extraordinaire (...) figurée d'abord graphiquement dans une série de croquis a été traduite ensuite (...) dans le texte que voici. C'est donc la même histoire sous une double forme (...) *». Vous analyserez les informations que le texte développe ou ajoute à la première version illustrée. En élargissant votre recherche à des B.D. contemporaines, vous examinerez dans quelle mesure cette forme d'expression peut rendre le discours intérieur des personnages.*

4 — *Comment Christophe rend-il la simultanéité de deux actions ? Le mouvement du bateau ? Précisez le sens de la dernière phrase.*

5 — *ENQUÊTES :*
  a) En comparant avec des B.D. modernes, vous essaierez de cerner l'évolution des techniques utilisées (influence du cinéma : plans*, plongée*, contre-plongée*, rendu du mouvement, etc.).
  b) La transcription du son (voix, bruits, onomatopées) dans la B.D.
  c) « Faire rêver et faire sourire » (Francis Lacassin) : la B.D. à l'heure actuelle a-t-elle d'autres fonctions ?

Nadar, *Barbey d'Aurevilly* (Roger Viollet).

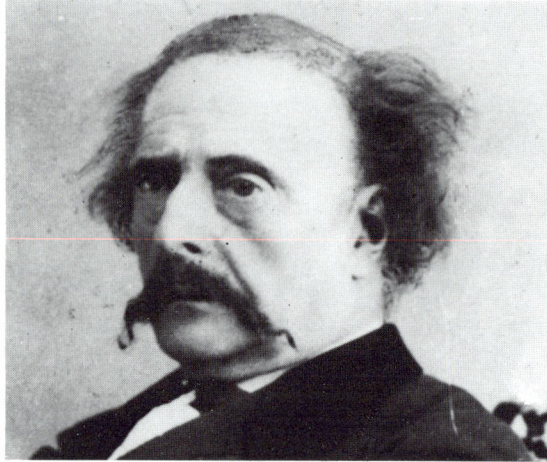

Caricature de Barbey
d'Aurevilly in La vie parisienne
du 20 juillet 1889
(Roger Viollet).

L'action se déroule vers la fin
de 1799 : le chevalier Des
Touches a été délivré des
Bleus par ses amis royalistes ; il veut se venger
d'un meunier qui l'a dénoncé,
et promet qu'avant la fin du
jour, « le Moulin bleu sera
devenu le Moulin rouge ». La
scène est racontée, sous la
Restauration, par une femme
qui en a été le témoin.

« Des Touches lia avec sa ceinture le meunier qu'il avait couché sur toute la
longueur de cette aile, laquelle, dès qu'elle ne fut plus contenue, reprit son grand
mouvement, mesuré et silencieux.

« Ah ! c'était là un carcan étrange ! n'est-il pas vrai, baron ? une exposition comme
5 on n'en avait jamais vu que cet homme lié sur son aile de moulin, qui tournait toujours ! Le
mouvement, l'air qu'il coupait en décrivant ainsi dans les airs le grand orbe de cette aile, qui
l'y faisait monter tout à coup pour en redescendre, et en redescendre pour y monter
encore le firent revenir à lui. Il rouvrit les yeux. Le sang qui menaçait de lui faire éclater la
face comme le vin trop violent fait éclater le muid, retomba le long de son corps et il pâlit...
10 Des Touches eut un mot de marin.

« — C'est le mal de mer qui commence, fit-il cruellement.

« Le meunier, qui avait d'abord ouvert les yeux, les referma comme s'il eût voulu
se soustraire à l'horrible sensation de cet abîme d'air qu'il redescendait sur l'aile, l'implacable aile de ce moulin, remontant éternellement pour redescendre, et redescendre pour
15 remonter... Le soleil qui brillait en face dut mêler la férocité de son éblouissement à la
torture de cet étrange supplicié, qui allait ainsi par les airs ! Le malheureux avait commencé
par crier comme une orfraie qu'on égorge, quand il avait repris connaissance ; mais bientôt
il ne cria plus... Il perdit l'énergie même du cri... l'énergie du lâche ! et il s'affaissa sur cette
toile blanche de l'aile du moulin, comme un grabat d'agonie. Je crois vraiment que ce qu'il
20 souffrait était inexprimable... Il suait de grosses gouttes que l'on voyait d'en bas reluire au
soleil sur ses tempes... Ces messieurs regardaient les yeux secs, la lèvre contractée,
impassibles. Mais moi, monsieur de Fierdrap, — et mort-Dieu ! c'était la première fois de
ma vie ! — Je sentais que je n'étais pas tout à fait aussi homme que je croyais. Ce qu'il y avait
de femme cachée en moi s'émut, et je ne pus m'empêcher de dire à ce terrible vengeur de
25 chevalier Des Touches :

« — Pour Dieu, chevalier, abrégez un pareil supplice.

« Et je lui tendis ma carabine, à lui qui était désarmé.

« — Pour Dieu donc et pour vous, mademoiselle ! répondit-il. Vous avez fait assez
cette nuit même, pour que je ne puisse vous rien refuser.

30 « Et, se plaçant bien en face, à trente pas, avec l'adresse d'un homme qui tuait au vol
les hirondelles de mer dans un canot que la vague balançait comme une escarpolette, il tira
son coup de carabine si juste, quand l'aile du moulin passa devant lui, que l'homme étendu
sur cette cible mobile fut percé d'outre en outre, dans la poitrine.

« Le sang ruissela sur la blanche aile qu'il empourpra et un jet furieux qui jaillit
35 comme l'eau d'une pompe, de ce corps puissamment sanguin, tacha la muraille d'une
plaque rouge. Il n'avait pas menti, le chevalier Des Touches ! Il venait de changer ce riant et
calme *Moulin bleu* en un effrayant moulin rouge. S'il existe encore, ce moulin qui fut le
théâtre du supplice d'un traître, dont la trahison dut avoir des détails que nous n'avons
jamais sus, mais bien horribles pour rendre un homme si implacable, on doit l'appeler
40 encore le *Moulin du Sang*... On ne sait plus probablement la main qui l'a versé : on ne sait
plus pourquoi il fut versé, ce sang qui tache ce mur sinistre, mais il doit y être, visible
toujours, et il parlera encore longtemps, dans un vague terrible, d'une chose affreuse qui
se sera passée là, quand il n'y aura plus personne de vivant pour la raconter ! »

le Chevalier des Touches, 1864, chap. VIII.

L'ACCUEIL DE LA CRITIQUE

● *Trois romans, dans l'œuvre de Barbey d'Aurevilly* (L'ensorcelée, 1854, Le Chevalier Des Touches, 1864, Un Prêtre marié, 1865) *évoquent son pays natal, la Normandie. Dans le Chevalier des Touches, Barbey d'Aurevilly met en scène un héros de la chouannerie dont il a entendu parler dans son enfance.*

● *Jugeant sans doute le sujet tout à fait inactuel, la critique, dans son ensemble, fit silence à la parution du roman de Barbey d'Aurevilly. Seul Alcide Dusolier sut reconnaître dans cette œuvre des qualités d'écriture qui renouent avec une certaine tradition épique :*

« ... Le syle de M. d'Aurevilly a des gestes ! Quoique littéraire jusqu'au raffinement ne versant jamais dans la banalité (chute fréquente chez les écrivains de mouvement), il a l'emportement torrentiel de la parole oratoire. Il est vrai que le torrent — car il faut dire aussi les défauts — se brise parfois contre des incidentes et des parenthèses qui le ralentissent mal à propos : cela vient de ce que l'auteur veut tout dire, faire toutes les nuances... Et à cela il est encouragé par la richesse d'analogies et de métaphores que lui fournit son imagination débordante. Mais M. Barbey d'Aurevilly reste quand même un écrivain hors de pair pour ceux qui préfèrent le fier style de Saint-Simon, malgré ses rugosités, ses heurts et ses soubresauts, à la correction élégante et toujours égale de Buffon. »

Alcide Dusolier, *la Revue nouvelle*,
15 mai 1864.

LA CHOUANNERIE

On appelle **chouannerie** *l'opposition armée des milieux ruraux de l'Ouest, du Centre et d'une partie du Midi aux régimes issus de la Révolution (jusqu'à la fin de la Monarchie de Juillet), sans doute parce que leur signe de ralliement était le cri de la chouette (chat-huant).*

Dans les Chouans (**1829**), *dont l'action se déroule également en 1799, mais en Bretagne,* **BALZAC** *fait le portrait suivant d'un chef insurgé,* Marche-à-terre :

Cet inconnu, homme trapu, large des épaules, (lui) montrait une tête presque aussi grosse que celle d'un bœuf, avec laquelle elle avait plus d'une ressemblance. Des narines épaisses faisaient paraître son nez encore plus court qu'il ne l'était. Ses larges lèvres retroussées par des dents blanches comme de la neige, ses grands et ronds yeux noirs garnis de sourcils menaçants, ses oreilles pendantes et ses cheveux roux appartenaient moins à notre belle race caucasienne qu'au genre des herbivores. Enfin l'absence complète des autres caractères de l'homme social rendait cette tête encore plus remarquable, encore. La face, comme bronzée par le soleil et dont les anguleux contours offraient une vague analogie avec le granit qui forme le sol de ces contrées, était la seule partie visible du corps de cet être singulier. A partir du cou, il était enveloppé d'un sarrau, espèce de blouse en toile rousse plus grossière encore que celle des pantalons des conscrits les moins fortunés. Ce sarrau, dans lequel un antiquaire aurait reconnu la *saye (saga)* ou le *sayon* des Gaulois, finissait à mi-corps, en se rattachant à deux fourreaux de peau de chèvre par des morceaux de bois grossièrement travaillés, et dont quelques-uns gardaient leur écorce. Les peaux de bique, pour parler la langue du pays, qui lui garnissaient les jambes et les cuisses, ne laissaient distinguer aucune forme humaine. Des sabots énormes lui cachaient les pieds. Ses longs cheveux luisants, semblables aux poils de ses peaux de chèvre, tombaient de chaque côté de sa figure, séparés en deux parties égales, et pareils aux chevelures des statues du Moyen Age qu'on voit encore dans quelques cathédrales. Au lieu du bâton noueux que les conscrits portaient sur leurs épaules, il tenait appuyé sur sa poitrine, en guise de fusil, un gros fouet dont le cuir habilement tressé paraissait avoir une longueur double de celle des fouets ordinaires. (...)

La grossièreté de cet homme taillé comme à coups de hache, sa noueuse écorce, la stupide ignorance gravée sur ses traits, en faisaient une sorte de demi-dieu barbare. Il gardait une attitude prophétique et apparaissait là comme le génie même de la Bretagne, qui se relevait d'un sommeil de trois années, pour recommencer une guerre où la victoire ne se montra jamais sans de doubles crêpes.

Balzac, *les Chouans*, 1829, chap. I.

---

1 — *Pour accentuer le caractère dramatique de cette scène, l'auteur introduit une connivence entre Des Touches et certains éléments que celui-ci fait servir à sa vengeance. A quels endroits ? Quel est notamment l'adjectif qui qualifie à la fois Des Touches et l'aile du moulin ? A la fois l'aile et le meunier ? A la fois Des Touches et le sang du meunier ?*

2 — *A l'évidence, la description de l'aile du moulin, la transformation du Moulin bleu en Moulin rouge, et les couleurs présentes dans ce texte en général, ont une portée symbolique que vous tenterez de préciser.*

3 — *Cherchez dans des dictionnaires les définitions de « épopée », « épique ». Dans quelle mesure ce récit peut-il être qualifié d'épique ?*

4 — ENQUÊTE :
La chouannerie à travers **1793** (Hugo), **Les Chouans** (Balzac), **Le Chevalier Des Touches** (Barbey d'Aurevilly).

Félicien Rops, *ill. pour les Diaboliques, La vengeance d'une femme* (BN).

Robert de Tressignies, « *un libertin déjà froidi* » *suit un soir jusque chez elle une prostituée d'une beauté admirable, en laquelle il reconnaît finalement une des plus grandes dames d'Espagne, la Duchesse d'Arcos de Sierra-Leone. Celle-ci raconte comment son mari le duc ayant fait assassiner son amant d'une façon horrible, elle a choisi de se venger.*

Tressignies frémissait, en écoutant cette femme effrayante. Il frémissait de ses gestes, de ses paroles, de sa tête, devenue une tête de Gorgone : il lui semblait voir autour de cette tête les serpents que cette femme avait dans le cœur. Il commençait alors de comprendre — le rideau se tirait ! — ce mot *vengeance*, qu'elle disait tant, — qui lui flambait toujours aux
5 lèvres !

« La vengeance ! oui, — reprit-elle, vous comprenez, maintenant, ce qu'elle est ma vengeance ! Ah ! je l'ai choisie entre toutes comme on choisit de tous les genres de poignards celui qui doit faire le plus souffrir, le cric dentelé qui doit le mieux déchirer l'être abhorré qu'on tue. Le tuer simplement cet homme, et d'un coup ! je ne le voulais pas.
10 Avait-il tué, lui, Vasconcellos avec son épée, comme un gentilhomme ? Non ! il l'avait fait tuer par des valets. Il avait fait jeter son cœur aux chiens, et son corps au charnier peut-être !
Je ne le savais pas. Je ne l'ai jamais su. Le tuer, pour tout cela ? Non ! c'était trop doux et trop rapide ! Il fallait quelque chose de plus lent et de plus cruel... D'ailleurs, le duc était brave. Il ne craignait pas la mort. Les Sierra-Leone l'ont affrontée à toutes les générations. Mais son
15 orgueil, son immense orgueil était lâche, quand il s'agissait de déshonneur. Il fallait donc l'atteindre et le crucifier dans son orgueil. Il fallait donc déshonorer son nom dont il était si fier. Eh bien ! je me jurai que, ce nom, je le tremperais dans la plus infecte des boues, que je le changerais en honte, en immondice, en excrément ! et pour cela je me suis faite ce que je suis, — une fille publique, — la fille Sierra-Leone, qui vous a raccroché ce soir !... »
20 Elle dit ses dernières paroles avec des yeux qui se mirent à étinceler de la joie d'un coup bien frappé.

« — Mais, — dit Tressignies, — le sait-il, lui, le duc, ce que vous êtes devenue ?...
— S'il ne le sait pas, il le saura un jour, — répondit-elle, avec la sécurité absolue d'une femme qui a pensé à tout, qui a tout calculé, qui est sûre de l'avenir. — Le bruit de ce que je
25 fais peut l'atteindre d'un jour à l'autre, d'une éclaboussure de ma honte ! Quelqu'un des hommes qui montent ici peut lui cracher au visage le déshonneur de sa femme, ce crachat qu'on n'essuie jamais ; mais ce ne serait là qu'un hasard, et ce n'est pas à un hasard que je livrerais ma vengeance ! J'ai résolu d'en mourir pour qu'elle soit plus sûre ; ma mort l'assurera, en l'achevant. »
30 Tressignies était dépaysé par l'obscurité de ces dernières paroles ; mais elle en fit jaillir une hideuse clarté :

« Je veux mourir où meurent les filles comme moi, — reprit-elle. — Rappelez-vous !...
Il fut un homme sous François 1er, qui alla chercher chez une de mes pareilles une effroyable et immonde maladie, qu'il donna à sa femme pour en empoisonner le roi, dont
35 elle était la maîtresse, et c'est ainsi qu'il se vengea de tous les deux... Je ne ferai pas moins que cet homme. Avec ma vie ignominieuse de tous les soirs, il arrivera bien qu'un jour la putréfaction de la débauche saisira et rongera enfin la prostituée, et qu'elle ira tomber par morceaux et s'éteindre dans quelque honteux hôpital ! Oh ! alors, ma vie sera payée ! — ajouta-t-elle, avec l'enthousiasme de la plus affreuse espérance ; — alors, il sera temps que
40 le duc de Sierra-Leone apprenne comment sa femme, la duchesse de Sierra-Leone aura vécu et comment elle meurt ! »

Tressignies n'avait pas pensé à cette profondeur dans la vengeance, qui dépassait tout ce que l'histoire lui avait appris. Ni l'Italie du XVIe siècle, ni la Corse de tous les âges, ces pays renommés pour l'implacabilité de leurs ressentiments n'offraient à sa mémoire un
45 exemple de combinaison plus réfléchie et plus terrible que celle de cette femme, qui se vengeait à même elle, à même son corps comme à même son âme ! Il était effrayé de ce sublime horrible, car l'intensité dans les sentiments, poussée à ce point, est sublime.
Seulement, c'est le sublime de l'enfer.

les Diaboliques, « La vengeance d'une femme », 1874.

LE PROCÈS DES DIABOLIQUES

Les Diaboliques paraissent en novembre 1874, tirées à 2 200 exemplaires. Le 11 décembre, la police opère une descente chez l'éditeur Dentu puis chez le brocheur, et saisit les exemplaires restants. Le délit est celui-là même pour lequel Baudelaire a été condamné en correctionnelle 17 ans plus tôt : « atteinte à la morale publique ». Après diverses interventions, un non-lieu sera prononcé le 28 janvier 1875, mais les 480 exemplaires restants sont voués à la destruction. La presse s'est fait l'écho de cet événement :

Paul Ricard, dans le Charivari (journal républicain), écrit un article intitulé « Chastetés cléricales ». Après avoir cité différentes scènes des Diaboliques, parmi les plus scandaleuses, il conclut :

« Cette fois l'écœurement nous fait tomber le livre des mains.

Hein, si c'était un libre penseur qui eût écrit ces monstruosités ! quel déchaînement !

Mais je le répète, M. Barbey d'Aurevilly se pique de vivre dans l'intimité de la sacristie.

M. Barbey d'Aurevilly est de ceux à qui M. Louis Veuillot donne l'accolade.

— Et les ordres-moralistes, ainsi que les confits en dévotion, se garderont bien de souffler mot.

Que dites-vous des *bons livres* qu'enfante un des champions du trône et de l'autel ? »

26 novembre 1874.

Henri Fournier, dans Paris-Journal, sépare, lui, la forme du fond :

« *Les Diaboliques ?* » Ce livre est bien nommé, il y a dans cette œuvre un esprit d'enfer : une imagination de feu, un style phosphorescent, et, de plus, une influence satanique, dissolvante et malsaine, souffle le vent de la corruption à travers les pages admirablement écrites d'ailleurs par Barbey d'Aurevilly.

3 décembre 1874.

BARBEY D'AUREVILLY, 1874
Dans l'Introduction de la Vengeance d'une femme, l'auteur revendique le « tragique inconnu » des « crimes de l'extrême civilisation » :

L'extrême civilisation enlève au crime son effroyable poésie, et ne permet pas à l'écrivain de la lui restituer. Ce serait par trop horrible, disent les âmes qui veulent qu'on enjolive tout, même l'affreux. Bénéfice de la philanthropie ! d'imbéciles criminalistes diminuent la pénalité, et d'ineptes moralistes le crime, et encore ils ne le diminuent que pour diminuer la pénalité. Cependant, les crimes de l'extrême civilisation sont, certainement, plus atroces que ceux de l'extrême barbarie par le fait de leur raffinement, de la corruption qu'ils supposent, et de leur degré supérieur d'intellectualité. L'Inquisition le savait bien. A une époque où la foi religieuse et les mœurs publiques étaient fortes, l'Inquisition, ce tribunal qui jugeait la pensée, cette grande institution dont l'idée seule tortille nos petits nerfs et escarbouille nos têtes de linottes, l'Inquisition savait bien que les crimes spirituels étaient les plus grands, et elle les châtiait comme tels... Et, de fait, si ces crimes parlent moins aux sens, ils parlent plus à la pensée ; et la pensée, en fin de compte, est ce qu'il y a de plus profond en nous. Il y a donc, pour le romancier, tout un genre de tragique inconnu à tirer de ces crimes, plus intellectuels que physiques, qui semblent moins des crimes à la superficialité des vieilles sociétés matérialistes, parce que le sang n'y coule pas et que le massacre ne s'y fait que dans l'ordre des sentiments et des mœurs... C'est ce genre de tragique dont on a voulu donner ici un échantillon, en racontant l'histoire d'une vengeance de la plus épouvantable originalité, dans laquelle le sang n'a pas coulé, et où il n'y a eu ni fer ni poison ; un crime *civilisé* enfin, dont rien n'appartient à l'invention de celui qui le raconte, si ce n'est la manière de le raconter.

la Vengeance d'une femme, Introduction.

J.-K. HUYSMANS, 1884
Voir nos 127-128

Deux ouvrages de Barbey d'Aurevilly attisaient spécialement Des Esseintes, *le Prêtre marié* et *les Diaboliques.* (...)

Dans ces deux livres que feuilletait Des Esseintes, Barbey avait perdu toute prudence, avait lâché bride à sa monture, était parti, ventre à terre, sur les routes qu'il avait parcourues jusqu'à leurs points les plus extrêmes. (...) Dans *les Diaboliques,* l'auteur avait cédé au Diable qu'il célébrait, et alors apparaissait le sadisme, ce bâtard du catholicisme, que cette religion a, sous toutes ses formes, poursuivi de ses exorcismes et de ses bûchers, pendant des siècles. (...) Sa langue d'un romantisme échevelé, pleine de locutions torses, de tournures inusitées, de comparaisons outrées, enlevait, à coups de fouet, ses phrases qui pétaradaient, en agitant de bruyantes sonnailles, tout le long du texte. En somme, d'Aurevilly apparaissait ainsi qu'un étalon, parmi ces hongres qui peuplent les écuries ultramontaines. (...) Les œuvres de Barbey d'Aurevilly étaient encore les seules dont les idées et le style présentassent ces faisandages, ces taches morbides, ces épidermes talés et ce goût blet, qu'il aimait tant à savourer parmi les écrivains décadents, latins et monastiques des vieux âges.

A rebours, 1884.

1 — Relevez et classez les éléments [typographie, nature des phrases : interrogatives, exclamatives, procédés de mise en valeur et d'insistance, répétitions, etc.] qui dans ce texte, expriment la violence.

2 — A partir d'une analyse comparée du vocabulaire abstrait et du vocabulaire concret dans cette page, montrez que pour Barbey d'Aurevilly, les sentiments et les pensées ont une véritable force matérielle.

3 — En vous aidant d'un dictionnaire étymologique et de l'Introduction (ci-dessus), vous expliquerez le sens des expressions « sublime horrible », et « sublime de l'enfer ». En quoi sont-elles paradoxales ?

4 — ENQUÊTE : les images de la femme dans les Diaboliques.

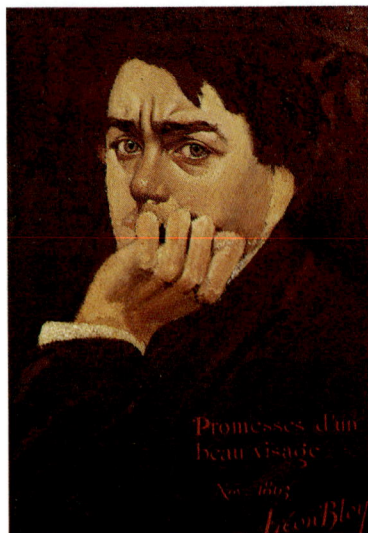

Léon Bloy, *autoportrait* (BN).

CEUX QUI PAIENT

Je me suis demandé sou‑
vent quelle pouvait être la diffé‑
rence entre la *charité* de tant de
chrétiens et la méchanceté de
démons.

En ce temps d'oiseux propos sur l'abolition ou la non abolition de la peine de mort, à
laquelle tous les hommes, depuis Adam, sont condamnés sans commutation ni recours en
grâce, il m'est arrivé d'entendre un prédicateur qui parlait de je ne sais quoi. Ce prêtre, peu
éloquent mais entraîné, s'emporta jusqu'à vociférer contre certains criminels qui
5 attendaient, depuis des mois, l'exécution, à ce moment-là très-prochaine, de leur sentence.
Il les traita de "bandits" indignes de miséricorde et manifesta son impatience de voir tomber
leurs têtes coupables. Cela se passait dans une Basilique fameuse.

A partir du mot *bandits,* il me fut impossible d'entendre autre chose qu'une voix
intérieure, dominatrice, implacable :
10 — Regarde donc à tes pieds, bavard mécanique, sans clairvoyance ni charité. Si tu le
peux encore, aveugle conducteur d'aveugles, regarde ce troupeau de canailles qui t'écoute
et qui jouit de l'absolution que tu lui donnes, en flétrissant de ta bouche d'autres canailles
plus évidentes et moins respectueuses des lois de l'argent. Tu n'es peut-être pas un bandit
toi-même et, pourtant, vois ce que tu fais. Ces têtes qu'on va couper et pour lesquelles toi,
15 Dieu a souffert autant que pour la tienne, tu en promets, tu en donnes d'avance le sang à
boire à des animaux féroces.

Vois cette dévote à museau de crocodile dont la gueule de médisance a dévoré vingt
réputations ; vois cette pénitente à figure d'hyène affamée, cramponnée à tous les
confessionnaux, ouvrière d'épouvante et provocatrice de malheur, qui travaille, dix heures
20 par jour, à se confectionner un cilice avec de la corde de pendu ; et cette autre, mangeuse
d'innocences et mangeuse d'eucharistie, qui n'a pas d'égale pour flairer les cœurs en
putréfaction. Vois cette propriétaire, soularde et omnipotente, mais précieuse et sans
couture, qui se pourlèche en songeant à l'agonie des locataires malheureux qui
s'exterminent pour son estomac de vautour femelle et pour son boyau culier. Vois ces rangs
25 de mouflons et de tapirs, ces fanons, ces crêtes, ces caroncules de commerçants estimables
et recueillis. Mais surtout — oh ! je t'en prie — vois ces vierges de bourgeois, ces *jeunes filles
du monde* aspirant au ciel, dont l'âme blanche est pleine de chiffres et de marchandises
restées pour compte jusqu'à ce jour. Elevées avec une attention méticuleuse par leurs
parents alignés et immobiles derrière elles, — comme des barriques sur le quai d'un
30 entrepôt — elles n'ont plus rien à apprendre du côté de la pureté ni du côté de
l'arithmétique. Il ne leur manque vraiment que du sang à boire, du sang humain de
première marque et c'est précisément ce que tu leur donnes.

Ah ! tu n'es pas de ces apôtres sauvages qui diraient à leur auditoire :

— Un homme va mourir pour nous de la plus infâme des morts. Cet homme est un
35 voleur et un assassin, comme chacun de nous. La seule différence entre nous et lui, c'est
qu'il s'est laissé prendre, n'étant pas un hypocrite et que, portant ostensiblement ses crimes,
il est moins abominable. C'est en ce sens qu'il va expier pour nous et c'est parce que j'ai
mission de vous annoncer la Parole de Dieu que je vous en avertis. Je sais bien que ce
langage vous étonne et qu'il vous révolte. Je voudrais qu'il vous fît peur. (...)

le Sang du Pauvre, 1909.

LÉON BLOY, 1909

Dans ce texte Léon Bloy s'indigne de l'existence même du cimetière des chiens d'Asnières, lieu scandaleux par excellence.

(...) — On est forcé de se demander si la sottise décidément n'est pas plus haïssable que la méchanceté même. Je ne pense pas que le mépris des pauvres ait jamais pu être plus nettement, plus insolemment déclaré. Est-ce l'effet d'une idolâtrie démoniaque ou d'une imbécillité transcendante ? Il y a là des monuments qui ont coûté la subsistance de vingt familles ! J'ai vu, en hiver, sur quelques-unes de ces tombes d'animaux, des gerbes de fleurs dont le prix aurait rassasié cinquante pauvres tout un jour ! Et ces regrets éternels, ces attendrissements lyriques des salauds et des salaudes qui ne donneraient pas un centime à un de leurs frères mourant de faim ! « Plus je vois les hommes, plus j'aime mon chien », dit le monument à Jappy, misérable cabot bâtard dont l'ignoble effigie de marbre crie vengeance au ciel. La plupart de ces niches sans abois sont agrémentées, pour la consolation des survivants, d'une photographie du pourrissant animal. Presque toutes sont hideuses, en conformité probable avec les puantes âmes des maîtres ou des maîtresses. « Les attractions, a dit Fourier, sont proportionnelles aux destinées. »

Je n'ai pas eu le bonheur d'assister à un enterrement de 1ère classe. Quel spectacle perdu ! Les longs voiles de deuil, les buissons de fleurs, les clameurs et les sanglots de désespoir, les discours peut-être. Malheureusement, il n'y a pas de chapelle. Avec un peu de musique, la *Marche funèbre* de Beethoven, par exemple, il m'eût été facile d'évoquer le souvenir des lamentables créatures à l'image de Dieu portées, après leur mort, dans les charniers de l'Assistance et enterrées à coups de souliers par des ivrognes.

« Toute caisse contenant un animal mort », dit l'article 9 du Règlement déjà cité, « sera ouverte, pour *vérification*, à son entrée au cimetière ». Ce très-sage article a, sans doute, prévu le cas où quelque putain richissime y voudrait faire enterrer son père.

« Les Deux Cimetières », *le Sang du Pauvre*, XIX, 1909.

LÉON BLOY, 1900

Toujours polémiste, Bloy dresse un féroce tableau de la fin du XIXe siècle.

La justice humaine la plus miséricordieuse, – à supposer qu'elle s'exerçât, – n'aurait rien à faire de pareils êtres qu'un médiocre engrais pour les végétaux de pourrissoir.

L'énorme crime social de supporter qu'ils nous contaminent devrait donc peser entièrement sur les boyaux digestifs qui sont présentement, en France, les cyniques potentats du succès. Mais ceux-là, précisément, sont sortis de la grande Canaillerie moderne et ils ressemblent à leur mère laquelle n'aura jamais de plus adoré souci que d'avilir ou d'exterminer tout ce qui ne lui ressemble pas.

Ces porcheries réjouissent le monde actuel qui exulte de se voir si bien servi par les domestiques d'une aussi vérifiable consanguinité dans sa propre vilipendaison.

Qu'importent les isolées protestations de quelques âmes élevées et fières ? Qu'importent leurs déchirements, leurs supplications, leurs malédictions et le cri désespéré de leur fatidique horreur ?

L'Arsouillerie très parfaite est devenue l'Opinion et, partant, la reine du monde. Elle est tout à fait sortie de ses langes souillés et nubile enfin pour les fornications et les parturitions qui conviennent à sa nature.

Il lui suffit d'apparaître, à cette Sémiramis, pour être adorée comme jamais monarque ne le fut et pour remuer d'une force infinie la lie des cœurs. Les simples gueux et les archigueux, les bourgeois et leurs têtards, les bestiaux de l'opulence attablés au foin de leurs bottes, cette haute et basse crapule grouille extatiquement aux pieds du Cynocéphale d'argent dont le suffrage du siècle a divulgué les Saints-Evangiles.

Dix ans encore de ce régime et je défie qu'on découvre en France un seul être innocent et noble, un seul cœur humain, une unique palpitation généreuse pour quoi que ce soit, fût-ce pour la couillonnade politique par laquelle notre société moderne fut engendrée !

« Introduction », *Belluaires et Porchers*, Introduction, 5, 1900.

CEUX QUI PAIENT :

1 — *Relevez et classez les noms d'animaux dans ce texte. Y a-t-il une gradation ? De quelle manière est-elle exprimée ?*

2 — *Relevez les formules décrivant l'auditoire : quelle métaphore* Bloy emploie-t-il ? Quelles en sont les variantes ? Quel est son rôle ?*

3 — *Quelle fonction peut-on donner à l'anaphore* « vois » ?*

4 — *Déclamez ce texte (et si possible les deux autres) avec le maximum d'effets et de violence.*

BELLUAIRES ET PORCHERS :

5 — *Comment le régime politique s'oppose-t-il à la noblesse humaine ? Reprendre le texte, formule par formule, en déchiffrant sa ou ses définitions historiques.*

Jean-Pierre Brisset.

Jean-Pierre Brisset fut célébré par le poète surréaliste André Breton qui, dans son Anthologie de l'humour noir (1940), *définissait cette œuvre bizarre comme « une découverte ébranlant les assises mêmes de la pensée, anéantissant toute espèce de gain antérieur, remettant en question les plus élémentaires principes de la vie sociale », et la rapprochait des plus modernes tentatives de « dislocation poétique du langage. » L'idée-maîtresse de Brisset est la suivante : « La parole qui est Dieu a conservé dans ses plis l'histoire du genre humain depuis le premier jour, et dans chaque idiome, l'histoire de chaque peuple, avec une sûreté, une irréfutabilité qui confondront les simples et les savants. » Il n'est donc que de savoir retrouver l'origine perdue...*

En 1883, Brisset avait publié un ouvrage d'inspiration similaire, La Grammaire logique ; *dans l'introduction à la* Science de Dieu, *l'auteur note : « Nous l'avons présenté à l'académie pour un concours, mais notre ouvrage fut rejeté par M. Renan »* (1).

(1) Voir dossier POSITIVISME/ SCIENTISME, nᵒ 107.

Il existe dans la parole de nombreuses Lois, inconnues jusqu'aujourd'hui, dont la plus importante est qu'un son ou une suite de sons identiques, intelligibles et clairs, peuvent exprimer des choses différentes, par une modification dans la manière d'écrire ou de comprendre ces noms ou ces mots. Toutes les idées énoncées avec des sons semblables ont
5 une même origine et se rapportent toutes, dans leur principe, à un même objet. Soit les sons suivants :

      Les dents, la bouche.
      Les dents la bouchent
      l'aidant la bouche.
10   L'aide en la bouche.
      Laides en la bouches.
      Laid dans la bouche.
      Lait dans la bouche.
      L'est dam le à bouche.
15   Les dents-là bouche.

Si je dis : *dents, la bouche*, cela n'éveille que des idées bien familières : les dents sont dans la bouche. C'est là bien comprendre le dehors du livre de vie caché dans la parole et scellé de sept sceaux. Nous allons lire dans ce livre, aujourd'hui ouvert, ce qui était caché sous ces mots : *les dents, la bouche.*

20 Les dents bouchent l'entrée de la bouche et la bouche aide et contribue à cette fermeture : *les dents la bouchent, l'aidant la bouche.*

Les dents sont l'aide, le soutien *en la bouche* et elles sont aussi trop souvent *laides en la bouche* et c'est aussi *laid*. D'autres fois, c'est un *lait* : elles sont blanches comme *du lait dans la bouche.*

25 *L'est dam le à bouche* se doit comprendre : il est un *dam*, mal ou dommage, ici à la bouche ; ou tout simplement : j'ai mal aux dents. On voit en même temps que le premier *dam* a une *dent* pour origine. *Les dents-là bouche* vaut : bouche ou cache des dents-là ; ferme la bouche.

Tout ce qui est ainsi écrit dans la parole et s'y lit clairement est vrai d'une vérité
30 inéluctable ; c'est vrai sur toute la terre. Ce qui est dit dans une seule langue est dit pour toute la terre : sur toute la terre, les dents sont l'aide et laides en la bouche, bien que les autres langues ne le disent pas comme la langue française, mais disent des choses bien autrement importantes sur lesquelles notre langue se tait. Les langues ne se sont point concertées ensemble ; l'Esprit de l'Eternel, créateur de toutes les choses, a seul disposé son livre de vie.
35 Comment a-t-il pu cacher ainsi à tous les hommes, sur toute la terre, une science aussi simple ?

C'est là la clef qui ouvre les livres de la parole.

      la *Science de Dieu*, 1900, « La grande loi ou la clef de la parole ».

INTRODUCTION A LA PHONÉTIQUE

LES PHONÈMES DU FRANÇAIS			
VOYELLES	[i]		mi, riz, pie, Chypre
	[e]	(*é* fermé)	dé, des, chantai
	[ɛ]	(*è* ouvert)	dais, mets, tête
	[a]	(*a* antérieur)	vache, ta, patte
	[ɑ]	(*a* postérieur)	lâche, tas, pâte
	[ɔ]	(*o* ouvert)	sol, sotte, hotte
	[o]	(*o* fermé)	saule, sot, hôte
	[u]	(*ou* français)	choux, pour, nous
	[y]	(*u* français)	sur, sûr, eus
	[ø]	(*eu* fermé)	jeûne, heureux, heureuse
	[œ]	(*eu* ouvert)	jeune, bonheur, œuf
	[ə]	(*e* sourd ou muet)	cheveux, cheval, me
	[ɛ̃]	([ɛ] nasalisé)	brin, frein, daim
	[œ̃]	([œ] nasalisé)	brun, humble, alun
	[ɑ̃]	([ɑ] nasalisé)	tante, tente, temple
	[ɔ̃]	([ɔ] nasalisé)	font, compte, conte
CONSONNES	[p]		pied, appétit, option
	[b]		bouche, abbé, obédience
	[t]		tenir, attendre, étayer
	[d]		dormir, saindoux, addition
	[k]		coq, coque, képi, loch
	[g]		grive, gai, naviguer
	[f]		faire, phantasme, fantasme
	[v]		veau, vallon, wagon
	[s]		sûr, assurer, six, façon
	[z]		maison, zéro, zombie
	[ʃ]		chat, mouche, schéma
	[ʒ]		jardin, gicle, bourgeon
	[m]		mère, pomme, home
	[n]		naître, nonne, dîne
	[ɲ]		oignon, montagne
	[l]		lier, mille, pile
	[ʀ]		riz, nourrir, tard
SEMI-VOYELLES	[j]		yeux, œil, renier, fille
			[jø] [œj] [ʀənje] [fij]
	[ɥ]		fuir, puits, bruit, duel
			[fɥiʀ] [pɥi] [bʀɥi] [dɥɛl]
	[w]		oui, foi, loin, fouet
			[wi] [fwa] [lwɛ̃] [fwɛ]

Ce texte humoristique exploite une particularité de la langue française : un son (que nous appellerons **phonème****) peut s'écrire de plusieurs manières différentes.*

Les linguistes ont créé un alphabet dit **phonétique,** *qui attribue à chaque phonème un seul signe écrit* **(1).**

(1) Cet alphabet peut servir par exemple, à repérer plus facilement dans un poème les rimes, **assonances*** *et* **allitérations*.** *(voir n° 135).*

1 — *CODE ÉCRIT/CODE ORAL*
   a) *A l'aide de cet alphabet, réécrivez l'expression de départ « les dents, la bouche ». En comptant le « e » muet de la fin, vous devez trouver 10 phonèmes.*
   b) *Dans les décompositions de J.-P. Brisset, de combien de façons différentes chaque phonème est-il orthographié ? Trois décompositions n'admettent la transcription que vous avez effectuée qu'au prix d'un petit artifice de lecture. Lesquelles ?*
   c) *Trouvez en français 12 façons différentes d'orthographier le phonème [o] en fin de mot.*

2 — *JEUX DE MOTS.*
   Voici des « mots-valises » avec les définitions qu'en donne Alain Finkielkraut (Ralentir : mots-valises !, Seuil, 1979).
      Avorture : intrigue romanesque qui s'amorce et puis qui tourne court.
      Sapotage : soupe servie trop froide, intentionnellement.
      Pédarogue : professeur aigri par l'indifférence de ses classes.
   Essayez d'en forger vous-même, et de trouver pour ces mots des définitions humoristiques.

La Montagne Sainte-Victoire (vers 1904).

Assurément, Cézanne a raison de parler d'une « logique colorée ». On peut décrire ses toiles comme si elles n'étaient que peinture, rapports des tons chauds et des tons froids, rythme des pleins et des vides, croisement des verticales et des horizontales, miracle de chaque touche qui passe dans celles qui l'entourent et, cependant, demeure, est capable de centrer la vision. Se disant satisfait du plastron de la chemise de Vollard, Cézanne autorise cette réduction à un langage spécifique, qui a fait ensuite le chemin que l'on sait. Mais les signes de cette écriture, qui semblent ne veiller qu'à leurs rapports internes, n'ont de sens que parce qu'ils nous apportent les structures d'un univers. *L'art est une harmonie parallèle à la nature,* dit-il. La Sainte-Victoire n'est ni la composition qu'elle eût été pour Poussin, ni l'objet qu'elle serait pour les réalistes, ni la sensation des impressionnistes, ni une construction réductrice : mystérieusement, elle est une *montagne-peinture.* Encore faut-il ajouter qu'en traçant dans la peinture et dans la réalité ces sillons parallèles, ou plus exactement confondus, Cézanne s'échange contre le corps de la peinture... On connaît ses mots de peintre, on connaît moins ses mots d'homme. L'un deux était : « C'est effrayant, la vie ! ».

'Le Motif de Cézanne'', *in Tout l'œuvre peint de Cézanne,*
Flammarion, 1975.

1 — *Les critiques et les artistes ont pris l'habitude d'appeler « motif » un sujet observé dans la nature. Comment G. Picon démontre-t-il que Cézanne ne s'inspire pas seulement de ce sujet, mais qu'il en fait partie ? Que penser des rapports entre le « sujet » qui peint et « l'objet » représenté ?*

2 — *A partir du texte de David Sylvester, cherchez à représenter le tableau décrit par quelques formes géométriques. En quoi, à votre avis, cette représentation peut-elle guider votre interprétation ?*

3 — *DOSSIER :*
Cézanne a-t-il recours aux notions habituelles de perspective dans ses toiles ? Comment le remplissage de surfaces colorées (voir n° 154, question 4) peut-il s'opposer à la perspective classique ? Ce nouveau parti-pris modifie-t-il l'idée qu'on peut avoir d'un tableau ? De quelle manière ?

4 — *ENQUÊTE*
a) *Pourquoi, à votre avis, Cézanne, comme Van Gogh (voir n° 154) et plus tard Picasso et Braque, est allé peindre dans le midi de la France ? Quelles recherches sur la lumière et les formes ces artistes entreprenaient-ils ? En quoi cela s'oppose-t-il aux recherches des impressionnistes de Meudon, de la Somme ou de la Normandie ?*
b) — *Cherchez les peintres qui ont pu représenter les paysages de votre région.*
— *Essayez de déterminer en quoi cette région a pu influencer la couleur, le trait, l'atmosphère des tableaux.*

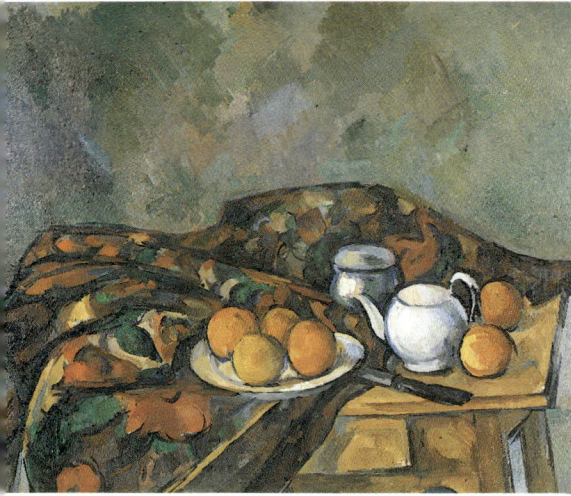

Paul Cézanne, *Nature Morte à la théière*, 1900-1905 (Cardiff National Museum of Wales).

GAËTAN PICON, 1975

Cézanne donne à voir des formes qui ne sont encore ni cubes, ni cercles, ni ellipses, où le fruit n'est pas séparé de la nappe, le visage de l'espace, où sentir n'est pas même encore fragmenté entre voir, pénétrer, toucher, respirer... Mais Cézanne a-t-il vu les choses ainsi ? Ce que l'on peut dire, c'est que c'est ainsi qu'il est parvenu à les voir – en les peignant. Peindre, voir : la distinction n'est-elle pas spécieuse, et Cézanne écrivant : *Je ne fais qu'un avec mon tableau* – ne nous interdit-il pas de la faire ? Pourtant, bien qu'il ne cesse de parler de réalité, de nature, cette nature ne surgissant qu'à la faveur d'un travail, c'est une pétition de principe de voir en elle l'objet d'un acte de connaissance, retrouvant la vérité oubliée de la perception enfantine ou de l'âge d'or. L'Estaque, la Sainte-Victoire, il ne les voit ainsi – avec ses yeux d'homme – ni au début, ni même à la fin de son effort : il ne les voit ainsi, de ses yeux de peintre, que dans son tableau – où il traduit ce qui ne peut être vu en termes de visualité, et ce qui est vu en termes de peinture. Touche après touche, il maçonne, façonne un bloc qu'il ne voit qu'au fur et à mesure qu'il l'élève, et s'il l'élève, c'est pour le voir, assurément, mais la vue n'est ici peut-être que le mode superficiel, apparent, d'une relation plus profonde, car s'il se donne à voir ce grand corps jamais vu et perdu de vue sitôt qu'il s'en détourne, c'est pour s'identifier à lui. Alors, la respiration du sujet passe dans la respiration d'une conscience cosmique. Elle soulève les plus lourdes touches, aère les plus massives structures. Elle passe librement, dans cette aquarelle, par les blancs qui ouvrent au ciel la pente de la montagne.

« Le Motif de Cézanne »,
Tout l'œuvre peint de Cézanne, Flammarion, 1975.

DAVID SYLVESTER, 1969

A la vue des quatre sphères cernées par l'ellipse de l'assiette, au centre de la *Nature morte à la théière*, nous ne savons pas vraiment si ce sont – et dans ce cas lesquelles sont – des pommes, des oranges ou des abricots, et nous n'en avons pas cure. Ce que nous éprouvons, en les regardant, ce que nous éprouvons physiquement, dans notre corps, c'est le sentiment d'avoir devant les yeux la forme d'une sphère, une forme parfaitement compacte, qui ne peut toucher qu'en un seul point d'autres formes semblables, une forme qui a un centre de gravité très précis. Ce qui, peut-être, nous rend si profondément conscients de cette forme – qui, naturellement, n'est pas plus une sphère géométrique que les profils d'une colonne dorique ne sont des lignes droites – c'est avant tout la relation entre les formes des quatre fruits dans l'assiette et des deux autres posés sur la table, et la forme de la théière – également sphérique à l'exclusion du bec et de l'anse – qui se singularise des autres – en ce qu'elle est deux fois plus grosse et blanche, formant contraste avec les jaunes et les oranges lumineux des fruits. Sa forme rime avec celle des fruits et joue le rôle de la rime dans des vers, à savoir à la fois rassembler ce qui est dispersé et renforcer notre prise de conscience de la forme des mots qui composent la rime.

(...) Parmi les contradictions qu'offre l'art (de Cézanne), il n'en est sans doute pas de plus profonde que celle existant entre le sentiment de la fugacité de la vie et celui de sa permanence. Dans la *Nature morte à la théière*, plus encore et même beaucoup plus même, dans les grandes toiles tardives de la Sainte-Victoire, nous éprouvons, séparément, ces deux sentiments contradictoires, l'un d'une manière aussi poignante que l'autre : la tristesse à en désespérer que tout ce que nous voyons, et qui nous réjouit, meurt pour nous dès l'instant même où nous le percevons. Et il y a l'affirmation sereine que ce que nous regardons à l'instant demeurera toujours. Nous devons affronter au plus profond de nous-mêmes le problème de la vie et de la place qui est la nôtre dans cette vie, mais cet affrontement est en même temps exalté par l'acceptation totale du fait intolérable que la mort et l'immortalité n'ont une signification que l'une par rapport à l'autre.

Magritte, Catalogue de la Tate Gallery, 1969.

HENRI MATISSE, 1946

« Il faut avoir le sentiment de la surface, savoir la respecter. Regardez Cézanne : pas un point dans ses tableaux qui ne soit ramené au premier plan dans l'esprit du peintre.»

Leforman, *La barricade,* 1871.

JEAN-BAPTISTE CLÉMENT

LA SEMAINE SANGLANTE (1871)

Sauf des mouchards et des gendarmes,
On ne voit plus par les chemins
Que des vieillards tristes aux larmes,
Des veuves et des orphelins.
5 Paris suinte la misère,
Les heureux mêmes sont tremblants,
La mode est aux conseils de guerre
Et les pavés sont tout sanglants.

Oui, mais...
10 Ça branle dans le manche,
Ces mauvais jours-là finiront
Et gare à la revanche
Quand tous les pauvres s'y mettront !

Les journaux de l'ex-préfecture,
15 Les flibustiers, les gens tarés,
Les parvenus par aventure,
Les complaisants, les décorés,
Gens de bourse et de coin de rues,
Amants de filles aux rebuts,
20 Grouillent comme un tas de verrues
Sur les cadavres des vaincus.

On traque, on enchaîne, on fusille
Tout ce qu'on ramasse au hasard :
La mère à côté de sa fille,
25 L'enfant dans les bras du vieillard.
Les châtiments du drapeau rouge
Sont remplacés par la terreur
De tous les chenapans de bouge,
Valets de rois et d'empereur.

30 Nous voilà rendus aux jésuites,
Aux Mac-Mahon, aux Dupanloup.
Il va pleuvoir des eaux bénites,
Les troncs vont faire un argent fou.
Dès demain, en réjouissance,
35 Et Saint-Eustache et l'Opéra
Vont se refaire concurrence,
Et le bagne se peuplera.

Demain les manons, les lorettes
Et les dames des beaux faubourgs
40 Porteront sur leurs collerettes
Des chassepots et des tambours.
On mettra tout au tricolore,
Les plats du jour et les rubans,
Pendant que le héros Pandore,
45 Fera fusiller nos enfants.

Demain les gens de la police
Refleuriront sur le trottoir,
Fiers de leurs états de service
Et le pistolet en sautoir.
50 Sans pain, sans travail et sans armes,
Nous allons être gouvernés
Par des mouchards et des gendarmes,
Des sabre-peuple et des curés.

Le peuple au collier de misère
55 Sera-t-il donc toujours rivé ?...
Jusques à quand les gens de guerre
Tiendront-ils le haut du pavé ?...
Jusques à quand la sainte clique
Nous croira-t-elle un vil bétail ?...
60 A quand enfin la République
De la justice et du travail ?

Chansons, 1885.

J.-B. Clément *note dans ses souvenirs, à propos de ce texte :*

« *J'étais encore à Paris quand je fis cette chanson (...). De l'endroit où l'on m'avait recueilli, j'entendais toutes les nuits des coups de fusil, des arrestations, des cris de femmes et d'enfants. C'était la réaction versaillaise qui poursuivait son œuvre d'extermination. J'en éprouvai plus de colère et de douleur que je n'en avais ressenti pendant les longs jours de lutte* ».

LE RÉPERTOIRE DE LA COMMUNE

Le 25 mai 1871, à 7 h 25 du matin, Thiers envoie une dépêche télégraphique aux préfets et à toutes les autorités civiles, judiciaires, militaires :

« Le sol de Paris est jonché de leurs cadavres. Ce spectacle affreux servira de leçon, il faut l'espérer, aux insensés qui oseraient se déclarer partisans de la Commune (1) ». *La Commune n'aura duré que soixante-douze jours. Aussi, pendant la Commune proprement dite, y aura-t-il peu de création (2). C'est à partir de l'exil surtout, et après l'amnistie (14 juillet 1880), que seront écrites la plupart des chansons à la gloire des communards.*

Le répertoire de cette époque reflète deux sentiments contradictoires : d'une part une foi que l'on veut, envers et contre tout, inébranlable dans la victoire du prolétariat, et d'autre part souvent le sentiment d'impuissance de ceux qui, par trois fois (1830, 1848, 1871), ont vu leurs espoirs anéantis. A la fois virulente et désenchantée, la chanson est ici plus que jamais l'expression d'une sensibilité populaire que l'histoire littéraire n'a pas retenue.

(1) Voir les textes regroupés dans l'index Thématique sous l'entrée « Commune ».
(2) E. Pottier (l'auteur de l'Internationale) est maire, J.-B. Clément (auteur du « Temps des cerises », voir texte n° 141) est délégué aux ateliers de munitions : ils ont autre chose à faire...

EUGÈNE POTTIER

JEAN MISÈRE (1880)

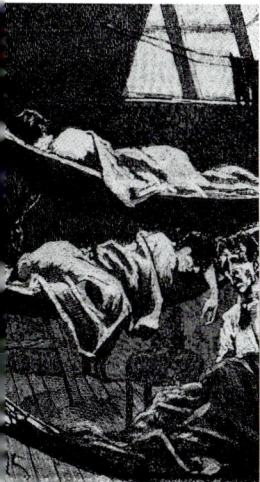

Louise Michel et Guêtre :
a Misère, édition de 1882.

Décharné, de haillons vêtu,
Fou de fièvre, au coin d'une impasse
Jean Misère s'est abattu.
« Douleur, dit-il, n'es-tu pas lasse ? »
5   Ah ! mais...
    Ça ne finira donc jamais ?...

Pas un astre et pas un ami !
La place est déserte et perdue,
S'il faisait sec, j'aurais dormi.
10 Il pleut de la neige fondue.
    Ah ! mais...
    Ça ne finira donc jamais ?...

Est-ce la fin, mon vieux pavé ?
Tu vois, ni gîte, ni pitance,
15 Ah ! la poche au fiel a crevé ;
Je voudrais vomir l'existence.
    Ah ! mais...
    Ça ne finira donc jamais ?...

Je fus bon ouvrier tailleur.
20 Vieux que suis-je ? Une loque immonde.
C'est l'histoire du travailleur
Depuis que notre monde est monde.
    Ah ! mais...
    Ça ne finira donc jamais ?...

25 Maigre salaire et nul repos,
Il faut qu'on s'y fasse ou qu'on crève,
Bonnets carrés et chassepots
Ne se mettent jamais en grève.
    Ah ! mais...
30   Ça ne finira donc jamais ?...

Eugène Pottier, l'auteur de
Internationale, écrit après
l'amnistie des Communards
cette chanson, dans laquelle
le désespoir l'emporte sur la
foi révolutionnaire.

Malheur ! ils nous font la leçon,
Ils prêchent l'ordre et la famille ;
Leur guerre a tué mon garçon,
Leur luxe a débauché ma fille !
35   Ah ! mais...
    Ça ne finira donc jamais ?...

De ces détrousseurs inhumains,
L'Eglise bénit les sacoches ;
Et leur bon Dieu nous tient les mains
40 Pendant qu'on fouille dans nos poches.
    Ah ! mais...
    Ça ne finira donc jamais ?...

Un jour, le Ciel s'est éclairé,
Le soleil a lui dans mon bouge ;
45 J'ai pris l'arme d'un fédéré
Et j'ai suivi le drapeau rouge.
    Ah ! mais...
    Ça ne finira donc jamais ?...

Mais, par mille, on nous coucha bas ;
50 C'était sinistre au clair de lune ;
Quand on m'a retiré du tas,
J'ai crié : Vive la Commune !
    Ah ! mais...
    Ça ne finira donc jamais ?...

55 Adieu, Martyrs de Satory,
Adieu, nos châteaux en Espagne !
Ah ! Mourons !... Ce monde est pourri ;
On en sort comme on sort d'un bagne.
    Ah ! mais...
60   Ça ne finira donc jamais ?...

A la morgue on coucha son corps,
Et tous les jours dalles de pierre,
Vous étalez vos nouveaux morts :
Les Otages de la misère !
65   Ah ! mais...
    Ça ne finira donc jamais ?...

Chants révolutionnaires, 1887.

Pilotell, *Illustration pour l'Année Terrible de Hugo.*

LA COMMUNE DE PARIS
A SAUVE LA REPUBLIQUE
DECRETE LA SOUVERAINETE
DU TRAVAIL
L'ATHEISME
LA DESTRUCTION DES
MONUMENTS ETERNISANT
LA HAINE ENTRE PEUPLES
HUGO

PILOTELL

LE CADAVRE EST A TERRE ET L'IDEE EST DEBOUT
(V·H)

Edouard Manet, *La barricade.*

JULES JOUY

LE TOMBEAU DES FUSILLÉS

(1887)

Ornant largement la muraille,
Vingt drapeaux rouges assemblés
Cachent les trous de la mitraille
Dont les vaincus furent criblés.
5 Bien plus belle que la sculpture
Des tombes que bâtit l'Orgueil,
L'herbe couvre la sépulture
Des morts enterrés sans cercueil.

Ce gazon que le soleil dore,
10 Quand Mai sort des bois réveillés,
Ce mur que l'Histoire décore
   Qui saigne encore
C'est le tombeau des fusillés (bis)

Autour de ce tombeau sans bronze,
15 Le prolétaire, au nez des lois,
Des héros de soixante-et-onze
Ecoute chanter les exploits.
Est-ce la tempête ou la houle
Montant à l'assaut d'un écueil ?
20 C'est la grande voix de la foule
Consolant les morts sans cercueil !

Ecoute, bon bourgeois qui tremble :
Pleurant ceux qu'on croit oubliés,
Le peuple tout entier, s'assemble
25   Et vient ensemble
Près du tombeau des fusillés (bis)

Loups de la Semaine sanglante,
Sachez-le, l'agneau se souvient,
Du peuple la justice est lente ;
30 Elle est lente, mais elle vient !
Le fils fera comme le père,
La vengeance vous guette au seuil ;
Craignez de voir sortir de terre
Les morts enterrés sans cercueil !

35 Tremblez ! Les lions qu'on courrouc<
Mordent, quand ils sont réveillés !
Fleur rouge éclose dans la mousse,
   L'avenir pousse
Sur le tombeau des fusillés (bis)

EUGÈNE POTTIER

QUAND VIENDRA-T-ELLE ?

Ce chant d'amour à la
République fut composé par
Eugène Pottier en 1870.

J'attends une belle,
Une belle enfant,
J'appelle, j'appelle,
J'en parle au passant.
Ah ! Je l'attends, je l'attends !
L'attendrai-je encor longtemps ?

J'appelle, j'appelle,
J'en parle au passant.
Que suis-je sans elle ?
Un agonisant.
Je vais sans semelle
Sans rien sous la dent...
Ah ! Je l'attends, je l'attends !
L'attendrai-je encor longtemps ?

15 Que suis-je sans elle ?
Un agonisant.
Je vais sans semelle,
Sans rien sous la dent...
Ah ! Je l'attends, je l'attends !
20 L'attendrai-je encor longtemps ?

Je vais sans semelle
Sans rien sous la dent
Transi quand il gèle,
Sans gîte souvent.
25 Ah ! Je l'attends, je l'attends !
L'attendrai-je encor longtemps ?

Transi quand il gèle,
Sans gîte souvent,
J'ai dans la cervelle
30 Des mots et du vent...
Ah ! Je l'attends, je l'attends !
L'attendrai-je encor longtemps ?

J'ai dans la cervelle
Des mots et du vent.
35 Bétail on m'attelle,
Esclave on me vend.
Ah ! Je l'attends, je l'attends !
L'attendrai-je encor longtemps ?

Bétail on m'attelle,
40 Esclave, on me vend.
La guerre est cruelle,
L'usurier pressant.
Ah ! Je l'attends, je l'attends !
L'attendrai-je encor longtemps ?

45 La guerre est cruelle,
L'usurier pressant.
L'un suce ma moelle,
L'autre boit mon sang.
Ah ! Je l'attends, je l'attends !
50 L'attendrai-je encor longtemps ?

Chants révolutionnaires, 1887.

Guerre civile, 1871.

BENJAMIN CONSTANT, 1822

*Politiquement et idéologiquement isolé, l'auteur d'*Adolphe *a, en 1822, une attitude courageuse :*

La continuation de la traite est la conséquence funeste de l'imperfection de nos lois. En prohibant la traite sans la réprimer, elles la rendent cent fois plus cruelle (...).

5 La traite est la cause ou le prétexte des outrages nombreux qu'éprouve sans cesse le pavillon français.

Je n'examine point si les Anglais la répriment par égoïsme ou par philanthropie ; et si je devais m'expli-quer à cet égard, je conviendrais volontiers que je 10 n'attribue guère de philanthropie à un ministère qui s'oppose froidement à la délivrance des Grecs qu'on massacre, et qui repousse des îles Ioniennes de malheureux blessés, coupables à ses yeux d'avoir combattu pour leur patrie.

15 Mais sans approfondir les motifs, les faits me suffisent.

La traite sert d'apologie à cette surveillance arro-gante que les Anglais exercent sur nos vaisseaux ; tantôt les accusant de piraterie, tantôt leur supposant 20 des intelligences avec les négociants de leurs colonies, ils les arrêtent, les saisissent, les traînent dans leurs ports pour les juger. N'êtes-vous pas impatients, Messieurs, de soustraire notre pavillon à cette inquisi-tion humiliante ? Faites des lois fortes, faites-le 25 exécuter fortement, et ne souffrez plus que de Français s'exposent, pour un gain criminel, à être jugé par des étrangers (...).

Messieurs, nous ne voulons ni le malheur ni le désordre dans les colonies. Nous déplorons le 30 calamités qui les ont frappées ; mais pour écarter le malheurs, pour prévenir les désordres, pour ne pas voi les calamités se renouveler, faites cesser la traite. Si c n'est par humanité, que ce soit par prudence ; si c n'est par prudence, que ce soit par dignité. La traite 35 peuple vos colonies d'ennemis qui seront un jou terribles : voyez Saint-Domingue (1). La traite soume vos vaisseaux à l'insolence de l'étranger : lisez les registres de l'amirauté anglaise. La traite flétrit aux yeux de l'Europe et ceux qui la font et ceux qui la tolèrent 40 rappelez-vous les résolutions des gouvernements unis par la Sainte-Alliance. N'invoquerait-on cette Sainte Alliance que contre l'indépendance des peuples, e retrancherait-on de ses décrets ce qui est favorable à l'humanité ?

Discours à la Chambre des députés, le 5 avril 1822.

(1) Voir n° 31.

HORACE VERNET, 1837

Pour illustrer cet épisode de l'invasion de l'Algérie, Vernet a directement re-cours au rapport du Maréchal Clauzel décrivant les faits d'armes du combat de Somah :

« Presque entouré par les Arabes, chargé vigoureusement et perdant beaucoup de monde, il sut inspirer une telle confiance à son bataillon formé en carré, qu'au moment où il était vivement assailli, il fit pousser à sa troupe deux fois le cri de *Vive le roi !* Et les Arabes intimidés, ayant fait deux demi-tours à vingt pas du bataillon, un feu de deux rangs à bout portant couvrit d'hommes et de chevaux trois flancs du carré ».

le Combat de Somah, 1837.

ARMAND DUBARRY, 1879 :

Le nègre sauvage et barbare, est capable de toutes les turpitudes et, malheureusement, Dieu sait pourquoi, il semble être condamné dans son pays d'origine à la sauvagerie, à la barbarie à perpétuité. Trois 5 semaines de labeur par an lui suffisent pour assurer sa provision de riz, de maïs, etc. S'il travaillait pendant six mois, il ferait de sa patrie un paradis. Mais le manque de toute idée de progrès, de toute morale ne lui permet pas de se rendre compte de la valeur 10 incalculable, de la puissance infinie du travail, et ses seules lois sont des passions brutales, ses appétits féroces, les caprices de son imagination déréglée. Il vit au jour le jour à l'aventure, insoucieux du lendemain. Son goût peu délicat lui permet de s'accommoder de la 15 nourriture que lui donne le hasard.

Voyage au Dahomey, 1879.

LE COLONIALISME FRANÇAIS DE 1820 à 1890 (TABLEAU SYNTHÉTIQUE)

1820	Restes de l'empire colonial français des XVII/XVIIIe siècles (quelques îles dans l'hémisphère sud, les comptoirs des Indes, les Antilles...). Renouveau de la doctrine en matière de colonisation : de 1815 à 1822 : développement de la flotte : besoin de bases sûres. Grands voyages d'exploration en Afrique et en Asie du sud-est.
	**DE 1820 AU SECOND EMPIRE, IL N'EXISTE PAS DE MOUVEMENT POPULAIRE COLONIALISTE**
1830	Première entreprise moderne de colonisation (avec la force navale nouvellement créée) : l'expédition d'Algérie. (motifs : politique intérieure : menaces d'une révolution bourgeoise contre Charles X).
1830/1848	Prises de contact des militaires et des marchands avec les territoires qui constitueront plus tard l'empire français. Colonisation militaire en Algérie (constitution d'une classe de militaires coloniaux qui joueront un grand rôle dans le coup d'État de 1851). Constitution d'une armée coloniale.
1848	La deuxième république abolit formellement l'esclavage dans les colonies (aboli par la Révolution Française et rétabli par Napoléon 1er).
1851/1870	Le Second Empire a besoin d'une politique extérieure brillante, en particulier du point de vue colonial (en Europe, se développe de façon inquiétante la puissance militaire prussienne — Sadowa, 1866 —). Donc politique coloniale très active : — premier protectorat sur le Cambodge — début de la conquête du Tonkin — début de la conquête du Sénégal, future base de l'Afrique Équatoriale Française — politique des bureaux arabes en Algérie.
1870	Défaite française devant l'Allemagne de Bismarck : l'Europe est dominée par l'Allemagne, d'où un repliement sur elle-même de la France isolée du point de vue diplomatique.
1878	Conférence de Berlin : Bismarck encourage la France à mener une politique coloniale active, mais à se désintéresser des affaires européennes — parallèlement, début de l'idée de « revanche » en France : se battre contre l'Allemagne en Europe en considérant comme trahison germaniste le départ vers les colonies.
1879/1880	Arrivée au pouvoir de Gambetta (79/80) puis de Ferry (81) tous deux partisans de la colonisation, tirant les conclusions de la Conférence de Berlin. Farouche opposition de Clémenceau et des radicaux, partisans d'une revanche immédiate.
	**L'OPINION PUBLIQUE EST TRÈS ANTICOLONIALISTE**
1881/1885	Grande période de l'expansion française : — conquête de la Tunisie (81) — conquête de la Cochinchine (85) — consolidation des positions françaises en Afrique noire — débuts de l'occupation de Madagascar.
1885	« Ferry-Tonkin », « Ferry-l'Allemand », tombe : c'est l'affaire de Lang-Son. Violent affrontement à la Chambre avec Clémenceau.
1885/1890	Arrêt de l'expansion coloniale : on s'intéresse à « la ligne bleue des Vosges ».
1890	Consolidation de la République Française Chute de Bismarck La France sort de son isolement diplomatique.
	**DÉBUT D'UN MOUVEMENT POPULAIRE COLONIALISTE EN FRANCE :**

- les radicaux deviennent colonialistes
- on se réapproprie les textes colonialistes, jusque là peu en vogue : justification théorique de la colonisation
- constitution de sociétés d'exploration, de géographie, de commerce, etc.
- débuts de la grande expansion française en Afrique et à Madagascar.

ARTHUR RIMBAUD, 1876 :

DÉMOCRATIE

« Le drapeau va au paysage immonde, et notre patois étouffe le tambour.

« Aux centres nous alimenterons la plus cynique prostitution. Nous massacrerons les révoltes logiques.

5 « Aux pays poivrés et détrempés ! — au service des plus monstrueuses exploitations industrielles ou militaires.

« Au revoir ici, n'importe où. Conscrits du bon vouloir, nous aurons la philosophie féroce ; ignorants 10 pour la science, roués pour le confort ; la crevaison pour le monde qui va. C'est la vraie marche. En avant, route ! »

les Illuminations, 1876.

ÉDOUARD DRUMONT, 1886

L'anti-colonialisme n'était pas uniquement, et il s'en faut de beaucoup, l'apanage des « gens de gauche », c'était même à l'époque la preuve d'un nationalisme en parfait accord avec l'opinion publique (« Ligne bleue des Vosges »). Drumont livre ici une surprenante analyse de la colonisation fondée sur un antisémitisme forcené, pièce maîtresse de tout le raisonnement :

(...) Les millions dépensés en l'absence des Chambres, la malversation, les concussions, les infamies de toute nature... vous connaissez tout cela. (...) Ce qu'il faudrait dire, ce sont les souffrances endurées par nos soldats pour permettre aux juifs de se livrer à ces opérations. (...) Qui n'a senti ses poings se serrer en entendant un officier vous décrire cette marche en colonnes, sous un ciel d'airain, sans un arbre à l'horizon, sans une source, avec le désert à quelques pas ! Sur des chameaux on porte l'eau nécessaire qui parfois est en retard de trois ou quatre lieues et arrive chaude et croupie. Tout à coup, un homme prononce des paroles incohérentes, il rit aux éclats, il est devenu fou ! Un autre brusquement, tombe comme une masse, on s'empresse autour de lui : il est mort... A la hâte, on improvise un cercueil avec une caisse de biscuits, et dans le sable, que la nuit prochaine les chacals viendront fouiller, on enterre le malheureux. Parfois le capitaine lit le *De profundis* et c'est tout...

Tout soldat isolé est perdu ; fait prisonnier, il est livré comme jouet aux femmes des tribus qui le font mourir lentement en lui enfonçant dans les chairs des aiguilles rougies au feu. Un de mes parents qui est revenu mourant de l'expédition, me racontait l'impression d'horreur qu'il avait éprouvée devant un sous-officier du train qu'on ne pouvait reconnaître. L'infortuné, les yeux arrachés, les oreilles coupées, les parties viriles affreusement mutilées, essayait en vain de tracer son nom sur le papier avec le crayon qu'on lui avait mis dans la main !

la France Juive, 1886.

HENRI DE ROCHEFORT, 1868

Journaliste d'opposition et brillant polémiste, Rochefort, dans sa tribune personnelle du journal la Lanterne, *met en cause la politique coloniale de Napoléon III. Le journal sera saisi dès le troisième numéro... :*

ALGÉRIE 1868

Les journaux donnent le chiffre des pertes en bétail subies par les tribus algériennes depuis 1867. Il est, pour les animaux, d'environ dix-sept millions. On ne donne pas celui des hommes, qui est de beaucoup le plus intéressant. Mais à propos de l'heureuse position dont les Arabes qui n'ont pas encore été mangés jouissent sous notre domination, si intelligente et si paternelle, un colon m'écrit une lettre que je laisse à nos éminents jurisconsultes le soin d'apprécier.

La voici dans toute sa simplicité :

« Monsieur le Rédacteur,

Il y a environ deux ans, de violents incendies éclatèrent sur plusieurs points du territoire. Des moissons entières se trouvaient, en moins d'une nuit, dévorées par les flammes. L'autorité française s'alarma. On surveilla activement les incendiaires, et un grand nombre d'indigènes furent successivement arrêtés, parmi lesquels une douzaine environ furent condamnés à mort et exécutés sans rémission.

« On supposait que ces exemples porteraient leurs fruits ; mais, depuis, les incendies continuent de plus belle, et notamment cette année où ils sont plus nombreux que jamais.

« Pourquoi donc n'en demande-t-on plus compte aux indigènes, et d'où vient que les incendiaires continuent aujourd'hui sans aucun danger le cours de leurs forfaits ?

« Je vais vous le dire, monsieur le Rédacteur : c'est qu'on s'est aperçu un jour que les incendies si sévèrement réprimés étaient tout simplement le produit de combustions spontanées, développées par les excessives chaleurs qui dessèchent le sol algérien.

« On parle de réhabiliter Lesurques (1). Est-ce qu'il ne serait pas équitable de réhabiliter aussi ces infortunés morts sur l'échafaud, victimes de l'ignorance et de la brutalité des hommes ?

« Notez que les familles de ces malheureux ont également presque toutes péri, dispersées par la misère.

« Veuillez agréer, etc. »
(Ici un nom et une adresse que je me garde bien de reproduire.)

Ma réponse sera nette et concise :
— Quelle idée avez-vous, monsieur et cher colon, d'essayer de nous attendrir sur douze Arabes plus ou moins guillotinés ? La France a condamné autrefois assez de gens pour sorcellerie, elle a bien le droit d'en condamner quelques-uns pour combustion spontanée.

D'ailleurs, cette fois comme toujours, la France a agi sagement, puisque si ces Arabes privilégiés, et dont les autres doivent jalouser le sort, n'avaient pas vu notre sollicitude abréger leur carrière, ils seraient morts de faim deux ans plus tard.

la Lanterne, juin 1868, n° 5.

(1) LESURQUES (Joseph) (1763, exécuté le 30.10.1796). Victime d'une célèbre erreur judiciaire : l'affaire du courrier de Lyon (1796).

L'AFRIQUE ET L'EXOTISME

PIERRE LOTI (1850-1923), 1881

Cet auteur découvrit et fit découvrir le monde à plusieurs générations de lecteurs. Elu académicien contre Zola (mai 91) il fut pour beaucoup le romancier de l'aventure coloniale et pour d'autres celui du désenchantement.

(Jean, le montagnard, s'est engagé dans les spahis et aboutit au Sénégal :)

(...) Les spahis, ses nouveaux compagnons, avaient déjà traîné leur grand sabre dans différentes garnisons de l'Inde et de l'Algérie. Dans les estaminets des villes maritimes où ils avaient promené leur jeunesse, ils avaient pris ce tour d'esprit gouailleur et libertin qu'on ramasse en courant le monde ; ils possédaient, en argot, en sabir, en arabe, de cyniques plaisanteries toutes faites qu'ils jetaient à la face de toute chose. Braves garçons dans le fond, et joyeux camarades, ils avaient des façons d'être que Jean ne comprenait guère, et des plaisirs qui lui causaient une répugnance extrême. (...)

[Jean, au contraire, recherche la solitude et la rêverie, au contact de la nature et du monde sénégalais.]

La plage, au crépuscule, était couverte d'hommes noirs qui revenaient aux villages chargés de gerbes de mil. Les pêcheurs aussi ramenaient leurs filets entourés de bandes bruyantes de femmes et d'enfants. C'étaient toujours des pêches miraculeuses que ces pêches du Sénégal : les filets se rompaient sous le poids de milliers de poissons de toutes les formes ; les négresses en emportaient sur leur tête des corbeilles toutes pleines ; les bébés noirs rentraient au logis, tous coiffés d'une couronne de gros poissons grouillants, enfilés par les ouïes. Il y avait là des figures extraordinaires arrivant de l'intérieur, des caravanes pittoresques de Maures ou de Peuhles qui descendaient la *langue de Barbarie ;* des tableaux impossibles à chaque pas, chauffés à blanc par une lumière invraisemblable.

Et puis les crêtes des dunes bleues devenaient roses ; de dernières lueurs horizontales couraient sur tout ce pays de sable ; le soleil s'éteignait dans des vapeurs sanglantes, et alors tout ce peuple noir se jetait la face contre terre pour la prière du soir.

C'était l'heure sainte de l'Islam ; depuis la Mecque jusqu'à la côte saharienne, le nom de Mahomet, répété de bouche en bouche, passait comme un souffle mystérieux sur l'Afrique ; il s'obscurcissait peu à peu à travers le Soudan et venait mourir là sur ces lèvres noires, au bord de la grande mer agitée.

Les vieux prêtres yolofs, en robe flottante, tournés vers la mer sombre, récitaient leurs prières, le front dans le sable, et toutes ces plages étaient couvertes d'hommes prosternés. Le silence se faisait alors, et la nuit descendait, avec la rapidité propre aux pays du soleil.

A la tombée du jour, Jean rentrait au quartier des spahis, dans le sud de Saint-Louis.

Dans la grande salle blanche, ouverte au vent du soir, tout était silencieux et tranquille ; les lits numérotés des spahis étaient alignés le long des murailles nues ; la tiède brise de mer agitait leurs moustiquaires de mousseline. Les spahis étaient dehors ; Jean rentrait à l'heure où les autres se répandaient dans les rues désertes, courant à leurs plaisirs, à leurs amours.

C'est alors que le quartier isolé lui semblait triste, et qu'il songeait le plus à sa mère.

le Roman d'un Spahi, 1881, chap. V.

GUY DE MAUPASSANT, 1889

Dans une de ses nouvelles, Maupassant met en scène un colon, Auballe, qui raconte son aventure avec la belle Allouma et cherche à définir la relation qu'il avait pu entretenir avec elle :

(...) Je pensais à ce peuple vaincu au milieu duquel nous campons ou plutôt qui campe au milieu de nous, dont nous commençons à parler la langue, que nous voyons vivre chaque jour sous la toile transparente de ses tentes, à qui nous imposons nos lois, nos règlements et nos coutumes, et dont nous ignorons tout, mais tout, entendez-vous, comme si nous n'étions pas là, uniquement occupés à le regarder depuis bientôt soixante ans. Nous ne savons pas davantage ce qui se passe sous cette hutte de branches et sous ce petit cône d'étoffe cloué sur la terre avec des pieux, à vingt mètres de nos portes, que nous ne savons encore ce que font, ce que pensent, ce que sont les Arabes dits civilisés des maisons mauresques d'Alger. Derrière le mur peint à la chaux de leur demeure des villes, derrière la cloison de branches de leur gourbi, ou derrière ce mince rideau brun de poil de chameau que secoue le vent, ils vivent près de nous, inconnus, mystérieux, menteurs, sournois, soumis, souriants, impénétrables. Si je vous disais qu'en regardant de loin, avec ma jumelle, le campement voisin, je devine qu'ils ont des superstitions, des cérémonies, mille usages encore ignorés de nous, pas même soupçonnés ! Jamais peut-être un peuple conquis par la force n'a su échapper aussi complètement à la domination réelle, à l'influence morale, et à l'investigation acharnée mais inutile du vainqueur.

Or, cette infranchissable et secrète barrière que la nature incompréhensible a verrouillée entre les races, je la sentais soudain, comme je ne l'avais jamais sentie, dressée entre cette fille arabe et moi, entre cette femme qui venait de se donner, de se livrer, d'offrir son corps à ma caresse et moi qui l'avais possédée.

« Allouma », *la Main gauche,* 1889.

Honoré Daumier (1808-1879),
Irlande et Jamaïque :
« *Patience !* » (BN).

Grandville (1803-1847),
Pantomime militaire (BN).

MAURICE BARRÈS, 1897

L'action est ici placée en 1884-85, lorsque « Ferry-Tonkin » s'oppose à Clémenceau au sujet des « aventures » coloniales. Barrès analyse l'état de la France, son morcellement et sa crise d'identité :

Si nous admettons que nos forces constitutives sont dissociées et contradictoires, le fonds de notre vie, notre vraie réalité, notre énergie, ne sont-ils pas gravement atteints ? Ce qui nous confirme dans cette vue, c'est de constater que la puissance de reproduction est en baisse, et que la résistance faiblit sur les frontières de l'Est, d'où
5 l'Esprit allemand fuse dans tous les sens sur notre territoire et dans nos esprits.

Mais si la substance nationale est atteinte, vraiment il devient fort secondaire de savoir qui sera vainqueur de M. Clémenceau ou de M. Jules Ferry, en qui se concentre à cette date tout l'intérêt parlementaire. — D'ailleurs ils font un jeu qui permet à chacun
10 d'eux d'exister, et si l'un d'eux venait à disparaître et n'était pas sur l'heure remplacé, l'autre devrait également disparaître.

Il devient secondaire de savoir si la France, par ses troupes au Tonkin et à Madagascar, par sa diplomatie en Égypte et au Congo, par une convention financière en Tunisie, mènera à bien son extension coloniale dans l'Extrême-Orient. — D'ailleurs, l'extension de la France a-t-elle rien à voir avec des succès militaires en Extrême-
15 Orient ? Ces possessions lointaines ne vaudront que par notre action sur les bords du Rhin.

Il devient secondaire de savoir si les théories révolutionnaires d'une minorité évidemment faible, qui excitent au vol et au pillage par protestation contre la propriété et la misère, sont dangereuses et significatives d'un temps nouveau. — D'ailleurs,
20 l'évolution sociale dans le sens du « collectivisme » se fera fatalement et s'accomplit déjà sous nos yeux, avec le concours de ceux mêmes qui en combattent les formules, et quant à des accents de révolte contre l'ordre établi, on les a toujours entendus, on les entendra toujours.

(...) Quand de telles questions sont considérées comme essentielles par ceux qui
25 discutent les affaires de ce pays et par ceux qui les mènent, on penche vraiment à conclure que la France est décérébrée, car le grave problème et, pour tout dire, le seul, est de refaire la substance nationale entamée, c'est-à-dire de restaurer les blocs du pays ou, si vous répugnez à la méthode rétrospective, d'organiser cette anarchie.

De leur anarchie, ces bacheliers mêmes, qui errent sur le pavé de Paris comme
30 des Tonkinois dans leurs marais, sans lien social, sans règle de vie, sans but, se rendent compte. Quand ils essaient de se grouper selon le mode primitif du clan, quand ils sont hantés par l'idée césarienne, c'est un instinct de malades. Ils voudraient prendre appui les uns sur les autres ; ils se tournent aussi vers le dictateur, et vers celui dont l'histoire a dit : « Le vrai mérite, dès qu'il lui apparaissait, était sûr d'une immense récompense. »
35 Leur énergie et leur malchance les rendent sympathiques. S'ils travaillaient d'accord avec des forces sociales honnêtes et utiles, ils pourraient faire des choses honnêtes et utiles. Mais des hommes qui n'ont pas de devoirs d'état, qui sont enfiévrés par l'esprit d'imitation en face d'un héros, et qui prétendent intervenir avec leurs volontés individuelles dans les actions de la collectivité, c'est pour celle-ci fort terrible !... Car les
40 héros, s'ils ne tombent pas exactement à l'heure et dans le milieu convenables, voilà des fléaux.

les Déracinés : l'Energie nationale, Tome III, IX,
« la France dissociée et décérébrée ». Fasquelle, 1897.

LE DÉBAT DE JUILLET 1885.

Wilette, *Le rire du 23.11.1899.*

LA FAMINE AUX INDES

JULES FERRY, 28 JUILLET 1885
Clémenceau s'opposera à lui lors du débat plus pour raison de politique intérieure que par véritable humanitarisme :

(...) Messieurs, il y a un second point, un second ordre d'idées que je dois également aborder, le plus rapidement possible, croyez-le bien : c'est le côté humanitaire et civilisateur de la question. Sur ce point, l'honorable M. Camille Pelletan **(1)** raille beaucoup, avec l'esprit et la finesse qui lui sont propres ; il raille, il condamne, et il dit : « Qu'est-ce que c'est cette civilisation qu'on impose à coups de canon ? Qu'est-ce, sinon une autre forme de barbarie ? Est-ce que ces populations de race inférieure n'ont pas autant de droits que vous ? Est-ce qu'elles ne sont pas maîtresses chez elles ? Est-ce qu'elles vous appellent ? Vous allez chez elles contre leur gré, vous les violentez, mais vous ne les civilisez pas. » Voilà, Messieurs, la thèse ; je n'hésite pas à dire que ce n'est pas de la politique, cela, ni de l'histoire : c'est de la métaphysique politique. (...) Et je vous défie, — permettez-moi de vous porter ce défi, mon honorable collègue, monsieur Pelletan, — de soutenir jusqu'au bout votre thèse, qui repose sur l'égalité, la liberté, l'indépendance des races inférieures. (...)

Messieurs, il faut parler plus haut et plus vrai ! Il faut dire ouvertement que les races supérieures ont un droit vis-à-vis des races inférieures. (...)

Je répète qu'il y a pour les races supérieures un droit, parce qu'il y a un devoir pour elles. Elles ont le devoir de civiliser les races inférieures.

Ces devoirs, Messieurs, ont été souvent méconnus dans l'histoire des siècles précédents, et certainement quand les soldats et les explorateurs espagnols introduisaient l'esclavage dans l'Amérique centrale, ils n'accomplissaient pas leur devoir d'hommes de race supérieure. Mais, de nos jours, je soutiens que les nations européennes s'acquittent avec largeur, avec grandeur et honnêteté de ce devoir supérieur de civilisation. (...)

Débat parlementaire du 28/7/1885.

(1) *Camille Pelletan (1846-1915), l'un des principaux représentants de l'opposition radicale, qui venait d'intervenir dans le débat. Il sera ministre de la Marine en 1902.*

GEORGES CLÉMENCEAU, 1885

« Vous êtes en face d'un pays où se dressent les problèmes les plus graves pour une nation, à savoir comment vous pourrez organiser un gouvernement régulier, fondé sur le principe de la liberté. Depuis cent ans, tous nos gouvernements sont venus échouer contre la Révolution. Réussirez-vous à organiser, à régler l'évolution pacifique, au grand bénéfice de tous ? Est-ce que ces préoccupations ne sont pas dignes d'une grande nation et de ses représentants ? Quelles seront les réformes à accomplir, et de quel côté devrons-nous porter nos regards ? Dans quel sens nous efforcerons-nous de diriger l'activité nationale ? Et l'éternelle question sociale qui gronde dans les ateliers, qui se pose à Berlin d'une manière si aiguë et en Angleterre, où elle a été posée avec tant d'éclat par un membre même du gouvernement. Et vous trouvez qu'il n'y a pas là un domaine suffisant pour une ambition humaine, et que l'idée d'augmenter la somme de savoir, de lumière dans notre pays et de développer le bien-être, d'accroître la liberté, le droit ; d'organiser un meilleur emploi des forces sociales ; vous ne trouvez pas que tout cela puisse suffire à l'activité d'un homme politique, d'un parti ? En vérité permettez-moi de vous dire que votre ambition est bien haute. »

Discours à la Chambre des députés, séance du 31 juillet 1885.

LÉON GAMBETTA, 1872
Léon Gambetta.

« Pour reprendre véritablement le rang qui lui appartient dans le monde *(la France se doit de ne pas accepter le repliement sur soi-même) :* c'est par l'expansion, par le rayonnement dans la vie du dehors, par la place qu'on prend dans la vie générale de l'humanité que les actions persistent et qu'elles durent ; si cette vie s'arrêtait, c'en serait fini de la France. »

Discours d'Angers, le 7 avril 1872.

LE SAHEL DE FROMENTIN ET DE GIDE

EUGÈNE FROMENTIN, 1858

Peintre et écrivain, *Fromentin relate son voyage en Afrique dans* Un Eté dans le Sahara *(1857),* Une Année dans le Sahel *(1858) et dans ses nombreux tableaux. Sand, Michelet et Sainte-Beuve ne tariront pas d'éloges à son propos.*

Blidah, février (1853).

L'étranger t'appelle une *petite ville (Blidah),*
Et moi, Blidien, je t'appelle une *petite rose (ourida).*

Voilà tout ce qui reste de Blidah, un distique de forme amoureuse, un nom charmant qui rime avec rose. La ville n'existe plus. Le nom résonne encore sur les lèvres des Arabes, comme un souvenir tendre et regretté d'anciennes délices.

Blidah était en effet la ville par excellence des roses, des jasmins et des femmes.
5 Du bord de la plaine où l'on apercevait ses tours et ses maisons blanches, cachées à dem dans des forêts d'arbres aux fruits d'or, elle apparaissait précisément en face de *Koleah la Sainte,* comme une image anticipée des joies permises et promises du paradis. Il y avait là des jardins constamment verts, des rues tapissées de feuillage et plus ombreuses que des allées de bois, de grands cafés pleins de musique, de petites maisons habitées par
10 des plaisirs délicats, des eaux partout, et des eaux exquises ; puis, pour achever par les odeurs le bien-être de ce peuple sensuel, la continuelle exhalaison des orangeries en fleur y faisait de l'atmosphère tout entière un parfum. On y fabriquait des essences, on y vendait des bijoux. Les gens de guerre venaient s'y délasser, les jeunes gens s'y corrompre. Les marabouts, dont ce n'était pas la place, habitaient à l'écart dans la
15 montagne. Les mosquées n'y figuraient que pour mémoire, et comme un chapelet dans la main des débauchés.

Blidah ressemble aujourd'hui, trait pour trait, à une Mauresque que je vois se promener dans la ville, qui a été belle et qui, ne l'étant plus, s'habille à la française avec un chapeau de mauvais goût, une robe mal faite et des gants fanés : plus d'ombre dans les
20 rues, plus de cafés ; les trois quarts des maisons détruites et remplacées par des bâtisses européennes ; d'immenses casernes, des rues de colonies ; au lieu de la vie arabe, la vie des camps, la moins mystérieuse de toutes, surtout dans la recherche de ses plaisirs. Ce que la guerre a commencé, la paix l'achève. Le jour où Blidah n'aura plus rien d'arabe, elle redeviendra une très jolie ville ; la nouvelle Blidah fera peut-être oublier l'ancienne le
25 jour où ceux qui la regrettent auront eux-mêmes disparu.

une Année dans le Sahel, 1858, chap. II.

Eugène Fromentin, *Un café à Blidah* (Musée Fromentin, La Rochelle).

ANDRÉ GIDE, 1897

L'auteur des Nourritures terrestres *décrit, quarante-quatre ans après Fromentin, Blidah, sur un mode à la fois plus lyrique et plus enthousiaste :*

Eugène Fromentin, *Le bois des oliviers de Blidah, dit le bois sacré.*

Mars 1895.

Blidah ! Fleur du Sahel ! dans l'hiver sans grâce et fanée, au printemps tu m'as paru belle. Ce fut un matin pluvieux ; un ciel indolent, doux et triste ; et les parfums de tes arbres en fleurs erraient dans tes longues allées. Jet d'eau de ton calme bassin ; au loin les clairons des casernes.

Voici l'autre jardin, bois délaissé, où luit faiblement sous les oliviers la mosquée blanche. — Bois sacré ! ce matin vient s'y reposer ma pensée infiniment lasse, et ma chair épuisée d'inquiétude d'amour. De vous avoir vues l'autre hiver, je n'avais pas idée, lianes, de vos floraisons merveilleuses. Glycines violettes entre les branches balancées, grappes comme des encensoirs penchées, et pétales tombés sur l'or du sable de l'allée. Bruits de l'eau ; bruits mouillés, clapotis au bord du bassin ; oliviers géants, spirées blanches, bosquets de lilas, touffes d'épines, buissons de roses ; y venir seul et s'y souvenir de l'hiver, et s'y sentir si las que le printemps, hélas ! même ne vous étonne ; et même désirer plus de sévérité, car tant de grâce, hélas ! invite et rit au solitaire, et ne se peuple que de désirs, cortège obséquieux dans les vides allées. Et malgré les bruits d'eau dans ce bassin trop calme, autour, le silence attentif indique par trop les absences.

les Nourritures terrestres, livre VII,
Mercure de France, 1897.

Eugène Fromentin, *cavaliers arabes.*

1 — *LE COLONISÉ :*
  a) *Rendez compte de l'image du colonisé en vous appuyant avec précision sur les textes cités et sur les tableaux.*
  b) *Qui s'intéresse réellement au colonisé ? Les écrivains ? Les hommes politiques ? Pour quelles raisons ?*

2 — *ESCLAVAGISME :*
  Quels sont les arguments de B. Constant ? Sont-ils uniquement humanitaires ? Pourquoi ?

3 — *RACISME :*
  Où y a-t-il racisme dans les textes cités ? Relevez les passages, analysez les argumentations et donnez vos contre-arguments.

4 — *LE DÉBAT DE JUILLET 1885 :*
  a) *Résumez en quelques lignes les interventions de Ferry et de Clémenceau.*
  b) *Opposez, en les classant, les arguments respectifs.*

5 — *BLIDAH :*
  Fromentin (texte et tableaux) et Gide ont chacun leur perception de la ville. Définissez les deux points de vue, leurs ressemblances, leurs oppositions.

EPITAPHE

Corbière par lui-même.

En introduction de son épitaphe, Corbière écrit :

« *Sauf les amoureux commençants ou finis qui veulent commencer par la fin il y a tant de choses qui finissent par le commencement que le commencement commence à finir par être à la fin la fin en sera que les amoureux et autres finiront par commencer à recommencer par ce commencement qui aura fini par n'être que la fin retournée ce qui commencera par être égal à l'éternité qui n'a ni fin ni commencement et finira par être aussi finalement égal à la rotation de la terre où l'on aura fini par ne distinguer plus où commence la fin d'où finit le commencement ce qui est toute fin de tout commencement égale à tout commencement final de l'infini défini par l'indéfini. — Égale une épitaphe égale une préface et réciproquement.* »

Et il signe ce texte :
« *Sagesse des nations...* »

Il se tua d'ardeur, ou mourut de paresse,
S'il vit, c'est par oubli ; voici ce qu'il se laisse :
— Son seul regret fut de n'être pas sa maîtresse —

Il ne naquit par aucun bout,
5 Fut toujours poussé vent-de-bout,
Et fut un arlequin-ragoût,
Mélange adultère de tout.

Du *je-ne-sais-quoi,* — mais ne sachant où ;
De l'or, — mais avec pas le sou ;
10 Des nerfs, — sans nerf ; vigueur sans force ;
De l'élan, — avec une entorse ;
De l'âme, — et pas de violon ;
De l'amour, — mais pire étalon.
— Trop de noms pour avoir un nom. —

15 Coureur d'idéal, — sans idée ;
Rime riche, — et jamais rimée ;
Sans avoir été, — revenu ;
Se retrouvant partout perdu.

Poète, en dépit de ses vers ;
20 Artiste sans art, — à l'envers ;
Philosophe, — à tort à travers.

Un drôle sérieux, — pas drôle.
Acteur : il ne sut pas son rôle ;
Peintre : il jouait de la musette ;
25 Et musicien : de la palette.

Une tête ! — mais pas de tête ;
Trop fou pour savoir être bête ;
Prenant pour un trait le mot *très.*
— Ses vers faux furent ses seuls vrais.

30 Oiseau rare — et de pacotille ;
Très mâle... et quelquefois très *fille ;*
Capable de tout, — bon à rien ;
Gâchant bien le mal, mal le bien.

Prodigue comme était l'enfant
35 Du Testament, — sans testament.
Brave, et souvent, par peur du plat,
Mettant ses deux pieds dans le plat.

Coloriste enragé, — mais blême ;
Incompris... — surtout de lui-même ;
40 Il pleura, chanta juste faux ;
— Et fut un défaut sans défauts.

Ne fut *quelqu'un,* ni quelque chose.
Son naturel était la *pose.*

Pas poseur, posant pour *l'unique ;*
45 Trop naïf, étant trop cynique ;
Ne croyant à rien, croyant tout.
— Son goût était dans le dégoût.

Trop cru, — parce qu'il fut trop cuit,
Ressemblant à rien moins qu'à lui,
50 Il s'amusa de son ennui,
Jusqu'à s'en réveiller la nuit.
Flâneur au large. — à la dérive,
Epave qui jamais n'arrive...

Trop *Soi* pour se pouvoir souffrir,
55 L'esprit à sec et la tête ivre,
Fini, mais ne sachant finir,
Il mourut en s'attendant vivre
Et vécut, s'attendant mourir.

Ci-gît, — cœur sans cœur, mal planté,
60 Trop réussi — comme *râté.*

les Amours jaunes, 1873.

LE CORPS, L'ESPRIT, LA POÉSIE

Corbière, alors qu'il était adolescent, et rêvait d'être marin, comme autrefois son père, est atteint d'une grave maladie. Le virus d'un rhumatisme articulaire aigu le déforme physiquement et l'affaiblit à jamais. Il se rebaptise Tristan, pour ne plus porter le même prénom que son père, Édouard. Et sans cesse, il ressasse sa santé perdue.

A toute force il essaie d'être « quelqu'un ou quelque chose ». *Il se déguise, se grime, en flibustier, en évêque, ou en femme : il s'enferme dans un terrible orgueil d'infirme :* « Mon cœur à moi ne veut pas qu'on l'aime ». *Pourtant, en même temps, las des amours à trente sous, il voudrait* « lécher un peu d'amour qui ne soit pas payé ».

Mais il est amoindri par la maladie. Il s'aigrit de sa misère sexuelle : « Ma moitié, comme moi sans âme et ma moitié c'est une femme, une femme que je n'ai pas ». *Déguisements et exhibitionnisme sont à la limite de l'auto-érotisme narcissique. Il se met totalement en marge.*

Un critique contemporain, Pierre Osenat, marque bien le rapport entre ce corps maltraité, cet esprit inquiet, et cette poésie déchirée :

Cette syntaxe fouettée, heurtée, ce vers au rythme brisé n'évoquent pas seulement la respiration marine ; les nombreux tirets, les points de suspension, les alinéas, les guillemets, la fulgurance des ellipses ne sont pas seulement le clapotis des flots, la clameur du vent, la violence du grain d'orage, la déchirure des brisants.

Il faut certainement y voir les cassures de l'âme : ici, la bravade, le défi au trébuchet des parnassiens, les facettes des gemmes salines, ses pleurs refoulés ; là, l'étrangeté du comportement ; ailleurs, l'automatisme d'une écriture en état second où la fièvre et l'alcool mêlent leurs feux.

Pierre Osenat, *Introduction aux Amours jaunes*, 1970.

Dans ses Rondels pour après, *dernière section des* Amours jaunes, *Corbière écrit encore une fois son testament qu'il intitule* Sonnet posthume :

Dors : ce lit est le tien... Tu n'iras plus au nôtre.
— Qui dort dîne. — A tes dents viendra tout seul le foin.
Dors : on t'aimera bien — L'aimé c'est toujours *l'Autre...*
Rêve : La plus aimée est toujours la plus loin...

Dors : on t'appellera beau décrocheur d'étoiles !
Chevaucheur de rayons !... quand il fera bien noir ;
Et l'ange du plafond, maigre araignée, au soir,
— Espoir — sur ton front vide ira filer ses toiles.

Museleur de voilette ! un baiser sous le voile
T'attend... on ne sait où : ferme les yeux pour voir.
Ris : les premiers honneurs t'attendent sous le poêle.

On cassera ton nez d'un bon coup d'encensoir,
Doux fumet !... pour la trogne en fleur, pleine de moelle
D'un sacristain très bien, avec son éteignoir.

les Amours jaunes, 1873.

JULES LAFORGUE, 1860-1887
Les Complaintes (1885)
Ce divorce entre le corps et l'esprit, pourtant indissociables, est bien marqué par ce poète qui, comme Corbière, est mort jeune, de maladie :

COMPLAINTE DU PAUVRE CORPS HUMAIN

L'Homme et sa compagne sont serfs
De corps, tourbillonnants cloaques
Aux mailles de harpes de nerfs
5 Serves de tout et que détraque
Un fier répertoire d'attaques.

Voyez l'homme, voyez !
Si ça n'fait pas pitié !

Propre et correct en ses ressorts,
S'assaisonnant de modes vaines,
10 Il s'admire, ce brave corps,
Et s'endimanche pour sa peine,
Quand il a bien sué la semaine.

Et sa compagne ! allons,
Ma bell', nous nous valons.

15 Faudrait le voir, touchant et nu
Dans un décor d'oiseaux, de roses ;
Ses tics réflexes d'ingénu,
Ses plis pris de mondaines poses ;
Bref, sur beau fond vert, sa chlorose.

20 Voyez l'Homme, voyez !
Si ça n'fait pas pitié !

Les Vertus et les Voluptés
Détraquant d'un rien sa machine,
Il ne vit que pour disputer
25 Ce domaine à rentes divines
Aux lois de mort qui le taquinent.

Et sa compagne ! allons,
Ma bell', nous nous valons.

Il se soutient de mets pleins d'art,
30 Se drogue, se tond, se parfume,
Se truffe tant, qu'il meurt trop tard ;
Et la cuisine se résume
En mille infections posthumes.

Oh ! ce couple, voyez !
35 Non, ça fait trop pitié.

Charles Cros (R. Viollet).

Mathématicien, physicien, savant universel, inventeur incontesté du phonographe et de la photographie en couleurs, l'auteur du « Hareng saur » était aussi humoriste et poète. Mais sous l'humour et la poésie transparaissent souvent le sentiment de la solitude et de l'absurdité du monde : dans ce monologue, la pirouette finale n'a-t-elle pas pour fonction de conjurer l'angoisse de la mort ?

Il y a longtemps — mais longtemps ce n'est pas assez pour vous donner l'idée... Pourtant comment dire mieux ?

Il y a longtemps, longtemps, longtemps ; mais longtemps, longtemps.

Alors, un jour... non, il n'y avait pas de jour, ni de nuit, alors une fois, mais il n'y avait...
5 Si une fois, comment voulez-vous parler ? Alors il se mit dans la tête (non, il n'y avait pas de tête), dans l'idée... Oui, c'est bien cela, dans l'idée de faire quelque chose.

Il voulait boire. Mais boire quoi ? Il n'y avait pas de vermouth, pas de madère, pas de vin blanc, pas de vin rouge, pas de bière Dréher, pas de cidre, pas d'eau ! C'est que vous ne pensez pas qu'il a fallu inventer tout ça, que ce n'était pas encore fait, que le progrès a
10 marché. Oh ! le progrès !

Ne pouvant pas boire, il voulait manger. Mais manger quoi ? Il n'y avait pas de soupe à l'oseille, pas de turbot sauce aux câpres, pas de rôti, pas de pommes de terre, pas de bœuf à la mode, pas de poires, pas de fromage de Roquefort, pas d'indigestion, pas d'endroits pour être seul... nous vivons dans le progrès ! Nous croyons que ça a toujours existé tout ça !

15 Alors ne pouvant ni boire, ni manger, il voulut chanter *(gaiement)*, chanter. Chanter *(triste)*, oui, mais chanter quoi ? Pas de chansons, pas de romances, *mon cœur ! petite fleur !* Pas de cœur, pas de fleur, pas de *laï-tou : tu t'en ferais claquer le système !* Pas d'air pour porter la voix, pas de violon, pas d'accordéon, pas d'orgue, *(geste)* pas de piano ! Vous savez pour se faire accompagner par la fille de sa concierge ; pas de concierge ! Oh ! le progrès !

20 « Peux pas chanter ; impossible ? Eh bien je vais danser ». Mais danser où ? Sur quoi ? Pas de parquet ciré, vous savez pour tomber. Pas de soirées avec des lustres, des girandoles aux murs qui vous jettent de la bougie dans le dos, des verres, des sirops qu'on renverse sur les robes ! Pas de robes ! Pas de danseuses pour porter les robes ! Pas de pères ronfleurs, pas de mères couperosées pour empêcher de danser en rond !

25 Alors pas boire, pas manger, pas chanter, pas danser. Que faire ? — Dormir ! Eh bien, je vais dormir. Dormir, mais il n'y avait pas de nuit, pas de ces moments qui ne veulent pas passer (vous savez, quand on bâille *(il bâille)*, qu'on bâille, qu'on bâille le soir).

Il n'y avait pas de soir, pas de lit, pas d'édredons, pas de couvre-pieds piqué, pas de boule d'eau chaude, pas de table de nuit, pas de... assez ! Oh ! le progrès !

30 Alors il voulut aimer ! Il se dit : je vais me mettre amoureux ; je soupirerai ; c'est une distraction ; je serai même jaloux ; je battrai ma... Ma quoi ? Battre quoi ? Qui ? Être jaloux de quoi ? De qui ? Amoureux de qui ? Soupirer pour qui ? Pour une brune ? Il n'y avait pas de brunes. Pour une blonde ? Il n'y avait pas de blondes, ni de rousses ; il n'y avait pas même de cheveux ni de fausses nattes, puisqu'il n'y avait pas de femmes !

35 On n'avait pas inventé les femmes ! Oh ! le progrès !

Alors mourir ! Oui, il se dit *(résigné)* : Je veux mourir. Mourir comment ? Pas de canal Saint-Martin, pas de cordes, pas de revolvers, pas de maladies, pas de potions, pas de pharmaciens, pas de médecins !

Alors il ne voulut rien ! *(Plaintif.)* Quelle plus malheureuse situation !... *(Se ravisant.)*
40 Mais non, ne pleurez pas ! Il n'y avait pas de situation, pas de malheur. Bonheur, malheur, tout ça c'est moderne !

La fin de l'histoire ? Mais il n'y avait pas de fin. On n'avait pas inventé de fin. Finir, c'est une invention, un progrès ! Oh ! le progrès ! le progrès !

Il sort, stupide.

Autrefois, 1878.

LE GENRE DU MONOLOGUE

Sous la IIIe République, le monologue est un genre en vogue. Charles Cros et Coquelin Cadet en sont les inventeurs. Vers 1880, il a conquis tous les publics, et les auteurs se multiplient (Eugène Labiche, Georges Feydeau en composeront, ainsi que Villiers de l'Isle-Adam). Phénomène de mode ? Il bénéficie, c'est certain, de la renaissance du théâtre de société, qui avait commencé à la fin du Second Empire. Un critique de l'époque, F. Lefranc, y voit une réaction aux thèmes naturalistes :

« Quand nos petits neveux, dégoûtés par la malpropreté des romans naturalistes, seront tentés de nous condamner, ils se souviendront que nous avons inventé le monologue et nous serons absous. Si M. Zola a fait **Nana**, M. Cros a fait **le Hareng saur**, ceci rachète cela. »

Études sur le théâtre contemporain.

HIÉROGLYPHE, 1866

J'ai trois fenêtres à ma chambre :
    L'amour, la mer, la mort,
Sang vif, vert calme, violet.
Ô femme, doux et lourd trésor !

Froids vitraux, cloches, odeurs d'ambre.
    La mer, la mort, l'amour,
Ne sentir que ce qui me plaît...
Femme, plus claire que le jour !

Par ce soir doré de septembre,
    La mort, l'amour, la mer,
Me noyer dans l'oubli complet.
Femme ! femme ! cercueil de chair !

le Collier de Griffes, recueil posthume, 1908.

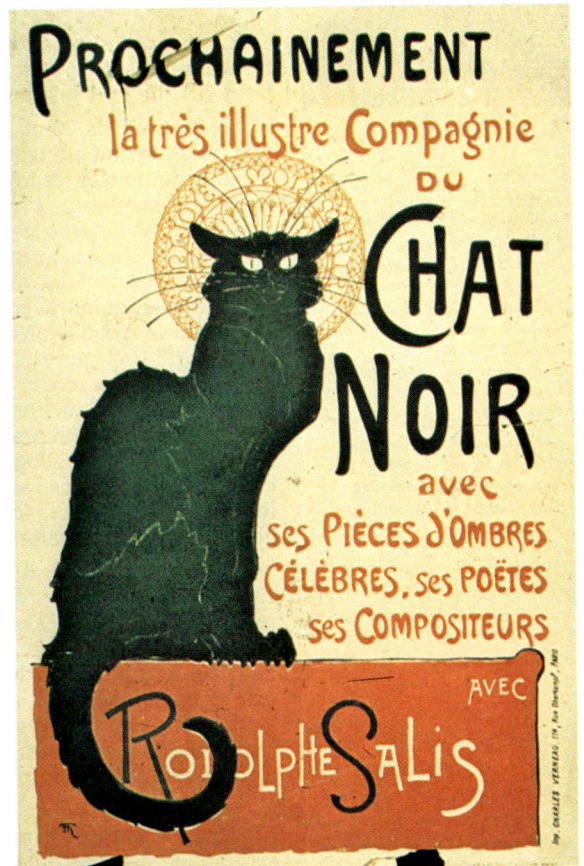

Steinlen, *Le Chat Noir,* où Charles Cros créa le monologue.

---

1 — *Quels sont les éléments dans ce texte, caractéristiques de la représentation théâtrale ? Développez les indications du jeu d'acteur, et donnez des indications de mise en scène.*

2 — *HUMOUR, LOGIQUE ET MÉTAPHYSIQUE**

   a) *Le philosophe Bergson définissait ainsi le comique : « du mécanique plaqué sur du vivant ». Quelle application de cette formule pouvez-vous faire ici ?*

   b) *Essayez de repérer la faille logique du raisonnement, qui contribue au comique. Analysez pour cela notamment :*
      — *les formules impersonnelles, les anaphoriques* du début (il... : qui désignent-ils ? Pourquoi Cros est-il obligé de les employer ?)*
      — *les séries d'« inventions », à la lumière de l'opposition nature (= ce que l'homme n'a pas créé)/culture (= ce que l'homme a créé). Cros utilise-t-il cette opposition ?*

   c) *Ce texte, si léger au premier abord, aborde en fait des questions importantes. Dans quelle mesure peut-on y retrouver :*
      — *une critique de la société bourgeoise, ou de l'homme en général ?*
      — *une critique de la notion de « progrès » ?*
      — *une interrogation sur les rapports entre la réalité et le langage ?*
      — *la question de l'existence de Dieu ?*

Nadar, *Daudet* (R. Viollet).

Auteur connu des Lettres de mon moulin *(1866), Daudet a également réalisé, avec son roman* Jack *(1885) une description impitoyable de l'enfant du XIX⁰ siècle soumis, lorsqu'il n'avait ni parents ni fortune, à toutes les contraintes pour tenter de survivre.*

Jack est l'histoire de la dégradation d'un enfant, puis d'un adolescent, d'épreuve en épreuve, consolant sa misère dans l'alcool et finissant sur un lit d'hôpital.

Le petit Jack est à l'étau ! Et je chercherais dix ans un autre mot, je n'en trouverais pas qui rende mieux l'impression de terreur, d'étouffement, d'angoisse horrible, que lui cause tout ce qui l'entoure.

D'abord, le bruit, un bruit effroyable, assourdissant, trois cents marteaux
5 retombant en même temps sur l'enclume, des sifflements de lanières, des déroulements de poulies, et toute la rumeur d'un peuple en activité, trois cents poitrines haletantes et nues qui s'excitent, poussent des cris qui n'ont plus rien d'humain, dans une ivresse de force où les muscles semblent craquer et la respiration se perde. Puis, ce sont des wagons, chargés de métal embrasé, qui traversent la halle en roulant sur des
10 rails, le mouvement des ventilateurs agités autour des forges, soufflant du feu sur le feu, alimentant la flamme avec de la chaleur humaine. Tout grince, gronde, résonne, hurle, aboie. On se croirait dans le temple farouche de quelque idole exigeante et sauvage. Aux murs sont accrochées des rangées d'outils façonnés en instruments de tortionnaires, des crocs, des tenailles, des pinces. De lourdes chaînes pendent au
15 plafond. Tout cela dur, fort, énorme, brutal ; et tout au bout de l'atelier, perdu dans une profondeur sombre et presque religieuse, un marteau-pilon gigantesque, remuant un poids de trente mille kilogrammes, glisse lentement entre ses deux montants de fonte, entouré du respect, de l'admiration de l'atelier, comme le Baal **(1)** luisant et noir de ce temple aux dieux de la force. Quand l'idole parle, c'est un bruit sourd, profond, qui
20 ébranle les murs, le plafond, le sol, fait monter en tourbillons la poussière du mâchefer.

Jack est atterré. Il se tient silencieusement à sa tâche parmi ces hommes qui circulent autour de l'étau, à moitié nus, chargés de barres de fer dont la pointe est rougie, suants, velus, s'arc-boutant, se tordant, prenant eux aussi dans la chaleur intense où ils s'agitent des souplesses de feu en fusion, des révoltes de métal amolli par
25 une flamme. Ah ! si, franchissant l'espace, les yeux de cette folle de Charlotte pouvaient voir son enfant, son Jack, au milieu de ce grouillement humain, hâve, blême, ruisselant, les manches retroussées sur ses bras maigres, sa blouse et sa chemise entr'ouvertes sur sa poitrine délicate et trop blanche, les yeux rouges, la gorge enflammée de la poussière aiguë qui flotte, quelle pitié lui viendrait, et quels remords !

30 Comme il faut qu'à l'atelier chacun ait un nom de guerre, on l'a surnommé « l'Aztec », à cause de sa maigreur, et le joli blondin d'autrefois est en train de mériter ce surnom, de devenir l'enfant des fabriques, ce petit être privé d'air, surmené, étouffé, dont le visage vieillit à mesure que son corps s'étiole.

Jack, seconde partie, chap. II, l'étau.

---

(1) *Baal : dieu phénicien et carthaginois dont les rites étaient empreints d'une grande sauvagerie.*

Charles Dickens (R. Viollet).

CHARLES DICKENS, 1812-1870

*L'auteur écrit de 1837 à 1839, l'histoire d'*Oliver Twist *où sont pour la première fois mis en cause les procédés d'éducation appliqués aux enfants pauvres, et, comme le héros, orphelins :*

Tout le monde connaît l'histoire de cet autre philosophe expérimental, dont la grande théorie était qu'un cheval peut vivre sans manger, et qui le démontra si bien qu'il réduisit la ration de son propre cheval à un brin de paille par jour ; il en aurait indubitablement fait un animal fort vif et fougueux en ne lui donnant plus rien du tout,
5 n'eût été que la bête mourut vingt-quatre heures avant le moment où elle devait avaler pour la première fois un bon picotin d'air pur. Malheureusement pour la philosophie expérimentale de la femme aux soins dévoués de qui fut remis Oliver Twist, un résultat semblable accompagnait d'ordinaire la mise en pratique de son système à elle ; car, au moment même où un enfant était arrivé à subsister avec la plus petite ration de la
10 nourriture la plus légère, la malignité du sort voulait huit fois et demie sur dix soit qu'il tombât malade de privation ou de froid, soit qu'il chût dans le feu par manque de surveillance ou qu'il fût à demi étouffé par accident ; dans chacun de ces cas, le misérable petit être était généralement appelé dans l'autre monde pour y rejoindre les parents qu'il n'avait jamais connus dans celui-ci.

15 De temps en temps, à l'occasion d'une enquête plus intéressante que d'habitude au sujet d'un enfant de la paroisse auquel on n'avait point fait attention en retournant un lit, ou qui était mort de ses brûlures après qu'on l'eut ébouillanté par mégarde au cours d'une lessive occasionnelle — encore que pareil accident fût assez peu fréquent, tout ce qui pouvait ressembler à une lessive étant, à la garderie, un rare événement — le
20 jury se mettait en tête de poser des questions gênantes, ou bien les paroissiens en rébellion apposaient leur signature au bas d'une protestation. Mais ces impertinences se trouvaient rapidement enrayées par la déposition du médecin et le témoignage du bedeau de justice ; le premier avait toujours ouvert le corps sans y rien trouver (ce qui était fort dévoué de sa part). Le Conseil faisait en outre des pèlerinages périodiques à la
25 garderie et envoyait toujours le bedeau annoncer sa visite la veille. Les enfants étaient nets et propres à voir quand les membres du Conseil arrivaient ; que pouvait-on demander de plus ?

Charles Dickens, *les Aventures d'Oliver Twist,* 1837-1839.
Chap. II, qui traite de la croissance, de l'éducation et de la nourriture d'Oliver Twist.

---

1 — TEXTE DE DAUDET
   a) Quelles images prouvent que le travail en atelier n'est pas conçu par l'auteur comme un progrès, mais comme un retour en arrière de la civilisation ?
   b) Quelles époques antérieures au XIXᵉ siècle sont évoquées par les images du texte ? Classez ces images en fonction de leurs références historiques implicites. Qu'est-ce qui subsiste ici de clairement moderne ?
   c) Quel est l'effet produit par les accumulations de termes ? Face à ces séries descriptives, où apparaît le héros du roman ? Quels effets de style tendent à l'assimiler à une machine ?

2 — TEXTE DE DICKENS
Analysez par quels procédés l'humour est utilisé ici pour produire un sentiment tragique. Comment qualifieriez-vous ce type d'humour ?

3 — A quelles conclusions, explicites ou implicites, arrivent les deux auteurs ? Qu'est-ce qui tendrait à prouver que ces conclusions sont identiques ?

4 — A quel public s'adresse Dickens en 1839 ? Et Daudet en 1885 ? Quelles réactions les deux auteurs cherchent-ils à provoquer chez leurs lecteurs ? Est-ce seulement de la pitié ?

5 — DOSSIER :
Référez-vous à l'index thématique au mot enfant. *Quelle conception littéraire de l'enfant peut-on déduire des textes cités ? Comment s'articule, dans ces textes, la relation enfants/adultes ?*

En 1893, Debussy voit une représentation de Pelléas et Mélisande, *écrit l'année précédente par Maurice Maeterlinck (1862-1949). Le musicien en retira une impression profonde : « Depuis longtemps, je cherchais à faire de la musique pour le théâtre, mais la forme dans laquelle je voulais la faire était si peu habituelle qu'après divers essais j'y avais presque renoncé. Des recherches faites précédemment dans la musique pure m'avaient conduit à la haine du développement classique dont la beauté est toute technique et ne peut intéresser que les Mandarins de notre classe. Je voulais à la musique une liberté qu'elle contient peut-être plus que n'importe quel art, n'étant pas bornée à une reproduction plus ou moins exacte de la nature, mais aux correspondances mystérieuses entre la Nature et l'Imagination.*

Après quelques années de pèlerinages passionnés à Bayreuth, je commençais à douter de la formule wagnérienne ; ou plutôt il me semblait qu'elle ne pouvait servir que le cas particulier du génie de Wagner. (...).

Et sans nier son génie, on peut dire qu'il avait mis le point final à la musique de son temps, à peu près comme Victor Hugo engloba toute la poésie antérieure. Il fallait donc chercher après *Wagner et non pas* d'après *Wagner.*

Le drame de Pelléas qui malgré son atmosphère de rêves contient beaucoup plus d'humanité que les soi-disant « documents sur la vie » me parut convenir admirablement à ce que je voulais faire. Il y a là une langue évocatrice dont la sensibilité pouvait trouver son prolongement dans la musique et dans le décor orchestral. J'ai essayé aussi d'obéir à une loi de beauté qu'on semble oublier singulièrement lorsqu'il s'agit d'une musique dramatique ; les personnages de ce drame tâchent de chanter comme des personnes naturelles et non pas dans une langue arbitraire faite de traditions surannées. »

Écrit en avril 1902, paru dans Comœdia, *le 17 octobre 1920.*

La représentation de l'œuvre de Debussy, en 1902, provoque un immense scandale.

PELLÉAS.

Oh ! Mélisande !... oh ! tu es belle !... tu es belle ainsi !... penche-toi ! penche-toi !... laisse-moi venir plus près de toi...

MÉLISANDE.

Je ne puis pas venir plus près... Je me penche tant que je peux...

PELLÉAS.

Je ne puis pas monter plus haut... donne-moi du moins ta main ce soir...
5 avant que je m'en aille.. Je pars demain...

MÉLISANDE.

Non, non, non...

PELLÉAS.

Si, si ; je pars, je partirai demain... donne-moi ta main, ta petite main sur mes lèvres...

MÉLISANDE.

Je ne te donne pas ma main si tu pars...

PELLÉAS.

10   Donne, donne...

MÉLISANDE.

Tu ne partiras pas ?... Je vois une rose dans les ténèbres...

PELLÉAS.

Où donc ?... Je ne vois que les branches du saule qui dépassent le mur...

MÉLISANDE.

Plus bas, plus bas, dans le jardin ; là-bas, dans le vert sombre.

PELLÉAS.

Ce n'est pas une rose... J'irai voir tout à l'heure, mais donne-moi ta main
15 d'abord ; d'abord ta main...

MÉLISANDE.

Voilà, voilà ; ...je ne puis me pencher davantage...

PELLÉAS.

Mes lèvres ne peuvent pas atteindre ta main...

MÉLISANDE.

Je ne puis pas me pencher davantage... Je suis sur le point de tomber... — Oh ! oh ! mes cheveux descendent de la tour !...

Sa chevelure se révulse tout à coup, tandis qu'elle se penche ainsi, et inonde Pelléas.

PELLÉAS.

20   Oh ! oh ! qu'est-ce que c'est ?... Tes cheveux, tes cheveux descendent vers moi !... Toute ta chevelure, Mélisande, toute ta chevelure est tombée de la tour !... Je la tiens dans les mains, je la touche des lèvres... Je la tiens dans les bras, je la mets autour de mon cou... Je n'ouvrirai plus les mains cette nuit...

MÉLISANDE.

Laisse-moi ! laisse-moi !... Tu vas me faire tomber !...

PELLÉAS.

25   Non, non, non ;... je n'ai jamais vu de cheveux comme les tiens, Mélisande !... Vois, vois ; ils viennent de si haut et m'inondent jusqu'au cœur... Ils sont tièdes et doux comme s'ils tombaient du ciel !... Je ne vois plus le ciel à travers tes cheveux et leur belle lumière me cache sa lumière !... Regarde, regarde donc, mes mains ne peuvent plus les contenir... Ils me fuient, ils me fuient jusqu'aux branches du saule... Ils s'échappent de
30 toutes parts... Ils tressaillent, ils s'agitent, ils palpitent dans mes mains comme des oiseaux d'or ; et ils m'aiment, ils m'aiment mille fois mieux que toi !...

MÉLISANDE.

Laisse-moi, laisse-moi, quelqu'un pourrait venir...

PELLÉAS.

Non, non, non ; je ne te délivre pas cette nuit... Tu es ma prisonnière cette nuit ; toute la nuit, toute la nuit...

MÉLISANDE.

35   ·Pelléas ! Pelléas !...

PELLÉAS.

Tu ne t'en iras plus... Je t'embrasse tout entière en baisant tes cheveux, et je ne souffre plus au milieu de leurs flammes... Entends-tu mes baisers ?... Ils s'élèvent le long des mille mailles d'or... Il faut que chacune d'elles t'en apporte un millier ; et en retienne autant pour t'embrasser encore quand je n'y serai plus... Tu vois, tu vois, je puis ouvrir
40 les mains... Tu vois, j'ai les mains libres et tu ne peux m'abandonner...

Maurice Maeterlinck, *Pelléas et Mélisande,* acte III, scène 2.

MAUPASSANT, 1884

Ce même thème de la chevelure, métonymie* du corps féminin tout entier, avait été déjà utilisé, bien avant Maeterlinck (se référer à Baudelaire, texte n° 66). Mais l'érotisme sous-jacent du thème est, à la fin du siècle, le sujet principal, et avoué. Ainsi dans ce texte de Maupassant écrit en 1884 : le héros vient d'acheter un meuble ancien qui recèle bien des secrets.

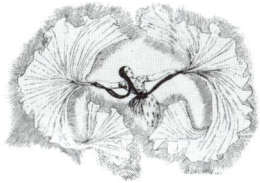

Vraiment, pendant huit jours, j'adorai ce meuble. J'ouvrais à chaque instant ses portes, ses tiroirs ; je le maniais avec ravissement, goûtant toutes les joies intimes de la possession.

Or, un soir, je m'aperçus, en tâtant l'épaisseur d'un panneau, qu'il devait y avoir
5 là une cachette. Mon cœur se mit à battre, et je passai la nuit à chercher le secret sans le pouvoir découvrir.

J'y parvins le lendemain en enfonçant une lame dans une fente de la boiserie. Une planche glissa et j'aperçus, étalée sur un fond de velours noir, une merveilleuse chevelure de femme !

10 Oui, une chevelure, une énorme natte de cheveux blonds, presque roux, qui avaient dû être coupés contre la peau, et liés par une corde d'or.

Je demeurai stupéfait, tremblant, troublé ! Un parfum presque insensible, si vieux qu'il semblait l'âme d'une odeur, s'envolait de ce tiroir mystérieux et de cette surprenante relique.

15 Je la pris, doucement, presque religieusement, et je la tirai de sa cachette. Aussitôt elle se déroula, répandant son flot doré qui tomba jusqu'à terre, épais et léger, souple et brillant comme la queue en feu d'une comète.

Une émotion étrange me saisit. Qu'était-ce que cela ? Quand ? comment ? pourquoi ces cheveux avaient-ils été enfermés dans ce meuble ? Quelle aventure, quel
20 drame cachait ce souvenir ?

Qui les avait coupés ? un amant, un jour d'adieu ? un mari, un jour de vengeance ? ou bien celle qui les avait portés sur son front, un jour de désespoir ?

Etait-ce à l'heure d'entrer au cloître qu'on avait jeté là cette fortune d'amour, comme un gage laissé au monde des vivants ? Etait-ce à l'heure de la clouer dans la
25 tombe, la jeune et belle morte, que celui qui l'adorait avait gardé la parure de sa tête, la seule chose qu'il pût conserver d'elle, la seule partie vivante de sa chair qui ne dût point pourrir, la seule qu'il pouvait aimer encore et caresser, et baiser dans ses rages de douleur ?

N'était-ce point étrange que cette chevelure fût demeurée ainsi, alors qu'il ne
30 restait plus une parcelle du corps dont elle était née ?

Elle me coulait sur les doigts, me chatouillait la peau d'une caresse singulière, d'une caresse de morte. Je me sentais attendri comme si j'allais pleurer.

Je la gardai longtemps, longtemps en mes mains, puis il me sembla qu'elle s'agitait, comme si quelque chose de l'âme fût resté caché dedans. Et je la remis sur le
35 velours terni par le temps, et je repoussai le tiroir, et je refermai le meuble, et je m'en allai par les rues pour rêver.

Maupassant, Contes, *la Chevelure,* 1884.

---

1 — On parle de thème musical comme on parle de thème littéraire. Vous essaierez de retrouver, dans le texte de Maeterlinck, les éléments qui pouvaient parler à l'imagination d'un musicien (images, situation, ou même jeux sur les rythmes et les sonorités).

2 — Cherchez dans le lexique le sens exact du mot métonymie. Comment cette figure de rhétorique est-elle utilisée par Maeterlinck ? Et par Maupassant ?

3 — Quelle est la différence fondamentale, dans l'expression du sentiment amoureux, entre ces deux textes ? Pelléas est amoureux de Mélisande. Mais qui le héros de Maupassant aime-t-il ?

Manet (1832-1883), *Illustration pour l'Après-midi d'un faune* (BN).

EX LIBRIS

L'Après-Midi d'un Faune. N° 11

Avant Pelléas et Mélisande, Debussy avait déjà noué des liens très étroits avec la littérature ; en 1894, il avait mis en musique l'Après-midi d'un faune, écrit en 1876 par Mallarmé (1842-1898). Sur cette adaptation, il déclare, à l'écrivain et critique Willy (1859-1931) :

« Le Prélude à l'après-midi d'un faune, cher Monsieur, c'est peut-être ce qui est resté de rêve au fond de la flûte du faune ? Plus précisément, c'est l'impression générale du poème, car à le suivre de plus près, la musique s'essoufflerait ainsi qu'un cheval de fiacre concourant pour le Grand prix avec un pur sang. C'est aussi le dédain de cette « science de castors » qui alourdit nos plus fiers cerveaux, puis, c'est sans respect pour le ton ! et plutôt dans un mode qui essaie de contenir toutes les nuances, ce qui est très logiquement démontrable. Maintenant, cela suit tout de même le mouvement ascendant du poème, et c'est le décor merveilleusement décrit du texte, avec, en plus, l'humanité qu'apportent trente-deux violonistes levés de trop bonne heure ! La fin, c'est le dernier vers prolongé : « Couple, adieu ! Je vais voir l'ombre que tu devins. »
cité par Jean Barraqué, Debussy, 1972.

MALLARMÉ, 1876

LE FAUNE

Ces nymphes, je les veux perpétuer.

                      Si clair,
Leur incarnat léger, qu'il voltige dans l'air
Assoupi de sommeils touffus.

5   Aimai-je un rêve ?
Mon doute, amas de nuit ancienne, s'achève
En maint rameau subtil, qui, demeuré les vrais
Bois mêmes, prouve, hélas ! que bien seul je m'offrais
Pour triomphe la faute idéale de roses.
10 Réfléchissons...

                ou si les femmes dont tu gloses
Figurent un souhait de tes sens fabuleux !
Faune, l'illusion s'échappe des yeux bleus
Et froids, comme une source en pleurs, de la plus chaste :
15 Mais, l'autre tout soupirs, dis-tu qu'elle contraste
Comme brise du jour chaude dans ta toison ?
Que non ! par l'immobile et lasse pâmoison
Suffoquant de chaleurs le matin frais s'il lutte,
Ne murmure point d'eau que ne verse ma flûte
20 Au bosquet arrosé d'accords ; et le seul vent
Hors des deux tuyaux prompt à s'exhaler avant
Qu'il disperse le son dans une pluie aride,
C'est, à l'horizon pas remué d'une ride,
Le visible et serein souffle artificiel
25 De l'inspiration, qui regagne le ciel. (...)

Autre que ce doux rien par leur lèvre ébruité,
Le baiser, qui tout bas des perfides assure,
Mon sein, vierge de preuve atteste une morsure
Mystérieuse, due à quelque auguste dent ;
30 Mais, bast ! arcane tel élut pour confident
Le jonc vaste et jumeau dont sous l'azur on joue :
Qui, détournant à soi le trouble de la joue,
Rêve, dans un solo long, que nous amusions
La beauté d'alentour par des confusions
35 Fausses entre elles-mêmes et notre chant crédule ;
Et de faire aussi haut que l'amour se module
Evanouir du songe ordinaire de dos
Ou de flanc pur suivis avec mes regards clos,
Une sonore, vaine, et monotone ligne. (...)

40   Non, mais l'âme
De paroles vacante et ce corps alourdi
Tard succombent au fier silence de midi :
Sans plus il faut dormir en l'oubli du blasphème,
Sur le sable altéré gisant et comme j'aime
45 Ouvrir ma bouche à l'astre efficace des vins !

Couple, adieu ; je vais voir l'ombre que tu devins.

l'Après-midi d'un faune, églogue, 1876.

SERGE DIAGHILEV, 1872-1929

En 1911, Diaghilev, l'animateur des Ballets Russes, arrache à Debussy l'autorisation de monter un ballet sur le Prélude à l'après-midi d'un faune. Le danseur étoile Nijinsky (1890-1950) va assurer la chorégraphie, et le premier rôle. Le spectacle a lieu le 29 mai 1912, et une vive polémique s'engage.

Le Figaro *du 30 mai écrit :*

« Ceux qui parlent d'art et de poésie à propos de ce spectacle se moquent de nous... Nous vîmes un faune lubrique, dégoûtant, dont tous les gestes n'évoquaient qu'une bestialité honteusement érotique. »

Pierre Louÿs, *Debussy photographié chez Pierre Louÿs* (BN).

Léon Bakst (1866-1924), *Costume de Nijinsky pour l'Après-midi d'un faune* (Giraudon)

PIERRE LOUŸS, 1870-1925 :

En 1897, avec les Chansons de Bilitis *écrites en 1894 par Louÿs, Debussy réalise à nouveau un bel accord avec la littérature. Ce thème musical, Debussy l'a repris à peu près tel quel dans la scène citée ci-contre de* Pelléas et Mélisande.

LA CHEVELURE

Il m'a dit : « Cette nuit, j'ai rêvé. J'avais ta chevelure autour de mon cou. J'avais tes cheveux comme un collier noir autour de ma nuque et sur ma poitrine.

« Je les caressais ; et c'étaient les miens ; et nous étions
5 liés pour toujours ainsi, par la même chevelure, la bouche sur la bouche, ainsi que deux lauriers n'ont souvent qu'une racine.

« Et peu à peu, il m'a semblé, tant nos membres étaient confondus, que je devenais toi-même ou que tu entrais
10 en moi comme mon songe. »

Quand il eut achevé, il mit doucement ses mains sur mes épaules, et il me regarda d'un regard si tendre, que je baissai les yeux avec un frisson.

Pierre Louÿs, *Chansons de Bilitis*, 1894.

1 — L'APRÈS-MIDI D'UN FAUNE

a) Retrouvez dans le texte de Mallarmé les éléments purement musicaux, tant au niveau des mots, et de leurs significations, que des sonorités.

b) On reprocha à Nijinsky, dans le ballet de 1912, un trop grand érotisme. Cet érotisme est-il sensible dans le poème de Mallarmé ? À quel niveau (mots, images, sonorités) ?

2 — CHANSONS DE BILITIS

Le même reproche d'érotisme exacerbé a frappé le texte de Pierre Louÿs. Quels éléments de ce poème en prose sont l'expression claire de la sensualité ? Quels aperçus ce texte, et ceux qui le précèdent, vous ouvre-t-il sur les possibilités d'expression du désir vers la fin du XIXe siècle et le début du XXe ?

Danseuses (vers 1885).

Mais les voici maintenant qui reprennent leurs dislocations de clowns. Le repos est fini, la musique regrince, la torture des membres recommence et, dans ces tableaux où les personnages sont souvent coupés
5 par le cadre, comme dans certaines images japonaises, les exercices s'accélèrent, les jambes se dressent en cadence, les mains se cramponnent aux barres qui courent le long de la salle, tandis que la pointe des souliers bat frénétiquement le plancher et que les
10 lèvres sourient, automatiques. L'illusion devient si complète, quand l'œil se fixe sur ces sauteuses, que toutes s'animent et pantellent, que les cris de la maîtresse semblent s'entendre, perçant l'aigre vacarme de la pochette : « Avancez les talons, rentrez les
15 hanches, soutenez les poignets, cassez-vous », alors qu'à ce dernier commandement, le grand développé s'opère, que le pied surélevé, emportant le bouillon des jupes, s'appuie, crispé, sur la plus haute barre.

Huysmans (1848-1907) :
L'exposition des indépendants, 1880.

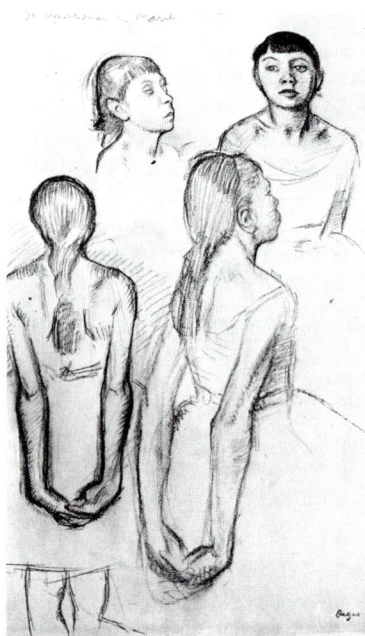

Étude pour la petite danseuse (1880-81).

(...) la danseuse *n'est pas une femme qui danse,* pour ces motifs juxtaposés qu'elle n'*est pas une femme,* mais une métaphore résu-
5 mant un des aspects élémentaires de notre forme, glaive, coupe, fleur, etc., et *qu'elle ne danse pas,* suggérant, par le prodige de raccourcis ou d'élans, avec une écriture corporelle
10 ce qu'il faudrait des paragraphes en prose dialoguée autant que descriptive, pour exprimer, dans la rédaction : poème dégagé de tout appareil du scribe.

Mallarmé (1842-1898), « *Crayonné au théâtre* », in Divagations, 1897.

La petite danseuse (habillée) (1880),

Fac-similé, Degas, poème.

Renoir et Mallarmé (vers 1880).
Photo prise par Degas.

PAUL VALÉRY (1871-1945)

Il écrivit en 1936 une étude célèbre sur Degas, qu'il avait connu chez Mallarmé :

Degas, de plus en plus solitaire et morose, ne sachant que faire de ses soirées, avait imaginé de les passer, pendant la belle saison, sur les *impériales* des tramways ou des omnibus. Il montait : il se laissait mener jusqu'au bout de la course; et, de ce terminus, reconduire jusqu'au plus près de chez lui. Il me raconta, un jour, une observation qu'il avait faite la veille sur son impériale. Elle est une de ces observations qui peignent surtout l'observateur. Il disait donc qu'une femme étant venue s'asseoir non loin de lui, il remarqua le soin qu'elle prenait d'être bien assise et bien arrangée. Elle passa les mains sur sa robe, la déplissa, se disposa et s'enfonça pour mieux épouser la courbure de la banquette; elle tira sur ses gants au plus près de ses mains, les boutonna avec soin, se passa la langue sur les lèvres qu'elle se mordilla un peu, se remua dans son vêtement, pour se sentir tout à l'aise, et fraîche dans le linge tiède. Enfin, elle tendit sa voilette, après s'être pincé légèrement le bout du nez, remit une boucle en bonne place d'un doigt preste, et non sans avoir vérifié d'un coup d'œil le contenu de son sac, parut conclure cette série d'opérations en prenant la mine d'une personne qui a terminé son ouvrage, ou qui, ayant fait tout ce qu'on peut faire d'humain avant d'entreprendre, a l'esprit en repos et s'en remet à Dieu.

Le tramway branlait et allait. La dame, définitivement installée, demeura bien cinquante secondes dans cette perfection de tout son être. Mais au bout de ce temps qui dut lui paraître éternel, Degas (qui mimait à merveille ce que je décris à grand'peine), la voit insatisfaite : elle se redresse, fait jouer son cou dans son col, fronce un peu les narines, essaie une moue : puis, reprend ses rectifications d'attitude et d'ajustement, la robe, les gants, le nez, la voilette... Tout un travail *bien personnel,* suivi d'un nouvel état d'équilibre apparemment stable, mais qui ne dure qu'un moment.

Degas, de son côté, me reprenait sa pantomine. Il était ravi. Il se mêlait à son contentement quelque misogynie. J'ai parlé tout à l'heure d'animal féminin : je crains d'avoir bien dit. Huysmans n'a-t-il pas écrit qu'il peignait les danseuses avec horreur ? Huysmans exagérait; mais, à part quelques personnes fort rares, auxquelles il trouvait toute la grâce et tout l'esprit que ce raffiné pouvait souhaiter, Degas jugeait sans doute le sexe d'après ses modèles ordinaires considérés dans les attitudes que j'ai dites. Il ne mettait aucune complaisance à les embellir.

P. Valéry, *Degas danse dessin*, 1936.

Auprès d'un grand miroir, on voit Mallarmé appuyé au mur, Renoir sur un divan assis en face. Dans le miroir, à l'état de fantômes, Degas et l'appareil, Madame et Mademoiselle Mallarmé se devinent. Neuf lampes à pétrole, un terrible quart d'heure d'immobilité pour les sujets, furent les conditions de cette manière de chef-d'œuvre.

P. Valéry, *Degas danse dessin*, 1936.

1 — a) *Dans la technique de Degas, l'accent vous paraît-il porter sur le dessin (trait et forme), la composition d'ensemble et le mouvement, ou la couleur ?*
   b) *Huysmans, Mallarmé et Valéry privilégient chacun l'une de ces caractéristiques. Pourquoi ? Que tendent-ils à démontrer ?*

2 — *Quels sont les arguments avancés par Huysmans pour prouver que les représentations de Degas sont profondément misogynes ? Par quels arguments Valéry nuance-t-il ces affirmations ?*

3 — *A quelle école picturale du XIXe siècle peut-on être tenté de rattacher Degas ? Quels sont les arguments pour et contre ?*

4 — *Peinture et littérature : le sonnet en fac-similé de Degas évoque-t-il mieux ou moins bien la danse que ses tableaux ou sculptures ? Justifiez votre réponse. (Sur le rapport danse/littérature, se référer au texte 143).*

Vahine no te tiare, 1891.

Je commençais à travailler, notes, croquis de toutes sortes. Tout m'aveuglait, m'éblouissait dans le paysage. Venant de l'Europe j'étais toujours incertain d'une couleur, cherchant midi à quatorze heures : cela était
5 cependant si simple de mettre naturellement sur ma toile un rouge et un bleu. Dans les ruisseaux des formes en or m'enchantaient. Pourquoi hésitais-je à faire couler sur ma toile tout cet or et toute cette réjouissance de soleil ? Probablement de vieilles habitudes
10 d'Europe, toute cette timidité d'expression de nos races abâtardies.

Pour bien m'initier à ce caractère d'un visage tahitien, à tout ce charme d'un sourire maorie, je désirais depuis longtemps faire un portrait d'une
15 voisine de vraie race tahitienne.

Je le lui demandai un jour qu'elle s'était enhardie à venir regarder dans ma case des images photographies de tableaux.

Elle regardait spécialement avec intérêt la photo-
20 graphie de l'Olympia de Manet. Avec le peu de mots que j'avais appris dans la langue (depuis deux mois je ne parlais pas un mot de français) je l'interrogeais. Elle me dit que cette Olympia était bien belle : je souris à cette réflexion et j'en fus ému. Elle avait le sens du beau
25 (École des Beaux-Arts qui trouve cela horrible). Elle ajouta tout d'un coup, rompant le silence qui préside à une pensée : — C'est ta femme ?

— Oui. Je fis ce mensonge. Moi ! le tane de l'Olympia !

30 Pendant qu'elle examinait avec beaucoup d'intérêt quelques tableaux religieux, des primitifs italiens, j'essayai d'esquisser quelques-uns de ses traits, ce sourire surtout si énigmatique.

Je lui demandai à faire son portrait. Elle fit une
35 moue désagréable : — Aita (non) dit-elle d'un ton presque courroucé et elle se sauva.

De ce refus j'en fus bien attristé.

Une heure après elle revint dans une belle robe. Était-ce une lutte intérieure, ou le caprice (caractère
40 très maorie) ou bien encore un mouvement de coquetterie qui ne veut se livrer qu'après résistance ?

Caprice, désir du fruit défendu. Elle sentait bon, elle était parée. J'eus conscience que dans mon examen de peintre il y avait comme une demande tacite de se
45 livrer, se livrer pour toujours sans pouvoir se reprendre, une fouille perspicace de ce qui était au-dedans. Peu jolie en somme comme règle européenne : belle pourtant. Tous ses traits avaient une harmonie raphaélique dans la rencontre des courbes, la bouche
50 modelée par un sculpteur parlant toutes les langues du langage et du baiser, de la joie et de la souffrance ; cette mélancolie de l'amertume mêlée au plaisir, de la passivité résidant dans la domination. Toute une peur de l'inconnu.

55 Et je travaillai hâtivement : je me doutais que cette volonté n'était pas fixe. Portrait de femme : *Vahine no te tiare*. Je travaillai vite avec passion. Ce fut un portrait ressemblant à ce que mes yeux *voilés par mon cœur* ont aperçu. Je crois surtout qu'il fut ressemblant à
60 l'intérieur. Ce feu robuste d'une force contenue. Elle avait une fleur à l'oreille qui écoutait son parfum. Et son front dans sa majesté, par des lignes surélevées rappelait cette phrase de Poe : il n'y a pas de beauté parfaite sans une certaine singularité dans les propor-
65 tions.

Gauguin, *Noa Noa*, 1893-1894.

1 — En quoi ces œuvres pourraient-elles être qualifiées d'exotiques ? Par leur sujet ? Leurs intentions ? Leur technique ? Le Christ Jaune semble traiter un sujet classique. En quoi cependant pourrait-on parler d'exotisme à son propos ? Quelle est dès lors la signification des termes de classique et d'exotique ?

2 — « L'aspect en est terriblement fruste », écrit Gauguin de sa toile de 1897. En vous appuyant sur les textes cités, vous examinerez comment cet aspect « brut » est un axe essentiel de l'esthétique du peintre. A quel type de peinture s'oppose-t-il (se référer à Puvis de Chavannes, que cite Gauguin, texte n° 108) ?

3 — A quelles traditions esthétiques s'oppose l'utilisation de la couleur pure ? A quels peintres, et à quelles écoles plus modernes, Gauguin ouvre-t-il la voie ?

4 — Comment peut-on interpréter le désir de Gauguin de commenter ses toiles en y intégrant le titre qu'il leur donne ? Quel type de rapport entre l'écrit et l'image est ainsi instauré ?

D'où venons-nous ? Que sommes-nous ? Où allons-nous ?, 1897.

Gauguin explique dans une lettre la composition de ce tableau :

Alors j'ai voulu avant de mourir peindre une grande toile que j'avais en tête, et durant tout le mois j'ai travaillé jour et nuit dans une fièvre inouïe. Dame, ce n'est pas une toile faite comme un Puvis de Chavannes, études d'après nature, puis carton préparatoire, etc. Tout cela est fait de chic, du bout de la brosse, sur une toile à sacs pleine de nœuds et rugosités, aussi l'aspect en est terriblement fruste.

On dira que c'est lâché... pas fini. Il est vrai qu'on ne se juge pas bien soi-même mais cependant je crois que non seulement cette toile dépasse en valeur toutes les précédentes, mais encore que je n'en ferai jamais une meilleure ni une semblable. J'y ai mis là avant de mourir toute mon énergie, une telle passion douloureuse dans des circonstances terribles, et une vision tellement nette sans corrections, que le hâtif disparaît, et que la vie en surgit. Cela ne pue pas le modèle, le métier et les prétendues règles – dont je me suis toujours affranchi, mais quelquefois avec peur.

C'est une toile de quatre mètres cinquante sur 1,70 m de haut. Les deux coins du haut sont jaune de chrome avec l'inscription à gauche et ma signature à droite telle une fresque abîmée aux coins et appliquée sur un mur or. A droite et en bas, un bébé endormi, puis trois femmes accroupies. Deux figures habillées de pourpre se confient leurs réflexions ; une figure énorme volontairement et malgré la perspective, accroupie, lève les bras en l'air et regarde, étonnée, ces deux personnages qui osent penser à leur destinée. Une figure du milieu cueille un fruit. Deux chats près d'un enfant. Une chèvre blanche. L'idole, les deux bras levés mystérieusement et avec rythme semble indiquer l'au-delà. Figure accroupie semble écouter l'idole ; puis enfin une vieille près de la mort semble accepter, se résigner à ce qu'elle pense et termine la légende ; à ses pieds, un étrange oiseau blanc tenant en sa patte un lézard, représente l'inutilité des vaines paroles. Tout se passe au bord d'un ruisseau sous bois. Dans le fond, la mer puis les montagnes de l'île voisine.

lettre de Gauguin à Daniel de Montfreid, 1898.

« Tout cela est fait de chic », écrivait Gauguin. Mais il s'appuie sur une profonde réflexion sur la couleur, la lumière et les formes :

J'ai observé que le jeu des ombres et des lumières ne formait nullement un équivalent coloré d'aucune lumière ; une lampe, la lune, le soleil donnent tout cela, c'est-à-dire un effet ; mais qu'est-ce qui distingue toutes ces lumières entre elles ? La couleur. La traduction picturale de ces lumières avec le jeu des ombres, les valeurs qu'elles comportent deviennent négatives : ce ne serait qu'une traduction littéraire (un écriteau pour indiquer que là réside la lumière, une forme de la lumière). De plus, comme ces lumières s'indiquent dans le paysage d'une façon uniforme, mathématique, monotone, réglée par la loi du rayonnement, comme elles accaparent toutes les couleurs pour les remplacer par la sienne, il s'ensuit que la richesse d'harmonies, d'effets, disparaît, est emprisonnée dans un moule uniforme. Quel en serait donc l'équivalent ? La couleur pure ! et il faut tout lui sacrifier. Un tronc d'arbre de couleur locale, gris bleuté, devient bleu pur, et de même pour toutes les teintes. L'intensité de la couleur indiquera la nature de chaque couleur : par exemple la mer bleue aura un bleu plus intense que le tronc d'arbre gris, devenu bleu pur, mais moins intense. Puis, comme un kilo de vert est plus vert qu'un demi-kilo, il faut pour faire l'équivalent (votre toile étant plus petite que la nature) mettre un vert plus vert que celui de la nature. Voilà la vérité du mensonge.

Gauguin, *Diverses Choses,* 1896-97, in « Second séjour en Océanie ».

le Christ Jaune, 1889.

Dans les Trophées, *Heredia n'utilise que le sonnet. Il arrive à cumuler, dans cette forme relativement courte, deux travaux différents : travail de la forme, des sonorités recherchées, des métaphores exemplaires, et travail sur la référence ; ses textes se présentent souvent, à travers leurs évocations successives de la Grèce antique, de Rome et des Barbares, de la Renaissance italienne ou des conquérants espagnols, comme de petits chefs-d'œuvre d'érudition.*

APRÈS CANNES (1)

Un des consuls tué, l'autre fuit vers Linterne (2)
Ou Venuse (3). L'Aufide (4) a débordé, trop plein
De morts et d'armes. La foudre au Capitolin (5)
Tombe, le bronze sue et le ciel rouge est terne.

5 En vain le Grand Pontife (6) a fait un lectisterne (7)
Et consulté deux fois l'oracle sibyllin (8) ;
D'un long sanglot l'aïeul, la veuve, l'orphelin
Emplissent Rome en deuil que la terreur consterne.

Et chaque soir la foule allait aux aqueducs,
10 Plèbe, esclaves, enfants, femmes, vieillards caducs
Et tout ce que vomit Subure (9) et l'ergastule (10) ;

Tous anxieux de voir surgir, au dos vermeil
Des monts Sabins (11) où luit l'œil sanglant du soleil,
Le Chef borgne (12) monté sur l'éléphant Gétule.

(1) Ancienne ville d'Apulie (Italie méridionale) où en 216, Hannibal écrasa l'armée romaine conduite par les consuls Paul-Emile et Varron.

(2) Port de Campanie.

(3) Ville d'Apulie.

(4) Fleuve d'Apulie.

(5) Synonyme de Capitole, l'une des sept collines de Rome, où était construit le temple de Jupiter.

(6) Chef du collège des pontifes, prêtres de Rome.

(7) Cérémonie religieuse où l'on offrait un festin aux images des dieux placées sur des lits de parade, afin de les apaiser.

(8) De la Sibylle, femme inspirée qui prédisait l'avenir à travers des oracles au sens caché.

(9) Quartier populeux et mal famé de Rome.

(10) Les prisons et les ateliers d'esclaves.

(11) Massif montagneux du Latium, tout près de Rome.

(12) Hannibal.

GEORGES DUHAMEL, 1884-1966 :

Heredia a été souvent parodié. Dans le premier des pastiches ici proposés, l'auteur imite, avec une ironie respectueuse, le goût de Heredia pour l'allusion savante :

L'azur brûlant est lourd sur la Sicile en fête,
Les trirèmes d'airain dorment dans le soleil,
Mais sous la tente fraîche et promise au sommeil
L'Alcméonide (1) rêve et redresse la tête.

5 C'est en vain que son chien le caresse, albe (2) bête,
Qu'il mutila par un caprice sans pareil (3),
Et c'est en vain que tend vers lui son sein vermeil
Héro (4) dont le baiser vaut mieux qu'une conquête.

L'image le poursuit, devant ses yeux surgie,
10 Des hermès (5) qu'il brisa dans une nuit d'orgie
Et des dieux dont jadis il profana l'autel (6),

Car vers le golfe clair où sa flotte est ancrée,
Il regarde voguer la galère sacrée (7)
Que Mercure (8) outragé chargea d'un vœu mortel.

(1) Alcibiade, de la famille des Alcméonides, général grec (450-404) célèbre pour son amitié avec Socrate et sa vie agitée.

(2) Latinisme : blanche.

(3) Alcibiade avait, pour faire parler de lui, coupé la queue d'un chien magnifique acheté peu auparavant.

(4) Prêtresse d'Artémis, héroïne d'un poème de Musée, (VIe siècle) intitulé Héro et Léandre. *Le rapport avec Alcibiade n'est pas évident.*

(5) Alcibiade aurait mutilé des statues du dieu Hermès.

(6) Il aurait également profané les mystères d'Eleusis.

(7) Les Athéniens envoyèrent la galère sacrée pour s'assurer de la personne d'Alcibiade, alors général en Sicile, et le ramener à Athènes pour y être jugé.

(8) Nom latin (!) de Hermès.

Recettes pour la composition des volumes de vers,
in Mercure de France, 1er juin 1913.

Autre source d'inspiration des Trophées, *la Renaissance permet à Heredia une lourde débauche de matières et de couleurs :*

LA DOGARESSE (1)

Le palais est de marbre où, le long des portiques,
Conversent des seigneurs que peignit Titien,
Et les colliers massifs au poids du marc ancien
Rehaussent la splendeur des rouges dalmatiques.

Ils regardent au fond des lagunes antiques,
De leurs yeux où reluit l'orgueil patricien,
Sous le pavillon clair du ciel vénitien.
Etinceler l'azur des mers Adriatiques.

Et tandis que l'essaim brillant des Cavaliers
Traîne la pourpre et l'or par les blancs escaliers
Joyeusement baignés d'une lumière bleue,

Indolente et superbe, une Dame, à l'écart,
Se tournant à demi dans un flot de brocart,
Sourit au négrillon qui lui porte la queue.

les Trophées, 1893.

(1) Femme d'un doge (chef électif de l'ancienne république de Venise).

Mais Heredia écrivait et publiait depuis 1866 (il collabora alors au Parnasse contemporain). *Cette parodie fut réalisée par* **JEAN LORRAIN** (1855-1906) *en 1882 :*

ANDRÉA FOSCAR!

Andréa Foscari, mignon du cardinal
De Raguse, a la lèvre enfantine et fleurie.
Sa dague est un bijou de fine orfèvrerie
Et ses doigts effilés sont chargés de métal.

5 On a ferré d'argent les pieds de son cheval,
Et sur son lourd manteau semé de pierreries,
Un fleuve somptueux de larges broderies
Fait un fond de fleurs d'or à son blason ducal.

Couché sous un vitrail de couleur aux feux vagues,
10 Il promène en riant ses doigts pesants de bagues
Sur les lèvres du prêtre, et puis du ton calin

D'un enfant qui demande une arme, un joyau rare,
Il réclame, il exige, étant bon gibelin (1),
La mort du roi de Parme et du duc de Ferrare.

le Sang des Dieux, 1882.

(1) Nom donné en Italie aux partisans de l'Empereur d'Allemagne. On les oppose aux guelfes qui soutenaient la papauté.

Quand enfin les pasticheurs n'imitent ni l'érudition, ni le cadre des poèmes de Heredia, ils s'en prennent directement aux images, ancrant ainsi leur parodie dans l'épaisseur du texte, et non seulement dans les références superficielles ou le décor apparent :

LE RÉCIF DE CORAIL

Le soleil sous la mer, mystérieuse aurore,
Eclaire la forêt des coraux abyssins (1)
Qui mêle aux profondeurs de ses tièdes bassins,
La bête épanouie et la vivante flore.

Et tout ce que le sel ou l'iode colore,
Mousse, algue chevelue, anémones, oursins,
Couvre de pourpre sombre, en somptueux dessins,
Le fond vermiculé du pâle madrépore.

De sa splendide écaille éteignant les émaux,
Un grand poisson navigue à travers les rameaux ;
Dans l'ombre transparente, indolemment il rôde ;

Et, brusquement, d'un coup de sa nageoire en feu,
Il fait, par le cristal morne, immobile et bleu,
Courir un frisson d'or, de nacre et d'émeraude.

les Trophées, 1893.

(1) Litt., qui est originaire d'Abyssinie (déformation de l'Arabe Habesch, c'est l'actuelle Ethiopie). Mais le mot évoque en même temps abysse, nom donné aux gouffres sous-marins (du grec a privatif, et bussos, fond).

LE CÂBLE

Sur un lit onduleux d'algues aux lents rameaux,
Dans un vallon marin de la verte Atlantide,
Le câble monstrueux qu'éclaire un jour livide
Se déroule, tordant deux longs muscles jumeaux.

5 A son derme rugueux s'incrustent les émaux
Des conques où la mer dort un sommeil limpide
Et dans ce fil de chanvre et de laiton, rapide,
Frissonne en sourds éclairs le passage des Mots ! (1)

Les grands requins béants et les horribles scombres
10 Des gouffres bleus d'en haut plongent aux gouffres
En frôlant les fucus de leur ventre poli...   [sombres

Et, parmi les coraux où s'enfouit le câble,
Ils s'étonnent, roulant leurs gros yeux pleins d'oubli,
De cet inerte et long serpent inexplicâble !

A la manière de..., 1908-1913.
P. Reboux et Ch. Müller.

(1) La première liaison télégraphique par câble sous-marin entre l'Europe et l'Amérique date du 12 août 1858.

2 — PARODIES ET PASTICHES

a) *Entre le poème de Jean Lorrain, contemporain de Heredia, et ceux de Duhamel ou Reboux, quelles sont les différences — d'intentions ? — de technique ? — d'intonation ?*

b) *Relevez, dans le poème de Reboux et Müller, les mots ou les images directement empruntés à Heredia, et ceux qui marquent le passage du «poétique» au «prosaïque»; pourquoi, dans* Le Câble, *une majuscule à* Mots ? *Justifiez enfin l'orthographe du dernier mot.*

c) *En fonction des diverses composantes relevées ci-dessus, quels sont, à votre avis, les axes essentiels du genre parodique ?*

Honoré Daumier, *1871* (BN).

J'entreprends de conter l'année épouvantable,
Et voilà que j'hésite, accoudé sur ma table.
Faut-il aller plus loin ? dois-je continuer ?
France ! ô deuil ! voir un astre aux cieux diminuer !
5 Je sens l'ascension lugubre de la honte.
Morne angoisse ! un fléau descend, un autre monte.
N'importe. Poursuivons. L'histoire en a besoin.
Ce siècle est à la barre et je suis son témoin.

AOUT 70
SEDAN

III

(...) Cet homme étant le crime (1), il était nécessaire
10 Que tout le misérable eût toute la misère,
Et qu'il eût à jamais le deuil pour piédestal ;
Il fallait que la fin de cet escroc fatal
Par qui le guet-apens jusqu'à l'empire monte
Fût telle que la boue elle-même en eût honte,
15 Et que César, flairé des chiens avec dégoût,
Donnât, en y tombant, la nausée à l'égout.

V

(...)
Plaine ! affreux rendez-vous ! Ils y sont, nous y sommes.
Deux vivantes forêts, faites de têtes d'hommes,
De bras, de pieds, de voix, de glaives, de fureur,
20 Marchent l'une sur l'autre et se mêlent. Horreur !
Cris ! Est-ce le canon ? sont-ce des catapultes ?
Le sépulcre sur terre a parfois des tumultes,
Nous appelons cela hauts faits, exploits : tout fuit,
Tout s'écroule, et le ver dresse la tête au bruit.
25 Des condamnations sont par les rois jetées
Et sont par l'homme, hélas ! sur l'homme exécutées :
Avoir tué son frère est le laurier qu'on a.
Après Pharsale, après Hastings, après Iéna (2),
Tout est chez l'un triomphe et chez l'autre décembre.
30 O Guerre ! le hasard passe sur un char d'ombre

Par d'effrayants chevaux invisibles traîné.
La lutte était farouche. Un carnage effréné
Donnait aux combattants des prunelles de braise ;
Le fusil Chassepot bravait le fusil Dreyse (3) ;
35 A l'horizon hurlaient des méduses, grinçant
Dans un obscur nuage éclaboussé de sang,
Couleuvrines d'acier, bombardes, mitrailleuses ;
Les corbeaux se montraient de loin ces travailleuses ;
Tout festin est charnier, tout massacre est banquet.
40 La rage emplissait l'ombre, et se communiquait,
Comme si la nature entrait dans la bataille,
De l'homme qui frémit à l'arbre qui tressaille ;
Le champ fatal semblait lui-même forcené.
L'un était repoussé, l'autre était ramené ;
45 Là c'était l'Allemagne et là c'était la France.
Tous avaient de mourir la tragique espérance
Ou le hideux bonheur de tuer, et pas un
Que le sang n'enivrât de son âcre parfum,
Pas un qui lâchât pied, car l'heure était suprême.
50 Cette graine qu'un bras épouvantable sème,
La mitraille, pleuvait sur le champ ténébreux ;
Et les blessés râlaient, et l'on marchait sur eux,
Et les canons grondants soufflaient sur la mêlée
Une fumée immense aux vents échevelée.
55 On sentait le devoir, l'honneur, le dévouement,
Et la patrie, au fond de l'âpre acharnement.
Soudain, dans cette brume, au milieu du tonnerre,
Dans l'ombre énorme où rit la mort visionnaire,
Dans le chaos des chocs épiques, dans l'enfer
60 Du cuivre et de l'airain heurtés contre le fer,
Et de ce qui renverse écrasant ce qui tombe,
Dans le rugissement de la fauve hécatombe,
Parmi les durs clairons chantant leur sombre chant,
Tandis que nos soldats luttaient, fiers et tâchant
65 D'égaler leurs aïeux que les peuples vénèrent,
Tout à coup, les drapeaux hagards en frissonnèrent,
Tandis que, du destin subissant le décret,
Tout stagnait, combattait, résistait ou mourait,
On entendit ce cri monstrueux : Je veux vivre !
70 Le canon stupéfait se tut, la mêlée ivre
S'interrompit... — le mot de l'abîme était dit.
Et l'aigle noire ouvrant ses griffes attendit.

l'Année Terrible, 1872.

(1) Napoléon III.
(2) Pharsale : 48 av. J.-C. Victoire de César sur Pompée.
Hastings : 1066 Victoire de Guillaume le Conquérant sur Harold.
Iéna : 1806. Victoire de Napoléon Ier sur les Prussiens.
(3) Chassepot : le fusil de l'armée française, Dreyse : son homologue allemand.

1 — *Relevez, dans le texte de Hugo, les champs lexicaux* de la mort et de la vie. Classez ces éléments suivant vos propres critères. Justifiez votre choix . Commentez les oppositions. Y a-t-il une progression ?*

2 — *« Dans le chaos des chocs épiques » : vérifiez le terme de « épique » dans plusieurs dictionnaires : s'applique-t-il à ce texte ? Connaissez-vous d'autres textes épiques ? Lesquels ? Quels éléments vous permettent de les nommer ainsi ?*

LÉON BLOY, 1892

Voilà bientôt le quart d'un siècle que s'est évanouie cette immense fumée des batailles et des incendies, et que le sol de notre France généreuse a cessé de trembler sous les pas d'un million de soldats en marche. Une génération nouvelle est sortie de toutes les nuits amoureuses de cette année qui fut appelée terrible, et cette génération n'a pas entendu l'énorme tocsin des agonies et des désespoirs d'alors.

Les nouveaux hommes savent à peine, *historiquement*, que la patrie fut saignante et profondément affligée vers le temps qu'on les enfanta. Comment pourraient-ils deviner ou comprendre l'excessive humiliation de tout un grand peuple aussi bêtement vaincu, et l'exorbitance infinie de ce tourment qui faisait écrire à une femme d'un cœur très simple cette forte et catégorique déclaration que je lus un jour dans *l'intérieur* de la trajectoire des boulets allemands :

« Mon cher enfant, vous êtes *cinq* de mes fils devant l'ennemi. Eh bien, je me consolerais plus facilement de votre mort que de l'abaissement et de la honte de notre patrie... » **(1)**

Beaucoup, certes, pensèrent ainsi, et il faut avoir eu soi-même l'occasion de savourer la Colère ou l'Angoisse fluides que tout le monde respirait en ces effroyables jours, pour ne pas supposer hyperbolique le témoignage d'un homme de guerre qui en fut l'assistant épouvanté.

« L'Obstacle », *Sueur de Sang,* 1892, IV.

(1) *Extrait authentique d'une lettre de Mme Bloy à son fils.*

L'ANNÉE TERRIBLE : QUELQUES DATES

— **8 mai 1870 :**
Plébiscite en faveur de Napoléon III.
7 358 000 oui/1 570 000 non.

— **19 juillet 1870 :**
Déclaration de guerre à l'Allemagne à la suite de la « dépêche d'Ems ».

— **2 septembre 1870 :**
Capitulation de Sedan après une suite d'échecs militaires.

— **4 septembre 1870 :**
Proclamation de la République à l'Hôtel de Ville à Paris.

— **19 septembre 1870 :**
Le siège de Paris commence.

— **18 janvier 1871 :**
A Versailles, le roi de Prusse est proclamé Empereur d'Allemagne.

— **28 janvier 1871 :**
Le gouvernement de Défense Nationale signe l'armistice après la reddition de Paris.

— **18 mars 1871 :**
Début de la Commune de Paris.

— **10 mai 1871 :**
Paix de Francfort (annexion de l'Alsace et de la Lorraine, dette de cinq milliards de francs-or à l'égard de l'Allemagne).

— **28 mai 1871 :**
Chute de la Commune de Paris.

LÉON BLOY, 1893

Je refuse pourtant de l'écrire. Je me reconnais incapable et même tout à fait indigne de l'écrire, ce Mot historique, ce Mot tyrannique, ce Mot fatidique, ce Mot formidable et délicieux, cet Archi-Mot toujours surprenant que les anges n'osent balbutier et qui paraît avoir cinq millions de lettres.

Aucun autre mot français ne fut autant proféré en 1870, et c'est pour cela, sans doute, que cette année s'appela terrible.

Depuis le 4 août jusqu'au paiement des derniers centimes du fantastique paquet de milliards qu'on voulut nommer l'indemnité aux spoliateurs de la France, ce Mot dut être vociféré, chaque jour, de la façon la plus énergique, un nombre incalculable de fois.

Si l'impuissance à deviner ou comprendre quoi que ce soit n'était

pas, fort heureusement, le privilège des quatre-vingt-dix-neuf centièmes de l'humanité, ce serait à mourir d'effroi de considérer, à cette occasion, que les mots ne sont pas seulement des combinaisons alphabétiques ou des aventures de gueuloir, mais les plus vivantes réalités.

Quand il est sorti de nous, le pauvre mot qui flottait auparavant dans les limbes ténébreux du Disponible, il devient aussitôt agile, vagabond et irréparable.

Ubiquitaire par sa nature, il s'élance de tous les côtés à la fois, agissant avec la force plénière de son origine d'En Haut, car les mots ne sont pas de l'homme. (...)

Ne craignons pas de l'affirmer, il se multiplia, se fit nombreux autant que les flots du grand Déluge. Bientôt il n'y eut plus que lui, et il submergea tout être vivant.

Impossible, aujourd'hui, de prévoir comment on pourra s'en dépêtrer, car tout le monde sent bien qu'on y est toujours et de plus en plus. Que dis-je ? Le Mot est devenu réellement la Chose, ainsi que le veut une inflexible et trop juste loi. (...)

Quelques années avant la guerre, Victor Hugo avait été l'émancipateur de ce Vocable jusqu'à lui captif dans les lieux obscurs et méprisé par tous les apôtres littéraires. **(1)**

La Défaite fut l'occasion, pour la France entière, d'implorer le secours du paria devenu puissant dont la jeune gloire éclatait déjà et ce fut un concert unanime d'invocations comme on n'en avait jamais entendu.

« Le Mot », *Sueur de Sang,* 1893, XXVIII.

(1) *Dans les Misérables, Hugo avait employé le Mot lorsqu'il avait mis en scène la bataille de Waterloo. (2e partie, Livre I, chap. XIV-XV).*

Il se recroquevilla près du feu et l'idée lui vint d'avaler un spiritueux qui le réchauffât.

Il s'en fut dans la salle à manger où, pratiquée dans l'une des cloisons, une armoire contenait une série de petites tonnes, rangées côte à côte, sur de minuscules chantiers de bois de santal, percées de robinets d'argent au bas du ventre.

5 Il appelait cette réunion de barils à liqueurs, son orgue à bouche.

Une tige pouvait rejoindre tous les robinets, les asservir à un mouvement unique, de sorte qu'une fois l'appareil en place, il suffisait de toucher un bouton dissimulé dans la boiserie, pour que toutes les cannelles, tournées en même temps, remplissent de liqueur les imperceptibles gobelets placés au-dessous d'elles.

10 L'orgue se trouvait alors ouvert. Les tiroirs étiquetés « flûte, cor, voix céleste » étaient tirés, prêts à la manœuvre. Des Esseintes buvait une goutte, ici, là, se jouait des symphonies intérieures, arrivait à se procurer, dans le gosier, des sensations analogues à celles que la musique verse à l'oreille.

Du reste, chaque liqueur correspondait, selon lui, comme goût, au son d'un 15 instrument. Le curaçao sec, par exemple, à la clarinette dont le chant est aigrelet et velouté ; le kummel au hautbois dont le timbre sonore nasille ; la menthe et l'anisette, à la flûte, tout à la fois sucrée et poivrée, piaulante et douce ; tandis que, pour compléter l'orchestre, le kirsch sonne furieusement de la trompette ; le gin et le whisky emportent le palais avec leurs stridents éclats de pistons et de trombones, l'eau-de-vie de marc fulmine 20 avec les assourdissants vacarmes des tubas, pendant que roulent les coups de tonnerre de la cymbale et de la caisse frappés à tour de bras, dans la peau de la bouche, par les rakis de Chio et les mastics !

Il pensait aussi que l'assimilation pouvait s'étendre, que des quatuors d'instruments à cordes pouvaient fonctionner sous la voûte palatine, avec le violon représentant la vieille 25 eau-de-vie, fumeuse et fine, aiguë et frêle ; avec l'alto simulé par le rhum plus robuste, plus ronflant, plus sourd ; avec le vespétro déchirant et prolongé, mélancolique et caressant comme un violoncelle ; avec la contre basse, corsée, solide et noire comme un pur et vieux bitter. On pouvait même, si l'on voulait former une quintette, adjoindre un cinquième instrument, la harpe, qu'imitait par une vraisemblable analogie, la saveur vibrante, la note 30 argentine, détachée et grêle du cumin sec.

La similitude se prolongeait encore : des relations de tons existaient dans la musique des liqueurs ; ainsi, pour ne citer qu'une note, la bénédictine figure, pour ainsi dire, le ton mineur de ce ton majeur des alcools que les partitions commerciales désignent sous le signe de chartreuse verte.

35 Ces principes une fois admis, il était parvenu, grâce à d'érudites expériences, à se jouer sur la langue de silencieuses mélodies, de muettes marches funèbres à grand spectacle, à entendre, dans sa bouche, des solis de menthe, des duos de vespétro et de rhum.

Il arrivait même à transférer dans sa mâchoire de véritables morceaux de musique, 40 suivant le compositeur, pas à pas, rendant sa pensée, ses effets, ses nuances, par des unions ou des contrastes voisins de liqueurs, par d'approximatifs et savants mélanges.

D'autres fois, il composait lui-même des mélodies, exécutait des pastorales avec le bénin cassis qui lui faisait rouler, dans la gorge, des chants emperlés de rossignol ; avec le tendre cacao-chouva qui fredonnait de sirupeuses bergerades, telles que « les romances 45 d'Estelle » et les « Ah ! vous dirai-je, maman » du temps jadis.

Mais, ce soir-là, Des Esseintes n'avait nulle envie d'écouter le goût de la musique ; il se borna à enlever une note au clavier de son orgue, en emportant un petit gobelet qu'il avait préalablement rempli d'un véridique whisky d'Irlande.

A Rebours, 1884, IV.

Lagriffe, *Huysmans en 1881*
(BN).

A REBOURS :

1 — Cherchez ou ne cherchez pas les mots inconnus dans un dictionnaire. Justifiez votre choix par des raisons esthétiques.

2 — Faites un tableau des « principes harmoniques » et des correspondances à admettre avant de jouer.

L'ECUME DES JOURS :

3 — Boris Vian utilise (consciemment ou non) cette même idée, ici adaptée à la musique de jazz. Comparez les principes, les mises en œuvre, les descriptions, le ton.

DOSSIER :

4 — Dans la préface de 1903, Huysmans oppose l'école naturaliste à celle du vrai et de la subtilité. En utilisant l'index (Naturalisme) commentez le tableau qu'il fait de cette école.

BORIS VIAN, 1947

— Prendras-tu un apéritif ? demanda Colin. Mon pianocktail est achevé, tu pourrais l'essayer.

— Il marche ? demanda Chick.

— Parfaitement. J'ai eu du mal à le mettre au point, mais le résultat dépasse mes espérances. J'ai obtenu à partir de la *Black and Tan Fantasy*, un mélange vraiment ahurissant.

— Quel est ton principe ? demanda Chick.

— A chaque note, dit Colin, je fais correspondre un alcool, une liqueur ou un aromate. La pédale forte correspond à l'œuf battu et la pédale faible à la glace. Pour l'eau de Seltz, il faut un trille dans le registre aigu. Les quantités sont en raison directe de la durée : à la quadruple croche équivaut le seizième d'unité, à la noire l'unité, à la ronde la quadruple unité. Lorsque l'on joue un air lent, un système de registre est mis en action, de façon que la dose ne soit pas augmentée – ce qui donnerait un cocktail trop abondant – mais la teneur en alcool. Et, suivant la durée de l'air, on peut, si l'on veut, faire varier la valeur de l'unité, la réduisant, par exemple au centième, pour pouvoir obtenir une boisson tenant compte de toutes les harmonies au moyen d'un réglage latéral.

— C'est compliqué, dit Chick.

— Le tout est commandé par des contacts électriques et des relais. Je ne te donne pas de détails, tu connais ça. Et d'ailleurs, en plus, le piano fonctionne réellement.

— C'est merveilleux ! dit Chick.

— Il n'y a qu'une chose gênante, dit Colin, c'est la pédale forte pour l'œuf battu. J'ai dû mettre un système d'enclenchement spécial, parce que lorsque l'on joue un morceau trop « hot », il tombe des morceaux d'omelette dans le cocktail, et c'est dur à avaler. Je modifierai ça. Actuellement, il suffit de faire attention. Pour la crème fraîche, c'est le sol grave.

— Je vais m'en faire un sur *Loveless Love*, dit Chick. Ça va être terrible.

— Il est encore dans le débarras dont je me suis fait un atelier, dit Colin, parce que les plaques de protection ne sont pas vissées. Viens, on va y aller. Je le réglerai pour deux cocktails de vingt centilitres environ, pour commencer.

Chick se mit au piano. A la fin de l'air, une partie du panneau de devant se rabattit d'un coup sec et une rangée de verres apparut. Deux d'entre eux étaient pleins à ras bord d'une mixture appétissante.

— J'ai eu peur, dit Colin. Un moment, tu as fait une fausse note. Heureusement, c'était dans l'harmonie.

— Ça tient compte de l'harmonie ? dit Chick.

— Pas pour tout, dit Colin. Ce serait trop compliqué. Il y a quelques servitudes seulement. Bois et viens à table.

l'Ecume des jours, 1947, Gallimard.

A REBOURS, Préface
« *Ecrite vingt ans après le roman* », **1903**

On était alors en plein naturalisme ; mais cette école, qui devait rendre l'inoubliable service de situer des personnages réels dans des milieux exacts, était condamnée à se rabâcher, en piétinant sur place.

Elle n'admettait guère, en théorie du moins, l'exception ; elle se confinait donc dans la peinture de l'existence commune, s'efforçait, sous prétexte de faire vivant, de créer des êtres qui fussent aussi semblables que possible à la bonne moyenne des gens. Cet idéal s'était, en son genre, réalisé dans un chef-d'œuvre qui a été beaucoup plus que *L'Assommoir* le parangon du naturalisme, *L'Education sentimentale* de Gustave Flaubert ; ce roman était, pour nous tous, « des Soirées de Médan », une véritable bible ; mais il ne comportait que peu de moutures. Il était parachevé, irrecommençable pour Flaubert même ; nous en étions donc, tous, réduits, en ce temps-là, à louvoyer, à rôder par des voies plus ou moins explorées, tout autour. (...)

Au moment où parut *A rebours*, c'est-à-dire en 1884, la situation était donc celle-ci : le naturalisme s'essoufflait à tourner la meule dans le même cercle. La somme d'observations que chacun avait emmagasinée, en les prenant sur soi-même et sur les autres, commençait à s'épuiser. Zola, qui était un beau décorateur de théâtre, s'en tirait en brossant des toiles plus ou moins précises ; il suggérait très bien l'illusion du mouvement et de la vie ; ses héros étaient dénués d'âme, régis tout bonnement par des impulsions et des instincts, ce qui simplifiait le travail de l'analyse. Ils remuaient, accomplissaient quelques actes sommaires, peuplaient d'assez franches silhouettes des décors qui devenaient les personnages principaux de ses drames. Il célébrait de la sorte les halles, les magasins de nouveautés, les chemins de fer, les mines, et les êtres humains égarés dans ces milieux n'y jouaient plus que le rôle d'utilités et de figurants ; mais Zola était Zola, c'est-à-dire un artiste un peu massif, mais doué de puissants poumons et de gros poings.

Nous autres, moins râblés et préoccupés d'un art plus subtil et plus vrai, nous devions nous demander si le naturalisme n'aboutissait pas à une impasse et si nous n'allions pas bientôt nous heurter contre le mur du fond.

Un seul écrivain vit clair, Barbey d'Aurevilly, qui ne me connaissait nullement, d'ailleurs. Dans un article du *Constitutionnel* portant la date du 28 juillet 1884, et qui a été recueilli dans son volume *Le Roman contemporain* paru en 1902, il écrivit :

« Après un tel livre, il ne reste plus à l'auteur qu'à choisir entre la bouche d'un pistolet ou les pieds de la croix ».

C'est fait.

J.-K. Huysmans, 1903.

Jean-Louis Forain
(1852-1931), *portrait de
Huysmans* (R. Viollet).

*Des Esseintes a rempli sa
serre de fleurs rares et
monstrueuses, obtenues à
l'aide d'étranges croisements.
Dans l'air raréfié de la pièce,
il sombre dans une rêverie
qui va se transformer
en cauchemar.*

"...et bientôt il roula dans les sombres folies d'un cauchemar."

Il se trouvait, au milieu d'une allée, en plein bois, au crépuscule ; il marchait à côté d'une femme qu'il n'avait jamais ni connue, ni vue ; elle était efflanquée, avec des cheveux filasse, une face de bouledogue, des points de son sur les joues, des dents de travers lancées en avant sous un nez camus. Elle portait un tablier blanc de bonne, un long fichu
5 écartelé en buffleterie sur la poitrine, des demi-bottes de soldat prussien, un bonnet noir orné de ruches et garni d'un chou.

Elle avait l'air d'une foraine, l'apparence d'une saltimbanque de foire.

Il se demanda quelle était cette femme qu'il sentait entrée, implantée depuis longtemps déjà dans son intimité et dans sa vie ; il cherchait en vain son origine, son nom,
10 son métier, sa raison d'être ; aucun souvenir ne lui revenait de cette liaison inexplicable et pourtant certaine.

Il scrutait encore sa mémoire, lorsque soudain une étrange figure parut devant eux, à cheval, trotta pendant une minute et se retourna sur sa selle.

Alors, son sang ne fit qu'un tour et il resta cloué, par l'horreur, sur place. Cette figure
15 ambiguë, sans sexe, était verte et elle ouvrait, dans des paupières violettes, des yeux d'un bleu clair et froid, terribles ; des boutons entouraient sa bouche ; des bras extraordinairement maigres, des bras de squelette, nus jusqu'aux coudes, sortaient de manches en haillons, tremblaient de fièvre, et les cuisses décharnées grelottaient dans des bottes à chaudron, trop larges.

20 L'affreux regard s'attachait à Des Esseintes, le pénétrait, le glaçait jusqu'aux moelles ; plus affolée encore, la femme bouledogue se serra contre lui et hurla à la mort, la tête renversée sur son cou roide.

Et aussitôt il comprit le sens de l'épouvantable vision. Il avait devant les yeux l'image de la Grande Vérole. (...)

25 (...) Les pas du cheval s'arrêtèrent. Il était là, derrière une lucarne ronde, dans le couloir, plus mort que vif, Des Esseintes se retourna, vit par l'œil-de-bœuf des oreilles droites, des dents jaunes, des naseaux soufflant deux jets de vapeur qui puaient le phénol.

Il s'affaissa, renonçant à la lutte, à la fuite ; il ferma les yeux pour ne pas apercevoir l'affreux regard de la Syphilis qui pesait sur lui, au travers du mur, qu'il croisait quand
30 même sous ses paupières closes, qu'il sentait glisser sur son échine moite, sur son corps dont les poils se hérissaient dans des mares de sueur froide. Il s'attendait à tout, espérait même pour en finir le coup de grâce ; un siècle, qui dura sans doute une minute, s'écoula ; il rouvrit, en frissonnant, les yeux. Tout s'était évanoui ; sans transition, ainsi que par un changement à vue, par un truc de décor, un paysage minéral atroce fuyait au loin, un
35 paysage blafard, désert, raviné, mort ; une lumière éclairait ce site désolé, une lumière tranquille, blanche, rappelant les lueurs du phosphore dissous dans l'huile.

Sur le sol quelque chose remua qui devint une femme très pâle, nue, les jambes moulées dans des bas de soie verts.

Il la contempla curieusement ; semblables à des crins crespelés par des fers trop
40 chauds, ses cheveux frisaient, en se cassant du bout ; des urnes de Népenthès pendaient à ses oreilles ; des tons de veau cuit brillaient dans ses narines entrouvertes. Les yeux pâmés, elle l'appela tout bas.

Il n'eut pas le temps de répondre, car déjà la femme changeait ; des couleurs flamboyantes passaient dans ses prunelles ; ses lèvres se teignaient du rouge furieux des
45 Anthurium ; les boutons de ses seins éclataient, vernis tels que deux gousses de piment rouge.

Une soudaine intuition lui vint : c'est la Fleur, se dit-il ; et la manie raisonnante persista dans le cauchemar, dériva de même que pendant la journée de la végétation sur le Virus.

Alors il observa l'effrayante irritation des seins et de la bouche, découvrit sur la peau du corps des macules de bistre et de cuivre, recula, égaré ; mais l'œil de la femme le fascinait et il avançait lentement, essayant de s'enfoncer les talons dans la terre pour ne pas marcher, se laissant choir, se relevant quand même pour aller vers elle ; il la touchait presque lorsque de noirs Amorphophallus jaillirent de toutes parts, s'élancèrent vers ce ventre qui se soulevait et s'abaissait comme une mer. Il les avait écartés, repoussés, éprouvant un dégoût sans bornes à voir grouiller entre ses doigts ces tiges tièdes et fermes ; puis subitement, les odieuses plantes avaient disparu et deux bras cherchaient à l'enlacer ; une épouvantable angoisse lui fit sonner le cœur à grands coups, car les yeux, les affreux yeux de la femme étaient devenus d'un bleu clair et froid, terribles. Il fit un effort surhumain pour se dégager de ses étreintes, mais d'un geste irrésistible, elle le retint, le saisit et, hagard, il vit s'épanouir sous les cuisses à l'air, le farouche Nidularium qui bâillait, en saignant, dans des lames de sabre.

Il frôlait avec son corps la hideuse blessure de cette plante ; il se sentit mourir, s'éveilla dans un sursaut, suffoqué, glacé, fou de peur, soupirant :

— Ah ! ce n'est, Dieu merci, qu'un rêve.

à Rebours, 1884, chap. VIII.

Füssli (1741-1825), le Cauchemar, 1782.

UN CAUCHEMAR « NATURALISTE » ?

Selon un critique contemporain, **Michel COLLOMB**, le cauchemar de Des Esseintes relève de la littérature « expérimentale » :

Pour Huysmans, contemporain et observateur attentif des premières recherches sur le rêve dans ses rapports avec l'inconscient, « faire » un cauchemar ne se limite pas à en produire un compte-rendu exact : il faut encore rendre l'impact émotionnel, l'effet-trauma des fantasmes qui s'y manifestent, produire un véritable « effet de cauchemar » en trouvant des modalités de récit qui lui soient spécifiques (...). Étape dans le déroulement d'une névrose-« modèle », le cauchemar doit être lui-même un archétype de cauchemar, un cauchemar « in vitro ». Appliquant ici la méthode naturaliste à l'étude d'une névrose, Huysmans ne saurait donner libre cours au discours de la folie. D'où (...) cette mise à distance, cette délimitation étroite du texte onirique (« les sombres folies du cauchemar »). Le cauchemar naturaliste vient à sa place logique dans une série progressive des manifestations de la névrose, au même titre que les hallucinations visuelles et auditives.

Michel Collomb, « Le cauchemar de Des Esseintes », *Romantisme*, nº 19, 1978.

---

1 — *Le rythme d'un rêve ? Découpez-le en séquences. Comment s'enchaînent-elles ? Analysez les références temporelles : correspondent-elles à la perception du temps dans un rêve ?*

2 — *Les personnages : combien y en a-t-il ? Comparez leurs portraits respectifs : quels sont les petits « détails », les expressions, qui les rapprochent ?*

3 — *Essayez de systématiser dans ce texte la distribution des rôles féminins et masculins. Quelle image — consciente ou inconsciente — ce cauchemar donne-t-il des relations entre l'homme et la femme ?*

L'alphabet du père Ubu :

« *Quant à l'action, qui va commencer, elle se passe en Pologne, c'est-à-dire nulle part.* »

(Discours prononcé par Jarry à la première d'Ubu Roi.)

ACTE PREMIER

SCÈNE PREMIÈRE
PÈRE UBU, MÈRE UBU

PÈRE UBU.

Merdre !

MÈRE UBU.

Oh ! voilà du joli, Père Ubu, vous estes un fort grand voyou.

PÈRE UBU.

Que ne vous assom'je, Mère Ubu !

MÈRE UBU.

5 Ce n'est pas moi. Père Ubu, c'est un autre qu'il faudrait assassiner.

PÈRE UBU.

De par ma chandelle verte, je ne comprends pas.

MÈRE UBU.

Comment... Père Ubu, vous estes content de votre sort ?

PÈRE UBU.

De par ma chandelle verte, merdre, madame, certes 10 oui, je suis content. On le serait à moins : capitaine de dragons, officier de confiance du roi Venceslas, décoré de l'ordre de l'Aigle Rouge de Pologne et ancien roi d'Aragon, que voulez-vous de mieux ?

MÈRE UBU.

Comment ! Après avoir été roi d'Aragon vous vous 15 contentez de mener aux revues une cinquantaine d'estafiers armés de coupe-choux, quand vous pourriez faire succéder sur votre fiole la couronne de Pologne à celle d'Aragon ?

PÈRE UBU.

Ah ! Mère Ubu, je ne comprends rien de ce que tu 20 dis.

MÈRE UBU.

Tu es si bête !

PÈRE UBU.

De par ma chandelle verte, le roi Venceslas est encore bien vivant ; et même en admettant qu'il meure, n'a-t-il pas des légions d'enfants ?

MÈRE ÙBU.

25 Qui t'empêche de massacrer toute la famille et de te mettre à leur place ?

PÈRE UBU.

Ah ! Mère Ubu, vous me faites injure et vous allez passer tout à l'heure par la casserole.

MÈRE UBU.

Eh ! pauvre malheureux, si je passais par la 30 casserole, qui te raccommoderait tes fonds de culotte ?

PÈRE UBU.

Eh vraiment ! et puis après ? N'ai-je pas un cul comme les autres ?

MÈRE UBU.

A ta place, ce cul, je voudrais l'installer sur un trône. Tu pourrais augmenter indéfiniment tes richesses, 35 manger fort souvent de l'andouille et rouler carrosse par les rues.

PÈRE UBU.

Si j'étais roi, je me ferais construire une grande capeline comme celle que j'avais en Aragon et que ces gredins d'Espagnols m'ont impudemment volée.

MÈRE UBU.

40 Tu pourrais aussi te procurer un parapluie et un grand caban qui te tomberait sur les talons.

PÈRE UBU.

Ah ! je cède à la tentation. Bougre de merdre, merdre de bougre, si jamais je le rencontre au coin d'un bois, il passera un mauvais quart d'heure.

MÈRE UBU.

45 Ah ! bien, Père Ubu, te voilà devenu un véritable homme.

PÈRE UBU.

Oh non ! moi, capitaine de dragons, massacrer le roi de Pologne ! plutôt mourir !

MÈRE UBU, *à part.*

Oh ! merdre ! *(Haut.)* Ainsi, tu vas rester gueux 50 comme un rat, Père Ubu ?

PÈRE UBU.

Ventrebleu, de par ma chandelle verte, j'aime mieux être gueux comme un maigre et brave rat que riche comme un méchant et gras chat.

MÈRE UBU.

Et la capeline ? et le parapluie ? et le grand caban ?

PÈRE UBU.

55 Eh bien, après, Mère Ubu ?

Il s'en va en claquant la porte.

MÈRE UBU, *seule.*

Vrout, merdre, il a été dur à la détente, mais vrout, merdre, je crois pourtant l'avoir ébranlé. Grâce à Dieu et à moi-même, peut-être dans huit jours serai-je reine de Pologne.

Ubu Roi, 1896, Acte I, scène1.

LA RÉCEPTION D'UBU-ROI

● *La première d'Ubu-Roi, le 10 décembre 1896, souleva un scandale tel qu'un ami de Jarry, Laurent Tailhade, le compare dans ses souvenirs* **(1)** *à celui d'Hernani (voir n° 34) :*

« Le soir de cette première, les couloirs trépidaient, l'assistance était houleuse comme aux plus beaux jours du romantisme. C'était, toutes proportions gardées, une bataille d'*Hernani* entre les jeunes écoles, décadentes, symbolistes, et la critique bourgeoise incarnée avec une lourdeur satisfaite dans la graisse du vieux Sarcey **(2)** ».

Dès le premier mot « l'assistance frappée à la poitrine et au nez, réagit comme un seul homme. Désormais les personnages s'agitèrent et parlèrent en vain : le spectacle fut dans la salle même. » **(3)** *Sarcey, rapporte la chronique, jaillit de son fauteuil et sort méprisant, Ferdinand Hérold dans la coulisse, éclaire tour à tour la scène et la salle afin de rétablir un peu le calme, Jules Lemaître interroge :* « C'est bien une plaisanterie, n'est-ce pas ? » *D'autres applaudissent à grand fracas, des cris fusent :* « Tas d'idiots, vous ne comprendriez pas mieux Shakespeare ! », « C'est plus fort qu'Eschyle ! », « Vous avez sifflé Wagner ! ». *Un* « Mangre ! » *sonore répond au premier mot de la pièce...*

● *La presse fut exactement à l'image de ce public, criant à l'anarchisme littéraire, la grossièreté, l'ineptie, l'incohérence. Le critique Sarcey se félicita des réactions du public, annonçant le déclin d'une entreprise par trop mystificatrice :*

« J'ai vu avec plaisir que le public (ce public pourtant très spécial des soirées de l'Œuvre) **(4)** s'est révolté enfin contre cet excès d'ineptie et de grossièreté. Malgré le parti pris d'indulgence sceptique qu'il apporte à ces représentations, il a vertement sifflé. C'est le commencement de la fin. Il y a trop longtemps que ces farceurs se moquent de nous, la mesure est comble. »

le Temps, 14 décembre 1896.

(1) Laurent Tailhade, Quelques fantômes de jadis.
(2) Critique théâtral de l'époque.
(3) Georges Rémond, « Souvenirs sur Jarry et quelques autres », Mercure de France, *mars-avril 1955.*
(4) Théâtre dirigé par Lugné-Poe, où fut créé Ubu Roi.

HENRI BÉHAR, 1980 :

Ce critique contemporain, s'interrogeant sur les raisons de ce scandale, tente de l'expliquer ainsi :

Il convient cependant de remettre les choses au point : Ubu Roi n'est pas une œuvre scandaleuse en elle-même ; elle comporte une logique propre, un certain nombre de thèmes directement parvenus de l'univers enfantin, au mépris de toute censure rationnelle et bienséante. Le scandale est en nous et non dans le texte. La preuve en est que le texte, édité à plusieurs reprises et sous diverses formes, n'a jamais provoqué de réaction indignée ; personne n'a requis contre lui pour outrage aux mœurs ou à la raison. A la lecture, on ne s'insurge pas devant une vérité aussi crue soit-elle. Il n'en est pas de même dans une salle de spectacle où interviennent des phénomènes collectifs, où règnent des principes esthétiques différents, quoique non codifiés. Si *Ubu Roi* entraîna un scandale ce fut, nous semble-t-il, pour deux raisons majeures, liées à la tradition historique. D'une part l'insertion d'un terme grossier à l'initiale d'un spectacle, sa répétition constante agrémentée de bruits évocateurs, étaient incontestablement le signe d'un bouleversement choquant : la scène, lieu privilégié de conservation du beau langage, qui a toujours été au-dessus de la pratique courante en préservant un certain charme archaïque, subissait l'agression d'une langue vive et spontanée, puisant sa richesse verbale aux sources les plus naturelles. Le saccage du langage théâtral a incité les spectateurs à réagir. Mais l'exemple de la générale montre qu'à lui seul ce fait n'eût pas suffi. Il fallait d'autre part ce renversement total des propositions scéniques traditionnelles introduit par la pratique de guignol dans un spectacle d'adultes, comme le remarque justement un adversaire : « Mais autre chose est de faire parler des hommes comme des mannequins ». (*La Critique,* 20 déc. 1896). Le public de la générale a réagi sur un point de mise en scène et non à propos d'un terme outrageant.

Henri Béhar, *Jarry dramaturge,* Nizet, 1980.

LE JEU DES ACTEURS :

(...) L'acteur « se fait la tête », et devrait tout le corps du personnage. Diverses contractions et extensions faciales de muscles sont les expressions, jeux physionomiques, etc. On n'a pas pensé que les muscles subsistent les mêmes sous la face feinte et peinte, et que Mounet et Hamlet n'ont pas semblables zygomatiques, bien
5 qu'anatomiquement on croie qu'il n'y ait qu'un homme. Ou l'on dit la différence négligeable. L'acteur devra substituer à sa tête, au moyen d'un *masque* l'enfermant, l'effigie du PERSONNAGE, laquelle n'aura pas, comme à l'antique, caractère de pleurs ou de rire (ce qui n'est pas un caractère), mais caractère du personnage : l'Avare, l'Hésitant, l'Avide entassant les crimes. (...)

LA VOIX :

10 (...) Il va sans dire qu'il faut que l'acteur ait une *voix* spéciale, qui est la voix du rôle, comme si la cavité de la bouche du masque ne pouvait émettre que ce que dirait le masque, si les muscles de ses lèvres étaient souples. Et il vaut mieux qu'ils ne soient pas souples, et que le débit dans toute la pièce soit monotone. (...)

LE DÉCOR :

(...) Nous avons essayé des décors *héraldiques*, c'est-à-dire désignant d'une
15 teinte unie et uniforme toute une scène ou un acte, les personnages passant harmoniques sur ce champ de blason. Cela est un peu puéril, ladite teinte s'établissant seule (et plus exacte, car il faut tenir compte du daltonisme universel et de toute idiosyncrasie) sur un fond qui n'a pas de couleur. On se le procure simplement et d'une manière symboliquement exacte avec une toile pas peinte ou un envers de décor,
20 chacun pénétrant l'*endroit* qu'il veut, ou mieux, si l'auteur a su ce qu'il voulut, le vrai décor exosmosé sur la scène. L'écriteau apporté selon les changements de lieu évite le rappel périodique au non-esprit par le changement des décors matériels, que l'on perçoit surtout à l'instant de leur différence.

Dans ces conditions, toute partie de décor dont on aura un besoin spécial,
25 fenêtre qu'on ouvre, porte qu'on enfonce, est un accessoire et peut être apportée comme une table ou un flambeau. (...)

Jarry, « *De l'Inutilité du théâtre au théâtre* », Le Mercure de France, septembre 1896.

J'ai voulu que, le rideau levé, la scène fût devant le public comme ce miroir des contes de Mme Leprince de Beaumont, où le vicieux se voit avec des cornes de taureau et un corps de dragon, selon l'exagération de ses vices ; et il n'est pas étonnant que le public ait été stupéfait à la vue de son double ignoble, qui ne lui avait pas encore
5 été entièrement présenté ; fait comme l'a dit excellemment M. Catulle Mendès, « de l'éternelle imbécillité humaine, de l'éternelle luxure, de l'éternelle goinfrerie, de la bassesse de l'instinct érigée en tyrannie ; des pudeurs, des vertus, du patriotisme et de l'idéal des gens qui ont bien dîné ». Vraiment, il n'y a pas de quoi attendre une pièce drôle, et les masques expliquent que le comique doit en être tout au plus le comique
10 macabre d'un clown anglais ou d'une danse des morts. (...)

L'art et la compréhension de la foule étant si incompatibles, nous aurions si l'on veut eu tort d'attaquer directement la foule dans *Ubu Roi*, elle s'est fâchée parce qu'elle a trop bien compris, quoi qu'elle en dise.

(...) C'est parce que la foule est une masse inerte et incompréhensive et passive qu'il la faut frapper de temps en temps, pour qu'on connaisse à ses grognements d'ours
15 où elle est — et où elle en est. Elle est assez inoffensive, malgré qu'elle soit le nombre, parce qu'elle combat contre l'intelligence. Ubu n'a pas décervelé tous les nobles. (...)

Jarry, « *Questions de théâtre* », La Revue blanche, 1er janvier 1897.

Dans une lettre du 8 janvier 1896 à Lugné-Poe, directeur du Théâtre de l'Œuvre, Jarry précisait déjà sa conception de la mise en scène que l'on peut résumer ainsi :
1) Dépouillement et simplification : *un seul figurant pour représenter toute une foule (l'armée, les paysans, l'équipage...) ; une tête de cheval en carton pendue au cou de l'acteur pour les scènes équestres ; une pancarte changée à vue pour indiquer les différents lieux de l'action ;*
2) Synthèse et plus grande abstraction possible : *un seul décor, ou plutôt une toile de fond, pouvant représenter tous les paysages sous tous les climats possibles ; des costumes anachroniques ou intemporels (en fait le soir de la première, les acteurs, faute de moyens, joueront en costume de ville) ;*
3) Jeu de guignol :
« Masque pour le personnage principal », jeu mécanisé et stylisé des comédiens comme des marionnettes.
Dans deux articles, en 1896 et 1897, Jarry s'est expliqué sur le sens de son entreprise.

UNE ŒUVRE DE RUPTURE

HENRI GHÉON, 1923 :

Trente ans après la première, Lugné-Poe regrettait qu'Ubu-Roi ne se soit pas imposé comme la pièce révolutionnaire qu'elle devait être.

Henri Ghéon, au cours d'un bilan du théâtre d'avant-garde établi pour le public du Vieux Colombier, la réhabilitera :

« Savez-vous quel est, à mon sens, le titre principal de l'*Œuvre* à la reconnaissance des amis de l'art dramatique ? La représentation d'*Ubu Roi* (...). Qu'on lui attribue le sens qu'on voudra, *Ubu Roi* de Jarry, c'est du théâtre pur, synthétique, poussant jusqu'au scandale l'usage avoué de la convention, créant en marge du réel, une réalité avec des *signes*. Il convenait de saluer ici Alfred Jarry, le précurseur. Il ne fut pas suivi. »

Dramaturgie d'hier et de demain, 1963.

UN RÉSERVOIR DE SYMBOLES

Le philosophe **ALAIN, 1939 :**

Jarry fut artiste en ceci surtout qu'à ses vingt ans il sut n'ajouter rien à cette œuvre d'enfance. On voit très bien comment la simplicité enfantine fait profondeur : c'est que l'observation découvre la nature rageuse qui est l'explication de tout. La mécanique, alors substituée aux intentions, est ce qui fait rire et ce qui dissout l'importance. Ainsi Ubu est vivant à la manière des contes. On peut essayer de les comprendre mais il faut d'abord les accepter. Comme le sphinx, vous y pouvez accrocher toutes les pensées du monde, mais l'œuvre existe en attendant.

Préliminaires à l'esthétique, 1939.

ANDRÉ ROUSSEAU, 1951 :

Le Père Ubu, c'est la bêtise énorme au front de taureau, la bêtise triomphante, écrasant de la masse qui lui sert d'argument tout ce qui pourrait être art, intelligence, délicatesse, initiative intelligente. C'est le mauvais fonctionnaire, le mauvais chef, le général stupide, c'est l'Etat lui-même et son administration, en tant qu'on applique des règlements aveugles sans s'occuper des conséquences (...)

C'est tout ce qui affole aujourd'hui l'humanité — la tyrannie sur le monde, la personne de l'homme en danger, une violation si complète et si tranquille de l'ordre humain qu'on se demande si l'empire du cynisme n'est pas plébiscité par ses esclaves et ses victimes. Bref, une catastrophe du siècle et de la planète (...). Mais la gidouille du Père Ubu déborde les seules concordances de l'Histoire : elle personnifie un monde entier devenu ventre. Ubu est le mythe énorme d'une humanité d'où le matérialisme et l'égoïsme total ont éliminé le cœur, l'âme et toute faculté d'amour...

le Monde classique, 1951, tome III.

---

1 — *Quels sont les éléments qui font de cette première scène une provocation ? Un pastiche de plusieurs situations traditionnelles, tant du théâtre classique que populaire ? Une scène d'exposition ?*

2 — *Les éléments du comique : essayez de les analyser et de les classer (contrastes, grossièreté, jeux sur les mots, etc.).*

3 — *Imaginez : 1) le décor ; 2) les costumes des personnages ; 3) des indications de jeu d'acteurs complémentaires de celles de Jarry.*

Jules

Paul Lafargue.

Dans ce pamphlet révolutionnaire qui porte en sous-titre « Réfutation du "Droit au travail" de 1848 », l'écrivain socialiste Paul Lafargue (qui était le gendre de Marx) dénonce la folie de production du capitalisme industriel. Selon lui, les ouvriers, en réclamant les armes à la main en 1848 le « Droit au travail » qui n'est en fait qu'un « droit à la misère », sont tombés dans le piège de la bourgeoisie triomphante : le travail n'est pas une valeur révolutionnaire, il abolit et dégrade l'homme, est « la cause de toute dégénérescence intellectuelle, de toute déformation organique ». Dans cet extrait singulièrement actuel, Lafargue montre les conséquences de la surproduction.

En présence de cette double folie des travailleurs, de se tuer de surtravail et de végéter dans l'abstinence, le grand problème de la production capitaliste n'est plus de trouver des producteurs et de décupler leurs forces, mais de découvrir des consommateurs, d'exciter leurs appétits et de leur créer des besoins factices. Puisque les ouvriers européens,
5 grelottant de froid et de faim, refusent de porter les étoffes qu'ils tissent, de boire les vins qu'ils récoltent, les pauvres fabricants, ainsi que des dératés, doivent courir aux antipodes chercher qui les portera et qui les boira : ce sont des centaines de millions et de milliards que l'Europe exporte tous les ans, aux quatre coins du monde, à des peuplades qui n'en ont que faire. Mais les continents explorés ne sont plus assez vastes, il faut des pays vierges.
10 Les fabricants de l'Europe rêvent nuit et jour de l'Afrique, du lac saharien, du chemin de fer du Soudan ; avec anxiété, ils suivent les progrès des Livingstone, des Stanley, des Du Chaillu, des De Brazza ; bouche béante, ils écoutent les histoires mirobolantes de ces courageux voyageurs. Que de merveilles inconnues renferme le « continent noir » ! Des champs sont plantés de dents d'éléphant, des fleuves d'huile de coco charrient des
15 paillettes d'or, des millions de culs noirs, nus comme la face de Dufaure ou de Girardin, attendent les cotonnades pour apprendre la décence, des bouteilles de schnaps et des bibles pour connaître les vertus de la civilisation.

Mais tout est impuissant : bourgeois qui s'empiffrent, classe domestique qui dépasse la classe productive, nations étrangères et barbares que l'on engorge de marchandises
20 européennes ; rien, rien ne peut arriver à écouler les montagnes de produits qui s'entassent plus hautes et plus énormes que les pyramides d'Egypte : la productivité des ouvriers européens défie toute consommation, tout gaspillage. Les fabricants, affolés, ne savent plus où donner de la tête, ils ne peuvent plus trouver la matière première pour satisfaire la passion désordonnée, dépravée, de leurs ouvriers pour le travail. Dans nos
25 départements lainiers, on effiloche les chiffons souillés et à demi pourris, on en fait des draps dits de *renaissance*, qui durent ce que durent les promesses électorales ; à Lyon, au lieu de laisser à la fibre soyeuse sa simplicité et sa souplesse naturelle, on la surcharge de sels minéraux qui, en lui ajoutant du poids, la rendent friable et de peu d'usage. Tous nos produits sont adultérés pour en faciliter l'écoulement et en abréger l'existence. Notre
30 époque sera appelée l'*âge de la falsification*, comme les premières époques de l'humanité ont reçu les noms d'*âge de pierre*, d'*âge de bronze*, du caractère de leur production. Des ignorants accusent de fraude nos pieux industriels, tandis qu'en réalité la pensée qui les anime est de fournir du travail aux ouvriers, qui ne peuvent se résigner à vivre les bras croisés. Ces falsifications, qui ont pour unique mobile un sentiment humanitaire, mais qui
35 rapportent de superbes profits aux fabricants qui les pratiquent, si elles sont désastreuses pour la qualité des marchandises, si elles sont une source intarissable de gaspillage du travail humain, prouvent la philanthropique ingéniosité des bourgeois et l'horrible perversion des ouvriers qui, pour assouvir leur vice de travail, obligent les industriels à étouffer les cris de leur conscience et à violer même les lois de l'honnêteté commerciale.

le Droit à la Paresse, 1880, chap. III, « Ce qui suit la surproduction ».

1 — *Le maniement du paradoxe : relevez les expressions qui concernent les ouvriers, celles qui concernent les bourgeois et les industriels. Quelle est l'originalité de l'explication que Lafargue donne de la surproduction ?*

2 — *Relevez et classez les termes et les procédés de style employés par l'auteur pour exprimer la profusion des marchandises, et l'affolement des hommes.*

3 — *En quoi consiste ici l'ironie de Lafargue ? A quels endroits du texte est-elle la plus sensible ?*

4 — *Résumez ce texte au quart (voir nº 70).*

aul Lafargue (R. Viollet).

Dans la dernière partie de son ouvrage, Lafargue imagine ce que serait la vie dans la société qu'il préconise : « En régime de paresse, pour tuer le temps qui nous tue seconde par seconde, il y aura des spectacles et des représentations théâtrales toujours et toujours »... Mais derrière l'ironie mordante et la farce, l'invocation baudelairienne finale (cf. « O Satan, prends pitié de ma longue misère ! ») réintroduit le tragique de la condition ouvrière au XIXᵉ siècle.

Dans la baraque, on débutera par la *Farce électorale*.

Devant les électeurs à têtes de bois et oreilles d'âne, les candidats bourgeois, vêtus en paillasses, danseront la danse des libertés politiques, se torchant la face et la postface avec leurs programmes électoraux aux multiples promesses, et parlant avec des larmes dans les
5 yeux des misères du peuple et avec du cuivre dans la voix des gloires de la France ; et les têtes des électeurs de braire en chœur et solidement : hi han ! hi han !

Puis commencera la grande pièce : *Le Vol des biens de la nation*.

La France capitaliste, énorme femelle, velue de la face et chauve du crâne, avachie, aux chairs flasques, bouffies, blafardes, aux yeux éteints, ensommeillée et bâillant, s'allonge sur
10 un canapé de velours ; à ses pieds, le capitalisme industriel, gigantesque organisme de fer, à masque simiesque, dévore mécaniquement des hommes, des femmes, des enfants, dont les cris lugubres et déchirants emplissent l'air ; la banque à museau de fouine, à corps de hyène et mains de harpie, lui dérobe prestement les pièces de cent sous de la poche. Des hordes de misérables prolétaires décharnés, en haillons, escortés de gendarmes, le sabre
15 au clair, chassés par les furies les cinglant avec les fouets de la faim, apportent aux pieds de la France capitaliste des monceaux de marchandises, des barriques de vin, des sacs d'or et de blé. Langlois, sa culotte d'une main, le testament de Proudhon de l'autre, le livre du budget entre les dents, se campe à la tête des défenseurs des biens de la nation et monte la garde. Les fardeaux déposés, à coups de crosse et de baïonnette, ils font chasser les
20 ouvriers et ouvrent la porte aux industriels, aux commerçants et aux banquiers. Pêle-mêle, ils se précipitent sur le tas, avalant des cotonnades, des sacs de blé, des lingots d'or, vidant des barriques ; n'en pouvant plus, sales, dégoûtants, ils s'affaissent dans leurs ordures et leurs vomissements... Alors le tonnerre éclate, la terre s'ébranle et s'entrouvre, la Fatalité historique surgit ; de son pied de fer elle écrase les têtes de ceux qui hoquettent, titubent,
25 tombent et ne peuvent plus fuir, et de sa large main elle renverse la France capitaliste, ahurie et suante de peur.

Si, déracinant de son cœur le vice qui la domine et avilit sa nature, la classe ouvrière se levait dans sa force terrible, non pour réclamer les *Droits de l'homme*, qui ne sont que les droits de l'exploitation capitaliste, non pour réclamer le *Droit au travail* qui n'est que le
30 droit à la misère, mais pour forger une loi d'airain, défendant à tout homme de travailler plus de trois heures par jour, la terre, la vieille terre, frémissant d'allégresse, sentirait bondir en elle un nouvel univers... Mais comment demander à un prolétariat corrompu par la morale capitaliste une résolution virile ?

Comme le Christ, la dolente personnification de l'esclavage antique, les hommes, les
35 femmes, les enfants du Prolétariat gravissent péniblement depuis un siècle le dur calvaire de la douleur : depuis un siècle, le travail forcé brise leurs os, meurtrit leurs chairs, tenaille leurs nerfs ; depuis un siècle, la faim tord leurs entrailles et hallucine leurs cerveaux !... O Paresse, prends pitié de notre longue misère ! O Paresse, mère des arts et des nobles vertus, sois le baume des angoisses humaines !

le Droit à la Paresse, 1880, chap. IV, « A nouvel air, chanson nouvelle ».

1 — Analysez précisément la composition de ce texte, et surtout les variations de ton : l'auteur est-il toujours ironique ? Quels sont les endroits même où l'humour semble bien n'être que « la politesse du désespoir » (Boris Vian) ?

2 — Relevez et classez les procédés relevant de la caricature, de la farce populaire, de l'allégorie*.

3 — Lisez les pages consacrées à Jarry (voir n° 129). Quels rapprochements peut-on faire, du point de vue des thèmes, des personnages en présence, de la symbolisation, entre Ubu Roi et la farce imaginée par Lafargue ?

AUX MODERNES.

Vous vivez lâchement, sans rêve, sans dessein,
Plus vieux, plus décrépits que la terre inféconde,
Châtrés dès le berceau par le siècle assassin
De toute passion vigoureuse et profonde.

5 Votre cervelle est vide autant que votre sein,
Et vous avez souillé ce misérable monde
D'un sang si corrompu, d'un souffle si malsain,
Que la mort germe seule en cette boue immonde.

Hommes, tueurs de Dieux, les temps ne sont pas loin
10 Où, sur un grand tas d'or vautrés dans quelque coin,
Ayant rongé le sol nourricier jusqu'aux roches,

Ne sachant faire rien ni des jours ni des nuits,
Noyés dans le néant des suprêmes ennuis,
Vous mourrez bêtement en emplissant vos poches.

Poème LXXIX des *Poèmes Barbares,* 1872,
paru antérieurement dans *le Nain Jaune,*
du 30 novembre 1864.

Par réaction contre le romantisme, Leconte de Lisle, par ailleurs grand érudit féru de littérature grecque (il réalisera une traduction des poèmes homériques extrêmement fidèle), crée l'école dite parnassienne : on se rappelle que le Parnasse, au nord-est de Delphes, était une montagne consacrée à Apollon, dieu du soleil et de la poésie, et aux Muses.

Langlumé, *Pégase romantique* (Roger Viollet).

ANALYSE DE LA STRUCTURE DU POÈME

I — TITRE

Le titre du poème sous-entend une première opposition (« modernes/anciens »). Seuls les premiers sont nommés : le poème est une **apostrophe** *; la temporalité dont se préoccupe Leconte de Lisle, c'est celle de l'axe présent/futur, et non celle de l'axe passé/présent.*

II — AXE ESSENTIEL

Cet axe essentiel, c'est celui délimité par le premier et le dernier vers : 1 *vous vivez lâchement*

14 *vous mourrez bêtement*

axe renforcé par la symétrie de l'expression (sujet, verbe, adverbe).

III — AXES SECONDAIRES

Tous les axes secondaires sont mis en place pour aboutir à la même image de mort :

a) Opposition vide/plein :

5	« cervelle → vide ← sein »		vide
12	« (faire) rien »	+	rien
13	« (noyés dans) le néant »	+	néant
14	« vous mourrez »	=	emplissant (vos poches)

Ce plein, produit de tant de vide, est un plein illusoire.

b) Opposition humanité/animalité

1	(« vous vivez) lâchement »	(Concept moral applicable à la seule humanité)
5	« Cervelle vide »	(Perte de l'esprit)
10	« vautrés »	Perte de la verticalité propre à l'homme pour retrouver l'horizontalité de l'animal.
11	« ayant rongé le sol »	
14	« (vous mourrez) bêtement »	(Double sens : – de façon stupide – avec l'esprit d'une bête)

c) Opposition fécondation/stérilité

2	« la terre inféconde »	Situation de départ : une double stérilité.
3	« châtrés »	
8	« la mort germe seule »	Nœud du problème et contradiction : naissance de la mort.
14	« vous mourrez »	Résolution de la contradiction.

d) La déchéance physique

2	« vieux, décrépits »	Pas d'opposition de fond : la mort domine déjà.
3	« dès le berceau »	
7	« sang corrompu, souffle malsain »	Vieillesse et maladie.
13	« suprêmes ennuis »	Au sens premier du terme : désordre grave.

e) Opposition idéal/réalité

1	« sans	rêve »
	« sans	dessein »
3/4	« châtrés	de toute passion »
9	« tueurs	de Dieux »
11	« Ayant rongé	le sol nourricier »

14 *Vous mourrez : la chaîne des négatifs l'emporte.*

IV — TEMPORALITÉ

1 *« vous vivez »* → *présent qui régit les deux premiers quatrains.*

9 *« les temps ne sont pas loin »* → *annonce du futur.*

14 *« vous mourrez »* → *le futur régit globalement les deux tercets, puisque la proposition subordonnée (de temps) dont « mourrez » est le verbe commence, au 10e vers, à la conjonction « où ».*

Aux « Modernes », il ne reste rien, sinon l'illusion du néant. Au poète, il ne reste rien, si ce n'est l'invective. Ce même sentiment se retrouve, au poème XLVII du même recueil, sous la métaphore commode d'un spectacle de foire :

LES MONTREURS

Tel qu'un morne animal, meurtri, plein de poussière,
La chaîne au cou, hurlant au chaud soleil d'été,
Promène qui voudra son cœur ensanglanté
Sur ton pavé cynique, ô plèbe carnassière !

Pour mettre un feu stérile en ton œil hébété,
Pour mendier ton rire ou ta pitié grossière,
Déchire qui voudra la robe de lumière
De la pudeur divine et de la volupté.

Dans mon orgueil muet, dans ma tombe sans gloire,
Dussé-je m'engloutir pour l'éternité noire,
Je ne te vendrai pas mon ivresse ou mon mal,

Je ne te livrerai pas ma vie à tes huées,
Je ne danserai pas sur ton tréteau banal
Avec tes histrions et tes prostituées.

Poèmes barbares, 1872.
Paru antérieurement dans la Revue contemporaine,
le 30 juin 1862.

Flora Tristan.

Réunion féministe.

Léodile Champseix, dite André Léo, écrivain et journaliste, publie en 1869 un ouvrage théorique, la Femme et les mœurs, *pour réfuter les arguments antiféministes. Dans cet extrait, elle montre que la plupart des démocrates gardent au fond d'eux-mêmes une image dévalorisée de la femme, qui les empêchera toujours d'être de vrais révolutionnaires.*

Aussi n'est-ce pas parmi (les démocrates) que la femme trouve ses adversaires les moins âpres. Sur cette question, les révolutionnaires deviennent conservateurs, et en même temps que le dogme et les préjugés, l'illogisme donne. Ceux qu'on appelle plus particulièrement les républicains sont à ce sujet les plus farouches, et cela se comprend : les
5 esprits attachés surtout à la forme sont nécessairement superficiels. Comme ils ne vont que tout près et n'ont que peu d'horizon, ils ne savent guère non plus d'où ils viennent, quel principe les a créés. Ce sont des révoltés, non des rénovateurs. Le pouvoir les gêne, ils le combattent, voilà tout. Mais, bien plus compétiteurs qu'ennemis, s'ils l'assiègent, c'est pour s'en emparer, non pour le détruire. Le républicain proprement dit n'est point
10 encore sorti du monde monarchique. Il a foi en la force, aux coups de mains, en la dictature. Il s'indigne d'obéir, non de commander. Il ne sait pas étendre aux autres son propre orgueil. L'amour et la justice manquent à sa foi. Ces prétendus amants de la liberté, s'ils ne peuvent tous avoir part à la direction de l'Etat, au moins leur faut-il un petit royaume à leur usage personnel, chacun chez soi. (...)

15 (Chez les socialistes eux-mêmes) on dit — Non, l'unité sociale, ce n'est pas l'individu, c'est la famille ainsi hiérarchisée : père, mère, enfant. Et les raisons de cet étrange dogme d'une trinité nouvelle, non moins dogmatique et mystique que l'ancienne, on les trouva, comme toujours dans la nature "particulière de la femme", et dans la nécessité de "l'ordre" au sein de la famille.

20 Et comme toujours, chaque orateur présenta son Eve, pétrie de sa propre main, mais toujours tirée de la côte d'Adam, tendre et faible, chef-d'œuvre de grâce et d'inconsistance, sublime et pourtant dépourvue de sens moral et de sens commun ! Et couverte de fleurs on la jeta, non seulement hors de la République, mais hors du travail ; car la femme, cet être délicat et charmant, née pour le plaisir de l'homme, ne doit ni s'endurcir ni
25 s'émanciper par le labeur. On oublia de prouver qu'elle pouvait se nourrir d'amour et de rosée. Il est vrai que l'homme fut chargé de sa subsistance. Mais quoi, s'il ne s'en charge pas ? Ce point de vue ne fut pas touché. Trop noble était cette rhétorique pour parler du nombre effrayant et toujours croissant des enfants abandonnés, des filles délaissées, des prostituées et des courtisanes, des ouvrières exténuées par l'excès du travail et de la
30 misère ; non plus que ces mères de famille, battues, exploitées et volées par leurs maris ; non plus que du trafic des dots, dans le mariage, qui fait pendant à l'exploitation des filles pauvres dans l'union libre. La littérature a ses exigences : en face de la tendre et faible créature que vous savez, devait nécessairement apparaître l'homme fort et chevaleresque. Il faut de l'antithèse à tout prix.

35 (...) Etrange système social, avouons-le, qui ferait de l'existence de la femme le devoir de l'homme, et donnerait la vie de celle-là pour enjeu de l'oubli du devoir de celui-ci ! Ne serait-ce pas constituer, au profit de chaque être masculin, une petite monarchie absolue qui dépasserait le beau droit de vie et de mort du chef de famille romain ?

(...) En comparaison de ces théories, le code devient presque un monument de liberté
40 et d'égalité.

la Femme et les Mœurs, 1869.

1 — « Ce sont des révoltés, non des rénovateurs ». *Vous repérerez dans tout ce premier paragraphe les couples de termes antinomiques qui illustrent cette opposition.*

2 — « L'homme fort et chevaleresque »: *en respectant le style et le ton du portrait de la femme, vous essaierez de développer le second terme de « l'antithèse » en faisant à votre tour un portrait de l'homme.*

3 — *Développez ou discutez l'idée contenue dans les deux expressions suivantes :*
— « S'ils ne peuvent tous avoir part à la direction de l'Etat, au moins leur faut-il un petit royaume à leur usage personnel ».
« Ne serait-ce pas constituer, au profit de chaque être masculin, une petite monarchie absolue ? ».

A L'AUBE DU FÉMINISME

● *Considérer le XIXᵉ siècle uniquement comme l'époque où un nouvel acteur politique, le prolétariat, se forge une conscience de classe, pourrait faire passer le lecteur moderne à côté d'un autre mouvement d'émancipation qui, s'il ne s'épanouit qu'au XXᵉ siècle, connaît pourtant un développement notable dès la Révolution française. En effet, en prenant part à l'action, en développant leurs revendications, en participant aux réunions des clubs, les femmes de 1789 entrent, elles aussi, sur la scène historique et politique.*

● *Mais bientôt, le désenchantement apparaît, avec l'idée que la lutte contre l'ennemi de classe, occulte chez certains, de façon plus ou moins consciente, la lutte des sexes, et que « révolutionnaire » et « féministe » (1) ne sont pas forcément synonymes. Dès 1791, **Olympe de Gouges**,*

dans les Droits de la femme et de la citoyenne, apostrophe l'homme : « Dis-moi ? qui t'a donné le souverain empire d'opprimer mon sexe ?... ». *Elle affirme que la révolution* « ne s'opérera que quand toutes les femmes seront pénétrées de leur déplorable sort, et des droits qu'elles ont perdus dans la société. » *(Voir XVII-XVIIIᵉ Siècles Nᵒ 172).*

● *Contre ce « sexisme » rémanent qui affecte aussi bien les intellectuels que les ouvriers, même les plus sincèrement attachés à l'idéal révolutionnaire, les femmes prennent alors la parole : il n'y a pas de liberté possible pour l'homme tant que la moitié de l'humanité connaîtra « l'infini servage ».*

(1) *Notons que le mot « féminisme » n'apparaît qu'en 1837, chez Fourier (voir nᵒ 32), et que « féministe » date de la fin du XIXᵉ siècle.*

FLORA TRISTAN, 1843

Ouvriers, vous n'avez pas pouvoir d'abroger les anciennes lois et d'en faire de nouvelles, – non, sans doute –; mais vous avez le pouvoir de protester contre l'iniquité et l'absurdité des lois qui entravent le progrès de l'humanité et qui vous font souffrir, vous, plus particulièrement. – Vous pouvez donc, c'est même un devoir sacré, protester énergiquement en pensées, en paroles et en écrits, contre toutes les lois qui vous oppriment. – Or donc, tâchez de bien comprendre ceci : – La loi qui *asservit la femme et la prive d'instruction,* vous opprime, *vous, hommes prolétaires.*

Pour l'élever, l'instruire et lui apprendre la science du monde, le fils du riche a des *gouvernantes et institutrices savantes, des directrices habiles,* et enfin, *de belles marquises,* femmes élégantes, spirituelles, dont les fonctions, dans la haute société, consistent à se charger de faire *l'éducation* des fils de famille qui sortent du collège. – C'est une fonction très utile pour le bien-être de ces messieurs de la haute noblesse. – Ces dames leur apprennent à avoir de la politesse, du tact, de la finesse, de la souplesse dans l'esprit, de belles manières; en un mot, elles en font des hommes qui *savent vivre, des hommes comme il faut.* – Pour peu qu'un jeune homme ait de la capacité, s'il a le bonheur d'être sous *la protection* d'une de ces femmes aimables, *sa fortune est faite.* – A trente-cinq ans il est sûr d'être ambassadeur ou ministre. – Tandis que vous, pauvres ouvriers, pour vous élever, vous instruire, vous n'avez que *votre mère*; pour faire de vous des hommes *sachant vivre,* vous n'avez que les femmes de *votre classe,* vos compagnes d'ignorance et de misère.

Ce n'est donc pas au nom de la *supériorité de la femme* (comme on ne manquera pas de m'en accuser) que je vous dis de réclamer des droits pour la femme : non vraiment. – D'abord, avant de discuter *sur sa supériorité,* il faut que *son individu social soit reconnu.* –Je m'appuie sur une base plus solide. – C'est au nom de *votre propre intérêt à vous, hommes;* c'est au nom de votre *amélioration, à vous hommes;* enfin, c'est au nom du *bien-être universel de tous et de toutes* que je vous engage à réclamer des droits pour la femme, et, en attendant, de les lui *reconnaître* au moins *en principe.*

C'est donc à vous, ouvriers qui êtes *les victimes de l'inégalité de fait* et de l'injustice, c'est à vous qu'il appartient d'établir enfin sur la terre le règne de la justice et de l'*égalité absolue* entre la femme et l'homme.

Flora Tristan, *Des Moyens de constituer la classe ouvrière,* 1843.

MADAME DAILLER-CRETON, 1865

« Eh bien, en supposant que deux états, que deux professions dans la maison soient inutiles, qu'une seule soit suffisante pour la rendre prospère, et faire régner l'abondance, que dans cette situation, l'action commune et combinée du mari et de la femme soit superflue dans la pratique de l'industrie, des fonctions, etc., de la maison, quel est celui des deux époux qui alors s'occupera particulièrement de diriger le ménage ?

Eh bien, évidemment, ce sera celui qui sera le plus capable d'être aux affaires qui sera aux affaires, quel que soit son sexe, et ce sera celui qui sera le plus capable d'être au ménage qui sera au ménage, quel que soit son sexe. (...) Et par là, une jeune fille pourra désormais prendre un mari à son goût et le « faire » vivre du produit de son travail, de la même manière qu'un homme prend une jeune fille dont il fait ainsi sa femme. »

Madame Dailler-Creton, *la Paix du Monde ou le Droit commun rétabli pour tous par le baptême de la femme et son prochain avènement,* 1865.

Club de femmes à Saint-Germain l'Auxerrois.

André Léo (voir encart page précédente) fonde pendant la Commune le journal La Sociale. Dans les articles qu'elle publie, cette disciple de Pierre Leroux, si elle tente d'unir toutes les forces de la Révolution, n'en dénonce pas moins l'anti-féminisme de certains membres de la commune (1). *Elle s'en prend ici en particulier au général Dombrowski, lui faisant remarquer que le 18 mars n'aurait pas existé sans les femmes, que lui-même n'aurait pas été général, et que toute révolution doit se concilier la participation féminine :* « *entre leur hostilité et leur dévouement, il faudra choisir...* »

(1) On trouve par exemple dans une lettre d'Émile Eudes, un des chefs les plus importants de l'insurrection, la phrase suivante :
« Il faut se souvenir que les femmes ont de tout temps été l'une des principales causes de perdition de l'humanité. Il faut les enrégimenter pour les faire travailler à tour de bras. »
· *(cité par Marc de Villiers, Histoire des clubs de femmes et des légions d'amazones, 1910.)*

Il faudrait raisonner un peu : croit-on pouvoir faire la Révolution sans les femmes ? Voilà quatre-vingts ans qu'on l'essaie et qu'on n'en vient pas à bout. La première Révolution leur décerna bien le titre de citoyennes, mais non les droits. Elle les laissa exclues de la liberté, de l'égalité.

5 Repoussées de la Révolution, les femmes retournèrent au catholicisme, et sous son influence, composèrent cette immense force réactionnaire imbue de l'esprit du passé, qui étouffe la Révolution chaque fois qu'elle veut renaître. (...)

Pourquoi cela ? Je vais vous le dire :

C'est que beaucoup de républicains, — je ne parle pas des vrais, — n'ont détrôné
10 l'empereur et le bon Dieu... que pour se mettre à leur place. Et naturellement, dans cette intention, il leur faut des sujets, ou tout au moins des sujettes. La femme ne doit plus obéir aux prêtres ; mais elle ne doit pas plus qu'auparavant relever d'elle-même. Elle doit demeurer neutre et passive, sous la direction de l'homme, elle n'aura fait que changer de confesseur.

15 Eh bien, cette combinaison n'a pas de chances.

Dieu a sur l'homme, en ce point, un avantage immense, c'est de rester inconnu ; c'est cela qui lui permet d'être idéal.

D'un autre côté, la religion condamne la raison et défend la science. Voilà qui est simple, radical et net ; c'est un cercle dont on ne sort pas, quand on y est, — à moins de le
20 rompre.

Mais la Révolution, mais l'esprit nouveau, n'existe au contraire que de par l'exercice de la raison, de la liberté, de la recherche du vrai, du juste en toutes choses. Ici ce n'est plus le cercle mais la ligne droite projetée dans l'infini.

Où s'arrêter dans cette voie ? Où poser la borne que tel ou tel esprit en marche ne
25 dépassera pas ? Et qui a le droit de la poser ?

La Révolution, il faut bien en prendre son parti, est la liberté et la responsabilité de toute créature humaine, sans autre limite que le droit commun, sans aucun privilège de race, ni de sexe.

Les femmes n'abandonneront la vieille foi, que pour embrasser avec ardeur la
30 nouvelle. Elles ne veulent pas, elles ne peuvent pas être neutres. Entre leur hostilité et leur dévouement, il faudra choisir. (...)

Or qui souffre le plus de la crise actuelle, de la cherté des vivres, de la cessation du travail ? — la femme, et surtout la femme isolée, dont ne s'occupe pas plus le régime nouveau, que ne s'en occupèrent jadis les anciens.

35 Qui n'a rien à gagner, immédiatement du moins, au succès de la Révolution ? la femme encore. C'est de l'affranchissement de l'homme qu'il est question, non du sien...

On pourrait, d'un certain point de vue, écrire l'histoire depuis 89, sous ce titre : "Histoire des inconséquences du parti révolutionnaire". La question des femmes en ferait le plus gros chapitre, et l'on y verrait comment ce parti trouva le moyen de faire passer du côté de
40 l'ennemi la moitié de ses troupes, qui ne demandait qu'à marcher et à combattre avec lui.

la Sociale, lundi 8 mai 1871.

PENDANT ET APRÈS LA COMMUNE

Ayant participé à toutes les insurrections du XIXᵉ siècle, et en particulier à celle de la Commune (voir nᵒ 141), les femmes, alors que les hommes se sont amplement servi de leur concours, alors qu'elles subissent au même titre qu'eux la répression et la déportation, ne sont toujours pas reconnues comme des égales. L'agressivité de certains textes féministes de l'époque est alors à la mesure de la déception de leurs auteurs : si même le révolutionnaire n'est pas prêt à abandonner ses privilèges de mâle, comment peut-on espérer fonder une société égalitaire ?

Affiche de l'« Union des Femmes pour la défense de Paris », (créée en avril 1871), 7 mai 1871.

APPEL AUX FEMMES DE PARIS

Au nom de la révolution sociale que nous acclamons, au nom de la revendication des droits au travail, à l'égalité et à la justice, l'Union des femmes pour la défense de Paris et les soins aux blessés proteste de toutes ses forces contre l'indigne proclamation aux citoyennes affichée avant-hier soir et émanant d'un groupe de réactionnaires. Ladite proclamation porte que les femmes de Paris en appellent à la générosité de Versailles et demandent la paix à tout prix. Non, ce n'est pas la Paix mais bien la guerre à outrance que les travailleurs de Paris viennent réclamer. Aujourd'hui, une conciliation serait une trahison ! Ce serait renier toutes les aspirations ouvrières acclamant la rénovation sociale absolue, l'anéantissement de tous les rapports juridiques et sociaux existant actuellement, la suppression de tous les privilèges, de toutes les exploitations, la substitution du règne du travail à celui du capital, en un mot, l'affranchissement du travailleur par lui-même.

Six mois de souffrance et de trahison pendant le siège, six semaines de lutte gigantesque contre les exploiteurs coalisés, les flots de sang versé pour la cause de la liberté sont nos titres de gloire et de vengeance. La lutte actuelle ne peut avoir pour issue que le triomphe de la cause populaire.

Paris ne reculera pas car il porte le drapeau de l'avenir !

L'heure suprême a sonné ! Place aux travailleurs !
Arrière les bourreaux ! Des actes ! De l'énergie !

L'arbre de la liberté croît, arrosé par le sang de ses ennemis. Toutes unies et résolues, grandies et éclairées par les souffrances que les crises sociales entraînent à leur suite, profondément convaincues que la Commune représentent les principes internationaux et révolutionnaires du peuple, porte en elle les germes de la révolution sociale, les femmes de Paris prouveront à la France et au monde qu'elles aussi seront au moment du danger suprême aux barricades sur les remparts de Paris. Si la réaction forçait les portes, elles donneraient comme leurs frères leur sang et leur vie pour la défense et le triomphe de la Commune, c'est-à-dire du Peuple.

Alors victorieux, à même de s'unir et de s'entendre sur leurs intérêts communs, travailleurs et travailleuses tous solidaires, jouiront en paix des bienfaits de la République Sociale !

VIVE LA COMMUNE !

LOUISE MICHEL, 1886

Elles sont dégoûtées, les femmes ! Les vilenies leur font lever le cœur. Un peu moqueuses aussi, elles saisissent vite ce qu'il y a d'épatant à voir des gommeux, des fleurs de gratin, des pschutteux, des petits-crevés enfin, jeunes ou vieux, drôles, crétinisés par un tas de choses malpropres, et dont la race est finie, soupeser dans leurs pattes sales les cerveaux des femmes, comme s'ils sentaient monter la marée de ces affamées de savoir, qui ne demandent que cela au vieux monde : le peu qu'il sait. Ils sont jaloux, ces êtres qui ne veulent rien faire, de toutes les ardeurs nouvelles qui ravissent le dernier miel à l'automne du vieux monde. (...)

L'homme tient à ce que la femme reste ainsi, pour être sûr qu'elle n'empiètera ni sur ses « fonctions », ni sur ses « titres ».

Rassurez-vous encore, messieurs, nous n'avons pas besoin du titre pour prendre vos fonctions quand il nous plaît !

Vos titres ? Ah ! bah ! Nous n'aimons pas les guenilles ; faites-en ce que vous voudrez ; c'est trop rapiécé, trop étriqué pour nous.

Ce que nous voulons, c'est la science et la liberté.

Vos titres ? Le temps n'est pas loin où vous viendrez nous les offrir, pour essayer par ce partage de les retaper un peu.

Gardez ces défroques, nous n'en voulons pas.

Mémoires, 1886.

---

1 — « Il faudrait raisonner un peu » : *relevez les mots de transition et d'articulation, les tournures stylistiques qui structurent l'argumentation, caractéristiques d'un discours qui vise à la clarté didactique.*

2 — *Pourquoi André Léo établit-elle dans ce texte un parallèle entre religion et révolution ? Vous semble-t-il justifié ?*

3 — *Résumez ce texte au quart.*

4 — *Le texte de Louise Michel : dans cet extrait, Louise Michel revendique pour les femmes la liberté, mais aussi autre chose : laquelle ? En quoi ces deux revendications sont-elles complémentaires ?*

Foulquier, *Portrait de Torchonnet*, Ed. Hachette.

LA COMTESSE DE SÉGUR, 1863

Torchonnet ne pouvait croire à sa délivrance et à l'arrestation de son méchant maître. Dans sa joie, il se jeta aux genoux de Moutier et de Jacques et voulut les leur baiser ; Moutier l'en empêcha.

« C'est le bon Dieu qu'il faut remercier, mon garçon ; c'est lui qui t'a sauvé.

5   TORCHONNET. — Je croyais que c'était vous, Monsieur, avec le bon Jacques.

MOUTIER. — Je ne dis pas non, mon ami, mais c'est tout de même le bon Dieu qu'il faut remercier. Tu ne comprends pas, je le vois bien, mais un jour tu comprendras. Suis-nous, je vais te mener chez M. le curé.

TORCHONNET, *joignant les mains*. — Oh non ! non, pas le curé ! pas le curé ! grâce, 10 je vous en supplie !

MOUTIER. — Pourquoi cette peur de M. le curé ? Que t'a-t-il fait ?

TORCHONNET. — Il ne m'a rien fait, parce que je ne l'ai jamais approché ; mais s'il me touchait, il me mangerait tout vivant.

MOUTIER. — En voilà une bonne bêtise ! Qui est-ce qui t'a conté ces sornettes ?

15   TORCHONNET. — C'est mon maître, qui m'a bien défendu de l'approcher pour ne pas être dévoré.

JACQUES. — Ha ! ha ! ha ! Et moi qui y vais tous les jours, suis-je dévoré ?

TORCHONNET. — Vous ? vous osez ?... Comment que ça se fait donc ?

MOUTIER. — Ça se fait que ton maître est un mauvais gueux, un gredin, qui avait 20 peur que le curé ne vînt à ton secours, et qui t'a fait croire que, si tu lui parlais, il te mangerait. Voyons, mon pauvre garçon, pas de ces sottises, et suis-moi. »

Torchonnet suivit Moutier et Jacques avec répugnance. Moutier traversa l'auberge, lui fit voir son maître garrotté ainsi que sa femme et le frère, puis il sortit et alla au presbytère.

25   La porte était fermée parce qu'il se faisait un peu tard. Moutier frappa. Le curé vint ouvrir lui-même. Il reconnut Moutier.

LE CURÉ. — Bien le bonjour, mon bon monsieur Moutier ; vous voilà de retour ? depuis quand ?

MOUTIER. — Depuis ce matin, monsieur le curé, et voilà que je viens vous 30 proposer une bonne œuvre.

LE CURÉ. — Très bien, monsieur Moutier, disposez de moi, je vous prie.

MOUTIER. — Monsieur le curé, c'est qu'il s'agit de donner pour un temps le logement et la nourriture à ce pauvre petit que voilà. »

Moutier présenta Torchonnet tremblant.

35   LE CURÉ — « Son maître lui a donc rendu la liberté ? C'est la seule bonne œuvre qu'il ait faite à ma connaissance. Cet enfant a bien besoin d'être instruit. Il y a longtemps que j'aurais voulu l'avoir, mais il n'y avait pas moyen de l'approcher. »

Le curé voulut prendre la main de Torchonnet, qui la retira en poussant un cri.

« Eh bien ! qu'y a-t-il donc ? dit le curé surpris.

40   MOUTIER. — Il y a, monsieur le curé, que ce nigaud se figure que vous allez le dévorer à belles dents. C'est son diable d'aubergiste qui lui a fait cette sotte histoire pour l'empêcher d'avoir recours à vous.

— Mon pauvre garçon, dit le curé en riant, sois bien tranquille, je me nourris mieux que cela ; tu serais un mauvais morceau à manger. Tous les enfants du village 45 viennent chez moi, et je n'en ai mangé aucun, pas même les plus gras ; demande plutôt à Jacques.

JACQUES. — C'est ce que je lui ai déjà dit, monsieur le curé, quand il nous a dit cette drôle de chose. Tiens, vois-tu Torchonnet ? je n'ai pas peur de M. le curé. »

Et Jacques, prenant les mains du curé, les baisa à plusieurs reprises.

Comtesse de Ségur, née Rostopchine (1799-1874), *l'Auberge de l'Ange Gardien*, 1863, chap. V

Moutier, zouave de l'armée de Napoléon III, a recueilli deux enfants perdus, Jacques et Paul, qui, confiés à une tendre aubergiste de village, se révèlent être de petits anges.

Dans le même village vit Torchonnet, petit être souffreteux, maltraité par son maître, un aubergiste concurrent qui finira aux galères. Lui non plus n'a pas de parents, et Moutier décide de le confier au curé.

PAUL FÉVAL (1817-1887), **1858**

L'auteur connut en 1858 un succès sans précédent dans le roman-feuilleton avec le Bossu. *Ce roman devient très vite, comme* les Trois Mousquetaires *(1844) de Dumas père, l'un des grands classiques, pour les adolescents, de la littérature dite de cape et d'épée.*

Au début du XVIIIe siècle, sous la régence de Philippe d'Orléans, le très beau et très noble Philippe de Nevers s'est marié en secret avec Mademoiselle de Caylus, qui vient d'avoir un enfant. Allant, nuitamment, récupérer le bébé, Nevers tombe dans une embuscade tendue par Philippe de Gonzague, qui se disait son ami. Il résiste courageusement, avec l'aide du chevalier Lagardère, dit « le petit Parisien », qui était venu là pour se battre en duel, mais qui, outré par la lâcheté des assassins, se range à ses côtés.

— Victoire, cria le Parisien qui avait fait place nette autour de lui.

Nevers lui répondit par un cri d'agonie.

Un des deux hommes descendus par la fenêtre basse, le plus grand, celui qui avait un masque sur le visage, venait de lui passer son épée à travers du corps par-derrière. Nevers tomba. Le coup avait été porté, comme on disait alors, à l'italienne, c'est-à-dire savamment, et comme on fait une opération de chirurgie.

(...) La tête du jeune duc se renversa, livide.

— Il est mort, dit Gonzague ; à l'autre !

Il n'était pas besoin d'aller à l'autre, l'autre venait. Quand Lagardère entendit le râle du jeune duc, ce ne fut pas un cri qui sortit de sa poitrine, ce fut un rugissement. Les maîtres d'armes s'étaient reformés derrière lui. Arrêtez donc un lion qui bondit ! Deux estafiers roulèrent sur l'herbe ; il passa.

(...) Entre l'homme masqué et le Parisien se massaient cinq prévôts d'armes et M. de Peyrolles. Ce ne furent pas les estafiers qui chargèrent. Le Parisien saisit une botte de foin, dont il se fit un bouclier, et troua comme un boulet le gros des spadassins. Son élan le porta au centre. Il ne restait plus que Saldagne et Peyrolles au-devant de l'homme masqué, qui se mit en

garde. L'épée de Lagardère, coupant entre Peyrolles et Gonzague, fit à la main du maître une large entaille.

— Tu es marqué ! s'écria-t-il en faisant retraite.

Il avait entendu, lui seul, le premier cri de l'enfant éveillé. En trois bonds il fut sous le pont. La lune passait par-dessus les tourelles. Tous virent qu'il prenait à terre un fardeau.

— Sus ! sus ! râla le maître, suffoqué par la rage. C'est la fille de Nevers. La fille de Nevers à tout prix !

(...) Pour gagner le petit escalier, Lagardère n'eut qu'à brandir la lame qui flamboyait maintenant aux rayons de la lune, et à dire :

— Place, mes drôles !

Tous s'écartèrent d'instinct. Il monta les marches de l'escalier. Dans la campagne on entendait le galop d'une troupe de cavaliers. Lagardère, en haut des degrés, montrant son beau visage en pleine lumière, leva l'enfant qui, à sa vue, s'était prise à sourire.

— Oui, s'écria-t-il, voici la fille de Nevers ! Viens donc la chercher derrière mon épée, assassin ! toi qui as commandé le meurtre, toi qui l'as achevé lâchement par-derrière ! Qui que tu sois, ta main gardera ma marque. Je te reconnaîtrai. Et, quand il sera temps, si tu ne viens pas à Lagardère, Lagardère ira à toi !

le Bossu, 1858, 1re partie, chap. 8.

EDMOND ABOUT (1828-1885), **1857**

L'auteur offrit au public des romans-feuilletons et le Roi des Montagnes, *chef d'œuvre du roman de voyages pittoresques. La véracité importait peu. About note lui-même (c'est, tout entier, le dernier chapitre du roman) : «...les histoires les plus vraies ne sont pas celles qui sont arrivées ». Sans cesse réédité, le roman paraîtra en 1893 illustré par Gustave Doré, chez Hachette dans la collection de la « Bibliothèque de l'école et des loisirs ».*

Le héros du roman, Hermann Schultz, a été fait prisonnier par Hadgi Stavros, féroce et richissime bandit des montagnes de l'Attique. Pour avoir tenté de s'évader (et pour avoir escroqué son geôlier), Hermann est livré comme amusement à Sophoclis, lieutenant blessé de Stavros, en quête de passe-temps.

Pour complaire au misérable, on me lia les bras. Il se fit tourner vers moi et commença à m'arracher les cheveux, un à un, avec la patience et la régularité d'une épileuse de profession. Quand je vis à quoi se réduisait ce nouveau supplice, je crus que le blessé, touché de ma misère et attendri par ses propres souffrances, avait voulu me dérober à ses camarades et m'accorder une heure de répit. L'extraction d'un cheveu n'est pas aussi douloureuse, à beaucoup près, qu'une piqûre d'épingle. Les vingt premiers partirent l'un après l'autre sans me laisser de regret, et je leur souhaitai cordialement un bon voyage. Mais bientôt il fallut changer de note. Le cuir chevelu, irrité par une multitude de lésions imperceptibles, s'enflamma. Une démangeaison sourde, puis un peu plus vive, puis intolérable, courut autour de ma tête. Je voulus y porter les mains ; je compris dans quelle intention l'infâme m'avait fait garrotter. L'impatience accrut le mal ; tout mon sang se porta vers la tête. Chaque fois que la main de Sophoclis s'approchait de ma chevelure, un frémissement douloureux se répandait dans tout le corps. Mille démangeaisons inexplicables

Illustration de Gustave Doré, édition de 1893.

tourmentaient mes bras et mes jambes. Le système nerveux, exaspéré sur tous les points, m'enveloppait d'un réseau plus douloureux que la tunique de Déjanire. Je me roulais par terre, je criais, je demandais grâce, je regrettais les coups de bâton sur la plante des pieds. Le bourreau n'eut pitié de moi que lorsqu'il fut au bout de ses forces. Lorsqu'il sentit ses yeux troubles, sa tête pesante et son bras fatigué, il fit un dernier effort, plongea la main dans mes cheveux, les saisit à poignée, et se laissa retomber sur son chevet en m'arrachant un cri de désespoir.

le Roi des Montagnes, 1857, chap. VII.

Jules Renard (1864-1910)
connut en 1894 un immense succès avec l'histoire de Poil de Carotte, histoire d'enfant pour enfants et pour adultes :

Comas, *Hetzel étrennes, 1889* (Musée des Arts décoratifs, Paris).

LETTRES CHOISIES

DE POIL DE CAROTTE A M. LEPIC (1)
ET QUELQUES REPONSES
DE M. LEPIC A POIL DE CAROTTE

De Poil de Carotte à M. Lepic.

Institution Saint-Marc.

Mon cher papa,

Mes parties de pêche des vacances m'ont mis l'humeur en mouvement. De gros clous me sortent des cuisses. Je suis au lit. Je reste couché sur le dos et madame l'infirmière me pose des cataplasmes. Tant que le clou n'a pas percé, il me fait mal
5 Après je n'y pense plus. Mais ils se multiplient comme des petits poulets. Pour un de guéri, trois reviennent. J'espère d'ailleurs que ce ne sera rien.

Ton fils affectionné.

Réponse de M. Lepic.

Mon cher Poil de Carotte,

Puisque tu prépares ta première communion et que tu vas au catéchisme, tu
10 dois savoir que l'espèce humaine ne t'a pas attendu pour avoir des clous. Jésus-Christ en avait aux pieds et aux mains. Il ne se plaignait pas et pourtant les siens étaient vrais

Du courage !

Ton père qui t'aime.

De Poil de Carotte à M. Lepic.

Mon cher papa,

Je t'annonce avec plaisir qu'il vient de me pousser une dent. Bien que je n'aie
15 pas l'âge, je crois que c'est une dent de sagesse précoce. J'ose espérer qu'elle ne sera point la seule et que je te satisferai toujours par ma bonne conduite et mon application

Ton fils affectionné.

Réponse de M. Lepic.

Mon cher Poil de Carotte,

Juste comme ta dent poussait, une des miennes se mettait à branler. Elle s'es
20 décidée à tomber hier matin. De telle sorte que si tu possèdes une dent de plus, ton père en possède une de moins. C'est pourquoi il n'y a rien de changé et le nombre des dents de la famille reste le même.

Ton père qui t'aime.

De Poil de Carotte à M. Lepic.

Mon cher papa,

25 Imagine-toi que c'était hier la fête de M. Jâques, notre professeur de latin, et que, d'un commun accord, les élèves m'avaient élu pour lui présenter les vœux de toute la classe. Flatté de cet honneur, je prépare longuement le discours où j'intercale à propos quelques citations latines. Sans fausse modestie, j'en suis satisfait. Je le recopie au propre sur une grande feuille de papier ministre, et, le jour venu, excité par
30 mes camarades qui murmuraient : « Vas-y, vas-y donc ! » je profite d'un moment où M. Jâques ne nous regarde pas et je m'avance vers sa chaire. Mais à peine ai-je déroulé ma feuille et articulé d'une voix forte :

VÉNÉRÉ MAÎTRE.

que M. Jâques se lève furieux et s'écrie :

« Voulez-vous filer à votre place plus vite que ça ! »

35 Tu penses si je me sauve et cours m'asseoir, tandis que mes amis se cachen derrière leurs livres et que M. Jâques m'ordonne avec colère :

« Traduisez la version. »

Mon cher papa, qu'en dis-tu ?

Réponse de M. Lepic.

Mon cher Poil de Carotte,

40 Quand tu seras député, tu en verras bien d'autres. Chacun son rôle. Si on a mis ton professeur dans une chaire, c'est apparemment pour qu'il prononce des discours e non pour qu'il écoute les tiens.

Poil de Carotte, 1894.

(1) Père de Poil de Carotte.

L'Araignée

En 1894, **Jules Renard (1864-1910)** *mettait, avec ses* Histoires Naturelles *la poésie à la portée des enfants. En 1896,* **Toulouse Lautrec (1864-1901)** *illustra une réédition des* Histoires :

I

Une petite main noire et poilue crispée sur des cheveux.

II

Toute la nuit, au nom de la lune, elle appose ses scellés.

J.-H. ROSNY aîné (1856-1940), **1908**
Cet auteur va connaître, au tout début du XXe siècle, un immense succès grâce à ses romans « préhistoriques ». Dans la Guerre du Feu, *la tribu des Oulhamr vient de perdre le feu (ses cages à feu ont été anéanties par l'ennemi dans une bataille) :*

Faouhm leva les bras vers le soleil, avec un long hurlement :

— Que feront les Oulhamr sans le Feu ? cria-t-il. Comment vivront-ils sur la savane et la forêt ? Qui les défendra contre les ténèbres et le vent d'hiver ? Ils devront manger la chair crue et la plante amère ; ils ne réchaufferont plus leurs membres ; la pointe de l'épieu demeurera molle. Le lion, la bête-aux-dents-déchirantes, l'ours, le tigre, la grande hyène les dévoreront vivants dans la nuit. Qui ressaisira le Feu ? Celui-là sera le frère de Faouhm ; il aura trois parts de chasse, quatre parts de butin ; il recevra en partage Gammla, fille de ma sœur, et, si je meurs, il prendra le bâton de commandement.

Alors, Naoh, fils du Léopard, se leva et dit :

— Qu'on me donne deux guerriers aux jambes rapides et j'irai prendre le Feu chez les fils du Mammouth ou chez les Dévoreurs-d'Hommes, qui chassent aux bords du Double-Fleuve.

chap. I.

Après des aventures et des combats variés, Naoh ramène le feu, et reçoit sa récompense :

Faouhm, saisissant Gammla par la chevelure, la prosterna brutalement devant le vainqueur.

Et il dit :

— Voilà. Elle sera ta femme... Ma protection n'est plus sur elle. Elle se courbera devant son maître ; elle ira chercher la proie que tu auras abattue et la portera sur son épaule. Si elle est désobéissante, tu pourras la mettre à mort.

Naoh, ayant abaissé sa main sur Gammla, la releva sans rudesse, et les temps sans nombre s'étendaient devant eux.

la Guerre du Feu, 1908, chap. XI, fin.

1 — COMTESSE DE SÉGUR.
   a) Comment la comtesse de Ségur combine-t-elle les formes romanesques et théâtrales ?
   b) Quel est l'objectif de cette combinaison ? Ce texte est-il fait pour être simplement lu des yeux, ou articulé ? Essayez de le dire à voix haute en gardant votre sérieux.

2 — PAROLE D'ENFANT, PAROLE D'ADULTE.
   a) Repérez dans ces textes ce qui d'après vous est directement destiné à une lecture d'enfant (personnages, événements, style, vocabulaire).
   b) Vous dégagerez ensuite la valeur éducative et pédagogique de chacun de ces textes (sur les plans littéraire, moral ou historique).
   c) L'intérêt de ces textes est-il identique selon l'âge des lecteurs ? Quels sont les traits, en particulier chez Jules Renard, que seuls les adultes peuvent véritablement apprécier ?
   d) Plusieurs de ces textes (Féval, About, Rosny) n'étaient pas initialement destinés à un public d'enfants. Pourquoi dès lors ont-ils été si facilement annexés à la littérature enfantine ?

3 — HIER ET AUJOURD'HUI.
   a) Quelle est la littérature aujourd'hui destinée aux enfants ? Ses objectifs vous semblent-ils semblables, en particulier au point de vue éducatif, à ceux des écrivains du siècle dernier ?
   b) Enquête : Vous vous renseignerez auprès de libraires pour savoir:
      — quels livres (ou illustrés ou magazines) sont achetés par ou pour les enfants ?
      — quelle est la part du « créneau » commercial enfant dans l'ensemble du marché de la littérature ?

Ses purs ongles très haut dédiant leur onyx,
L'Angoisse, ce minuit, soutient, lampadophore,
Maint rêve vespéral brûlé par le Phénix
Que ne recueille pas de cinéraire amphore.

5 Sur les crédences, au salon vide : nul ptyx,
Aboli bibelot d'inanité sonore,
(Car le Maître est allé puiser des pleurs au Styx
Avec ce seul objet dont le Néant s'honore).

Mais proche la croisée au nord vacante, un or
10 Agonise selon peut-être le décor
Des licornes ruant du feu contre une nixe,

Elle, défunte nue en le miroir, encor
Que, dans l'oubli fermé par le cadre, se fixe
De scintillations sitôt le septuor.

1887.

Manet, *Mallarmé* (Musée du Jeu de Paume).

Un désir indéniable à mon temps est de séparer comme en vue d'attributions différentes le double état de la parole, brut ou immédiat ici, là essentiel.

Narrer, enseigner, même décrire, cela va et encore
5 qu'à chacun suffirait peut-être, pour échanger la pensée humaine, de prendre ou de mettre dans la main d'autrui en silence une pièce de monnaie, l'emploi élémentaire du discours dessert l'universel reportage dont, la Littérature exceptée, participe tout entre les genres
10 d'écrits contemporains.

A quoi bon la merveille de transposer un fait de nature en sa presque disparition vibratoire selon le jeu de la parole, cependant, si ce n'est pour qu'en émane, sans la gêne d'un proche ou concret rappel, la notion
15 pure ?

Je dis : une fleur ! et, hors de l'oubli où ma voix relègue aucun contour, en tant que quelque chose d'autre que les calices sus, musicalement se lève, idée même et suave, l'absente de tous bouquets.

20 Au contraire d'une fonction de numéraire facile et représentatif, comme le traite d'abord la foule, le Dire, avant tout, rêve et chant, retrouve chez le poëte, par nécessité constitutive d'un art consacré aux fictions, sa virtualité.

25 Le vers qui de plusieurs vocables refait un mot total, neuf, étranger à la langue et comme incantatoire, achève cet isolement de la parole : niant, d'un trait souverain, le hasard demeuré aux termes malgré l'artifice de leur retrempe alternée en le sens et la
30 sonorité, et vous cause cette surprise de n'avoir ouï jamais tel fragment ordinaire, en même temps que la réminiscence de l'objet nommé baigne dans une neuve atmosphère.

Mallarmé, *Avant-dire au* Traité du verbe *de René Ghil*, 1886.

SALUT

Rien, cette écume, vierge vers
A ne désigner que la coupe ;
Telle loin se noie une troupe
De sirènes mainte à l'envers.

5 Nous naviguons, ô mes divers
Amis, moi déjà sur la poupe
Vous l'avant fastueux qui coupe
Le flot de foudres et d'hivers ;

Une ivresse belle m'engage
10 Sans craindre même son tangage
De porter debout ce salut

Solitude, récif, étoile
A n'importe ce qui valut
Le blanc souci de notre toile.

Janvier 1893.

« Je pense qu'il faut (...) qu'il n'y ait qu'allusion. La contemplation des objets, l'image s'envolant des rêveries suscitées par (les nouveaux poètes), sont le chant : les Parnassiens, eux, prennent la chose entière-
5 ment et la montrent : par là ils manquent de mystère ; ils retirent aux esprits cette joie délicieuse de croire qu'ils créent. *Nommer* un objet, c'est supprimer les trois quarts de la jouissance du poème qui est faite de deviner peu à peu : le *suggérer*, voilà le rêve. C'est le
10 parfait usage de ce mystère qui constitue le symbole : évoquer petit à petit un objet pour montrer un état d'âme, ou, inversement, choisir un objet et en dégager un état d'âme, pas une série de déchiffrements. (...) Il doit y avoir toujours énigme en poésie, et c'est le but de
15 la littérature, — il n'y en a pas d'autres — d'*évoquer* les objets.

Mallarmé, Réponse à une enquête, « Sur l'Evolution littéraire », 1891.

LA TENTATIVE DE MALLARMÉ

Le 16 juillet 1866, Mallarmé écrit à son ami Aubanel : « J'ai jeté les fondements d'une œuvre magnifique. Tout homme a un secret en lui. Beaucoup meurent sans l'avoir trouvé, et ne le trouveront pas, parce que, morts, il n'existera plus ni eux. Je suis mort et ressuscité avec la clef de pierreries de ma dernière cassette spirituelle. »

La clef de cette œuvre ambitieuse, interrompue par la mort, pouvons-nous la retrouver ? La tentative de Mallarmé est-elle d'ordre poétique, linguistique, philosophique ? Tout cela à la fois, sans doute : la littérature est pour Mallarmé à la fois un moyen d'analyser les rapports entre le langage et la réalité, et un mode de recherche, de découverte de soi. Reconquérir dans et par le langage un paradis perdu, un état d'unité, de transparence avec l'Univers dont les grandes lois seront résumées dans le Livre est l'obsession qui revient dans sa correspondance et ses écrits théoriques.

Cette ambition se déploie dans une poésie hermétique où le sens, multiplié à dessein par la polysémie* des termes et l'ambiguïté syntaxique, déjouant toute interprétation univoque*, invite le lecteur, en fin de compte, à participer lui-même à la création : tout est disponible, mais rien n'est donné.

Peut-être alors peut-on voir dans le **vierge** *et le* **vivace** *(voir page suivante) les deux notions antagonistes entre lesquelles se scinde l'univers mallarméen ; le* **vierge**, *c'est-à-dire l'idéal, ce qui est toujours avant, qui n'est pas pris dans la durée, la linéarité : la possibilité non encore déployée de la vie ; le* **vivace**, *c'est-à-dire l'actualisation de l'idéal, mais aussi sa consommation et sa déchéance dans le temps. Comment alors préserver le vierge, et le vivre sans le perdre ? La littérature a cette fonction : elle doit remonter vers le silence originel, déployer le langage et sa musique pour ne dire que l'absence du monde.*

MALLARMÉ, 1874

En 1874, Mallarmé, « désespérant du despotique bouquin », rédigea tout seul, sous divers pseudonymes, un journal féminin, qui connut huit livraisons : La dernière mode. *Mais jusque dans cette production que l'on peut juger frivole, permanent ses thèmes de prédilection.*

Mais la robe ? elle se garnit ; or tous les ornements ordinaires, c'est les ruchés, c'est les plissés, vers le haut de la jupe : et elle se dégarnit, ou devant ou dessous de la *taille* (pour ne point demander ses mots techniques à la statuaire). Couronnement enfin, ou couronne ! car les marabouts plus que jamais mêlent leur vapeur épaisse à l'éclat des cheveux, la plume, qui semble vouloir effacer sous son fol envahissement léger, le jais étincelant et dur : mais, s'adjoignit-elle la fourrure ! ainsi que cela a lieu (la plume, disposée en guirlandes, et la fourrure quittant les bords pour s'étaler dorénavant sur l'étoffe en larges bandes), ni l'une ni l'autre ne parviendra encore à bannir ce rival. Cuirasses, armures, etc., tout cet attirail, défensif et charmant, mêlé pour longtemps au costume féminin, ne laissera pas le jais partir avec ses scintillations d'acier, non plus que l'acier lui-même. Tout en faisant la part riche aux plumes : naturelles, de coq, de paon, de faisan et, teintes parfois en bleu et en rose, d'autruche, nous avons jusqu'à présent cru (ici nos prévisions diffèrent même de constatations faites par d'autres) qu'à l'égal de l'hiver durera la paillette, ou verroterie ou métal. (...)

Somme toute, jamais ne régnèrent plus superbement les tissus opulents et même lourds, le velours et presque les brocarts d'argent ou d'or, non moins que, léger, moelleux, clair, le nouveau cachemire qui se porte le soir ; mais parmi cette enveloppe, somptueuse ou simple, plus qu'à aucune époque va transparaître la Femme, visible, dessinée, elle-même, avec la grâce entière de son contour ou les principales lignes de sa personne (alors que, par derrière, la magnificence vaste de la traîne attire tous les plis et l'ampleur massive de l'étoffe).

la Dernière Mode, n° 8, 20 décembre 1874 (signé : Marguerite de Ponty).

MALLARMÉ, 1895

L'esprit peut-il réduire toute réalité ?...

« Fumier ! » accompagné de pieds dans la grille, se profère violemment : je comprends qui l'aménité nomme, eh ! bien même d'un soulaud, grand gars le visage aux barreaux, elle me vexe malgré moi ; est-ce caste, du tout, je ne mesure, individu à individu, de différence, en ce moment, et ne parviens à ne pas considérer le forcené, titubant et vociférant, comme un homme ou à nier le ressentiment à son endroit. Très raide, il me scrute avec animosité. Impossible de l'annuler, mentalement : de parfaire l'œuvre de la boisson, le coucher, d'avance, en la poussière et qu'il ne soit pas ce colosse tout à coup grossier et méchant. Sans que je cède même par un pugilat qui illustrerait, sur le gazon, la lutte des classes, à ses nouvelles provocations débordantes. Le mal qui le ruine, l'ivrognerie, y pourvoira, à ma place, au point que le sachant, je souffre de mon mutisme, gardé indifférent, qui me fait complice.

Variations sur un sujet, *Conflit,* 1895.

---

1 — *Dans « Salut », toast porté à un banquet, trois sens sont lisibles, grâce à la polysémie* de certains mots : le banquet, la navigation, enfin une métaphore de l'écriture. Essayez de les retrouver, en analysant le plus précisément possible chaque mot.*

2 — Ses purs ongles très haut... : *à propos de ce sonnet, Mallarmé écrit :* « J'extrais ce sonnet (...) d'une étude projetée sur la parole : il est inverse, je veux dire que le sens (...) est évoqué par un mirage interne des mots mêmes. » *Par l'étude, tant de la forme de ce sonnet, que des relations (sémantiques* et syntaxiques) des mots entre eux, vous essaierez d'éclairer ce commentaire.*

3 — *« La dernière mode » et « l'Avant-dire au traité du verbe ». Pouvez-vous déceler dans ces deux textes, les thèmes communs, qui font l'unité de l'entreprise mallarméenne ?*

Deux images du poète, à presque vingt ans d'intervalle : si dans Brise Marine *(1866), Mallarmé rêve (et donc peu envisager) de s'enfuir, il s'identifie, en 1885, au cygne prisonnier d'un lac gelé, double blancheur morbide rappelant celle de la page blanche.*

BRISE MARINE

« *Ce désir inexpliqué qui vous prend parfois de quitter ceux qui nous sont chers et de* partir ».

(note de Mallarmé pour Mme Le Josne).

La chair est triste, hélas ! et j'ai lu tous les livres.
Fuir ! là-bas fuir ! Je sens que des oiseaux sont ivres
D'être parmi l'écume inconnue et les cieux !
Rien, ni les vieux jardins reflétés par les yeux
Ne retiendra ce cœur qui dans la mer se trempe
O nuits ! ni la clarté déserte de ma lampe
Sur le vide papier que la blancheur défend
Et ni la jeune femme allaitant son enfant.
Je partirai ! Steamer balançant ta mâture,
Lève l'ancre pour une exotique nature !

Un Ennui, désolé par les cruels espoirs,
Croit encore à l'adieu suprême des mouchoirs !
Et, peut-être, les mâts, invitant les orages
Sont-ils de ceux qu'un vent penche sur les naufrages
Perdus, sans mâts, sans mâts, ni fertiles îlots...
Mais, ô mon cœur, entends le chant des matelots !

(1866. Poésies : Du Parnasse contemporain)

LE VIERGE, LE VIVACE...

« *Dans le bassin des Tuileries
Le cygne s'est pris en nageant* »

(Théophile Gautier, *Fantaisies d'hiver,* in Revue de Paris
1er février 1854).

Le vierge, le vivace et le bel aujourd'hui
Va-t-il nous déchirer avec un coup d'aile ivre
Ce lac dur oublié que hante sous le givre
Le transparent glacier des vols qui n'ont pas fui !

Un cygne d'autrefois se souvient que c'est lui
Magnifique mais qui sans espoir se délivre
Pour n'avoir pas chanté la région où vivre
Quand du stérile hiver a resplendi l'ennui.

Tout son col secouera cette blanche agonie
Par l'espace infligé à l'oiseau qui le nie,
Mais non l'horreur du sol où le plumage est pris.

Fantôme qu'à ce lieu son pur éclat assigne,
Il s'immobilise au songe froid de mépris
Que vêt parmi l'exil inutile le Cygne.

Poésies, 1898.

Cette symbolique du cygne/poète était déjà, en 1867, celle de Théodore de Banville :

LES TORTS DU CYGNE

Comme le Cygne allait nageant
Sur le lac au miroir d'argent,
Plein de fraîcheur et de silence,
Les Corbeaux noirs, d'un ton guerrier,
5 Se mirent à l'injurier
En volant avec turbulence.

Va te cacher, vilain oiseau !
S'écriaient-ils. Ce damoiseau
Est vêtu de lys et d'ivoire !
10 Il a de la neige à son flanc !
Il se montre couvert de blanc
Comme un paillasse de la foire !

Il va sur les eaux de saphir.
Laid comme une perle d'Ophir,
15 Blanc comme le marbre des tombes
Et comme l'aubergine en fleur !
Le fat arbore la couleur
Des boulangers et des colombes !

Pour briller sur ce promenoir,
20 Que n'a-t-il adopté le noir !
Un fait des plus élémentaires,
C'est que le noir est distingué.
C'est propre, c'est joli, c'est gai ;
C'est l'uniforme des notaires.

25 Cuisinier, garde ton couteau
Pour ce Gille, cher à Watteau !
Accours ! et moi-même que n'ai-je
Le bec aigu comme un ciseau,
Pour percer le vilain oiseau
30 Barbouillé de lys et de neige !

Tel fut leur langage. A son tour
Dans les cieux parut un Vautour
Qui s'en vint déchirer le Cygne
Ivre de joie et de soleil ;
35 Et sur l'onde son sang vermeil
Coula comme une pourpre insigne.

Alors, plus brillant que l'Œta
Ceint de neige, l'oiseau chanta,
L'oiseau que sa blancheur décore ;
40 Il chanta la splendeur du jour,
Et tous les antres d'alentour
S'emplirent de sa voix sonore.

Les Exilés, 1867.

TRANSCRIPTION PHONÉTIQUE DU SONNET : « LE VIERGE, LE VIVACE... »

lə vjɛRz lə vivas e lə bɛl oʒuRdyi
Va t il nu deʃiRe avɛk œ̃ ku dɛl ivR
sə lak dyR ublije kə ɑ̃t su lə ʒivR
lə tRɑ̃spaRɑ̃ glasje de vol ki nɔ̃ pɑ fyi

œ̃ siɲ dotRəfwa sə suvjɛ̃ kə sɛ lyi
maɲifik mɛ ki sɑ̃ zɛspwaR sə delivR
puR navwaR pɑ ʃɑ̃te la Rezijɔ̃ u vivR
kɑ̃ dy steRil ivɛR a Rɛsplɑ̃di lɑ̃nyi

tu sɔ̃ kɔl səkuRa sɛtə bjɑ̃ʃ agɔni
paR lɛspas ɛ̃fliʒe a lwazo ki lə ni
mɛ nɔ̃ lɔRœR dy sɔl u lə plymaʒɛ pRi

fɑ̃tom ka səljø sɔ̃ pyR ekla asiɲ
il simɔbiliz o sɔ̃zə fRwa də mepRi
kə vɛ paRmi lɛgzil inytil lə siɲ.

Pour des raisons de simplification, nous avons maintenu la séparation en mots, sans recourir immédiatement à une séparation en groupes rythmiques (voir ci-contre).

ANALYSE PHONÉTIQUE DES DEUX QUATRAINS

Toute analyse précise du jeu des sonorités et des allitérations d'un poème doit s'appuyer sur l'observation rigoureuse des particularités phonétiques (voir le tableau général des phonèmes en français, n° 115). La transcription phonétique permet plus aisément la mise en rapport des groupes consonantiques/vocaliques.

1) DOMINANTES

Sur les deux premiers quatrains on relève 14 v et 21 [*i*] (auxquels peuvent s'ajouter 5 [*j*]). Les combinaisons [*i-v*] (ou [*v-i*], ou même [*v-i-v*]) apparaissent huit fois. Les combinaisons [*l-i*] (ou [*i-l*]) six fois. Ce sont là des fréquences très élevées, dont le caractère concerté ne peut faire aucun doute.

Ces phonèmes majeurs se combinent entre eux, à un second niveau et constituent une chaîne d'unités plus directement signifiantes. Ces phonèmes combinés avec un [R], souvent appuyés par un [e] forment trois unités minimales qui structurent fortement la signification du poème :

a) vjɛR
b) ivɛR
c) (ɛ) livR

En ce qui concerne cette première série, la structure des deux quatrains est la suivante :

1. vjɛR
2. ɛlivR
3. ivR
6. elivR
7. vivR
8. livɛR

Première interprétation

Cette structure sous-jacente est au premier chef, signifiante : la combinaison des consonnes lvr, est celle qui, vocalisée donne livre. Si le cygne comme on le voit plus loin, est, déjà phonétiquement, signe, cette inscription du texte et du livre dans le poème s'ouvre sur une symbolique de la parole « gelée », définitivement enclose dans l'hiver de la page.

2) ANALYSE DES RIMES

Elles sont toutes, sauf une [Fyi], le produit de la effet pas de transcription phonétique du « e » dit muet) est à peine atténuée par le fait que sur les rimes masculines, l'aperture du [i] est atténuée par le [y], d'aperture plus faible. Il faut enfin remarquer que cette voyelle domine systématiquement à la rime pendant tout le poème, et pas seulement dans les deux quatrains où elle aurait pu s'expliquer par le retour (imposé par la structure très régulière du sonnet, voir n° 131) des mêmes rimes.

3) STRUCTURES DE DÉTAIL

1er vers : *la structure régulière du tétramètre (voir n° 59) est renforcée par la symétrie phonétique des consonnes sonores :*

$$ \text{ləv} \ + \ \text{ləv} \ + \ \text{ləb} $$

2e vers : *structure croisée en miroir :*

| va | (il) | av | (li) |

3e vers : *rythmé par la combinaison consonne + ə*

sə kə lə

4e vers : *le [R] s'appuie sur le [a], qui sous sa forme pure ou sous la forme nasalisée, structure le vers :*

(T)Rɑ̃ (sp) aRɑ̃ (g) la .... (p)a

5e vers : *les [s], apparaissant avec le mot signe (cygne/signe) scandent ce vers :*

si ...... sə su sɛ

D'autre part, une structure inversée, à la deuxième syllabe, crée un écho entre le 5e et le 6e vers :

siɲ

maɲi

6e vers : *l'opposition introduite par* mais *est renforcée par l'inversion phonétique, de part et d'autre de cette préposition :*

ik .... ki

7e vers : *le [R], dominant dans ce vers comme dans le suivant, assure l'unité phonétique de l'explication (le* pour*) du désespoir du cygne :*

puR .... aR .... Re .... vR

8e vers : *structure très complexe, en double symétrie, directe et inversée :*

a) .... rili .... dilɑ̃
b) .... vɛR .... Rɛs ....
c) lɑ̃ di
    lɑ̃ nyi

4) PROPOSITIONS D'INTERPRÉTATION

Phonétiquement, il n'y a pas de différence entre cygne *et* signe. *L'oiseau-poète (voir le texte de Banville) est un oiseau* blanc, *blanc comme la page du poème encore* vierge, *blanc comme le* glacier *qui l'emprisonne : à la stérilité de l'hiver correspond en écho l'impuissance du cygne. Tout le poème se propose comme un balancement, une indécision entre l'aspiration au vol (le [v], c'est aussi la forme des ailes) et les contraintes de la captivité (les [i] et les [l], droits comme le col du cygne, ou comme la plume qui écrit, sont de beaux symboles de fixation, de rigidité).*

Stéphane Mallarmé.

Le dernier quart du siècle est animé par trois perspectives poétiques différentes. D'un côté, la poésie tend à se refermer sur sa propre théorie ; mais en même temps, elle ouvre la voie à toute la poésie moderne, opposant l'objet-poème au sentiment poétique. Enfin, et c'est la résultante logique des deux mouvements précédents, elle honore ses devanciers — en les enterrant.

Notes, pour une plus grande clarté :

V. 1 : toi = Théophile Gautier.

V. 2 à 5 : Ne crois pas (que par un) salut (qui serait celui) de la démence et (une) libation blême j'offre ma coupe... à l'espoir (de voir apparaître ton ombre au bout) du corridor - La coupe portant un monstre gravé était l'emblème de saint Jean.

V. 9-10 : Et celui qui fut désigné pour chanter l'absence du poète n'ignore pas...

V. 12-15 : ...La gloire du métier poursuivi jusqu'à l'heure de la mort commune et vile semble retourner vers le soleil par la vitre du tombeau où le couchant se reflète fièrement.

V. 16-17 : Le faux orgueil des hommes (croyants) a peur de s'affirmer magnifique, total et solitaire (comme le pur soleil mortel).

V. 20-21 : J'ai méprisé de verser une larme pareille à celles (blason des deuils) parsemant les draperies funèbres (vains murs).

V. 23 à 25 : Fier (« faux orgueil »), avare et muet (nuit et silence du dernier vers de ce poème).

V. 25 : Vierge héros de l'attente posthume = le spectre, l'ombre en qui croit la foule.

V. 26-29 : Le Néant, qui se creuse autour de ce spectre parce qu'il n'a pas su parler de la Terre quand il y était vivant.

V. 30 : Ce songe = le Néant.

V. 30 : Voix = celle du spectre qui se dissout dans l'espace.

V. 32-37 : Le Maître a apaisé la foi inquiète qui rêve de Paradis. Il n'en reste qu'un frisson dans sa voix lorsqu'elle évoque, par leur nom, les Idées.

V. 39 : Soucieux de votre désir (que quelque chose survive).

V. 39-47 : Je vois survivre, du poète disparu hier tandis qu'il accomplissait son devoir envers la Terre, les paroles qu'il prononça et qui demeurent, agitées dans l'air comme des fleurs.

V. 48-50 : Le poète a pour charge d'interdire son Éden au Rêve des croyants.

V. 52 : Ancienne — peut-être dans le sens d'« antique » — comme (elle l'était) pour Gautier.

Notes de Charles Mauron, *in Mallarmé*, Seuil, 1968.

Au premier ancêtre que se reconnaît Mallarmé, Théophile Gautier :

TOAST FUNÈBRE

O de notre bonheur, toi, le fatal emblème !

Salut de la démence et libation blême,
Ne crois pas qu'au magique espoir du corridor
J'offre ma coupe vide où souffre un monstre d'or !
5 Ton apparition ne va pas me suffire :
Car je t'ai mis, moi-même, en un lieu de porphyre.
Le rite est pour les mains d'éteindre le flambeau
Contre le fer épais des portes du tombeau :
Et l'on ignore mal, élu pour notre fête
10 Très simple de chanter l'absence du poëte,
Que ce beau monument l'enferme tout entier.
Si ce n'est que la gloire ardente du métier,
Jusqu'à l'heure commune et vile de la cendre,
Par le carreau qu'allume un soir fier d'y descendre,
15 Retourne vers les feux du pur soleil mortel !

Magnifique, total et solitaire, tel
Tremble de s'exhaler le faux orgueil des hommes.
Cette foule hagarde ! elle annonce : Nous sommes
La triste opacité de nos spectres futurs.
20 Mais le blason des deuils épars sur de vains murs
J'ai méprisé l'horreur lucide d'une larme,
Quand, sourd même à mon vers sacré qui ne l'alarme,
Quelqu'un de ces passants, fier, aveugle et muet,
Hôte de son linceul vague, se transmuait
25 En le vierge héros de l'attente posthume.
Vaste gouffre apporté dans l'amas de la brume
Par l'irascible vent des mots qu'il n'a pas dits,
Le néant à cet Homme aboli de jadis :
« Souvenirs d'horizons, qu'est-ce, ô toi, que la Terre ? »
30 Hurle ce songe ; et, voix dont la clarté s'altère,
L'espace a pour jouet le cri : « Je ne sais pas ! »

Le Maître, par un œil profond, a, sur ses pas,
Apaisé de l'éden l'inquiète merveille
Dont le frisson final, dans sa voix seule, éveille
35 Pour la Rose et le Lys le mystère d'un nom.
Est-il de ce destin rien qui demeure, non ?
O vous tous, oubliez une croyance sombre.
Le splendide génie éternel n'a pas d'ombre.
Moi, de votre désir soucieux, je veux voir,
40 A qui s'évanouit, hier, dans le devoir
Idéal que nous font les jardins de cet astre,
Survivre pour l'honneur du tranquille désastre
Une agitation solennelle par l'air
De paroles, pourpre ivre et grand calice clair,
45 Que, pluie et diamant, le regard diaphane
Resté là sur ces fleurs dont nulle ne se fane,
Isole parmi l'heure et le rayon du jour !

C'est de nos vrais bosquets déjà tout le séjour,
Où le poëte pur a pour geste humble et large
50 De l'interdire au rêve, ennemi de sa charge :
Afin que le matin de son repos altier,
Quand la mort ancienne est comme pour Gautier
De n'ouvrir pas les yeux sacrés et de se taire,
Surgisse, de l'allée ornement tributaire,
55 Le sépulcre solide où gît tout ce qui nuit,
Et l'avare silence et la massive nuit.

Poésies complètes, 1873.

SECOND ANCÊTRE : EDGAR POE

En 1876, les Américains célèbrent Poe, et Mallarmé écrit ce poème qui « Mêlé au cérémonial, (il) y fut récité, en l'érection d'un monument de Poe, à Baltimore, un bloc de basalte que l'Amérique appuya sur l'ombre légère du Poète, pour sa sécurité qu'elle ne ressortît jamais. »

Le tombeau d'Edgar Poe

Tel qu'en Lui-même enfin l'éternité le change,
Le Poëte suscite avec un glaive nu
Son siècle épouvanté de n'avoir pas connu
Que la mort triomphait dans cette voix étrange !

5 Eux, comme un vil sursaut d'hydre oyant jadis l'ange
Donner un sens plus pur aux mots de la tribu
Proclamèrent très haut le sortilège bu
Dans le flot sans honneur de quelque noir mélange.

Du sol et de la nue hostiles, ô grief !
10 Si notre idée avec ne sculpte un bas-relief
Dont la tombe de Poe éblouissante s'orne,

Calme bloc ici-bas chu d'un désastre obscur,
Que ce granit du moins montre à jamais sa borne
Aux noirs vols du Blasphème épars dans le futur.

1876. Version définitive.

TROISIÉME ANCÊTRE : BAUDELAIRE

Le tombeau de Charles Baudelaire

Le temple enseveli divulgue par la bouche
Sépulcrale d'égout bavant boue et rubis
Abominablement quelque idole Anubis
Tout le museau flambé comme un aboi farouche

Ou que le gaz récent torde la mèche louche
Essuyeuse on le sait des opprobres subis
Il allume hagard un immortel pubis
Dont le vol selon le réverbère découche

Quel feuillage séché dans les cités sans soir
Votif pourra bénir comme elle se rasseoir
Contre le marbre vainement de Baudelaire

Au voile qui la ceint absente avec frissons
Celle son Ombre même un poison tutélaire
Toujours à respirer si nous en périssons.

15 janvier 1895, *in* « la Plume ».

QUATRIÈME ANCÊTRE : VERLAINE

Tombeau

Le noir roc courroucé que la bise le roule
Ne s'arrêtera ni sous de pieuses mains
Tâtant sa ressemblance avec les maux humains
Comme pour en bénir quelque funeste moule.

5 Ici presque toujours si le ramier roucoule
Cet immatériel deuil opprime de maints
Nubiles plis l'astre mûri des lendemains
Dont un scintillement argentera la foule.

Qui cherche, parcourant le solitaire bond
10 Tantôt extérieur de notre vagabond —
Verlaine ? Il est caché parmi l'herbe, Verlaine

A ne surprendre que naïvement d'accord
La lèvre sans y boire ou tarir son haleine
Un peu profond ruisseau calomnié la mort.

janvier 1897, *in* « la Revue Blanche ».

JEAN MORÉAS (1856-1910)

Eriphyle et sylves nouvelles (1893-1896). *Quelques années avant, Verlaine avait été enterré une première fois :*

ÉPITAPHE DE PAUL VERLAINE

Et qu'importe à mes vers ta vie et ses alarmes !
Qu'importe le trépas ! Apollon est guerrier :
Je ne répandrai pas de misérables larmes,
Poète, sur ta tombe où fleurit le laurier.

5 La forêt tour à tour se pare et se dépouille ;
Après le beau printemps, on voit l'hiver venir ;
Et de la Parque aussi la fatale quenouille
Allonge un fil mêlé de peine et de plaisir.

Comme une eau qui, tombant d'une montagne haute,
10 De rocher en rocher à l'infini,
Ainsi le cœur humain est brisé, quand la faute
L'a roulé sur lui-même et l'a de Dieu banni.

Mais le chantre divin tombe et se précipite
Jusques au plus bas lieu pour gagner les sommets :
15 Aux noces de Cadmus les Grâces l'ont prescrite,
La règle que son cœur ne transgressa jamais.

Eriphyle et Sylves nouvelles, 1893-1896.

---

1 — Quelle est, dans ces tombeaux, la part de l'allusion biographique ? Pourquoi est-elle si faible ?

2 — Sur quelle part des œuvres de Gautier, Poe et Baudelaire, Mallarmé met-il l'accent ? Quel reflet de ses préoccupations poétiques personnelles pouvez-vous y déceler ? En particulier, comment comprenez-vous, dans le Tombeau d'Edgar Poe, « donner un sens plus pur aux mots de la tribu » ?

3 — Quelles sont, dans ces poèmes, les parts respectives du passé, du présent et du futur ? Où ce dernier terme apparaît-il ? Quelles connotations* Mallarmé attache-t-il à ce terme ? Quelle appréciation du présent peut-on en déduire (comparez avec les textes de Leconte de Lisle, nº 131) ?

Guy de MAUPASSANT (1850-1893) - Phot. Nadar

Georges Du Roy, surnommé Bel-Ami à cause de ses succès amoureux faciles, était un petit fonctionnaire miséreux et honnête. Il décide d'« arriver par les femmes », et s'élève peu à peu dans la haute société parisienne. A la fin du roman, ce pauvre provincial se marie avec la fille d'une riche bourgeoise, Mme Walter (qui fut sa maîtresse), en présence de Mme de Marelle, sa maîtresse du jour. Son ascension est achevée, il va s'envoler vers les cimes du succès.

L'évêque posa les questions d'usage, échangea les anneaux, prononça les paroles qui lient comme des chaînes, et il adressa aux nouveaux époux une allocution chrétienne. Il parla de la fidélité, longuement, en termes pompeux. C'était un gros homme de grande taille, un de ces beaux prélats chez qui le ventre est une majesté.

5 Un bruit de sanglots fit retourner quelques têtes. Mme Walter pleurait, la figure dans ses mains.

Elle avait dû céder. Qu'aurait-elle fait ? Mais depuis le jour où elle avait chassé de sa chambre sa fille revenue, en refusant de l'embrasser, depuis le jour où elle avait dit à voix très basse à Du Roy, qui la saluait avec cérémonie en reparaissant devant elle : — Vous
10 êtes l'être le plus vil que je connaisse, ne me parlez jamais plus, car je ne vous répondrai point ! — elle souffrait une intolérable et inapaisable torture. Elle haïssait Suzanne d'une haine aiguë, faite de passion exaspérée et de jalousie déchirante, étrange jalousie de mère et de maîtresse, inavouable, féroce, brûlante comme une plaie vive.

Et voilà qu'un évêque les mariait, sa fille et son amant, dans une église, en face de
15 deux mille personnes, et devant elle ! Et elle ne pouvait rien dire ? Elle ne pouvait pas empêcher cela ? Elle ne pouvait pas crier : « Mais il est à moi, cet homme, c'est mon amant. Cette union que vous bénissez est infâme. »

Plusieurs femmes, attendries, murmurèrent : — Comme la pauvre mère est émue. (...)

20 Les orgues recommencèrent à célébrer la gloire des nouveaux époux. (...)

Puis des voix humaines s'élevèrent, passèrent au-dessus des têtes inclinées. Vauri et Landeck, de l'Opéra, chantaient. L'encens répandait une odeur fine de benjoin, et sur l'autel le sacrifice divin s'accomplissait ; l'Homme-Dieu, à l'appel de son prêtre, descendait sur la terre pour consacrer le triomphe du baron Georges Du Roy.

25 Bel-Ami, à genoux à côté de Suzanne, avait baissé le front. Il se sentait en ce moment presque croyant, presque religieux, plein de reconnaissance pour la divinité qui l'avait ainsi favorisé, qui le traitait avec ces égards. Et sans savoir au juste à qui il s'adressait, il la remerciait de son succès. (...).

Soudain il aperçut Mme de Marelle ; et le souvenir de tous les baisers qu'il lui avait
30 donnés, qu'elle lui avait rendus, le souvenir de toutes leurs caresses, de ses gentillesses, du son de sa voix, du goût de ses lèvres, lui fit passer dans le sang le désir brusque de la reprendre. Elle était jolie, élégante, avec son air gamin et ses yeux vifs. Georges pensait : « Quelle charmante maîtresse, tout de même. »

Elle s'approcha, un peu timide, un peu inquiète, et lui tendit la main. Il la reçut dans
35 la sienne et la garda. Alors il sentit l'appel discret de ces doigts de femme, la douce pression qui pardonne et reprend. Et lui-même il la serrait, cette petite main, comme pour dire : « Je t'aime toujours, je suis à toi ! »

Leurs yeux se rencontrèrent, souriants, brillants, pleins d'amour. Elle murmura de sa voix gracieuse : — A bientôt, monsieur.

40 Il répondit gaiement : — A bientôt, madame.

Et elle s'éloigna. (...)

Georges reprit le bras de Suzanne pour retraverser l'église.

Elle était pleine de monde, car chacun avait regagné sa place, afin de les voir passer ensemble. Il allait lentement, d'un pas calme, la tête haute, les yeux fixés sur la grande baie
45 ensoleillée de la porte. Il sentait sur sa peau courir de légers frissons, ces frissons froids que donnent les immenses bonheurs. Il ne voyait personne. Il ne pensait qu'à lui.

Lorsqu'il parvint sur le seuil, il aperçut la foule amassée, une foule noire, bruissante, venue là pour lui, pour lui Georges Du Roy. Le peuple de Paris le contemplait et l'enviait.

Puis, relevant les yeux, il découvrit là-bas, derrière la place de la Concorde, la
50 Chambre des députés. Et il lui sembla qu'il allait faire un bond du portique de la Madeleine au portique du Palais-Bourbon.

Il descendit avec lenteur les marches du haut perron entre deux haies de spectateurs. Mais il ne les voyait point ; sa pensée maintenant revenait en arrière, et devant ses yeux éblouis par l'éclatant soleil flottait l'image de Mme de Marelle rajustant en face de la
55 glace les petits cheveux frisés de ses tempes, toujours défaits au sortir du lit.

Bel Ami, 1885 (fin).

En 1859, le biologiste anglais **DARWIN (1809-1882)**, dans son livre intitulé l'Origine des espèces *(traduit en 1862) justifie en quelque sorte scientifiquement le combat pour la vie que se livrent entre elles les diverses espèces animales (a fortiori, l'espèce humaine), et, à l'intérieur de ces espèces, la lutte acharnée des individus, en fonction de la règle de la survivance du plus apte :*

Je dois faire remarquer que j'emploie le terme de *lutte pour l'existence* dans le sens général et métaphorique, ce qui implique les relations mutuelles de dépendance des êtres organisés, et, ce qui est plus important, non seulement la vie de l'individu, mais son aptitude ou sa réussite à laisser des descendants. On peut certainement affirmer que deux animaux carnivores, en temps de famine, luttent l'un comme l'autre à qui se procurera les aliments nécessaires à son existence.

l'Origine des Espèces, 1859.

La pensée de cette lutte universelle provoque de tristes réflexions, mais nous pouvons nous consoler avec la certitude que la guerre n'est pas incessante dans la nature, que la peur y est inconnue, que la mort est généralement prompte, et que ce sont les êtres vigoureux, sains et heureux qui survivent et se multiplient.

l'Origine des Espèces, 1859.

Cependant, sur des milliers de bourgeons produits par un arbre, un seul a subitement, sans cause apparente, donné une pêche lisse.

Variation des animaux et des plantes, 1868, traduit la même année.

Faut-il donc s'étonner, quand on voit que des variations utiles à l'homme se sont certainement produites, que d'autres variations, utiles à l'animal dans la grande et terrible bataille de la vie, se produisent dans le cours de nombreuses générations ? Si ce fait est admis, pouvons-nous douter (il faut toujours se rappeler qu'il naît beaucoup plus d'individus qu'il n'en peut vivre) que les individus possédant un avantage quelconque, quelque léger qu'il soit d'ailleurs, aient la meilleure chance de vivre et de se reproduire ?

l'Origine des Espèces, 1859.

Les hommes les plus forts et les plus vigoureux — ceux qui pouvaient le mieux défendre leur famille et subvenir par la chasse à ses besoins — ceux qui avaient les meilleures armes et ceux qui possédaient le plus de biens, tels que chiens ou animaux, ont dû parvenir à élever en moyenne un plus grand nombre d'enfants que les individus plus pauvres et plus faibles des mêmes tribus. Sans doute aussi ces hommes ont dû pouvoir généralement choisir les femmes les plus attrayantes.

la Descendance de l'homme et la sélection sexuelle, 1871, traduit la même année.

BALZAC, 1834

A la fin du Père Goriot, *Rastignac (voir n° 18) contemple Paris, à partir des hauteurs du Père-Lachaise où l'on vient d'enterrer Goriot :*

Le jour tombait, un humide crépuscule agaçait les nerfs, il regarda la tombe et y ensevelit sa dernière larme de jeune homme, cette larme arrachée par les saintes émotions d'un cœur pur, une de ces larmes qui, de la terre où elles tombent, rejaillissent jusque dans les cieux. Il se croisa les bras, contempla les nuages, et le voyant ainsi, Christophe le quitta.

Rastignac, resté seul, fit quelques pas vers le haut du cimetière et vit Paris tortueusement couché le long des deux rives de la Seine, où commençaient à briller les lumières. Ses yeux s'attachèrent presque avidement entre la colonne de la place Vendôme et le dôme des Invalides, là où vivait ce beau monde dans lequel il avait voulu pénétrer. Il lança sur cette ruche bourdonnante un regard qui semblait par avance en pomper le miel, et dit ces mots grandioses : « A nous deux maintenant ! »

Et pour premier acte du défi qu'il portait à la Société, Rastignac alla dîner chez Mme de Nucingen.

le Père Goriot, 1834, dernières phrases.

---

1 — *BEL AMI*
   a) *Relevez dans le texte tout ce qui a trait aux conventions sociales, et commentez l'attitude de Georges Du Roy face à chacune de ces conventions. Qu'est-ce qui, dans les comportements successifs du héros, provient du jeu, du cynisme, voire de l'honnêteté ?*
   b) *Comment Bel-Ami se détache-t-il de l'arrière-fond, du décor ou autres personnages ? Par quels procédés ? Maupassant oppose-t-il les spectateurs, la foule et son héros ?*
   c) *Quels types de plans cinématographiques, et quel montage de ces plans, exprimeraient le mieux cette opposition ?*

2 — *FINS DE ROMANS*
   a) *Analysez les deux derniers paragraphes de* Bel-Ami *et du* Père Goriot. *Comment sont rendus : la volonté de puissance, l'instinct de domination, l'opposition entre le héros et la société ?*
   Ces fins sont-elles « ouvertes » ou « fermées » ? Si Balzac a suivi Rastignac pendant toute sa carrière (se référer au texte n° 18), Maupassant estime que son roman est achevé.

3 — *Relevez, dans les textes de Darwin décrivant la lutte pour la vie, les éléments qui vous semblent empruntés au style romanesque, et en contrepartie, relevez dans les textes de Maupassant et de Balzac, les termes empruntés au vocabulaire de la lutte. Quelle morale du XIXᵉ siècle peut-on dégager de la confrontation de ces deux séries ?*

Illustration pour le Horla de Maupassant (BN).

4 août — Querelles parmi mes domestiques. Ils prétendent qu'on casse les verres, la nuit, dans les armoires. Le valet de chambre accuse la cuisinière, qui accuse la lingère, qui accuse les deux autres. Quel est le coupable ? Bien fin qui le dirait !

6 août. — Cette fois, je ne suis pas fou. J'ai vu... j'ai vu... j'ai vu !... Je ne puis plus
5 douter... j'ai vu !... j'ai encore froid jusque dans les ongles... j'ai encore peur jusque dans les moelles... j'ai vu !...

Je me promenais à deux heures, en plein soleil dans mon parterre de rosiers... dans l'allée des rosiers d'automne qui commencent à fleurir.

Comme je m'arrêtais à regarder un *géant des batailles,* qui portait trois fleurs
10 magnifiques, je vis, je vis distinctement, tout près de moi, la tige d'une de ces roses se plier, comme si une main invisible l'eût tordue, puis se casser, comme si cette main l'eût cueillie ! Puis la fleur s'éleva, suivant une courbe qu'aurait décrite un bras en la portant vers une bouche, et elle resta suspendue dans l'air transparent, toute seule, immobile, effrayante tache rouge à trois pas de mes yeux.

15 Eperdu, je me jetai sur elle pour la saisir ! Je ne trouvai rien ; elle avait disparu. Alors je fus pris d'une colère furieuse contre moi-même ; car il n'est pas permis à un homme raisonnable et sérieux d'avoir de pareilles hallucinations.

Mais était-ce bien une hallucination ? Je me retournai pour chercher la tige, et je la retrouvai immédiatement sur l'arbuste, fraîchement brisée, entre les deux autres roses
20 demeurées à la branche.

Alors, je rentrai chez moi l'âme bouleversée, car je suis certain, maintenant, certain comme de l'alternance des jours et des nuits, qu'il existe près de moi un être invisible, qui se nourrit de lait et d'eau, qui peut toucher aux choses, les prendre et les changer de place, doué par conséquent d'une nature matérielle, bien qu'imperceptible pour nos sens,
25 et qui habite comme moi, sous mon toit. (...)

8 août. — J'ai passé hier une affreuse soirée. Il ne se manifeste plus, mais je le sens près de moi, m'épiant, me regardant, me pénétrant, me dominant et plus redoutable, en se cachant ainsi, que s'il signalait par des phénomènes surnaturels sa présence invisible et constante.

30 J'ai dormi, pourtant.

9 août. — Rien ; mais j'ai peur.

10 août. — Rien ; qu'arrivera-t-il demain ?

11 août. — Toujours rien ; je ne puis plus rester chez moi avec cette crainte et cette pensée entrées en mon âme ; je vais partir.

35 *12 août, 10 heures du soir.* — Tout le jour j'ai voulu m'en aller ; je n'ai pas pu. J'ai voulu accomplir cet acte de liberté si facile, si simple — sortir — monter dans ma voiture pour gagner Rouen — je n'ai pas pu. Pourquoi ?

13 août. — Quand on est atteint par certaines maladies, tous les ressorts de l'être physique semblent brisés, toutes les énergies anéanties, tous les muscles relâchés, les os
40 devenus mous comme la chair et la chair liquide comme de l'eau. J'éprouve cela dans mon être moral d'un façon étrange et désolante. Je n'ai plus aucune force, aucun courage, aucune domination sur moi, aucun pouvoir même de mettre en mouvement ma volonté. Je ne peux plus vouloir, mais quelqu'un veut pour moi ; et j'obéis.

14 août. — Je suis perdu ! Quelqu'un possède mon âme et la gouverne ! Quelqu'un
45 ordonne tous mes actes, tous mes mouvements, toutes mes pensées. Je ne suis plus rien en moi, rien qu'un spectateur esclave et terrifié de toutes les choses que j'accomplis. Je désire sortir. Je ne peux pas ; il ne veut pas ; et je reste, éperdu, tremblant, dans le fauteuil où il me tient assis. Je désire seulement me lever, me soulever, afin de me croire encore maître de moi. Je ne peux pas ! Je suis rivé à mon siège ; et mon siège adhère au sol, de
50 telle sorte qu'aucune force ne nous soulèverait.

Puis, tout d'un coup, il faut, il faut, il faut que j'aille au fond de mon jardin cueillir des fraises et les manger. Et j'y vais. Je cueille des fraises et je les mange ! Oh ! mon Dieu ! Mon Dieu ! Mon Dieu ! Est-il un Dieu ! s'il en est un, délivrez-moi ! sauvez-moi ! secourez-moi ! Pardon ! Pitié ! Grâce ! Sauvez-moi ! Oh ! quelle souffrance ! quelle torture ! quelle
55 horreur ! (...)

le Horla, 1887, (seconde version).

Dans le Horla, *Maupassant, sous forme de journal, nous rapporte les hallucinations d'un homme obsédé par un être surnaturel, insaisissable, qui absorbe l'énergie vitale de la victime qu'il a choisie.*

Le thème de cette nouvelle intrigua les lecteurs de Maupassant, peu habitués à le voir traiter du surnaturel. Mais naturalisme et fantastique sont-ils contradictoires ? « Le XIXe siècle, *écrit Tzvetan Todorov dans son* Introduction à la littérature fantastique *(1970), vivait dans une métaphysique du réel et de l'imaginaire, et la littérature fantastique n'est rien d'autre que la mauvaise conscience de ce XIXe siècle positiviste.* »

LE TEXTE FANTASTIQUE

1. LES THÈMES DU FANTASTIQUE

Selon **ROGER CAILLOIS** (Images, images, **1966**), *les thèmes du fantastique sont en nombre restreint. Voici la liste que donne l'auteur :*

	Exemples
— *le pacte avec le démon*	**Faust,** *voir n° 16*
— *l'âme en peine qui exige pour son repos qu'une certaine action soit accomplie*	**Melmoth,** *voir n° 16*
— *la mort personnifiée apparaissant au milieu des vivants*	**Le spectre de la mort rouge** *(E. Poe)*
— *la « chose »indéfinissable et invisible mais qui pèse, qui est présente*	**le Horla**
— *les vampires, c'est-à-dire les morts qui s'assurent une perpétuelle jeunesse en suçant le sang des vivants*	*ad libitum...*
— *la statue, le mannequin, l'armure, l'automate, qui soudain s'animent et acquièrent une redoutable indépendance*	**la Vénus d'Ille** *(Mérimée), voir n° 39*
— *la malédiction d'un sorcier qui entraîne une maladie épouvantable et surnaturelle*	**la Marque de la bête** *(Kipling)*
— *la femme-fantôme, venue de l'au-delà, séductrice et mortelle*	**le Diable amoureux** *(Cazotte)*
— *l'interversion des domaines du rêve et de la réalité*	**Aurélia** *(Nerval) voir n° 103*
— *la chambre, l'appartement, l'étage, la maison, la rue effacés de l'espace*	
— *l'arrêt ou la répétition du temps*	**le Manuscrit trouvé à Saragosse** *(Potocki)*

(1) *Voir* **XVII-XVIIIe siècles** *N° 72*

2. FONCTIONNEMENT D'UN TEXTE FANTASTIQUE

Selon **OSTROWSKI** (The Fantastic and the Realistic in Literature, **1966**), *l'expérience « réelle » peut être représentée par le schéma suivant :*

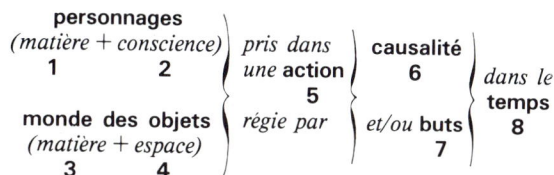

personnages
(matière + conscience)   *pris dans*   **causalité**
1   2   *une* **action**   6   *dans le*
5   *temps*
monde des objets   *régie par*   *et/ou* **buts**   8
(matière + espace)   7
3   4

Un texte fantastique se définirait par la **transgression** *d'un ou plusieurs des huit éléments de ce schéma : par exemple l'identité du personnage n'est plus assurée, les objets acquièrent une vie autonome ou disparaissent dans l'espace, l'action n'obéit plus au principe de causalité, le temps n'est plus linéaire (suspendu, accéléré, réversible...), etc.*

3. POLYVALENCE ET INTERACTION DES THÈMES :

L'exemple du double. La difficulté cependant de caractériser précisément tel ou tel fantastique est soulignée par **TZVETAN TODOROV,** *dans son* Introduction à la littérature fantastique **(1970)** :

Prenons par exemple le thème (ou l'image) du double. Il en est question dans maint texte fantastique ; mais dans chaque œuvre particulière le double a un sens différent, qui dépend des relations qu'entretient ce thème-ci avec les autres. Les significations peuvent même être opposées ; ainsi chez Hoffmann et Maupassant. L'apparition du double est une cause de joie chez le premier ; c'est la victoire de l'esprit sur la matière. Chez Maupassant, au contraire, le double incarne la menace : c'est l'avant-signe du danger et de la peur. Sens opposés encore, dans *Aurélia* et dans le *Manuscrit trouvé à Saragosse* (1). Chez Nerval, l'apparition du double signifie, entre autres, un début d'isolement, une coupure d'avec le monde ; chez Potocki, au contraire, le dédoublement (...) devient le moyen d'un contact plus étroit avec les autres, d'une intégration plus totale (...).

(1) de Potocki. (1761-1815)

---

1 — *STRUCTURE DU RÉCIT.*
   a) *Le rythme de ce journal. Comment entretient-il l'angoisse ?*
   b) *Pourquoi avoir choisi cette formule narrative (narrateur 1re personne) ? Transcrivez les parties les plus dramatiques de ce texte à la 3e personne. Quel est l'effet ?*

2 — *14 août... Dans la première partie, l'être « invisible » est nommé, et sujet de phrases. Qu'en est-il à la fin ? Que traduit cette progression ?*

3 — *Todorov (voir ci-dessus) écrit que la caractéristique du texte fantastique est de produire une « hésitation » chez le lecteur. A partir d'une comparaison entre la précision de la description et les commentaires du narrateur dans ce texte, vous tenterez de définir le genre d'« hésitation » suscité ici.*

4 — *Essayez de compléter la liste des thèmes fantastiques de Roger Caillois, et de trouver d'autres exemples dans la littérature, pour ceux qu'il répertorie... ou inventez-en !*

Illustration pour *le Horla*
de Maupassant (BN).

19 août . — Je le tuerai. Je l'ai vu ! je me suis assis hier soir, à ma table ; et je fis semblant d'écrire avec une grande attention. Je savais bien qu'il viendrait rôder autour de moi, tout près, si près que je pourrais peut-être le toucher, le saisir ? Et alors, alors, j'aurais la force des désespérés ; j'aurais mes mains, mes genoux, ma poitrine, mon
5 front, mes dents pour l'étrangler, l'écraser, le mordre, le déchirer.

Et je le guettais avec tous mes organes surexcités.

J'avais allumé mes deux lampes et les huit bougies de ma cheminée, comme si j'eusse pu, dans cette clarté, le découvrir.

En face de moi, mon lit, un vieux lit de chêne à colonnes ; à droite, ma
10 cheminée ; à gauche, ma porte fermée avec soin, après l'avoir laissée longtemps ouverte, afin de l'attirer ; derrière moi, une très haute armoire à glace, qui me servait chaque jour à me raser, pour m'habiller, et où j'avais coutume de me regarder, de la tête aux pieds, chaque fois que je passais devant.

Donc, je faisais semblant d'écrire, pour le tromper, car il m'épiait lui aussi ; et
15 soudain , je sentis, je fus certain qu'il lisait par-dessus mon épaule, qu'il était là, frôlant mon oreille.

Je me dressai, les mains tendues, en me tournant si vite que je faillis tomber. Eh bien ?... on y voyait comme en plein jour, et je ne me vis pas dans ma glace !... Elle était vide, claire, profonde, pleine de lumière ! Mon image n'était pas dedans... et j'étais en
20 face, moi ! Je voyais le grand verre limpide du haut en bas. Et je regardais cela avec des yeux affolés ; et je n'osais plus avancer, je n'osais plus faire un mouvement, sentant bien pourtant qu'il était là, mais qu'il m'échapperait encore, lui dont le corps imperceptible avait dévoré mon reflet.

Comme j'eus peur ! Puis voilà que tout à coup je commençai à m'apercevoir
25 dans une brume, au fond du miroir, dans une brume comme à travers une nappe d'eau ; et il me semblait que cette eau glissait de gauche à droite, lentement, rendant plus précise mon image, de seconde en seconde. C'était comme la fin d'une éclipse. Ce qui me cachait ne paraissait point posséder de contours nettement arrêtés, mais une sorte de transparence opaque s'obscurcissant peu à peu.

30 Je pus enfin me distinguer complètement, ainsi que je le fais chaque jour en me regardant.

Je l'avais vu ! L'épouvante m'en est restée, qui me fait encore frissonner.

20 août. — Le tuer, comment ? puisque je ne peux l'atteindre ? Le poison ? mais il me verrait le mêler à l'eau ; et nos poisons, d'ailleurs, auraient-ils un effet sur
35 son corps imperceptible ? Non... non... sans aucun doute... Alors ?... alors ?...

21 août. — J'ai fait venir un serrurier de Rouen, et lui ai commandé pour ma chambre des persiennes de fer, comme en ont, à Paris, certains hôtels particuliers, au rez-de-chaussée, par crainte des voleurs. Il me fera, en outre, une porte pareille. Je me suis donné pour un poltron, mais je m'en moque !...

le Horla, 1887.

La fiction devance-t-elle la vie ? Sollier (1) rapporte une hallucination que Maupassant a eue en 1889 et qu'il a racontée le soir même à son ami. Il était dans son bureau à sa table de travail ; le domestique avait l'ordre formel de ne laisser entrer personne. Brusquement, Maupassant a l'impression qu'on ouvre la porte. Il se retourne et, à son grand étonnement, il voit sa propre personne entrer, s'asseoir en face de lui tenant sa tête dans sa main. Tout ce que Maupassant écrit lui est dicté et, quand après avoir terminé il se lève, l'hallucination disparaît.

Mais le Horla est antérieur de deux ans à cette vision.

(1) Sollier, les Phénomènes d'autoscopie, 1913.

---

1 — Vous relèverez dans ce texte les éléments (artifices typographiques, termes désignant un sentiment, forme des phrases, etc.) qui visent à exprimer l'épouvante et l'affolement du narrateur.

2 — Examinez en détail l'alternance des temps grammaticaux dans ce passage. Quel rythme imprime-t-elle au récit ? Par quels mots-outils les changements de rythme sont-ils soulignés ?

3 — Le narrateur donne-t-il une explication claire de la disparition de son reflet ? Quelles solutions nous laisse-t-il envisager ? Certains éléments dans le texte pourraient-ils fournir une explication qui ne soit pas d'ordre surnaturel ? Si oui, peut-on en tirer quelque enseignement sur le fonctionnement d'un texte fantastique (voir page précédente) ?

4 — Avec l'aide de votre professeur, vous rechercherez un certain nombre de nouvelles exploitant le thème du double ou du reflet perdu. Vous confronterez vos analyses, et tenterez, selon des critères à déterminer (par exemple : double bon/mauvais, matériel/immatériel, objet de fascination/objet de répulsion) de classer les variantes de ce thème. Peut-on toutes les rattacher à ce noyau commun, qui, selon Otto Rank (page ci-contre) serait le narcissisme ?*

LE THÈME DU DOUBLE

LA LITTÉRATURE...

...AU RISQUE DE LA PSYCHANALYSE

EDGAR-ALLAN POE, 1839

Dans une des Nouvelles extraordinaires *de Poe, le personnage principal, William Wilson, se trouve confronté à un double, qui représente manifestement sa mauvaise conscience. Au moment où il va aborder une jeune femme mariée, dans un bal romain, son double lui pose la main sur l'épaule...*

– Misérable ! – m'écriai-je d'une voix enrouée par la rage, et chaque syllabe qui m'échappait était comme un aliment pour le feu de ma colère – misérable ! imposteur ! scélérat maudit ! tu ne me suivras pas à la piste, – tu ne me harcèleras pas jusqu'à la mort ! Suis-moi, ou je t'embroche sur place !

Et je m'ouvris un chemin de la salle de bal vers une petite antichambre attenante, le traînant irrésistiblement avec moi.

En entrant, je le jetai furieusement loin de moi. Il alla chanceler contre le mur; je fermai la porte en jurant, et lui ordonnai de dégaîner. Il hésita une seconde; puis, avec un léger soupir, il tira silencieusement son épée et se mit en garde.

Le combat ne fut certes pas long. J'étais exaspéré par les plus ardentes excitations de tout genre, et je me sentais dans un seul bras l'énergie et la puissance d'une multitude. En quelques secondes, je l'acculai par la force du poignet contre la boiserie, et, là, le tenant à ma discrétion, je lui plongeai, à plusieurs reprises et coup sur coup, mon épée dans la poitrine avec une férocité de brute.

En ce moment, quelqu'un toucha à la serrure de la porte. Je me hâtai de prévenir une invasion importune, et je retournai immédiatement vers mon adversaire mourant. Mais quelle langue humaine peut rendre suffisamment cet étonnement, cette horreur qui s'emparèrent de moi au spectacle que virent alors mes yeux. Le court instant pendant lequel je m'étais détourné avait suffi pour produire, en apparence, un changement matériel dans les dispositions locales à l'autre bout de la chambre. Une vaste glace — dans mon trouble, cela m'apparut d'abord ainsi — se dressait là où je n'en avais pas vu trace auparavant; et comme je marchais frappé de terreur vers ce miroir, ma propre image, mais avec une face pâle et barbouillée de sang, s'avança à ma rencontre d'un pas faible et vacillant.

C'est ainsi que la chose m'apparut, dis-je, mais telle elle n'était pas. C'était mon adversaire, – c'était Wilson qui se tenait devant moi dans son agonie. Son masque et son manteau gisaient sur le parquet, là où il les avait jetés. Pas un fil dans son vêtement, – pas une ligne dans toute sa figure si caractérisée et si singulière, – qui ne fut *mien*, – qui ne fût *mienne*; – c'était l'absolu dans l'identité !

C'était Wilson, mais Wilson ne chuchotant plus ses paroles maintenant ! si bien que j'aurais pu croire que c'était moi-même qui parlais quand il me dit :

– *Tu as vaincu, et je succombe. Mais dorénavant tu es mort aussi, – mort au Monde, au Ciel et à l'Espérance ! En moi tu existais, – et vois dans ma mort, vois par cette image qui est la tienne, comme tu t'es radicalement assassiné toi-même !*

Nouvelles histoires extraordinaires, « William Wilson », 1839,
(trad. Charles Baudelaire, 1857).

OTTO RANK, 1914

La mort du double est une forme de suicide.

L'assassinat si fréquent du Double par lequel le héros cherche à se garantir contre les persécutions de son propre Moi, n'est pas autre chose qu'un suicide sous la forme indolore de la mort d'un autre Moi. Cet acte donne à son auteur l'illusion inconsciente qu'il s'est séparé d'un Moi mauvais et blâmable, illusion du reste qui paraît être la condition de chaque suicide. Le personnage qui veut se suicider ne peut pas écarter par un suicide direct la peur de la mort que provoque en lui le danger qui menace son narcissisme. Il a bien recours à l'unique libération possible, le suicide, mais il est incapable de l'exécuter autrement qu'en tuant le fantôme du Double redouté et haï. Il aime trop son Moi, il l'estime trop pour lui faire du mal ou pour réaliser l'idée de sa destruction. Un individu présentant une telle disposition narcissique ne peut plus quitter une certaine phase à laquelle est arrivé son Moi. Cette disposition le poursuit toujours et partout et commande à ses actions. Le Double se montre alors comme signification subjective de ce fait psychologique.

Don Juan et le Double,
trad. fr., 1932.

Le bureau était au complet.

La citoyenne Zoé Lamour, une jolie brune replète, portant des fleurs rouges dans ses cheveux noirs, partageait la présidence avec une petite blonde maigre, la citoyenne nihiliste russe Eva Schourine.

5   Juste au-dessous d'elles, l'illustre citoyenne Césarine Brau, surnommée le « Tombeur des hommes », belle fille aussi, était assise à côté du citoyen Sapience Cornut, retour d'exil. Celui-là, un vieux solide à tous crins, d'aspect féroce, regardait la salle comme un chat regarde une volière d'oiseaux, et ses poings fermés reposaient sur ses genoux.

A droite, une délégation d'antiques citoyennes sevrées d'époux, séchées dans le 10 célibat, et exaspérées dans l'attente, faisait vis-à-vis à un groupe de citoyens réformateurs de l'humanité, qui n'avaient jamais coupé ni leur barbe ni leurs cheveux, pour indiquer sans doute l'infini de leurs aspirations (...).

La citoyenne Zoé Lamour ouvrit la séance par un petit discours.

Elle rappela la servitude de la femme depuis les origines du monde ; son rôle 15 obscur, toujours héroïque, son dévouement constant à toutes les grandes idées. Elle le compara au peuple d'autrefois, au peuple des rois et de l'aristocratie, l'appelant : « l'éternelle martyre » pour qui tout homme est un *maître* ; et, dans un grand mouvement lyrique, elle s'écria : « Le peuple a eu son 89, — ayons le nôtre ; l'homme opprimé a fait sa *Révolution* ; le captif a brisé sa chaîne ; l'esclave indigné s'est révolté. Femmes, imitons nos 20 despotes. Révoltons-nous ; brisons l'antique chaîne du mariage et de la servitude ; marchons à la conquête de nos droits ; faisons aussi notre révolution ».

Elle s'assit au milieu d'un tonnerre d'applaudissements. (...)

La citoyenne nihiliste russe Eva Schourine se leva, et, d'une voix perçante et féroce :
— Je suis Russe, dit-elle. J'ai levé l'étendard de la révolte ; cette main a frappé les 25 oppresseurs de ma patrie ; et, je le déclare à vous, femmes françaises, qui m'écoutez, je suis prête, sous tous les soleils, dans toutes les parties de l'Univers, à frapper la tyrannie de l'homme, à venger partout la femme odieusement opprimée ». (...)

Le voisin de Patissot murmura :
— Des hystériques ! toutes hystériques. (...)

30   Le citoyen Sapience Cornut, retour d'exil, se levait. Il roula d'abord des yeux terribles ; puis, d'une voix creuse qui semblait le mugissement du vent dans une caverne, il commença.

— Il est des mots grands comme des principes, lumineux comme des soleils, retentissants comme des coups de tonnerre : Liberté ! Egalité ! Fraternité ! Ce sont les 35 bannières des peuples. Sous leurs plis, nous avons marché à l'assaut des tyrannies. A votre tour, ô femmes, de les brandir comme des armes pour marcher à la conquête de l'indépendance. Soyez libres, libres dans l'amour, dans la maison, dans la patrie. Devenez nos égales au foyer, nos égales dans la rue, nos égales surtout dans la politique et devant la loi. Fraternité ! Soyez nos sœurs, les confidentes de nos projets grandioses, nos 40 compagnes vaillantes. Soyez, devenez véritablement une moitié de l'humanité au lieu de n'en être qu'une parcelle. (...)

Quand il se tut, la salle faillit crouler sous les bravos. M. Patissot, stupéfait se tourna vers son voisin.
— N'est-il pas un peu fou ?

45   Le vieux monsieur répondit.
— Non, monsieur ; ils sont des millions comme ça. C'est un effet de l'instruction.

Patissot ne comprenait pas.
— De l'instruction ?
— Oui ; maintenant qu'ils savent lire et écrire, la bêtise latente se dégage.

les Dimanches d'un Bourgeois de Paris, publié en 1929.

Illustration pour *le Horla* de Maupassant (BN).

Patissot, un bourgeois parisien, employé d'un ministère et vieux garçon, assiste par hasard à un meeting féministe...

Les mouvements féministes se manifestent violemment dans les premières années du XXᵉ siècle. Partie d'Angleterre, la vague féministe traversera l'Europe et les Etats-Unis. En 1921, lorsque l'historien **LÉON ABENSOUR** *écrit son* Histoire générale du féminisme, *les suffragettes sont déjà une légende :*

Les suffragettes ont de point en point réalisé leur programme.

Non contentes des processions monstres où, sous la bannière verte et violette, étendard des prophétesses des temps nouveaux, défilent dans les rues de Londres des milliers de manifestantes à pied et à cheval, rythmant leur marche aux sons d'une musique guerrière, ou des promenades sur la Tamise en des escadres dont chaque unité porte sur d'immenses banderoles, en lettres de trois pieds : *Votes for women*, moyens tapageurs, mais inoffensifs et qui atteignaient au résultat cherché : attirer l'attention du public, les suffragettes, après l'échec des projets suffragistes de 1905, 1906, 1907 et 1908, corsèrent leur action de terrorisme. C'est peu de chose encore que de se glisser, sous des déguisements variés, dans les réunions électorales ou la Chambre des Communes et de surgir brusquement, sous la forme inattendue d'un télégraphiste ou d'un plombier, en face d'un ministre ou d'un candidat pour l'accabler de plus ou moins bibliques injures. C'est peu que de grouper trois cents amazones pour aller mettre le siège devant le parlement ou devant le domicile particulier de M. Asquith. Mais ne sont-elles pas de trop fidèles disciples des terroristes de l'Inde et des révolutionnaires d'Irlande, ces jeunes fanatiques qui brisent les vitres, détruisent des boîtes aux lettres, tuent des chiens qui n'en peuvent mais, saccagent les plus beaux quartiers de Londres et vont jusqu'à préparer l'incendie et l'assassinat ? N'a-t-on pas vu, même, cette chose inouïe et qui dut faire tressaillir dans leur tombe les poètes romantiques : des femmes saccageant une serre et piétinant des fleurs ? Et quelques grévistes de la faim, une martyre volontaire comme Miss Davidson qui, tel un fakir sous l'idole de Jaggernât, se fit broyer à Epsom par le cheval du roi, ne suffisent pas à rendre sympathiques celles qui, prétendant instaurer le règne de la femme, donnèrent l'impression que la politique féminine n'était qu'incohérente névrose, masquèrent au monde entier les patients efforts des « suffragistes » et firent plus que tous les Rousseau et tous les Proudhon pour rendre hostiles à la juste cause les indécis.

Léon Abensour, « l'Ère des suffragettes », *in* Histoire générale du féminisme, 1921.

Deuxième année.   Nᵒˢ 5-6.   Septembre-octobre 1908.

L'EXPLOITÉE

Organe des femmes travaillant dans les usines, les ateliers et les ménages

ORGANE OFFICIEL DE LA FÉDÉRATION OUVRIÈRE DES AIGUILLES

Paraissant le premier dimanche de chaque mois.

Le numéro: 10 centimes.	Rédaction et Administration.	ABONNEMENTS
Par 20 exemplaires, 5 c. le numéro. Par 200 ex., 2 1/2 c. le numéro.	Adresser toutes correspondances et réclamations à *Marguerite Faas-Hardegger*, chemin de la Charme, à Berne.	Pour la Suisse, une année : 1 fr. — Pour l'étranger, » 1 fr. 50

AUX CAMARADES

Chers camarades et amis!

La réorganisation de la Fédération suisse des syndicats professionnels et la préparation du congrès extraordinaire du 22 novembre ont absorbé tout le temps de ceux et celles chargés de résumer les désirs et de condenser les critiques qui se font jour.

Vu cette situation, il nous a été impossible de faire paraître en temps utile notre numéro de septembre. Aussi le présent numéro, portant la numérotation 5 et 6, a huit pages et réunit ainsi les numéros de septembre et octobre.

Le prochain numéro paraîtra le 20 décembre. Nous prions les camarades de bien vouloir accepter cet arrangement.   *La Rédaction.*

Le droit des Femmes

Après avoir été tant de fois discutée, abandonnée, puis reprise avec force, la question du droit des femmes reste encore le fond de la destinée sociale. Depuis quelque temps, elle préoccupe toujours plus les esprits dans les nations sociale.

De tous côtés, s'élève contre le régime d'assujettissement et d'exclusion dont les femmes sont victimes dans tous les domaines et, particulièrement dans celui des questions sociales.

Il y a une question du droit des femmes, c'est-à-dire que la condition des femmes n'est pas ce qu'elle doit être. Les lois et l'opinion l'ont fait de la femme une personne d'ordre inférieur, qui ne sert qu'à obéir à l'homme.

La femme ne jouit d'aucune des libertés que son compagnon d'infortune possède. Si l'égalité entre les deux sexes existait, la partie la plus sombre de cette question sociale serait ainsi résolue.

Le prolétaire est malheureux, mais il y a quelqu'un de plus malheureux que lui : c'est la femme et la fille du prolétaire. Améliorer le sort de la femme, c'est améliorer le sort de l'humanité.

Si la femme a un sort malheureux, si elle n'est pas un être subordonné, c'est en grande partie de sa faute. Elle ne sait pas se révolter. Suggestionnée par l'homme, ne voyant autour d'elle que des femmes esclaves comme elle, elle ne se rend même pas compte de son énergie et de sa volonté personnelle. La femme doit se révolter, crier à l'injustice, avoir le cœur plein de haine pour ceux qui l'exploitent, et alors, quand tous ces cris monteront en un tumulte assourdissant, menaçante sera la revanche. Tous souffrent, qui peine, qui gémit. Ce sera le moment de placer la femme dans son cadre naturel, de lui donner les droits dont l'homme l'a toujours frustrée, et de faire d'elle un être raisonnant, pensant, agissant, tout comme son compagnon.

Mais il ne suffit pas de crier à l'injustice, il faut savoir d'où elle vient, quels sont ses précédents. Il faut également savoir à quoi on la remplacera, car, d'après une formule connue : « On ne détruit sûrement que ce qu'on remplace.» Pour cela, il faut comprendre comment la réalisation de la justice peut très bien être poursuivie sans que cela nuise aux progrès accomplis jusqu'à la vie à côté de lui un être qui souffre, qui peine, qui gémit. Ce sera le moment où l'on doutera-t-il que.

La femme a des droits : c'est un fait incontestable. Lesquels ? Voilà où la question semble se compliquer. Pourtant, rien n'est plus simple. Il faut, et la femme doit arriver à avoir les mêmes droits que l'homme. Du moment qu'elle est sur la terre pour travailler, souffrir, peiner, elle doit y être pour recueillir le résultat de ses peines, pour jouir des rares bienfaits que la vie donne.

Les hommes se réunissent en syndicats pour défendre leurs intérêts communs. Pourquoi les femmes ne le feraient-elles pas toutes ? Pourquoi

Cependant, dès la première moitié du siècle, des femmes se sont insurgées contre la condition qui leur est faite. Ainsi **FLORA TRISTAN** *(voir nᵒ 40), dans l'*Émancipation de la femme ou le testament de la paria, *publiée en 1846 après la mort de l'auteur :*

« L'HOMME LE PLUS OPPRIMÉ PEUT OPPRIMER UN ÊTRE, QUI EST SA FEMME. ELLE EST LA PROLÉTAIRE DU PROLÉTAIRE MÊME. »

Mais dans notre société malheureuse la femme est paria de naissance, serve de condition, malheureuse par devoir, et presque toujours il faut qu'elle choisisse entre l'hypocrisie et la flétrissure.

le Testament de la Paria, 1846, cité par Dominique Desanti, *Flora Tristan*, 1972.

1 — *Quels sont les éléments grammaticaux et stylistiques qui confèrent au texte de Maupassant un aspect de reportage en direct ? Quel est l'objectif de cette apparente neutralité ?*

2 — *Dégagez les différents procédés d'ironie dans le texte de Maupassant. Comment se combinent-ils avec l'objectivité du reportage ?*

3 — *Comparez le discours féministe selon Maupassant, et les authentiques textes féministes. Y a-t-il des rapprochements possibles ? (se référer aux textes de Louise Michel et André Léo, nᵒ 132 et 141).*

4 — *On peut classer les revendications féministes selon le tableau suivant :*
a) la femme par rapport à l'homme ;
b) la femme dans le couple ;
c) la femme en société ;
d) la femme dans le monde du travail.
Après l'avoir dressé, dites quelles revendications vous paraissent toujours d'actualité.

5 — *Dans le rapport de pouvoir entre l'homme et la femme, comment appréciez-vous le fait qu'un homme (Maupassant) assume, en le parodiant, le discours féministe ?*

1. LA PROCLAMATION DE LA COMMUNE

La proclamation de la Commune fut splendide ; ce n'était pas la fête du pouvoir, mais la pompe du sacrifice : on sentait les élus prêts pour la mort.

L'après-midi du 28 mars par un clair soleil rappelant l'aube du 18 mars **(1)**, le 7 germinal an 79 de la République, le peuple de Paris qui, le 26, avait élu sa Commune
5 inaugura son entrée à l'Hôtel-de-Ville.

Un océan humain sous les armes, les baïonnettes pressées comme les épis d'un champ, les cuivres déchirant l'air, les tambours battant sourdement et entre tous l'inimitable frappement des deux grands tambours de Montmartre, ceux qui la nuit de l'entrée des Prussiens et le matin du 18 mars, éveillaient Paris, de leurs baguettes
10 spectrales, leurs poignets d'acier éveillaient des sonorités étranges.

Cette fois les tocsins étaient muets. Le grondement lourd des canons, à intervalles réguliers saluait la révolution.

Et aussi, les baïonnettes, s'inclinaient devant les drapeaux rouges, qui par faisceaux entouraient le buste de la République.

15 Au sommet, un immense drapeau rouge. Les bataillons de Montmartre, Belleville, La Chapelle, ont leurs drapeaux surmontés du bonnet phrygien ; on dirait les sections de 93.

Dans leurs rangs des soldats de toutes les armes, restés à Paris, ligne, marine, artillerie, zouaves.

Les baïonnettes toujours plus pressées débordent sur les rues environnantes, la place
20 est pleine ; c'est bien l'impression d'un champ de blé. Quelle sera la moisson ?

Paris entier est debout, le canon tonne par intervalles.

Sur une estrade est le comité central ; devant eux, la Commune, tous avec l'écharpe rouge.

Peu de paroles dans les intervalles que scandent les canons. — Le comité central
25 déclare son mandat expiré, et remet ses pouvoirs à la Commune.

On fait l'appel des noms ; un cri immense s'élève : Vive la Commune ! Les tambours battent aux champs, l'artillerie ébranle le sol.

— Au nom du peuple, dit Ranvier, la Commune est proclamée.

Tout fut grandiose dans ce prologue de la Commune, dont l'apothéose devait être la
30 mort.

Pas de discours, un immense cri, un seul, Vive la Commune !

Toutes les musiques jouent la *Marseillaise* et le *Chant du Départ*. Un ouragan de voix les reprennent.

Un groupe de vieux baissent la tête vers la terre, on dirait qu'ils y entendent les morts
35 pour la liberté : ce sont des échappés de juin, de décembre ; quelques-uns tout blancs, sont de 1830, Mabile, Malezieux, Cayol.

Si un pouvoir quelconque pouvait faire quelque chose, c'eût été la Commune composée d'hommes d'intelligence, de courage, d'une incroyable honnêteté, qui tous de la veille ou de longtemps, avaient donné d'incontestables preuves de dévouement et
40 d'énergie. Le pouvoir, incontestablement les annihila, ne leur laissant plus d'implacable volonté que pour le sacrifice, ils surent mourir héroïquement.

C'est que le pouvoir est maudit, et c'est pour cela que je suis anarchiste.

Le soir même du 28 mars, la Commune tint sa première séance, inaugurée par une mesure digne de la grandeur de ce jour ; résolution fut prise, afin d'éviter toute question
45 personnelle, au moment où les individus devaient rentrer dans la masse révolutionnaire, que les manifestes ne porteraient d'autre signature que celle-ci : *La Commune*.

la Commune, 1898.

Leforman, *La barricade*, 1871.

Louise Michel, que l'on surnommait la « vierge rouge », prit une part active à la Commune. Elle anime les comités de vigilance de Montmartre, adresse des pétitions au Conseil de la Commune (1) pour la laïcisation de l'enseignement, la création d'écoles professionnelles féminines, la réorganisation des crèches, etc.

Elle est condamnée à la déportation en Nouvelle-Calédonie, le 16 décembre 1871. Après l'amnistie de 1880, son retour à Paris sera triomphal.

(1) qui ne compte sur 90 membres, aucune femme.

(1) Dans la nuit du 17 au 18 mars, les troupes du général Vinay avaient reçu l'ordre de reprendre les canons des Parisiens. Le comité de vigilance du XVIIIe arrondissement, dirigé par Ferré et Louise Michel, monta à l'assaut de la butte Montmartre. Les soldats fraternisèrent avec la foule.

LES FEMMES DE LA COMMUNE

● *Selon* **BENOIT MALON**, *qui fut le compagnon de Louise Michel, après l'amnistie :*

« Un fait important entre tous qu'a mis en lumière la révolution de Paris, c'est l'entrée des femmes dans la politique. Sous la pression des circonstances, par la diffusion des idées socialistes, par la propagande des clubs, elles ont senti que le concours de la femme est indispensable au triomphe de la Révolution sociale arrivée à sa période de combat, que la femme et le prolétaire, ces derniers opprimés de l'ordre ancien, ne peuvent espérer leur affranchissement qu'en s'unissant fortement contre toutes les forces du passé. » **(1)**.

● *En effet un grand nombre de femmes participèrent activement à la Commune, s'organisant dans des clubs, des comités de vigilance, et dans une instance importante, L'union des femmes pour la défense de Paris. André Léo (voir n° 132) fut leur porte-parole dans la presse communarde. Protection de la population civile, soins aux blessés, enseignement, organisation du travail féminin, lutte idéologique, leur action se développa sur tous les plans.*

Pendant la semaine sanglante (21-28 mars, voir n° 117), beaucoup de femmes se battirent, et par la suite, furent exécutées, emprisonnées ou déportées au même titre que les hommes.

Girardet, *L'arrestation de Louise Michel* (Musée municipal de Saint-Denis).

● *Au procès de quatre d'entre elles, le réquisitoire du capitaine Jouenne, Commissaire du Gouvernement, se terminait ainsi :*

« L'horrible campagne commencée le 18 mars dernier contre la civilisation (...) devait amener devant vous non seulement des hommes oublieux de leurs devoirs les plus sacrés, mais encore, et en grand nombre, hélas ! des créatures indignes qui semblent avoir pris à tâche d'être l'opprobre de leur sexe et de répudier le rôle immense et magnifique de la femme (...). Voilà où conduisent toutes les dangereuses utopies, l'émancipation de la femme prêchée par les docteurs qui ne savent pas quel pouvoir il leur était donné d'exercer et qui, aux heures de soulèvement et de révolution, voulaient se recruter de puissants auxiliaires ! N'a-t-on pas tout fait pour tenter ces misérables créatures ? Fait miroiter à leurs yeux les plus incroyables chimères ? Des femmes avocats ! Magistrats ! Membres du barreau ! Ou députés peut-être ! Et que sait-on ? Des commandants ! Des généraux d'Armée ! (...).

Audience du 5 sept. 1871
du 4ᵉ Conseil de Guerre de Versailles.

(1) *Cité par Bernard Noël,* Dictionnaire de la Commune, 1971.

Louise Michel (Roger Viollet).

1 — *A partir d'un relevé des singuliers collectifs en position de sujet grammatical et des métaphores*, vous montrerez comment Louise Michel traduit l'unanimité du mouvement. Quelle est la phrase du texte qui résume cette unanimité ?*

2 — *Étudiez l'emploi des temps grammaticaux dans cette description. Comment passe-t-on de l'un à l'autre ?*

3 — *Dans cette description, qui certes ne se donne pas pour objective, vous repérerez les « intrusions d'auteur » les plus manifestes. Quel est le mot abstrait qui, revenant trois fois dans le texte, sert de fil directeur à l'analyse de Louise Michel ?*

4 — *Quels sont les éléments prémonitoires de la fin de la Commune, qui impriment une « tension » au récit ?*

2. L'ÉCRASEMENT DE LA COMMUNE

Les coups sourds des canons, le crépitement des balles, les plaintes du tocsin, le dôme de fumée traversé de langues de flammes disaient que l'agonie de Paris n'était pas terminée et que Paris ne se rendrait pas.

Tous les incendies d'alors ne furent pas le fait de la Commune, certains propriétaires ou
5 commerçants afin d'être richement indemnisés de bâtisses ou de marchandises dont ils ne savaient que faire, y mirent le feu.

D'autres incendies furent allumés par les bombes incendiaires de Versailles, ou s'enflammèrent.

Celui du ministère des finances fut à l'aide de faux attribué à Ferré, qui ne l'eût pas nié
10 s'il l'eût fait : — il gênait la défense.

Parmi les volontaires du massacre qui donnent des gages de fidélité à Versailles en l'assistant dans la tuerie, furent, dit-on, un vieux, ancien maire d'un arrondissement, un chef de bataillon qui trahissait la Commune, des brassardiers simples amateurs de tuerie ; ils conduisent les meutes versaillaises en démence eux-mêmes.

15 La chasse aux fédérés était largement engagée, on égorgeait dans les ambulances ; un médecin, le docteur Faneau, qui ne voulut pas livrer ses blessés, fut lui-même passé par les armes. — Quelle scène !

L'armée de Versailles rôde essayant de tourner par le canal, par les remparts, les derniers défenseurs de Paris.

20 La barricade du faubourg Antoine est prise, les combattants fusillés, quelques-uns, réfugiés dans la cour de la cité Parchappe attendent : ils n'ont pas d'autre asile ; l'institutrice, mademoiselle Lonchamp, leur montre un endroit du mur où ils peuvent s'échapper par un trou qu'ils agrandissent, les voilà sauvés.

Versailles étend sur Paris un immense linceul rouge de sang ; un seul angle n'est pas
25 encore rabattu sur le cadavre.

Les mitrailleuses moulent dans les casernes. On tue comme à la chasse ; c'est une boucherie humaine : ceux qui, mal tués, restent debout ou courent contre les murs, sont abattus à loisir.

Alors on se souvient des otages, des prêtres, trente-quatre agents de Versailles et de
30 l'Empire sont fusillés.

Il y a dans l'autre poids de la balance des montagnes de cadavres. Le temps est passé où la Commune disait : il n'y a pas de drapeau pour les veuves et les orphelins, la Commune vient d'envoyer du pain à soixante-quatorze femmes de ceux qui nous fusillent. Il n'était pas éloigné pourtant de bien des jours, mais ce n'était plus l'heure de la miséricorde.

35 Les portes du Père-Lachaise où se sont réfugiés des fédérés pour les derniers combats sont battues en brèche par les canons.

La Commune n'a plus de munitions, elle ira jusqu'à la dernière cartouche.

La poignée de braves du Père-Lachaise se bat à travers les tombes contre une armée, dans les fosses, dans les caveaux au sabre, à la baïonnette, à coups de crosse de fusil ; les
40 plus nombreux, les mieux armés, l'armée qui garda sa force pour Paris assomme, égorge les plus braves.

Au grand mur blanc qui donne sur la rue du Repos, ceux qui restent de cette poignée héroïque, sont fusillés à l'instant. Ils tombent en criant : Vive la Commune !

Là comme partout, des décharges successives achèvent ceux que les premières ont
45 épargnés ; quelques-uns achèvent de mourir sous les tas de cadavres ou sous la terre.

Une autre poignée, ceux des dernières heures ceints de l'écharpe rouge s'en vont vers la barricade de la rue Fontaine-au-Roi ; d'autres membres de la Commune et du comité central viennent se joindre à ceux-là et dans cette nuit de mort majorité et minorité se tendent la main.

50 Sur la barricade flotte un immense drapeau rouge : il y a là les deux Ferré, Théophile et Hippolyte, J.-B. Clément, Cambon, un garibaldien, Varlin, Vermorel, Champy.

La barricade de la rue Saint-Maur vient de mourir, celle de la rue Fontaine-au-Roi s'entête, crachant la mitraille à la face sanglante de Versailles.

On sent la bande furieuse des loups qui s'approchent, il n'y a plus à la Commune
55 qu'une parcelle de Paris, de la rue du faubourg du Temple au boulevard de Belleville.

21 mai : *les troupes versaillaises entrent dans Paris par la porte de Saint-Cloud. Pendant une semaine, les fédérés lutteront quartier par quartier, maison par maison, barricade par barricade. Le 26 mai la résistance est à son comble, tandis que les exécutions sommaires par les Versaillais se multiplient. Le 27 mai, c'est le massacre des fédérés au Père-Lachaise. Le 28, à une heure, la dernière barricade tombe.*

Rue Ramponeau, un seul combattant à une barricade arrêta un instant Versailles.

Les seuls encore debout, en ce moment où se tait le canon du Père-Lachaise, sont ceux de la rue Fontaine-au-Roi.

Ils n'ont plus pour longtemps de mitraille, celle de Versailles tonne sur eux.

60 Au moment où vont partir leurs derniers coups, une jeune fille venant de la barricade de la rue Saint-Maur arrive leur offrant ses services : ils voulaient l'éloigner de cet endroit de mort, elle resta malgré eux.

Quelques instants après, la barricade, jetant en une formidable explosion tout ce qui lui restait de mitraille, mourut dans cette décharge énorme, que nous entendîmes de Satory,
65 ceux qui étaient prisonniers ; à l'ambulancière de la dernière barricade et de la dernière heure, J.-B. Clément dédia longtemps après la chanson des Cerises.

— Personne ne la revit. (...)

La Commune était morte, ensevelissant avec elle des milliers de héros inconnus.

la Commune, 1898.

J.-B. CLÉMENT, 1885

L'auteur de la Semaine sanglante *(voir n° 117) avait écrit cette chanson en 1866. Mais il lui donna une résonance nouvelle, dans son recueil de 1885, en la dédiant à Louise, une ambulancière de la Commune :*

LE TEMPS DES CERISES
Musique de E. Renard

Quand nous en serons au temps des cerises,
Et gai rossignol et merle moqueur
    Seront tous en fête
Les belles auront la folie en tête
Et les amoureux du soleil au cœur.
Quand nous en serons au temps des cerises,
Sifflera bien mieux le merle moqueur.

Mais il est bien court le temps des cerises,
Où l'on s'en va deux cueillir en rêvant
    Des pendants d'oreilles,
Cerises d'amour aux robes pareilles
Tombant sous la feuille en gouttes de sang.
Mais il est bien court le temps des cerises,
Pendants de corail qu'on cueille en rêvant.

Quand vous en serez au temps des cerises,
Si vous avez peur des chagrins d'amour
    Évitez les belles.
Moi qui ne crains pas les peines cruelles,
Je ne vivrai pas sans souffrir un jour.
Quand vous en serez au temps des cerises,
Vous aurez aussi des chagrins d'amour.

J'aimerai toujours le temps des cerises :
C'est de ce temps-là que je garde au cœur
    Une plaie ouverte,
Et dame Fortune, en m'étant offerte,
Ne saura jamais calmer ma douleur.
J'aimerai toujours le temps des cerises
Et le souvenir que je garde au cœur.

Chansons, 1885.

Louise Michel haranguant ses camarades de prison (Musée de Saint-Denis).

1 — *Relevez les expressions les plus caractéristiques désignant Versailles ou les versaillais d'une part, la Commune ou les fédérés d'autre part. Comment s'opposent-elles ? Que laisse percevoir la désignation des parties adverses, des convictions de l'auteur ?*

2 — *Relevez l'emploi des temps grammaticaux dans ce texte : peut-on trouver une logique dans l'alternance présent/passé ? Quel est l'effet de cette alternance ?*

3 — *Examinez en détail l'enchaînement des phrases ou des propositions entre elles. Quelle est la particularité de ce texte ? Quel rythme imprime-t-elle au récit ?*

4 — *Exercice : réécrivez ce texte, du point de vue d'un* Versaillais.

Néraudau, *Louise Michel*
(Roger Viollet).

L'armée gouvernementale
avait perdu 877 hommes. La
répression fit 30.000
victimes. Pour juger les
vaincus de la Commune,
quatre conseils de guerre
fonctionnèrent jusqu'en
1874. Il y eut 10 042
condamnations et 3 671 par
contumace. Certains furent
fusillés, le plus grand
nombre, dont Louise Michel,
déporté en Nouvelle-
Calédonie ou en Guyane.

3. LA RÉPRESSION

Après la prise de Paris, il y a plus de rigueur encore.

Les soldats et les gendarmes avaient l'ordre, s'ils entendaient quelque bruit à l'intérieur des wagons à bestiaux, où les prisonniers étaient entassés pour les longues distances, de décharger leur revolver par les trous pratiqués à cause de l'air — (l'ordre fut exécuté).
5 Satory était l'entrepôt d'où l'on envoyait les prisonniers à la mort, aux pontons, ou à Versailles.

Le sang ne séchait pas facilement sur les pavés, la terre gorgée n'en pouvait plus boire, on croyait encore le voir ruisseler pourpré sur la Seine.

Il fallait faire disparaître les cadavres, les lacs des buttes Chaumont rendaient les leurs,
10 ils flottaient ballonnés à la surface.

Ceux qu'on avait enterrés à la hâte se gonflaient sous la terre ; comme le grain qui germe, ils levaient crevassant la surface.

On avait remué pour les emporter aux fosses communes, les plus larges amas de chairs putréfiées, on les porta partout où il en pouvait tenir ; dans les casemates où on finit par les
15 brûler avec du pétrole et du goudron, dans les fosses creusées autour des cimetières ; on en brûla par charretées place de l'Etoile.

Quand pour la prochaine exposition on creusera la terre au Champ-de-Mars, peut-être malgré les flammes allumées sur les longues files où on les couchait sous les lits de goudron, verra-t-on les os blanchis calcinés apparaître rangés sur le front de bataille,
20 comme ils furent aux jours de mai.

Quelques-uns se souviendront des lueurs rougeâtres ; de l'épaisse fumée qu'à certains soirs, après que Paris fut mort, on voyait de loin : — c'était le bûcher d'où s'exhalait une odeur infecte.

Il y avait de ces morts-là qu'on attendait encore, on les attendit longtemps ; quand on se
25 lassa de ne rien voir. On espérait presque malgré tout.

Puis, des femmes, sous leurs vieux châles cachant des pincées de graines, furtivement les semèrent sur les fosses des cimetières.

Elles y poussaient largement, quelques-unes fleurirent comme des gouttes de sang, alors les femmes furent surveillées, et grossièrement insultées : — en dépit de tout, les
30 fosses étaient toujours fleuries.

L'une, madame Gentil, dont le mari avait combattu en 48, peut-être même en 1830, laissa pendant des années sa porte seulement poussée, afin qu'il pût rentrer sans éveiller l'attention.

Il avait bien traversé les jours de juin, il était rentré un soir, pourquoi ne rentrerait-il pas
35 aux jours de mai ?

Elle appelait ses jardins les fleurs des tombes, et les cultivait pour les morts, son mari, elle ne voulait pas qu'il le fût, son chien, un gros mouton blanc l'attendait à la porte des cimetières ; la nuit, avec elle il attendait le maître.

la Commune, 1898.

LE SYMBOLE DE LA COMMUNE

Si la Commune s'inscrit dans la continuité des révolutions de 1830 et 1848, elle préfigure cependant beaucoup plus nettement les grandes luttes prolétariennes du XXᵉ siècle. Malgré la brièveté de son existence, elle symbolisera pour les révolutionnaires futurs (Marx, Lénine, Mao-Zé Dong, Castro s'en réclameront) la possibilité d'une société sans classe, où règnerait la justice sociale.

LOUISE MICHEL, 1898

Quand elle dédie son livre aux combattants de la liberté, Louise Michel fait de la Commune le symbole des efforts populaires d'émancipation du XIXᵉ siècle.

Du mur des fusillés de mai 1871, j'aurais voulu saluer les morts des hécatombes nouvelles, les martyrs de Montjuich, les égorgés d'Arménie, les foules écrasées d'Espagne, les multitudes fauchées à Milan et ailleurs, la Grèce vaincue, Cuba se relevant sans cesse, le généreux peuple de États-Unis qui, pour aider à la délivrance de l'île héroïque, fait la guerre de liberté.

Puisqu'il n'est plus permis d'y parler hautement, c'est un livre que je leur dédie ; de chaque feuillet soulevé comme la pierre d'une tombe s'échappe le souvenir des morts.

Paris, le 10 juin 1898.

Honoré Daumier, *1871* (BN).

Steinlen, affiche pour l'*Internationale*.

KARL MARX, 1871

Au lendemain de la Commune, Marx est le premier à tirer pour l'avenir les conclusions de ce mouvement insurrectionnel de type nouveau :

C'était la première révolution dans laquelle la classe ouvrière était ouvertement reconnue comme la seule qui fut encore capable d'initiative sociale, même par la grande masse de la classe moyenne de Paris, boutiquiers, commerçants, négociants — les riches capitalistes étant seuls exceptés (...). La grande mesure sociale de la Commune, ce furent sa propre existence et son action. Ses mesures particulières ne pouvaient qu'indiquer la tendance d'un gouvernement du peuple par le peuple. (...).

Le Paris ouvrier, avec sa Commune, sera célébré à jamais comme le glorieux fourrier **(1)** d'une société nouvelle. Ses martyrs seront enclos dans le grand cœur de la classe ouvrière.

la Guerre civile en France, 30 mai 1871.

(1) *signe avant-coureur.*

1 — « Il fallait faire disparaître les cadavres ». *Vous étudierez dans ce texte le rôle des éléments naturels (eau, terre, feu). Dans quelle mesure ont-ils véritablement statut d'acteurs, et quelle est leur fonction ?*

2 — Dans cette scène toute entière consacrée à la mort, quels sont les symboles de vie ou d'espoir qui semblent signifier, comme le dit une chanson de l'époque, que « la Commune n'est pas morte » ?

3 — EXPOSÉ :
La Commune et les écrivains du XIXᵉ siècle (Hugo, l'Année terrible, *1872 ; Rimbaud,* Chant de guerre parisien, *les* Mains de Jeanne-Marie, *le* Cœur volé, *l'*Orgie parisienne ; *Vallès,* l'Insurgé, *1886 ; Georges Darien,* Bas les cœurs, *1889 ; Zola,* Jacques Damour, *etc.).*

Claude Monet, *la Grenouillère*, 1869.

En 1869, A. Renoir et C. Monet ont peint trois fois de suite les bains de la Grenouillère, sur les berges de la Seine. Monet vivait à Saint-Michel, non loin de Bougival, près de chez son ami.

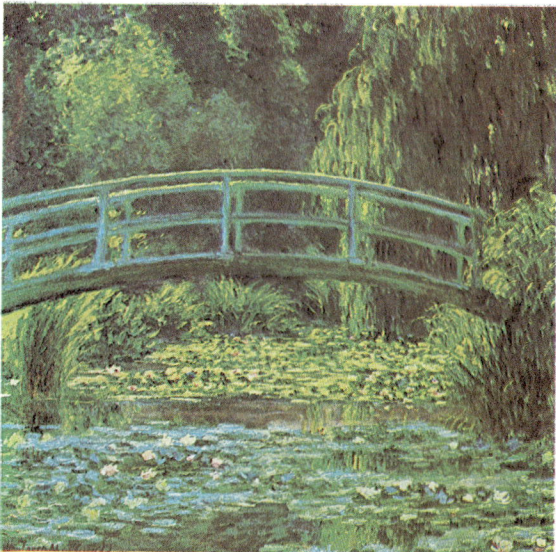

Claude Monet, *Le Bassin aux Nymphéas*, 1899.

CHARLES MOFFET, 1974

Monet persistait à laisser de côté le rôle de la couleur pour modeler les formes et définir l'espace dans *La Grenouillère.* La tension causée par l'ambiguïté des préoccupations de forme et de représentation provient d'un équilibre délicat entre le *pourquoi* et le *comment* du tableau. Monet porte son attention sur des éléments répétitifs (les rides sur l'eau, le feuillage, les bateaux, et la silhouette humaine) afin de tisser une trame constituée de touches picturales qui, bien que simples touches, sont chargées d'un intense pouvoir descriptif. (...) Une nette tendance à l'abstraction se dessine au sein d'un système qui est encore figuratif.

Le Monet de New York et le Renoir de Stockholm **(1)** montrent comment la même scène peut être perçue et interprétée différemment. Ce qui soulève inévitablement le problème des rapports entre réalisme et impressionnisme. Si l'impressionnisme est essentiellement un mouvement naturaliste tendant à restituer la sensation de lumière, nous devons soit placer Renoir et Monet, en 1869, en dehors des idées traditionnelles sur l'impressionnisme, soit revenir sur nos idées habituelles.

En discutant des similitudes et des différences dans la manière de traiter *La Grenouillère* chez Renoir et Monet, Champa écrit que : « ... la notion de couleur apparaît comme l'aboutissement essentiel et implacable », et il soulève la question du peintre impressionniste rendant les apparences plutôt que les imitant : « Il ne suffit pas

Pierre-Auguste Renoir, *la Grenouillère*, 1869.

de dire simplement que les deux peintres percevaient la couleur différemment, lorsqu'ils étaient assis côte à côte en train de peindre leur seconde série d'études de *La Grenouillère*. En réalité, chacun voyait ce qu'il voulait voir, ou plus précisément, faisait ce qu'il voulait de ce qu'il voyait. Aucun ne « restituait » jamais ce qu'il voyait dans un pur sens de transcription. Assis l'un à côté de l'autre, chacun savait ce que l'autre faisait, et chacun savait certainement pourquoi il procédait de cette façon. Chacune de leurs peintures ne représente pas leur vision respective du même spectacle naturel »

in *Centenaire de l'Impressionnisme*, Catalogue de l'exposition, Grand Palais, 1974.

(1) Reproduits ci-dessus.
(2) Kermit Champa, Studies in early Impressionnism, *New-Haven, Londres, 1973.*

MICHEL HOOG, 1974

(...) En 1869, date de ce tableau, Renoir s'affranchit peu à peu du métier traditionnel et des sujets de convention. La lumière et la facture constituent ici un des premiers exemples du « métier impressionniste ». Plus d'ombres noires ou brunes, des tons pastels, une touche large et bien visible, qui enveloppe toute la composition — et pas seulement l'eau — d'une vibration supprimant les contours. C'est sur ce point que Renoir se sépare le plus de Monet. Celui-ci avait recherché un effet de contraste entre le premier plan et l'îlot d'une part, plongés dans l'ombre, et l'arrière-plan violemment ensoleillé. La même lumière égale unifie chez Renoir toute la scène.

in *Centenaire de l'Impressionnisme*, Catalogue de l'exposition, Grand Palais, 1974.

P.-A. Renoir, *Danse à la campagne*, 1883.

Salomé dansant devant Hérode, 1876.

G. FLAUBERT, 1877

Dans Hérodias, *Flaubert reprend à son compte l'épisode célèbre.*

Mais il arriva du fond de la salle un bourdonnement de surprise et d'admiration. Une jeune fille venait d'entrer.

Sous un voile bleuâtre lui cachant la poitrine et la tête, on distinguait les arcs de ses yeux, les calcédoines de ses oreilles, la blancheur de sa peau. Un carré de soie gorge-pigeon, en couvrant les épaules, tenait aux reins par une ceinture d'orfèvrerie. Ses caleçons noirs étaient semés de mandragores, et d'une manière indolente elle faisait claquer de petites pantoufles en duvet de colibri.

Sur le haut de l'estrade, elle retira son voile. C'était Hérodias, comme autrefois dans sa jeunesse. Puis, elle se mit à danser.

Ses pieds passaient l'un devant l'autre, au rythme de la flûte et d'une paire de crotales (1). Ses bras arrondis appelaient quelqu'un, qui s'enfuyait toujours. Elle le poursuivait, plus légère qu'un papillon, comme une Psyché curieuse, comme une âme vagabonde, et semblait prête à s'envoler.

Les sons funèbres de la gringras (2) remplacèrent les crotales. L'accablement avait suivi l'espoir. Ses attitudes exprimaient des soupirs, et toute sa personne une telle langueur qu'on ne savait pas si elle pleurait un dieu, ou se mourait dans sa caresse. Les paupières entre-closes, elle se tordait la taille, balançait son ventre avec des ondulations de houle, faisait trembler ses deux seins et son visage demeurait immobile, et ses pieds n'arrêtaient pas. (...)

Ce n'était pas une vision. Elle avait fait instruire, loin de Machærous, Salomé sa fille, que le Tétrarque aimerait; et l'idée était bonne. Elle en était sûre, maintenant !

Puis, ce fut l'emportement de l'amour qui veut être assouvi. Elle dansa comme les prêtresses des Indes, comme les Nubiennes des cataractes, comme les bacchantes de Lydie. Elle se renversait de tous les côtés pareille à une fleur que la tempête agite. Les brillants de ses oreilles sautaient, l'étoffe de son dos chatoyait, de ses bras, de ses pieds, de ses vêtements jaillissaient d'invisibles étincelles qui enflammaient les hommes. Une harpe chanta; la multitude y répondit par des acclamations. Sans fléchir ses genoux, en écartant les jambes, elle se courba si bien que son menton frôlait le plancher; et les nomades habitués à l'abstinence, les soldats de Rome experts en débauches, les avares publicains, les vieux prêtres aigris par les disputes, tous, dilatant leurs narines, palpitaient de convoitise.

Ensuite elle tourna autour de la table d'Antipas, frénétiquement, comme le rhombe (3) des sorcières; et, d'une voix que des sanglots de volupté entrecoupaient, il lui disait : « Viens ! viens ! » Elle tournait toujours; les tympanons (4) sonnaient à éclater, la foule hurlait. Mais le Tétrarque criait plus fort : « Viens ! viens ! Tu auras Capharnaüm ! la plaine de Tibérias ! mes citadelles ! la moitié de mon royaume ! »

Elle se jeta sur les mains, les talons en l'air, parcourut ainsi l'estrade comme un grand scarabée; et s'arrêta, brusquement.

Sa nuque et ses vertèbres faisaient un angle droit. Les fourreaux de couleur qui enveloppaient ses jambes, lui passant par-dessus l'épaule, comme des arcs-en-ciel, accompagnaient sa figure, à une coudée du sol. Ses lèvres étaient peintes, ses sourcils très noirs, ses yeux presque terribles, et des gouttelettes à son front semblaient une vapeur sur du marbre blanc (...).

« Hérodias », *Trois Contes*, 1877.

(1) *Sortes de castagnettes.*
(2) *Flûte phénicienne.*
(3) *Fuseau ou rouet d'airain utilisé dans les enchantements.*
(4) *Tympanons : sortes de tambourins.*

Questions à la fin du n° 144.

J.-K. HUYSMANS, 1884

Des Esseintes, le « héros » du roman *entre autres avis, commente et juge* Salomé *et l'Apparition de G. Moreau.*

Dans l'œuvre de Gustave Moreau, conçue en dehors de toutes les données du Testament, des Esseintes voyait enfin réalisée cette Salomé, surhumaine et étrange qu'il avait rêvée. Elle n'était plus seulement la baladine qui arrache à un vieillard, par une torsion corrompue de ses reins, un cri de désir et de rut; qui rompt l'énergie, fond la volonté d'un roi, par des remous de seins, des secousses de ventre, des frissons de cuisse; elle devenait en quelque sorte, la déité symbolique de l'indestructible Luxure, la déesse de l'immortelle Hystérie, la Beauté maudite, élue entre toutes par la catalepsie qui lui raidit les chairs et lui durcit les muscles; la Bête monstrueuse, indifférente, irresponsable, insensible, empoisonnant, de même que l'Hélène antique, tout ce qui l'approche, tout ce qui la voit, tout ce qu'elle touche. (...)

Le peintre semblait (...) avoir voulu affirmer sa volonté de rester hors des siècles, de ne point préciser d'origine, de pays, d'époque, en mettant sa Salomé au milieu de cet extraordinaire palais, d'un style confus et grandiose, en la vêtant de somptueuses et chimériques robes, en la mitrant d'un incertain diadème en forme de tour phénicienne tel qu'en porte la Salammbô, en lui plaçant enfin dans la main le sceptre d'Isis, la fleur sacrée de l'Egypte et de l'Inde, le grand lotus.

Des Esseintes cherchait le sens de cet emblème. Avait-il cette signification phallique que lui prêtent les cultes primordiaux de l'Inde; annonçait-il au vieil Hérode, une oblation de virginité, un échange de sang, une plaie impure sollicitée, offerte sous la condition expresse d'un meurtre; ou représentait-il l'allégorie de la fécondité, le mythe Hindou de la vie, une existence tenue entre des doigts de femme, arrachée, foulée par des mains palpitantes d'homme qu'une démence envahit, qu'une crise de la chair égare ?

A Rebours, 1884.

l'Apparition, 1876.

STÉPHANE MALLARMÉ, 1867
Pièce de théâtre et poème, Hérodiade
met en scène la nourrice et la femme.
Hérodiade, librement venue de la
Salomé antique décrit son personnage :

LA NOURRICE
Victime lamentable à son destin offerte !

HÉRODIADE.
Oui, c'est pour moi, pour moi, que je fleuris, déserte !
Vous le savez, jardins d'améthyste, enfouis
Sans fin dans de savants abîmes éblouis,
5 Ors ignorés, gardant votre antique lumière
Sous le sombre sommeil d'une terre première,
Vous, pierres où mes yeux comme de purs bijoux
Empruntent leur clarté mélodieuse, et vous
Métaux qui donnez à ma jeune chevelure
10 Une splendeur fatale et sa massive allure !
Quant à toi, femme née en des siècles malins
Pour la méchanceté des antres sibyllins,
Qui parles d'un mortel ! selon qui, des calices
De mes robes, arôme aux farouches délices,
15 Sortirait le frisson blanc de ma nudité,
Prophétise que si le tiède azur d'été,
Vers lui hativement la femme se dévoile,

Me voit dans ma pudeur grelottante d'étoile,
Je meurs !
            J'aime l'horreur d'être vierge et je veux
20 Vivre parmi l'effroi que me font mes cheveux
Pour, le soir, retirée en ma couche, reptile
Inviolé sentir en la chair inutile
Le froid scintillement de ta pâle clarté
Toi qui te meurs, toi qui brûles de chasteté,
25 Nuit blanche de glaçons et de neige cruelle !
Et ta sœur solitaire, ô ma sœur éternelle
Mon rêve montera vers toi : telle déjà,
Rare limpidité d'un cœur qui le songea,
Je me crois seule en ma monotone patrie
30 Et tout, autour de moi, vit dans l'idolâtrie
D'un miroir qui reflète en son calme dormant
Hérodiade au clair regard de diamant...
O charme dernier, oui ! je le sens, je suis seule.

la Nouvelle Hérodiade, 1867, scène II.

JORIS-KARL HUYSMANS, 1884

Quoi qu'il en fût, une irrésistible fascination se dégageait de cette toile, mais l'aquarelle intitulée *l'Apparition* était peut-être plus inquiétante encore.

Là, le palais d'Hérode s'élançait, ainsi qu'un Alhambra, sur de légères colonnes irisées de carreaux moresques, scellés comme par un béton d'argent, comme par un ciment d'or; des arabesques partaient de losanges en lazuli, filaient tout le long des coupoles où, sur des marqueteries de nacre, rampaient des lueurs d'arc-en-ciel, des feux de prisme.

Le meurtre était accompli; maintenant le bourreau se tenait impassible, les mains sur le pommeau de sa longue épée, tachée de sang.

Le chef décapité du saint s'était élevé du plat posé sur les dalles et il regardait, livide, la bouche décolorée, ouverte, le cou cramoisi, dégouttant de larmes. Une mosaïque cernait la figure d'où s'échappait une auréole s'irradiant en traits de lumière sous les portiques, éclairant l'affreuse ascension de la tête, allumant le globe vitreux des prunelles, attachées, en quelque sorte crispées sur la danseuse.

D'un geste d'épouvante, Salomé repousse la terrifiante vision qui la cloue, immobile, sur les pointes; ses yeux se dilatent, sa main étreint convulsivement sa gorge.

Elle est presque nue; dans l'ardeur de la danse, les voiles se sont défaits, les brocarts ont croulé; elle n'est plus vêtue que de matières orfévries et de minéraux lucides; un gorgerin lui serre de même qu'un corselet la taille, et, ainsi qu'une agrafe superbe, un merveilleux joyau darde des éclairs dans la rainure de ses deux seins; plus bas, aux hanches, une ceinture l'entoure, cache le haut de ses cuisses que bat une gigantesque pendeloque où coule une rivière d'escarboucles et d'émeraudes; enfin, sur le corps resté nu, entre le gorgerin et la ceinture, le ventre bombe, creusé d'un nombril dont le trou semble un cachet gravé d'onyx, aux tons laiteux, aux teintes de rose d'ongle.

Sous les traits ardents échappés de la tête du Précurseur, toutes les facettes des joailleries s'embrasent; les pierres s'animent, dessinent le corps de la femme en traits incandescents; la piquent au cou, aux jambes, aux bras, de points de feu, vermeils comme des charbons, violets comme des jets de gaz, bleus comme des flammes d'alcool, blancs comme des rayons d'astre.

L'horrible tête flamboie, saignant toujours, mettant des caillots de pourpre sombre, aux pointes de la barbe et des cheveux. Visible pour la Salomé seule, elle n'étreint pas de son morne regard, l'Hérodias qui rêve à ses haines enfin abouties le Tétrarque, qui, penché un peu en avant, les mains sur les genoux, halète encore, affolé par cette nudité de femme imprégnée de senteurs fauves, roulée dans les baumes, fumée dans les encens et dans les myrrhes.

Tel que le vieux roi, des Esseintes demeurait écrasé, anéanti, pris de vertige, devant cette danseuse, moins majestueuse, moins hautaine, mais plus troublante que la Salomé du tableau à l'huile.

Dans l'insensible et impitoyable statue, dans l'innocente et dangereuse idole, l'érotisme, la terreur de l'être humain s'étaient fait jour; le grand lotus avait disparu, la déesse s'était évanouie; un effroyable cauchemar étranglait maintenant l'histrionne, extasiée par le tournoiement de la danse, la courtisane, pétrifiée, hypnotisée par l'épouvante.

Ici, elle était vraiment fille; elle obéissait à son tempérament de femme ardente et cruelle; elle vivait, plus raffinée et plus sauvage, plus exécrable et plus exquise; elle réveillait plus énergiquement les sens en léthargie de l'homme, ensorcelait, domptait plus sûrement ses volontés, avec son charme de grande fleur vénérienne, poussée dans des couches sacrilèges, élevée dans des serres impies.

Comme le disait des Esseintes, jamais, à aucune époque, l'aquarelle n'avait pu atteindre cet éclat de coloris; jamais la pauvreté des couleurs chimiques n'avait ainsi fait jaillir sur le papier des coruscations semblables de pierres, des lueurs pareilles de vitraux frappés de rais de soleil, des fastes aussi fabuleux, aussi aveuglants de tissus et de chairs.

Et, perdu dans sa contemplation, il scrutait les origines de ce grand artiste, de ce païen mystique, de cet illuminé qui pouvait s'abstraire assez du monde pour voir, en plein Paris, resplendir les cruelles visions, les féeriques apothéoses des autres âges.

A Rebours, 1884, V.

---

1 — L'Apparition est chronologiquement la suite de la danse (n° 143). Cependant, la scène n'est plus dans le même lieu. En outre, la composition du tableau n'est plus la même. Relevez ces différences. Comment interprétez-vous ces variations ?

2 — Moreau, Huysmans et Flaubert emploient différents moyens pour transmettre l'idée d'ondulation à leur texte ou à leur tableau. Quels sont-ils ? Notez les moments et les traits spécifiques à ce mouvement.

3 — A quoi est dû l'érotisme des textes et des tableaux ? Isolez et classez les éléments à connotation* érotique selon vos propres critères.

4 — Mallarmé et Huysmans emploient des mots rares. Pourquoi ? Que signifient-ils ? Pour le poète, ces mots signifient le plus souvent qu'il est question de choses précieuses : lesquelles ?

NAISSANCE D'UN MOT, GENÈSE D'UNE TECHNIQUE

Photographe : 1836, « auteur qui écrit sur la lumière ».
1842, personne qui pratique la photographie
(dict. de l'Acad.).

Photographie : (de phôs, phôtos, lumière, et graphein, écrire).
1835 : partie de la physique qui s'occupe de la lumière.

1839 : technique permettant de fixer, sur une surface
rendue sensible à la lumière par des produits
chimiques, l'image des objets avec leur modelé.
(Acad. des Sciences).

Photographier : 1860 : faire une photographie,
fixer par une photographie.

D'après GLF.

Pris en 1816 par Nicéphore Niepce (1765-1833), ce cliché est la première photographie connue.

Boulevard du Temple, Daguerre.

Détail.

DAGUERRE (1787-1851), **1839**
Il photographia à cette date le boulevard du Temple, à Paris. Le temps de pose était si long qu'il ne permit pas à l'auteur de fixer l'image des voitures et des passants de ce quartier animé, à l'exception (voir détail ci-contre) d'un homme faisant cirer ses chaussures.

G. Seurat (1859-1891), avec la technique dite « pointilliste », donne à ses dessins et peintures un grain et une lumière qui ne sont pas sans rapports avec la technique photographique. Jeune femme se poudrant, 1889-1890.

Sarah Bernhardt (1844-1923) par Paul Nadar (1820-1910).
Tirage par Daniel Masclet en 1859.

Amédée Mante (1826-1913), Cécile Sorel (vers 1895).

Amédée Mante (1826-1913), Portrait de Cléo de Mérode (vers 1895-1896).

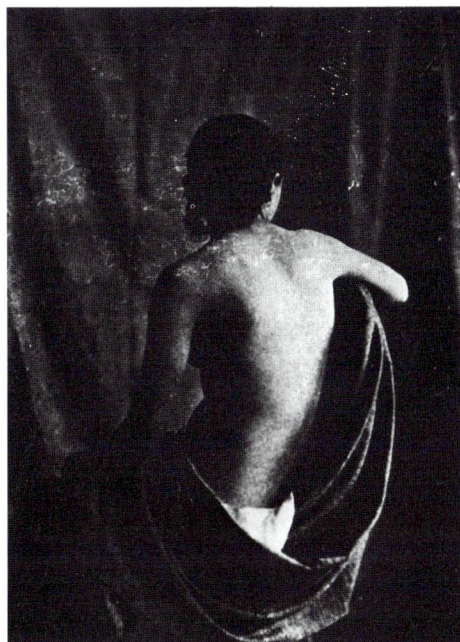

Eugène Delacroix et Durieu, *Album photographique* (Musée du Louvre).

1 — *Quels sont, à votre avis, les rapports entre la photographie et la peinture (choix des sujets, cadrages, emprunts réciproques, etc.) ?*

2 — *Photographier signifie littéralement « écrire (avec de) la lumière ». Vous examinerez comment les jeux sur la répartition de l'ombre et de la lumière prennent le pas sur la forme et la ligne. Quelle est la part de reproduction de la réalité, et la part d'intervention sur cette réalité ?*

3 — *Comment comprenez-vous que la photographie, longtemps accusée de simplement reproduire la réalité, n'ait pas acquis avant le XXᵉ siècle un statut officiel de « genre artistique » ? Pour vous, est-ce un art, ou une pure technique ?*

4 — *Daguerre : quels sont les aspects réalistes et les aspects fantastiques de cette photographie ?*

Jean Richepin (BN).

LES OISEAUX DE PASSAGE

(...) O vie heureuse des bourgeois ! Qu'avril bourgeonne
Ou que décembre gèle, ils sont fiers et contents.
Ce pigeon est aimé trois jours par sa pigeonne ;
Ça lui suffit : il sait que l'amour n'a qu'un temps.

5 Ce dindon a toujours béni sa destinée.
Et quand vient le moment de mourir, il faut voir
Cette jeune oie en pleurs : « C'est là que je suis née ;
Je meurs près de ma mère et j'ai fait mon devoir. » (...)

Elle a fait son devoir ! C'est-à-dire que oncque
10 Elle n'eut de souhait impossible, elle n'eut
Aucun rêve de lune, aucun désir de jonque
L'emportant sans rameurs sur un fleuve inconnu.

Elle ne sentit pas lui courir sous la plume
De ces grands souffles fous qu'on a dans le sommeil,
15 Pour aller voir la nuit comment le ciel s'allume
Et mourir au matin sur le cœur du soleil.

Et tous sont ainsi faits ! Vivre la même vie
Toujours, pour ces gens-là cela n'est point hideux.
Ce canard n'a qu'un bec, et n'eut jamais envie
20 Ou de n'en plus avoir ou bien d'en avoir deux. (...)

N'avoir aucun besoin de baiser sur les lèvres,
Et, loin des songes vains, loin des soucis cuisants,
Posséder pour tout cœur un viscère sans fièvres,
Un coucou régulier et garanti dix ans !

25 Oh ! les gens bienheureux !... Tout à coup, dans l'espace,
Si haut qu'il semble aller lentement, un grand vol
En forme de triangle arrive, plane et passe.
Où vont-ils ? Qui sont-ils ? Comme ils sont loin du sol !

Qu'est-ce que vous avez, bourgeois ? Soyez donc calmes.
30 Pourquoi les appeler, sot ? Ils n'entendront pas.
Et d'ailleurs, eux qui vont vers le pays des palmes,
Crois-tu que ton fumier ait pour eux des appas ?

Regardez-les passer ! Eux, ce sont les sauvages.
Ils vont où leur désir le veut, par-dessus monts,
Et bois, et mers, et vents, et loin des esclavages.
L'air qu'ils boivent ferait éclater vos poumons.

Regardez-les ! Avant d'atteindre sa chimère,
Plus d'un, l'aile rompue et du sang plein les yeux,
Mourra. Ces pauvres gens ont aussi femme et mère,
40 Et savent les aimer aussi bien que vous, mieux.

Pour choyer cette femme et nourrir cette mère,
Ils pouvaient devenir volailles comme vous.
Mais ils sont avant tout les fils de la chimère,
Des assoiffés d'azur, des poètes, des fous. (...)

45 Là-bas, c'est le pays de l'étrange et du rêve,
C'est l'horizon perdu par-delà les sommets,
C'est le bleu paradis, c'est la lointaine grève
Où votre espoir banal n'abordera jamais.

Regardez-les, vieux coq, jeune oie édifiante !
50 Rien de vous ne pourra monter aussi haut qu'eux.
Et le peu qui viendra d'eux à vous, c'est leur fiente.
Les bourgeois sont troublés de voir passer les gueux.

Je suis, répondit l'inconnu, le grand poète Kacatogan.

LE POETE.

Scène de la vie privée et publique des animaux.

Grandville (1803-1847), Le poète (BN).

la Chanson des Gueux, 1876.

Carjat, *Germain Nouveau* (Musée de Charleville-Mézières).

BALLADE DU ROI DES GUEUX

Venez à moi, claquepatins,
Loqueteux, joueurs de musettes,
Clampins, loupeurs, voyous, catins,
Et marmousets, et marmousettes,
5 Tas de traîne-cul-les-housettes,
Race d'indépendants fougueux !
Je suis du pays dont vous êtes :
Le poète est le Roi des Gueux.

Vous que la bise des matins,
10 Que la pluie aux âpres sagettes,
Que les gendarmes, les mâtins,
Les coups, les fièvres, les disettes
Prennent toujours pour amusettes,
Vous dont l'habit mince et fongueux
15 Paraît fait de vieilles gazettes,
Le poète est le Roi des Gueux.

Vous que le chaud soleil a teints,
Hurlubiers dont les peaux bisettes
Ressemblent à l'or des gratins,
20 Gouges au front plein de frisettes,
Momignards nus sans chemisettes,
Vieux à l'œil cave, au nez rugueux,
Au menton en casse-noisettes,
Le poète est le Roi des Gueux.

ENVOI.

25 O Gueux, mes sujets, mes sujettes,
Je serai votre maître queux.
Tu vivras, monde qui végètes !
Le poète est le Roi des Gueux.

Richepin, la *Chanson des gueux,* 1876.

L'inspiration de Richepin est également celle de **GERMAIN NOUVEAU (1851-1920)**, *qui se présente ainsi à Richepin, dans une ballade écrite en 1875 :*

TRÈS-MESCHANTE
BALLADE
D'UN
PAUVRE PETIT GUEUX
PRÉSENTÉE HUMBLEMENT
AU ROY D'ICELUI,
AU MAISTRE ÈS-BALLADES FRANÇOISES,
A MESSIRE JEAN RICHEPIN
EN SA DEMEURE
DE LA RUE LA ROCHEFOUCAULD
À PARIS

Moyen ne suis, encore moins géant,
D'un joli laid, et bête oui, mais trop bête ;
Tantôt assis, tantôt sur mon séant,
Tantôt mes pieds supportant mon squelette ;
5 Tête je n'ai que pour « faire une tête »,
N'ayant rien plus, ni de pipe au chapeau ;
Mais aille dans la lune, ou la lunette,
Qui n'a pitié du gueux Germain Nouveau !

Paresseux, non, parce que fainéant,
10 Peintre bien peu, mais pas du tout poète ;
Fermé par trop, ou bien par trop béant ;
Enfant surtout, mais plus qu'un tel qui tète ;
Un œil en deuil et l'autre pas en fête,
Vais sous le ciel où ne vois que corbeau ;
15 Mais soit privé de vin ou de piquette,
Qui n'a pitié du gueux Germain Nouveau !

Ne crois aux Saints, ni ne crois au Néant,
Trois préjugés partageant, d'âme honnête,
Manger, dormir et boire à l'échéant ;
20 Quatre, ai-je dit, avec froisser cornette ;
Hélas ! souvent ne bois qu'eau dans casquette !
Chien de grand'route et puis rat de bureau ;
Mais soit, brûlant, loin de femme, orde ou nette,
Qui n'a pitié du gueux Germain Nouveau.

ENVOI.

25 PRINCE, hébergez ma faim, pour lors j'apprête
Monsieur mon luth sans cordes de boyau.
Mais débouté soye de sa requête,
Qui n'a pitié du gueux Germain Nouveau !

Poésies, 1875.

NRI BECQUE, 1882

Grandville (1803-1847)
Le propriétaire (BN).

TEISSIER.

Voici la somme que vous m'avez demandée. Elle est destinée, m'avez-vous dit, à des fournisseurs. Recevez-les vous-même. Examinez les mémoires qu'on vous remettra, ne craignez pas de les réduire autant que possible et prenez bien garde surtout à ne pas payer deux fois la même note. *(Retenant Marie.)* Où est mon reçu ?

MARIE.

5   Je vais vous le donner tout à l'heure.

TEISSIER.

J'aurais dû le tenir d'une main pendant que je vous remettais l'argent de l'autre. Je suis à découvert en ce moment. *(Elle va au meuble-secrétaire et dépose les billets dans un tiroir ; elle revient. — Moment de silence.)* Vous avez une chose à me dire et moi j'en ai une autre. Venez vous asseoir près de moi, voulez-vous, et causons comme une paire 10 d'amis ? *(Ils s'asseyent.)* Qu'est-ce que vous comptez faire ?

MARIE.

Je ne comprends pas votre question.

TEISSIER.

Elle est bien simple cependant, ma question. Je vous ai dit autrefois qu'il vous reviendrait une cinquantaine de mille francs, il ne vous reviendra pas davantage. Vous ne pensez pas garder cet appartement et tenir table ouverte jusqu'à la fin de votre 15 dernier écu. Qu'est-ce que vous comptez faire ?

MARIE.

Un parent de ma mère qui habite la province nous a offert de nous retirer près de lui.

TEISSIER.

Votre parent est comme tous les parents ; il vous a fait cette proposition en pensant que vous y mettriez du vôtre ; il ne la maintiendra pas quand ce sera à lui d'y 20 mettre du sien.

MARIE.

Nous resterons à Paris alors.

TEISSIER.

Qu'allez-vous devenir à Paris ?

MARIE.

Ma sœur aînée est toute prête, dès qu'il le faudra, à donner des leçons de musique.

TEISSIER.

Bien. Votre sœur aînée, si elle prend ce parti, se lassera promptement de 25 soutenir sa famille ; elle voudra que ses profits soient pour elle et elle aura raison.

MARIE.

Mais je compte bien m'occuper aussi.

TEISSIER.

A quoi ?

MARIE.

Ah ! à quoi ? Je ne le sais pas encore. Le travail pour une femme est si difficile à trouver et rapporte si peu de chose.

TEISSIER.

30   Voilà ce que je voulais vous faire dire. *(Pause ; il reprend avec hésitation et embarras.)* Je connais une maison où, si vous le vouliez, vous viendriez vous établir. Vous auriez là le logement, la table, tous les mois une petite somme que vous pourriez économiser pour plus tard, vous n'auriez plus à songer à vous.

MARIE.

Quelle maison ?... La vôtre ?

TEISSIER, *avec un demi-sourire équivoque.*

35   La mienne ?

MARIE, *après une marque d'émotion, ne sachant ce qu'elle doit comprendre ni ce qu'elle doit répondre.*

Ce que vous me proposez n'est pas possible ; ma mère d'abord ne me laisserait pas m'éloigner d'elle.

TEISSIER.

Oui, je me doute bien que votre mère ferait des difficultés ; mais vous êtes d'âge aujourd'hui à n'écouter personne et à calculer vos intérêts.

les Corbeaux, 1882, acte III, scène VIII.

La même symbolique de l'oiseau bourgeois est reprise par Henry Becque (1837-1899) dans sa pièce les Corbeaux (1882). Mme Vigneron vient de perdre son mari, qui lui laisse une succession riche, mais embrouillée. On assiste alors à la ruée des créanciers, vrais ou faux, et des affairistes véreux. Teissier, bourgeois fort riche, propose à Marie, fille des Vigneron, un moyen expéditif et très personnel pour régler ses problèmes financiers.

Grandville (1803-1847). *Le banquier* (BN).

LAURENT TAILHADE (1854-1919), **1923**

critique de la fin du siècle tire la moralité de l'œuvre de Becque :

Les adversaires d'Henry Becque, les virtuoses du sifflet, les empoisonneurs du feuilleton, les abonnés du mardi à la Comédie Française et les plaisantins des petits journaux, les manieurs d'argent, les tripoteurs d'affaires, les hommes sans scrupules et les femmes sans mari, tout l'effectif des solennités mondaines, ventres dorés, poètes ignares, bas bleus, aventuriers, ne se trompaient aucunement lorsqu'ils protestaient avec fureur ou perfidie ; ils tentaient d'imposer silence à la grande voix qui, tout à coup, se faisait entendre au milieu des ramages coutumiers. Ils voyaient juste. Henry Becque était leur ennemi. *Les Corbeaux* font et jugent le procès du monde moderne, de la bourgeoisie et, si l'on peut encore oser cette expression, de la société capitaliste. (...)

Depuis plus d'un siècle, enchaîné, courbé sous la malédiction de l'or, exempt de tout scrupule et de tout rêve, l'homme a perdu les seuls trésors dignes d'être enviés. Ce qu'il appelle orgueilleusement « le progrès », tant de trouvailles et de découvertes, les éléments de bonheur que la science apporte chaque jour à la collectivité, empoisonnés, dès l'origine, par ce venin de l'or, ne servent qu'à rendre plus dure l'existence, plus mesquins les esprits et les cœurs plus abjects. Le progrès ! C'est la machine qui tue et la taverne qui abêtit. C'est la misère perpétuelle, c'est la proscription des malheureux, la loi souriante au riche, impitoyable aux déshérités. C'est le mensonge politique, les étiquettes fallacieuses, le trompe l'œil scélérat des institutions libérales. Ce sont les miséreux parqués dans les usines ou dans les taudis infects que l'huissier cambriole, chaque fois que le Veau d'Or exige des sacrifices humains. Le progrès ! C'est l'unique liberté accordée au pauvre, la liberté de mourir de faim.

Laurent Tailhade, *Masques et Visages,* 1923.

ROSTAND (1868-1918), **1910**

C'est finalement dans Chantecler, *de cet auteur, que l'on retrouve l'illustration la plus systématique de l'assimilation hommes/oiseaux :*

LA FAISANE, *récitant avec langueur.*
Le Coq et la Faisane : fable.

CHANTECLER, *à* mi-voix.
Un Coq aimait une Faisane...

LA FAISANE.
                              Et ne
Voulait rien lui dire...

CHANTECLER.
                    Moralité...

LA FAISANE.
⁵C'était très laid !

CHANTECLER, *tout contre elle.*
Moralité : ta robe a des frissons de
                              [soie !

LA FAISANE.
Moralité : je ne veux pas qu'on me
                              [tutoie !

Se dégageant.
Va retrouver ta poule à l'humble
                              [caraco !

Chantecler, 1910.

ANALYSE D'UN SYMBOLE, L'OISEAU

1 — RICHEPIN :
   a) Vous dégagerez la signification symbolique de chaque type d'oiseau cité.
   b) Cette relation métaphorique entre oiseaux et humains *vous paraît-elle :*
      – purement arbitraire ?
      – obéir à des objectifs esthétiques ?
      – une arme, ou une précaution contre la censure ? Justifiez vos réponses par des exemples précis.
   c) Quelle est la structure globale des Oiseaux de passage ? *G. Brassens (Brassens X) a mis en musique ce poème. Comment l'accompagnement musical marque-t-il la structure du texte ?*

2 — A quelle classe sociale, et à quelle esthétique, s'opposent les gueux *évoqués par Richepin et Germain Nouveau ?*

3 — Dégagez la signification symbolique du titre de la pièce de Becque. En quoi cette pièce, et son commentaire par Laurent Tailhade, entérinent-ils la même opposition entre les gueux *et la « bonne société » ?*

4 — Une expression française, « donner des noms d'oiseaux », signifie « injurier ».
   a) Quels sont les noms d'oiseaux appliqués couramment à l'espèce humaine, et quel est leur sens ?
   b) Plus généralement, quels oiseaux sont utilisés comme symboles (en particulier dans les blasons nationaux) ?

Rimbaud, *bourgeois de Charleville*
(Musée de Charleville-Mézières).

« Par ce titre, *les Assis*, par ce passif verbal ironiquement substantivé, voici stigmatisés tous ceux que le mouvement, la hardiesse et la nouveauté offusquent, tous ceux que la routine, la médiocrité, la paresse immobilisent. »

Emilie Noulet, *le Premier visage de Rimbaud*, 1973.

LES ASSIS

Noirs de loupes, grêlés, les yeux cerclés de bagues
Vertes, leurs doigts boulus crispés à leurs fémurs,
Le sinciput plaqué de hargnosités vagues
Comme les floraisons lépreuses des vieux murs ;

5 Ils ont greffé dans des amours épileptiques
Leur fantasque ossature aux grands squelettes noirs
De leurs chaises ; leurs pieds aux barreaux rachitiques
S'entrelacent pour les matins et pour les soirs !

Ces vieillards ont toujours fait tresse avec leurs sièges,
10 Sentant les soleils vifs percaliser leur peau,
Ou, les yeux à la vitre où se fanent les neiges,
Tremblant du tremblement douloureux du crapaud.

Et les Sièges leur ont des bontés : culottée
De brun, la paille cède aux angles de leurs reins ;
15 L'âme des vieux soleils s'allume emmaillotée
Dans ces tresses d'épis où fermentaient les grains.

Et les Assis, genoux aux dents, verts pianistes,
Les dix doigts sous leur siège aux rumeurs de tambour,
S'écoutent clapoter des barcarolles tristes,
20 Et leurs caboches vont dans des roulis d'amour.

— Oh ! ne les faites pas lever ! C'est le naufrage...
Ils surgissent, grondant comme des chats giflés,
Ouvrant lentement leurs omoplates, ô rage !
Tout leur pantalon bouffe à leurs reins boursouflés.

25 Et vous les écoutez, cognant leurs têtes chauves
Aux murs sombres, plaquant et plaquant leurs pieds tors.
Et leurs boutons d'habit sont des prunelles fauves
Qui vous accrochent l'œil du fond des corridors !

Puis ils ont une main invisible qui tue :
30 Au retour, leur regard filtre ce venin noir
Qui charge l'œil souffrant de la chienne battue,
Et vous suez, pris dans un atroce entonnoir.

Rassis, les poings noyés dans des manchettes sales,
Ils songent à ceux-là qui les ont fait lever
35 Et, de l'aurore au soir, des grappes d'amygdales
Sous leurs mentons chétifs s'agitent à crever.

Quand l'austère sommeil a baissé leurs visières,
Ils rêvent sur leur bras de sièges fécondés,
De vrais petits amours de chaises en lisière
40 Par lesquelles de fiers bureaux seront bordés.

Des fleurs d'encre crachant des pollens en virgule
Les bercent, le long des calices accroupis
Tels qu'au fil des glaïeuls le vol des libellules
— Et leur membre s'agace à des barbes d'épis.

1870, publié en 1883.

LES ASSIS
1 — *Bien que ce feu d'artifice d'images et de sons paraisse à première vue incohérent, essayez,* en vous laissant guider par le titre, *de donner le mouvement général de ce poème.*

2 — *Sans tenir compte maintenant du déroulement du texte, regroupez certains termes en champs lexicaux* (ex. : parties du corps, postures, couleurs, temporalité, éléments naturels, mouvement/immobilité...), relevez les mots qui reviennent plusieurs fois. Précisez alors le sens de la critique de Rimbaud.*

3 — *Choisissez une strophe du poème ; étudiez les alliances de mots, les rythmes et les sonorités (voir n° 27 et n° 115).*

UNE ŒUVRE « IRRÉCUPÉRABLE » ?

L'œuvre d'Arthur Rimbaud, comme celle de Lautréamont (voir n°s 94 à 96) résiste à la critique. Arrachées à l'oubli par Verlaine, les quelques pages qui la composent ont suscité un « mythe Rimbaud » aux multiples facettes ; et la diversité des interprétations n'en révèle que mieux la place tout à fait singulière qu'occupe, dans notre littérature mais aussi dans notre imagination cette « aventure unique dans l'histoire de l'art. » (Mallarmé).

Génie adolescent ou potache doué pour le canular, initiateur de la modernité poétique ou météore que rien ne précède ni ne suit, révolutionnaire de la Commune ou chrétien mystique sans le savoir, poète maudit ou homme de lettres somme toute assez cabotin, que de versions ont été présentées de ce personnage dont l'œuvre fulgurante est achevée à vingt-et-un ans ! Car le long silence qui suit cette flambée poétique n'est pas ce qui embarrasse le moins biographes et exégètes : nous ne sommes pas prêts d'accepter que l'« auteur » d'une « œuvre » qu'il faut bien appeler « littéraire », se préoccupe aussi peu de sa publication — quand il ne brûle pas les exemplaires que l'éditeur lui envoie (Une Saison en Enfer)... Et comment expliquer que du « génial » Rimbaud, à partir de 1875, ne nous parviennent plus que des lettres insipides, que toute passion poétique semble avoir désertées ?

Un mythe ne vient jamais seul : l'œuvre de Rimbaud, il est vrai, dérange. Et l'accumulation de gloses aussi intarissables que contradictoires est la meilleure preuve, sans doute, des difficultés qu'éprouve la critique à réduire une entreprise qui semble mettre en cause ses catégories mêmes : avec Rimbaud, c'est la notion de « littérature » qui vacille ; au-delà d'une nouvelle définition de la « poésie », ce sont les rapports entre l'« art » et la « vie » qui deviennent incertains ; au-delà du langage, c'est notre vision même de la réalité qui se trouve remise en cause : le Surréalisme, cinquante ans plus tard, se réclamera de « ce passant considérable » (Mallarmé), qui voulait « changer la vie ».

PAUL VERLAINE, 1884

Les Assis ont une petite histoire qu'il faudrait peut-être rapporter pour qu'on les comprît bien.

Arthur Rimbaud qui faisait alors sa seconde en qualité d'externe au lycée de..., se livrait aux écoles buissonnières les plus énormes, et quand il se sentait — enfin — fatigué d'arpenter monts, bois et plaines, nuits et jours, — car quel marcheur ! — il venait à la bibliothèque de la dite ville et y demandait des ouvrages malsonnants aux oreilles du bibliothécaire en chef, dont le nom — peu fait pour la postérité — danse au bout de notre plume, mais qu'importe ce nom d'un bonhomme en ce travail malédictin ? L'excellent bureaucrate, que ses fonctions mêmes obligeaient à délivrer à Rimbaud, sur la requête de ce dernier, force Contes Orientaux et Libretti de Favart, le tout entremêlé de vagues bouquins scientifiques très anciens et très rares, maugréait de *se lever* pour ce gamin et le renvoyait volontiers, de bouche, à ses chères études, à Cicéron, à Horace, et à nous ne savons plus quels Grecs aussi. Le gamin, qui, d'ailleurs, connaissait et surtout appréciait infiniment mieux ses classiques que ne le faisait le birbe lui-même, finit par *s'irriter,* d'où le chef-d'œuvre en question.

les Poètes maudits, 1884.

FAC-SIMILÉ DU SONNET DES VOYELLES

VOYELLES

A noir, E blanc, I rouge, U vert, O bleu : voyelles,
Je dirai quelque jour vos naissances latentes :
A, noir corset velu des mouches éclatantes
Qui bombinent autour des puanteurs cruelles,

Golfes d'ombre ; E, candeurs des vapeurs et des tentes,
Lances des glaciers fiers, rois blancs, frissons d'ombelles ;
I, pourpres, sang craché, rire des lèvres belles
Dans la colère ou les ivresses pénitentes ;

U, cycles, vibrements divins des mers virides,
Paix des pâtis semés d'animaux, paix des rides
Que l'alchimie imprime aux grands fronts studieux ;

O, suprême Clairon plein de strideurs étranges,
Silences traversés des Mondes et des Anges :
— O l'Oméga, rayon violet de Ses Yeux !

Arthur Rimbaud, 1883, écrit en 1872.

VOYELLES

1 — Vous étudierez les rapports établis par Rimbaud entre les différents ordres sensoriels. Dans quelle mesure peut-on rapprocher ce poème de Correspondances *(voir n° 63) ? Les associations vous semblent-elles appelées plutôt par la forme graphique, ou le son des voyelles ?*

2 — Les deux commentaires critiques cités au n° 148 b vous semblent-ils plausibles ? Quelle serait votre interprétation personnelle ?

Fantin Latour, *Un coin de table, détail : Rimbaud*
(Musée du Jeu de Paume).

« La veille de son départ, fin septembre 1871, Rimbaud me lit Le Bateau Ivre. *« J'ai fait cela, dit-il, pour présenter aux gens de Paris ».* Comme je lui prédis alors qu'il va éclipser les plus grands noms, il reste mélancolique et préoccupé : « Qu'est-ce que je vais faire là-bas ? Je ne sais pas me tenir, je ne sais pas parler... Oh ! pour la pensée, je ne crains personne. »
E. Delahaye, *Rimbaud, l'artiste et l'être moral, 1923.*

LE BATEAU IVRE

Comme je descendais des Fleuves impassibles,
Je ne me sentis plus guidé par les haleurs :
Des Peaux-Rouges criards les avaient pris pour cibles
Les ayant cloués nus aux poteaux de couleurs.

5 J'étais insoucieux de tous les équipages,
Porteur de blés flamands ou de cotons anglais.
Quand avec mes haleurs ont fini ces tapages
Les Fleuves m'ont laissé descendre où je voulais.

Dans les clapotements furieux des marées,
10 Moi, l'autre hiver, plus sourd que les cerveaux d'enfants,
Je courus ! Et les Péninsules démarrées
N'ont pas subi tohu-bohus plus triomphants.

La tempête a béni mes éveils maritimes.
Plus léger qu'un bouchon j'ai dansé sur les flots
15 Qu'on appelle rouleurs éternels de victimes,
Dix nuits, sans regretter l'œil niais des falots !

Plus douce qu'aux enfants la chair des pommes sures,
L'eau verte pénétra ma coque de sapin
Et des taches de vins bleus et des vomissures
20 Me lava, dispersant gouvernail et grappin.

Et dès lors, je me suis baigné dans le Poème
De la Mer, infusé d'astres, et lactescent,
Dévorant les azurs verts ; où, flottaison blême
Et ravie, un noyé pensif parfois descend ;

25 Où, teignant tout à coup les bleuités, délires
Et rythmes lents sous les rutilements du jour,
Plus fortes que l'alcool, plus vastes que nos lyres,
Fermentent les rousseurs amères de l'amour !

Je sais les cieux crevant en éclairs, et les trombes
30 Et les ressacs et les courants : je sais le soir,
L'Aube exaltée ainsi qu'un peuple de colombes,
Et j'ai vu quelquefois ce que l'homme a cru voir !

J'ai vu le soleil bas, taché d'horreurs mystiques,
Illuminant de longs figements violets,
35 Pareils à des acteurs de drames très-antiques
Les flots roulant au loin leurs frissons de volets !

J'ai rêvé la nuit verte aux neiges éblouies,
Baiser montant aux yeux des mers avec lenteurs,
La circulation des sèves inouïes,
40 Et l'éveil jaune et bleu des phosphores chanteurs !

J'ai suivi, des mois pleins, pareille aux vacheries
Hystériques, la houle à l'assaut des récifs,
Sans songer que les pieds lumineux des Maries
Pussent forcer le mufle aux Océans poussifs !

45 J'ai heurté, savez-vous, d'incroyables Florides
Mêlant aux fleurs des yeux de panthères à peaux
D'hommes ! Des arcs-en-ciel tendus comme des brides
Sous l'horizon des mers, à de glauques troupeaux !

J'ai vu fermenter les marais énormes, nasses
50 Où pourrit dans les joncs tout un Léviathan !
Des écroulements d'eaux au milieu des bonaces,
Et les lointains vers les gouffres cataractant !

Glaciers, soleils d'argent, flots nacreux, cieux de braises !
Echouages hideux au fond des golfes bruns
55 Où les serpents géants dévorés des punaises
Choient, des arbres tordus, avec de noirs parfums !

J'aurais voulu montrer aux enfants ces dorades
Du flot bleu, ces poissons d'or, ces poissons chantants.
— Des écumes de fleurs ont bercé mes dérades
Et d'ineffables vents m'ont ailé par instants.

Parfois, martyr lassé des pôles et des zones,
La mer dont le sanglot faisait mon roulis doux
Montait vers moi ses fleurs d'ombre aux ventouses jaunes
Et je restais, ainsi qu'une femme à genoux...

Presque île, ballottant sur mes bords les querelles
Et les fientes d'oiseaux clabaudeurs aux yeux blonds.
Et je voguais, lorsqu'à travers mes liens frêles
Des noyés descendaient dormir, à reculons !...

Or moi, bateau perdu sous les cheveux des anses,
Jeté par l'ouragan dans l'éther sans oiseau,
Moi dont les Monitors et les voiliers des Hanses
N'auraient pas repêché la carcasse ivre d'eau ;

Libre, fumant, monté de brumes violettes,
Moi qui trouais le ciel rougeoyant comme un mur
Qui porte, confiture exquise aux bons poëtes,
Des lichens de soleil et des morves d'azur,

Qui courais, taché de lunules électriques,
Planche folle, escorté des hippocampes noirs,
Quand les juillets faisaient crouler à coups de triques
Les cieux ultramarins aux ardents entonnoirs ;

Moi qui tremblais, sentant geindre à cinquante lieues
Le rut des Béhémots et les Maelstroms épais,
Fileur éternel des immobilités bleues,
Je regrette l'Europe aux anciens parapets !

J'ai vu des archipels sidéraux ! et des îles
Dont les cieux délirants sont ouverts au vogueur :
— Est-ce en ces nuits sans fond que tu dors et t'exiles,
Million d'oiseaux d'or, ô future Vigueur ? —

Mais, vrai, j'ai trop pleuré ! Les Aubes sont navrantes.
Toute lune est atroce et tout soleil amer :
L'âcre amour m'a gonflé de torpeurs enivrantes.
O que ma quille éclate ! O que j'aille à la mer !

Si je désire une eau d'Europe, c'est la flache
Noire et froide où vers le crépuscule embaumé
Un enfant accroupi plein de tristesses, lâche
Un bateau frêle comme un papillon de mai.

Je ne puis plus, baigné de vos langueurs, ô lames,
Enlever leur sillage aux porteurs de cotons,
Ni traverser l'orgueil des drapeaux et des flammes,
Ni nager sous les yeux horribles des pontons.

Rimbaud, *autoportrait* (Musée de Charleville-Mézières).

LE BATEAU IVRE

*1 — Par des regroupements de termes, vous développerez les deux axes de lecture suivants, en soulignant les étapes :
le voyage maritime (« la mer »), la métaphore d'une expérience poétique (« le Poème de la Mer »).*

2 — Relevez les images, les évocations auxquelles vous êtes le plus sensible, et expliquez pourquoi.

3 — Quels sont dans ce poème, les différents éléments qui ont pu suggérer aux critiques cités page suivante des interprétations divergentes ? Quelle interprétation préférez-vous, et pourquoi ?

LECTURES DU « BATEAU IVRE »...

C.-A. HACKETT, 1967 : *l'épreuve de la liberté*

Toutes les expériences du bateau ivre sont celles de Rimbaud : la rupture avec nos conventions et notre monde ; le voyage vers l'inconnu ; l'épreuve de la liberté ; les innombrables visions, dont certaines sont belles et rassurantes, d'autres dangereuses et effrayantes ; des sensations et des émotions aussi opposées et extrêmes que le sont les climats des « pôles » et des « zones » du poème ; le désir de la « future Vigueur », suivi d'un désir du néant ; la nostalgie de l'Europe et de l'enfance ; l'insatisfaction, la lassitude. Tout est là, et en même temps ; ainsi qu'un foisonnement d'éléments matériels, toute la faune et la flore des pays imaginaires, et, dirait-on, sans aucun souci d'ordre. Cependant, tout y est uni par un seul mouvement qui, comme une vague, tantôt monte, tantôt retombe, et finalement déferle.

Autour de Rimbaud, 1967.

M.-A. RUFF, 1978 : *un poème prémonitoire*

Le démarrage, c'est le détachement de toutes les traditions et conventions qui l'avaient guidé jusque-là (les « haleurs »), le bateau largue vers le rêve d'une révolution totale, politique, sociale et morale, dans un enthousiasme triomphant. Mais ce voyage, tout fulgurant de visions éblouissantes, s'est maintenant terminé par un triste réveil : « Les Aubes sont navrantes. » Il ne reste plus qu'à regagner la misérable « flache » de son enfance, tous espoirs perdus.

Si je me donne, pour une fois, le ridicule de « résumer » un poème, et quel poème ! c'est pour expliquer qu'à mes yeux il traduit une expérience directe et récente. *Une saison en enfer* ne fera que reprendre le même thème, sous une autre forme et en en tirant la leçon.

L'originalité du *Bateau Ivre,* c'est le jeu verbal, véritable éruption volcanique de couleurs et d'images fulgurantes, le tout orchestré avec cette maîtrise de la langue qui se laissait pressentir dès *Les Etrennes des orphelins* et qui atteint ici la virtuosité la plus éclatante. Et l'auteur n'a pas encore dix-sept ans.

Rimbaud, Poésies, 1978, édition critique.

E. NOULET, 1973 :
sensation et hermétisme

Le Bateau Ivre est symboliste de la manière vaste, multiple et enthousiaste qui transfigure le monde et que les Symbolistes ont espéré, mais en vain, de reprendre.

De la manière la plus simple aussi, puisque le bateau ivre, c'est lui-même, c'est le gamin ivre de liberté à chacune de ces fugues et qui, chaque fois, piteusement, s'en revient au logis exécré ; c'est, à chaque départ, la fièvre de l'imagination ; à chaque retour, le bateau dérisoire que l'enfant pousse sur la mare.

Signe et chose, le symbole transcende ici toute parole, anime tout objet d'une vie absolue et de l'étrange façon qui lui ôte d'une part ses attributs accidentels et neutres, et lui confère, en retour, des attributs invariants et pathétiques.

Non plus, après coup, mais dès le premier vers, et dès le rythme initial, la partie se joue suivant deux perspectives, l'une indirectement réelle, animée et colorée ; l'autre, directement déduite, et, — au sens vrai — diaphane.

Par *Le Bateau Ivre,* Rimbaud apprenait aux poètes qui viendraient, comment ce double jeu de miroirs convergents captait les lueurs significatives du système poétique. Tandis que ces mêmes reflets croisés déterminaient ce qu'on peut appeler, improprement d'ailleurs, l'hermétisme particulier de Rimbaud.

Son obscurité, en effet, n'a nullement le caractère formel et syntaxique qu'il a chez Mallarmé. Elle a d'autres motifs.

Chez Mallarmé, l'obscurité est l'effet d'une lenteur ; chez Rimbaud, d'une hâte. Là, elle est l'effet d'une méditation ; ici, d'un bondissement. Là, d'une constance ; ici, d'un mouvement imprévisible.

Chez Rimbaud, si le lecteur ne suit pas le fil de la pensée, c'est faute de s'être placé, comme lui, au centre d'une position, — position de révolte, de conquête ou de désespoir, — telle qu'elle brûle tout : principes esthétiques, façades morales, transitions de sécurité. Un bouleversement nous est imposé de toutes les notions qui protégeaient ou suscitaient notre habituelle jouissance artistique. De sorte qu'à suivre Rimbaud, nous perdons le souffle, quoique nous puissions toujours l'entendre.

Cette révolte dévorante, née d'une exigence de pureté, elle-même inhérente à l'intolérance de la jeunesse est le motif principal de son hermétisme.

La conséquence, c'est que, dans sa réaction frénétique contre la littérature du passé et du présent, dans le besoin où il était de revenir à des thèmes d'une vérité absolue, il a été amené à réviser la qualité des moyens d'expression.

Il a vu alors que l'échange entre ces thèmes et ces moyens, entre l'auteur et le public, que le commerce des lettres tout entier, étaient frelatés. D'où l'urgente nécessité de retrouver une source pure.

Or, ayant fait table rase de toute la vieille rhétorique, ayant même renié l'écriture « trop artiste » de Baudelaire, la seule dont il restât sûr, la seule chose dont il ne craignît pas le mirage, c'était la sensation. *Sensation,* c'est le titre, obscurément prophétique, qu'il donnait à un de ses tout premiers poèmes. C'est la donnée que, lucidement déjà, il utilisait dans *Le Dormeur du Val ;* c'est elle qui, en toute maîtrise, est orchestrée dans *le Bateau Ivre.*

Rimbaud a créé, a inventé la poésie de la sensation.

le Premier Visage de Rimbaud, 1973.

... ET DE « VOYELLES »

Lucques, *Caricature de Rimbaud peignant les voyelles* (R. Viollet).

R. FAURISSON, 1961 :

Plutôt que de chercher à résoudre l'énigme de « Voyelles » par ce que Rimbaud ne pouvait connaître : la métaphysique (et la plus haute !), il conviendrait de voir si le mystère ne pourrait s'expliquer par des préoccupations d'un tout autre ordre et qui ont l'avantage d'être certaines chez un garçon de cet âge : l'*érotisme cérébral* par exemple.

L'idée de la Femme le tenaillait. Presque toutes ses premières poésies en fourniraient la preuve : « Première Soirée », « Sensation », « Soleil et Chair », « Vénus Anadyomène », « Les Réparties de Nina », « Roman », « Rêvé pour l'Hiver », « Tête de Faune », « Mes Petites Amoureuses », « Les Sœurs de Charité », le Quatrain, etc. De ce flot d'exemples, prenons le dernier. On le cite très souvent à propos de « Voyelles », sans aller au-delà d'un rapprochement superficiel. Le voici :

L'étoile a pleuré rose au cœur de tes oreilles,
L'infini roulé blanc de ta nuque à tes reins ;
La mer a perlé rousse à tes mammes vermeilles,
Et l'homme saigné noir à ton flanc souverain.

Ce quatrain ne recouvre aucune énigme. C'est un blason de la Femme, de la Femme vue de haut en bas. On ne s'est jamais demandé si, par hasard, « Voyelles » ne cachait pas un blason du même genre. Or, ne serait-ce pas le cas ? Il se peut que le sonnet décrive de bas en haut ce que le quatrain évoque dans le sens inverse. Ces deux blasons se présenteraient alors comme deux *variations* sur le thème du corps de la femme.

Les formes des voyelles suggèrent les « formes » de la Femme. De plus, l'évocation se fait « in coïtu », du « point de départ » à l'extase, du commencement à la « pointe » du sonnet, pour parler comme Rimbaud, de « A » jusqu'à « O ».

Si bien que « Voyelles » peut se résumer par le schéma suivant :

A renversé → ∀ . Sous l'égide du sexe, le point de départ.

E couché → m . Sous l'égide des seins, l'épanouissement progressif.

I couché → — . Sous l'égide des lèvres, le moment d'ivresse.

U renversé → ∩ . Sous l'égide de la chevelure, l'accalmie passagère.

O renversé → O . Sous l'égide des yeux, l'extase finale. « Voyelles » repose sur une mystification érotique (...) : tel est le secret que Rimbaud n'a jamais consenti à livrer, en dépit de la promesse du second vers, où on le voit écrire : « Je dirai quelque jour vos naissances latentes. »

« A-t-on lu Rimbaud ? », *Bizarre*, nᵒˢ 21-22, 4ᵉ trim. 1961.

R. ETIEMBLE, 1968 :

Dans une thèse sur Rimbaud demeurée célèbre, ce critique, grand pourfendeur de mythes, qualifiait Le Bateau Ivre *de « brillant exercice de style », lui accordant néanmoins d'être « le moins mauvais peut-être des rafiots parnassiens ». Il s'attaque ici au sonnet des* Voyelles *; au terme de 240 pages consacrées à l'examen de toutes les interprétations que la critique en a fournies, il conclut :*

Il est temps, grand temps qu'on en finisse avec *Voyelles,* poème incohérent, vaguement construit, bourré d'allusions littéraires, de latinismes, d'images livresques, et qui, si je dois à toute force lui trouver un sens, c'est tout bêtement celui-ci : après avoir sacrifié en deux vers idiots à la mode des voyelles colorées, Rimbaud s'oublie heureusement et se borne à grouper, entre l'image de la mort physique et celle du jugement dernier, des objets noirs, blancs, rouges, verts ou bleus, tous on ne peut plus banals, sans aucun rapport avec les voyelles qu'ils « illustrent », mais qui faisaient partie de son univers personnel : la nature, la vie, l'amour, la science, de ce que tout homme oppose pour vivre aux obsessions macabres. Images qui lui sont bonnes ou belles. Oui, mais le *sang craché ?* Il fout tout par terre ? Il n'est pas beau ? Allons, c'est *beau* le sang frais, vous le savez bien. Outre que l'enfant Rimbaud était plus qu'un peu sadique :

(...) il lui mordait les fesses,
Car elle ne portait jamais de pantalons ;

ou encore :

On veut vous déhâler, Mains d'ange,
En vous faisant saigner les doigts !

Bref, au lieu d'une *Symphonie en blanc majeur,* Rimbaud nous propose une petite polychromie en noir, blanc, rouge, vert et bleu, tout ce qu'il y a de mineure : deux vers qui ne font que médiocrement « prolonger et exagérer » les *Correspondances,* (...) en cela malheureusement qu'elles ont de moins défendable, sont gauchement juxtaposés à douze vers conformes à l'esthétique alors la plus convenue. Voilà donc le miracle sans précédent, voilà donc ce chef-d'œuvre magico-alchimisto-kabbalisto-spiritualisto-psychopathologico-érotico-omégaïco-structuraliste. Voilà *Voyelles.*

le Sonnet des Voyelles, 1968.

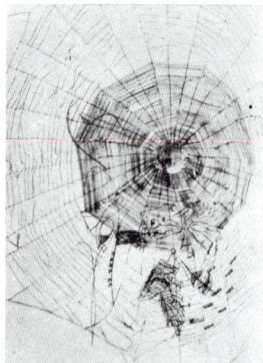

Illustration de Germaine
Richier pour
Une saison en enfer.

« *Alchimie du verbe* » :
ces mots qu'on va répétant
un peu au hasard aujourd'hui
demandent à être pris au pied
de la lettre. Si le chapitre
d'« Une Saison en enfer »
qu'ils désignent ne justifie
peut-être pas toute leur
ambition, il n'en est pas moins
vrai qu'il peut être tenu le plus
authentiquement pour
l'amorce de l'activité difficile
qu'aujourd'hui seul le
surréalisme poursuit (...) Tout
se passe (...) comme si
quelques hommes venaient
d'être mis en possession,
par des voies surnaturelles,
d'un recueil singulier dû à la
collaboration de Rimbaud, de
Lautréamont et de quelques
autres et qu'une voix leur eût
dit (...) : « Regardez bien ce
livre, vous n'y comprenez rien,
ni vous, ni beaucoup d'autres,
mais vous y verrez un jour
ce que nul n'y saurait voir. »

André Breton, *Second
Manifeste du Surréalisme*,
1929.

(1) Suivent « Larme » et
« Bonne pensée du matin ».
(2) Suit « La Chanson de la
plus haute tour ».
(3) Suivent « Faim » et
« Eternité ».
(4) Suit « Ô saisons, ô
châteaux... »

A moi. L'histoire d'une de mes folies.

Depuis longtemps je me vantais de posséder tous les paysages possibles, et trouvais dérisoires les célébrités de la peinture et de la poésie moderne.

J'aimais les peintures idiotes, dessus de portes, décors, toiles de saltimbanques,
5 enseignes, enluminures populaires ; la littérature démodée, latin d'église, livres érotiques sans orthographe, romans de nos aïeules, contes de fées, petits livres de l'enfance, opéras vieux, refrains niais, rythmes naïfs.

Je rêvais croisades, voyages de découvertes dont on n'a pas de relations, républiques sans histoires, guerres de religion étouffées, révolutions de mœurs,
10 déplacements de races et de continents : je croyais à tous les enchantements.

J'inventai la couleur des voyelles ! — *A* noir, *E* blanc, *I* rouge, *O* bleu, *U* vert. — Je réglai la forme et le mouvement de chaque consonne, et, avec des rythmes instinctifs, je me flattai d'inventer un verbe poétique accessible, un jour ou l'autre, à tous les sens. Je réservais la traduction.

15 Ce fut d'abord une étude. J'écrivais des silences, des nuits, je notais l'inexprimable. Je fixais des vertiges. (...) **(1)**

La vieillerie poétique avait une bonne part dans mon alchimie du verbe.

Je m'habituai à l'hallucination simple : je voyais très franchement une mosquée à la place d'une usine, une école de tambours faite par des anges, des calèches sur
20 les routes du ciel, un salon au fond d'un lac ; les monstres, les mystères ; un titre de vaudeville dressait des épouvantes devant moi.

Puis j'expliquai mes sophismes magiques avec l'hallucination des mots !

Je finis par trouver sacré le désordre de mon esprit. J'étais oisif, en proie à une lourde fièvre ; j'enviais la félicité des bêtes, — les chenilles, qui représentent l'innocence
25 des limbes, les taupes, le sommeil de la virginité !

Mon caractère s'aigrissait. Je disais adieu au monde dans d'espèces de romances : (...) **(2)**

J'aimai le désert, les vergers brûlés, les boutiques fanées, les boissons tiédies. Je me traînais dans les ruelles puantes et, les yeux fermés, je m'offrais au soleil, dieu de
30 feu. (...) **(3)**

Je devins un opéra fabuleux : je vis que tous les êtres ont une fatalité de bonheur : l'action n'est pas la vie, mais une façon de gâcher quelque force, un énervement. La morale est la faiblesse de la cervelle.

A chaque être, plusieurs *autres* vies me semblaient dues. Ce monsieur ne sait ce qu'il fait : il est un ange. Cette famille est une nichée de chiens. Devant plusieurs
35 hommes, je causai tout haut avec un moment d'une de leurs autres vies. — Ainsi, j'ai aimé un porc.

Aucun des sophismes de la folie, — la folie qu'on enferme, — n'a été oublié par moi : je pourrais les redire tous, je tiens le système.

Ma santé fut menacée. La terreur venait. Je tombais dans des sommeils de plusieurs jours, et, levé, je continuais les rêves les plus tristes. J'étais mûr pour le trépas,
40 et par une route de dangers ma faiblesse me menait aux confins du monde et de la Cimmérie, patrie de l'ombre et des tourbillons.

Je dus voyager, distraire les enchantements assemblés dans mon cerveau. Sur la mer, que j'aimais comme si elle eût dû me laver d'une souillure, je voyais se lever la croix consolatrice. J'avais été damné par l'arc-en-ciel. Le Bonheur était ma fatalité,
45 mon remords, mon ver : ma vie serait toujours trop immense pour être dévouée à la force et à la beauté. (...) **(4)**

Cela s'est passé. Je sais aujourd'hui saluer la beauté.

Une Saison en enfer, « Délires », II, 1873.

RIMBAUD VOYANT...

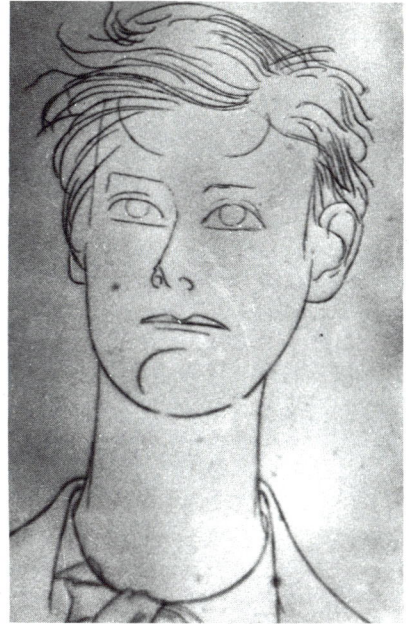

(...) On n'a jamais bien jugé le romantisme. Qui l'aurait jugé ? Les Critiques !! Les Romantiques ? qui prouvent si bien que la chanson est si peu souvent l'œuvre, c'est-à-dire la pensée chantée et comprise du chanteur.

Car JE est un autre. Si le cuivre s'éveille clairon, il n'y a rien de sa faute. Cela m'est évident : j'assiste à l'éclosion de ma pensée : je la regarde, je l'écoute : je lance un coup d'archet : la symphonie fait son remuement dans les profondeurs, ou vient d'un bond sur la scène.

Si les vieux imbéciles n'avaient pas trouvé du Moi que la signification fausse, nous n'aurions pas à balayer ces millions de squelettes qui, depuis un temps infini, ont accumulé les produits de leur intelligence borgnesse, en s'en clamant les auteurs ! (...)

La première étude de l'homme qui veut être poëte est sa propre connaissance, entière ; il cherche son âme, il l'inspecte, il la tente, l'apprend. Dès qu'il la sait, il doit la cultiver ! Cela semble simple : en tout cerveau s'accomplit un développement naturel ; tant d'*égoïstes* se proclament auteurs ; il en est bien d'autres qui s'attribuent leur progrès intellectuel ! — Mais il s'agit de se faire l'âme monstrueuse : à l'instar des comprachicos, quoi ! Imaginez un homme s'implantant et se cultivant des verrues sur le visage.

Je dis qu'il faut être *voyant*, se faire *voyant*.

Le Poëte se fait *voyant* par un long, immense et raisonné *dérèglement* de *tous les sens*. Toutes les formes d'amour, de souffrance, de folie ; il cherche lui-même, il épuise en lui tous les poisons, pour n'en garder que les quintessences. Ineffable torture où il a besoin de toute la foi, de toute la force surhumaine, où il devient entre tous le grand malade, le grand criminel, le grand maudit, — et le suprême Savant ! — Car il arrive à l'*inconnu* ! Puisqu'il a cultivé son âme, déjà riche, plus qu'aucun ! Il arrive à l'inconnu, et quand, affolé, il finirait par perdre l'intelligence de ses visions, il les a vues ! Qu'il crève dans son bondissement par les choses inouïes et innommables : viendront d'autres horribles travailleurs ; ils commenceront par les horizons où l'autre s'est affaissé ! (...)

Donc le poëte est vraiment voleur de feu.

Il est chargé de l'humanité, des *animaux* même ; il devra faire sentir, palper, écouter ses inventions ; si ce qu'il apporte de *là-bas* a forme, il donne forme ; si c'est informe, il donne l'informe. Trouver une langue, — Du reste, toute parole étant idée, le temps d'un langage universel viendra ! Il faut être académicien, — plus mort qu'un fossile, — pour parfaire un dictionnaire, de quelque langue que ce soit. Des faibles se mettraient à *penser* sur la première lettre de l'alphabet, qui pourraient vite ruer dans la folie !

Cette langue sera de l'âme pour l'âme, résumant tout, parfums, sons, couleurs, de la pensée accrochant la pensée et tirant. Le poëte définirait la quantité d'inconnu s'éveillant en son temps dans l'âme universelle : il donnerait plus — que la formule de sa pensée, que l'annotation *de sa marche au Progrès* ! Énormité devenant norme, absorbée par tous, il serait vraiment *un multiplicateur de progrès* !

Cet avenir sera matérialiste, vous le voyez. — Toujours pleins du *Nombre* et de l'*Harmonie,* ces poèmes seront faits pour rester. — Au fond, ce serait encore un peu la Poésie grecque.

L'art éternel aurait ses fonctions, comme les poëtes sont citoyens. La poésie ne rythmera plus l'action ; elle *sera en avant.*

Ces poëtes seront ! Quand sera brisé l'infini servage de la femme, quand elle vivra pour elle et par elle, l'homme, — jusqu'ici abominable, — lui ayant donné son renvoi, elle sera poëte, elle aussi ! La femme trouvera de l'inconnu ! Ses mondes d'idées différeront-ils des nôtres ? — Elle trouvera des choses étranges, insondables, repoussantes, délicieuses ; nous les prendrons, nous les comprendrons.

En attendant, demandons au *poëte* du *nouveau* — idées et formes. (...) Les inventions d'inconnu réclament des formes nouvelles. (...)

Lettre à Paul Demeny, 15 mai 1871.

---

1 — *A partir de ces deux textes, vous définirez le sens de l'entreprise de Rimbaud. Quels sont les principaux termes qui la désignent ? Peut-on cerner une évolution, entre la lettre de 1871 et le poème de 1873 ?*

2 — *Vous tenterez de préciser (voir index : Poète, Romantisme) ce que la théorie de la « Voyance » chez Rimbaud doit au thème romantique du poète-mage (par exemple chez Hugo) ou détenteur de la science suprême (par exemple Baudelaire). Quelle est cependant l'originalité de Rimbaud, qui permettra aux surréalistes de se réclamer de lui ?*

UN CŒUR SOUS UNE SOUTANE

...Je me présentai à monsieur Labinette qui m'obligea beaucoup en me reléguant, sans mot dire, dans sa cuisine ; sa fille, Thimothine, resta seule avec moi, saisit un linge, essuya un gros bol ventru en l'appuyant contre son cœur, et me dit tout à coup, après un long silence : Eh bien, Monsieur Léonard ?...

5 Jusque-là, confondu de me voir avec cette jeune créature dans la solitude de cette cuisine, j'avais baissé les yeux et invoqué dans mon cœur le nom sacré de Marie : je relevai le front en rougissant, et, devant la beauté de mon interlocutrice, je ne pus que balbutier un faible : Mademoiselle ?...

Thimothine ! tu étais belle ! Si j'étais peintre, je reproduirais sur la toile tes traits 10 sacrés sous ce titre : La Vierge au bol ! Mais je ne suis que poëte, et ma langue ne peut te célébrer qu'incomplètement...

La cuisinière noire, avec ses trous où flamboyaient les braises comme des yeux rouges, laissait échapper, de ses casseroles à minces filets de fumée, une odeur céleste de soupe aux choux et de haricots ; et devant elle, aspirant avec ton doux nez l'odeur de 15 ces légumes, regardant ton gros chat avec tes beaux yeux gris, ô Vierge au bol, tu essuyais ton vase ! Les bandeaux plats et clairs de tes cheveux se collaient pudiquement sur ton front jaune comme le soleil ; de tes yeux courait un sillon bleuâtre jusqu'au milieu de ta joue, comme à Santa Teresa ! ton nez, plein de l'odeur des haricots soulevait ses narines délicates ; un duvet léger, serpentant sur tes lèvres, ne contribuait 20 pas peu à donner une belle énergie à ton visage ; et, à ton menton, brillait un beau signe brun ou frissonnaient de beaux poils follets : tes cheveux étaient sagement retenus à ton occiput par des épingles ; mais une courte mèche s'en échappait... Je cherchais vainement tes seins ; tu n'en as pas : tu dédaignes ces ornements mondains : ton cœur et tes seins !... Quand tu te retournas pour frapper de ton pied large ton chat doré, je vis 25 tes omoplates saillant et soulevant ta robe, et je fus percé d'amour, devant le tortillement gracieux des deux arcs prononcés de tes reins !...

Dès ce moment, je t'adorai : j'adorais, non pas tes cheveux, non pas tes omoplates, non pas ton tortillement inférieurement postérieur : ce que j'aime en une femme, en une vierge, c'est la modestie sainte ; ce qui me fait bondir d'amour, c'est la 30 pudeur et la piété : c'est ce que j'adorai en toi, jeune bergère !...

Je tâchais de lui faire voir ma passion ; et, du reste, mon cœur, mon cœur me trahissait ! Je ne répondais que par des paroles entrecoupées à ses interrogations ; plusieurs fois, je lui dis Madame, au lieu de Mademoiselle, dans mon trouble ! Peu à peu, aux accents magiques de sa voix, je me sentais succomber : enfin je résolus de 35 m'abandonner, de lâcher tout : et, à je ne sais plus quelle question qu'elle m'adressa, je me renversai en arrière sur ma chaise, je mis une main sur mon cœur, de l'autre je saisis dans ma poche un chapelet dont je laissai passer la croix blanche, et, un œil vers Thimothine, l'autre au ciel, je répondis douloureusement et tendrement, comme un cerf à une biche :

40 — Oh ! oui ! Mademoiselle... Thimothina !!!

Miserere ! miserere ! — Dans mon œil ouvert délicieusement vers le plafond tombe tout à coup une goutte de saumure, dégouttant d'un jambon planant au-dessus de moi, et, lorsque, tout rouge de honte, réveillé dans ma passion je baissai mon front, je m'aperçus que je n'avais dans ma gauche, au lieu d'un chapelet, qu'un biberon brun 45 — ma mère me l'avait confié l'an passé pour le donner au petit de la mère chose ! — De l'œil que je tendais au plafond découla la saumure amère : — mais, de l'œil qui me regardait, ô Thimothina, une larme coula, larme d'amour, et larme de douleur !

Un Cœur sous une soutane, Intimités d'un séminariste, 1870.

En 1924, la revue surréaliste Littérature *publie pour la première fois des extraits de* Un cœur sous une soutane, *avec le commentaire suivant :* « On a publié d'Arthur Rimbaud jusqu'à ses devoirs scolaires ; on a tenté par tous les moyens de le travestir en bon élève. Enfin, on a falsifié ses lettres pour tirer de sa vie une moralité commode. Cela autorise et justifie la publication d'un inédit (...) Ce texte écrit au collège vaut bien ce qu'on tente en maints endroits de nous faire prendre pour l'œuvre de Rimbaud, il contredit l'idée de Rimbaud qu'on tente un peu partout de nous imposer. »

... OU MYSTIFICATEUR ?

M. ASCIONE, J.-P. CHAMBON, 1973 :

*Une grille de lecture originale pour l'œuvre de Rimbaud...
tirée du* Dictionnaire Erotique Moderne *d'Alfred Delvau
(1864).*

Et d'abord, le titre. Disons-le dès à présent : dans
l'expression *Un Cœur sous une soutane,* comme dans le
reste du récit, et d'une manière générale dans l'œuvre de
Rimbaud tout entière, le *cœur* désigne le sexe de
l'homme.

On devra d'abord remarquer la curieuse localisation
de ce cœur qui non seulement bat sous la capote du
séminariste, mais se trouve très exactement « en bas de
(s)on dernier vêtement, celui qui touche immédiatement
à (s)a peau ». C'est là en effet que Léonard a installé « le
tabernacle de (s)on âme », où il conserve ses vers à l'abri
des indiscrets. Et voici ce qu'il dit de cette douce
habitude : « pendant l'étude, je tire, sous mes habits, ma
poésie sur mon cœur, et je la presse longuement en
rêvant... » *(sic !).* Quant à une autre poésie de lui, *La Brise,*
il se promet bien aussi de l'« enchâsser dans (s)on
cœur ». Le cœur, de plus, « bat la mesure » (...) il est
capable de « mouvements », — de « bravoures », suggé-
rerait le lecteur de *Dévotion.* Qu'on en juge : « relégué
derrière la chaise du sacristain honoraire, je pouvais
laisser voir sur mon visage les mouvements de mon cœur
sans être remarqué de personne : je me livrai donc à un
doux abandon (...). Moi derrière le gros sacristain, je me
livrais à mon cœur ». Trois phrases plus loin, Thimothina
ne répondant pas aux avances de Léonard, le séminariste
conclut intempestivement *je remis mes boutons.* La
précision est inexplicable pour le lecteur qui s'en tient au
sens premier du texte et ne soupçonne pas que le récit
tout entier est à double entente. Le « cœur » de Léonard
semble se situer en fait non loin de sa braguette.
D'autres passages de la nouvelle le donnent à penser, tel
celui-ci : « je tâchais de lui faire voir ma passion, et du
reste mon cœur, mon cœur me trahissait ! (...) Peu à peu,
aux accents magiques de sa voix, je me sentais
succomber ; enfin je résolus de m'abandonner, de lâcher
tout » *(sic).* Peu après, l'expression « mettre une main sur
(s)on cœur » semble signifier « se masturber ». Bien des
allusions encore d'*Un Cœur sous une soutane* s'éclairent
quand on donne, à la suite de Rimbaud, un sens obscène
au mot de *cœur.* (...)

« Les Zolismes de Rimbaud », *Europe,* nᵒˢ 529-530, 1973.

Arthur Rimbaud (dessin de Verlaine).

1 — *La parodie d'une scène canonique : la rencontre. Comment s'exprime l'émotion du jeune homme ? Quels sont les
éléments ajoutés par Rimbaud qui produisent le burlesque ?*

2 — *A la lumière des informations données ci-dessus, relevez les éléments à double sens.*

3 — *La dimension érotique manifeste dans cette pochade serait, selon les auteurs de l'article cité, présente également dans
certains des poèmes de Rimbaud les plus apparemment « sérieux », notamment* Les Assis *(voir nᵒ 147) et* Aube
(voir nᵒ 150). Essayez d'appliquer à ces deux poèmes cette nouvelle grille de lecture.

AUBE

J'ai embrassé l'aube d'été.

Rien ne bougeait encore au front des palais. L'eau était morte. Les camps d'ombres ne quittaient pas la route du bois. J'ai marché, réveillant les haleines vives
5 et tièdes, et les pierreries regardèrent, et les ailes se levèrent sans bruit.

La première entreprise fut, dans le sentier déjà empli de frais et blêmes éclats, une fleur qui me dit son nom.

10 Je ris au wasserfall blond qui s'échevela à travers les sapins : à la cime argentée je reconnus la déesse.

Alors je levai un à un les voiles. Dans l'allée, en agitant les bras. Par la plaine, où je l'ai dénoncée au coq. A la grand'ville elle fuyait parmi les clochers et les
15 dômes, et courant comme un mendiant sur les quais de marbre, je la chassais.

En haut de la route, près d'un bois de lauriers, je l'ai entourée avec ses voiles amassés, et j'ai senti un peu son immense corps. L'aube et l'enfant tombèrent au
20 bas du bois.

Au réveil, il était midi.   *les Illuminations,* 1886.

SENSATION

Par les soirs bleus d'été, j'irai dans les sentiers,
Picoté par les blés, fouler l'herbe menue :
Rêveur, j'en sentirai la fraîcheur à mes pieds.
Je laisserai le vent baigner ma tête nue.

5 Je ne parlerai pas, je ne penserai rien :
Mais l'amour infini me montera dans l'âme,
Et j'irai loin, bien loin, comme un bohémien,
Par la Nature, — heureux comme avec une femme.

Poésies, mars 1870.

VILLE

Je suis un éphémère et point trop mécontent citoyen d'une métropole crue moderne, parce que tout goût connu a été éludé dans les ameublements et l'extérieur des maisons aussi bien que dans le plan de
5 la ville. Ici vous ne signaleriez les traces d'aucun monument de superstition. La morale et la langue sont réduites à leur plus simple expression, enfin ! Ces millions de gens qui n'ont pas besoin de se connaître amènent si pareillement l'éducation, le métier et la
10 vieillesse, que ce cours de vie doit être plusieurs fois moins long que ce qu'une statistique folle trouve pour les peuples du continent. Aussi comme, de ma fenêtre, je vois des spectres nouveaux roulant à travers l'épaisse et éternelle fumée de charbon, — notre ombre des
20 bois, notre nuit d'été ! — des Érinnyes nouvelles, devant mon cottage qui est ma patrie et tout mon cœur puisque tout ici ressemble à ceci, — la Mort sans pleurs, notre active fille et servante, un Amour désespéré, et un joli Crime piaulant dans la boue de la rue.

les Illuminations, 1886.

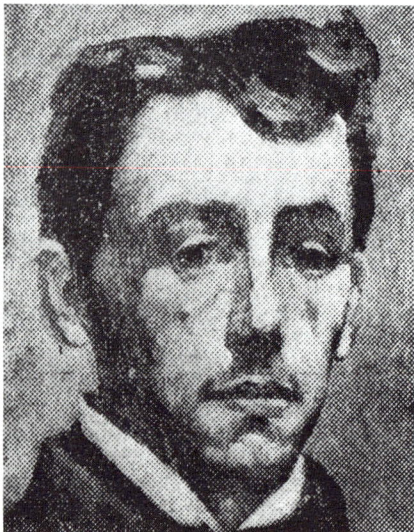

Garnier, *Portrait de Rimbaud* (Roger Viollet).

AUBES

1 — L'aube est, par définition, un moment du temps. Comment ce temps est-il exprimé dans les trois textes de Rimbaud, Novalis et Noailles ?
a) au niveau grammatical : temps des verbes ;
b) au niveau sémantique : mouvement et immobilité ;
c) au niveau métaphorique : images de fluidité, images de minéralisation, de fixation des choses.

2 — L'aube est, à tous les sens du terme, la fin de la nuit. Comment s'articulent l'aube et la nuit dans les textes de Rimbaud et de Novalis ? Opposition ? Transition ? Expression d'une même continuité ?

3 — L'aube peut n'être qu'un beau spectacle. Comment se situent Rimbaud et Noailles dans ce décor matinal ? Face à lui ? En communion avec lui ? Que signifie la différence de leurs attitudes ?

4 — En vous référant à l'index thématique (nuit, lune, etc.) vous expliquerez la phrase de Novalis « le règne de la Nuit échappe au temps et à l'espace ».

5 — Le poème intitulé Sensation *joue sur la même communion entre l'auteur et le monde. Dégagez le processus exact de cette communion : rapports du sujet à la Nature, au réel, à ses propres sensations.*

6 — Le poème intitulé Ville *est-il, dans cet ordre d'idées, si loin des deux autres ? Justifiez votre réponse.*

COMTESSE DE NOAILLES (1876-1933)

L'aube luit, faible éclat, veilleuse molle, intime ;
Le jardin endormi semble au fond de l'abîme.
Mais voici que paraît, léger, bleu comme un flot,
Le soleil palpitant, contracté, mal éclos.
Et mon immense amour dit aux rayons timides :
« C'est vous, splendeur du temps, gloire des Pyra-
                                                    [mides,
C'est vous, guerrier terrible, astre aux poignards
                                                    [hardis,
Vous, tout entier azur, tout entier paradis,
Vous, cascade enflammée et toujours contenue
Malgré l'épanchement sans borne de la nue ;
C'est vous, mon seul désir et mon effarement,
Vous, baigné de lait bleu, d'encens tiède et char-
                                                    [mant,
Vous, toujours étiré de plaisir ; vous, visage
Qui donnez la lumière et provoquez l'ombrage ! »
— Et soudain les buissons dans la brume fondus,
Les gramens délicats, les rosiers suspendus
Que leurs ongles légers accrochent aux murailles,
Le verger qui fleurit, les ailes qui tressaillent,
Les routes, les forêts, les champs ivres d'amour
S'éveillent sous ma main qui bénissait le jour !...

les Eblouissements, 1907.

NOVALIS, 1800

Faut-il que toujours le matin reparaisse ? Que le règne de l'existence terrestre soit sans terme ? Une agitation néfaste dévore les célestes pressentiments des nuits. Le mystérieux sacrifice de l'amour ne peut-il donc brûler pour l'éternité ? Une durée limitée est dévolue à la Lumière mais le règne de la Nuit échappe au temps et à l'espace. — Eternelle est la durée du sommeil. — Sommeil sacré, — au cours de ce labeur terrestre ne sois point trop avare de tes bienfaits envers ceux qui se sont voués à la Nuit. Seuls les insensés t'ignorent et ne connaissent d'autre sommeil que l'ombre miséricordieuse que tu projettes sur nous dans ce crépuscule annonciateur de la Nuit vraie. Ils ne sentent pas ta présence dans le jus doré des grappes, dans l'huile miraculeuse de l'amandier, dans le suc brun du pavot. Ils ne savent pas que c'est toi, flottant autour du tendre sein des vierges, qui fais de ce sein un paradis — ils ne soupçonnent pas qu'au seuil des plus vieilles histoires tu apparais pour nous ouvrir le ciel, porteur de la clef qui donne accès aux demeures des bienheureux, messager muet de mystères sans fin.

Hymnes à la nuit, 1800, II.
trad. fr. G. Bianquis, 1943.

S. BERNARD, 1959

La formule des *Illuminations,* c'est la prose — mais une prose très éloignée aussi bien de la « prose poétique » agréablement cadencée par tant de devanciers de Rimbaud que de la prose volontiers prosaïque et réaliste où versait plus d'un contemporain imitant Baudelaire et sa poésie « parisienne ». On imagine quelle impression surprenante dut produire sur les premiers lecteurs cette prose qui ne ressemblait à aucune autre, et qui nous frappe au premier abord, aujourd'hui encore, par son aspect chaotique, déroutant pour un esprit habitué aux règles séculaires du jeu littéraire. (...)

Cette anarchie était inscrite dans le tempérament et dans toute la manière d'être (de Rimbaud). (...) Elle va, dans son œuvre, jusqu'au refus non seulement des lois artistiques communément admises, mais de la simple cohérence — de tout ce qui pourrait paraître une *mise en forme.* Ceci est vrai aussi bien de l'organisation (de l'inorganisation, plutôt) du recueil que de la structure « ouverte » de chaque poème, qui manifeste, avec le refus de clore, une tendance à l'illimité. Et la même tendance se retrouve aussi dans la coupe des phrases. C'est là la moitié anarchique et destructrice du génie de Rimbaud, qui fait éclater tous les cadres sous l'effet d'une prodigieuse poussée libératrice, offrant à l'esprit des perspectives inconnues (l'autre moitié, qui vient compléter celle-ci, nous offre son verso en quelque sorte, étant le côté démiurgique, constructeur). (...)

La manière dont Rimbaud termine ses poèmes est caractéristique : le plus souvent, il évite tout ce qui pourrait avoir l'air d'une conclusion (au sens logique et au sens artistique), conclusion qui ferait du poème un tout fermé, circonscrivant un thème bien défini.

(...) L'esthétique de Rimbaud (...) tend à débarrasser l'esprit, aussi bien que l'art, « des limitations qu'imposait le réel » : la suppression des catégories (du temps et de l'espace), l'abolition des grands principes d'identité et de non-contradiction, l'anarchie qui ruine tous les rapports établis depuis toujours entre les choses, doivent sans doute nous permettre, une fois affranchis de la « réalité rugueuse » et pondéreuse, cet « élan insensé et infini aux splendeurs invisibles » que Rimbaud n'a pas cessé de souhaiter ; et plutôt qu'aux « sophismes magiques » de l'hallucination, ou aux charmes de la « vieillerie poétique », c'est maintenant aux prestiges d'une technique littéraire très nouvelle qu'il va demander le dépaysement nécessaire.

le Poème en prose de Baudelaire jusqu'à nos jours,
Nizet, 1959.

Barye (1796-1875) : Tigre dévorant un gavial. Louvre.

F. Rude (1784-1855) : Le départ des Volontaires en 1792,
1835-1836, Paris, Arc de Triomphe de l'Étoile.

H. Daumier (1808-1879) : Ratapoil, 1850,
Paris, Louvre.

RODIN (1840-1917), **1911**

Dans l'Art, *l'auteur a formulé les préceptes que lui inspirait son expérience de sculpteur :*

Vous, statuaires, fortifiez en vous le sens de la profondeur. L'esprit se familiarise difficilement avec cette notion. Il ne se représente distinctement que des surfaces. Imaginer des formes en épaisseur lui est malaisé. C'est là pourtant votre tâche.

Avant tout, établissez nettement les grands *plans* des figures que vous sculptez. Accentuez vigoureusement l'orientation que vous donnez à chaque partie du corps, à la tête, aux épaules, au bassin, aux jambes. L'art

réclame de la décision. C'est par la fuite bien accusée des lignes, que vous plongez dans l'espace et que vous vous emparez de la profondeur. Quand vos plans sont arrêtés, tout est trouvé. Votre statue vit déjà. Les détails naissent et ils se disposent ensuite d'eux-mêmes.

Lorsque vous modelez, ne pensez jamais en *surface,* mais en *relief.*

Que votre esprit conçoive toute superficie comme l'extrémité d'un volume qui la pousse par-derrière. Figurez-vous les formes comme pointées vers vous.

A. Rodin, *l'Art,* 1911.

RAINER MARIA RILKE (1875-1926), **1903**

Ce poète allemand qui vivait à Paris (il habitait dans l'actuel Musée Rodin) décrit le travail de conceptualisation de Rodin face à son sujet :

Tout animé de l'esprit de Balzac, Rodin en vint à présent à dresser son apparence extérieure. Il se servit de modèles vivants de proportions semblables et exécuta dans différentes attitudes sept nus complètement achevés. C'étaient de gros hommes trapus, aux membres lourds et aux bras courts qu'il utilisait, et après ces travaux préparatoires il fit un Balzac à peu près conforme à la conception du personnage qui nous est transmise par le daguerréotype de Nadar. Mais il sentit que par là rien de définitif n'était encore donné. Il retourna à la description de Lamartine. On y lisait : « Il avait le visage d'un élément », et : « Il possédait tant d'âme, qu'elle portait son corps lourd comme rien ». Rodin sentit que dans ces phrases était définie une grande partie du problème. Il s'approchait de la solution, en essayant de revêtir ces sept nus de sept soutanes de moines, du genre de la houppelande que Balzac portait d'habitude en travaillant. Mais lentement, de forme en forme, grandit la vision de Rodin. Et enfin, il le vit. Il vit un corps large au pas puissamment allongé, qui perdait toute sa lourdeur dans la chute du manteau. Sur la nuque forte s'appuyait la chevelure, et, renfoncé dans les cheveux, se trouvait un visage qui regardait, qui était dans l'ivresse de regarder, où la création écumait : le visage d'un élément. C'était Balzac, dans la fécondité de son abondance, le fondateur de générations, le gaspilleur de destins. C'était l'homme dont les yeux n'avaient pas besoin d'objets; si le monde avait été vide, ses yeux l'eussent aménagé. C'était celui qui avait voulu devenir riche par des mines d'argent légendaires et heureux par une étrangère. C'était la création elle-même qui se servait de la forme de Balzac pour apparaître; l'orgueil de la création, sa fierté, son vertige et son ivresse. La tête qui était rejetée en arrière vivait au sommet de cette figure comme ces boules qui dansent sur les rayons des fontaines. Toute lourdeur était devenue légère, montait et retombait.

C'est ainsi que Rodin a vu Balzac en un instant de concentration formidable et de tragique exagération, et c'est ainsi qu'il l'a créé. La vision ne s'évanouit pas; elle se réalisa.

Rainer Maria Rilke, Auguste Rodin, 1903.

Nu de Balzac, 1892.

Balzac (1891-1892).

Balzac (version définitive)*, 1897.*

BOURDELLE (1861-1929), **1937**

Ce sculpteur, élève de Rodin, tire d'un exemple précis ce qu'il appelle la « leçon de Rodin » :

Je connais deux plâtres de lui donnant tous deux l'identique et inévitable drame, la même mêlée passionnée.

De ces deux corps de femme, aucun n'a la tête faite. Chacune des deux femmes tient en mains ses pieds hauts, au niveau des épaules, leurs cuisses sont grandes ouvertes et comme écartelées, telles deux voluptés qui meurent sur leurs croix.

Et Rodin aurait dit : « La tête de ces corps ?... que dites-vous ?... vous êtes bêtes... je vois... vous n'avez rien compris ! Ce souci-là, ça n'existe pas, voyons ! Dans mon travail, elle est partout, la tête ! Faites *tous vos morceaux vivants !* Si vous savez où est la vie des formes, le regard, en suivant votre trame, reconnaissant le choc de la palpitation venue des sources intérieures, fera que la pensée créera toutes les parts absentes par le jeu des morceaux actifs. »

Cela est la leçon de Rodin.

Bourdelle, la Sculpture et Rodin, 1937.

---

1 — *Les œuvres présentées ici vous paraissent-elles s'inscrire dans une même continuité esthétique, ou bien appartenir à des écoles parallèles sans véritables recoupements entre elles ? Justifiez votre réponse en vous appuyant sur des observations précises (voir également statue de Pauline Borghèse par Canova, n° 84).*

2 — *A l'aide du texte de Rilke, retrouvez les étapes essentielles dans le processus de création de la statue de Balzac. Que semblait rechercher Rodin ?*

3 — *Comment comprenez-vous les deux dernières phrases du texte de Rodin ? Comment la sculpture, qui produit des formes immobiles peut-elle être, un art du mouvement des formes et de la matière ? Appuyez votre argumentation sur les œuvres présentées ci-dessus.*

Ecole d'enseignement mutuel à Metz : des enfants apprennent à lire à nos vieux soldats (détail).

Sous le pseudonyme de Jacques Vingtras, Jules Vallès a raconté sa vie, en la romançant à peine. Le premier volume, l'Enfant, paraît en 1879. Il sera suivi du Bachelier, puis, après la mort de Vallès, par l'Insurgé (voir n° 153). L'Enfant est dédicacé ainsi :

« A tous ceux qui crevèrent d'ennui au collège ou qu'on fit pleurer dans leur famille, qui, pendant leur enfance, furent tyrannisés par leurs maîtres ou rossés par leurs parents, je dédie ce livre ».

Il contient donc, comme on peut s'en douter, une critique féroce de l'enseignement du XIXᵉ siècle.

Je souffre de me voir accablé d'éloges que je ne mérite pas, on me prend pour un fort, je ne suis qu'un simple filou. Je vole à droite, à gauche, je ramasse des *rejets* au coin des livres. Je suis même malhonnête quelquefois. J'ai besoin d'une épithète ; peu m'importe de sacrifier la vérité ! Je prends dans le dictionnaire le mot qui fait l'affaire,
5 quand même il dirait le contraire de ce que je voulais dire. Je perds la notion du juste ! Il me faut mon spondée **(1)** ou mon dactyle **(2)**, tant pis ! — la *qualité* n'est rien, c'est la *quantité* qui est tout.

Il faut toujours être près du Janicule **(3)** avec eux.

Je ne puis cependant pas me figurer que je suis un Latin.

Je ne puis pas !

10 Ce n'est pas dans les latrines de Vitellius **(4)** que je vais, quand je sors de la classe. Je n'ai pas été en Grèce non plus ! Ce ne sont pas les lauriers de Miltiade **(5)** qui me gênent, c'est l'oignon qui me fait du mal. Je me vante, dans mes narrations, de blessures que j'ai reçues par-devant, *adverso pectore ;* j'en ai bien reçu quelques-unes par-derrière.

15 « Vous peindrez la vie romaine comme ci, comme ça... »

Je ne sais pas comment on vivait moi ! Je fais la vaisselle, je reçois des coups, j'ai des bretelles, je m'ennuie pas mal ; mais je ne connais pas d'autre consul que mon père, qui a une grosse cravate, des bottes ressemelées, et en fait de vieille femme (*anus*), la mère Gratteloux qui fait le ménage des gens du second.

20 Et l'on continue à dire que j'ai de la facilité.

C'est trop d'hypocrisie. Oh ! le remords m'étouffe !...

Il y a M. Jaluzot, le professeur d'histoire, que tout le monde aime au collège. On dit qu'il est riche *de chez lui,* et qu'il a son franc-parler. C'est un bon garçon.

Je me jette à ses pieds et je lui dis tout.

25 « M'sieu Jaluzot !

— Quoi donc, mon enfant ?

— M'sieu Jaluzot ! »

Je baigne ses mains de mes larmes.

« J'ai, m'sieu, que je suis un filou ! »

30 Il croit que j'ai volé une bourse et commence à rentrer sa chaîne.

Enfin j'avoue mes vols dans *Alexandre,* et tout ce que j'ai réavalé de *rejets,* je dis où je prends le derrière de mes vers latins.

« Relevez-vous, mon enfant. Avoir ramassé ces épluchures et fait vos compositions avec ? Vous n'êtes au collège que pour cela, pour mâcher et remâcher
35 ce qui a été mâché par les autres.

— Je ne me mets jamais à la place de Thémistocle ! » **(6)**

C'est l'aveu qui me coûte le plus.

M. Jaluzot me répond par un éclat de rire comme s'il se moquait de Thémistocle. On voit bien qu'il a de la fortune.

40 Pour la *narration française,* je réussis aussi par le retapage et le ressemelage, par le mensonge et le vol.

Je dis dans ces narrations qu'il n'y a rien comme la patrie et la liberté pour élever l'âme.

Je ne sais pas ce que c'est que la liberté, moi, ni ce que c'est que la patrie. J'ai été
45 toujours fouetté, giflé, — voilà pour la liberté ; — pour la patrie, je ne connais que notre appartement où je m'embête, et les champs où je me plais, mais où je ne vais pas.

Je me moque de la Grèce et de l'Italie, du Tibre et de l'Eurotas. J'aime mieux le ruisseau de Farreyrolles, la bouse des vaches, le crottin des chevaux, et ramasser des pissenlits pour faire de la salade.

l'Enfant, chap. XX, « Mes humanités ».

(1) *Type de vers latins.*
(2) *Type de vers latins.*
(3) *Colline de Rome.*
(4) *Empereur romain célèbre pour ses orgies.*
(5) *Stratège athénien, vainqueur de la bataille de Marathon contre les Perses (489 av. J.-C.).*
(6) *Général athénien, vainqueur de la bataille navale de Salamine (480 av. J.-C.).*

GÉRARD GENETTE, 1969

Comment s'enseignait la littérature au XIXe siècle ? C'est à cette question qu'un critique contemporain, Gérard Genette, tente de répondre dans un article intitulé Rhétorique* et Enseignement *(1969).*

Le premier trait caractéristique de l'enseignement littéraire au XIXe siècle, et le plus manifeste, c'est qu'il s'agit d'une *rhétorique explicite et déclarée*, comme l'indique le nom même de la dernière année d'études proprement littéraires. Mais on aurait tort de croire que l'enseignement rhétorique se limite à cette dernière classe. Voici ce qu'écrit Emile de Girardin à propos de la Seconde : « On commence, dans cette classe, à préparer les élèves à la rhétorique en leur faisant connaître les figures et en les exerçant à composer des narrations en latin et en français. » Le manuel de Fontanier, qui est un traité des figures, comprend deux volumes dont le premier (*Manuel classique pour l'étude des tropes*) s'adresse aux élèves de Seconde, réservant à la classe suivante un autre volume consacré aux *Figures du discours autres que tropes*. On peut donc considérer ces deux années comme une vaste session de rhétorique qui vient couronner et justifier l'ensemble des lectures et des exercices de l'enseignement secondaire depuis la Sixième. Tout le cours des études classiques tendait à cet achèvement rhétorique.

Le second trait – le plus important, sans doute – consiste en une coïncidence presque totale du descriptif et du normatif : l'étude de la littérature se prolonge tout naturellement en un apprentissage de l'art d'écrire. Le manuel de Noël et Delaplace, utilisé du temps de Flaubert au lycée de Rouen, s'intitule *Leçons françaises de littérature et de morale, ou Recueil en prose et en vers des plus beaux morceaux de notre Littérature des deux derniers siècles, avec les préceptes du genre et des modèles d'exercices*, et un autre manuel, la *Nouvelle Rhétorique* de Le Clerc, énumère ainsi les genres littéraires auxquels il se propose d'initier les élèves : « fables, narrations, discours mêlés de récits, lettres, portraits, parallèles, dialogues, développements d'un mot célèbre ou d'une vérité morale, requêtes, rapports, analyses critiques, éloges, plaidoyers ». Les grands textes de la littérature grecque, latine et française n'étaient donc pas seulement des objets d'étude, mais aussi, et de la manière la plus directe, des *modèles à imiter*. Et l'on sait bien que jusqu'à la fin du siècle (1880) les épreuves littéraires aux compositions, aux examens, au Concours général,

furent des poèmes et des discours latins – c'est-à-dire, non des commentaires, mais des imitations : des exercices pratiques de littérature. Ce statut ambigu de l'enseignement classique permettait donc, chez les plus doués, un passage insensible des derniers exercices scolaires aux premières œuvres : c'est ainsi que les *Œuvres de jeunesse* de Flaubert comprennent six « narrations » (cinq contes ou nouvelles historiques et un portrait de Byron) qui sont des devoirs composés en Quatrième (1835-1836). Pour un adolescent de cette époque, « se lancer dans la littérature » n'était donc pas, comme aujourd'hui, une aventure et une rupture : c'était le prolongement – on dirait volontiers l'aboutissement normal d'un cycle d'études bien conduites, comme le montre l'exemple de Hugo, couronné à quinze ans par l'Académie, et chez qui *l'enfant sublime* ne fait qu'un avec le bon élève.

G. Genette, *Figures* II, Seuil, 1969.

Grandville, *Une représentation du « bon élève »* in *Jérôme Paturot*.

---

1 — *Quelles sont les images utilisées par Vallès pour décrire le rapport de l'élève à la littérature ? Quels vous semblent être les objectifs d'un tel enseignement ?*

2 — *Comment Vallès mesure-t-il l'écart entre ce qu'on lui demande d'exprimer, et ce qu'il vit effectivement ? Ce type d'enseignement vous semble-t-il en prise sur le réel des élèves (et des professeurs) ?*

3 — *Gérard Genette parle d'un « statut ambigu de l'enseignement classique » au XIXe siècle. Entre quels éléments se situe l'ambiguïté ? Pour Vallès, y a-t-il une quelconque ambiguïté ?*

4 — *Vallès écrit le récit quasi autobiographique de l'*Enfant *alors qu'il a lui-même dépassé la quarantaine. Quel effet produit l'utilisation systématique du présent ? Quelles humeurs de l'écrivain adulte se combinent avec les émotions recomposées de l'enfant qu'il a été ? N'y a-t-il pas, là aussi, ambiguïté ?*

5 — *Pour une définition de la littérature :*
Pensez-vous que tout est négatif dans l'idée de « mâcher et remâcher ce qui a été mâché par les autres » ? Quels peuvent être les aspects positifs de cette pratique, telle que la décrivent Vallès et G. Genette ? Comment comprenez-vous cette formule de Paul Valéry dans ses Cahiers *: « Rien de plus* soi *que de se nourrir d'autrui. Le lion est fait de mouton assimilé » ?*

Roga, *caricature de Jules Vallès* (Victoria and Albert Museum, Londres).

AUX MORTS DE 1871

A TOUS CEUX

qui, victimes de l'injustice sociale,
prirent les armes contre un monde mal fait
et formèrent,

sous le drapeau de la Commune,
la grande fédération des douleurs,

Je dédie ce livre.

Paris 1885   **JULES VALLÈS**

Rouiller **(1)** est un fort gaillard de quarante ans, à charpente vigoureuse, et dont le visage est comme barbouillé de lie. Il se balance en marchant, porte des pantalons à la hussarde, son chapeau sur l'oreille, et le pif en l'air. Il semble vouloir faire, avec ses moulinets de bras et de jambes, de la place au peuple qui vient derrière lui. On cherche
5 dans sa main la canne du compagnon du Devoir ou celle du tambour-major, qu'il fera voltiger au-dessus d'un bataillon d'irréguliers.

Il est cordonnier, et révolutionnaire.
« Je chausse les gens et je déchausse les pavés ! »

Il n'est guère plus fort en orthographe que son collègue de l'Intérieur. Mais il en sait
10 plus long en histoire et en économie sociale, ce savetier, que n'en savent tous les diplômés réunis qui ont, avant lui, pris le portefeuille — dont il a, avant-hier, tâté le ventre, avec une moue d'homme qui se connaît plus en peau de vache qu'en maroquin.

Tandis qu'il cire son fil ou promène son tranchet dans le dos de chèvre, il suit aussi le fil des grandes idées, et découpe une république à lui dans les républiques des penseurs.

15 Et, à la tribune, il sait faire reluire et cambrer sa phrase comme l'empeigne d'un soulier affilant sa blague en museau de bottine, ou enfonçant ses arguments, comme des clous à travers des talons de renfort ! Dans son sac d'orateur, il a de la fantaisie et du solide, de même qu'il porte, dans sa « toilette » de serge, des mules de marquise et des socques de maçon.

20 Tribun de *chand de vin*, curieux avec sa gouaillerie et ses colères, maniaque de la contradiction, éloquent devant le zinc et au club, toujours prêt à s'arroser la dalle, défendant toutes les libertés... celle de la soûlaison comme les autres !
« G'nia qu'deux questions ! Primo : l'intérêt du Cap'tal ! »

Il ne fait que deux syllabes du mot. Il avale l'*i* avec la joie d'un homme qui mange le
25 nez à son adversaire.
« Segondo : l'autonomie ! Vous devez connaître ça, Vingtras, vous qui avez fait vos classes ? Ça vient du grec, à ce qu'ils disent, les bacheliers !... Ils savent d'où ça vient, mais ils ne savent pas où ça mène ! »

Et de rire en sifflant son verre !
30 « Expliquez-moi un peu ce que c'est que l'autonomie, pour *ouar !* » fait-il, après s'être essuyé la barbe.

Tous d'attendre la réponse.

Au milieu du silence, il répète :
« Moi, je suis pour l'autonomie *quelconque*, des quartiers, des rues, des maisons...
35 — Et des caves ?
— Ah ! ça !... »

l'Insurgé, 1885, chap. XXVII.

Les nombreuses assemblées générales de la Commune de Paris produisaient de nouveaux orateurs ; Vingtras, le héros de l'Insurgé décrit l'un d'eux.

(1) Rouillier (sic) *(1830-1903), cordonnier, orateur proudhonien. Sous-chef de la police de la Commune. Réfugié à Londres.*

Le Cri du Peuple *a reparu, Jacques Vingtras, le héros du livre (alias Jules Vallès) achète un numéro de ce journal et y lit un article de lui. Ce texte a réellement paru le 12 mars 1871 dans le Cri du Peuple.*

26 mars.

« Quelle journée !

« Ce soleil tiède et clair qui dore la gueule des canons, cette odeur de bouquets, le frisson des drapeaux, le murmure de cette révolution qui passe, tranquille et belle comme une rivière bleue ; ces tressaillements, ces lueurs, ces fanfares de cuivre, ces reflets de bronze, ces flambées d'espoir, ce parfum d'honneur, il y a là de quoi griser d'orgueil et de joie l'armée victorieuse des républicains.

« O grand Paris !

« Lâches que nous étions, nous parlions déjà de te quitter et de nous éloigner de tes faubourgs qu'on croyait morts !

« Pardon ! patrie de l'honneur, cité du salut, bivouac de la Révolution !

« Quoi qu'il arrive, dussions-nous être de nouveau vaincus et mourir demain, notre génération est consolée ! Nous sommes payés de vingt ans de défaites et d'angoisses.

« Clairons ! sonnez dans le vent ! Tambours ! battez aux champs !

« Embrasse-moi, camarade, qui as comme moi les cheveux gris ! Et toi, marmot, qui joues aux billes derrière la barricade, viens que je t'embrasse aussi !

« Le 17 mars te l'a sauvé belle, gamin ! Tu pouvais, comme nous, grandir dans le brouillard, patauger dans la boue, rouler dans le sang, crever de honte, avoir l'indicible douleur des déshonorés !

« C'est fini !

« Nous avons saigné et pleuré pour toi. Tu recueilleras notre héritage.

« Fils des désespérés, tu seras un homme libre ! »

J'ai du bonheur pour mon argent ! Par-dessus mon épaule, un ou deux fédérés essaient de lire, en disant d'un air entendu :

« Il a tout de même le fil, ce sacré Vingtras ! Vous ne trouvez pas, citoyen ? »

Je ressens une ivresse profonde, perdu dans cette multitude qui me jette aux oreilles tout ce qu'elle pense de moi.

Ma réserve, quand on frappe sur le journal en disant : « Est-ce tapé ! là, voyons ?... » me vaut même de la part des enthousiastes qui me trouvent tiède, des moues de colère, et aussi des bourrades sournoises – qui me cassent les côtes, mais me rapiècent le cœur.

Il me semble qu'il n'est plus à moi, ce cœur qu'ont écorché tant de laides blessures, et que c'est l'âme même•de la foule qui maintenant emplit et gonfle ma poitrine.

l'Insurgé, 1885, chap. XXV.

LE « CRI DU PEUPLE »

Quotidien -
Interdit le 11 mars 1871.
Reparu le 21 mars 1871.
Tirage maximum 100 000 ex.

d'après LISSARAGAY,
Histoire de la Commune de 1871.

« Paris s'est reconquis. Il est maintenant libre et souverain maître de ses destinées et de son avenir. S'il sait prendre aujourd'hui même une résolution énergique et sage à la fois, le triomphe de la République est assuré et la date du 20 mars sera une des plus grandes de l'histoire. »

le Cri du Peuple, 21 mars.

1 — *Rouiller orateur, artisan et révolutionnaire : relevez et classez les formules caractérisant les trois facettes du personnage. Certains termes peuvent-ils passer d'une classe à l'autre ? En quoi cet orateur est-il à la fois cordonnier et révolutionnaire ? Comparez avec le texte de Zola (Germinal, nº 167).*

2 — *Vallès sous le nom de son personnage Vingtras est à la fois séduit, amusé et passionné par Rouiller : quelles sont les distances prises par l'écrivain et les moyens qu'il emploie pour séduire le lecteur ?*

3 — *Comment et pourquoi Vallès a-t-il intégré à son roman un article de journal ayant réellement paru — article du 26 mars 1871 — dans le Cri du peuple ?*

Caricature versaillaise de Vallès (Snark int.).

Le Café de Nuit, 1888.

Lettre à Théo *(son frère).* — Arles, septembre 1888.

Enfin à la grande joie du logeur, du facteur de poste que j'ai déjà peint, des visiteurs rôdeurs de nuit et de moi-même, trois nuits durant j'ai veillé à peindre, en me couchant pendant la journée. Souvent il me semble que la nuit est bien plus vivante et richement colorée que le jour.

5   Maintenant pour ce qui est de rattraper l'argent payé au logeur par ma peinture, je n'insiste pas, car le tableau est un des plus laids que j'aie faits. (...)

J'ai cherché à exprimer avec le rouge et le vert les terribles passions humaines.

La salle est rouge sang et jaune sourd, un billard vert au milieu, 4 lampes jaune citron à rayonnement orangé et vert. C'est partout un combat et une antithèse des verts et
10 des rouges les plus différents, dans les personnages de voyous dormeurs petits, dans la salle vide et triste, du violet et du bleu. Le rouge sang et le vert jaune du billard exemple contrastent avec le petit vert tendre Louis XV du comptoir, où il y a un bouquet rose.

Les vêtements blancs du patron, veillant dans un coin dans cette fournaise, deviennent jaune citron, vert pâle et lumineux.

15 J'en fais un dessin avec tons à l'aquarelle, pour te l'envoyer demain, pour t'en donner une idée. (...)

C'est une couleur alors pas localement vraie au point de vue réaliste du trompe-l'œil, mais une couleur suggestive d'une émotion quelconque d'ardeur de tempérament.

Lettres à Théo, 1888.

Le café de l'Alcazar était le refuge de Van Gogh, à Arles. « Dans mon tableau du Café de nuit, j'ai cherché à exprimer que le café est un endroit où l'on peut se ruiner, devenir fou, commettre des crimes. » (Van Gogh, 1888).

1 — Van Gogh, à deux reprises, parle ici des impressionnistes (avril 85 et septembre 88). Quel rapport semble-t-il entretenir avec eux ? Comment en parle-t-il ?

2 — Dans sa lettre de septembre 88, Van Gogh analyse son tableau après l'avoir trouvé « laid »... puis il semble se reprendre. Quand ? Quel rôle joue cette violence dans la couleur ? De qui se démarque-t-il ainsi ?

3 — Relevez dans les textes cités ici les mots ou les expressions définissant l'emploi de la couleur et cherchez en quelques lignes à caractériser cet emploi selon Van Gogh. Donnez ensuite votre avis sur ce sujet.

4 — Comparez le Champ sous un ciel d'orage de 1890 et le tableau de Cézanne sur la Montagne Sainte-Victoire (voir n° 116). Les deux peintres utilisent-ils de la même manière l'emploi de la surface colorée ? Où cette surface est-elle la plus fragmentée ? Les deux tableaux excluent tout personnage : comment interprétez-vous cette exclusion pour l'une et pour l'autre œuvre ?

VAN GOGH, 1885

Nuenen, avril 1885

Il y a une école d'impressionnistes. Je le crois. Mais je n'en sais pas grand'chose. Mais ce que je sais bien, c'est quels sont ceux, les vrais, les peintres originaux, autour de qui les peintres de paysans et de paysages doivent tourner comme autour d'un axe : Delacroix, Millet, Corot et le reste. C'est mon impression personnelle, pas bien formulée.

Je veux dire : il y a (plutôt que des personnes) des règles, des principes, des vérités fondamentales, autant pour le dessin que pour la couleur. A quoi il faut évidemment aboutir si l'on trouve qu'elles ont quelque chose de vrai.

En ce qui concerne le dessin, par exemple, il y a cette question de dessiner en rond, c'est-à-dire le dessin basé sur les ovales, pour les figures. Ce que les anciens Grecs sentaient déjà, et qui restera vrai jusqu'à la fin des temps.

En ce qui concerne la couleur, il y a des questions éternelles, par exemple celle qui fut la première que Corot posa à Français, quand Français (qui déjà s'était fait un nom) demanda à Corot (qui, lui, n'avait encore aucun renom, sinon négatif ou franchement mauvais) lorsque Français, dis-je, vint chez Corot pour lui demander certaines choses : *Qu'est-ce que c'est qu'un ton rompu ? Qu'est-ce que c'est qu'un ton neutre ?*

Chose que l'on peut mieux montrer sur une palette qu'on ne peut la formuler avec des mots. Eh bien, ce dont je veux convaincre Portier, dans cette lettre, c'est justement la foi solide, certaine, que j'ai en Delacroix, et dans les anciens.

Lettre à Théo.

VAN GOGH, 1888

Arles, juin 1888.

Donc, cette vingtaine de peintres qu'on appelle des impressionnistes, bien que quelques-uns d'entre eux soient devenus passablement riches et d'assez grands seigneurs dans la société, ne sont pour le plus grand nombre que de pauvres bougres qui vivent au café, logent dans des auberges bon marché, ne subsistent qu'au jour le jour.

N'empêche qu'en une journée, les vingt peintres dont je te parle peignent tout ce qui leur tombe sous les yeux mieux que maint seigneur du monde artistique ayant un grand nom, une réputation.

Je dis cela pour te faire comprendre quelle sorte de lien m'attache aux peintres français qu'on nomme les impressionnistes, pour te dire que je connais personnellement beaucoup d'entre eux, et que je les aime.

Et aussi que, dans ma propre technique, j'ai les mêmes idées concernant les couleurs, que je pensais déjà comme eux, autrefois en Hollande.

Des bleuets avec des chrysanthèmes blancs et quelques soucis, voilà un motif en bleu et orange; des héliotropes et des roses jaunes, voilà un motif en lilas et jaune; des coquelicots ou des géraniums rouges dans du feuillage d'un vert solide, motif en rouge et vert; voilà les bases que l'on peut encore subdiviser, que l'on peut parfaire et compléter, mais cela suffit pour te faire voir, sans tableau, qu'il y a des couleurs qui se font valoir, qui se marient, qui se complètent comme l'homme et la femme se complètent.

Champ sous un ciel d'orage, juillet 1890.

Portrait de l'artiste par lui-même, été 1887.

VAN GOGH, 1888

Arles, septembre 1888.

Ah ! mon cher frère, quelquefois je sais tellement bien ce que je veux. Je peux bien dans la vie et dans la peinture aussi me passer de bon Dieu, mais je ne puis pas, moi souffrant, me passer de quelque chose plus grand que moi, qui est ma vie, la puissance de créer.

Et si frustré dans cette puissance physiquement, on cherche à créer des pensées au lieu d'enfants, on est par là bien dans l'humanité pourtant.

Et dans un tableau je voudrais dire quelque chose de consolant comme une musique. Je voudrais peindre des hommes ou des femmes avec ce je ne sais quoi d'éternel, dont autrefois le nimbe était le symbole, et que nous cherchons par le rayonnement même, par la vibration de nos colorations.

Lettre à Théo.

AUGUSTIN EUGÈNE SCRIBE (1791-1861), **1820**

L'ourse favorite du Pacha Schahabaham est morte : le sérail est en deuil. A l'insu de son maître, le conseiller veut vendre la fourrure de la défunte à des marchands. L'un de ces marchands reconnaît Roxelane, sa femme disparue — enlevée par des pirates —. Chargés d'égayer le Pacha, Tristapatte et Lagingeole — les marchands — organisent une fête où un ours noir parisien — Tristapatte déguisé — fait des tours. L'ours danse, se montre fort savant et ravit une Roxelane avertie (scène X). Le Pacha, conquis, veut lui faire rencontrer son ourse blanche de la mer glaciale. Le conseiller Marécot ne peut qu'endosser la fourrure n'osant toujours pas chagriner son maître. Hélas ! lors de la représentation, les deux « ours » ont inversé leur tête (scène XVI). Furieux, le Pacha demande leurs têtes... qu'ils déposent. Bien sûr, tout finit par un éclat de rire.

SCÈNE X.

LES PRÉCÉDENTS ; TRISTAPATTE, *en ours, conduit par un esclave.*

CHŒUR.

AIR : *Dis-moi, cher Jeannot.*

J'admire, vraiment,
Ce spectacle étrange ;
J'admire, vraiment,
Cet ours étonnant.

ROXELANE, *à part.*

5 Grands dieux ! quoi ! c'est lui !
Comme ça le change ;
Qui croirait qu'ici
Je vois mon mari ?

CHŒUR.

J'admire, vraiment, etc.

(Pendant ce temps, l'ours danse avec un bâton.)

10 LAGINGEOLE. Si sa grandeur daigne lui commander, il obéira.

SCHAHABAHAM. Animal surprenant, dites-moi... *(A part.)* Ma foi, je ne sais quoi lui dire moi-même. *(Haut.)* Dites-moi, animal surprenant, surprenant animal... *(A l'ours qui* 15 *s'approche trop près de lui.)* Eloignez-vous donc, vous pourriez me dévorer, mon cher. *(A Lagingeole.)* Je suis curieux de l'entendre griffer sur la harpe un morceau de sa composition, comme on me l'a promis.

LAGINGEOLE. Seigneur, vous allez être satisfait.

20 SCHAHABAHAM. La musique est-elle vraiment de sa composition ?

LAGINGEOLE. Oui, seigneur, lisez le programme.

SCHAHABAHAM. On l'aura sans doute un peu retouchée. Enfin nous allons en juger.

25 LAGINGEOLE. Mesdames et Messieurs, la plus grande attention ; l'ours va commencer. *(Un esclave apporte une harpe ; l'ours griffe l'air :)*

J'ai du bon tabac dans ma tabatière, etc.

LAGINGEOLE. Admirez cet air prisé par tous les amateurs.

SCHAHABAHAM. On a beau dire, il n'y a que les 30 Européens pour ces choses-là ; un ours turc n'en ferait jamais autant. Dites-moi, l'homme, comment vous y êtes-vous pris pour instruire cet animal d'une manière aussi surprenante ? Si vous me répondez juste, je vous nomme gouverneur de mes enfants.

35 LAGINGEOLE. Seigneur, vous prenez un ours ; il faut pour cela qu'il soit jeune ; cependant il serait vieux, que ce serait absolument la même chose. Vous l'élevez comme il faut, je dis comme il faut, car là-dessus chacun a sa manière, et je n'en puis fixer aucune particulière- 40 ment. Vous lui donnez de l'éducation, et il se trouve instruit s'il profite de vos leçons.

SCHAHABAHAM. Parbleu ! vous m'étonnez autant que votre ours. Mais comment diable avez-vous pu le rendre musicien ?

45 LAGINGEOLE. Seigneur, je lui ai appris la musique.

SCHAHABAHAM. Cet homme-là s'exprime avec une clarté, une facilité, qui me surprennent ! Votre ours danse-t-il, mon ami ?

LAGINGEOLE. Oui, seigneur. Allons, Rustaut, allez 50 inviter deux de ces dames. *(L'ours va vers Roxelane.)*

SCHAHABAHAM. Il invite Roxelane, c'est admirable !

LAGINGEOLE. Ne craignez rien, Mesdames, c'est un mouton. *(L'ours danse une allemande avec Roxelane et Zétulbé ; au moment du baiser, il se détourne et presse Roxelane dans ses bras.)*

55 ROXELANE, *bas.* Quelle imprudence !

SCHAHABAHAM, *descendant du trône.* Assez ! assez ! Que tout le monde se retire ; tout le monde, excepté vous, l'homme aux bêtes. Qu'on promène cet ours dans les jardins du palais ; allez.

60 ROXELANE. Ciel ! protège mon époux et mon innocence !

---

1 — On parle souvent de « décalage » ou « d'écart » lorsqu'on parle du comique de telle ou telle scène de vaudeville. Ici, entre quoi et quoi ce décalage intervient-il ? De quelle manière ?

2 — A quoi sert le chœur ? Il chante sur des airs apparemment bien connus du public de l'époque ; pourquoi ?

3 — La notion d'éducation semble être mise en cause dans la scène X du texte de Scribe. De quelle façon ?

TRISTAPATTE. *(On entend des fanfares.)* Ah ! mon Dieu ! voici le pacha ! Vite à notre poste, ou nous sommes perdus. *(Ils ramassent précipitamment leurs têtes et les troquent sans s'en apercevoir.)*

SCÈNE XVI.

LES PRÉCÉDENTS ; SCHAHABAHAM, LAGINGEOLE, ROXELANE, ZETULBE, SUITE DU PACHA.

LAGINGEOLE, *au pacha.* Oui, seigneur, vous allez être satisfait, et...

SCHAHABAHAM, *apercevant les ours qui ont changé de tête.* Mais que vois-je ?

LAGINGEOLE, *à part.* Oh ! les maladroits ! qu'ont-ils fait !

CHŒUR.

Air du *Bachelier de Salamanque.*

5 Grands dieux ! la singulière chose !
Et par quel inconnu pouvoir
Cet ours, dans sa métamorphose,
Est-il moitié blanc, moitié noir ?

LAGINGEOLE, *aux femmes.*
Je vais être leur interprète,
10 Oui, vos beaux yeux, sur mon honneur,
Peuvent faire tourner la tête,

SCHAHABAHAM.
Mais non la changer de couleur.

CHŒUR.

Grands dieux ! etc.

SCHAHABAHAM. Au fait, comment se fait-il que mon
15 ours blanc ait la tête noire, et mon ours noir la tête blanche ?

LAGINGEOLE. C'est la chose la plus aisée à comprendre. *(A part.)* Que le diable les emporte !

SCHAHABAHAM. Aisée à comprendre ; c'est aisé à dire.
20 Expliquez-vous donc.

ROXELANE, *à part.* O ciel ! comment reconnaître mon époux dans ce chaos d'ours ?

LAGINGEOLE. Messieurs et Mesdames, vous n'êtes pas sans avoir lu M. de Buffon, et le traité d'Aristote sur
25 les quadrupèdes ?

SCHAHABAHAM. Certainement nous les avons lus ; néanmoins, comment se fait-il qu'un ours qui avait la tête noire l'ait blanche maintenant ?

LAGINGEOLE. Vous allez me comprendre de suite,
30 parce que, Dieu merci, je ne parle pas à une buse, mais au grand Schahabaham, le prince le plus éclairé de l'Orient.

SCHAHABAHAM. Vous êtes bien bon. Voyons.

LAGINGEOLE. Cet animal fidèle sait qu'il a changé de
35 maître, et vous êtes beaucoup trop instruit pour ne pas connaître l'effet de la douleur sur les âmes sensibles. On a vu des personnes naturelles qui, dans l'espace d'une nuit, voyaient blanchir leurs cheveux à vue d'œil.

SCHAHABAHAM. Ça c'est vrai, je comprends ; mais cet
40 autre qui est blanc et qui a la tête noire ?

LAGINGEOLE. Ah ! pour celui-là, je vous avoue que je suis fort embarrassé, et je ne crois pas... à moins cependant qu'il n'ait pris perruque, ce que je n'ose affirmer.

45 SCHAHABAHAM. C'est impossible ! Je sais qui est-ce qui peut me rendre compte... *(Appelant.)* Marécot.

MARÉCOT, *se retournant vivement.* Plaît-il ?

SCHAHABAHAM, *étonné.* Il me semble qu'un des deux ours a parlé.

50 LAGINGEOLE. C'est impossible.

SCHAHABAHAM. Je l'ai bien entendu peut-être. Je veux savoir lequel m'a répondu.

LAGINGEOLE. Vous voyez qu'ils ne vous répondent pas.

55 SCHAHABAHAM. C'est qu'ils y mettent de l'obstination ; mais je vais leur apprendre à parler, moi ; qu'on leur coupe la tête.

ROXELANE, *effrayée.* Ah ! seigneur, qu'allez-vous faire ? au nom de Mahomet...

60 SCHAHABAHAM. Que ces femmes sont coquettes ! parce qu'on a surpris un de ces ours à ses pieds. Mais je ne sais rien vous refuser, je vous permets d'en sauver un : point de pitié pour l'autre.

ROXELANE, *bas.* Que faire, comment le reconnaître ?
65 Seigneur Lagingeole, lequel est mon mari ?

LAGINGEOLE. Ma foi, je n'y suis plus.

« *Devine si tu peux, et choisis si tu l'oses.* »

ROXELANE. *Je n'ose.*

SCHAHABAHAM. Mon grand estafier, tranchez le diffé-
70 rend ; apportez-moi leurs têtes.

MARÉCOT ET TRISTAPATTE, *déposant leurs têtes d'ours aux pieds du pacha.* Voilà les têtes demandées.

SCHAHABAHAM, *surpris.* Qu'est-ce que c'est que ça ? mon conseiller en ours ! Et quelle est donc cette autre bête ?

75 ROXELANE. Seigneur, c'est mon époux.

SCHAHABAHAM, *d'un air furieux.* Qu'entends-je ? Ainsi donc tout le monde me trompait ? Ces ours n'étaient pas des ours ; et Madame, qu'on m'avait donnée pour demoiselle... Vengeance !

CHŒUR GÉNÉRAL

AIR : *Grâce, grâce pour elle.*

80 Grâce, grâce, grâce, de grâce. *(bis.)*

SCHAHABAHAM, *en riant.* Mais laissez-moi donc avec vos grâces ! c'est bien mon intention, mais vous m'en ôtez le mérite. Il faut que je m'amuse aussi en leur faisant peur.

85 TOUT LE MONDE. Que de bontés !

l'Ours et le Pacha, 1820, scènes X et XVI.

Nadar, *Labiche* (S.P.A.D.E.M.).

EUGÈNE LABICHE (1815-1888), **1872**

JULIE [Madame Graindor] : Tiens ! tu t'es mis en blond ?

GRAINDOR : Pour ne pas être reconnu.

JULIE : Parle... Qu'est-il arrivé ?

GRAINDOR : Une chose... sinistre ! je suis compromis !... moi qui ne me mêle jamais
5 de politique, c'est vrai, je n'ai jamais voulu avoir d'opinion... pour ne pas en changer...
Eh ! bien ! me voilà fourré dans un complot !

JULIE : Toi ! allons donc !

GRAINDOR : Ne ris pas. J'étais sorti bien tranquillement après mon déjeuner pour
assister à une conférence sur les compteurs électriques... je suis inspecteur de la
10 compagnie des petites voitures, ça m'intéressait. J'entre... et je me trouve au milieu
d'une société de gens mal mis, je me dis : ce sont des cochers... et je me place au pied de
l'estrade pour mieux entendre. On désigne plusieurs personnes pour présider... tout le
monde refuse... alors, comme la conférence menaçait de ne pas s'ouvrir, je me propose...

JULIE : Tu as toujours la rage de te mettre en avant.

15 GRAINDOR : Je monte au bureau... on m'acclame, et j'entends dire, de tous côtés :
Bravo ! c'est un bon zigue !... Cette qualification m'étonne... mais j'ouvre la séance. Le
conférencier paraît à la tribune... c'était un jeune homme pâle... à la tenue négligée... Je
vis tout de suite que je n'avais pas affaire à un poseur... pas de pince-nez... pas de gants,
pas de mouchoir de batiste, ni autre, les cheveux incultes... et les mains sans prétentions.
20 Je me dis : C'est un savant, nous allons voir ce qu'il pense du compteur électrique... Il
commence : « Citoyens !... nous avons à choisir un candidat... N'en faut pas ! » Je l'invite
poliment à rentrer dans la question ; il me répond : « Toi, tu m'embêtes ! » Je lui inflige
un rappel à l'ordre ; l'assemblée me siffle. Je m'aperçois que je présidais une réunion
électorale foncée !

25 JULIE : Allons, bien ! te voilà président de club !

GRAINDOR : Le tumulte grandit avec les propositions les plus insensées... le
commissaire se lève et dissout la réunion... je me dis : Très bien ! Allons-nous-en ! Ah
bien, oui ! l'assemblée proteste et se déclare en permanence... nous voilà en
permanence...

30 JULIE : Toi aussi ?

GRAINDOR : Comme les autres... puisque je présidais. On rédige une protestation...
qu'on me donne à signer le premier... Je veux refuser... lorsqu'un grand olibrius au
regard jaune me dit : pas de manières ! Alors je signe...

JULIE : Imprudent !

GRAINDOR : Je signe Manlius !... un faux nom ! mais cela ne me sauvera pas...
35 le commissaire a pris des notes. Je suis revenu ici par des rues détournées... mais je sens
que j'ai été filé... tu sais, ça se sent... on ne voit personne derrière soi... on sent qu'on est
filé.

JULIE : Ah ! mon pauvre ami ! dans quel guêpier t'es-tu fourré ?

GRAINDOR : Il est certain que la police va faire une descente chez moi... fouiller mes
papiers... Si on me demande, tu diras que je suis à Maubeuge, depuis quinze jours...
40 Ça me fera un alibi...

JULIE : Sois tranquille... nous te cacherons.

GRAINDOR : Ah ! ma pauvre Julie ! il est dur à mon âge de devenir un homme
politique... quand on n'a jamais rien fait pour ça...

Il est de la Police, 1872, scène 7.

La cuisinière des Graindor, Catherine, est en fait un homme dont la mère a travesti l'identité afin qu'il échappe au service militaire. Amoureux de Madame Graindor et de la femme de chambre, « Catherine », croit reconnaître partout un gendarme averti de sa supercherie. Graindor soupçonne sa cuisinière d'être un policier déguisé et porte une perruque, parce qu'il a participé à une aventure politique (scène 7). Enfin le patron soudoie sa cuisinière en croyant acheter le silence de la police. Un fantastique chassé-croisé se met en place lorsqu'un ancien amant de Julie Graindor vient chercher des lettres compromettantes et passe aussi pour un policier...

VAUDEVILLE : DÉFINITION

1 — Chanson populaire, souvent satirique avec couplets et refrains (surtout au XVIIᵉ siècle).

2 — XVIIᵉ-XVIIIᵉ siècles : pièce de théâtre avec chansons et ballets.

3 — XIXᵉ siècle : comédie légère, divertissante, à intrigues.

4 — D'où (XIXᵉ-XXᵉ siècles) : se dit de ce qui est léger, superficiel et compliqué comme l'intrigue de la comédie-vaudeville.

FRANCISQUE SARCEY, 1868-1874

Non seulement théoricien du Vaudeville, *cet auteur est aussi le représentant du* goût conservateur *de la fin du XIXᵉ siècle. Aussi, Zola s'opposera-t-il à ses observations et à ses théories quelques années plus tard.*

Il y a dans la vie trois forces qui la dirigent : le caractère, les passions, et les événements. De même aussi au théâtre. Une situation étant donnée, on peut la développer de trois façons, soit en peignant les hommes qui l'exploitent ou la subissent : ce sont les comédies de caractères ; soit en mettant en jeu des passions, qui enflamment le cœur comme de rapides éclairs, et le poussent, dans le court instant de leur durée, à des résolutions violentes. Presque tous les drames relèvent de ce second mode d'envisager l'art.

Il est enfin permis de chercher, en dehors de ces grands mobiles des actions humaines, les caractères et les passions, la part d'influence qu'ont les événements qui naissent d'une situation et qui la compliquent. Nous sommes ici en plein vaudeville. (...)

Il suffit que, dans une comédie, un de ces trois caractères l'emporte sur les deux autres, pour savoir où la classer. De ces trois formes, Scribe a choisi la dernière. J'avouerai que ce n'est pas la plus haute : qu'il y a plus de mérite à observer les hommes et à créer des personnages comme Shakespeare et Molière ; à prendre une passion, comme Corneille, Racine et Marivaux, à en marquer les moments, à en suivre les évolutions, à en donner une sorte de monographie animée et vivante. (...)

Comme il n'y a pas d'art sans abstraction, il est très permis à un écrivain dramatique de prendre à part un événement, d'étudier quelle serait, dans un milieu factice où le caractère, la passion, les mœurs seraient supprimés ou n'auraient que peu d'influence, sa puissance d'action particulière, quelle série de faits il pourrait soulever sur son chemin, et de le suivre ainsi jusqu'à ce que fût épuisé le mouvement initial qui l'a lancé.

Les neuf-dixièmes des vaudevilles sont fondés sur ce principe.

L'écrivain choisit un incident de la vie ordinaire qui lui semble curieux. Le fait une fois mis en branle va se heurter à des obstacles, disposés avec art, contre lesquels il rejaillit, jusqu'à ce qu'enfin il s'arrête, à la suite d'un certain nombre de carambolages ou coups de théâtre, sa force d'action étant épuisée. En ce genre de pièces, l'auteur tient fort peu de compte des caractères, des sentiments et des mœurs, et souvent même il n'en tient aucun. C'est un joueur de billard, qui amuse d'autant mieux la galerie, que ses carambolages sont plus nombreux, plus imprévus et plus brillants.

C'est un genre, moins noble sans doute, mais fort difficile encore et très amusant, quand il est traité par une main habile.

Ce genre a ses lois, je veux dire qu'il a des conditions nécessaires d'existence qui résultent de son institution même.

La première de toutes, c'est de se renfermer dans des limites étroites de développement, c'est d'aller rarement jusqu'à trois actes et de ne les dépasser jamais. Quand vous mettez en jeu au théâtre des forces permanentes d'action, comme est un caractère ou une passion et que vous en poussez à bout les conséquences, il est tout naturel que vous puissiez, sans ennuyer le spectateur, prendre plus d'espace ; si même vous vous resserriez dans des bornes trop exiguës, on vous accuserait d'étrangler votre sujet, qui comporte des observations plus sérieuses, qui donne lieu à des incidents plus variés, plus nombreux et surtout plus probants.

Un événement ne peut jamais vous mener bien loin. Vous arrivez assez vite au bout des complications qu'il provoque naturellement, et quelle que soit votre ingéniosité à les renouveler, à les multiplier, le moment ne tardera pas à venir où il faut conclure. Il le faut et pour vous, auteur, qui êtes à sec, et pour le public, chez qui cette succession d'incidents éveille plus de curiosité vaine que d'intérêt véritable ; qu'elle ne prend point par le cœur, qu'elle n'émeut ni ne transporte.

Quarante ans de Théâtre, articles sur Scribe 1868-1874, sur Labiche, 1870.

---

1 — *La progression du discours de Graindor. Reprenez le texte phase par phase et reconstituez l'enchaînement des faits.*

2 — *Ce passage est en décalage apparent avec l'intrigue (notée auparavant), cependant, sa technique (petites causes grands effets) est assez commune chez Labiche. Elle se retrouve dans l'intrigue elle-même. Expliquez ce point de vue.*

3 — *Faites le résumé du texte de F. Sarcey (au quart de sa valeur comme on le demande pour le baccalauréat).*

4 — *La définition du vaudeville selon Sarcey s'applique-t-elle aux textes cités ici ? S'applique-t-elle à d'autres pièces que vous connaissez ? En quoi ?*

VICTORIEN SARDOU, 1893 (en collaboration avec Emile Moreau)

Si Madame Sans-Gêne *de Sardou semble s'écarter du vaudeville traditionnel, c'est pour le transporter sur la scène de l'Histoire en utilisant, au passage, le mythe d'un Napoléon vainqueur des rois et des jupons.*

Convoquée par l'Empereur qui souhaite que Catherine divorce, parce qu'elle nuit à la réputation de Lefebvre, son mari, Madame Sans-Gêne justifie son comportement et son langage en racontant sa vie. Elle a d'abord été vivandière aux armées, où elle fut blessée au bras... puis, en remontant un peu plus loin dans le passé...

L'EMPEREUR. — (...) Vivandière, bon ! Le drapeau anoblit tout ! Mais blanchisseuse ! Où ? Quand ?

CATHERINE. — A Paris, sire, en quatre-vingt-onze et douze ! Où j'ai lâché la partie rapport aux mauvaises
5 payes ! Les émigrés qui filaient, les soldats qui s'faisaient tuer... D'autr', qui faisaient fortune et qu'oubliaient leurs notes !... Ainsi, dans c' Palais, croiriez-vous qu'y a un militaire, qu'a fait son chemin, celui-là, on peut l'dire, et qui m'doit encore, de c'temps-
10 là, une soixantaine de francs, qu' j'ai jamais osé lui réclamer !

L'EMPEREUR, *grondant*. — Ah ! je vous conseille ! Ce serait d'un bel effet !

CATHERINE, *qui fouille dans son corsage*. — J'me suis même
15 autorisée d'vous apporter sa note !

L'EMPEREUR. — Vous vous figurez que l'empereur va régler vos comptes de blanchisseuse ?

CATHERINE. — Oh ! quand Vot' Majesté saura l' nom !

L'EMPEREUR, *haussant les épaules*. — Vous êtes folle !
20 Allons !... Il est minuit ! Finissons ! Plaise à Dieu que tout le monde fasse comme votre débiteur, qui oublie sa dette, et votre ancien métier !

CATHERINE. — Oh ! j'ai de quoi lui rafraîchir la mémoire, avec c'te lettre, ousqu'y demande crédit... (*L'Empereur a*
25 *un geste d'impatience. Sans paraître s'en occuper, elle lit.*) « Sur ma maigre solde... il me faut... » C'est si mal écrit !... « Il me faut encore venir en aide à ma mère et à mes sœurs, qui vont se réfugier à Marseille... »

L'EMPEREUR, *saisi*. — Vous dites ?...

30 CATHERINE, *continuant*. — « ...Etant forcées de quitter la Corse !... »

L'EMPEREUR, *lui arrache la lettre*. — La Corse ? (*Et court à la signature.*) Buonaparte !

CATHERINE. — V'là ma mauvaise paye !

35 L'EMPEREUR. — En effet !... Attendez donc !... Rue Sainte-Anne ?

CATHERINE. — Au coin d' la rue des Orties !

L'EMPEREUR. — Parbleu, oui, je me souviens !... mais c'est votre nom que je cherche.

40 CATHERINE. — Catherine Hubscher...

L'EMPEREUR. — Non ! l'autre ! Un surnom ?

CATHERINE. — Ah ! oui... Madame...

L'EMPEREUR. — Attendez !... Madame Sans-Gêne !

CATHERINE. — Le v'là !

45 L'EMPEREUR, *riant*. — Et il vous sied bien !... Comment, cette bonne fille, si gaie ?

CATHERINE. — C'était moi !

L'EMPEREUR, *gaiement*. — Ma voisine ! Je logeais rue Royale-Saint-Roch.

50 CATHERINE. — Hôtel des Patriotes hollandais.

L'EMPEREUR. — C'est cela ! Triste logis !... et vilaine date ! Pour un séjour en Corse un peu trop prolongé, j'étais privé de mon grade, qui, d'ailleurs me fut rendu, peu après, par le roi, mon oncle !

55 CATHERINE, *surprise*. — Vot' oncle ?

L'EMPEREUR. — Louis XVI, oui ! Marie-Antoinette étant la tante de Marie-Louise !...

CATHERINE. — Ah ! comme ça ! Et ben, v'là de ces choses t'nez ! auxquelles on n'pense pas !

60 L'EMPEREUR. — Le dernier brevet de capitaine que le pauvre homme a signé, quelques jours avant le dix août, était le mien. Il désignait son successeur ! En attendant, je battais le pavé de Paris en quête d'une profession, et je pensais à me faire marchand de
65 meubles.

CATHERINE, *riant*. — Y a pus de profit à c' que vous faites !

L'EMPEREUR, *de même*. — N'est-ce pas ? — Ah ! ce chiffon de papier ! Que de souvenirs il réveille ! (...)

CATHERINE. — Ça fait plaisir tout d' même de s' rappeler
70 ça ici !...

L'EMPEREUR. — Eh oui ! Le passé fait la saveur du présent !... Maintenant, discutons la note ! Quarante francs, rien que pour le raccommodage ! Ce n'est pas raisonnable. Mon linge n'était pas si mauvais que ça !

75 CATHERINE. — Oh ! ben pus mauvais encore !

L'EMPEREUR, *se lève*. — Enfin ! Ne marchandons pas ! Nous disons donc que Buonaparte vous doit ?

CATHERINE, *tendant la main*. — Trois napoléons !

Madame Sans-Gêne, 1893, acte II, scène 6.

---

1 — *Zola, devant Labiche, est à la fois censeur sévère et favorable, son malaise l'amène à se retrancher derrière les paroles d'un académicien à succès, Émile Augier. Étudiez ce comportement en vous appuyant sur les textes, en particulier en le comparant à l'attitude polémique qu'il adopte à l'égard de V. Sardou.*

2 — *Zola sur Sardou : quels sont les angles d'attaque ? En quoi consiste la polémique dans ce texte ?*

3 — *A quel type de théâtre Zola se prend-il à rêver dans le* Naturalisme au théâtre *?*

4 — *Quels sont les moyens utilisés par Sardou pour rendre l'Histoire plus « proche » du spectateur ? Quelles réparties attribue-t-il à Napoléon ? Quel homme en fait-il ?*

On oublie souvent qu'Émile Zola, le romancier, le journaliste, s'est aussi beaucoup intéressé au théâtre. Dans le Naturalisme au théâtre, *il tente de définir un nouveau mode de représentation du fait social et dans* Nos auteurs dramatiques *il donne son avis sur les grands auteurs du XIXᵉ siècle. Ici, il cite Émile Augier, un auteur à succès de l'époque, parlant de Labiche. Un peu plus tard, il éreinte Victorien Sardou qui, malgré l'auteur de* Germinal, *ne manquera pas de faire salle comble...*

ÉMILE ZOLA, 1880

Allez donc vous étonner ensuite si les débutants ne lancent pas des pièces originales ! Ils sont déflorés par dix ans de représentations subies. Quand ils évoquent l'idée de théâtre, toute une longue suite de vaudevilles et de mélodrames défilent et les écrasent. Ils ont dans le sang la tradition. Pour se dégager de cette éducation abominable, il leur faut de longs efforts. Certes, je crois qu'un garçon qui n'aurait jamais mis les pieds dans une salle de spectacle, serait beaucoup plus près d'un chef-d'œuvre qu'un garçon dont l'intelligence a reçu l'empreinte de cent représentations successives.

(...) D'ailleurs, on peut bien accorder que la formule en question, celle qui agonise en ce moment, a été inventée par des hommes d'habileté et de goût. En voyant le succès européen qu'elle a eu, ils ont pu croire un instant qu'ils avaient découvert « le théâtre », le seul, l'unique. Toutes les nations voisines, depuis cinquante ans, ont pillé notre répertoire moderne et n'ont guère vécu que de nos miettes dramatiques. Cela vient de ce que la formule de nos dramaturges et de nos vaudevillistes convient aux foules, qu'elle les prend par la curiosité et l'intérêt purement physique. En outre, c'est là une littérature légère, d'une digestion facile, qui ne demande pas un grand effort pour être comprise. Le roman feuilleton a eu un pareil succès en Europe.

(...) Le fond de ceci est que, comme toujours, on s'en tient à la lettre. Je parle contre les conventions, contre les barrières qui nous séparent du vrai absolu ; tout de suite on prétend que je veux supprimer les conventions, que je me fais fort d'être le bon Dieu. Hélas ! je ne le puis. Peut-être serait-il plus simple de comprendre que je ne demande en somme à l'art que ce qu'il est capable de donner. Il est entendu que la nature toute nue est impossible à la scène. Seulement, nous voyons à cette heure, dans le roman, où l'on en est arrivé par l'analyse exacte des lieux et des êtres. J'ai nommé Balzac qui, tout en conservant les moyens artificiels de la publication en volumes, a su créer un monde dont les personnages vivent dans les mémoires comme des personnages réels. Eh bien ! je me demande chaque jour si une pareille évolution n'est pas possible au théâtre, si un auteur ne saura pas tourner les conventions scéniques, de façon à les modifier et à les utiliser pour porter sur la scène une plus grande intensité de vie.

Tel est, au fond, l'esprit de toute la campagne que je fais dans ces études.

le Naturalisme au théâtre, 1880.

ÉMILE ZOLA, 1904

M. Émile Augier, qui a écrit une préface en tête du *Théâtre complet* de M. Eugène Labiche, juge cet auteur de la façon suivante : « Dans la vie aussi bien que dans son théâtre, la gaieté coule de son urne comme un fleuve charriant pêle-mêle la fantaisie la plus cocasse et le bon sens le plus solide, les coq-à-l'âne les plus fous et les observations les plus fines. Pour avoir une réputation de profondeur, il ne lui manque qu'un peu de pédantisme ; et qu'un peu d'amertume pour être un moraliste de haute volée. Il n'a ni fouet ni férule ; s'il montre les dents, c'est en riant ; il ne mord jamais. Il n'a pas ces haines vigoureuses dont parle Alceste ; il écrit, comme Regnard, pour s'amuser et non pour se satisfaire. »

J'ai souvent constaté que, dans la fantaisie, l'audace pouvait aller très loin au théâtre. Du moment où il est bien convenu entre l'auteur et le public qu'on plaisante, qu'il n'y a rien de vrai dans l'aventure, il est permis de tout montrer et de tout dire. M. Labiche a excellé dans ce tour fantaisiste donné aux réalités les plus déplaisantes. Son comique est fait des vérités cruelles de la vie, regardées sous leur côté caricatural et mises en œuvre par un esprit sans amertume, qui reste volontairement à la surface des choses. Rien n'est plus délicat que ce clavier : une note trop énergique, et le public se fâcherait. Il faut avoir les doigts légers, effleurer à peine les plaies humaines, de manière à ne produire dans la salle qu'un aimable chatouillement. Je ne dis point que M. Labiche, quand il s'est mis à écrire pour le théâtre, ait raisonné tout cela ; il apportait simplement une heureuse personnalité ; il devait être le rire de la bourgeoisie française pendant plus d'un quart de siècle. (...)

Vraiment, nous sommes bien venus de discuter les pièces de M. Sardou ! Il hausse les épaules de pitié. Nous lui reprochons trop d'ingéniosité, nous nous plaignons des pantins qu'il nous montre, des ficelles trop grosses qu'il attache à chaque situation. Et il sourit, il étale sa popularité, il cite les deux ou trois cents représentations de chacune de ses œuvres. Est-ce qu'un homme auquel le théâtre a payé un château peut avoir tort ? Puis, je jurerais qu'il est très fier de son adresse, il doit discuter ses tours d'escamotage avec la conviction d'un homme passionné. Imaginez un marchand de jouets qui aurait un bébé parlant à vendre. Ses personnages disent « papa » et « maman », et il entend nous prouver que ce sont des personnages naturels. (...)

Voulez-vous résoudre la question de la responsabilité humaine ? Oh ! mon Dieu, c'est très simple. Vous commencez par mettre la chose en scène. Là, côté cour, vous placez le mal, et ici, côté jardin, vous placez le bien. Puis, la Justice et l'Académie entrent par le fond ; grande scène ; et, comme baisser de rideau, l'Académie récompense le bien, tandis que la Justice punit le mal. Voilà. On rappelle les acteurs. M. Sardou paraît, et, s'adressant au public : « Félicitons-nous de maintenir la saine tradition des prix de vertu, comme une protestation du bon sens français contre ces doctrines dissolvantes ; et glorifions-nous de ne connaître ici qu'une seule morale : celle qui se borne tout naïvement à chérir le bien, à exécrer le mal. — C'est la vieille méthode, et c'est la bonne ! » Tonnerre de bravos.

Nos auteurs dramatiques, 1904.

GEORGES COURTELINE (1858-1929), **1899**

*Se démarquant nettement du « ton rosse » des années 1900 de Georges Porto-Riche (*Amoureuse, *1891), du Théâtre libre d'Antoine et de Jules Renard (*Poil de Carotte, *1900) ainsi que de la gaieté un peu mécanique de Feydeau (*la Dame de chez Maxim, *1899), Courteline domine la comédie du début du siècle. Comme Renard, cet auteur a fait ses débuts au Théâtre libre d'Antoine et y a pris goût pour les pièces courtes s'attachant à un travers des mœurs contemporaines. Dans* le Gendarme est sans pitié *(1899), Courteline reprend le thème du policier irascible, susceptible et inculte. Labourbourax dresse en effet des procès verbaux sévères et encombre le procureur Boissonnade de ses plaintes imbéciles. Cependant, le plaignant devient souple et humble lorsqu'il s'agit de ses propres intérêts.*

Le gendarme sort.

Resté seul, Boissonnade s'est remis à l'étude des dossiers accumulés sur sa table. — Un temps. — Soudain :

BOISSONNADE, *avec un geste désespéré.*

Encore ! *(Il lit.)* « Procès-verbal. — Outrage à des représentants de la force publique dans l'exercice de leurs fonctions. — Dans la nuit du 17 au 18 courant, étant de service, mon collègue Soufflure et moi, notre
5 attention a été éveillée par le tumulte d'une dispute. Nous étant rendus sur les lieux, nous y avons trouvé le menuisier Lacaussade occupé à interpréter sa propriétaire à travers la porte cochère, sous prétexte que cette dernière se refusait à la lui ouvrir. Aussitôt qu'il nous
10 aperçut, le délinquant se porta au-devant de nous et nous harangua en ces termes : « Vous pouvez constater que cette vieille charogne refuse de m'ouvrir la porte ; vous pouvez le constater vous-mêmes. » Il dit, puis d'une voix où le mépris le disputait à l'arrogance, il
15 nous jeta ce mot : « des visus », voulant exprimer par là, non seulement que mon collègue et moi étions des visus, — ce qui n'était pas vrai, — mais encore que nous en étions de l'espèce la plus inférieure, rélégués au plus bas degré de l'échelle sociale, et de tout point incompa-
20 tibles avec la magistrature dont nous sommes les assimilés. » *(Consterné.)* Mais qu'est-ce que c'est que ça ?... Mais qu'est-ce que ça veut dire ?... Mais cet homme irréconciliable va devenir un danger public ! *(Il sonne. Apparition de l'huissier.)* Le gendarme ! *(Sortie de
25 l'huissier et entrée du gendarme.)* Entrez donc, gendarme ! Eh bien, gendarme, que vous disais-je ? La plaisanterie continue. Il paraît que le sieur Lacaussade vous a qualifiés de visus, vous et votre collègue Soufflure ?

LE GENDARME.

25 Oui, monsieur le procureur.

BOISSONNADE.

Savez-vous bien, mon brave, que je commence à me demander si vous jouissez de vos facultés, ou si vous vous bornez à vous moquer du monde ?

LE GENDARME.

Moi ?

BOISSONNADE.

30 Des visus !!! Pardieu ! voilà qui est comique, et si le Moniteur de la localité venait à être mis au courant de l'anecdote, vous prendriez, j'ose le prétendre, quelque chose pour votre rhume. *(Mouvement du gendarme.)* Je vous dis que c'est une idée fixe ! Pas plus que l'épicier
35 Nivoire, le menuisier Lacaussade n'a songé à vous faire injure. Simplement, sa propriétaire lui refusant l'accès d'une demeure qui est sienne, il vous a invités, comme c'était son droit, à constater le flagrant délit, à le constater *de visu,* autrement dit : de vos propres yeux,
40 par vous-mêmes ! Et parce que le sens vous échappe, d'un lieu commun, d'un terme usuel, d'une locution tombée dans le domaine public, un pauvre diable passe la nuit sur la paille humide du cachot !... Voilà l'action publique saisie et la justice en mouvement. En
45 vérité, les bras m'en tombent et, du train dont vous allez, je me demande où nous allons ! Et çe sont les harengs qu'on traite de gendarmes ! Et ce sont les gendarmes qu'on traite de visus !... Encore une fois, modérez-vous ; apportez à l'avenir moins de raideur
50 militaire dans vos relations avec nos justiciables, un peu plus de circonspection dans votre empressement à sévir, et rappelez-vous qu'un brave soldat peut, sans déchoir, être un brave homme. L'un vaut l'autre après tout. — Allez !

LE GENDARME, *sortant.*

55 Il est tout de même dur, à mon âge, de m'entendre traiter de visu par un particulier qui l'est peut-être plus que moi. *Il sort.*

le Gendarme est sans pitié, 1899.

EUGÈNE LABICHE, 1848

PONTBICHET. — Vous aimez les vaudevilles ?

DARDARD. — Oh ! Dieu ! je les ai en horreur !... c'est toujours la même chose ; le vaudeville est l'art de faire dire *oui* au papa de la demoiselle qui disait *non...* Voici l'ordre et la marche : on lève le rideau...

AIR : Vaudeville de *Préville et Taconnet.*

Salut d'abord, salon délicieux !
Mais par la gauche entre, en toussant, un père...
La fille pleure avec son amoureux...
Petit monsieur bien mis, qui tous les soirs vient plaire...
On lui dit *non*, mais cela veut dire *oui.*
Au bout d'une heur', grâce à son éloquence,
Chacun s'embrasse et l'ouvrage est fini !

Un Jeune-Homme pressé, 1848.

G. Courteline.

FLERS (1872-1927) et CAILLAVET (1869-1915), 1912

Robert de Flers et Gaston Arman (dit Georges) de Caillavet furent les célèbres auteurs du Roi *(en collaboration avec Emmanuel Arène) de* Miquette et sa Mère, *de l'*Ane de Buridan *etc. grands succès du tout début du XXᵉ siècle. Succédant à Scribe, Labiche, Augier et Sardou proches de Courteline, ils surent utiliser à fond les ressources du vaudeville en insistant sur le monde bourgeois qui le caractérise. C'est la raison pour laquelle nous avons tenu à les citer, bien que l'*Habit vert *fût de 1912.*

BÉNIN.

Enfin, mon cher Pinchet, à quoi attribuez-vous ce relâchement des mœurs académiques ?

PINCHET.

Oh ! à bien des choses, monsieur, à bien des causes.

BÉNIN.

Le scepticisme !

PINCHET.

5 ... L'irréligion !

LE DUC.

La lecture !

PINCHET.

Et tenez, messieurs, au sein même de votre compagnie, j'aperçois un danger qu'hélas, je ne saurais trop vous signaler.

LE DUC.

Lequel ?

PINCHET.

10 Eh bien, messieurs, ce sont les auteurs dramatiques ! Il vous en faut bien quelques-uns, évidemment, mais croyez-moi, messieurs, le moins possible... Ah ! si vous les connaissiez comme moi... Ils sont exagérés, nerveux, susceptibles, lascifs. Ils sont pleins de petits secrets qu'il confient à tout le monde. Ils racontent des histoires inconvenantes devant les bustes ! J'en sais même qui donnent aux plus respectés 15 d'entre vous des adresses de jeunes personnes. Oh ! messieurs, prenez garde aux auteurs dramatiques : ce sont des gens épouvantables !

LE DUC.

Vous avez raison, Pinchet, il vaut encore mieux accueillir les romanciers.

PINCHET.

Mais, monsieur le duc, maintenant les romanciers font tout de suite du théâtre !

BÉNIN.

Rejetons-nous donc sur les historiens.

PINCHET.

20 Mais, monsieur le baron, aujourd'hui, les historiens ne font plus que des espèces de romans...

LE DUC.

Alors, les hommes du monde ?

PINCHET.

Mais, monsieur le duc, les hommes du monde font tous de l'histoire !

LE DUC.

C'est effrayant !

BÉNIN.

25 Mais enfin, quel est pour vous le candidat idéal ?

PINCHET.

Le candidat idéal, messieurs, c'est celui qui n'a rien fait, qui n'a pas cédé à cette manie d'écrire, qui perd tant d'hommes remarquables. C'est celui que personne ne connaît et qui, en entrant à l'Académie, lui doit tout, car sans elle, il ne serait rien. Ça, 30 c'est beau, ça, ça a de la grandeur !

LE DUC.

Pinchet, voilà qui est parler.

PINCHET.

Messieurs, j'ai rempli mon modeste devoir. A vous d'aviser. Je vous demande la permission de prendre congé.

Il se lève.

Le secrétaire général de l'Institut, monsieur Pinchet, issu d'une famille de secrétaires généraux se plaint d'un certain esprit d'innovation régnant à l'Académie française au duc de Maulévrier, au baron Bénin et au Général Roussy des Charmilles, membres de l'Institut.

*l'*Habit vert, *1912, acte II, scène 3.*

Paul Verlaine

MON REVE FAMILIER

Je fais souvent ce rêve étrange et pénétrant
D'une femme inconnue, et que j'aime, et qui m'aime,
Et qui n'est, chaque fois, ni tout à fait la même
Ni tout à fait une autre, et m'aime et me comprend.

5 Car elle me comprend, et mon cœur, transparent
Pour elle seule, hélas ! cesse d'être un problème
Pour elle seule, et les moiteurs de mon front blême,
Elle seule les sait rafraîchir, en pleurant.

Est-elle brune, blonde ou rousse ? — Je l'ignore.
10 Son nom ? Je me souviens qu'il est doux et sonore
Comme ceux des aimés que la Vie exila.

Son regard est pareil au regard des statues,
Et pour sa voix, lointaine, et calme, et grave, elle a
L'inflexion des voix chères qui se sont tues.

Poèmes saturniens, 1867.

ART POETIQUE

A Charles Morice

De la musique avant toute chose,
Et pour cela préfère l'Impair
Plus vague et plus soluble dans l'air,
Sans rien en lui qui pèse ou qui pose.

5 Il faut aussi que tu n'ailles point
Choisir tes mots sans quelque
                              [méprise
Rien de plus cher que la chanson
                              [grise
Où l'Indécis au Précis se joint.

C'est des beaux yeux derrière
                              [des voiles,
10 C'est le grand jour tremblant de midi,
C'est, par un ciel d'automne attiédi,
Le bleu fouillis des claires étoiles !

Car nous voulons la Nuance encor,
Pas la Couleur, rien que la nuance !
15 Oh ! la nuance seule fiance
Le rêve au rêve et la flûte au cor !

Fuis du plus loin la Pointe assassine,
L'Esprit cruel et le Rire impur,
Qui font pleurer les yeux de l'Azur,
20 Et tout cet ail de basse cuisine !

Prends l'éloquence et tords-lui
                              [son cou !
Tu feras bien, en train d'énergie,
De rendre un peu la Rime assagie.
Si l'on n'y veille, elle ira jusqu'où ?

25 Ô qui dira les torts de la Rime ?
Quel enfant sourd ou quel nègre fou
Nous a forgé ce bijou d'un sou
Qui sonne creux et faux sous la lime ?

De la musique encore et toujours !
30 Que ton vers soit la chose envolée
Qu'on sent qui fuit d'une âme
                              [en allée
Vers d'autres cieux à d'autres amours.

Que ton vers soit la bonne aventure
Eparse au vent crispé du matin
35 Qui va fleurant la menthe et le thym...
Et tout le reste est littérature.

Jadis et naguère, 1885,
(poème daté d'avril 1874).

---

1 — ART POÉTIQUE

*a) La tradition de l'art poétique : normalement, c'est un traité assez lourd et didactique. Comment Verlaine, tout
en respectant un certain nombre de caractéristiques du genre, que vous relèverez (situation d'énonciation*,
impératifs, critiques — qui visent-elles ? —), le détourne-t-il ?*

*b) Comment Verlaine, dans ce poème, applique-t-il les préceptes qu'il énonce ? (Nature du mètre, rimes, asso-
nances, rythmes, constructions syntaxiques, choix des mots et rapports sémantiques* des mots entre eux) ?*

« UN MÉTAL VIERGE ET NEUF... » (Mallarmé)

PAUL VERLAINE, 1890
Plus de vingt ans après, l'auteur précise le sens de sa tentative :

(...) J'avais donc, dès cette lointaine époque de bien avant 1867, car quoique les *Poèmes Saturniens* n'aient paru qu'à cette dernière date, les trois quarts des pièces qui les composent furent écrites en rhétorique et en seconde, plusieurs même en troisième (pardon !) j'avais, dis-je, déjà des tendances bien décidées vers cette forme et ce fond d'idées, parfois contradictoires, de rêve et de précision, que la critique, sévère ou bienveillante, a signalés, surtout à l'occasion de mes derniers ouvrages.

De très grands changements d'objectif en bien ou en mal, en mieux, je pense, plutôt, ont pu, correspondant aux événements d'une existence passablement bizarre, avoir eu lieu dans le cours de ma production. Mes idées en philosophie et en art se sont certainement modifiées, s'accentuant de préférence dans le sens du concret, jusque dans la rêverie éventuelle. J'ai dit :

> Rien de plus cher que la chanson grise
> Où l'indécis au précis se joint.

Mais il serait des plus faciles à quelqu'un qui croirait que cela en valût la peine, de retracer les pentes d'habitude devenues le lit, profond ou non, clair ou bourbeux, où s'écoulent mon style et ma manière actuels, notamment l'un peu déjà libre, versification, enjambements et rejets dépendant plus généralement des deux césures avoisinantes, fréquentes allitérations, quelque chose comme de l'assonance souvent dans le corps du vers, rimes plutôt rares que riches, le mot propre évité des fois à dessein ou presque. En même temps la pensée triste et voulue telle ou crue voulue telle. En quoi j'ai changé partiellement. La sincérité, et, à ses fins, l'impression du moment suivie à la lettre sont ma règle préférée aujourd'hui. Je dis préférée, car rien d'absolu. Tout vraiment est, doit être nuance. (...)

(De jeunes poètes lui reprochent une « certaine timidité dans la conquête du « Vers libre » :)

En un mot comme en cent, j'aurais le tort de garder un mètre, et dans ce mètre quelque césure encore, et au bout de mes vers des rimes. Mon Dieu, j'ai cru avoir assez brisé le vers, l'avoir assez affranchi, si vous préférez, en déplaçant la césure le plus possible, et quant à la rime, m'en être servi avec quelque judiciaire pourtant, en ne m'astreignant pas trop, soit à de pures assonances, soit à des formes de l'écho indiscrètement excessives.

Puis, car n'allez pas prendre au pied de la lettre mon « Art poétique » de *Jadis et Naguère,* qui n'est qu'une chanson, après tout, — JE N'AURAI PAS FAIT DE THEORIE. (...)

« Critique des Poèmes saturniens », *la Revue d'aujourd'hui,* 15 mars 1890.

BARBEY D'AUREVILLY, 1866

M. PAUL VERLAINE

Un Baudelaire puritain, — combinaison funèbrement drôlatique, — sans le talent net de M. Baudelaire, avec des reflets de M. Hugo et d'Alfred de Musset, ici et là. Tel est M. Paul Verlaine. Pas un zeste de plus ! Il a dit quelque part, en parlant de je ne sais qui — cela du reste, n'importe guère :

> *...Elle a*
> *L'inflexion des voix chères qui se*
> *[sont tues !*

Quand on écoute M. Verlaine, on désirerait qu'il n'eût jamais d'autre inflexion que celle-là.

le Nain Jaune, 14 nov. 1866.

MARCEL RAYMOND, 1947

Verlaine est tout entier *une nature,* d'ailleurs très raffinée et complexe, sachant tirer parti des influences, mais immédiatement donnée, d'une originalité foncière et subsistant à même la vie. Nul ne fut moins théoricien que lui, moins soucieux des ambitions esthétiques et philosophiques de ses contemporains, moins alchimiste (comme le fut Mallarmé), moins visionnaire et prophète (comme Rimbaud). Il naquit pour conduire à sa perfection le lyrisme intime et sentimental fondé par Marceline Desbordes-Valmore et par Lamartine et pour trouver ce ton de poésie parlée qui n'appartient qu'à lui, qui convient également à la prière sans apprêt et à la confidence murmurée, à l'expression du désir âcre ou de l'effusion tendre et où certain « contour de voix subtile » finit toujours par s'effacer comme une arabesque fuyante dans un halo sonore.

De Baudelaire au surréalisme, 1947.

---

2 — MON RÊVE FAMILIER

a) *Selon les principes de l'analyse phonétique (voir n° 115), transcrivez le 1er vers du poème, mettez les accents intonatifs. Combien de groupes obtient-on ? Quels phonèmes, à quelles places, ont-ils en commun ? Quel est l'effet produit ?*

b) *Le rythme. Verlaine (cf. ci-contre) s'est efforcé de déconstruire l'architecture de l'alexandrin, mais aussi la syntaxe. Vous analyserez comment (enjambements, substitution du rythme accentuel aux césures, répétitions, structure des phrases, etc.).*

c) *Étudiez, dans l'ensemble du poème le système très riche des allitérations et des assonances (surtout strophes 1 et 4).*

d) *L'image de la femme. On pourrait parler, presque au sens psychanalytique du terme, d'un fantasme*. Vous préciserez, en analysant les rapports indices personnels* (voir n° 89)/une femme, les qualités de cette femme idéale, et la communion (qui s'établit ou non ?) entre elle et le poète. Vous pourrez comparer avec les images de la femme chez Baudelaire (voir n°s 63-69) et Huysmans (voir n° 128).*

Fantin Latour, *Rimbaud et Verlaine* (détail). *de Rembaud seul, p 418*

PROMENADE SENTIMENTALE

Le couchant dardait ses rayons suprêmes
Et le vent berçait les nénuphars blêmes ;
Les grands nénuphars entre les roseaux
Tristement luisaient sur les calmes eaux.
5 Moi j'errais tout seul, promenant ma plaie
Au long de l'étang, parmi la saulaie
Où la brume vague évoquait un grand
Fantôme laiteux se désespérant
Et pleurant avec la voix des sarcelles
10 Qui se rappelaient en battant des ailes
Parmi la saulaie où j'errais tout seul
Promenant ma plaie ; et l'épais linceul
Des ténèbres vint noyer les suprêmes
Rayons du couchant dans ses ondes blêmes
15 Et les nénuphars, parmi les roseaux,
Les grands nénuphars sur les calmes eaux.

Poèmes Saturniens, 1867.

SOLEILS COUCHANTS

Une aube affaiblie
Verse par les champs
La mélancolie
Des soleils couchants.
5 La mélancolie
Berce de doux chants
Mon cœur qui s'oublie
Aux soleils couchants.
Et d'étranges rêves,
10 Comme des soleils
Couchants sur les grèves,
Fantômes vermeils,
Défilent sans trèves,
Défilent, pareils
15 À des grands soleils
Couchants sur les grèves.

Poèmes Saturniens, 1867,
écrit en 1865.

Le son du cor s'afflige vers les bois
D'une douleur on veut croire orpheline
Qui vient mourir au bas de la colline
Parmi la brise errant en courts abois.
5 L'âme du loup pleure dans cette voix
Qui monte avec le soleil qui décline
D'une agonie on veut croire câline
Et qui ravit et qui navre à la fois.

Pour taire mieux cette plainte assoupie,
10 La neige tombe à longs traits de charpie
A travers le couchant sanguinolent,

Et l'air a l'air d'être un soupir d'automne,
Tant il fait doux par ce soir monotone
Où se dorlote un paysage lent.

Sagesse, 1881, IX, poème écrit en 1872.

VERLAINE ET LE SYMBOLISME

Les Poèmes Saturniens *furent publiés en 1867, mais restèrent vingt ans inaperçus. C'est Mallarmé qui, le premier, saura saluer la naissance d'un « métal vierge et neuf », et reconnaîtra en Verlaine le créateur d'une poétique nouvelle. En 1886, le « Manifeste du Symbolisme », de* **JEAN MORÉAS** *(1856-1910), tout en cherchant à s'en démarquer, porte la trace de l'esthétique verlainienne.*

(...) Ennemie de l'enseignement, la déclamation, la fausse sensibilité, la description objective, la poésie symboliste cherche à vêtir l'idée d'une forme sensible qui néanmoins ne serait pas son but à elle-même, mais, tout en servant à exprimer l'idée, demeurerait sujet. L'idée à son tour ne doit pas se laisser voir privée des analogies extérieures ; car le caractère essentiel de l'art symbolique consiste à ne jamais aller jusqu'à la conception de l'idée en soi. Quant aux phénomènes, ils ne sont que les apparences sensibles destinées à représenter leurs affinités ésotériques avec les idées primordiales (...). Pour la traduction exacte de sa synthèse, il faut au symbolisme un style archétype et complexe : d'impollués vocables, la période qui s'arcboute alternant avec la période aux défaillances ondulées, les pléonasmes significatifs, les mystérieuses ellipses, l'anacoluthe en suspens, tout trope hardi et multiforme : enfin la bonne langue instaurée et modernisée, la bonne et luxuriante et fringante langue française d'avant les Vaugelas et les Boileau, la langue de François Rabelais et de Philippe de Commines, de Villon, de Rutebœuf et de tant d'autres écrivains libres et dardant le terme exact du langage, tels des toxotes de Thrace leurs flèches sinueuses (...). L'ancienne métrique avivée, un désordre savamment ordonné, la rime illucescente, et martelée comme un bouclier d'or et d'airain, auprès de la rime aux fluidités absconses ; l'alexandrin à arrêts multiples et mobiles ; l'emploi de certains nombres impairs (...).

« Manifeste du Symbolisme », *Le Figaro*,
18 sept. 1886.

POUR UN COMMENTAIRE COMPOSÉ DE « SOLEILS COUCHANTS »

● *Ce poème ouvre la section, dans les* Poèmes Saturniens, *des « Paysages tristes ». Verlaine, sur les traces de Baudelaire (voir Harmonie du Soir, n° 64), y mène une recherche systématique de la* **musique** *et du* **pouvoir évocatoire** *de certains mots. Déjà dans l'Art du 23 décembre 1865 il écrivait (à propos de Baudelaire) que sa technique consistait à « faire revenir un vers toujours le même autour d'une idée toujours nouvelle et réciproquement ; en un mot, peindre l'obsession. » Il s'agit donc de travailler un matériau verbal* **le plus réduit possible**, *mais en exploitant toute la richesse que créent la liaison des mots entre eux, leurs résonances, leur répétition même.*

On remarquera en particulier, pour une étude de ce poème :

● **Le refus de la description précise**, *la « dissolution » du cadre (comparez avec les descriptions de couchants de Hugo, par exemple). Une seule couleur, et concernant des « fantômes ». Des tournures indéterminées : « par les champs », « des grands soleils » (pluriel d'abstraction)... On pourrait parler de technique « impressionniste » (voir n° 142) : refus à la fois de la confidence lyrique (le « je » qui prend toute la place), et d'une description univoque* des choses (absence de contours, mais aussi des formes conventionnelles de la perception : le monde n'est pas figé).*

● **L'échange** *des qualifications qui s'effectue entre le « subjectif » et l'« objectif »,* **entre le moi et le monde**. *Les soleils sont définis par la « mélancolie », comparés à d'« étranges rêves », et deviennent par substitution, les personnages principaux. En revanche, « mon cœur » (...) « s'oublie ». Analysez les rapports syntaxiques sujet/objet.*

● **La recherche musicale** : *travail très précis de la rime (2 systèmes : un fortement contrastant : ie/an, un assonant : eils/êves), dont vous étudierez la disposition dans le poème, mais aussi des autres sonorités. Dans les huit premiers vers, par exemple, quel est l'effet musical recherché ? L'alternance masculin/féminin se détruit ensuite. Quel est l'effet produit ?*

● *.Le rapprochement que l'on peut faire avec certains poèmes de Baudelaire, notamment ceux qui, dans les* Fleurs de Mal, *concernent le* **Spleen** *(pièces LXXIV, LXXV, LXXVI, LXXVII, LXXVIII).*

PROMENADE SENTIMENTALE : analyse lexicologique

1 — Le vocabulaire de ce texte se ferme sur lui-même. Relevez tous les mots par ordre alphabétique, comptez leurs occurrences*. A partir de quel endroit du poème Verlaine n'utilise-t-il plus de mots nouveaux ? Par quel changement de temps cette clôture est-elle soulignée ? Quel est l'effet de ces répétitions/variations ?

2 — Regroupez les mots du texte en champs lexicaux* : éléments du cadre, couleurs, sons, mots évoquant la mort, vocabulaire du sentiment, de la souffrance (vous pouvez en trouver d'autres). Comment s'établit la correspondance entre le cadre et le poète ?

LE SON DU COR...

1 — Pour l'étude de ce poème, vous vous attacherez en particulier aux effets résultant :

— *des « impropriétés » de vocabulaire ;*
— *des équivoques de construction syntaxique ;*
— *de la confusion volontaire entre les différents ordres sensoriels, d'une part, entre les notations physiques et morales d'autre part.*

2 — Dans quelle mesure peut-on parler d'un « paysage introspectif » (Pierre Morau) ?

Carrière, *Verlaine* (Giraudon).

COLLOQUE SENTIMENTAL

Dans le vieux parc solitaire et glacé,
Deux formes ont tout à l'heure passé.

Leurs yeux sont morts et leurs lèvres sont molles,
Et l'on entend à peine leurs paroles.

5 Dans le vieux parc solitaire et glacé,
Deux spectres ont évoqué le passé.

— Te souvient-il de notre extase ancienne ?
— Pourquoi voulez-vous donc qu'il m'en souvienne ?

— Ton cœur bat-il toujours à mon seul nom ?
10 Toujours vois-tu mon âme en rêve ? — Non.

— Ah ! les beaux jours de bonheur indicible
Où nous joignions nos bouches ! — C'est possible.

— Qu'il était bleu, le ciel, et grand, l'espoir !
— L'espoir a fui, vaincu, vers le ciel noir.

15 Tels ils marchaient dans les avoines folles,
Et la nuit seule entendit leurs paroles.

les Fêtes galantes, 1868.

VERS POUR ÊTRE CALOMNIÉ

Ce soir je m'étais penché sur ton sommeil.
Tout ton corps dormait chaste sur l'humble lit,
Et j'ai vu, comme un qui s'applique et qui lit,
Ah ! j'ai vu que tout est vain sous le soleil !

5 Qu'on vive, ô quelle délicate merveille,
Tant notre appareil est une fleur qui plie !
O pensée aboutissant à la folie !
Va, pauvre, dors ! moi, l'effroi pour toi m'éveille.

Ah ! misère de t'aimer, mon frêle amour
10 Qui vas respirant comme on expire un jour !
O regard fermé que la mort fera tel !

O bouche qui ris en songe sur ma bouche,
En attendant l'autre rire plus farouche !
Vite, éveille-toi. Dis, l'âme est immortelle ?

Jadis et Naguère, écrit en 1872, publié en 1884.

VERLAINE ET RIMBAUD

Verlaine avait fait la connaissance de Rimbaud en 1871. Très vite sa femme Mathilde ne supporte plus le jeune poète. Les deux amis partent ensemble, en 1872, en Belgique d'abord, puis à Londres. Ils se séparent plusieurs fois, et se retrouvent toujours, jusque vers le milieu de 1873, où Verlaine quitte Rimbaud, à Londres, et se rend à Bruxelles. Le 4 juillet, Rimbaud lui adresse la lettre suivante :

Reviens, reviens, cher ami, seul ami, reviens. Je te jure que je serai bon. Si j'étais maussade avec toi, c'est une plaisanterie où je me suis entêté ; je m'en repens plus qu'on ne peut dire. Reviens, ce sera bien oublié. Quel malheur que tu aies cru à cette plaisanterie. Voilà deux jours que je ne cesse de pleurer. Sois courageux, cher ami. Rien n'est perdu. Tu n'as qu'à refaire le voyage. Nous revivrons ici bien courageusement, patiemment. Ah ! je t'en supplie. C'est ton bien d'ailleurs. Reviens, tu retrouveras toutes tes affaires. J'espère que tu sais bien à présent qu'il n'y avait rien de vrai dans notre discussion. L'affreux moment ! Mais toi, quand je te faisais signe de quitter le bateau, pourquoi ne venais-tu pas ? Nous avons vécu deux ans ensemble pour arriver à cette heure-là ! Que vas-tu faire ? Si tu ne veux pas revenir, ici, veux-tu que j'aille te trouver où tu es ?

Oui, c'est moi qui ai eu tort.

Oh ! tu ne m'oublieras pas, dis ?

Non, tu ne peux pas m'oublier.

Moi, je t'ai toujours là.

Dis, réponds à ton ami, est-ce que nous ne devons plus vivre ensemble ?

Sois courageux. Réponds-moi vite. Je ne puis rester ici plus longtemps. N'écoute que ton bon cœur.

Vite, dis si je dois te rejoindre.

A toi toute la vie. (...)

Puis à nouveau, le lendemain 5 juillet :

(...) Le seul vrai mot, c'est : reviens. Je veux être avec toi, je t'aime. Si tu écoutes cela, tu montreras du courage et un esprit sincère.

Autrement, je te plains.

Mais je t'aime, je t'embrasse et nous nous reverrons. (...)

Rimbaud rejoint finalement son ami à Bruxelles le 8 juillet. Mais le 10, Verlaine achète un revolver et tire sur Rimbaud. Celui-ci, interrogé par la police le 12 juillet, déclare :

J'étais debout, adossé contre le mur d'en face. Il me dit alors : « Voilà pour toi, puisque tu pars ! » ou quelque chose dans ce sens ; il dirigea son pistolet sur moi et m'en lâcha un coup qui m'atteignit au poignet gauche ; le premier coup fut presque instantanément suivi d'un second, mais cette fois l'arme n'était plus dirigée vers moi, mais abaissée vers le plancher.

Verlaine exprima immédiatement le plus vif désespoir de ce qu'il avait fait ; il se précipita dans la chambre contiguë occupée par sa mère, et se jeta sur le lit. Il était comme fou : il me mit son pistolet entre les mains et m'engagea à le lui décharger sur la tempe. Son attitude était celle d'un profond regret de ce qui lui était arrivé. (...)

D. — Connaissez-vous le motif des dissentiments de Verlaine et de sa femme ?

R. — Verlaine ne voulait pas que sa femme continuât d'habiter chez son père.

D. — N'invoque-t-elle pas aussi comme grief votre intimité avec Verlaine ?

R. — Oui, elle nous accuse même de relations immorales ; mais je ne veux pas me donner la peine de démentir de pareilles calomnies.

Déposition de Rimbaud devant le juge d'instruction, 12 juillet 1873

PAUL CLAUDEL (1868-1955), **1919**

Cet auteur écrivit un poème en prose intitulé Verlaine, *où il revenait sur la fascination exercée par Rimbaud sur Verlaine :*

Un seul homme dans le rire et la fumée et les bocks, tous ces lorgnons et toutes ces barbes immondes,

Un seul a regardé cet enfant et a compris qui c'était,

Il a regardé Rimbaud, et c'est fini pour lui désormais

Du Parnasse Contemporain, et de l'échoppe où l'on fabrique

Ces sonnets qui partent tout seuls comme des tabatières à musique !

Ni rien ne lui est plus rien, tout cassé ! ni sa jeune femme qu'il aime,

Pourvu qu'il suive cet enfant, qu'est-ce qu'il dit au milieu des rêves et des blasphèmes ?

Comprenant ce qu'il dit à moitié, mais cette moitié suffit.

L'autre regarde ailleurs d'un œil bleu, innocent de tout ce qu'il entraîne après lui.

Faible Verlaine ! maintenant reste seul, car tu ne peux aller plus loin.

Rimbaud part, tu ne le verras plus, et ce qui reste dans un coin,

Écumant, à demi-fou et compromettant pour la sécurité publique,

Les Belges l'ont soigneusement ramassé et placé dans une prison en briques.

Il est seul. Il est en état parfait d'abaissement et de dépossession.

Sa femme lui notifie un jugement de séparation.

La Bonne Chanson est chantée, le modeste bonheur n'est plus.

A un mètre de ses yeux, il n'y a plus que le mur qui est nu.

Dehors, le monde qui l'exclut, et, au-dedans, Paul Verlaine,

La blessure, et le goût en lui de ces choses qui sont autres qu'humaines.

La fenêtre est si petite là-haut qu'elle ne permet de voir que l'azur.

Verlaine, in Mercure de France du 16 août 1919, recueilli dans *Feuilles de Saints,* 1925.

L'Enfant sauvage. Film de F. Truffaut, 1970 (Snark).

Gaspard Hauser chante :

Je suis venu, calme orphelin,
Riche de mes seuls yeux tranquilles,
Vers les hommes des grandes villes :
Ils ne m'ont pas trouvé malin.

5 A vingt ans un trouble nouveau,
Sous le nom d'amoureuse flamme,
M'a fait trouver belles les femmes :
Elles ne m'ont pas trouvé beau.

Bien que sans patrie et sans roi
10 Et très brave ne l'étant guère,
J'ai voulu mourir à la guerre :
La mort n'a pas voulu de moi.

Suis-je né trop tôt ou trop tard ?
Qu'est-ce que je fais en ce monde ?
15 Ô vous tous, ma peine est profonde :
Priez pour le pauvre Gaspard !

Sagesse, Livre III, chap. IV.

LUCIEN MALSON, 1964
L'auteur des Enfants sauvages *raconte l'histoire de Gaspard Hauser :*

Le 26 mai 1828, vers cinq heures du soir, un jeune homme incroyable, titubant, trébuchant, totalement perdu, apparaît sur l'Unschlittplatz de Nuremberg, aux yeux étonnés d'un bourgeois qui se repose assis devant sa porte (...) — L'inconnu de l'Unschlittplatz porte un chapeau de feutre à garniture de cuir rouge (...) un cache-col
5 de soie noire, une veste délavée, une chemise épaisse, un pantalon gris en étoffe grossière et des bottes à revers rafistolées, avec, à la semelle, un fer à cheval. L'étonnant voyageur, on le saura bientôt, a dans ses poches un petit mouchoir marqué à ses initiales, des prières catholiques manuscrites, des opuscules, un rosaire et de la poudre d'or. Il tient à la main une lettre adressée à l'« honorable capitaine de cavalerie du
10 4e escadron du 6e régiment de Nuremberg ». Le bourgeois ébahi conduit l'étrange personnage à la caserne de la ville. La mystérieuse lettre dit en substance : « Ce garçon veut servir son roi. Sa mère l'a placé chez moi. Je ne l'ai jamais laissé sortir. Je lui ai appris la lecture et l'écriture. Je l'ai conduit jusqu'à Nuremberg, à la nuit. » Sur une fiche jointe on peut lire encore : « L'enfant est baptisé, il s'appelle Gaspard. Il est né le 30 avril
15 1812. Quand il aura dix-sept ans, conduisez-le à Nuremberg, où son père — qui est mort — fut cavalier. Je suis une pauvre fille. » Les militaires parquent l'arrivant à l'écurie. Il s'endort dans la paille. On aura du mal à le réveiller pour le conduire vers vingt heures au local de la police où, à la plume, il écrit son nom : Gaspard Hauser.

Peu à peu, Gaspard acquerra le langage, une certaine symbolique, quelques « manières civilisées »...

20 (...) Toute son éducation intellectuelle était à faire ou, plutôt, à refaire. (...) En trois ans, tout va changer. Chaque matin, de onze à douze, Gaspard prend une leçon de calcul en ville. Au lycée, on lui inflige le latin. En 1831, il passe quelques semaines chez Feuerbach, qui se désole du formalisme de l'enseignement que reçoit un personnage aussi singulier. (...) La joie d'apprendre du jeune homme n'a, du reste, pas
25 duré. Gaspard est aboulique, terne, sans humeur. C'est un calme lourdaud, pétri de bon sens : « Qui a fait les arbres ? Qui allume et éteint les étoiles ? Mon âme, qu'est-ce ? Puis-je la voir ? Pourquoi Dieu ne veut-il pas exaucer toujours ? »

Mais l'Homme — comme il l'appelle — veillait à son emprisonnement. Soudain, le 17 octobre 1829, l'Homme semble revenir puisque Gaspard est attaqué et, en 1833, à 22 ans, il est assassiné par un inconnu. On pense que Gaspard, fils de Stéphanie de Beauharnais et du prince de Bade avait été enlevé afin que l'héritage revînt aux fils d'une lignée morganatique...

les Enfants sauvages, 1964, 10/18.

LES ENFANTS SAUVAGES :
LES MOYENS D'OBSERVER LE RAPPORT NATURE/CULTURE ?

J.M.G. ITARD, 1806

Victor, le sauvage de l'Aveyron est un cas plus intéressant encore : capturé en 1798 puis échappé puis à nouveau capturé en 1799, il est enfin de compte confié à la responsabilité de J.M.G. Itard, médecin-chef de l'Institution des sourds-muets qui rédigera sur l'enfant deux rapports (1801 et 1806). Victor apprendra lui aussi « la civilisation », pourra parler, se tenir droit, être décent... et mourra quadragénaire en 1828.

L II. — Ces derniers moyens **(1)** de répression eurent le succès que j'en avais attendu, et mirent un terme à la rapacité de mon élève. Cette correction ne s'offrit pas cependant à mon esprit comme la preuve certaine que j'avais inspiré à mon élève le sentiment intérieur de la justice. Je sentis parfaitement que, malgré le soin que j'avais pris de donner à nos procédés toutes les formes d'un vol injuste et manifeste, il n'était pas sûr que Victor y eût vu quelque chose de plus que la punition de ses propres méfaits ; et dès lors il se trouvait corrigé par la crainte de quelques nouvelles privations, et non par le sentiment désintéressé de l'ordre moral. Pour éclaircir ce doute, et avoir un résultat moins équivoque, je crus devoir mettre le cœur de mon élève à l'épreuve d'une autre espèce d'in-justice qui, n'ayant aucun rapport avec la nature de la faute, ne parût pas en être le châtiment mérité, et fût par là aussi odieuse que révoltante. Je choisis, pour cette expérience vraiment pénible, un jour où, tenant depuis plus de deux heures Victor occupé à nos procédés d'instruction et, satisfait également de sa docilité et de son intelligence, je n'avais que des éloges et des récompenses à lui prodiguer. Il s'y attendait sans doute, à en juger par l'air content de lui qui se peignait sur tous ses traits, comme dans toutes les attitudes de son corps. Mais quel ne fut pas son étonnement de voir qu'au lieu des récompenses accoutumées, qu'au lieu de ces manières auxquelles il avait tant le droit de s'attendre, et qu'il ne recevait jamais sans les plus vives démonstrations de joie, prenant tout à coup une figure sévère et menaçante, effaçant, avec tous les signes extérieurs du mécontentement, ce que je venais de louer et d'applaudir, dispersant dans tous les coins de sa chambre ses cahiers et ses cartons, et le saisissant enfin lui-même par le bras, je l'entraînais avec violence vers un cabinet noir qui, dans les commencements de son séjour à Paris lui avait quelquefois servi de prison. Il se laissa conduire avec résignation jusque près du seuil de la porte. Là, sortant tout à coup de son obéissance accoutumée, s'arc-boutant par les pieds et par les mains contre les montants de la porte, il m'opposa une résistance des plus vigoureuses et qui me flatta d'autant plus qu'elle était toute nouvelle pour lui, et que jamais, prêt à subir une pareille punition alors qu'elle était méritée, il n'avait démenti un seul instant sa soumission par l'hésitation la plus légère.

Qu'il m'eût été doux, en ce moment, de pouvoir me faire entendre de mon élève, et de lui dire jusqu'à quel point la douleur même de sa morsure me remplissait mon âme de satisfaction et me dédommageait de toutes mes peines ! Pouvais-je m'en réjouir faiblement ? C'était un acte de vengeance bien légitime ; c'était une preuve incontestable que le sentiment du juste et de l'injuste, cette base éternelle de l'ordre social, n'était plus étranger au cœur de mon élève. En lui donnant ce sentiment, ou plutôt en en provoquant le développement, je venais d'élever l'homme sauvage à toute la hauteur de l'homme moral, par le plus tranché de ses caractères et la plus noble de ses attributions.

Rapport de 1806.

(1) *Désireux d'observer la naissance du « sentiment de la justice » dans l'âme du « jeune homme », Itard réprima peu à peu le « penchant au vol » c'est-à-dire l'habitude de prendre ce qu'il voulait quand il le voulait — de Victor. Le médecin-chef châtia l'enfant et usa de représailles — mangeant devant l'enfant récalcitrant ou le dépouillant de ses rapines — ...*

SAGESSE :

1 — Le texte de Verlaine est, peu ou prou, l'histoire d'une éducation : relevez les moments de cette histoire indiquant une progression et les éléments de stabilité.

2 — Les pronoms personnels du texte : où apparaissent-ils ? Qui représentent-ils ? S'opposent-ils les uns aux autres ? (Commentez le « vous » final).

L'ENFANT SAUVAGE :

3 — A partir du texte de Lucien Malson, concevez le plan d'un roman, d'un film ou d'une bande dessinée retraçant cette histoire : sur quels éléments insisteriez-vous ? Suivant votre choix (roman, film ou bande dessinée) vous traiterez une séquence essentielle de votre adaptation (rédaction script ou planche).

4 — Pourquoi le XIXᵉ et, surtout, le XVIIIᵉ siècles s'intéressent-ils tant à l'éducation des enfants sauvages ? Quelles clefs peut-on en effet penser y trouver ?

Au moyen d'un énorme projectile d'aluminium, des membres du Gun-club, cercle d'artilleurs de Baltimore, décident de relier la Terre à la Lune. Le président du club, Barbicane, accompagné du fougueux Français Michel Ardan, et du capitaine Nicholl convaincu que l'entreprise ne peut réussir, approchent de la Lune...

Soudain, au milieu de l'éther, dans ces ténèbres profondes, une masse énorme avait apparu. C'était comme une Lune, mais une Lune incandescente, et d'un éclat d'autant plus insoutenable qu'il tranchait nettement
5 sur l'obscurité brutale de l'espace. Cette masse, de forme circulaire, jetait une lumière telle, qu'elle emplissait le projectile. La figure de Barbicane, de Nicholl, de Michel Ardan, violemment baignée dans ces nappes blanches, prenait cette apparence spectrale, livide, blafarde, que les
10 physiciens produisent avec la lumière factice de l'alcool imprégné de sel.

« Mille diables ! s'écria Michel Ardan, mais nous sommes hideux ! Qu'est-ce que cette Lune malencontreuse ?
15 — Un bolide, répondit Barbicane.
— Un bolide enflammé, dans le vide ?
— Oui. »

Ce globe de feu était un bolide, en effet. Barbicane ne se trompait pas. Mais si ces météores cosmiques,
20 observés de la Terre, ne présentent généralement qu'une lumière un peu inférieure à celle de la Lune, ici, dans ce sombre éther, ils resplendissaient. Ces corps errants portent en eux-mêmes le principe de leur incandescence. L'air ambiant n'est pas nécessaire à leur
25 déflagration. Et, en effet, si certains de ces bolides traversent les couches atmosphériques à deux ou trois lieues de la terre, d'autres, au contraire, décrivent leur trajectoire à une distance où l'atmosphère ne saurait s'étendre. Tels ces bolides, l'un du 27 octobre 1844, apparu à une
30 hauteur de cent vingt-huit lieues, l'autre du 15 août 1841, disparu à une distance de cent quatre-vingt-deux lieues. Quelques-uns de ces météores ont de trois à quatre kilomètres de largeur et possèdent une vitesse qui peut aller jusqu'à soixante-quinze kilomètres par secon-
35 de **(1)**, suivant une direction inverse du mouvement de la Terre.

Ce globe filant, soudainement apparu dans l'ombre à une distance de cent lieues au moins, devait, suivant l'estime de Barbicane, mesurer un diamètre de
40 deux mille mètres. Il s'avançait avec une vitesse de deux kilomètres à la seconde environ, soit trente lieues par minute. Il coupait la route du projectile et devait l'atteindre en quelques minutes. En s'approchant, il grossissait dans une proportion énorme.
45 Que l'on s'imagine, si on le peut, la situation des voyageurs. Il est impossible de la décrire. Malgré leur courage, leur sang-froid, leur insouciance devant le danger, ils étaient muets, immobiles, les membres crispés, en proie à un effarement farouche. Leur projectile, dont
50 ils ne pouvaient dévier la marche, courait droit sur cette

masse ignée, plus intense que la gueule ouverte d'un four à réverbère. Il semblait se précipiter vers un abîme de feu.

Barbicane avait saisi la main de ses deux compagnons et tous trois regardaient à travers leurs paupières à demi
55 fermées cet astéroïde chauffé à blanc. Si la pensée n'était pas détruite en eux, si leur cerveau fonctionnait encore au milieu de son épouvante, ils devaient se croire perdus !

Deux minutes après la brusque apparition du bolide, deux siècles d'angoisses ! le projectile semblait prêt à le
60 heurter, quand le globe de feu éclata comme une bombe, mais sans faire aucun bruit au milieu de ce vide où le son, qui n'est qu'une agitation des couches d'air, ne pouvait se produire.

Nicholl avait poussé un cri. Ses compagnons et lui
65 s'étaient précipités à la vitre des hublots.

Quel spectacle ! Quelle plume saurait le rendre, quelle palette serait assez riche en couleurs pour en reproduire la magnificence ?

C'était comme l'épanouissement d'un cratère, com-
70 me l'éparpillement d'un immense incendie. Des milliers de fragments lumineux allumaient et rayaient l'espace de leurs feux. Toutes les grosseurs, toutes les couleurs, toutes les nuances s'y mêlaient. C'étaient des irradiations jaunes, jaunâtres, rouges, vertes, grises, une couronne
75 d'artifices multicolores. Du globe énorme et redoutable, il ne restait plus rien que ces morceaux emportés dans toutes les directions, devenus astéroïdes à leur tour, ceux-ci flamboyants comme une épée, ceux-là entourés d'un nuage blanchâtre, d'autres laissant après eux des traînées
80 éclatantes de poussière cosmique.

Ces blocs incandescents s'entre-croisaient, s'entre-choquaient, s'éparpillaient en fragments plus petits, dont quelques-uns heurtèrent le projectile. Sa vitre de gauche fut même fendue par un choc violent. Il semblait flotter
85 au milieu d'une grêle d'obus dont le moindre pouvait l'anéantir en un instant.

La lumière qui saturait l'éther se développait avec une incomparable intensité, car ces astéroïdes la dispersaient en tous sens. A un certain moment, elle fut tellement vive,
90 que Michel, entraînant vers sa vitre Barbicane et Nicholl, s'écria :

« L'invisible Lune, visible enfin ! »

Et tous trois, à travers un effluve lumineux de quelques secondes, entrevirent ce disque mystérieux que
95 l'œil de l'homme apercevait pour la première fois.

Autour de la Lune, 1870, chap. XV.

(1) *La vitesse moyenne du mouvement de la Terre, le long de l'écliptique, n'est que de 30 kilomètres à la seconde. (Note de J. Verne).*

Le but de Jules Verne selon Hetzel : « Résumer toutes les connaissances géographiques, géologiques, physiques, astronomiques, amassées par la science moderne. »

Avertissement aux Voyages et aventures du Capitaine Hatteras, 1866.

CLASSEMENT POSSIBLE DES ROMANS DE JULES VERNE SELON :

— LES CONNAISSANCES SCIENTIFIQUES :

GÉOGRAPHIE :	cartographie possible des romans selon le principe des quatre continents : *Afrique, Amérique, Asie, Europe.* Tous les romans entrent dans ce cadre. D'où : travail sur le *voyage* et ses techniques travail sur les *climats.*
GÉOLOGIE :	ex. : *Voyage au centre de la Terre,* 1864.
PHYSIQUE :	ex. : les modes de propulsion des véhicules employés, applications diverses.
ASTRONOMIE :	ex. : *De la Terre à la Lune,* 1865 ; *Autour de la Lune,* 1870.
CHIMIE :	ex. : *L'Étoile du Sud,* 1884 : fabrication de faux diamants.
ZOOLOGIE :	ex. : *Un Capitaine de quinze ans,* 1878 : étude des hexapodes par le savant Bénédict.

en combinaison les unes avec les autres le plus souvent à travers le VOYAGE.

— LES PERCEPTIONS :

CHAUD/FROID :	ex. : *Hector Servadac,* 1877.
GLACE/FEU :	ex. : *les Aventures du capitaine Hatteras,* 1866.
VIE NOCTURNE/ VIE AÉRIENNE :	ex. : *Autour de la Lune,* 1870 ; *Les Indes noires,* 1877.

— LES ÉLÉMENTS :

AIR :	*Robur le Conquérant,* 1886.
EAU :	*Vingt mille lieues sous les mers,* 1869-70.
FEU :	*Hector Servadac,* 1877.
TERRE :	*Voyage au centre de la Terre,* 1864.

Utilisation de la technique littéraire du RETOUR DES PERSONNAGES : (d'après le procédé Balzacien (n° 18)).

exemples :
- — *De la Terre à la Lune,* 1865.
- — *Autour de la Lune,* 1870.
- — *Sans dessus dessous,* 1889.

— On peut connaître le passé de Nemo, secret dans *Vingt mille lieues sous les mers,* 1869-70, dans *l'Île mystérieuse,* 1874-75 ;

— Le marin Ayrton abandonné sur une île déserte dans les *Enfants du Capitaine Grant,* 1867-68, réapparaît, transformé dans l'*Île mystérieuse,* 1874-75.

— Cependant Verne va plus loin que Balzac lorsqu'il permet aux héros de l'*Île mystérieuse* de reconnaître Nemo **parce qu'ils ont lu** *Vingt mille lieues sous les mers.*

D'après l'article de Jean Roudaut.
« L'Eternel Adam et l'image des cycles »,
l'Herne, 1974.

Hergé, *On a marché sur la Lune,* Casterman, 1954.

Nadar, *Jules Verne* (BN).

1 — Relevez les éléments grâce auxquels le texte informe le lecteur sur un ou plusieurs domaines scientifiques précis. Ces éléments demandent-ils un effort de compréhension pour un public d'adolescents ? A l'époque ? Maintenant ?

2 — Notez les moments où J. Verne semble s'adresser directement au lecteur. Ces adresses revêtent-elles toutes la même forme ? Quels sont leurs rôles ?

3 — Dans On a marché sur la Lune, Tintin et ses amis rencontrent une météorite lors de leur voyage. Pensez-vous qu'Hergé, en composant sa bande dessinée, cherchait aussi à informer ses lecteurs ? De quelle manière ?

Gill, caricature de Jules Verne (R. Viollet).

« CITOYENS des Etats-Unis d'Amérique, je me nomme Robur. Je suis digne de ce nom. J'ai quarante ans, bien que je paraisse n'en pas avoir trente, une constitution de fer, une santé à toute épreuve, une remarquable force musculaire, un estomac qui passerait pour excellent même dans le monde des autruches. Voilà pour le physique. »

5   On l'écoutait. Oui ! Les bruyants furent tout d'abord interloqués par l'inattendu de ce discours *pro facie sua* **(1)**. Etait-ce un fou ou un mystificateur, ce personnage ? Quoi qu'il en soit, il imposait et s'imposait. Plus un souffle au milieu de cette assemblée, dans laquelle se déchaînait naguère l'ouragan. Le calme après la houle.

Au surplus, Robur paraissait bien être l'homme qu'il disait être. Une taille moyenne, 10 avec une carrure géométrique, — ce que serait un trapèze régulier, dont le plus grand des côtés parallèles était formé par la ligne des épaules. Sur cette ligne, rattachée par un cou robuste, une énorme tête sphéroïdale. A quelle tête d'animal eût-elle ressemblé pour donner raison aux théories de l'Analogie passionnelle **(2)** ? A celle d'un taureau, mais un taureau à face intelligente. Des yeux que la moindre contrariété devait porter à 15 l'incandescence, et, au-dessus, une contraction permanente du muscle sourcilier, signe d'extrême énergie. Des cheveux courts, un peu crépus, à reflet métallique, comme eût été un toupet en paille de fer. Large poitrine qui s'élevait ou s'abaissait avec des mouvements de soufflet de forge. Des bras, des mains, des jambes, des pieds dignes du tronc.

Pas de moustaches, pas de favoris, une large barbiche de marin, à l'américaine, — 20 ce qui laissait voir les attaches de la mâchoire, dont les muscles masséters **(3)** devaient posséder une puissance formidable. On a calculé — que ne calcule-t-on pas ? — que la pression d'une mâchoire de crocodile ordinaire peut atteindre quatre cents atmosphères **(4)**, quand celle du chien de chasse de grande taille n'en développe que cent. On a même déduit cette curieuse formule : si un kilogramme de chien produit huit kilogrammes de 25 force massétérienne, un kilogramme de crocodile en produit douze. Eh bien, un kilogramme dudit Robur devait en produire au moins dix. Il était donc entre le chien et le crocodile.

De quel pays venait ce remarquable type ? c'eût été difficile à dire. En tout cas, il s'exprimait couramment en anglais, sans cet accent un peu traînard qui distingue les 30 Yankees de la Nouvelle-Angleterre **(5)**.

Il continua de la sorte :

« Voici présentement pour le moral, honorables citoyens. Vous voyez devant vous un ingénieur, dont le moral n'est point inférieur au physique. Je n'ai peur de rien ni de personne. J'ai une force de volonté qui n'a jamais cédé devant une autre. Quand je me suis 35 fixé un but, l'Amérique tout entière, le monde tout entier, se coaliseraient en vain pour m'empêcher de l'atteindre. Quand j'ai une idée, j'entends qu'on la partage et ne supporte pas la contradiction. J'insiste sur ces détails, honorables citoyens, parce qu'il faut que vous me connaissiez à fond. Peut-être trouverez-vous que je parle trop de moi ? Peu importe ! Et maintenant, réfléchissez avant de m'interrompre, car je suis venu 40 pour vous dire des choses qui n'auront peut-être pas le don de vous plaire. »

Un bruit de ressac commença à se propager le long des premiers bancs du hall, — signe que la mer ne tarderait pas à devenir houleuse.

Robur le conquérant, 1886, chap. III.

(1) Pro facie sua : *expression calquée sur* **pro domo sua** : *pour soi-même, qui signifie élogieux à l'égard de ses propres traits.*

(2) Analogie passionnelle : *confusion probable entre la théorie de Charles Fourier « l'Analogie universelle » et le titre d'un ouvrage d'Alphonse Toussenel, disciple du célèbre utopiste : « L'esprit des bêtes, vénerie française et zoologie passionnelle » (1847), où les animaux correspondent aux différents caractères des hommes.*

(3) Masséter : *muscle de la pommette et de la mâchoire utilisé dans la mastication.*

(4) Atmosphère : *unité qui correspond à la pression de l'atmosphère sur 1 cm 2, soit 1 kg 33.*

(5) La Nouvelle Angleterre : *côte orientale des E.-U. colonisée au XVIIᵉ siècle.*

---

1 — A quels animaux Robur est-il comparé ? Commentez le choix de Jules Verne. Qu'introduit, à cet endroit, l'exploitation du registre scientifique ?

2 — L'autorité de Robur : quelle est-elle ? Quels sont les moyens employés par Verne pour donner l'impression que Robur a de l'autorité et est autoritaire ?

3 — A quelle métaphore* répond la réaction du public ? Définissez point par point les mouvements de l'assistance ; devant elle, quel rôle Robur joue-t-il ?

4 — Le texte de Sans dessus dessous *est du domaine de l'éloge. Isolez les éléments (formules, exclamations, images) donnant son caractère à un tel discours.*

5 — Calquez tout ou une partie du texte de Sans dessus dessous *en utilisant vos propres signes mathématiques et votre propre personnage. Lisez alors votre texte avec toute l'éloquence nécessaire. A partir de ce modèle, appliquez cet éloge parodique à un autre champ de connaissance.*

JULES VERNE, 1889

Ce texte est une parodie du style de Jules Verne. A tel point que certains critiques en sont venus à douter qu'il fût authentique...

Affiches des éditions Hetzel.

On ne saurait trop le répéter, le secrétaire du Gun-Club était un remarquable calculateur — nous dirions « émérite, » si ce mot n'avait pas une signification diamétralement opposée à celle que le vulgaire lui prête. Ce n'était qu'un jeu pour lui de résoudre les problèmes les plus compliqués des sciences mathématiques. Il se riait des
5 difficultés, aussi bien dans la science des grandeurs, qui est l'algèbre, que dans la science des nombres, qui est l'arithmétique. Aussi fallait-il le voir manier les symboles, les signes conventionnels qui forment la notation algébrique, soit que — lettres de l'alphabet — elles représentent les quantités ou grandeurs, soit que — lignes accouplées ou croisées — elles indiquent les rapports que l'on peut établir entre les quantités et les opérations auxquelles
10 on les soumet.

Ah ! les coefficients, les exposants, les radicaux, les indices et autres dispositions adoptées dans cette langue ! Comme tous ces signes voltigeaient sous sa plume, ou plutôt sous le morceau de craie qui frétillait au bout de son crochet de fer, car il aimait à travailler au tableau noir ! Et là, sur cette surface de dix mètres carrés, — il n'en fallait pas moins à J.-
15 T. Maston — il se livrait à l'ardeur de son tempérament d'algébriste. Ce n'étaient point des chiffres minuscules qu'il employait dans ses calculs, non ! c'étaient des chiffres fantaisistes, gigantesques, tracés d'une main fougueuse. Ses 2 et ses 3 s'arrondissaient comme des cocottes de papier à la promenade ; ses 7 se dessinaient comme des potences, et il n'y manquait qu'un pendu ; ses 8 recourbaient comme de larges paires de lunettes ; ses 6 et
20 ses 9 se paraphaient de queues interminables !

Et les lettres avec lesquelles il établissait ses formules, les premières de l'alphabet, a, b, c, qui lui servaient à représenter les quantités connues ou données, et les dernières, x, y, z, dont il se servait pour les quantités inconnues ou à déterminer, comme elles étaient accusées d'un trait plein, sans déliés, et plus particulièrement ses z, qui se contorsionnaient
25 en zigzags fulgurants ! Et quelle tournure ses lettres grecques, les Π, les λ, les ω, etc., dont un Archimède ou un Euclide eussent été fiers !

Quant aux signes, tracés d'une craie pure et sans tache, c'était tout simplement merveilleux. Ses + montraient bien que ce signe marque l'addition de deux quantités. Ses −, s'ils étaient plus humbles, faisaient encore bonne figure. Ses × se dressaient
30 comme des croix de Saint-André. Quant à ses =, leurs deux traits, rigoureusement égaux, indiquaient, vraiment, que J.-T. Maston était d'un pays où l'égalité n'est pas une vaine formule, du moins entre types de race blanche. Même grandiose de facture pour ses <, pour ses >, pour ses ⋛, dessinés dans des proportions extraordinaires. Quant au signe √, qui indique la racine d'un nombre ou d'une quantité, c'était son triomphe, et, lorsqu'il
35 complétait de la barre horizontale sous cette forme :

$$\sqrt{}$$

il semblait que ce bras indicateur, dépassant la limite du tableau noir, menaçait le monde entier de le soumettre à ses équations furibondes !

Et ne croyez pas que l'intelligence mathématique de J.-T. Maston se bornât à l'horizon de l'algèbre élémentaire ! Non ! Ni le calcul différentiel, ni le calcul intégral, ni le
40 calcul des variations, ne lui étaient étrangers, et c'est d'une main sûre qu'il traçait ce fameux signe de l'intégration, cette lettre, effrayante dans sa simplicité,

$$\int$$

somme d'une infinité d'éléments infiniment petits !

Il en était de même du signe Σ, qui représente la somme d'un nombre fini d'éléments finis, du signe ∞ par lequel les mathématiciens désignent l'infini, et de tous les
45 symboles mystérieux qu'emploie cette langue incompréhensible du commun des mortels.

Enfin, cet homme étonnant eût été capable de s'élever jusqu'aux derniers échelons des hautes mathématiques.

Voilà ce qu'était J.-T. Maston ! Voilà pourquoi ses collègues pouvaient avoir toute confiance, lorsqu'il se chargeait de résoudre les plus abracadabrants calculs posés par leurs
50 audacieuses cervelles ! Voilà ce qui avait amené le Gun-Club à lui confier le problème d'un projectile à lancer de la Terre à la Lune ! Enfin, voilà pourquoi Mrs Evangélina Scorbitt, enivrée de sa gloire, avait pour lui une admiration qui confinait à l'amour.

Sans dessus dessous, 1889.

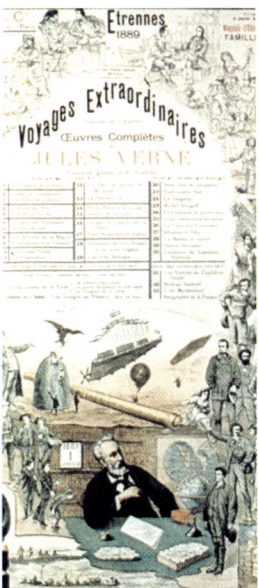

Nadar, *Villiers de l'Isle-Adam*
(BN).

L'amour est plus fort que la Mort, a dit Salomon :
oui, son mystérieux pouvoir est illimité. (...)

(...) Le soir de l'Anniversaire, le comte, assis auprès du feu, dans la chambre de Véra,
venait de *lui* lire un fabliau florentin : *Callimaque.* Il ferma le livre ; puis en se servant du
thé :

— *Douschka,* dit-il, te souviens-tu de la Vallée-des-Roses, des bords de la Lahn, du
5 château des Quatre-Tours ?... Cette histoire te les a rappelés, n'est-ce pas ?

Il se leva, et, dans la glace bleuâtre, il se vit plus pâle qu'à l'ordinaire. Il prit un
bracelet de perles dans une coupe et regarda les perles attentivement. Véra ne les avait-
elle pas ôtées de son bras, tout à l'heure, avant de se dévêtir ? Les perles étaient encore
tièdes et leur orient plus adouci, comme par la chaleur de sa chair. Et l'opale de ce collier
10 sibérien, qui aimait aussi le beau sein de Véra jusqu'à pâlir, maladivement, dans son treillis
d'or, lorsque la jeune femme l'oubliait pendant quelque temps ! Autrefois, la comtesse
aimait pour cela cette pierrerie fidèle !... Ce soir l'opale brillait comme si elle venait d'être
quittée et comme si le magnétisme exquis de la belle morte la pénétrait encore. En
reposant le collier et la pierre précieuse, le comte toucha par hasard le mouchoir de batiste
15 dont les gouttes de sang étaient humides et rouges comme des œillets sur de la neige !... Là,
sur le piano, qui donc avait tourné la page finale de la mélodie d'autrefois ? Quoi ! la
veilleuse sacrée s'était rallumée, dans le reliquaire ! Oui, sa flamme dorée éclairait
mystiquement le visage, aux yeux fermés, de la Madone ! Et ces fleurs orientales,
nouvellement cueillies, qui s'épanouissaient là, dans les vieux vases de Saxe, quelle main
20 venait de les y placer ? La chambre semblait joyeuse et douée de vie, d'une façon plus
significative et plus intense que d'habitude. Mais rien ne pouvait surprendre le comte ! Cela
lui semblait tellement normal, qu'il ne fit même pas attention que l'heure sonnait à cette
pendule arrêtée depuis une année.

Ce soir-là, cependant, on eût dit que, du fond des ténèbres, la comtesse Véra
25 s'efforçait adorablement de revenir dans cette chambre tout embaumée d'elle ! Elle y avait
laissé tant de sa personne ! Tout ce qui avait constitué son existence l'y attirait. Son charme
y flottait ; les longues violences faites par la volonté passionnée de son époux y devaient
avoir desserré les vagues liens de l'Invisible autour d'elle !... (...)

Un frais éclat de rire musical éclaira de sa joie le lit nuptial ; le comte se retourna. Et
30 là, devant ses yeux, faite de volonté et de souvenir, accoudée, fluide, sur l'oreiller de
dentelles, sa main soutenant ses lourds cheveux noirs, sa bouche délicieusement
entr'ouverte en un sourire tout emparadisé de voluptés, belle à en mourir, enfin ! la
comtesse Véra le regardait un peu endormie encore.

— Roger !... dit-elle d'une voix lointaine.

35 Il vint auprès d'elle. Leurs lèvres s'unirent dans une joie divine, — oublieuse, —
immortelle !

Et ils s'aperçurent, *alors*, qu'ils n'étaient, réellement, qu'*un seul être*.

Vera, fin de la 1re version.

Le comte d'Athol a perdu sa
femme depuis plus d'un an,
mais il ne veut pas croire à
sa mort. Cet extrait constitue
la fin de la première version
que Villiers a écrite. Si l'amour
triomphe ici de la mort, il n'en
sera pas de même dans la
deuxième version, qui figure
en page de droite.

Les heures effleurèrent d'un vol étranger cette extase où se mêlaient, pour la première fois, la terre et le ciel.

Tout à coup, le comte d'Athol tressaillit, comme frappé d'une réminiscence fatale.

5 Ah ! maintenant, je me rappelle !... dit-il. Qu'ai-je donc ? Mais tu es morte !

A l'instant même, à cette parole, la mystique veilleuse de l'iconostase s'éteignit. Le pâle petit jour du matin, — d'un matin banal, grisâtre et pluvieux —, filtra dans la chambre par les interstices des rideaux. Les bougies blêmirent et s'éteignirent, laissant fumer âcrement leurs mèches 10 rouges ; le feu disparut sous une couche de cendres tièdes ; les fleurs se fanèrent et se desséchèrent en quelques moments ; le balancier de la pendule reprit graduellement son immobilité. La *certitude* de tous les objets s'envola subitement. L'opale, morte, ne brillait plus ; les taches de sang s'étaient fanées aussi, sur la batiste, auprès d'elle ; et s'effaçant entre les bras 15 désespérés qui voulaient en vain l'étreindre encore, l'ardente et blanche vision rentra dans l'air et s'y perdit. Un faible soupir d'adieu, distinct, lointain, parvint jusqu'à l'âme de Roger. Le comte se dressa ; il venait de s'apercevoir qu'il était seul. Son rêve venait de se dissoudre d'un seul coup ; il avait brisé le magnétique fil de sa trame radieuse avec une seule parole. L'atmosphère 20 était, maintenant, celle des défunts.

Comme ces larmes de verre, agrégées illogiquement, et cependant si solides qu'un coup de maillet sur leur partie épaisse ne les briserait pas, mais qui tombent en une subite et impalpable poussière si l'on en casse l'extrémité plus fine que la pointe d'une aiguille, tout s'était évanoui.
25 — Oh ! murmura-t-il, c'est donc fini ! — Perdue !... Toute seule ! — Quelle est la route, maintenant, pour parvenir jusqu'à toi ? Indique-moi le chemin qui peut me conduire vers toi !...

Soudain, comme une réponse, un objet brillant tomba du lit nuptial, sur la noire fourrure, avec un bruit métallique : un rayon de l'affreux jour 30 terrestre l'éclaira !... L'abandonné se baissa, le saisit, et un sourire sublime illumina son visage en reconnaissant cet objet : c'était la clef du tombeau (1).

Vera, fin de la 2e version.

VILLIERS DE L'ISLE-ADAM

Villiers de l'Isle-Adam jeune
Dessin de Lemercier de Neuville, reproduit dans ses *Souvenirs d'un montreur de marionnettes.*

VILLIERS DE L'ISLE-ADAM
Le romancier condamne le réalisme au nom de la profondeur du réel :

« Les réalistes sont les éternels provinciaux de l'esprit humain. Ils ont raison comme le fossoyeur a raison. Ils ont beau fouetter leurs rosses noires, ils n'arriveront jamais qu'au cimetière. Nous connaissons les cimetières aussi bien qu'eux, mais nous connaissons autre chose aussi, qu'ils ignorent à tout jamais ».

Reliques, textes publiés par P.G. Castex, 1956.

(1) Après l'enterrement de sa femme, le comte avait jeté la clé à l'intérieur du tombeau.

1 — *Relevez les éléments qui produisent à la lecture l'« hésitation » (quant à la réalité des événements rapportés, quant à leurs causes : naturelles, surnaturelles ?) caractéristique du texte fantastique.
Repérez les modalisations* qui introduisent un « trouble » de lecture, puis leur disparition. La frontière entre l'« imaginaire » et le « réel » est-elle clairement perceptible ? Quel est le rôle particulier des interrogations dans ce procédé ? A qui s'adressent-elles ?*

2 — *Le texte 1 était la fin du manuscrit primitif. Villiers de l'Isle-Adam a cru bon d'ajouter une suite qui change complètement le sens de la nouvelle. De quelle manière ? Quelle est, dans la 2e fin, le mot qui élimine tout le fantastique de la 1re ? Quel est l'élément qui le réintroduit ? Quel sens philosophique peut-on tirer du dernier événement ?*

La main de l'électricien **(1)** s'appuya sur un objet que lord Ewald ne distingua pas bien....

— Hadaly ! appela-t-il enfin à haute voix.

III

Apparition

A ce nom mystérieux, une section de la muraille, à l'extrémité sud du laboratoire, tourna sur des gonds secrets, en silence, démasquant un étroit retrait creusé entre les 5 pierres.

Tout l'éclat des lumières porta brusquement sur l'intérieur de ce lieu.

Là, contre les parois concaves et demi-circulaires, des flots de moire noire, tombant fastueusement d'un cintre de jade jusque sur le marbre blanc du sol, agrafaient leurs larges plis à des phalènes **(2)** d'or piquées çà et là aux profonds de l'étoffe.

10 Debout en ce dais **(3)**, une sorte d'*Etre*, dont l'aspect dégageait une impression d'*inconnu*, apparaissait.

La vision semblait avoir un visage de ténèbres : un lacis de perles serrait, à la hauteur de son front, les enroulements d'un tissu de deuil dont l'obscurité lui cachait toute la tête.

15 Une féminine armure, en feuilles d'argent brûlé, d'un blanc radieux et mat, accusait, moulée avec mille nuances parfaites, de sveltes et virginales formes.

Les pans du voile s'entrecroisaient sous le col autour du gorgerin **(4)** de métal ; puis, rejeté sur les épaules, nouaient derrière elle leurs prolongements légers. Ceux-ci tombaient ensuite sur la taille de l'apparition, pareils à une chevelure, et, de là, jusqu'à terre, mêlés à 20 l'ombre de sa présence.

Une écharpe de batiste noire lui enveloppait les flancs et, nouée devant elle comme un pagne, laissait flotter, entre sa démarche, des franges noires où semblait courir un semis de brillants.

Entre les plis de cette ceinture était passé l'éclair d'une arme nue de forme oblique : la 25 vision appuyait sa main droite sur la poignée de cette lame ; de sa main gauche pendante, elle tenait une immortelle d'or. A tous les doigts de ses mains étincelaient plusieurs bagues, de pierreries différentes — et qui paraissaient fixées à ses fins gantelets.

Après un instant d'immobilité, cet être mystérieux descendit l'unique marche de son seuil et s'avança, dans son inquiétante beauté, vers les deux spectateurs.

30 Bien que sa démarche semblât légère, ses pas sonnaient sous les lampes dont les puissantes lueurs jouaient sur son armure.

A trois pas d'Edison et de lord Ewald, l'apparition s'arrêta ; puis, d'une voix délicieusement grave :

— Eh bien ! mon cher Edison, me voici ! dit-elle.

Le jeune Lord Ewald est amoureux de la cantatrice Alicia Clary ; celle-ci est belle mais sans esprit. Edison, met à la disposition de son ami sa science prodigieuse : il a créé un automate (chapitre III) mu par l'électricité. Edison va rendre Hadaly, sa création, semblable à Miss Alicia, puis lui insufflera l'âme de Sowana, l'âme hypnotique d'une femme intelligente jusque-là léthargique. Cependant, durant le voyage de cette future Eve future, un incendie éclatera et les espoirs du jeune homme seront déçus.

---

(1) *L'électricien inventeur de l'Eve future s'appelle Edison. Dans son Avis au lecteur Villiers affirme que « l'Edison du présent ouvrage, son caractère, son habitation, son langage et ses théories sont — et devraient être — au moins passablement distincts de la réalité. »*
(2) *Papillons de nuit.*
(3) *Les deux sens du mot : 1 — baldaquin au-dessus d'un autel ou d'un trône*
                                    2 — pavillon portatif protégeant le Saint-Sacrement dans une procession.
(4) *Partie du casque fermé qui protégeait la gorge.*

35   Lord Ewald, ne sachant que penser de ce qu'il voyait, la regardait en silence.

— L'heure est venue de vivre, si vous voulez, miss Hadaly, répondit Edison.

— Oh! je ne tiens pas à vivre! murmura doucement la voix à travers le voile étouffant.

— Ce jeune homme vient de l'accepter pour toi! — continua l'électricien en jetant
40 dans un récepteur la carte photographique de miss Alicia.

— Qu'il en soit donc selon sa volonté! dit, après un instant et après un léger salut vers lord Ewald, Hadaly.

Edison, à ce mot, le regarda; puis, réglant de l'ongle un interrupteur, envoya s'enflammer une forte éponge de magnésium à l'autre bout du laboratoire.

45   Un puissant pinceau de lumière éblouissante partit, dirigé par un réflecteur et se répercuta sur un objectif disposé en face de la carte photographique de miss Alicia Clary. Au-dessous de cette carte, un autre réflecteur multipliait sur elle la réfraction de ses pénétrants rayons.

Un carré de verre se teinta, presque instantanément, à son centre, dans l'objectif;
50 puis le verre sortit de lui-même de sa rainure et entra dans une manière de cellule métallique, trouée de deux jours circulaires.

Le rai incandescent traversa le centre impressionné du verre par l'ouverture qui lui faisait face, ressortit, coloré, par l'autre jour qu'entourait le cône évasé d'un projectif, — et, dans un vaste cadre, sur une toile de soie blanche, tendue sur la muraille, apparut alors, en
55 grandeur naturelle, la lumineuse et transparente image d'une jeune femme, — statue charnelle de la *Vénus Victrix*, en effet, s'il en palpita jamais une sur cette terre d'illusions.

— Vraiment, murmura lord Ewald, je rêve, il me semble!

— Voici la forme où tu seras incarnée, dit Edison, en se tournant vers Hadaly.

Celle-ci fit un pas vers l'image radieuse qu'elle parut contempler un instant sous la
60 nuit de son voile.

— Oh!... si belle!... Et me forcer de vivre! — dit-elle à voix basse et comme à elle-même.

Puis, inclinant la tête sur sa poitrine, avec un profond soupir:
— Soit! ajouta-t-elle.

65   Le magnésium s'éteignit; la vision du cadre disparut.

Edison étendit la main à la hauteur du front de Hadaly.

Celle-ci tressaillit un peu, tendit, sans une parole, la symbolique fleur d'or à lord Ewald, qui l'accepta, non sans un vague frémissement; puis, se détournant, reprit, de sa même démarche somnambulique, le chemin de l'endroit merveilleux d'où elle était venue.

70   Arrivée au seuil, elle se retourna; puis, élevant ses deux mains vers le voile noir de son visage elle envoya, d'un geste tout baigné d'une grâce d'adolescente, un lointain baiser à ceux qui l'avaient évoquée.

Elle rentra, souleva le pan d'une des draperies de deuil et disparut.

La muraille se referma.

75   Le même bruit sombre, mais cette fois s'enfonçant et s'évanouissant dans les profondeurs de la terre, se fit entendre, puis s'éteignit.

Les deux hommes se retrouvaient seuls sous les lampes.
— Qu'est-ce que cet être étrange? demanda lord Ewald, en fixant à sa boutonnière la fleur emblématique de miss Hadaly.
80   —*Ce n'est pas un être vivant,* répondit tranquillement Edison, les yeux sur les yeux de lord Ewald.

IV

Préliminaires d'un prodige

Lord Ewald, à cette révélation, considérant aussi l'effrayant physicien dans les yeux, parut se demander s'il avait bien entendu.
— Je vous affirme, reprit Edison, que ce métal qui marche, parle, répond et obéit,
85 ne revêt *personne,* dans le sens ordinaire du mot.

l'Eve future, 1886, chap. II, III, IV.

MARY W. SHELLEY: *Frankenstein ou le Prométhée moderne*, **1818**
Frankenstein, baron et savant, reprend les recherches de son père et construit un être humain sans âme à l'aide de parties de différents corps recueillies dans les cimetières et les chambres mortuaires ; le monstre essaie de faire tout le mal possible à son créateur. Rejeté par tous, privé de « l'étincelle divine », ne pouvant vivre sans amour, il tuera son maître. Dans ce passage, nous assistons à la naissance de ce monstre :

Boris Karloff dans
Frankenstein (R. Viollet).

Une sinistre nuit de novembre, je pus enfin contempler le résultat de mes longs travaux. Avec une anxiété qui me mettait à l'agonie, je disposai à portée de ma main les instruments qui allaient me permettre de transmettre une étincelle de vie à la forme inerte qui gisait à mes pieds. Il était déjà une heure du matin. La pluie tambourinait
5 lugubrement sur les carreaux, et la bougie achevait de se consumer. Tout à coup, à la lueur de la flamme vacillante, je vis la créature entrouvrir des yeux d'un jaune terne. Elle respira profondément et ses membres furent agités d'un mouvement convulsif.

Comment pourrais-je dire l'émotion que j'éprouvais devant cette catastrophe, où trouver les mots pour décrire l'être repoussant que j'avais créé au prix de tant de
10 soins et tant d'efforts ? Ses membres étaient, certes, bien proportionnés, et je m'étais efforcé de conférer à ses traits une certaine beauté. De la beauté ! Grand Dieu ! Sa peau jaunâtre dissimulait à peine le lacis sous-jacent de muscles et de vaisseaux sanguins. Sa chevelure était longue et soyeuse, ses dents d'une blancheur nacrée, mais cela ne faisait que mieux ressortir l'horreur des yeux vitreux, dont la couleur semblait se rapprocher
15 de celle des orbites blafardes dans lesquelles ils étaient profondément enfoncés. Cela contrastait aussi avec la peau ratatinée du visage et de la bouche rectiligne aux lèvres presque noires.

Bien que multiples, les péripéties de l'existence sont moins variables que le sont les sentiments humains. Pendant deux années, j'avais travaillé avec acharnement, dans
20 le seul but d'insuffler la vie à un organisme inanimé. Je m'étais pour cela privé de repos, et j'avais sérieusement compromis ma santé. Aucune modération n'était venue tempérer mon ardeur. Et pourtant, maintenant que mon œuvre était achevée, mon rêve se dépouillait de tout attrait, et un dégoût sans nom me soulevait le cœur.

Ne pouvant pas supporter davantage la vue du monstre, je me précipitai hors du
25 laboratoire. Réfugié dans ma chambre à coucher, je me mis à aller et venir, sans pouvoir me résoudre à chercher le sommeil. Mais mon tumulte intérieur finit tout de même par s'apaiser, vaincu par la lassitude. Je me jetai tout habillé sur le lit, dans l'espoir de trouver quelques moments d'oubli. Ce fut en vain. Je dormis bien un peu, mais en proie à des rêves terrifiants. Je voyais Elisabeth, radieuse de santé, cheminer dans les rues
30 d'Ingolstadt. Surpris et charmé, je l'enlaçais, mais tandis que je posais mon premier baiser sur ses lèvres, elles devinrent livides comme celles d'une morte. Ses traits semblèrent se décomposer, et j'eus l'impression de tenir dans mes bras le cadavre de ma défunte mère. Un linceul l'enveloppait, et dans les plis du drap, je voyais grouiller des vers. Je me réveillai, frissonnant d'effroi. Une sueur froide me mouillait le front, mes
35 dents claquaient et des frémissements secouaient mes membres. A la lueur jaunâtre des rayons lunaires qui filtraient par les fentes des volets, j'aperçus soudain le misérable, le monstre que j'avais créé. Il avait soulevé la tenture de mon lit, et ses yeux - si l'on peut leur donner ce nom - étaient fixés sur moi. Il ouvrit la bouche et laissa échapper des sons inarticulés ; une horrible grimace lui plissait les joues. Peut-être
40 parlait-il, mais j'étais tellement terrifié que je ne l'entendais pas. Une de ses mains était tendue vers moi, comme pour m'agripper, mais je me sauvai et descendis quatre à quatre les escaliers. Je me réfugiai dans la cour, devant ma demeure, et y passai le restant de la nuit à marcher de long en large, profondément agité, l'oreille tendue, guettant le moindre bruit comme s'il devait annoncer l'approche du cadavre
45 démoniaque auquel j'avais si malencontreusement donné la vie.

Oh ! Personne n'aurait pu supporter l'horreur qu'inspirait sa vue. Une hideuse momie ressuscitée n'aurait pas pu être aussi affreuse que ce monstre. Je l'avais regardé quand il était encore inachevé, et déjà alors, je l'avais trouvé repoussant. Mais lorsque j'avais permis à ses muscles et à ses articulations de s'animer, il était devenu une chose
50 telle que Dante lui-même n'aurait pu concevoir.

Ce fut une nuit terrible. Par moments, mon pouls battait si vite, si violemment, que je sentais battre mon cœur dans chacune de mes artères. Parfois je chancelais, tant était profond mon découragement et extrême ma faiblesse. Mêlée à cette horreur, l'amertume du plus profond découragement me submergeait. Les rêves dont je m'étais 55 nourri, et dans lesquels je m'étais si longtemps complu, s'étaient transformés en un véritable enfer. La transformation s'était si rapidement opérée que mon désenchantement ne connaissait pas de bornes !

Une aube sombre et pluvieuse vint enfin révéler à mes yeux meurtris par l'insomnie l'église d'Ingolstadt, son blanc clocher et son horloge qui indiquait six 60 heures. Le concierge vint ouvrir la grille de la cour. Je sortis aussitôt de mon refuge et me mis à marcher à pas rapides, fuyant le monstre que je redoutais de voir apparaître à chaque coin de rue. Je n'osais pas retourner à mon appartement, me sentant au contraire comme contraint de m'en éloigner au plus vite, bien que je fusse trempé, car la pluie s'était mise à tomber à flots du ciel triste et bas.

Frankenstein ou *le Prométhée moderne,* 1818, chap. V.

FRANKENSTEIN AU CINÉMA :
FILMOGRAPHIE SÉLECTIVE

1931 : *Frankenstein,* de James Whale, avec Boris Karloff, USA.

1935 : *The Bride of Frankenstein (La Fiancée de Frankenstein),* de James Whale, avec B. Karloff, USA.

1939 : *Son of Frankenstein (Le Fils de Frankenstein),* de Roland V. Lee, USA.

1942 : *Ghost of Frankenstein (Le Spectre de Frankenstein),* d'Erle C. Keaton avec Lon Chaney Jr., USA.

1943 : *Frankenstein Meets the Wolf-man (Frankenstein rencontre le Loup-garou)* de Roy W. Nill avec Bela Lugosi, USA.

1952 : *Torticola contre Frankensberg,* de Paul Paviot, avec M. Piccoli, Fr.

1957 : *The Curse of Frankenstein (Frankenstein s'est échappé)* de Terence Fisher avec Christopher Lee, USA.

1958 : *The Revenge of Frankenstein (La Revanche de Frankenstein)* de Terence Fisher avec Michael Gwynn, G.B.

1964 : *Evil of Frankenstein (L'Empreinte de Frankenstein)* de Freddie Francis, G.B.

1964 : *Frankenstein conquers the World,* de Inoshiro Honda, Jap.

1966 : *Frankenstein created Woman (Frankenstein créa la femme)* de Terence Fisher, avec Susan Denberg, G.B.

1969 : *Frankenstein must be Destroyed ! (Le Retour de Frankenstein)* de Terence Fisher avec Freddie Jones, G.B.

1972 : *Frankenstein and the Monster from Hell (Frankenstein et le Monstre de l'Enfer),* de Terence Fisher, G.B.

1974 : *Young Frankenstein (Frankenstein Junior)* de Mel Brooks, USA.

Mary Shelley.

1 — *Quelles expressions vous semblent caractériser le pouvoir ou l'envie de pouvoir d'Edison et de Frankenstein. Quelles sont, à votre avis, les arrière-pensées qui les animent ?*

2 — *Quels sont les éléments visant à faire peur dans le texte de M. Shelley ? Par quoi ces éléments sont-ils remplacés dans* l'Eve Future *?*

3 — L'Eve Future,
Frankenstein ou le Prométhée moderne : *expliquez ces titres et leurs références. Un autre mythe, celui de Pygmalion, peut sembler complémentaire. Par qui a-t-il été traité ? Quelles sont ses modalités ?*

4 — L'Eve Future (III)
   a) *Justifiez les coupes entre les chapitres II et III et III et IV.*
   b) *Ces coupes renseignent-elles sur la structure du chapitre III ?*
   c) *Dégagez cette structure.*

5 — DEVOIR *sur le chapitre III de* l'Eve Future.
Faites le plan d'un commentaire composé sur ce chapitre, puis rédigez (méthodes du commentaire voir nᵒ 5).
[axes possibles : — la science et la magie — le voile, le regard et la vie — l'homme et la femme.]

Emile Zola.

Et Florent regardait les grandes Halles sortir de l'ombre, sortir du rêve, où il les avait vues, allongeant à l'infini leurs palais à jour. Elles se solidifiaient, d'un gris verdâtre, plus géantes encore, avec leur mâture prodigieuse, supportant les nappes sans fin de leurs toits. Elles entassaient leurs masses géométriques ; et, quand toutes les clartés intérieures furent éteintes, qu'elles baignèrent dans le jour levant, carrées, uniformes, elles apparurent comme une machine moderne, hors de toute mesure, quelque machine à vapeur, quelque chaudière destinée à la digestion d'un peuple, gigantesque ventre de métal, boulonné, rivé, fait de bois, de verre et de fonte, d'une élégance et d'une puissance de moteur mécanique, fonctionnant là, avec la chaleur du chauffage, l'étourdissement, le branle furieux des roues.

le Ventre de Paris, chap. I. 72

Maintenant il entendait le long roulement qui partait des Halles. Paris mâchait les bouchées à ses deux millions d'habitants. C'était comme un grand organe central battant furieusement, jetant le sang de la vie dans toutes les veines. Bruit de mâchoires colossales, vacarme fait du tapage de l'approvisionnement, depuis les coups de fouet des gros revendeurs partant pour les marchés des quartiers, jusqu'aux savates traînantes des pauvres femmes qui vont de porte en porte offrir des salades, dans des paniers.

le Ventre de Paris, chap. I.

Cette nuit-là, son cauchemar s'effara encore, grossi par les inquiétudes sourdes qui l'agitaient. La pluie de l'après-midi avait empli les Halles d'une humidité infecte. Elles lui soufflaient à la face toutes leurs mauvaises haleines, roulées au milieu de la ville comme un ivrogne sous la table, à la dernière bouteille. (...) Le nuage de toutes ces haleines s'amassait au-dessus des toitures, gagnait les maisons voisines, s'élargissait en nuée lourde sur Paris entier. C'étaient les Halles crevant dans leur ceinture de fonte trop étroite, et chauffant du trop-plein de leur indigestion du soir le sommeil de la ville gorgée. (...) Son malheur était là, dans ces Halles chaudes de la journée. Il poussa violemment la fenêtre, les laissa vautrées au fond de l'ombre, toutes nues, en sueur encore, dépoitraillées, montrant leur ventre ballonné et se soulageant sous les étoiles.

le Ventre de Paris, chap. V.

ZOLA : LE VENTRE DE PARIS

1 — *Quels effets précis (images, personnifications, sous-entendus) Zola tire-t-il du fait que le mot Halles est féminin ?*

2 — *Quels éléments réinsèrent et amplifient le titre du roman ?*

3 — *Certaines phrases, prises isolément, n'ont qu'un rapport incertain avec la description architecturale. Repérez-les. Prises hors contexte, qu'évoquent pour vous ces images ?*

4 — *Dans quelle mesure les Halles sont-elles présentées comme une métonymie* de Paris et de son peuple ? Reliez ce fait à la conception du peuple de Michelet (texte n° 98). Là encore, quels a priori politiques sous-tendent le texte de Zola ?*

HAUSSMANN

1 — *Quels renseignements nous donne Haussmann sur les rapports entre les habitudes des architectes et les exigences des autorités ?*

2 — *Cet urbanisme haussmannien vous paraît-il orienté par des considérations esthétiques, ou par des motivations purement fonctionnelles ?*

HAUSSMANN (1809-1891)

Préfet de Paris sous Napoléon III, l'auteur décrit dans ses Mémoires *comment Baltard a construit les Halles :*

Chargé récemment, avec M. Callet pour second, de la construction des Halles centrales, M. Baltard venait d'éprouver une cruelle déception. Il venait d'achever le premier des huit pavillons isolés entre lesquels les diverses catégories de l'approvisionnement de la ville devaient être réparties suivant son projet (régulièrement approuvé après examen et avis conforme de la Commission des Bâtiments civils). L'Empereur, choqué de l'aspect lourd, massif et peu gracieux, j'en conviens, de cet édifice, que la malignité publique baptisa du nom, trop bien justifié, de « Fort de la Halle », ordonna la suspension des travaux, l'abandon du projet en cours d'exécution, et ouvrit lui-même une sorte de concours entre divers architectes auxquels il demanda des projets tout autres (...). L'Empereur, enchanté de la Gare de l'Est, qui venait d'être achevée par M. Armand, ingénieur architecte de la Compagnie, concevait les Halles centrales construites d'après ce type de hall couvert en charpentes de fer, vitrées, qui abrite le départ et l'arrivée des trains. — « Ce sont de vastes parapluies qu'il me faut ; rien de plus ! » me dit-il un jour, en me chargeant de recevoir et de classer, pour les lui soumettre, les avant-projets qu'il avait provoqués et en m'esquissant, par quelques traits de crayon, la silhouette qu'il avait en vue (...), je fis appeler Baltard et je lui dis : « Il s'agit de prendre votre revanche. Faites-moi, au plus vite, un avant-projet suivant ces indications. Du fer, du fer, que du fer. »

J'eus beaucoup de peine à l'y déterminer. C'était un esprit entier et un classique endurci. Le fer ! c'était bon pour les ingénieurs ; mais, qu'est-ce qu'un architecte, un « artiste », avait à faire de métal industriel ? (...) Son premier travail entourait chaque pavillon d'un superbe mur en pierres de taille avec piliers saillants. Le fer était relégué dans la toiture.

Au second, les piliers restaient seuls. Personnellement, je les aurais peut-être tolérés ; mais il n'en fallait pas.

Dans le dernier, il n'y avait plus que des dés en pierre pour porter les colonnes de fonte soutenant l'édifice. — J'avais poussé la cruauté jusqu'à exclure l'emploi de la pierre de taille dans la construction des voûtes des sous-sols. Elles étaient projetées en briques encastrées dans des arêtes de fer. (...) M. Baltard avait fait preuve, dans l'emploi du fer, qui révoltait si fort au début ses instincts d'artiste, d'une habileté de constructeur qui dépassait de beaucoup le mérite, qu'il ne pouvait consciencieusement s'attribuer, de la conception de ce grand projet.

Haussmann, *Mémoires.*

Lancelot, *Halles Centrales de Paris* (BN).

LE FER DANS L'ARCHITECTURE — BREF HISTORIQUE :

Dates	Architectes	Constructions	Innovations
1802	Belanger	Halle-aux-blés	Première utilisation du fer dans l'ossature.
1843	Labrouste	Bibliothèque Sainte-Geneviève	Même procédé.
1854	Baltard	Halles	(voir texte de Haussmann).
1858	Labrouste	Bibliothèque Nationale	Combinaison fer et verre.
1861-69	Hittorf	Gare du Nord	(même procédé).
1861-75	Garnier	Opéra de Paris	Le style dit « éclectique » : combinaison de tous les matériaux.
1876	Boileau	Magasin du Bon Marché	Grandes surfaces vitrées.
1881-83	Sedille	Magasin du Printemps	
1889	Eiffel	Tour	Acier pur.

Emile Zola.

Dans cet essai, Zola a voulu à la fois justifier son entreprise — les Rougon - Macquart —, se placer en chef de file d'un certain parti — les tenants du roman expérimental — et se réclamer d'une théorie scientifique — celle de Claude Bernard.

Eh bien ! en revenant au roman, nous voyons également que le romancier est fait d'un observateur et d'un expérimentateur. L'observateur chez lui donne les faits tels qu'il les a observés, pose le point de départ, établit le terrain solide sur lequel vont marcher les personnages et se développer les phénomènes. Puis, l'expérimentateur paraît et institue
5 l'expérience, je veux dire fait mouvoir les personnages dans une histoire particulière, pour y montrer que la succession des faits y sera telle que l'exige le déterminisme des phénomènes mis à l'étude. C'est presque toujours ici une expérience « pour voir », comme l'appelle Claude Bernard. Le romancier part à la recherche d'une vérité. (...) En somme, toute l'opération consiste à prendre les faits dans la nature, puis à étudier le mécanisme des
10 faits, en agissant sur eux par les modifications des circonstances et des milieux, sans jamais s'écarter des lois de la nature. Au bout, il y a la connaissance de l'homme, la connaissance scientifique, dans son action individuelle et sociale.

Sans doute, nous sommes loin ici des certitudes de la chimie et même de la physiologie. Nous ne connaissons point encore les réactifs qui décomposent les passions
15 et qui permettent de les analyser. Souvent, dans cette étude, je rappellerai ainsi que le roman expérimental est plus jeune que la médecine expérimentale, laquelle pourtant est à peine née. Mais je n'entends pas constater les résultats acquis, je désire simplement exposer clairement une méthode. Si le romancier expérimental marche encore à tâtons dans la plus obscure et la plus complexe des sciences, cela n'empêche pas cette science
20 d'exister. Il est indéniable que le roman naturaliste, tel que nous le comprenons à cette heure, est une expérience véritable que le romancier fait sur l'homme, en s'aidant de l'observation. (...)

Nous venons de voir l'importance décisive donnée par Claude Bernard à l'étude du milieu intra-organique, dont on doit tenir compte, si l'on veut trouver le déterminisme des
25 phénomènes chez les êtres vivants. Eh bien ! dans l'étude d'une famille, d'un groupe d'êtres vivants, je crois que le milieu social a également une importance capitale. Un jour, la physiologie nous expliquera sans doute le mécanisme de la pensée et des passions ; nous saurons comment fonctionne la machine individuelle de l'homme, comment il pense, comment il aime, comment il va de la raison à la passion et à la folie ; mais ces
30 phénomènes, ces faits du mécanisme des organes agissant sous l'influence du milieu intérieur, ne se produisent pas au dehors isolément et dans le vide. L'homme n'est pas seul, il vit dans une société, dans un milieu social, et dès lors pour nous, romanciers, ce milieu social modifie sans cesse les phénomènes. Même notre grande étude est là, dans le travail réciproque de la société sur l'individu et de l'individu sur la société. Pour le
35 physiologiste, le milieu extérieur et le milieu intérieur sont purement chimiques et physiques, ce qui lui permet d'en trouver les lois aisément. Nous n'en sommes pas à pouvoir prouver que le milieu social n'est, lui aussi, que chimique et physique. Il l'est à coup sûr, ou plutôt il est le produit variable d'un groupe d'êtres vivants, qui, eux, sont absolument soumis aux lois physiques et chimiques qui régissent aussi bien les corps
40 vivants que les corps bruts. Dès lors, nous verrons qu'on peut agir sur le milieu social, en agissant sur les phénomènes dont on se sera rendu maître chez l'homme. Et c'est là ce qui constitue le roman expérimental : posséder le mécanisme des phénomènes chez l'homme, montrer les rouages des manifestations intellectuelles et sensuelles telles que la physiologie nous les expliquera, sous les influences de l'hérédité et des circonstances
45 ambiantes, puis montrer l'homme vivant dans le milieu social qu'il a produit lui-même, qu'il modifie tous les jours, et au sein duquel il éprouve à son tour une transformation continue. Ainsi donc, nous nous appuyons sur la physiologie, nous prenons l'homme isolé des mains du physiologiste, pour continuer la solution du problème et résoudre scientifiquement la question de savoir comment se comportent les hommes, dès qu'ils sont en société.

le Roman expérimental, 1880.

ÉMILE ZOLA, 1880

Je résume notre rôle de moralistes expérimentateurs. Nous montrons le mécanisme du futile et du nuisible. Nous dégageons le déterminisme des phénomènes humains et sociaux pour qu'on puisse un jour dominer et diriger ces phénomènes. En un mot, nous travaillons avec tout le siècle à la grande œuvre qui est la conquête de la nature, la puissance de l'homme décuplée. Et voyez à côté de la nôtre, la besogne des écrivains idéalistes, qui s'appuient sur l'irrationnel et le surnaturel, et dont chaque élan est suivi d'une chute profonde dans le chaos métaphysique. C'est nous qui avons la force, c'est nous qui avons la morale.

le Roman expérimental, 1880.

---

1 — *Relevez, dans les passages du* Roman Expérimental, *les mots ou expressions empruntés au vocabulaire scientifique. Zola se réfère à Claude Bernard, que pouvez-vous conclure de ces emprunts et de cette référence ? (voir n° 70).*

2 — *Comment Zola passe-t-il des observations individuelles aux observations à caractère social ? Comment justifie-t-il cette application ?*

3 — *Qu'est-ce qu'un « moraliste expérimentateur » ? Quelles sont les ambiguïtés de cette formule ?*

4 — *Maupassant donne une définition du vrai dans le roman : laquelle ? Qu'en pensez-vous ?*

5 — *Quels sont, selon Maupassant les deux théories majeures du roman au XIXe siècle ? Prend-il parti ? Comment ?*

6 — *Résumez au quart de sa longueur le texte de Zola. Dégagez une idée essentielle, à votre avis, et discutez-la.*

GUY de MAUPASSANT, 1887

Faire vrai consiste donc à donner l'illusion complète du vrai, suivant la logique ordinaire des faits, et non à les transcrire servilement dans le pêle-mêle de leur succession.

J'en conclus que les Réalistes de talent devraient s'appeler plutôt des Illusionnistes (...).

Ne nous fâchons donc contre aucune théorie puisque chacune d'elles est simplement l'expression généralisée d'un tempérament qui s'analyse.

Il en est deux surtout qu'on a souvent discutées en les opposant l'une à l'autre au lieu de les admettre l'une et l'autre : celle du roman d'analyse pure et celle du roman objectif. Les partisans de l'analyse demandent que l'écrivain s'attache à indiquer les moindres évolutions d'un esprit et tous les mobiles les plus secrets qui déterminent nos actions, en n'accordant au fait lui-même qu'une importance très secondaire. Il est le point d'arrivée, une simple borne, le prétexte du roman. Il faudrait donc, d'après eux, écrire ces œuvres précises et rêvées où l'imagination se confond avec l'observation, à la manière d'un philosophe composant un livre de psychologie, exposer les causes en les prenant aux origines les plus lointaines, dire tous les pourquoi de tous les vouloirs et discerner toutes les réactions de l'âme agissant sous l'impulsion des intérêts, des passions ou des instincts.

Les partisans de l'objectivité (quel vilain mot !) prétendant, au contraire, nous donner la représentation exacte de ce qui a lieu dans la vie, évitent avec soin toute explication compliquée, toute dissertation sur les motifs, et se bornent à faire passer sous nos yeux les personnages et les événements.

Pour eux, la psychologie doit être cachée dans le livre comme elle est cachée en réalité sous les faits dans l'existence.

Le roman conçu de cette manière y gagne de l'intérêt, du mouvement dans le récit, de la couleur, de la vie remuante.

Donc, au lieu d'expliquer longuement l'état d'esprit d'un personnage, les écrivains objectifs cherchent l'action ou le geste que cet état d'âme doit faire accomplir totalement à cet homme dans une situation déterminée. Et ils le font se conduire de telle manière, d'un bout à l'autre du volume, que tous ses actes, tous ses mouvements, soient le reflet de sa nature intime, de toutes ses pensées, de toutes ses volontés ou de toutes ses hésitations. Ils cachent donc la psychologie au lieu de l'étaler, ils en font la carcasse de l'œuvre comme l'ossature invisible est la carcasse du corps humain. Le peintre qui fait notre portrait ne montre pas notre squelette.

Il me semble aussi que le roman exécuté de cette façon y gagne en sincérité. Il est d'abord plus vraisemblable, car les gens que nous voyons agir autour de nous ne nous racontent point les mobiles auxquels ils obéissent.

Préface à Pierre et Jean, 1887.

Le Bon Marché (BN).

C'est la fin de la première journée de Denise, jeune vendeuse engagée au Bonheur des Dames.

Lentement, la foule diminuait. Des volées de cloche, à une heure d'intervalle, avaient déjà sonné les deux premières tables du soir ; la troisième allait être servie, et dans les rayons, peu à peu déserts, il ne restait que des clientes attardées, à qui leur rage de dépense faisait oublier l'heure. Du dehors, ne venait plus que le roulement des derniers
5 fiacres, au milieu de la voix empâtée de Paris, un ronflement d'ogre repu, digérant les toiles et les draps, les soies et les dentelles, dont on le gavait depuis le matin. A l'intérieur, sous le flamboiement des becs de gaz, qui, brûlant dans le crépuscule, avaient éclairé les secousses suprêmes de la vente, c'était comme un champ de bataille encore chaud du massacre des tissus. Les vendeurs, harassés de fatigue, campaient parmi la débâcle de
10 leurs casiers et de leurs comptoirs, que paraissait avoir saccagés le souffle furieux d'un ouragan. On longeait avec peine les galeries du rez-de-chaussée, obstruées par la débandade des chaises ; il fallait enjamber, à la ganterie, une barricade de cartons, entassés autour de Mignot ; aux lainages, on ne passait plus du tout, Liénard sommeillait au-dessus d'une mer de pièces, où des piles restées debout, à moitié détruites, semblaient des
15 maisons dont un fleuve débordé charrie les ruines ; et, plus loin, le blanc avait neigé à terre, on butait contre des banquises de serviettes, on marchait sur les flocons légers des mouchoirs. Mêmes ravages en haut, dans les rayons de l'entresol : les fourrures jonchaient les parquets, les confections s'amoncelaient comme des capotes de soldats mis hors de combat, les dentelles et la lingerie, dépliées, froissées, jetées au hasard, faisaient songer à
20 un peuple de femmes qui se serait déshabillé là, dans le désordre d'un coup de désir ; tandis que, en bas, au fond de la maison, le service du départ, en pleine activité, dégorgeait toujours les paquets dont il éclatait et qu'emportaient les voitures, dernier branle de la machine surchauffée. Mais, à la soie surtout, les clientes s'étaient ruées en masse ; là, elles avaient fait place nette ; on y passait librement, le hall restait nu, tout le colossal
25 approvisionnement du Paris-Bonheur venait d'être déchiqueté, balayé, comme sous un vol de sauterelles dévorantes. Et, au milieu de ce vide, Hutin et Favier feuilletaient leurs cahiers de débit, calculaient leur tant pour cent, essoufflés de la lutte. Favier s'était fait quinze francs, Hutin n'avait pu arriver qu'à treize, battu ce jour-là, enragé de sa mauvaise chance. Leurs yeux s'allumaient de la passion du gain ; tout le magasin autour d'eux
30 alignait également des chiffres et flambait d'une même fièvre, dans la gaieté brutale des soirs de carnage.

— Eh bien ! Bourdoncle, cria Mouret, tremblez-vous encore ?

Il était revenu à son poste favori, en haut de l'escalier de l'entresol, contre la rampe ; et, devant le massacre d'étoffes qui s'étalait sous lui, il avait un rire victorieux. Ses craintes
35 du matin, ce moment d'impardonnable faiblesse que personne ne connaîtrait jamais, le jetait à un besoin tapageur de triomphe. La campagne était donc définitivement gagnée, le petit commerce du quartier mis en pièces, le baron Hartmann conquis, avec ses millions et ses terrains. Pendant qu'il regardait les caissiers penchés sur leurs registres, additionnant des longues colonnes de chiffres, pendant qu'il écoutait le petit bruit de l'or, tombant de
40 leurs doigts dans les sébiles de cuivre, il voyait déjà le Bonheur des Dames grandir démesurément, élargir son hall, prolonger ses galeries jusqu'à la rue du Dix-Décembre.

Au Bonheur des Dames, 1883, chap. IV.

Au chapitre XIV, une cliente honorable est surprise en train de voler. L'incident clos, Mouret contemple le spectacle de ces femmes fascinées, « abattues au pied du tentateur »...

Et Mouret regardait toujours son peuple de femmes, au milieu de ces flamboiements. Les ombres noires s'enlevaient avec vigueur sur les fonds pâles. De longs remous brisaient la cohue, la fièvre de cette journée de grande vente passait comme un vertige, roulant la houle désordonnée des têtes. On commençait à sortir, le saccage des étoffes jonchait les comptoirs, l'or sonnait dans les caisses, tandis que la clientèle, dépouillée, violée, s'en allait à moitié défaite, avec la volupté assouvie et la sourde honte d'un désir contenté au fond d'un hôtel louche. C'était lui qui les possédait de la sorte, qui les tenait à sa merci, par son entassement continu de marchandises, par sa baisse des prix et ses rendus, sa galanterie et sa réclame. Il avait conquis les mères elles-mêmes, il régnait sur toutes avec la brutalité d'un despote, dont le caprice ruinait des ménages. Sa création apportait une religion nouvelle, les églises que désertait peu à peu la foi chancelante étaient remplacées par son bazar, dans les âmes inoccupées désormais. La femme venait passer chez lui les heures vides, les heures frissonnantes et inquiètes qu'elle vivait jadis au fond des chapelles : dépense nécessaire de passion nerveuse, lutte renaissante d'un dieu contre le mari, culte sans cesse renouvelé du corps, avec l'au-delà divin de la beauté. S'il avait fermé ses portes, il y aurait eu un soulèvement sur le pavé, le cri éperdu des dévotes auxquelles on supprimerait le confessionnal et l'autel. Dans leur luxe accru depuis dix ans, il les voyait, malgré l'heure, s'entêter au travers de l'énorme charpente métallique, le long des escaliers suspendus et des ponts volants. Madame Marty et sa fille, emportées au plus haut, vagabondaient parmi les meubles. Retenue par son petit monde, madame Bourdelais ne pouvait s'arracher des articles de Paris. Puis, venait la bande, madame de Boves toujours au bras de Vallagnosc, et suivie de Blanche, s'arrêtant à chaque rayon, osant regarder encore les étoffes de son air superbe. Mais, de la clientèle entassée, de cette mer de corsages gonflés de vie, battant de désir, tous fleuris de bouquets de violettes comme pour les noces populaires de quelque souveraine, il finit par ne plus distinguer que le corsage nu de madame Desforges, qui s'était arrêtée à la ganterie avec madame Guibal. Malgré sa rancune jalouse, elle aussi achetait, et il se sentit le maître une dernière fois, il les tenait à ses pieds, sous l'éblouissement des feux électriques, ainsi qu'un bétail dont il avait tiré sa fortune.

Au Bonheur des Dames, 1883, chap. XIV.

LE PROJET DE ZOLA

Je veux faire le poème de l'activité moderne. Donc, changement complet de philosophie : plus de pessimisme d'abord, ne pas conclure à la bêtise et à la mélancolie de la vie, conclure au contraire à son continuel labeur, à la puissance et à la gaieté de son enfantement. En un mot, aller avec le siècle, exprimer le siècle qui est un siècle d'action et de conquête, d'efforts dans tous les sens. (...) Ensuite, comme conséquence, montrer la joie de l'action et le plaisir de l'existence ; il y a certainement des gens heureux de vivre, dont les jouissances ne ratent pas et qui se gorgent de bonheur et de succès : ce sont ces gens-là que je veux peindre, pour avoir l'autre face de la vérité.

Zola, Ebauche de
Au Bonheur des Dames, 1883.

1 — Zola utilise, pour décrire le magasin après la vente, une série de termes métaphoriques que l'on peut regrouper en champs lexicaux*. Relevez-les et classez-les, donnez des exemples de la façon dont ils s'articulent. Quelles autres comparaisons Zola aurait-il pu utiliser ?

2 — Relevez les notations concernant les femmes. Qu'ont-elles en commun ? Quelles précisions apporte le texte ci-dessus (chapitre XIV) sur leur attitude ?

3 — Analysez avec le maximum de précision possible la structure, le rythme de la dernière phrase du texte. A quoi le magasin est-il implicitement comparé ?

4 — Les deux textes cités vous semblent-ils en accord avec les intentions qu'affichait Zola dans l'ébauche d'« Au bonheur des dames » ? Que pensez-vous du titre du roman ?

5 — ENQUÊTE :
La lutte du grand commerce contre les anciennes boutiques à travers « Au bonheur des dames ». (Vous pourrez vous aider de l'article de Maurice Bouvier-Adam, « Zola et les magasins de nouveautés », dans la revue Europe n° 468-469, avril-mai 1968, p. 47-54).

[La grève est déclarée, le peuple est obligé de se réunir en pleine nature, là où les forces de l'ordre et les bourgeois ne vont pas. C'est l'assemblée générale...]

C'était au Plan-des-Dames, dans cette vaste clairière qu'une coupe de bois venait d'ouvrir. Elle s'allongeait en une pente douce, ceinte d'une haute futaie, des hêtres superbes, dont les troncs, droits et réguliers, l'entouraient
5 d'une colonnade blanche, verdie de lichens ; et des géants abattus gisaient encore dans l'herbe, tandis que, vers la gauche, un tas de bois débité alignait son cube géométrique. Le froid s'aiguisait avec le crépuscule, les mousses gelées craquaient sous les pas. Il faisait nuit
10 noire à terre, les branches hautes se découpaient sur le ciel pâle, où la lune pleine, montant à l'horizon allait éteindre les étoiles.

Près de trois mille charbonniers étaient au rendez-
vous, une foule grouillante, des hommes, des femmes,
15 des enfants, emplissant peu à peu la clairière, débordant au loin sous les arbres ; et des retardataires arrivaient toujours, le flot des têtes, noyé d'ombre, s'élargissait jusqu'aux taillis voisins. Un grondement en sortait, pareil à un vent d'orage, dans cette forêt immobile et glacée.
20 En haut, dominant la pente, Etienne se tenait, avec Rasseneur et Maheu.

[Rasseneur, réformiste roué, essaie de contourner le mouvement des travailleurs en leur présentant les inconvénients de leur action. Mais Etienne prend la parole...]

(...) Peu à peu, Etienne s'échauffait. Il n'avait pas l'abondance facile et coulante de Rasseneur. Les mots lui manquaient souvent, il devait torturer sa phrase, il en
25 sortait par un effort qu'il appuyait d'un coup d'épaule. Seulement, à ces heurts continuels, il rencontrait des images d'une énergie familière, qui empoignaient son auditoire ; tandis que ses gestes d'ouvrier au chantier, ses coudes rentrés, puis détendus et lançant les poings en avant, sa mâchoire brusquement avancée, comme pour
30 mordre, avaient eux aussi une action extraordinaire sur les camarades. Tous le disaient, il n'était pas grand, mais il se faisait écouter.

« Le salariat est une forme nouvelle de l'esclavage, reprit-il d'une voix plus vibrante. La mine doit être au
35 mineur, comme la mer est au pêcheur, comme la terre est au paysan... Entendez-vous ! la mine vous appartient, à vous tous qui, depuis un siècle, l'avez payée de tant de sang et de misère ! »

Carrément, il aborda des questions obscures de droit,
40 le défilé des lois spéciales sur les mines, où il se perdait. Le sous-sol, comme le sol, était à la nation : seul, un privilège odieux en assurait le monopole à des Compagnies ; d'autant plus que, pour Montsou, la prétendue légalité des concessions se compliquait de traités passés jadis
45 avec les propriétaires des anciens fiefs, selon la vieille coutume du Hainaut. Le peuple des mineurs n'avait donc qu'à reconquérir son bien ; et, les mains tendues, il indiquait le pays entier, au-delà de la forêt. A ce moment, la lune, qui montait de l'horizon, glissant des hautes
50 branches, l'éclaira. Lorsque la foule, encore dans l'ombre, l'aperçut ainsi, blanc de lumière, distribuant la fortune de ses mains ouvertes, elle applaudit de nouveau, d'un battement prolongé.

« Oui, oui, il a raison, bravo ! »

55 Dès lors, Etienne chevauchait sa question favorite, l'attribution des instruments de travail à la collectivité, ainsi qu'il le répétait en une phrase, dont la barbarie le grattait délicieusement. Chez lui, à cette heure, l'évolution était complète. Parti de la fraternité attendrie des
60 catéchumènes, du besoin de réformer le salariat, il aboutissait à l'idée politique de le supprimer. Depuis la réunion du Bon-Joyeux, son collectivisme, encore humanitaire et sans formule, s'était raidi en un programme compliqué, dont il discutait scientifiquement chaque
65 article. D'abord, il posait que la liberté ne pouvait être obtenue que par la destruction de l'Etat. Puis, quand le peuple se serait emparé du gouvernement, les réformes commenceraient : retour à la commune primitive, substitution d'une famille égalitaire et libre à la famille morale et
70 oppressive, égalité absolue, civile, politique et économique, garantie de l'indépendance individuelle grâce à la possession et au produit intégral des outils du travail, enfin instruction professionnelle et gratuite, payée par la collectivité. Cela entraînait une refonte totale de la vieille
75 société pourrie ; il attaquait le mariage, le droit de tester, il réglementait la fortune de chacun, il jetait bas le monument inique des siècles morts, d'un grand geste de son bras, toujours le même, le geste du faucheur qui rase la moisson mûre ; et il reconstruisait ensuite de l'autre
80 main, il bâtissait la future humanité, l'édifice de vérité et de justice grandissant dans l'aurore du vingtième siècle. A cette tension cérébrale, la raison chancelait, il ne restait que l'idée fixe du sectaire. Les scrupules de la sensibilité et de son bon sens étaient emportés, rien ne devenait
85 plus facile que la réalisation de ce monde nouveau : il avait tout prévu, il en parlait comme d'une machine qu'il monterait en deux heures, et ni le feu, ni le sang ne lui coûtaient.

« Notre tour est venu, lança-t-il dans un dernier éclat.
90 C'est à nous d'avoir le pouvoir et la richesse ! »

Une acclamation roula jusqu'à lui, du fond de la forêt. La lune, maintenant, blanchissait toute la clairière, découpait en arêtes vives la houle des têtes, jusqu'aux lointains confus des taillis, entre les grands troncs grisâtres. Et c'était sous l'air glacial, une furie de visages, des yeux luisants, des bouches ouvertes, tout un rut de peuple, les hommes, les femmes, les enfants, affamés et lâchés au juste pillage de l'antique bien dont on les dépossédait. Ils ne sentaient plus le froid, ces ardentes
100 paroles les avaient chauffés aux entrailles. Une exaltation religieuse les soulevait de terre, la fièvre d'espoir des premiers chrétiens de l'Eglise, attendant le règne prochain de la justice. Bien des phrases obscures leur avaient échappé, ils n'entendaient guère ces raisonnements
105 techniques et abstraits ; mais l'obscurité même, l'abstraction élargissait encore le champ des promesses, les enlevait dans un éblouissement. Quel rêve ! être les maîtres, cesser de souffrir, jouir enfin !

Germinal, 1885, 4e partie, chap. VII.

La vérité est en marche et rien ne l'arrêtera

Emile Zola

Emile Zola

ÉMILE ZOLA, 1885

Etienne Lantier, après la catastrophe, s'en va, loin de la mine :

Et, sous ses pieds, les coups profonds, les coups obstinés des rivelaines continuaient. Les camarades étaient tous là, il les entendait le suivre à chaque enjambée. N'était-ce pas la Maheude, sous cette pièce de betteraves, l'échine cassée, dont le souffle montait si rauque, accompagné par le ronflement du ventilateur ? A gauche, à droite, plus loin, il croyait en reconnaître d'autres, sous les blés, les haies vives, les jeunes arbres. Maintenant, en plein soleil, le soleil d'avril rayonnait dans sa gloire, échauffant la terre qui enfantait. Du flanc nourricier jaillissait la vie, les bourgeons crevaient en feuilles vertes, les champs tressaillaient de la poussée des herbes. De toutes parts, des graines se gonflaient, s'allongeaient, gerçaient la plaine, travaillées d'un besoin de chaleur et de lumière. Un débordement de sève coulait avec des voix chuchotantes, le bruit des germes s'épandait en un grand baiser. Encore, encore, de plus en plus distinctement, comme s'ils se fussent rapprochés du sol, les camarades tapaient. Aux rayons enflammés de l'astre, par cette matinée de jeunesse, c'était de cette rumeur que la campagne était grosse. Des hommes poussaient, une armée noire, vengeresse, qui germait lentement dans les sillons, grandissant pour les récoltes du siècle futur, et dont la germination allait faire bientôt éclater la terre.

FIN

Germinal, 1885, 7e partie, chap. V.

HECTOR MALOT, 1878

L'exploitation des mines de la Truyère se fait par trois puits qu'on nomme puits Saint-Julien, puits Sainte-Alphonsine et puits Saint-Pancrace, car c'est un usage dans les houillères de donner assez généralement un nom de saint aux puits d'extraction, d'aérage ou d'*exhaure*, c'est-à-dire d'épuisement; ce saint, étant choisi sur le calendrier le jour où l'on commence le fonçage, sert non seulement à baptiser les puits, mais encore à rappeler les dates. Ces trois puits ne servent point à la descente et au remontage des ouvriers dans les travaux. Cette descente et ce remontage se font par une galerie qui débouche à côté de la lampisterie et qui aboutit au premier niveau de l'exploitation, d'où il communique avec toutes les parties de la mine. Par là on a voulu parer aux accidents qui arrivent trop souvent dans les puits lorsqu'un câble casse ou qu'une tonne accroche un obstacle et précipite les hommes dans un trou d'une profondeur de deux ou trois cents mètres; en même temps on a cherché aussi à éviter les brusques transitions auxquelles sont exposés les ouvriers qui, d'une profondeur de deux cents mètres où la température est égale et chaude, passent brusquement, lorsqu'ils sont remontés par la machine, à une température inégale et gagnent ainsi des pleurésies et des fluxions de poitrine.

Prévenu que c'était par cette galerie que devaient sortir les ouvriers, je me postai avec Mattia et Capi devant son ouverture, et, quelques minutes après que six heures eurent sonné, je commençai à apercevoir vaciller, dans les profondeurs sombres de la galerie, de petits points lumineux qui grandirent rapidement. C'étaient les mineurs qui, la lampe à la main, remontaient au jour, leur travail fini.

Ils s'avançaient lentement, avec une démarche pesante, comme s'ils souffraient dans les genoux, ce que je m'expliquai plus tard, lorsque j'eus moi-même parcouru les escaliers et les échelles qui conduisent au dernier niveau; leur figure était noire comme celle des ramoneurs, leurs habits et leurs chapeaux étaient couverts de poussière de charbon et de plaques de boue mouillée. En passant devant la lampisterie chacun entrait et accrochait sa lampe à un clou.

Sans famille, 1878, 3e partie, chap. XXIII, « Une ville noire ».

DOCTEUR VILLERMÉ, 1840
Lille :

Je viens de mentionner la rue des Etaques et ses cours : voici comment les ouvriers y sont logés :

Les plus pauvres habitent les caves et les greniers. Ces caves n'ont aucune communication avec l'intérieur des maisons : elles s'ouvrent sur les rues ou sur les cours, et l'on y descend par un escalier, qui en est très souvent à la fois la porte et la fenêtre. Elles sont en pierre ou en brique voûtées, pavées ou carrelées, et toutes ont une cheminée; ce qui prouve qu'elles ont été construites pour servir d'habitation. Communément leur hauteur est de 6 pieds à 6 pieds et demi prise au milieu de la voûte, et elles ont de 10 à 14 pieds de côté (1).

C'est dans ces sombres et tristes demeures que mangent, couchent et même travaillent un grand nombre d'ouvriers. Le jour arrive pour eux une heure plus tard que pour les autres, et la nuit une heure plus tôt.

Leur mobilier ordinaire se compose, avec les objets de leur profession, d'une sorte d'armoire ou d'une planche pour déposer les aliments, d'une poêle, d'un réchaud en terre cuite, de quelques poteries, d'une petite table, de deux ou trois mauvaises chaises, et d'un sale grabat dont les seules pièces sont une paillasse et des lambeaux de couverture. Je voudrais ne rien ajouter à ce détail des choses hideuses qui révèlent, au premier coup d'œil, la profonde misère des malheureux habitants; mais je dois dire que, dans plusieurs des lits dont je viens de parler, j'ai vu reposer ensemble des individus des deux sexes et d'âges très différents, la plupart sans chemise et d'une saleté repoussante. Père, mère, vieillards, enfants, adultes, s'y pressent, s'y entassent. Je m'arrête... le lecteur achèvera le tableau, mais je préviens que s'il tient à l'avoir fidèle, son imagination ne doit reculer devant aucun des mystères dégoûtants qui s'accomplissent sur ces couches impures, au sein de l'obscurité et de l'ivresse.

Eh bien ! les caves ne sont pas les plus mauvais logements : elles ne sont pas, à beaucoup près, aussi humides qu'on le prétend. Chaque fois qu'on y allume le réchaud, qui se place alors dans la cheminée, on détermine un courant d'air qui les sèche et les assainit. Les pires logements sont les greniers, où rien ne garantit des extrêmes de température ; car les locataires

(1) Un pied = 32 cm.

tout aussi misérables que ceux des caves, manquent des moyens d'y entretenir du feu pour se chauffer pendant l'hiver.

Un trait manque à ce tableau : c'est celui des cabarets de la rue des Etaques et des rues voisines, observés le soir, les dimanches et les lundis, en 1835, pendant la saison froide.

J'aurais voulu pénétrer dans ces lieux, où j'ai vu, par les portes et les fenêtres, à travers un nuage de fumée de tabac, comme des fourmilières d'habitants de ce hideux quartier; mais il était évident que, malgré la précaution que j'avais prise de m'habiller de manière à leur paraître moins suspect, mon apparition au milieu d'eux aurait excité leur surprise, surtout leur méfiance. Un grand nombre se tenait debout, faute de place pour s'asseoir, et l'on voyait parmi eux beaucoup de femmes. Tous buvaient de la détestable eau-de-vie de grain, ou bien de la bière. Quant au vin, il est d'un prix trop élevé pour qu'ils puissent y atteindre. Je me suis donc contenté de suivre toutes ces personnes dans la rue, où beaucoup s'arrêtaient chez les épiciers pour boire de l'eau-de-vie, avant d'entrer au cabaret, et où j'entendais jusqu'aux enfants dire les paroles les plus obscènes. Je puis l'affirmer : je n'ai jamais vu à la fois autant de saletés, de misères, de vices, et nulle part sous un aspect plus hideux, plus révoltant. Et que l'on ne croie pas que cet excès du mal soit offert par quelques centaines d'individus seulement; c'est, à des degrés divers, par la grande majorité des 3 000 qui habitent le quartier de la rue des Etaques, et par un plus grand nombre d'autres encore qui sont groupés, distribués dans beaucoup de rues, et dans peut-être soixante cours plus ou moins comparables à celles dont j'ai parlé. (...)

Les ouvriers de Lille sont très souvent privés du strict nécessaire; et cependant ils ne se plaignent point trop de leur sort, et ne se portent presque jamais à des émeutes. Sous ce rapport seulement, ils ressemblent aux malheureux ouvriers des manufactures de l'Alsace. La douceur, la patience, la résignation, paraissent être d'ailleurs le fond du caractère flamand.

Ils offrent très souvent une constitution scrofuleuse, surtout les enfants, qui sont décolorés et maigres. Les médecins de la ville m'ont affirmé que la phtisie pulmonaire moissonne beaucoup plus d'ouvriers en coton et de filtiers que d'autres habitants.

Tableau de l'état physique et moral des ouvriers employés dans les manufactures de coton, de laine et de soie. 1840.

GERMINAL, UN DISCOURS AU PEUPLE ?
1 — Comment se combinent styles direct*, indirect*, indirect libre* ? Quelles sont leurs fonctions respectives ?
2 — Comment le travail de Lantier apparaît-il dans ses gestes d'orateur ? (lignes 22 à 32). Comparez avec le discours de Rouiller (voir n° 153).
3 — Dans cette synthèse de l'intervention de Lantier, quels sont les temps forts et les manœuvres destinées à séduire et convaincre l'auditoire ? Comment Lantier se met-il en scène ? Parle-t-il au nom de tous, ou en son nom propre ?
4 — Discours politique et métaphores : comment, et pourquoi, Zola intègre-t-il à cette harangue des éléments du décor (les arbres, la lune, le froid et le chaud, et, plus loin, le rut) ?
VILLERMÉ ET MALOT, OU LE DISCOURS SUR LE PEUPLE
D'où les auteurs observent-ils le peuple ? Comment le jugent-ils ? Quelles précautions prennent-ils ? Leur vision du peuple est-elle différente de celle de Zola ? Qu'en concluez-vous ?

LES PRINCIPALES ŒUVRES DE ZOLA

	LES ROUGON-MACQUART (1) *(Histoire naturelle et sociale d'une famille sous le Second Empire)*	AUTRES ŒUVRES
1864		**Contes à Ninon**
1866		**Mes haines** *(causeries littéraires et artistiques)*
1866		**Mon salon** *(recueil d'articles)*
1868		**Madeleine Férat ; Thérèse Maupin**
1871	**1. La Fortune des Rougon** *(Établissement d'une fortune grâce au coup d'État du 2 déc. 1851 dans le sud de la France, à Plassans (Aix).*	
1871/2	**2. La Curée** *(Fièvre des grandes entreprises)*	
1873	**3. Le Ventre de Paris** *(Les Halles)*	
1874	**4. La Conquête de Plassans**	
1875	**5. La Faute de l'abbé Mouret** *(Prêtre ayant perdu la foi et la vertu...)*	
1876	**6. Son Excellence Eugène Rougon** *(Atmosphère politique de l'Empire vers 1860)*	
1877	**7. L'Assommoir** *(Milieux ouvriers. L'alcool)*	
1877/8	**8. Une Page d'amour** *(Paris, histoire d'amour)*	
1879		**Thérèse Raquin ; les Héritiers Rabourdin ; le Bouton de Rose : Théâtre.**
1880	**9. Nana** *(Courtisane : ferment révolutionnaire)*	**les Soirées de Médan ; le Roman Expérimental ; Du roman.**
1881		**le Naturalisme au théâtre ; Nos auteurs dramatiques ; Les Romanciers naturalistes.**
1882	**10. Pot-Bouille** *(les vices d'une famille bourgeoise)*	
1883	**11. au Bonheur des Dames** *(Le grand magasin, la ruine des petits commerçants)*	
1884	**12. la Joie de vivre** *(Un névrosé, la peur de la mort)*	**l'Assommoir, Nana, Pot-Bouille** au théâtre *(transcriptions de William Busnach)*
1885	**13. Germinal** *(La mine, la grève)*	
1886	**14. l'Œuvre** *(Les milieux artistiques, drame de l'artiste)*	
1887	**15. la Terre** *(La vie bestiale des paysans)*	**Renée,** pièce en 5 actes *(d'après La Curée)*
1888	**16. le Rêve** *(Idylle d'une jeune ouvrière avec le fils d'un évêque)*	
1890	**17. la Bête humaine** *(travailleurs du rail, la machine)*	
1891	**18. l'Argent** *(Les sociétés capitalistes)*	
1892	**19. la Débâcle** *(1870, la Commune, Chute de la France épuisée par la bourgeoisie)*	
1893	**20. le Docteur Pascal** *(Conflit science/foi ; problèmes de l'hérédité)*	
1894		**Lourdes** (les Trois villes)
1896		**Rome** (les Trois villes)
1898		**J'accuse ; Paris** (les Trois villes)
1899		**Fécondité** *(les Quatre évangiles)*
1901		**Travail** *(les Quatre évangiles)*
1903		**Vérité** (Posthume) *(les Quatre évangiles)*
		Justice (inachevé) *(les Quatre évangiles)*

(1) *Annexion du roman à la science, sorte de biologie de la société : multiples versions sociales et physiologiques d'une même famille — environ 1 200 personnages.*

Caricature de Zola (R. Viollet).

Ils étaient cinq, des gaillards efflanqués et jaunes, accroupis, avec leurs grands ciseaux d'acier luisant. Le berger, qui apportait les brebis, les quatre pieds liés, pareilles à des outres, les rangeait sur la terre battue du hangar, où elles ne pouvaient plus que lever la tête, en bêlant. Et, lorsqu'un des tondeurs en saisissait une, elle se taisait, s'abandonnait,
5 ballonnée par l'épaisseur de sa fourrure, que le suint et la poussière cuirassaient d'une croûte noire. Puis, sous la pointe rapide des ciseaux, la bête sortait de la toison comme une main nue d'un gant sombre, toute rose et fraîche, dans la neige dorée de la laine intérieure. Serrée entre les genoux d'un grand sec, une mère, posée sur le dos, les cuisses écartées, la tête relevée et droite, étalait son ventre, qui avait la blancheur cachée, la peau frissonnante
10 d'une personne qu'on déshabille. Les tondeurs gagnaient trois sous par bête, et un bon ouvrier pouvait en tondre vingt à la journée.

Hourdequin, absorbé, songeait que la laine était tombée à huit sous la livre ; et il fallait se dépêcher de la vendre, pour qu'elle ne séchât pas trop, ce qui lui enlevait son poids. L'année précédente, le sang de rate avait décimé les troupeaux de la Beauce. Tout
15 marchait de mal en pis, c'était la ruine, la faillite de la terre, depuis que la baisse des grains s'accentuait de mois en mois. Et, ressaisi par ses préoccupations d'agriculteur, étouffant dans la cour, il quitta la ferme, il s'en alla donner un coup d'œil à ses champs. Toujours, ses querelles avec la Cognette finissaient ainsi : après avoir tempêté et serré les poings, il cédait la place, oppressé d'une souffrance que soulageait seule la vue de son blé et de ses
20 avoines, roulant leur verdure à l'infini.

Ah ! cette terre, comme il avait fini par l'aimer ! et d'une passion où il n'entrait pas que l'âpre avarice du paysan, d'une passion sentimentale, intellectuelle presque, car il la sentait la mère commune, qui lui avait donné sa vie, sa substance, et où il retournerait. D'abord, tout jeune, élevé en elle, sa haine du collège, son désir de brûler ses livres
25 n'étaient venus que de son habitude de la liberté, des belles galopades à travers les labours, des griseries de grand air, aux quatre vents de la plaine. Plus tard, quand il avait succédé à son père, il l'avait aimée en amoureux, son amour s'était mûri, comme s'il l'eût prise dès lors en légitime mariage, pour la féconder. Et cette tendresse ne faisait que grandir, à mesure qu'il lui donnait son temps, son argent, sa vie entière, ainsi qu'à une femme bonne
30 et fertile, dont il excusait les caprices, même les trahisons. Il s'emportait bien des fois, lorsqu'elle se montrait mauvaise, lorsque, trop sèche ou trop humide, elle mangeait les semences, sans rendre des moissons ; puis, il doutait, il en arrivait à s'accuser de mâle impuissant ou maladroit : la faute en devait être à lui, s'il ne lui avait pas fait un enfant. C'était depuis cette époque que les nouvelles méthodes le hantaient, le lançaient dans les
35 innovations, avec le regret d'avoir été un cancre au collège, et de n'avoir pas suivi les cours d'une de ces écoles de culture, dont son père et lui se moquaient. Que de tentatives inutiles, d'expériences manquées, et les machines, que ses serviteurs détraquaient, et les engrais chimiques que fraudait le commerce ! Il y avait englouti sa fortune, la Borderie lui rapportait à peine de quoi manger du pain, en attendant que la crise agricole l'achevât.
40 N'importe, il resterait le prisonnier de sa terre, il y enterrerait ses os, après l'avoir gardée pour femme, jusqu'au bout.

la Terre, 1887, 2ᵉ partie, chap. 2.

Alexandre Hourdequin, né en 1804, fils d'Isidore Hourdequin, réfléchit aux liens qui l'unissent à cette terre — la Borderie — acquise par son père lors de la vente des Biens Nationaux.

1 — En quoi le premier paragraphe peut-il éclairer la lecture du troisième ?

2 — Pourquoi l'auteur de ce texte, pour passer du premier au troisième paragraphe, nous renvoie-t-il à l'univers économique du second paragraphe ?

3 — Quelle est l'apparence principale de la terre dans le texte de Zola ?
  a) Relevez les termes permettant votre interprétation. Pourquoi l'auteur utilise-t-il ce type de comparaisons ?
  b) Retracez l'« aventure » d'Alexandre Hourdequin. Quel est son échec final ? Pourquoi est-il un « mâle impuissant » ?

LA PUBLICATION DE « LA TERRE » : UN NOUVEAU SCANDALE

Après le scandale de l'Assommoir, il y eut un autre scandale, d'égale importance : la publication de la Terre, qui choqua aussi bien les disciples du Maître (le Manifeste des Cinq – article du 18 août 1887 –) que ses ennemis habituels (Jules Lemaître (1853-1914) par exemple). A. France n'est pas plus indulgent, lui qui fit son éloge en 1902, sur sa tombe.

LE MANIFESTE DES CINQ, 1887

La Terre a paru. La déception a été profonde et douloureuse. Non seulement l'observation est superficielle, les trucs démodés, la narration commune et dépourvue de caractéristiques, mais la note ordurière est exacerbée encore, descendue à des saletés si basses que, par instants, on se croirait devant un recueil de scatologie : le Maître est descendu au fond de l'immondice.

Eh bien ! cela termine l'aventure. Nous répudions énergiquement cette imposture de la littérature véridique, cet effort vers la gauloiserie mixte d'un cerveau en mal de succès. Nous répudions ces bonshommes de rhétorique zoliste, ces silhouettes énormes, surhumaines et biscornues, dénuées de complication, jetées brutalement, en masses lourdes, dans des milieux aperçus au hasard des portières d'express. De cette dernière œuvre du grand cerveau qui lança l'*Assommoir* sur le monde, de cette *Terre* bâtarde, nous nous éloignons résolument, mais non sans tristesse. Il nous poigne de repousser l'homme que nous avons trop fervemment aimé.

Notre protestation est le cri de probité, *dictamen* de conscience de jeunes hommes soucieux de défendre leurs œuvres — bonnes ou mauvaises — contre une assimilation possible aux aberrations du maître. Volontiers nous eussions attendu encore, mais désormais le temps n'est plus à nous : demain, il serait trop tard. Nous sommes persuadés que *la Terre* n'est pas la défaillance éphémère du grand homme, mais le reliquat de compte d'une série de chutes, l'irrémédiable dépravation morbide d'un chaste. Nous n'attendons pas de lendemain aux *Rougon*; nous imaginons trop bien ce que vont être les romans sur les *Chemins de fer*, sur l'*Armée* : le fameux arbre généalogique tend ses bras d'infirme, sans fruits désormais.

Paul Bonnetain, J.-H. Rosny, Lucien Descaves, Paul Marguerite, Gustave Guiches
— publié dans *le Figaro* du 18 août 1887.

ANATOLE FRANCE, 1887

Que M. Emile Zola ait eu jadis, je ne dis pas un grand talent, mais un gros talent, il se peut qu'il en reste encore quelques lambeaux, cela est croyable, mais j'avoue que j'ai toutes les peines du monde à en convenir. Son œuvre est mauvaise et il est de ces malheureux dont on peut dire qu'il vaudrait mieux qu'ils ne fussent pas nés.

Certes, je ne lui nierai point sa détestable gloire. Personne avant lui n'avait élevé un si haut tas d'immondices. C'est là son monument, dont on ne peut contester la grandeur. Jamais homme n'avait fait un pareil effort pour avilir l'humanité, insulter à toutes les images de la beauté et de l'amour, nier tout ce qui est bon et tout ce qui est bien.

« La Terre d'Emile Zola », *la Vie littéraire*, 1887.

JULES LEMAITRE, 1886

Un an avant la publication de la Terre, *cette critique annonce férocement les parutions à venir. Zola n'est pas épargné dans une sorte de « à la manière de … »*

Les littérateurs feront de plus en plus en 1887 ce qu'ils faisaient en 1886.

M. Emile Zola publiera un roman de sept cents pages intitulé *la Terre*. Il y aura dans ce roman, comme dans les autres, une Bête, qui sera la terre; et, sur cette bête, vivront des bêtes, qui seront les paysans. Il y aura un paysage d'hiver, un paysage de printemps, un paysage d'été et un paysage d'automne, chacun de vingt à trente pages. Tous les travaux des champs y seront décrits, et le Manuel du parfait laboureur y passera tout entier.

La seule passion campagnarde étant, comme on sait, l'amour de la terre, vous prévoyez le sujet. Ce sera l'histoire d'un vieux paysan qui fera le partage de ses biens à ses enfants; ceux-ci, trouvant qu'il dure trop, le pousseront dans le feu à la dernière page. Je pense qu'il y aura aussi une fille-mère qui jettera son petit dans la mare. Et je suis à peu près sûr qu'il y aura une idiote, ou un idiot, peut-être deux, ou trois. Et tous ces sauvages seront grandioses. Et le livre sera épique et pessimiste. Il faut qu'il le soit, M. Zola n'en peut mais. Et le roman commencera ainsi :

« Le soleil tombait d'aplomb sur les labours... L'odeur forte de la terre fraîchement écorchée se mêlait aux exhalaisons des corps en sueur... La grande fille, chatouillée par la bonne chaleur, riait vaguement, s'attardait, ses seins crevant son corsage... – N... de D... ! fit l'homme; arriveras-tu, s....-pe ? »

« Pronostics pour l'année 1887 », *les Contemporains*, 1886, 4e série.

Jacques Lantier subit l'hérédité pathologique des Rougon-Macquart. Atteint de folie homicide, il devient l'amant d'une femme criminelle qu'il tuera. Mû par l'obsession du sang, le jeune homme n'a véritablement qu'une femme : la Lison, sa machine.

Affiche pour la Bête Humaine de Zola (Musée Carnavalet).

Dans le vaste hangar fermé, noir de charbon, et que de hautes fenêtres poussiéreuses éclairaient, parmi les autres machines au repos, celle de Jacques se trouvait déjà en tête d'une voie, destinée à partir la première. Un chauffeur du dépôt venait de charger le foyer, des escarbilles rouges tombaient dessous, dans la fosse à piquer le feu. C'était une de ces machines d'express, à deux essieux couplés, d'une élégance fine et géante, avec ses grandes roues légèrement réunies par des bras d'acier, son poitrail large, ses reins allongés et puissants, toute cette logique et toute cette certitude qui font la beauté souveraine des êtres de métal, la précision dans la force. Ainsi que les autres machines de la Compagnie de l'Ouest, en dehors du numéro qui la désignait, elle portait le nom d'une gare, celui de Lison, une station du Cotentin. Mais, Jacques, par tendresse, en avait fait un nom de femme, la Lison, comme il disait, avec une douceur caressante.

Et, c'était vrai, il l'aimait d'amour, sa machine, depuis quatre ans qu'il la conduisait. Il en avait mené d'autres, des dociles et des rétives, des courageuses et des fainéantes ; il n'ignorait point que chacune avait son caractère, que beaucoup ne valaient pas grand'chose, comme on dit des femmes de chair et d'os ; de sorte que, s'il l'aimait celle-là, c'était en vérité qu'elle avait des qualités rares de brave femme. Elle était douce, obéissante, facile au démarrage, d'une marche régulière et continue, grâce à sa bonne vaporisation. On prétendait bien que, si elle démarrait avec tant d'aisance, cela provenait de l'excellent bandage des roues et surtout du réglage parfait des tiroirs ; de même que, si elle vaporisait beaucoup avec peu de combustible, on mettait cela sur le compte de la qualité du cuivre des tubes et de la disposition heureuse de la chaudière. Mais lui savait qu'il y avait autre chose, car d'autres machines, identiquement construites, montées avec le même soin, ne montraient aucune de ses qualités. Il y avait l'âme, le mystère de la fabrication, ce quelque chose que le hasard du martelage ajoute au métal, que le tour de main de l'ouvrier monteur donne aux pièces : la personnalité de la machine, la vie.

Il l'aimait donc en mâle reconnaissant, la Lison, qui partait et s'arrêtait vite, ainsi qu'une cavale vigoureuse

et docile ; il l'aimait parce que, en dehors des appointements fixes, elle lui gagnait des sous, grâce aux primes de chauffage. Elle vaporisait si bien, qu'elle faisait en effet de grosses économies de charbon. Et il n'avait qu'un reproche à lui adresser, un trop grand besoin de graissage : les cylindres surtout dévoraient des quantités de graisse déraisonnables, une faim continue, une vraie débauche. Vainement, il avait tâché de la modérer. Mais elle s'essoufflait aussitôt, il fallait ça à son tempérament. Il s'était résigné à lui tolérer cette passion gloutonne, de même qu'on ferme les yeux sur un vice, chez les personnes qui sont, d'autre part, pétries de qualités ; et il se contentait de dire, avec son chauffeur, en manière de plaisanterie, qu'elle avait, à l'exemple des belles femmes, le besoin d'être graissée trop souvent.

Pendant que le foyer ronflait et que la Lison peu à peu entrait en pression, Jacques tournait autour d'elle, l'inspectant dans chacune de ses pièces, tâchant de découvrir pourquoi, le matin, elle lui avait mangé plus de graisse que de coutume. Et il ne trouvait rien, elle était luisante et propre, d'une de ces propretés gaies qui annoncent les bons soins tendres d'un mécanicien. Sans cesse, on le voyait l'essuyer, l'astiquer ; à l'arrivée surtout, de même qu'on bouchonne les bêtes fumantes d'une longue course, il là frottait vigoureusement, il profitait de ce qu'elle était chaude pour la mieux nettoyer des taches et des bavures. Il ne la bousculait jamais non plus, lui gardait une marche régulière, évitant de se mettre en retard, ce qui nécessite ensuite des sauts de vitesse fâcheux. Aussi tous deux avaient ils fait toujours si bon ménage, que, pas une fois, en quatre années, il ne s'était plaint d'elle, sur le registre du dépôt, où les mécaniciens inscrivent leurs demandes de réparations, les mauvais mécaniciens, paresseux ou ivrognes, sans cesse en querelle avec leurs machines. Mais, vraiment, ce jour-là, il avait sur le cœur sa débauche de graisse ; et c'était autre chose aussi, quelque chose de vague et de profond, qu'il n'avait pas éprouvé encore, une inquiétude, une défiance à son égard, comme s'il doutait d'elle et qu'il eût voulu s'assurer qu'elle n'allait pas se mal conduire en route.

la Bête Humaine, 1890, chap. V.

[après l'accident...]

Enfin, Jacques ouvrit les paupières. (...) ses yeux ayant rencontré, à quelques mètres, la machine qui expirait, s'effarèrent d'abord, puis se fixèrent, vacillants d'une émotion croissante. Elle, la Lison, il la reconnaissait bien, et elle lui rappelait tout, les deux pierres en travers de la voie, l'abominable secousse, ce broiement qu'il avait senti à la fois en elle et en lui, dont il ressuscitait, tandis qu'elle, sûrement, allait en mourir. Elle n'était point coupable de s'être montrée rétive ; car depuis sa maladie contractée dans la neige, il n'y avait pas de sa faute, si elle était moins alerte ; sans compter que l'âge arrive, qui alourdit les membres et durcit les jointures. Aussi lui pardonnait-il volontiers, débordé d'un gros chagrin, à la voir blessée à mort, en agonie. La pauvre Lison n'en avait plus que pour quelques minutes. Elle se refroidissait, les braises de son foyer

tombaient en cendre, le souffle qui s'était échappé si violemment de ses flancs ouverts, s'achevait en une petite plainte d'enfant qui pleure. Souillée de terre et de
20 bave, elle toujours si luisante, vautrée sur le dos, dans une mare noire de charbon, elle avait la fin tragique d'une bête de luxe qu'un accident foudroie en pleine rue. Un instant, on avait pu voir, par ses entrailles crevées, fonctionner ses organes, les pistons battre
25 comme deux cœurs jumeaux, la vapeur circuler dans les tiroirs comme le sang de ses veines ; mais, pareilles à des bras convulsifs, les bielles n'avaient plus que des tressaillements, les révoltes dernières de la vie ; et son âme s'en allait avec la force qui la faisait vivante, cette
30 haleine immense dont elle ne parvenait pas à se vider toute. La géante éventrée s'apaisa encore, s'endormit peu à peu d'un sommeil très doux, finit par se taire. Elle était morte. Et le tas de fer, d'acier et de cuivre, qu'elle laissait là, ce colosse broyé, avec son tronc fendu, ses
35 membres épars, ses organes meurtris, mis au plein jour, prenait l'affreuse tristesse d'un cadavre humain, énorme, de tout un monde qui avait vécu et d'où la vie venait d'être arrachée, dans la douleur.

Alors, Jacques, ayant compris que la Lison n'était
40 plus, referma les yeux avec le désir de mourir lui aussi, si faible d'ailleurs, qu'il croyait être emporté dans le dernier petit souffle de la machine ; et de ses paupières closes, des larmes lentes coulaient maintenant, inondant ses joues. C'en fut trop pour Pecqueux, qui était
45 resté là, immobile, la gorge serrée. Leur bonne amie mourait, et voilà que son mécanicien voulait la suivre. C'était donc fini, leur ménage à trois ? Finis, les voyages, où, montés sur son dos, ils faisaient des cent lieues, sans échanger une parole, s'entendant quand
55 même si bien tous les trois, qu'ils n'avaient pas besoin de faire un signe pour se comprendre ! Ah ! la pauvre Lison, si douce dans sa force, si belle quand elle luisait au soleil ! (...)

On n'entendait plus, on ne voyait plus. La Lison,
55 renversée sur les reins, le ventre ouvert, perdait sa vapeur, par les robinets arrachés, les tuyaux crevés, en des souffles qui grondaient, pareils à des râles furieux de géante. Une haleine blanche en sortait, inépuisable, roulant d'épais tourbillons au ras du sol ; pendant que,
60 du foyer, les braises tombées, rouges comme le sang même de ses entrailles, ajoutaient leurs fumées noires. La cheminée, dans la violence du choc, était entrée en terre ; à l'endroit où il avait porté, le châssis s'était rompu, faussant les deux longerons ; et, les roues en
65 l'air, semblable à une cavale monstrueuse, décousue par quelque formidable coup de corne, la Lison montrait ses bielles tordues, ses cylindres cassés, ses tiroirs et leurs excentriques écrasés, toute une affreuse plaie bâillant au plein air, par où l'âme continuait de
70 sortir, avec un fracas d'enragé désespoir. Justement, près d'elle, le cheval qui n'était pas mort, gisait lui aussi, les deux pieds de devant emportés, perdant également ses entrailles par une déchirure de son ventre. A sa tête droite, raidie dans un spasme d'atroce douleur, on le
75 voyait râler, d'un hennissement terrible, dont rien n'arrivait à l'oreille, au milieu du tonnerre de la machine agonisante.

la Bête Humaine, 1890, chap. X.

GILLES DELEUZE, 1967

Plus généralement d'inspiration psychanalytique, *ce critique contemporain évoque le symbole de la locomotive :*

La vraie signification du train apparaît avec la locomotive que Lantier conduit, la Lison. Au début, elle a remplacé pour lui tous les objets d'instinct auxquels il renonçait. Et elle est présentée comme ayant elle-même un instinct, un tempérament, « un trop grand besoin de graissage : les cylindres surtout dévoraient des quantités de graisse déraisonnables, une faim continue, une vraie débauche ». Or n'en est-il pas pour la locomotive comme pour l'humanité, où la rumeur des instincts renvoie à une fêlure secrète, au point que c'est elle la Bête humaine ? Dans le chapitre du voyage en pleine neige, elle s'engage sur la voie comme dans une fêlure où elle ne pourra plus avancer. Et quand elle en sort, c'est elle qui est fêlée, « touchée quelque part d'un coup mortel ». Le voyage a creusé cette fêlure que l'instinct, l'appétit de graisse, cachait. Au-delà de l'instinct perdu, se révèle de plus en plus la machine comme image de mort, comme pur instinct de mort. Et quand Flore provoque le déraillement, on ne sait plus très bien si c'est la machine qui est assassinée ou si c'est elle qui tue. (...)

La locomotive n'est pas un objet, mais évidemment un symbole épique, comme il y en a toujours chez Zola, et qui réfléchit tous les thèmes et les situations du livre. On a souvent souligné le caractère épique du génie de Zola, visible dans la structure de l'œuvre, dans cette succession de plans qui, chacun, épuisent un thème.

« Introduction » à *la Bête Humaine* dans *Œuvres complètes de Zola*, Cercle du livre précieux, tome VI, Tchou, 1967.

ÉMILE ZOLA, 1877

L'alambic, sourdement, sans une flamme, sans une gaieté dans les reflets éteints de ses cuivres, continuait, laissait couler sa sueur d'alcool, pareil à une source lente et entêtée, qui à la longue devait envahir la salle, se répandre sur les boulevards extérieurs, inonder le trou immense de Paris. Alors, Gervaise, prise d'un frisson, recula ; et elle tâchait de sourire, en murmurant :

— C'est bête, ça me fait froid, cette machine... la boisson me fait froid...

l'Assommoir, 1877.

---

1 — *Notez et classez dans les deux textes les mots ou les formules grâce auxquels la Lison est :*
— *une locomotive*
— *une jument*
— *une femme*
Commentez les moments où les relations s'entrecroisent.

2 — *A la suite de cette analyse et à la lecture du texte de G. Deleuze, rédigez, en une vingtaine de lignes, un texte sur les rapports qu'entretient Jacques avec la Lison et leur valeur symbolique.*

3 — *A la lecture de ces textes peut-on parler de réalisme, à propos de Zola ? Les textes vous conduisent-ils à une nouvelle définition du naturalisme, laquelle ? (voir n° 165).*

Le Petit Journal
SUPPLÉMENT ILLUSTRÉ

Dégradation militaire
de Dreyfus, 1895.

Après avoir énoncé tous les
arguments en faveur de
Dreyfus, Zola conclut :

L'AURORE
Littéraire, Artistique, Sociale
J'Accuse...!
LETTRE AU PRÉSIDENT DE LA RÉPUBLIQUE
Par ÉMILE ZOLA

Telle est donc la simple vérité, monsieur le Président, et elle est effroyable, elle restera pour votre présidence une souillure. Je me doute bien que vous n'avez aucun pouvoir en cette affaire, que vous êtes le prisonnier de la Constitution et de votre entourage. Vous n'en avez pas moins un devoir d'homme, auquel vous songerez, et que

5   vous remplirez. Ce n'est pas, d'ailleurs, que je désespère le moins du monde du triomphe. Je le répète avec une certitude plus véhémente : la vérité est en marche et rien ne l'arrêtera. C'est d'aujourd'hui seulement que l'affaire commence, puisque aujourd'hui seulement les positions sont nettes : d'une part, les coupables qui ne veulent pas que la lumière se fasse ; de l'autre, les justiciers qui donneront leur vie pour qu'elle soit faite. Je l'ai

10   dit ailleurs, et je le répète ici : quand on enferme la vérité sous terre, elle s'y amasse, elle y prend une force telle d'explosion, que, le jour où elle éclate, elle fait tout sauter avec elle. On verra bien si l'on ne vient pas de préparer, pour plus tard, le plus retentissant des désastres. (...)

J'accuse le lieutenant-colonel du Paty de Clam d'avoir été l'ouvrier diabolique de
15   l'erreur judiciaire, en inconscient, je veux le croire, et d'avoir ensuite défendu son œuvre néfaste, depuis trois ans, par les machinations les plus saugrenues et les plus coupables.

J'accuse le général Mercier de s'être rendu complice, tout au moins par faiblesse d'esprit, d'une des plus grandes iniquités du siècle.

J'accuse le général Billot d'avoir eu entre les mains les preuves certaines de
20   l'innocence de Dreyfus et de les avoir étouffées, de s'être rendu coupable de ce crime de lèse-humanité et de lèse-justice, dans un but politique et pour sauver l'état-major compromis.

J'accuse le général de Boisdeffre et le général Gonse de s'être rendus complices du même crime, l'un sans doute par passion cléricale, l'autre peut-être par cet esprit de corps
25   qui fait des bureaux de la guerre l'arche sainte, inattaquable.

J'accuse le général de Pellieux et le commandant Ravary d'avoir fait une enquête scélérate, j'entends par là une enquête de la plus monstrueuse partialité, dont nous avons, dans le rapport du second, un impérissable monument de naïve audace.

J'accuse les trois experts en écritures, les sieurs Belhomme, Varinard et Couard,
30   d'avoir fait des rapports mensongers et frauduleux, à moins qu'un examen médical ne les déclare atteints d'une maladie de la vue et du jugement.

J'accuse les bureaux de la guerre d'avoir mené dans la presse, particulièrement dans l'*Eclair* et dans l'*Echo de Paris*, une campagne abominable, pour égarer l'opinion et couvrir leur faute.

35   J'accuse enfin le premier conseil de guerre d'avoir violé le droit, en condamnant un accusé sur une pièce restée secrète, et j'accuse le second conseil de guerre d'avoir couvert cette illégalité, par ordre, en commettant à son tour le crime juridique d'acquitter sciemment un coupable.

En portant des accusations, je n'ignore pas que je me mets sous le coup des articles
40   30 et 31 de la loi sur la presse du 29 juillet 1881, qui punit les délits de diffamation. Et c'est volontairement que je m'expose.

Quant aux gens que j'accuse, je ne les connais pas, je ne les ai jamais vus, je n'ai contre eux ni rancune ni haine. Ils ne sont pour moi que des entités, des esprits de malfaisance sociale. Et l'acte que j'accomplis ici n'est qu'un moyen révolutionnaire pour
45   hâter l'explosion de la vérité et de la justice.

Je n'ai qu'une passion, celle de la lumière, au nom de l'humanité qui a tant souffert et qui a droit au bonheur. Ma protestation enflammée n'est que le cri de mon âme. Qu'on ose donc me traduire en cour d'assises et que l'enquête ait lieu au grand jour !

J'attends.

50   Veuillez agréer, monsieur le Président, l'assurance de mon profond respect.

« J'accuse », *l'Aurore*, 13 janvier 1898. Adressé au Président de la République Félix Faure.

ÉLECTIONS LÉGISLATIVES
du 22 Septembre 1889

D. WILLETTE
CANDIDAT ANTISÉMITE
IXᵉ Arrond.
Circonscription

Électeurs.

Il n'a pas été question ici d'expliquer toute la marche juridico-policière de l'affaire. On se reportera aux éléments cités dans un grand nombre d'ouvrages historiques dont le synthétique L'Affaire Dreyfus *de Pierre Miquel (Que sais-je ? 1959). Nous nous sommes contentés d'indiquer les dates essentielles (dans la chronologie) et surtout de donner un certain nombre d'articles et de prises de positions écrites pouvant suggérer le climat dans lequel l'affaire s'est déroulée et la violence de l'antisémitisme auquel elle a donné lieu — ou qu'elle a ravivé.*

ANATOLE FRANCE, 1901

— Ne parlons pas de l'Affaire, répondit M. de La Barge. Je ne la connais pas. Je ne veux pas la connaître. Je n'ai pas lu une ligne de l'enquête. Le commandant de La Barge, mon cousin, m'a affirmé que Dreyfus était coupable. Cette affirmation m'a suffi...

— Mon cher Bergeret, je suis patriote et républicain. Que Dreyfus soit innocent ou coupable, je n'en sais rien. Je ne veux pas le savoir, ce n'est pas mon affaire. Il est peut-être innocent. Mais certainement les dreyfusards sont coupables. En substituant leur opinion personnelle à une décision de la justice républicaine, ils ont commis une énorme impertinence. De plus, ils ont agité le pays républicain. Le commerce en souffre...

— Ce que je reproche surtout aux dreyfusards, ajouta M. Mazure, c'est d'avoir affaibli, énervé la défense nationale et diminué notre prestige au-dehors.

Le soleil jetait ses derniers rayons de pourpre entre les troncs noirs des arbres. M. Bergeret crut honnête de répondre :

— Considérez, mon cher Mazure, que si la cause d'un obscur capitaine est devenue une affaire nationale, la faute en est non point à nous, mais aux ministres qui firent du maintien d'une condamnation erronée et illégale un système de gouvernement. Si le garde des sceaux avait fait son devoir en procédant à la révision dès qu'il lui fut démontré qu'elle était nécessaire, les particuliers auraient gardé le silence. C'est dans la vacance lamentable de la justice que leurs voix se sont élevées. Ce qui a troublé le pays, ce qui était de sorte à lui nuire au-dedans et au-dehors, c'était que le pouvoir s'obstinât dans une iniquité monstrueuse qui, de jour en jour, grossissait sous les mensonges dont on s'efforçait de la couvrir.

M. Bergeret à Paris, 1901.

RAPIDE CHRONOLOGIE DE L'AFFAIRE DREYFUS

1894	Arrivée du bordereau (un officier communiquant d'importants documents) :	**Fin sept.**
	Arrestation de Dreyfus	**15 oct.**
	Condamnation de Dreyfus	**22 déc.**
1895	Dégradation de Dreyfus	**5 janv.**
	Félix Faure élu président de la République	**17 janv.**
	Picquart nommé chef de service des renseignements	**1er juillet**
1897	Picquart doutant de la culpabilité de Dreyfus, à bon droit (découverte d'un document important, le « Petit bleu »)) est affecté à un régiment de tirailleurs algériens.	**6 janv.**
	Mathieu Dreyfus accuse Esterhazy.	**15 nov.**
1898	Acquittement d'Esterhazy.	**11 janv.**
	J'ACCUSE	**13 janv.**
	Fondation de la Ligue des Droits de l'Homme	**20 février**
	Condamnation de Zola	**23 février**
	Arrêt de cette condamnation cassé par la cour de Cassation.	**2 avril**
	Arrestation d'Esterhazy.	**12 juillet**
	Arrestation de Picquart.	**13 juillet**
	Zola condamné. Fuite pour Londres.	**18 juillet**
	Découverte du faux du Colonel Henry.	**13 août**
	Suicide d'Henry.	**31 août**
	Madame Dreyfus demande la révision du procès.	
	Démission de Cavaignac, le ministre de la guerre.	**3 sept.**
	Après deux autres démissions de ministres de la guerre, la cour de Cassation accepte la demande en révision.	**29 oct.**
1899	Cassation du jugement de 94. Zola rentre en France :	**5 juin**
	JUSTICE (article)	
	Procès Dreyfus à Rennes (conseil de guerre).	**7 août**
	Nouvelle condamnation.	**9 sept.**
	Dreyfus grâcié.	**19 sept.**
1900	Amnistie votée au Sénat.	**2 juin**
1903	Requête en révision de Dreyfus.	**26 nov.**
1906	Arrêt de la Cour de Cassation, cassant sans renvoi le jugement du Conseil de guerre de Rennes.	**12 juillet**
	Dreyfus et Picquart réintégrés.	**13 juillet**
1935	Mort d'Alfred Dreyfus.	**11 juillet**

EMILE ZOLA, 1899

Depuis onze mois bientôt, j'ai quitté la France. Pendant onze mois, je me suis imposé l'exil le plus total, la retraite la plus ignorée, le silence le plus absolu. J'étais comme le mort volontaire, couché au secret tombeau, dans l'attente de la vérité et de la justice. Et, aujourd'hui, la vérité ayant vaincu, la justice régnant enfin, je renais, je rentre et reprends ma place sur la terre française (...).

J'étais un insulteur de l'armée, un vendu, un sans-patrie. Des amis littéraires à moi, consternés, épouvantés, s'écartaient, m'abandonnaient, dans l'horreur de mon crime. Il y eut des articles écrits, qui désormais pèseront lourd sur la conscience des signataires. Enfin, jamais écrivain brutal, fou, malade d'orgueil, n'avait adressé à un chef d'Etat une Lettre plus grossière, plus mensongère, plus criminelle. Et, maintenant, qu'on la relise, ma pauvre Lettre. J'en suis devenu un peu honteux, je l'avoue, honteux de sa discrétion, de son opportunisme, je dirais presque de sa lâcheté. Car, puisque je me confesse, je puis bien reconnaître que j'avais beaucoup adouci les choses, que j'en avais même beaucoup passé sous silence, de celles qui sont connues, avérées aujourd'hui, et dont je voulais douter encore, tellement elles me semblaient monstrueuses et déraisonnables.(...)

Si je n'écoutais que la faiblesse de mon cœur, d'accord avec le dédain de mon intelligence, je serais même pour le grand pardon, je laisserais les malfaiteurs sous le seul châtiment de l'éternel mépris public. Mais il est, je crois, des sanctions pénales nécessaires, et l'argument décisif est que, si quelque redoutable exemple n'est pas fait, si la justice ne frappe pas les hauts coupables, jamais le petit peuple ne croira à l'immensité du crime. Il faut un pilori dressé pour que la foule sache enfin. (...)

Que Picquart ait pu être arrêté, que depuis un an bientôt on le tienne dans une geôle, comme un malfaiteur, qu'on ait prolongé sa torture par la plus infâme des comédies judiciaires, c'est là un fait monstrueux qui affole la raison. La tache restera ineffaçable sur tous ceux qui ont trempé dans cette iniquité suprême. Et, si demain Picquart n'est pas libre, c'est la France tout entière qui ne se lavera jamais de l'inexplicable folie d'avoir laissé aux mains criminelles des bourreaux, des menteurs, des faussaires, le plus noble, le plus héroïque et le plus glorieux de ses enfants.

Alors seulement l'œuvre sera complète. Et ce n'est pas une moisson de haine, c'est une moisson de bonté, d'équité, d'espérance infinie, que nous avons semée. Il faut qu'elle pousse. (...)

Je suis chez moi. Monsieur le procureur général peut donc, quand il lui plaira, me faire signifier l'arrêt de la cour d'assises de Versailles, qui m'a condamné, par défaut, à un an de prison et à trois mille francs d'amende. Et nous nous retrouverons devant le jury.

En me faisant poursuivre, je n'ai voulu que la vérité et la justice. Elles sont aujourd'hui. Mon procès n'est plus utile, et il ne m'intéresse plus. La justice devra simplement dire s'il y a crime à vouloir la vérité.

« Justice », *l'Aurore,* 5 juin 1899.

ANATOLE FRANCE, 1902

Zola était bon. Il avait la grandeur et la simplicité des grandes âmes. Il était profondément moral. Il a peint le vice d'une main rude et vertueuse. Son pessimisme apparent, une sombre humeur répandue sur plus d'une de ses pages cachent mal un optimisme réel, une foi obstinée au progrès de l'intelligence et de la justice. Dans ses romans, qui sont des études sociales, il poursuivit d'une haine vigoureuse une société oisive, frivole, une aristocratie basse et nuisible, il combattit le mal du temps : la puissance de l'argent. Démocrate, il ne flatta jamais le peuple et il s'efforça de lui montrer les servitudes de l'ignorance, les dangers de l'alcool que le livre imbécile et sans défense à toutes les oppressions, à toutes les misères, à toutes les hontes. Il combattit le mal social partout où il le rencontra. Telles furent ses haines. Dans ses derniers livres, il montra tout entier son amour fervent de l'humanité. Il s'efforça de deviner et de prévoir une société meilleure.

Il voulait que, sur la terre, sans cesse un plus grand nombre d'hommes fussent appelés au bonheur. Il espérait en la pensée, en la science. Il attendait de la force nouvelle, de la machine, l'affranchissement progressif de l'humanité laborieuse. (...)

En ces jours scélérats, plus d'un bon citoyen désespéra du salut de la patrie et de la fortune morale de la France. Les républicains défenseurs du régime actuel n'étaient pas seuls atterrés. On entendit un des ennemis les plus résolus de ce régime, un socialiste irréconciliable s'écrier amèrement : « Si cette société est à ce point corrompue, ses débris immondes ne pourront même pas servir de fondement à une société nouvelle. » Justice, honneur, pensée, tout semblait perdu.

Tout était sauvé. Zola n'avait pas seulement révélé une erreur judiciaire, il avait dénoncé la conjuration de toutes les forces de violence et d'oppression unies pour tuer en France la justice sociale, l'idée républicaine et la pensée libre. Sa parole courageuse avait réveillé la France.

Les conséquences de son acte sont incalculables. Elles se déroulent aujourd'hui avec une force et une majesté puissantes; elles s'étendent indéfiniment; elles ont déterminé un mouvement d'équité sociale qui ne s'arrêtera pas. Il en sort un nouvel ordre de choses fondé sur une justice meilleure et sur une connaissance plus profonde des droits de tous.

(..) Ne le plaignons pas d'avoir enduré et souffert. Envions-le. Dressée sur le plus prodigieux amas d'outrages que la sottise, l'ignorance et la méchanceté aient jamais élevé, sa gloire atteint une hauteur inaccessible.

Envions-le : il a honoré sa patrie et le monde par une œuvre immense et par un grand acte. Envions-le, sa destinée et son cœur lui firent le sort le plus grand : *Il fut un moment de la conscience humaine.*

Discours prononcé lors des obsèques de Zola,
le 11 octobre 1902.

JUDAS DÉFENDU PAR SES FRÈRES

La libre parole du 14 Novembre 1898 (directeur : Ed. Drumont).

DANIEL MAYER, 1975
*Président du M.R.A.P. (Mouvement contre le Racisme,
l'Antisémitisme et pour la Paix).*

La France aux Français !
par Daniel Mayer

« C'est beau, c'est grand, c'est généreux la France » a dit quelqu'un. Et les Français l'ont cru. Mais il se trouve qu'ils ne sont généralement beaux, grands et généreux qu'entre eux. Et que des relents de xénophobie, qui tournent très souvent au racisme, agitent le peuple français dans ses profondeurs, et même s'il ne le croit pas lui-même, même s'il n'en a pas la conviction intime.

C'est ainsi que chaque fois que des problèmes économiques se posent, c'est la faute du... Alors ici le nom change, de même que l'on a eu naguère différents ennemis héréditaires depuis la perfide Albion jusqu'à l'éternelle Germanie c'étaient les Espagnols hier, ce sont les Portugais aujourd'hui les Arabes beaucoup trop, les Africains un peu... et toutes ces séries de faits à base de racisme, qui surgissent brusquement, qui bouillonnent, qui font sauter le couvercle des apparences, c'est dû simplement au fait que le sentiment était très profond pour pouvoir jaillir brusquement comme cela...

Qu'un traminot marseillais soit assassiné par un fou qui se trouve être Algérien, mais que l'on présente comme un Algérien en oubliant de dire qu'il est fou, et qu'aussitôt, çà et là en France, on trouve des Français « bien de chez nous » comme l'on dit pour abattre un certain nombre d'Algériens, c'est la preuve que c'était dans le tréfonds de l'être.

Il en va de même des autres formes de racisme, que ce soit l'antisémitisme ou l'antiafricain... avec des nuances d'ailleurs : à l'égard de l'Africain, on est « paternel »; à l'égard du Juif, on est haineux; à l'égard de l'Arabe – c'est peut-être la forme la plus dramatique –, on est méprisant.

l'Affaire Dreyfus ou l'Intolérable Vérité, 1975.

EDOUARD DRUMONT (1844-1917), **1891**
L'auteur de la France Juive *(voir n° 118), reprend dans ce testament les propos les plus caractéristiques de l'antisémitisme de l'époque.*

Il est avéré désormais qu'il n'existe pas en France de parti décidé à combattre par tous les moyens le régime maçonnique et juif, un parti catholique et français décidé à ne pas se laisser opprimer.

Quand les conquérants germains et francs qui, unis aux purs Gaulois et aux Celtes, constituèrent véritablement la France eurent perdu leur vigueur, l'élément gallo-romain l'emporta, la race latine reprit le dessus; or, cette race est faite pour la tyrannie, puisqu'elle n'a aucun ressort de conscience; elle adore une idole imbécile, une idole de marbre ou de plâtre qu'on appelle la Loi et au nom de cette Loi elle subit tout. (...)

Ce livre n'est point le testament de l'Antisémitisme. Jamais le système juif n'a été plus menacé, jamais le juif n'a été l'objet de haines plus justifiées et de malédictions plus unanimes, jamais le désir de mettre fin à sa malfaisante exploitation n'a été plus ardent chez tous. Ce livre est purement et simplement le testament personnel d'un Antisémite, le journal des pensées et des luttes d'un homme qui a été en France l'initiateur d'un grand mouvement et qui se rend compte que l'inévitable exécution se fera probablement par d'autres que par lui.

Ce livre est avant tout un livre d'amis, un livre que nous écrivons pour ceux qui nous aiment.

Mon expérience peut servir à d'autres et tous ceux qui sauront comprendre ce livre y trouveront une utile leçon.

Que tous ceux qui rêveront de tenter quelque chose d'utile pour leur pays se souviennent de ce que je leur dis : *Ne croyez jamais aux conservateurs, il n'y a rien à faire avec eux !* (...)

« Ne vous mettez jamais avec les conservateurs », répéterais-je encore si j'étais, comme la bonne dame, à l'heure de la mort.

Mon erreur fondamentale a été de croire qu'il existait encore une vieille France, un ensemble de braves gens, gentilshommes, bourgeois, petits propriétaires, fidèles aux sentiments d'honneur, aux traditions de leur race et qui égarés, affolés par les turlutaines qu'on leur débite depuis cent ans, reprendraient conscience d'eux-mêmes si on leur montrait la situation telle quelle et se réuniraient pour essayer de sauver leur pays...

J'étais l'homme le plus réformateur, le plus avancé, le plus épris de justice sociale qu'il y eût en France; cette erreur m'a fait passer pour un rétrograde, elle m'a enlevé toute action sur la masse. La masse, en effet, plus sûrement guidée par son instinct que nous ne le sommes par nos connaissances, a horreur du parti conservateur; elle s'éloigne de lui comme les chevaux d'un endroit où il y a un mort... »

le Testament d'un Antisémite, 1891.

... et pour mieux vous connaître ou pour mieux connaître les autres :

LE QUESTIONNAIRE DE PROUST

– Le principal trait de mon caractère

– La qualité que je désire chez un homme

– La qualité que je préfère chez une femme

– Ce que j'apprécie le plus chez mes amis

– Mon principal défaut

– Mon occupation préférée

– Mon rêve de bonheur

– Quel serait mon plus grand malheur

– Ce que je voudrais être

– Le pays où je désirerais vivre

– La couleur que je préfère

– La fleur que j'aime

– L'oiseau que je préfère

– Mes auteurs favoris en prose

– Mes poètes préférés

– Mes héros dans la fiction

– Mes héroïnes dans la fiction

– Mes compositeurs préférés

– Mes peintres favoris

– Mes héros dans la vie réelle

– Mes héroïnes dans l'histoire

– Ce que je déteste par dessus tout

– Caractères historiques que je méprise

– Le fait militaire que j'admire le plus

– La réforme que j'admire le plus

– Le don de la nature que je voudrais avoir

– Comment j'aimerais mourir

– Etat présent de mon esprit

– Fautes qui m'inspirent le plus d'indulgence

– Ma devise

INDEX PÉDAGOGIQUE

LES ENTRÉES PRÉCÉDÉES DU SIGNE ● CORRESPONDENT A·L'APPRENTISSAGE DE CERTAINES TECHNIQUES LITTÉRAIRES ET CRITIQUES.

LES CHIFFRES RENVOIENT AUX ENTRÉES (numérotées en haut à gauche et à droite de chaque double page).

Ces entrées correspondent aux questions posées et aux indications pédagogiques fournies dans les pages du manuel.

Nous avons cherché à faciliter la lecture de cet index en séparant nettement les éléments jugés importants et en les notant en capitales d'imprimerie.

INDEX DES AUTEURS

dont les œuvres sont citées

LES CHIFFRES RENVOIENT AUX ENTRÉES (numérotées en haut à gauche et à droite de chaque double page.)

Nous avons cherché à faciliter la lecture de cet index en faisant ressortir les **noms des auteurs du XIXᵉ siècle** (ou à la frontière du siècle).

Afin de ne pas charger inutilement l'index, les auteurs seulement cités ne figurent pas ici.

483

INDEX DES ŒUVRES CITÉES

LES CHIFFRES RENVOIENT AUX ENTRÉES (Numérotées en haut à gauche et à droite de chaque double page.)

Nous avons cherché à différencier nettement les œuvres du XIXᵉ siècle (et celles qui sont à sa frontière).

Afin de ne pas charger inutilement l'index, les œuvres seulement citées ne figurent pas ici.

INDEX DES THÈMES, GENRES ET MOUVEMENTS

LES CHIFFRES RENVOIENT AUX ENTRÉES (numérotées en haut à gauche et à droite de chaque double page.)

Ces entrées correspondent aux thèmes évoqués par les textes ou les tableaux cités, aux genres des œuvres citées, aux mouvements dont ces œuvres peuvent se réclamer. Les genres sont précédés du signe ● et les mouvements du signe □.

Nous avons cherché à faciliter la lecture de cet index en séparant nettement les éléments jugés importants et en les notant en capitales.

491

497

LEXIQUE

A

allégorie : 1) personnification d'une abstraction (ex. la Mort, l'Espoir, l'Amour...) 2) **métaphore** qui se continue en un large développement.

allitération : ne pas confondre avec **assonance.** Répétition à des fins expressives d'un même phonème consonnantique (consonne) dans une phrase ou un vers. Ex : allitération en [s] dans ce vers de Racine : *« Pour qui sont ces serpents qui sifflent sur nos têtes ? »*

anacoluthe : rupture d'une construction syntaxique. Ex : *«Le nez de Cléopâtre, s'il eût été plus court, toute la face de la terre aurait changé ».* (Pascal)

anaphore : 1) répétition d'un mot au début de plusieurs vers ou phrases successives. 2) **mot-outil** renvoyant au contexte linguistique. Ex : 1) le livre est sur la table, **ce** livre est ouvert. 2) Pierre viendra s'**il** a le temps.

antiphrase : figure de rhétorique qui consiste à exprimer une idée par son contraire. Ex : *« C'est du joli ! »* L'antiphrase est caractéristique de l'ironie.

antithèse : figure de rhétorique qui consiste à rapprocher dans le même **énoncé,** deux termes désignant des réalités éloignées ; Ex : *« Ver de terre amoureux d'une étoile »* (Hugo). Voir **paradoxe.**
N.B. : opposé à **thèse,** sens différent (voir **dialectique**).

apparence : aspect visible ou immédiatement sensible des choses et des êtres. La tradition philosophique oppose l'**apparence** à l'**essence,** ensemble des caractères abstraits constitutifs des choses ou des êtres. Ex : l'essence d'un triangle est d'avoir trois côtés et trois angles.

assonance : ne pas confondre avec **allitération.** Répétition à des fins expressives, d'un même phonème vocalique, ou voyelle, dans une phrase ou un vers. Il y a par exemple une assonance en [e] et [ɛ̃] dans ce vers de Verlaine : *« Je fais souvent ce rêve étrange et pénétrant... ».*

asyndète : absence de liaison entre deux mots, deux groupes de mots ou deux propositions. Ex : « Vous n'êtes point gentilhomme, vous n'aurez pas ma fille » (Molière) ; voir **parataxe.**

B

ballon : Synonyme de **bulle** et de **phylactère.** Dans une bande dessinée, emplacement réservé dans l'image aux paroles ou pensées des personnages, en général terminé par un appendice indiquant à qui il faut rattacher le ballon.

burlesque : genre ou procédé littéraire (introduit en France par Scarron au XVIIᵉ siècle) qui consiste, à l'origine, en *« l'explication des choses les plus sérieuses par des expressions tout à fait plaisantes et ridicules »* (Naudé). L'effet burlesque est donc provoqué par un *décalage* entre le ton adopté et le sujet traité.

C

cadrage : en photographie, au cinéma, par extension dans la bande dessinée, mise en place de l'image par rapport au cadre du viseur de l'appareil. Voir **plan**.

champ lexical : à ne pas confondre avec **champ sémantique**. Ensemble des mots, substantifs, adjectifs, verbes, etc... désignant un même secteur de réalité. Ex : le champ lexical du *« voyage maritime »* dans l'Albatros (homme d'équipage, albatros, vastes, mers, navire, gouffres, avirons, etc...)

champ sémantique : à ne pas confondre avec **champ lexical**. Ensemble des sens *disponibles* d'un mot, tel qu'on les trouve dans le dictionnaire. Le mot *« tête »*, par exemple, reçoit des sens sensiblement différents selon le contexte : tête de pont, d'un arbre, d'un état, perdre la tête, avoir en tête, etc...

chtonien : dans la mythologie grecque, relatif aux divinités infernales, d'origine souterraine. Par extension dans la classification traditionnelle des mythes, relatifs à la terre, par opposition aux mythes **ouraniens,** relatifs au ciel. Bachelard distingue, en outre les mythes de l'eau et du feu.

comparaison : à ne pas confondre avec **métaphore**. La comparaison identifie deux objets à partir d'un détail qui leur est commun. On peut en faire l'analyse suivante, en quatre termes :
– le comparé (objet que l'on compare)
– le comparant (objet auquel on compare)
– le terme comparatif (comme, tel, semblable, etc.)
– le point de comparaison.
Ex : « Et ton **corps** *se penche et s'allonge*
Comme *un fin* **vaisseau**
Qui roule bord sur bord, et plonge
Les vergues dans l'eau. »
(Baudelaire)
Point de comparaison : finesse et mouvement (communs au corps et au navire).

connotation : s'oppose à **dénotation**. Tout ce qu'un mot peut suggérer, consciemment ou inconsciemment, en plus de son sens proprement dit **(dénotation)**. Ensemble des valeurs affectives attribuées au mot, qui lui donnent son pouvoir de suggestion, largement variable selon les individus. Ainsi *« père »* et *« papa »* dénotent le même rapport de parenté, mais ont des **connotations** différentes ; *« encore »* et *« encor »* ont le même sens, mais le second connote *« texte poétique versifié »*. Dans une publicité par exemple, le sens **dénoté** pourra être *« parfum »*, alors que le sens **connoté** (qui portera en fait l'essentiel du message) sera *« séduction »*.

contre-plongée : voir **plongée**.

D

déduction : voir **induction**.

dénotation : voir **connotation**.

dérivation : emploi, dans un même énoncé, de mots dont l'origine commune est sensible. Ex : *« Ton bras est invaincu, mais non pas invincible »* (Corneille)

diachronique : s'oppose à **synchronique**. Un phénomène est envisagé de manière **diachronique** quand on étudie son évolution dans le temps, et de manière **synchronique** quand on l'étudie à un moment précis, défini abstraitement. On étudiera par exemple, en **diachronie**, l'idée de *« révolution »*, en s'attachant à cerner son évolution ; en **synchronie**, *« le romantisme et la révolution de 1830 »*, en essayant (abstraction faite de la temporalité réelle) de dégager les grandes lignes du phénomène.

dialectique : subst : démarche de la pensée qui procède par affirmation (thèse), négation (antithèse), et union des contradictions à un niveau supérieur (synthèse).
Adj. : un raisonnement **dialectique** procède par examen et dépassement des contradictions.

diérèse : s'oppose à **synérèse**. Prononciation en deux syllabes de deux voyelles successives d'un même mot (voir n° 115) *« Hier »*, par exemple, peut se prononcer |JɛR| ou |iɛR|. Les poètes l'utilisent, soit par commodité (pour rajouter une syllabe dans un vers), soit à des fins expressives. Ainsi Verlaine oblige, dans ces octosyllabes, à prononcer les **i**, qui suggèrent la morsure du froid :
« Les petits ifs du cimetière
Frémissent au vent **hi-émal**
dans la **glaci-ale** *lumière »*
En revanche, Apollinaire fait une **synérèse** dans :
« Nous **semblions** *(2 syll.) entre les maisons*
Onde ouverte de la mer rouge »

E

ellipse : figure de rhétorique qui consiste, dans une phrase, à supprimer un ou plusieurs mots, à l'absence desquels on peut aisément suppléer. Par exemple dans un télégramme : *« Arriverai mardi train midi »*.
L'ellipse peut-être utilisée à des fins expressives, ainsi : *« Il fait un froid ! »*, ou dans cet exemple de Jean Malaquais : *« Pourquoi les frais de voyage, les d'installation, les de tout ? »*.

emphase : au sens commun, solennité excessive dans l'expression d'un sentiment, d'une idée. En rhétorique, emploi d'un terme très fort, qui dépasse la réalité. (Ex : « *enflammé de colère* » :). En syntaxe, mise en valeur d'un terme par *détachement* (« **lui**, il pense que... », ou « c'est **lui** qui m'a dit que... »).
L'emphase peut être considérée comme le contraire de la **litote.**

énonciation : les linguistes distinguent l'**énoncé** (produit) de l'**énonciation** (acte de production de l'énoncé). Dans un énoncé, une série de termes ne prennent leur sens que de l'énonciation : ainsi certains adverbes (ici, maintenant, demain...), les pronoms personnels 1ère et 2e personne (je, tu), qui renvoient à la présence du **locuteur** et aux circonstances de l'acte de parole ou d'écriture. Cette présence dans un texte peut être plus ou moins marquée, et le repérage des marques d'énonciation aide à analyser la distance que prend un locuteur ou un écrivain par rapport à son énoncé.
On définira une *situation d'énonciation* en se posant les questions : qui parle ou écrit ? à qui ? On déterminera ainsi si le texte relève du dialogue, du monologue, du récit à la 1ère personne, à la 3e personne, etc...

énoncé : voir **énonciation.**

éponyme : héros éponyme : personnage plus ou moins légendaire, fondateur d'une cité à laquelle il aurait donné son nom. Par extension, héros à qui une famille, une tribu fait remonter son origine, et son nom.

essence : voir **apparence.**

euphémisme : voir **litote.**

G

gradation : succession de mots ou d'idées de plus en plus forts. Ex : « ***Va, cours, vole**, et nous venge !* » (Corneille). Inversement : « *Vous ne donnez qu'un jour, qu'une **heure**, qu'un **moment** !* » (Racine).

I

idéologie : ensemble des idées, des valeurs, des représentations plus ou moins conscientes, communes à un groupe social donné. On parle d'**idéologie dominante,** pour désigner les valeurs élaborées par une classe sociale qui a le pouvoir économique et politique, pour justifier et perpétuer sa domination. Par extension, on parlera de l'« *idéologie raciste* », ou de « *l'idéologie libertaire* » par exemple, d'un écrivain.

impressionnisme : dans la critique, attitude qui rapporte aux seuls critères subjectifs la valeur d'une œuvre d'art. Une critique impressionniste ne vise pas l'*objectivité.* N.B. : sens sensiblement différent en peinture.

indices personnels : les **indices personnels** sont les pronoms personnels et les adjectifs possessifs de la 1ere et 2e personne, qui ne prennent leur sens que de l'énonciation (en effet « je », « tu », ne prennent leur sens que de celui qui dit « je » ou « tu »). La 3e personne « il » a un statut différent, n'étant pas une personne du dialogue.

induction : s'oppose à **déduction.** Un raisonnement par **induction** consiste à passer des données expérimentales (particulier) à l'énoncé d'une loi rendant compte de tous les faits du même ordre (général) : en mathématique, par exemple, le raisonnement par récurrence. On peut lui opposer le raisonnement par **déduction,** qui consiste à passer du général au particulier. Cependant, hors de cette opposition, la démarche **déductive** en général consiste à tirer de certaines données les conséquences qu'elles impliquent ou les causes qu'elles présupposent.

L

linguistique : science qui se donne pour objet d'étude les langues et le langage en général.

litote : figure de rhétorique qui consiste à atténuer l'expression d'une idée, d'un sentiment. Ex : « *Va, je ne te hais point !* » pour « *je t'aime passionnément* » (Le Cid).
Le terme d'**euphémisme** est plutôt réservé à l'énoncé visant à atténuer le caractère abrupt ou déplaisant d'une réalité ou d'une idée.
Ex : « *Il a vécu* » pour « *Il est mort* ».

locuteur : en linguistique, celui qui formule un **énoncé,** par opposition à l'interlocuteur ou auditeur que vise l'énoncé. Dans la théorie de la communication, on utilise les termes *d'émetteur* et de *récepteur.*

M

métaphore : à ne pas confondre avec **comparaison.** La métaphore substitue un terme à un autre, sur la base d'une comparaison implicite. Par rapport à la **comparaison,** elle est caractérisée par l'**ellipse** du comparé, du terme comparatif et du point de comparaison.

Ex : « *un tigre* » pour « *un homme féroce comme un tigre* », « *une vie orageuse* » pour « *une vie agitée comme un orage* », etc... On dit qu'une **métaphore** est **filée** quand elle se poursuit en un long développement.
L'allégorie peut être considérée comme une sorte de métaphore qui peint une abstraction sous des traits concrets.

métonymie : figure qui consiste à remplacer un mot par un autre, ces deux mots désignant des réalités liées par un rapport logique : Ex : remplacer le contenu par le contenant (« *boire un verre* »), l'effet par la cause (« *il vit de son travail* »), le tout par la partie (« *une voile à l'horizon* »). Dans ce dernier cas, on parle plutôt de **synecdoque.**

modalisation : en linguistique, emploi des éléments par lesquels un **locuteur** traduit sa plus ou moins grande adhésion à son **énoncé.** Les éléments peuvent être des verbes appelés *modaux* (pouvoir, devoir, vouloir), des adverbes (peut-être, sans doute, bien sûr...), des temps (futur, conditionnel : « *Monsieur X serait gravement malade* »).

montage : dans le langage cinématographique, assemblage et organisation des **plans** et des séquences, à partir du matériau brut filmé. Par extension, dans la bande dessinée, on pourra appeler **montage** la disposition des **vignettes** sur la page.

mot-outil : mot qui sert uniquement à exprimer un rapport grammatical. Ex : les conjonctions, les pronoms relatifs.

mouvements de caméra : on distingue : – les *panoramiques* (caméra fixe pivotant autour d'un axe), *horizontal* (la caméra parcourt le champ de droite à gauche ou inversement) et *vertical* (parcours de haut en bas ou inversement).
– les *travellings* (caméra mobile) *avant* (la caméra s'approche de l'objet ou du sujet), *arrière* (mouvement inverse), *latéral* (la caméra se déplace horizontalement, parallèlement à l'objet ou au sujet) et *vertical* (même déplacement, mais en hauteur).
La bande dessinée moderne s'efforce parfois, par le découpage et le **montage,** de donner un analogue des mouvements de caméra.

N

narcissisme : par référence au mythe de Narcisse, amour porté à l'image de soi-même. Dans la théorie psychanalitique, retournement sur le *moi* de la libido, qui n'investit plus des objets extérieurs.

O

occurrence : en linguistique, synonyme d'« *apparition* ». Dans la phrase « *Un fils est un créancier donné par la nature* » (Stendhal), le mot « *un* » a deux occurrences.

optatif (mode) : mode verbal qui, dans certaines langues, sert à exprimer le souhait, ou la possibilité. En français par exemple, si la certitude d'une action est exprimée par le mode indicatif, le souhait, la possibilité, qu'une action s'accomplisse sont exprimés par le *conditionnel,* le *subjonctif,* et l'ordre par l'*impératif.*

ouranien : voir **chtonien.**

P

parabole : récit sous lequel se cache une vérité religieuse, une leçon de morale, un enseignement spirituel. Par exemple dans la Bible, la parabole de la brebis égarée enseigne le pardon des offenses. Peut être considérée comme une sorte d'**allégorie.**

paradoxe ou paradoxisme : figure de rhétorique qui consiste à rapprocher dans un même énoncé, des termes contradictoires. Ex : « *Ils se traînent à peine en leur vieille jeunesse* » (Gilbert), « *Rétablit son honneur à force d'infamie* » (Boileau). Dans le cas où les mots sont syntaxiquement très liés (par exemple, « *leur vieille jeunesse* », « *un silence éloquent* », ou dans Corneille « *cette obscure clarté qui tombe des étoiles* », on parlera d'**oxymore.**

Parataxe : synonyme de juxtaposition (construction par rapprochement de deux propositions, sans notation du lien logique qui les unit). Ex :« *Il pleut, je ne sors pas* ». La parataxe est un cas particulier d'**asyndète,** car elle ne concerne que les propositions.

paronomase : réunion, dans le même énoncé, de mots différents par le sens et proches par le son : Ex : « *Je m'instruis mieux par fuite que par suite* ». (Montaigne).

périphrase : substitution d'une définition à un terme. Ex : « *La capitale de la France* » pour « *Paris* ».

phantasme ou fantasme : au sens commun, synonyme d'hallucination, vision. Au sens psychanalytique, scène imaginaire **récurrente,** qui figure de façon plus ou moins déformée l'accomplissement d'un désir inconscient.

phonème : son de la langue orale, que la langue écrite peut transcrire de multiples façons. En français, par exemple, le phonème [o] se trouve, selon les mots, orthographié : o, oh, au, eau, ôt, os, etc... Il est important, surtout dans un texte poétique, de repérer, au-delà des graphies différentes, les **phonèmes récurrents,** qui créent des **allitérations** et des **assonances.**

phonétique : science qui étudie les sons du langage. Les linguistes ont créé un **alphabet phonétique international** (A.P.I.), qui fait correspondre à chaque son prononcé, un seul signe écrit (voir n° 115).

phylactère : voir **ballon.**

plan : dans le langage cinématographique, on distingue :
– le plan *général* : sujets éloignés, la caméra embrasse un large cadre.
– le plan de *demi-ensemble* : les personnages groupés prennent plus d'importance que le décor.
– le plan *moyen* : cadrage d'un ou plusieurs acteurs « en pied ».
– plan *américain* : personnage coupé à mi-cuisse.
– le plan *rapproché* : personnage filmé « en buste ».
– le *gros plan* : le visage couvre tout l'écran.
– le *très gros plan* : détail d'un personnage (la main, l'œil) ou d'un objet.
Par extension, on applique cette terminologie à la bande dessinée.

plongée, s'oppose à **contre-plongée** : vocabulaire cinématographique. Dans une prise de vue en **plongée,** la caméra domine et « écrase » le sujet (impression de supériorité pour le spectateur). Dans la **contre-plongée** la caméra est placée plus bas que le sujet (étirement en hauteur, impression d'être écrasé pour le spectateur).

polémique : subst : débat plus ou moins violent, d'ordinaire par écrit.
Adj. : violent, agressif : un ton polémique, un style polémique, un écrivain polémique.

pulsions : en psychanalyse, forces inconscientes qui poussent l'homme vers certains buts : la pulsion de vie, de mort, la pulsion sexuelle.

psychanalyse : analyse du psychisme humain, dont la théorie a été formulée par Freud. Par extension, application de la théorie psychanalytique à un auteur, un mythe, un secteur des sciences humaines : la psychanalyse d'une œuvre littéraire, « *La Psychanalyse du Feu* » (ouvrage de G. Bachelard).

R

réception : en critique littéraire, synonyme d'accueil d'une œuvre par la critique, le public. La réception d'une œuvre est un phénomène **sociologique.**

récurrent : qui revient, qui se répète, se reproduit. On parlera d'images, de structures, de thèmes récurrents.

rhétorique : discipline qui autrefois enseignait l'art oratoire et littéraire : choix des arguments, organisation de l'argumentation, utilisation des figures de style propres à frapper l'auditeur ou le lecteur, etc...
Actuellement, analyse, renouvelée par les concepts linguistiques, visant à dégager les structures formelles de tout discours, littéraire ou non.

S

sémantique : Subst : étude du sens des mots.
Adj. : qui est relatif au sens.
Voir : **champ sémantique.**

sociologie : science des comportements sociaux (la sociologie du travail, la sociologie religieuse, etc...), reposant sur l'observation (sondages, statistiques, etc...) et utilisant des modèles descriptifs d'origine mathématique.

spécificité : qualité de ce qui est exclusivement propre à un objet ou une série d'objets donnés, par rapport à d'autres ; Ex : la spécificité d'une coutume locale.

style direct - indirect - indirect libre : les propos d'un personnage peuvent être rapportés de différentes façons – **style direct** : « *Je n'ai pas faim »*, *dit-il*. **Style indirect** : « *Il dit qu'il n'avait pas faim ».* **Style indirect libre :** « *Il n'avait pas faim* » (on voit que ce type de formulation, tout en conservant certaines marques caractéristiques du récit (3e personne, temps passé), supprime la référence à **l'énonciation** du personnage).

Un auteur comme Flaubert utilise souvent le style indirect libre pour « brouiller les pistes » : le lecteur ne sait plus exactement *qui* parle, du personnage ou de l'auteur.

sublimation : dans la théorie psychanalitique, fonctionnement psychique par lequel le *« moi »* détache certaines pulsions instinctives de leur objet primitif, et les oriente vers des conduites socialement acceptées et valorisées.

symbolique (la) : subst. fémin. Ensemble des symboles propres à une religion, un auteur, une époque, etc... ; Ex : la symbolique chrétienne, la symbolique du Moyen-Age.

synchronique : voir **diachronique**

synérèse : voir **diérèse.**

synesthésies : en psychologie, association spontanée, chez un indvidu, entre les perceptions relevant d'ordres sensoriels différents. Par exemple, un son évoque une couleur ou un parfum et réciproquement (cf. « *correspondances* » baudelairiennes).

T

tétramètre : voir **trimètre.**

thématique (étude) : une œuvre, un mouvement littéraires peuvent être étudiés de façon **thématique,** c'est-à-dire selon les thèmes privilégiés, qui les structurent. On parlera alors de la **thématique** de Michelet, du Romantisme, etc...
L'œuvre de Bachelard par exemple, est d'inspiration thématique.

transcendant : dans le vocabulaire philosophique, signifie : extérieur et supérieur à la fois. Par exemple, chez Pascal, l'ordre de l'esprit *transcende* celui de la chair, et est lui-même *transcendé* par l'ordre de la charité ou du cœur.

trimètre : en général, vers coupé en trois mesures égales. En particulier, **trimètre romantique,** alexandrin coupé 4/4/4, alors que l'alexandrin classique est coupé 6/6, par une forte césure au milieu.
(Rem. : l'alexandrin coupé 3/3/3/3, considéré comme le plus régulier dans la prosodie classique est appelé **tétramètre**).

U

univocité : caractère de ce qui est **univoque,** c'est-à-dire, au sens moderne, synonyme de **spécifique,** par opposition à **plurivoque** (susceptible de recevoir plusieurs sens ou de s'appliquer à plusieurs réalités).

utopie : conception imaginaire d'un lieu idéal ou d'une société idéale. Par extension, projet politique social séduisant mais irréalisable.

V

vignette : dans le langage de la bande dessinée, dessin circonscrit par un cadre et faisant partie d'une *planche.*

TABLE DES MATIÈRES

Nota : *cette table des matières ne porte que sur les auteurs mentionnés dans les bandeaux/titres. Le détail exact des auteurs et des œuvres cités se trouve dans les Index (pp. 480-489).*

Malgré le soin apporté tant à la composition qu'à la fabrication de cet ouvrage, quelques erreurs et omissions de détail (mise en place et légendes des iconographies, différenciation exacte des couleurs des bandeaux...) se sont glissées dans la réalisation finale du volume. Elles seront, bien évidemment, rectifiées dans les prochaines éditions. Nous avons cependant préféré ne pas attendre plus longtemps pour vous soumettre cet ouvrage afin que vous puissiez, en prenant tout votre temps, juger des options générales qui ont présidé à son élaboration. Nous serons, bien sûr, très attentifs à toutes les observations ou suggestions que voudront bien nous transmettre MM. les professeurs.

Nous remercions tous ceux qui, par l'intérêt qu'ils ont manifesté lors de la rédaction et de la confection de cet ouvrage, ont contribué à l'enrichir, notamment :

Danielle BONNAUD-LAMOTTE
Jacques BRIGHELLI
Patricia BURSACCHI
Gilles DUPONT
Eve FALCOU
Raymond FRANCIS
Jean-Pierre GATTEGNO
Annie GEFFROY
Jacques GUILHAUMOU

Monique HERBERT
Dominique ISRAËL-BIET
Daniel LAUMESFELD
Isabelle LE GOC
Guy MARIVAL
Jo NOUSSE
Marielle RISPAIL
Colette STEPHAN
Maurice TOURNIER
Martine VIDONNE

Que trouvent en outre ici l'expression de notre particulière gratitude :

Madame Béatrice LÉVY et **Madame Marie-Pierre FROMENTAL,** sans qui cet ouvrage n'aurait pas vu le jour.

Monsieur Louis ARNAUD, qui, dès 1969, sut faire entrer dans l'enseignement secondaire (premier cycle) l'interdisciplinarité, la littérature comparée et l'étude polythématique.

Toute l'équipe du studio EVEL, pour son accueil chaleureux et le soin qu'elle a apporté à la composition de cet ouvrage.

Les Auteurs.

Les ouvrages proposés en lecture dans les Collections des Éditions Magnard l'ont été en raison de leur intérêt romanesque, psychologique, historique et social. Ils apportent une documentation sérieuse sur la vie quotidienne, les mœurs et les coutumes de l'époque dans laquelle se déroule l'action. Ils permettent ainsi d'accompagner le programme des études littéraires classiques en se délassant d'agréable manière et avec fruit.

XIXᵉ Siècle

EMPIRE

	Titres	Auteurs	Collection	Remarques
(P. 15) Après la chute de l'Empire 1814-1815	12 marches dans la falaise	S. Arnaud-Valence	F. Rouge	La rencontre d'un officier blessé resté fidèle à Napoléon transforme la vie de 2 jeunes bretons qui le soignent et l'aident dans son évasion. Toute la saveur d'une belle aventure et la joie d'une belle amitié.
	Le Rendez-vous de l'arbre mort	S. Arnaud-Valence	T.L.	Histoire d'une amitié et d'une vengeance dans la France envahie et défaite en l'hiver 1814.
	Les Fils du jour	S. Arnaud-Valence	T.L.	C'est la suite du précédent roman. La vie des Compagnons du Tour de France. Leurs joies et leurs détresses. Leurs secrets et leurs mystères.
	Trois graines dans un pot de grès	S. Arnaud-Valence	T.L.	A lire après les 2 précédents ouvrages. Evolution psychologique des héros, petite histoire de la vie des femmes dans la campagne bourguignonne et l'épanouissement d'un bel amour.

CRÉDITS PHOTOGRAPHIQUES

Bibliothèque Nationale
Bulloz
Roger Viollet
Giraudon
Document Musée Lamartine, Mâcon
Dargaud Editeur, Paris
Cliché Hachette
Coll. Gérard Blanchard
Clichés des Musées Nationaux, Paris/S.P.A.D.E.M.
Coll. D. Denis/Giraudon
Les Humanoïdes Associés
Photo J.C. Voegtle/Epinal
Studio Jean Seris « La Saponaire »/La Rochelle
Musée de Condé/Chantilly
Editions Casterman, Paris
Victoria and Albert Museum/Londres
Photo S. Audouard/Saint-Sauveur-le-Vicomte/Musée Barbey d'Aurevilly
Coll. Ursula Vian/Photo Francine Diato
Archives Photographiques, Paris/S.P.A.D.E.M.
Musée Notre-Dame de Paris
Bibliothèque Municipale de Tours
Musée des Beaux-Arts, Marseille/Photo Y. Thibault
Musée Fabre, Montpellier/Photo Claude O'Sughrue
Frankfurter Goethe Museum/Frankfurt am Main
Museum of Fine Arts/Boston
Albright Art Gallery/Buffalo/New York
The Ny Carlsberg Glytotek/Copenhagen
Musée Municipal de la Ville de Saint-Denis (coll. du -)
Photo Pierre Douzenel
Photo Carla Boni
Photo Jacques Verroust
Bibliothèque Nationale 'et Universitaire de Strasbourg
Métropolitain Museum of Art/New York
Courtault Institute Galleries/Londres
Coll. State Museum Kroller-Muller/Otterlo/The Netherlands
Coll. Rijksmuseum Vincent Van Gogh/Amsterdam
Musée Rolin/Autun
Musée Rimbaud/Charleville Mézières
Musée de la Photographie/Bièvre
Musée des Arts Décoratifs, Paris
Musée Rodin, Paris/Photo Bruno Jarret
Arc de Triomphe/Paris
Bibliothèque Nationale Suisse/Berne
Musée Carnavalet
Musée Stendhal/Grenoble
Musée d'Art et d'Histoire de la Ville de Saint-Denis

De très nombreux professeurs ont manifesté l'intérêt qu'ils portaient à l'élaboration de cet ouvrage, en répondant aux questionnaires-enquêtes qui leur ont été soumis, et en adressant leurs suggestions. Nous donnons ici les noms de la majorité d'entre eux, classés par département et par ordre alphabétique.

01. Le Sourd, lycée International et Collège - **06.** Montagnac, lycée Bristol - **08.** Boissier, lycée Pierre Bayle - Godin, lycée Mabillon - **09.** Jalbergue, Institution Notre-Dame - Jordy, lycée Mirefoix - **11.** Esquiron, collège Beauséjour - **13.** Flèche, lycée privé du Sacré-Cœur - Mauger, lycée A. Daudet - **14.** Fleury, lycée privé St-Jean Eudes - **16.** Perez, lycée de Barbezieux - **21.** Churlet, lycée du Castel - Ruffin, lycée privé Notre-Dame - Vaillon, lycée privé Notre-Dame - **22.** Piriou, Bossuet - **24.** Levrier, Ecole St-Joseph - **25.** Girardot, Institution Ste-Ursule - **26.** Duvert, lycée G. Faure - **29.** Berlivet, E.S.P. St-Louis - **31.** Pelissou, Le Ferradou - **34.** Salle, lycée Vallot - **35.** Morin, lycée Beaumont - **36.** Leduc-Adine, lycée P. M. Curie - **38.** Clément, lycée E. Herriot - **44.** Briand, lycée privé Notre-Dame - **47.** de Broncker, lycée d'état mixte "G. Leygues" - Passegué, lycée G. Leygues - Rigouste, lycée Bernard Palissy - **49.** Gramain, lycée de Segré - Henry, lycée mixte d'état - **51.** Miroux, lycée P. Bayen - **54.** Frindel, Doctrine Chrétienne - **57.** Groullet, lycée de Gondecourt - Deprez, lycée St-Jacques - Lebel, lycée Ch. Deulus-Condé - Meyer, lycée des Flandres - Plichon, Institution St-Michel - Robache, lycée Fénelon - **60.** Hedoin, lycée J. Hachette - **62.** Ducrocq, lycée privé La Malassise - **66.** Py, lycée d'état de Siverac - **69.** Belhomme, lycée Chevreul - Brinnel, N.-D. des Minimes - Faure, lycée Charles de Foucauld - **71.** Paparel, lycée Pontus de Thiard - **72.** Coulmeau, lycée Montesquieu - **75.** Choisnard, St-Jean de Passy - Le Rat, N.-D. de France - Siac, N.-D. des Oiseaux - **76.** Weller, lycée Corneille - **78.** Descoubes, lycée Joliot-Curie - Gœpfert, lycée C. Debussy - **79.** Briand, lycée polyvalent - Hervé, lycée M. Genevoix - **80.** Bertiaux, lycée Delambre - **81.** Palaprat, lycée privé Jeanne d'Arc - Protet, Ecole Ste-Marie - **83.** Brizio, lycée nationalisé - Hamed-Chazal, Cours Sévigné - Maigre, lycée Jean Ricard - **84.** Laget, lycée de l'Arc - Macé, lycée J.H. Fabre - **85.** Fournier, St-Michel - Maurille, N.-D. Tourtelière - **87.** Guyot, lycée J. Giraudoux - **88.** Janot, Institution St-Joseph - **90.** Glasson, Institution Ste Marie - **92.** Bonneville, lycée Notre-Dame - Calais, lycée A. Camus - Fayet, Institut Notre-Dame - Pajot, Ste Marie La Croix - Quantin, groupe scolaire Sophie Barat - **93.** Govère, lycée de Bondy - Rey, Ecole Ste-Clotilde - **94.** Armao, Institution Palissy - Lagrange, Henri IV -

Ont également participé à l'élaboration de cet ouvrage :
08. M. Morin - **57.** M. Kahn - M. Quiniot - M. Costa - **75.** M. Despin.

I.M.E. - 25-Baume-les-Dames - N° d'Éditeur : 6907 – Dépôt légal Janvier 1986.